अमृतलाल नागर

नागरजी का जन्म 17 अगस्त, 1916 को आगरा में हुआ। लखनऊ में शिक्षा प्राप्त की और फिर वहीं बस गए। तस्लीम लखनवी, मेघराज, इंद्र आदि उपनामों से भी उन्होंने लेखन किया है। बंगला, तमिल, गुजराती और मराठी भाषाओं के ज्ञाता। उनकी रचनाओं में 'वाटिका', 'अवशेष', 'नवाबी मसनद', 'तुलाराम शास्त्री', 'एटम बम', 'एक दिल हजार दास्ताँ', 'पीपल की परी' नामक कहानी-संग्रह; 'महाकाल', 'सेठ बाँकेमल', 'बूँद और समुद्र', 'शतरंज के मोहरे', 'अमृत और विष' आदि उपन्यास, 'गदर के फूल', 'ये कोठेवालियाँ' आदि शोधकृतियाँ तथा बाल-साहित्य की 'नटखट चाची', 'निंदिया आजा' आदि उल्लेखनीय हैं। अन्य महत्त्वपूर्ण कृतियों में तुलसी के जीवन पर आधारित महाकाव्यात्मक उपन्यास 'मानस का हंस'; हास्य-व्यंग्य संग्रह 'कृपया दाएँ चलिए', 'भरत पुत्र नौरंगीलाल' तथा संस्मरण-संग्रह 'जिनके साथ जिया' प्रमुख हैं।

नागरजी साहित्य अकादमी द्वारा पुरस्कृत हुए और उनकी अनेक कृतियाँ उत्तर प्रदेश सरकार द्वारा भी पुरस्कृत हुई हैं।

निधन : 23 फरवरी, 1990

बूँद और समुद्र

अमृतलाल नागर

राजकमल पेपरबैक्स

पहला पुस्तकालय संस्करण
किताब महल, इलाहाबाद द्वारा
1956 में प्रकाशित

राजकमल पेपरबैक्स में
पहला संस्करण : 1998
नौवाँ संस्करण : 2026

राजकमल पेपरबैक्स : उत्कृष्ट साहित्य के जनसुलभ संस्करण

राजकमल प्रकाशन प्रा.लि.
1-बी, नेताजी सुभाष मार्ग, दरियागंज
नई दिल्ली-110 002
द्वारा प्रकाशित

शाखाएँ : अशोक राजपथ, साइंस कॉलेज के सामने, पटना-800 006
पहली मंजिल, दरबारी बिल्डिंग, महात्मा गांधी मार्ग, प्रयागराज-211 001
1, अनमोल सोराबजी संतुक लेन, धोबी तलाव, मरीन लाइंस, मुम्बई-400 002
वेबसाइट : www.rajkamalprakashan.com
ई-मेल : info@rajkamalprakashan.com

बी.के. ऑफसेट
नवीन शाहदरा, दिल्ली-110 032
द्वारा मुद्रित

मूल्य : ₹599

BOOND AUR SAMUDRA
Novel by Amrit Lal Nagar

ISBN : 978-81-267-0040-0

भूमिका

मैं इस उपन्यास में मैंने अपना और आपका, अपने देश के मध्यवर्गीय नागरिक समाज का, गुण-दोष भरा चित्र ज्यों का त्यों आँकने का यथामति, यथासाध्य प्रयत्न किया है; अपने और आपके चरित्रों से ही इन पात्रों को गढ़ा है। इस सत्य को स्वीकार करते हुए यह कहना भी अत्यावश्यक प्रतीत होता है कि पात्र या पात्री के रूप में किसी एक विशेष, अविशेष व्यक्ति का ज्यों का त्यों चित्रण मैंने कहीं नहीं किया है। किसी के प्रति सम्मान की तनिक-सी भी भावना इसमें नहीं है। इसमें आई छोटे पात्रों की कहानियाँ भी मेरे वर्षों के प्रयत्न से, जाने कहाँ-कहाँ से बटुर कर जमा हुई हैं, किसी एक नगर या मुहल्ले की नहीं हैं।

उपन्यास के क्षेत्र के रूप में मैंने लखनऊ और उसमें भी खासतौर पर चौक को ही उठाया है। यह इसीलिए किया कि नागरिक सभ्यता की परम्परा देखने में, बोली-बानी का रंग घोलने में, मुझे सबसे अधिक सुभीता यही हो सकता था। जिन गलियों में मेरे उपन्यास की घटनाएँ घटी हैं, वे गलियाँ हू-ब-हू लगने पर भी लखनऊ के वास्तविक 'चौक' में आपको ढूँढ़े नहीं मिलेंगी। एक तरफ जहाँ शहर का 'असलीपन' दर्शाने के लिए मैंने यहाँ के अनेक नए-पुराने नागरिकों, अखबारों, संस्थाओं और स्थलों के वर्णन किए हैं, यही नहीं बल्कि कथाक्षेत्र के काल में नगर में होनेवाली बहुत-सी घटनाओं का जिक्र किया है, वहाँ ही सारा चित्रण कहानी से गुँथ कर बेलौस भी है।

नवम्बर, सन् 1953 में ये उपन्यास लिखना आरम्भ किया। उन्हीं दिनों आदरणीय भाई भगवतीचरण जी वर्मा, अपने मासिक पत्र 'उत्तरा' में एक उपन्यास धारावाहिक रूप से प्रकाशित करने का विचार कर रहे थे। भगवती बाबू ने स्वयं एक बहुत ही सुन्दर उपन्यास लिखना आरम्भ भी किया, परन्तु अपने मस्तमौला स्वभाव से परिचित होने के कारण स्वयं धारावाही लेखन के उत्तरदायित्व से बँधने को तैयार न हुए। बड़े होने का लाभ उठाते हुए उन्होंने बड़े रोब से मुझे बराबर लिखने की आज्ञा दी। इसीलिए 'उत्तरा' जब तक प्रकाशित होती रही, इस उपन्यास का प्रारम्भिक अंश उसमें बराबर छपता भी रहा। श्रद्धेय श्री सुमित्रानन्दन पंत जी ने उसी समय इस उपन्यास को पुस्तक रूप में प्रकाशित करने के लिए 'किताब महल' के अध्यक्ष भाई श्रीनिवास अग्रवाल जी से मेरी बात भी तय कर दी। भाई अज्ञेय जी ने पत्र लिखकर मुझे प्रोत्साहन दिया। अनुजों के समान प्रिय धर्मवीर भारती और राजेन्द्र यादव ने 'आलोचना' में प्रकाशित अपने लेखों में इस उपन्यास की भी चर्चा की। बन्धुवर रामविलास शर्मा ने इसके बहुत से अंश पढ़े, सुने, सराहे और अपने सुझावों से इसे सँवारने में सहायता दी। 'परिमल' प्रयाग की दो बैठकों में तथा

लखनऊ लेखक-संघ शतदल की कई बैठकों में इसके अनेक अंश सुनाए और मित्रों के सुझावों का बल पाया।

रीति-रिवाजों की जानकारी के लिए मेरी पत्नी बहुत हद तक इन्साइक्लोपीडिया के समान उपयोगी और सहायक रही हैं। मुझे बोल कर लिखने का अभ्यास है, इसलिए लिखने का कार्य अनेक हाथों ने किया है। पत्नी प्रतिभा, बन्धु ज्ञानचन्द जैन, दोनों लड़के कुमुद और शरद, सबसे छोटा भाई चित्रकार मदन, प्रिय दिलीप चौधरी और प्रिय शिवनाथ अग्रवाल और बकलम खुद मैंने इसके बहुत से अंश लिखे हैं, परन्तु इस उपन्यास को पूरा कराने का श्रेय नवोदित लेखक कविप्रिय सुभाषचन्द्र को ही है, उनके बिना इतने पृष्ठ मैं शायद दस वर्षों में भी न लिख पाता। वैसे यह उपन्यास कभी तो परिस्थितिवश दो-चार महीनों तक रुक-रुक कर और कभी निरन्तर नियमपूर्वक लिखा जाकर जून, सन् 1955 में इतिशम् तक पहुँचा।

पाठकों ने उपन्यास को सराहा, इसके एकाधिक संस्करण हुए। इससे मेरी आस्था और भी बलवती हुई है। इस पुस्तक के रूसी अनुवाद का पहला संस्करण भी एक वर्ष के भीतर ही चुक गया। स्वदेशी और विदेशी विद्वान् आलोचकों के विचारों से मैंने इस उपन्यास में अपनी शक्ति और कमजोरियों को पहचाना है, पाठकों के पत्रों से भी बहुत कुछ सीखा है; कृतज्ञ हूँ : बाद के संस्करणों में मैंने थोड़े-बहुत संशोधन अवश्य किए हैं, परन्तु मूल ढाँचे पर कहीं आँच नहीं आने दी है।

—अमृतलाल नागर

दोपहर की धूप छतों पर जाड़े के दरबार लगाए चारों ओर पसर रही है। औरतों का सीना-परोना चल रहा है, गेहूँ फटके जा रहे हैं, दालें बीनी जा रही हैं, साग बनारे जा रहे हैं; कहीं आराम भी हो रहा है। स्कूल न जानेवाले बच्चों की हुड़दंग मची है, पतंगें भी उड़ रही हैं। कहीं कोई पेंशनयाफ्ता आज्ञाकारी-कमासुत सन्तानों की तरह रक्षा और निश्चिन्तता देनेवाले धाम को सराहता हुआ, बुढ़ापे के शरीर पर चढ़े हुए ऊन और रुई के गिलाफ बेखौफ उतारकर हाथों से घुटने सहलाते हुए अपनी गठिया खोल रहा है; देर से रोटी खानेवाले घरों की छतों पर अब भी कोई-कोई सिर पर लोटे उँडेलते हुए हरगंगे कर रहे हैं। जागती दुनिया के फटखट-झनझन-धमधम करते, चढ़ते-उतरते, क्रोध-ममता-खीझ-गम्भीरता और हँसी-मजाक से भरे हुए सतरंगे स्वर गूँज से सिमट गए हैं—गूँज अणु-अणु में व्याप रही है। कहीं से कोई एक भी स्वर का तार छू ले, आज की दुनिया गूँज उठती है।

लखनऊ के एक मुहल्ले में भभूती सुनार की दोनों जवान बहुएँ अपनी मुँडेर पर झुकी हुई पड़ोसिन तारा से बातें कर रही हैं। नीची छत पर भभूती की दीवार से सटाकर रखे गए चीड़ के खाली बक्सों पर बैठकर तारा अपनी पड़ोसिन सखियों की मुँडेर तक उठ आई है। सलाइयाँ रोक, चुन्ने-मुन्ने स्वेटर के फन्दों पर नजर डालते हुए, भवों में बल डालकर तारा कह रही है—''हमें तारा-तारा पुकारना अच्छा नईं लगता—देखो भइ, बुरा न मानना। 'तारा' तो बस एक उनके मुँह से ही मीठा लगता है हमें।''

बड़ी के दाहिने कान की जड़ाऊ तरकी पर धूप पड़ रही है, सिर के झटके से हीरे की कनियाँ हल्की निलौंस लिये झलझला उठीं। गोरे गाल पर पंजा टिकाने का अन्दाज लिये वह बोली—''ऐ तो अब हम तुम्हें और क्या कहके पुकारेंगे?''

''मिसिज वर्मा कहा करो। हम भी तुमको ऐसे ही कहा करेंगे।''

छोटी के मोटे होंठ का तिल सिकुड़ा, नाक चढ़ी, लौंग का हीरा झलझलाया, भवों पर गुमान के तेवर चढ़े, गर्दन में मचलन से लोच आई, वह बोली—''तो तुम हमको क्या पुकारोगी—मिसिज सुनार? हम तो भाई, नहीं बोलेंगे इस नाम से। हमें बुरा लगेगा।''

बड़ी बोली—''इसमें काहे का बुरा मानना? जो जिसकी जात होगी, कही जाएगी, और फिर हम लोग कोई नीच कौम थोड़ी हैं, बैश्ए (वैश्य) हैं।''

तारा इंटरमीडिएट तक पढ़ी है। उसने अन्तर्जातीय प्रेम-विवाह किया है, पति के साथ अक्सर हजरतगंज, क्वालिटी, सिल्वर स्नो रेस्तराँ, कॉफी हाउस तक की नई दुनिया को देखने के अवसर पाती है। अपने से कम पढ़ी, कम आज़ाद भभूती सुनार की बहुओं की ओर देखकर, आत्मीयता-भरे स्वर में नवयुग की गर्वभरी घोषणा करते हुए तारा बोली—''अरे बहन, ऊँच-नीच की बातें अब कौन मानता है। और हम तो भाई, जात-पाँत ही को नहीं मानते।''

बड़ी की नज़रों में तारा हीरोइन है। उसके गौरव से आप गर्वित, गद्‌गद्‌ हो, उसने कहा—''अरे तुमने तो मानना क्या, कर दिखाया बहना। खुल खेलीं सजन संग!''

वह हँसी। वे दोनों भी हँसीं। तारा छोटी की नज़रों में भी हीरोइन है। तारा खुद अपनी नज़रों में भी हीरोइन है।

तारा की सुघर-साँवली सूरत को नशीली चितवन से निहारते हुए, कसक सिंगार-भरे चंचल स्वर में बड़ी बोली—"कुछ भी कह लो भाई, 'लौ मैरिज' में होता अजन मजा है। एक बार जब हम एर्थ में पढ़ते थे तो हमारा भी 'लौ' हुआ था एक लड़के से।"

एक क्षण के लिए बड़ी की गुदगुदी-झेंपभरी नज़रें पुराने नजारे में खो गईं। छोटी के चेहरे पर 'हाय दैया' का भाव उदय हुआ। रँगे नाखूनों वाली बीच की दो उँगलियाँ मुस्कुराहट से खुले होंठों पर झरोखे-सी जड़ गईं और तारा ऐसे हँसी, जैसे फर्स्ट आनेवाली छात्रा को देखकर शाबासी देते हुए अध्यापिका हँसती है।

नीचे की छत पर अपनी खटोलिया में पड़ी हुई बड़ी की तीन महीने की बिटिया रोने लगी। उसका चार बरस का लड़का पास सायबान के नीचे बुखार में पड़ा सो रहा था। उसके पास ही बैठी खरल में हिंगाष्टक चूर्ण का नुस्खा घोंटती हुई सास ने पुकारा—"बड़ी! अरे बिटिया रोय रही हैगी।"

उधर तारा बड़ी बहू से पूछ रही है—"तुम्हारा लवर कैसा था?"

बिटिया हाथ-पैर फेंक-फेंककर रो रही है। उसकी दादी दत्तचित्त हो, चूरन घोंट रही है। उसकी बुआ नीचे से कोरा पहने, मुँह और हाथ में पान दबाए, सर्दी में ठिठुरती हुई ऊपर आई। एक मिनट नन्दो माँ के पास चुपचाप धूप में खड़ी रही, फिर चलते हुए बोली—"ताई के घर जा रही हूँ।"

अम्मा बोली—"उधर से बड़ी को भेजती जइयो। बतियाने में ऐसी मगन होती हैंगी ये लोग कि लड़कन-बिटियन तलक का होस नहीं रहता।"

अम्मा बहुओं पर मुनासिब रोब ही रखती हैं। न कभी बेजा लाड़ किया, न बेजा फटकारा। इसीलिए बहुएँ अपनी सास का अदब करती हैं। दोनों लड़के अपनी बहुओं को सिनेमा दिखाने, घुमाने ले जाते हैं। इसका उन्होंने कभी बुरा नहीं माना। बड़ा बेटा आर्ट स्कूल पास करके बाप के धन्धे में पड़ा, मगर छोटा यूनिवर्सिटी में पढ़ता है, उसके सुधार इस घर के चलन के विरुद्ध पड़ते हैं। माँ ने कभी उनके लिए भी रोक-टोक नहीं की। दोनों लड़के-बहुओं के अपने-अपने कमरे हैं, वहाँ बैठकर शंकर चाहे अंडा-आमलेट खाए, या मनिया भाँग घोटे, घर के चौके में सबका भोजन समान, घर का चलन-व्यवहार एक है। बड़ा धरम-सोध निबाहने वाली नन्दो, जब भाई-भौजाइयों के खोट निकालती है तो अम्मा उसे ही झिड़कती हैं—"तुमसे क्या? जो जिसकी समझ में आउत है वही करत हैंगे। कल के हमरे संकर एमे पास करके अपसर होएँगे, उनकी बहुरिया पुरानी चाल से चलै तो किरकिरी न होय? खबरदार, हमरी बहुअन को कभी कुछ कहो तो। हम कह लेंगे और किसी को न कहन देंगे—हाँ!"

इसलिए नन्दो की अपनी माँ से भी नहीं बनती। पति से भी उसकी न बनी, नन्दो को यहाँ छोड़कर उसने दूसरा विवाह कर लिया। सत्ताइस बरस की उमर में माया-मोह से विरक्त, आजकल के लड़के-लड़कियों, बराबर की उमरवालियों, घर-गृहस्थी में रमी हुई सुहागिनों और गोदी के बच्चों से घृणा करनेवाली, स्वभाव की घुन्नी, व्रत-नियम-उपवास से कठोर, फीकी कान्तिवाली नन्दो धरम-सोध और परनिन्दाव्रती बड़ी-बूढ़ियों की संगति में अपना परलोक बनाया करती है।

ताई के घर जाने के लिए नन्दो ऊपर की छत पर चढ़ी, जहाँ उसकी दोनों भावजें तारा से बातें कर रही थीं। दबे पाँव छत पर आते हुए नन्दो अपने कान इस तरह से साधे थी, जैसे बिल्ली की निगाह अपने शिकार पर सधती है।

बड़ी की आधी बात कान में पड़ी—"अरे ज्यादा मौका ही कहाँ मिला? यहाँ हमारी शादी तय हो गई थी, सो इस्कूल छुड़ा दिया गया। कुछ दिनों तलक तो हम ऐसे-ऐसे रोए हैं कि क्या बताएँ।"

छोटी बोली—"लव में तो यही खराबी है, वियोग हो जाती है। हमारा तो भाई सच्ची कहें, किसी से लव-वव हुआ नहीं। हाँ, जो ब्याह के पहले 'इन्हीं से' कहीं हमारी आँखें भी लड़ जातीं तो बड़ा मजा आता।"

नन्दो को परनिन्दा के लिए बड़ी अच्छी सामग्री मिल रही थी, पर वैसे ही अम्मा ने फिर जोर से पुकारा—"अरे बड़ी!"

और दोनों बहुएँ तुरन्त घूमकर देखने लगीं। चोर-सी खड़ी ननद को देखकर दोनों भावजें भी सकपकाईं और खुद ननद भी। नन्दो तेजी से अपने को सँभालती हुई ताई की छत पर जाने के लिए मुँडेर की तरफ बढ़ गई।

2

धूप में बैठी बाल सुखा रही ताई को पास-पड़ोस की छतों का शोर खल रहा है। अपने कच्चे-पक्के बालों पर तेजी से उँगलियाँ चलाकर उन्हें सुखाते हुए वे बड़बड़ा रही हैं—"मरों को मौत भी नहीं आती। सात जनम के दुस्मन निगोड़े, जहाँ बैठो, वहीं हाय-हाय!"

अगर ताई की जीवनभर की बड़बड़ाहट का रस्सा बँटा जाए तो हनुमानजी अपनी दुम बढ़ा-बढ़ाकर थक जाएँगे, मगर दुम से रस्सा बड़ा निकलेगा। ताई को सारी दुनिया से शिकायत है, हरदम शिकायत है, फिर बड़बड़ाहट का अन्त क्योंकर हो? झम्मन बजाज की छत पर जोर-जोर से हँसती हुई लड़कियाँ-बहुएँ ताई की सात जनम की दुश्मन हैं—"निगोड़ियों के गले दाई ने बाँस से खोले थे—जब देखो तब हा-हा-हा-हा!" फिर मुँडेर पर ताई के 'निगोड़े खसम' सा कौआ बैठकर बीट कर गया; फिर आसपास के रेडियो खुल गए—"हम तुमसे मुहब्बत करके सनम", "भाड़ में जाएँ निगोड़े सनम!" गुन्नो पुरतानी की छत पर होनेवाली सास-बहू की काँव-काँव से कान पक गए—"राँड की जबान बुढ़ापे में भी कतर-कतर-कतर! ऊँह!" लाले दलाल का लड़का अपनी छत पर चिल्ला उठा—"अरे साबुन दे नई गईं चुड़ैलो? हमरा पानी ठंडा हुआ जाय रहा हैगा।" ताई के कानों में खौलता तेल पड़ा—"हाय-हाय! कइसे चिल्लामें हैं निगोड़े डाकू जैसे। सत्यानास हो जाए मरों का। बारा-बारा बजे नहाएँगे—अघोरी! ये भभूती नासपीटे की बहुएँ निगोड़ी आँखों के आगे ही मानुसगंध जइसी खड़ी हैं। मरे कहीं भी दो घड़ी चुप करके बैठने नहीं देते! ऊँह! अरे, जइसा-जइसा ये सब लोग मेरे ऊपर जुलुम ढामें हैंगे, कलपामें हैंगे, वैसा इनकी सात पीढ़ियों के आगे आवेगा। इनके तन-मन में कीड़े पड़ेंगे। मरों को कफ्फन तलक नहीं जुड़ेगा।...फिर आई—फिर आई कलमुँही! अरे तेरे तन-मन में कीड़े..."

मरा चूहा मुँह में दबाए, बिल्ली नीचे से आती दिखाई पड़ गई। ताई बड़बड़ाना छोड़कर चीख उठीं और छत पर बड़ा बाँस लेकर झपटीं। बिल्ली जीनेवाले सायबान पर तेजी से छलाँग मार, ताई की ऊपरवाली छत पार कर भभूती की छत की तरफ बढ़ी, उसी समय नन्दो भी उधर से कूदी। जरा-से फासले पर ही अचानक बिल्ली कूदने से नन्दो चिहुँक उठी।

ताई उसे देखकर बोलीं—"नन्दो, तू छू गई राँड़! जाके नहा!"

"अरे नहीं ताई, रामजी की कसम, वो तो मुझसे इत्ती दूर पे कूदी थी। तुम तो देख रही थीं ताई। हाय मेरा कलेजा धड़क गया। मुँह में सिकार दबाए थी। तुम्हारे याँ से ले गई होगी। है न ताई?" ऊपर की छत से तीन सीढ़ी उतरकर ताई के पास आते-आते तक उसने पानवाला हाथ बढ़ा दिया—"लेओ पान खाओ।"

पान देखकर ताई के आँधियों-भरे चेहरे पर थमाव आया, बाँस की दीवार से टिकाकर चबूतरी पर रखी कलसिया से हाथ धोने बढ़ीं। हाथ धोते-धोते फिर पूछा—"बिल्ली ने तुझे छुआ तो नहीं था? सच बता?"

"नईं ताई ! इत्ती बड़ी कसम खा गई मैं। अरे, मैं तो आपी सब तरियों का विचार-विवेक रखती हूँ। मेरा तो घर में पानदान भी अलग ठाकुरजी की कुठरिया में रहता है।"

ताई ने पल्ले से हाथ पोंछकर पल्ले से ही पान पकड़े और स्निग्ध स्वर में धीरे से कहा—"जै सी-किस्न।"

"जै सिरी किस" कहकर नन्दो ने कमर से तमाखू का बटुआ निकाला।

दोनों सूरज की तरफ पीठ करके जरा हटकर बैठ गईं। नन्दो ने बटुए से दो टुकड़े सुपारी और एक चुटकी तमाखू मुँह में डालकर पान ताजा किया और बटुए को कमर में खोंस टाँगें फैलाते हुए बोली—"मेरी तो ताई तुम सब लोग की किरपा से अभी तलक पुरानी मत ही बनी हुई है, सनातन धरम की। सबेरे गोमती जी से न्हाके आई और सीधी अपनी ठाकुरजी की कुठरिया में चली गई। मुझे किसी की घर-गिरस्ती से मतलब नहीं, सेवा-पूजा में ही तीन साढ़े तीन घंटे का बखत निकाल देती हूँ।"

"कितने ठाकुर हैं तुम्हारे यहाँ ?" ताई ने अपने बालों पर उँगली फेरते हुए पूछा।

"हमारे यहाँ ? एक तो राधा-किसन की जोड़ी है, लच्छमीजी हैं, बालमकुन्दे हैं, गनेसजी, लड्डूगुपाल, बिसुनपदी, बद्रीनाथों-जगन्नाथों के पत्तर, महादेवजी, सालिगराम—औ, बस इत्ते ही हैं। बाकी तसवीरें हैं।"

"हमारे पास गनेसजी नहीं हैं। पहले थे तो सही पर चूहे ले गए निगोड़े!" ताई ने सिर पर पल्ला डालकर कहा।

"तो फिर दूसरे मँगाय लेओ ताई। पलके में सबसे पहले तो गनेसजी ही होने चाहिए। सिद्धदाता तो यही हैं।"

"मुझे मरी सिद्धी लेके क्या करना है ? भागवत में लिखा है कि भगवान के चरनों में अटल भगती करो, उसके आगे मुकती भी तुच्छ है।"

"हाँ ताई, ऐसी भगती मिल जाए तो जलम-जलम के सिंसकार न सुधर जाएँ। उस दिन कथा में सुना..."

"अरे कथा क्या होवे है ?" ताई ने बात काटकर पूछा। ताई किसी कथा-सप्ताह में या गोमती-गंगा नहाने नहीं जाती। वे कहीं नहीं जातीं, बस सबेरे-शाम गोकुलद्वारे में मंगला और शयन के दर्शन करने घर से निकलती हैं तो उनके 'सात-जनम के दुश्मन' गली-मुहल्लेवाले लड़के-लड़कियाँ, मसखरे-जवान और गालियाँ खाने के शौकीन मनचले अधेड़-बूढ़े भी उन्हें चारों ओर से घेरकर—"ताई छू गईं। ताई छू-छू-छू! ताई कब मरोगी ?" कहकर कदम-कदम पर उनसे छेड़ ठानते हैं। रास्ते भर कोसते-चिल्लाते ताई की साँस फूल जाती है। दुनिया उन्हें फूटी आँखों नहीं सुहाती। अखिल ब्रह्मांड में किसी हद तक उनकी सिर्फ नन्दो से ही बनती है, वही उन्हें दुनिया के किस्से सुना जाती है।

नन्दो बोली—"बानवाली गली में कासीजी के एक बियासजी आए हैं। ऐसी सुन्दर कथा सुनाउत हैंगे कि तुमसे क्या बताएँ। सो उन्होंने कहा कि सिंसकार ही मानुख जलम को सारथक करत हैंगे।"

"सिंसकार तो होवें ही हैं, जो कुछ भी होवे हैं। आजकल के मरे सिंसकार ही बिगड़ गए हैं दुनिया के। देखो न, मरी पन्नो की लौंडिया बीए-एमे पढ़के दफ्तर में नौकरी करने जावे है। बैसिकल ली है उसने।"

"अरे पूछो न ताई, चारों चरन टेक के कलजुग खड़ा है आजकल। कोई किसी को कहन लायक नहीं रह गया। हमरे घर में ही क्या कम चलित्तर उछलते हैं। संकर, संकर की बहू, आठ बजे तो पलंग छोड़ते हैं। इस्टोप लाए हैं संकर, सो उसे सुलगाव के चाह और अंडा-मछली और पावरोटी, जाने क्या-क्या बनाउत हैंगी उनकी बहू, फिर आप भतार संग बैठके सब खउती-पीती हैंगी, ऐसे

तो सिंसकार बिगड़े हैं। मनिया की बहू है, सो वो भी छोटी के साथ छिप-छिपके सब खान-पियन लगी है। ई दोनों हैं, और उनकी गुरु वो है तुमरी नई किरायेदारिन—क्या कहें!—बस!''

''पाप की पुटलिया निगोड़ी। सत्यानास जाएगा—कोढ़ी होएँगे खसम-लुगैया मरे दोनों के दोनों। मेरी आतमा उठते-बैठते सरापे है इन्हें।''

ताई को अपने किराएदार मिस्टर और मिसेज वर्मा से सख्त नफरत है। मिस्टर जब अपनी अन्तर्जातीय प्रेमिका को मिसेज बनाकर आर्यसमाज-मन्दिर से लौटे तो दोनों के घर दोनों के लिए सदा के वास्ते बन्द हो चुके थे। मिस्टर वर्मा कुशल रेडियो-मेकैनिक, छोटी-सी चलती दुकान के मालिक थे। उन्होंने बाप से बँटवारा कर होटल में डेरा डाला और घर एलाट करनेवाली कमेटी के मेंबरों के यहाँ दौड़ने लगे। एक जान-पहचानी ने कहा कि घर ढूँढ़ लो, हम एलाट कर देंगे। ढूँढ़ते-ढूँढ़ते राजाबहादुर सर द्वारकादास अग्रवाल की पुरानी हवेली मिली। चार चौक की हवेली बीसियों बरसों से बन्द पड़ी थी, उसके एक हिस्से में राजाबहादुर की पहली पत्नी--ताई रहती थी। हवेली भूतों का बासा मानी जाती थी। हवेली से राजाबहादुर का कोई सम्बन्ध नहीं, वह ताई के कब्जे में थी और ताई ने यद्यपि बाहर की कोठरियाँ, दुकानें और पुरानी गोशालावाले दालान किराए पर उठा रखे थे, पर हवेली के अन्दर किसी तरह भी किराएदार बसाने को वे राजी न होती थीं। मिस्टर वर्मा ने एलाटमेंट-कमेटी के जोर से उनके एक हिस्से पर हक जमा लिया। ताई उठते-बैठते वर्मा-दम्पती को कोसती हैं।

नन्दो बोली—''अब गुरु-गुरुआइन मुहल्ले में आए हैं तो यहाँ भी गुल खिलेंगे--खत्री-बाम्हन-बनिया सब एकमेक करवाए के छोड़ेंगे ये लोग देख लेना? भला बताओ, ऐसे धरम-भिरष्टन के साथ संकर-मनिया की बहुएँ, उठत-बैठत, खात-पियत हैंगी। तभी तो मतें बिगड़ गई हैं। अरे मैं जब तुम्हारे यहाँ आय रही थी ताई, तो संकर की बहू तारा से कहत रही कि जो ब्या से पहले संकर से हमारे नजारे लड़ते तो बड़ा मजा आता। हाय! हाय!! ये भले घर की बेटी-बहुओं की बातें हैं? मेरा बस चलता तो वहीं जुबान खींच लेती, पर अम्मा कहती हैं कि हमरी बहुअन को कुछ न कहा करो। अरे भाड़ में जाएँ तुम्हारी बहुएँ, मुझे क्या पड़ी है।''

ताई बोली—''तेरी अम्मा मरी तो उस निगोड़े संकर के कहे में है। तू मनिया से कह।''

निराशा की साँस ढालती नन्दो बोली—''अरे, मनिया कौन बड़े समझदार हैं?''

''क्यों, कमाई तो वोही करे हैगा? बाप से बड़ा कारीगर माना जाए है, मैं तो गोकलद्वारे में सुन आई थी।''

''अरे कमाई करन से क्या होत है ताई? उन्हें घर की इत्ती-सी परवाह नहीं। सबेरे से उठे, अखाड़े चले गए, फिर दुकान में रहे, और संझा हुई तो भाँग-बूटी है, सनीमा है, यार-दोस हैं?''

''तेरा बाप भी नासपीटा ऐसा ही रहा जलम भर, फिर बेटे में कैसे ये सब चरित्तर न आवें।''

पिता के प्रति नन्दो के मन में कोमल भावनाएँ हैं। ताई की कटूक्ति उसे अखरी, बोली—''मेरे बाबू ऐसा आदमी तो होना मुसकिल है...''

ताई ने भड़ककर फिर टाँग पकड़ी, बोली—''अरे जा-जा, जिसे मालूम न हो उसके आगे कहियो। तेरे बाप ने तो वो न जाने कौन-सी बेगम का माल चाटा भी और लूटा भी और भी न जाने कहाँ-कहाँ की गठरी मार लाया निगोड़ा!''

बाप की निन्दा सुनकर नन्दो के मन से बातों का रस सूख गया। उठने का बहाना सोच रही थी तभी किसी ने ताई के दरवाजे की कुंडी खटखटाई।

ताई ने नन्दो से कहा—''जा देख तो आ, कौन आया है नासपीटा!''

नन्दो ने आकर बतलाया कि शरणार्थी किराएदार, 'गोशाला' के ऊपरवाले कमरे के लिए नया किराएदार लेकर आया है।

3

राजाबहादुर सर द्वारकादास अग्रवाल के पुरखों की 'गोशाला' में दालान के ऊपर एक छोटे-से कमरे और छत के किराएदार बनकर चित्रकार सज्जन ने अनुभव किया कि भावुकता के बहाव में आकर यह एक बड़ी गलती कर बैठा है। सज्जन गली-मुहल्ले के जीवन से परिचित होकर उनके चित्र बनाने की इच्छा से यहाँ आया है। वैसे शाहनजफ रोड पर उसकी अपनी कोठी है; अमीनाबाद, केसरबाग में उसके मकानात हैं, जिनके किराए से हजार-आठ सौ के लगभग माहवार आमदनी होती है। पैतृक सम्पत्ति ने चीन की ऐतिहासिक दीवार की तरह उसके लिए उन सभी अभाव-रूपी शत्रुओं के धावे रोक दिए हैं जो कला साधना के मार्ग में रोड़े अटकाते हैं। अपने लैंडस्केप और पोर्ट्रेट चित्रों के लिए सज्जन प्रसिद्ध है। देश के विभिन्न प्रदेशों, पहाड़ों, जंगलों, ऐतिहासिक और सांस्कृतिक महत्त्व के स्थानों के अनेक चित्र उसने बनाए हैं। अमरनाथ से कन्याकुमारी तक, तथा द्वारिका से मणिपुर-आसाम तक वह अपने देश के चारों खूँट परिक्रमा कर चुका है। अपने देश के प्राचीन वैभव—साहित्य, शिल्प, चित्रकला, नृत्य, संगीत आदि को देखकर सज्जन जितना ही अधिक प्रभावित हुआ है, उतना ही वह आज के सामाजिक जीवन में सांस्कृतिक दीवालिएपन का कारण जानने के लिए व्यग्र हो उठा है। खजुराहो, अजन्ता, एलोरा, चिदम्बरम्, तंजौर, मदुरा, कोणार्क, जगन्नाथ, आबू में सदियों की शृंखला में फैला हुआ पत्थर का काम करनेवालों और अजिन्ठा के चित्र बनानेवालों के देश में आज कहीं भी नए निर्माण का परिचय नहीं मिल रहा—जीवन चारों ओर से रुद्ध हो गया है—आश्चर्य है कि सज्जन को नए चित्र बनाने के लिए ढूँढ़े विषय नहीं मिल रहे। इसी उलझन को लेकर उसे यह विचार आया कि वह अपनी और समाज की अगति का कारण अपने समाज में पैठकर खोजेगा। सज्जन यह अनुभव करता है कि उसका सामाजिक जीवन गली-मुहल्ले और गाँव-खेड़ों में बसे हुए जनगण से भिन्न है। जिस वातावरण में वह रहता है, जिन लोगों से वह विचार-विनिमय करता है, वे भारतीय होते हुए भी परम्परागत भारतीय जीवन से करीब-करीब दूर हो चुके हैं। आज की अगति पर उनसे बात करके सज्जन का समाधान नहीं होता। इसीलिए एक दिन जब बातों-बातों में प्रसंग आने पर उसके फ्रेम बनानेवाले सरदारजी ने उसे अपने घर के पास ही एक कमरा दिलाने का वादा किया, तब वह बड़ा ही प्रसन्न हुआ। उसे इस बात का कतई अन्दाज नहीं था कि सरदारजी ने उसका इस्तेमाल अपने एक पड़ोसी को परास्त करने के लिए राजनीतिक चाल के तौर पर किया है।

गोशाला में दो लम्बे-लम्बे दालान और दो कोठरियाँ नीचे हैं, तथा एक दालान की छत पर एक छोटा-सा कमरा बना है। नीचे के कोठरी-दालानों में दो शरणार्थी-परिवार रहते हैं। एक सरदारजी बढ़ई का काम करते हैं, दूसरे ठेले पर मसाला-फरोशी करते हैं। मसाला-फरोश का एक कुँआरा साला उनकी छत के ऊपरवाले कमरे में रहता था। इस कारण से उनका बड़ा परिवार बढ़ई सरदारजी के बड़े परिवार की बनिस्बत ज्यादा जगह में आराम से गुजर करता था। साले साहब इधर अरसे से किन्हीं रोमांटिक कारणों से, सिर के बाल छँटवा, दाढ़ी-मूँछ घुटाकर मोने हो गए, उनकी आमदनी का मोटा भाग, जो अब तक अपने भांजे-भांजियों के लिए खर्च होता था, कहीं बाहर खर्च होने लगा और फिर एक दिन वे कोठरी छोड़कर चले भी गए। मसाला-फरोश जी उसके बाद भी ऊपरवाले कमरे और छत पर अपना अधिकार जमाए रहे। बढ़ई सरदार को इससे स्वाभाविक जलन होती थी। दो-एक बार दोनों में झड़प भी हो गई। मसाला-फरोशजी कहते थे कि जब कोई किराएदार आ जाएगा, तब वे उसे खाली कर देंगे। न जाने कौन-सी पट्टी पढ़ाकर उन्होंने न केवल ताई की जबान ही चुप रखी, वरन् बढ़ई सरदार के खिलाफ उनके कानों में गरम मसाला भी भर दिया। इधर यदि किराएदार आते तो वह उन्हें सोलह दूने आठ का पहाड़ा पढ़ाकर किसी तरह टरका देते थे।

बढ़ई सरदार अपने पड़ोसी की कूटनीतिक विजय से जले-भुने अपनी घात साधने की ताक में थे कि सज्जन ने उनसे बातों के प्रसंग में जगह की फरमाइश कर दी। बढ़ई सरदार को ताई तथा सज्जन के भले बनकर अपने प्रतिद्वन्द्वी पर विजय पाने का अच्छा मौका हाथ लग गया। सात रुपए की जगह का किराया उन्होंने पच्चीस बतलाया और सज्जन ने स्वीकार कर लिया। बढ़ई सरदार ने गोकुलद्वारे जाते समय ताई के सामने यह प्रस्ताव किया और ताई ने खुशी से उसकी स्वीकृति दे दी। दूसरे दिन दोपहर में वे सज्जन को जगह दिखाने भी ले आए। उस समय मसाला-फरोश सरदार अपना ठेला लेकर बाहर गए हुए थे। उनकी सरदारनी की आपत्तियों की अवहेलना करते हुए बढ़ई सरदार ने सज्जन को वह कमरा दिखा दिया तथा उसी समय ताई से भेंट करा, एक महीने का पेशगी किराया भी अदा करवा दिया।

दूसरे रोज सबेरे जब सज्जन अपने दो अन्तरंग मित्रों के साथ उन्हें वह जगह दिखाने आया तो मसाला फरोशजी ने ऊपर का ताला खोलने से इनकार कर दिया। उसने कहा कि जगह सिर्फ घर-गिरस्तीवाले को ही मिल सकती है। सज्जन को बड़ा क्रोध आया। उसके मित्र कर्नल साहब और महिपाल भी गरम हो गए। उधर बढ़ई सरदार ने ताई के पास जाकर उनका पारा चढ़ा दिया। ताई विष्णुसहस्रनाम का पाठ छोड़कर मसाला-फरोश को हजार गालियाँ देती हुईं बाहर आ गईं। मसाला-फरोश को मजबूर होकर ऊपर की जगह छोड़नी पड़ी।

ऐसी मामूली कोठरी के ऐसे भव्य किराएदार को लेकर मुहल्लेवालों में तरह-तरह की चर्चा होना बड़ा स्वाभाविक था। उस मुहल्ले में कुछ ऐसे लोग भी थे जो सज्जन को उसकी प्रसिद्धि के कारण जानते थे। भभूती सुनार का छोटा लड़का शंकरलाल तथा उसके नेतृत्व में उसी मुहल्ले के निवासी दो-एक नवयुवक सज्जन से मिलने भी आए। उन्होंने कलाकार के मुहल्ला-जीवन चित्रित करने के महान् उद्देश्य का बढ़ा-चढ़ाकर प्रचार किया; अफवाहों में वह उद्देश्य बाँसों बढ़कर एक नए अर्थ का जामा पहनकर फैल गया। मसाला-फरोश तथा अन्य लोगों ने कहा कि मुहल्ले की बहू-बेटियों को तसवीर बनाने का लालच देकर फुसलाना ही चित्रकार और उसके मित्रों का उद्देश्य है। कलाकार लाजिमी तौर पर चरित्रहीन होता है, यह तर्क कुछ लोगों के दिल में घर कर गया। मसाला-फरोश तथा दो-एक अन्य लोगों के हस्ताक्षरों से शहर के दो दैनिकों में सम्पादक के नाम शिकायती पत्र भी छपा डाले गए। उनमें यह भी धमकी दी गई थी कि भले घरों के बीच में कुछ धनी नौजवानों का यह अड्डा न हटा तो हम अनशन करेंगे।

सज्जन यह देखकर दंग रह गया। अपनी परिस्थिति को स्पष्ट करते हुए उसने अखबारों में अपना वक्तव्य दिया, साथ ही, मुहल्लेवालों का विश्वास प्राप्त करने के उपाय सोचने लगा। व्यर्थ ही उठ खड़े होनेवाले विरोध से हारकर पीछे हट जाना उसके स्वभाव के विरुद्ध था। उसने निश्चय किया कि वह डटकर मुहल्लेवालों का मन जीतेगा।

4

कुहरे से ढँकी चिलचिलाती सर्दी में मुँह अँधेरे से अपने धन्धे लगनेवालों और गोमती से नहाकर लौटते हुए लोग-लुगाइयों की आवाजाही से गली गुलजार हो चली है। उनके मुँह से निकलनेवाली भाप के गुबारे जगह-जगह छूट रहे हैं। सूर-कबीर के भजन गानेवाले मुसलमान शाहजी का टीपदार गला मुहल्ले के दैनिक जीवन का अटूट-क्रम साधने लगा है। 'पेपर! पेपर!!' चिल्लाता साइकिलधारी हाकर भी दैनिक नियम, क्रम का पालन कर रहा है। 'चाह गरम बिस्कुट नरम' की आवाज लगानेवाले रामलोटन महाराज सीताराम की वकालत में राधेश्याम से चिढ़ते हुए गली-मुहल्ले की परम्परागत छेड़खानी को ताजा करने, रोज के समय पर आ चुके हैं। जलेबीवाले की दुकान पर दो-चार लड़के और दो-चार पाँच घरों के नौकर तथा नुक्कड़ के नल पर पानी

भरनेवाले औरत-मर्दों का चखचख करता हुआ मजमा भी नित्य की तरह जुड़ चला है। पवित्रता और आत्मा की सफाई का बड़ा दम भरनेवाले भारतवासियों की गन्दगी और फूहड़पन जगह-जगह कूड़े के ढेर बनकर सदा की तरह चमक रहा है। घर का कूड़ा निकालकर गली में छितराना, दोमंजिले से छोटे बच्चों के पाखाने की पोटली बनाकर गली में फेंकना आदि सांस्कृतिक कार्य नित्य के नियम से आरम्भ हो चुका है। हाँ, आज की विशेषता के तौर पर नल के पासवाला नाला भी भीतर से घुट जाने के कारण टूटे मैनहोल से उबलकर, गली की सतह पर अनेक टेढ़ी-मेढ़ी धाराओं में बहता हुआ, गली को बदबू से सड़ाकर, लोगों को स्वराज की निन्दा करने के लिए नया बहाना दे रहा है।

अपनी सूखी हड्डियों के ढाँचे को जमाने भर की अशुचि से सिकोड़ते हुए लम्बे-लम्बे डग भरकर गोकुलद्वारे से मंगला के दर्शन कर घर लौटती हुई ताई भी गली की रोजमर्रा में शामिल हो गईं। ''ताई छू-छू! ताई ले-ले-ले! ये छू गई। ताई कब मरोगी?'' उन्हें देखकर लड़के-लड़कियाँ, मसखरे-जवान, यहाँ तक कि गलियों के शौकीन मनचले अधेड़-बूढ़े भी हाथ बढ़ा-बढ़ाकर उन्हें छूने का अभिनय करते हुए, कभी सचमुच ही छूकर, कभी उनकी लकड़ी या चदरिया खींचकर टिल्ली बजाने लगे। अपनी लकड़ी लेकर चारों ओर झपटते हुए ताई की जबान से सबके लिए—''मरो रे, फुँको रे, हैजा हो, कीड़े पड़े'' के उद्‌गार फूट पड़े।

ताई को हर सूरत से इतना बैर है कि देखते ही उनकी हिंसा जाग उठती है। दुबली-पतली साँवली ताई की बड़ी-बड़ी आँखें, भूखे भेड़िये की तरह भयंकर लगकर देखनेवालों के मन में चुभती हैं। उभरी हुई हड्डियोंवाले लम्बे चेहरे पर कड़ी-कड़ी रेखाएँ और सिकुड़नें उसी तरह गन्दी और मनहूस लगती हैं, जैसे गली की सतह पर अनेक टेढ़ी-मेढ़ी धाराओं में अन्दर की घुटन से उबलकर बहता हुआ नाले का पानी।

बकते-झकते ताई जब घर पहुँचीं तो उनका दम फूल रहा था। ताला खोलकर अन्दर की कुंडी चढ़ाई और दहलीज में ही सुस्ताने बैठ गईं। ताई हाँफती जाती हैं, दम लेती जाती हैं, बड़बड़ाती जाती हैं—''निगोड़ों के तन-मन में कीड़े पड़ें, रोवें-रोवें में कोढ़ हो, मरों के पूरे घर की अर्थियाँ साथ-साथ उठें, हैजा हो, पिलेग हो, सीतला खाएँ'' ...और भी न जाने क्या-क्या।

फिर उठीं, नहाईं। चूल्हा सुलगाकर अदहन चढ़ाया। फिर ठाकुरजी को नहलाने गईं और जप पर बैठने से पहले अदहन में दाल डालने जा ही रही थीं कि बाहर की कुंडी बजने लगी। ताई के चलते हुए पाठ—''सांताकारं भचकसैनं जोग भी ध्यान गमियं'' के साथ 'ऊँह, पूजा में भी चैन नहीं लेने देते नासपीटे' जुड़ गया। वे चूल्हे की लकड़ियाँ ठीक करती रहीं। दुबारा कुंडी बजने पर उठीं, जाकर कुंडी खोली। देखा, 'नई कोठी' से महरी और दरबान आए थे, महरी के सिर पर कपड़े से ढँकी परात रखी थी।

उसे देखते ही ताई की त्योरियाँ चढ़ गईं, पूछा—''क्या है?''

''तुमरे पोते की टीका आवा है बड़ी मलकिन, तौन...''

महरी की बात पूरी होने से पहले ही ताई के अन्तर की घृणा तीव्र आवेश से काँपती हुई उनके चेहरे पर चढ़ आई। स्वर चिढ़ से कर्कश होकर फट गया, झटके से दाहिना हाथ बढ़ाकर उन्होंने कहा—''जब उनकी अर्थी निकले तब खबर करने आना!'' और उसके बाद एक ही साँस में लड़के की मैया, बाप, दादा, दादी सबको गन्दी-गन्दी गालियों से कोसने लगीं।

कोसने सुनकर जगत्-प्रसिद्ध छू-छू ताई से छेड़ लेने की इच्छा दरबान के मन में भी जागी, परन्तु अपने मालिक की पहली पत्नी से छेड़ लेने का साहस वह न कर सका। महरी को इशारे से चलने का आदेश देकर वह आगे बढ़ गया।

ताई के घर के सदा बन्द रहनेवाले द्वार फिर बन्द हो गए।

आँगन में खड़ी हो आकाश की ओर हाथ उठा-उठाकर ताई अपने पति, सौत और उसके पेट के सारे कुनबे को एकाग्र मन से कोसने लगीं। उनके हेतु मृत्यु के कठिन से कठिन और भयंकरतम रूपों की कल्पना को प्रार्थना के फूल बनाकर अपने इष्टदेव के अर्पण करने में ताई तन्मय हो गईं।

ताई राजाबहादुर सर द्वारकादास अग्रवाल की पहली पत्नी हैं। राजाबहादुर लखनऊ के रईसों की नाक हैं। अंगरेजी जमाने में डिप्टी कमिश्नर से लेकर चीफ सेक्रेटरी और होम मेंबर तक, संयुक्त-प्रान्त के गवर्नर से लेकर वायसराय तक--सब जगह उनकी पहुँच थी। उनका आदर होता था। स्वराज्य हो जाने पर भी श्रीद्वारकादास की पहुँच गो भारत के राष्ट्रपति और प्रधानमंत्री तक नहीं रही, फिर भी उनका दबाव कम नहीं हुआ। नई दिल्ली के अनेक उच्च अधिकारी तथा उत्तर-प्रदेश के बड़े-बड़े मंत्री और अफसर अब भी निजी तौर पर उन्हें 'राजा साहब' कहकर ही सम्बोधित करते हैं। उनका सरकारी काम-काज भी सिद्धि की मंजिल पर कानून की सीढ़ियों से नहीं, वरन् पक्षपात की लिफ्ट से चढ़ता है। राजाबहादुर की दानशूरता और धर्मनिष्ठा के सम्बन्ध में बड़े-बड़े शंकराचार्य तक अपने दैवी फतवे दे चुके हैं। हर साल उनके यहाँ सन्त-सम्मेलन होता है, कई लाख रुपए खर्च कर उन्होंने लक्ष्मीनारायण का मन्दिर बनवाया है, जो अपने देवताओं के नाम से नहीं, बल्कि अग्रवाल-मन्दिर के नाम से प्रसिद्ध है। कहते हैं, उनकी नई हवेली में उनके द्वारा स्थापित किए गए लक्खी-चबूतरे पर जो अखंड दीप जलता है, उसका काजल काला नहीं, वरन् केसरिया पड़ता है। ऐसे पति की सुहागिन ताई गली-गली की छू-छू बनी, जमाने भर की घृणा और अनादर बटोरती हैं, इसे लेकर भावनाशील बड़े-बूढ़े अक्सर भाग्यवाद का प्रचार किया करते हैं।

ताई जब ब्याह कर आईं, उस समय द्वारकादास के घर में खाने के लाले पड़े हुए थे। पैतृक सम्पत्ति की झंकार बाबाराज में ही छुन्न-मुन्नों के घुँघरुओं में समा चुकी थी; बची-खुची गूँज पिता के समय में विलीन हो गई। कर्ज हो जाने पर उन्होंने गोमती में डूबकर अपनी इज्जत बचाई। पुरखों की हवेली (जो इस समय फिर द्वारकादास की सम्पत्ति होकर फिर ताई के कब्जे में है) पुरखों का कर्ज उतारने के लिए नीलाम के बोल चढ़ गई। द्वारकादास की माँ उन्हें और अपनी दो कुँआरी बेटियों को लेकर हवेली से लगे हुए एक छोटे-से मकान में गुजर करने लगीं। द्वारकादास उस समय चौदह बरस के थे। वे एक रिश्तेदार के साथ सराफे की दलाली का काम सीखने लगे। जैसे-तैसे करके इनकी बड़ी बहन का ब्याह हुआ। उनका भी ब्याह हुआ। ताई लुटे वैभव की कुल-लक्ष्मी बनकर पधारीं।

ताई का पीहर हाथरस में था। वे लोग गो लुट चुके थे, फिर भी बड़े आदमी थे। ताई के माँ-बाप बचपन में ही मर चुके थे। उस समय तक यह अपने बड़े परिवार में एक ही एक बच्ची थी इसलिए बड़ी दुलारी थीं। दादा-दादी के लाड़ ने इन्हें शुरू से ही हठीला और बदजबान बना दिया था। जब दूसरे चाचाओं के आगे सन्तानें आईं, लाड़-दुलार बँटने लगा तो ताई चिढ़ने लगीं। लाड़ से बिगड़ी हुई जबान अन्तर की हिंसा से तीखी हो गई। जब तक दादा-दादी रहे, इन्हें कोई कुछ न कह सका। उसके बाद दुरदुरमारी हो गईं, अपनी तेज जबान के कारण सारे घर की आँखों में खटकने लगीं। जैसे-जैसे इनका निरादर और उपेक्षा हुई, वैसे ही इनका अन्तर भी घृणा से भरता गया। वे मानुसगन्ध से दूर रहकर इकलसूरी हो गईं। चाचाओं ने बिना विशेष दान-दहेज के द्वारकादास ऐसे फकीर के साथ ब्याह कर इनसे सदा के लिए छुट्टी पा ली, फिर कभी न्योतने-बुलाने का नाम न लिया।

ब्याह के बाद द्वारकादास के भाग्य ने पलटा खाया। दलाली में बिगड़े रईस-रजवाड़ों, नवाबों के घर का कीमती सामान औने-पौने दामों इनके हाथ लगा। उसी से बढ़ने लगे, सराफे की छोटी-सी दुकान कर ली। अच्छे दिनों के आने का श्रेय उन्होंने अपनी पत्नी के भाग्य को दिया और इसीलिए वे उसकी जबान के हलाहल को शिव की तरह पान कर गए।

पहले महायुद्ध में भाग्यलक्ष्मी द्वारकादास पर हजार अदाएँ दिखाकर रीझी। उसी समय एक पुराना मकान खरीदने पर उन्हें गड़ा धन भी हाथ लग गया। इसके बाद तो द्वारकादास की महिमा

दिग्दिगन्त में व्याप गई। ऐश्वर्य पाकर स्वाभाविक रूप में उनकी इच्छा होने लगी कि पत्नी ऐसी होती जो उनका मान-सम्मान करती, प्यार करती, उनकी गोद में नए वैभव का उत्तराधिकारी बैठाकर मोद मनाती।

विवाह के कुछ वर्ष बाद एक बार ताई के दिन चढ़े थे। उनसे घृणा करनेवाली सास भी तब उनका लाड़ करने लगी थी। परन्तु जब ताई ने लड़की को जन्म दिया तो घर भर के हौसले ठंडे पड़ गए। सौरी में ही सास का कोई बोल-कुबोल ताई के कानों में ठनक गया और उसके बाद ही मन की किसी हीन-भावना की प्रतिक्रिया में उन्हें ऐसा सन्देह हो गया कि घरवाले उनकी लड़की को मार डालना चाहते हैं। इस कारण को लेकर उन्हें अपने पति, सास, ननद, नौकर-चाकर—सारे जगत् से तीव्र घृणा हो गई। प्राय: चौबीसों घंटे अपने कमरे के द्वार बन्द रखकर वे अपनी बिटिया का दुलार किया करतीं; पति के लाख समझाने पर भी उन्होंने एक न मानी। लड़की आठ महीने की होकर जाती रही। ताई का शोक घर की शान्ति को सोख गया। बाहर ऐश्वर्य से दीप्त होकर भी कुलदीपक के बिना द्वारकादास के मन में घटाटोप अँधेरा छाया रहा—अँधेरा दिनोदिन बढ़ता रहा। द्वारकादास ने हारकर फिर सेहरा बाँधने का निश्चय किया। जिस दिन उनकी दूसरी बारात चढ़ी, उसी रात ताई घर छोड़कर चली गईं।

अपने पुरोहित को गले पड़ी मेजबानी के भार से मुक्त कर, आठ दिन बाद द्वारकादास ताई को इस बात पर राजी कर सके कि वह उनके पुरखों की हवेली में, जो कुछ दिनों पहले ही उन्होंने खरीदी थी, रहेंगी। ताई की जनम-जिन्दगी तक उस पर उनका ही अधिकार रहेगा; तथा भरण-पोषण, तीरथ-बरत के लिए दो सौ रुपया प्रति मास उनकी सेवा में नियमित रूप से पहुँचता रहेगा।

तैंतीस वर्षों से यह क्रम अविच्छिन्न रूप से चल रहा है। इतने वर्षों में धर्म-संरक्षक, गो-ब्राह्मण-प्रतिपालक, दानवीर राजाबहादुर सर द्वारकादास अग्रवाल के.सी.आई.ई. की पहली घरवाली जगत्—ताई बनकर लड़ाका, टोनही, मनहूस आदि उपाधियों से विभूषित होकर जमाने भर की 'छू-छू' बन गई। उनके जादू-टोने के सैकड़ों किस्से प्रसिद्ध हैं। कहते हैं, ताई रात के बारह बजे कुछ दिनों तक किसी मेहतर के यहाँ जादू-टोना सीखने भी जाती थीं। काले डोरे की करधनी में छोटा-सा चाकू और कैंची बाँधकर उन्होंने जात-बिरादरी और मुहल्ले-टोले के घरों में गजब ढाए हैं—किसी के पलंग की पाटी पर सेंदुर मला है, किसी के तकिए में सवा गज लम्बा काला डोरा पिरोकर सुई खोंस आई हैं, कहीं साही का काँटा खोंस आई हैं, किसी की ब्याह की चुनरी चौकोर काटी है, कहीं नन्हे-मुन्ने के चँदोवे में तेल का टपका लगाकर मारण-मंत्र चलाया है, किसी लड़की की बीच-माँग के बाल काटकर उसे बाँझ बनाया है, किसी के दरवाजे पर चालीस दिन तक शाम को दीया बालकर रखा है, किसी के लिए चौराहे पर उतारे रखे हैं। ताई अनेक बार टोना करते पकड़ी गई हैं, सैकड़ों बार लड़ाइयाँ हुई हैं, मारी-पीटी गई हैं, घर-घर के दरवाजे इनके लिए बन्द हुए हैं। हर घर के अपकुशन का बोझ ताई की जान पर पड़ा है।

आज द्वारकादास पर भी ऐसी ही विपत्ति आई है। खाना खाने के बाद दोपहर से उनके बड़े पोते को सहसा तेज बुखार चढ़ आया है। बड़े घरों में किसी की तबीयत खराब होने पर चार फिकरमन्द चेहरों की फुसफुसाहट एक में मिलकर जम्हूरियत का रंग दे देती है, इस मौके पर इस घर में भी ऐसा ही हुआ है।—"कैसे आ गया बुखार? अभी तलक को बिलकुल अच्छे-भले थे। उनका चेहरा तो सबेरे से ही कुम्हलाया-सा था।—अरे, ये मरी उसी डायन की करतूत है। मैंने तो रानी माताजी से पहले ही कह दिया था कि उसके यहाँ सगुन की थाली न भेजिए।—अरे मैं क्या करती? सरकारजी ने कहा कि, जब तक वह जिन्दा रहेंगी, उनका वही मान रहेगा। मेरे बाद भी तुम्हें जनम भर ऐसे ही निभाना होगा।—पर माताजी, सुखदेई की बात ठीक है। बड़ी माता—भाड़ में गई बड़ी माता, वो हमारी होती ही कौन हैं? उस डायन ने ही जरूर मेरे बच्चे पर कुछ जादू-टोना किया है।" आदि

बातों की गठरियाँ लेकर महरियाँ, सास, बहू—सब बराबरी की सतह पर रोगी के रोग की चामत्कारिक विवेचना और आश्चर्यजनक निदान भी करने लगीं।

बड़े मुनुआजी की बीमारी हवेली के जनानखाने से लेकर मर्दाने तक फैली हुई थी। बड़े से बड़े डाक्टर आ चुके थे, पलंग के सिरहाने पर नर्स तैनात हो चुकी थी। धर्म-शिरोमणि, ज्ञान-वैराग्य की चर्चा में रत रहनेवाले राजाबहादुर-सर-सेठजी की योग-साधना मोह की पगडंडी पर मुड़ आई थी। बड़े हौसले से उन्होंने अभी ही पोते की सगाई पक्की की है। ताई-महरी-संवाद और उनके टोनही होने का संकेत बातों ही बातों में अपनी पत्नी से पाकर द्वारकादास का ब्रह्म डाँवाँडोल हो गया। नैतिक तन्तु से बँधे रहने पर भी द्वारकादास का मन अपनी पहली पत्नी के प्रति घृणा और भय की गूँजती लहरों से भरा पड़ा है। द्वारकादास ताई के टोना करने की बात को लेकर सफल बुढ़ापे के मोह-द्रवित दिल से गम्भीरतापूर्वक विचार करने लगे।

उसी दिन शाम को मुहल्ले के एक प्रतिष्ठित रईस-महाजन, अपने सजातीय मित्र लाला जानकीसरन से टीके की दावत-महफिल आदि के सम्बन्ध में सलाह-सूत करने के तकल्लुफ-भरे बहाने के साथ राजाबहादुर की सवारी आई। पहले ही से उनके आगमन की सूचना पहुँच गई थी। जिस मुहल्ले में जन्म पाकर राजाबहादुर ने मुसीबतों भरे बचपन और तरक्कीपसन्द नौजवानी के दिन गुजारे थे, उसी की गलियों में बड़ी गमक और दबदबे के साथ चार के झुंड में आज दस वर्षों के बाद उनका प्रवेश हो रहा था। दस वर्ष पहले एक रईस मित्र के यहाँ शादी की महफिल में पधारे थे।

कुप्पी-दीए, लैम्प-लालटेन और बिजली के सम्मिलित प्रकाश में टिमटिमाती हुई, सैकड़ों सदियों के इतिहास की जीती-जागती रिसर्च-सामग्री-सी फैली हुई गलियों में गुजरते हुए राजाबहादुर के मन में परिचय-अपरिचय के मिश्र भाव आ-जा रहे थे।

सामने चौराहे पर 'ताई ले...ले, ताई छू-छू' का शोर हो रहा था। उसके साथ ही गलियों में मुखरित होकर एक पुराना परिचित स्वर राजाबहादुर के मन में समाजी शर्म और निजी भय का संचार करने लगा। उनका गम्भीर चेहरा अधिक कस गया। लाला जानकीसरन की कोठी की तरफ बढ़े हुए वे ताई की आवाज के निकट पहुँच रहे थे।

राजाबहादुर के साथ-साथ चलते हुए जानकीसरन के चिरंजीव ने घबराकर इशारे से अपना एक हरकारा छेड़नेवालों को हटाने के लिए आगे भेजा। वह बेचारा छेड़नेवालों के धोखे में ताई की भरपूर लकड़ी के प्रहार से तिलमिलाकर चीख उठा। छेड़नेवाले भाग गए। ताई और द्वारकादास एक-दूसरे के आमने-सामने आ गए। ताई की जबान सहसा चुप हो गई; वे झपाटे से दाहिने हाथ की गली में घुस गईं। राजाबहादुर एंड कम्पनी बाईं गली में चली गई।

लाला जानकीसरन के यहाँ नए-पुराने जमाने, कांग्रेसी हुकूमत, माया-मोह-ज्ञान-वैराग्य से लेकर टीके की दावत तक के सम्बन्ध में टीका-टिप्पणी और विचार-विनिमय करते हुए राजाबहादुर ने तरह-तरह की खातिरदारियों से भरे दो घंटे गुजार दिए। बीच में दो बार टेलीफोन से पोते की तबीयत का हाल भी पूछा। मुहल्ले में आने के बहाने को अच्छी तरह साधकर, 'जब यहाँ तक आए हैं तो पुरानी हवेली भी जावेंगे' कहते हुए द्वारकादास उठ खड़े हुए। अपने साथ आए हुए नौकरों तक को वहीं छोड़कर वे अकेले ही चले।

हवेली का सदर फाटक लाला जानकीसरन की गली में ही है, परन्तु वह सदा ताले में जड़ा रहता है। ताई के अधिकार में होने के कारण राजाबहादुर इस हवेली का कोई उपयोग नहीं कर पाते। साल-दो-साल में एक बार मरम्मत और सफाई के लिए सदर फाटक का दरवाजा खुलता है। जिन भागों में ताई और मिस्टर वर्मा रहते हैं, वे दूसरी गलियों में पड़ते हैं।

गोशाला की फटकिया में प्रवेश कर ताई के दरवाजे पर चोर की तरह सहमे खड़े हुए राजाबहादुर सर द्वारकादास सोच रहे थे कि दरवाजा खटखटाऊँ या...।

सज्जन की सिगरेटें खत्म हो गई थीं। बाजार से लाने के लिए वह नीचे उतरा तो देखा राजाबहादुर खड़े थे। सज्जन के रंग-टेकनीक-भरे मन को दो परस्पर-विरोधी चीजों—बोसीदा गली और वैभवशाली राजाबहादुर—को एक साथ देखकर अचकचाहट हुई, यद्यपि वह ताई, राजाबहादुर और इस गली-हवेली के निकट नाते को जानता था।

"अरे आप?" इन्हें देखकर सज्जन सहसा बोल उठा। राजाबहादुर शाहनजफ रोड पर उसके पड़ोसी हैं। दोनों घरों में आज भी स्नेह-सम्बन्ध है। सज्जन उन्हें 'छोटे बाबा' कहता है, क्योंकि राजाबहादुर उसके स्वर्गीय बाबा को 'भाई साहब' कहकर पुकारते थे।

द्वारकादास उसे देखकर संकुचित हो उठे। रुँधी वाणी से कुछ न कह पाकर, एक कदम आगे बढ़कर उन्होंने सज्जन के कन्धों को हाथ से दबा दिया, मानो आत्मीयता का बोझ डालकर रँगे हाथों पकड़े जानेवाले अपराधी की तरह सहानुभूति और दया माँग रहे हों। फिर तुरन्त अपने को संयत कर उन्होंने पूछा—"तुम यहाँ कैसे?"

"जी, आजकल मैं यहीं—वो ऊपरवाली कोठरी में—काम करता हूँ। मुहल्ला लाइफ को स्टडी कर रहा हूँ।"

"तुम्हें मालूम है यह हवेली मेरे पुरखों की है?"

"जी हाँ! यहाँ आने के बाद ही मुझे मालूम हुआ। मैं तो खुद आपसे मदद माँगने आनेवाला था। ये मुहल्लेवाले गलतफहमियों की वजह से मुझे अक्सर परेशान करते हैं।"

मदद माँगनेवाले याचक के सहारे से अपनी थकी अहंता को उठाते हुए राजाबहादुर ने पत्नी के दरवाजे की कुंडी खटखटाने का साहस किया।

"कौन है निगोड़ा-नासपीटा? कौन कुंडी बजावे है?" अन्दर से झल्लाहटभरी ताई की आवाज आई।

"कुंडी खोलो।" द्वारकादास का सहज रोबीला और गम्भीर स्वर इस समय प्रयत्न के द्वारा ही अपनी सहजता को प्राप्त कर सका।

ताई बड़बड़ाती हुई आई। कुंडी खोलो, पति को देखकर चुप हो गईं। लगभग चौदह-पन्द्रह वर्षों बाद पति-पत्नी एक-दूसरे को निकट से देख रहे थे। पत्नी को देखकर द्वारकादास के मन में ललक नहीं आई, भय का संचार हुआ। बात शुरू करने के लिए सूत्र पकड़ते हुए बोले—"इस लड़के को जानती हो? कन्नोमलजी का पोता है।"

"होएगा। मुझे क्या करना है?" कहते हुए ताई अन्दर की ओर चलीं। द्वारकादास पीछे-पीछे चले। बगैर किसी खास इरादे के, बगैर विचार किए सज्जन के कदम भी उनके पीछे-पीछे ही बढ़ चले।

सीलन-भरी दहलीज, छोटा-सा दालान, सामने आँगन में लालटेन और कुछ चीजें रखी हैं, दाहिनी तरफ के दालान में चूल्हे की लपट निगाहों को खींचती हैं।

लालटेन की रोशनी के पास से गुजरते हुए, थाली में आटे का पुतला बना देखकर द्वारकादास इस तरह सहम गए, जैसे साँप देख लिया हो। ताई ने थाली उठाकर सामनेवाले दालान में खम्भे के पास रख दी, फिर आँगन से लालटेन उठाकर दालान में ले आई। राजाबहादुर अपनी सौभाग्यवती की झूले ऐसी चरपाई पर बिछे गन्दे-चीकट बिछावन पर सँभल-सिकुड़कर बैठ गए। सज्जन उनसे सटकर पायताने की तरफ बैठ गया। ताई चारपाई से जरा दूर हटकर जमीन पर बैठते हुए पति से बोली—"क्यों आए हो?"

द्वारकादास ने मुस्कराने का प्रयत्न करते हुए उत्तर दिया—"तुमसे मिलने चला आया। यहाँ जानकीसरन के..."

थाली में रखा हुआ आटे का पुतला सज्जन का ध्यान आकृष्ट कर रहा था। 'ताई भी कलाकार हैं', ताज्जुब और प्रशंसा-भरी इस अनुभूति ने सज्जन को पुतला उठाकर देखने की प्रेरणा की।

ताई गुस्से से लाल हो उठीं। द्वारकादास की बात जहाँ की तहाँ रह गई। सज्जन उन गन्दी और फूहड़ गालियों का अभ्यस्त नहीं था जो उसे मिल रही थीं। द्वारकादास समझाने के अन्दाज में कुछ कहकर, फिर कुछ और कहकर, फिर मजबूर-से चुप रह गए।

सज्जन गर्म पत्नी और नर्म पति के स्वर-तिलिस्म से छूटकर फौरन बाहर चला गया।

द्वारकादास रुके रहे। वे अपनी पत्नी से अपने परिवार और पोते की प्राण-रक्षा का वरदान माँगने आए थे। आटे का पुतला ताई की अमानुषी प्राणहन्ता शक्ति का प्रतीक बनकर गवर्नरों, मिनिस्टरों, हाकिम-हुक्काम और रईसों के सम्मान पानेवाले, हाँ-हुजूरों की सिर-आँखों पर बैठनेवाले व्यक्ति को गिड़गिड़ाकर भीख माँगने के लिए मजबूर कर रहा था।

बाजार से सिगरेट खरीदकर सज्जन जब अपने कमरे में पहुँचा तो कर्नल साहब और महिपाल बैठे हुए थे।

कर्नल साहब श्रीनगीनचन्द का लोकप्रसिद्ध उर्फ है। वे लखनऊ की एक पुरानी और प्रसिद्ध अंगरेजी दवाओं की दुकान के मालिक हैं। सामाजिक कामों के लिए जी खोलकर चन्दा देनेवालों में उनका नाम शहर के गिने-चुने लोगों के साथ लिया जाता है। छह-सात वर्ष पहले महिपाल शुक्ल के कारण ही उनका सज्जन से परिचय हुआ था। यह परिचय अब गाढ़ी मैत्री बन गया है। सज्जन, कर्नल और महिपाल अभिन्न माने जाते हैं। लेखक महिपाल इन दोनों से अपेक्षाकृत बहुत गरीब है, पर बड़ा मेहनती, खरा और दोस्ती निभानेवाला जीव है।

सज्जन के कमरे में पैर रखते ही कर्नल ने पूछा—"तुम्हें महाकवि बोर तो नहीं मिले थे?"

"नहीं। क्या आए थे यहाँ?"

"हाँ। मैंने उन्हें पट्टी पढ़ाकर रवाना कर दिया।"

"साले यहाँ भी बोरियत फैलाने चले आते हैं।"

महिपाल बोला—"इन कमबख्त मुहल्लेवालों ने तुम्हारे खिलाफ अखबारों में शिकायत छपवाकर और तो जो कुछ बुरा किया सो किया, इस सीक्रेट अड्डे का पता जगजाहिर कर दिया, यह बहुत ही बुरा किया। बड़ी मुश्किलों से गए हैं कविजी यहाँ से।"

सिगरेट सुलगाकर अपने को दुशाले से अच्छी तरह लपेटकर बैठते हुए सज्जन खामोशी में डूब गया। कर्नल उसकी तरफ गौर से देखकर बोला—"क्यों आज फिर कोई नई बात हो गई है?"

"नहीं, कोई खास नहीं।...द्वारकादासजी आए हुए हैं यहाँ।"

"द्वारकादासजी? राजाबहादुर?"

"हूँ। अपनी पटरानी के महलों में हैं इस वक्त। यार ये औरत तो गजब की कैरेक्टर है। जादू के पुतले बनाती है।"

सज्जन ने थोड़ी देर पहले घटी हुई आपबीती सुनाई। कर्नल परेशान हो गए—"तुमने यह पुतला छूकर अच्छा नहीं किया।"

"मुझे क्या मालूम था बे! मैं समझा ताई के अकेलेपन का मनोरंजन है। तुम यकीन मानो महिपाल, मैं बड़ा ही खुश हुआ, मगर..." सज्जन हँसने लगा। हाथ बढ़ाकर, ऐशट्रे में राख झाड़कर बोला—"मैंने अपनी शान में ट्रेडीशनल इंडियन स्टाइल की ऐसी ठेठ गालियाँ सुनी हैं कि क्या बतलाऊँ।"

चिन्तामग्न मुद्रा धारण कर कर्नल ने कहा—"यार, वो बड़ी जादूगरनी है। तुमने अच्छा नहीं किया।"

सज्जन और महिपाल, दोनों ही हँस पड़े। कर्नल को बुरा लगा।—"अमाँ कर्नल, तुम रहे लाला के लाला ही।"

कर्नल गरम हो उठा, बोला—"बड़े इन्टेलेक्चुअल बनते हैं। आपको क्या मालूम जनाब कि इन जादू-टोनों में क्या शक्ति है। कलकत्ते में राय छबीलादास के ऊपर एक बंगालिन विडो ने जादू किया था—छोटे से डोले में उनका पुतला बनाकर, हूबहू उनकी-सी पोशाक पहनाकर दरवाजे पर रख दिया, देखते ही वहीं कटे पेड़ से गिर पड़े। मैंने ऐसे-ऐसे जादू-टोने देखे हैं..."

सज्जन और महिपाल, दोनों के दाँत खामोश हँसी से खिले हुए थे। महिपाल बोला—"हमारे कर्नल साहब अभी भी पाँच हजार बरस पुरानी जहनियत रखते हैं—वो, बकौल शायर कि, 'अकबर याद करता है खुदा को इस जमाने में।' हः हः हः।"

कर्नल साहब मन ही मन में भन्नाए जा रहे थे, मगर ठोस जवाब न दे पाने की असमर्थता के कारण चुप थे। वे चाहते थे कि सज्जन की 'इन्टेलेक्चुअलता' महिपाल की इन्टेलेक्चुअलता को परास्त कर उनकी हीन भावना का कवच बने। मगर सज्जन मियाँ तो इस समय आप ही कर्नल का मजाक उड़ाने में तुले हुए थे।

सज्जन ने कहा—"तो क्यों कर्नल, ताई का पुतला छू लिया, अब मेरा क्या होगा?"

कर्नल तप उठा, बोला—"तुम लोग तो मूर्ख हो मूर्ख। बड़े आरटिस्ट बनते हैं।"

कर्नल ताव में उठकर स्टोव सुलगाने लगा।

सज्जन उसे खुश करने की गरज से बोला—"नहीं भाई, कुछ कह लो, जादू-टोने में शक्ति तो जरूर होती है।"

फिर वह बात को गम्भीरता की धारा में बहा ले गया, बोला—"शक्ति तो जरूर है। आदिम सभ्यता के इतिहास से आज सन् इक्यावन तक, जो रूढ़ि समाज को बाँधे हुए है, उसके पीछे कोई जबर्दस्त फोर्स तो होना ही चाहिए।"

"मनुष्य की घृणा और भय की वृत्ति—यही फोर्स है। आदमी अपनी जहालत को एक झूठी साइंस के सहारे कसता है। यही अन्धविश्वास है। अथर्ववेद ऐसे टोने-टोटके के मंत्रों से भरा पड़ा है।" सिगरेट का आखिरी कश खींचकर, उसे ऐशट्रे में डालते हुए महिपाल ने अपने दोनों हाथ दुशाले में ढँक लिए।

सज्जन बोला—"अथर्व के जमाने तक तो ठीक था। मगर आज? इतना सांस्कृतिक विकास हो जाने पर भी मनुष्य का अन्धविश्वास न मिटे। मैं तो कहता हूँ, यह कल्चर की हार है।"

महिपाल ने शान्तिपूर्वक विचार करते हुए कहा—"हमें एकाएक तड़पकर किसी फैसले पर नहीं पहुँच जाना चाहिए। हार तो मैं तब मानूँगा कि हर जनसाधारण को ज्ञान-प्रकाश पाने का पूरा अवसर मिले और उसके बाद भी यह अन्ध-विश्वास कायम रह जाए। मैं नहीं मानता कि जो मैटर जड़ है वह कभी चेतन नहीं हो सकता। जड़ता में भी चेतना उत्पन्न होती है, मैटर का रूपान्तर होता है।"

"हाँ...ाँ...ाँ...ाँ.., मैटर का रूपान्तर होता है, यह सही है। मगर यह भी तो देखो कि हजारों साल में मानव-संस्कृति अपनी अद्भुत शक्ति दिखाकर भी कितनी कम सफलता पा सकी। आज भी समाजी जहनियत में कल्चरल फोर्सेज की वह कदर नहीं, जो पैसेवालों और अफसरों की है। बहुत से कलाकार बड़े-बड़े नाम कमाकर भी रोटियों को तरसते हैं जनाब, यह तो..."

छत पर किसी की छायाकृति झलकी। सज्जन का ध्यान उधर गया। राजाबहादुर सर द्वारकादास अग्रवाल दरवाजे पर खड़े थे।

सज्जन अदब से उठ खड़ा हुआ। कर्नल साहब के चेहरे पर नम्रता की किरणें फूट गईं, आदर से हाथ जोड़े। महिपाल वैसे ही बैठा रहा।

राजाबहादुर का ध्यान किसी की ओर भी न गया, हाथ के इशारे से सज्जन को बुलाते हुए उन्होंने कहा—"यहाँ आना बेटा!"

सज्जन फौरन उठकर बाहर आया। उसके कन्धे पर हाथ रखकर जीने की तरफ बढ़ते हुए द्वारकादास बोले—''आज की बातों का किसी से जिक्र न करना।''

''जी, कतई नहीं। आप विश्वास रखें।''

''उनका दिमाग जरा पलटा हुआ है।''

''जी मुझे मालूम है।''

''क्या कहूँ, सब भाग्य का दोष है।...खैर! तुम किसी से भी जिक्र न करना, अपने खास दोस्तों से भी नहीं।...और मैं लाला जानकीसरन से कहता जाऊँगा। तुम्हें यहाँ किसी किस्म की भी तकलीफ नहीं होने पाएगी।''

सज्जन उन्हें गली के मोड़ तक छोड़ आया। द्वारकादास के दर्पयुक्त मुखमंडल पर चिन्ता और थकान की झाईं पड़ रही थी। लौटते हुए सज्जन सोचने लगा—''क्या ये भी सुखी हैं ?''

5

नन्दो ने लाले दलाल और उसकी घरवाली को मारने के लिए ताई से टोटका करवाया था। छह बरस पहले मनिया के ब्याह की तैयारी के दिनों में भभूती सुनार के घर गहनों की चोरी हुई थी। सोने की करधनी, तौक, जोसन और चन्दनमाला पालिश-मरम्मत के लिए निकालकर अम्मा ने अलग डिब्बे में रखे थे, सो रात में डिब्बा ही उड़ गया। दूसरे दिन सबेरे ही से घर का नौकर गायब था, फाटक की कुंडी खुली थी, सो उसी पर सारा इल्जाम गया। व्यावसायिक कारणों से भभूती ने पुलिस में रिपोर्ट न कराई, अम्मा हाय करके बैठ रहीं। चोरी की करधनी नौकर के साथ साझेदारी के सौदे में नन्दो के हाथ लगी थी। उन दिनों लाले दलाल की घरवाली से उसका अच्छा घरोबा था। नन्दो ने उन्हीं को करधनी बेचने को दी थी। हीले-बहाने में इतने बरस निकल गए, नन्दो के हाथ झंझी कौड़ी भी न आई। वह उनसे खुलकर लड़ नहीं सकती थी। चार-पाँच दिन पहले लाले की घरवाली से सबेरे-सबेरे गोमती के तट पर ही बड़ी जोर की कहा-सुनी हो गई। लाले की बहू घाट पर सब औरत-मर्दों के सामने नन्दो को चोर-छिनाल कहकर उसके घर की पुरानी चोरी का रहस्य खोल गईं, किन्तु नन्दो उन पर अपनी चोरी का खुला इल्जाम न लगा सकी। नन्दो के आग्रह पर ताई उन्हीं को मारने के लिए पुतले बना रही थीं, जब द्वारकादास और सज्जन उनके घर आए थे।

द्वारकादास के जाने के बाद ताई पुतले बनाने बैठी। नन्दो, जो ताई के ऊपरवाले जीने में छिपकर बैठी हुई पति-पत्नी की बातें सुन रही थी, द्वारकादास के जाने के बाद इस तरह पाक-साफ होकर आई, जैसे अभी-अभी अपने घर से आ रही हो। ताई इस समय द्वारकादास की खुशामद के नशे से माती, अपनी विजय से सन्तुष्ट और प्रसन्न थीं। प्रसन्नता का आवेश धमनी बनकर उनकी हिंसा के कोयले धौंकने लगा। ताई जोश के साथ नन्दो का कार्य सिद्ध करने बैठ गईं। लाले और उसकी बहू का मारक सिद्ध किया, मिस्टर और मिसेज वर्मा में लड़ाई के काँटे बोने के लिए स्याही का काँटा निकाला, लाला जानकीसरन (जिनका अपराध यही था कि आज शाम उनके यहाँ द्वारकादास आए थे) के घर बीमारियों का उत्पात मचाने की नीयत से उनकी चौखट पर छींटे जानेवाले काले तिलों की पुड़िया बाँधी और शाम के कांड की सजा देने के लिए सज्जन का पुतला भी बनाया। पेशेवर हत्यारों की तरह एक-एक के लिए अशुभ-क्रियाएँ करके उन्हें खुशी होती थी।

नन्दो के हाथों सबकी व्यवस्था करवाकर, उसे विदा करने के बाद आप नहाईं, धोती सुखाई और जब सोने गईं, उस समय कोतवाली के घड़ियाल पर बारह के टकोरे बजे।

मुश्किल से घंटा-डेढ़ घंटा भी न सो पाई थीं कि दो बिल्लियों के महनामथ ने ताई की नींद को व्याघात पहुँचाया। दो जोड़ी आँखें अँधेरे में चमकदार ताई को डराने लगीं। बिल्लियाँ एक-दूसरे पर फुफकार रही थीं; प्रतिहिंसा से घुमड़ता रोष आक्रमण की ज्वाला बनाकर दो लपटों के समान

एक-दूसरे से गुँथ गया। ताई की जादू-टोने भरी नजरों में भय की मोहिनी छाने लगी। अपने भय के उतार-चढ़ाव में उन्हें वे बिल्लियाँ कभी-कभी अपना आकार बढ़ाती-घटाती सी नजर आने लगीं। लड़ते-लड़ते बिल्लियों का मुँह जब कभी क्षण भर के लिए उनकी ओर घूम जाता तो आँखों की चमक जादू से मंत्री हुई सुइयों की तरह ऐन उनके कलेजे में चुभकर उसी में गड़ी रह जातीं। बुढ़ापे में सर्द खून भय के अतिरेक से ठिठुर गया। प्राणों की गर्मी उनके कंठ में घिग्घी बनकर घुटने लगी। रोष से चिंचियाती हुई बिल्लियों ने फिर एक दूसरे पर उछल आक्रमण किया। ताई की नजरों में वे बिल्लियाँ किन्हीं महाविशालकाय हिंस्र जन्तुओं की तरह बढ़कर पूरे दालान को छेंकती हुई-सी लगीं और उस भयंकर युद्ध की लपट-झपट में बिल्लियाँ ताई की चारपाई के निकट आ गईं। भयावनी 'घुर्र-घुर्र-खाऊँ-खाऊँ-खा' के शोर में ताई के कंठ की सुरसुराती हुई 'हिहिहि ही-ही-ही' बड़ी जोर से फूटकर सम्मिलित हो गई।आत्मरक्षा की भावना से हिंसा जागी; उनके हाथ यों बढ़े जैसे किसी चमत्कार से पत्थर की मूर्ति के हाथों से जुम्बिश हुई हो; तकिया उठा तानकर मारा। उस समय उन्हें बिल्ली को मारने से स्वर्ग में सोने की बिल्ली जमा करने का कठोर धार्मिक नियम भी बिसर गया था।

बिल्लियों के महायुद्ध की तन्मयता ताई के वज्र प्रहार से भंग हुई, वे आँगन की तरफ भागीं। अब ताई में होश-भरी फुर्ती आई। चारपाई के दूसरी ओर रखी हुई लकुटिया तेजी से बढ़कर उठाई। उनकी गालियों के मसिल फड़फड़ा उठे, वे भी तीसरी बिल्ली बनकर आँगन में झपटीं। एक बिल्ली सीधी आँगन से ही, दूसरी घबराहट में रसोई के दालान में भटककर ऊपर के जीने की तरफ भागी। ताई जीने की तरफ दौड़ीं, जोश में ऊपर तक चढ़ती चली गईं। ठिठुरती हुई अँधेरी रात में मुँडेरों पर दौड़ती हुई छायाकृति-सी बिल्लियाँ और लकड़ी उठाए दौड़ती हुई ताई की सिलहुत-छवि ने सोई छत को बुरे सपने की तरह चौंका दिया। खामोश रात उनकी गालियों के शोर से उसी तरह खिझला उठी, जैसे भरे जाड़े में किसी ने किसी का सुकून से गरमाता हुआ लिहाफ एक झटके से हटा दिया हो।

बड़बड़ाती हुई ताई नीचे उतरीं, ऊपर के जीने की कुंडी चढ़ाई। बकते-झकते-हाँफते जब अपने सोनेवाले दालान में पहुँची तो उनका पैर गिलगिली-सी चीज से लगा, अँगूठा और उँगलियाँ सन गईं। ताई के प्राणों में अपवित्रता का तअस्सुब भरा कम्प हुआ; तीव्र घृणा और खीझ भर गई, परन्तु जबान पर शब्दों की बाढ़ सहसा 'उहँ' में सिमटकर बँध गई। अपने को किसी कदर कुसूरवार-सा महसूस कर, 'इसी शिकार के पीछे लड़ी थीं मरी' सोचकर, सने हुए दाहिने पैर का पंजा उठाकर एड़ी टिकाते हुए अपनी चारपाई के पायताने के पास रखी हुई लालटेन तक पहुँचीं। लालटेन जलाई और फिर उसी तरह एड़ी टिकाती हुई घटनास्थल तक वापिस आईं। देखा, एक ताजा पैदा हुए बिल्ली के बच्चे की लाश थी, जिसका सिर गायब था। घर के हेरे-फेरे करनेवाली बिल्ली के गर्भवती रूप में इधर कई बार देखे हुए चित्र उनके ध्यान में उभरकर आए। "भाड़ में जाए रंडो!" उनके मुँह से छूटते ही गाली निकली। ध्यान गया, उसी के बच्चे को बिलौटा खा गया। यही लड़ाई का कारण था।

पैर टिकाते हुए वे मोरी तक गईं, पैर धोया। लालटेन लिए ठाकुरजी जी कुठरिया में गईं। टाँड़ से पंखा उतारा। लाश को पुराने पंखे पर रखकर, बाहर फेंकने का इरादा लेकर, बढ़ती हुई ताई की सहज हिंसामयी व्यावहारिक बुद्धि जाग उठी। तुरन्त जीने के नीचेवाली बुखारी से अपने जादू-टोने का सन्दूक निकाल, उसमें से सेन्दूर और थोड़े-से काले तिल लिए; टोना-कार्य के निमित्त अलग रखे हुए आटे के डिब्बे से थोड़ा-सा आटा निकालकर दीया बनाया। पंखे पर तिल-सेन्दूर छिड़की हुई बिल्ली के बच्चे की सिरकटी लाश और जलता हुआ दीया रखकर ताई उसे तारा के दरवाजे पर रख आईं—"राँड बहुत पेट लिए घूमती है। ऐसे ही कट के गिर पड़ेगा।"

इस तरह लाश घर से बाहर चली गई और ताई के दृष्टिकोण से उसका सदुपयोग भी हो गया।

ताई जब अपना दालान धोने लगीं तब उन्होंने देखा, उनकी चारपाई के नीचे बिल्ली के तीन सद्य:जात बच्चे सिमटकर गठरी-से बने पड़े हुए थे। ताई का क्रोध ज्वालामुखी-सा फूट पड़ा।

"निगोड़ी सबकी सब मेरी ही छाती पे मूँग दलने आमें हैंगी। सात जलम की दुस्मन मरी, गली-गली घूमकर मेरे घर बच्चे पटकने आई रंडो। अरे तन-मन में कीड़े पड़ेंगे, सरदी की रात में दौड़ा मारा।" चारपाई के पास जमीन पर हाथ में बुहारी लिये ताई बैठ गईं। कोसनों की आड़ में उनका दिमाग इस विषय पर गौर कर रहा था कि इन बच्चों को किस चीज में उठाकर बाहर फेंका जाए। डलिया ध्यान में आई। फिर सोचा, अभी एक पंखे का नुकसान तो हुआ ही है, डलिया और फेंकनी पड़ेगी। धोती तो धोनी ही है, यह सोचकर ताई ने बुहारी रख, तीनों को आँचल में डाल लिया। पानी से भीजे हाथ से बच्चों के बदन में सिहरन हुई। ताई के हाथ ने उसे तीन बार महसूस किया। ठंड से सिकुड़े बन्द आँखोंवाले तीन बच्चे आँचल में गठरी-सी होकर उनके पेट से लग गए। तीन जीवों की प्राणशीलता उनके पेट से लगी कुलबुलाई। दहलीज तक जाते-जाते उन्हें कभी अपनी गोद में खेलनेवाली बिटिया की सहसा याद आ गई। वे ठिठक गईं। पैर फिर हठ, झुँझलाहट और निश्चय के साथ आगे बढ़े, मगर बन्द दरवाजों पर रुक गए। बेटी की याद तीव्र हो उठी थी।

बिल्ली के बच्चे फिर बाहर न फेंके गए।

6

मुँह अँधेरे साढ़े पाँच बजे के लगभग पूजा की घंटी-चौपड़ी लेकर गोमती जाने के लिए लाले दलाल की घरवाली ने दरवाजा खोला। छूटते ही चौखट के बाहर दोनों तरफ रखे पुतलों पर नजर गई। डर के मारे उन्होंने अपना पैर अन्दर खींच लिया और घबराकर बाहर की लाइट का स्विच दबाया। अपने घर के लिए किए गए मारक प्रयोगों को बिजली के उजाले में साफ-साफ देखकर उनके दिल की बढ़ी हुई धड़कनों में और तेजी आ गई। वे एकाएक डकरा पड़ीं—"हाय-हाय! ये कौन ने दुस्मनी निकाली राँड़ की। अरे बहुआ, ओ बहुआ।"

अन्दर से खाँसी के साथ-साथ बुढ़ापे से काँपता हुआ एक स्वर बोला—"अरे क्या है बहू?"

"अरे हियाँ आओ जल्दी से। गजब हुई गया।" कहकर श्रीमती लाले अपने चार मन के शरीर में साँसें अमाने का प्रयत्न करते हुए, बीच-बीच में शब्दों को गले में घोंटकर जल्दी-जल्दी प्रार्थना करने लगीं—"हे सतनराइन स्वामी, अरे तुम्हरी कथा बोलत हुँः—हे बजरंगबली, तुम्हारा सवा पाँच रुपया का परसा—मातेसरी, हमरी रच्छा करौ...हुँः हुँः हुँ।"

"अरे क्या भया बहू?" बहुआ जाड़े में झुरझुराती हुई आई।

"अरे बहुआ, ई देखो तौ तनी—कौनौ निपूती राँड हमरे दरवज्जे पर ई पुतले धर गई हैगी। जिसने हमरे लिए किया होय, ईसुरनाथ, उसी के आगे आवै। छिनट्टी, चोट्टी, निगोड़ी—ये नन्दो राँड़ का काम होगा—वही ताई से कराय के धर गई है।"

"उसी हत्तियारी के कुनबे पै गाज गिरिहै। औ तइया निगोड़ी का तो जलम बीता एही सब लच्छनन में।"

दरवाजे से चिपककर खड़ी हो, पल्ले में मुँह-नाक ढँककर बाहर देखती हुई बहुआ बोली।

"ए बहुआ, तनी उन्हें उठाए के चउराहे पै धर अउतीं। हमैं गोमती जान की देर हुई रही हैगी।"

जाड़े और बुढ़ापे से काँपती हुई बहुआ में भय का कम्प बढ़ा, वह बोली—"ई तो बहू मेहत्तर आवेगा वही उठावैगा। की जानै बीच में कौनौ गैया-वैया आयके खाय जाए तो सबसे अच्छा होय।" कहकर बहुआ फिर अन्दर चलीं।

लाले की घरवाली के इत्ते-पत्ते जल गए, बोलीं—"चिता किनारे आईं, आज मरीं कल दुसरा दिन होयगा।"

बहुआ दहलीज के दरवाजे पर जरा ठिठकीं। लाले की घरवाली ने उनकी तरफ देखकर फिर अपील की—"अरे बुड्ढी-ठुड्डिन को नाहीं लगता जादू-टोना।...उठाय देओ तनी, हमका गोमती जान की अबिरिया हुइ रही हैगी।"

बहुआ बिना कुछ कहे अन्दर चली गई। लाले की बहू का पारा और चढ़ा—"जमाना निगोड़ा ऐसान फरामोस हुइ गया हैगा। इत्ती-इत्ती खुसामद करौ कि बहुधा तनी उठाए देओ—उठाए देओ—और कान में ठेंठड़ खोंस के बहुआ चली गईं—ऐ! हम तो इनका इत्ता-इत्ता भला करें। उद्दिन इनकी बिटिया, आई, दोहते आए। हम कहा जैसी इनकी बिटिया, वैसी हमरी। चार डबल की जलेबी मँगाय के दोहतन का खिलाई—ऐं! औ' हमका अँगूठा दिखायके चली गई। हमरा नित्त का नेम टूटा जात हैगा।"

ऊपर से लाले का लिहाफ बोला—"अड़े क्या भया?"

सन्तो छज्जे पर आबे खड़ी हो गई, कहा—"अम्मा, हम आमैं?"

"तुम आए के का करिहौ? नन्दो निगोड़ी हमरे साथ ऐसा कर गई! राम करै इसके बाप महतारी आधी-रात को मर जाएँ। राम करै इनके कुनबे-भर का सतियानास होए।....ऊँह, हमरा बखत निकला जात हैगा।...आदमी पास-परोस किराएदार रखत है तो कौन दिन के लिए?...अरे जो अपने बख्त पै काम न आवै, ऐसे किराएदार का रखके हम क्या करैंगे? बहुआ, हमरा घरा आजै खाली कर देना। हमें नहीं रखने ऐसे किराएदार।"

उनकी ऊँची आवाज ने लिहाफों में दुबके हुए पास-पड़ोस को चौंका दिया। दुमंजिले से पति और लड़की, तिमंजिले से लड़का—सब "क्या हुआ? हम आवैं?" कहकर ही रह गए, कोई नीचे न उतरा। लाले की घरवाली धम-धम करती फिर दरवाजे पर आ गई।

कुलिया में बाकी तीन घरों के दरवाजे अभी तक बन्द ही थे। पड़ोस के घरों से खाँसी, बच्चों के रोने की आवाज, नल का तड़ाड़ा, बाल्टी की खनक, सामनेवाले घर की कार्निस पर दो-चार गौरइयों की 'चूँ-चूँ' के गुंजार में खौलते हुए दिल की धड़कनों का प्रतिनिधित्व करनेवाली अपनी गूँजती हुई तीखी-बारीक आवाज को बीच-बीच में मिलाती हुई लाले की घरवाली बड़ी बेसब्री से मेहतर के आने की बाट तक रही थीं।

सामने कुहासे-भरी गली में दो-चार लोगों की आवाजाही शुरू हो गई थी। "जिनके हिरदै सियाराम बसैं तिन और का नाम लिया न लिया।"—बाबू किदारनाथ का भजन सुनकर लाले की घरवाली को गुस्से के मारे रुआई छूटने लगी। बाबू किदारनाथ का यह भजन उन्हें गोमती जाते हुए कभी कम्पनी बाग की ढाल पर और कभी कुरियाघाट के रास्ते में बनी रामआसरे की पुलिया पर मिला करता था, सो आज वो लौट भी आए और ये अभी तक घंटी-चौपड़ी लिए दरवाजे पर ही खड़ी हैं। खीझ में फिर नन्दो, ताई और (लपेट में) बहुआ को तीखे स्वर में कोसने लगीं। सामने के घर का दरवाजा खुला, गुबिन्दे की बहू ने बाहर झाँककर पूछा—"चाची क्या भया? किस पर बिगड़ रही हो सबेरे-सबेरे?"

लाले की घरवाली फिर एक बार अपनी शिकायत-रामायण की पुनरावृत्ति कर गईं। कुलिया के सामने गली में एक गाय की दुम का हिस्सा दिखाई दिया। लाले की घरवाली शिकायत भूलकर, तुरन्त बड़ी ललक के साथ उसे चुमकारते हुए, "आओ! आओ! ले-ले!" करने लगीं। जोश के मारे उनकी हँफनी चढ़ने लगी।

गाय के खुर ईंटों की गली के फर्श पर खड़खड़ाए, उसने मुँह फेर कर कुलिया में पुकारनेवाली को ताका। लाले की घरवाली हुमस कर उसे बुलाने लगीं। खुशामद में उनकी कत्थेरंगी बत्तीसी खिली जा रही थी। गालों के गेंद ऊपर चढ़कर उनकी छोटी आँखों को और भी चियाँ-जैसी बनाने लगे। उनकी बड़ी गोरी, बड़ी मोटी देह, गाय की बुलाने के उछाह में दरवाजे के बाहर निकली-निकली पड़ती थी।

खबड़-खबड़ करती हुई गाय कुलिया की तरफ बढ़ी। लाले की घरवाली बड़ी जोर से पुलकीं। हाथ बढ़ा गाय को और उत्साह से बुलाने लगीं—"आओ! आओ! ले ले!"

गाय उनके दरवाजे के सामने आकर खड़ी हो गई। लाले की घरवाली सहमकर दो पग पीछे हो गई। उसे चुमकारते हुए, दूर से ही पुतलों की तरफ इशारा कर कहा—"खाओ! खाए जाओ।"

गाय ने एक बार झुककर दोनों तश्तरियों के पास मुँह ले जाकर नाक से फुंफकार छोड़ते हुए सूँघा, फिर गर्दन ऊँची उठाकर बड़ी-बड़ी काली आँखों से लाले की घरवाली का मुँह ताकने लगी। लाले की घरवाली ने खीजकर कहा—"हिंयन का धरा है। हमरे हाड़ चाबोगी खसोटी? खउती नाहीं हैं जो खान को धरा हैगा। खाओ।...अरे खाए जाओ रंडो, इत्ती-इत्ती खुसामद कर रहे हैंगे। हमरे गोमती जान की अबिरिया हुई गई हैं महरानी...गौमाता...किरपा करौ।"

गोमाता मुँह फेरकर चल दीं। लाले की घरवाली के सारे शरीर में भूडोप व्याप गया। उनके स्वर ने फिर सिर पर आसमान उठा लिया।

धूप केसर-सी खिलने लगी, गली गुलजार हो गई। घरों के दरवाजे खुल गए। पड़ोस के घरों की औरतों ने लाले की घरवाली से चर्चा चलाई, परनिन्दा पाठ किया। ऊपर से लाले, सन्तो, सिंभु भी उतर आए। बात छज्जे-दरवाजे पर खड़े मर्दों में भी छिड़ी। जमाने की नीचता का बखान हुआ। गली में रामलोटन महाराज का 'चाह गरम-बिस्कुट नरम' स्वर गूँजने लगा। शाहजी का टीपदार गला 'गुरु ने कहा था मेरी झोली भरकर लाना रे' सुबह की हवा में लहरें उठाने लगा। पास ही नुक्कड़ पर दूसरी गली से ताई 'ले-ले, ताई छू-छू' का शोर भी रोज के समय पर ही आ गया, पर मेहतर की सूरत अभी तक नहीं दिखाई दी। सिंभू ने सामने के घर में भोले से, भोले ने गली के सामनेवाले घर में सिरीकिशन से पुकार कर कह दिया कि जैसे ही गली में मेहतर दिखाई दे, वैसे ही उसे यहाँ भेज दिया जाए। राह चलतों में चर्चा फैल गई कि लाले दलाल के यहाँ जादू के पुतले रखे हैं। छोटी-सी कुलिया में दो-चार की भीड़ बड़ा-सा मजमा बनकर पुतलों को इस तरह देख रही थी, मानो दो कत्ल हुई लाशें रखी हों। बड़े-बड़े चर्चे हो गए, तब कहीं जाकर मेहतर आया।

पुतले हटते ही झट से बाल्टी लाकर लाले की घरवाली ने दरवाजे पर पानी छोड़ा, फिर घर से यों निकलीं जैसे तोप के मुहाने से गोला निकलता है।

नन्दो के घर पर उसके बाप भभूती नीचे नल के पास बैठे मिट्टी से हाथ धो रहे थे। मनियाँ का बड़ा लड़का ऊपर जँगले के पास खड़ा होकर दादी का पल्ला खींचते हुए, जलेबी खाने की जिद्द कर रहा था। दादी उसे समझा रही थीं कि बुखार उतर जाने पर ही जलेबी मिलेगी और जब तक वह चुपचाप जाकर खाट पर लेट नहीं जाएगा, तब तक उसका बुखार जल्दी से अच्छा नहीं होगा। अपने कमरे में बड़ी अपनी छोटी बच्ची को पैरों की अटेकन पर बैठाए हुए थी। मनियाँ लिहाफ ओढ़ कर बाएँ हाथ के सहारे सिर ऊँचा उठाए, मुट्ठी बाँधकर सिगरेट का कश खींचते हुए अपनी बच्ची को हँसा रहा था। बच्ची की हिलती हुई गर्दन पोपली हँसी से झूल जाती थी, उसके पैरों में पड़े लच्छे और हाथों में सोने के कड़ों के घुँघरू नन्ही-सी देह की चंचलता से ठुमक पड़ते थे। बड़ी उसे निहार कर रीझ रही थी।...और शंकर के कमरे में अब भी रुई और दुई की रात गरमा रही थी। नन्दो के गोमती से नहाकर लौट जाने की बेला निकट आ गई थी। नौकर बीच का खन करीब-करीब पूरा बुहार चुका था।

सहसा लाले की घरवाली ने एटम बम की तरह बीच चौक में फटकर भभूती के घर को हिरोशिमा बना दिया। नल के पास बैठे घरधनी को सुनाकर लाले की घरवाली ने कहा—"कहाँ है तुमरी रंडो? तुमरी लाड़िली बिटिया?...हमरे घर में अपने चलित्तर उछाल के आई है। औ जो हमरे घर में जादू-टोने करवाएगा, उसी के घर में उलट के बंस नास होएगा—कहे जाती हूँ। हाय, हमरा बुरा चेता—हमने कब किसके साथ कौन-सी बुराई की हैगी आज तलक, जो हमरे घर पर

ताई से पुतले कराए के रख गई। अरे आवै तो चोट्टी–छिनट्टी, नउकर से रिश्तेदारी जोड़ के अपने घर में चोरी कराइन, औ' अब हमरे ऊपर जादू चलउती है कि हम उनकी सोने की करधनी बेचन खातिर काहे नहीं रखा। अरे, हम काहे रखते किसी के घर की फूट-लड़ाई चोरी का माल। हमरे घर का ई सब कैदा नहीं होगा। जिनके घर में चोरी का रुजगार होत है उनही की बिटिया अपना भतार छोड़ के सत्तर खसम करत फिरत हैंगी। ऊपर से भगतिन बनती हैंगी, चोट्टी कहीं की!"

जब पहले–पहल ही एटम बम फूट गया, तब अम्मा की मशीनगन ऐसी फिटफिट कहा–सुनी भला क्या असर करती? भभूती कान में तेल डालकर चुपचाप दातून करता रहा। मनियाँ, मनियाँ की बहू तिमंजिले के जँगले से झुककर देखते रहे। फिर ज्यों ही नन्दो ने रणक्षेत्र में आकर गांडीव टंकारा तो शंकर और शंकर की बहू भी कमरे के बाहर आ गए। नन्दो ने बड़े-बड़े ब्रह्मास्त्र छोड़े, अम्मा की फिटफिटिया भी बीच–बीच में दग जाती थी, मगर लाले की घरवाली ने वैज्ञानिक युग की तरह गांडीव और ब्रह्मास्त्रों को खिलौना साबित कर दिया। अपराध के खूँटे से जकड़ी हुई नन्दो अपनी उग्रता के नाटक में सत्य की स्फूर्ति नहीं ला पाती थी। मनुष्य के अन्तर का परायापन, उसकी घृणा, अपने प्रति न्याय की निष्ठा लिए 'चाऊँ–चाऊँ–झाऊँ–झाऊँ' की गूँज बनकर मीनार-सी उठ रही थी। तिमंजिले से तैश में आकर मनियाँ भी लाले दलाल को बेईमान सिद्ध करता नीचे उतर आया। शंकर भी जेब में हाथ डाले तमाशा देखने चला आया। बहुएँ छत पर ही रहीं. पास–पास सिमट आईं। नीचे की घटना का खुसफुस विवेचन होने लगा।

छोटी बोली—"हाय ये सन्तो की अम्मा कैसी मजबूत हैं लड़ने में कि निकली–निकली पड़ती हैं।"

बड़ी ने कहा—"सच्ची बात है भाई। अभी हमारे-तुम्हारे लिए कोई बुरा कर जाए तो हमें-तुम्हें क्या गुस्सा नहीं चढ़ेगा और ये नन्दो बीबी तो महा की कुटाँट है। हरेक से जलना, हरेक से बुरा चेतना, यही इनका काम...छत्तीसी कहीं की!"

नीचे आँगन में छन्न से पूजा की गडुई थाली फेंककर नन्दो ने कोसने–काटने शुरू किए। माँ-बाप की उपस्थिति में रो–रोकर अपने पक्ष को प्रबल करने के लिए उसने महनामथ मचा दिया।

लाले की घरवाली, थकी हुई आवाज को खींच–खींच कर ऊपर चढ़ा रही थी। हँफनी के कारण उनके शब्द अस्पष्ट हो जाते थे, पर घृणा और क्रोध का वेग उनकी भीमकाय देह में उबला–उबला पड़ता था।

अपनी छत की मुंडेर फलाँग कर तारा चोर की तरह भभूती की ऊपरवाली छत पर आई। छोटी-बड़ी को देखकर हाथ के इशारे से पास बुलाया। युद्ध का कारण जानकर तारा बोली—"हमारे घर के दरवाजे पर भी रख गई थीं। मैं दूधवाले को दरवाजा खोलने गई तो बाहर देखकर सहम गई। दूधवाले ने भी जाने क्या–क्या डरा दिया।"

"डरने की बात ही है भाई! अब तुम्हारा आठवाँ महीना चढ़ रहा है, और..." बड़ी की बात पूरी होने से पहले तारा ने कहा—"हमारे वो तो कहने लगे कि बेकार का सुपरइस्टीशन है, इन सब बातों का ध्यान न दो। हमने अपने मन में कहा कि हाँ, वैसे तो आज के जमाने में..."

नीचे का शोर इस बार तमाम पिछले रिकार्ड तोड़ कर नई सीमा स्थापित करने लगा। छोटी-बड़ी दौड़कर फिर जँगले के पास आकर नीचे की ओर झुककर देखने लगीं। तारा ऊपर छत पर ही बैठकर कौतूहल से छोटी–बड़ी का मुँह देखने लगी।

नीचे लाले की घरवाली ने झपटकर नन्दो का गला पकड़ लिया। नन्दो अपने घुटे गले से गींगियाते हुए दोनों हाथ श्रीमती लाले की ठोड़ी पर अड़ाकर पूरी शक्ति से उसे पीछे ढकेलने का प्रयत्न करने लगी। भभूती, अम्मा, मनियाँ, शंकर सभी के चिचियाते हुए स्वर एक साथ गुँथकर भयंकर हुल्लड़ का रूप धारण कर रहे थे। मनियाँ ने आगे बढ़कर किसी तरह अपनी बहन को छुड़ाया। लाले की घरवाली जब अपने जोम में मनियाँ से उलझीं तो उसने मारने के लिए हाथ उठाया। भभूती ने फौरन

आगे बढ़कर अपने बेटे का हाथ पकड़ लिया और उसे पीछे ढकेलते हुए लाले की घरवाली से बोला—"हम तुम्हारे हाथ जोड़ते हैं बहूजी! जो गलती हुई उसे छमा कीजिए।...नन्दो, जा यहाँ से। मनियाँ, इसे पकड़ के ऊपर ले जाओ। चुप नहीं रहती चुड़ैल! बक-बक-बक-बक किए ही जाती है।"

लाले की घरवाली किसी तरह घर से अनिष्टकर ग्रह की तरह टलीं।

छोटी-बड़ी फिर रिपोर्टिंग करने के लिए ऊपर की छत पर आ गईं।

खसफस बातों के दौर में छोटी ने कहा—"अगर उसके गला घोंटने से नन्दो बीबी मर जातीं तो मैं बड़ी खुश होती। कहने को तो बहन है, पर हमारे वो इनसे सख्त नफरत करते हैं और इनसे तो जेठजी भी अब नाखुश ही रहते हैं।"

"और ये करधनी चुराने की क्या बात है?" तारा ने पूछा।

बड़ी बोली—"हमारी शादी के पहले यहाँ बड़ी भारी चोरी हुई थी। अम्मा बतलाती थीं कि नौकर चुराकर भाग गया। सो अब देखो इतने बरसों बाद आज ये बात खुली कि ये भी नन्दो बीबीजी का ही काम था।"

"तो क्या नौकर से इनकी... ?"

तारा की भेद भरी बात का तार लेकर बोलते हुए छोटी ने कहा—"हो सकता है। जो अपने हस्बैंड को छोड़ दे, घर में चोरी कराए, वो क्या नहीं कर सकती।"

बड़ी सिर हिलाती हुई बोली—"हमारी समझ में नहीं आता। ये उन औरतों में से हैं जो मर्दों से नफरत करती हैं। मेरा तो तजरबा है। मेरे स्कूल में एक मास्टरनी थीं, वो भी ऐसी ही थीं।"

नीचे, घर के दुमंजिले पर दूसरी लड़ाई का दौर आरम्भ हो चुका था। छह साल पहले की चोरी का नुकसान अम्मा के कलेजे में इस समय माँ की ममता से अधिक कचोट रहा था। मनियाँ को भी धनहानि और अपमान—दोनों की ही तड़प खौला रही थी। शंकर भी नन्दो के पक्ष में नहीं था। नन्दो सारे परिवार के विरुद्ध अकेली मोर्चा ले रही थी।

अम्मा कहें—"अरे, अपने ही अंस में खोट होए तो किसको कहन जाएँ। जरूर इसी ने चोरी कराई..."

"हाँ-हाँ हमने कराई चोरी। हम तो चोर-बदमास सभी कुछ हैं।" नन्दो बोली।

मनियाँ चीखकर बोला—"हाँ-हाँ-हाँ। हम कहते हैं कि तुम जरूर करधनी लेकर लाले के यहाँ गई होंगी।"

"और नहीं तो क्या?" अम्मा बोलीं—"पहले बहुत घुस-घुसके जात रही लाले के हियाँ। वहीं धर आई। अब जब वो नामुकर भई तो इसने जलन के मारे जादू-टोना किया।"

"हम काहे करैं जादू-टोना? जिन्हें अपने लड़कन-बहुअन के लिए सोना-चाँदी बटोरना..."

तड़ातड़ तमाचे लगाकर मनियाँ ने नन्दो का मुँह तोड़ दिया—"अम्मा को कहती है बदमास! हम तुम्हारी हड्डी-पसली तोड़ डालेंगे। एक तो छह हजार का नुकसान कराया..."

भभूती ने डाँटकर कहा—"अच्छा-अच्छा, हो गया। जाओ, सब जने अपने-अपने काम पर लगो। लाले दलाल ससुरे से इसकी दूनी रकम निकला लूँगा मैं।"

नन्दो का रोना, बकना-झकना चलता ही रहा। बाप के कहने पर भी मनियाँ का जोम आपे में न आया।

ऊपर की छत की सीढ़ियों पर बैठी तीनों युवतियाँ चुपचाप सुन रही थीं।

"तारा! तारा!!" अपनी छत पर वर्मा ने पुकारा।

तारा उठी—"आज दिन में हमारे यहाँ आना तुम दोनों।"

बड़ी उसे सहारे से मुँडेर के नीचे उतारती हुई बोली—"अब ये मुँडेरों की उचक-फाँद छोड़ो गुइयाँ! ऐसी हालत में..."

अपनी छत पर मिस्टर वर्मा दिखाई दिए। बड़ी थोड़ा-सा पल्ला खींचकर हट आई। छोटी ने छत से दिखाई पड़ती सज्जन की कोठरी की तरफ इशारा करते हुए कहा—"जीजी, जीजी! देखो उनके यहाँ भी पुतला रखा है।"

बड़ी ठोड़ी पर उँगली रखकर बोली—"हाय-हाय! ये ताई निगोड़ी तो सबको खा जाएगी।"

7

नौकर के दरवाजा खोलते ही सज्जन ने पूछा—"क्यों मिस्टर कलुआ, आज इतवार का खास कलेवाजी क्या बना है?"

कर्नल घर के संस्कारवश ब्यालू को 'ब्यालूजी', 'जेवनार' को 'जीमनजी' कहा करता है, इसलिए सज्जन और महिपाल, दोनों ही अक्सर 'रोटीजी जीम आएँ; या कलेवाजी कर लें; या चायजी—काफीजी पी लें' कहकर उसका मजाक उड़ाया करते हैं। कल्लू मालिक के इन दोस्तों के मजाक से परिचित है, लिहाजा मुस्कुराहट दबाते हुए अदब से बोला—"सरकार, गाजर का हलुआ..."

"आहा! गाजर का हलुआ!" सज्जन आँखें मूँदकर गद्गद स्वर में बोल उठा।

कर्नल ने कोंच पर बैठते हुए कहा—"ऐसी एक्टिंग कर रहे हो कि जैसे बेटा, कभी खाया ही न हो।"

"अबे, खाया न होता तो तारीफ कैसे करता? गाजर का हलुआ मुझे बचपन से ही पसन्द है। मेरी माँ बनाया करती थीं।"

कर्नल कल्लू की तरफ देखकर बोला—"जरा ठहर कर लाना। अभी महिपाल बाबू आते होंगे।"

बावर्ची-खानसामा द्वारा अनुशासित नारीविहीन घर में सज्जन को भारतीय स्वाद उपलब्ध नहीं और उसे जोर की भूख लग रही थी। सो जाते हुए कल्लू को आवाज देकर उसने कहा—"अरे बे ओ! एक प्लेट (पंजे को तश्तरीनुमा फैलाकर नचाते हुए)—हाँ! पहले यहाँ दे जा, फिर नाश्ता आता रहेगा।" नौकर चला गया। कर्नल हँसकर बोला—"तुम साले बड़े बदनीयत और बेमुरौअत हो। महिपाल के लिए जरा देर रुका भी नहीं गया तुमसे, और हम लोग घंटों तुम्हरा इन्तजार करते हैंगे।"

इलैक्ट्रिक हीटर के पास, विक्टोरिया-कालीन सोफा पर पैर फैलाकर लेटते हुए सज्जन बोला—"बाबूजी, माफ कीजिएगा, आप दोनों में से कोई भी इस काबिल नहीं कि जिसके लिए इन्तजार किया जाए। वैसे उदास न होना, साथ देने के लिए दुबारा एक प्लेट खा लूँगा।"

पिछले पाँच वर्षों से तीनों की प्रात:कालीन सैर और कर्नल के घर का चाय-नाश्ता जिन्दगी की रोजमर्रा में शामिल है। कर्नल और महिपाल अमीनाबाद से चलकर छतरमंजिल पहुँचते हैं, सज्जन शाहनजफ रोड से दौड़कर वहाँ तक आता है। फिर तीनों बेलीगारदवाली सड़क पर टहलते हुए सूरजकुंड तक जाते हैं। लौटते वक्त महिपाल दौड़ लगाता है और सज्जन कर्नल की चहलकदमी का साथ देता है। अमीनाबाद पहुँचने पर ये दोनों महिपाल के घर आवाज लगाते हुए कर्नल के घर जाते हैं। महिपाल अपने नियमित व्यायाम से निबटकर करीब-करीब तुरन्त ही वहाँ पहुँच जाता है। महिपाल और कर्नल के साथ के कारण सज्जन को भी सुबह के वक्त विशुद्ध अहिंसात्मक नाश्ता करने की आदत पड़ गई है। किन्तु अंडा-टोस्ट या आमलेट का मोह त्याग करने पर भी सुबह—दूध-बादाम का अधसेरा चढ़ानेवाले कसरतप्रिय महिपाल से प्रभावित होकर भी सज्जन चाय पीना नहीं छोड़ सका। कर्नल नई सभ्यता के शौक में चाय पीता है। अखबार पढ़ने और बहस करने में आठ बज जाते हैं। सज्जन का ड्राइवर तब तक कार लेकर पहुँच जाता है। यहाँ से उठकर सज्जन पहले अपनी कोठी जाता था, अब चौकवाली कोठरी की ओर जाता है।

महिपाल आज घूमने नहीं गया था; लिखने का मूड बँध जाने के कारण उसने पिछली शाम ही मना कर दिया था। हाँ, नाश्ते के लिए वे लोग उसके घर पर आवाज देते हुए आए थे। महिपाल तभी जागा था, उसने निबटकर आने के लिए कहा। नाश्ते में विलम्ब होने की सम्भावना के कारण सज्जन को उसी वक्त से जोर की भूख लग आई थी। जिस चीज की प्राप्ति में जरा भी अड़चन हो, सज्जन उसके लिए उतावला हो उठता है।

कलुआ चाँदी के वर्क लगे हलवे की प्लेट लेकर हाजिर हो गया।

सज्जन खाते हुए बोला—"उम्दा बना है। तुम ललचो बेटा, मित्रता निभाने के फेर में।"

"अजी हम लोग कल शाम ही खा चुके।" कर्नल बोला।

"महिपाल भी?"

"हाँ।"

"तभी। मैं कहूँ, साले को एकाएक उपन्यास लिखने का मूड कैसे आ गया।"

"नहीं, इधर तीन-चार महीनों से तो खूब काम कर रहा था पट्ठा।" कर्नल बोला—"उल्टे तवे तक के यहाँ नहीं जा रहा।"

"ये तुम्हारा उल्टा तवा, उसकी बीवी, उसके तमाम घरवाले मिलकर खा गए उसे, वरना बहोत बड़ा आर्टिस्ट होता महिपाल।" सज्जन ने गम्भीर स्वर में कहा।

"दुखी है बेचारा। क्या करे?"

तभी कर्नल के बड़े लड़के शिखर ने अखबार के साथ आते हुए कहा—"चाचाजी, आज आपके ऊपर आर्टिकिल छपा है।"

"कहाँ है, देखूँ।" कर्नल इतना व्यग्र हो उठा कि जैसे उसी की तारीफ छपी हो। शिखर के हाथ से पेपर लेकर कर्नल लेख खोजने लगा।

सज्जन ने बनावटी उदासीनता दिखाते हुए कहा—"प्रो. चटर्जी का आर्टिकिल होगा। मुझसे कह रहे थे।"

"हाँ, उन्हीं का है।" कहकर दो मिनट तक सज्जन और उसके बनाए तीन चित्रों की प्रतिच्छवि देखते रहने के बाद अखबार सज्जन की ओर बढ़ाते हुए कर्नल बोला—"हाँ, सुनाओ तो जरा क्या लिखा है?"

शिखर बोला—"अरे बडी-बड़ी तारीफें लिखी हैं चाचाजी की। लिखा है..."

"अच्छा-अच्छा, जाइए, पढ़िए-लिखिए अपना। सबेरे से अखबार लेकर बैठ जाते हैं।" पिता से अनावश्यक झिड़की खाकर शिखर चुपचाप चला गया।

थोड़ा तकल्लुफ बरतने के बाद सज्जन ने लेख पढ़ना आरम्भ किया। कर्नल उसके एक-एक शब्द को गौर से सुन रहा था। जहाँ सीधे-सादे शब्दों में सज्जन की प्रशंसा होती थी, वहाँ उसे बहुत आनन्द आता था, और जहाँ सेज़ाँ, वैनगॉग, पिज़ारो, पिकासो आदि पश्चिमी चित्रकारों की चर्चा अथवा 'थ्योरी ऑफ लाइट' और 'थ्योरी ऑफ डिस्टॉर्शन' आदि के हवाले के साथ चित्रकला की शास्त्रीय विवेचना होती, वहाँ वह कम रस ले पाता था। एक प्रसिद्ध कलाविद् द्वारा की गई प्रशंसा सज्जन को खुद अपनी ही नजरों में 'नए युग का अग्रदूत' और 'महान् साधक' बना रही थी। प्रो. चटर्जी ने लिखा था—"सज्जन के नए प्रयोग मानव के लिए मुक्ति की राह बना रहे हैं। गली-मुहल्ले में बसे हुए भारतीय जन-मन का यह चितेरा हमारी सामाजिक गठन, रूढ़िवादिता, उसे गतिशील करनेवाली शक्तियों और परम्पराओं का अध्ययन करने के लिए आजकल जो महान् साधना कर रहा है उसे आज के लोग तो सराहेंगे ही, साथ ही साथ यह भी निश्चित है कि आनेवाली पीढ़ियाँ नवयुग के इस अग्रदूत के उपकार-भार से दबी रहेंगी; देश का सांस्कृतिक इतिहास सज्जन को एक राष्ट्र-निर्माता के रूप में सदा याद..."

"अजी हाँ-हाँ, एक इतिहास ही क्या, डिक्शनरियों तक में आपकी महानता की परिभाषा की जाएगी।" कमरे में प्रवेश करते हुए महिपाल ने कहा।

कर्नल ने उत्साह से कहा—"प्रोफेसर चटर्जी ने आर्टिकिल लिखा है सज्जन के लिए। बड़ी तारीफ की है।"

"जी हाँ, अभी सरसरी नजर डाले चला आ रहा हूँ। मगर ये तारीफ इनकी नहीं, उन दावतों की है जो चटर्जी ने सज्जन के यहाँ खाई हैं।"

अखबार में छपी अपनी प्रशंसा के विपरीत मित्र का यह व्यंग्य सज्जन को किसी हद तक खल गया। फिर भी उसने अपने को संयत रखा, परन्तु कर्नल से चुप न रहा गया, बोला—"सज्जन की तारीफ से तुम साले जल गए कि मेरी कला पर..."

"मियाँ, मुझे क्यों जलन होगी? जब तक जमकर काम करता हूँ—साधना करता हूँ—तब तक मुझे किसी से भी ईर्ष्या नहीं होगी।" सज्जन की तरफ से नजर चुराते हुए, कर्नल से नजरें मिलाकर ईमानदारी का इजहार करते हुए महिपाल ने कहा। फिर कोट की जेब से कागज निकाल, सज्जन की ओर मुखातिब होते हुए बोला—"तुम्हें अपने उपन्यास का आरम्भ सुनाऊँ।"

सज्जन ने अपनी सज्जनता का आडम्बर फैलाते हुए हाथ का अखबार एक ओर फेंककर सुनने की उत्सुकता दिखलाई। कर्नल बोला—"ठहरो, पहले वह आर्टिकिल तो पूरा सुन लेने दो।"

"अमाँ, आर्टिकिल को गोली मारो। सज्जन चटर्जी के सर्टिफिकेट के बिना भी ऊँचा कलाकार है। ऐसी अखबारी तारीफों से तुम जैसे लाला-लूली लोग ही प्रभावित होते हैं। हाँ सज्जन, सुनो।"

महिपाल से मान्यता पाकर सज्जन को क्षणिक सन्तोष हुआ। कर्नल अपने ऊपर किए गए आक्षेप का उत्तर देने ही जा रहा था कि महिपाल ने कहना आरम्भ किया—"इतिहास और संस्कृति इस नाविल के रनिंग कैरेक्टर्स हैं। शुरू का एक चैप्टर, जो बाद में लिखूँगा, उसमें दिखलाऊँगा कि यह दोनों प्रेमी-प्रेमिका देवता से वरदान पाकर कभी बूढ़े नहीं होते। सभ्यता के आदिमकाल से यह दोनों विकास के हर दौर से गुजरते हुए आज के जमाने तक पहुँचेंगे, और यहीं मेरा उपन्यास पूरा होगा। हाँ, अब सुनो। मैं तुमको उस जमाने में लिए जा रहा हूँ जहाँ प्रस्तर-युग से निकलकर इनसानी-दल चेतना के नए दायरे में आ रहा है।"

"ठीक है, सुनाओ।" सज्जन ने पास ही रखे हुए टिन से सिगरेट निकालकर सुलगाते हुए कहा।

महिपाल सुनाने लगा—

"फागुन की रात आई। सरोवर के किनारे बसे, फूलों की सुगन्धि-भार से लदे, मदमाते बिरवों ने चाँद को अपनी गुइयाँ के साथ घर आने का न्यौता दिया; हवा बसन्त को बहा लाई। अबोलों की नृत्य-भरी चंचलता सोमरस के धनुष पर पैने शरों की तरह दसों दिशाओं को बेधने लगी। बाँहों से बाँहें जकड़कर पुरुष की शक्ति और नारी के सिंगार में दान की होड़ लग गई। धरती पर संगीत ने जन्म पाया।

"पितामह ब्रह्मा और बूढ़े प्रजापति दक्ष ने नौजवानों के नए राग को सुनकर ठंडी आहें भरीं। प्रजापति कहने लगे—'सतयुग का धर्म गिर रहा है पितामह! इन लड़कों ने पुराने धर्म का त्याग करके नया धर्म अपनाया है। आप इसे अच्छा समझते हैं?'

"सवाल सुनकर पितामह ब्रह्मा छिन भर के लिए चकराकर चुप हो रहे। अपनी जवानी की रंगीन नशीली याद के जादू से बँधकर वे अपने जमाने में पहुँच गए। उस काल में मनुष्य-समाज कोई नियम, कोई बन्धन नहीं जानता था। हर स्त्री और हर पुरुष सहज भाव से एक-दूसरे का भोग करता था। मिल-जुलकर रहना, खाना-पीना और आमोद करना, यही उनका काम था। जंगल-जंगल भटककर जड़ी-बूटी, फल-शहद, पशु-पक्षी और कोई-कोई तो शत्रु-जाति के मनुष्यों तक का मांस खाकर अपना पेट भरते थे। वे लोग जल में मछलियों की तरह तैरते और वन में पशुओं

की तरह विहार करते थे। पंछियों के मधुर कलरव की तरह उनके तृप्त अन्तर का आनन्द अपनी अर्द्ध-विकसित भाषा के स्वरों में चहक उठता था। वर्षा के काले बादलों की तरह झुंड बाँधकर विचरनेवाले मस्त हाथियों, सिंह, भैंसे, सुअर, सर्पों और तरह-तरह के विशालकाय भयानक जीव-जन्तुओं से पत्थर और हड्डी के हथियारों से लड़ते हुए, हजार प्राकृतिक आपदाओं से संघर्ष करते हुए वे लोग-लुगाई, एक-दूसरे के प्यार में तन्मय रहा करते थे। दुःख-दरद, हारी-बीमारी में, युद्ध, खान-पान, राग-रंग में पूरा-पूरा साझा बँटाकर नर-नारियों के समाज ने एक-दूसरे पर निछावर होने की कला सीखी, आत्म-बलिदान का भेद पाया। अपने सुख के अंश को नए जीव के रूप में धरती पर लाकर, उसकी राजी-खुशी के लिए अपने प्राणों की बाजी लगाते हुए नारी के हृदय ने अनेक पीढ़ियों की साधना से माँ की ममता को पहचाना। आँखों में स्नेह का सागर उँडेलते हुए, अपने कन्या-पुत्रों को देखकर माँ ने कहा था—'ये मेरे बच्चे हैं। यह एक नया नाता है। पुरुष, देखो तो यह कैसा अद्भुत चमत्कार है कि मेरे यौवन के दम्भस्तम्भ और तुम्हारे क्रीड़ा-विलास के खिलौने—ये मेरे स्तन इनका पेट भरने के लिए आप ही आप दूध की नदियाँ बहाने लगे। कैसा निर्विकार आनन्द है। पुरुष, अपने इस अपूर्व आनन्द के बोध से प्रेरित होकर मैं समाज को यह आदेश करती हूँ कि बड़े कष्ट से जाए मेरे इन नौनिहालों को अब से वही पवित्र प्रेम दिया जाए जो इस समय मेरे मन में उमड़ रहा है।'—भग-देवता की अवतार नारी ने नए युग की माँ बनकर जग को आदेश किया, और देवताओं ने श्रद्धा से सिर नवाकर उसे माना। उसी पुरानी स्मृति की चेतना ने पितामह से सत्य का तकाजा किया, वे दृढ़ गम्भीर भाव से बोले, 'एक नई चेतना ने जन्म पाया है दक्ष। माता की महिमा को मत भूलो।'

''अधेड़ उम्र के देवता पूषन् ने, जो अपनी बहन के प्रेमी और पति थे, सहसा अपना संयम खोते हुए कहा—'माता की महिमा को पहचानता हूँ पितामह, मगर नई पीढ़ी के लड़के-लड़कियाँ जब मेरे और सूर्या के सम्बन्ध को भी नियम विरुद्ध बतलाते हैं, तो मेरे रोम-रोम में अंगारे सुलग उठते हैं। जिस सम्बन्ध को देवता ने धर्म माना, उसे नई पीढ़ी के जवान अधर्म कहें, यह अनरीत मुझसे सहन नहीं होती।'

''वल्कल के चीर और फूलों के गहनों से सजी, श्यामा सुन्दरी यमी ने गहरी वेदना से निसांस ढालकर कहा—'अनरीति की पूछते हो सखा? मेरे तो कलेजे के छाले छिले हुए हैं। तुम्हारे ये सारे देवता भी मेरे सुहाग के दुश्मन बन गए थे। मेरे सहोदर यम को, मेरे बन्धु, मेरे भोगभावन प्रियतम को झूठ-झूठ के धर्म का पाठ पढ़ाकर बहकानेवाले तुम्हारे इन देवताओं से, और जन्म देनेवाली अपनी माता अप्यायोधा से मैं शत्रु-पत्नियों की तरह, सपत्नियों की तरह घृणा करती हूँ। मैं उनके नाम पर थूकती हूँ।'

''कहते-कहते काली कालिन्दी यमी का सलोना सौन्दर्य घृणा की कठिन आँचों से तप उठा। कुछ दूर पर हटकर बैठे हुए धर्मराज यम ने काम-ज्वाला से जलती हुई अपनी बहन से सहमकर नजरें झुका लीं; फिर बहाने से ब्रह्मा के पास आकर बैठ गए। उन्हें डर था कि यमी कहीं पहले की तरह उनका आलिंगन करने के लिए मतवाली न हो जाए।''

महिपाल ने नोटबुक बन्द कर दी। सज्जन ने सिगरेट बुझाकर ऐश-ट्रे में डालते हुए कहा—''बस, यहीं तक लिखा है?''

महिपाल ने सिर हिलाकर स्वीकार किया। कर्नल ने चिल्लाकर आवाज दी—''नकछेदी, चाय ले आओ।''

सज्जन विचार-मग्न होकर उठते हुए बोला—''अच्छा है। लेकिन तुमने उस जमाने की पूरी तस्वीर अभी नहीं दी। उस जमाने की सामाजिक व्यवस्था कैसी थी, धर्म और ईश्वर को लेकर उनकी कल्पना...''

''आगे मिलेगी। मैंने अपने उपन्यास को मानव-सभ्यता की एक ऐसी स्टेज से उठाया है जिसमें धन का वैभव समाज को गाय, बैल, भेड़, बकरी आदि के रूप में मिल चुका है। दूध और मांस की बहुलता ने उसके शिकारी जीवन की कठिनाइयों को दूर कर दिया है। वह बहुधन्धी होने लगा है, नई-नई ईजाद और खोज से अपने को समृद्ध बना रहा है। पत्थर और हड्डियों के औजारों के साथ-साथ मनुष्य के हाथ में अब धनुष-बाण आ गया है...''

''उनका धर्म, उनकी संस्कृति?'' सज्जन ने टहलते हुए एक क्षण रुककर सवाल किया।

''यह तो जाहिर है कि जन्म के रहस्य और मृत्यु के भय से मानवी संस्कृति का उदय हुआ है।'' महिपाल ने कहा—''प्रकृति और उसकी बेटी नारी को आदि शक्ति मानकर वे उसकी सत्ता के आगे सिर झुकाते थे। मृत्यु को उन्होंने जीवन का अन्त नहीं, बल्कि किसी किस्म के मायावी जीवन का आरम्भ माना। आदि-पुरखों के रूप में मसान चामुंडा और शिव के ही किसी रूप की उन्होंने कल्पना की होगी। यहीं से जादू-टोने का आरम्भ हुआ जिसकी थाती तुम्हारी लैंड-लेडी ताई और उसके जैसे प्रिमिटिव आस्थावाले लोग अभी तक सहेजते आ रहे हैं। खून को उन्होंने जीवन का प्रतीक माना। मेरा ख्याल है कि औरत की माहवारी में बहनेवाले खून ने भी उनकी इस धारणा को पुष्ट किया होगा। युद्धों में रक्त बहने के फलस्वरूप भी वे इसी निष्कर्ष पर पहुँचे होंगे। इसीलिए अपने प्रियजनों की हारी-बीमारी में वे 'अदृश्य शक्ति' को बलिदान—रक्तदान देकर सन्तुष्ट करना चाहते थे। इसीलिए 'जान के लिए जान और खून के लिए खून' का सिद्धान्त पनपा। जब कोई किसी के प्रियजन की हत्या कर डालता है तो मनुष्य उसकी हत्या करना अपना परम कर्तव्य समझता है। शत्रु की जान लेकर, उसके खून को अंजली में भरकर आकाश की ओर उठाते हुए वह अपने प्रिय को अर्पित करता है। यह उसके सीधे-सादे बचकाने दिमाग की कल्पना है जो उस आदिम जमाने को देखते हुए जरा भी गलत नहीं मालूम होती। यही आदत आगे चलकर पवित्र संस्कार बन जाती है—तर्पण के रूप में व्यापक भाव ले लेती है। इस परम्परा में नरमेध, गोमेध, अश्वमेध आदि हत्याएँ आगे चलकर विधिवत् धार्मिक कृत्य बन जाती हैं।''

गाजर का हलवा, आलू-मटर के गर्मागर्म समोसे और नौरतन चटनी की प्लेटें सामने आ गईं। तीनों मित्र बीच की गोल टेबिल के पास आ गए। हर एक के सामने तश्तरियाँ बढ़ाते हुए कर्नल गन्दा मुँह बनाकर बोला—''हमारे देश में यह बलिदान का रिवाज बहुत ही बुरा आया...''

समोसे में चम्मच से चटनी भरते हुए सज्जन बोला—''यह इसी देश का रिवाज नहीं, आदिम जातियों में सब जगह पनपा, मगर यह बलिप्रथा गलत थी या सही, इस पर अपनी आज की विकसित बुद्धि से टीका-टिप्पणी करना, या अपने आदिम पुरखों की निन्दा-प्रशंसा के चक्कर में पड़ना गलत है। यह इतिहास का सहज क्रम समझने का मौका है। हाँ महिपाल, तुम कहे जाओ, मुझे मजा आ रहा है।''

विचारों के तार में बँधा हुआ, हलवे का एक निवाला मुँह में और दूसरा चम्मच में भरते हुए महिपाल ने फिर जोश के साथ कहना शुरू किया—''भूत—भूत भी इसी तरह जन्मा। मृत्यु को पहले मनुष्य एक गहरी नींद ही मानता होगा, फिर लाश के सड़ने पर उसे दफनाने की प्रथा चली होगी। अदृश्य रूप को कल्पना की तीव्र अनुभूति में साकार करना मनुष्य का सहज गुण है। मरे हुओं के प्रति प्रेम अथवा भय के अतिरेक से ही भूत का भ्रम जागा। मृत्यु के बाद जीव की एक नए रहस्यमय रूप में परिणति हो जाने की भावना जागी। मनुष्य समझता था कि मरनेवाले का जीव चाँद-सूरज या सितारों में रहने के लिए चला गया। शत्रु जीवों के भूत-भय के कारण उसे परेशान करते दीखते थे। सगे-सम्बन्धियों के भूतों को वह सब तरह का आराम पहुँचाता था। उसे वे तमाम चीजें समर्पित की जाती थीं जो उसे जीवनकाल में प्राप्त थीं। परलोक में मृत व्यक्ति की सुख-सुविधा के लिए पशुओं, स्त्रियों की बलि भी की जाती थी। यही प्रथा आगे चलकर शायद सती-

प्रथा बन गई। कामनापूर्ति के लिए भी प्रिय और पवित्र वस्तु की बलि दी जाती थी। बलि देना इस तरह पूजा की प्रमुख विधि बन गया। यही सब चीजें उनकी धार्मिक संस्कृति में शामिल थीं।''

''उस समाज में पुरुष क्या स्त्री का दास था?'' सज्जन ने फिर प्रश्न किया।

''अ-हँ!'' निवाला गले के नीचे उतारकर महिपाल बोला—''दासता का तो उस जमाने में सवाल ही नहीं उठता। यानी कि लड़ाई होने पर लोग हारनेवाले स्त्री-पुरुषों की या तो बलि दे देते थे या उन्हें अपने समाज में समानता का अधिकार देकर मिला लेते थे। हाँ, यह जरूर है कि माँ होने के कारण स्त्री का दरजा समाज में ऊँचा था। बच्चे उसी के थे, पिता के नाते का एहसास उस वक्त तक भी नहीं हुआ था। गिरोह के पशुधन की स्वामिनी भी नारी ही थी।...और इसीलिए चाहे भले ही कह लो कि पुरुष स्त्री का दास था। मैं अपनी तरह से यों कहूँगा कि उसका असीम अदम्य पौरुष नारी के आकर्षण का दास था। सदियों तक पुरुष को इस बात का होश भी न आया कि नई पीढ़ी को जन्म देने में उसका भी कोई योग है—हालाँकि वह इस बात का कयास जरूर भिड़ाया करता था कि स्त्री के साथ-साथ ही जन्म देनेवाली कोई दूसरी शक्ति भी होती है। विद्वान् मानते हैं कि आदिमकाल का मनुष्य पहले जल और फिर चन्द्रमा को अपने जन्म का स्रोत समझता था : मैं भी अपने देश में गंगा और चन्द्रमा से युक्त दिगम्बर शिव की कल्पना होते देखकर मानवी चेतना के इन दोनों स्तरों को मानने के लिए राजी हूँ और जब किसी ऐतिहासिक स्टेज में पुरुष को लिंग की जन्मदायिनी शक्ति का अहसास हुआ, तब समाज की रूप-रेखा ही बदल गई। मनुष्य की चेतना में एक क्रान्तिकारी परिवर्तन हुआ, मगर ये सब बहुत बाद की बातें हैं—जो मेरे उपन्यास में तुम्हें सिलसिलेवार पढ़ने को मिलेंगी।'' कुछ देर से दूध लेकर खड़े हुए नौकर के हाथ से गिलास लेते हुए उसने अपनी बात समाप्त की।

इसके बाद जरा-सी देर खामोशी छाई रही, केवल खाने-पीने का व्यापार चलता रहा। सज्जन विचारमग्न होकर समोसे के आखिरी टुकड़े में चटनी के किशमिश-छुहारे-अदरक के टुकड़े भर रहा था, और महिपाल अपने विचारों की सफल नुमाइश कर विजेता की तरह सन्तुष्ट होकर दूध पी रहा था। कर्नल, जैसा कि हर गम्भीर वार्तालाप के मौके पर होता है, कुछ सोचने और कुछ न सोच पाने की उलझन में गुम होकर बैठा हुआ केतली से अपने प्याले में चाय ओझ रहा था। सज्जन की प्लेट खाली देखकर उसने पूछा—''समोसे और मँगाऊँ?''

''नहीं!'' कहते हुए सज्जन ने चाय का प्याला उठाया और महिपाल की ओर देखते हुए बोला—''तुम्हारे पास मैटर तो बहुत अच्छा है उस्ताद! इसके लिए तुमने मेहनत भी खूब की है, पर इसको उपन्यास के रूप में खूबी से ढाल सकोगे, इसमें मुझे शक है।''

''क्यों?'' महिपाल ने नाटकीय ढंग से भवें चढ़ाते हुए ताने के तौर पर सवाल किया। जाहिर था कि सज्जन की बात उसे खली और विचारोत्तेजन के बजाय उस बात ने उसकी हीन भावना जगा दी।

''इसलिए कि तुम्हें आजकल कहानी या उपन्यास-लेखक कहलाने के बजाय विद्वान् बनकर पुजने की फिक्र लग गई है।'' सज्जन ने उत्तर दिया।

कर्नल तुरन्त बोला—''तुम बिलकुल ठीक कहते हो सज्जन...''

''चुप बे।'' महिपाल ने कर्नल को झिड़ककर कहा—''न कुछ समझे न बूझे, बेकार की टाँग अड़ाता है। दवा बेच, दवा...''

कर्नल ताव खा गया, बोला—''मैं बिलकुल ठीक कहता हूँ, तुम्हारी इधर की एक कहानी भी मेरी समझ में नहीं आई। उसमें कहानी तो होती नहीं, बस कोरे-कोरे लेक्चर होते हैं और जो लेक्चर ही पढ़ना होवे बाबूजी, तो हम कोई सीरियस किताब क्यों न उठावें, तुम्हारे उपन्यास-कहानियाँ ही क्यों पढ़ें? मैं तो साफ बात कहता हूँ भाई, बुरा लगे तो अपने घर में एक रोटी ज्यादा खा लेना।''

महिपाल हँसने लगा, बोला—''बुरा मानकर अपने राशन का नुकसान क्यों करूँ जी? मगर मैं तुम्हारी इस राय का अनादर यों भी न करता। तुम पाठक हो, तुम्हें अपनी राय रखने का हक है और लेखक के नाते मुझे उस पर गौर करना ही होगा।''

सज्जन ने कर्नल की गम्भीर मुख-मुद्रा देखकर मुस्कराते हुए महिपाल से कहा—''कर्नल को देखो। तुम्हारी तारीफ से कैसा फूले हुए खरगोश-जैसा मुँह बनाए बैठा है।''

कर्नल झेंप गया। महिपाल ने सज्जन के मजाक पर ध्यान न देने के निश्चय के साथ अपनी बात जारी रखी। उसने कहा—''यह बात काबिले-गौर है। हमें यह सोचना ही होगा कि कला का उद्‌देश्य क्या है—लोगों का मनोरंजन करना या...''

''तुम अपनी कमजोरी को एक फिजूल-सी बहस की आड़ में छिपाना चाहते हो महिपाल! सीधी-सी बात यह है कि किसी बात का ब्यौरा देना इतिहासकारों की शैली है; कलाकार उसी बात को उचित बैकग्राउंड देकर सजीव कर देता है। तुम अपने इस तमाम मैटर को अगर कहानी के रूप में इस तरह ढाल सकोगे कि उस जमाने की एक-एक तस्वीर पाठक के मन में उभरकर आए, तब तो बिना शक तुम्हारा उपन्यास सफल होगा।''

''हम तो ये जानते हैं कि हमें पढ़ने में मजा आना चाहिए''—सज्जन की बात में बात जोड़ते, कर्नल ने कहना आरम्भ किया और महिपाल ने फौरन ही तीखे पड़कर उसकी जबान पकड़ी।

उसने कहा—''मजा तो तुम्हें दिमागी व्यभिचार करनेवालों की रचनाओं में आएगा। मैं अपनी और समाज की उलझनों को सुलझाने के लिए लिखता हूँ, मैं भँवर में फँसे हुए मानव-जीवन को उबारने के लिए लिखता हूँ। पंडित बनकर पुजने की लालसा मुझमें नहीं। जो पुजना चाहते हैं, वे आलोचकों को दावत दे-देकर अपने ऊपर लेख लिखवाते हैं। मैं आज तक किसी साले आलोचक के पास भी नहीं फटका। मैंने किसी की परवाह नहीं की।''

सज्जन को बुरा लगा, वह भी तीखा पड़ा, बोला—''तुम समझते हो कि मैं दावतों की रिश्वत देकर अपने सम्बन्ध में लेख लिखवाता हूँ? ऑफ ऑल दि पर्सन्स, तुम मुझ पर यह इल्जाम लगाते हो? कभी मुझे किसी की खुशामद करते देखा है?''

''देखा है।'' महिपाल ने दृढ़ स्वर में कहा—''तुम ऐसे लोगों के साथ अपना समय बरबाद करने के लिए उत्सुक रहते हो जिनके हाथ में आज कुरसी, अखबार या गिरोहबन्दी की शक्ति है। तुम सरासर इस बात को समझते हो, उनके विचारों से तुम्हारे मानसिक विकास में कोई मदद नहीं मिलती, फिर भी महज अपनी पब्लिसिटी की इच्छा से या तो उनकी दरबारदारी करते हो या उन्हें अपनी दरबारी करने का मौका देते हो।''

''सोशल होना...''

''भाड़ में गया सोशल होना। क्या जिन पतंगों की तुम डोर बने घूमते हो, वही सोसायटी है? इतने दिनों से मुहल्ले में 'प्रयोग' करने आए हो—अखबार में भले ही मुहल्लों के मसीहा और नए जमाने के अग्रदूत बन गए—मगर वहाँ कितनों-से सोशल हो सके जी? जरा-सा विरोध होने पर राजा साहब की मदद माँगने दौड़े; लोगों का मन जीतने के लिए तुम्हें अपने व्यक्तित्व पर आस्था न हुई—क्यों? हिंः! बड़े प्रयोगवादी बनते हैं? खिड़की में बैठकर दूर से जलनेवालों का तमाशा देखते हैं, सहानुभूति देते हैं। यह कलाकारी नहीं, कलाबाजी है। कलाकार मैं हूँ, जो जीवन की कठिन आँचों से तपकर लिखता हूँ। हाँ, बस, यह कि मेरे पास चटर्जियों को दावतें खिलाने के लिए पैसा नहीं है, वरना मैं भी टैगोर, वाल्मीकि और कालिदास से बड़ा कलाकार माना जाता।''

कर्नल बीच ही में उठकर घर के अन्दर चला गया था, सज्जन मन ही मन क्षुब्ध होकर भी चुप था। महिपाल अक्सर जब इसी तरह तड़प उठता था, तब सज्जन चुप होकर किसी और काम में अपना लगाव जतलाने लगता है। इस वक्त भी 'इलेस्ट्रेटेड वीकली' उठाकर तस्वीरें देखने लगा।

कुछ देर तक महिपाल अकेला ही अपने अहम् के गुब्बारे फोड़ता रहा। सज्जन 'वीकली' के चित्रों की आड़ में सोचता रहा—"कितना टेरेबिल इन्फीरियारिटी कॉम्प्लैक्स है इस शख्स में! मेरी तारीफ इसे खल गई। मेरा इतना गहरा साथी होने पर भी अपने मन में चोर पालता है कि मैं खुशामद करके लोगों से अपने लेख लिखवाता हूँ। लोगों से मेल-जोल रखने को खुशामद और दरबारदारी समझता है बेवकूफ! जैसे आप सबसे अकड़कर, अलग रहता है न!...माना कि अच्छे कलाकार हो। मगर जब लोगों के सामने ही नहीं आओगे तब तुम्हारी कैसे होगी? जलन!—और वह भी मुझसे—अपने हितेच्छु, घनिष्ठ मित्र से? छिः!"

"वोट दो! वोट दो!! वोट दो!!!" गली में घुसता हुआ शोर दूर से "हैया-हैया"—सा ध्वनित हो रहा था। स्वतंत्र-भारत के पहले चुनाव का बुखार जूड़ी की बढ़ती हुई कंपकंपी की तरह कानों के निकट आता जा रहा था। सज्जन ने बैठे-बैठे ही अनुमान लगा लिया कि जुलूस बहुत बड़ा है।

तभी अन्दर से कर्नल आया, बोला—'जनसंघ का जुलूस निकल रहा है। जरा उठके देखो तो सैकड़ों आदमियों का जुलूस है जनाब! मैं अभी पीछेवाली खिड़की से देखे चला आ रहा हूँ।"

"वोट दो! वोट दो!! जनसंघ का निशान, दीपक है। कांग्रेस ने क्या किया?—देश को बरबाद किया।—वोट दो! दो!!"—सैकड़ों पगों की 'रप-रप' गूँजती हुई सम्मिलित ध्वनि और दीवारों से टकराते हुए नारे कर्नल के घर के सामने से गुजरने लगे। कुछ देर तक शोर का सिलसिला एक-सा कायम रहा। कर्नल छज्जे में खड़ा होकर देख रहा था। दोनों हाथ कोट की जेबों में डाले हुए सज्जन सोफे पर बैठा घुटने हिलाता रहा। उसकी नजरें फर्श की ओर झुकी हुई थीं। गली में गूँजता हुआ स्वर-ब्रह्म उसके सूने हृदय को आलोड़ित कर रहा था। फर्नीचर से घिरे हुए कमरे की छोटी-सी सीमा में महिपाल तेजी से चक्कर काट रहा था।

'वोट दो वोट दो' का शोर फिर 'हेइया-हेइया' की गूँज बनकर दूर निकल गया। कर्नल छज्जे में खड़ा हुआ किसी गलीवाले से कह रहा था—"ये सब साले ढोल-पीटू हैं। समझते हैं, हुल्लड़ मचा के राज हथिया लेंगे। अरे बाबू साहेब, पहले कुछ करके तो दिखाइए जनता को। ऐं?...हाँ...हाँ!"

बाहर की 'हाँ-हाँ' पर कमरे के अन्दर महिपाल की सनक-भरी हँसी जुड़ गई—'हाँ-हाँ।"—वह बोला—"कला के क्षेत्र में भी ढोल-पीटू यही समझते हैं कि हुल्लड़ मचाकर अमरता हासिल कर लेंगे मगर..."

सज्जन को महिपाल की यह टिप्पणी इस समय बुरी तरह चिढ़ा गई। उसके मुँह में गन्दा स्वाद-सा उमड़ आया—"माना कि महिपाल त्रस्त और उत्तेजित है, उसे जब हीन भावना के दौरे उमड़ते हैं तो बेहूदा लगते हैं, मगर ऐसी भी संयम की क्या कमी, जो दोस्त और दुश्मन का ही ख्याल न रखे। इसे उचित पब्लिसिटी नहीं मिली तो इसमें मेरा क्या दोष? मैं तो किसी से अपनी प्रशंसा लिखाने नहीं जाता, फिर भी लोग अगर मेरी प्रशंसा करते हैं तो इसमें मेरा क्या दोष? ...छिः...छिः...यह ईर्ष्या नहीं, बीमारी है, गन्दगी है। महिपाल ऐसे कलाकार और विचारक को यह शोभा नहीं देता।"

महिपाल की बकवास को अनसुनी कर, सज्जन अपनी मानसिक बकवास में लिप्त था।

कर्नल कमरे में आया। वह अपने इलेक्शन-सम्बन्धी किसी उद्गार का विस्फोट करना चाहता था, उसके पहले ही घड़ी पर नजर डालकर अँगड़ाई लेते हुए सज्जन ने कहा—"चल दिए उस्ताद?"

कर्नल ने एक नजर महिपाल के चेहरे पर डालकर परिस्थिति के गाम्भीर्य को महसूस करते हुए कहा—"अच्छा, शाम को तुम्हारा कहीं एपाइंटमेंट तो नहीं है? आज सनीमा चलेंगे—जरा कॉफी हाउस का चक्कर भी लगाया जाएगा; बहुत दिन हो गए। क्यों महिपाल?"

"मेरा इंगेजमेंट है।" महिपाल ने शब्दों का पत्थर-सा मार दिया।

"कहीं मीटिंग में जाना है?"

"नहीं।"

"उलटे तवे के यहाँ जाओगे?" कर्नल ने फिर कोंचा।

महिपाल उत्तेजित होकर बोला—"वह तुम लोगों से हजार गुना अच्छी है। उसका दिल चाँदनी की तरह उजला है।"

सज्जन सिर झुकाए बाहर की ओर चला। कमरे में खामोशी रही। दो जीने उतरकर सज्जन रुका, आवाज दी—"कर्नल!"

'हाँ' कहता हुआ कर्नल दरवाजे तक आया। सज्जन ने पूछा—"ड्राइवर आ गया होगा तुम्हारा?"

सहसा कर्नल को सरकाते हुए झपटकर महिपाल निकला। सज्जन उसे देखकर एक ओर सरक गया, वह तेजी से जीने उतर गया। उसके जाने के बाद पलभर के लिए दोनों चुप रहे। दोनों को महिपाल का यह रुख अच्छा नहीं लगा, कर्नल को अखरा, सज्जन को बुरा लगा था। कर्नल ने फिर ताजगी से बात उठाई, कहा—"चलो मैं छोड़ आऊँ तुम्हें। यों ड्राइवर भी आ गया होगा। क्यों, आज तुम्हारी गाड़ी नहीं आई है?"

"ओवरहॉलिंग को गई है। अच्छा, तो मैं नीचे से ड्राइवर..."

"दो मिनट ठहरो न, गाड़ी निकल आए तब जाना।" कहकर कर्नल ने नीचे की ओर मुँह कर जोर से आवाज दी—"अरे नीचे कोई है? कल्लू!"

नीचे से हड़बड़ाती आवाज आई—"जी सरकार!" कर्नल ने जीने के पास आकर नीचे देखते हुए कहा—"अरे प्यारे! शिउमंगल से कहना, गैरिज में जाके गाड़ी निकाले और फौरन ही हमें खबर करना—अच्छा। आओ सज्जन, बैठो, एक सिगरेट पियो तब तक।"

सज्जन ने सिर उठाकर देखा। कर्नल की आँखों में पुतलियों के छोटे-से दायरे में उसके हृदय की अगाध असीम करुणा झाँक रही थी।

वह ऊपर चला गया।

8

कटी-फटी पतंगों, मकड़ी के जालों, घोंसलों, चिड़ियों-गिलहरियों और पीपली के दानों से लदा, अनगिनत इनसानों के चंचल मन-समूह-सा हरहराता हुआ घना पीपल कई सदियों से मुहल्ले का साथी है। आज के बड़े-बूढ़ों के बचपन तक यह पेड़ गंगे भूरिए के भाड़ का पीपल कहलाता था, मगर वह दीवाल, जो किसी समय किसी गंगे भूरिए का वैभव थी, अब बाबू छेदालाल इंश्योरेंस-एजेंट की मिल्कियत है। म्युनिसिपैलिटी के रजिस्टर के अनुसार उस मकान का नम्बर इस समय 420 है, जो सही तौर पर बाबू छेदालाल की ख्याति में चार चाँद लगाता है। इस पेड़ के तीन तरफ राजा साहब के किसी पुरखे ने पक्का चबूतरा बनवाकर पत्थर के मंडप में महावीरजी की मूर्ति स्थापित करवाई थी। उत्साही भक्तों ने सिन्दूरी चोले पर सोने-चाँदी के वर्कों से आज भी ऐसी सजावट कर रखी है कि गली में घुसनेवाले हर ज्योतिर्मय मानव का ध्यान उस ओर आकर्षित होता है। ज्योतिहीनों की लकुटिया को खटका देकर दिशा-ज्ञान कराने का काम राम के सेवक का चबूतरा करता है।

मंडप के दाहिनी तरफ अन्दर जानेवाली बड़ी गली के मुहान पर यह चबूतरा मुहल्ले की चौपाल का काम देता है। उसके सामने एक छोटा-सा टीला होने के कारण धूप वहाँ तक बेरोक-टोक आती है। मुहल्ले के दो-एक हुक्के, नीम की दातूनें, एकाध-दो अखबार, तरकारी-फलवालों के डले, कुल्फीनिमिष, कुल्फीमलाई, जलेबी, सुहाल, अन्दरसे, गजक-लौज-पट्टी-रेवड़ी-तिल के लड्डू, मूँगफलीवालों के खोंचे ऋतु और समय के साथ उस चबूतरे पर दिखाई पड़ते हैं।

मंडप के बाईं तरफ, सामनेवाली गली से घुसते ही एक छत्ता है और उसके पास गौशाला की फटकिया गढ़े में धँसी आँख की तरह चमकती है। चबूतरे का यह भाग ज्यादा आमदरफ्त न होने के कारण, मंगलवार को छोड़कर, आमतौर पर सूना रहता है। मंगल के दिन बसन्तू माली फूलहार,

बताशा, बेसन के छोटे-बड़े लड्डू और छोटे-छोटे पेड़े लेकर बैठता है। कुछ बरसों से एक बूढ़ा सिन्धी भी अपना नन्हा-सा बिसातखाना फैलाकर बैठ जाता है। पीपल के नीचे मंडप में विराजमान गदा-पर्वतधारी डेढ़-फुटिया बजरंगबली का चमत्कार एकदम ऐसा बाक्सऑफिस है, जो बस 'हिट' होते-होते ही रह गया।

सुबह साढ़े नौ बजे की धूप चबूतरे से उतरकर गली में प्रकाश की पट्टी डाल रही है। हनुमानजी के तेजोमय मंडप से तनिक परे हटकर ही सूर्यनारायण का तेज तप रहा है। चबूतरे पर टाट बिछाकर बैठे, रुई का पाजामा-कोट-कंटोप पहने, सोने की कमानी का मोटे शीशोंवाला चश्मा लगाए, चाँदी की अँगूठी में नीलम पहने, गुलूबन्द और जुर्राबों से सर्दी के खिलाफ पूरी मोर्चेबन्दी कर लाला मुकुन्दीमल हुक्का गुड़गुड़ाते हुए खाँस रहे हैं। चबूतरे से लगकर गली में कुर्सी पर सेक्रेटेरियट के एक सुपरिंटेंडेंट बाबू गुलाबचन्द बैठे हुए हैं। उनके पास चबूतरे पर अखबार लिए पढ़ते हुए बाबू रामसरूप बैठे हैं। महावीरजी के मंडप से सटकर बैठा हुआ भगवानदीन मक्खनवाला (टीले से लगकर बने) लाला मुकुन्दीमल के घर से आए हुए बड़े थाल में पाव-पाव भर के सात कटोरे तोलकर रख चुका है, आठवाँ उसकी तराजू पर है।

लाला मुकुन्दीमल की नजर भगवानदीन के तराजू पर थी। भगवानदीन कटोरे से एक चम्मच मक्खन निकालकर अपने कूँडे में डालने जा ही रहा था कि लाला बोले—"धत् बंचो, एक-एक चमचे मक्खन में साले मुनाफे मारने की सोचते हैं। डाल कटोरे में।"

भगवानदीन मुस्कुराकर चम्मच का मक्खन वापिस कटोरे में डालते हुए बोला—"अरे लाला, हमें तो मुनाफे का एक ही चम्मच मिलता है। बड़ा मुनाफा तो आप बड़े आदमी..."

"देखो, देखो, बहस करता है ससुरा। गांधीजी यही तो आजादी दिलाए गए हैं—ऊँच-नीच, जिसको देखो—बस जबान लड़ाएगा। अबे, मुनाफा इसमें नहीं, ग्राहक की तबीयत खुश करने में होता है। तुम लोग साले क्या खाके गहकी फैलाओगे? मक्खन बनाता था बिहारी, कि उसके कोन पर पाँच-पाँच रुपए रख दो और झाग न दबे। गरमी के दिनों में ऐसी कुल्फी जमाता था कि क्या बताएँ? अरे, गोल दरवज्जे में खरीदो और रानीकटरे में जाके खाओ और तारीफ ये कि जरा भी न गले। तभी उसके पास गाहक पर गाहक टूटते थे। हमेशा तौल से ऊपर माल देता था। इसीलिए उसके धन्धे में बरकत थी। लोग आज तलक बिहारी को याद करते हैं क्या नाम है कि..."

दो औरतें महावीरजी को परसाद चढ़ाने आईं। सामने गली में लट्टू नचाते हुए लड़कों में से पहले एक, फिर देखा-देखी दो और मक्खन खाने के लिए चबूतरे के किनारे जुड़ आए। टीले पर परसोतम अपने तीतरों को मिट्टी चुगाता हुआ जोर से 'लियो बेटे! हुईं-हुईं' चिल्ला उठा। तीतर उसके साथ ही साथ बोल पड़ा। लाला मुकुन्दीलाल की बात दो जबानों के हेर-फेर करती हुई जमाने की लीला और कांग्रेसी राज की बेईमानी पर उतर आई। सेक्रेटेरियट के सुपरिंटेंडेंट बाबू गुलाबचन्द बोले—"अजी अंग्रेज़ सही कहता था कि हिन्दुस्तानियों के दिमाग सिर्फ गुलामी करने का माद्दा रखते हैं। अंग्रेज़ हाकिम थे, शान से जनाब ग्यारह बजे दफ्तर में आते थे, एक बजे लंच खाने चले जाते थे। फिर ढाई बजे आए और ठीक चार बजे उठकर चल दिए। अब तो साहब, सेक्रेटरी, अंडर सेक्रेटरियों की कौन कहे, मिनिस्टर तक दस बजे से आके बैठ जाते हैं—न लंच, न डिनर, कमबख्त कल तक जूतियाँ चटकाते थे, आज मिनिस्टर हो गए तो शाम के छह-सात बजे तक बैठे हैं जनाब। जरा-सी किसी को देर हो जाए तो एक्सप्लेनेशन देते फिरिए। फाइलों का यह हाल है कि पहले अगर चार महीने लगते थे तो अब साल-साल भर लग जाता है। कोई डिसिप्लिन तो रही ही नहीं।"

"अजी, सब पूँजीपतियों के एजेंट हैं।" बाबू रामसरूप ने अखबार मोड़कर रखते हुए बात का सूत्र उठाया; कहने लगे—"अब तो कम्युनिस्ट आएँगे बाबूजी और इनकी हुलिया टाइट कर देंगे। साउथ में देख ही रहे हैं—आंधरा और तामिलनाड..."

लाले दलाल दुलाई ओढ़े हुए अन्दर की गली से आए। चबूतरे पर बैठी हुई तीनों मूर्तियों से जैरामजी की हुई। बाबू गुलाबचन्द बोले—"अमाँ, तुम्हारे यहाँ आज क्या हुआ था सबेरे-सबेरे?"

"हाँ, सुना कि ताई कुछ जादू-टोना कर गई थीं।" बाबू रामसरूप ने गुलाबचन्द के प्रश्न में अपना प्रश्न जोड़कर कहा।

"अड़े क्या बता मैं याड़, मुहल्ले के पचड़े हैंगे साले। हजाड़ दफे मना कड़ चुका घड़ में, कि छोटे लोगों से डाह-डसम न डक्खा कड़ो। चाड़ पैसे कमा लेने से ही कोई आदमो सड़ीफ नहीं हो जाता, लाला मुकुन्दीमल...कि मैं कुछ झूठ कहता हूँगा?"

खाँसते हुए "अजी बांचो" कह, कफ खँखारकर गणेशजी-सी मूरत बने बैठे हुए लाला मुकुन्दीमल ने फतवा देना शुरू किया—"ये कांग्रेस ने, मैं तो कहता हूँ, गांधीजी ने—जिनकी दुनिया बड़ी तारीफ करती है—अच्छे थे, महातमा पुरुष थे, मर गए बिचारे—मगर हिन्दू-धरम का सत्यानास, सच पूछो तो इन्हीं ने किया।"

लाले के समर्थन में बोलते हुए लाला मुकुन्दीमल बात की धारा को दूसरी तरफ बहा ले जाने लगे। यह देखकर लाले, जो आज सुबह से ही लोगों को अपनी सफाई देने में लगे हुए थे, फौरन ही अपनी बात को बढ़ाते हुए कहने लगे—"ये भभूती साला, अब हम आपसे क्या बतामैं?...अड़े भगवानदीन, बेटे, जड़ा हमैं भी खिलाना मक्खन।...जैसा ससड़ा खुद जमाने भड़ का चोड़-वाहिहात-आवाड़ा हैगा, वैसी ही औलादें भी हैंगी।"

"अच्छा, अपने ही घर में चोरी की?" बाबू रामसरूप ने अचरज से पूछा।

"अड़े तुम चोड़ी लिए घूमते होगे। मैं कहता हूँ कौन-सी बुड़ाई नहीं हैगी उसमें? अपने..."

"अजी बाबू गुलाबचन्द! कुछ सुना आपने?" सहसा बाबू छेदालाल ने कहीं बाहर से आते हुए कहा।

लोगों की नजरें बाबू छेदालाल की तरफ उठ गईं। बाबू छेदालाल बाबू गुलाबचन्द की कुरसी पर हाथ रखकर खड़े होते हुए कहने लगे—"अजी सबेरे कम्पनी-बाग में जिस लड़के की लाश पाई गई थी ना..."

"लाश?" लाला मुकुन्दीमल के प्रश्न में सबकी जिज्ञासा शामिल थी। बाबू छेदालाल ने एक नजर सबके चेहरों पर बने सवालिया निशान पर डालकर कहा—"हैं! आप लोगों को नहीं मालूम। इतना बड़ा मजमा लग गया सबेरे-सबेरे। ताजा पैदा हुए बच्चे की लाश थी जनाब। जगदम्बा सहाय मास्टर और उसके भतीजे की विडो पकड़ी गई है।"

"जगदम्बा सहाय, ये अपने...?"

"हाँ-हाँ वही, भैरोंजी की गलीवाले। उनका लड़का वो नहीं है झक्की-सा, और लौंडिया, जो कम्युनिस्ट है—वही साला अपने भतीजे की बहू से...हद हो गई जनाब!" बाबू गुलाबचन्द के प्रश्न का उत्तर देते हुए बाबू छेदालाल चबूतरे पर बैठ गए। बाबू गुलाबचन्द ने उनका सामना करने की गरज से फौरन ही कुरसी उनकी ओर घुमा दी।

लाला मुकुन्दीमल जमुहाई लेते हुए बोले—"अजी, और होगा क्या? धरम-करम तो अब रहा नहीं दुनिया में।"

"मगड़ी भई, हम तो कहते हैंगे कि बड़ी जल्दी पकड़ लिया पुलिस ने। साली सबेड़े वाड़दात भयी औड़..."

"अजी, बाबू सालिगराम ने पकड़वाया है।" छेदालाल बोले।

"अच्छा!" गोल-सा मुँह बनाते हुए रामसरूप ने गर्दन हिलाई—"ये नेताजी साले की करतूत है, मगर आप कौन दूध का धोया है बेईमान। दो-बार तो रिफ्यूजियों ने जूतों से पीटा था इसे छेड़छाड़ करने पर।"

''आप समझे नहीं। ये इलेक्शन का मामला है बाबू साहेब! शरणार्थियों के केस में जनसंघवाले इनकी हुर्रो उड़ा रहे हैं तो इन्हें भी कहीं कीचड़ उछालनी थी।'' बाबू गुलाबचन्द बोले।

''अरे, तुम तौ न बोलौ गुलाबचन्द! लाट साहब के दफ्तर में काम करते हौगे। ये छेदालाल मुखबिरी कर देंगे सालिगराम से...''

''अरे लाला, कैसी बात करते हैं आप?'' बाबू छेदालाल मुस्कुराए।

''नहीं, आजकल तो ये जनसंघ के पैड़ोकाड़ हैंगे।'' लाले दलाल ने एक रद्दा चढ़ाया।

''हाँ, तो फिर उसका क्या हुआ छेदालाल? वो जगदम्बा सहाय की बहू का?'' बाबू गुलाबचन्द ने पूछा।

''पुलिस आई है डाक्टर लेके। भैरोंजी की गली में इस वक्त ठट्ठ-के-ठट्ठ जम रहे हैं भीड़ के।'' छेदालाल ने कहा।

चौगोशिया टोपी, चौड़े कपाल पर चन्दन का गोल टीका, चाँदी के फ्रेम में नीले शीशोंवाला चश्मा, चेचक के हल्के दाग लिए बड़ी-बड़ी सफेद मूँछोंवाला साँवला भव्य मुखमंडल, लम्बी-चौड़ी देह पर ऊनी चोगा, जरी का लाल दुशाला, धोती, ताजा-पालिश किए हुए पम्पशू पहने, मोती-मूँगे की अँगूठियों के साथ हाथ में चाँदी की मूठवाली छड़ी लिए पंडित शिवनाथ शास्त्री की गुरु गम्भीर मूर्ति गली में प्रवेश करती दिखाई दी।

''आइए महराजजी, पालागौं।'' लाला मुकुन्दीमल उन्हें दूर से ही देखकर बोले। चबूतरे पर बैठे सब लोगों के साथ उन्हें प्रणाम करने के लिए जुड़ गए।

''आनन्द रहिए।'' शास्त्रीजी ने आगे बढ़ते हुए सबके अभिवादन के उत्तर में कहा।

''कहिए महाराज, पाठ कर आए रजासाहब के यहाँ?''

''हाँ।''

''अब उनके पोते की तबीयत कैसी है? कल तो हालत बहुत खराब थी?''

''नहीं ऐसी कोई विशेष बात नहीं। हाँ, बुखार तो है ही।'' कहकर शास्त्रीजी अपने घर जाने के लिए एक पग आगे बढ़े।

लाला मुकुन्दीमल ने फिर प्रश्न किया—''और राजा साहेब किसके साथ हैं—कांग्रेस कि जनसंघ?''

शास्त्रीजी घूम पड़े, बोले—''बात ऐसी है मुकुन्दीमल, कि धनी पुरुष और वेश्या उन सबकी कामना-पूर्ति करते हैं जिनसे उनका स्वार्थ सिद्ध होता हो।''

सब लोग हँस पड़े। बाबू गुलाबचन्द कुर्सी से उठते हुए बोले—''बिराजिए पंडित जी।''

चश्मे के नीले शीशों में से कुर्सी की ओर ताकते हुए शास्त्रीजी बोले—''अब घर ही जाऊँगा।''

''अरे बिराजिए भी।'' लाला मुकुन्दीमल जोर देकर बोले, फिर अपने घर की तरफ मुँह उठाकर चिल्लाए—''भगौती, अरे भगौतिया! जर पान ले आ आठ-दस, हाथ धोएके।...और एक चिलम तमाखू भिजवा किसी के हाथ लपक के।'' फिर कुर्सी पर बैठे शास्त्रीजी से कहा—''बात तो आपने लाख रुपै की कही शास्त्रीजी! मगर एक धनमान ही क्यों, सभी अपना स्वारथ भजते हैं।''

''स्वार्थ तो केवल ज्ञानी योगी ही भजते हैं, बाकी सब जो है सो स्वार्थ का अनर्थ करते हैं। और...''

''नमस्ते बाबू साहब! आइए-आइए।'' बाबू रामसरूप ने अपनी कोठरी की तरफ जाते हुए सज्जन को बड़े हौसले के साथ पुकारा।

सज्जन यों चबूतरे पर बैठे प्राय: सभी सज्जनों की सूरतों से परिचित था, पर इनमें से व्यक्तिगत परिचय उसका किसी के साथ भी अब तक नहीं हो सका था। बाबू रामसरूप के पुकारने पर उसे अचकचाहट हुई, संकोच हुआ, और साथ ही साथ प्रसन्नता भी। विनयपूर्वक हाथ जोड़कर वह

आगे बढ़ा। सब चेहरे उसकी तरफ देखने लगे। बाबू रामसरूप हरखकर बोले—''आज तो आपके ऊपर आर्टिकल छपा है पेपर में।''

बाबू रामसरूप के पुकारने पर सज्जन के मन में एक हल्का-सा ख्याल यह भी आया था कि कल शाम राजासाहब ने शायद लोगों से उसकी बाबत कुछ कहा होगा, परन्तु स्वयं अपनी ही कीर्ति के कारण अपनी आवभगत होती देखकर वह मन ही मन फूल उठा। जाहिरा तौर पर नम्र भाव से उसने कहा—''जी, वह तो...''

लाले कौतूहल भरी नजरों से, बाबू गुलाबचन्द शिष्टता की मूर्ति बनकर, और बाबू छेदालाल पैनी कनखियों से उसे देखने लगे। शास्त्रीजी का नीला चश्मा एक क्षण के लिए उसके चेहरे पर घूमा फिर उनका गम्भीर मुखमंडल आत्मलीन हो गया। लाला मुकुन्दीमल का मोटा चश्मा बराबर उनके चेहरे पर डटा रहा।

तभी चाँदी की तश्तरी में पान आए।

बाबू रामसरूप ने पानों की तश्तरी पर एक चटपट नजर डालकर कहा—''शास्त्रीजी आप हमारे भारतवर्ष के बहुत बड़े चित्रकार हैं, शिरीमान सज्जन वर्मा। आजकल तो आप हमारे मुहल्ले ही में...''

बड़ी देर से कौतूहल में एकाग्र लाला मुकुन्दीमल की गर्दन समझ की स्प्रिंग से लचकी। वो बोले—''अच्छा-अच्छा! तुम ही हौ कन्नोमल के पोते? कल राजा साहेब शाम को जिकिर कर रहे थे जानकीसरन के यहाँ।''

शास्त्रीजी की आत्मलीनता कन्नोमल के नाम से भंग हुई, नीला चश्मा फिर सज्जन के चेहरे पर अटका, बोले—''कन्नोमलजी हमारे मित्रों में से थे।''

लाला मुकुन्दीमल जोश के साथ बोले—''अरे हमारा-उनका तो बड़ा ब्यौहार था। बड़ी छोटी उमर में मर गए बेचारे। मैं जानूँ, कोई पचास बरसैं तो उन्हें मरे भी हो गई होंगी। क्यों शास्त्रीजी?''

''जी हाँ, सन् दो में उनकी मृत्यु हुई।'' सज्जन ने बतलाया। मुकुन्दीमल बोले—''भरी जवानी में उठ गए बेचारे...उनके लड़के ने भी बड़ी कम उमर पाई—उसे तो शराब ले डूबी बंचो।''

स्वर्गीय पिता के सम्बन्ध में लज्जाजनक गालीयुक्त बात सुनकर सज्जन का मन तुरन्त संकोच से भर गया।

शास्त्रीजी बोले—''कन्नोमल पाठशाला में मेरे सहपाठी थे। साल-सवा साल बड़े थे मुझसे। उनके पिता उस समय यहीं चौक में रहा करते थे। अपने जमाने के बादशाह थे।''

''अरे, बड़े दबंग आदमी थे। हमारे यहाँ पहले-पहल वो ही विलायत घूमने गए। पराशचित भी नहीं किया बंचो। शाहनजफ के पास कोठी बनवा ली। बड़े-बड़े अंगरेज हाकिम उनके यहाँ आते थे, लाट साहेब के यहाँ उन्हें कुरसी मिलती थी। बड़ा नाम कमाया साब।''

बाबू रामसरूप ने देखा कि सारी आत्मीयता तो यह तो प्रतिष्ठित बूढ़े ही हथियाये लिए जा रहे हैं, उनके बुलाने का फल अकारथ चला जा रहा है, तो लपककर बोल उठे—''अजी, इन्होंने तो अपने पुरखों से भी ज्यादा शोहरत पाई है। इनके ऊपर पेपरों में आर्टिकल छपते हैं। मैंने 'इल्स्ट्रेटेड वीकली' में इनकी तस्वीरें देखी थीं।''

लाले बोला—''तो क्यों बाबू साहब, आप फोटूगिड़ाफड़ हैं कि कलमी तस्वीड़ें बनाते हैंगे?''

अपने कलाकार के सम्बन्ध में ऐसा दुविधामूलक प्रश्न सुनकर सज्जन झिझक से भर गया।

लाला मुकुन्दीमल के हुक्के पर ताजी चिलम आ गई। लालाजी नौकर को हुक्का सरकाने और नली झुकाने आदि के सम्बन्ध में आदेश देने लगे। उन बातों के चलते हुए स्वर पर सज्जन ने भी अपना बड़ा संकोच-भरा, सज्जनता-सजा स्वर डबल लाइन की तरह खींच दिया—''जी मैं कलमी तस्वीरें बनाता हूँ।''

लाला मुकुन्दीमल नई चिलम का पहला कश खींचने जा ही रहे थे कि उनका मोह त्यागकर बोल उठे—"अरे, कलमी तस्वीरें तो हमारें यहाँ पंडित रामनाथ गुसाईं बनाते थे सोंधीटोले वाले। वाह-वाह, हाथी-दाँत के ऊपर उन्होंने ऐसी उम्दा-उम्दा तस्वीरें बनाई हैं कि क्या कोई बनाएगा?"

लाला चुप हुए, उनका हुक्का बोलने लगा। सज्जन इस अपरिचित समाज से आज के इतने परिचय को ही यथेष्ट मानकर अब वहाँ से जाना चाहता था। इस समाज की सोहबत पराएपन का एहसास लिए अब उसके मन में घुटन पैदा करने लगी थी। शास्त्रीजी को हाथ जोड़कर बोला—"अब आज्ञा लेता हूँ। फिर दर्शन करूँगा।"

बात पूरी होने के साथ ही साथ सबको प्रणाम कर, सज्जन जाने लगा। शास्त्रीजी ने कहा—"हाँ, अवश्य मिलता। मुझे बड़ी प्रसन्नता होगी। आयुष्मान् हो। यशस्वी हो!"

शास्त्रीजी के गम्भीर स्वर में सज्जन को गहरी आत्मीयता का स्पर्श मिला। चलते-चलते रुककर सहसा उसने शास्त्रीजी के चरण-स्पर्श कर लिए। माँ को छोड़कर उसने कभी किसी के चरण नहीं छुए थे।

शास्त्रीजी का नीला चश्मा उसे छत्ते की तरफ जाते देखकर चबूतरे पर बैठे सज्जनों से पूछ उठा—"ये लड़का यहाँ क्या करने आता है?"

बाबू गुलाबचन्द बोले—"पता नहीं साहब! वैसे जब वो शरणार्थी वगैरह ने इनके खिलाफ छपवाया था तब इनका स्टेटमेंट आया था कि मुहल्ला-जीवन के कुछ चित्र बनाने आए हैं। कुछ इंडियन ट्रेडीशंस वगैरह देखना चाहते हैं। ताई के ही किराएदार हैं।"

लाले उठते हुए हँसकर बोले—"तो मुहल्ले में ताई की तस्वीड़ बनाई कि नई इन्होंने अभी तलक?"

बाबू छेदालाल भी उठते हुए मुस्कुराकर कहने लगे—"जिस दिन ये ताई की तस्वीर बना लेंगे, उस दिन मैं इन्हें मुहल्लेवालों की तरफ से एक मेडिल इनाम में दूँगा।"

"अरे कहाँ चले गए भाई? तुम्हारी खातिर तो हमने शास्त्रीजी को बिठाया और तुम उठकर चल दिए। बैठो-बैठो। ये बताओ कि वोट किसको दिया जाए?"

छेदालाल बैठ गए। लाले दलाल भी जाते-जाते रुक गए, हँसकर बोले—"अब लाला को तो जब तलक इलक्सन ड़हैगा, इन्हीं बातों में मजा आएगा। हड़दम सबसे यही पूछते ड़हते हैं।"

लाला मुकुन्दीमल मुस्कुराए, शास्त्रीजी की ओर देखकर पूछा—"क्यों महाराज, आपका वोट किस पारटी को जाएगा?"

बड़ी-बड़ी मूँछों में हलकी मुस्कुराहट दबाए शास्त्रीजी ने कहा—"मनु महाराज ने कहा है कि—काममामरणा तिष्ठेद्गृहे कन्यर्तृमत्यापि। न चैवेनां प्रयच्छेतु गुणहीनाय कहिंचित्—अर्थात् उत्तम वर को ही अपनी लड़की सौंपे, गुणहीन को दान करने से अच्छा है कि लड़की को जन्म भर अपने घर में ही रखे।"

"लो भाई! इन्होंने तो अपने शश्तरार्थ में सभी कुछ कह दिया। तो फिर महाराज, आपकी समझ में उत्तम वर कौन है?"

"किसको कहें? कांग्रेस को इत्ने दिनों में देख लिया—और दूसरे भी सब देखे समान हैं।" शास्त्रीजी बोले।

"ये तो बात ठीक है महाड़जजी—सब ससड़े बदमास हैंगे। पड़ हम तो ये कहते हैंगे कि कांगड़सवालों की तोंद खाए-खाएके फूल गई हैगी; दुसड़े आएँगे तो ससड़े फिड़ पबलिक को नए सिड़े से नोचेंगे। इसलिए हमाड़ी ड़ाय में तो कांगड़स ही ठीक होगी।" लाले बोले।

"हम तो भई कम्युनिस्टों के फेवर में हैं। जब तक पूँजीवाद का नाश नहीं होगा, पब्लिक की हालत नहीं सुधर सकती।" बाबू रामसरूप ने कहा।

"इन ससरों को तो मूँ न लगाया जाए। आते ही साले लूटपाट मचावेंगे, सब धरम-करम का सत्यानास जाएगा।"

"अरे धरम-करम की बात छोड़िए लालाजी। ये जनसंघवाले ही कौन बड़े धर्मात्मा हैं?"

बाबू गुलाबचन्द की बात पूरी होते ही बाबू छेदालाल को तैश चढ़ आया, बोले—"ये आप कैसे कहते हैं बाबू गुलाबचन्द! मैं कहता हूँ कि इंडिया ऐसे कंट्री में, जब हमारी इंडिया का कल्चर ही नहीं रहेगा तो..."

हाथ में पुतले की तश्तरी लिए हुए सज्जन चबूतरे की तरफ से गुजर रहा था। लाले दलाल की नजर पड़ी तो हँसकर बोले—"अच्छा! ये आपके हिंयन भी सौगात ड़क्खी गई थी बाबू साहब? अजी, हमाड़े घड़ पड़ तो..."

सबकी नजरें सज्जन की की ओर उठ गईं। लाला मुकुन्दीमल हँसकर बोले—"क्या भैया, मकान-मालकिन का असर तुममें भी आय गया? किसके यहाँ लिए जा रहे हौ?"

सज्जन हँसकर बोला—"पूछिए मत। मैं जब गया तो कौओं की महफिल जमी थी। वो रिफ्यूजी औरतें कहने लगीं कि इसे हटवा दो, कौए जूठन गिराते हैं, उन सबों को डर लगता है। मैंने कहा, लाओ मैं ही फेंक आऊँ।"

"आप तो नास्तिक आदमी मालूम देते हैं बाबू साहब, तभी डड़ नहीं लगा। हमाड़े हिंयन तो सबेड़े-सबेड़े..."

"क्यों बाबू छेदालालजी, यही न है आपका इंडियन कल्चर, जिसकी आप लोग रक्षा करना चाहते हैं?"

बाबू गुलाबचन्द की बात सुनकर बाबू रामसरूप ही-ही-ही करते हुए बाबू छेदालाल की तरफ टिल्ली बजानेवाली मुद्रा में ताकने लगे। सज्जन भी अधखाए पुतले पर नजर रखकर मुस्कुराने लगा। बाबू छेदालाल जोर देकर बोले—"हम यह कभी भी नहीं कहते कि हमारे धर्म में जो बुराइयाँ आ गई हैं उन्हें हम दूर नहीं करेंगे। मगर हमारा जो असली धर्म है उसकी पूरी रक्षा होनी चाहिए।"

"ठीक बात हैगी।" लाले दलाल के चेहरे पर धर्म का आवेश आ गया, कहने लगे—"धड़म की ड़च्छा हड़ हालत में होनी चाहिए। हम तो भैया सासतड़ों की बात कड़ते हैंगे। इन बाबू साहब की तड़ियों से हम नईं हिम्मत कड़ सकते हैं कि जादू-टोने की तस्तड़ी हात से उठा लें।"

"सुन लिया बाबू छेदालालजी?" बाबू गुलाबचन्द ने फिर जबानी टहोका मारा—"अब यहाँ तो शास्त्रीजी भी विराजमान हैं हमारे सौभाग्य से—बताइए महाराज, किस शास्त्र में लिखा है यह धर्म?"

शास्त्रीजी का नीला चश्मा उठा, बड़ी-बड़ी सफेद मूँछों में मुस्कराकर कहने लगे—"लाले शास्त्र की बात थोड़े ही कर रहे हैं, ये तो सास और तड़ की बात कह रहे हैं।"

सब लोग हँस पड़े। लाला मुकुन्दीमल के कत्थे-रँगे नकली दाँतों के बीच से गुजरती हुई तोंद की धड़कनें 'हः हः हः' करने लगीं, बोले—"वा महाराज! क्या नुक्ता निकाला है! हः हः हः!"

लाले दलाल कुछ भौंचक्के, कुछ कटे, झेंपे-से खड़े थे। बाबू छेदालाल दोनों घुटनों को हाथों से बाँधे तनकर बैठे थे, उनकी पुतलियों में जय-पराजय की पैनी काट हीरे की कनियों की तरह चमक रही थी, बाकी चेहरा सधा हुआ था। बाबू गुलाबचन्द और बाबू रामसरूप के चेहरे अपना पक्ष मानकर चमक रहे थे। शास्त्रीजी ने लाले की ओर देखकर कहा—"हमने तुम्हारे उच्चारण-दोष की हँसी नहीं उड़ाई भैया, बुरा न मानना, पर अपने ढंग से तुम्हारी बात में अर्थ मिल गया। इस देश में कोई एक धर्म तो है नहीं, अनेक हैं। जितने घर, जितनी सासें, उतने ही धर्म हैं। सास गुरु और बहू चेला सो चेलियाँ शक्कर होती गईं। अनेक पीढ़ियों में जितनी बहुएँ भईं, उतना ही सास-धर्म का प्रचार भया।" हँसी उमड़ी, पर शास्त्रीजी के वाक्य प्रवाह की शक्ति से असंयमित न होकर, लोगों के चेहरों पर खिल गई। शास्त्रीजी कह रहे थे—"और रहे तड़, सो हिन्दुओं में ईसाई देवी-देवताओं के भी तड़ हैं, पीर इलाही ओझा-मुल्ला सभी अपने-अपने तड़ बनाए बैठे हैं। अभी एक पुस्तक में हमने देखा कि बम्बई में एक ईसाई देवी कोई माउंट मेरी हैं, उन्हें वहाँ के हिन्दू

मोतमावली कहके पूजते हैं। मुसलमान शासन के प्रभाव में यहाँ अल्लोपनिषद् नाम के एक नए उपनिषद् की रचना तक हो गई थी। कितने मंत्र-प्रयोगों में इस्लामियों का प्रभाव पड़ा। एक चेतरामी सम्प्रदाय निकला; उसने अजब मत का प्रतिपादन किया कि चतुर्मुखी ब्रह्मा से इस्तीफा दिलवाकर, उनके स्थान पर एकमुखी अल्ला और त्रिमुखी दत्तात्रेय, दोनों को बिठलाया। इस तरह एक नए चतुर्मुखी सृष्टिकर्ता की सृष्टि की। 'परमेश्वर' शब्द को इन्होंने विष्णु का पर्याय माना, और शिवजी खुदा के हाथ में संहार का कार्य सौंपकर भाँग घोंटने चले गए।''

चारों ओर से हँसी उमड़ी। हँसी की बेहोशी में सज्जन ने पुतले की तश्तरी चबूतरे पर रख दी। उसे बड़ा आनन्द आ रहा था। बाबू छेदालालजी भी खोलकर हँस पड़े। बाबू गुलाबचन्द और बाबू रामसरूप दोनों यों खिलखिलाए, मानो पाला मार लिया हो। लाले दलाल की समझ में कुछ नहीं आया था; लाला मुकुन्दीमल कुछ तो पूरी बात न समझे और कुछ-कुछ बुरा भी मान गए—फिर भी सार्वजनिक हास्य में योग देने के लिए उनकी हँसी भी शामिल हुई।

पर लाला मुकुन्दीमल अपने जी का खुन्स निकाले बगैर भी न रह सके; बोले—''ये सब हिन्दू-धर्म का पतन तो आपै लोगों के हाथों से हुआ है महाराज! जैसा भ्रामणों ने चलाया, वैसा चला बंचो। समाज साला क्या करै?''

लाले दलाल की नजर पुतले की तश्तरी पर गई, फौरन बोले—''बाबू साहब, माफ कीजिएगा, ये महाबीड़जी का अस्थान हैगा...''

''जी माफ कीजिएगा, मुझसे गलती हो गई।'' कहकर तुरन्त तश्तरी उठा ली, और चलते-चलते फिर जैसे सफाई-सी देते हुए बोला—''मैं इसे कहीं चौराहे पर रख दूँगा, जहाँ शायद किसी को परहेज नहीं होगा।''

''जिहाँ-जिहाँ—बस आगे नल के पास जो चौड़ाया हैगा—बस वहीं पे धड़ दीजिएगा, औड़ हात धो लीजिएगा।''

हाथ में कौओं की चोचों से घायल पुतलेवाली जादू की तश्तरी लिए, गली से गुजरते हुए सज्जन को बड़ी झेंप चढ़ रही थी। खुद अपनी ही नजरों में वह तमाशा लग रहा था। गली से आते-जाते, घरों की खिड़की दरवाजों पर खड़े लोगों की निगाहों से उसे परेशानी हो रही थी। सोचने लगा—'एक नौकर यहाँ भी उनके पास रहना चाहिए।' सोचने लगा—'मुहल्लेवालों के व्यवहार उसे साथ-साथ कितना अपना और पराया-सा लगता है। महिपाल शायद सच कहता है—मुहल्ले के—अपने देश के समाज को वह अजायबघर के सामान की तरह देखता है, अपनापन देकर उनसे घुल-मिल नहीं सकता। मगर यह काम कोई एक दिन में तो हो नहीं सकता—और न उसे कभी पूरी तौर पर इस समाज में घुलना-मिलना है। हमें असंस्कारों या कुसंस्कारों से जूझना है, उन्हें समझना-सुलझाना है। हमें इस समाज की रूपरेखा बदलकर उसे नई दिशा देनी है।'—फिर ध्यान गया—'शास्त्रीजी के विचार कितने ऊँचे हैं। उसने उनके पैर छुए थे।...सहसा यह भावुकता कैसे आ गई? खैर, वह डिजर्व करते हैं, वह उनसे और मिलेगा। महिपाल की धारणा गलत है। धीरे-धीरे वह उससे घुल-मिल जाएगा।

सोचते, देखते, चलते सज्जन चौराहे की तरफ बढ़ गया।

9

चुनाव के नाम, चिह्न और नारे, माँ-बहन की गालियाँ, अमुक से तमुक के अप्राकृतिक मैथुन की हौसले-भरी सूचना, अजीमुश्शान दंगल, बीड़ी, जादूलोशन, अखंड संकीर्तन, सिनेमा, गर्मी-सूजाक-नामर्दी की दवाओं के पोस्टर, पान की पीक वगैरह—जन-जीवन की विभिन्न भावनाओं के दीवारी-अखबार का सिलसिला खत्म हुआ। हाथ में तश्तरी लिए सज्जन नुक्कड़ के नल पर आ पहुँचा।

सामने बाजारवाली गली से चार कांस्टेबिल बड़ी फुर्ती के साथ आते दिखाई दिए; उनके पीछे, उनके साथ एक छोटी-सी भीड़ भी दीख पड़ी। पुलिसवाले ड्यूटी (यानी चौराहों) पर, कोतवाली थानों में, मैदान में परेड करते हुए, बड़ी शादियों में बैंड बजाते हुए, इक्के ताँगे, रिक्शेवालों की फड़ के पास चुपके-से हाथ फैलाते हुए यदि देख पड़ें तो आँखों को कुछ अजब-सा नहीं लगता, मगर गली-सड़कों पर चार की टोली में चलते हुए पुलिसमैन का महत्त्व कुछ और ही है। वह शासन का प्रतीक है। मनुष्य की सक्रिय न्याय-बुद्धि ने इस प्रतीक का निर्माण किया है।—इस बात का एहसास सज्जन को इस समय हुआ। पुलिसवाले दाहिने हाथ की उस गली में चले गए, जिसमें लाले दलाल, लाला जानकीसरन, वर्मा, भभूती आदि रहते हैं।

हाथ की तश्तरी को भूलकर सज्जन पुलिस और भीड़ के दृश्य में रम गया। लगभग उसी समय उस गली से मिस्टर वर्मा और राधेश्याम आए। मिस्टर राधेश्याम ने इसी साल बी.ए. पास किया है, हाल ही में सरकारी क्लर्कों के लिए पब्लिक सर्विस कमीशन का इम्तहान दिया है। अपने आपको सोशलिस्ट भी ख्याल करते हैं, साथ ही उन्हें यह ख्याल भी है कि वे बहुत ऊँचे विचारों के आदमी हैं। राधेश्याम शंकरलाल के साथ शुरू-शुरू में एक बार सज्जन से मिल आए थे, तुरन्त आगे बढ़कर उन्होंने सज्जन को नमस्कार किया। मिस्टर वर्मा ने भी बड़ी श्रद्धा से उसे हाथ जोड़कर नमस्कार किया।

सज्जन के होश में हाथ की तश्तरी लौट आई; खवे ऊँचे हो गए, मन का संकोच मुस्कुराने का अभिनय करने लगा, बोला—"मुहल्ले से यह पहला सब्जेक्ट मुझे मिला है।—मगर ये बात क्या है? इस गली में इतनी भीड़ और पुलिस के सिपाही..."

राधेश्याम ने फौरन ही हाथ ऊँचा उठाकर बतलाना शुरू कर दिया—"साहब, वो एक मास्टर जगदम्बा सहाय टीचर है। बड़ा पर्वर्ट, लुच्चा साला..."

सज्जन को हाथ की तश्तरी का ध्यान आ गया, फौरन बोला—"माफ कीजिएगा, मैं जरा ये तश्तरी चौराहे पर रख आऊँ।"

मिस्टर वर्मा ने कहा—"अजी नहीं, यहीं नाली में फेंक दीजिए, इसी मैनहोल में।"

"किसी को एतराज न होगा?" नल पर कपड़ा धोते हुए एक व्यक्ति पर नजर डालकर सज्जन ने पूछा।

"नहीं-नहीं साहब, आप बेखटके फेंक दीजिए।"

सज्जन ने टूटे मैनहोल के पास तश्तरी फेंककर नल से हाथ धोए, फिर पास आकर पूछा—"हाँ, तो क्या किस्सा है?"

"जी, उनके भतीजे की विडो, जवान है बेचारी। तीन-चार साल पहले शादी हुई थी, साल-छः महीने बाद ही उसका आदमी मर गया। मास्टर जगदम्बा सहाय के यहाँ चूँकि रहती है, इसलिए उन्होंने उस पर हर तरह का मालिकाना हक जमाया। ये ही तो ट्रेजेडी है हमारे समाज की! हाः!"

कहते-कहते मिस्टर राधेश्याम क्रोध और करुणा के मिश्रित आवेश में आ गए।

सज्जन ने पूछा—"फिर क्या हुआ?"

मिस्टर वर्मा ने बात उठा ली, बोले—"कल उसे रात में किसी समय लड़का हुआ। इन्होंने गला घोंटकर उसे कम्पनीबाग के पास नाले में फिंकवा दिया। आज सबेरे पुलिस को पता लगा, तो यहाँ रेड आ गई।"

"मगर पुलिस को यह कैसे पता लगा कि..." सज्जन ने पूछा।

बाबू राधेश्याम ने छूटते ही पोलिटिकल तेवर चढ़ाकर तैश में कहा—"इस देश में तो घर के भेदी ने ही सदा लंका ढाई है। जनाबमन, ये उस साले सालिगराम की करतूत है। जगदम्बा सहाय की लड़की कम्युनिस्ट है, उसके यहाँ आजकल उसकी पार्टी के ड्रामा-वामा के रिहर्सल्स चल रहे हैं। भला सालिगराम आस्तीन में साँप पालेगा? अजी, इस वार्ड के चुने हुए लोगों के यहाँ का राई-

रत्ती हाल उसके पास पहुँचता है, फिर भला दुश्मन के घर का कोई भेद उससे छूट सकता है? यही तो कांग्रेस का गेस्टापो है जनाब। और अगर इस एलेक्शन में जनता ने इस जाल को नहीं तोड़ा, तो मैं कहूँगा कि...''

गली में आवाजाही कायम थी। नल को दम भर के लिए इस्तेमाल से फुरसत मिली थी। गली के अन्दर से आते हुए मिस्टर वर्मा के किसी परिचित ने कहा—''उसने आग लगा ली वर्माजी!''

''हैं? किसने?'' सज्जन, राधेश्याम वर्मा सभी की यही प्रतिक्रिया थी।

''उस औरत ने। जैसे ही डाक्टरी जाँच के लिए उसे बुलाया गया, न जाने किस बहाने वह अन्दर ही अन्दर ऊपर के रसोईघर में चली गई। वहाँ स्प्रिट, मिट्टी का तेल, जो कुछ मिला...अब ज्यादा सुनके क्या कीजिएगा। ये जगदम्बा सहाय कमबख्त तो फाँसी पर लटका देने के काबिल है। उसकी वाइफ, एल्डर ब्रदर की विडो याने कि भावन—याने कि इस विधवा औरत की सास...''

''मगर उस औरत का क्या हुआ?'' सज्जन ने जरा बेताबी के साथ कहा।

''वो मिनटों में भभक उठी जनाब, चारों ओर चिरायंध फैल गई। जब तलक पुलिस दरवाजे तोड़कर अन्दर पहुँची, वह बेहोश हो चुकी थी, एकदम जलकर लोथ हो गई थी। उसके कपड़े जल गए थे, वो एकदम नंगी...''

''आपने खुद देखा?'' सज्जन ने पूछा।

''जी मैंने खुद तो...'' सुनानेवाले मोटे-से तिपंखी आँख के एक वकील नन्दन थे। सज्जन को यह महसूस हुआ कि सुनानेवाले हजरत उस औरत का बखान करने में एक प्रकार का निजी और गोपनीय मजा पा रहे थे। यह उसे अखर रहा था। उसने राधेश्याम से कहा—''आप मुझे वहाँ एक बार ले चलिएगा?''

''हाँ-हाँ।'' राधेश्याम से पहले वर्मा ने हामी भरी। राधेश्याम भी राजी हो गए।

चलते हुए राधेश्याम ने कहा—''भीड़ें बड़ी होंगी? आप वहाँ क्या देख पाएँगे?''

''कुछ नहीं, जरा लोगों के रुख ही देख लूँगा। उनकी बातें सुनूँगा।'' सज्जन ने कहा।

तीनों चले। गली के बाईं ओर बने नए, पुराने, खंडहर बनने के करीब अगले मकानोंवाली कतार के विपरीत दाहिनी तरफवाले मकान सज्जन को अपने वैभव से अधिक प्रभावित करने लगे। घुसते ही एक कुलिया मिली, जिसके तीनों घर पीले रंग से पुते हुए थे। उसके बाद एक छोटा-सा नया मकान, जिस पर जरूरत से ज्यादा नक्काशी की गई थी जो मकान की शोभा को बढ़ाने के बजाय उसे असुन्दर बना रही थी।

सज्जन बोला—''लोग रुपया खर्च करने का हौसला तो रखते हैं, मगर उसे खर्च करने की तमीज नहीं रखते।''

''आर्ट का तो सेंस ही नहीं पनपा अभी हमारे देश में!'' मिस्टर वर्मा ने कहा।

''जी नहीं, यह कहिए कि पूरी तौर पर पनप चुकने के बाद विकृत हो गया। ये देखिए, ये कोठी कितनी सादी और खूबसूरत है।''

सफेद पत्थर के ऊँचे चबूतरे पर बने सादे गोल-खम्भों वाले दो बरामदों के बीच में कुछ जीने चढ़कर पत्थर का ही महराबदार फाटक था, उस पर गणेशजी की मूर्ति बनी हुई थी। इस तरह की मेहराब और बेलबूटें का काम सज्जन ने आगरा, जयपुर, दिल्ली और मथुरा की अनेक हवेलियों में देखा है।

राधेश्याम बोले—''ये जानकीसरन की कोठी है। बड़ा बना हुआ बगला भगत है ससरा। शाइलॉक का बाप है कमीना!''

''अमाँ उनके घर के सामने तो इस तरह न कहो।'' वर्मा ने कहा और फिर उत्साह के साथ जानकीसरन की कोठी के बाद एक कुलिया छोड़कर बनी हुई एक पुरानी हवेली की तरफ इशारा

करते हुए सज्जन से कहा—"देखिए मिस्टर वर्मा, ये उस हवेली का मेनगेट है जिसके एक हिस्से के आप किराएदार हैं, और दूसरे हिस्से का मैं!"

सज्जन ने आँखों में अचरज और खुशी की चमक लाकर एक बार मिस्टर वर्मा की तरफ देखा, फिर पूछा—"इतनी बड़ी है ये हवेली? यानी उस गली से इस गली तक?"

"अजी बहुत बड़ी, चार चौक की है। एक हिस्से में ताई, दूसरे में मैं, बाकी जो मेजर पोर्शन है वह बन्द पड़ा है।"

सज्जन हवेली के फाटक को देखने लगा। दोनों ओर द्वारपालों के बैठने के लिए दो बड़ी-बड़ी आलेनुमा बैठकियों और दीवारों पर पुरानी तस्वीरनिगारी के कुछ फीके-उखड़े नमूने झलक रहे थे। पगड़ी, चोगा, पाजामा पहने बड़ी मूँछोंवाले द्वारपाल भाला लिये खड़े थे, दरवाजे के ऊपर छल्लेनुमा घूमी हुई दो मछलियों का निशान बना था। उम्दा नक्काशीदार चौखट दरवाजे, जो यद्यपि पुराने हो चुके थे, पर भव्य लगते थे। उन्हें देखकर सज्जन बोला—"पुराने घरों में ये तमाम चीजें देखकर जी खुश हो जाता है।"

एक सेंकड रुककर हवेली को देखने लगा। फाटक के ऊपर तीन छोटी-छोटी मेहराबदार खिड़कियाँ बनी हुई थीं। उनके अलावा ऊँची, संगीन काली दीवारों में कहीं-कहीं छोटे-छोटे रोशनदानों के सिवा और कुछ नहीं बना था। सज्जन बोला—"पुराने लोगों को अपने पैसे की रक्षा करने के लिए कितनी घुटन बर्दाश्त करनी पड़ती थी।"

हवेली के साथ ही साथ गली दाहिनी ओर फिर मुड़ी। पहले दरवाजे पर अँगरेजी में छोटा-सा साइनबोर्ड लगा था—'टी.एन. वर्मा, प्रोप्राइटर अजंता रेडियो इंजीनियरिंग वर्क्स।' मिस्टर वर्मा बोले—"यहीं रहने की सजा आज ताई ने सबेरे-सबेरे मुझे भी दी थी।"

सज्जन, जिससे कि वर्मा का परिचय अभी तक सीधी तौर पर किसी ने नहीं कराया था, उसे बार-बार अपने प्रति आकृष्ट होते देख, बनता हुआ बोला—"अच्छा, आप यहाँ रहते हैं? आपसे अभी तक मिलने का मौका नहीं मिला था।"

राधेश्याम पास के नए 'फैंसी स्टाइल' कहलानेवाले भद्दे, नक्काशीदार मकान की ओर इशारा कर बोला—"इसमें शंकरलाल रहते हैं।"

"कौन शंकरलाल?" सज्जन ने फिर बनकर पूछा।

"जी, वही जो उस दिन मेरे साथ..."

"हाँ-हाँ! मुझे याद आ गया।" सज्जन ने राधेश्याम की बात काटकर अपनी अहंता का नाटक पूरा किया।

राधेश्याम बोले—"बस साहब, यही दस-पाँच लोग यंग जनरेशन के हमारे यहाँ कुछ कल्चर्ड हैं, बाकी तो किसी से बात करने को जी नहीं चाहता। शंकरलाल हुए, ये हमारे वर्मा जी हुए—इन्होंने तो खैर बहुत ही बड़ा बोल्ड स्टेप लिया है, इन्टरकास्ट लव मैरिज की है।—जी हाँ।"

मिस्टर वर्मा ने अपनी चश्मागड़ी आँखों के विजय-गर्व को विनय से ढाँक लिया। सज्जन ने एक बार फिर गौर से वर्मा को देखा। वर्मा देखने में विशेष सुन्दर न था, बाल जरूर घुँघराले थे, रंग भी गोरा था और चेहरे का कट तिकोना, शान्त और कामकाजी तन्मयता की छाप लिए हुए था।

सूरज की रोशनी से सदा परहेज करनेवाली गलियों की गन्दगी, संकड़ेपन और उनमें रहनेवालों की घुटन-भरी जिन्दगी पर राधेश्याम की फब्तियाँ सुनते हुए, मन्दिर, महाबीरजी का सिन्दूरी आला, सफेद पुता हुआ फूलहारयुक्त सैयद का आला, गोलियाँ खेलते और लट्टू नचाते, धूल में सने हुए, हुल्लड़ मचानेवाले देश के नौनिहालों को देखते-निहारते, गायों और राह चलतों से जरा-सी जगह में कतराते, तीन-चार छोटी-छोटी गलियाँ पार कर सज्जन-मंडली एक खुली जगह में पहुँच गई, जहाँ भीड़ लगी हुई थी।

''बेहोश पड़ी है साब, अजी बिलकुल झुलस गई है, घंटे-दो घंटे की मेहमान है, जगदम्बा सहाय मास्टर साले के हतकड़ियाँ पड़ जाएँगी। कौन ऐसे नीच की जमानत लेगा? बड़ा बुरा जमाना आ लगा है, साब। अब बताइए, भला लड़के और भतीजे की बहू में कोई फर्क है? मैंने सुना है, दरोगाजी ने जगदम्बा सहाय को घसीट-घसीटकर चार थप्पड़ लगाए। अजी, साले को जमीन में खोद कर गाड़ दे। न जाने कितने लौंडों को बिगाड़ा है उसने। बताइए साहब, हमारी नेशन का फ्यूचर ऐसे लोगों के हाथ में सौंप दिया जाता है।'' आदि बातों के बीच से गुजरते हुए राधेश्याम की लीडरी में सज्जन आगे की कतार से आ गया। सामने एक पुराना बड़ा-सा मकान था, जिसके दरवाजे पर दो पुलिसमैन खड़े हुए, भीड़ को आगे बढ़ने से रोक रहे थे। बाएँ हाथ की तरफ एक खुला मैदान था, जो आगे चलकर बड़ी सड़क के पास खत्म होता था। सड़क पर पुलिस की 'पिक-अप' मोटर खड़ी हुई दिखाई दे रही थी। मैदान में भी काफी लोगों का मजमा था।

इतने में दरवाजे के अन्दर से दारोगाजी निकले, उन्होंने एक सिपाही से कुछ कहा। वह भागते हुए 'पिक-अप' की तरफ चला गया। दारोगाजी ने एक बार जनता की तरफ देखकर घुड़क की—''यहाँ क्या लड्डू बँट रहे हैं? जाइए...अक्खाह, आप भी तशरीफ लाए हैं?'' सज्जन को देखकर दारोगाजी बोले।

सज्जन ने पास जाकर उनसे हाथ मिलाया। राधेश्याम और वर्मा भी उसके पीछे-पीछे वहाँ पहुँच गए।

सज्जन ने पूछा—''क्या हाल है?''

दारोगाजी बोले—''अस्पताल में जाके डाल देंगे खानापूरी के लिए, मगर बचना मुश्किल है।''

''बहुत जल गई है?''

''जी हाँ, जली तो खैर है ही, मगर उससे ज्यादा शॉक बैठा है उसे। अभी तमाम इन्जेक्शन वगैरा दिए गए हैं मगर ऐसा लगता है कि सिंक कर जाएगी।'' कहते हुए दारोगाजी अन्दर चले। सज्जन ठिठक गया, बोला—''मैं...''

''आइए, आइए साहब!'' दारोगाजी ने उनका हाथ पकड़कर घसीटा। फाटक के अन्दर एक छोटा-सा हाता है जिसमें तीन मकान बने हुए थे। मास्टर जगदम्बा सहाय के पुरखों का वैभव इस समय ध्वस्त-प्राय: हो रहा है। लखौरी ईंटें जगह-जगह से खिलने लगी हैं। सामनेवाले मकान में खुद मकान-मालिक रहते हैं। पहले मेहराबदार बरामदा, उसमें बाएँ हाथ पर भारी जोड़ीवाला सदर दरवाजा, दाहिनी तरफ बहुत बड़ा हाल बना था।

बरामदे में पुलिस, दहलीज में पुलिस—घर पुलिस के हवाले था। लड़की के कम्युनिस्ट होने के शक को लेकर घर की तलाशी भी लगे हाथ पुलिस ने कर डाली थी; कोई खास चीज हाथ न लगी।

बरामदे में पहुँचकर हॉल में एक स्त्री-पुरुष को बैठे देख, सज्जन ने दारोगाजी से कहा—''मिस्टर शुक्ला, मुझे वहाँ न ले जाइए। ऐसे मौके पर किसी के घर पुलिस के साथ...''

''और जब आप हवालात में कैदियों की तस्वीरें बनाने आए थे तो क्या उनकी मजबूरी का फायदा नहीं उठाया था? अजी आइए-आइए, कभी हमको भी तो अपने साथ रहने का अवसर दिया कीजिए। लोग कहते हैं कि पुलिसवालों का उठना-बैठना बुरे लोगों के साथ है।'' दारोगा मिस्टर शुक्ला ने कहा। दारोगा 35 वर्ष के भव्य जवान हैं। एक बार कुछ दिनों तक हजरतगंज के थाने पर सज्जन अपराधियों के स्केच बनाने गया था, वहीं शुक्लाजी से मुलाकात हुई। उन दिनों शुक्लाजी छोटे दारोगा थे। दारोगा शुक्ला बड़े मस्त और अपने किस्म के अच्छे आदमी हैं। उन्होंने अन्दाज से वर्मा आदि के साथ सज्जन के सम्बन्धों को मन में तौल कर एक तीर मारा; उन दोनों से बोले—''आप लोग अगर कलाकारजी से कोई विशेष कला-चर्चा...''

मिस्टर वर्मा तुरन्त मुस्कराकर बोले—"जी, कोई विशेष कला-चर्चा नहीं हो रही थी।" फिर सज्जन से कहा—"अच्छा मिस्टर वर्मा! आज आपसे मिलकर बड़ी खुशी हुई। यों आपका नाम तो बहुत सुन रखा था बल्कि आज ही..."

"जी हाँ! जी हाँ!...अच्छा..." सज्जन ने हाथ जोड़कर उन्हें विदा किया। राधेश्याम को इस तरह अन्दर से हटाए जाने पर महसूस हुआ कि पुलिस जनता पर घोर अत्याचार करती है।

जब ये लोग दरवाजे से बाहर जा रहे थे, उसी समय पुलिसमैन ने अन्दर प्रवेश किया। दारोगाजी उसे देखकर बरामदे ही में खड़े हो गए। कांस्टेबिल ने पास आकर सलूट किया और कहा—"कोतवाली को वैरलैस कर दिया हुजूर! मिरजाजी अटेंड कर रहे थे हुजूर, तौन उन्होंने मिसेज दिया कि अस्पताल की गाड़ी भिजवाते हैं हुजूर।"

"ठीक है।" दारोगाजी ने कहा—"और सुनो, कहीं से दो कुरसियाँ लाकर डाल दो धूप में।"

सिपाही हाल में चला गया। दारोगाजी सज्जन से कहने लगे—"आज सबेरे से चाय तक नहीं पी है, आप यकीन मानिएगा। ये साली पुलिस की नौकरी है। सबेरे उठके जरा पेपर पर नजर डाल रहा था—आपवाले आर्टिकिल को भी एक नजर सरसरी तौर पर देखा था—तब तक बाबू सालिगराम आ गए। उन्हें कुछ इलेक्शन के सिलसिले में जरूरी बात कहनी थी। तभी लाश की रिपोर्ट आई। बाबू सालिगराम ने कहा कि शक में जगदम्बा सहाय का घर घेर लो। उनका ख्याल था कि इस मकान में कम्युनिस्टों का प्रोपेगैंडा मैटीरियल वगैरह होगा। फिर तो आप समझ सकते हैं, कहाँ की चाय और कहाँ का नाश्ता।"

कुरसियाँ आ गईं, बैठते हुए सज्जन ने जेब से सिगरेट-केस निकाला। हाथी दाँत का यह गोपुरम् की शक्ल का सिगरेट-केस मैसूर से खासतौर पर उसके ऑर्डर के मुताबिक तैयार आया था। बीच में नटराज की बहुत सुन्दर मूर्ति बनी हुई थी। सज्जन के सिगरेट-केस निकालते ही, शुक्लाजी ने उसे अपने हाथ में ले लिया। कुछ देर तक देखने के बाद, सिगरेट-केस खोलकर सज्जन की ओर बढ़ाते हुए बोले—"वो क्या है मैथिलीशरण गुप्त की लाइन—हाई स्कूल में पढ़ी थी—कि—'पाई तुम्हीं से वस्तु वह कैसे तुम्हें अर्पण करूँ?'"

सज्जन ने एक सिगरेट निकाली, और जेब से सिगरेट लाइटर। शुक्लजी ने अपने लिए एक सिगरेट निकाल, केस बन्द करते हुए उसकी नक्काशी को अच्छी तरह देखकर कहा—"आप आर्टिस्ट लोग जाने कहाँ-कहाँ से सुन्दर चीजें बटोर लाते हैं।"

"जो जिस फिक्र में रहता है, उसे वह चीज मिलती है।" सिगरेट जलाते हुए सज्जन ने कहा।

शुक्लाजी ने दरवाजे के पास खड़े कांस्टेबिल को आवाज दी—"शेरअली!"

"जी हुजूर।" शेरअली पास आया।

"जरा यार, देखो तो जाके अन्दर—वो साली मरी कि नहीं।"

शेरअली चला गया। सज्जन बोला—"पुलिस के पेशे में इनसान की करुणा मर जाती है।"

"अजी क्या करें? रोज ही ऐसे तमाशे देखने पड़ते हैं। कभी-कभी तो आप सच मानिएगा सज्जन साहब, इस पुलिस-पेशे में रहकर यह विश्वास होने लगता है कि इन्सानियत-विन्सानियत कोई चीज नहीं। पुलिस का रोजनामचा उठाकर देखिए, यह अनुभव होता है कि सत्य तो यह है; बाकी वे सब मन्दिर-मस्जिद, धर्म-कर्म—ये तमाम अच्छी बातें, और आपका ये आर्ट-कल्चर वगैरा ढोंग हैं। हजारों बरसों में भी ये खूबियाँ इनसान पर कोई प्रभाव न डाल सकीं।...हाँ क्या है?"

शेरअली दारोगाजी को बात करते देख, अन्दर से आकर चुपचाप खड़ा हो गया था। दारोगाजी के पूछने पर बोला—"डाक्टर साहब कहते हैं हुजूर कि अभी कुछ कहा नहीं जा सकता।"

"मार डाला साली ने। आज भूखा भी रखेगी बंचो..."

"आपको गालियाँ देने का हक किसने दिया ?" पीछे हाल के दरवाजे पर खड़ी हुई गोरी-सी युवती ने पूछा।

शुक्लाजी ने त्यौरी बदलकर इस तरह पीछे मुड़कर देखा, मानो उनके अधिकारों पर आक्षेप किया गया हो। सज्जन की कुर्सी से उस जनाने गोरे चेहरे का सामना पड़ रहा था। सज्जन ने अक्सर इस चेहरे को देखा था, एकाध बार कहीं दो-चार के झुंड में उससे बातें करने की याद भी हो आई, पर वह उसे जानता न था। उस युवती के गोल चेहरे और बड़ी-बड़ी आँखों में आवेश की चमक थी।

दारोगाजी मुस्कुराकर बोले—"क्या करें साहब, हमारा पहला मालिक अंगरेज जो था वह भी गालियाँ देता था और ये नए कांग्रेसी आका भी देते हैं। अब जब आप लोगों का, कम्युनिस्टों का राज आएगा तब शायद छूट जाएँ गालियाँ।"

वह युवती सज्जन की ओर परिचित दृष्टि से देखकर, घूरकर, फिर दारोगाजी से यह कहती हुई हाल के अन्दर चली गई—"तब आप लोगों को मार-मारकर यह आदत छुड़ाई जाएगी।"

दारोगाजी चढ़ते गुस्से की लगाम खींच, सज्जन की ओर देखकर मुस्कुराते हुए जोर से बोले—"अजी, इसीलिए तो हम कम्युनिस्टों का राज्य आने नहीं देंगे, क्यों साहब ?"

सज्जन धीरे से बोला—"ये गालियों की आदत तो माफ कीजिएगा, मुझे भी बुरी लगती है।"

"हाँ, खैर बुरी तो है ही। पर क्या करें साहब, यह पुलिस का महकमा गाली के बगैर काम ही नहीं कर सकता।"

"मैं जब पहले-पहले यहाँ मुहल्लों में आया तो गालियाँ सुनकर बड़ा चौंका। लोगों को बड़े इत्मीनान से निहायत फोश गालियों का इस्तेमाल करते देख मुझे शर्म आती थी। अब तो सुनते-सुनते आदी हो गया हूँ।" सज्जन ने कहा।

"अजी तमाम दुनिया गालियाँ देती है। आप नीचे कौमों में देखें तो औरत, मर्द, बच्चे सभी गाली के बगैर एक शब्द नहीं बोल सकते। मैं तो समझता हूँ कि गाली बकना, इनसानी कमजोरी नहीं, बल्कि खुसूसियत है।"

"होगी भाई मेरा ख्याल है..."

बाहर से कांस्टेबिल ने आकर कहा—"अस्पताल की गाड़ी आ गई है, हुजूर!"

दारोगा बोले—"आ गई है तो क्या करूँ ? डाक्टर साहब से पूछो, मरीजा ले जाने काबिल है ? या ठहरो, मैं ही उनसे बात किए आता हूँ। आप यहीं विराजिए सज्जन साहब !"

"जी हाँ ! मैं बैठा हूँ—बल्कि चलूँगा।"

"अजी ठहरिए ! बस मैं अभी आया।"

दारोगाजी अन्दर चले गए, कांस्टेबिल भी उनके पीछे-पीछे ही गया।

सज्जन ने जेब से सिगरेट-केस निकाला। वह सोच रहा था, बेकार के तकल्लुफ में फँस गया। फिर ध्यान गया, मरीजा कैसी होगी ? उसे क्या आग लगाने में जरा भी झिझक नहीं लगी होगी ? ओफ, कितनी बुरी मौत है ? कल्पना से सज्जन के रोंगटे सिंहर उठे।

गोरी युवती फिर आई। आकर खाली कुरसी के पास खड़ी हो गई। सज्जन, सभ्य मूर्ति बनकर खड़ा हो गया—"आइए।"

"आप यहाँ क्या करने आए ?"

अँगरेजी में पूछे गए रूखे सवाल से सज्जन चौंक उठा। युवती ने उसका जवाब आने से पहले ही फिर प्रश्न किया—"आपका पुलिसवालों का साथ कब से होने लगा ? क्षमा कीजिएगा, मैं बहुत ब्लंट सवाल पूछ रही हूँ।"

सज्जन ने गम्भीर स्वर में उत्तर दिया—"तमाम दूसरे लोगों की तरह से खबर सुनकर आया था। ये मिस्टर शुक्ला मुझे अन्दर ले आए—मेरी इनकी जान-पहचान है।"

"तो पुलिस की जान-पहचान से क्या आप भी किसी की मजबूरी का फायदा उठाएँगे?" आवाज ज्यादा रूखी, तीखी थी।

सज्जन ने सिर झुका लिया, फिर कहा—"मुझसे गलती हुई, माफ कीजिएगा। मैं जाता हूँ।"

"मैं आपसे जाने के लिए नहीं कहती।" युवती का स्वर पहले से नम्र था—"किसी और समय आते तो अपना सौभाग्य मानती।...क्या आप जानते हैं कि अपराधी मेरे पिता और मेरी भावज हैं?"

"यह मैं नहीं जानता था। दरअसल, अगर आप बुरा न मानें तो मैं आपको भी नहीं जानता। यों देखा कई बार है। आप शायद कम्युनिस्ट पार्टी में काम करती हैं।"

"जी नहीं। मैं कम्युनिस्ट नहीं हूँ। मगर पार्टीवालों से मेरा सम्बन्ध है।" युवती ने जवाब दिया।

"आपको शायद यह नहीं मालूम कि आपके घर पर आफत आपकी वजह से आई है!" सज्जन ने कहा।

युवती उसका मुँह देखने लगी। सज्जन ने कहा—"आपके यहाँ कम्युनिस्ट पार्टी के लोग जमा होते हैं। इसी वजह से निगरानी होती थी, जिससे आपके घर का अपराध..."

"अपराध किसका? मेरे पिता का या भाभी का?"

प्रश्न सुनकर सज्जन एक सेकेंड रुका, सोचा, फिर बोला—"दोनों का है। परन्तु आपकी भाभी चूँकि इस समय..."

"वो मेरे पिता के अपराध की सजा पा रही हैं?" कह युवती चलने लगी। फिर कुछ सोचा, पूछा—"भाभी का अपराध क्या था?—भरी जवानी में विधवा होना या माँ बनना?"

सज्जन ने महसूस किया कि वह युवती भावावेश में है और किसी न किसी रूप में उमड़ना चाहती है, उसे सान्त्वना देने की गरज से मीठा बनकर सज्जन ने कहा—

"वो इसके लिए मेरी नजरों में गुनहगार नहीं! हाँ, बच्चे की हत्या को मैं जरूर.."

"वो मेरे पिता ने की है। उन्होंने भाभी पर हर तरह की जबरदस्ती की है। मैं जानती हूँ, मैं कहती हूँ।"

युवती का गोरा चेहरा फिर आवेश से तमतमा उठा, फिर चलने को कदम उठाया, फिर ठिठकी और कहा, जैसे अपने आपसे कहा हो—"भाभी का अपराध यही है कि वे औरत हैं और एकनामिकली फ्री (आर्थिक दृष्टि से स्वतंत्र) नहीं है।"

जमीन की तरफ नजरें गड़ाए युवती खड़ी रही। सज्जन खामोश होकर उसे देखता रहा, उसके मन में अनदेखी दंडिता के लिए सहानुभूति उमड़ रही थी। वही सहानुभूति वह कहनेवाली के दग्ध हृदय को भी अर्पित कर रहा था। युवती के अस्त-व्यस्त घुँघराले बाल, दर्द में एकाग्र बड़ी-बड़ी आँखों की पुतलियाँ, भावावेश से तमतमाया हुआ खूबसूरत गोरा चेहरा करुण-स्निग्ध दृष्टि से देखते-देखते सहसा सज्जन के जी में आया कि उसे प्यार कर ले। दूसरे ही क्षण उसे अपने ऊपर बड़ी शर्म आई, बड़ा गुस्सा आया। उसने नजरें नीचे झुका लीं।

"आप एक मेहरबानी करेंगे? पुलिसवालों से कह दें, जल्द ही यहाँ से चले जाएँ। हम लोगों को फूट-फूट कर रोने के लिए भी अवकाश नहीं मिल रहा है।"

बड़ी-बड़ी आँखों में जल भर आया था, होंठ और नकसोरे काँप रहे थे। सज्जन ने देखा, और फौरन नजरें झुका लीं। "छि:! नारी क्या केवल भोग की वस्तु है?"—उसने अपने ही से प्रश्न किया। युवती तेजी से हॉल में चली गई।

10

"ये आल इंडिया रेडियो लखनऊ, इलाहाबाद, पटना है। आपकी पसन्द के फिल्मी रिकॉर्डों का प्रोग्राम समाप्त..."

तारा ने उठकर रेडियो की सुई लाहौर पर लगा दी।

"छम छम छम बाजे पायल मोरी।–
आ जा चोरी-चोरी, आ जा चोरी-चोरी।"

हिन्दुस्तान का टूटा हुआ तार पाकिस्तान रेडियो के फिल्मी प्रोग्राम ने जोड़ दिया, सुनने वालों ने फिर एक ताजगी महसूस की।

तारा फिर पलंग पर आकर सहारे से बैठ गई। छोटी पायताने की तरफ हथेली पर सिर टिकाए लेटी थी। बड़ी ने कार्पेट की आरामकुर्सी को पलंग से सटाकर उस पर आसन जमाया था। तारा के आकर बैठते ही छोटी ने चलती हुई बात का सूत्र फिर उठा दिया, कहने लगी—"मैंने देखा है नन्दो बीबी के हस्बेंड को। हमारी मासी की जिठानी की भतीजी से उनकी दूसरी मैरिज हुई है। जरा पुरानी चाल के आदमी हैं, मगर भाई बड़े शरीफ हैं। देखने में भी अच्छे हैं अपने।"

"अरे इनके लिए तो साकशात कामदेव आ जाए तो भी कुछ नहीं। चुड़ैल है चुड़ैल।...ऐ! तुम्हें एक बात तो सुनाई नहीं।" बिजली की तेजी से आरामकुर्सी छोड़कर बड़ी पलंग पर आ गई। बड़ी की आवाज और फुर्ती के प्रभाव से लेटी हुई छोटी गुदगुदी भरी सकपकाहट लिए उठ बैठी।

नारी के देह सौन्दर्य को कुरूप करके भी सृजन-सौन्दर्य से उसका मानस अभिभूत करनेवाले सुहागिन तारा की देह पर चढ़े हुए आठ महीने जिस हद तक उसे अपने पैर सिकोड़ लेने की इजाजत दे सकते थे, उस हद तक वह भी सीधी सतर्क बैठकर अपनी उत्सुकता प्रकट करने लगी।

बड़ी बाएँ पैर से पालथी मार और दाहिना घुटना समेटकर उसके सहारे हाथ टिकाती उँगलियाँ नचाती 'चुपचुप' स्वर में बोली—"नन्दो बीबीजी के सन्दूक में फोटुएँ मिली हैं, औ पूरी एक दर्जन, सेट का सेट!"

"अरे कैसी फोटो?" छोटी की बेताबी उसके चेहरे पर भेद से बौखलाई जा रही थी। तारा की आँखों में भी पहेली चमक रही थी।

बड़ी ने उसी लहजे में कहा—"अरे जो बुरी-बुरी फोटुएँ आती नहीं हैं बाजार में....हाय, मेरा तो बड़ा जी खराब होता है उन्हें देख-देखके।" बड़ी की जबान में फुरहरी चल गई, देह में रस की लहर दौड़ गई और आँखों में मद चढ़ आया।

तारा ने पूछा—"तुमने देखी हैं वो तस्वीरें?"

"अरे, हाँ-हाँ भाई! सबेरे हमारे उन्होंने नन्दो बीबीजी की एक-एक चीज़ की तलाशी ली कि शायद कुछ और चुराया हो। अरे, बड़ी झक-झक हुई है इस पर। छोटी से पूछो। और हमारे उनका मिजाज तो तुम जानती ही हो—जिस बखत तेज हो जाए उस बखत लाट साहब भी उनके आगे क्या चीज है!"

तारा बात के लिए उत्सुक थी, बतंगड़ के लिए नहीं, टोककर पूछा—"कुछ मिला?"

छोटी ने सिर हिलाकर कहा—"उँहूँ!"

बड़ी का सिर भी साथ ही साथ हिला, छोटी की आवाज 'उँहूँ' से आगे बढ़ी, वह बोली—"कोई ऐसी चीज तो नहीं निकली। अरे, वो पूरी घाघ है। बात-बात में तो भागवत-पुरान बघारती है डायन और सन्दूक में ऐसी-ऐसी रसीली फोटुएँ..."

"जीजी, तुम बड़ी चोर हो। बस, अब आज से हमारा-तुम्हारा विश्वास उठ गया।" छोटी के मान-प्रदर्शन में 'सच्ची-मुच्ची' का गुस्सा झलका!

बड़ी हँसते हुए मनावन के बोल बोलने लगी—"अपनी किसम—तेरी किसम छोटी। उन्होंने ही मुझे तस्वीरें दिखाई थीं और अपने साथ ले भी गए। नहीं तो मैं तुम्हें, तुम दोनों को भला क्या खाली बातें सुनाके ही रह जाती?"

"हाय रामजी! कैसा लगता होगा उन तस्वीरों को देख-देखके?" छोटी के नैन रसभरी कल्पना में डूब गए।

"तुमने नहीं देखीं ऐसी पिक्चर्स?" तारा ने इस तरह पूछा, मानो छोटी ने कोई अपराध किया हो।

छोटी ने उदास भरे भाव से सिर हिला दिया।

फैशनेबिल देवर की लड़ैती सुहागिन के अभाव पर बड़ी को सन्तोष हुआ, वह बोली—"हम तो पहले भी देख चुके थे। वो दूसरी किसिम की विलायती थीं। एक बार अपने—किसी फ्रेंड से माँगकर लाए थे वो। दो रोज तक घर में रखी थीं।"

"अरे, हमने तो तरह-तरह की तस्वीरें देखी हैं। वर्मा साहब तो बतलाते थे कि ऐसी फिल्में भी बनती हैं विलायत में। उनके एक फ्रेंड ने किसी राजासाहब के यहाँ प्राइवेट शो में देखी थीं।" तारा ने कहा।

फिल्म की बात सुन, बड़ी का अनुभव जनित अभिमान काफूर हो गया। बड़ी-छोटी दोनों समान रूप से कौतूहलग्रस्त होकर तारा के चेहरे की तरफ देखने लगीं। बड़ी ने आश्चर्य से कहा—"हाय दैया! फिलिम! ऐसी ही जैसी सब सनीमा में दिखाई जाती है?"

"हाँ, और नहीं तो क्या! वो बतलाते थे कि राजासाहब और उनके कुछ दोस्त-औरतें-मर्द कोई दस-बारह जने खूब ड्रिंक-विंक करके फिल्म देखने बैठे। आँखों के सामने जब ऐसे-ऐसे सीन्स आने लगे होंगे...ओफ्फो!...इतने लोग मिलकर कैसे ये सब बेशरमी बर्दाश्त करते होंगे?" तारा ने कहा।

छोटी पलभर दम साध, नि:सांस ढालती हुई अनखना कर बोली—"रहने दो भाई, मन बड़ा खराब होता है ये सब सोच-सोचके।"

बड़ी को बड़ा रस आ रहा था, वह छोटी की ओर बनावटी त्योरी चढ़ाकर कहने लगी—"चल-चल! मन में भावे मूड़ी हिलावे। आज तो तू लालाजी को ऐसा सताएगी कि कल उनको दिनभर यूनिवर्सिटी में नींद के झोंके आवेंगे।"

छोटी झेंपकर बड़ी को हाथ से हलका-सा धक्का देते हुए मुस्कुराकर बोली—"जीजी! तुम बड़ी खराब हो। अपनी नहीं कहतीं कि जेठजी की गोद में बैठकर उनके हाथ से भाँग का गिलास..."

"चल हट झूठी—"

"झूठ कहती हो हमें। कहो तो दिन, तारीख, टाइम सब बताऊँ तारा बहन को। और कहो तो वो बातें भी सुनाऊँ जो जेठजी तुमसे कह रहे थे।"

छोटी की बात को शह देते हुए रसलीन तारा ने हँसकर आँखें नाचते हुए कहा—"अरे, ये छोटी बड़ी खोटी है। हाँ, सुना-सुना! क्या कह रहे थे मनिया बाबू?"

"बता दूँ?...कह रहे थे कि—"

बड़ी ने छोटी का मुँह दबा लिया। वो छुड़ाने लगी तो बड़ी ने उसे गुदगुदाना शुरू किया। छोटी हँसते-हँसते लेट गई। बड़ी उसके ऊपर ढुलककर, उसके दोनों गालों को चुटकियों से दबाती हुई बोली—"हरामजादी, इतनी बार पिट चुकी है मेरे हाथों, तब भी ताक-झाँक नहीं छोड़ती।"

बड़ी के दोनों हाथ हटा, खिलखिलाकर हँसते हुए छोटी ने तारा से कहा—"अरे, इनकी तो ऐसी बारीक-बारीक चुटकियाँ हैं कि जो एक-एक सीन सुनाने लगूँ तो सेनीमा की इस्टोरी बन जाए।" कहकर छोटी ने चुहल-भरी नजरों से देखकर जो हँसना शुरू किया तो तूफान मचा दिया। बड़ी झेंप के मारे कटी जा रही थी; लाज को कहीं गड़ने के लिए भी ठौर नहीं मिल रही। पल में हँसी, पल में गुस्सा, फिर तारा से शिकायत—"देख रही हो इसके पागलपन को, मैं तो छोटी करके अभी तक इसकी ताक-झाँक नहीं करती थी, पर अब से हम और तुम दोनों जनी मिलके इसकी जासूसी करेंगी तब लाली को आटे-दाल का भाव मालूम पड़ेगा।"

छोटी ने बड़ी से छूटकर अपने पेट को दोनों हाथों से थाम लिया और हाँफने लगी।

तारा को छोटी की यह हँसी निरर्थक लग रही थी, उसका रस-भंग हो रहा था, झिड़ककर बोली—"तो इसमें इतना हँसने की क्या बात है? अरे, हरेक के अपने-अपने रंग हैं, बहार हैं, छेड़ और अदाएँ हैं—अपनी बहार में क्या तुम नहीं चहकती होगी बुलबुल ऐसी?"

छोटी झेंप गई, बात घुमाती हुई बोली—"अरे, यों तो सारी दुनिया में होता आया है। पर जेठजी जब इन्हें गोदी में बिठाकर इनका लाड़ करते हुए कहते हैं कि "अरी मेरी सुरै...।"

बड़ी फिर झपटी, छोटी हँसते हुए छिटककर तारा की तरफ बढ़ी, पलंग जोर से हिला, तारा ने हँसकर कहा—"अरे, अरे, मेरे ऊपर तो मेहरबानी रखो तुम लोग।"

बड़ी सँभल गई, छोटी तारा के साथ सिरहाने से टिककर बैठती हुई हँसकर बोली—"अरे बाबा रे बाबा, जेठजी तो इनकी ऐसी बेल बाँधते हैं कि हँसते-हँसते पेट फूल जाता है।"

तारा बड़ी की तरफ देखकर हँसने लगी, कहा—"मनिया बाबू बेचारे जिस सुसाइटी में रहते हैं, वैसा ही बिहेव करते हैं। इसमें इस बिचारी का क्या दोष जो छेड़ती हो?"

बात बहाने से बड़ी के लिए ठेस बन गई। उसका उतरा हुआ चेहरा देखकर तारा और छोटी, दोनों को यह अनुभव हुआ। बड़ी ने सिर झुका लिया। छोटी के चेहरे पर खिसियानपन आ गया। तारा ने तुरन्त चतुर बनकर परिस्थिति को सँभालने का जतन किया; वह बोली—"तुम बुरा मान गई मोहिनी? सच्ची मानना, मैंने उस तरह से नहीं कहा था। तुम्हें यकीन न आवे तो कहो, हम चाहे जिसकी कसम खा जाएँ।"

गिड़गिड़ाई हुई आवाज में छोटी बोली—"हम तो हँसी-हँसी में कह रहे थे जीजी। कोई तुम्हारी या जेठजी की बुराई करने के ख्याल से थोड़े ही कहा था। हम भी कहो तो कसम खा जाएँ—अरे हाँ, और क्या भाई—चाहो तो जुरमाने में एक दिन अपने यहाँ की खिड़की खुली छोड़ दूँगी, तुम भी ताक-झाँक कर लेना। मेरी मुझे सुनाकर हँस लेना—बस?"

"निगोड़ी! भोली बनती है?"—

कहते-कहते तारा का ध्यान गया कि बड़ी रो रही है। तारा चुप हो गई, छोटी गम्भीर हो गई। तारा ने दोनों पंजे पलंग पर टेककर अपने शरीर को थोड़ा और आगे सरकाया; फिर प्रेम-भरे स्वर में कहा—"मोहनी!"

बड़ी की भीगी पलकें झुकी रहीं; ज्यादातर पान लगाते रहने के कारण मुस्तकिल तौर पर कत्थे से रँगी हुई उँगली से पैर के अँगूठे के नाखून पर उल्टी रेखाएँ खींचने लगी।

तारा बोली—"मेरी भूल-चूक की गलती माफ कर दो बहन! हम तो जैसे हँसी-मजाक चलता रहा है, वैसे ही आज भी समझे थे—"

"हाँ, और नहीं तो क्या? अरे, आप ही तो इन्होंने बात छेड़ी और आप ही रो दीं? हमें मारे खिसियानेपन के रुआस छूट रही है। तारा बहन देखो न—"

छोटी की बात के क्रम में 'तारा उवाच' जुड़ने ही वाला था कि बड़ी ने बुलबुलेदार आवाज में कहा—"मैं तो आप ही समझती हूँ कि मैं तुम पढ़ी-लिखी लोगों की सुसाइटी के योग नहीं—"

"अरे, ये तुम क्या बक रही हो आज, देख री छोटी!"

"नहीं! मैं तुमको किसी को दोष नहीं देती," आँखें-नाक पोंछते हुए बड़ी ने कहा—"मेरी किस्मत ही खोटी है, नहीं तो मुझे भी तुम लोगों की तरह पढ़ने-घूमने का मौका मिलता। (गहरी उच्छ्वास एक हल्की हिचकी से अटकती हुई) हमारे समाज में स्त्रियों को किसी तरह की सुतंत्रता नहीं।" निसाँस ढली, बड़ी की आँखों में फिर मछली तैर गई; होंठों पर, चेहरे पर पीड़ा का कम्पन, दीये की लहराती लौ-सा झलक उठा।

छोटी तुरन्त बोली—"हाँ-हाँ, खैर, इसमें तो कोई झूठ नहीं, हम तो खुद यही कहते हैं। पर इतनी बखत आखिर हमने ऐसा क्या कह दिया था जो तुम्हें इतना बुरा लग गया?"

"तुमने नहीं, तारा ने उनके बारे में कहा कि उनकी सुसाइटी—"

"अरे बहन! राम-राम! सच्ची, मेरे मन में तुम्हारे उनकी इंसल्ट करने की जरा भी भावना न थी। वो बात तो जाने कैसे मेरे मुँह से निकल गई। असल में मैं कहना ये चाहती थी कि अलग-अलग सुसाइटी के—"

"मैं ये थोड़े कहती हूँ कि तुमने मुझे जान-बूझ के टोंचा मारा, पर बात पत्थर की तरह मेरे जख्म पर लगी—तुमसे छुपाने से क्या फायदा?"

बड़ी एक सेकेंड रुकी, छोटी और तारा की आँखें बड़ी के चेहरे पर उत्सुकता से लगी हुई थीं; बड़ी ने दरवाजे की तरफ एक नजर डालकर अपराध भरी, भिखारी-सी दीन, धीमी आवाज में कहना शुरू किया—"देखो, मेरी बात को गलत न समझना, मैं सच्ची कहती हूँ, मेरा भगवान साक्षी है, मैं अपने उनको बहुत लौ करती हूँ—दिलोजान से करती हूँ। वो भी मुझसे बहुत लौ करते हैं, पर एक जगह पर अपना कपट कबूल करती हूँ—वो-वो मेरे मन के पति नहीं बन पाते। देखो, ऐसी बात कहते भी पाप लगता है, पर—"

सहानुभूति सहित तारा ने गर्दन हिलाते हुए कहा—"हाँ-हाँ, मैं अच्छी तरह समझ रही हूँ तुम्हारे मन की बात। ये सबके मन की बात है। संयोग की बात दूसरी है कि मेरी शादी यों बदी थी और सरूप को किस्मत से मिस्टर लाल ऐसे हज्बैंड मिल गए। वैसे जो हमारी शादी भी किसी अनएजुकेटेड अनकल्चर्ड आदमी से हो जाती तो हम क्या कर सकते थे? जैसे तुम आज लहू का घूँट पी रही हो, वैसे ही हमको भी पीना पड़ता।"

"तारा, तुम सच्ची मानना, मेरी ऐसी-ऐसी इच्छा थी पढ़ने की, कि अगर कोई मुझे पढ़ाता, तो मैं बी.ए. पास करके दिखा देती। यहाँ आई तो उनको मेरे हाथ में अंगरेजी किताब देखकर जलन होती थी। आप पढ़ें नहीं हैं तो मेरी एजूकेशन भी उन्हें जहर लगती है।"

"सच्ची बात है भाई! अब बात चली है तो कहना पड़ेगा कि हमारे जेठजी हैं बड़े उजड्ड। कसरत-कुश्ती करा लीजिए इनसे और गहने बनवा लीजिए, तमीज से बात करना तक तो जानते नहीं।"

आह भरकर बड़ी ने कहा—"अरे भाई, वो पुरुष हैं, चाहे कुछ न जानें मगर स्त्री पर अधिकार जमाना तो जानते ही हैं। बीच में दो बरस सन्तो की बहू से फँसे रहे थे—इसी नन्दो राँड ने ही साठ-गाँठ कराई थी—आय हाय, उन दिनों की तुमसे क्या कहूँ तारा...बस, एक जान नहीं ली, बाकी सब करम कर डाले मेरे।"

"ये सन्तो की बहू कौन है?" तारा ने पूछा।

"हमारी जिठानी लगती है रिश्ते में।" छोटी ने जवाब दिया—"विधवा है। बस एक टिकली नहीं लगाती, काँच की चूड़ियाँ नहीं पहनती। बाकी तुम उसके सिंगार-पटार देखो तो कह थोड़े ही सकती हो कि ये विधवा है। बड़ी बदनाम औरत है, सब जानते हैं।"

"ये विधवाएँ तो सच पूछो प्रासों से भी ज्यादा बुरी होती हैं। प्रास बाजार में कोठे पर बैठती है तो सब जानते तो हैं कि रंडी है; और ये लोग तो भली बनकर सत्तर घर घालती हैं डायनें।" तारा बोली।

"भाई, तुम कुछ भी कह लो पर मैं तो औरतों का दोष ही नहीं मानती।" बड़ी ने कहा—"विधवा होने से कोई बुराई नहीं आती। हमने ऐसी-ऐसी सैकड़ों सती-विधवाएँ देखी हैं कि उन्हें देख के मन में इज्जत पैदा होती है। कसूर सारा मर्द का है। सदा से औरत को यही लोग बिगाड़ते चले आए हैं। अरे, मैं तुमसे बड़ी-बूढ़ियों की सुनाई कहती हूँ, मरद लोग इसी ताक में लगे रहते थे कि मुहल्ले में कौन जवान औरत विधवा हुई। बस उसके पीछे चिट्ठियाँ-पत्रियाँ-धमकी-लालच—"

"हाँ-हाँ, खैर, ये सब बातें तो चलती हैं। हमने भी बहुत-से किस्से सुने हैं। तुम तो विधवाओं को कहती हो, अरे घर के घर में ससुर-जेठ बहुओं को ओने-कोने दबोच लेते थे। बिचारी शरम के मारे, डार के मारे जबान तक नहीं खोल पाती थीं। हम तो कहते हैं कि अब का जमाना पहले से बहुत अच्छा है—"

''खाक अच्छा है— '' बड़ी ने तारा की बात काटकर तैश में कहा—'' अरे, आज सबेरे की नहीं सुनी ? सगे भतीजे की बहू और चचिया ससुर निगोड़ा। मरद औरत को मजबूर करके जो चाहता है, करा लेता है और फिर भुगतना पड़ता है बिचारी औरत को ! मुझे तो सच्ची पूछो नफरत होती है मर्दों से।''

''सब पुरुष ऐसे नहीं होते जीजी— ''

छोटी की बात में बात जोड़ते हुए तारा ने कहा—'' अरे हाँ-हाँ, ये तो दुनिया है। औरत-मर्द सब अच्छे भी हैं, बुरे भी हैं। बस, ये कहो कि परमात्मा न करे किसी बुरे का साथ हो।''

''सो तो जब तक माँ-बापों के हाथ में लड़की-लड़कों की शादी करने का अधिकार रहेगा तब तक स्त्रियों की यों ही दुर्दशा रहेगी—देख लेना।'' बड़ी ने सिर झटककर कहा।

''नहीं जीजी, दोनों ही बातें हैं। बहुत-सी लव-मैरिजें भी फेल कर जाती हैं। मैं तो कहती हूँ कि ये तारा बहन बड़े नसीबवाले हैं कि जो प्रेम के जाल में फँसी भी और उसके बाद भी भगवान ने जैसा सुहाग इनको दिया, वैसा सबको मिले। नहीं तो मतलब भर का प्रेम होता है—जहाँ मतलब सधा नहीं कि प्रेमीजी चम्पत हो जाते हैं।''

छोटी के गोरे सुडौल चेहरे पर ख्वामख्वाह का दर्प चढ़ आया। वह एक जगह मन में अपने को तारा और अपनी जिठानी—दोनों से ही अधिक भाग्यशाली मानती है। उसने 'लव-मैरेज' नहीं की (लव-मैरेज अपना सारा जादू लेकर भी उसकी निगाह में ओछी चीज है) फिर भी प्रेम-विवाह का पूरा सुख शंकरलाल की सोहबत में पा लिया। शंकरलाल उसकी दृष्टि में मिस्टर वर्मा से श्रेष्ठ है, शंकरलाल देखने में बहुत सुन्दर नहीं, रंग भी गहरा साँवला है—फिर भी छोटी की नजरों में वह बहुत सुन्दर है। शंकरलाल तेज विद्यार्थियों में है, एम.ए. में पढ़ता है; अच्छी डिवीजन लाकर आई.ए.एस के इम्तहान में बैठने और अफसर होने की तमन्ना रखता है, अपने को रईसजादा और मॉडर्न समझता है। उसका फैशन हर वक्त चुस्त-दुरुस्त रहता है। अच्छे लोगों से मुलाकात है। वह अपनी पत्नी को चोरी और खुलेआम दोनों तरीकों से मॉडर्न बनाता है। वह उसको हाईस्कूल के इम्तहान के लिए बाकायदा पढ़ाता है। उसको गरारा, सलवार, दुपट्टा, कोट, किस्म-किस्म के सैंडिल और बैग, गहने, लिपस्टिक, घड़ी आदि-आदि—स्कूलों-कॉलेजों में पढ़नेवाली मध्यवर्ग की आम लड़कियों के तमाम आराइशी सपने पूरे कर देता है, उसे अपने साथ अक्सर सैर कराने ले जाता है, घर में सबके सामने उसका नाम लेकर पुकारता है—इतनी आधुनिकता तो छोटी को खुलेआम प्राप्त है। मांस-मछली का 'आधुनिक' भोजन वो पति-संग हजरतगंज या अमीनाबाद के होटलों में खुलेआम, और घर में प्राइवेटली करती है। अति आधुनिक कृत्य भी अति गोपनभाव से कभी-कभी उसका पति सम्पन्न करा देता है यानी अफसरी के भावी सपनों की दुहाई देकर शंकरलाल कभी-कभी अपनी बीवी को सिगरेट और हलकी शराब पिलाकर हतभागिनी बहुओं के समाज में उसे काबिले-रश्क बुलन्दी बख्श देता है।

तारा पलंग पर लेटते हुए बोली—''ठीक कहती हो छोटी ! हमारी शादी के पहले, जिन दिनों हमारा लव चल रहा था मिस्टर वर्मा ने हमें लेटर में लिखा कि 'तुम्हारे एक चुम्बन की प्यास के लिए मेरी अनेक रातें तड़प-तड़पकर घुट गईं।' तो मैंने चट से जवाब में लिख भेजा कि 'पहले शादी कर लो फिर चुम्बन ही चुम्बन दूँगी'— ''

''हाय बन्नो ! जवाब नहीं है तुम्हारा !'' बड़ी के कलेजे का रस फिर छलका। तीनों चेहरों की जवानी खिल उठी। तारा लजाकर, मुस्कराकर फिर गम्भीर होती हुई बोली—''नहीं, मैंने सब सोच-सोचकर काम किया था। एक बार पहले भुगत चुकी थी।''

''तो क्या मिस्टर वर्मा से पहले तुमने किसी और से भी लव किया था ?'' छोटी ने चमककर पूछा। बड़ी की आँखों में तारा के लिए फिर हीरोइन-मद चढ़ा। तारा लजाकर धीरे से बोली—''तुम्हीं लोगों से कहा है, हमारे उनको भी नहीं मालूम !''

''वो भी क्या इन्हीं की तरह तुम्हारे भाई के फ्रेंड थे ?'' बड़ी ने पूछा।

''नहीं! हाईस्कूल का इम्तहान देके मैं मुरादाबाद गई। हमारे मौसिया वहाँ सिविल सर्जन हैं। उनका एक भतीजा वहीं अस्पताल में डाक्टर था और उन्हीं के बँगले में रहता था। वो हजरत हम पर डोरे डालने लगे।''

''फिर?'' बड़ी ने पूछा।

''फिर क्या भाई? हमारा भी नया ही नया मामला था, मन फिसल गया। उसने हमसे बड़े-बड़े वायदे किए, कहा कि मेरा रिजल्ट आउट होते ही वह लखनऊ आकर मेरे फादर से बात करेगा। मौसिया बीच में रहेंगे। दहेज का एक पैसा भी नहीं लेगा, इसलिए मुझे भी यकीन हो गया। फिर मैं लखनऊ आ गई। उसकी दो चिट्ठियाँ भी आईं, पर उसके बाद सुना कि किसी बड़ी जगह में उसकी शादी तय हो गई है, वहाँ से उसे लम्बा दहेज मिलेगा। मैं रो के रह गई और क्या करती?'' पूर्व-स्मृति की पीड़ा तारा के चेहरे पर फीकापन बनकर उभर आई।

बड़ी ने फिर पूछा—''क्या उस डॉक्टर के साथ तुम्हारा... ?''

तारा ने शर्माते हुए कहा—''मैंने तो भोलेपन से उसे अपना पति मान लिया था बहन! ये थोड़े ही जानती थी कि मतलब साधकर बाद में दगा दे जाएगा।''

छोटी बोली—''इसीलिए तो कहती हूँ कि लव में भी धोखा है। अभी मान लो कि तुम्हारा कुछ ऊँच-नीच हो जाता, तो बदनामी तो तुम्हारी होती। उस डाक्टर को कोई भी कुछ न कहता।''

''हम तो कहते हैं दुनिया से शादी की रसम ही उठा दी जाए। इससे हम औरतों का ही नुकसान होता है। धन्धा पीटें, बच्चे जनें, मार खाएँ, सबके बोल-कुबोल सहें और फिर भी हमारी निगोड़ी कोई कदर ही नहीं।'' बड़ी ने कहा।

''हाँ, ये बात तो फैक्ट है। हमने तो अभी भी बहुत-से घरों में देखा है कि बहू के आते ही घर से महरी हटा दी जाती है और सासें भी बड़ा तंग करती हैं। हमारी अम्मा ऐसियों की बात जाने दो, नहीं तो घर-घर में सासें बुरा हाल करती हैं—''

''हाँ, कुछ और काम न दिखाई दिया तो दाल-चावल ही मिलाकर रख दिए कि बीन के अलग-अलग करो। मतलब ये कि पलभर भी आराम न करने पावे। फिर भैया, बहुत-से घरों में तो बहुओं को खाने-पीने के लिए भी तरसाते हैं। औरत की तो मट्टी पलीद है हमारे देश में।'' तारा बोली।

बड़ी ने कहा—''हम तो चाहते हैं कि औरतें भी पढ़-लिख के नौकरी करें। तब मरद मनमानी करता है, वैसे ही औरतें भी करेंगी। घर-गिरस्ती की झंझट नहीं। मजे में दफ्तर में गए, होटल में खाया, और जिसके साथ मन में आया, घूमे-फिरे—''

''और बच्चे जो होंगे?'' तारा की बात के साथ ही साथ बाहर दरवाजे की घंटी बज उठी। तारा व्यस्त होकर उठी।

छोटी बोली—''लो, तुम्हारे होनेवाले बच्चे के बाप तो आ गए। अब हम लोग चलती हैं।''

''अरे, बैठो-बैठो। मैं आ जाऊँ तब जाना।'' तारा कमरे से बाहर चली गई।

तारा के बाहर जाते ही बड़ी ने छोटी से धीमी आवाज में पूछा—''आजकल इनके मरद कहीं और जाते होंगे!''

''क्यों?''

''क्यों क्या, मरद का मन थोड़ी मानता है इतने दिनों तक अलग रहके? जरूर कहीं इधर-उधर जाते होंगे।''

''ऊँह, अपने से क्या?'' छोटी ने इस बात में अपनी उदासीनता दिखलाई और पलंग से उतरकर कुर्सी पर शिष्ट भाव से बैठ गई।

बड़ी की आँखों में सेजों का रस घुल रहा था। वह अपनी हविस की कोठरी में बन्द, बेभान बैठी रही।

11

बड़ी को बचपन से मानसिक रति करने की आदत है।

उसके बाप ने दो जवान बेटों के रहते हुए भी अधेड़ उम्र में दूसरा विवाह किया था। बड़े बेटे के ब्याह की बात चल रही थी, सो उसके पहले आप चुपचाप ब्याह कर लाए। बड़ी उनके दूसरे विवाह की पहली सन्तान है।

उसके पिता का स्वभाव बड़ा क्रोधी था, परन्तु माँ बहुत ही समझदार और शान्त स्वभाव की थी। उनके कारण ही घर की एकता बनी रही। बड़ी को अपने सौतेले भाइयों का अपार दुलार मिला। उसके पैदा होने के बाद घर में लक्ष्मी का थोड़ा-बहुत चमत्कार भी दिखाई दिया, अत: घरवाले उसे भाग्यशाली मानते थे। सगे-सौतेले बहन-भाइयों में सबसे सुन्दर और सिजल नक्शा भी इसी का था, इस बात का एहसास भी उसे शुरू से रहा। इस लाड़-दुलार और सुन्दरता के एहसास के साथ बड़ी में नए-नए सिंगार-सजाव का भाव शुरू से ही पनपा।

देहभोग के रूप में नारी-जीवन की सार्थकता का पाठ उसने निरे बचपन में ही पढ़ लिया था। माँ के साथ पिता की काम-चेष्टाओं की अनेक झलकें उसने बड़े कौतूहल के साथ देखी थीं। और, अपने घरों में ऐसी ही झलकें देखनेवाले पास-पड़ोस के लड़के-लड़कियों के साथ बड़ों की काम-क्रीड़ाओं का निष्पाप अभिनय वह किया करती थी।

उम्र से पहले ही बड़ी के मन में नारीत्व पकने लगा। जवानी का उभार आने से दो-तीन वर्ष पहले ही वह अपनी देह पर गेंद ऐसी छातियाँ देखने के लिए तड़पने लगी थी। उनके अभाव में उसके अन्दर दिखावट का माद्दा बढ़ा; दूसरों का ध्यान अपनी ओर खींचने के लिए चबड़-चबड़ बोलना, हँसना, चांचल्य प्रदर्शन करना, सिनेमा के गीत गाना बगैरा उसे बड़ी शान और शेखी के काम मालूम पड़ते थे। माँ बरजती थी, इसलिए उसे जहर-सी लगती थी, पिता के क्रोध से डरती थी इसलिए मन की चोर बन गई।

स्कूल में एक ईसाई 'दीदी' उसे तथा उसकी एक सहपाठिनी को अपने घर ले जाकर उनके साथ रास रचाया करती थी। वे पुरुष-संग में आन्तरिक घृणा करती थीं और अपनी इन शिष्या प्रेमिकाओं में उसी रस का संचार करती थीं। मास्टरनी के खेलों ने पुरुषों के विरुद्ध उनके घृणा-प्रचार के बावजूद, बड़ी के मन में पुरुष-संग के लिए दीवानी तमन्ना जगा दी। उसे मास्टरनी के खेलों से नफरत होती थी—अपने नकली इस्तेमाल से उसे नफरत होती थी—परन्तु मास्टरनी के भय से वह मजबूर थी। इन्हीं मजबूरी के खेलों में बड़ी की कल्पनाशीलता बेहद उभरी। आँखें मूँदकर वह अपने साथ मनचाहे पुरुषों की कल्पना से रमण किया करती थी। अतृप्ति में उसे हिस्टीरिया के दौरे आने लगे।

बड़ी का असफल प्रेमकांड इसी दौर में हुआ था। थोड़े ही समय में फिल्मी औपन्यासिक प्रेम के फरफराते हुए झोंकों से उसकी देह में भट्ठी हिस्टीरिया की आँचों से तप उठी। उसका प्रेम (फिल्मी डायलॉगों की तर्ज में) निर्दयी घरवालों से छुपा न रह सका, सहा न गया। उन्हीं दिनों मनिया से उसकी सगाई तय हुई थी। वह स्कूल से उठा ली गई।

मनिया के पौरुष ने अनेक वर्षों से बड़ी का कलेजा कचोटनेवाली अतृप्ति डाइन का संहार किया, इस नाते बड़ी मनिया से एक जगह बँध गई। विवाह के बाद कुछ दिनों तक उसकी कल्पना-क्रीड़ा भी बन्द रही। मनिया अपने ढंग का रसिया-छैला है, इसलिए वह बड़ी को शुरू-शुरू में रिझाता भी था, परन्तु यह सब थोड़ी देर के लिए ही होता था, और मनिया की इच्छा से होता था। बड़ी मनिया से हरदम थरथर काँपती रहती थी। अविवाहित देवर शंकरलाल उसे सुहाता था।

ननद नन्दो तो जहर की पुड़िया साबित हुई—बहुत सताया, मारें तक खिलवाईं, पर सास बड़ी भली लगी। ससुर अच्छे तो लगे पर उनकी नजरों से बचती थी। ससुर से उसे भय लगता था, परन्तु

वह भय मनिया के प्रति उसके भय से भिन्न था। सास का व्यक्तित्व बड़ी के मन का संस्कार बन गया, वरना पति के खिलाफ तहों में अपनी घृणा छिपाकर अपने फैशनेबिल टिप-टाप देवर से मानसिक रति करनेवाली बड़ी उस पर रंगीन डोरे डाले बिना मानती नहीं। वह बड़े संयम से काम लेती थी। जब वह इस घर में ब्याह कर आई थी; तब शंकरलाल का ब्याह नहीं हुआ था। देवर-भौजाई में बड़ी जल्दी पटी—एर्थ तक पढ़ी भावज को हाईस्कूल पास कराने का जिम्मा शंकर ने लिया। नन्दो को भला न लगा, मनिया के कान भरे। मनिया ने शंकर को भाभी का मास्टर बनने से बरज दिया। दोनों भाइयों में हल्की-सी झड़प भी हो गई। मनिया ने कहा—"अपनी आए, तब पढ़ाना। मेरी बीवी मेरे ढंग से चलेगी।" यों मनिया ने देवर-भौजाई के हँसी-मजाक का कभी बुरा नहीं माना, नन्दो के कान भरने के बावजूद उन दोनों पर किसी प्रकार का प्रतिबन्ध नहीं लगाया। मनिया को अपने भाई पर उतना ही गर्व है जितना कि अपने ऊपर। इसलिए प्रकट में अपना रौब-दाब रखते हुए वह उससे किसी हद तक दबता भी है। मनिया भावुक है, उदार है, उद्धत और विलासी है, पर सर्वोपरि वह कुशल कारीगर और सफल दुकानदार है। शंकरलाल गुमानी है किन्तु अपने संयम रखना जानता है; वह चतुर है, भावुक भी है, किन्तु उसकी उदारता अपने और जिसको वह अपना मानता है, उसके लिए ही सीमित है। शंकरलाल रिश्ता मानने से अधिक रिश्ता निबाहने की कला में चतुर है। पढ़ाई को लेकर भाई से झगड़ा हो जाने के बावजूद शंकरलाल ने भावज के साथ अपना रिश्ता खूबी के साथ लिया था। अपना विवाह हो जाने पर उसने अपनी पत्नी और बड़ी को निकट लाने में भी बड़ी कुशलता से काम लिया।

उन दिनों बड़ी दुःखी भी थी, उसका पति रंडी-मुंडियों और सन्तों की बहू के चक्कर में फँसा हुआ था। देवर-देवरानी की संयुक्त सहानुभूति और मैत्री भाव से बड़ी को सदा के लिए अपना मित्र और शुभचिन्तक बना लिया।

परन्तु मनिया के बाहरी स्त्रियों से सम्बन्ध रखने की प्रतिक्रिया बड़ी पर बड़ी भीषण हुई। अन्तरविद्रोह उसे स्वयं भी व्यभिचार करने के लिए उत्तेजित करने लगा, परन्तु उसके लिए मौका नहीं मिलता था। स्वतंत्रता के अभाव में, बचपन से मानसिक रति की अभ्यस्त बड़ी, अपने मन की महफिल में अनेक मानसिक प्रेमियों को इकट्ठा कर अपने अरमान उछालती थी। इस तरह वह अपनी हीनभावना की रक्षा करती थी। मनिया उन दिनों उसे अपने साथ पलंग पर नहीं सोने देता था, वह उसी कमरे में निराद्रित होकर जमीन पर लेटती थी और सपने देखते-देखते अपने दिमाग को पूरी तौर पर थकाकर, हारकर सो जाती थी। कभी-कभी अपनी इच्छा होने पर मनिया उसे अपने पास बुलाता, अपने पित्ते ठंडे करता, और फिर उसे दुत्कार जमीन पर सोने के लिए भेज देता था। जिस समय मनिया उसका भोग करता, वह आँखें मूँदकर कल्पना करती थी कि जैसे कोई गुंडा उस पर बलात्कार कर रहा है।

बाहर से किसी प्रकार का मानसिक आघात पाकर मनिया फिर अपनी पत्नी की खातिर करने लगा। छोटे भाई को अपनी पत्नी का लाड़ करते देख उसके मन में भी हौंस हुई। अक्सर पत्नी की फरमाइशें पूरी करने लगा—कीमती गहनों-साड़ियों से बड़ी का मन भर दिया। छोटी के कमरे का फर्नीचर बड़ी के लिए अरमान बना, मनिया ने उस अरमान को भी हौसले के साथ पूरा किया। वह उसे महीने में दो-तीन बार सिनेमा भी दिखा लाता था। यह सब कुछ होता था, बड़ी को इससे सुख और किसी हद तक सन्तोष भी होता था, परन्तु उसके मन के अरमान न मिटे। घर से बाहर जाने पर बड़ी को चादर ओढ़नी पड़ती है, उसे सलवार-गरारा, वैनिटी बैग और लिपिस्टिक का इस्तेमाल करने की इजाजत नहीं। यह सब उसे खलता है।

छोटी कमरे के बाहर तारा और मिस्टर वर्मा की आवाज के साथ-साथ अपने पति का स्वर सुनकर अचकचा उठी, साथ ही खुश भी हुई। आरामकुर्सी से उठकर फौरन कमरे के दरवाजे पर

आ गई, हाथ जोड़कर मिस्टर वर्मा को नमस्कार किया और पति की तरफ देखकर कुछ पूछनेवाली ही थी कि मिस्टर वर्मा ने कहा—"देखिए, आपके फरार कैदी को गिरफ्तार कर लाया।"

छोटी लजाकर मुस्कराने लगी। तारा छेड़भरी नजरों से उसे देखकर हँस दी। शंकरलाल ने वर्मा से कहा—"अजी, तो फिर यों कहिए कि दो फरार आपस में एक-दूसरे को पकड़कर अपने हाकिमों के हुजूर में आ गए।"

चार की हँसी एक होकर गूँज गई।

कमरे में पलंग के पायताने से टिककर बाहर की ओर कान लगाए बैठी बड़ी के मन में उत्सुकता थी कि कैसे ये लोग बातें करते हैं। तारा, छोटी—विशेष रूप से देवरानी छोटी के प्रति दबी हुई ईर्ष्या होते हुए भी बड़ी उनसे कुढ़ नहीं रही थी। छोटी और तारा, दोनों ही इस समय मानो अपने अस्तित्व से कोई मतलब न रखते हुए केवल एक माध्यम बन गई थीं, जिसके सहारे बड़ी का रस-विलास चल रहा था।

देवर की आवाज कान में पड़ी—"चलो सरूप, घर चलकर झटपट तैयार हो जाओ फिर—"

"ठहरिए, अभी चाय पीकर जाइएगा—" तारा की आवाज आई।

"नहीं, बेकार में तकलीफ—" शंकर की बात काटकर मिस्टर वर्मा बोल उठे।

"अजी बैठिए भी, आपके बहाने से मुझे भी एक कप मिल जाएगा, वरना ये सूखा ही टरका देंगी।"

"सुन रही हैं मिसेज वर्मा! शिकायत हो रही है आपकी।"

"आप ही सुनिए। जो एहसानफरामोश हो, उसकी बात कहाँ तक सुनी जाए?"

तारा की आवाज दूर चली गई। हल्की हँसी के बाद मिस्टर वर्मा की आवाज बड़ी के कानों में आई; वे उसके देवर से पूछ रहे थे—"कहीं पिक्चर-विक्चर का प्रोग्राम बनाया है क्या?"

"जी हाँ, वो हमारे दोस्त हैं—शायद आपने नाम सुना हो—विरहेशजी; उन्होंने 'बहार आई रे' पिक्चर के गाने लिखे हैं।"

"हाँ-हाँ, चल तो रही है आजकल। कैसी पिक्चर है?" वर्मा ने पूछा।

"सुनो।" दूर से तारा की आवाज आई। बड़ी ने अनुमान लगाया, तारा रसोईघर में है।

दूर से मिस्टर वर्मा की आवाज आई—"शंकर बाबू, अभी आया।"

"सुनिए-सुनिए, मिस्टर वर्मा" शंकरलाल बोले—"बैठिए, कहाँ जाइएगा, कोई तकल्लुफ करने की जरूरत नहीं।"

"अजी कुछ नहीं, बस आता हूँ अभी।" मिस्टर वर्मा की आवाज गुप हो गई।

"मिठाई-विठाई लेने गए होंगे।" बड़ी ने सोचा। शंकरलाल तारा से कह रहा था—"आपने भी मिसेज वर्मा, बेकार दौड़ा दिया बेचारों को।"

"अजी वाह! कभी भूले-भटके तो हमारे घर आते हैं आप। अरे छोटी, मोहनी को बुला लो। पर्दे की बुबिया बनी बैठी है अन्दर।"

"क्या भाभी यहीं हैं?—भाभी।" शंकरलाल ने आवाज दी। आवाज के साथ ही अखबार के पन्ने खड़खड़ाए।

बड़ी संकोच के साथ उठी। कमरे के दरवाजे पर आकर खड़ी हो गई। दालान में सोफे पर शंकरलाल बैठा था। उसे देख मुस्कुराते हुए बोला—"तुम तो ऐसी छिपी बैठी थीं जैसे कोई किसी के दिल में छिपता है। मैं घर में ढूँढ़ते-ढूँढ़ते परेशान हो गया।"

"यह रेडियो पाकिस्तान है। फिल्मी रिकॉर्ड..."

"मोहिनी, जरा रेडियो बन्द कर देना।" तारा ने रसोईवाले दालान में खम्भे के सहारे खड़े हुए कहा। छोटी स्टोव से चाय की केतली उतारकर दूध का लोटा चढ़ा रही थी। बड़ी अपने देवर की

बात का जवाब देते हुए कमरे के अन्दर रेडियो बन्द करने गई। उसने कहा—"जो दिल में छिपा है, उसे ढूँढ़ते हुए ही तो यहाँ आए हो। मेरे ऊपर ऐसा क्यों ऐसान करते हो?"

रेडियो बन्द हो गया। दालान से शंकरलाल का जवाब आया—"अजी, ये दिल में कहाँ हैं? ये तो उजागर हैं। दिल में तो तुम छिपी बैठी हो।"

बड़ी मुस्कराते हुए बाहर आई। शंकरलाल ने उसे देखते हुए अपना वाक्य पूरा किया—"न मेरे सही, भैया के दिल में सही, बात एक ही है।"

बड़ी ने देखा, तारा और छोटी दोनों ही मुस्करा रही थीं। बड़ी ने उन्हें देखा और शोख होकर तारा से कहा—"सुन रही हो इनकी बातें? झूठ बोलने में ही एमें पास किया है हमारे लालाजी ने! ये तो न कहा कि भाभी चलो तुम्हें पिक्चर दिखा लाऊँ, और ऊपर से दिल की बातें करते हैं।"

कहते हुए बड़ी रसोईघर दालान की ओर बढ़ी। शंकर ने जवाब दिया—"भाभियों को दावत नहीं दी जाती, वो आप गले पकड़कर दावत लेती हैं। मेरा ख्याल है मिसेज वर्मा मेरी बात का समर्थन करेंगी।"

तभी मिस्टर वर्मा ने हाथ में दोने लिए हुए घर में प्रवेश किया। तारा उनसे दोने लेने के लिए आँगन में आ गई। छोटी ट्रे में चाय के बर्तन सजा रही थी। बड़ी पास ही बैठी थी, उसने हलका-सा घूँघट खींच लिया। मिठाई-नमकीन के दोने देकर वर्मा ने शंकरलाल के पास आते हुए पूछा—"किस बात का समर्थन करा रहे थे आप?"

"कुछ नहीं, एक भाभी की ज्यादती का फैसला दूसरी भाभी से करा रहा था।" शंकर ने मुस्कराते हुए जवाब दिया।

वर्मा ने सोफे से सिर घुमाकर रसोईवाले दालान की ओर देखकर कहा—"अच्छा, आपकी भाभी साहिबा भी यहीं तशरीफ रखती हैं। मगर जिसको आपने फैसले का अधिकार दिया है उसकी योग्यता का अन्दाज तो लगा लेते?"

"मिस्टर वर्मा, अब स्त्रियों को अयोग्य न कहिएगा। कांस्टीट्यूशन में उनको बराबरी का दर्जा मिला है।"

तारा चाय की ट्रे लेकर आ गई, गोल टेबिल पर रखती हुई बोली—"ये सब बात कल्चर्ड लोगों की समझ में ही आती हैं मिस्टर लाल, गँवारों से कहने से क्या फायदा?" कहते हुए तारा ने अपने पति की ओर शोखी-सुहाग-भरा तीखा कटाक्षपात किया। वर्मा और शंकर के होंठों पर मुस्कराहट आई। शंकर ने कहा—"बस, अब मैं लाजवाब हो गया मिसेज वर्मा।"

छोटी मिठाई-नमकीन की प्लेट लिए आ पहुँची, उसे देखकर शंकर की बात में नया उत्साह आया, बोला—"कहीं सरूप ने भी मुझे गँवार बना दिया तो—"

"जो जैसा होगा उसे वही तो कहा जाएगा!" छोटी के जवाब पर तारा-वर्मा जोर से हँस पड़े। शंकरलाल की हँसी भी शामिल हो गई।

रसोई में खड़ी हुई बड़ी ने रस के साथ हाय भरी, वो मजाक में भी अपने पति को गँवार नहीं कह सकती। तभी सामने खड़ी तारा ने उसे बुलाया। आँख के इशारे से ही बड़ी ने कहा—"नहीं, मुझे शरम लगती है।"

तभी शंकरलाल ने उठते हुए तारा से कहा—"आइए, तशरीफ रखिए।"

"अपनी भाभीजी को तो बुलाइए। उन्हें शरम आ रही है।" कहकर तारा ने बड़ी की तरफ हँसते हुए देखा।

बड़ी ने तारा को गुस्से से तरेरा। शंकर ने आवाज दी—"भाभी।" तारा शंकरलाल के पास सोफे पर आकर बैठ गई। छोटी प्यालों में चाय ओझ रही थी।

शंकरलाल उठकर सामने आया। बड़ी उसकी ओर झेंप भरी दृष्टि से देखकर सिर का पल्ला सँभालते हुए संकोच भरे डग भरती, आँगन पार करने लगी। शंकरलाल उसकी ओर देखकर बोला—"हमारी भाभी के नखरे आपको मालूम नहीं। भैया ने उन्हें बेहद खुशामदपसन्द बना दिया है।"

बड़ी दालान में आ गई। मिस्टर वर्मा ने खड़े होकर हाथ जोड़े। बड़ी ने भी सकुचाते हुए हाथ जोड़े और तारा के पास जाकर बैठ गई। तारा ने मिठाई की प्लेट उठाकर शंकरलाल की ओर बढ़ाई। छोटी ने वर्मा को चाय का पहला प्याला दिया।

स्त्री-पुरुषों के सम्मिलित समाज में बैठकर चाय पीने का यह मौका बड़ी को बरसों बाद दूसरी बार मिला था। स्कूली जमाने में ईसाई दीदीजी के घर उनके एक रिश्तेदार दम्पती के साथ उसने चाय पी थी, लेकिन तब की बात और थी—वह कुँआरी थी—इतने अधिक बन्धनों में भी नहीं बँधी थी। उसे मजा आया था। मजा उसे इस समय भी आ रहा था, मगर बड़े बन्धनों के साथ। तारा और छोटी के खुले व्यवहार को देखकर वह अपने आप को छोटापन महसूस कर रही थी। सबको चाय देकर अपना प्याला लिए हुए छोटी उसी के पास आ बैठी।

वर्मा ने शंकरलाल से कहा—"आज तो साहब, आपके मिस्टर सज्जन वर्मा से हमारी भी मुलाकात हुई। बड़े शरीफ आदमी हैं।"

चम्मच से दालमोठ उठाते हुए शंकर बोला—"अजी बहुत शरीफ हैं। आज तो प्रोफेसर चटर्जी ने हेरल्ड में उनके ऊपर आर्टिकिल भी लिखा है। आपने पढ़ा ?"

"हाँ, मैंने और तारा ने साथ ही साथ पढ़ा था।...बेचारे ताई का जादू लिए हुए चौराहे पर रखने आए थे।"

छोटी बोली—"हाँ-हाँ, उनके यहाँ भी रखी गई थी तश्तरी। मैंने जीजी को दिखाया था।"

शंकरलाल ने यह सुनकर मुँह बनाते हुए कहा—"हमारे यहाँ की पब्लिक निहायत ही बैकवर्ड है जनाब! बतलाइए भला, इतना बड़ा आर्टिस्ट हमारी लाइफ स्टडी करने आया है। क्या इम्प्रेशन लेकर जाएगा हमारे मोहल्ले से ?"

मिस्टर वर्मा कुछ कहने जा रहे थे कि मिसेज वर्मा ने कहा—"मिस्टर लाल, आपकी तो बहुत जान-पहचान है उनसे। एक दिन हमको भी तो दिखलाइए उनका आर्ट।"

"हाँ-हाँ, मैं कल ही उनसे कहूँगा। वो फौरन राजी हो जाएँगे। मैं आपसे क्या कहूँ मिसेज वर्मा, इतना सज्जन पुरुष मैंने नहीं देखा। जैसा उनका नाम है, वैसे ही हैं। पिछले साल मैं यूनिवर्सिटी यूनियन का प्रेसिडेंट था तो मैंने यूनियन हॉल में उनका वन मैन शो अरेंज कराया था। साहब, गजब का आर्टिस्ट है!"

"तो ऐसा कीजिए, एक दिन उन्हें चाय या खाने पर बुलाया जाए। क्यों तारा ?" मिस्टर वर्मा ने पूछा।

"जब चाहो बुला लो।" तारा बोली।

शंकर ने कहा—"देखिए, मैं उनसे बात कर लूँ, फिर न होगा तो अपने यहाँ ही इन्वाइट कर लूँगा—क्यों सरूप—उनको, महिपालजी को—बहुत बड़े लेखक हैं महिपालजी।"

बड़ी का मन था कि उन्हें यहीं बुलाया जाए। अपने घर में वह इतनी आजादी के साथ पार्टी में शामिल न हो सकेगी, वहाँ मनिया का डर है; मनिया, जो तारा के शब्दों में अन-एजुकेटेड, अनकल्चर्ड और छोटी के शब्दों में उजड्ड है; मनिया, जो मिस्टर बजरंग लाल बनकर अपनी मिसेज के साथ ऐसी सोसाइटी में बैठने के योग्य नहीं। वो कितनी अभागी है। सज्जन कितना खूबसूरत है!

चाय का दूसरा दौर, हँसी-मजाक और बातों का सिलसिला कुछ देर और कायम रहा। ताई के टोने, देश की सभ्यता, मास्टर जगदम्बा सहाय और उनकी पीड़िता भतीजे की बहू पर बातें हुईं। स्त्रियों के अधिकार पर बातें हुईं—इलेक्शन के चर्चे चले। शंकरलाल ने घड़ी की तरफ नजर डालकर अपनी पत्नी से उठने का इशारा किया।

"अभी से ?" मिस्टर वर्मा बोले—"अजी बैठिए भी थोड़ी देर, कब-कब मिलना होता है इस तरह ?"

"हाँ, हमें मिस्टर लाल से इस बात की सख्त शिकायत है कि पड़ोप में रहते हैं और कभी हमारे यहाँ झाँकते भी नहीं।" तारा ने थोड़ा मान करते हुए कहा।

मिस्टर वर्मा ने भी पत्नी का साथ दिया—"और आज भी मिसेज लाल की मेहरबानी से यहाँ आ गए।"

"अब आप भी हमारे यहाँ आइएगा चाय पीने", छोटी ने मिस्टर वर्मा से कहा—"फिर इनको भी भेजूँगी।"

"तो क्या कोई बदला है ?" तारा हँसकर बोली—"अरे हमारा तो रिश्ता ऐसा है कि रोज तुम इन्हें अपने यहाँ चाय पर बुलाओ और मैं इन्हें बुलाऊँ।"

सब लोग हँसे। शंकरलाल ने कहा—"चलिए आप लोग भी पिक्चर देखिए हमारे साथ।"

"अजी अब..."

मिस्टर वर्मा की बात काट, छोटी ने तारा का हाथ पकड़कर कहा—"हाँ-हाँ, तारा—"

"आपकी तारा बहन ये ढोल..."

"जाओ भी!" तारा ने आँखें तरेर कर अपने पति को बड़ी जोर से झिड़का।

शंकर की सभ्यता मुस्कराकर रह गई, बाकी सब खिलखिलाकर हँस पड़े। छोटी बोली—"तो इससे क्या होता है ? सब जाती हैं ऐसे में भी।"

"आप लोगों को तो सांग-राइटर साहब ने पास..."

वर्मा ने दूसरी झिझक को काटते हुए शंकरलाल से कहा—"जी नहीं, पास-वास नहीं है। उनका बड़ा आग्रह था और मैंने भी सोचा कि आज इतवार है, कोई पिक्चर तो देखना ही है। आइए, चलिए मिसेज वर्मा, हमारी ओर से दावत रही।"

मिस्टर और मिसेज वर्मा की आँखों ने एक-दूसरे से अनुमति ली और राजी हो गए।

शंकरलाल ने बड़ी से कहा—"चलो भाभीजान, आज तुम्हें भी सैर करा लाएँ। घबराओ मत, भैया से लिखकर आज्ञा माँग लूँगा ?"

आज्ञा माँगने की बात पर बड़ी मन-ही-मन लाज से गड़ गई। उसे अपने मन में लगा कि जैसे दोनों जोड़े उसकी ओर सहानुभूति से देख रहे हैं।—"हाय मैं कितनी मजबूर हूँ। ऊँची सोसाइटीवालों की नजरों में नीची हूँ और केवल अपने पति के कारण!"

बड़ी की नजरें न उठीं, सब चले, वह सबके पीछे चली।

12

मैटिनी शो खत्म होने पर भीड़ सिनेमा हॉल से यों निकल रही थी जैसे पानी का मोटा पम्प खोल दिया गया हो। उसी समय शंकर-वर्मा-परिवारों के ताँगे रुके। शंकर ताँगे से उतरकर भाड़ा देने के लिए अपना पर्स खोलने लगा। उसे देखकर दूसरे ताँगे से अपनी पत्नी और बड़ी के साथ उतरकर खड़े हुए मिस्टर वर्मा ने कहा—"मैंने दोनों का पेमेंट कर दिया है मिस्टर लाल!" फिर शंकर के ताँगेवाले से कहा—"इससे अपने पैसे ले लेना।"

शंकर ने पर्स बन्द करते हुए हँसकर कहा—"आप बड़े जल्दबाज हैं। अच्छा, मैं टिकट ले आऊँ।"

"मैं जाता हूँ।" वर्मा आगे बढ़ा, शंकर ने उसे रोकते हुए कहा—"मिस्टर वर्मा प्लीज!" और शंकर तेजी से आगे बढ़ गया।

तीनों स्त्रियों के साथ वर्मा धीरे-धीरे आगे बढ़ा। तारा, छोटी, बड़ी तीनों अपनी तरफ उठती हुई मर्दानी नजरों को नजरअन्दाज कर और जनाने फैशनों पर निगाह दौड़ाती हुई धीरे-धीरे आगे

बढ़ रही थीं। अपने पास कोट न होने के कारण बड़ी का ध्यान कोटवालियों पर अधिक जाता था। तारा और छोटी भी कोट पहने थीं। तीनों में छोटी का फैशन अपटुडेट था—काली धारीदार सुरैया का कुरता, सफेद साटन की सलवार, सफेद शिलून का दुपट्टा, बाएँ हाथ में कीमती घड़ी, दाहिने में ऊँचे दामोंवाला प्लास्टिक का कड़ा, गले में सच्चे मोतियों की कंठी, कानों में मोतियों की टॉप्स—छोटी को अपने कोट पर भी गुमान था। वह सन् इक्यावन के नए फैशन का कोट पहने थी, इतनी भीड़ में बहुत कम वैसे और नजर आए! बाकी सब पिछले फैशनों के थे और जो बेशुमार हतभागिनें किसी सन् के चलन का कोट नहीं पहने थीं, उन्हें छोटी ने किसी गिनती में न लिया। तारा भी पिछले साल का बना कोट पहने थी—औरेबी कट, राउंड कॉलर, ढीली बाँहें, अगल-बगल सामने और पीछे रेशमी कढ़ाई के फूल बने थे।

दस कदम चलकर भीड़ छँटने की बाट में चारों जने एक ओर सिमटकर खड़े हो गए। मिस्टर वर्मा ने सिगरेट सुलगा ली। मिसेज वर्मा, मिसेज लाल उर्फ छोटी के कोट की बाँह छूकर, धीमी आवाज में उससे पूछने लगी—"यह कोट तुमने कहाँ से सिलवाया है?"

"मलकानी ब्रादर्स से! एक सौ सत्ताइस रुपये में बना है।" छोटी ने कहकर होंठ के कोने पर रूमाल का टच लगाया।

दाम सुनकर कोट पर पड़ती हुई तारा की हसरत भरी नजर परीक्षक बन गई। कपड़ा कीमती था—ब्राउन रंग के लाँगकोट पर चॉकलेट रंग के कपड़े का कंगूरेदार कॉलर और कफ थे। कोट वाकई नफीस सिला हुआ था। तारा के मन में नए फैशन का कोट अपनाने की इच्छा जागी, पर अपने घर की आमदनी का ध्यान कर मन मार गई। छोटी-बड़ी तो लखपति घर की बहुएँ हैं। फिर भी तारा अपने को उनसे ओछी मानने के लिए तैयार नहीं—वह इन दोनों से अधिक पढ़ी-लिखी है, उसने प्रेम-विवाह किया है, और यह भी नहीं कि उसके पास अपनी हैसियत के मुताबिक गहने-कपड़े न हों। इस वक्त भी वह कोट, शिलून की तिरंगी साड़ी, सिन्धी कढ़ाईवाला लेडी हैमिल्टन का ब्लाउज, सोने की मटरमाला, झुमके, ब्रेसलेट, अँगूठी और घड़ी पहने थी।...हाँ...मगर...फिर भी तारा के मन में यह तमन्ना थी कि यदि उसका पति लखपति होता तो उसकी देह पर भी कीमत ही कीमत झलकती होती। बड़ी की देह पर भी हीरे का सेट दमक रहा था।

लम्बे घुँघराले बालोंवाले, चश्मा-मंडित छोटी आँखोंवाले, ऊनी कुरता-सदरी, चूड़ीदार पायजामा-मोजे, पेशावरी पहने, बाईं बाँह पर चेस्टर और दाहिने हाथ में 'फाइव-फाइव-फाइव' का टिन लिए एक सज्जन को साथ लेकर शंकरलाल वहाँ आए। बड़े तपाक से परिचय कराया—"मिस्टर वर्मा, आप ही प्रसिद्ध कवि विरहेशजी हैं, जिन्होंने इस पिक्चर के गाने लिखे हैं। और आप मिस्टर त्रिभुवननाथ वर्मा, केसरबाग में जो अजन्ता रेडियो इंजीनियरिंग वर्क्स हैं, वो आप ही का है। और आप हैं मिसेज तारा वर्मा। ये मेरी भाभी हैं मिसेज मोहिनी लाल, और ये—जिसे आप कवि लोग शौक के आलम में जाने क्या-क्या कहकर पुकारते हैं—मेरी वही हैं—मिसेज स्वरूप कुमारी लाल!"

तारा ने अतिरंजित भाव से, छोटी ने खिलकर और बड़ी ने लज्जा की आड़ में अपने गद्गद हृदय की धड़कनें छिपाकर विरहेशजी को नमस्कार किया और विरहेशजी का नमस्कार तमाम लेखक, कलाकार, नेता-उपनेता नेति-नेतियों द्वारा पेटेन्ट कराए गए फार्मूले के अनुसार ही था—जहाँ तक बने, बन्द बत्तीसी की मुस्कराहट और कोमल-कोमल-सा हाथजोड़न।

मिस्टर वर्मा भी विरहेशजी को देखकर धन्य-धन्य हुए जा रहे थे। विरहेश उस वर्ग का देवता था जिसे पाने के लिए अस्सी फीसदी बाबू-बच्चे सदा लार टपकाते रहते हैं। और औरतें भी बेचारी आखिर को हैं तो बाबुओं की ही बेटियाँ-बहुरियाँ—सबेरे से परभातियों के बजाय...'बेईमान बलम जा, बलमा जा—बलमा जा जा!' का रिकॉर्ड सुनना और गुनगुनाना पसन्द करती हैं। सिनेमा-स्टारों के बाप-दादों के शिजरे उनसे पूछ लीजिए; कौन स्टार कितने का कन्ट्रेक्ट करता है, कहाँ-कहाँ काम

कर रहा है। किस स्टार का किससे लव चल रहा है और किसका प्रेम किसके बट्टेखाते नाम पड़ गया, इसका अपटुडेड हिसाब आपको उनके पास मिल जाएगा। फिल्मी दुनिया से सम्बन्धित अनेक प्रोड्यूसर, डायरेक्टर, प्लेबैक सिंगर, म्यूजिक डायरेक्टर, कैमरामैन, लेखक, गीतकार इस बात का दम्भ कर सकते हैं कि उनका जिक्र खैर भी इन बबुइयों की जबानों से अक्सर–औकात हो जाया करता है। सिनेमा शहरों की अस्सी फीसदी जवान आबादी का ध्यान और ध्येय है। तारा, छोटी–बड़ी, सबको ही विरहेश से मिलकर बड़ा अभिमान–उल्लास हो रहा था।

शंकरलाल ने कहा—"खास मेरी वजह से ही ये इस वक्त याँ खड़े हुए थे।"

"जी हाँ, मुझे तो आज दो–तीन ऑफिसर फ्रेंड्स जबरदस्ती अपनी कार पर बिठला कर यहाँ मैटिनी में ले आए कि विरहेश, हम तुम्हारे साथ बैठकर स्क्रीन पर तुम्हारा नाम देखेंगे। मजबूर होकर आना पड़ा। फिर मैंने उन लोगों से कहा कि भई, मैं तो अब यहीं ठहरूँगा क्योंकि मेरे मित्र शंकरलाल आनेवाले हैं। उनके साथ मैंने पिक्चर देखने का प्रॉमिस किया है, वरना मैं उनकी कार पर ही चला जाता।"

इतना प्रवचन करके विरहेशजी महाराज सब भक्तों को अपने दर्शनामृत से कृतार्थ करने लगे। शंकरलाल ने हाथ बढ़ाते हुए कहा—"आइए चलें।"

विरहेश गोप–गोपियों से घिरे हुए आगे बिचरे।

कर्नल ने लाइन में कार खड़ी की। कर्नल और सज्जन अपनी–अपनी तरफ के शीशे चढ़ाकर दरवाजे बन्द करते हुए उतरकर बाहर खड़े हुए। कर्नल कार का ताला बन्द करने के लिए गुच्छे से चाबी सरकाने लगा। सज्जन ने कार की छत के पार देखा—चारों ओर छिटकी हुई भीड़ और उस भीड़ में महाकवि बोर। उसकी खोई हुई, निष्क्रिय–सी आँखें सहसा सजग हो उठीं। उसने कहा—"कर्नल, लौट चलो, अब यहाँ नहीं देखेंगे।" उसके चेहरे पर उदासी और कहने के ढंग में ऊब थी।

"क्यों ?" कर्नन ने त्यौरी चढ़ाकर पूछा।

"उहुँ! यार नहीं देखेंगे। डबल बोरियत होगी!"

सज्जन बच्चों की तरह अनखनाया। कर्नल ने कार का ताला लगाकर चाबियों का गुच्छा जेब में रखा और आगे बढ़ा। सज्जन उसी चिढ़े हुए मूड में बोला—"एक तो बंबइया फिल्म—एस्थेटिक टेस्ट में सड़ा पपीता। दूसरे तुम्हारी पसन्द, तीसरे महाकवि बोर भी दिखाई पड़ गए!"

बोर के नाम पर कर्नल को हँसी आ गई, सामने देखा, उसे बोर नजर न आया, पूछा—"अमाँ कहाँ है ?"

"वो क्या सामने जीने चढ़ रहा है ? यार, बड़ी कोफ्त होगी। चलो, बंधे के पास गोमती किनारे बैठें एकान्त में, बातें करें।" सज्जन के स्वर में थकान थी।

"तुम तो खुद ही बोरियत फैला रहे हो आज! हमारी तबीयत है देखने की—वाह!—और यहाँ आए हैं, तो बस यही देखेंगे। बोर साले को पास नहीं फटकने दूँगा। तुम देखना तो सही, जाओ।"

कर्नल ने सज्जन का हाथ पकड़कर घसीटा। खोई हुई आँखों से भीड़, पोस्टर, फिल्म के स्टिल्स देखते हुए सज्जन जीने के पास जाकर खड़ा हो गया। कर्नल मैनेजर के ऑफिस में टिकट लेने चला गया।

"हैलो" एक मीठी मगर शुष्क आवाज पास से गुजरी।

"हैलो" सज्जन ने आदतन जवाब दिया, फिर सिर उठाकर देखा। 'मिसेज' चित्रा राजदान की लैवेंडर बसी देह उसकी बाँह को रगड़ मारकर अपने 'पति' के साथ ऊपर जा रही थी। कुछ महीनों पहले तक यही चित्रा अक्सर उसके इर्द–गिर्द मँडराया करती थी। चित्रा की एकमात्र महत्त्वाकांक्षा यह थी कि वह किसी नाम और ओहदे की मिसेज बन जाए। सपने तो यह थे कि आई.सी.एस. की बेगम बने, मगर फिर बहती गंगा में डॉक्टर, लीडर (मोटरवाले) और प्रोफेसर और फिर वकील, बिजनेसमैन तक सब तरफ अपने को बहाती फिरी; अब अन्त में 'धाओ–धाओ–

धाओ और करम लिखा सो पाओ' के अनुसार छप्पन बरस के रिटायर्ड पुलिस-कप्तान मिस्टर राजदान मिले; उन्हीं से चित्रा के नक्शे निखर रहे हैं। मिस्टर राजदान ने रिटायर होने के बाद पहला काम यह किया कि अपनी आधी कमाई दो ओहदेदार बेटों और उनकी माता को सौंपकर अलग हो गए। शेयरों से उन्हें मोटी आमदनी है, बहुतों के मामले-मुकदमे भी कराया करते हैं। खर्च करने में बादशाह हैं। पिछले छह महीनों से चित्रा उनके बँगला-मोटर और नाम का उपभोग कर रही है। बँगले में आया-बैरों से 'मेमसाहब' और बाहर तमाम लोगों से 'मिसेज राजदान' कहलाने पर वह इसरार करती है।

सज्जन के खोएपन को चित्रा राजदान के स्पर्श ने बढ़ा दिया।

ऊपर गैलरी में बेंच पर विरहेश-दल बैठा कॉफी पी रहा था। विरहेश के दाहिनी तरफ तारा, बाईं तरफ छोटी, फिर बड़ी को बिठलाकर शंकर-वर्मा खड़े-खड़े कॉफी पी रहे थे। नमकीन-काजुओं और केक्स की प्लेटें तारा और विरहेश के बीच में रखी हुई थीं। बड़ी दाहिने हाथ में केक पकड़े और बाईं मुट्ठी से काजू निकाल टूँगते हुए, गौर से विरहेश की बातें सुन रही थी। कॉफी का प्याला उसके पास ही बेंच पर रखा था। बड़ी ने पहली बार कॉफी चखी, हुक्के के पानी जैसी हीक आई। बड़ी ने प्याला बेंच पर रख दिया, छोटी-तारा बड़े शौक से पी रही थीं।

विरहेश-माहात्म्य चल रहा था—''राजकपूर ने मुझसे कहा कि विरहेश, हाय कमबख्त, तुमने मेरा सपना बरबाद कर दिया। यह साँग अगर कहीं मुझे 'आवारा' मिल जाता तो अमर कर देता। नरगिस का मोस्ट फेवरिट साँग है। हर वक्त गाती रहती है—(जरा धीमे स्वर में गाकर)

सिर से कफन लपेटे निकले हैं प्यार करने
नजरों को चार करके मीठा गुनाह...

विरहेश मुस्कुराए। चश्मे से झाँकती छोटी-छोटी आँखों की झोली फैलाकर सबके चेहरों से टपकती वाहवाही बटोरने लगे। तारा-छोटी पास बैठकर भी कान सटाए थीं, मुस्कुराहट में विभोर हो रही थीं। वर्मा और शंकर भी पास आकर जरा झुककर सुन रहे थे। बड़ी, छोटी की बाँह तक अपने कान अड़ाए हुए थी, फिर भी उसे दूरी का दर्द था। नजर घुमाते हुए विरहेश ने जब बड़ी अड़चन महसूस की तब उधर मुँह कर सुनाने लगा—

''तेरी बला से दुनिया हम...अरे भाई सज्जन, मिस्टर सज्जन!''

इनकी नजरों से बचकर सज्जन और कर्नल हॉल के दरवाजे तक पहुँच चुके थे, टिकट-चेकर टिकटों से अपना अद्धा नोच रहा था, तभी बोर की निगाह ने सज्जन को थाम लिया।

विरहेश-दल की सभी नजरें नई चमक के साथ सज्जन को देखने लगीं। मझोला-गठीला बदन, खून से झलझलाता गोरा-चिट्ठा खूबसूरत पॉलिश्ड चेहरा, ऊँची पेशानी, पश्मीने की शेरवानी, ढीली मोहरी का पाजामा पहने, हाथ में ओवरकोट लिए सज्जन दरवाजे के पास खड़ा था। सबने हाथ जोड़े। सज्जन ने चेहरे से लापरवाही झलकाते हुए हाथ उठा दिए और हॉल के अन्दर कदम बढ़ाया। बोर जल्दी से उठकर आगे आया। शंकरलाल और वर्मा भी आगे बढ़े। तारा ने उठकर अपने कोट पर केक के झड़े हुए टुकड़ों को हाथ से हटाया और फिर बेंच से प्याला उठाकर जल्दी-जल्दी अपनी कॉफी खत्म करने लगी। छोटी ने उठकर अपने सिर का दुपट्टा सँभाला, फिर ख्वाहमख्वाह हल्के-से खाँसकर, हरे-सफेद नगीनों-जड़ी गोरी उँगलियों के साथ रूमाल मुँह तक उठाया, फिर लिपिस्टिक-रँगे होंठ उचका-उचकाकर रिजर्व हो गई। बड़ी हाथ जोड़ने के बाद छोटी की तरफ जरा और मुड़ गई और जल्दी-जल्दी अपना केक खत्म करने लगी। बड़ी के लिए आज की शाम स्वर्गलोक में कट रही थी। नरगिस-सुरैया, राजकपूर, दिलीप कुमार, देवानन्द, निम्मी, प्रेमनाथ और भी जितने मशहूर नाम हैं उन सबके खास मित्र कविवर विरहेशजी के साथ बैठकर फिल्मी दुनिया की बातें सुनना, उनका गाना सुनना—यह सौभाग्य बड़ी के मन को बौराए डाल रहा था। उत्साह के अतिरेक से उसका चेहरा हवास-उड़ा, घेंघला-सा बन गया था।

बोर ने कहा—"अरे तुम—आप भई! खूब आए यार—मि. सज्जन! और कर्नल साहब को देखकर तो तबीयत खुश हो गई!"

शंकर ने आगे बढ़कर सज्जन से कहा—"सज्जन जी, मेरी फेमिली के लोग आप से मिलने के लिए बहुत उत्सुक हैं।"

कहकर उसने छोटी आदि को आने के लिए संकेत किया। सज्जन उसी बेलौस अदा में बाहर निकल आया। सबसे परिचित होकर 'बड़ी खुशी हुई' कहकर सज्जन फिर मुड़ा।

मिस्टर वर्मा बोले—"मिस्टर वर्मा, मेरी वाइफ और ये मिसेज लाल वगैरा आपकी पेंटिंग्ज देखना चाहती हैं। आज सबेरे हम लोग आर्टिकिल..."

"अजी, जब कहिए तब दिखला दूँ इनकी पेंटिंग्ज", विरहेश अपने घुँघराले बाल झटकाते हुए बोले और फिर कुछ और भी कहनेवाले थे कि सज्जन के चेहरे का कसाव देखकर कर्नल ने तेज होकर कहा—"बोरेश!"

यह नाम सुनकर विरहेश सिकुड़ गए। सज्जन ने मिस्टर वर्मा से शान्त स्वर में कहा—"आप लोगों को लेकर किसी रोज चले आइए मेरे यहाँ, मगर मेहरबानी कर मुझे पहले सूचना दे दीजिएगा। आओ कर्नल!"

दोनों अन्दर चले गए।

अपने टिकट देकर अन्दर जाते हुए शंकरलाल विरहेश आदि ने देखा, कर्नल और सज्जन एक बॉक्स में बैठ रहे थे।

विरहेश को बालकनी में बैठना खला मगर जिजमान की 'श्रद्धा' के आगे उनका बस ही क्या था। बड़ी, तारा और छोटी के बाद एक सीट छोड़कर शंकर और वर्मा बैठे। छोटी फिर सीट बदलकर अपने पति के पासवाली खाली सीट पर आ बैठी। अब तारा के पासवाली सीट कविवर के लिए खाली हो गई, लेकिन कविवर आते-आते रुक गए।

"अभी आता हूँ" कहकर विरहेशजी सज्जन के बॉक्स की तरफ चले।

सज्जन और कर्नल बोर के अन्दर आते ही कुढ़ गए।

विरहेशजी ने कहा—"हे:-हे:, आप लोगों के पधारने से मेरे..."

सज्जन ने कर्नल की जाँघ पर चुटकी काटी; कर्नल ने त्यौरी चढ़ाकर कहा—"बोरेश, जाओ यहाँ से! हमें डिस्टर्ब मत करो! चलो!"

"जाता हूँ, अभी जाता हूँ।" कहते हुए विरहेश पिछली सीट पर बैठ गया और दीनता से हँसकर बोला—"सज्जन भाई, इस पिक्चर में मेरा साँग—"

"ओह! इस पिक्चर में है।" सज्जन ने बगैर उसकी तरफ देखे हुए कहा।

कर्नल बोला—"ये पता होता तो हम लोग यहाँ हरगिज न आते। अच्छा अब आप यहाँ से चलते-फिरते नजर आइए झटपट!"

"हाँ-हाँ, बस जा ही रहा हूँ। इसमें म्यूजिक डायरेक्टर ने मेरी ट्यून—"

"बोरेश!" कर्नल ने फिर आँखें दिखाईं।

विरहेश हाथ जोड़कर बोला—"आप सबके सामने मुझे इस तरह न पुकारिए, कर्नल साहब! जी चाहे तो अकेले में सौ जूते..."

"अच्छा तो फौरन भागो।"

"हाँ-हाँ—"

"बो—"

बोरेश उठकर गए। चित्रा राजदान के बॉक्स में भी अपने गीत की खुशखबरी सुनाई, मगर रिटायर्ड पुलिस कप्तान की बड़ी-बड़ी रोबीली मूँछों से डरकर चले आए।

तीसरी घंटी बजी। रिकॉर्ड बजने बन्द हुए, विरहेश अपनी कतार में आया। चार जोड़ी टाँगों से "माफ कीजिएगा, थैंक्यू" करते हुए आकर विरहेश बड़ी के पास खड़ा हो गया। अपनी खाली सीट की तरफ इशारा करते हुए तारा से कहा—"प्लीज मिसिज—हाँ; मैं जरा यहाँ बैठूँगा, स्क्रीन से यहाँ नजर का ऐंगिल अच्छा बनता है। आपको कोई तकलीफ तो नहीं? आपको?"

विरहेश ने बैठते हुए तारा और बड़ी से बड़ी विनम्र भाषा में पूछा, फिर गोद में ओवरकोट और उस पर सिगरेट का टिन रखकर उन्होंने शंकर की तरफ देखते हुए कहा—"आप लोग बहुत दूर हो गए। खैर!"

दूरी सबसे अधिक छोटी को खल रही थी। विरहेश उसके पति का मित्र है और वही उसकी बातें नहीं सुन पाएगी।

न्यूजरील शुरू हो गई। विरहेश ने धीरे-धीरे तारा से कहना शुरू किया—"पिक्चर में एक जगह मैंने काम किया है। आप पहचानिएगा।"

"सच?" तारा ने खुशी से चमककर कहा।

"क्या-क्या?" छोटी ने तारा को कोंचकर पूछा। तारा ने छोटी को बतलाया—"मिस्टर विरहेश ने इसमें खुद भी एक्टिंग की है।"

"अच्छा!" छोटी ने हुमसकर यह सुसंवाद अपने पति को सुनाया, उसने वर्मा को। सबको अपने सौभाग्य पर गर्व हुआ। बड़ी जो इस बार भी कान झुकाकर कुछ न सुन पाई थी, विरहेश के सीधे बैठते ही उससे पूछ बैठी—"आपने इन्हें क्या बताया?"

विरहेश ने अपना सिर उसकी ओर झुकाते हुए मुस्कुराकर कहा—"मैंने इसमें एक जगह थोड़ी-सी एक्टिंग भी की है। वो डायरेक्टर और सब लोग कहने लगे—बड़ा जोर देने लगे...तो मैंने एक छोटा-सा पीस कर दिया।"

बड़ी ने फिर आग्रह से कहा—"सुनिए, जहाँ आपकी एक्टिंग आवे, वो जगह हमें बतला दीजिएगा।"

"तो क्या आप खुद नहीं पहचान पाएँगी मुझे?" कहते हुए विरहेश ने उसकी तरफ देखा।

अँधेरे में बिलकुल पास बैठे हुए 'बड़े आदमी' को बड़ी के लाजभरे नैनों ने गौर से देखा, और पूछा—"तो क्या हूबहू बिलकुल ऐसे ही दिखाई पड़ेंगे उसमें भी?"

"हूबहू! हः हः हः—जी हाँ, बिलकुल हूबहू यों ही।" बड़ी की गोरी सिजल सूरत और इस भोले सवाल पर विरहेश को बड़े प्यार से हँसी आ गई। बड़ी झेंप गई।

न्यूजरील में पंडित जवाहरलाल नेहरू खेलकूद का उद्घाटन कर रहे थे।

जब 'बहार आई रे' का सेंसर सार्टिफिकेट आया तभी से इन सबकी नजरें स्क्रीन पर विरहेश का नाम बाँचने के लिए ऐसे सध गईं जैसे अर्जुन की दृष्टि चिड़िया के सिर पर सधी थी।

स्क्रीन पर विरहेश का नाम आया। उसका प्रशंसक दल धन्य-धन्य हो उठा। विरहेश ने अपने नाम का कश खींचकर हाथ नीचे गिराया तो सिगरेट औचक में बड़ी की कलाई से छू गई। बड़ी और विरहेश दोनों ने अपने-अपने हाथ खींचे, विरहेश ने झुककर धीरे से पूछा—"जला तो नहीं।"

"नहीं।" आनन्द में उभचुभ हुई बड़ी ने कहा। इस समय विरहेश यदि उसे सचमुच जला डालता तो भी वो यों ही कहती—"नहीं!"

अपना सीन आने से पहले विरहेश ने पहले तारा को झुककर चेतावनी दी, फिर बड़ी से झुककर कहा। तारा ने इधर सूचना फैला दी। सब लोग इस तरह साँस रोककर तैयार हो गए, मानो उसके सामने संसार का आठवाँ आश्चर्य आनेवाला हो।

हीरोइन की सगाई-पार्टी में बहुत-से मेहमानों के साथ विरहेश भी आते हैं। हीरोइन को बधाई देकर एक कुर्सी पर बैठ जाते हैं। उसके बाद दो-तीन बार इनकी झलक और दिखलाई पड़ जाती है।

अपना सीन आते ही विरहेश ने बड़ी से धीरे से कहा—"अब पहचानिएगा अपने खाकसार को!"

इंटरवल होने पर बड़ी से नजरें मिलते ही विरहेश का जीवन सफल हो गया।

नारी के नैन जिसे चाहत से भरकर देख लें, वह पुरुष दुनिया में अपने से बढ़कर किसी को भाग्यशाली नहीं मानता। उस समय पुरुष की उदारता अपने लिए निस्सीम हो जाती है। तारा, छोटी, शंकर, वर्मा सबकी नजरों ने विरहेश को आदर और गौरव प्रदान किया, मगर बड़ी ने उसे सबसे बड़ा इनाम दिया था। जी की तड़प बरसों का उबाल लेकर बरबस बड़ी की आँखों में चमक उठी थी। बड़ी फिर आप ही सहम गई।

अपनी सीट पर चेस्टर रखकर विरहेश ने कहा—"अभी आता हूँ।"

शंकरलाल बोला—"कहाँ जाते हैं? मैंने कॉफी मँगाई है।"

"अभी आया।" कहकर विरहेश बॉक्स की तरफ बढ़ा। पहले चित्रा राजदान के पास गया। उसने कहा—"क्यों विहरेश, एक्सट्राज में तुमको भी खड़ा कर दिया गया।"

अपने साथ 'एक्स्ट्रा' शब्द जुड़ते देख विहरेश फिर अधिक देर वहाँ न टिका। सज्जन-कर्नल के बॉक्स में पहुँचा। दोनों ने देखकर भी न देखा।

"कहिए कर्नल साहब, पिक्चर कैसी लगी? तुम्हें—कैसी लगी मि. सज्जन, आपको?"

"थर्ड क्लास।"

"टिकट के पैसे गल गए।" सज्जन और कर्नल ने बिना गर्दन घुमाए कहा। कर्नल के बाएँ हाथ में काजू का पैकेट था, उसमें से दोनों खा रहे थे।

विरहेश बोला—"मैंने डायरेक्टर को समझाया था—"

"बोर!" कर्नल ने जरा जोर से कहा।

विरहेश उठते हुए बोले—"जाता हूँ।"

इस समय वह खुद भी ज्यादा देर कहीं ठहर नहीं सकता था।...

हॉल में अँधेरा होते ही विरहेश का चेस्टर कुछ इस तरह सँभला कि उसका थोड़ा-सा भाग बड़ी के बाएँ घुटने पर भी पड़ गया। चेस्टर के नीचे सुरंग बनाकर विरहेश का दाहिना हाथ बड़ी के घुटने तक पहुँचा। बड़ी का बायाँ हाथ धीरे से सरककर मना करने आया तो गिरफ्तार हो गया; उँगलियों की हाँ-ना चलने लगी।

विरहेश की गजल हीरो-हीरोइन का डुएट बनकर आई। हीरो और हीरोइन, दोनों के लाग-डाटवाले पिताओं ने दोनों को प्रेम करने के अपराध में फटकारा था। हीरो और हीरोइन, दोनों ही अपने-अपने घरों में बन्द कर दिए गए। दोनों ही किसी तिकड़म से भागकर अपने मिलन-अड्डे पर पहुँचे। जोरदार डायलागों में प्रेम की कसमें खाकर दोनों ने विरहेश की गजल गाई—

सिर से कफन लपेटे निकले हैं प्यार करने।
नजरों को चार करके मीठा गुनाह करने॥
तेरी बला से दुनिया हम पाप कर रहे हैं।
हमको न छेड़, मत आ हमें होशियार करने॥
हाँ, ठीक है, जलेंगे आहों की होलियों में।
तुम खाक पर हमारी आना बहार करने॥
हम प्रेम-रोगियों की है रीत यह निराली—
जीते हैं प्यार करने, मरते हैं, प्यार करने॥

हीरो-हीरोइन की तरह विरहेश और बड़ी के सिर भी एक-दूसरे के निकट आ गए थे। विरहेश ने धीरे से पूछा—"तुम्हारा नाम क्या?"

"मोहिनी।" बड़ी फुसफुसाई।

"तुम सचमुच मोहिनी हो प्रिये!"

बड़ी के पंजे ने विरहेश के पंजे को प्यार की गरमाई में दबा लिया।

13

हॉल से बाहर निकलते हुए गैलरी में कर्नल-सज्जन को आते देखकर चित्रा और मिस्टर राजदान रुक गए।

मिस्टर राजदान ने अपनी बड़ी आवाज में सज्जन से कहा—"आप तो जनाबेवाला क्या नाम है के, ईद के चाँद हो गए हैं! अमाँ महीनों हो जाते हैं, कोई दरस-परस, कोई जिक्रे-खैर—कहीं कुछ नहीं! कहाँ—रहते कहाँ हैं आजकल?"

"हम वहाँ हैं जहाँ से हमको भी..."

"खुद हमारी खबर नहीं आती! हः हः हः!" फीके चेहरे से मुस्कराकर सज्जन ने अपने उदास मन को शेर की रवानी में बहाना शुरू किया और मिस्टर राजदान अपनी मस्ती में ले उड़े। एक उम्दा-सी हँसी हुई। तभी हाल के अन्दर से निकलते हुए आखिरी झुंडों में विरहेश-दल भी निकला। इस दल में इस समय आसपास की सीटवाले दो-तीन नए प्रशंसक और जुड़ गए थे।

"अजी, इस गजल की आप तारीफ कर रहे थे किबला—कि चीरा तो यक कतरये खूँ न निकला।"

मिस्टर राजदान का मुँहफट रिमार्क सुनकर विरहेश की वही हालत हुई जो बिल्ली के पंजे में पड़कर चूहे की होती है। चित्रा और कर्नल, दोनों उसकी सूरत देखकर हँस पड़े। विरहेश-दल के चेहरों पर धरमसंकट छा गया। सज्जन को विरहेश पर दया आ गई। स्थिति को सँभालते हुए उसने कहा—"ट्यून के ऊपर भी बहुत कुछ निर्भर करता है, मिस्टर राजदान; वरना ये तो इनकी बड़ी इमार्टल पोयम है।"

"हाँ-हाँ, पान-वानवालों में बड़ी पापुलर है!" कर्नल ने विरहेश की तरफ देखकर फिर छींटा कसा। चित्रा ठहाका मारकर हँसी। विरहेश भी बड़ी तकलीफ के साथ हें-हें कर उठा। मिस्टर राजदान और मिस्टर सज्जन संजीदगी के घूँघट में अपनी मुस्कुराहट को दबा गए।

राजदान और सज्जन के कदम करीब-करीब साथ ही साथ आगे बढ़े। जीने की तरफ बढ़ते हुए मिस्टर राजदान ने एकाएक कर्नल को पीछे से घसीटकर उसके कन्धे पर हाथ रखते हुए कहा—"कर्नल साहब, अमाँ वो रामप्यारी ट्रस्टवाले मामले का तस्फिया करा डालिए न।"

कर्नल साहब और मिस्टर राजदान काम की बातचीत में गुँथ गए और सब तरफ से बेलौस होकर जीने उतरने लगे। सज्जन विरहेश-दल को राह देने के लिए एक तरफ हो गया। चित्रा भी उसके पास ही खड़ी हो गई। विरहेश और उसकी मंडली ने सज्जन और चित्रा को हाथ जोड़े।

"सज्जन भाई, मैं जाऊँगा।" कहकर विरहेश ने दुबारा हाथ जोड़े और जीने उतरने लगा। नए प्रशंसकों को विरहेश के बारे में बतलाते हुए शंकर और वर्मा आगे जा रहे थे, छोटी तारा-बड़ी उनसे दो जीने पीछे थीं। विरहेश ने बड़ी के पास आते हुए सहसा उसे हलका-सा धक्का देकर उसकी बाँह पकड़ ली और—"अरे, माफ कीजिएगा।"

प्रियतम के इस बहाने से बड़ी की आँखों में मद छलक पड़ा। विरहेश ने उसका हाथ छोड़ते हुए छोटी-तारा से कहा—"मेरा पैर लड़खड़ा गया। ये गिर पड़तीं बेचारी!"

पीछे आते हुए सज्जन और चित्रा से विरहेश की ट्रिक छिपी न रह सकी। चित्रा से बोला—"कैसा बदमाश है बोर, उस बेचारी भली औरत को ही छेड़ दिया।"

"नो, आई कैन बट, उस औरत से इसका अफेयर चल रहा है। दोनों की नजरें नहीं देखीं तुमने?" चित्रा बोली।

“नजरों का खेल छेड़ दिया।”

“तुमने? आई कैन बिलीव अगर मेरे हस्बेंड कहें कि मैं संन्यासी हो गया हूँ—बट नाट यू, जिसके क्रेडिट में पेंटिंज से ज्यादा प्रेमिकाएँ हैं!” शोख तिरछी आँखों से सज्जन को देखकर वह मुस्कराई। सज्जन ने रुख न दिया।

बात खत्म हो गई। सज्जन ने पूछा—“बुड्ढे मियाँ के साथ कैसी निभ रही है तुम्हारी?”

चित्रा मुस्कुराई, बोली—“निभने के क्या मानी? हम लोग एक-दूसरे के प्रेम में पागल रहते हैं।”

उसकी बाँह पकड़कर सज्जन ने गम्भीर होकर कहा—“चित्रा, अब बेवकूफों की तरह विहेव न करो। उसे किसी तरह अपने साथ शादी करने पर राजी कर लो। तुम्हारा फ्यूचर सुरक्षित हो जाएगा।”

चित्रा हँसी, बोली—“शादी? मेरे हस्बेंड तुम सबसे ज्यादा ईमानदार हैं। ये मेरे पहले कद्रदाँ हैं जिन्होंने मुझे पब्लिक में वेश्या कहा है।”

सज्जन चुप रहा।

चित्रा फिर बोली—“इससे कम से कम मेरे सामने मेरी तस्वीर तो साफ हो गई।”

दोनों खामोश नीचे उतर आए। बाहर सड़क पर अपनी कार के पास खड़े होकर मिस्टर राजदान अब भी कर्नल से काम की बातें करने में मसरूफ थे।

सज्जन चित्रा के चेहरे को देखने लगा। तीन बरस पहले तक चित्रा का यही चेहरा समाज ही हर महफिल में शमाँ बनकर खिला करता था। वे लोग, जो कभी चित्रा की नजरे-इनायत के हर वक्त मुन्तजिर रहा करते थे, आज आमतौर पर उसे पीठ पीछे चालाक, फाहशा वगैरह नामों से पुकारते हैं, उससे कतराते हैं। चेहरा अब भी वही है, जो मेकअप के बावजूद पहले से कुम्हलाया हुआ नजर आता है, पुतलियों की चमक भी अब चली गई है, लेकिन सज्जन को चालाकी और मक्कारी के बजाय उसमें भोलापन ही नजर आया। भोलेपन पर प्यार भी आया, सहानुभूति उमड़ी। बोला—“अच्छा, चित्रा, इमेजिन करो कि तुम किसी मामूली घर की बहूरानी होतीं—रोटी पकातीं, बच्चे, घर-बार सँभालतीं—क्या तुम आज की अपेक्षा ज्यादा सुखी न होतीं उस हालत में?”

“हाउ हॉरिबिल यू आर सज्जन! अपने को उस हालत में देखने से पहले मैं मर जाना पसन्द करती।”

चित्रा का जवाब सज्जन को बुरा लगा। उसने फिर पूछा—“और इस हालत में?”

चित्रा चुप रही, फिर हँसी, कहा—“मिस्टर राजदान, अभी परसों ही मुझे एक हिन्दुस्तानी तवायफ के यहाँ ले गए थे। उन्होंने मुझे अपनी रखैल—सोसायटी की वेश्या—कहकर इंट्रोड्यूस कराया। मुझे बहुत बुरा लगा। जी चाहा कि अपने आपको शूट कर लूँ।”

“फिर?”

“फिर क्या, मैं हँसती रही।”

जवाब सुनकर सज्जन को बड़ी घृणा हुई। बोला—“तुम इसी काबिल हो। जलील हो तुम।”

कहकर सज्जन तेजी से आगे बढ़ा। चित्रा ने उसे आवाज दी—“सज्जन सुनो।”

“क्या है?” सज्जन रुका।

“तुमने मुझे जलील कहा। खैर, दोस्तों की बात का बुरा नहीं मानती, लेकिन जरा यह बतलाते जाओ कि आज की दुनिया में कितनी औरतें सम्मान और स्वाभिमान का जीवन बिताती हैं? कितने पुरुष वाकई बराबरी की नजर से हमें देखते हैं? क्या तुमने कभी देखा है?”

“मैंने किसी औरत का अपमान भी नहीं किया। तुम इस बात को अच्छी तरह जानती हो।”

“चित्रा!” कार में बैठे हुए मिस्टर राजदान की आवाज आई। “आई” चित्रा ने उन्हें जवाब दिया और फिर सज्जन से कहने लगी—“अपमान के डिक्शनरी-अर्थ क्या हैं, मैं नहीं जानती। दूसरी

औरतों के साथ तुमने कैसा व्यवहार किया, यह भी मैंने नहीं देखा। हाँ, अपने केस में यह कह सकती हूँ—मैं सदा पत्नी बनना चाहती थी और मेरे दोस्त और शुभचिन्तक मुझे सदा वेश्या बनाते रहे। इस दौर में पता नहीं, मेरे डार्लिंग आर्टिस्ट ने बार-बार मुझे अपने सीने से लगाकर मेरा सम्मान किया है, या अपमान? हिःहिःहिः! अच्छा चलती हूँ। फिर—"

मिस्टर राजदान ने मोटर हाँक दी। कर्नल हड़बड़ाकर गाड़ी से दूर हुआ। वह गिरते-गिरते सँभला। सज्जन दौड़कर उसके पास पहुँचा।

"लगी तो नहीं?" उसने पूछा।

"नहीं।" अपने को व्यवस्थित करते हुए कर्नल खिसियानी हँसी हँसकर बोला—"अजब झक्कीपाशा है यार ये भी, बात करते-करते अचानक गाड़ी स्टार्ट कर दी।"

चित्रा सोच में खड़ी थी। सज्जन ने उसकी तरफ देखकर कहा—"तुमसे नाराज हो गए शायद?"

"उहँ!" चित्रा की नाक चढ़ी—"इन छह महीनों में एक दिन ऐसा नहीं गया जब वे नाराज नहीं हुए, और एक दिन ऐसा नहीं आया जब मैंने उनकी नाराजगी दूर करने की कोशिश की हो।"

"तुम तो अब मिस्टिक्स (रहस्यवादियों) की तरह बातें करने लगी हो—यू चिट ऑफ ए गर्ल! कम ऑन! हम लोग तुम्हें छोड़ आएँगे। आओ।" कहकर सज्जन ने उसकी बाँह पकड़ी। कर्नल के साथ कार की तरफ बढ़ते हुए उसने चित्रा से पूछा—"इनको जानती हो कि नहीं?"

कर्नल की नजरें भोली झेंप से झुक गईं। फिर मुस्कुराकर सिर खुजलाते हुए वह चित्रा को देखने लगा।

होंठ चबाते हुए पैनी नजर से उसे देखकर चित्रा सज्जन से बोली—"तुम्हारे साथ इन्हें देखा तो अक्सर है। सुना है, कर्नल साहब हैं। मगर और कुछ इनके बारे में..."

"आओ, इनसे तुम्हारी दोस्त कराऊँ," सज्जन ने कहा। कर्नल कार का दरवाजा खोले झेंप में खड़ा-खड़ा हँस रहा था।

चित्रा बोली—"दोस्ती तुम जैसों से ही ठीक है। ये शरीफ आदमी लगते हैं, इनसे मेरा सिर्फ नमशकार का परीचै करा दो।"

कर्नल खुश हुआ। अपनी झेंप पर हावी होते हुए सरल आँखें नचा कर सज्जन ने कहा—"देखा सज्जन, सच्चे को सब जने सच्चा ही बतलाते हैं। चलो-चलो, आओ। हो गया परिचय—(फिर चित्रा से नजरें चुराते-मिलाते हुए) मेरा नाम मेमसाहब, नगीनचन्द है, कर्नल-वरनल मैं कुछ भी नहीं, ये सब इन लोगों का मजाक है और आपको तो मैं अच्छी तरह से जानता हूँ। पहले इनके यहाँ भी देखा था और कप्तान साहब को भी अच्छी तरह जानता हूँ। आइए।"

चित्रा और सज्जन पीछे बैठ गए। कर्नल चक्के पर आया, ताली लगाई, गाड़ी स्टार्ट की।

सज्जन ने चित्रा से पूछा—"सुनो, मेरी वजह से वह बुड्ढा तुमसे बुरा तो नहीं मान गया?"

"तुम हर बात में अपने को इतनी अहमियत क्यों देते हो? मेरे हस्बैंड की नेचर ही ऐसी है, कब किस वक्त क्या करेंगे, कोई नहीं जानता। हाँ, एक बात मैं जान गई हूँ—उन्होंने जीवनभर में एक ही आदत साधी है, अपने को सबसे बड़ा मानना और दूसरों पर भी इस बात को सदा जाहिर करते रहना।"

"फ्यूडल लार्ड है कमबख्त, एकदम बुलडॉग! जब आया तब मुझसे दुआ-सलाम तक न की, ऊपर से लौटते हुए घुले-मिले, और अब...!"

सज्जन की बात को कर्नल ने हँसते हुए आगे बढ़ाया, कहने लगा—"अरे पूछो मत, इनका दिमाग इस्पिशल मेक का बना भया हैगा! मेम साब, माफ कीजिएगा!"

"नहीं! नहीं! शौक से कहिए।"

टर्न लेकर हजरतगंज की बड़ी सड़क पर आते हुए कर्नल ने हार्न दिया; पी.एम.जी. दफ्तर की रोशन-घड़ी में देखा, सवा दस बज रहे थे। कार को महात्मा-गाँधी मार्ग पर चलाते हुए कर्नल ने फिर अपनी बात उठाई—"सुना सज्जन, अब तो मेम साहब ने इजाजत दे ही दी है—ये इतना बड़ा हरामजादा आदमी है कि तुम्हें क्या बतलाऊँ? मुझसे अभी रामप्यारी ट्रस्ट की बातें कर रहा था ना—"

"हाँ, हाँ।"

"वो मामला ये है कि एक नरायनदास प्रिभूदयाल पसारी थे—अच्छा कारबार था—वारटाइम से पहले तीन-साढ़े तीन लाख के असामी थे। सो नरायनदास मर गए बिचारे। उनके कोई आस-औलाद नहीं थी, गोद-वोद भी नहीं लिया था। अपनी वाइफ के नाम से ट्रस्ट कर गए। एक ट्रस्टी मुझको भी बनाया।"

सज्जन का हाथ चित्रा के बालों से, गालों से खेल रहा था। उसने पूछा—"और भी ट्रस्टी हैं उसके?"

कर्नल ने कहा—"अमाँ, कुछ नहीं हैं। सुनो तो सही।...अच्छा साहब, वो रामप्यारी भी मर गई—आज करीब ढाई साल का अरसा हुआ। उसके दो भाई हैं। एक भाई को वह करीब पैंतीस-चालीस हजार की ज्वेलरी, एक मकान और पचीस हजार रुपया कैश दे गई। खैर साहब, उसके हिस्से की रकम थी, जिसको मन में आया, दे गई; बाकी रुपया मन्दिर के नाम है सो उससे कोई मतलब नहीं।"

"बाकी कितना रुपया होगा?" अपने कन्धे पर पड़े हुए सज्जन के हाथ पर सिर झुकाए हुए चित्रा ने पूछा।

"दो लाख रुपया!"

"वह किसे मिलेगा?"

"वो भगवानजी का है—मन्दिर का है।" कर्नल ने चित्रा को जवाब दिया।

सज्जन चित्रा की गर्दन को अपनी बाँह में दबोचते हुए बोला—"तुम देवदासी बन जाओ चित्रा। रुपया तुम्हें दिलवा दूँगा।"

"अभी पिशाचों की दासता से तो नजात नहीं पाई। तुम देवदासी बनाए दे रहे हो!" कहकर सज्जन की उँगलियों में उँगलियाँ फँसा लीं। लेकिन चित्रा के जवाब से सज्जन के बन्धन ढीले पड़ने लगे।

कर्नल ने फिर अपनी बात उठाई—"अच्छा हाँ, तो कप्तान साहब से रामप्यारी के दूसरे भाई की कहीं मुलाकात हो गई। बातचीत में इन्होंने उसको ऐसा पटा दिया है कि तुम्हें भी आधी रकम मिल सकती है। एक दिन कप्तान साहब उसे लेकर मेरी दुकान पर आए, और आते ही रौब झाड़ने लगे कि 'मैं ट्रस्ट पर मुकदमा चलवा दूँगा, और दोनों भाइयों का हक है, और आपने हकतलफी की है' वगैरा-वगैरा बरते रहे। मैंने उन्हें सीधा जवाब दिया कि "हमने तो एकार्डिंग टु रामप्यारी की विल रुपया देवकीनन्दन के हवाले कर दिया। हम क्या जानें कि उसके एक भाई है, या दो हैं, या दस हैं।—है कि नहीं!"

सज्जन चित्रा के गले से अपनी बाँह निकालकर सीधा अलग होकर बैठ गया था। वह चुप रहा। चित्रा ने एक तेज नजर उस पर डाल, कर्नल को चुप्पी महसूस न हो, इसलिए पूछा—"फिर?"

"जी, फिर क्या, आज मुझसे कह रहे थे कि उसको भी कुछ दे-दिलाकर तस्फिया करा दीजिए, वरना वह मुकदमा चलाने जा रहा है। मैंने कहा, उसको शौक से चलाने दीजिए मुकदमा। हमारे साथ सब तरफ से मजबूत हैं। इसे कप्तान साहब भी जानते हैं, मगर सोचते हैं कि पुलिसवाला रौब दिखाकर अगर कुछ मार लें...माफ कीजिएगा, बड़ी टुच्ची नीयत रखते हैं—दो-चार सौ पाँच सौ खाने के फेर में जहाँ सुई नहीं समा सकती, वहाँ फावड़ा चला रहे हैं।"

"आप बिलकुल ठीक कहते हैं। उनका दिल बहुत छोटा है, हालाँकि दिल के बादशाह कहलाते हैं, बड़ा खर्च करते हैं।" चित्रा ने कहा।

"जिसे सिर्फ अपनी ही अपनी पड़ी रहती है मेमसाहब, उसका दिल आप हमेशा छोटा ही पाइएगा। ये किसी की मुसीबत पर दो पैसे नहीं दे सकते और अपने शौक के लिए दो हजार खर्च कर डालेंगे!" कर्नल ने कहा और गाड़ी फैजाबाद रोड की तरफ मोड़ी—"आपका बँगला किस तरफ है?"

"अभी दूर है, चले चलिए।" कहकर फिर सज्जन का हाथ पकड़कर उसे खामोशी से जगाती हुई, बोली—"मार्च में इनकी बर्थडे आती है। तुम जानते हो इन्हें क्या प्रेजेंड कर रही हूँ? अपने तमाम हस्बेंड्स के नाम और पतों का एल्बम (धीरे से) तुम्हारा भी—सुना?"

"तुम बड़ी बेशर्म हो गई हो!" सज्जन ने कहा।

"इसमें बेशर्मी की क्या बात है? तुम्हारे मर्द बादशाह लोग तो तीन-तीन, चार-चार सौ—हजार-हजार औरतों का हरम रखते थे। उन्हें किसी हिस्टोरियन ने बेशर्म नहीं...हाँ, कर्नल साहब, दाहिनी गली में...मेरी यह तबीयत होती है कि तीन-चार सौ पतियों का झुंड—उसमें कुछ शादीशुदा, कुछ रखैल—लेकर एक हरम बसाऊँ। देखूँ तो सही कि पुरुष इतनी औरतों का मालिक बनकर कैसा फील करता होगा!—बस मिस्टर—अ—कर्नल साहब! अन्दर ले जाने की जरूरत नहीं।"

गाड़ी एक बड़े बँगले के आगे रुक गई। फाटक पर बन्दूकधारी गोरखा खड़ा था।

लौटते समय सज्जन कर्नल के पास आ गया। कर्नल को वह फिर गम्भीर नजर आया।

14

ऊँची आधुनिक इमारतों की पाँत छोड़कर कर्नल की गाड़ी ने सड़क का चक्कर लिया। मोटरों की कतार दो निकट के चौराहों के बीच विश्राम कर रही थी। रोशनी, तड़क-भड़क, फैशन स्टाइल, जनानी-मर्दानी जवानी की चहल-पहल, हुस्न और रंग-सुगन्ध से गमकते-दमकते हुए हजरतगंज का सुहाग तेज जाड़े की रात में अस्त हो चुका था; बस, मेफेयर सिनेमा की जगमगाहट तुरन्त विधवा हुई नारी की देह से उतरते हुए सुहाग-चिह्नों में आखिरी चिह्न की तरह बाकी थी। लालबाग की तरफ गाड़ी बढ़ाते हुए कर्नल ने कहा—"जरा कोट ले लूँ अपना, ड्राईवाश के लिए दिया था। तुम्हारे यहाँ से लौटते तक दुकान..."

"मुझे यहीं छोड़ दो। तुम उधर ही से निकल जाना।" सहसा सज्जन ने कहा।

"क्यों-क्यों?"

"मैं टहलता हुआ जाऊँगा। रोको, रोको यार!" गाड़ी रुक गई। कर्नल बोला—"अरे तो मैं तुम्हें छोड़े आता हूँ। कोट कल आ जाएगा।"

"नहीं, अब पैदल ही जाऊँगा।" कार से उतरकर सज्जन की नजरें फुटपाथ पर झुकी हुई थीं।

कर्नल ने उसके उदास चेहरे को देखकर कहा—"सुनो। आज दिन भर तुम्हारा चेहरा उदास देखा, कोई खास बात हो गई?"

"न-हीं, खास कुछ नहीं। ऐसे ही। फिर बतलाऊँगा तुम्हें!"

सज्जन तेजी से फुटपाथ की तरफ बढ़ गया।

आज सबेरे से ही सज्जन के मन में घुटन समाई हुई है। पूरे दिन कलाकार के संवेदनशील मन पर चोटें ही पड़ती रही हैं। सबेरे महिपाल ने कहनी-न-कहनी सुनाई, उससे जी खट्टा हुआ। फिर चौक में अपनी कोठरी से पुतला लेकर गलियों में तमाशा बने जाते हुए उसे अन्दर से बड़ी झिझक और उलझन हुई थी। उसके बाद जगदम्बा सहाय की प्रगतिशील बेटी ने उसे चुभती हुई दो-चार बातें सुनाईं। फिर उस युवती के लिए अपने मन में काम विकार जागने से खुद अपनी ही

'आत्मा' के 'हथौड़े' चलने लगे और अभी-अभी चित्रा उसके चरित्र के दोनों पहलुओं के हर रंग झलकाकर उसकी तस्वीर बना गई है।

बत्तीस वर्ष की उम्र तक अविवाहित रहने की वजह से उसका काम-जीवन अनियमित है। नारी के अन्तरंग सम्पर्क का मौका कभी-कभी तो दो-दो तीन-तीन महीने तक नहीं मिलता; और जब कभी ऐसा अवसर आ जाता है, तब वह अतिरेक कर देता है। उसके जीवन में तीन तरह की औरतें आती हैं। एक से वह पैसे देकर आनन्द खरीदता है, दूसरी से प्रेमोपहार में रस पाता है, और तीसरी वे तमाम औरतें हैं जिनसे केवल शिष्टाचार के ऊपरी नाते हैं। माँ ही एकमात्र ऐसी स्त्री थीं जिनके लिए उसके मन में सदा गहरी श्रद्धा रही। नारी के प्रति वही श्रद्धा आज उसके मन को तमाचे मार रही है। वह बहुत बेचैन है, उसे माँ की याद आ रही है।

सज्जन की माँ को स्वर्ग सिधारे ग्यारह वर्ष बीत गए। सज्जन के पिता श्याममनोहर वर्मा बड़े विलासी थे। विलायत से बैरिस्टरी की डिगरी ले आए थे, मगर कचहरी एक दिन भी नहीं की। नाच, मुजरा, संगीत, शराब और ऐश में उन्होंने आठ-दस लाख रुपए फूँके। घर के जनानखाने में वह कभी ही कभी आया करते थे; और जब आते थे तब नौकर-चाकर महरियों, माँ तक को साँप सूँघ जाता था। सज्जन अपने पिता से नफरत करता था। वो बेबात की बात पर उसकी माँ से झगड़ा किया करते थे; भद्दी-भद्दी गालियाँ देते थे, अक्सर हाथ भी उठा बैठते थे, सज्जन की माँ बड़ी गम्भीर और शान्त स्वभाव की थी। व्रत, नियम, उपवास का कठोर जीवन वे मुँह बन्द कर बिताती थी। सज्जन को याद नहीं आता कि उसने माँ को कभी घर से बाहर कहीं आते-जाते देखा हो। एक बार उन्होंने कहा था—"मरते बखत मेरी सास कह गई थी कि घरवा सँभालना, भंडारघर की चाभी कलेजे से दूर न करना, और घर की देहरी छोड़कर कभी दूर न जाना।" सज्जन की माँ ने तीनों बातें मरते दम तक निभाईं।

सज्जन के पितामह रायबहादुर कन्नोमल ने सन् 1902 में बत्तीस बरस की आयु भोगकर मरण पाया। श्याममनोहर उस समय साल भर के थे। इलाका कोरट हो गया। श्याममनोहर के बालिग होने तक खानेवाले लाखों रुपया खा गए। सज्जन की दादी, बिचारी औरतबानी, अपना घरवा लुटता देख दिन-रात अपनी छाती फाड़ा करती थी। यह सन्तोष उन्हें अवश्य था कि उनका लड़का बाप की तरह ही होनहार निकल रहा था। श्याममनोहर हठ करके बैरिस्टरी पास करने विलायत चले गए। उसके बाद ही दादी का देहान्त हो गया। सज्जन को अभी तक उसकी खूब सुधि है।

विलायत से लौटकर श्याममनोहर के रंग-ढंग कुछ और ही हो गए। मन पर पेरिस के नाइट-क्लबों के नक्शे खिंच चुके थे; गाँठ के पूरे थे ही, अन्धी जवानी की घोड़ी बेलगाम छोड़ दी।

संयोगवश अपने पिता लाला कन्नोमल की तरह ही बाबू श्याममनोहर ने भी अपनी उम्र के बत्तीसवें वर्ष में मौत पाई। सज्जन उस समय जूनियर कैम्ब्रिज में पढ़ रहा था। तेरह बरस की उम्र में नए सिरे से जागनेवाला इनसान का सवालिया मन सज्जन को भी सताने लगा था। जीवन-मरण, भगवान-धर्म, आजादी-गुलामी की राजनीति, भारत देश और न जाने कितनी तरह की जिज्ञासाओं के साथ-साथ जवानी के छिपे अर्थ को उजागर देखने की तड़प भी उसके मन में जाग उठी थी।

पिता की मृत्यु के बाद माँ सज्जन का ब्याह करने के लिए विकल हो उठीं। सज्जन 'ना' की हठ पकड़ गया। वह इतनी छोटी उम्र में विवाह नहीं करना चाहता था; उसके मन में बड़े होकर अपनी पसन्द का ब्याह करने की इच्छा थी। वह अपनी माँ से साफ-साफ यह नहीं कह सकता था कि उनके द्वारा तय किए गए किसी रिश्ते को वह पसन्द नहीं कर सकता। तीन बरस बाद मुँह पर रेखें फूट आने पर वह सोचने लगा कि माँ के द्वारा पसन्द की गई सुन्दर-से-सुन्दर लड़की भी उसकी जीवन-संगिनी न बन सकेगी। वह रूप के साथ सुगन्धि भी चाहता था, सुगन्धि की परिभाषा उसकी अपनी थी। वह व्रत-नियम-संयम की कठोर और घरवा सँभालने वाली बहुरिया हरगिज-हरगिज

पसन्द नहीं कर सकता। उसे पढ़ी-लिखी नए विचारों की, सुन्दर, चतुर और न जाने कितनी तरह की खूबियोंवाली पत्नी की चाह थी। इसके अलावा शादी के पहले वह रोमांस चाहता था।

एक दिन की बात है कि माँ ने अचानक उसके पैर पकड़ लिए। आँखों में आँसू भरकर कहा—"बेटा, एक भीख माँगती हूँ—अपने बाप की राह पर न चलना। जनम भर मेरी आत्मा कलपते ही बीती है...तुम मुझे मत सताना।"

अपनी माँ को सज्जन बहुत प्यार करता था। यह उसके मन की विचित्रता थी कि जिन खूबियों को वह अपनी पत्नी में देखना पसन्द नहीं करता था, उन्हीं के लिए माँ का आदर करता था। चरित्रहीन पिता के विपरीत अपनी माँ के चरित्र में उसे सदा शक्ति झलकती दिखाई देती थी। पिता मार-दहाड़ और अत्याचार करके भी उसे अपनी मुँहबन्द सहनशीला, ममतामयी माँ के सामने सदा निस्तेज और घिनौने लगे। उसके पिता को छोड़कर और जो कोई भी उनके सम्पर्क में आता था, वह उनका मन से आदर करता था। उसकी माँ सबके दुःख-दरद में हिस्सा बँटाती थी। वैसे बड़ी शुद्धतावादी थीं, पर सज्जन ने उन्हें तपेदिक की मरीजा, घर में एक नौकर की पत्नी का थूक-खंखार तक साफ करते देखा है।

सज्जन के मन पर अपनी माँ की एक अमिट छाप पड़ी है। पिता की राह पर न चलने का वचन माँ को देकर उसने अपने लिए एक अन्तर्द्वन्द्व मोल ले लिया। इसी दौरान बचपन से पनपते हुए उसके चित्रकारी के शौक ने लगन पाई।

सीनियर कैम्ब्रिज पास करने के बाद उसने आर्ट्स स्कूल में नाम लिखा लिया।

पिता की मृत्यु के छह बरस बाद माँ भी जाती रहीं।

सज्जन का मन सूना हो गया। उस घुटन से निकलने के लिए ही उसने चित्र बनाने के बहाने सैर की ठानी।

अपनी माँ को दिए हुए वचन से सज्जन ने उनके जीवन-काल में ही गुप्त सन्धि कर ली थी। उसने अपने पिता की तरह फिजूलखर्च न बनने का दृढ़ निश्चय कर लिया था। अपने पिता के विपरीत उसमें जायदाद-जमींदारी सँभालने और हिसाब-किताब का ध्यान रखने की आदत थी; नौकर-गुमाश्तों पर नजर रखने और घर के ढर्रे की मशीन की तरह बाँध देने की क्षमता उसमें थी; अपनी जायदाद को बढ़ाने की नीयत और रुचि न होने पर भी बची-खुची जमा-पूँजी को सुरक्षित रखने के लिए उसकी बुद्धि हरदम चौकस रहती थी। इतने संयम के साथ वह अपनी नारी सम्बन्धी दृष्टिकोण में असंयमी बना था।

पाँच बरस में आर्ट स्कूल का डिप्लोमा पास करने के बाद घूमते, अनुभव और आनन्द लेते हुए उसके मन में यह सिद्धान्त पनपा कि शादी करना (कम से कम उसके लिए) जरूरी नहीं है और अगर जरूरी है भी तो इनसान को (उसे) तीस बरस के बाद करनी चाहिए। उस समय उपयुक्त जीवन-साथी चुनने की समझ आ जाती है। अपने चित्रों के द्वारा सफलता और कीर्ति प्राप्त करते हुए उसकी बढ़ती लगन अपना स्वार्थ देखने लगी। इस स्वार्थ की दृष्टि से वह मन ही मन नारी को अक्सर इस्तेमाल में आनेवाली चीज, मनोरंजन और दैहिक स्फूर्ति देने का साधन मानने लगा। जाहिर में ओढ़ी हुई चेतना के तौर पर हिन्दी विलायती आदर्शों की बड़ाई करते हुए वह भी नारी को बड़ी-बड़ी उपमाओं से सजाता था। आज उसी ऊपरी कल्चर की काई एकाएक फट गई। एक स्त्री पर होनेवाले अत्याचार और कारुणिक परिस्थिति में उसकी मृत्यु हो जाने से सज्जन के मन की ईमानदारी जोश के साथ उबलकर बाहर आई, और इसी ईमानदारी के प्रकाश में जब उसने अपने आपको जगदम्बा सहाय की खूबसूरत लड़की के प्रति वासना-विकार से ग्रस्त देखा तो अपने प्रति उसकी लज्जा का ठिकाना न रहा।

खुद भागते हुए इनसान का दिल भी अजीब गोरखधन्धा है। पहले-पहल जब वह अपने आपसे कतराना शुरू करता है तब अपनी चतुराई पर गर्व करता है; जब वही चतुराई भय का कारण बनती

है तब उससे भागता है; और भय जब बिगड़े साँड़ की तरह उसे रगेदना शुरू करता है, तब अपने बचाव के लिए तेज भागते-भागते उसके अणु-अणु बिखरने लगते हैं। इससे भयग्रस्त होकर जब बेतहाशा भागने लगता है तो अपनी ही भूल-भुलैया में टकरा-टकराकर पागल हो जाता है। इसी उठते हुए पागलपन को सुलाए रखने के प्रयत्न में सज्जन की चेतना जड़ हुई जा रही थी। शारीरिक रूप से गतिमान होते हुए भी उसका मन एक जगह गड़न्त हो गया था। अगति के खूँटे में बँधा, नए नाथे गए जंगली भैंसे की तरह उसका मन मुक्त होने के लिए फुफकारें छोड़ रहा था। इक्का-दुक्का चलती पिछवाड़े की सड़क पर बेहोश होकर बढ़ते हुए भी वह अपने अन्दाज में बँधा सही राह पर ही जा रहा था। मन ने सर्दी महसूस की, तन पर चेस्टर चढ़ गया। वह शाहनजफ रोड पर चलने लगा। दोनों तरफ बँगलों की खामोश कतार सूनी सड़क पर चलते हुए सज्जन नाम के एक 'व्यक्ति' से जितनी बेलौस थी, वह भी उतना ही उनसे तथा इर्द-गिर्द के सारे वातावरण से कटा हुआ चला जा रहा था।

सामने से आती हुई कार की लाइट ऐन उस पर ही पड़ी। सज्जन चौंका, खोई नजर से कार को देखा, फिर सड़क पर बाईं की तरफ खिसक, पहले की तरह सिर झुकाए चलने लगा।

कार तेजी से उसके पास आकर रुकी। सज्जन ने अन्तर का 'सुन्न महल' वस्तु जगत का धक्का खाकर ढह पड़ा। वह अपनी लड़खड़ाहट से सँभल भी नहीं पाया था कि कार से एक तेज जनाना ठहाका सुनाई दिया।

''ओह! शीला है!'' जान में जान आई। नजरें अपनी सतह पर आईं। गाड़ी में महिपाल और डॉ. शीला स्विंग दिखाई दिए। सख्त घुटन से उबारने का कारण बनकर इस मानसिक आवश्यकता के क्षण पर ये दोनों दोस्त सज्जन को बहुत अच्छे लगे। वह सुखी हुआ।

''कहाँ से चले आ रहे हैं हजरत?'' हाथ बाहर निकालकर शीला ने उसके ओवरकोट का कॉलर खींचते हुए मस्ती के साथ सवाल किया।

सज्जन अपने खोएपन पर काबू पा चुका था। रस के बहाव में आते हुए इसी सवाल को दुहराकर उसने पूछ लिया—''और आप लोग कहाँ से आ रहे हैं हजरत?''

''शैतान के स्वर्ग से!'' महिपाल ने मुस्कुराते हुए कहा।

डॉ. शीला स्विंग ने महिपाल की बाँह पर मुक्का मार, मुस्कुराते हुए कहा—''अपने सीक्रेट स्वर्ग का पता इन दुनियावालों को मत बतलाओ, यू फूल, वरना ये वहाँ भी खुदा के बाग का सेब लगा देंगे।''

खुदा के बाग का सेब इस समय सज्जन के गले में अटक रहा था। मजाक की चिकोटी से उसकी दुखती रग कटने लगी। बात को ऊपरी फीकी हँसी में बहकाकर उसने उन दोनों से कहा—''आओ, थोड़ी देर हमारे यहाँ ही बैठो। कॉफी पिलाऊँगा तुम लोगों को; या तुम लोग चाहो तो अपने मुँह से निकलनेवाली खुशबू को दुबाला कर सकते हो।''

''बड़ी देर हो जाएगी यार! क्यों, डॉक्टर, टाइम क्या है?''

''टाइम—टु बी इक्जैक्ट—ग्यारह बीस। अभी कोई ज्यादा देर नहीं हुई। आओ दुर्जन, हम लोग तुम्हें ओब्लाइज करेंगे!''

''नहीं यार, अब फिर कभी। शीला के तो कोई मियाँ है नहीं जो एक्सप्लेनेशन देना पड़े, मगर मेरी बीबी तो यक्षिणी बनकर मेरी बाट जोह रही होगी।''

सज्जन गाड़ी में बैठ चुका था। महिपाल की बात अनसुनी करके शीला अपनी लहीम-शहीम स्टूडी-बेकर को पीछे मोड़ने लगी।

सज्जन ने महिपाल से कहा—''तुमको किसी दिन जरूर पेंट करूँगा महिपाल! तुम उस आदमी की तरह हो, जो आग और पानी के दो समुद्रों के बीच में जलता और गलता हुआ खड़ा हो।''

"नाउ-नाउ, शीला की लेग-पुलिंग रहने दो सज्जन। ये न तो हजारों सेंटीग्रेडज् तक गर्म हैं और न फ्रीजिंग-प्वाइंट तक ठंडी।"

"बस, मेहरबानी कीजिए, मेरी वकालत करने की जरूरत नहीं। इन्होंने मेरी ओर इशारा नहीं किया। इज इट नॉट दुर्जन ?"

"सर्टेनली नॉट! तुम जानती हो, मैं फेयर सेक्स की कितनी इज्जत करता हूँ।"—कहते हुए सज्जन का दिल धड़का, जगदम्बा सहाय की बेटी और चित्रा की याद आई।

सज्जन की कोठी के फाटक पर पहुँचकर कार ने हार्न बजाया; महिपाल बोला—"इन ऑल फेयरनेस, मैं शीला के बारे में ये कहूँगा कि इसका दिल कलाकारों की तरह गर्म है, और दिमाग वैज्ञानिकों की तरह ठंडा।"

महिपाल की बात शीला को अच्छी लगी, वह बोली—"मेरा पेशा यही चाहता है। आर्ट प्लस साइंस—"

"तुम मुझे जोश दिला रही हो शीला! आज के नब्बे फीसदी डॉक्टर साले जल्लाद और कसाई हैं। और इन्साफ के लिए—आलदो अन्कांशली आई नो,—तुम भी हो।"

चौकीदार ने दौड़ते हुए आकर फाटक खोल दिया।

आधी रात के समय सज्जन मास्टर जगदम्बा सहाय की कलंकगाथा सुन रहा था। स्कॉच व्हिस्की ने उसकी वाणी में और शीला महिपाल के हृदय में करुणा का स्रोत खोल दिया था। महिपाल की आँखों में बड़े-बड़े आँसू उमड़ आए।

सज्जन बोला—"उसके लिए आँसू बहाने की जरूरत नहीं महिपाल! मुझे पूरा विश्वास है कि जलते हुए उसे जरा भी तकलीफ नहीं हुई होगी। वह उस वक्त सेल्फपोजेस्ड—एक आवेश में—"

"आत्महत्या का आवेश आँसुओं की शक्ति लेकर ही चढ़ता है सज्जन! भला किसी को इस तरह मरने की नौबत ही क्यूँ आए। इनसान की औलाद को धरती पर पहली साँस लेते ही इस नृशंसता से दम घोंट कर मारा जाए! ये खबर हम और आप देखेंगे, सुनेंगे और बर्दाश्त करेंगे ?" संगमरमर की गोल मेज पर तेजी से पंजा पटककर महिपाल उठ खड़ा हुआ, आराइशों से भरे लम्बे हॉल में तेजी से चहल-कदमी करने लगा। उसका क्रोध सहज स्वाभाविक था, नशे ने उसमें बिजली भर दी थी। बार-बार सिहरकर उसके कलेजे में टीस उठने लगी। जिस देह में एक नन्ही-सी फाँस चुभने पर भी पीर होती है, उसी देह को इनसान अपने हाथों से आग लगाए...जल-जल कर मरे!...(महिपाल फूट कर रोने लगा) "भोले! ऐसी मौत न देना किसी को—किसी—किस्सी—किसी को नहीं!"

जलने वाली की तड़प इस समय महिपाल के जी में लोट रही थी। आँसुओं से भरी आँखों में नन्हे-से बच्चे की कोमल गर्दन पर एक ओर कठोर हाथ की तस्वीर खिंच गई। महिपाल का शोक, न्याय और क्रोध का आवेश बनने लगा।

महिपाल की बातों का प्रभाव सज्जन के ऊपर भी पड़ा था। सुबह खबर सुनने ही पर थोड़ी देर के लिए क्रोध और करुणा का जो वेग उसे बहा ले गया था, उसका स्पर्श सज्जन को इस समय फिर मिला। दिन भर में पहली बार अपने मन के गुंताड़े से छूटकर उसे किसी और के लिए भी भावना का स्पर्श मिला—यह उसकी सुसंस्कृत बुद्धि के ऊपर से बोझ हटने के समान था। उसने ऐसा माना कि इस कोमलता की जागृति से उसके अन्तर का अपराध कुछ कम हो गया है। इस कोमल क्षण को मूलधन बनाकर सज्जन ने हिसाब फैलाया—"आखिर मैं इतना बुरा नहीं, इतना बुरा नहीं।"

महिपाल के मेज से उठते ही डॉ. शीला स्विंग की एक नजर बराबर उस पर पड़ती रही। उसका दिमाग शब्दों में न बँधे हुए सवाल की धारा में बह रहा था। तेजी से उसके सामने ऐसे अनेक 'केसेज'

आ रहे थे जिनमें वह इनसान की जिन्दगी और मौत के क्षणों से खुद जूझी थी—'जिन्दगी बचनी चाहिए'—यह उसके दिमाग की राय है और इस समय उसमें हार्दिक करुणा का संयम बहाव भी आ गया है।

महिपाल अपने आवेश को लिए हुए खिड़की के पास जाकर एक पैर ऊपर रख, मुट्ठी बँधी बाँह पर ठोड़ी टिकाकर खोई दृष्टि से अँधेरे में सोते हुए कंपाउंड के बाग को देखने लगा—कहीं, कुछ दूर देखने लगा। उसकी सारी भावनाएँ इस समय सिमटी हुई किसी विचार के आगमन को देख रही हैं।

पीछे, अपनी जगह पर बैठी हुई शीला बोली—"यह सही है, ऐसी ट्रेजेडीज यहाँ सैकड़ों होती हैं, मगर करना क्या चाहिए? आखिर इसका इलाज क्या है?"

सज्जन बगैर सोचे ही, सोचनेवाला मुँह बनाकर बोल उठा—"ये सब शिक्षा की कमी की वजह से है। हमारी जनता बहुत बैकवर्ड है।"

"शिक्षा, ह्वाट? कैसी शिक्षा? समाज को आखिर क्या सिखाया जाए जिससे कि ऐसे क्राइम्स एकदम से बन्द हो जाएँ।" डॉक्टर शीला यह कहते हुए सोच में डूबने लगीं।

"गवर्मेंट उनको एजुकेशन दे, उन्हें समझाया जाए कि मानवता क्या है, ह्यूमन वैल्यूज क्या हैं।"

"मगर आप उनको समझाइएगा कैसे? आपके पास साधन क्या है?" खिड़की से चलकर आते हुए महिपाल ने सज्जन की बात काटी।

"क्यों? गवर्मेंट टीचर्स अप्वाइंट करे, आर्ट और कल्चरल फंक्शन्स कराए, कुछ ऐसे स्त्री-पुरुष भी रखे जाएँ जो घर-घर जाकर लोगों की सफाई, रहन-सहन के कायदे समझाएँ, उनकी दिमागी सतह को ऊँचा उठाए।"

"कोरी नसीहत में मेरा विश्वास नहीं सज्जन!" सज्जन की बात पर 'होपलेस केस' कहनेवाली मुखमुद्रा बनाकर डॉ. शीला ने कहा—"अच्छा, नाउ कम आन, यह सोचो, कि तुम मेरे पास आते हो। और मैं जैसा कि तुम्हारे दोस्त ने बतलाया, मैं कसाई हूँ। मैं यह जरूर मानती हूँ कि लोगों की जान बचाने से बढ़कर दुनिया में कोई काम नहीं, पर वही काम मेरी आमदनी का जरिया भी है। मैं सोचती हूँ कि जिस काम को सीखने के लिए मैंने इतनी मेहनत, इतना रुपया बरबाद किया है, उस काम से फायदा क्यों न उठाएँ। एक आदमी को अगर अपनी जान प्यारी है तो वह उसके लिए रुपया खर्च क्यों न करे? और मैं क्यों न लूँ रुपया? मैं अपने लिए सुख और आराम की जिन्दगी चाहती हूँ। मैं, आपके क्या नाम है कि क्रिश्चियन, गांधियन या रामकृष्ण मिशनवाले उसूल पर नहीं चल सकती कि संन्यासी होकर लोगों की जानें बचाती फिरूँ।...बतलाइए, आप मुझे कैसे कन्विंस करेंगे कि 'डॉक्टर स्विंग, गरीबों पर रहम करके उनका इलाज मुफ्त किया करो?' अगर ऐसा करूँ तो दुनिया में गरीब इतने ज्यादा हैं कि मुझे अपने अमीर पेशेंट्स से फीस कमाने की फुरसत ही नहीं मिलेगी।"

कहकर शीला चुप हो गई। एक सवालिया नजर महिपाल के चेहरे पर डाली, परखना चाहा उसके चेहरे का भाव क्या है? महिपाल सिर झुकाए विचारमग्न बैठा था।

सज्जन भी विचार में पड़ा, बोला—"सचमुच यह टेढ़ा सवाल है। अपना स्वार्थ देखना स्वाभाविक है, ह्यूमन नेचर है—यों कुछ एक एब्नार्मल, बड़ी आत्माएँ निकल आती हैं, उनकी बात जाने दो—मगर आम जनता में हकीकत देखो तो यही है। हम पहले अपना स्वार्थ देखेंगे; फिर दूसरों का विचार करेंगे।...और दूसरी नजर से देखें, कि अगर इनसान की यह नेचर नहीं बदली तो इन्सानियत का नारा और उसके आधार पर खड़ी की गई तमाम वैल्यूज झूठी हैं।...समझ में नहीं आता किस तरह इनसान का दिल बदल सकता है?" कहते-कहते सज्जन की आवाज में कम्प आ गया—मन में चित्रा और जगदम्बा सहाय की बेटी के साथ अपनी अपराधी आत्मा झाँक गई थी। सज्जन उससे विचलित हो गया।

''बदल सकता है।'' महिपाल ने नजरें घुमाकर सज्जन को देखा और कहा—''अत्याचार—दूसरों का नाजायज फायदा उठाना बन्द करो। और अगर तुम सीधे से नहीं करोगे, तो याद रखो, मार-मारकर तुम्हारी अकल ठिकाने लगाई जाएगी।''

''तुम तो इस तरह कह रहे हो जैसे मैं ही अत्याचारी हूँ!'' महिपाल की चेतावनी सज्जन के जख्म पर लगी थी। अपनी तिलमिलाहट को ऊपरी हँसी से सँवारते हुए उसने महिपाल को जवाब दिया। शीला को भी हँसी आ गई। महिपाल पर इस हँसी का कोई असर नहीं हुआ। उसने कहा—''तुम, मैं, सभी अत्याचारी हैं दोस्त! बात का इशारा किसी एक पर नहीं, पूरे समाज पर है। दबने और दबाने का सिद्धान्त हमारी घुट्टी में पड़ता है, मगर जो लोग दबते चले जा रहे हैं वो किसी दिन अपना दाँव पाकर दबानेवालों का टेंटुआ दबा देंगे, देख लेना और वह दिन अब बहुत दूर नहीं है सज्जन!''

''तो क्या तुम समझते हो कि हिन्दुस्तान में कम्युनिस्टों का जोर बढ़ जाएगा? वो लोग खून-खराबा करवाएँगे?'' शीला ने दोनों हाथों की उँगलियाँ एक-दूसरे में फँसा कर पैर हिलाते हुए पूछा।

''मैं नहीं जानता, किस पार्टी का जोर बढ़ेगा। मैं राजनीति का सतर्क विद्यार्थी नहीं, पर मैं यह जरूर मानता हूँ कि मार्क्स के सिद्धान्त और रूस, लेटली, चीन के नए निर्माण से दुनिया के हर आमोखास के विचारों में क्रान्तिकारी परिवर्तन अवश्य हुआ है। जितने मजलूम हैं, जितने सर्वहारा हैं, वह अब चोट खाए नाग की तरह फन उठा रहे हैं। इस बार उन्हें कोई न रोक सकेगा।...और हमारे समाज की स्त्री भी सर्वहारा है। वह हद से ज्यादा सताई जा चुकी है—हद से ज्यादा!''

सज्जन को अपनी माँ की याद आ गई, उन्होंने कितने अत्याचार सहे थे!

शीला बोली—''औरतों के बारे में तुम बड़े रोमान्टिक ढंग से सोच रहे हो महिपाल! अब औरत पढ़ी-लिखी, कल्चर्ड और पहले से कहीं ज्यादा आजाद है। मैं देखती हूँ कि लड़कियों की एजुकेशन...''

क्रोध के उबाल को रोकते हुए भी महिपाल अपनी जबान का तीखापन न दबा सका, बोला—''मुट्ठी भर औरतें आजाद हैं, उनमें से एक तुम हो जो बत्तीस रुपया फीस कमा लेती हो, मगर बहुतायत तो उन्हीं स्त्रियों की है जिन्हें जल-जलकर मरने के लिए मजबूर होना पड़ता है!''

''तुम तो अब जिद्द पकड़ गए महिपाल, '' शीला ने जबान में मिठास लाकर कहा—''ऐसे दस-पाँच केसेज जरूर हो जाते हैं वो बात दूसरी...''

''दूसरी नहीं, पहली है। यही बात पहली है। सौ में मुश्किल से दस-पाँच घर छोड़ दो, बाकी हिन्दुस्तान का हर घर औरतों के लिए कसाईखाना है!''

''तुम्हारा घर भी?'' सज्जन ने व्यंग्य किया।

सुनकर महिपाल अटका, उसका चेहरा कस गया, फिर संयत स्वर में बोला—''हाँ, मैं भी एक कसाई हूँ!''

''क्यों?'' सज्जन ने इस तरह रौब से पूछा, जैसे कोई जज अपराधी से सवाल कर रहा हो। दूसरे के अपराधों की आड़ लेकर उसका अपराधी हृदय मुँहजोरी करने लगा।

महिपाल बोला—''मेरी शादी असफल रही; जैसे माता-पिता द्वारा तय हो गई शादियाँ आमतौर पर होती हैं। हमारे अस्सी फीसदी घरों में ऐसी शादियाँ जीवन भर के कर्ज की तरह निभाई जाती हैं। नतीजा यह होता है कि कहीं पति, कहीं पत्नी और कहीं पति-पत्नी दोनों ही एक-दूसरे की पीठ-पीछे व्यभिचार करते हैं।''

''सिर्फ ऐसी ही शादियों में क्यों, लव मैरेजेज में भी यही होता है! जब तक नए-नए रोमियो और जूलिएट रहे, दोनों में बड़ा प्रेम रहा; फिर या तो तलाक या आपस में दगाबाजी—यही रास्ते रह जाते हैं। मैं भी इन नतीजे पर पहुँची हूँ कि शादी का रिवाज इनसानों में धोखा-धड़ी, झूठ और अत्याचारों को जगाता है। इसे हटा दीजिए, औरतों को आर्थिक रूप से आजाद कर दीजिए, फिर देखिए, औरत-मर्द के रिश्ते कितने जल्दी नॉर्मल हो जाएँगे।'' शीला बोली।

"फिर औरत-मर्द के बीच में रिश्ता क्या रहेगा? सिर्फ देह-भोग का!"—महिपाल तमक कर बोला।

"और आज क्या है? नाइन्टी-नाइन परसेंट प्वाइंट नाइन रेकरिंग केसेज में औरत-मर्द एक-दूसरे को क्या इस्तेमाल की नजर से नहीं देखते?" सज्जन मेज से सिगरेट-केस उठाकर बोला—"अजी, अभी आप आँखें सेंकने का मुहावरा इस्तेमाल करते हैं। अभी उस दिन मुहल्ले के कुछ स्टूडेंट्स मिलने आए थे, उन्होंने गली-मुहल्लों की लप्पा-झप्पी, घरों में दबाव से होनेवाले नाजायज रिश्ते—खैर, इसको तो आज मैंने ही देख लिया।"

"अरे, मैं तुमको बतलाती हूँ, मेरी नजरों के सामने से तो न जाने कितने घरों के पर्देफाश हो चुके हैं। पहले मैं ऐसे एबार्शन केसेज नहीं किया करती थी। फिर सोचा, इसमें क्या हर्ज है। जिस काम को सिर्फ इनसान ही नहीं, चरिन्दे-परिन्दे तक कुदरती तौर पर करते हैं, उसे अगर आदम और ईव की सन्तानें शादी और उसके मॉडल कोड की वजह से पाप समझकर करती हैं तो मैं क्यों न उनकी बेवकूफी का फायदा उठाऊँ?" कहकर शीला ने मानो, सात्विक उत्तेजना के उबाल में गिलास को होंठों से लगा दिया।

सज्जन को प्रेरणा मिली, अपने गिलास की तरफ हाथ बढ़ाते हुए बोला—"तुम बिलकुल ठीक कहती हो। शादी और उसका मॉडल कोड समाज को उठाने के बजाय गिरते हैं। इन्हें खत्म कर देना चाहिए!"

"अरे, वह आप ही खत्म हो जाएगा! जब औरत और मर्द दोनों ही ऊँची शिक्षा पाएँगे, दोनों ही कमाने लगेंगे उसी दिन यह सड़ा-गला मॉरल कोड भी खत्म हो जाएगा!"

महिपाल खीझ उठा, बोला—"आखिर तुम्हारी धारणा क्या है? क्या नया सामाजिक-आर्थिक ढाँचा दुनिया को रंडीखाना बना देगा? रूस—रूस में ऐसा क्यों नहीं हुआ?"

सज्जन और शीला दोनों ही चुपचाप सुनते रहे। महिपाल एक सेकेंड चुप रहकर फिर कहने लगा—"मानव-समाज के इतिहास में ही देखो। शुरू में तो कोई रिश्ते थे ही नहीं, ऐतरेय ब्राह्मण में इसका रिफरेंस है।"

"खैर, खून के रिश्तों को तो मानना ही चाहिए। यह हर प्रोग्रेसिव सोसाइटी में माने जाएँगे।" शीला बोली। सज्जन ने भी हाँ में हाँ मिलाई।

महिपाल बोला—"गनीमत है कुछ मान तो रही हो! खैर, और चलो, महाभारत में सूर्य और कुन्ती का एक डायलॉग है, सूर्य कहता है कि—'हे सुन्दरी! तुम्हारे माता-पिता या गुरुजन, किसी को भी तुम्हें दान करने का अधिकार नहीं। कन्या शब्द का अर्थ यह है कि वह सबकी कामना पूरी कर सकती है।"

"सच?" सज्जन ने चौंककर पूछा।

"हाँ-हाँ, महाभारत का वनपर्व उठाकर देख लो। मैंने आज तुम्हें अपने उपन्यास का जो हिस्सा सुनाया था, वह किसी खामखयाली के आधार पर नहीं लिखा।"

महिपाल की बातों के आधार पर सज्जन को लगा कि यही पुराना धर्म है, कुदरती उसूल है और यही धर्म आगे भी चलेगा। वह जोश के साथ सीधा तनकर बोला—"यही ठीक सिद्धान्त है। इसमें स्त्री-पुरुष को पूरी आजादी मिलती है। इसके सामने मुझे आपके ये सतीत्व और पति-भक्ति वगैरह के सिद्धान्त बेबुनियाद और जालिम लगते हैं।"

"मैं इस राय से सहमत हूँ।" शीला बोली—"इसकी आड़ में इनसान की निजी और सामाजिक जिन्दगी की सारी पवित्रता, सारा बोझ औरत के सिर पर डाल दिया गया है। इस सिद्धान्त के सहारे औरत को बेबस और कमजोर बनाकर आदमी फिर खुद-ही उसे बिगाड़ता रहा है और बिगड़ जाने के लिए उसे सख्त से सख्त सजा भी देता रहा है। मैं पूछती हूँ कि क्या यह मनमाना एकतरफा न्याय और उसका मॉरल कोड तुम उचित साबित कर सकते हो?"

"कर सकता हूँ।" महिपाल बोला।

सज्जन का मन अपने मित्र की तरफ से कस गया—"हिपॉक्रेट! खुद चरित्रहीन होकर भी अपनी बीबी को चरित्रवान बनाए रखना चाहता है—ताकि उस पर इसकी मोनोपली बनी रहे।"

शीला गम्भीर भाव से महिपाल को टकटकी बाँधकर देख रही थी। वह कह रहा था—"देखो शीला, इसके दो पहलू हैं। जब हम पुरुषों के बनाए इस सिद्धान्त को देखते हैं तो हमें इसमें सरासर आदम के बच्चे की बदमाशी और बदनीयती नजर आती है। चूँकि आदिम समाज की कर्ता-धर्ता नारी थी, माता की महिमा थी इसलिए जब तरह-तरह से उत्पादन बढ़ने के दौरान पुरुषवर्ग शक्तिशाली हो गया, उसने दौलत कमाई तब स्वाभाविक रूप से हर आदमी यह सोचने लगा कि मेरी कमाई मेरे बाद उन बच्चों को ही मिले जो मेरे वीर्य से पैदा हुए हैं। जाहिर है कि इस नीति के आधार पर पुरुष-समाज संगठित हो गया और औरत बेचारी सदियों के नीतिजाल में बँधते-बँधते एक दिन पूरी तरह पुरुष की गुलाम हो गई। उसके किए एक पतिव्रत और पुरुषों के लिए बहुपत्नीवाद का सिद्धान्त चल गया।...तो अगर इस पहलू से मानो तब मैं निश्चय ही इस पतिव्रत और सतीत्व को राक्षसी सिद्धान्त मानूँगा, मगर जब दूसरे पहलू से गौर करता हूँ तब यह एक पति-पत्नीव्रत का सिद्धान्त विकास-नियम का पोषक होकर स्त्री-पुरुष के समाज को कोरी देह-भोग की चेतना से ऊँची सतह पर उठाता है। मैं अनुभव से मानता हूँ कि स्त्री-पुरुष का ये सेक्सिया नाता स्त्री-पुरुष के सम्पूर्ण जीवन का एक अंग मात्र है। दरअसल होता यह है कि हममें से हरेक अपने लिए एक ऐसा अपोजिट सेक्सवाला साथी खोजता है जिससे उसके बहुत-से विचारों, कामनाओं और आदतों की पटरी बैठ जाए। दु:ख-दर्द, हारी-बीमारी की मैटीरियल रिस्पांसिबिलिटीज से लेकर सुन्दर, नैतिक और आध्यात्मिक धरातल तक वह अपने जीवन साथी के सहारे उठ सके।"

शीला प्रभावित होकर महिपाल को देख रही थी। सज्जन पर बात का प्रभाव तो पड़ा, मगर एक झुँझलाहट भी महसूस हुई—वह नहीं देख पाता ऐसी तस्वीर अपने दिमाग में। तड़पकर बोला—"ये आदर्श के तौर पर ठीक है—या हो सकता है, मगर प्रैक्टिकल नहीं है। मैं पूछता हूँ—कहाँ उठाया? इन्हीं बन्धनों की वजह से ही तो इन्सानियत आज भी झकोला खा रही है।" सज्जन अपने स्वर में शक्ति भरकर बोलते हुए इस तरह उठा, मानो रावण भगवान शंकर का कैलाश पर्वत उठाकर फेंकने के लिए जा रहा हो।

डॉ. शीला बोली—"नो बट, इनकी बात सही है सज्जन! मैं सतीत्व और पतिव्रत कुछ भी नहीं मानती, पर मेरा यह अनुभव है कि दिल का साथी एक होता है। मेरा यह दावा है कि जो मर्द या औरत पाँच-पाँच मिनट के प्रेम में इधर-उधर बहकते फिरते हैं, उनका दिल—उनकी फीलिंग्ज रफ्ता-रफ्ता मर जाती है।"

सज्जन शीला या महिपाल की बातों से नहीं, अपने आपसे हार रहा था। चित्रा ने कहा था—"मैं सदा पत्नी बनना चाहती थी और मेरे दोस्तों, शुभचिन्तकों ने सदा मुझे वेश्या बनाया!" जगदम्बा सहाय की बेटी के आँसू बह रहे थे और उन आँसुओं से उसकी कामुकता जागी थी—वह भी एक स्त्री के अत्यन्त करुणाजनक अन्त की पृष्ठ-भूमि में!"...सचमुच उसकी भावना मर गई है। वह कितना नीच है! उसके दिल में कचोट उठी।

उसी समय शीला की बात से तेज पाकर महिपाल की आवाज अधिक सशक्त, मगर संयत और मधुर हो गई थी। वह कह रहा था—"शादी की प्रथा शुरू होने के साथ हमारे यहाँ एक बड़ी धार्मिक कथा जुड़ी हुई है। उद्दालक ऋषि का बेटा श्वेतकेतु अपनी माँ की गोद में बैठा हुआ था। अचानक एक ब्राह्मण आया और उसकी माँ का हाथ पकड़कर ले गया। माँ की गोद में सुख पाते हुए बालक को इससे बड़ा बुरा लगा। उसने अपने पिता से इसका कारण पूछा; उद्दालक बोले—'यह समाज का नियम है, हर पुरुष का हर स्त्री पर अधिकार है।' श्वेतकेतु ने तड़पकर कहा कि

'जो स्त्री और पुरुष आपस के नाते के अलावा अन्य स्त्रियों और पुरुषों से देहनाता जोड़ते फिरेंगे उन्हें भ्रूण-हत्या का पाप लगेगा।' सचमुच, माँ होने के बाद औरत महज देहभोग की चीज नहीं रह जाती और पिता होने पर पुरुष अपने वीर्य का तेज दिखाई देता है।...तुम नहीं समझ सकते सज्जन, अपने बच्चे को देखते हुए स्त्री-पुरुष की नजरें जब एक-दूसरे से मिलती हैं, तब उनमें साधारण रस नहीं, अमृत बरसता है और इसीलिए जब एक जान पैदा होते ही गैरकानूनी करार दे दी जाती है, उसका गला घोंटा जाता है...ओह! हाउ आई विश कि जगदम्बा सहाय ऐसों को हाथी के पैरों तले कुचलकर मारा जाए। इनह्यूमन! राक्षस!''

शीला उसके आवेश को स्नेह और सहानुभूति की नजरों से देख रही थी। सज्जन सिर झुकाए सोच रहा था।

शीला ने महिपाल से मुस्कुराकर कहा—''गेट अप यक्ष! घड़ी देखो। तुम्हारी विरहिणी राह तक रही होगी!''

दो जोड़ी आँखें खामोशी से मुस्कुराईं। महिपाल चट-से नजरें काटकर घड़ी की ओर देखने लगा। एक बजकर चालीस मिनट हुए थे।

15

सड़क पर शीला की गाड़ी फुटपाथ से लगकर खड़ी हो गई।
दरवाजे खोलते हुए महिपाल ने शीला ने कहा—''एंड बी नाइस टु योर मिसेज डार्लिंग! आज वाकई बहुत देर हो गई तुम्हें।''

''हाँ, मगर वन्स इन ए ब्लू मून यह भी सही है!'' बनावटी लापरवाही से कहकर महिपाल हँसा, बोला—''अगर मैं चित्रकार होता तो अपनी तस्वीर मटमैले रंग से रँगता; बस दिल की धड़कनें उजली हैं...दिमाग—हाँ, दिमाग भी उजला है सही, मगर उलझनों के चलते-चक्कर से घिरा हुआ।...तुम मेरी थकान की साथी हो; कल्याणी मेरे जीवन की निष्ठा है। मैं तुम दोनों से उऋण नहीं हो सकता, सच कहता हूँ।''...

महिपाल थके-हारे मरीज की तरह करुण दृष्टि से शीला की ओर देखने लगा। शीला ने प्यार से उसके गाल पर हाथ रखकर कहा—''कितने चार्मिंग (मनोहर) हो तुम? नाउ टेक केयर आफ योर हेल्थ, डियर! अपनी आत्मा का यह दर्द अपने साहित्य को दे दो...और सब भूल जाओ।''

शीला की बाँह के जुए से दो गर्दनें झुक गईं। अँधेरे में झुकी चार आँखों में एक बल दमक रहा था—शीला की नजरों में हीरे की कनी बनकर और महिपाल की आँखों में मुरझाते हुए गुलाब के फूल की तरह। शीला के होंठों में भाव भरी गर्मी थी और महिपाल के होंठों में भाव का स्पर्श तो था, मगर जोश नहीं।

''कल मिलोगे?'' शीला ने उठकर पूछा।

''लिखना चाहता हूँ।'' महिपाल बाहर निकलते हुए बोला।

''मेरे यहाँ लिखो। ऐसा करो, दोपहर को खाना खाकर मेरे यहाँ...''

''समाधि लगाने के बाद जोगी अपना आसन नहीं छोड़ सकता!...अगर शाम तक आने को जी चाहा तो तुम्हें फोन करके आ जाऊँगा।'' महिपाल बोला।

''नहीं, कल तो तुम्हें जरूर आना है। क्रिसमस-ईद है—''

''ओहो! मैं भूल गया था।...आऊँगा...कल मैं...करीब सात बजे तुम्हारे यहाँ पहुँच जाऊँगा। बाइ-बाइ!''

''बाइ-बाइ।'' कार सरसराती हुई निकल गई। कार की लाल रोशनी भी आँखों से ओझल हो गई। महिपाल जैसे और कोई चारा न देखकर घर की गली की तरफ चला।

फुटपाथ से घिसे-ईंटों की चार खाँचेदार सीढ़ियाँ उतरकर संकरी गली में प्रवेश करते हुए गली के सूनेपन से महिपाल का सूनापन मिल गया।

बन्द दरवाजों की खामोश आबादी से गुजरते हुए महिपाल के ख्याल अपने से उड़कर बाहर फैलने लगे। घुटन उसाँस बनकर ऊपर उठी, आँखें अनायास ही आसमान की ओर देखने लगीं। ऊँची दीवारों की संकरी समानान्तर रेखाओं के ऊपर पूस की रात जोरों से जगमगा रही थी।

"दुनिया कितनी फैली हुई है!" महिपाल सोचने लगा—"ये तारे एक साथ कितने फैलाव में—कितने व्यक्तियों, घरों, आबादियों, देस-परदेस तक को अपनी झलकियों से बाँध रहे हैं!"

एक गाय आधी गली को छेंककर बैठी हुई थी। बगल की किसी गली से कुत्तों की लड़ाई का शोर सुनाई दे रहा था। महिपाल को यह शोर रात के सन्नाटे का ही एक अंग मालूम हुआ। लगभग इसी समय उससे पन्द्रह-बीस कदम आगे किसी घर की ऊपरी मंजिल से कोई चीज गली में गदद से आकर पड़ी। महिपाल चौंक उठा, उसके लिए रात का सन्नाटा भंग हुआ। क्या गिरा, इस समय कौन जाग रहा होगा?—गली की रोशनी में उसे सफेद पोटली-सी चमकती दिखाई दी। उसका मन चिहुँक कर तुरन्त किसी अपराध—किसी नाजायज बच्चे की लाश की कल्पना से गुथ गया। दिल की धड़कनों के साथ कदम भी तेज हुए, पास जाने पर एक फटा हुआ चीकट तकिया दिखलाई दिया, जिसकी कुछ रुई गली में भी फैल रही थी। यह देखकर उसे ढाढस हुई, हँसी भी आई कि इस समय यह दलिद्दर फेंकने का मूड किसे आया? फिर सोचा, मुहल्ला है, इतने मन हैं; रात हो जाने से भला जीवन की गति थोड़े ही रुक जाती है? खुद वही चल रहा है, अपनी समस्याओं की कहानी लिए हुए चल रहा है।...सोचने लगा, हर चार दीवारों के अन्दर बन्द होकर न जाने कितने मनों की कहानियाँ सोती या जाग रही होंगी!

महिपाल की कल्पना ने हर घर के बन्द दरवाजे खोल लिए। कोठरी में बिछी पुआल और टूटी कमजोर खटोलियों से लेकर उम्दा पलंगों तक के ऊपर, फटी कथड़ी-गुदड़ी और टाटों से लेकर रेशमी पर्दों तक में गर्माई लेते हुए मुहल्ले की अस्पष्ट झलक उसे दिखाई देने लगी। कितने ही जाग रहे होंगे, अकेले विरह में, या दुकेले आनन्द में। कई संसारी माया में भी मशगूल होंगे। इन घरों में कितने ही जगदम्बा सहाय भी होंगे, कितनी ही ऐसी विवश रमणियाँ भी होंगी जिन्हें आज के दैहिक सुख की कीमत कल अपनी देह में आग लगाकर चुकानी पड़ेगी।

महिपाल के रोंगटे खड़े हो गए। उसे सर्दी महसूस होने लगी।...यह जीवन भी अजब समस्या है। यह मुहल्ले उन सब समस्याओं को लेकर गलियों, सड़कों, बाजारों की लीकों और इतिहास की गई-गुजरी सदियों के जटिल जाल से घिरे हुए हैं। इनमें इनसानों और हैवानों को एक साथ और बिना किसी भेदभाव के सदा पनाह मिली है। रईसों और नगर-सेठों की ऊँची हवेलियों से लेकर कमतरीन जिन्दगी बसर करनेवाले, इनसानी चूहों के बिल जैसे घर तक इन मुहल्लों के नाम और पते के साथ बराबर के हकदार रहे हैं। ईमानदारों के ईमान की परख चार के आगे यहीं जग-जाहिर होती है; चोर, कातिल और बदमाश भी इन्हीं गली-मुहल्लों में समाते हैं।

...सदियाँ गुजरती हैं, समस्याएँ बदल जाती हैं; घर खंडहर होते हैं, नए बनते हैं।...मुहल्ला उजाड़खंड में सदा नई आस लेकर जीता है। यह इनसान का कभी न खत्म होनेवाला अफसाना है; इसके दिल में इनसान का घर है।

घर पहुँचकर महिपाल को कुंडी खटखटाने में एक बार संकोच हुआ। सोचा, मुँह से शराब की बू जरूर आ रही होगी। फिर सोचा, शायद न भी आती हो, पिए बहुत देर हो गई।

कशमकश में एक मिनट बीत गया; आखिरकार उसने कुंडी खटखटाई।

थोड़ी देर बाद दरवाजे के पीछे से कल्याणी की आवाज आई—"कौन है?"

''हम।'' महिपाल के कहते ही अन्दर से खटका हटा, कुंडी खुल गई। दहलीज की रोशनी महिपाल पर पड़ने लगी। पति-पत्नी ने एक-दूसरे को देखा, पति ने नजरें कतरा लीं। अन्दर जाकर अपना मुँह बन्द किए हुए उसने बैठक का दरवाजा खोला। अन्दर स्विच की तरफ बढ़ा।

बाहर का दरवाजा-खटका बन्द कर कल्याणी ने फीके स्वर में पूछा—''हियैं पौढ़िहो ?''

''लिखब।'' भारी-सी आवाज में उत्तर देकर महिपाल ने टेबिल-लैंप जलाया और अपनी मेज के कागजात इस तरह उलटने लगा जैसे कोई जरूरी कागज ढूँढ़ रहा हो। व्यस्त होने का बहाना करते हुए उसकी पीठ अपनी पत्नी की तरफ थी, वैसे ही बोला—''दुइ ठे पान हमैं दै जउतिउ।''

''बिलहिरा मा धरे हैं।'' पत्नी के कहते ही महिपाल ने तुरन्त कागज छोड़ पान का बिलहरा उठा लिया और मुँह में चार पान भरकर इस तरह निश्चिन्त हुआ मानो, चोरी का माल लेकर भागनेवाला चोर डर के इलाके से निकल कर अपनी सरहद में पहुँच गया हो।

उसकी पत्नी दरवाजे से जा चुकी थी। निश्चिन्तता की साँस लेकर महिपाल ने मुँह में तम्बाकू की चुटकी डाली।

दो रोज से घर में पति-पत्नी की खटखट चल रही है। कल दोपहर में तो बहुत जोर से बज गई थी; आज भी कलह-प्रभाती से ही दिन आरम्भ हुआ; भोजन के समय भी वह खाते-पीते थाली सरकाकर उठ आया था। कलह खर्चे को लेकर हुई थी। डेढ़ महीने से उसकी आमदनी का तार-कुतार हो गया है। सितम्बर में महिपाल की बड़ी लड़की को डबल निमोनिया हो गया था; मरने से बच गई वरना सब करम हो गए थे। शीला और कर्नल के कारण इलाज का खर्च तो उसे विशेष नहीं पड़ा, पर मानसिक अस्त-व्यस्तता में उन दिनों वह कुछ लिख नहीं पाया। रोज कुआँ खोदकर पानी पीनेवाले मनुष्य के लिए एक दिन भी ठाला बैठना भार हो जाता है। महिपाल के लिए नवम्बर से ही तंगी शुरू हो गई थी। दिसम्बर में आशा थी कि पुस्तकों की रायल्टी के डेढ़ पौने दो हजार रुपए आ जाएँगे, सो कुछ दिन पहले महिपाल के कई तकाजों के बाद प्रकाशक का पत्र आया था कि बाजार की मन्दी के कारण इस समय उनका हाथ सैला नहीं, रुपया फरवरी या मार्च तक भेजेंगे।

महज रोटी-पानी चलाने के लिए भी नौ प्राणियों के घर में कम से कम साढ़े तीन-पौने चार सौ रुपए महीने की सख्त जरूरत पड़ती ही है। महिपाल के दो बेटे हर्षवर्धन और श्रीवर्धन तथा भांजी शकुन्तला इस समय इंटरमीडिएट के दूसरे साल में पढ़ रहे हैं; पन्द्रह बरस की बेटी राज्यश्री नवें दर्जे में, और सिद्धान्त सातवें में पढ़ता है, तपोधन सात बरस का है, दूसरे दर्जे में पढ़ रहा है; और अनामिका अभी साल भर की दूध-पीती बच्ची है।

रेडियो के लिए नाटक-वार्ताएँ और मासिक पत्र-पत्रिकाओं में कहानियाँ, लेख आदि लिखने के अलावा महिपाल इधर पाँच-छः महीनों से एक स्थानीय दैनिक पत्र के लिए, नित्यप्रति हास्य का कॉलम भी लिखने लगा है। फिलहाल हास्य कॉलम की मजदूरी के डेढ़ सौ रुपए ही उसकी बँधी आमदनी है, बाकी सब आकाशीवृत्ति है। यों तो बाजार में सब मिलाकर उसकी ग्यारह किताबें चल रही हैं; परन्तु आमदनी अधिक नहीं होती। महिपाल के उपन्यासों में रोमान्स का नितान्त अभाव है, और आजकल (प्रकाशक के कथनानुसार) चटपटी किताबों की सबसे ज्यादा माँग है। प्रगतिशील, सामाजिक, विचारशील उपन्यास बिकते हैं सही, पर...। इस 'पर' पर एक 'पर' यह और भी जुड़ा है कि जिन रचनाओं की हड़कंपी, हाहाकार खाती समालोचनाएँ : एक 'अध्ययन' दो 'चिन्तन', और दस दृष्टिकोण प्रकाशित होकर मासिक साहित्य पढ़नेवालों को बड़े मन्दिर के सामने बैठे हुए भिखारियों की तरह न घेरें, उनके लेखकों की आमदनी और भी कम होती है। महिपाल की रचनाओं को भी यह सौभाग्य कम मिलता है। वह यह महसूस करता है कि शिकायत भी किया करता है कि सबसे ज्यादा शोर उन्हीं किताबों का होता है जिनके लेखक किसी न किसी राजनीतिक या साहित्यिक गुट के साथ समझौता किए हुए हैं। जिस गुट का जितना ही अधिक संगठन होता

है, उसके लेखकों की उतनी ही अधिक पब्लिसिटी होती है और वे उतना ही अधिक कमा भी लेते हैं। महिपाल अपने आपको किसी गुट के साथ न जोड़ सका। यों, विचारों से वह अपने को प्रगतिशील मानता है। कम्युनिज्म को गांधीवादी अहिंसा का जनेऊ पहनाकर उसे भारतीय बनाने की चिन्ता में उसकी बुद्धि लगन के साथ लगी रहती है। वह हिंसा, दाँवपेंच और तिकड़मों से ऊपर उठकर दुनिया में समानता और न्याय का राज्य चाहता है। कम्युनिस्टों को धूर्त, सोशलिस्टों को हिजड़ा, कांग्रेसियों को साम्राज्यवादी वेश्या का भड़ुआ और शैतान तथा संघ आदि साम्प्रदायिक संस्थाओं के हिमायतियों को पाकिटमार पोलिटीशियन कहकर इन सबसे नफरत करता हुआ वह अपनी निकम्मी लड़त में हरदम जूझा करता है। उसे अफसरों से नफरत है, चाय, कॉफी की चुस्कियों और सिगरेट के धुएँ में शौकिया तत्त्वचिन्तन करनेवाले बुद्धिवादियों और समाज-शास्त्रियों से नफरत है—उसे उन तमाम लोगों से नफरत है जो दूसरों को लूटकर, या लूटनेवालों से समझौता कर, अथवा उधार और दूसरों के मत्थे पेट भरकर गुलछर्रे उड़ाते हुए मार्क्सवाद, गांधीवाद, यथार्थवाद और रहस्यवाद आदि से ताश के पत्तों की तरह खेला करते हैं; और फिर अपने खिलवाड़ को महत्त्व देते हुए भूखी, सताई हुई, रोग-विकारग्रस्त जनता को कच्ची मिट्टी की तरह रौंद-रौंदकर उससे अपनी महानता की मूर्ति गढ़ते हैं, या गढ़ना चाहते हैं।

इस तरह अपने वर्ग के लोगों से कटकर वह अकेला है। इस अकेलेपन को लेकर वह दिनोदिन मानसिक झकोलों की दलदल में पैठता चला जाता है। अभाव के बिच्छू का डंक खाकर कभी लाखों की लक्ष्मी और सातों सुखों की कल्पना से अपना जी बहलाता है और कभी इस मिथ्या कल्पना की प्रतिक्रिया में अपने को कोसता हुआ राम, बुद्ध, महावीर, ईसा, गांधी और प्राचीन भारतीय ऋषियों, सन्तों के त्याग और तपोनिष्ठा से प्रेरणा लेकर लिखने-पढ़ने के काम में जुट जाता है। दिन और रात के अटूट क्रम की तरह उसका काम-काज और निकम्मेपन का गुनाह और तौबाभरा सिलसिला कभी खत्म ही नहीं हो पाता। खुदा और विसालेसनम के बीच में हसरत से दोनों ओर हाथ फैलाए वह सदा प्यासा का प्यासा रह जाता है।

बैठक से पत्नी के चले जाने के बाद महिपाल का प्रायश्चितवाला मूड तेजी से चढ़ा। सहसा इस बात पर ध्यान गया कि अड़तीस बरस की उम्र में ही कल्याणी के सिर पर सफेदी चमकने लगी है, चेहरे की रेखाएँ कड़ी हो गई हैं, वह अपनी उम्र से पाँच-सात वर्ष अधिक बड़ी लगती है। महिपाल सोचने लगा कि कल्याणी की यह दुर्दशा उसके कारण हुई है। माना कि वह कला-साहित्य आदि को जरा भी नहीं समझती, बातें भी निहायत दकियानूसी करती है, हरदम रुपए-पैसे, नाते-रिश्ते, लेन-देन आदि के सम्बन्ध ही में विचार करती रहती है, फिर भी उसका जीवन जैसा एकनिष्ठ है, वैसा उसने कम देखा है। दूसरों को आराम पहुँचाने के लिए वह तन तोड़कर मेहनत कर सकती है, अपनी जान तक न्यौछावर कर सकती है। यह विशेषता महिपाल को दूसरी स्त्रियों में प्रायः कम या नहीं के बराबर ही दिखलाई पड़ी है। महिपाल सच्चे हृदय से उसके आगे श्रद्धानत हो जाता है।

कल्याणी एक हाथ में पानी का गिलास और दूसरे में पथरौटा तश्तरी लिए हुए कमरे में आई। महिपाल चौंक उठा। यदि पहले से जरा भी आहट पा जाता तो वह लिखने या पढ़ने का ढोंग करने लगता, मगर इस समय तो वह कागज-कलम-किताब से दूर, तखत पर तकिए के सहारे बैठा हुआ 'प्रायश्चित' कर रहा था, परन्तु यह प्रायश्चित पत्नी के प्रति सहानुभूति-भरा चिन्तन-तस्वीर की तरह अपनी पत्नी के सामने झलकाकर वह ये नहीं कह सकता कि देखो, पीठ पीछे भी हम तुम्हारे ही गौरव का चिन्तन कर तुम्हारी प्रतिष्ठा बढ़ा रहे थे; इसलिए एकाएक कल्याणी के आ जाने से उसे उलझन महसूस हुई।

कल्याणी मेज पर गिलास रखकर कोने के स्टूल से एक पुराना अखबार उठाती हुई पूछने लगी—"यू बिछाए देई? तुम्हार कउनौ काम..."

"बिछाय देओ। यू का आय, बेसन क्यार हलुआ ?" देखकर महिपाल को भूख लग आई। उसने उगालदान उठाकर पान की लुगदी थूकी, गिलास के पानी से कुल्ला किया।

हलुए की तश्तरी और दही-बड़े का पथरौटा रखते हुए कल्याणी बोली—"बड़कऊ बहुत रोज ते कहत रहे कि अम्मा हिलुआ बनाओ, हिलुआ बनाओ, तउ हम कहा की नमकीन महियाँ दहीबरौ बनाए लेई।"

"ये तो बिलकुल गरमागरम मामला है।...वाह, अच्छा बना है!" गिरी के लच्छे, चिरौंजी, पिसी हुई छोटी इलाइची और मिसरी की डलियों के साथ बेसन का हलुआ महिपाल को अति प्रिय लगता है।

कल्याणी बोली—"बिजलीवाले इसटोउ पै गरम किहा है अबहीं...तुम सबेरे थरिया सरकाय के चले गए। हमार दिन कइस बीता है...।" बात पूरी न हो पाई, कल्याणी की आँखों में आँसू छलछला उठे, होंठ काँपने लगे।

महिपाल की करुणा जागी। उसे छिपाते हुए मुस्कुराकर बोला—"अच्छा! तो ये सब रूठे बलम को मनाने के लटके हैं। बड़कऊ बिचारे का बहाना ही बहाना है!"

कल्याणी के सूखे चेहरे पर मुस्कुराहट की हरियाली लहराई, महिपाल बोला—"एवमस्तु। हम सन्तुष्ट भयेन! लेओ..."

महिपाल ने चम्मच में हलुआ भरकर उसकी तरफ बढ़ाया। कल्याणी बोली—"ना, हम न खाब।"

"काहे, ईमा छूत हुइ गई ? बौड़म! अरे चौका नाम के याकु कमरा मा न खावा, बइठिके बैठका नाम के दूसरे कमरे महियाँ खाय लिहा। ईमाँ कउन बुराई आय गई, बताओ ?"

"तउ हम तुमका थ्वारौ कहिति हयि; बाकी हम पंचन का बिचार बिबेकु है..."

"अइसी की तइसी तुम्हार बिचार-विवेक की। खाओ।" लाड़ से डाँटते हुए महिपाल ने चम्मच उसके होंठों से लगा दिया। कल्याणी फौरन ही होंठ सिकोड़कर पीछे हटती हुई दृढ़ स्वर, किन्तु क्षमा माँगनेवाली मुद्रा में बोली—"ना-ना।"

माथे में गुस्से की रमक आई, पर महिपाल उसे जब्त करते हुए गम्भीर स्वर में बोला—"स्वामी विवेकानन्द कहिनि—जनती हउ विवेकानन्द को रहे ?"

"हाँ-हाँ, तस्वीर द्याखा है उनकी।"

"अच्छा हाँ, वहै कहि गए हैं, कि हमार हिन्दुन क्यार धर्म—जानति हउ कहाँ रहति है ?—रसुइयाँ मा। अउ हमार भगवान् को आय ?—कहिन कि हमार भगवान् आय दारि-चाउर कै बटलोही। अउ हमार धर्म कइसि आय, यहौ बताई ?"

कल्याणी ने उत्तर न दिया, सवालिया निशान बनी, उसकी ओर देखती रही।

"हमार सनातन धर्म उयि हिजड़े की तरह है...जो नाक पे उँगली रखकर दीदे मटकाते हुए अपने मनानेवालों से कहता है कि ऐ निगोड़ो, मुओ, मुझे छूना मत, मैं बड़ी पाक-साफ हूँ।"

धर्म का इस प्रकार मखौल उड़ाया जाना कल्याणी को अखरा, चुभा, वह भयभीत हो उठी। महिपाल बात टुपककर चुप हो गया। हलुए की आधी बची हुई प्लेट रखकर, बड़े का पथरौटा उठाते हुए अपनी बात की प्रतिक्रिया का इन्तजार करने लगा। कल्याणी काँपते स्वर में बोली—"द्याखौ, हम पंच घर-गिरस्तीवाले बाल-बच्चेदार हई। तुमका धरम भगवानु का अइसि न कहै का चाही। बड़ा पाप लागति हयि!"

"पाप तउ ससुर ई तुम्हार छूत-छात मा घुसा बइठि है। यहिकी छूत, वहिकी छूत—राम राम!...अच्छा तो ये बतलाओ कि तुम हलुआ अपने चौके में क्यों बनाती हो ? वहाँ बैठके इसे खाती-परोसती क्यों हो ? तुम्हारे विचार-विवेक से तो यह भी छूत होनी चाहिए।"

"काहे ?" कल्याणी ने चौंककर पूछा।

"काहे का? अरे यू अरब देश क्यार भोजन आय—मुसलमान क्यार।"

"होई हमते का मतलब। अरे मुसलमान अपने घरे माँ बनावति हयिं, हम पंचु अपने घरे माँ बनाइति हयि।"

"यहै तो हम पूछिति हयि कि काहे बनावति हौ? अरे तुम पंच तउ शब्दन अक्षरन महियाँ पवित्रता-अपवित्रता सूँघैवारे लोग हउ।"

"नाहीं तउ—" कल्याणी से कुछ कहते भी न बना और चुप बैठते भी न बना। हड़बड़ाहट में यही कह बैठी। महिपाल ने फिर उसकी जबान रोकी, कहा—"नाहीं तउ का? अरे शब्द अपवित्र न होंय तौ तुम गाजर, गोभी काहे नाहिं खउती? उसमें—उसमें गाय का शब्द का 'गा—गो' आ जाता है इसीलिए ना।...तो...तो तुम ये बड़े भी मत खाया करो। इसमें भी 'गा गो' आता है। (उत्तेजना में आधा बड़ा खाकर) वाह! खूब पोले बने हैं।"

"बरन मा गा-गो कहाँ आवति है?" बड़ों की तारीफ से सन्तुष्ट होकर कल्याणी ने विनोद-भरे स्वर में पूछा।

"तेलुगु भाषा मा बड़ा का गारु कहा जाति है। न खावा-बनावा करौ अब ते भइ, दुइठे बड़ा अउर न ले आओ। तनुकु बुकनू भुरकायके, औ' मिरचा की याक चुटकी जरा झलझलौआ बीस बिस्वा।"

कल्याणी हँसी, फिर कहा—"अब न खाओ इत्ती बेला। ई तउ हमार जिउ नाहीं माना तउ लै आईं हम। सबेरे खायो।"

"ओ के चीफ," कहकर महिपाल पथरौटे का दही सूँतकर चम्मच में भरने लगा। अपनी पत्नी से छेड़ के लिए कही हुई बात सहसा उसके मन में विचार बनकर अटकी—"हलवा परदेशी चीज है। फिर भी आज हमारे देशी भोजन का महत्त्वपूर्ण अंग बन गया है। इस तरह खाने-पीने, पहनने-ओढ़ने की चीजें, शब्द, रीति-रिवाज की बहुत-सी विशेषताएँ एक से दूसरे द्वारा अपनाई जाकर लोकव्यापी जन-जीवन में समा जाती हैं। ये बड़ा न जाने भारत के किस प्रान्त में किस स्त्री या पुरुष ने सबसे पहले प्रयोग की तरह बनाया होगा...या शायद कई जगह अलग-अलग पाक-प्रयोग करते हुए लोगों ने इसे ईजाद किया हो। फिर भी यह तो तय है कि एक से दूसरे के द्वारा अपनाया जाकर ही ये आज करीब-करीब समूचे देश की भोजन-सामग्री में जुड़ गया है।...कैसे चीजें एक से दूसरे तक पहुँचती हैं? कैसे संस्कृति का प्रसार होता है? देश-काल में फैलाव में वस्तु और विचार किस तरह संस्कार बनकर समा जाते हैं?...वाहे रे मानव-जीवन! कितना जटिल और कितना सरल! एक साथ—"

कल्याणी ने बात शुरू की, महिपाल का ध्यान अन्तर्मुखी से बहिर्मुखी हुआ। कल्याणी कहने लगी—"आज संझा के बखत पारबती की अम्मा आई रहीं। अरे, बड़ी बुरी दसा है उनके घर की। सुनिकै हमार तउ जिउ थर्राय उठा..."

"क्या हुआ?" पूछकर महिपाल ने हलुए की प्लेट उठाई।

"अरे का कही? पारबती क्यार बाप तउ महा निखिद्द-वाहिहातु मनई है हो। अरे, अपने लरिकन-बिटियन का भूखन मारिकै आप ऐसु-आराम करै, वहिका रामजी सात जनम नरक ते न उबरिहैं!"

पार्वती पड़ोस में रहनेवाले एक दफ्तरी बाबू की जेठी बेटी है। अठारह बरस की हो गई; न ब्याह हो सका, न पढ़ ही पाई। उसके पाँच भाई-बहिन और हैं। दीवाल से दीवाल लगे हुए घर में पार्वती की मासी अपने बच्चों के साथ रहती हैं। पाँच बरसों से मौसा ट्रांसफर होकर अकेले जालन्धर में रहते हैं, वहाँ से खर्चा भेजते हैं। पार्वती की माँ अपने बच्चों के साथ अपनी छोटी बहन के कारण अनाथ विधवा की तरह अर्थसंकट से भरी और सुहागिन की तरह लात-जूतों-गालियों से भरी जिन्दगी बिताने को मजबूर है। सारे मुहल्ले में साली-बहनोई की हवा उड़ी हुई है।

महिपाल ने खाली तश्तरी अखबार पर रखते हुए गिलास की तरफ हाथ बढ़ाकर कहा—''का कौनौ नई बात भई?''

''अरे, अबकी तनखाय क्यार याकु डब्बल नाहीं दिहिस है घर माँ। पारबती की अम्मा हमरे आगे फफकि-फफकि कै रौवैं, कहैं कि बहनजी, सब सह सकते हैं, पर बच्चों को दुइ-दुइ रोज तलक भूखों चिल्लाते देखकर कैसे जी सँभालूँ अपना?''

महिपाल का मन अपने शरीर को जड़ बनाकर अपने आप में लीन होने लगा।

कल्याणी भींगते-काँपते स्वर में कहने लगी—''हमते कहिनि कि बहनजी, पंडितजी तौ बड़े-बड़े लोगों को जानते हैं, कहीं हमारे एकाध लड़के को भी रखाय दें। हमैं कुछ न चाहिए, बस, उसे दुइ जून की रोटी और फटा-पुराना...''

आँखों से गंगा-जमुना बह चलीं। पलभर के लिए कल्याणी का कंठ-स्वर आँसुओं के पाताल में डूब गया। महिपाल खामोश सुनता रहा। भावावेग पर तनिक काबू पाकर, आँचल से आँसू पोंछते हुए कल्याणी कहने लगी—''उत्ती बिरिया हमार हिरदै फाट-फाट करै लाग। कौने कलेजा ते महतारी आपन पूत का घर ते निकारै की बात...''

वह फिर रोने लगी। निसाँस ढालकर महिपाल बोला—''पेट! पापी पेट; इससे हारकर माँ भी कलेजे पर पत्थर रख लेती है।...जी चाहता है कि इस साले दीपनारायण को जाकर खूब पीटूँ—मारति-मारति सारे के पुन्हत्तर ढीले...''

जग की करुणा को चीरकर गृहिणी का आदेश-भरा स्वर तीर की तरह आगे बढ़ा—''खबरदार, तमते कहे देइति है, दुनिया भरे क्यार चकल्लस माँ न परयो। हमते का मतलबु? अरे हमार जौन धरम रहा, तौन हम निभाय दिया। तुम काहे कोऊ की दुसमनी मोल लेत हौ?'' कहते हुए कल्याणी उठी, अन्दर चली गई।

महिपाल सोच रहा था—''मैं क्या दीपनारायण की तरह नीच नहीं? अपनी पत्नी को सताता हूँ, धोखा देता हूँ। यह जरूर है कि मैं फिजूलखर्ची नहीं करता, फिर भी अपने बच्चों को पूरी तरह खिला-पहना भी नहीं सकता।...और कल क्रिसमस-ईद है, शीला के यहाँ जाना है। उसे कुछ प्रेजेंट भी देनी होगी।...घर में पाँच रुपए बचे हैं और पहली तारीख का भी कोई आकर्षण नहीं। 'लोकसत्ता' वालों का पैसा भी आठ-दस जनवरी से पहले तो मिलने से रहा। कैसे चलेगा इतने दिन? कैसे चलेगा? भोले!''

कल्याणी लोटे में पानी लेकर आ गई। उगालदान उठाकर पति का हाथ-मुँह धुलाने लगी। पास होने के कारण उसे पति के मुँह से निकलनेवाला हल्का-सा भभका महसूस हुआ। कल्याणी ने नाक सिकोड़ी। पत्नी के पल्ले से हाथ पोंछते हुए महिपाल ने उसका संकोच देख लिया। समझ भी गया; चोरी पकड़ जाने की झुँझलाहट और बेशर्मी भी आई। खुद ही बोला—''आज थोड़ी-सी पी ली मैडम! सज्जन के घर—वो जोर देने लगा।''

उगालदान कोने में रखकर बाएँ हाथ पर पानी डालते हुए बोली—''उयि तउ बड़े आदमी हैं, पियत हैं तउ तरमाल खायै का भी पावति हैं। तुम तउ...धाखौ ना, कइसि झटकि गए हौ आजुका...''

''अरे, कउन हम रोज-रोज पियत हयि...? हाँ, काल्हि औ' परौं दुइ दिन और पियब। क्रिसमस के पहले ते चिताये देति हयि, बुरा न मान्यो।''

मेज से पान का बिलहरा और तम्बाकू की डिबिया उठाकर देते हुए कल्याणी ने कहा—''रिसाओना तउ एक बात कहीं।''

''कहौ!''

''जाय, देओ, न कहब। दुई दिन बाद इत्ती बेला तउ हमरे ग्रह-नक्षत्र ठीक भए हैं।'' मुस्कुराकर बिलहरे से खुद दो पान निकालकर मुँह में रखे, बिलहरा बन्द किया। महिपाल ने तम्बाकू

की डिबिया उसकी ओर बढ़ाई, मुस्कुराकर बोला—"संकोच न करौ महारानी, हम अभयदान दै चुके।"

"अरे सकुन्तला के हाथ पीले करे की चिन्ता है। अच्छाई कोउ नाहिं द्याखत, बुराई झट्टे सूँधि लेते हैं।" सामने कुर्सी पर एक पैर ऊँचा कर बैठते हुए कल्याणी ने कहा।

तकिए पर ढासना लगाते हुए महिपाल ने अकड़कर कहा—"अरे हम आहिन बाला के शुक्ल—बाला पियै प्याला औ, फिर बाला के बाला। कउन सार हमरी ओर उँगली उठाए सकति है?"

कल्याणी हँस पड़ी—"ई बखत तउ बाला के सुकुल ऐसे अकड़िगे जैसे ननौरे क्यार तालुकेदारी इनहीं के हिस्सा माँ परी होय। (फिर क्रमशः गम्भीर हो गई)—जो लाख दुइ लाख कै हैसियत हमारौ होत तउ हमरी कइती कोऊ आँख थ्वारौ उठाय सकत रहै? गट्टू बड़े आदमी हुइ गए हैं, उचि चाहे जौन करैं, बाला के बाला बने रहि हैं। मुल हमका तउ सुनायके मुल्लर की अम्मा सामने कहिनि अकि हाँऽऽ...फिर तुम्हार नाम लैके, कि बड़े नामी जरूर हैं, पर बड़े आदमी थ्वारौ हैं। इनके पास हैं का जो भांजी का दहेज माँ देहैं?"

महिपाल का मन मुल्लर की अम्मा और तमाम समाज के प्रति घृणा से कस गया। गट्टू (उसके छोटे भाई, लखनऊ के धनी-मानी चिकित्सक डॉ. जयपाल शुक्ल) की सांसारिक सफलता के प्रकाश में अपनी सांसारिक असफलता का चित्र उसके कलेजे में नागफनी का जंगल बनकर झलकने लगा, चुभने लगा। आर्थिक असमर्थता के शेर ने पंजा उठाकर ऐसा थप्पड़ मारा कि उसके साहित्यिक वैभव की खाल खिंच गई। उसके प्राण तिलमिला उठे, उत्तेजनों में सीधा तनकर बैठ गया; कड़कड़ाती हुई आवाज में बोला—"मैं भी देखूँगा दस बरस के बाद कौन बड़ा आदमी कहलाता है? गट्टू या मैं? ये पैसे दुनिया बहुत दिनों तक नहीं रहेगी। आज तो समाज का शासन ही बेईमानों और लुटेरों के हाथ में है। लोक-जीवन की मान्यताएँ वही हैं, जो वे चलाते हैं।...जो इस—इस धाँधलीबाजी को समाज की सौभाग्य-चमक बनाकर अपना खोटा सिक्का चला रहे हैं, वे ये भूल जाते हैं कि करोड़ों बीमार भूखे और नंगे उनके पीछे "मरता क्या न करता" वाली स्पिरिट लेकर पागल जोश के साथ बढ़े चले जा रहे हैं। इस मुट्ठीभर धाँधलीबाजों को जलाकर खाक कर देंगे तब मेरी लड़कियों के साथ ज्ञानरूपी दहेज जाएगा—और उसी की कीमत होगी।...चोर, साले, बदमाश! मेरी गरीबी का मजाक उड़ाते हैं?"

उत्तेजना में हुँकारते हुए महिपाल तखत से उठ खड़ा हुआ और कमरे में टहलने लगा।

कल्याणी उसकी बातों का अर्थ न समझकर भी उसके आवेश से सहम गई। खुद गरीबी और पैसों की तंगी से जूझते रहने के कारण एक जगह वह भी अमीरों से घृणा करती है। वह भी देखती है, नित्य अनुभव करती है कि आज की दुनिया में सीधे और ईमानदार की मरन है, बेईमान फल-फूल रहे हैं।...पर कैसे ये सब बदलेगा? दुनिया में सदा यही होता आया है। भगवान् की मर्जी ही ऐसी है।

फिर उसे अपने पति पर दया आने लगी—दुखी हो जाते हैं बेचारे! इतनी मेहनत करके भी इन्हें सुख नहीं मिल पाता। दिमाग का काम करके भी बेचारों को छिटाँक भर घी तक नसीब नहीं, कितने झटक गए हैं!...

विषम मानसिक परिस्थिति में एक मिनट का समय ब्रह्मा के एक कल्प के समान हो जाता है। इससे दुगनी लम्बी अवधि तक कमरे में सन्नाटा छाया रहा; केवल महिपाल के चलने की पैछट सुनाई दे रही थी जो गम्भीर सन्नाटे का ही अंग थी।

एकाएक कल्याणी के सामने खड़े होकर महिपाल बोला—"बस, मैंने तय कर लिया है—शिवचरण दुबे के लड़के से बात पक्की किए लेता हूँ। उनके विचार और कर्म दोनों अच्छे हैं, उनका लड़का भी बड़ा सुशील है, एंजीनियरिंग पास करेगा इस साल। क्या समझीं?"

महिपाल की तेजी से सहमते हुए भी कल्याणी ने धीरे-से कहा—"सिवचरन तउ ऊगू के दुबे आयँ। हम धकरवन[1] के घरे न करब।"

महिपाल ने तड़पकर कहा—"तो लाओ न ढूँढ़ के लखनऊ के बाजपेयी का बेटा, जो सत्य का समर्थक होय—दहेज न माँगै।"

"तौ का सिउचरन दहेज न ले हैं?"

"नह! शिउचरन खरे आदमी हैं। मैं उनको, उनके विचारों को खूब परख चुका हूँ।"

गहरी उसाँस ढीलते हुए कल्याणी ने कहा—"दुनिया का कही? जौ सकुन्तला के बाप-महतारी जिन्दा होत तउ का मझगइयाँ मिसिर कै बिटेबा धकरवन के घरे जात?"

"तो लाओ, निकालो पंद्रा-बीस हजार रुपै। ये लोग लड़के-लड़कियों का ब्याह थोड़े ही करते हैं, लक्ष्मी और अहंकार का गठबन्धन कराते हैं। नीच! इनह्यूमन!...उयि...उयि तिवारी जी—कहै का तउ बड़े भारी लेखक, विचारक, कॉलेज के प्रिंसिपल आय, पर जन्मपत्र माँगै जाओ तउ कहति हयिं कि नकद पच्चीस हजार ल्याब, बाकी जौन आपकी श्रद्धा होय!...ये लोग पढ़े-लिखे हैं? सभ्य हैं? छिः!"

महिपाल के पैरों में फिर तेजी आ गई। वह छोटी-सी जगह में भी यथासम्भव तेजी से चक्कर काटने लगा। फिर एकाएक कल्याणी की कुरसी के पास रुककर, उसके कन्धे को दबाते हुए त्योरी चढ़ाकर बोला—"कान खोलकर सुन लो, शकुन्तला का ब्याह शिवचरण दुबे के लड़के से तय करूँगा।—और जन्म-पत्र वगैरा कुछ नहीं मिलाऊँगा।—और जो ज्यादा मीन-मेख निकालोगी तो उसकी शादी दूसरी जाति में कर दूँगा। मैं जात-पाँत कुछ नहीं मानता। मुझे इन सबसे घृणा है—घोर घृणा है। सुन लिया?—सुना कि नहीं सुना?"

कल्याणी बात का जवाब देते घबराती थी, उसके चेहरे पर उतार-चढ़ाव चल रहा था। पति को इस तरह हठपूर्वक पूछते देख उसने तुरन्त निर्णय कर बात का जवाब दिया—"अपने बच्चन के बिहाओ मा जौन मन चाहै तौन रीत बरत्यो। मुल सकुनतला पराई थाती हैं। छोटी जिया जिन्दा होतीं तउ उनकी सलाह से चाहे तुम धकरवन—"

"फिर तुमने धाकरों को छोटा बतलाया? मैं कहता हूँ कोई छोटा-बड़ा नहीं है—"

"होय चाहै न होय। हम जहर खाय ल्याब जो सकुन्तला का कहूँ ऐसे-बैसे कुल माँ देहो।"

"मगर रुपया कहाँ से लाऊँगा?"

"एक अकेले अनोखे गरीब तुम ही हौ षट्कुलवाले? बहुत-से छाती पीटति है, मुल दुनिया के काम काज थ्वारौ रुकि सकत हैं—गरीब होय तो होय।"

"यह छाती पीटनेवालों की दुनिया ही असली दुनिया है, और वो इस समय लड़खड़ा रही है। जानती हो लोग शादी-ब्याह कैसे करते हैं? जीवन के मंगल संस्कार और उत्सव लोग कैसे मना रहे हैं? उधार लेकर।—अपने को चिन्ता, अपमान और आँसुओं में पूरी तरह डुबोकर। मेरे—मेरे पास इतना दिल और दिमाग नहीं है कि आज की हजार चिन्ताओं को लेकर मैं किसी सूदखोर महाजन के अत्याचार का बोझ अपने सिर पर लादूँ। मैं यह हरगिज नहीं कर सकता।"

कल्याणी पति की व्यथा से व्यथित भी हुई, साथ ही साथ उसके नास्तिक-से लगनेवाले विरोध से खीझ उठी। महिपाल को वह हर तरह से उत्पन्न समझ लेती है; जब वह उस पर बुरी तरह नाराज होता है, उसका अपमान करता है, तब वह उसे अजीब नहीं लगता। सारी दुनिया में घर-घर में वह

1. कान्यकुब्ज ब्राह्मण समाज में भी दूसरे समाजों की तरह ही अनेक उपजातियाँ हैं। ये उपजातियाँ अनेक गोत्रों में बँटी हैं, और गोत्र अनेक कुलों में बँटे हैं। कुल तीन प्रमुख भागों में बँटे हैं—षट्कुल, मध्यम और धाकर। षट्कुलवाले अपने को सर्वोच्च मानते हैं और धाकरों को (अपने समाज में) हीनतम दृष्टि से देखते हैं। बाला नाम के प्रसिद्ध पूर्वज के कुल में बीस बिस्वा 'मरजाद' लेकर उत्पन्न हुए महिपाल शुक्ल षट्कुलवाले हैं, उनकी भांजी का पितृकुल भी उच्च है। वे बीस बिस्वा मरजादवाले मांझगाँव के मिश्र हैं।

सदा से यही देखती चली आई है कि पुरुष स्त्रियों पर शासन करते हैं। इस विरोधी सामाजिक वातावरण में अमीर-गरीब मध्यम वर्ग—सभी के घर शामिल हैं। महिपाल चरित्रहीन है, कल्याणी उसके इस रूप को भी समझ जाती है। उसने बड़े कट्टर सनातन धर्मी घरों में भी पुरुषों को शराबी, व्यभिचारी और हर तरह से चरित्रहीन देखा है, सुना है, परन्तु जो वह हरगिज बर्दाश्त नहीं कर पाती—वे हैं महिपाल की बातें। अपने चौबीस वर्ष के वैवाहिक जीवन में अपने पति के जीवन-ढर्रे और विचारों को सच्चे मन से ग्रहण नहीं कर पाई। उसके मन में वर्षों से एक छिपी हुई शंका है—क्या इन्हीं सब नास्तिक अधर्म मत से भरी हुई बातों के लिए दुनिया उसके पति की इज्जत करती है? इन्हीं को लिखकर क्या वह बड़ा लेखक माना जाता है? इतने वर्षों से ये ऐसी ही बातें कहते और लिखते हैं, छापे और सभाओं की दुनिया इनका मान करती है, फिर भी संसार अपनी सनातन लीक पर ही चला जाता है। इनकी बातों को कलजुग मतवाले भले सराहा करें, उनमें कुछ तत्त्व नहीं है। दुनिया के कुल, मरजाद, धर्म-कर्म, रीति-रिवाज, ये सब भगवान के बनाए कारखाने भला थोड़े ही लोप हो जाएँगे? दुनिया जैसे अब तक चली आई है, वैसे ही आगे भी चलेगी। सभी कर्ज लेकर इस तरह के उपाय कर अपने लड़के-बिटियों के शादी-ब्याह करते हैं—तब क्या यही कोई अनोखे हैं?

कल्याणी ने दूसरा पैर भी उठाकर कुर्सी पर रख लिया और घुटनों पर हाथ टेकते हुए उँगलियाँ मटकाकर तड़प के साथ बोली—"करता लेओ या चाहे जौन उपाय करौ, बाकी सकुन्तला तौ हमार षट्कुल माँ जाई। अपने लरकन-बिटियन का ब्याह चाहे मेहतरन के घर कर्‌यो, चाहे चमारन के—हम न बोलब—हम आपन गंगा किनारे जाय पड़ब। बाकी छोटी जिया की थाती तौ सनातन रीत ते सहेजी जाई। चाहे ई कान ते सुनौ, चाहे ऊ कान ते सुनौ।" कहकर कल्याणी एकाएक जाने के लिए उठ खड़ी हुई।

महिपाल शकुन्तला के विवाह, दहेज और पत्नी की इस नाराजगी को लेकर—साथ ही अपने मन की झुँझलाहट को लेकर भी चिन्तन में सिमट गया था। पत्नी की कुर्सी के पास मेज से टिककर खड़ा हुआ वह सोच रहा था, यह औरत भी क्या मजाक की चीज है दुनिया में? इतिहास के आदिमकाल से औरत ही आदमी के लिए सबसे बड़ी समस्या है। मौजूदा समाज में नारी की एक अजीब सामाजिक स्थिति है। खासतौर से हमारे देश में तो यह विचित्रता और भी स्पष्ट होकर झलकती है। हम देखते हैं कि औरत इस समय आम घरों में, किसी-न-किसी रूप में बेइज्जती का जीवन बिताती है। छोटे आदमी कहलानेवालों को कौन कहे, बड़े-बड़े सभ्य, रईसों और पंडितों के घरों में भी स्त्री-जाति का दमन होता है, तरह-तरह से उनका अपमान होता है। आम-जहनियत में स्त्री घर का काम-काज, सबकी सेवा-टहल करनेवाली और पुरुष के भोग की वस्तु होने के अलावा और कुछ भी नहीं। हाँ, उसका एक महत्त्व यह अवश्य है कि यह बच्चे पैदा करनेवाली मशीन भी है। बच्चे चूँकि इनसानी जिन्दगी को बढ़ाने के लिए अहम जरूरी हैं इसलिए उनका उत्पादन करनेवाली फैक्टरी का भी महत्त्व है।...पर इतनी बेइज्जती—अमानुषिक व्यवहार होने पर भी नारी से बढ़कर पुरुष के लिए और कोई भी वस्तु अधिक आदरणीय नहीं है। दुनिया अब भी समझती है कि नारी समाज की इज्जत है—पुरुष जगत् निश्चित रूप से यह जानता है कि नारी के बगैर वह अधूरा है।

यह विरोधाभास हमारे समाज में नींव के पत्थर की तरह शुरू से टेढ़ा गड़ा हुआ है और इस गलत नींव पर ही इनसान का घर बना है। रीति-रिवाज बने हैं, संस्कृति, धर्म-कर्म—जगत् का व्यवहार बना है।...फिर क्यों न सब कुछ उलटा ही उलटा हो?

कल्याणी उठी, तो महिपाल के विचारों को झटका लगा, पूछा—"काहे? चलीं?"

प्रश्न इतने सरल भाव से पूछा गया था कि कल्याणी अपना सारा विरोध रखते हुए भी महिपाल से नजरें मिलाकर हँसे बिना न रह सकी। बोली—"हाँ भाई, अब हम जाइति है। छिन भरे माँ तुमको तेहा चढ़ी तौ गरजै-बरसै लगिहौ—सोवत मोहल्ला जागि उठी।"

महिपाल को हँसी आ गई। कल्याणी मान से बोली—''तुमका का? तुम तौ आपन चिल्लाय-चुल्लूय के चले जात हौ, परोसिनै हमार हँसी उड़ावति हैं—अकि पंडितजी को महिने-पन्द्रह दिन में यह कौन-सा भूत सवार होता है?''

महिपाल कटा; हँसी भी आई, पूछा—''तुम्हारे पड़ोसिनें हमार मजाक उड़ावति हैं?''

कल्याणी खिलखिलाकर हँसी, पल्ले से दाँत छिपाती हुई फिर बोली—''हमार परोसिनैं का, तुम्हरे लरिके-बिटिया तलक हँसी उड़ावति हैं तुम्हार। हमते कहति हैं कि माताजी चुपाय रहौ, नाहीं तो पिताजी एटम बंब बरसावै लगिहैं।''

महिपाल भी जोर से हँस पड़ा, फिर बोला—''वाकई, मैं तुमको सताता तो बहुत हूँ, लेकिन कल्याणी, मेरा ईश्वर जानता है, तुम्हें सताकर मैं अपने आपको सताता हूँ। तुम्हारे बगैर मेरी गति नहीं—कल्याणी के बगैर महिपाल, महिपाल नहीं!''

कल्याणी निष्ठा में तन्मय, शान्त मुखमुद्रा लिए खड़ी रही।

तभी ऊपर से छोटी बिटिया के रोने की आवाज आई। कल्याणी जल्दी से जूठे बर्तन उठाती हुई बोली—''कुछ काम न होउ तउ तुमहूँ ऊपर चले आओ। तीन बज रहा होई, हम जानी।''

महिपाल बोला—''नींद नहीं आ रहौ। तुम जाओ।''

16

पत्नी के चले जाने के बाद महिपाल बड़ी देर तक क्षुब्ध-भाव से बैठा रहा। सदा की तरह इस समय भी अपनी विवशता अनुभव कर, उसे अपने ऊपर खीझ आ रही थी। एक जगह वह अपने आपसे बड़ी नफरत करता है। इस नफरत में सबसे अधिक हिस्सा उसकी आर्थिक असमर्थता का ही है। कभी-कभी गहरी थकान के क्षणों में वह सोचता है कि यदि उसका विवाह न हुआ होता तो वह कितना निश्चिन्त होता। पर चूँकि अब विवाह हो ही गया है, ऐन बचपन में उसके पुरखों ने यह मनमाना अत्याचार उसके ऊपर कर दिया है, तो उसका दंड वह बार-बार अपनी पत्नी को ही देता है। हर बार अपनी पत्नी से झगड़ा करने के बाद उसे सख्त पछतावा होता है। हर बार वह निश्चय करता है कि अब झगड़ा नहीं करेगा।—फिर महीना-पन्द्रह दिन में कोई न कोई कारण ऐसा आ ही जाता है कि महिपाल की गरज से पास-पड़ोस के घर हिल उठते हैं।

इस समय पत्नी से यह सुनकर कि उसके बच्चे, पास-पड़ोस की औरतें उसके चिल्लाने का मजाक उड़ाते हैं, महिपाल को मन ही मन बहुत शर्म आई। गो वह जाहिरा तौर पर पत्नी के सामने दो-एक बार हँसा भी, पर उसका मन बराबर कचोटता ही रहा।...पड़ोसिनें हँसी उड़ाती हैं, बच्चे हँसी उड़ाते हैं—मैं अपनी ही कमजोरी से अपना अपमान कराता हूँ। क्या इसमें कल्याणी का हाथ नहीं है? जब मुझे गुस्सा आता है तो कल्याणी चुपचाप उसे सह क्यों नहीं लेती? वह ज़बान लड़ाती है तो मैं अपना आपा खो बैठता हूँ। कल्याणी ने कभी मेरे व्यक्तित्व का जो महत्पक्ष है उसे नहीं माना, मेरी कीमती से कीमती बातों को कभी कौड़ी मोल पर भी नहीं अपनाया। यदि वह मेरे मतानुसार चलती तो मैं आज जग जीत लेता। वह कितनी अधिक रूढ़ियों से जकड़ी हुई है।

एक निसाँस छोड़कर मुँह की पीक थूकने के लिए महिपाल थका हुआ-सा उठा। उसके दिमाग में यह सवाल टकराया कि जिस देश में स्त्री-पुरुष के समान सम्बन्ध की स्थापना अर्धनारीश्वर के अनोखे प्रतीक में हुई हो, जहाँ ऋषियों ने स्त्री को इतना ऊँचा दर्जा दिया हो, वहाँ लोकाचार में स्त्रियों के प्रति यह हीनता का भाव आया तो क्योंकर आया? विश्वामित्र कहते हैं—'नारी ही घर है' ऋग्वेद के मंत्रों में नारी का दर्जा ऊँचा है; वह गृहिणी—घर की मालकिन है। विवाह के मंत्रों में एक जगह वधू से यह कहा जाता है कि ''सास-ससुर पर तुम्हारे शब्दों का प्रभाव रहे, देवरों और ननदों पर रानी के समान तुम्हारा अधिकार रहे।''

ऋग्वेद-काल में यद्यपि पिता की इच्छा ही लड़के-लड़कियों के विवाह में मुख्य मानी जाती थी, फिर भी लड़की की अनुमति लिए बिना उसका विवाह-सम्बन्ध नहीं होता था।...ऐसे समाज की स्त्री, जाहिर है कि आजाद है, उसका बराबरी का दर्जा है...फिर उस समाज के धर्म को, पत्थर की लकीर माननेवाले ऋग्वेद को अल्लामियाँ का इलहाम मानकर बगैर पढ़े पूजनेवाले हिन्दुओं का भेजा आखिरकार कैसे पलट गया ? स्त्री मुख से अर्धांगी, गृहिणी आदि कहलाकर भी व्यवहार में दासी से भी बदतर होती चली गई। बाद के स्मृतिकारों ने तो स्त्री को पुरुष के हाथ में बेपनाह सौंप दिया है। मनु, याज्ञवल्क्य, वशिष्ठ, आंगिराम जैसे महान् विचारक तक जहाँ स्त्रियों की बाबत सोचते हैं, वहाँ ही निहायत बुरी तरह उलझे नजर आते हैं। एक तरफ तो मनु भगवान कहते हैं कि "सृष्टि के प्रारम्भ में परमात्मा ने अपने को दो भागों में बाँटा—वे आधे में पुरुष और आधे में नारी हो गए।" दूसरी तरफ वे उसी नारी रूपी ईश्वर के सिर पर पुरुष रूपी ईश्वर को 'जबर्दस्त का ठेंगा' बनाकर लाद देते हैं। स्त्रियों को लेकर उनकी आशाएँ बड़ी अजब-अजब हैं—एक कानून में आप फरमाते हैं कि जो स्त्री अपने पिता के परिवार पर गर्व करती है और अपने पति की आज्ञा का उल्लंघन करती है, राजा को चाहिए कि बहुत-से लोगों के सामने उसे कुत्तों से नुचवाएँ। दूसरे कानून में आप फरमाते हैं कि पति चाहे दुराचारी हो, शराबी हो या शारीरिक रोगों से पीड़ित हो तो भी यदि पत्नी उसकी आज्ञा का उल्लंघन करे तो तीन महीने तक सजा के तौर पर उसे गहने-कपड़ों से वंचित रखना चाहिए।

समझ में नहीं आता कि यह मनु भगवान—जिनकी स्मृति को हिन्दू आज भी अपनी हवेली का नगाड़ा बनाकर रखे हुए हैं, आस्तिक थे या नास्तिक ?

महिपाल सोचने लगा कि हमारे बड़े-बड़े लोगों में भी स्त्री के सामाजिक दर्जे को लेकर यह विरोधाभास आखिरकार पनपा ही क्यों ? उसका कोई ऐतिहासिक कारण होना चाहिए। इस बात का कोई भी प्रमाण नहीं कि वे सब बातें जो आज हमें अपने शास्त्रों में दिखाई पड़ती हैं वे मूल लेखकों द्वारा ही लिखी गई हों। हमारे यहाँ सदियों से पुराने ग्रन्थों में नित नई ठूँस-ठाँस होती चली आई है।

आज के समाज की आर्थिक, सामाजिक, राजनीतिक और वैज्ञानिक परिस्थितियों के कारण हमारे देश का सामाजिक ढंग भी बहुत बदल गया है। तब एक झूठे विरोधाभास की इतनी लम्बी-चौड़ी परम्परा क्यों दिखलाई देती है ? हम कहीं जरूर ही बहुत बदलकर भी एक जगह अपने प्राचीनतम सामाजिक ढाँचे से बुरी तरह बँधे हुए हैं। हमारा सारा विकास उस लुंज मनुष्य की तरह तड़प रहा है जिसके आधे अंग में फालिज मार गया हो। हिन्दुस्तान एक ऐसी बन्द विशाल हवेली की तरह है, जिसमें बेशुमार अनुपम रत्न-मणियों और कंकड़-पत्थर, कूड़े-कचरे का ढेर सब एक साथ मिलकर चारों ओर बुरी तरह से छितरा हुआ है। इस हवेली को नए सिरे से आबाद करनेवाले समाज के ऊपर लाजिमी तौर पर यह जिम्मेदारी आ जाती है कि वह अपनी रत्नमणियों को कूड़े से निकालकर सहेज लें। कहीं ऐसा न हो कि कूड़े-कचरे के साथ हमारे घर की बेशुमार दौलत भी घूरे पर चली जाए। और ऐसा भी न हो कि मणियाँ बीनने के कठिन काम से आलस्य करते हुए हम अपने घर के इस कूड़े-कचरे की सड़ाँध में ही घुटते बैठे रहें।

काम बेढब और जिम्मेदारी बहुत बड़ी है। हमें निर्भय होकर शान्त भाव से अपने देश के दर्शन, इतिहास, धर्म और संस्कृति की जाँच करनी होगी। जो कुछ बे-उसूल है, समाज को अज्ञान और अन्धनिष्ठा से बाँधता है, उसे तुरन्त खत्म कर देना चाहिए। शादी-ब्याह के मामले में यह कुल, ऊँच-नीच की मर्यादा, दहेज—इन तमाम गन्दगियों को जड़-मूल से निकाल फेंकना चाहिए।...मैं निकालना चाहता हूँ और मेरी यह मूर्ख बीबी कहती है कि मैं जहर खा लूँगी। आखिर कैसे इस देश का निस्तार होगा ?

चिन्तन की ऊँची-ऊँची उड़ानें भरकर महिपाल फिर अपनी परेशानियों की सतह पर उतर गया। नारी के उद्धारकर्त्ता लेखक को पति बनकर अपनी पत्नी पर क्रोध आने लगा। यह महिपाल की पुरानी कशमकश है जो कभी उसका पीछा नहीं छोड़ती। महिपाल सबके प्रति न्याय करता है, अन्याय को गाली देता है, अपने आपको भी गाली देता है। महिपाल आज के जमाने में उन अनेक इनसानों में से एक है, जो किसी न किसी कारण से अपने को नफरत करते हुए भी कुदरती तौर पर प्यार भी करते हैं—आपसे न तो पूरी तरफ नफरत ही कर पाते हैं और न प्यार ही।

उलझन से थककर महिपाल सोने चला गया। उस समय पड़ोस की मस्जिद से अजान की आवाज आने लगी थी। ऊपर जाने के लिए आँगन से गुजरते हुए महिपाल ने देखा, बीती रात के अँधेरे में उषा अबीर की चमक भरने लगी थी।

17

'बड़े दिन' का सबेरा। कर्नल के साथ सज्जन पंडित शिवनाथ शास्त्री के घर गया था, दोनों वहीं से लौट रहे थे। सुबह नौ-सवा नौ बजे की धूप से आसमान जरूर सुनहला है, मगर गली की सीलन से गल्तान् गल रही है।

कर्नल बोला—'भई बड़ी सर्दी है आज। मालूम पड़ता है, आसपास कहीं बरफ गिरी है जोर की।''

सज्जन मौसम से ज्यादा शास्त्रीजी की बातों का ध्यान कर रहा है। शास्त्रीजी की बातों से आज उसके मन की अनेक शंकाएँ दूर हुई हैं। दो दिन से उसके मन को चैन नहीं था। सज्जन खुद अपनी ही नजरों में गिर गया था। पछतावे का बहाव थामने के लिए उसकी बुद्धि ने इंजीनियरी शुरू की। तरह-तरह के सवाल मन में उठने लगे—''अच्छा क्या है? बुरा क्या है?''—उसके मन में स्त्री को लेकर दो भावना की धाराएँ बहती हैं। दोनों ही धाराएँ ठीक हैं—स्त्री-पुरुष एक-दूसरे के लिए भोग की वस्तु भी हैं और आत्म-सम्मान का प्रतीक भी। दोनों ही बातें कुदरती हैं। जो नाते-रिश्ते हैं, उन्हें छोड़कर हर स्त्री और पुरुष एक-दूसरे को जिस नजर से चाहे, देखने के लिए स्वतंत्र है। इसमें बुराई क्या है?...इस बौद्धिक उलझन को लेकर वह कल दिन भर घर में ही रहा। कल सुबह सज्जन और महिपाल दोनों ही अपने-अपने घरों में रात के जगे, खुर्राटे भरते रहे, कर्नल अकेले ही 'ह्वाइट विक्टोरिया' तक टहल कर लौट आया। कल शाम हॉल में टहलते हुए अपने पितामह का चित्र देखते-देखते सज्जन को सहसा पंडित शिवनाथ शास्त्री का ध्यान हो आया था। मन की उलझनों का समाधान पाने के लिए उसने उनके पास जाना निश्चित किया। चपरासी के हाथ पत्र भेजकर उनसे आज के समय की अनुमति मँगा ली।

बीती शाम को सज्जन के घर आकर कर्नल उसे जबर्दस्ती अपने घर लिवा ले गया था। सज्जन कल रात वहीं सोया, और आज दोनों मित्र फल, मेवे और मिठाइयाँ एक नौकर और ड्राइवर के साथ लेकर ठीक सुबह सात बजे शास्त्रीजी के घर पहुँच गए थे। शास्त्रीजी तभी पूजा से उठ कर आए थे। कुछ आपबीती कुछ जगबीती, फिर धर्मवचनों और शास्त्रों की चर्चा; कर्नल साथ में अपनी जन्मपत्री भी ले गया था, उसका राहु-केतु विचार हुआ; फिर शास्त्रीजी ने सज्जन का हाथ देखकर उसके अनुसार उसकी लग्न-पत्री बनाई। बहुत-सी बातें बतलाईं। इस समय दोनों वहाँ से सन्तुष्ट होकर चले आ रहे हैं।

जब मौसम की बात पर सज्जन का ध्यान भंग न हुआ तब कर्नल ने 'इंटिलिक्चुअल' बात छेड़ी, कहा—''भई कुछ भी कह लो, जोतिश-विद्या बड़ी सच्ची चीज है। बस, यही है कि बताने वाला चाहिए। हम तो आज शास्त्रीजी के भक्त हो गए।''

''इसमें शक नहीं, आदमी बड़े उदार और ज्ञानी हैं,'' सज्जन बोला—''आज महर्षि व्यास की पाप-पुण्य वाली व्याख्या सुनकर तो मेरे तमाम कन्फ्यूजन्स दूर हो गए।...क्या सीधी-सी बात

है कि परोपकार करना पुण्य है और दूसरों को तकलीफ देना पाप।...सचमुच कमाल है ये सादगी—ये सच्ची सीधी दृष्टि!"

"अमाँ, दुकान की चोरीवाली बात, और लब्बू से हमारे बँटवारे की बात, हमारी वाइफ का नाक-नक्शा—सब कुछ तो बता दिया। भला बताओ, अब जोतिश पर कैसे न यकीन किया जाए?" कर्नल अपनी दृष्टि से शास्त्री जी की महिमा बखान रहा था।

सज्जन ने हँसकर दबी जबान से कहा—"मेरे बारे में तो उन्होंने अजीब भविष्यवाणी की है!"

कर्नल कन्धे से उसके कन्धे को हल्का-सा धक्का देकर हँसने लगा, कहा—"अजीब क्या साले, तुम्हारी तो बदनामी ही नहीं, दुर्गत भी होनी चाहिए। तुम्हारी और महिपाल दोनों की!"

"तो गोया मेरी बदनामी से आपको खुशी होगी? और आप हम लोगों के जिगरी दोस्त हैं!—क्यों?"

"दोस्त हूँ तो क्या, बुराइयों में भी साथ दूँगा?" कर्नल ने जवाब दिया।

"मगर उन्होंने कोई जोर देकर तो ये नहीं कहा कि किसी बुरे काम के कारण मेरी बदनामी होगी?"

"हाँ, और वैसे तो यह भी कहा है कि बदनामी सह लेने के बाद तुम्हारा जबर्दस्त नाम होगा।"

एक हल्की-सी निसाँस छोड़, जेब से सिगरेट-केस निकालते हुए सज्जन ने कहा—"कवि नरेन्द्र की वह क्या एक लाइन है कि 'बन्द कली सा राज न तेरे खोले से खुल पाएगा!"

कर्नल की तरफ सिगरेट-केस बढ़ाते हुए, खुद भी एक सिगरेट निकाली और उसे मुँह में दबाकर बोला—"इसीलिए मैं जन्मकुंडली दिखाना उसूलन पसन्द नहीं करता। भविष्य को न जानना ही अच्छा है—कल की चिन्ता में हमारा आज का खेल फीका पड़ जाता है।"

सिगरेट जलाने के लिए वे एक जगह रुक गए। सिगरेट लाइटर जेब में रखकर सज्जन और कर्नल आगे बढ़े ही थे कि एक नौकर किस्म के आदमी ने सामने आकर उनसे सवाल किया—"बाबूजी, ई गली महियाँ डाँगडर साहेब की दुकान कौन-सी है?"

कर्नल ने पूछा—"किस डॉक्टर को पूछते हो?"

"साहेब, जौन दही बेचति हैं।"

सुनकर सज्जन और कर्नल दोनों चौंके; कर्नल को इस बात पर भी ताव आया कि एक मामूली-सा आदमी उससे मजाक कर रहा है। बोला—"बदतमीज, मजाक करता है—"

"नाहीं सरकार—" पूछनेवाले ने अपने दोनों कान पकड़कर हाथ जोड़ते हुए कहा—"हम तो खुदै बड़े फेर मा पड़े हन, बाकी हमार मालिक कहिन की डाँगडर की दुकान ते दही लायो। हमार कौनो खता—"

"बड़ा बेवकूफ है तुम्हारा मालिक, कहीं डॉक्टर की दुकान पर दूध-दही मिलता है?" कर्नल ने कहा और आगे बढ़ा।

एक लालाजी ने जाते हुए सुना और नौकर से पूछा—"डॉक्टर हलवाई को पूछते हो?—वो क्या बाएँ हाथ पर दुकान है।"

नौकर खोई नजरों से डॉक्टर हलवाई की दुकान देखने की कोशिश करने लगा। लालाजी बोले—"अबे वो। राशन की दुकान के बाद खटिकों की दुकानें नहीं दिखाई दे रहीं—बस, उससे मिली भई है।"

कर्नल और सज्जन आगे बढ़ चले। कर्नल बोला—"अच्छा मजाक है साला, कि हलवाई का नाम भी डॉक्टर!"

सज्जन बोला—"जब एक दवाफरोश कर्नल हो सकता है तब—"

"मैं जानता था तुम यह जरूर कहोगे।" झेंप के साथ हँसते हुए कर्नल ने कहा।

डॉक्टर नाम के हलवाई को देखने की चुहलभरी इच्छा लिए सज्जन गली की दोनों ओर की दुकानें देखता हुआ चलने लगा। कुत्ते, गाय, पतली-सी भीड़ भरी गली में भी साइकिल सवारी के करतब दिखलाते हुए आदमी, तरह-तरह की बातों, औरत-मर्दों की आवाजाही से गली का बाजार गुलजार था। इस गली में शास्त्रीजी वाली गली की अपेक्षा धूप भी काफी हद तक फैली हुई थी। बाईं तरफ की पनचक्की में आटे की गर्द से सफेद-बुर्राक बने हुए मजदूर को देखकर सज्जन को मजा आया। दाहिनी तरफ एक पतली-सी गली मिली, फिर दर्जी की दुकान—मशीन की सड़सड़ करती गूँज, मेहन्दी रँगी दाढ़ी वाले खलीफाजी दरवाजे से टिककर बैठे सुई चला रहे थे, उनके आगे मिट्टी की पेंदी वाला हुक्का रखा था। कारीगर शागिर्द कटाई-सिलाई कर रहे थे। दर्जी की दुकान के बाद एक घर का दरवाजा, फिर दर्जी, खटिक, मनिहार, वैद्य, फिर मकान। बाईं तरफ पनचक्की के बाद पंसारी की बहुत बड़ी दुकान—'दमोदर, पाव भर बेसन! दो आने की किसमिस देना। अरे हमारा सौदा लाओ भाई। हाँ, लेना जी। अरे फिटकरी निकालना अन्दर से।'...आदि के शोर के बाद राजवैद्य की पदवी से युक्त साइनबोर्ड वाले पगगड़धारी वैद्यराज अपनी मरीजविहीन दुकान में बैठे हुए दिखे; फिर खटिकों की दुकानें, दाढ़ी-मूँछ घुटा, जनानी धोती पहिने हुए एक जनखा बैठा पान लगा रहा था। इसके बाद ही हलवाई शिरोमणि डॉक्टर की दुकान आई। दुकान बड़ी थी; गद्दी पर गणेशजी से भी सवाए, रंग में हबशियों से भी चार चाशनी ज्यादा, ऊनी कंटोप से पूरा मुँह ढँके हुए डॉक्टर साहब जलेबी तोल रहे थे। उन्हें देखकर सज्जन बड़ा प्रसन्न हुआ, कर्नल से बोला—"यार इसके यहाँ से तो जरूर कुछ खरीदेंगे। आदमी क्या है, खासा जापानी तोप का गोला है।"

फड़ पर पीतल का जंगला लगाकर मिठाई के थाल सजाए गए थे। शिवजी, हनुमान जी, गांधी, नेहरू, नेताजी, शिवाजी और राणा प्रताप की तस्वीरें टँगी थीं। शिवजी के चित्र पर फूलहार भी टँगा था, बाहर पीतल की जंजीरों से दो घंटे लटक रहे थे। उस समय दुकान पर मामूली-सी भीड़ थी। कर्नल बोला—"जलेबियाँ लेते चलो।"

कंटोप के छेद से डॉक्टर साहब की पहिया फिरी हुई फुन्नौटा नाक, चिंए जैसी आँखों पर चाँदी की कमानी का चश्मा, कच्ची-पक्की मूँछें और पान की पीक बहते हुए मोटे-मोटे होंठ दिखाई दे रहे थे। ग्राहक पाँच-सात ही थे, मगर हुल्लड़ बड़ा था। डॉक्टर का हाथ नौ दिन में अढ़ाई कोस की स्पीड से चल रहा था और जबान डाकगाड़ी बनी हुई थी। सज्जन ने जलेबी, आलू के लच्छे और सेम के बीज का ऑर्डर दिया।

पीठ पीछे, गली के दूसरी तरफ मकान के चबूतरे पर बैठे धूप सेंकते हुए एक जुल-जुल बूढ़े ने किसी से कहा—"अरे जवानी तो सभी सौक से काट लेते हैं, पर बुढ़ापा काटना बड़े मरद का काम है। दाँत रहें नहीं, कानों में सुनाई नहीं देता, आँखों से कम दिखे...हाथ-पैरों में, हड्डी-हड्डी में ऐसा-ऐसा दरद होता है ससरा कि सब पुरखे मैया-बाप तलक याद आ जाते हैं।...और कोई पानी तलक को पूछनेवाला नहीं—बड़े सूरमा का काम है बुढ़ापा काटना। हर कोई नहीं काट सकता भैया!—मेरे तिरानबे बरस की अवस्था हो गई। भगवान् के यहाँ मेरा कागज ही खो गया है ससुरा। खों-खों-खों!"

सज्जन खड़ा सुनता रहा। उसके मन पर अनायास ही इन बातों का प्रभाव पड़ा—किसी दिन वह भी बूढ़ा होगा। शायद इतना ही बूढ़ा हो!...सच कह रहे हैं ये बुजुर्ग, बुढ़ापा काटना बड़े सूरमा का काम है।

"अँरे बाँबू, उँद्दिन के पैंसे नई दें गयें छैं आँने—रँबड़ीं कें।"

"इनसे कह रहे हो?" सज्जन की तरफ इशारा कर कर्नल ने डॉक्टर से पूछा। सज्जन चौंक कर उधर देखने लगा, बोला—"मैं? मैं तो आपकी दुकान पर पहले कभी आया ही नहीं।"

"बाँह! तुँम ही तौं लैं गयें थें रँबड़ीं—अँभी पँरसों रोंज की बाँत हैं। यें न समँझनाँ कि डॉकटँर कों कुछ याँद नईं रहँता। हाँ।"

यह अप्रत्याशित तकाजा सुनकर सज्जन का चेहरा तमतमा उठा। पास ही आँखों में सुरमा लगाए, मुँह में पान दबाए, रुई की मिर्जई कंटोप पहने एक गोरे-गोरे से लाला जी खड़े हुए थे, उन्होंने 'शरीफ बड़े आदमी' से लगनेवाले सज्जन की परेशानी भाँपकर डॉक्टर को डाँट बताई—"डॉक्टर, सठियाय गए हो क्या? आदमी-आदमी की पहचान भी नहीं रहती अफीम की पीनक में?"

सज्जन उनकी तरफ देखकर अपनी सफाई देने लगा—"मैं आज पहली मर्तबा ही यहाँ कुछ खरीदने आया हूँ।"

"पँहँली दफें? अँरै रौंज तों हँमायें याँ से उधाँर लैं जाँतें हौं?"

कर्नल ने हँसकर कहा—"अरे भई आपको किसी दूसरे पर शक हो गया है डॉक्टर साहब! इनकी नब्ज में तो रबड़ी नहीं पुडिंग बोला करती है। क्या समझे?"

नौकर ने गर्म जलेबियों का थाल डॉक्टर के पास लाकर रखते हुए कहा—"बेकार की हुज्जत करत हौ लाला। ई नहीं हैं?"

हाथ झिटकार कर डॉक्टर अपने नौकर पर ही चिचियाने लगे—"बाँ: ! अँलईं काँ पँलवाँ सँमझाँउत हौं हमें? ई बीमाँ वाँरन कें बेंटें हैं कि नहीं?"

लालाजी हँसकर बोले—"अमाँ डॉक्टर ईंट का चश्मा बनवाओ ईंट का! पत्थर के चश्मे में तुम्हारे जैसे अफीमचियों का काम नईं चलेगा!"

फिर हँसते हुए सज्जन कर्नल से कहने लगे—"इनकी ये पुरानी आदत है बाबू साहेब! रात के बखत पीनक में किसी को कम माल तौलते हैं, किसी को ज्यादा। इनसे रात में उधार कोई और ले जाता है, सबेरे तगादा किसी और से करते हैं। आए दिन की झाँय-झाँय लगी रहती है इनके यहाँ। अमाँ बा भई डॉक्टर, तुम्हारा भी जवाब नहीं है शहर भर में।"

आगे बढ़ते हुए सज्जन ने कर्नल से कहा—"एक तरह से मुझे अफसोस होता है कि जीवन के इतने बरस एक गलत किस्म की दुनिया में बिता दिए मैंने। दरअसल कैरेक्टर्स तो यहाँ गली-मुहल्लों में हैं। जीवन की विभिन्नता तो यहीं देखने को मिलती है!"

कर्नल हँसकर बोला—"हाँ-हाँ, ज्यादा आरटिस्टपना न बघारो हमारे सामने। साली जमाने भर की गन्दगी, जहालत तो यहाँ ही पलती है। आप कैरेक्टर लिए घूम रहे हैं!"

सज्जन को कर्नल की बात अखरी, पर उसमें हकीकत भी थी, जिसे नामेट करने के लिए सज्जन को कोई जवाब न सूझा।

दोनों चलते रहे। कर्नल बोला—"महिपाल ससरे का कोई पता ही नहीं लग रहा कल से! कल से क्या, मेरी तो परसों दोपहर के बाद मुलाकात ही नहीं हुई।"

"परसों रात में मेरे यहाँ आया था। अपने उल्टे तवे के साथ थे हजरत।"

"हाँ-हाँ, वो तो मैं जानता हूँ। बड़े दिन के जश्न मना रहे होंगे शुकुल जी महाराज! तभी सुबह देर तक सोते रहते हैं।"

"सोने दे यार" —सज्जन ने कहा—"इनसान का तड़पता हुआ दिल टुक नींद का माता हो जाए तो इसमें दुनिया का नुकसान ही क्या होता है? बेचारा बहुत परेशान रहता है।"

अपनी गली में आए तो देखा, चबूतरे पर महफिल जुड़ी हुई थी। आज मंगलवार होने से बसन्तू माली भी फूल प्रसाद लिए बैठा था और वहीं पंडित महिपाल शुक्ल भी आलथी-पालथी मारकर बैठे गप्पें लड़ा रहे थे। बाबू छेदालाल ने दोनों को आते देख दूर ही से आवाज लगाई—"आइए-आइए! आपी लोगों की कसर थी बस!"

सज्जन ने सबको हाथ जोड़े। कर्नल हँसते हुए बाबू गुलाबचन्द की कुरसी के पीछे खड़े होकर उनके सिर पर एक हल्की-सी टीप रसीद करते हुए बोला—"कहिए सुप्रिंटेंडेंट साहब, क्या चल रहा है? तुम्हें मालूम है सज्जन, गुलब्बू मेरे गाली के रिश्तेदार हैं—"

गुलाबचन्द कुछ जवाब दें, इसके पहले ही लाला मुकुन्दीमल हुक्का छोड़कर बोले—"अरे भई नगीनचन्द!"

"जी लालाजी ?" कर्नल ने जवाब दिया।

लाला जी बात के बीच में बाबू राधेश्याम ने छेदालाल से दो कुरसियाँ मँगवाने को कहा। छेदालाल ने अपने घर में आवाज फेंकी।

लाला ने कर्नल से पूछा—"बिजैलक्ष्मी पंडित की सुआगत करने नईं गए स्टेशन ? तुम तो क्या नाम है कि कांगरेस के बड़े मुरीद हौ!"

"हाँ लालाजी, विचार तो किया था पहले। फिर सोचा, जनसंघ की तरफ से कोई ऐसी नामी औरत तो आएगी नहीं। इससे जो हम जाएँगे तो आपको बुरा लगेगा।"

सज्जन महावीरजी के मंडप से लगकर महिपाल के पास बैठ गया था। महिपाल ने झुककर उसके कान में पूछा—"हाथ में क्या है ?"

"जलेबियाँ। कल शाम शीला के यहाँ थे ?" सज्जन ने भी उसी तरह धीरे से पूछा।

महिपाल ने मुस्कुराकर गर्दन हिलाई। सज्जन भी मुस्कुराया। उस समय लाला मुकुन्दीमल कर्नल के मजाक का जवाब दे रहे थे—"अरे, हमें क्यों बुरा लगेगा भैया! हमारे जनसंघ में न सही, मगर हमारे वार्ड में तो ऐसी नामी औरत निकलनेवाली है कमनिस्टों में। घर ही में अँधेर मचवाय दिया ससरा!"

सज्जन के कान ठनके। लाला मुकुन्दीमल बाबू छेदालाल की तरफ देखकर बोले—"अरे भई, वो परचा कहाँ है रहसियोधाटन वाला ?"

"क्या कोई कमनिस्टों का परचा निकला है ?" कर्नल ने उत्सुकता दिखाते हुए छेदालाल से पूछा।

छेदालाल ने जेब से पर्चा निकाला। बाबू राधेश्याम बोले—"अजी सरासर बदमाशी है सालिगराम की। इलेक्शन के फेर में गुनहगार को छुड़वाकर बेगुनाह—"

"ये कैसे कहते हैं आप ? अजी मरनेवाली ने खुद स्टेटमेंट दिया है।" परचे को खोलते हुए छेदालाल बोले।

"स्टेटमेंट नहीं खाक—"

छेदालाल का नौकर दो फोल्डिंग कुरसियाँ लेकर आ गया। लाला मुकुन्दीमल ने बात काट कर कहा—"अरे पहले सुनने तो देओ। गुलाबचन्द, तुम बाँचो। तुम जरा अच्छी तरह से सुनाओगे।"

गुलाबचन्द बोले—"पंडितजी को दो, पंडितजी को। इतने बड़े लेखक हैं—मैं क्या सुनाऊँगा।"

"हाँ-हाँ, महिपाल सुनाओ, तुम्हीं सुनाओ।" कुर्सी पर बैठते हुए कर्नल ने उत्सुकता जाहिर करते हुए कहा।

लाला मुकुन्दीमल अपने घर की तरफ मुँह उठाकर चिल्लाए—"अरे भगौतिया रे! पान दे जा जल्दी से।...हाँ पंडज्जी महाराज, सुनाइएगा।"

महिपाल पढ़ने लगा—"रहस्योद्घाटन! रूस के एजेंटों की काली करतूत। जनता कम्युनिस्टों से सावधान रहे! गत रविवार दिनाँक 23 दिसम्बर को कम्पनी बाग के पास बादशाही नाले में एक सद्य:ज्ञात शिशु की लाश कुत्तों और सियारों द्वारा नोची हुई पाई गई थी, यह समाचार वार्ड की जनता अब तक भली-भाँति जान चुकी है। हमारी राष्ट्रीय सरकार की कर्तव्यनिष्ठ पुलिस ने कितनी तत्परता से इस अमानुषिक निर्मम हत्या का पता लगाया, यह बात भी अब किसी से छिपी नहीं है। हमारे वार्ड के सुयोग्य और सुपरिचित अध्यापक श्रीयुत जगदम्बा सहाय जी की जवान विधवा भतीजबहू मुसम्मात जसोदा बीबी (जिसने अपनी कलंक-कालिमा को छिपाने के लिए दुर्भाग्यवश आत्महत्या कर ली) इस पाप की भागीदार थी, इसे भी जनता अच्छी तरह जान गई है। इस कलंक कहानी

के साथ जनता ने भ्रमवश आदरणीय मास्टर जगदम्बा सहाय जी का नाम जोड़ लिया है। हम जनता को यह बतलाना अपना परम कर्तव्य समझते हैं कि पूज्य मास्टर साहब का नाम व्यर्थ ही बदनाम किया जा रहा है।

''देव तुल्य अध्यापक जगदम्बा सहायजी के साथ यह कलंक सदा के लिए जुड़ जाता, इसमें तनिक भी सन्देह नहीं, परन्तु अच्छे के लिए भगवान भी सदा अच्छा ही करता है। हमारे नगर के महान नेता, हमारे वार्ड के रत्न, लोकसेवा-व्रतधारी बाबू सालिगराम जी जायसवाल की अपूर्व सूझ-बूझ तथा हमारी राष्ट्रीय पुलिस की कार्यपटुता को लाख-लाख धन्यवाद है, जिसके कारण हमारी भोली-भाली जनता एक निर्दोष आत्मा को कलंकित करने से बच गई और असली अपराधी का पता चल गया। क्या जनता जानती है कि वह दुष्ट पातकी कौन है ?—कौन है वह नीच पामर, जिसने डबल अपराध करके हमारी धर्मप्राण जनता को अपने विकट पापाचार से त्रस्त किया है ? इस विषय में अपनी ओर से कुछ न कहकर हम स्वर्गीया मुसम्मात जसोदा बीबी का यह वक्तव्य यहाँ प्रकाशित करते हैं जो उन्होंने मरने से पहले पुलिस के समक्ष दिया था। पाप ज्वाला से जली हुई भारतीय महिला ने अपने अन्तकाल के टूटे-फूटे शब्दों में पुलिस को बतलाया कि, ''भल्ले बाबू मेरी ननद के दोस्त थे। दोनों एक पार्टी (अर्थात् कम्युनिस्ट पार्टी, जो देश के गद्दारों की संस्था है) में काम करते थे। भल्ले बाबू यहाँ अक्सर आते थे। एक दिन उन्होंने और मेरी ननद कुमारी वनकन्या ने मुझको फाँस लिया। तब से भल्ले बाबू मुझे डरा-धमकाकर अपने बस में किए हुए थे। जब मुझे गर्भ रह गया तब घरवाले भी जान गए; पर सब लोग अपनी इज्जत से डरते थे। कल शाम जब मेरे पाप ने जन्म लिया तो मेरे देवतातुल्य पूज्य चचिया ससुरजी ने भल्ले बाबू को बुलाकर लड़का देते हुए कहा कि अपना लड़का ले जाओ। मेरे लड़के को भल्ले बाबू ने ही मारकर फेंका है। मैं अपनी शरम से आप जलकर मर रही हूँ।''

''इस वक्तव्य को—दीन अबला की इस करुण पुकार को—शुद्ध मन से विचार करने के बाद न्यायपरायण जनता के दिल में क्या विचार आता है ?—यही कि विदेशी सभ्यता की हवा में पले हुए, ईश्वर, धर्म-कर्म, पाप-पुण्य का विवेक न रखनेवाले आंग्ल-शूद्र कम्युनिस्ट अपने स्वार्थ के लिए नीच से नीच काम तक कर सकते हैं। यह पर्चा इलेक्शन के पर्चे की हैसियत से नहीं छापा गया है, जनता इस बात को भली-भाँति समझ ले। बल्कि यह पर्चा जनता में, हमारे वार्ड के एकमात्र लोकप्रिय राष्ट्रीय नेता बाबू सालिगरामजी जायसवाल के अन्तर-हृदय की करुण पुकार सुनाने के लिए वितरित किया जा रहा है। जब से बार्ड में यह शोकभरी दुर्घटना हुई है, पूज्य सालिगरामजी का मन आठों याम बड़ा दुखी रहता है और उन्होंने इस बात का कठोर प्रण किया है कि वे अब से अपने वार्ड में इन सन् 42 के गद्दारों की कलंक छाया भी नहीं आने देंगे। जनता से प्रार्थना है कि अपने प्यारे नेता के प्रण को पूरा करने में पूरी-पूरी सहायता दे।''

पढ़कर महिपाल ने पर्चा मोड़ा; सज्जन को पूरे पर्चे में सिर्फ एक बात ने आकृष्ट किया : जगदम्बा सहाय की बेटी का नाम वनकन्या था। मिस वनकन्या ने उस दिन कहा था : ''हत्या मेरे पिता ने की है, मैं जानती हूँ, मैं कहती हूँ। मेरी भाभी का अपराध सिर्फ यही है कि वे औरत हैं और आर्थिक दृष्टि से स्वतंत्र नहीं हैं।'' सज्जन के सामने वनकन्या का उत्तेजित गोरा-सुडौल चेहरा नाच गया। इस पर्चे में उसके ऊपर बड़े घिनौने इल्जाम लगाए गए हैं। यह पर्चा सरासर झूठ से भरा है।

''यह पर्चा सरासर झूठ से भरा है।'' सज्जन ने किसी और के बोलने से पेशतर ही कहा। महिपाल से पर्चा लेकर जेब में रखते हुए बाबू छेदालाल की नजरें सज्जन को पैनी होकर भाँपने लगीं, लाला मुकुन्दीमल का हुक्का चुप हो गया। बाबू गुलाबचन्द बोले—''खैर, इसमें तो कोई शक ही नहीं—''

''जी, मैं खुद गया था जगदम्बा सहाय के यहाँ। सब-इन्सपेक्टर शुक्ला ने मुझे तमाम हकीकत बतलाई। दूसरी बात यह कि लगभग साढ़े ग्यारह-बारह बजे तक तो वह औरत—क्या नाम है उसका,

जसोदा बीबी—होश में नहीं आई थी और डॉक्टर को कोई आशा भी नहीं थी कि उसे होश आएगा। बल्कि, मैं आपसे बतलाऊँ शुक्ला, परेशान हो रहे थे कि डाइंग-डिक्लेरेशन न मिल सकेगा—"

"खैर, हो सकता है कि इसमें कुछ झूठ हो," लाला मुकुन्दीमल बोले—"अरे, इलेक्शन के दिन हैं, परपोगंडे में झूठ भी बोला जाता है। पर इस बात का क्या सबूत कि यह कारस्तानी कमनिस्टों की नहीं है—"

बाबू राधेश्याम तैश खा गए, बोले—"साहब, आप कम्युनिस्टों को क्यों बदनाम करते हैं? जगदम्बा सहाय साले को सब जानते हैं—महा जलील आदमी—उसको इसमें देवतुल्य लिखा गया है। सालिगराम की महिमा बखानी गई है और आप कहते हैं कि—"

"आप समझे नहीं इसमें क्या पालिसी है," कर्नल ने ठंडे स्वर से बात उठाई—"भल्ले बाबू के पास मेहतरों-चमारों और रिक्शा यूनियन के सॉलिड दो हजार वोट हैं। भला सालिगराम जैसा घाघ ऐसा मौका छोड़ देता? इस परचे से केमनिस्ट लोगों की हवा बिगाड़ कर वो ये वोट फोड़ना चाहता है।"

"आपका प्वाइंट एकदम सच्चा है कर्नल साहब! मगर ये वोट अब न तो कमनिस्टों को मिलेंगे और न कांगरेस को—देख लीजिएगा आप।" छेदालाल ने कहकर चुटकी से सिगरेट की राख झाड़ी।

मुकुन्दीमल दूर की सूझ जाने के अन्दाज में गर्दन हिलाते हुए बोले—"ठीक कहते हो छेदालाल। ये सब वोट अब जनसंघ को मिलेंगे।"

"अजी, आप भी कहाँ पहुँचे लालाजी! मेहतरों में मुसलमान भी हैं, रिक्शेवालों में भी मुसलमान हैं। उनके वोट भला संघ को कैसे मिल सकते हैं? ये वोट तो, आप एकदम फैक्ट बात समझिए, या तो केमनिस्ट लेते, या फिर अब ये कांगरेसवाले ले जावेंगे। सालिगराम ने मौके पर ये पर्चा फेंककर अपना मतलब साध लिया, अब चाहे आप उसको कुछ भी कहते रहिए।" कर्नल ने अपना मन्तव्य प्रकट किया।

"अब हम कहें—"

बाबू गुलाबचन्द की बात काटकर महिपाल बोला—"हम भी कुछ कहें गुलाबचन्द, ये इलेक्शन तो चार दिन का हुल्लड़ है। मगर इस हुल्लड़ में समाज का इतना बड़ा पाप छिप जाए, ये आप लोग कैसे बर्दाश्त कर लेंगे?"

"अरे भैया, पंडितजी महाराज, कैसी बात करते हो?" लाला मुकुन्दीमल ने बात उठाई। इसी समय उनके घर से पानों की तश्तरी भी आ गई। नौकर के आगे की कुरसी पर बैठे हुए कर्नल की तरफ पान बढ़ाए। मुकुन्दीमल ने अपनी बात जारी रखी, कहा—"ये तो सनसार है, चलता ही रहता है ससरा। ये कोई नई बात भई है? हम तो बंचो बुड्ढे हो गए यही सब देखते-सुनते।"

"अजी, मगर कब तक सुनिएगा और? जब तक समाज में यही सब पापाचार होता रहेगा तब तक आपके ये एलक्शन और पार्टियाँ सब बेकार हैं।"

"बेकार तो हुई हैं महाराजा, हम भी यही बात कहते हैं। जिसकी लाठी उसकी भैंस। राज सदा ऐसे ही होगा चाहे कोई पार्टी आवै, और परजा भी ऐसी ही बनी रहेगी, पाप भी रहेगा, पुन्न भी रहेगा—ये तो सब भगवान के बनाए खेल हैं, इन्हें कौन बदल सकता है? इत्ते-इत्ते बड़े रिशी-मुनी हुइ गए, रामचन्द जी और सिरीकिशनजी ऐसे-ऐसे औतार भए, तब भी दुनिया न बदली साली—अब क्या बदलैगी?"

"बोल लाल लँगोटेवाले की जै! चौरासी घंटेवाले की जै! बजरंग, तेरा ही सहारा है स्वामीनाथ!" कड़ाके की सर्दी में भी उघाड़े बदन, जनेऊ में बँधा तालियों का बड़ा-सा गुच्छा कन्धे पर डाले हुए, सीना, मूँछें और गर्दन ताने हुए एक भक्तराज ने आकर अपना अलमस्त स्वर गुँजा दिया।

भक्त की मस्ती से अपने इष्ट के लिए जोश और तश्तरी से पान का बीड़ा उठाते हुए बाबू राधेश्याम बोले—"बदलेगी लाला। अब कम्युनिस्ट आकर बदलेंगे। ये पूँजीवादी खेल अब नहीं चलेगा जादा दिन।"

गुलाबचन्द हँसे, बोले—"यार, तुम तो दिन पर दिन कामरेड स्टालिन हुए जाते हो। अमाँ अपने बाल-बच्चों, नौकरी का भी ध्यान रखो यार—ये कांग्रेस गवमेंट है।"

"कोई गवमेंट हो, बाबू गुलाबचन्द, दिल जले की आह किसी के रोके से नहीं रुक सकती।" महिपाल बोला—"मैं कम्युनिस्ट नहीं हूँ, पर आप विश्वास मानिए, जब यह सुनता हूँ कि रूस में बिलकुल बेकारी नहीं है, हर आदमी काम और रोटी पाता है तो मेरा भी जी चाहता है कि हिन्दुस्तान में कम्युनिज्म आ जाए।"

गुलाबचन्द एकाएक हँस पड़े। महिपाल इस हँसी से किसी हद तक अप्रतिभ और कुछ उत्तेजित भी हो उठा, तभी गुलाबचन्द अपनी हँसी पर, ब्रेक लगाते हुए कहने लगे—"अभी कुछ दिन हुए, एक बड़ा अच्छा मजाक पढ़ा था कहीं—कि डेनमार्क के चार देशों के कुत्ते एक जगह इकट्ठा हुए। उनमें एक इंग्लैंड का था, एक फ्रांस का, एक जाने कहाँ का, और चौथा रूस का था। इन तीनों कुत्तों की तो हड्डी-हड्डी चमक रही थी और रूसवाला एकदम डम्पलाट हो रहा था। खैर, आपस में बातें होने लगीं, एक-दूसरे से पूछने लगे कि अपना देश छोड़कर यहाँ क्यों आए। इंग्लैंडवाले ने कहा कि भई क्या करें, हमारे यहाँ कंट्रोल है, किसी को पूरा पड़ता ही नहीं, और उसमें भी एक-एक के हिस्से पर चार-चार टूट पड़ते हैं। इसलिए खाने की तलाश में आया हूँ। फ्रांसवाला बोला कि हमारा देश तो सोलहों दंड एकादशी कर रहा है, बीच-बीच में अमरीका से दो-चार चिचुड़ी हुई हड्डियाँ मिल जाती हैं तो भूखे आपस में कट मरते हैं। इसलिए मैं भी पेट के चक्कर में यहाँ आया हूँ। तीसरे ने भी अपने देश के भूखे-नंगेपन का रोना रोया। अब रूसवाले की बारी आई। उसने कहा हमारे यहाँ खाने-पीने की तो इतनी सी भी तकलीफ नहीं, मगर बस यही है कि वहाँ भौंकने की कतई परमिशन नहीं, सो घबराकर चला आया।"

एक हल्का-सा ठहाका पड़ा; कर्नल, सज्जन और छेदालाल के अलावा राधेश्याम तक हँसे, लाला मुकुन्दमल को चूँकि मजाक समझ में नहीं आया इसलिए चुपचाप हुक्का गुड़गुड़ाते रहे। महिपाल न हँसा, बोला—"बड़ा खोखला मजाक है—विशुद्ध पूँजीवादी।"

"क्यों?" कर्नल के तेवर चढ़े।

"इसलिए कि लिखनेवाले ने बड़ी शैतानी के साथ मरभुखेपन की महिमा बढ़ाई है। मैं कहता हूँ कि आप लोग रूस की इस सफलता को छोटा क्यों बनाते हैं कि वहाँ कोई भूखा-नंगा नहीं।" महिपाल ने पूछा।

"हियर-हियर!" बाबू राधेश्याम ने जोश से ताली बजाई।

सज्जन बोला—"वहाँ गरीबी और बेकारी भले न हो, मगर व्यक्ति को स्वतंत्रता नहीं। इस बात को कैसे नजरअन्दाज कर सकते हो?"

"सही है—" गुलाबचन्द ने कहा।

"बिलकुल सही है।" कर्नल बोला।

"मैं भी यही कहता हूँ।" छेदालाल भी गरमाए—"गुलामी की रोटी खाई तो कौन सुख मिला? मैं कहता हूँ भूखे मर जाना अच्छा, पर गुलाम बन के मालपुए चबाना—"

"बिलकुल ठीक! पर एक बात हमें बतलाइए, किसी बड़े उद्देश्य की पूर्ति के लिए अगर ये पूँजीपति और उनकी पिट्टू सरकारें सारी दुनिया को भूखा मार रही हैं, एटम बमों और हथियारों पर खर्च कर रही हैं, तब तो ठीक है। और अगर ये बात नहीं, तो इन्होंने ही व्यक्ति को कौन-सी स्वतंत्रता दे रखी है? जिस डिमोक्रेसी की ये बात करते हैं वह कहाँ है?"

"अजी, इन्होंने तो हमें जीने तक की स्वतंत्रता नहीं दी। खून के आँसू रो के दुनिया अपने दिन काट रही है।" बाबू राधेश्याम की आवाज में कहीं निजी दर्द का प्रभाव बोल रहा था।

"खैर, कैपिटलिज्म को तो खत्म होना ही है। आज आपने पेपर में देखा ही होगा।" बाबू गुलाबचन्द कुरसी पर जरा करवट बदलते हुए बड़ी गम्भीर मुद्रा में कहने लगे—"हमारे पंडित नेहरू ने कल अहमदाबाद में जो स्पीच दी है उसमें उन्होंने पूँजीपतियों को करारी लताड़ बताई है और साफ-साफ कहा है कि पोलिटिकिल आजादी के बाद हमें अब जनता को आर्थिक आजादी दिलानी है।"

इसी समय पीछे की गली से एक औरत दौड़ती हुई आई। अट्ठाइस-तीस की उम्र; चेहरा, आँखें कड़ी रेखाओं और बहक से भरी हुई होने पर भी अपने सलोनेपन से सबका ध्यान आकृष्ट करने लगी। युवती मजमे को देखकर एकाएक रुकी। गली में पीछे से दौड़ती हुई आवाज आई—"पकड़ो! पकड़ो!" युवती लाला मुकुन्दीमल के पास आकर खड़ी हो गई। लालाजी का कंटोप सजा, मोटे शीशों का चश्मा जड़ा, सफेद मूँछोंवाला श्रीयुत चेहरा कस गया। युवती ने चट से उनके मुँह पर थूक दिया और दूसरों की तरफ मुँह घुमाया ही था कि भगदड़ मच गई। सज्जन चबूतरे से उठकर उसकी ओर बढ़ा। उन्नासी बरस के घनी-मानी लाला मुकुन्दीमल की आबरू मारे क्रोध के अन्धी हो गई। छटपटा कर गुलूबन्द से मुँह पोंछते हुए उठे तो हुक्का यों धराशायी हुआ जैसे दंगे में शहीद गिरा हो।

सज्जन के पास पहुँचते ही युवती की आँखें उसके चेहरे पर सधीं। गली से हाँफते स्वर पर दौड़ते पैरों की ध्वनि निकट आ गई। युवती ने पीछे मुड़कर देखा, सज्जन ने भी देखा : एक पैंसठ-सत्तर वर्ष के 'ऐरिस्टकोक्रेट' दिखाव वाले सज्जन भागे चले आ रहे थे—"पकड़ना माई डियर! पकड़ना! थैंक्यू-थैंक्यू!"

"माई डियर!" कहकर युवती सज्जन से गुथने लगी। सज्जन सतर्क था, दोनों कलाइयाँ पकड़कर उसने कहा—"खबरदार!"

"अब नहीं करूँगी। अब नहीं थूकूँगी। प्लीज एक्सक्यूज मी। मुझे छोड़ दीजिए। मुझे मत मारिए।"

वृद्ध महाशय आकर खड़े हो गए। वो बुरी तरह से हाँफ रहे थे। कर्नल, गुलाबचन्द मंडप के पास खड़े थे, छेदालाल चबूतरे पर अपने घर की दीवार से सटकर खड़े थे, राधेश्याम भी उनके पास ही थे, महिपाल अपनी जगह पर बैठा हुआ था, परसाद के थाल और फूलों की डलिया पर दोनों हाथ रखे बसन्तू माली घबराया हुआ मेंढक की तरह उचका बैठा था।

वृद्ध सज्जन को देखकर मुकुन्दीमल बोले—"वकील साहब ये—ये आपकी बहू है ?—वही पगली ?"

"जैंटिल मैन, यू आर माई फादर, माई ब्रदर, माई एवरीथिंग।" सज्जन के हाथों में बेबस बँधी हुई स्त्री ने झलझलाई आँखों और करुणा से काँपते स्वर में गुहारना आरम्भ किया—"मुझे मेरे राजेश के पास पहुँचा दो। राजेश माई डार्लिंग! फ्लावर आफ माई हार्ट! मेरा दिल जल रहा है। यहाँ! यहाँ! मेरा हाथ छोड़ दीजिए, मैं दिखाऊँगी कहाँ जल रहा है। धकधक जलता है श्मशान!"

"अच्छा-अच्छा, घर चल बेटा!" उसके ससुर वकील साहब बोले—"घर चल। तेरा कपड़ा सामान तो बाँधे, तब तो चलेगी राजेश के पास!"

"नहीं, मैं वहीं जाऊँगी। माई डियर हज्बैंड इज कैप्टन! वो मुझे साड़ियाँ देंगे, मोटर घुमाएँगे। मैं जाकर अपने राजेश से चिमट जाऊँगी।" युवती ने सज्जन से सटने का फिर प्रयत्न किया। सज्जन ने उसकी कलाइयों को झटका दिया, कहा—"घर चलिए।"

"नहीं, मुझे वहाँ मत ले जाइए। यू आर जैन्टिलमैन। हेप्प मी। वहाँ गोपू है, वह अपनी वाइफ को चिपटाता है, किस करता है। मुझे पाखाने में बन्द कर देते हैं और ये बुड्ढा, मेरा ससुर, मुझे बेटी-

बेटी कहता है। अम्माजी भी मीठे मुँह से मेरी बिटिया, मेरी रानी करती है। उन्हें भी तरस नहीं आता। रात में दोनों बुड्ढे-बुढ़िया घुस-घुस के—''

सज्जन ने हाथ छोड़कर तड़ से उसके मुँह पर तमाचा मारा, युवती सहमकर बकरी बन गई। अपने आवेश पर काबू पाते हुए, किसी हद तक झेंपकर वकील साहब ने कहा, ''मुझे माफ कीजिएगा!''

''नहीं बेटा! नो-नो।'' वकील साहब ने उपकृत भाव से कहा।

''घर चलिए।'' सज्जन के कहते ही युवती चुपचाप रोती और बुदबुदाती हुई अपने घर की तरफ चली। वकील साहब बगैर किसी को दुआ-सलाम किए सिर झुकाए, थके, खोए से आगे बढ़ चले।

कर्नल बोला—''सज्जन, मैं चलूँ तुम्हारे साथ?''

''नहीं। आता हूँ अभी।'' सज्जन ने बगैर मुँह फेरे ही जवाब दिया और चला गया।

18

लौटने पर चबूतरा खाली देखकर सज्जन अपनी कोठरी की तरफ गया। देखा, दरवाजे खुले थे।

अन्दर आया। वनकन्या बैठी थामस क्रवन की 'दि स्टोरी ऑफ पेंटिंग' पढ़ रही थी। उसे देखकर सज्जन का कलेजा बेसाख्ता उछल पड़ा। फिर ध्यान गया कि वहाँ न कर्नल था, न महिपाल, जलेबी-नमकीन की छितनियाँ सामने बँधी हुई रखी थीं।

सज्जन ने खुशी में अपनी हस्ती को भूलकर हाथ जोड़े। वनकन्या ने मुस्कुराकर हाथ उठाए, फिर बोली—''उस दिन आप अचानक मेरे घर पहुँच गए थे—''

''तो बदले में आज आपने मुझे चौंका दिया, क्यों?'' सज्जन बीच कोठरी में खड़ा हो गया—''और मेरे दोनों नालायक दोस्त कहाँ चले गए? आपको मिले तो होंगे ही यहाँ?''

'किसी को' देखते ही हौंसले सैलाबी बन गए थे; फिजूल-बेफिजूल लफ्जों की इफरात में दोस्त सिर्फ 'नालायक' बनकर ही रह गए, यही क्या कम गनीमत है?

''हाँ, उनमें से महिपाल जी को तो मैं जानती हूँ। और एक दूसरे महाशय भी थे। मैं जब आई तो दोनों यहीं थे।''

''कहाँ गए हैं? आपसे कुछ कह गए हैं?''

उँगली से छोटी मेज की तरफ इशारा करते वनकन्या बोली—''कुछ लिखकर रख गए हैं वहाँ?''

सज्जन ने उठाकर देखा, बॉम्बे आर्ट सोसायटी के एक पुराने निमंत्रण-पत्रवाला बुक पोस्ट लिफाफा बन्द करके रखा गया था, छपे पते के ऊपर महिपाल के हस्ताक्षरों में लिखा था—''मेनी हैपी रिटर्न्स ऑफ दि डे! (यह खुशी का दिन बार-बार आवे)''

सज्जन मुस्कराया—नस-नस में करंट की तरह दौड़ रही खुशी मुस्कुराहट में सिमट आई—''बदमाश साले!''

लिफाफा खोला, पुराने निमंत्रण पत्र की पुश्त पर महिपाल लिख गया था : ''जलेबी की कसम, ये ब्राह्मण इस वक्त बिरहमन होकर जा रहा है। मेरा आज की जलेबी त्याग अपनी डायरी में स्वर्णाक्षरों में लिख लो। कर्नल ने भी स्वादेन्द्रिय को जीत कर अपने जैन होने का प्रमाण दिया है। यह निरालापन—अकेलापन—तुम्हें बड़े दिन के उपहार के तौर पर भेंटकर चले। चचाओं का एहसान मानो, सआदतमन्द बनो, तुम्हारे हक में हम फिलहाल में यही दुआ करते हैं!''

नीचे कर्नल की कच्ची लिखावट में अंकित था : ''बेटे, केमनिस्ट न बन जाना।''

खिलखिलाती हुई खुशी को ऊपरी झुँझलाहट से ढककर, पत्र जेब में रखते हुए सज्जन वनकन्या की तरफ मुड़ा। किसी हद तक 'अति' तक पहुँचा हुआ गोरापन और पानीदार व्यक्तित्व वनकन्या की विशेषता थी। सज्जन की आँखों में उस दर्शन का प्रभाव झलका; लहराई-झुँझलाई आवाज में कहा—''ये मेरे दोनों दोस्त ऐसे नम्बरी मूर्ख हैं कि आपसे क्या बतलाऊँ। जरूरी काम से जा रहे हैं यह तो लिखा; मगर यह न लिखा कि इन कमबख्तों से अब भेंट कहाँ होगी। मेरा सारा क्रिसमस डे बरबाद कर दिया।''

कहता हुआ सज्जन कन्या के पास ही एक चौकोर तकिए का सहारा लेकर बैठ गया। वह बोली—''वो दूसरे साहब ही महिपाल जी को अपने साथ ले गए हैं। बल्कि मैं तो चाहती थी कि महिपाल जी रहें।''

आशिक का दिल काँसे के बर्तन की तरह खन्न से बज उठा। सज्जन ने पूछा—''महिपाल से कोई विशेष काम है आपको?''

''नहीं तो। वैसे मैंने उनकी बहुत-सी किताबें पढ़ी हैं। वो मेरे प्रिय लेखक हैं।''

सज्जन के मन को यह न सुहाया। पर वह सन्तुष्ट-सा चेहरा बनाए सुनता रहा।

कन्या ने फिर मुस्कुराकर कहा—''वैसे कई बार सोचा था, उनसे मिल आऊँ। फिर सोचा कि बहुत से बेजान-पहचान के लोग आप लेखकों-कलाकारों आदि के पास आए दिन पहुँचते रहते हैं, आप लोगों को बेजा घमंड हो जाता है—इसीलिए न मिली। आज संयोग से वे यहाँ मिल गए तो—''

''तो उसमें क्या है। जिस वक्त इच्छा हो, आपके प्रिय लेखक को कान पकड़कर हाजिर कर दूँ। चलिए, अभी ही चलें, उसके यहाँ। वे दोनों घर ही गए होंगे।''

वनकन्या ने बड़े संयत भाव से कहा—''इस समय तो मैं एक काम से आई हूँ—आपके पास।''

सुनकर सज्जन के 'मूड' में तरावट आई। विषय को समझकर तुरन्त गम्भीर हुआ, पूछा : ''एबाउट दैट पैम्फलेट?''

''हाँ।''

''मैंने अभी-अभी मुहल्लेवालों के साथ सुना था। वह पर्चा सहेजकर रख छोड़ने के काबिल है। उसे पढ़कर आनेवाली पीढ़ियाँ हमारी जनरेशन के नाम पर थूकेंगी।''

''खैर, आने वाली बात छोड़िए; मेरी तो अभी की समस्या है।'' कन्या ने कहते हुए अपना विचार-मग्न सिर झुका लिया, दोनों पैरों के अँगूठे और उँगलियाँ आपस में कैंची की तरह चलने लगे। सज्जन को नजर भरकर उसका चेहरा देखने का अवसर मिला: भूरापन लिए बालों की दो घुँघराली लटें दोनों कानों पर लटक रही थीं—बहुत सुन्दर लगी—बहोत ही सुन्दर—कितनी तकलीफ में है बेचारी! यह मेरे पास अपनी तकलीफ बँटाने आई है। कितना बड़ा आसरा लेकर आई है!...

तनिक जोश में आकर सज्जन ने कहा—''आप उसके लिए क्या कार्यवाही करना चाहती हैं? मैं दिल से आपकी मदद करूँगा।''

कान में कहीं शास्त्रीजी का स्वर गूँज उठा—''परोपकारः पुण्याय पापाय परपीड़नं।''

वनकन्या ने सिर उठाया; नजरों में नजरें डालकर देखा जैसे परखा हो, फिर कहा—''अपनी बदनामी की चिन्ता नहीं करती। स्वर्गीया भाभी के लिए न्याय चाहती हूँ।''

''पैम्फलेट में दिया गया डाइंग डिक्लेरेशन—''

कन्या रूखी हँसी हँसी, कहने लगी—''बाबू सालिगराम ने छलके हुए दूध से मुनाफा कमाया है। मेरे पिता को भला क्यों न अच्छा लगता! खून करके भी खूनी फाँसी के फन्दे से बेदाग उतर आया। यह स्वराज्य का न्याय है!''

सज्जन विचारमग्न हो गया।

कन्या फिर बोली—"मरते-मरते भी भाभी की देह से एक और सेवा ली गई। स्टेटमेंट पर उनका हाथ पकड़कर दस्तखत कराए गए।...उस दिन मैंने जो अनुभव किया, वह कभी नहीं भूलूँगी। एक मैजिस्ट्रेट, पुलिस, सब-इन्सपेक्टर, एक डॉक्टर और एक राष्ट्रीय नेता—ये हमारे न्याय के प्रतीक सरासर न्याय का गला घोंट रहे थे। मरनेवाली आत्मा धरती से कैसा बुरा अनुभव लेकर गई होगी। आखिरी दम तक उसका अनुचित लाभ उठाया गया।..."

"स्काउंड्रल्स!"

"एलेक्शन की महज एक चाल के लिए इन्सानियत के खिलाफ इतना बड़ा षड्यंत्र रचा गया। यह हमारी सभ्यता का ताजा नमूना है।"

मिनट भर के लिए कमरे में खामोशी भरी रही। कन्या ने फिर बात उठाई, कहा—"ये लोग तो खैर माने-जाने नीच हैं, मगर आज पार्टीवालों का रुख देखकर मुझे जो दुःख हुआ है, उसे बयान नहीं कर सकती।"

आँखों में सवाल लेकर सज्जन देखने लगा। कन्या कहने लगी—"इस पर्चे के साथ सुबह भल्ले बाबू और दो-तीन साथी एक पर्चे का मसौदा मेरे पास लाए थे। उसमें भी इस अन्याय से ज्यादा पार्टी और भल्ले बाबू की इज्जत बचाने की फिक्र की गई थी। चाहते थे, मैं उस पर दस्तखत कर दूँ। मैंने इनकार कर दिया।—मैं पूछती हूँ, क्या इस स्त्री की इज्जत किसी भी पार्टी या राष्ट्र की इज्जत से कम है? यह अन्याय क्या पूरे समाज के प्रति अन्याय नहीं?"

सज्जन खुद अपना दिल टटोल रहा था।

"सब अपना ही स्वार्थ देखते हैं सज्जन जी। मेरा तो मनुष्य जाति से ही विश्वास उठा जाता है।"

सज्जन कुछ न बोला, मौन उसकी सम्मति का सूचक था। कन्या ने अपना पर्स खोलकर एक कागज निकालते हुए कहा—"मैंने एक छोटा-सा लेख लिखा है। आप से इतनी मदद चाहती हूँ कि इसे किसी अखबार में छपा दें।"

सज्जन फुलस्केप साइज के चार पृष्ठ पढ़ने में तल्लीन हो गया। वनकन्या की दृष्टि कमरे में इधर-उधर दौड़ती हुई बीच-बीच में सज्जन के चेहरे की प्रतिक्रिया देखती जाती थी।

पढ़कर सज्जन ने गहरी निसाँस छोड़ी, कहा—"आपने बहुत अच्छा लिखा है।...लेकिन मेरी राय है कि इसे अखबार में न छापिए। एलेक्शन के हुल्लड़ में यह लेख दब जाएगा। इस वक्त तो पर्चेबाजी का ही मौसम है।"

"पर मेरे पास तो और कोई साधन नहीं है।"

"मैं कर्नल से जिक्र करूँगा। वही, जो महिपाल के साथ आपको यहाँ मिला था।...अमीनाबाद में विक्टोरिया मेडिकल स्टोर्स है न...उसी का प्रोप्राइटर है। एलेक्शन के दाँव-पेंच वह खूब समझता है। अभी हम लोग चलेंगे—मैं, आप, कर्नल, महिपाल सब बैठकर कोई राह निकालेंगे। मेरा मतलब है कि जब तक यह लेख एलेक्शन के तमाम हुल्लड़ से ऊपर उठकर नहीं आएगा तब तक पब्लिक पर उसका कोई असर नहीं पड़ सकता।"

"मैं जीवन भर आपका उपकार मानूँगी।"

सज्जन को बात अच्छी लगी, फिर इस अच्छेपन में अपनी छिपी इच्छा की झलक देख लेने से उसे अपने ऊपर शर्म भी आई, बोला—"मुझे अपनी नजरों में इतना बुरा न मानिए। यह काम जितना आपका है, उतना ही मेरा भी—हर इनसान-पसन्द मनुष्य का है। फिर कौन किस पर उपकार करेगा और कौन एहसान मानेगा?"

वनकन्या की नजरें शंका और आदर का मिश्र भाव लिए चुपचाप नीची हो गईं।

नाश्ते पर सज्जन की दृष्टि पड़ी, छितनियाँ खोलते हुए उसने कहा—"आइए कुछ नाश्ता हो जाए। जलेबियाँ तो एकदम ठंडी हो गई हैं, मगर खैर।"

पुड़ियाँ खोलते हुए अखबारी कागज की सरसराहट होती रही। सज्जन ने फिर पूछा—"मेरा ख्याल है, चाय जरूर चलेगी इसके साथ—क्यों?"

"मैं बनाती हूँ।" कहकर कन्या उठी। कोने में छोटी मेज पर चाय की सामग्री रखी हुई थी।

सज्जन बाहर से दूध लाने चला गया। कर्नल के घर से सीधे शास्त्रीजी के यहाँ चले जाने के कारण वह दूध की बोतल अपने साथ नहीं ला सका था।

चाय पीते हुए सज्जन ने यह बात उठाई; कहा—"आप जब यहाँ आई हैं, उससे कुछ पहले एक सोशल सर्विस का अनुभव हुआ था मुझे। यहाँ गली में आगे चलकर एक वकील साहब रहते हैं। काफी बुजुर्ग हैं, बातचीत में बड़े इंटरस्टिंग लगे। हाँ, तो उनके छोटे लड़के की बहू पागल है। आज एकाएक गली में निकल आई थी, काफी उत्पात मचा दिया। कंट्रोल में लाने के लिए मैंने उसे तमाचा मारा—अपने होश में पहली बार किसी औरत पर हाथ उठाया...बड़ी देर तक मेरी हथेली में उस तमाचे की झनझनाहट होती है।

"कैसे पागल हो गई वो?"

"आपकी भाभी ने एक किस्म का अत्याचार सहा, इस औरत ने दूसरी किस्म का। अन्त भी एक-सा होकर दो रूपों में सामने आया—बस यही फर्क है।" सज्जन के स्वर में वेदना और विचार, दोनों का गहरा स्पर्श था। कन्या उसे पूरे मन से देख और सुन रही थी।

सज्जन ने रुककर फिर नई साँस में कहा—"वकील साहब के तीनों बेटे ऐसे नसीबेवर उठे कि अब उन्होंने माँ-बाप से अपना सम्बन्ध भी उतनी ही दूर का कर लिया है। बड़ा लड़का इंग्लैंड डॉक्टरी पढ़ने गया था, वहीं किसी काउंटी में प्रैक्टिस खरीद कर जम गया, अपने बीवी-बच्चों को भी वहीं बुला लिया। अब उससे तो जानो कोई मतलब ही नहीं रहा, साल-छः महीने में कभी एकाध चिट्ठी आ जाती है। दूसरे साहबजादे आई.सी.एस. हैं, वो भी अब इस गली-मुहल्ले और दकियानूस माँ-बाप से भला कैसे सम्बन्ध रखें? हाँ, कुछ रुपयों की मदद जरूर करते रहते हैं। तीसरे साहबजादे मिलिटरी में हैं, यानी कि मिजाजी तोप-बन्दूकों के मालिक, कैप्टेन सो-एंड-सो। उनका अपनी सगी चचेरी बहन से रोमियो जूलियटाना रिश्ता था जिसने प्रोग्रेस करके शादी की शक्ल अख्तियार कर ली। और ये औरत करीब सात-आठ साल से कंडेम्ड माल की तरह यहाँ पड़ी है। वकील साहब अपने बेटे की कलंक-करतूत से इतना डर गए कि वो और उनकी बुढ़िया सदा बड़े नर्वस टेंशन के साथ अपनी बहू पर कड़ी निगरानी रखने लगे। नतीजा यह हुआ कि मन की चाहतें फ्रस्ट्रेट होते-होते आज इस नौबत पर पहुँच गईं।"

कहकर दो पल तक विचारलीन दृष्टि से सज्जन कन्या की तरफ देखता रहा, फिर एक घूँट में ठंडी चाय का आधा प्याला पीकर प्याला रख दिया।

कन्या ने निहायत भोलेपन और परेशानी के साथ सवाल किया—"मगर होगा क्या? ये सब कब तक चलता रहेगा? इसका कोई अन्त नहीं है?"

"जरूर है। जरूर होगा।"

"कैसे होगा, यही मेरी समझ में नहीं आता। आज सबेरे से मुझे एक नई चिन्ता परेशान कर रही है।...मैं नहीं जानती कि आपके पोलिटिकल व्यूज क्या हैं—मगर मेरा कम्युनिज्म से बौद्धिक लगाव है, ये तो आप भी जानते हैं।—"

"खैर होगा। मैं इज्मों की नजर से किसी स्त्री-पुरुष को नहीं देखता—"

"मैंने इसलिए कहा कि कम्युनिस्ट कहलाना आजकल भयानक माना जाता है, हालाँकि उसमें भी सैकड़ों-हजारों हमारे आपके जैसे ही लोग हैं। खैर, तो भल्ले बाबू को मैं करीब-करीब तीन-चार बरसों से जानती हूँ। वे बहुत ज्यादा पढ़ने-सोचनेवाले तो नहीं, फिर भी, पढ़ते-सोचते रहते

हैं। वैसे तो प्रैक्टिकल वर्कर हैं। और मैं सच कहती हूँ, लोग उन्हें चाहे जो कहें पर वे बड़े खरे आदमी हैं, मैं उनका आदर करती हूँ।...पर आज सुबह उनकी बातें सुनकर मुझे ऐसा लगा कि जैसे मैं किसी नए आदमी को देख रही हूँ।''

सज्जन बुद्धिमान की तरह हँसा, बोला—''मैं आपके पोलिटिकल व्यूज पर आघात नहीं पहुँचाना चाहता था, मगर इसमें जरा भी सन्देह नहीं कि कम्युनिस्ट कभी जिम्मेदार आदमी नहीं होते।''

''आपकी लॉजिक भ्रान्त है।'' वनकन्या का ठेठ आरोप सुनकर सज्जन के मन को धक्का लगा। वह सँभलकर बैठ गया। कन्या कहने लगी—''एक बात जो अरसे से मेरे मन में चुभती थी, वह आज की घटना से मेरा समाधान बन रही है। आज एकाएक मुझे ऐसा लगा कि जैसे फुटबॉल का मैच होता है न, राजनीतिक पार्टियों का संघर्ष भी हूबहू वैसा ही है। जनता फुटबॉल है; मैच उसी के नाम पर हो रहा है, पोलिटिकल पार्टियों के खिलाड़ी ठोकरें भी उसी को लगा रहे हैं। ये इलेक्शन हमारी जनतांत्रिक समाज-व्यवस्था का यही रूप दरसा रहे हैं।''

सज्जन बड़े गौर से सुन रहा था।

कन्या कहती रही—''भल्ले बाबू जो स्टेटमेंट बनाकर लाए थे, उसमें मेरे पिता का पाप और भाभी का अन्त भी प्रोपेगैंडा की शक्ल में ही सामने आया। उसमें केवल कम्युनिस्ट पार्टी और इलेक्शन ही का महत्त्व था। उसके खिलाफ झूठा प्रचार क्यों होता है, इसकी पोल भी बड़े जोश के साथ खोली गई थी।—मैंने पूछा, ठीक यही जोश आपको एक स्त्री के साथ होनेवाले अत्याचार पर क्यों नहीं आया?—कहने लगे, पार्टी इन्हीं आदर्शों को लेकर चल रही है। जब पार्टी जीतेगी तो समाज भी बदलेगा। आपसे सच कहती हूँ, मुझे तसल्ली नहीं हुई। मुझे ऐसा लगा कि समाज को ये बड़े जनरल टर्म्स में देख रहे हैं। जिस व्यक्ति की पीड़ाओं का सामूहिक रूप में दर्शन करके ये राजनीतिक सिद्धान्त बने हैं, उसकी अनुभूति, उसकी तड़प भी अब हमारे मन से निकल गई है। हमारी नजर अब सिर्फ पोलिटिकल रह गई है—सिर्फ पोलिटिकल—कोल्हू के बैल की तरह आदत के कारण चक्कर काटते चले आ रहे हैं, काम कुछ भी नहीं रहा।''

''आप सच कहती हैं। बिलकुल मेरे मन की बात कर रही हैं। मैं पॉलिटिक्स को हेट करता हूँ।'' कहते हुए सज्जन ने केतली उठाई, देखा, कहा—''बातों में चाय एकदम ठंडी हो गई। दुबारा बनाऊँ?''

''आपके लिए बनाऊँ—मैं तो अब—''

''हाँ, मन तो मेरा भी दूसरा हो गया।...देखिए ये चाय-कॉफी सिगरेट भी फुरसत के शौक हैं। दिमाग जब पूरी तौर पर किसी भावना से जुड़ा रहता है, तब ये तमाम चीजें झूठी साबित होती हैं।'' कहते हुए सज्जन ने जेब से सिगरेट केस निकालने के लिए हाथ डालना चाहा।

कन्या ने चट-से टोका—''हाथ धोइए। चिपचिपाते नहीं होंगे जलेबी से।''

सज्जन ने झेंप भरी मुस्कुराहट से उसे देखते हुए बाएँ हाथ से सिगरेट केस निकाला और कन्या से बोला—''ये सब खत्म तो कर डालिए अब। और, इफ यू डोंट माइंड, चाय एक बार बना ही डालिए।...अरे, अरे...खा तो लीजिए, फिर इत्मीनान से बनती रहेगी चाय।''

''नहीं, बस अब खा चुकी।''

''अँह:। ये नहीं चलेगा। अगर अन्याय को मिटाना है तो खुद अन्यायी न बनिए; पुरुषों से बराबरी चाहती हैं तो आधा नाश्ता भी खत्म कीजिए।'' सज्जन ने बाकायदा आँखें-वाँखें निकालकर बड़ा तेहेदार अभिनय किया।

कन्या हँस पड़ी, कहा—''अपने मौके पर न्याय माँगते हैं, मैं कभी न्याय मागूँगी तो आप साफ इनकार कर जाएँगे।'' कहते हुए उसकी आवाज में नारी का मान गूँज उठा, पुतलियाँ गुलाबी लाज के कच्चे धागे में बँधी अपने आप कानों तक खिंच गईं।

सज्जन एक बार फिर रीझ उठा; उसने बराबर गौर किया है कि कन्या के मनोभाव सीधी रेखाओं और बिन्दुओं की तरह उसके चेहरे और आँखों में आ जाते हैं; उसके तमाम रंग सादे, मगर जानदार हैं।

सज्जन ने मुस्कुराते हुए कहा—"बगैर परखे आपने मेरे खिलाफ इकतरफा डिगरी—"

अपनी दम भर की बहक को रोककर, बात सँभालते हुए कन्या ने कहा—"पर्टिकुलरली आपको नहीं कहा, मेरा मतलब तमाम पुरुषों से है।"

"देखिए जनाब, अगर आपने ये जातिवाद फैलाया तो मेरी—आपकी लड़ाई हो जाएगी। औरतें क्या कम हत्यारी होती हैं? अजी, मैंने औरतों की चट्टियों से अपने मर्दों की पूजा करते देखा है—"

कन्या हँसी।

"अभी कुछ रोज पहले एक उर्दू नाबिल 'उमरावजान अदा' पढ़ रहा था। उसमें एक बूढ़े मियाँजी का जिक्र है जिन्हें उनकी बिलवॅड, एक तवायफ, अपने दूसरे प्रेमियों की खुशी के लिए उन्हें बार-बार पेड़ पर चढ़ने-उतरने का हुक्म देती थी—"

कन्या फिर हँसी, हँसते हुए कहा—"वो कमबख्त था ही इस लायक। खैर, आपकी बात माने लेती हूँ। औरतें भी मौके पर बड़ी जल्लाद साबित हुई हैं।"

नाश्ता खत्म हुआ। पत्ते-कागज समेट कर बाहर कूड़े के कनस्तर में फेंके गए, केतली साफ कर दुबारा पानी चढ़ाया गया।

सज्जन ने गद्दे पर इत्मीनान से बैठते हुए सिगरेट निकाली, सुलगाई, और एक कश खींचकर दुनिया की सारी बादशाहत अपने कलेजे में भर ली। सज्जन के मन में इस समय अजीब उत्साह था। एक वनकन्या की उपस्थिति से यह छोटा-सा कमरा भरा-पूरा संसार बन गया था। वह ईजल पर रखे अधूरे चित्र को देख रही थी।

सहसा सज्जन ने पूछा—"ये वनकन्या नाम खुद आपने रखा था या आपके पेरेंट्स ने?"

कन्या मुस्कुराई, कहा—"क्यों पूछते हैं?"

सज्जन ने मुँह में सिगरेट दबाए लापरवाही दिखलाते हुए जवाब दिया—"ऐसे नाम हमारे यहाँ कॉमन नहीं।...कब बदला आपने? हाईस्कूल का फॉर्म भरते वक्त?"

"आप तो बिलकुल ज्योतिषी हो गए।"

"खुद आपको सूझा या किसी ने—"

"खुद मैंने ही सोचा था—कैसा है?"

"हूँ-हूँ, अच्छा है! बोलचाल की भाषा में कहा जाएगा—जंगली लड़की!" दोनों हँस पड़े।

कन्या ने तस्वीर को ओर देखते हुए पूछा—"ये सत्यनारायण की कथा है न?...बहुत अच्छी बनाई है। ये तो मराठी वातावरण है। कहाँ स्केच किया था?"

"कोल्हापुर में।"

"आपको इन 'सो काल्ड' गरीब-गुरबों के साथ बैठने में हिचक नहीं होती, यह देखकर मैं बहुत ही आनन्दित हुई।"

"माफ कीजिएगा, आपके आनन्द में विघ्न डालूँगा—मुझे झिझक तो होती है।"

"तब फिर?"

"मगर तबीयत आने पर हिचक को तोड़ भी देता हूँ।"

"अगर आप इस हिचक को हमेशा के लिए तोड़ सकते हैं तो मेरे साथ आइए। अजंता-एलोरा तो बहुत बना चुके आप, अब इन जिन्दा गुफाओं के चित्र भी बनाइए। ये जो हमारे महान्-महान् नेता लोग हैं—जो दुनिया को आजाद करने का दम भरते हैं—इन्हें जरा मालूम तो हो कि उसकी जनता की असली तस्वीर क्या है!" कन्या के चेहरे पर जोश की तमतमाहट आ गई।

उसकी बात सुनकर सज्जन का मन पुलक उठा, बोला—"आप मुझे इंस्पायर कर रही हैं, कन्याजी! मैं इसी मिशन को लेकर यहाँ प्रयोग करने आया हूँ, लेकिन मैं आपकी इस उपयोगी बात से सहमत नहीं कि अजंता-एलोरा के चित्र बनाना उपयोगी नहीं हैं।"

"मैं ये नहीं कहती—"

"अजंता-एलोरा को देखकर अगर सही इंस्पिरेशन लिया जाए तो इनसान की पूरी जिन्दगी को सुन्दर और उपयोगी बनाने के लिए वही अकेले बहुत काफी हैं।"

"मैं—"

"मैं सच कहता हूँ आपसे, जब इन गुफाओं को देख रहा था एकाएक मेरे सामने मिस्र के पिरामिडों की तस्वीर आ गई। जरा इन दोनों को कंट्रास्ट में देखिए—एक ओर तो हमारे इजैप्शियन पुरखों ने पहाड़ के पहाड़ खड़े कर दिए हैं, अपनी शक्ति और प्रतिभा से वे आज भी हमारी नजर और बुद्धि को चकाचौंध कर रहे हैं...लेकिन इन बनावटी पहाड़ों का इस्तेमाल किसलिए किया गया?—मुर्दों के लिए!...अब दूसरी ओर देखिए, हमारे हिन्दुस्तानी पुरखों ने ऊँचे-ऊँचे पहाड़ों को पोला करके उन्हें अपनी खूबसूरती से भर दिया। और सबसे बड़ी खूबसूरती तो यह है कि उन्हें पढ़ने-पढ़ाने के लिए इस्तेमाल में लाया गया, न कि किसी राजा फरऊन के ऐश-आराम या मुर्दे दफनाने के लिए। इन दोनों कल्चरल दृष्टिकोणों में कितना फर्क है! हम कला को अपने यहाँ जिन्दगी के साथ-साथ बँधा हुआ पाते हैं। हमारी कला में चमत्कार खूब है मगर वह हमें चौंकाता नहीं; बल्कि मन को प्रकाश देता है! वह खूबसूरती हमारे मनों को अपने निकट खींच ले जाती है—और उन्हें भी उतना ही खूबसूरत बना देती है।"

सज्जन की बातों का प्रभाव कन्या के चेहरे पर चित्र की तरह अंकित था। खुद सज्जन भी अपनी बातों के प्रभाव से बँधा हुआ चुप हो गया।

कुछ रुककर कन्या बोली—"आपकी बात ठीक है। अपने अनुभव की यह बात कहकर आपने आज मुझे एक ऊँची कसौटी दी है। आई शैल नैव्हर फॉरगैट इट!...मगर एक बात मेरी समझ में नहीं आती—इस देश में एक तरफ तो ये ऊँचे-ऊँचे दर्शन, साहित्य, शिल्प-कला,—इन सबकी अटूट कड़ियाँ बिछी हुई हैं, और दूसरी तरफ ये हमारे घरों के सत्यनारायण, ये ढकोसले भरी रस्में, मेरी भाभी और आपकी इस पगली जैसी औरतें, मेरे पिता, मेरे भाई—"

"आपके भाई? आपके भाई ने क्या किया?"

सज्जन के प्रश्न से कन्या की बात का बहाव झटके के साथ रुका; न कहने की इच्छा लिए फीकी मुस्कुराहट के साथ उसने धीमे स्वर में कहा—"मेरा घर मेरे लिए सच्चे अर्थों में यूनिवर्सिटी है—क्या कहूँ। मेरे भाई एक अजब मजबूरी से बँधे हुए हैं।...कैसे बताऊँ आपको...(चेहरे पर लाज की लाली आ गई, आँखें नीची हो गईं; फिर साहस बटोरकर नजरें मिलाते हुए) मगर आप चूँकि समाज को देखने निकले हैं इसलिए एक केस की तरह बेझिझक कहूँगी—मेरी ये भाभी 'पई' हैं।"

कन्या के चेहरे का भाव देखकर सज्जन कुछ और सुनने की आशा कर रहा था, इसके विपरीत दूसरी भाभी के सम्बन्ध में सुनकर और वह भी एक अजीब शब्द सुनकर चौंक गया, पूछा—"पई क्या—?"

कन्या ने बहुत सँभल-सँभलकर कहना शुरू किया—"प्रकृति का एक मजाक! ऐसी औरत जाहिर में औरत लगकर भी असल में बेमानी होती है।"

"ओह!—हूँ: !—यानी कि हिज—"

"जी हाँ, फर्क यही है कि उनका ऊपरी हिस्सा नार्मल औरतों की तरह पूरी तौर पर डैव्हलप्ड होता है।"

"तब फिर ये शादी कैसे हो गई?"

"जैसे बहुत से धोखे होते हैं। अम्मा-बाबू को पन्द्रह हजार का दहेज मिला; दादा कुछ न पाकर भाभी की हड्डियाँ धुनते हैं। मैं आपसे क्या बताऊँ ? भाभी की तकलीफ देखी नहीं जाती।...इसमें सन्देह नहीं कि दादा को जॅनुइन शाक लगा है। वो दिल के बड़े भोले और अच्छे हैं। मगर यह कि उन्हें फिट्स आते हैं। और जब फिट्स आते हैं तो राक्षस हो जाते हैं। एक दिन रात में जब वो सो रही थी तो उसकी चोटी में आग लगा दी। एक दिन उसे तड़के ही उठाकर वो गोमती नहाने लिवा ले गए। वहाँ उससे कहा चलो, हम-तुम दोनों जने सिर मुड़वावें, और फिर साथ-साथ गोमती जी में डूब मरें—"

"अरे!"—

"वहाँ उन्होंने एक सीन क्रियेट करने की कोशिश की। जब भाभी ने मना किया तो वह नाराज होने लगे। भाभी ने फौरन ही समझ से काम लिया, कहा कि पहले तुम मुंडन कराओ, फिर मैं करा लूँगी। इस तरह दादा सिर घुटवाने बैठें; जब उनका सिर झुका हुआ था तब ये चुपके से उठकर चल दीं। रास्ते में कहीं से रिक्शा करके हाँफती-काँपती घर आईं।—"

"च्—च्—च्।"

"मैं आपको क्या बताऊँ ? उनके कारण घर में कितनी-कितनी कलहें होती हैं।...और...और सच कहती हूँ बड़ी शर्म आती है...मेरे घर में एक ऐसा विशस्-सर्किल-सा बन गया है कि...मेरी ताई और माँ में सौत का रिश्ता चलता है। मेरी ताई ने अपना पक्ष मजबूत करने के लिए दादा की भली बनकर उनसे अपनी विधवा बहू का नाजायज नाता जुड़वाना चाहा। मेरे भाई एक जगह पर बड़ी धार्मिक निष्ठा के हैं, मगर वो झकोले खाते हुए भी विवाह का प्रस्ताव लेकर बढ़ रहे थे। इसमें शायद मेरी भाभी की भी मर्जी थी। इन दि मीन टाइम, मेरी माँ ने ताई की चाल जान ली। वे चरित्र की साफ होने पर भी पॉवर की भूखी थीं। उन्होंने ही मेरे पिता को उकसाकर उनसे ये जबर्दस्ती करवाई थी। केवल मेरी ताई को सबक सिखाने के लिए—अपना बदला लेने के लिए।"

एक गहरी साँस लेकर सज्जन ने कहा—"मिस कन्या, आइ सिम्पैथाइज विद यू।"

"धन्यवाद! पर मुझे सहानुभूति की जरूरत नहीं। मैं अपनी लड़त अपने आप लड़ लेती हूँ।...मेरा ये तमाम कहने का आशय सिर्फ यही है कि एक तरफ जहाँ हमारी संस्कृति ने ये अजन्ता, एलोरा वगैरा जड़ पहाड़ों में चेतना भरी, वहीं किसी सिस्टम की खराबी से चेतन आदमी को जड़ पत्थर बना दिया। हमारे इतने अच्छे-अच्छे आदर्श समाज में एक जगह अपना सच्चा असर रखते हुए भी सिमट कर नई शक्ति नहीं बन पाते। वजह क्या है ? व्यक्ति की इतनी सच्ची निष्ठा होने पर भी हमारा नेशनल कैरेक्टर कुछ भी नहीं ?"

सज्जन को बुरा लगा। बोला—"मैं यह नहीं मानता कि हमारा नेशनल कैरेक्टर कुछ भी नहीं। जिस नेशन में चरित्र बल नहीं होता, उसमें व्यास, वाल्मीकि और कालिदास जैसे पोएट्स नहीं होते। वह तमाम शिल्प के जो बढ़िया-बढ़िया नमूने देखने को मिलते हैं, वह न दिखाई देते। हमारी हिस्टरी में अशोक जैसा राजा आता है, बुद्ध, महावीर, गांधी जैसी पर्सनाल्टीज आती हैं।...आपको शायद अपने घर के वातावरण से सारा हिन्दुस्तान बुरा दिखाई पड़ता है। मैं ऐसा नहीं मानता। मेरे सामने अपनी माँ की मिसाल है—और भी दुनिया में बहुत से लोग मिलते हैं। बल्कि आज सबेरे ही मैं यहीं पर, गुन्नोमल के हाते में पंडित शिवनाथ जी शास्त्री रहते हैं—बहुत बड़े स्कॉलर हैं, उनसे मिलने गया था। उनसे मुझे जो अपने ट्रेडीशन्स की बातें मालूम हुईं तो मैं दंग रह गया। समझ में नहीं आता कि कैसे आपकी बात को सच मान लूँ!"

केतली के खौलते हुए पानी में कन्या चाय की पत्ती डालने लगी। केतली उतारकर दूध का गिलास टेकते हुए कन्या स्टोव की फूल की तरह खिली हुई लौ देखने लगी, सहसा बोली—"हमारे यहाँ अहिंसा रही है, ठीक है—सेठजी आदमी को भूखा मारकर चीटियों को चारा दे लेते हैं, खटमलों

से भरी हुई खाट पर दूसरों को लिटाकर उनका खून खटमलों को दान करते हैं और दो-चार पैसे आदमी को देकर महान् पुण्य के भागी बनते हैं। कीर्तन में मजीरे बजा-बजा कर गाते हैं कि 'लै ना जइहौ छाती धर के'—और दिन-रात जमाने का धन और जमाने की आहें अपनी छाती पर धरते ही रहते हैं। बड़ी अच्छी अहिंसा है आपकी!'' कहते हुए कन्या ने स्टोव बन्द किया और केतली खोलकर चाय में शक्कर मिलाने लगी। केतली, प्याले, मिल्क और शुगर-पॉट्स उठा-उठाकर सज्जन के पास लाई। सज्जन बुद्ध की समाधि-मुद्रा में बैठा रहा। कन्या पास बैठते हुए बोली—''क्यों, पसन्द नहीं आईं आपको ये बातें?'' सज्जन उसकी तरफ देखकर खोई हुई हँसी हँसा। कहने लगा—''पसन्द आने का सवाल नहीं। मैं खुद भी मानता हूँ कि हमारे यहाँ बहुत बड़ी-बड़ी खराबियाँ हैं। फिर भी हिन्दुस्तान के पास जो एक नैतिक सुन्दरता है वह मुझे बहुत भाती है।'' प्याले में चाय डालकर सज्जन की तरफ रखते हुए कन्या ने कहा—''वह नैतिक सुन्दरता बुर्जुआ कल्चर की चीज है। बुर्जुआ समाज आपस में बहुत काफी खूबसूरती बरत लेता है। और आप खुद भी उसी क्लास के हैं—''

सज्जन को फिर बुरा लगा। बात काटकर उसने कहा—''मैं सिर्फ उस समाज की बात नहीं कर रहा जिसको आप बुर्जुआ कहती हैं। कबीर बुर्जुआ कल्चर से नहीं आया। सूर, तुलसी, तुकाराम, नरसी, चंडीदास वगैरा बुर्जुआ कल्चर की देन नहीं। ये जो अपने वहाँ हम तमाम जाट, जुलाहे, चमार, पासी वगैरा सन्तों का ट्रेडीशन देखते हैं, ये किसी नेशनल कैरेक्टर के बिना पनप ही नहीं सकता—हर्गिज पनप ही नहीं सकता। न पढ़े, न लिखे, न किसी ऊँचे समाज में जन्मे, फिर भी अपनी पर्सनाल्टी से वे इस घोर रूढ़िवादी देश पर छा जाते हैं। मैं इन लोगों की नैतिक सुन्दरता की बात कह रहा हूँ।''

चाय का प्याला बढ़ाते हुए कन्या बोली—''मैं इससे इनकार नहीं करती हूँ, मगर यह जरूर करती हूँ कि हमारे सामाजिक ढाँचे में जरूर ही कोई ऐसी विरोधी धारा भी बह रही है जो इस तमाम नैतिक सुन्दरता की आँखें फोड़ देती है। शक्कर कम तो नहीं है?''

''नो, थैंक्स! बल्कि जरा चसक ही है। आपने शायद दो चम्मच डाली? खैर! मिठास तो एनज्वाय कर रहा हूँ।''

मजाक को समझते हुए भी कन्या उसे नजरअन्दाज कर गई। बोली—''देखिए, जैसे यह सत्यनारायण की कथा है, इसमें क्या है। करोड़ों घरों में बड़ी श्रद्धा से इसकी कहानी पढ़ी जाती है। इसमें कौन-सा मॉरल है। मैंने कथा पढ़ी है। उसमें न तो सत्य है और न नारायण। और यह तो एक मिसाल हुई। हमारे बहुत से रस्म-रिवाज बिलकुल बेमानी, एक जबर्दस्ती की निष्ठा लिए हुए चले आते हैं। शादी हो, गमी हो, तीज-त्योहार हों, सब इस कदर कीमती बना दिए गए हैं कि उनको बरतनेवाला आदमी हरगिज किसी किस्म की नैतिक सुन्दरता को अपनाने के लायक रह ही नहीं जाएगा। हमारे यहाँ दहेज, आपसी रिश्तों के लेन-देन—मैं आपसे कहाँ तक बतलाऊँ—धर्म और समाज के नाम पर क्या-क्या अत्याचार हममें से हर एक को आए दिन सहने पड़ते हैं। जब आप भारत के ऊँचे कल्चर की बात करते हैं, तब इस सड़ते हुए समाज को क्यों नहीं देख पाते?''

सज्जन कुछ जवाब न दे पाया। बात बदलते हुए बोला—''अजी हटाइए भी इस नैतिक सुन्दरता के झगड़े को, वरना इस बार भी चाय ठंडी हो जाएगी।''

कन्या चाय पीते-पीते हँसी। बोली—''ठीक ही है। नैतिक सुन्दरता का त्याग किया जा सकता है, मगर चाय की—''

''चाहत का नहीं। सच बात है!...इनसान की कमजोरियाँ भी प्यार करने के काबिल हैं। अब मान भी लीजिए इस बात को!''

कन्या उसकी तरफ देखकर हँसी। बोली—''ये पेट भरे आदमी ही की लॉजिक हो सकती है।''

सज्जन बनावटी झुंझलाहट के साथ बोला—''भई, हरदम यह कम्युनिज्म हमें अच्छा नहीं लगता।'' (सहसा कुछ ध्यान आ जाने से) ''ओः, मगर आपने कुछ खाया नहीं होगा अभी।''

''क्यों नाश्ता तो किया है अभी-अभी।''

''अजी, उससे क्या होता है? और अब दो बज रहे हैं। इतनी देर तक आप खाना न खाएँ तो आपके घर में कोई नाराज नहीं होता?''

चाय पीने के बहाने कन्या चुप रही। चेहरा कस गया। फिर गम्भीर भाव से कहा—''पहले नाराज होते थे।...परसों से घर का रिश्ता ही न रहा।''

आँखों में सवालिया निशान लेकर सज्जन उसे देखने लगा।

कन्या बोली—''मैं घर से निकाल ही दी गई हूँ।''

''यह कब?''

''परसों ही!''

''कोई खास बात हुई?''

''हाँ-ाँ-ाँ बात खास तो जरूर हुई। बाबू सालिगराम की सलाह से अपने बयानों में मेरे तमाम घरवालों ने मेरे फादर के चरित्र को देवतुल्य बतलाया। सबने भल्ले बाबू और भाभी के ऊपर ही आरोप लगाया। मैंने पुलिस में ऐसा बयान देने से इनकार कर दिया।''

''स्काउंड्रल्स!..तब फिर आप इस वक्त रहती कहाँ हैं? कम्युनिस्ट पार्टी—''

''जी नहीं। परसों रात से कल दोपहर तक अपने एक दोस्त के यहाँ थी। फिर उसके घरवालों को मेरे रहने से आपत्ति हुई। फिर वहाँ से अपनी एक इप्टा (इंडियन पीपुल्स थियेटर) की कॉमरेड के घर चली आई। देखिए अब कहाँ जाती हूँ, क्या होता है? फिलहाल तो सब कुछ अँधेरे में है।'' दबाते-दबाते भी गहरी निराशा नि:श्वास बनकर फूट पड़ी।

सज्जन भावोत्तेजित होकर बोला—''नहीं, आप किसी तरह की तकलीफ क्यों उठाइएगा। मेरे इतने मकानात हैं—''

''मगर आपके मकानों में मैं नहीं ठहर सकती।''

''क्यों?''

''बात क्यों तक भी सोचने से दूर की है।'' कन्या ने दृढ़ता के साथ कहा।

सज्जन गम्भीर हो गया। बोला—''मैं आपकी मानसिक हालत को समझता हूँ। आपने अभी तक जो कुछ देखा है, उससे हर सच्ची समझदार औरत को आपकी तरह ही पुरुष पर शक और नफरत करने का हक है। मैं पुरुष हूँ, बुरा भी हूँ, मगर—विद योर परमिशन मिस वनकन्या, मुझमें कुछ अच्छाइयाँ भी हैं।''

नीची नजरों से पलक उठाकर एक बार उसे ताकते हुए कन्या मुस्कुराई। कहा—''ये न समझती तो आज आपके पास मदद माँगने भी न आती।''

''अच्छा, तब उठिए। हम लोग चलेंगे।''

''क्यों?''

''मेरे घर। आज महात्मा ईसा का जन्मदिन है। मेरे यहाँ आपकी दावत है।''

''मैं खिलौनों की नुमाइश देखने जाऊँगी अब।''

सज्जन ने कहा—''हाँ-हाँ, मैं भी साथ चलूँगा, बल्कि महिपाल और कर्नल को भी ले लेंगे।''

''सज्जनजी, मैं—''

''देखिए अब इस प्रस्ताव पर मैं एक न सुनूँगा आपकी। आज की दावत तो आपको स्वीकार करनी ही पड़ेगी। क्या अभी तक आप पुरुषों के साथ खुले मन से नहीं उठती-बैठती थीं?—तब फिर?—अलावा इसके, आपको इस पैम्फलट के लिए कर्नल से मिलना ही है।''

कन्या के साथ बाहर जाते हुए सज्जन ने जो सन्तोष अनुभव किया, वह अनेक स्त्रियों का अनुभव होने के बाद भी उसके लिए नया था, पहला था। वह नारी का आदर करना सीख रहा था।

19

नए साल के खाते में सन् '51 की एक खबर 'श्री रोकड़ बाकी' की तरह आई। चुनाव के फस्ली हो-हुल्लड़ में भी आधुनिक डिमाक्रेट समाज की यह 'शाश्वत' खबर 31 दिसम्बर के अखबारों में छपकर शहर लखनऊ की इन्सानियत को चौंका गई थी।—

नगर के अन्तिम छोर पर, रेलवे लाइन के किनारे एक लाश गड़ी हुई पाई गई। कुत्ते उसे बाहर घसीट रहे थे। उस दिन कँपानेवाले दृश्य पर जब लड़कों की नजर पड़ी तो तमाम शहर में शोर मच गया। पच्चीस के लगभग आयु की एक युवती आसमानी रंग की वायल की साड़ी और प्लास्टिक की चूड़ियाँ पहने हुए दुर्गंधभरी लाश बनकर शायद दो-तीन रोज से उस गढ़े में दफन थी, उसके पैर का एक सफेद सैंडिल भी वहीं पड़ा था।

नए साल के पहले इस सड़ती जवानी के चर्चे नगर के गली-बाजारों में चलते रहे। इधर-उधर कत्ल, लूट और बलात्कार के कई कांड जनता की नजरों में बार-बार आ चुके हैं इसलिए चुनाव की आबोहवा में यह खबर भी कांग्रेस सरकार की शिकायत बनकर अमरबेल की तरह फैल गई। अभी तक पुलिस यह पता नहीं लगा सकी कि युवती कौन थी। कोई उसे हिन्दू बतलाता है, कोई मुसलमान। कोई कहता है कि औरत इसी शहर की थी, कहीं यह सिद्ध किया जाता रहा कि रेल में गला घोंटकर या जहर खिलाकर मारी गई है। हत्या के कारणों पर भी कयास भिड़ाए जा रहे हैं; जितने मुँह उतनी बातें हैं।...बस बातें हैं और काम है। नए वर्ष का नया दिन भी पुराने वर्षों के हर दिन की तरह हर व्यक्ति की छाती पर साँप बनकर लहरा रहा है। जनसाधारण का जीवन आर्थिक थपेड़े खाते-खाते बालू की तरह बिखर गया है। मुनाफाखोर सन् '52 के नए दिन पर भी बालू के तेल निकालने में उसी तरह जुटे हुए हैं, जैसे अब तक जुटे थे। हर तरफ नोन-तेल-लकड़ी का रोना है, ऊपर से चुनाव की सरगर्मी है, हर वार्ड और गली मुहल्लों में पोलिटिकल पार्टियों के लाउड स्पीकर अपनी-अपनी सभाओं के शोर से कानों के पर्दे फाड़ रहे हैं; मैं-तू-वह सभी आपसी कीचड़ उछाल के पवित्र काम में प्राणपण से लगे हुए हैं।

नए साल के नए दिन की रात इस तरह जगमगा रही है, मानो कोई सताई हुई वेश्या अपने मन की पीड़ा को मन ही में कसकर पेट के ग्राहकों को रिझाने की खातिर पूरे साज-सिंगार के साथ अपने छज्जे पर बैठी हो।

बाजार उन आबरूदार लोगों के घरों की तरह की चहल-पहल और रौनक से भरा है जिनमें कर्ज लेकर शादी-जनेऊ आदि जीवन के उत्सव मनाए जा रहे हैं—जहाँ ऊपरी तड़क-भड़क, हँसी-खुशी और कहकहों के अन्दर चिन्ता की चिता धू-धू कर जल रही है।

चौराहों के चारों ओर बसें, मोटरें, ताँगे-इक्के, रिक्शे-साइकिलें और पैदल भीड़ अनवरत क्रम में बँधी हुई इस तरह गतिमान है जैसे किसी दिवालिए सेठ की मिल चल रही हो। मील की गड़गड़ाहट से बाहरवालों को गति का एहसास होता है, वह समझते हैं कि नया उत्पादन हो रहा है, तब निर्माण हो रहा है; परन्तु अन्दर बहुत कम उत्पादन करके ज्यादा एनर्जी बरबाद की जा रही है—केवल सेठजी की साख कायम रखने के लिए। मगर ढोल में पोल लेकर पूँजीवादी विकास का यह लक्ष्यहीन क्रम अधिक से अधिक भी चलेगा तो आखिर कब तक? अब उसमें दम ही कितना रहा है?

जलपान-घरों, हलवाइयों और तम्बोलियों की दुकानों में रेडियो से खबरें आ रही हैं : मार्शल स्टालिन ने जापान की जनता के लिए नए वर्ष की शुभकामनाएँ भेजी हैं। उन्होंने आशा प्रकट की है कि जापानी मजदूर अमरीकी साम्राज्यशाही का अन्त करके अपने देश को बाहरी दबाव से स्वतंत्र करेंगे और विश्वशान्ति की रक्षा के लिए संघर्ष करेंगे। अमेरिका की खबर है कि वाशिंगटन का पोलिटिकल वर्ग मार्शल स्तालिन के इस सन्देश से चौंक उठा है। मिस्र में अंगरेजी फौजों और मिस्री छापेमार दस्तों में अब भी लड़ाई चल रही है। कल भी तीन घंटे तक दोनों में बराबर से

गोलियाँ चलीं। मिस्र के प्रधानमंत्री नाहसपात्रा ने मध्यपूर्व के ब्रिटिश प्रधान सेनापति राबर्टसन की चुनौती के जवाब में कहा है कि यदि ब्रिटेन ने बल प्रयोग किया तो मिस्र वाले भी घूँसे का जवाब घूँसे से ही देंगे। कोरिया की सन्धि वार्ता अब भी रस्साकशी के तनाव में दोनों तरफ से खिंची हुई स्तब्ध है।

कश्मीर की समस्या और उसे लेकर जनसंघ के झूठे प्रचार के खिलाफ कांग्रेस अध्यक्ष पंडित नेहरू आज दो घंटे तक कलकत्ते में पाकिस्तान, जनसंघ और अकाली दल पर धूम-धड़ाके से गरजे। मीटिंग की भारी भीड़ में तीन आदमी बेहोश हो गए। नई दिल्ली में राष्ट्रपति डॉ. राजेन्द्र प्रसाद ने आज अखिल भारतीय ललित कला संघ के भवन का शिलान्यास किया और यह आशा प्रकट की कि कलाकार अपनी कला को जन-सेवा में लगाएँगे और लाखों देशवासियों को प्रभावित करेंगे।

बाजारू सड़कों से गुजरकर घरेलू सड़कों पर बढ़ते हुए रेडियो का स्वर अटूट क्रम से सुननेवालों के कानों में पहुँचने लगता है। किसी-किसी सड़क पर तो एक सिरे से दूसरे सिरे तक, कदम-कदम पर हर घर से आती हुई रेडियो की आवाज समाज के 'एक स्वर' की तरह गूँजती हुई मिलती है। खेलकूद की खबर आ रही है : "कलकत्ता में होनेवाले भारत और इंग्लैंड के तीसरे मैच का आज तीसरा दिन था। राय, उमरीगर, हजारे केवल अट्ठाइस रन बनाकर एक घंटे के अन्दर ही आउट हो गए। मांजरेकर ने अड़तालीस रन बनाकर आज के सुस्त खेल में कुछ दिलचस्पी पैदा कर दी।...अब मौसम का हाल सुनिए..."

रेडियो को ग्रीनविच समय-संकेत की हुचकियाँ आने लगीं। नए प्रोग्राम के आने के इन्तजार में, सज्जन के ड्राइंग रूम में पास-पास बैठे हुए सज्जन और कन्या एक-दूसरे को टकटकी बाँधकर देखने लगे। चार-पाँच रोज में, दोनों की नजरों में काफी खुलाव आ गया है। रेडियो ने सूचना दी : "ये ऑल इंडिया रेडियो, लखनऊ-इलाहाबाद-पटना है। पराग—इस साहित्यिक प्रोग्राम के अन्तर्गत आज आप महिपाल शुक्ल से उनकी नई कहानी सुनेंगे : 'जब नया युग आता है।'—श्री महिपाल शुक्ल..."

सज्जन ने सोफा पर सिर डालकर आँखें बन्द कर लीं। कन्या सीधे रेडियो की तरफ देख रही थी, मानो स्वर में महिपाल का रूप दिखाई दे रहा हो। महिपाल की आवाज गहराई से निकलती है, उसमें ओज और मिठास भी है, शब्द गूँज के छल्ले पहनकर निकलते हैं; परन्तु स्वर पर थकान चढ़ी है, वह खींच-खींचकर बोलता है, जिससे रेडियो पर खरखराहट होती है।

आँखें खोलकर सज्जन ने कन्या से कहा : "जरा आवाज ट्यून कर देंगी उसकी?—थैंक्यू!"

महिपाल अपनी कहानी सुना रहा था :

"हजारों साल पहले की कहानी है। लताकुंज में नारी ने पहले शिशु को जन्म दिया। उसने आश्चर्य, भय और उत्साह से अपनी नई सृष्टि को देखा। नर को आश्चर्य और भय के साथ-साथ इस नन्हे दैत्य से तीव्र घृणा भी हुई। वह उसे मारने के लिए झपटा। नारी ने अपने बच्चे को कलेजे से लगाकर नर की ओर देखते हुए क्रोध से हुँकार भरी। नर उसके क्रोध से दब गया, वह चमत्कार उत्पन्न करनेवाली जीवन आनन्दायिनी नारी के वश में था; वह उसकी सहचरी थी।

"नारी अपने बच्चे को लेकर मग्न थी। उसका सारा समय अपने बच्चे के लालन-पालन में ही बीतता। उसने नर के साथ वन-पर्वत और सरोवरों में विहार करना छोड़ दिया, अपने बच्चे के ध्यान में उसे नर की अब तनिक-भी परवाह भी नहीं रही। जंगलों में अकेले-अकेले भटकते हुए विरही नर को आठों पहर बच्चे की हत्या कर डालने के तीव्र स्वप्न आया करते थे। उसने कई बार कोशिश की; परन्तु नारी हरदम अपने शिशु की चौकसी किया करती थी। नर से क्रुद्ध होकर अन्त में नारी ने उसे पत्थर मार-मारकर अपनी हद से बाहर निकाल दिया।

''नारी द्वारा प्रताड़ित, अपमानित नर मुक्त गगन और वन में रहते हुए पिंजरे में बन्द शेर की तरह ही तड़पता और दहाड़ता था। नारी के बिना उसका जीवन सूना हो गया था। उसे हरदम उसकी याद आया करती। अन्तर की करुणा काव्य बनकर फूटी, उसने नारी की प्रशंसा और उसके विरह में गीत गाए। काव्य की रचना कर वह बहुत प्रसन्न हुआ। मन बहलाने के लिए उसे एक माध्यम मिल गया था। नारी की—भग की—स्तुति करते-करते उसने प्रकृति के अनेक दृश्यों को सहारा; उषा, निशा, वर्षा, वायु, अग्नि, द्यावा और पृथ्वी के गीत गाए। उसने नारी के विरह में जग को जाना। हर बार जब उसे विरह सताता, वह नए निर्माण में अपना मन रमा लेता था। उसने खाली बैठे-बैठे पत्थर के औजार बनाए, बर्तन बनाए, रंग-बिरंगे पत्थर के टुकड़े चुनकर, तराशकर उसने अपनी प्रिया के लिए गहने बनाए। उसने पशु-पक्षियों के, अपने, नारी के चित्र अपनी गुफा में अंकित किए, प्रिया के नन्हे से खिलौने का ध्यान कर वह खिलौने भी गढ़ने लगा। वह बड़ी दूर का निशाना साधने लगा, उसने धनुष-बाण भी ईजाद कर लिया।

''नारी के विरह में नर निर्माता बन गया। तरह-तरह की रचनाओं में अपना मन उलझाए रखकर भी वह एक क्षण के लिए अपना अकेलापन सहन न कर सका। हरदम उसे अपनी प्रिया की याद सताती थी; परन्तु डर के मारे वह उसके पास जाने का साहस नहीं करता था। अन्त में अपने से हार कर उसने अपनी प्रियतम के पास जाने का निश्चय किया। अपनी सारी सृष्टि लेकर वह परम स्फूर्तिदायिनी, अपनी जीवन सर्वस्व के पास गया।

''नारी को भी अपने जीवन-सहचर का अभाव खलता था, फिर भी अपने बच्चे को लेकर वह उसे भूली हुई थी। बच्चा दिनोदिन बढ़ रहा था, उसकी क्रीड़ाओं और किलकारियों से उसके मन में मोद का पारावार न रहा।

''नर जब अपनी सृष्टि के साथ प्राण-भिक्षा माँगने के लिए आया, तब वह गुफा के बाहर एक शिला पर बैठी हुई अपने बच्चे को बोलना सिखा रही थी। पास ही झुरमुट के उस पार गाय का बछड़ा रँभा रहा था : 'अम्बा-अम्बा!' नारी भी अपने बच्चे को यही बोल सिखा रही थी।

''नर उस दृश्य को देखकर मुग्ध हो गया, इस बार उसे बच्चे से घृणा नहीं हुई। बच्चे ने किलकारियाँ मार, अपने मुन्ने-मुन्ने हाथ बढ़ाकर उसका स्वागत किया। नर और नारी का मिलन हुआ, चारों ओर अपार आनन्द छा गया। नर ने गर्व के साथ अपनी रची हुई सृष्टि नारी को अर्पित कर दी। नारी ने कहा—'तुमने सुन्दर रचनाएँ की हैं नर, परन्तु इनमें से एक भी वस्तु मेरी सृष्टि का मुकाबला नहीं कर सकती।' कहकर उसने अपने बच्चे को गोदी में उठाकर प्यार कर लिया।

''बात सच थी, नर हार मानकर चुप हो रहा। हँसते-खेलते दिन बीते। नारी फिर गर्भवती हुई। इस बार उसने कन्या को जन्म दिया। पुत्री को पाकर वह फिर नर से विमुख हो गई। उसे अपने पुत्र और कन्या के लालन-पालन से अवकाश नहीं मिलता था। नारी की नई सृष्टि ने नर को फिर नीचा दिखाया। वह फिर अकेला रहने लगा। नारी के जीवन में उसका कोई मूल्य नहीं रह गया था।

''इस प्रकार प्रताड़ित होकर नर ने बड़े-बड़े काम किए। उसने ताँबा-पीतल, सोना-चाँदी, रत्न-मणियों आदि की खोज कर अपनी प्रिया को रिझाने के लिए अनेक चीजें बनाईं, वस्त्र बुने, संगीत वाद्यों की रचना की। नर ने वस्तु जगत को अपनी बहुमुखी प्रतिभा से भर दिया।

''वन से गोधन लाकर उसने अपनी समृद्धि में चार चाँद लगाए। हल-बैल जोतकर अन्न उपजाया और अपनी इस सृष्टि पर बड़ा ही मगन हुआ। उसने अपने आपको नित्य नए कामों में बड़ी लगन से उलझाए रखा।...किन्तु अपार पौरुष दिखाकर भी वह स्वयं को सन्तुष्ट न कर सका। प्रिया के बिना उसका पौरुष फीका था। अन्त में पिछले अपमान और लांछना को भूल, अपनी सारी माया लेकर वह फिर नारी की शरण में जा पहुँचा।

''नारी उसे देखकर प्रसन्न हुई। दो बच्चे, इतनी गृहस्थी का प्रबन्ध लेकर उसे काम के मारे अवकाश नहीं मिलता था। स्त्री-पुरुष, दोनों ही दिन-रात अपनी गृहस्थी और बच्चों में रमे रहते। इस तरह फिर प्रसव का काल आया और नारी फिर धीरे-धीरे उससे कतराने लगी।

''तीसरी बार पुत्र जन्म होने पर जब नारी ने फिर उसे घर से निकाल दिया तब नर बड़ा दुखी हुआ। उसके मन में नारी के प्रति विद्रोह उठा। रह-रहकर उसके मन में यही विचार आता कि नारी सर्वशक्तिमयी है, पर वह क्या कुछ भी नहीं ? मैं क्या हूँ ?—'कोऽहं कोऽहं' की रट उसे लग गई।

''नर ने अपने सम्बन्ध में विचार करते हुए हठपूर्वक काम की इच्छा और प्रिया की याद को भुलाना शुरू किया। अपने नारी लुब्ध मन पर उसने कड़ा अनुशासन किया। गर्मी में पंचाग्नि तापी, सर्दी में बर्फ में गला। व्यायाम की कठिन क्रियाओं द्वारा अपने शरीर के एक-एक अवयव को उसने मिट्टी की तरह रौंद-रौंदकर अपने वश में करने का प्रयत्न किया; साथ ही साथ ज्ञान भी बढ़ाया गया। भूख लगने पर निराहार और प्यास लगने पर निर्जल रहकर उसने अपनी इच्छाओं का दमन करने के लिए अपूर्व हठ किया। बड़े-बड़े कष्ट सहकर उसने क्रोध-काम, लोभ-मोह, मान, दर्प-अहंकार—सबको अपने अनुभव-जनित ज्ञान द्वारा पहचाना; फिर भी वह यह न जान पाया कि वह कौन है ? उन्मत्त मन से 'कोऽहं कोऽहं' करता हुआ वह सदैव अशान्त रहने लगा। इस तरह तपते हुए उसे अनेक वर्ष बीत गए।

''उधर नारी अपने कन्या, पुत्रों और गृहस्थी के साथ पृथ्वी पर राज कर रही थी। सब कुछ होते हुए भी प्रियतम के बिना उसे कुछ नहीं सुहाता था। नारी स्वयं अपनी सत्ता-महत्ता से हार मान रही थी। उसने अनुभव किया, पशुओं की मादाएँ अपने नरों के साथ विहार करते हुए बराबर अपनी जाति के जीवों की सृष्टि करती हैं और उसकी सृजन शक्ति लोप हो गई है। नए शिशुओं को जन्म देने की तीव्र इच्छा लिए वह तड़पती रही, प्रिय के बिना उसे कुछ अच्छा नहीं लगता था। हारकर इस बार नारी नर को मनाने गई।

''कठिन हठ से तप कर नर पद्मासन लगाए, समाधि-विश्राम कर रहा था। प्रियतम प्रिय की बनाई मणि-मालाएँ फूल और लताओं से अपना सिंगार कर उसे रिझाने लगी। नर की समाधि भंग हुई, उसने अपने सामने आकर्षणमयी सर्वसत्ताधिकारी सुन्दरी नारी को देखा। देखकर नर का हठ और स्वाभिमान दोनों डगमगाने लगे; परन्तु उसने अपने मन को वश में रखा। नारी उसे रिझाने लगी, मीठी-मीठी बातें बनाने लगी; उसने कहा—'नर मैं दुःखी हूँ, काम ज्वर से जल रही हूँ। मुझे कुछ नहीं सुहाता। प्रिय अपने आलिंगन में बाँधकर मेरी देह को सुख दो, मेरे मन को आनन्द से भर दो। प्रिय, जबसे तुम बिछुड़े, मैं नया सृजन नहीं कर पाई। मैं सतत् कामना करती हूँ, सतत् प्रयत्न करती हूँ, पर मेरे नए बच्चे नहीं होते। पशु-पक्षियों तक की नारियाँ सदा नई सृष्टि करती हैं, मुझे इससे अपार क्षोभ होता है। मैं अनेक शिशुओं की अंबा बनना चाहती हूँ। हे रूपवान्, सुकुमार, महाबली, हे पद्मलोचन सखा, मुझे अपने स्पर्श सुख से आनन्दित करो, जिससे मैं प्रसन्न होकर नई सृष्टि रचूँ।'

''प्रिया के मधुर वचनों को सुनकर नर का हठ छूटने लगा, फिर भी अपने स्वाभिमान की रक्षा करते हुए उसने दृढ़ स्वर में कहा—'नहीं नारी, तुम्हारी माया से लुभाकर, तुम्हारी चिन्ता करते हुए मैंने बड़ा दुख पाया है। मुझे पूर्ण आनन्द प्रदान करने, और नई जीवधारी सृष्टि रचने की सामर्थ्य रखने के कारण तुममें बड़ा अहंकार आ गया है। अपने मद में चूर होकर तुम मुझे बार-बार अपमानित करती हो। मैं अब यह कदापि सहन न करूँगा। तुम्हारी दृष्टि में तुच्छ और नगण्य बनकर अब मैं अपने को पीड़ित न होने दूँगा। लौट जाओ प्रिया, मुझे अब तुम्हारी परवाह नहीं रही।''

''परन्तु नारी नए जीव को जन्म देने के लिए तड़प रही थी; वह नर का अंग-संग चाहती थी। अनेक प्रकार की बातें बनाकर, हाव-भाव और कटाक्ष से रिझाकर अन्त में उसने अपने प्रिय का

मन फिर जीत लिया। अनेक वर्षों तक कठिन विरह की ज्वाला में जलने के बाद नर–नारी ने मिलन का अपार आनन्द अनुभव किया।

''नारी के गर्भ में अपना तेज प्रतिष्ठित करते ही इस बार नर ने नया अनुभव पाया। नए ज्ञान से हर्षोन्मत होकर वह बोला—'नारी तुम्हारे अन्दर नए जीव की सृष्टि रचने का श्रेय मेरे वीर्य को है। मैं ही सर्वशक्तिमान हूँ, मैं सृष्टि–कर्त्ता हूँ। ये कन्या और पुत्र भी मेरे ही हैं।'

''सुन्दर नारी को बहुत बुरा लगा, वह क्रोध में बावली हो गई। अपनी सर्वोपरि सत्ता सिद्ध करने के लिए नर–नारी में भीषण युद्ध मच गया। मुंडमाल पहने, खप्पर भर–भरकर लहू पीते हुए चामुंडा–काली, भवानी, अंबा–नारी अपने को सर्वशक्तिमयी सिद्ध करने के लिए उन्मत्त रण–चंडी बन गई। अन्त में नर विजयी हुआ, नारी हारी।

उसने नारी को अपनी दासी बना लिया। उसकी गृहस्थी का स्वामी बन गया; परन्तु जीत कर भी नर जीत न सका, और नारी हार कर भी हराई न जा सकी—दोनों का सम्बन्ध ही ऐसा था। संयुक्त होकर दोनों ने नए सत्य का दर्शन किया : नर और नारी समान हैं, एक–दूसरे के पूरक हैं। भग और लिंग, दोनों ही संयुक्त होने पर सृष्टिकारक हैं—परम शिव हैं।...इस धरती पर नए युग का उदय हुआ—एक नया प्रतीक बना; नया धर्म चला।''

''अभी आप महिपाल शुक्ल से उनकी कहानी सुन रहे थे। ये ऑल इंडिया रेडियो है।...'' एक नकसुरी जनानी आवाज ने शंकरा का ख्याल उठाया।

''कैसी लगी कहानी?'' सज्जन ने उठकर टेलीफोन के पास जाते हुए कन्या से पूछा।

''मजे की रही।—काफी हद तक अच्छी!'' कन्या अब भी कहानी पर विचार कर रही थी।

सज्जन ने रेडियो से फोन मिलाकर वहाँ के ड्यूटी–ऑफिसर से महिपाल को बुलाने के लिए प्रार्थना की।

कन्या सोफा से उठी, रेडियोग्राम के पास आई, सज्जन ने पूछा—''आपकी पसन्द आ रहा है ये ख्याल?''

टेलीफोन का रिसीवर कान में लगाए सज्जन ने नकारात्मक सिर हिलाकर कहा—''मुझे सिर्फ अपने, और अपनों के ख्याल पसन्द आते हैं।...हाँ, हलो, कहिए महान् लेखक जी, आपकी महानता अब दिनोदिन बढ़ती जा रही है, देखता हूँ। आपके इस 'क्यों' पर जी चाहता है, दस हंटर लगाऊँ कस–कस के। शरम नहीं आती, छै दिन से सूरत तक नहीं दिखाई दी तुम्हारी—न सबेरे, न शाम।...हाँ...हाँ...अरे! च्–च्! तब तो बड़ी मेहनत पड़ गई होगी। हो बौड़म, इसी से कहता हूँ ज्यादा मत पिया करो।...ह...ह...हः! ...वेरी गुड, आ जाओ।..मेरी राय? अजी मेरी राय से ज्यादा कीमती राय सुनिए आप। आला हजरत की एक जबर्दस्त फैन—हिन्दी में कहना चाहिए कि प्रशंसिका—इफ आई एम नॉट रॉन्ग, उनकी राय सुनवाता हूँ। (फिर माउथ पीस मुँह से जरा नीचा कर कन्या से) कम हियर कन्या, आइ'ल इंट्रोड्यूस यू टु योर मोस्ट फेवरिस्ट ऑथर।''

कन्या रेडियो की आवाज मद्धिम कर, एक कान टेलीफोन की बातों पर लगाए रेडियो की सुई के सहारे तमाम हिन्दुस्तान में घूम रही थी। जब सज्जन ने उसे बुलाया, उस समय रेडियो किसी बड़े ही मधुर कंठ का कर्नाटक संगीत प्रसारित कर रहा था। कन्या कुछ सकुचाते टेलीफोन के पास आई।

सज्जन ने महिपाल से कहा—''लो ये आ गईं—ये हैं मिस वनकन्या, और दूसरे सिरे पर है मेरा एक बेवकूफ दोस्त—'' कहते हुए सज्जन ने रिसीवर कन्या को दे दिया।

कन्या ने मुस्कुराते हुए रिसीवर लिया, महिपाल से बातें करने लगी—''नमस्कार। जी?...(हँसी) नहीं, मैंने सच नहीं माना। आप दोनों तो मित्र हैं, एक दूसरे को जो चाहे कह सकते हैं। मैं तो आप दोनों की कलाओं से प्रेरणा लेती हूँ।...जी, अच्छी लगी। सच!...बहुत अच्छी तो नहीं कहूँगी। आपकी 'देवता' कहानी बहुत अच्छी थी।...''

सहसा छत के ऐन ऊपर से एक हवाई जहाज बड़ा शोर मचाता हुआ निकल गया, कानों के पर्दे फट गए। वनकन्या ने फिर बातचीत शुरू की। इतने में एक और हवाई जहाज आ धमका—उतनी ही निचाई से उड़ता और शोर मचाता हुआ। वनकन्या के लिए बात सुनना मुश्किल हो गया, सज्जन कौतूहल के साथ बॉलकनी पर देखने के लिए चला गया।

महिपाल ने वनकन्या से यह कहकर रिसीवर रख दिया कि वह अभी सज्जन के घर पहुँच रहा है। दो-दो हवाई जहाजों के उतनी नीची उड़ान भरने से महिपाल और रेडियो स्टेशन के दूसरे लोगों ने झुँझलाहट प्रकट की। इतने में महिपाल के लिए फिर टेलीफोन आया; इस बार कर्नल बोल रहा था।

महिपाल ने कहा—"यहीं रुका रहूँ? क्यों? मैं सज्जन के यहाँ जा रहा हूँ।...हैं एयरोड्रोम से बोल रहे हो? वहाँ काहे मरने के लिए तशरीफ ले गए थे आप?..."

आसमान पर फिर हवाई जहाज घर्राने लगे—एक के पीछे दूसरा, उतना ही तेज, सनसनीखेज!

हवाई जहाज चक्कर पर चक्कर लगाने लगे; तमाम शहर चक्कर में पड़ गया। जाड़े की रात; सन् बावन के पहले दिन ये पहेली-सा आसमानी हंगामा लोगों को अजीब तरह से चौंकाने लगा। पाँच मिनट तक हवाई जहाज यों ही चकरघिन्नियाँ लगाते रहे। बन्द होते हुए बाजार थम गए; सैकड़ों-हजारों लिहाफों की गर्मी विधवा हो गई। हाट-बाट, नुक्कड़, चौराहे, गली, छत-छज्जे चहुँ ओर मनु की वंश बेल फैलकर, शोर से फूलने लगी।

और फिर हुल्लड़ मचा कि पर्चे गिर रहे हैं। सुहागवन्ती के मुखचन्द्र की शोभा जैसी निर्मल चौथ की चाँदनी में सफेद कबूतरों की तरह अनगिनत पर्चे उड़ने लगे।

शहर की गली-सड़कों में, छतों पर, आसमानी वरदान को रोकने के लिए लाखों हाथ ऊँचे उचकने लगे। सड़कों पर बिजली के खम्भों से जरा ऊपर तक जब पर्चे रह गए थे, तभी लोगों की नजरों ने उन्हें छोटी-सी किताब के रूप में उड़ते हुए पहचान लिया।

जिनके हाथ सहज ही में किताब लग गई, वह तो मानो डरबी की लॉटरी ही जीत गए, और कहीं छीना-झपटी होने लगी, धक्कम-मुक्का, गाली-गलौज मच गया; जिन्हें किताब नहीं मिली, वह बौखलाए से घूम रहे हैं। किसी हिन्दी वाले हाथ में उर्दू की किताब आ गई, वह मुहल्ले में उर्दू पढ़नेवालों को टटोल रहा है। जिस उर्दू वाले के हाथ में हिन्दी की किताब आई, वह अपने घर के स्कूली लड़कों को जगाने लगे जो अब आमतौर पर हिन्दी पढ़ते हैं। जितने लोग थे, उतने करम हो गए।

जनता ऐसे अवसरों पर फुर्ती में कमाल कर दिखाती है : आनन-फानन एक प्रचार पुस्तिका पाने के लिए हजार दुर्घटनाएँ हो गईं, बात आई-गई भी हो गई। और अब तो लोग-बाग अधिकतर टोलियों में सिमटे हुए किताब पढ़ रहे हैं।

किताब के पहले पृष्ठ पर तीन घूँघटों के रफ पेंसिल स्कैच का ब्लॉक छपा है। नीचे छाप के बड़े अक्षरों में लिखा है : "घूँघट का पट खोल री! लेखिका! कु. वनकन्या।"

अपने घर की दुर्घटना का कच्चा ब्योरा देते हुए अन्त में लेखिका ने लिखा था : "पुरुष समाज से मुझे कुछ भी नहीं कहना। जिसको लूटने की बान पड़ गई है, वह आसानी से अपनी आदत नहीं छोड़ सकता। बात कहनी है मुझे अपनी बहनों से। वे बहनें, जो स्कूलों और कॉलेजों में पढ़ती-पढ़ाती हैं, वे जो घरों की चहारदीवारी में कैद हैं, उन सबसे मेरा सत्याग्रह भरा निवेदन है कि 'प्रेम' शब्द के साथ फैली हुई नारी विरोधी जैसी गन्दी तस्वीर को जन-समाज आज अपनाए हुए है, उससे साँप के फन की तरह दूर रहें। अपना गुलाम बनाकर अत्याचारी जिस पर राज करना चाहते हैं, उसका नैतिक दल वे पहले तोड़ देते हैं। हजारों वर्षों के इतिहास में अधिकतर समाज ने नारी के साथ हर तरह से खेलकर, रस लेकर सदा उसे पैरों तले रौंदा है, जीते जी जलाया है। विवाह के मंत्रों में दिया गया नारी का अधिकार अर्द्ध-नारीश्वर के प्रतीक में दी गई समता—ये महान् जनतांत्रिक आदर्श

महज पोथियों की वस्तु बने आज भारत से अधिक, भारत से बाहर पूजा पा रहे हैं। 'जहाँ नारी की पूजा होती है वहाँ देवताओं का निवास रहता है'—इस महान् उक्ति को निहायत बेशर्मी के साथ झुठलाकर भारतीय पुरुष समाज व्यावहारिक क्षेत्र में नारी का स्थान ढोल, गंवार, शूद्र और पशु के साथ मानता आया है। इसी को वे धर्म मानते हैं। धर्म, न्याय, राज सब पुरुषों का है; पुरुष अपनी इच्छा की साँकलों में नारी को धोखे से या जबर्दस्ती बाँधकर अपनी दासी बना ले तो वे बेबस बेचारी क्या-क्या कहे? देवता बनकर यह ठग-जगत् यदि उसका सर्वस्व हरण कर लें तो वह क्या करे? लेकिन हमें अब झूठे धर्म का भय, और झूठी आबरू का मायाजाल तोड़कर कहना भी होगा और लड़ना भी होगा।

"मैंने जब अपने घर में अपने पिता द्वारा होनेवाले अत्याचारों के खिलाफ कुछ कहना चाहा तो मेरी भाभी ने ही रो-रोकर रोक दिया। लाख कोशिश करने पर भी मैं उन्हें यह न समझा पाई कि इस हैवानियत के खिलाफ जनमत तैयार करने में आबरू नहीं जाएगी; आबरू तो अब जाती है, जब अपनी मर्जी के खिलाफ निरीह पशुओं की तरह स्त्री का इस्तेमाल होता है। स्त्री की आबरू तो तब जाती है, जब 'प्रेम' शब्द का लुभाने वाला मायाजाल फैलाकर स्त्री की मर्जी को पुरुष बड़ी खूबसूरती के साथ झुठला लेता है। बेचारी भोली-भाली स्त्री समझती है कि पुरुष उससे प्रेम कर रहा है, जीवन भर दुःख-सुख में वे दोनों एक-दूसरे के सच्चे आधार बनेंगे...पर मैं अपनी बहनों से पूछती हूँ, क्या यही प्रेम है जो आज अमृत और कल हलाहल बन जाता है? क्या यही प्रेम है जो हमारी एक-एक साँस में बिंधकर खून को आँसू का खारा पानी बना देता है।...सारा दिन हम एक निर्मोही कपटी के ध्यान में बैठी रहें, न किसी काम की रहें, न धाम की...आँखें कभी रोते-रोते पथरा जाएँ, कभी आँसुओं के भार से दब जाएँ...हममें न कोई उमंग रह जाए, न उछाह, न दूजी भावना! मैं पूछती हूँ—क्या यही प्रेम है, जिसके भुलावे में पड़कर नारी जाति स्वयं अपना नाश करने में पुरुष को आप मदद देती है? दूर कर नारी यह मोह! घूँघट के पट खोल! पुरुष के अत्याचारों के खिलाफ संगठित होकर अपनी आवाज उठा! जिस दिन स्त्री जाति अपने ऊपर होनेवाले अत्याचारों को अन्त करने के लिए निश्चयपूर्वक खड़ी हो जाएगी, उसी दिन दुनिया से हर तरह के अत्याचार मिट जाएँगे!"

सज्जन और कन्या सोफा पर एक-दूसरे की तरफ कुछ झुककर बैठे हुए साथ-साथ पढ़ रहे थे। वनकन्या के लेख की समाप्ति पर एक छोटा-सा नोट छपा था : "बहन वनकन्याजी का लेख चुनाओ की पारटी पालीटिक्स और दुनिया के जंजालों से ऊपर उठकर विचारने के जोग है। हम सबसे हाथ जोड़कर प्रार्थना करते हैं कि जनता इस पर धियान दे। ये इलक्शन जो चल रहे हैंगे और हुल्लड़ जो मच रहा हैगा, उसमें जिस न्याये के लिए पब्लिक तड़प रही है, मेरी समझ में तो बहेन वनकन्याजी का ये लेख वही न्याये माँगता है। पब्लिक इस पर धियान दे। (नीचे हस्ताक्षर थे : महिपाल शुक्ल, सज्जन वर्मा, नगीनचन्द जैन उर्फ कर्नल साहब)।"

पढ़ते हुए कन्या की आँखों में विनोद लहराया, सज्जन को हँसी और गुस्सा दोनों ही महसूस हुआ। सज्जन बोला—"ये कर्नल गधा का गधा ही रहा हमेशा! क्या ऊलजलूल स्टेटमैंट दिया है और उस पर मेरा और महिपाल का नाम भी डाल दिया कमबख्त ने!"

कन्या हँसी, कहा—"तो इसमें क्या हर्ज है?...मगर कुछ भी कहिए, कमाल कर दिखाया कर्नल साहब ने?..."

सिगरेट मुँह में लगाकर लाइटर निकालते हुए सज्जन ने कहा—"बस, वही क्रिसमस के दिन आपके सामने ही तो उसे आर्टिकिल दिया है मैंने। उसके बाद आज शाम तक उसने मुझे इस सम्बन्ध में कुछ भी नहीं बतलाया!—किसी तरह की चर्चा नहीं—"

"ऊँ! आपको नहीं बतलाया होगा भला!" आँखों की पुतलियों में बनावटी अविश्वास झलका; सफलता से उछलते हुए दिल ने अचानक बेहोशी में अपने दिल का राज आँखों में उछाल दिया।

सज्जन मुग्ध होकर उसे देखने लगा। निजी रहस्य का पहला पर्दा दोनों के सामने से हट रहा था; इस अनुभूति को आज की तिजोरी में भरकर फिर अपनी बात को उठाते हुए कन्या ने कहा—"ये स्केच तो आप ही का बनाया हुआ है।"

सज्जन ने अकारण जोर से हँसकर जवाब दिया—"इस वक्त तो इसे भी कर्नल का बनाया ही समझिए। मेरी किसी स्केच-बुक से उड़ा ले गया है; देवा, मिसरिख, बटेश्वर वगैरा किसी देहाती मेले में स्केच किया था मैंने। अरे, अगर मुझसे कहता तो नया चित्र बना देता—"

"मगर ये अच्छा तो लगता है...बड़ा रुपया खर्च किया गया होगा उन्होंने।"

"ऊँह! रुपया और होता किसलिए है?"

"अपने लिए सब खर्च कर सकते हैं। दूसरे के लिए खर्च करना बहुत कठिन काम है—किसी उद्‌देश्य को पूरा करने के लिए तो और भी कठिन!" कन्या ने भाव भरे स्वर में जवाब दिया।

सज्जन यह दिखाना चाहता था कि उसके मित्र और वह, विशेष रूप से वह—किसी भी सदुद्‌देश्य की पूर्ति के लिए सदा अपना तन-मन-धन हथेली पर लिए तैयार खड़े रहते हैं। उसने सोफा की बाँहों पर दोनों हाथ पसारकर हवाई लहजे में कहा—"मेरे जीवन में यही सिद्धान्त फर्स्ट इम्पॉर्टेन्स का है; और मेरे दिल का नाता भी सिर्फ उन्हीं लोगों से जुड़ता है जो इतना बड़ा दिल रखते हों।—और इसे मैं किसी खास बड़प्पन की निशानी नहीं मानता, हर औसत आदमी में यह गुण होना ही चाहिए।"

कन्या ने रीझी हुई नजरों से उसे देखा। देखने की शर्म अब उसकी दृष्टि में बाकी नहीं रही थी—बल्कि चाव बढ़ रहा था। सज्जन के व्यक्तित्व में मानो उसे अपना वह आधार मिल गया था, जिसे पाने की इच्छा हर स्त्री-पुरुष में होती है। कन्या की दृष्टि की यही सच्चाई सज्जन के अन्तर में अलसाए-पड़े सत्य को गुदगुदा रही थी; इसी गुदगुदी में उसे रस भी मिलता था, साथ ही उठ खड़े होने के लिए चैलेंज भी। कन्या के सामने उसे बार-बार अपने मन को कसना पड़ता था। कन्या को अपनी ओर निश्छल अपनापन लिए देखते देखकर सज्जन खुद अपनी ही बात के वजन को महसूस करता हुआ सावधान हो गया। प्रसंग बदलते हुए बोला—"आपका लेख बहुत सुन्दर है। जनता पर शर्तिया इसका अच्छा असर पड़ेगा।"

कन्या सिर झुकाकर सोचने लगी, फिर बोली—"समझ में नहीं आता क्या होगा? आप से मन की बात कहूँ, जब तक इस अत्याचार और झूठ का पर्दाफाश नहीं हुआ था, मैं मन ही मन क्षोभ के मारे बौखलाई रहती थी। आप कल्पना नहीं कर सकते, उस दिन कितनी तड़प के साथ लेख लेकर मैं आपके पास आई थी। आपसे, फिर उसके बाद यहाँ कर्नल साहब से भरोसा मिला तो बड़ी शान्ति पाई; सोचा, दुनिया में अगर अन्याय है तो उसका प्रतिकार करने के साधन भी हैं। मुझे ऐसा लगा कि मैंने अपना बदला पा लिया। पर अब सोचती हूँ कि इतनी धूमधाम से मेरे मन के सत्य ने प्रचार पा लिया, या फिर भी होगा क्या? हजारों-लाखों लोग इस पैम्फलैट को पढ़ेंगे, दो-चार रोज गर्मागर्म चर्चा भी होगी, पर उसके बाद?—फिर इसी तरह सब कुछ चलेगा, बच्चे नाजायज कहकर मारे जाएँगे, औरतें आग लगाकर आत्महत्या करेंगी।..."

अपनी प्रिया (हाँ, अब सज्जन के मन में 'प्रिया' शब्द स्पष्ट है, जो अभी जबान पर, व्यवहार में नहीं आ सकता) को सान्त्वना देने के लिए बड़े जोश के साथ उसने कहा—"नहीं, अन्त तक हम इस अन्याय को जड़ से मिटाने के लिए लड़ेंगे।"

सज्जन की नजरों में उसकी बात की शक्ति अन्दाजते हुए, फिर उसकी तरफ से दृष्टि हटा कर एक हल्की-सी निसाँस डालकर कन्या बोली—"समझ में नहीं आता कैसे होगा। हमारी पोलिटिकिल पार्टियाँ आमतौर पर समाज से कटकर सत्ता के पीछे दौड़ रही हैं—"

"दौड़ने दीजिए। पब्लिक उन्हें आप ही हूट-आउट कर देगी।"

''हूट-आउट करने से समाज में व्यवस्था नहीं आती सज्जन जी, अराजकता मानव-समस्या का हल नहीं। समाज चेतना बदलने का सवाल है। इसके बदले बिना ये तमाम अन्याय यों ही होते रहेंगे।...और राजनीति को उसके चालू रवैये के कारण हम कोस भले ही लें, मगर समाज की गाड़ी का स्टियरिंग व्हील पॉलिटिक्स ही है—''

''मैं यह नहीं मानता। कल्चर—''

''कल्चर पेट्रोल की तरह जरूरी है, जिसके बिना गाड़ी ही नहीं चल सकती; मगर इससे स्टियरिंग व्हील का महत्त्व तो आप कम कर नहीं सकते। जब तक समाज इतना सुसंस्कृत और सभ्य नहीं हो जाता कि बगैर सेक्रेटेरियट पुलिस और मिनिस्टरों के भी आसानी से चल सके, तब तक राजनीति का महत्त्व इतना ही जोरदार रहेगा। और ये हालत अभी दुनिया में अगर अधिक नहीं, तो कम से कम कुछ सौ वर्षों तक रहेगी ही।''

कन्या चुप हो गई। सज्जन भी विचार-मग्न चुप बैठा रहा। विचारों में दृष्टि गड़ाए हुए कन्या ने फिर कहना शुरू किया—''हमारे राजनीतिक नेता, वह चाहे किसी भी पार्टी के क्यों न हों, नब्बे फीसदी सांस्कृतिक दृष्टि से सोच ही नहीं सकते। इन्हें इस बात का कभी अनुभव ही नहीं होता कि सांस्कृतिक दृष्टि का विकास किए बिना पॉलिटिक्स में स्पिरिचुअल फोर्स आ ही नहीं सकता और उसके बगैर पॉलिटिक्स बराबर पावर-पॉलिटिक्स ही बनी रहेगी।''

''आप स्पिरिचुअल फोर्स को मानती हैं ? मैं तो समझता था कम्युनिस्ट यह सब नहीं मानते।''

''कम्युनिस्ट नहीं मानते तो क्या और सब लोग सही तौर पर मानते हैं ?'' कन्या ने हँसकर कहा—''वैसे कम्युनिस्ट भी मानते हैं, पर हर एक के जानने और मानने के तौर-तरीके अपने-अपने हैं। सच पूछिए तो मैं यह जानती ही नहीं कि स्पिरिट, आत्मा या परमात्मा शब्द ठीक-ठीक किस शक्ति के नाम हैं। ये जरूर है कि मन के किसी भाव को व्यक्त करने के लिए यह शब्द बरबस आ ही जाते हैं।''

''मैं जानता हूँ, कम से कम अपने लिए तो जानता ही हूँ।'' कन्या उसकी ओर गौर से देखने लगी, सज्जन ने मुस्कुराकर धीमी रस भरी आवाज में कहा—''मेरी स्पिरिट, आत्मा या परमात्मा—जो कुछ भी कहिए—एक जंगली लड़की है।''

वनकन्या पर इस बात की तीव्र प्रतिक्रिया हुई; एक बार पुतलियों में बरबस रस बरसा, और तुरत ही वह संयत हो गई, गम्भीर होकर सिर झुका लिया। उसने जवाब न दिया।

दरवाजे के बाहर से कर्नल और महिपाल की आवाजें सुनाई पड़ने लगीं। दोनों जोर-जोर से बातें करते चले आ रहे थे। कर्नल कह रहा था—''अरे वाबूजी, कल इसका असर देखिएगा शहर में—''

दोनों के कमरे में प्रवेश करते ही वनकन्या हाथ जोड़कर खड़ी हो गई। महिपाल ने सांस्कृतिक गम्भीरता से उसे देखा, कर्नल ने बड़ा अपनापन देकर हँसते हुए।

कर्नल ने उससे पूछा—''कहिए आज का तमाशा कैसा लगा आपको ?''

कन्या के जवाब देने से पहले ही सज्जन ने महिपाल से कहा—''यार, कोई अच्छा वकील बताओ !''

और इसके पहले कि महिपाल कुछ कह सके, कर्नल ने उत्साह से कहा—''वकील ? हाँ-हाँ ! अभी फोन करूँ ? काम क्या है ?''

''आपके ऊपर चार-सौ-बीसी का दावा ठोंकना है।'' सज्जन ने चेहरा गम्भीर बनाकर जवाब दिया।

''जरूर ठोको साले के ऊपर—'' कहते-कहते महिपाल रुक गया और कन्या की तरफ देखकर बोला—''क्षमा कीजिएगा, गाली निकल गई मुँह से !''

कन्या हँसने लगी। सज्जन बोला—"ये हैं ही इस काबिल! क्या स्टेटमैंट छापा है हम लोगों के नाम से, जरा मुलाहिजा फरमाइएगा?" कहते हुए सज्जन ने पास ही रखी तिपाई से पैम्फलेट उठाने के लिए हाथ बढ़ाया। कर्नल झेंपकर हँसने लगा।

महिपाल बोला—"रास्ते भर मैं इसको फटकारता चला आया हूँ। इतनी गलत-सलत भाषा के साथ मेरा नाम जोड़ा है; जरा इस बात पर ध्यान देना।"

"भाषा न देखिए, भाव देखिए इनका! भाषा की गलतियाँ तो बड़े-बड़े साहित्यकार भी कर जाते हैं—बालमुकुन्द गुप्त ने महावीरप्रसाद द्विवेदी जैसे महान् आचार्य की गलतियाँ निकाली थीं।—बाकी इन्होंने आज सारे शहर को चौंका दिया, हमको और आपको भी; यह कोई मामूली बात नहीं है!"

कर्नल बड़ा ही खुश हुआ। शोर मचाता हुआ बोला—"बस-बस-बस! जीती रहिए आप! अब मेरी तरफ से भी इंटिलिक्चुअल जवाब देनेवाला मिल गया इन मूरखों को! ये लोग आम नहीं देखते, उसकी पत्तियाँ देखते हैं! और अपने को बड़ा आरटिस्ट समझते हैं!"

महिपाल बोला—"खैर, आपकी वजह से इसे छोड़ दिया।...आपका लेख बहुत सुन्दर था, आप अच्छा लिखती हैं।"

कन्या ने विनय से नजरें नीची कर लीं—"छपने से पहले आपको दिखा लेना चाहती थी। गलतियाँ तो बहुत होंगी।"

"अजी नहीं! बहुत सुन्दर लिखा है! बस, दुःख इस बात का रह गया कि अगर इस बेवकूफ ने मुझसे पहले कहा होता तो आपके लेख को सपोर्ट करने के लिए मैं एक अच्छा-सा वक्तव्य लिख देता।" महिपाल ने कहा।

सज्जन भी तुरन्त बोल उठा—"यही तो मैं भी कहता हूँ! इसे न जाने क्या धुन सवार हो गई कि न किसी से पूछा न ताँछा—"

"यह पालसी है बाबूजी! इलक्शन में पर्चे की वैलू होती है।—किसी को कानोकान खबर न होने पाए कि हमारा कौन-सा पर्चा आउट होनेवाला है। तब असर पड़ता है पब्लिक पर।" कर्नल ने कहा।

"असर नहीं खाक पड़ता है—"

"कल देखिएगा—"

"नहीं, असर तो जरूर पड़ेगा—" कन्या कहने लगी, उसकी बात काटकर मुस्कुराते हुए सज्जन ने कहा—"अभी तो तुम कह रही थीं कि कुछ असर नहीं होगा!"

कन्या झेंप गई, दबी झुँझलाहट के साथ हँसते हुए उसने सज्जन से कहा—"जाइए, आप तो मेरी बात का मतलब ही बदले दे रहे हैं। (फिर कर्नल से बोली) मैंने इनसे ये कहा था भाई साहब कि बेकार आपका इतना रुपया नष्ट करवाया, जनता चार दिन तक शौक में चर्चे करेगी, फिर यही सब अत्याचार होते रहेंगे!"

महिपाल बोला—"सच है! समाज के बदलने के लिए उसकी बहुत-सी रूढ़ आस्थाएँ बदलनी होंगी। इसके लिए एक व्यापक संगठन और आन्दोलन की जरूरत है।"

काफी देर तक चर्चा चलती रही। कर्नल और महिपाल जब जाने लगे तो सज्जन उनके साथ कमरे के बाहर तक आया। उसने कर्नल से पूछा—"कितना खर्चा हुआ?"

"क्यों, क्या आप पेमेंट करेंगे मुझे?"

"हाँ।"

कर्नल महिपाल की तरफ देखकर बोला—"सुन रहे हो रईसजादे की बातें! (सज्जन से) बाबूजी, अभी क्या खरचा हुआ है, अभी तो आपकी बुल्लो को हजार दो हजार की प्रेजेंट और करनी पड़ेगी मुझे। तब इकट्ठा बिल भेजूँगा तुम्हारे पास!"

"अमाँ हाँ, हमको भी लगता है, शादी तुम्हारी इसी के साथ होगी। लड़की बड़ी अच्छी है, मुझे पसन्द आई।"

सज्जन को मित्रों की यें बातें अच्छी लग रही थीं, हँसकर बोला—"आप लोग मेरे दिमाग में ऑटो-सजेशन भर रहे हैं। मैं तो बिचारी को निस्वार्थ भाव से मदद—"

"हाँ-हाँ, बड़े निसुआर्थी हैं आप साले!" कर्नल ने हँसकर कहा—"नहीं यार, ये लड़की मुझे भी बहुत पसन्द आई। बस, यही है कि जरा केमनिस्ट है, बाकी इसकी आँखों में शील है।"

उन दोनों के जाने के बाद सज्जन कन्या को उसके घर छोड़ने गया। कन्या ने अपनी मैत्रिणी का आश्रय छोड़कर दस रुपये महीने की एक तंग कोठरी किराए पर ले ली थी। जब गाड़ी से उतरने लगी तो सज्जन ने अपनी जेब से एक बड़ा लिफाफा निकालकर उसकी ओर बढ़ाते हुए कहा—"इसे रख लो।"

"क्या है?"

"रख लो?"

"रुपए?"

"हाँ-हाँ! काम आएँगे।"

"नहीं।"

"देखो, मेरे रहते तुम तकलीफ उठाओ, यह मुझसे न देखा जाएगा।"

"मैं कोई तकलीफ नहीं महसूस कर रही।"

"तुम्हारे पास खर्चे के लिए रुपए हैं?"

कन्या चुप रही।

सज्जन ने कहा—"तब फिर इसे रख लो ना! देखो, इसके लिए किसी तरह का भी अपमान या एहसान नहीं महसूस करना होगा।"

"नहीं...नमस्ते!" कन्या धीरे-धीरे सिर झुकाए अपनी कोठरी की तरफ बढ़ गई। किसी स्त्री के सामने आज पहली बार सज्जन का रुपया हारा था।

20

बिल्ली के बच्चों को चारपाई पर छोड़कर, ताई गोकुलद्वारे के दर्शन करने निकलीं। गलियों में लोगों की छेड़ और उनके कोसने।

गोकुलद्वारे की हवेली के पास एक बड़ा भारी टीला है जिसे बसतू माली के लड़के टिल्लू पहलवान ने अपनी लगन और मेहनत से नन्दनवन बना दिया है। जमीन तक छतरपती की बेलें फैल रही हैं; ऊपर जाने के लिए पक्की सीढ़ियाँ हैं, गली की सतह से जरा ऊपर पहली और दूसरी सीढ़ी के दोनों ओर मोरपंखी के लम्बे, नुकीले झाड़ फाटक का मजा देते हैं, उसके बाद की सीढ़ियों पर मोरपंखी के गोल कटे हुए झाड़ लगे हैं जो ऊपर जाते तक क्रमशः छोटे होते जाते हैं। ऊपर टीले को चौरस करके गोकुलद्वारे और मुसद्दीमल की हवेलियाँ जिस जगह मिलती हैं, उस कोने में दोनों तरफ ऊँची-ऊँची गुलाब की बेलें लगाई हैं; सूरजमुखी, गेंदा, हरसिंगार, गुलदाऊदी, बटन गुलदाऊदी, डलिया, गुलाब आदि की महक और रंगीनी मन में भर जाती है। मुसद्दीमल वाली सामने की दीवाल के पास अखाड़ा बना है, जिस पर टीन का सायबान पड़ा है, पास ही टीन का एक छोटा-सा बन्द बरामदा भी है। गोकुलद्वारे वाली दीवाल के पास दो नल लगे हैं और सीमेंट की पक्की टंकी बनी है जिससे सींचने के लिए पानी बराबर बना रहता है। सामने और दाहिनी तरफ वाली गलियों से कनक चंपा, हरसिंगार, अशोक, चाँदनी, गुलमोहर और अमलतास के पेड़ों की पाँत दिखाई देती है जो अपनी-अपनी फसलों पर चौगुनी बहार दे जाती है। हरे लॉन में एक

बड़ा भारी तख्त पड़ा है, दोनों गलियों की तरफ पेड़ों के बीच-बीच में सीमेंट की दो-दो बेंचें भी जमाई गई हैं।

यह टीला अब टिल्लू उस्ताद का अखाड़ा कहलाता है। टिल्लू उस्ताद की उम्र कुल जमा पच्चीस साल की है। सत्रह-अठारह की उमर में ही बीबी पहलौठी का लड़का रखकर चली गई, तब से निहंग लाड़ले बने हुए हैं। जाति का, घर का धन्धा छोड़कर टिल्लू उस्ताद तरकारी-मंडी में मुकीमी करते हैं। वहाँ के बड़े मुकीमों में माने जाते हैं, बड़ा माल पैदा किया है। सुबह चार बजे से दिन में ग्यारह-बजे तक अपना काम निपटा कर घर आ जाते हैं। टीले के सामने ही, दाहिनी गली के नुक्कड़ पर इनका छोटा-सा पुश्तैनी घर है जो अब लक्ष्मी की माया से हठरी-सा लगता है। घर में बिजली है, अखाड़े में भी लट्टू जगमगाते हैं। टिल्लू उस्ताद की टोली दूर तक धाक बाँधे हुए है। मुहल्ले के आठ-दस नौजवान सबेरे-शाम यहाँ जमा होते हैं।

इस दम संझा बेला कसरत-मेहनत से निपट कर धुस्सा ओढ़े टिल्लू उस्ताद अपने दो साथियों के साथ बेंच पर बैठे हुए सामने वाली गली के दुकानदारों से बोली-ठिठोली का मजा ले रहे हैं। इतने में फटकिया से लाला गिरधारी दूध के वास्ते बाल्टी लिए हुए निकले। घोसी का टट्टर-घिरा हाता पानवाले के बगल में ही है। लाला साठ-बासठ के हैं, बीस बरस पहले तक एक नौकर और एक बन्दूकधारी के साथ निकला करते थे, अब फटा जूता पहने खुद घर का सौदा सुलुफ लाते हैं। लाला गिरधारी की दोनों आँखें भिंगी हैं। उन्हें देखते ही टिल्लू उस्ताद ने टीप लगाई—

(अरे) बहार आई है अन्धों की,
चमन में खिल रहे काने।
खड़ा क्या देखता भिंगे,
बुला ले फुल्ली वालों को।

अपनी दुकान पर ठाले बैठे हुए नाऊ ने भी उस्ताद की गायकी सँभाली। अपने सामने से गुजरते हुए लाला गिरधारी की तरफ हाथ बढ़ाकर गाने लगा—"खड़ा क्या देखता भिंगे, ऽऽऽ"

दफ्तर से लौटते हुए पुलिस ऑफिस के बड़े बाबू काशीनाथ उसी वक्त साइकिल लिए वहाँ से गुजरे। लाला गिरधारी से जैरामजी करने जाते-जाते नाऊ की टीप सुनकर गरज पड़े—"बुजुर्गों से मजाक करता है कमीने! मुहल्ले के बाहर निकलवा दूँगा याद रखना!"

नाऊ खिसियाकर भीगी बिल्ली बन गया। बगल में बैठे हुए पानवाले ने मुस्कुराकर ऊपर उस्ताद की तरफ ताका, उस्ताद ने अपने साथी की तरफ देखकर हाथ बढ़ाते हुए लहक के साथ चिल्लाकर कहा—"बगिया में क्या?"—

साथी—"नरंगी अनार।"

टिल्लू—"बड़े बाबू की बिटिया को—"

साथी—"थानेदार।"

कहकर टिल्लू के दोनों साथी ठहाका मारकर हँसे। दुकानदारों ने खामोश मजा लिया। बड़े बाबू की आबरू बौखला उठी, लाला गिरधारी धीरे से बोले—"अरे अपनी राह लगो कासीनाथ! अब यही लोग बड़े आदमी हैं भैया—"

"देख लूँगा इस बदमाश को कल! बहुत सिर उठा रखा है इसने आजकल!"—बड़े बाबू ने आँखें निकालकर टिल्लू उस्ताद को देखा।

"अबे जा! बहोत देखे ऐसे देखने वाले!—बगिया में क्या?—" टिल्लू उस्ताद ने फिर पुलिस ऑफिस के बड़े बाबू के घर की महिलाओं का अपमान करना शुरू कर दिया। बड़े बाबू तमतमाया हुआ चेहरा लेकर तेजी से आगे चले गए। लाला गिरधारी को जब तक दूध न कढ़ जाए, घोसी के

तख्त पर ही बैठना है, सो बाल्टी रखकर चुपचाप बैठ गए। पास ही बैठे हुए एक और लालाजी से धीरे-धीरे कहने लगे—" अब तो दुनिया में आबरूदारों की मरन है भैया!"

"कुछ पूछिए मत लालाजी—"

"अरे, पिछला जमाना होता झाऊमल, तो अभी खड़े-खड़े डिप्टी कमिश्नर को बुलवाए लेता यहाँ! (आह भरकर) दिनों का फेर है भैया! लक्ष्मी—"

"अरे लच्छमी तो अब नीच जात में फट पड़ी लालाजी! उनकी औरतें सोना पहनती हैं अब—वो क्यों न सरे बाजार हमारी आपकी इज्जत उतारें?"

इसी समय पिछली गली वालों को कोसते हुए ताई ने गोकुलद्वारे की गली में प्रवेश किया। टिल्लू ने फिर उनसे कहा—"ओ ताई! सुनो तो सही। अरे, भिंगे ताऊ से ब्याव कराय दें तुम्हारा?"

टिल्लू के एक शागिर्द जोर से हँसे, कहने लगे—"वाह उस्ताद, क्या मिलाई है जोड़ी; एक अन्धा एक कोढ़ी!"

ताई के क्रोध से दिग्गज डोलने लगे। पथराई हुई पुतलियों की क्रूर दृष्टि से टिल्लू की तरफ देखते हुए अपने बचे-खुचे काले-काले डंठल जैसे दाँत भींचकर, लठिया उठाए गालियाँ देती हुई ऊपर चढ़ दौड़ीं—"अरे तू कोढ़ी, तेरा बाप कोढ़ी हरामजादे! आ तेरा लकड़ियों से ब्या करूँ निगोड़े।"

मैली चीकट धोती, बिलकुल घिसा हुआ लाल दुशाला ओढ़े ताई तेजी से जीने चढ़ती हुई बड़बड़ाने लगी। उनकी सिपली-देह और सूखी टाँगें क्रोधकम्प से लड़खड़ाती हुई सीढ़ियों पर बवंडर की तरह चढ़ने लगीं।

टिल्लू हँसते हुए खड़े हो गए, बोले—"आओ-आओ, अभी तुम्है हिंयन से ढकेल के सीधे जमराज की दुलहिन बनाए देंगे।"

शिकारी की गोली खाई हुई बाघिन की तरह उछलकर ताई लठिया मारने झपटीं। टिल्लू और उसके साथी ताई की टिल्ली बजाते हुए इधर से उधर दौड़ने लगे।

कसाईखाने के पास से उड़ती हुई दुर्गन्ध की तरह इनसानी भाषा और भाव जिबह होकर ताई के मुख में चमक रहे थे। जितना ही उनका दम फूलता था, उतना ही उनका कस-बल भी बढ़ जाता था। ताई की अपराजिता हिंसा लठिया पटक-पटककर गालियाँ फटकार रही थी। टिल्लू से नीचे ही भागते बना। ताई जब गुस्से में पूरी तरह मदहोश हो जाती हैं, तब उनकी आँखों से सचमुच चिंगारियाँ छूटने लगती हैं। मुँह में झाग-फिचकुर, आँखों में चिंगारियाँ, चेहरे की एक-एक झुर्री तलवार की तरह खिंची हुई, कच्चे-पक्के बिखरे बाल, लठिया उठाए लपट की तरह हर तरफ बढ़ती हुई—ताई का यह परम रूप अच्छे-अच्छों के औसान खता कर देता है।

गली में आकर ताई हाँफते हुए खड़ी-खड़ी कोसने लगीं। टिल्लू पहलवान मैदान छोड़कर भाग गए थे।

ताई के आवेश को उतरते-उतरते पाँच-सात मिनट लग गए। उस समय और किसी को उन्हें छेड़ने की हिम्मत न हुई। बीच गली में खड़ी ताई कोसने सुना रही थी; गली से आते-जाते लोगों को उनके पास से गुजरते हुए डर लगता था कि कहीं लठिया न पड़ जाए। धीरे-धीरे वह गोकुलद्वारे की तरफ बड़बड़ाती हुई बढ़ीं।

गोकुलद्वारे की हवेली गदर से पहले की बनी हुई है। पहले के मकान जिस नक्शे से बनते थे, उनमें चौक का महत्त्वपूर्ण स्थान था, परन्तु हवेलियों में चौक की सार्थकता पंगु बना दी जाती थी। ज्यों-ज्यों मंजिलें बढ़ती गईं, चौक में अँधेरा और सीलन बढ़ता गया। कोठे-दर-कोठे, तहखाने-दर-तहखाने में घुसकर सेठ की माया थैलियों से अपना कलेजा जुड़ाने लगीं। पैसे की गर्मी खुद अपनी ही जलन से बचने के लिए जमीन में समाती चली गई। पैसे के लोभ ने इनसान की असलियत पर ही अपने रंग का हाथ फेर दिया। घने अँधेरे और सीलन की बदबू में उसे अपने

प्राण सबसे अधिक सुरक्षित लगते थे। घुटन और अँधेरे से उसे उतना डर नहीं लगता था, जितना खुलाव और फैलाव से। ऐसे कुसंस्कारों की सीमा में रहनेवाले व्यक्ति की चेतना अधोमुखी हो जाती है। इच्छा शक्ति सब तरफ से खिंचकर भँवर के पानी की तरह नीचे, स्वार्थ की तरफ ही सदा बढ़ती रहती है।

गोकुलद्वारे की हवेली सेठों के भगवान् की है। चूँकि भगवान् भक्त की भावना के अनुसार रहते हैं, इसलिए जंगलों-चरागाहों में खेलने वाले, चाँदनी रात में जमुना तीरे रास रचाने वाले, सोलह कलाधारी कृष्ण कन्हैया अपनी प्यारी राधाजी के साथ अँधेरे दालान के अन्दर अँधेरे कोठे में बड़ी तड़क-भड़क और शान-बान के साथ घुटा करते हैं!

जब ताई पहुँचीं, भोग और संझा-आरती आदि हो चुकी थीं। शयन के दर्शनों के लिए दो-तीन औरतें दालान में बैठी हुई बातें मठोर रही हैं। दो दर्शनार्थी बूढ़े भी छज्जे के पास बैठे हुए 'कृष्णमय जगत्' की चर्चा करते हुए परनिन्दा रूपी भजन में लिप्त हैं।

मुखियाजी औरतों से जरा हट कर बैठे हुए ठाकुरजी की सेवा के पान लगा रहे हैं। अधपकी दाढ़ी और लम्बे बालों वाले ठिगने भितरियाजी जनाने ढंग से धोती पहने, आँचल से मुँह पोंछते और अपनी औंधे नगाड़े जैसी तोंद मटकाते भीतर से आँगन में आए। आँचल उठा होने के कारण उनकी गुमटी-सी उठी हुई तुंदी तोंद पर मठ के कलश की तरह झलक रही थी। धोती-मिर्जई पहने, दुबले-पतले साँवले कीर्तनिया जी दालान के बीचवाले दर में टाँगें फैलाए खम्भे से टिक कर बैठे, आधे नैन मूँदे जाँघों पर ताल देते हुए गुनगुनाने में मस्त हैं।

कोने में लठिया टेक, कुएँ के पास रखे डोल से पानी लेकर ताई अपने हाथ-पैर धोने लगीं। उन्हें देखकर भितरियाजी नैन-सैन चलाकर बोले—''क्यों राँड़की, बड़ी देर कर दी आज?''

''मर राँड़की। मुझे क्यों राँड़-राँड़ कहवे हैं? राँड़ होवेगी मेरी सौत। मैं तो पूरा सुहाग लेके जाऊँगी, देख लीजो!'' भितरियाजी से रसमय वाक्-युद्ध करते हुए ताई दालान की ओर चलीं; उनके साथ-साथ भितरियाजी भी कूल्हे मटकाते उधर ही चले, दाढ़ी-मूँछों में मुस्कुराकर बोले—''बुड्ढी हो गई निगोड़ी, अब भी राह-चलतों से छेड़ करती आवे है!''

''और तू कौन बड़ी जवान है खसोटी? हात भर की दाढ़ी लेके भी चिता में नईं पौंच पाई रंडों। मुझसे कहे है छेड़ करे हैं। अरे, छेड़नेवालों का सत्यानास जाए, उनके कुनबों में आग लगे, तेरी दाढ़ी में आग लगे निगोड़ी! अपने गुन नईं देखती, दिन भर छछूँदर ऐसी इस घर से उस घर घूमा करे है।''

ताई की हम-उम्र सरसती दादी बोलीं—''रहने दो भैना, ठाकुरजी के सामने काहे किसी को कोसती हो?''

''का करै? तइया बिचारी हलकान हुई जाती हैं।'' खन्ना बाबू की बहुरिया बोली—''आजकल के लोग ऐसे हुइ गए हैं कि कुछ पूछौ ना। लाओ तइया, तुमरे गोर दबाय देयो।'' खन्ना की बहुरिया बड़े भाव से पैर दबाने के लिए आगे बढ़ीं। ताई ने हाथ, तेवर चढ़ाकर चट् से कहा—''ना-ना, मुझे नईं चइये किसी का ऐसान! अपनी सास के दबा; कोई बौत भूखी है राँड़ के बऊ मेरे पैर नईं दबाती, पैर नईं दबाती!''

सास का नाम सुनकर खन्ना बहुरिया की नैन-पुतलियाँ तीन तिलोकी पार की झाँकी लेने लगीं; चेचक के दाग भरे, गोरे गोल चेहरे को और भी भोला बनाकर ठंडी साँस खींचती हुई भरी सभा में सबकी ओर देखकर बोली—''हमरा भाग खोटा है और का कहै तहया! हम तो बहुआ की ऐसी-ऐसी खिजमतगारी किया है कि कोई कर नाहीं सकत है। बाकी हमरे हाथ में जस नहीं है निगोड़ा—चाहे हम अपनी छाती निकाल के रख दें।''

गम्भीर सरसती दादी बोली—''दुनिया जैसा देखती है, वैसा ही कहती है बऊ।''

''यही तो! यही तो!'' खन्ना बहुरिया के भोलेपन को फिर भूकम्प के धक्के से सँभलना पड़ा। पल्ले से ओठ पोंछती हुई कहने लगी—''दुनिया वाले तो उनका फटेहाल घूमत भये देखत हैंगे, बाकी ई कोई नहीं जानत हैगा कि ऊ अपने कुटाँटपन के मारे ऐसा करत हैंगी। हजार बार हम कह चुके, उनके लरके कह चुके कि बरे बाबू महतारी हुइके ऐसे फटेहाल न जाया करो बाहर। पर उन्हें तो हमरी बदनामी करावै में—''

''अरे भगतिन! चिन्ता मती कर। दुनिया नईं देखेगी तो ठाकुरजी महाराज तो देखेंगे। क्यों जीजी!'' मुखियाजी ने चाँदी के पनडब्बे में पान लपेटते हुए कहा।

दादी बोली—''हाँ, मुखियाजी। ठाकुरजी घट-घट वासी हैं। सास की करनी सास के साथ, और बऊ की करनी बऊ के साथ। उस दिन कसमीरियों के यहाँ का किस्सा बताती रहीं बुआ, कि एक घर में बऊ को बड़ी तकलीफ मिले। बऊ बिचारी रात-दिन चूल्हा-चक्की करे; धन्धे पीटते-पीटते सबेरे चार बजे से रात के बारह बजे जाएँ औ' सास की त्यौरी में हरदम धनुकबान चढ़ा ही रहे मरा।—''

''हूँ।''

''बऊ बिचारी ने मूँ से कभी स्त्री के कृस्न—कुछ भी नईं कहा। सास उसे पत्थर की एक बटिया से नापकर चावल खाने को दिया करे। वो मुस्कल से एक मुट्ठी होता था। बऊ बिचारी ने सत्रा बरस ऐसे ही सांती से तपस्या करी। सास ने अतियाचार दिनों-दिन बढ़ते ही रहे।—''

''हूँ:।''—भितरियाजी ने फिर हुँकारी भरी।

दादी ने आगे कहा—''सत्रा बरस बाद बऊ में ऐसा सत्त आया कि एक दिन जब सास निगोड़ी उसे चूल्हे की लकड़ियों से मार रही थी तो दीवाल फोड़कर देवी परघट हुईं और सास को सराप दिया कि जा मरी, तूने जैसा-जैसा ऐसी सतवंती बऊ को सतावा है, वैसा ही तेरे अगाड़ी आएगा। तेरे कुल में लड़कियाँ विधवा हो जाया करेंगी और बऊएँ जिएँगी नहीं। सो देवी के सराप से आज तलक उनके घर में ऐसा ही होता चला आता है।''

दाहिना पंजा फैलाकर, बीच की उँगली आगे निकाल, मुखिया जी की तरफ इशारा करते और आँखें नचाते हुए भितरिया जी बोले—''सासें निगोड़ी ऐसी होमें हैं। देख लीजो, मेरे ताईं भी देबी परघट होएँगी एक दिना। ये मुखिया निगोड़े की चोटी पकड़ के कुएँ में ढकेल देवेंगी। मोंय बौत सतावे है निगोड़ा!''

सरसती दादी, खन्ना बहुरिया, यहाँ तक कि ताई के रूखे चेहरे पर भी विनोद लहरा उठा।

मुखिया जी हँसकर बोले—''देख लो सरसती जीजी, मोय अपनी सास बनावे है जनानिया निगोड़ा।''

सरसती जी मुस्कराईं। कहा—''भितरियाजी की सास तो तुम्हीं हो सको हो मुखिया जी! जलमा अष्टमी पे जसोदा जी बन के तुम्हीं तो ठाकुर को गोदी में खिलाते-झुलाते हो।''

भितरिया जी फिर तैश में तोंद मटकाते और ताली पीटते हुए हाथ बढ़ाकर बोले—''झूठ नईं कऊँ हूँ बुआ। आप सतावै और अपने खसमों से मेरी दाढ़ी नुचवावे है—''

इतने में कहीं बाहर से जलघड़िया जी रुई की फूलोंदार मिर्जई पहने, कान पर जनेऊ चढ़ाए आए। ताई को देखकर बोले—''ताई, जै सीकिस्न।''

''जै सीकिस्न।'' ताई ने उसे देखकर कहा।

जलघड़ियाजी भितरिया जी की दाढ़ी खींचते हुए बोले : ''क्यों भाभी, ताई को भोग दिया कि नहीं?''

''मर राँड के, मैं काये को तेरी भाभी? तूई लाके दे अपनी ताई को भोग। तुझे ही सेवकी की दोअन्नी-चौअन्नी मिले है ताई से। मुझे तो राँड़ ने कभी छदाम भी नहीं टिकाई। क्यों राँड़ की?''

''मर राँड़ की! तुझे काये की सेवकी दूँ? जलघड़िया तो मुझे नित्त उथापन का भोग देवे है लाके।'' ताई कहने लगीं।

जलघड़िया जी अन्दर के कमरे से ताई के लिए भोग लाने चले गए थे।

ताई कहती रहीं—''तुझे और समाधानी निगोड़े को तो मूँ पे झाडुएँ दें चार-चार। चंदा ले जाए है निगोड़ा! सबके घरों में बाँट देने जाए है हर मईने। मेरे घर की बारी निगोड़ी कबी आवे ही नहीं है। अब की आवै तो चन्दा माँगने!''

सरसती दादी बोली—''अरे, ठाकुरजी की जमा मारते हैं ये लोग! इन्हें नरक का भी डर नहीं है मरा! ठाकुरजी की जैजाद हड़प के गोकुलचन्द अधकारी लाखोंपति बन गया नासपीटा—''

''जाने दो सरसती जीजी। मन्दर में बैठ के अधकरी समाधानी को ऐसे कटुक वचन मत कहो।'' मुखिया जी दोनों घुटने बाँधकर बैठते हुए बोले।

इसी समय जलघड़िया जी एक सकोरे में फलों के चार टुकड़े लेकर बाहर आए। भितरियाजी मुखिया जी से बोले—''कहने दे न मरे इन्हें। मैं तो गुलामी करूँ हूँ, सो कुछ कह नहीं पाऊँ हूँ। निगोड़ों के ताईं गालियाँ सुनके मेरे कलेजे में ठंडक भरे है। अपनी तोंद भरते जाएँ हैं मरे। अब की जाड़े की जड़ावल तलक नहीं दी मोंये। मेरे, मुखिया के चार धोती, चार डुपट्टे साल भर के बँधे हैं, सो दो ही धोती मुखिया को दीं और मोंये तो इस बार एक अँगोछे में ही सूखा टरकाए दीना निगोड़ा। बल्लभदास की घरवाली मरते बखत अपना मकान-जेवर, सब ठाकुरजी को सौंप गईं, आप हजम कर गया सब का सब। मैं तो अब हर जगै यही कहती फिरूँ हूँ कि मन्दर को अब कोई भी गुपत दान न देवे। यह अधकारी समाधानी निगोड़े मिल-बाँट के चट्ट कर जावें हैं!''

मुखिया बोले—''राँड़, काहे को अपनी दाढ़ी नुचवाने के काम करे है। मन्दर में बैठ के मालक लोगों की बुराई करेगी तो—''

दादी बोली—''अरे, कहने दे बिचारी को। इत्ती बखत दोनों नईं हैं तो जी के फफोले ही फोड़ ले थोड़े से!''

मुखिया सकपकाते हुए बोले—''अरे, पर दीवालों के भी कान होवें हैं, जीजी!''

जलघड़िया जी ने बात में बात मिलाई—''दुश्मन सब जगह महजूद रहता है, सरसती दादी। (फिर भितरिया जी की दाढ़ी खींचकर) भाभी तू समझती क्यों नहीं है?''

सरसती दादी बोली—''अरे यहाँ कौन कहने वाला बैठा है उनसे।—''

''क्यों?'' प्रसाद खाकर सकोरा मोरी पर रखने के लिए उठते हुए ताई ने कहा, फिर खन्ना-बहुरिया की तरफ हाथ का इशारा कर बोली : ''ये बैठी तो है पंचपांडो की दरौपदी। समाधानी निगोड़ा कलकत्ते-बम्बई से चन्दा-माँग-माँग के लावे है ठाकुरजी के नाम पे, और ये ठकुराइन रड़िया बैठ के खा जाए है सब!''

मुखिया, भितरिया, जलघड़िया तो यह सुनकर एकदम गोता मार गए। सरसती दादी की आँखों में नए समाचार की चमक आई। खन्ना-बहुरिया का चेचकदार, गोल गोरा चेहरा एकदम स्याह पड़ गया। हकबकाकर चारों तरफ देखती हुई बोली—''काहे किसी को दोस लगाउत हो तइया। हमसे दुस्मनी करनेवाले जैसा-जैसा हमरे खिलाफ फैलाउत हैं, वैसा ठाकुरजी करिहैं तो उनके आगे अइहै।''

ताई जाते-जाते एकदम से पलट पड़ीं। दोनों हाथ उसके मुँह की ओर बढ़ा-बढ़ाकर अपने पीले-पीले डंठल जैसे दाँत भींचते हुए तुनक कर बोलीं : ''अरे, तेरे ही अगाड़ी आवेगी खसोटी। सब को झूठा बनाती फिरे हैगी। सास मरी को दुख भी दे और ऊपर से बदनाम भी करे। खसम निगोड़े को उल्लू बनावे—अरे, सर्दपूनो को कौन रड़िया-राँड ठाकुरजी की छत में समाधानी से अपना मूँ-काला करा रही थी? बोल! ठाकुरजी का भी डर-भौ नईं है तुझे कुछ?''

मन्दिर की पॉलिटिक्स में एक महान् दुर्घटना होने के आसान नजर आने लगे। मुखिया, भितरिया, जलघड़िया सब के चेहरों के चिराग बुझ गए, उन पर बुझी हुई बत्ती की धूम-रेखा-सी लहरा उठी। मन्दिर की अति गोपन बात (सर्वशक्तिमान् अधिकारीजी के कालदंड के समान समाधानी जी के अति गोपन रहस्य) के प्रकट हो जाने से जिम्मेदारी इन्हीं तीनों पर आएगी। इन्हें अपने पेट का डर है। खाली कीर्तनिया जी जैसे बैठे थे, बैठे रहे। अधखुली आँखें बिलकुल मुँद गईं, उनके हजामत बढ़े पीड़ित चेहरे पर शान्ति की कान्ति दमक रही थी। खन्ना-बहुरिया फफक-फफक के रोने लगीं—"हाय, हमरे ऊपर झूठा दोस लगाउत है।—"

"मोको झूठी-ही दोष लगावे आली—" अचानक कीर्तनिया जी जोर से जाँघ पर ताल देकर आँखें खोलते हुए गा उठे। करुण रस से भरी हुई, सदा खोई रहने वाली उनकी बड़ी-बड़ी आँखें खन्ना-बहुरिया की ओर स्नेह से ताकने लगीं। हँसकर बोले—"जाने दे भक्तिन—" (फिर ताई की तरफ देखकर) "तू भी जाने दे री माई। गोकुलनाथ निन्दारे हो रहे हैं। अरी, तुम लोग लड़ोगी तो वह रात को चौंक-चौंक पड़ेंगे। जाने दे माई, तेरे पइया पड़ूँ।"

वातावरण कीर्तनिया जी के व्यक्तित्व की तरह ही शान्त हो गया। भितरिया जी गर्दन नचाकर, प्यार से कीर्तनिया की बाँह पर तमाचा मार के बोले—"मर राँड़ के, तुझे तो लड़ाई में सवाद ही नहीं आवे है!"

मुखियाजी हँस पड़े। सरसती दादी बोलीं—"भितरिया जी को लड़ाई-भिड़ाई में बड़ा रस आता है!" जलघड़िया जी हँसकर भितरिया जी के बगल में गुदगुदी करते हुए बोले—"आओ भाभी, हमसे लड़ो।"

शयन की आरती का समय हो गया था। सो मुखिया जी उठकर अन्दर चले गए। ताई हाथ धोने गई। खन्ना-बहुरिया चोट खाई नागिन की तरह फुफकारती और रोती रहीं। कीर्तनिया जी घुटना समेटकर फिर अपने में तन्मय होने लगे। बड़े मीठे स्वर से कवित्त उठाया—

कोऊ कहौ कुलटा, कुलीन अकुलीन कहौ
कोऊ कहौ रंकिनि कलंकिनि कुनारी हौं;
कैसो परलोक, नरलोक वर लोकन में
लीनी मैं अलीक, लोक-लीकन तें न्यारी हौं।
तन जाव, मन जाव, 'देव' गुरुजन जाव,
जीव क्यों न जाव, टेक टरति न टारी हौं;
वृन्दावनवारी बनवारी की मुकुट वारी
पीत पटवारी वाहि मूरति पै वारी हौं॥

कीर्तनियाजी गाते हुए तन-मन की सुध बिसारकर आनन्द-विभोर हो गए। सारे वातावरण में शान्ति छा गई। शयन के दर्शन होने लगे। झाँझ करताल बजने लगीं। भावरूपी भगवान् सारे दिन का कार्यक्रम पूरा कर, कीर्तनियाजी की लोरियों के पालने ही में सो गए। यह बड़ी हवेली, जिसके अँधेरे और घुटन में उन्हें कैद करके उनके नाम पर व्यापार-व्यवसाय किया जाता है, जहाँ उनकी प्रत्यक्ष साखी में सब तरह के पाप और अनाचार हो जाते हैं, जहाँ वे मनुष्य की स्वार्थन्धता का प्रतीक बनकर जड़ हो गए हैं, वहाँ भला उन्हें क्योंकर नींद आ सकती है, वहाँ का भोग-शृंगार भी उन्हें क्योंकर रुच सकता है?

...तुलसी दल डालकर भगवान को दूध के गिलास का भोग चढ़ाया गया; भगवान ने न पिया, दूध मुखिया ले गया।

पट बन्द हो गए। दर्शनार्थी एक-एक कर जाने लगे। अपनी लठिया उठाती हुई ताई ने जाते-जाते एकाएक रुककर कीर्तनियाजी को देखा। उनकी पथराई हुई क्रूर आँखों में इस समय करुणा

दिखाई दे रही थी। मैले आँचल के खूँट से दस पैसे निकालकर उनकी ओर बढ़ाती हुई बोली—''लो महाराज, पाव भर दूध पी लेना।''

कीर्तनिया जी ने हाथ बढ़ाकर पैसे ले लिए। फिर एकाएक हँसने लगे। हँसते-हँसते ऊपर देखा, और जोर से हँस पड़े।

कीर्तनियाजी अक्सर ऐसे हँसा करते हैं, बातें किया करते हैं। सब उन्हें प्यार करते हैं, ताई भी उन्हें प्यार करती हैं। और उस प्यार में तीन पीली-सफेद धारियों वाले बिल्ली के बच्चे भी इस समय जुड़ गए हैं, जो अब जरा-जरा बड़े होकर सारे घर में ऊधम मचाया करते हैं। उनका ध्यान आते ही ताई के डग तेजी से बाहर की ओर बढ़ने लगे।

गोकुलद्वारे से अपने अन्तर के ज्वालामुखी पर करुणा की ठंडक लेकर ताई गली में निकलीं। चारों ओर से फिर छेड़ शुरू हो गई। ताई का ज्वालामुखी फिर आग उगलने लगा।

21

बन्द घर में गुट्टू-मुट्टू से तीन बिल्ली के बच्चे ताई की झँगोले ऐसी खटिया पर उछल-कूद मचा रहे हैं। जब से आँखें खुल गई हैं, बच्चे निचित्ते होकर नहीं बैठते। उन्हें लेकर ताई का मन सदा ऊँचा ही रहता है; मोरी के छेद पर ईंट अड़ा दी, सीढ़ी की कुंडी सदा बन्द ही रहती है कि कहीं बिलौटा न आ जाए। बच्चों की माँ भी उन्हें फूटी आँखों नहीं सुहाती, बच्चों को दूध पिलाने के लिए लाख जतन कर वह ताई के घर में घुसती है, और ताई जब उसे देख पाती है तो लठिया लेकर दौड़ती है।

अँधेरे घर में बिल्ली ने ऊपन की कानिस से नल के पास रखे ढँके गंगाल पर छलाँग मारी। उसे देख, खाट की पाटी पर तीनों बच्चे एक-दूसरे से सटकर बैठे हुए उतावली से म्याऊँ-म्याऊँ करने लगे। बिल्ली ताई की खाट पर चढ़कर लेट गई; बच्चे घुसकर दूध पीने लगे। एक बच्चा उसकी पीठ पर चढ़कर दूध पीने लगा और घुस-घुसकर दूध पीने की तड़प में खिसकते-खिसकते नीचे आ पड़ा। तीन चुन्नी-मुन्नी दुमें आनन्द से लहरा रही हैं; बिल्ली भी कभी-कभी ममता के अतिरेक में दुम हिला लेती है।

ताई बाजार से उनके लिए दूध का कुल्हड़ लिए चली आ रही है। परभू मुरहा गाल में पान दबाए मुट्ठी बाँधकर सिगरेट पीते-पीते ताई को देखकर अचानक खलीफा तमोली के चबूतरे से कूदकर गली में ताई के सामने बैठ गया और उसकी लठिया पकड़ ली। ताई चिहुँक उठी, कुल्हड़ से दूध छलक गया।

मुरहू बोला—''ताई, मरन किनारे आईं—दूध-मलाई लड़कन खातिर होत है। कुल्हड़ हमें दिए जाओ, लठिया छोड़ देई।''

ताई तिलमिलाने लगीं, मुरहू ने फिर कहा—''देखो देखो, कोसिहौ-काटिहौ, गुस्सा हुइहौ तौ तुमरै नुस्कान होई—दूध ढनक जइहैं।''

ताई सचमुच बड़े शशपंज में फँस गई थीं। आज ऐसी परिस्थिति में शायद ये बहुत अरसे से नहीं घिरीं। जीवन में शायद पहली बार ताई रणक्षेत्र में परास्त होकर सन्धि करने पर मजबूर हुईं; खीझ कर बोलीं—''छोड़ दे मरे! बच्चे भूखे होंगे।''

''अरे, हमको छोड़ के और तुम्हारा कौन बच्चा हुई सकत है? औ' जो कोई हुइहै तौ सारे का समझ लेब। सुन लेओ भाई बजार वालों, ताई ने हमैं गोद लिया है। अब इनकी जमा-पूँजी हमारी है, चाहे इनके मरन पे लें चाहे इनके जिन्दे में लें!''

गली के दोनों ओर दुकानदार, सुनार, दर्जी, बिसाती, तम्बोली, हलवाई सब हँस रहे हैं। ताई के आसपास के लोग हँसते हुए निकल जाते हैं। चारों ओर की छेड़खानी से बेहद खौलते हुए भी

ताई दूध के कुल्हड़ के कारण बेबस हो रही हैं। उन्होंने कोसना-काटना भी बन्द कर दिया, भट्टी में पड़े लोहे की तरह तपती हुई खड़ी हैं।

अचानक लठिया छोड़कर वो आगे निकल गईं।

परभू मुरहे को इसकी उम्मीद न थी। सहारा छूट जाने से लठिया गली में गिरी, मुरहू के हाथ में झटका लगा। उठकर लठिया बढ़ाते हुए बोला—''अच्छा लेओ, लठिया लै जाव। ए ताई!''

ताई दूर जाकर खड़ी हो गईं, उसकी तरफ तीखी दृष्टि से देखकर बोलीं—''घर आकर दे जाना निगोड़े नहीं तो कल सबेरे तेरा बंस नास कर दूँगी!''

मुरहू के कलेजे में ताई का सराप लगा; मसखरी भूल गई, डर लगा, सबके सामने, तेहा चढ़ा, अकड़कर हँसता हुआ बोला—''अरे तुम तो कल हमरा बंस नास करिहौ! हम आजै तुमरा सफाया कर देव। ई लठिया पड़ी है तुमरी, उठाओ चाहे न उठाओ। हम न पहुँचैबे, सुन लेओ। ओ ताई!''

ताई बजरंगबली के चबूतरे के पास पहुँचकर अपनी फटकिया की तरफ मुड़ रही थीं।

बाजारवालों ने परभू को समझाया, पर वह नट गया। एक धर्म-भीरु सुनार ने अपने लड़के को ताई की लठिया दे आने के लिए भेजा।

बड़बड़ करती ताई के अन्दर आते ही बिल्ली उछलकर खटिया के नीचे चली गई। एक बच्चा, जो माँ का दूध पीकर मस्ती में लड़ते-भिड़ते हुए किसी समय चारपाई से नीचे गिर पड़ा था, बरौठे में ताई को देखकर मुन्नी-महीन सी म्याऊँ-म्याऊँ करता हुआ दौड़ा। खटोलिया पर गुत्थम-गुत्था करते हुए दोनों बच्चे भी अपने दालान-पतित भाई की म्याऊँ-गुहार का अर्थ समझकर चटपट म्याऊँ-म्याऊँ करते सिरहाने तक धाए। इस समय दूध मिलता है, इतना होश इन दस-बारह रोज के बच्चों को खूब हो गया है। दालान वाला आगे दौड़ा तो चबूतरी पर गिरा, और चबूतरी पर दो कदम दौड़कर फिर आँगन में; खटिया वालों में से एक तो स्टंट मारकर लद्द-से धरती पर गिरा, सुखट्टी मियाँ चारपाई से ही म्याऊँ-म्याऊँ करने लगे।

दोनों बच्चे आँगन में आकर ताई के पैरों से म्याऊँ-म्याऊँ करते मुँह रगड़ने लगे, इनका कदम उठाना भारू कर दिया। ताई की बाहरी खौलन-जलन पर नेह की ठंडक छा गई। दोनों के लिए धरती पर जरा-सा दूध गिराकर अपना पीछा छुड़ाते हुए दालान में आईं; खम्भे से लगे रखे हुए एलमुनियम के ढक्कन में कुल्हड़ का दूध उँड़ेलकर ताई आँगन से दोनों बच्चों को उठा लाईं, फिर खटोलिया से तीसरे बच्चे को भी उठाकर दूध के पास रख दिया।

इतने में दरवाजे की कुंडी बजने लगी। मानुसगन्ध पाकर ताई फिर तमतमाने लगीं!

''अरे अपनी लठिया लै जाओ, ताई, ओ ताई!'' बाहर से आवाज सुनकर ताई बुखारी से काले तिल निकालकर गालियाँ बड़बड़ाती दरवाजे की तरफ बढ़ीं।

उस दिन रात के नौ बजे तक गली के बाजार में बड़ी गर्म चर्चा रही कि परभू मुरहे के धोखे में ताई ने परसोतम सुनार के लड़के पर तिल छींट दिए; उसकी हालत खराब है, झाड़-फूँक, डॉक्टरी इलाज सभी कुछ हो रहा है। भभूती सुनार दुकान बढ़ाकर महाराज के सिर पर सन्दूक रखवाए, भालाधारी चौकीदार के साथ गली में आए तो ये चर्चा सुनी। परसोतम की दुकान पर खड़े होकर उसके छोटे भाई से हाल पूछा। परसोतम से हमदर्दी रखनेवाले सब लोग ताई के लिए अपार घिन और गुस्सा दरसा रहे थे। भभूती बोला—''घर हो आऊँ तो आता हूँ तुम्हारे यहाँ।''

भभूती के घर में इस समय बड़ी और नन्दो को छोड़कर और कोई नहीं है। शंकर-छोटी सेकंड शो में सिनेमा देखने गए हैं। अम्मा, आज छह दिन हुए, बहनोई के स्यापे में कासगंज गई हैं; उनका लड़ैता पोता भी साथ ही गया है। मनिया कल माल लाने के लिए कलकत्ते गया है।

मनिया द्वारा पीटी जाकर चोरी-रहस्य खुलने के बाद से नन्दो घर के बाहर कदम नहीं रख पाई। गोमती, देवदर्शन यहाँ तक कि ताई के घर भी उसका आना-जाना मनिया के हुक्म से बन्द हो गया है। पहले दो रोज तो अपनी कुठरिया से बाहर ही नहीं निकली। फिर घर के काम में थोड़ा मन लगाया। अम्मा से अच्छा रुख न मिला। उसने मनिया के बच्चों पर अपने वात्सल्य प्रेम की डोर डाली; मनिया के नहाने-खाने के समय धोती अँगोछे पानी पटरे की तक बजाने लगी। इतने में सगे मौसा के मरने की चिट्ठी आई, सो अम्मा कासगंज चली गईं। अम्मा के जाने से नन्दो का हियाब खुला; भौजाइयों के साथ काम-काज में पूरा-पूरा हाथ बँटाने लगी। छोटी को तो सुबह पति के चाय-पानी से, फिर अपना हाईस्कूल का कोर्स पढ़ने से, फिर पति द्वारा दिए गए 'होमवर्क' को पूरा करने से, फिर तारा के साथ बतियाने से और फिर इसी तरह कुछ न कुछ करते रहने से घर के काम-काज के लिए अधिक अवकाश नहीं मिलता इसलिए सास के जाने और मनिया के अंकुश से बड़ी पर ही घर-घिरस्ती का पूरा भार पड़ गया है। इसीलिए नन्दो को उसके साथ रहने का ही अधिक अवसर मिलता है। उसने मुन्नी के लिए स्वेटर के फन्दे भी डाले हैं। बड़ी से नई बुनाई भी सीखने लगी है।

जब भभूती ने 'कुंडी खोलो' की आवाज लगाई, उस समय नन्दो-बड़ी पलंग पर पास-पास लेटी बातें कर रही थीं। मुन्नी पास ही अपने हिंडोले में सो रही थी। रेडियो पर फिल्मी गाना आ रहा था—

''अकेले में वो घबराते तो होंगे।
मिटाकर मुझको तो पछताते होंगे।
हमारी याद आ जाती तो होगी...''

भभूती घर आए। सन्दूक कोठे में रखा, ताला बन्द किया, ब्यालू किया और अपनी लड़की को भीतर की कुंडी चढ़ा लेने का आदेश देकर परसोतम सुनार के घर लड़के के हाल-चाल लेने चले गए।

ननद-भौजाई फिर निश्चिन्त होकर तिमंजिले—बड़ी के कमरे की ओर चलीं। एकाएक नन्दो के जी में मिठाई खाने-खिलाने की आई। बड़ी को पैसे नहीं देने दिए, अपनी कुठरिया से पैसे निकालकर गली में आई। सामने बरामदे में बिस्तर बिछाए बैठे हुए चौकीदार की खुशामद कर उसे मिठाई-नमकीन और आध सेर दूध लाने भेजा। ऊपर मुन्नी अकेली थी सो बड़ी चली गई, नन्दो सौदा आने की बाट में नीचे ही बैठी रही।

कल रात से अकेले के मारे नन्दो बड़ी के पास ही सोती है। सास के जाने के बाद आजकल नन्दो को अपनी बड़ी भावज पर उसी तरह प्रेम उमड़ा है, जैसे उसके ब्याह कर आने पर शुरू-शुरू में कुछ दिनों तक उमड़ा था; बल्कि सच तो यह है कि आजकल जैसा प्यार तो उसे पहले कभी उमड़ा ही नहीं।

अपने कमासुत भाई से नन्दो किसी शर्त पर भी बिगाड़ करने को तैयार नहीं। मनिया भोला है, जरा-सी सेवा खुशामद से ही पिघल जाता है। बड़ी जब ब्याह कर आई थी, मनिया नई दुलहिन पर हरदम निछावर रहता था, वह भावज का मन लेती रहती थी। फिर जब वह अपनी सहेली सन्तो की बहू साथ मनिया की साँठ-गाँठ कराने में सफल हुई, तब से बड़ी की जानी दुश्मन बन गई; जितने हो सके उतने अत्याचार उस पर कराए। फिर मनिया एकाएक सुधर गया, तब से भाई-बहन में एक अजीब काँटा पड़ गया था। आप 'ज्ञान' पाकर मनिया को नन्दो की छिपी-रुस्तमी हरकतों से और भी ज्यादा नफरत हो गई; वह बहन का कुटनीपेशा छुड़ाना चाहता था। नन्दो उससे फिरंट हो गई; सबसे बड़ा सहारा तो उसे बाप के लाड़ का है। भाई-बहिन दोनों एक-दूसरे की कच्ची पोलें जानते थे मगर जबान पर नहीं ला सकते थे। इसलिए मनिया ने नन्दो से एक बेरुखी का रिश्ता बना लिया था। अब तक तो दोनों के गुनाह तराजू के पलड़े दोनों ओर काँटे-तोल बराबर थे, मगर एक नए गुनाह की आड़ पाकर मनिया का पलड़ा भारी पड़ गया। उस दिन कुठरिया में तलाशी लेने के बहाने उसने अकेले में नन्दो को खूब धमकाया; उसकी सन्दूक में तस्वीरों का एलबम निकल आने से वह पूरी तरह शेर हो गया, बोला—''हम अभी घर भर को ये दिखाय के तुम्हारा काला मूँ

कराए सकते हैं, और तुम हमरा कुछ कहोगी वह सब झूठ माना जाएगा। याद रखना, अब हमारे खिलाफ चलीं तो झोंटा पकड़ के घर से बाहर निकाल दूँगा; उस दम बाबू भी कुछ न कर सकेंगे।" अपनी चोटी हाथ आ जाने से नन्दो मनिया के बस में होकर 'सुशील' बनने लगी। अपना वजन बढ़ाने के लिए बड़ी से भी मेलजोल बढ़ाया। नन्दो के किसी बड़े चमकदार नक्षत्र के उदय होने से उसके मौसा मर गए, उसे बड़ी के साथ अकेली निभाने और मनिया को अपनी सुशीलता से रिझाने का स्वर्ण अवसर मिल गया।

रात कल ननद-भौजाई दोनों पास-पास सोई थीं, सो आज सुबह से बड़ी नन्दो के प्रति एकदम 'अपनी' हो गई है। दिन में उसने छोटी से कहा भी कि—"नन्दो बीबी जी जैसी ऊपर से दिखाई देती हैं, वैसी बिलकुल नहीं हैं। जो इनको हमारी लोगों की सुसाइटी मिले तो ये एकदम सुधर जाएँ।"

नन्दो मिठाई, नमकीन और दूध लेकर ऊपर पहुँची। उस समय अकेली लेटी हुई बड़ी सूने घर में आजाद—किसी हद तक खुले स्वर से—विरहेश की गजल गा रही थी;

"सिर से कफन लपेटे निकले हैं प्यार करने।
नजरों को चार करके मीठा गुनाह करने।"

ननद-भौजाई में ऐसी बतरस घुलीं कि बड़ी का रोम-रोम पुलकित हो उठा। नन्दो ने भी अपने बचपन से लेकर आज तक की बातें सुना डालीं; और अन्त में बड़ी ने भी अपने दिल का अपटूडेट अकाउंट दिखला दिया।

नन्दो के बारे में खुद उसकी माँ ही अक्सर कहा करती है कि—"कुएँ-समुन्दर की थाह है, पर नन्दो के पेट की थाह नहीं!" कासगंज जाते समय सास दोनों बहुओं को नन्दो की तरफ से चौकस रहने की चेतावनी दे गई थी। छोटी के स्वभाव में स्यानापन है; बड़ी दल-दल में पड़ी नाव की तरह हर सैलाब के साथ बह जाती है और नन्दो के सौभाग्य से दोनों के स्वभाव में एक कुंजी समान लगती थी।

साँस से साँस छूते हुए दोनों जनी कोहनी पर सिर झुकाए बड़े रस से बातें कर रही थीं। अलिफ लैला की कहानियों की तरह रंगीन बहुत-से किस्से अपने और पराए बताकर नन्दो ने बड़ी की एक-एक साँस को अपनी मुट्ठी में कर लिया। नन्दो ने उसे साफ-साफ बतला दिया कि वह कुटनी पेशा करती है। बोली—"अरे मरद निगोड़े करते हैं तो औरतें काहे न करैं? जिसको भगवान् ने रूप दिया होए, काहे वह न चार गहने और बटोर ले? औरत को मरद का किसी तरह का बिसुवास न करना चाहिए और अपनी छाती सदा सोने से तर रखनी चाहिए। औ अपनी जमा-जथा ऐसी रखे कि इस हाथ की रखी चीज उस हाथ को भी न मिल पावे।"

तभी बाबू आए, 'कुंडी खोलो' की आवाज आई। नन्दो जाकर खोल आई। बाबू के सिरहाने हुक्का भरकर रखा। फिर बड़ी के पास आ गई।—फिर रसीली बातें चल पड़ीं। फिर थोड़ी देर में शंकर-छोटी आए। छोटी थोड़ी देर के वास्ते कमरे में आकर खड़ी हो गई। पिक्चर के बारे में बातें हुईं, नन्दो से भी एक आध मीठी चुहल हो गई, बातों के रस से भरी बैठी हुई बड़ी ने दो-चार ऐसे गहरे फिकरे कस दिए कि मजा आ गया। छोटी का फैशन लकदक था। छोटी के जाने के बाद उसके फैशन को लेकर बातें हुईं।

नन्दो ने कहा—"अँगरेजी फैसन वाले आपसु-आपुस में अपनी बीबियन का अदला-बदला करत हैं। छोटी तारा भी जरूर करत हुइहैं।"

बड़ी ने कहा : "नहीं"—

"अरे, तुम्हें बताया नहीं होएगा। ऐसी बातें कोई किसी को नहीं बताता। हाँ, जिसका परदा न रहे उसकी बात दूसरी है।" नन्दो फिर ऐसे अनेक लोगों के किस्से सुनाने लगी जिनमें उनका उससे परदा न था।

बातों में होते-होते बड़ी से नन्दो ने यह प्रस्ताव भी किया कि अगर वह चाहे तो नन्दो उसका किसी से रिश्ता बैठा सकती है। किसी को कानोकान खबर न पड़ेगी। मिलने-मिलाने का इन्तजाम नन्दो करेगी। जो बड़ी को अपने यार से मिले, उसकी चवन्नी नन्दो को ईमानदारी से दे दे।

बड़ी, दरद की मारी, भोलेपन के साथ अपना विरहेश-प्रेम बयान कर बैठी। नन्दो को एक थाह मिली। उसी समय ऊपर की छत पर किसी के पैरों की आहट होने लगी। दोनों ने ही छत पर धम-धम की आवाज सुनी; भय के मारे एक-दूसरे से चिपट गईं, फिर नन्दो ने शंकर को घिघियाते हुए आवाज दी। ऊपर की आहट दौड़कर ताई के घर की तरफ चली गई।

... ...

ताई बच्चों को लिहाफ में दुबकाए, मुँह फाड़े खुर्राटे भर रही थीं। आजकल ताई को देर से नींद आती है। बच्चों के कारण घर में गन्दगी बढ़ गई है। ताई को झल्ला-झल्ला कर बार-बार धोआ-धाई करनी पड़ती है। बिल्ली के बच्चों के आने के बाद से उनके काम का भभ्भड़ फैल गया। बच्चे ताई को बहुत तंग करते हैं। वह पूजा करने या जप करने बैठती है तो बच्चे उनकी गोदी में घुसकर सोते हैं। दूध के समय बच्चे म्याऊँ-म्याऊँ करते हैं। रात को लिहाफ में गुत्थम-गुत्था करते हुए ताई के पेट और छाती को कुरुक्षेत्र का मैदान बना देते हैं।

आज ताई बच्चों को खिलाते हुए बड़े लाड़ से एक को उठाकर, उसकी आँखों में आँखें डालकर देखने लगीं—लगा मानो अन्दर से बालमुकुन्द झाँक रहे हैं।

ताई का मन भक्ति से भर गया, बड़े भाव से उन्हें छाती से लगा लिया। तीनों को पकड़ कर अपनी चारपाई में लिहाफ से ढक कर आप जप करती-करती सो गई। यह उनकी पहली नींद थी।

जब झटके से आँख खुली तो अपने मुँह में कपड़ा ठुँसा हुआ पाया। साफों से चेहरे लपेटे हुए शातिर आँखों वाले दो आदमियों ने ताई को जकड़ लिया था। उनका लिहाफ उठाकर नीचे फेंका, बच्चों को उसी बेदर्दी से उठाकर फेंका और खूँटी पर टँगे लाल दुशाले में लपेटकर नई मजबूत डोरी से उन्हें मुर्दे की तरह बाँध दिया; चेहरा उन लोगों ने खुला रखा। खाली मुँह में कपड़ा ठूँसकर पट्टी बाँध दी।

ताई की आँखों के सामने उनकी घर की एक-एक चीज फेंकी-उछाली गई। चोरों ने 'कुछ खाया, कुछ फेंका, कुछ बाँधकर ले गए' वाला हिसाब कर दिया। एक को तलाशी में ताई का जादू-टोने वाला सन्दूक मिल गया, उसने बड़े प्रेम से सेन्दूर की पुड़िया डिब्बे के घी में घोलकर ताई के बँधे हुए मुँह और बालों पर रच-रचकर पोत दिया, उस पर काजल की लकीरें बना और सन्दूक के तिल-जौ छोड़कर ताई के चेहरे पर सामने रुपए से झनझनाती थैली उछालकर चले गए।

बिल्ली के बच्चे चारपाई के पास एक दूसरे से सटकर बैठे हुए मुँह उठाकर म्याऊँ-म्याऊँ करने लगे।

22

वनकन्या को अपने जीवन में इतनी तेजी के साथ प्रवेश करते देखकर सज्जन किसी हद तक घबराहट भी महसूस करने लगा है। इतने कम समय में, इतनी तेजी से बढ़ते हुए रिश्ते यद्यपि उसके जीवन में अनेक बार आए हैं, लेकिन उन रिश्तों से यह नया नाता अधिक मार्मिक है। सज्जन यह महसूस करता है कि कन्या उन अनेक युवतियों की तरह नहीं, जिनकी स्मृतियों का तकिया बनाकर वह अब तक सोता चला आया है। कन्या का आकर्षण उसे बराबर झकझोर कर जगा रहा है। पहले मिलन से ही कन्या उसके लिए कसौटी साबित हो रही है। यार लोग भी छेड़-छाड़ में कन्या से ही उसके विवाह होने की भविष्यवाणी करते हैं; खुद वह भी कुछ-कुछ इसी तरह सोचता है। इस तरह न सोचने के अलावा उसके पास और कोई चारा भी तो नहीं है। आखिर वह और किस

तरह से कन्या के प्रति बढ़ते हुए खिंचाव को अन्तिम रूप दे सकता है? लेकिन क्या कन्या भी इसी तरह सोचती है? कहीं ऐसा तो नहीं कि कन्या केवल उसका लाभ ही उठा रही हो और काम निकल जाने के बाद उसे धोखा देकर चली जाए?—इस शंका से भी सज्जन का मन कचोट खा जाता है।

परसों रात कर्नल के करिश्मे ने वनकन्या और उसके लेख को चमत्कारिक रूप से प्रसिद्धि की ऊँचाइयों पर पहुँचा दिया। कल सुबह देश भर के तमाम अखबारों में हवाई करिश्मे के साथ वनकन्या के लेख की चर्चा छपी थी। शहर के अखबारों ने तो काफी विस्तार के साथ नए साल के पहले दिन की उस घटना को महत्त्व का स्थान दिया था। वनकन्या ने कल सुबह आँख खुलते ही नगर में अपनी प्रसिद्धि का चमत्कार देखा। जान-पहचानवाले उसे बड़े उत्साह से बधाई देने आए। अखबार के रिपोर्टरों ने उससे इंटरव्यू किए, तस्वीरें भी खींचीं। वनकन्या इन तमाम बातों से बड़ी उत्साहित और प्रफुल्ल नजर आती थी। दिन भर के व्यस्त कार्यक्रम के बाद जब सज्जन को कन्या के साथ कुछ दूर तक एकान्त मिला, तब उसने देखा कि कन्या उससे बदल गई है। वह उससे नजर बचाने, कम बातें करने और जल्दी से पीछा छुड़ाकर भाग जाने के लिए उतावली हो उठी थी। उसके बाद सज्जन के साथ कार पर बाहर निकलने से भी इनकार कर दिया और अकेली चली गई। सज्जन की इच्छा थी कि दोनों जने साथ घूमने निकलें, 'सारे शहर की चर्चा' कार में सड़कों पर, कॉफी हाउस में उसकी बगलगीर हो—लोग-बाग उसे और उसकी हीरोइन को लेकर चर्चा करें, ईर्ष्या करें। लेकिन कन्या उसके सारे हौसले और मंसूबों को धूल में मिला कर चली गई। चलते समय वह एक बात भी कह गई थी—"महिपाल जी की 'देवता' कहानी में एक बड़ा मजे का वाक्य आया है, शायद आपने पढ़ा भी हो, वह यह है कि ईश्वर जिस भले आदमी को किसी कारण से सजा देना चाहता है, वह उसे देवता बना देता है।" बात इस तरह से कही गई थी कि सज्जन के लिए तीखा व्यंग्य बन गई।

सज्जन के लिए कल की पूरी शाम और रात, और आज का सबेरा भी काँटों भरा हो गया है। उसको ऐसा लगा कि मानो वनकन्या भी उसकी उस नीचता को पहचान गई है जिसके कारण सज्जन खुद बड़ी ग्लानि का अनुभव कर चुका है। उसे लगा कि शायद अब न आए—कभी न आए। कल शाम से बेहद उखड़े मूड में सज्जन ने फिर एकान्त मनाया। टेलीफोन दूसरे कमरे में भिजवा दिया; किसी से भी—कर्नल, महिपाल और 'ये मेमसाहब जो अभी गई है', तक से न मिलने का अपना निश्चय नौकरों को जतलाकर कमरे के दरवाजे बन्द कर लिए। उसी कमरे में रहकर उसने बात-बेबात पर नौकरों को डाँटा, शराब पी, बावर्चीखाने में मिनट-मिनट पर नई-नई डिशें तैयार करने का हुक्म दे, उसने सबको चौंका कर चित कर दिया। फिर रेडियो और संगीत से जूझा, फिर किताबों से—गीता से, गौतम बुद्ध से।...

गीता में लिखा है कि काम से क्रोध जागता है, क्रोध से बुद्धि-विभ्रम होता है।

बिखरे मन की अटपटी चालों से थककर सज्जन किसी हद तक इस बात पर थमा। एक बार बड़े फुलाव के साथ उसके मन में यह विचार भी आया कि वह काम को जीत लेगा। वह अपने जीवन से नारी नाम की चीज को ही मिटा देगा।

एक जगह बुद्ध और उसके पट्टशिष्य आनन्द की बातचीत पढ़ी :

आनन्द—"भन्ते! स्त्रियों के साथ हम कैसा व्यवहार करेंगे?"

बुद्ध—"अदर्शन—अर्थात् न देखना।"

आनन्द—"दर्शन होने पर क्या करें?"

बुद्ध—"बात न करना, आनन्द।"

आनन्द—"बात भी करनी पड़े?"

बुद्ध—"होश सँभाले रखना।"

—सज्जन भी अब से ऐसा ही करेगा। नारी ने उसे बहुत छकाया है। वह अब से होश सँभाले रखेगा। वह ब्रह्मचर्य का पालन करेगा—जरूर करेगा। दुनिया में बहुतों ने ब्रह्मचर्य का पालन किया है। वह क्यों नहीं कर सकता? ब्रह्मचर्य हमारी भारतीय संस्कृति का महान आदर्श है। हमें उस ओर भी गति करनी चाहिए। नए अनुभव से शायद उसे नई चेतना मिले—नई दृष्टि मिले! अब हमें अपने जीवन का सही दिशा ज्ञान मिलना ही चाहिए। हमारी सही गति होनी ही चाहिए। किताब उलटते हुए देखा, बुद्ध ने एक जगह कहा है : "गतिवान तो हम भी हैं, पर कहाँ जाना है, इसका पता नहीं। यदि गतिशीलता हो किन्तु संयम-साधना में प्रमाद नहीं, विरक्ति हो किन्तु सेवा-धर्म में कमी नहीं; उचित स्वाभिमान हो किन्तु विनय का अभाव नहीं; सच्चे अर्थों में क्षात्र धर्म की अनुभूति हो परन्तु शस्त्र ग्रहण नहीं, तो साक्षात्कार होने में क्या देर है?" सज्जन को लगा कि वह अपने जीवन की नई राह पा रहा है। और वनकन्या—वह तो एक मुसीबतजदा औरत थी, जो बन पड़ा, सज्जन ने उसकी सेवा कर दी—परोपकार पुण्य है।"

आध्यात्मिक स्तर पर उठकर, तरह-तरह की कल्पनाओं से अपने भावी जीवन के चित्र सजाते हुए सज्जन ने रात गुजार दी। ढलती रात में झपकी आई। इस समय जागने पर भी, नशा उतर जाने पर भी सज्जन का ब्रह्मचर्य कायम रहा। उसके मन में यह विचार आँख खुलते ही सुबह का पहला विचार बनकर आया।

आज सुबह एक स्थानीय अंगरेजी दैनिक पत्र ने अपनी सम्पादकीय टिप्पणी में कन्या के लेख की तारीफ करते हुए सरकार से इस मामले की जाँच करने की माँग की थी। उसने चुनाव लड़नेवाली तमाम पोलिटिकल पार्टी से यह अपील की थी कि वे अपनी हार-जीत के लिए मानवता का गला न घोटें। दुनिया चन्द विश्वासों पर कायम है, यदि वे ही मिट गए तो हर पोलिटिकल पार्टी के ऊँचे-ऊँचे आदर्श निर्जीव हो जाएँगे।

सज्जन को कन्या से ईर्ष्या हुई; फिर ध्यान आया कि वह तो अब ब्रह्मचारी पालन करने जा रहा है। उसे भला अब कन्या से क्या लेना-देना?

अपने मन को हठपूर्वक कसकर सज्जन ने दैनिक कार्यक्रम में मन लगाया। आज वर्षों बाद सज्जन को सहसा माँ के मन्दिर में जाने की इच्छा हो आई। तमाम नौकरों-चाकरों को भी इस बात पर बड़ा आश्चर्य हुआ। कोठी के पीछे वाले हिस्से में संगमरमर का ठाकुरद्वारा बना है। ये ठाकुरद्वारा सज्जन की परदादी ने अपने कुल के देवी-देवताओं के लिए बनवाया था। विलायत से लौट आने के बाद कन्नोमल की माँ ने अपने पति को न तो कभी अपने देह छूने दी और न कभी अपने ठाकुरद्वारे में ही पैर रखने दिया। परम्परा से कुल के ठाकुरों की सेवा सास से बहू को सुपुर्द होती आई और सज्जन की माँ के जीवनकाल तक यह नियम निर्बाध रूप से चला आया। सज्जन की माँ के समय में जो पुजारी ठाकुरद्वारे का इन्चार्ज था, उसी का भतीजा इस समय भी नौकर है। नित्यप्रति ठाकुरपूजा और चंडीपाठ हो जाने के बाद वह सज्जन को चरणामृत और आशीर्वाद देने आता है—बस, इतना ही सज्जन का धर्म का सम्बन्ध रहा है। ईश्वर है या नहीं, इस समस्या पर उसने गम्भीरता से एक क्षण भी कभी खर्च नहीं किया। आमतौर पर वह ईश्वर के प्रति खिल्ली उड़ाने का भाव रखता है। आज जब वह नहाकर सीधा ठाकुरद्वारे में पहुँचा तो चंडी पाठ करते, ऊँघते हुए पुजारीजी ऐसे चौंक पड़े मानो भूत देख लिया हो।

बरसों बाद अपने ही रहने के घर में, दूसरे छोर पर उसने कदम रखा था। उसने सदा माँ के साथ इस ठाकुरद्वारे के कमरे को अपनाया था। माँ की मृत्यु के बाद पहली बार उस माँ विहीन ठाकुर घर में आकर सज्जन का जी भर आया। कमरा निस्तेज हो रहा था, उसमें बना हुआ संगमरमर का खूबसूरत ठाकुर मंडप मैला हो रहा था। मखमल का चँदोवा, उस पर जरी का काम—सब कुछ मैला-मैला, पुराना हो चुका था। चँदौवे को ताने हुए चाँदी के दंड सफाई न होने की वजह से काले पड़

गए थे। निस्तेज वातावरण में बहुत से ठाकुरों का दल चन्दन और फूलहारों से सजा हुआ निष्प्राण-सा बैठा था। सज्जन को यह अच्छा न लगा, पुजारी पर क्रोध आया, डाँटकर बोला—"तुम किस धर्म का पालन करते हो जी? जिस भगवान् को सबसे अधिक पवित्र मानते हो उसी को, इतने अपवित्र और गन्दे तरीके से रखते हो? इतने अच्छे काम के लिए तुम्हें हराम की तनख्वाह खाते शर्म नहीं आती?"

पुजारी के हाथ-पाँव फूल गए। कई बार उत्तर उठाया पर मन की बात कह न सका। तीस रुपया पानेवाला पेशेवर पुजारी ब्राह्मण अपने मालिक के गुस्से के आगे भला कुछ भी कहने की हिम्मत कैसे कर सकता था?

आज सज्जन ने अपने नौकरों-चाकरों को सफाई करने का आदेश दिया, माली के लिए भी ये फरमान जारी किया गया कि "उससे कहना कि कल से यहाँ के लिए उम्दा फूल, गुलदस्ते और बन्दनवार वगैरा ठीक तरीके से लाया करे—जैसे माताजी के टाइम में होता था। यह क्या है कि वह अपनी तमाम फूलों की मेहनत मेरे ही कमरों में खर्च कर देता है। अगर कल तक यहाँ की हर चीज ठीक न हुई तो सब पर मैं पाँच-पाँच रुपया फाइन करूँगा।...और पंडितजी आप अगर मन लगाकर, ठीक तरह से पाठ नहीं कर सकते तो कल से मैं दूसरा इन्तजाम कर लूँगा।"

"नहीं धर्मावतार—!"

"बकवास मत करो। मैं अपने घर में शुद्ध पाठ चाहता हूँ, पूरी निष्ठा से उसे होते हुए मैं देखना चाहता हूँ।"

पुजारी, नौकरों पर अपने रौब का आतंक जमाकर सज्जन का मन जब खाली हुआ तो ठाकुरों पर फिर नजर पड़ी। उसके मन में कोई आस्था न जागी, सोचने लगा आखिर इनसान इन मूर्तियों में देखता किसको है, रीझता किस पर है? उसने अपनी दादी को, माँ को यहाँ घंटों बैठकर सेवा पूजा करते हुए या कथा-पुराण सुनते हुए देखा है। उसने अपनी माँ को, बिजली के पंखे रहते हुए भी घंटों ठाकुरजी के लिए पंखिया डुलाते देखा है। हिन्दुस्तान के अनेक मन्दिरों में जाकर भी उसने केवल वहाँ की कला ही देखी है भगवान को नहीं। उसने पंडे-पुजारियों की बदमाशियों और अनाचार को भी खूब देखा है; पर कभी इस बात पर सतर्क ध्यान नहीं दिया कि आखिर किस जादू से बँधे हजारों लोग ऐसी जगहों में नित्य खिंचे चले आते हैं। इस समय सज्जन को यह विचार पहली बार आया। वह गम्भीर हो गया; किन्तु अपने प्रश्न का उत्तर न पा सका। घिसी हुई, पीतल की, बड़े-बड़े बनावटी निर्जीव नेत्र लगाए हुए राधाकृष्ण की बड़ी जोड़ी, बहुत-सी छोटी-छोटी जोड़ियों, बहुत-से पत्तरों, शालिग्राम, शिवजी की बटियों, बालमुकुन्द, चाँदी की जलाधारी में नागधारी शिव, गणेश, मारुति, तीन बड़े-बड़े ताम्र यंत्र—इन तमाम चीजों में उसे कोई सत्य न दिखाई दिया। फिर भी करोड़ों इनसान आखिर इनमें क्या देखते हैं?

सज्जन के कुछ एकान्त क्षण पूरी संजीदगी के साथ गुजरे, उनका उस पर प्रभाव भी पड़ा। सोचने लगा अब यहाँ रोज आया करूँगा—और कुछ नहीं तो इसे अपने चिन्तन का कमरा बना लूँगा—नियम से आऊँगा। सज्जन को विश्वास था, इतना अनुशासन वह अपने ऊपर कर सकता है।

सज्जन आज सबेरे से एक जिद लेकर उठा है, उसके मन में तप-तपकर यह निश्चय क्रमशः ढल रहा है कि वह नारी के सम्बन्ध में अपने विचारों को अब भटकने नहीं देगा। वनकन्या अगर उसके जीवन में आएगी भी तो वह उसे एक साधारण मित्र की नजर से देखेगा। हठ के साथ वह उसकी ओर से अपना मन खींचे रहेगा।

आज जब अपने चौकवाले स्टूडियो के लिए चला तो दो नौकर और बाल्टियाँ वगैरह भी साथ ले लीं, बहुत से फूल और गुलदस्ते वगैरह भी रख लिए। आज वह अन्दर-बाहर, हर तरफ सफाई करने पर तुला हुआ है—नशे के बाद भी वह अपने जुनून को गर्माए रखने की कोशिश में लगा हुआ था।

नौकरों के साथ पहली बार ही वह अपनी कोठरी में आया था, अब तक केवल ड्राइवर ने ही यह जगह देखी थी। बँगलों के नौकर सूँघते हुए गौशाला के छत्ते में अपने मालिक के पीछे-पीछे बढ़ने लगे। जीने चढ़ते हुए एकाएक ताई के घर के खुले हुए दरवाजों पर नजर गई, नौकर के सिर पर फूलों का डला देखकर इच्छा हुई कि लाओ, ताई के ठाकुरों के लिए उन्हें कुछ फूल दिए जाएँ। शायद वह खुश हो जाएँ। नौकरों को ताली देकर, कमरा धोने, साफ करने का आदेश दे, और आप छोटी-सी बाँस की डलिया में फूल लेकर ताई के घर की तरफ चल पड़ा। दहलीज में प्रवेश करते हुए विचार आया कि गालियाँ खानी पड़ीं तो? फिर सोचा कि खा लेंगे।

आँगन में बिल्ली के तीन छोटे-छोटे बच्चे एक लाइन में बैठे हुए थे—उसे देखते ही एक स्वर में जोर से म्याऊँ-म्याऊँ कर उठे। सज्जन का आँगन में एक कदम चलना दुश्वार कर दिया। सज्जन को यह डर रहता था कि कहीं कोई कुचल न जाए। वे उसके पैरों के इर्द-गिर्द म्याऊँ-म्याऊँ का शोर मचाते हुए उसे बेड़ियों की तरह जकड़ लेते थे।

सामने दालान में जरा ओट लेकर अपनी चारपाई से बँधी हुई ताई नजर आईं। सज्जन एकाएक चौंक पड़ा, उनका तमाम चेहरा हनुमानजी की तरह सेन्दूर से पुता हुआ था, मुँह पर पट्टी बँधी हुई, गालों और कपाल पर, काजल की लकीरें—लाश की तरह बँधा हुआ ताई का यह शरीर, भयानक तांत्रिक मेकअपवाला रूप देखकर सज्जन को एक बार यह विश्वास हो गया कि ताई मर चुकी हैं। लाश के पास जाते हुए उसे झिझक महसूस हुई। इतने में ताई का सिर डोला, गहरे मेकअप में फटी हुई सफेद आँखें चमक उठीं। सज्जन फौरन ही पास गया। उसने उनके मुँह पर बँधी हुई पट्टी खोली, मुँह में ठूँसा हुआ कपड़ा बाहर निकाला; ताई के जबड़े जकड़ गए थे, बड़ी देर तक ज्यों के त्यों खुले रहे। सज्जन ने ताई के बन्धन खोले, उनके ठंडे हाथ-पैरों और जबड़े को वह तेजी से मलने लगा।

ताई थोड़ी देर में कुछ चैतन्य हुईं, अपने जबड़ों में पड़े हुए तालों की परेशानी से ताई अब भी जूझ रही थीं। सज्जन उनके गले में मालिश करता हुआ जबड़े को ठीक बैठाने की कोशिश कर रहा था। ताई अन्दर से बोलने के लिए किटकिटा रही थीं। खटिया के दोनों पायों पर हाथों का जोर देकर ताई उठकर बैठ गईं। उन्होंने सज्जन को हलके हाथ से ढकेल दिया।

सज्जन ने कहा, मैं डॉक्टर बुलवाता हूँ ताई। ताई ने हाथ हिलाकर मना किया। आँगन में म्याऊँ-म्याऊँ चिल्लाते हुए बच्चों की ओर हाथ उठाकर अपने खुले हुए जबड़ों वाले विवश कंठ से स्वर निकालना शुरू किया।

सज्जन कुछ न समझा। बोला—"मैं अभी सेंकने का इन्तजाम करता हूँ, जरूरत पड़ेगी तो डॉक्टर को बुलवा लूँगा।"

ताई आँगन की ओर हाथ उठाकर शब्दविहीन स्वर में कुछ कह रही थीं, जिसे कुछ और समझकर सज्जन ने जवाब दिया—"मैं आपका बच्चा हूँ। मुझसे सेवा कराने में जरा भी संकोच न कीजिए।"

ताई फिर आँगन की ओर हाथ उठाने लगीं। सज्जन नौकरों को बुलाने के लिए बाहर चला गया।—इस बार चौतरिया-चौतरिया गया। बच्चे आँगन में शोर मचाते रहे।

जब सज्जन अपने एक नौकर के साथ स्टोव लेकर वापस लौटा तो ताई चारपाई पर बैठी हुई हाथों से अपना सिर और निचला जबड़ा पकड़कर हिलाने की कोशिश कर रही थीं। सज्जन ने लगातार मालिश की, अपने और नौकर के मफलरों को स्टोव पर गरमाकर सेंक किया। ताई ने अपनी लोंदा ऐसी जबान उठाकर पहला शब्द उच्चारित किया..."दूध।" सज्जन ने ताई को दूध पीने की इच्छा जानकर फौरन ही नौकर को बाजार से सेर भर दूध ले आने को भेजा। ताई आँचल के कोने से पैसे खोलती ही रह गईं।

ताई थोड़ी देर तक उसे देखती रही, फिर थके हुए स्वर में धीरे से कहा : "कन्नोमल के पोते!" फिर साँस ली और कहा—"नन्दो का बाप था!" कहकर ताई फिर थक गईं। उनका काजल सेन्दूर से रँगा, तिलों से चिपका हुआ चेहरा सज्जन के मन में एक अर्जब कल्पना उठा रहा था। उसे लगता था मानो वह किसी आदिम जाति की पुरोहितानी से मिल रहा हो।

ताई फिर उठीं, उठकर आँगन की तरफ बढ़ने लगीं। सज्जन उन्हें सहारा देकर चलने लगा। ताई ने दो बार मना भी किया परन्तु सज्जन उनके साथ ही साथ सहारा दिए चलता रहा। चबूतरी पर बैठकर, बच्चों को अपने आँचल में भरकर ताई बैठ गईं। फिर सज्जन की तरफ देखकर अपनी धोती की खूँट खोलकर पैसे निकालते हुए ताई ने कहा—"दूध मँगवा दो।"

"मँगवाया तो है ताई।"

"इनके लिए मँगवा दो।"

नौकर के लौट आने तक सज्जन चुपचाप ताई की ओर देखकर यह सोचता रहा—ताई, जिसे सब बुरा कहते हैं, जो हरदम गालियाँ और कोसने दिया करती है, टोने-टोटके किया करती है—हर एक से घृणा किया करती है—वह ताई इन बिल्ली के बच्चों के लिए न जाने कब से फड़फड़ा रही थी। उन्हें सबसे पहले उन बच्चों की भूख की चिन्ता हुई। सज्जन सोचने लगा, पत्थर भी पिघलना जानता है। मनुष्य के जीवन में इतना सौन्दर्य जाने कहाँ छिपा रहता है?—और इस सौन्दर्य का धनी होकर भी मनुष्य अपने चारों ओर घृणा, क्रूरता और हिंसा का जाल क्योंकर बुन लेता है—यह सज्जन की समझ में न आया। फिर भी ताई उसके लिए श्रद्धा का विषय बन गई थीं।

बच्चे ताई की गोदी में घुसकर सोने के लिए एक-दूसरे से मीठा झगड़ा कर रहे थे। दो को तो आराम की जगह मिल चुकी थी, एक ताई के हाथ से चढ़ता हुआ उनके कन्धे पर बैठकर आँखें मीचे हुए, झपकी लेने का प्रयत्न कर रहा था; ताई की गर्दन स्नेह से उस पर झुकी हुई थी। कागज-पेन्सिल के लिए सज्जन का जी मचलने लगा। इस मनहूस मेकअप में ताई जितनी भयंकर लग रही थीं, उतनी ही बच्चों के संग से करुणामयी।

नौकर दूध लेकर आया। ताई बच्चों को आँचल में भरकर उठीं, उनके दूध के ढक्कन में दूध डलवाकर ताई ने सज्जन से कहा—"अब तुम जाओ।"

"थोड़ा-सा दूध आप भी पी लीजिए ताई?"

"मेरे तो दरसन भी रह गए मरे—कम्मखत के घर भर को हैजा होय। तुम अपना दूध ले जाओ। जाओ!"

भूखे बच्चे उतावली से ढक्कन का दूध चट कर रहे थे। सज्जन और उसके नौकर के जाने के बाद ताई ने घर का दरवाजा बन्द किया और बड़ी उतावली के साथ अपने घर की कोठरियों में घुसकर चोरों द्वारा उलटाई गई चीजें, सन्दूक वगैरह देखने लगीं। ठाकुर जी के आले में गड़ी गई उनकी जमा पूँजी सुरक्षित थी। ताई की जान में जान आई। अपने रिजर्व बैंक को सुरक्षित पाकर ताई अपने दूसरे छोटे-मोटे बैंकों की जाँच करने लगीं। चक्की उखाड़कर उसके नीचे दबी हुई हँडिया खाली की जा चुकी थी। चूल्हा धन के लालच में मुफ्त ही फोड़ा गया था। दालान की अन्दर वाली बड़ी कोठरी में चोरों ने धन पाने के लालच में चारों कोने खोद डाले थे। लालटेन जलाकर ताई ने धन्नियों में बँधी हुई रुपयों की पोटली भी देखी—वह नहीं मिली। ताई बड़ी देर तक सिर पर हाथ रखे गहरे सोच में बैठी रहीं। बिल्ली के बच्चे पेट भर जाने पर कुलाँचें भर रहे थे।

चोरों द्वारा नष्ट की गई अपनी गृहस्थी को फिर से ठीक कर, रसोई वाले दालान में फेंके गए अनाज, मसाले के कनस्तरों और फूटे मटकों को ताई ने सहेजा, घर धोया, नहाई और ठाकुरजी की पूजा की, सज्जन द्वारा लाए गए फूल चढ़ाए। फिर दरवाजे पर ताला लगाकर सज्जन की कोठरी में जा पहुँचीं। नौकरों ने कमरा और छत को धोकर साफ कर दिया था, हर चीज करीने से सजाई

जा चुकी थी, फूलों के गुलदस्ते कमरे को रंगीन बना रहे थे। सज्जन बैठा ताई का स्केच तैयार कर रहा था। दरवाजे पर ताई को खड़े देखकर सज्जन हड़बड़ाकर उठ बैठा—"आइए ताईजी।"

ताई का चेहरा चिन्ता से कठोर हो रहा था, बोलीं—"मेरा तीन हजार और छै बीसी रुपया चुरा ले गए निगोड़े। अरे, इनके रोएँ-रोएँ से कोढ़ बनके मेरी पाई-पाई बाहर निकलेगी, तुम देख लेना।"

सज्जन ने समझा कि चोर ताई की सारी जमा उठा ले गए। उसने ताई को सांत्वना दी। एकाएक वो उससे पूछ बैठीं—"तेरा ब्याह हो गया कन्नोमल के पोते?"

"अभी नहीं।"

"मेरे यहाँ गोकुलद्वारे में एक जने आवें हैं। दस्से हैं, अपनी बिरादरी के। उनकी लड़की है, बड़ी सुन्दर, सारे काम-धाम में हुसियार है। छठे तक अँगरेजी भी पढ़ाई है घर में। तू कहे तो बात चलाऊँ।"

सज्जन ने हँसकर कहा—"नहीं ताई जी, अभी तो शादी नहीं करूँगा?"

"अभी नहीं करेगा तो क्या बुड्ढा होकर करेगा? कन्नोमल निगोड़ा तो धरम-भिरष्ठ था—तू भी वैसई है।"

सज्जन ने हँसकर कहा—"नहीं ताई, मैं तो बड़ी पवित्रता से रहता हूँ।"

"रोटी कौन करेहेगा, महाराज कि होटल में खावे है?"

"महाराज बनाता है ताईजी। कभी-कभी मैं भी बना लेता हूँ।" ताई के सामने अपनी पवित्रता का वर्णन करते हुए सज्जन को मन ही मन बड़ी जोर से हँसी छूट रही थी। ताई बोलीं—"तू जो रामचन्दर की लड़की से ब्याह करने को राजी होवे तो मैं—(आगे खिसककर, बहुत धीरे से) सौ तोले सोना चढ़ाऊँगी तेरी बहू को। देख, कोई मुझे चाहे जित्ता लूटने की कोसस करे, पर गोकलनाथ जी महाराज मेरी रच्छा करे हैं। एक-एक का बंस नास कर दूँगी निगोड़ों का।...पर तू ब्याह करले कन्नोमल के पोते। सौ तोले—"

सज्जन और ताई ने सिर उठाकर देखा—दरवाजे पर कन्या थी। सज्जन घबराया, अपने कारण भी और ताई के कारण भी। ताई उसे परीक्षक की कठिन दृष्टि से देखती रहीं। कन्या आकर सामने चटाई पर बैठ गई। ताई ने पूछा—"जै कौन है?"

सज्जन मुश्किल में पड़ गया। वह जानता था कि कुमारी और विजातीय बतलाने पर ताई कन्या और सज्जन, दोनों से ही फिरंट हो जाएँगी। कन्या के सामने आ जाने से सज्जन का मन डाँवाँडोल होने लगा था। एकाएक उत्तर देने की हड़बड़ी में सज्जन कहने लगा—"ये अपनी ही बिरादरी की हैं ताई।"

"किसकी लड़की हो?"

"ये ये ताई—इनका मैका बाहर है।"

"तो यहाँ ससुराल है इसकी? कौन के यहाँ?"

सज्जन नहीं चाहता था कि कन्या कुछ उत्तर दे और इसीलिए वह झूठ पर झूठ गढ़ता चला जाता था। ताई के प्रश्न और कन्या की उपस्थिति से घबराहट के मारे सोचने का अवसर नहीं मिल रहा था। अचानक कन्या के चूड़ी विहीन हाथों से स्फूर्ति लेकर सज्जन ने कहा—"ये यहाँ स्कूल में पढ़ाती हैं ताई जी। इनके ससुरालवाले सब मर गए हैं।"

"तेरे पास क्या करने आवें है?"

"काम सीखने आती हूँ माँजी।" कन्या ने समझा कि ताईजी सज्जन के निकट की रिश्तेदार है। वह सज्जन की घबराहट का आनन्द लेती हुई ताई को उत्तर से सन्तुष्ट करने लगी।

ताई एकाएक सज्जन से पूछ बैठी—"तो क्या विधवा ब्या करेगा इसके साथ?"

"न-न ताईजी, मैं तो इनका मास्टर हूँ, दस रुपए महीने पर पढ़ाता हूँ।"

ताई कुछ न बोलीं, चुपचाप बैठी सोचती रहीं फिर उठते हुए कहा—"तू सोच ले कन्नोमल के पोते।—मैंने तुझसे बात तो कही है सो। और किसी के अगाड़ी कहियो मती।"

"नहीं ताई जी, और आप कहिए तो पुलिस में रिपोर्ट करा दूँ।"

ताई बोलीं—"पुलस-वुलस की जरूरत नहीं है। मैं आप समझ लूँगी निगोड़े से।" कहकर ताई धीरे-धीरे बाहर चली गईं। उनके जाने के बाद कन्या ने पूछा : "ये कौन हैं?"

सज्जन ने हँसकर कहा—"भारतमाता।"

कन्या उसके उत्तर से कुछ समझ तो न पाई, फिर भी इस खबीस-सी बुढ़िया में भारतमाता की कल्पना से उसे हँसी आ गई। पूछा—"आपने इनसे मेरे बारे में इतना झूठ क्यों कहा?"

सज्जन प्रश्न सुनकर अचकचा गया, फिर सँभलकर उत्तर दिया—"अगर सच कहता तो तुम्हारे—आपके बारे में इनकी धारणा कुछ अच्छी बनती।"

सज्जन के 'आप' कहकर पुकारने पर वनकन्या ने ध्यान दिया। सज्जन भी अपने नए निश्चय और कन्या के सहज आकर्षण से लड़खड़ा रहा था। उसकी नजरें नीची थीं और मुखमुद्रा, गम्भीर और विचारपूर्ण। कन्या सोच रही थी, सज्जन शायद कल की बातों से कुछ नाराज हो गया है। उसकी नाराजगी को नजरअन्दाज कर, कन्या ने कहा—"मैं कर्नल भाईसाहब के यहाँ से आ रही हूँ।"

सज्जन सिर उठाकर उसे देखने लगा। कन्या कहने लगी—"आज सुबह ही सुबह मथुरा से एक सज्जन—(हल्का सा हँसकर) कर्नल भाईसाहब के साथ मेरे रहने की जगह तलाश करते हुए आ गए थे।"

सज्जन का मन तब तक व्यवस्थित हो चुका था। उसने किसी हद तक बनकर पूछा—"उन्हें तुम्हारे—आपके घर का पता कैसे मालूम हुआ?"...

"कल अखबारों में खबर पढ़कर वे चले आए। पहले मेरे घर गए, वहाँ से झिड़की खाई। फिर किसी ने उन्हें कर्नल भाईसाहब का नाम बतलाया और इस तरह वो उन्हें साथ लेकर मेरे पास पहुँचे।" कहकर कन्या ने अपने बैग से एक चौकोर मुड़ा हुआ कागज निकाला। उसे खोलकर आगे बढ़ाते हुए उसने कहा—"ये भाभी की चिट्ठी है जो उन्होंने अपनी एक सखी को लिखी थी।"

सज्जन पत्र पढ़ने लगा। काफी हद तक मँजी हुई जनानी लिखावट में लिखा यह पत्र बड़ा ही करुणापूर्ण था—"मैं राक्षसों के पल्ले पड़ गई हूँ। त्रिभुवन लालाजी की औरत में खोट है। वो मुझसे विधवा विवाह करने को राजी हो गए थे। अम्माजी विवाह के लिए तो राजी नहीं थीं पर चाहती थीं कि मेरे साथ त्रिभुवन को बाँधकर वो उन्हें अपने वश में कर लें। इस घर की लीला तो पूछो मत बहन। किस-किस की बुराई करूँ। त्रिभुवन मन के भोले हैं। उन्होंने अपनी सच्चाई में घर भर के सामने मुझसे विवाह करने का ढिंढोरा पीट दिया। चाची, चाचाजी मुझे मारने आए। मुझे बचाने के लिए अम्माजी पर भी मार पड़ी। और चाचाजी ने—उस राक्षस को चाचाजी क्या कहूँ—मार-पीटकर जोर-जबर्दस्ती से मेरा सब कुछ लूट लिया। नन्ही, मेरे लिए तो कहीं मरने की भी ठौर नहीं। घर में मेरा कोई सहाय नहीं। भगवान भी झूठा हो गया है। त्रिभुवन का बाप के आगे कुछ बस नहीं चल पाता। कन्या बीबीजी मेरा पक्ष लेती है, पर वे बेचारी भी क्या करें। मन का हाल तुम्हें लिखकर मन हल्का कर रही हूँ। पर तुम मुझे उत्तर न देना। कहीं इन राक्षसों के हाथ चिट्ठी पड़ गई तो मेरा जीना मुश्किल कर देंगे।"

पत्र को एक बार पढ़कर सज्जन ने दुबारा पढ़ा, तिबारा पढ़ा, उसी पर नजर गड़ाए रहा। कन्या बोली—"कर्नल भाईसाहब ने कहा है कि इससे बाबू फौरन फँस सकते हैं। वो मुझे मैजिस्ट्रेट के यहाँ लिए जा रहे थे। मैंने कहा कि पहले आपसे पूछ लूँ।"

सज्जन को फिर झकोला लगा; अपने को सँभाल कर नीची नजर किए हुए उसने कहा—"कर्नल ने ठीक सलाह दी, आप मैजिस्ट्रेट के यहाँ चली जातीं और वो साहब कौन थे जो आप से मिलने आए थे?"

सज्जन के नए रुख को पढ़ने का प्रयत्न करते हुए बराबर उसकी ओर देखते रहकर दाँत से नाखून चबाते हुए कन्या बोली—"भाभी की इन्हीं सहेली के पति हैं। वो सहेली बेचारी पेरालिटिक

है। छै महीने से उठ-बैठ भी नहीं सकती। ये लोग मुझे पूरी मदद देने को तैयार हैं। वो तो यहाँ तक कहते हैं कि यहाँ से कोर्ट के ऑर्डर्स लेकर वो मथुरा में अपनी पत्नी का स्टेटमैंट भी दिलवा सकते हैं—अगर मैं—हम लोग चाहें।''

सज्जन बोला—''तब फिर आप क्या चाहती हैं?''

''जैसा आप कहें।''

जेब से सिगरेट निकालते हुए, मुँह पर दार्शनिक भाव लाकर, उसे एक नजर देख सज्जन ने कहा—''मैं क्या कहूँ, ये तो आपका मामला है—''

''सिर्फ मेरा ही? इन्सानियत का नहीं?''

''नहीं, मेरा मतलब दूसरा था। आपके पिता का, परिवार की प्रतिष्ठा का मामला है—''

''पिता की प्रतिष्ठा!'' कन्या तीखी पड़ी, बोलीं—''उन लोगों की इज्जत से मुझे कोई वास्ता नहीं। मैं उनसे भाभी का बदला लेने पर तुली हुई हूँ। वो तो कल से मेरे पीछे पड़े हुए हैं। मेरी नाक काटने के लिए गुंडे लगा दिए हैं।''

कन्या के प्रति सज्जन के सब विरोधी भाव पलक मारते उड़नछू हो गए, घबराकर बोला—''उन्होंने तुम्हें किसी किस्म का नुकसान तो नहीं पहुँचाया?''

कन्या बोली—''कल रात करीब आठ बजे बाबू मेरी कोठरी के दरवाजे पर आकर खूब गरजे। सब के सामने मेरे लिए बुरी-बुरी बातें कहीं। नाक कटवाने की धमकी दी। मैंने दरवाजे न खोले—''

''फिर?''

''फिर वो चले गए। उसके बाद उन्हीं के लगाए गुंडे मेरे दरवाजे पर खटखट करते रहे, आवाजें-तवाजे फेंकते रहे। उस हाते में सब कहार मजदूर ही रहते हैं, उनमें बहुत से पैसे, और शायद सालिगराम के प्रभाव से भी मेरे दुश्मन बन गए हैं। आज सुबह उस अहाते में रहने वाली दो-तीन महरियाँ, महरे, यहाँ तक कि बच्चे भी मेरी कोठरी के पास से आते-जाते मुझे परेशान कर जाते थे। वो तो कर्नल भाई साहब ने आकर...और तब से अभी तक वहाँ गई भी नहीं हूँ।'' कन्या की आँखों में झलझला आ गया। सज्जन की करुणा फिर घुलने लगी। उत्तेजित होकर बोला—''आप वहाँ रहती ही क्यों हैं? इतनी बार कह चुका। आपका ख्याल है कि शायद मैं औरों की तरह जलील और आवारा हूँ—''

''मैंने ऐसा कभी नहीं सोचा।''

''तब और क्या सोचती हैं। खुद मेरा इतना बड़ा मकान है। पूरे मकान में तो रहता नहीं मैं। आप चाहें तो एक हिस्सा पूरी तौर पर आपके लिए अलग कर सकता हूँ। अपनी तरफ से दीवाल तक चुनवा लूँगा। और क्या चाहिए आपको?'' कन्या एकाएक हँस पड़ी। बोली—''आपका गुस्सा भी कितना बेमानी है। पर मुझे बुरा नहीं लगता।''

सज्जन कन्या के इस तरह हँसने और जवाब देने पर एकाएक सहम गया, छोटा महसूस करने लगा। इस समय उसकी मानसिक परिस्थिति ऐसी थी कि न तो वह अपने रात भर के निश्चय के अनुसार उससे पूरी तरह अलग ही महसूस करता था और न वह अपनापन ही दे पाता था, जो इधर कुछ रोज से उसके व्यवहार में आ गया था। हैरत के साथ वह कन्या की नजरों को देखने लगा—वही पहले जैसी निकटता और दूरी का सम्मिलित आभास।

कन्या फिर बोली—''उस बड़ी कोठरी के किसी हिस्से में किराया देकर रह सकूँ, इतनी हैसियत मेरी नहीं। और मान लीजिए मेरा मन रखने के लिए आप उसका किराया दस रुपया बतलाएँ तो क्या वह गलत न होगा?''

सज्जन बोला—''मैं अपने किराए के मकानों में से कोई मकान आपको नहीं दे रहा हूँ। इस समय कोई खाली भी नहीं है। मैं तो एक दोस्त के नाते आपकी मुसीबत में काम आना चाहता हूँ।

मुझे आपसे कोई बदला नहीं चाहिए। कम से कम इस उलझन और परेशानी से आप इस वक्त बच जाएँगी। और अभी तो कुछ नहीं, मान लीजिए इस खत के ऊपर आप कोई कानूनी कार्रवाई करें, उस समय आपको वहाँ रहकर हर वक्त खतरा बना रहेगा।''

''आप मुझे 'तुम' कहने लगे थे फिर अब 'आप' क्यों ?''

''इसलिए कि देवता हो गया हूँ!'' सज्जन ने व्यंग्य में कहा। कन्या सुनकर चुप रही, सिर झुका लिया।

चन्द सेकेंड खामोशी छाई रही। एकाएक खँखारकर कहा—''एक बात कहूँ ?'' और उसकी आँखें सज्जन की नजरों से लग गईं। सज्जन ने उसे देखते हुए कहा—''क्या ?''

कन्या ने एक बार पलकें झुकाईं। चेहरा अधिक गम्भीर, कुछ लाल भी हो गया। फिर सिर उठाकर बोलीं—''मैं जब आपसे मिली थी तब मेरे मन में कोई भावना न थी, सिवा एक अच्छे काम में अच्छे आदमी से मदद पाने की इच्छा को छोड़कर, लेकिन आपने जितनी तेजी के साथ हमारी मुलाकातों को जिस रंग में रँगा है, वह—वह—मुझे खास बुरा न लगकर भी चौंकाने वाला लगा...ठहरिए, मुझे अपनी बात कह लेने दीजिए—मैं आपको बुरा आदमी नहीं समझती, पर माफ कीजिएगा, यह जरूर महसूस करती हूँ कि आप दोस्त से ज्यादा मुझे और कुछ मान रहे हैं, या मानना चाहते हैं। मैं उस रुख को नहीं समझ पाती।''

सज्जन पर कन्या की इस स्पष्टवादिता का गहरा असर पड़ा, बोला—''जिस तरह तुम सच्चाई पर जोर दे रही हो, उसी तरह मैं भी कहूँ? क्या तुमने मुझे कुछ और मानने में मदद नहीं दी ?''

कन्या की आँखों में लाज झुक आई। सज्जन कहने लगा—''अपने बारे में यह कह सकता हूँ कि अगर मैं पूरी तौर पर सच्चरित्र नहीं, तो दुष्चरित्र भी नहीं हूँ। और जो कुछ तुम्हें मानता हूँ...या कहना चाहिए कि कल तक मानता था, उसके लिए इतनी जल्दी कुछ भी कहना गलत होगा। बहरहाल, अगर मुझसे कुछ गलती हुई है तो माफ कर दो। मुझे ये साबित कर दिखाने का मौका दो कि मैं औरतों की इज्जत करता हूँ।''

''आपके लिए मेरे मन में जरा भी अविश्वास नहीं। अब और भी नहीं रहेगा। आपको पाकर मैंने अपने जीवन में एक नया विश्वास पाया है।''

सज्जन का मानसिक आदर्श फिर लड़खड़ाने लगा। कन्या को उसने इतनी तीखी मर्मभेदी दृष्टि से देखा कि वह भी स्थिर न रह सकी। सँभलकर बोली—''इस चिट्ठी के लिए क्या करना होगा ?''

सज्जन ने अपने को सँभालते हुए उत्तर दिया—''चलो, कर्नल के यहाँ चलते हैं। मेरी समझ में तो आज ही इस पर कोई न कोई कार्रवाई हो जानी चाहिए।'' उठते हुए उसने फिर कहा—''लेकिन अब से तुम रहोगी कहाँ ? मैं तुमको वहाँ तो रहने ही नहीं दूँगा।''

कन्या चुपचाप बैठी पैर का अँगूठा कुरेदती रही। फिर कहा—''आज कहीं भी रह सकती हूँ—आपके यहाँ, कर्नल भाईसाहब के यहाँ। कल तक कोई प्रबन्ध करना होगा—आपको ही करना होगा।''

सज्जन कुछ सोचकर बोला—''अपनी केसरबाग वाली बिल्डिंग में एक मंजिल चढ़ाने की इजाजत मुझे मिल चुकी है; नक्शा वगैरह सब पास हो चुका है। मैं फिलहाल तुम्हारे लिए एक फ्लैट जल्द बनवा दूँगा। तब तक—''

कन्या उसे देख रही थी। सज्जन ने एकटक उसे देखते हुए अपनी बात पूरी की—''तब तक तुम मेरे यहाँ ही रहो। कर्नल के यहाँ मुझे कोई एतराज तो नहीं, पर उसकी बीबी पुराने ख्याल की है। मैं नहीं चाहता कि कोई भी तुम्हारे बारे में बुरा ख्याल करे।''

''मगर आपके यहाँ रहने से दुनिया क्या मुझे छोड़ देगी ? कल मेरे पिता तक ने तो ताना कस दिया। खैर! मैं आपकी बात मानूँगी।''

प्रसन्नता के आवेग में सज्जन फिर अपने को भूल गया, उसका जी चाहा कि कन्या को अपने अंक पाश में भर ले। जाहिरा तौर पर सज्जन ही बना रहा। बुद्ध का वाक्य उसके कानों में गूँजने लगा : "होश सँभाले रखना आनन्द!"

23

सज्जन के दैनिक कार्यक्रम में आज से एक नया परिवर्तन आया। कर्नल के घर से नाश्ता करने के बाद वह चौक आने के बजाय, अपनी कोठी चला गया। देवताओं की तरफ मालिक का रुख बदल जाने के कारण कल दोपहर से ही नौकरों की बटालियन परम-भगवद्-भक्त हो गई थी। इस समय ठाकुरद्वारा दूल्हे के चेहरे की तरह चमचमा रहा है। टूल के गिलाफों में बँधे हुए झाड़-फानूस खोलकर साफ किए गए हैं। चँदोवे को ताने हुए चाँदी के डंडे चमचमा रहे हैं। ठाकुरजी के मंडप में दोनों ओर संगमरमर के खम्भों पर बनी हुई मोरछलधारी स्त्रियों की मूर्तियाँ कल की अपेक्षा अधिक साफ हैं। माली ने भी अपना कर्तव्य दिखाने में कोई कसर बाकी नहीं रखी। गेंदे के बन्दनवार और जालियाँ मंडप की शोभा बढ़ा रहे हैं। आज पंडितजी भी समय से पहले आकर ठाकुरजी को स्नान और श्रृंगार कराने के बाद बड़े भक्त-आडम्बर के साथ 'ॐ जय जगदीश हरे भक्तजनों के—भक्तजनों के संकट छिन में दूर करें' की आरती गा रहे हैं। तभी पुजारी के लिए संकट समान सज्जन ठाकुरद्वारे में पहुँचा। पुजारीजी के हाथ-पैर फूल गए, जैसे-तैसे आरती पूरी हुई।

सज्जन एकटक खड़ा देखता रहा। उसे महसूस हुआ कि मानो उसकी माँ स्पिरिट के रूप में उस जगह मौजूद है, और उन्हें सज्जन के यहाँ आने से बड़ी शान्ति मिली है। सहसा उसे यह विचार आया कि इसी ठाकुरद्वारे में वह अपनी माँ की मूर्ति बनवाकर स्थापित करेगा। माँ की स्मृति ही इस समय उसके अभाव को अपने ममत्व से भर रही है। सज्जन को यह महसूस हुआ कि उसे एक ऐसे सरपरस्त की जरूरत है जो उसे सँभालकर सही राह दिखा दे। कन्या उसके जीवन में क्या आई है उसकी जन्मकुंडली में मानो कोई प्रबल ग्रह अति चंचल हो उठा है। नारी अब उसके जीवन की समस्या बन रही है। वह इस समय कायर हो रहा है। चाहता है कि जितनी तेजी से वनकन्या उसके जीवन में आई है, उतनी ही तेजी से वह चली जाए। वनकन्या के सामने सज्जन छोटापन अनुभव करता है। उसे लगता है कि मानो कन्या अपने आकर्षण में बाँधकर उसे अपनी मर्जी के मुताबिक चला रही है। सज्जन केवल अपनी एक कमजोरी के कारण उससे मात खा जाता है। सज्जन अपने मन-दर-मन में बार-बार कन्या की देह को पाने के लिए उतावला हो जाता है, और कन्या का व्यक्तित्व उसे सौ हाथ पहले ही से 'बा-अदब-बा-मुलाहिजा होशियार' कर देता है। सज्जन के जीवन में दो बार ऐसी ही नारियाँ और अपने व्यक्तित्व की होड़ लेकर आई थीं; सज्जन उनसे कतराकर निकल आता था। उन्होंने भी उसके जीवन में फिर कभी प्रवेश न करने की नीयत बरती, लेकिन यह कन्या तो बार-बार उसके सामने आ जाती है। ऐसा लगता है कि उसके जीवन में सदा के लिए ही आ गई है। सज्जन दरअसल इसी अंकुश से घबरा उठा है। उसने अब तक एक आजाद जिन्दगी बिताई है; नारी कभी उसके लिए जिम्मेदारी की वस्तु नहीं रही। अधिकतर अपने तन-धन के ऐश्वर्य पर रीझने वाली औरतों से ही उसका साबिका पड़ा है। प्रेम अनुभूति की तरह नहीं, सुने हुए काव्य की तरह उसके मन के सौन्दर्य पक्ष को सँवारता चला आया है। कन्या उसी सौन्दर्य की बँधी सीमाओं को तेजी से बहुत आगे बढ़ाए लिए जा रही है।...या जैसा कि वह उस समय सोच रहा है, वह स्वयं ही अपनी पुरानी सीमाओं से आगे बढ़ने के लिए अपने आपसे विद्रोह कर रहा है। उसे पत्नी चाहिए—ये उसके मन की दबी हुई पुकार है जो कन्या के आने से सहसा होश की पहली सतह पर आ गई है। लेकिन क्या कन्या ही वह स्त्री हो सकती है? मुमकिन है कि कोई और आवे! कन्या उसे ठग भी सकती है।...नहीं, कन्या ऐसी नहीं है। तुम अपने मन की दुर्बलताओं का भार और किसी पर

नहीं रख सकते सज्जन! तुम्हें अपनी दुर्बलताओं से लड़ना ही होगा। स्त्री कोरी भोग की वस्तु नहीं है। तुम्हें अपना ही मन-मुकुर साफ करना होगा, जिसमें हर चीज का गलत अक्स पड़ता है। कुल के इष्ट राधाकृष्ण की ओर बगैर देखे भी देखते हुए सज्जन विचारों में लीन रहा। पुजारी ने आरती दी, भोग की मेवा और चरणामृत दिया। फिर तुर्त-फुर्त आसन मारकर चंडी पाठ में लग गए। सज्जन ने घड़ी की ओर देखा। पौने नौ बज रहे थे। वह करीब पैंतालीस मिनट तक यहाँ खड़ा रहा, लेकिन यह नियम उसने अच्छा लिया है और सज्जन ने निश्चय किया कि वह सुबह के इस नियम का पूरा-पूरा लाभ उठाएगा। वह संयम से काम लेगा। कन्या हो या कोई हो, वह अब अपने को उनके प्रति हीन दृष्टि रखने से बचाएगा। वह ब्रह्मचर्य धारण करेगा--हठ करने पर वह कर सकता है। कम से कम जब तक उसके जीवन में 'पत्नी' नहीं आएगी, वह दृढ़ संयम से रहेगा।...और पत्नी ही जीवन की एकमात्र आवश्यकता नहीं, कला भी उतनी ही महत्त्वपूर्ण है।

सज्जन अपने ही शब्दों में 'दिन भर का पेट्रोल' लेकर 'चिन्तन मन्दिर' से बाहर आया। पंडितजी चाभ-चाभ कर शब्दों का उच्चारण करते हुए ऐसी हड़बड़ाहट से पाठ कर रहे थे कि सज्जन को हँसी आ गई। सोचने लगा, ये धर्म का टुटपुंजिया दलाल ब्राह्मण भला कैसे सच्ची निष्ठा पा सकता है?

अपनी सच्ची निष्ठा पर गौर करता हुआ वह अपने चिन्तन मन्दिर से जब बाहर आया तो उसे एक चिट पर बाबू सालिगराम जायसवाल और लाला जानकीसरन के नाम मिले। सज्जन ने नौकर से पूछा—"कितनी देर से बैठे हैं?"

"करीब बीस मिनट से बैठे हैं सरकार!"

"चाय पहुँचाई?"

"जी सरकार!"

सज्जन ने फिर पूछा—"उनसे क्या कह दिया था?"

"कहा था कि सरकार पूजाघर में हैं।"

"ठीक है।" सज्जन सन्तुष्ट होकर कपड़े बदलने गया।

जब ड्राइंग-रूम में पहुँचा तो दोनों साहबों ने बड़े गलगले के साथ सज्जन का उसके ही घर में स्वागत किया। बाबू सालिगराम से उसका परिचय नहीं था। लाला जानकीसरन से जरूर उसकी रामजुहार थी—वह भी राजासाहब के पड़ोसी, और कन्नोमल के पोते होने के नाते।

सज्जन ने हाथ जोड़कर क्षमा माँगते हुए कहा—"आप लोगों को इन्तजार करना पड़ा।"

दुबली, सधी हुई देह, पतले होंठ, पतली मूँछें और पतली नाक वाले, अधेड़ उम्र के लाला जानकीसरन बोले—"अरे, नहीं नहीं। बल्कि हम तो, सच मानो भैया बड़े ही खुश हुए कि तुम पूजा भी करते हो।"

भूरी मूँछोंवाले, उजली टोपीधारी बाबू सालिगराम अपने चश्मे से झाँकती हुई आँखों को दीनता से सिकोड़कर हँसते हुए बोले—"अरे साब खानदानी आदमी हैं और फिर इतने बड़े महान् कलाकार हैं हमारे भारतवर्ष, हमारी इंडिया के और ये कला तो सरस्सतीजी के वरदान से आती है—भला ये पूजा न करेंगे? हिं-हिं-हिं: !"

चाँदी की नक्काशीदार मूठवाली लकड़ी पर दोनों हाथ टेककर सीधे बैठते हुए लाला जानकीसरन ने कहा—"हमको तो भाई बड़ी खुशी है कि अपने आपुसदारों में तुमने इतना नाम पैदा किया। अब हमारे मुहल्ले में भी काम कर रहे हो। एक दिन राजा साहेब भी खुद मेरे घर पर आकर तुम्हारे बारे में कह गए थे। यों भी अक्सर पूछ लिया करते हैं।"

"वो मेरे बुजुर्ग हैं, हमेशा ही मेरा ध्यान रखते हैं।" सज्जन ने चेहरे पर, आवाज में कृतज्ञता का भाव प्रकट किया।

बाबू सालिगराम ने कहा—"हम इनके दोनों मित्रों को तो अच्छी तरह से पहचानते हैं, बाकी इनका तो नाम ही सुन रखा था—सज्जनजी तो पूरे सज्जन ही निकले। हें-हें-हें-हें!"

"हम भाई आज एक परस्ताव लेके आए हैं तुम्हारे पास। हमने इनको भी राजी कर लिया है—सालिगराम को। हमने इनसे कहा कि राजनीति तो हरदम चलती ही रहती है, कुछ जनता में ठोस काम भी होना चाहिए। तो ये मान गए। अब हमने सोचा कि एक बार तुमसे भी सलाह ले ली जाए। शुक्लाजी और कर्नल साहब से तो मेरे भी पुराने रसूक हैं। तुम्हारी राय मिल जाएगी तो फिर आगे की कार्रवाई की जाएगी।"

लाला जानकीसरन ने अपनी बात तरतीब से खोल दी। सज्जन फौरन समझ गया कि यह हवाई पैम्फलैट का प्रताप है। मन से सतर्क होकर ऊपरी सरलता के साथ वह बोला—"मैं हर अच्छे काम में आप लोगों के साथ हूँ। कहिए, क्या करना होगा?"

बाबू सालिगराम ने कहा—"हम तो साहब राजनीति के कीड़े हैं। हम तो एक ही विषै—भासण देना और मीटिंग करना जानते हैं। अब आप बतलाइए कि ऐसा क्या उपाय करना चाहिए जिससे पब्लिक का ज्ञान बढ़े।"

"हाँ भाई, तुम तो सब कुछ घूमे पढ़े हौ। ऐसा कोई उपाय निकालो कि जिससे जनता पर असर पड़े। हम ने तो इनसे कहा कि ये जो खिलौनों वाली नुमायस निसातगंज में हुई थी, उसी का कुछ भाग मुहल्लों-मुहल्लों में घुमा दो—"

"उससे कोई खास फायदा नहीं होगा। बहुत से लोग उसे देख आए हैं, अलावा आप लोगों में अब कोई खिलौनों से तो खेलेगा नहीं...हें हें...मैंने तो इन्हें ये सलाह दी कि आपकी चित्रों की प्रदरसनी हो जाए। लोगों को कुछ नए जमाने की कला का भी ज्ञान हो।" बाबू सालिगराम का तीर सही निशाने पर बैठा। सज्जन को अपने चित्रों की नुमायश करने का प्रस्ताव अच्छा लगा; गम्भीर होकर बोला—"अच्छा विचार है। मैं तो समझता हूँ कि आपको लखनऊ के सभी कलाकारों का फायदा उठाना चाहिए, असित हाल्दार साहब हैं, एल.एम. सेन हैं, वीरेश्वर सेन की पेंटिंग्ज लीजिए: फिर मदन हैं, साथी, सुरेश्वर, शाह, वैस्ली वगैरह मॉडर्न आर्टिस्ट हैं। इनकी कुछ तस्वीरों से ही आपकी नुमायश शानदार हो जाएगी—गली-मुहल्लों में कोई हजार-पाँच सौ तस्वीरें तो दिखाई नहीं जाएँगी।"

"हाँ-हाँ! और क्या?"—लाला जानकीसरन बोले। सहसा सज्जन को नया विचार आया, बोला—"बल्कि मैं आपको एक उपयोगी सलाह दूँ। आप एक ऐसी नुमाइश कीजिए जिसमें हमारे गली, मुहल्लों की तमाम लड़कियों, औरतों के बनाए हुए कसीदे के काम, सिलाई, बुनाई वगैरह के अच्छे-अच्छे नमूने रखे जाएँ। इनके अलावा और जिसको जो आता है, मसलन कागज या कपड़े के फूल हैं या ऐसी चीजें, जो घरों में औरतें बनाती हैं। इनके लिए आप लोग इनाम रखिए। मैं भी अपनी माँ के नाम से सौ रुपए का एक इनाम दूँगा। इस तरह से हमारी महिलाओं को प्रोत्साहन मिलेगा; और वे चीजें वहाँ बेची भी जा सकती हैं जिससे कि बनाने वालियों को कुछ आमदनी भी हो जाएगी। उसके साथ ही आप हमारी चित्रों की नुमाइश भी कर सकते हैं, जिससे उन लोगों को कला के बारे में एक नई नजर मिलेगी।"

बाबू सालिगराम बोले—"सुना, लाला जानकीसरन, इसको कहते हैं सलाह! बस, अब आप अपने आगे के दोनों बड़े कमरे नुमाइश के लिए दे दीजिए। हम हर इक्सीलेन्सी से उसका उद्घाटन कराएँगे। इसी महीने की बीस तारीख तक ठाट की प्रदरसनी हो जाए। सब काम बन जाएगा।...तो सज्जन जी, आप सबकी तस्वीरें जुटा दें और इसमें कुछ झंझट हो तो सिर्फ अपनी ही तस्वीरें दे दीजिएगा—एकाध गांधीजी की भी तस्वीर लगा दीजिएगा—"

सज्जन हँसकर बोला—"तो ये प्रदर्शनी भी आपके एलेक्शन का ही एक प्रोपेगैन्डा स्टंट मालूम होती है।"

लाला जानकीशरण जरा मुस्कुराए। बाबू सालिगराम गम्भीर बैठे रहे। लालाजी ने कहा—"हाँ, इलक्सन को कुछ तो फायदा जरूर ही पहुँचाया जा रहा है। पर हमारा असल मकसद ये है कि जनता को लाभ पहुँचे।"

सज्जन यह अच्छी तरह समझता था कि इस नुमाइश से लालाजी को और बाबूजी को कोई दिलचस्पी नहीं। ये केवल एक चाल है। फिर भी इस बहाने अगर उसको मुहल्ले के स्त्री-पुरुषों में अपना दल संगठित करने का मौका मिल जाए तो उसे आगे बहुत लाभ होगा। सज्जन ने तय किया कि यदि इस काम में उसकी जेब से चार-पाँच सौ तक भी खर्च हो जाएँ, तो नुकसान नहीं। सज्जन कुछ तनकर बोला—"देखिए साहब, मैं एलेक्शन-विलेक्शन तो कुछ जानता नहीं। मेरी दिलचस्पी सिर्फ आपकी नुमाइश में है। कुछ चन्दा आप लोग दीजिए, कुछ मैं ले आऊँगा। स्त्रियों के लिए अच्छे खासे मनोरंजन का इन्तजाम हो जाएगा। उससे उन्हें बड़ा सुख मिलेगा। बेचारी घर बैठे ही बहुत-सी नई बातें सीख लेंगी।"

सालिगराम बोले—"हम तो आपको पूरा अधिकार देते हैं। अपनी तरफ से तो हम आपको लाला जानकीसरन वाली जगह देंगे। वार्ड कांग्रेस कमेटी और मोहल्लों वालों की तरफ से जो कुछ चन्दा दरकार होगा, मिल जाएगा; इसके लिए लेडी मोदी और दो-चार मिनिस्टर भी आ जाएँगे और परचे में हम आपका नाम भी छापेंगे। आपका, कर्नल बाबू का, महिपाल जी का—"

सज्जन ने हामी भर ली।

चलते-चलते सालिगराम ने एक बार फिर नुमाइश के परचे के लिए सज्जन और उसके दोनों मित्रों का नाम छापने की अनुमति ले ली।

सज्जन नहीं जानता था कि महिपाल अपना नाम छापने की अनुमति देने में आपत्ति करेगा। इस समय तो सबसे अधिक वह कन्या से मिलने के लिए ही उत्सुक हो उठा था। वह चाहता था कि कन्या मिले और वह समझा दे कि इस नुमाइश के कारण उससे कोई भ्रम नहीं होना चाहिए। अगर बाबू सालिगराम उसे अपनी चाल में फँसाने आए थे तो वह उन्हें अपनी चाल में फाँस लेगा।

लौटते हुए लाला जानकीसरन सज्जन की गाड़ी में ही आए।

सज्जन अपनी कोठरी में आया। कल के मुरझाए फूल उस अकस्मात् ताई की याद दिलाने लगे। कल बेचारी बँधी हुई दुःख भोग रही थीं। और इतने पर भी, आश्चर्य है कि उन्हें अपनी तकलीफ या चोरी के गम से ज्यादा बिल्ली के भूखे बच्चों का ध्यान था। सज्जन को ताई के चरित्र का यह विरोधाभास हैरानी में डाल रहा था। ऐसी घृणामयी भी यदि करुणामयी बन सकती है, तब वह अपने व्यभिचारी मन को सदाचारी क्यों नहीं बना सकता है?...फिर उसे कन्या की याद क्यों आती है? उसे कन्या के अच्छा या बुरा मान जाने की इच्छा क्यों हो? सज्जन अपना मन चारों ओर से समेटकर ताई का चित्र बनाने लगा।

महाकवि बोर आहिस्ता कदम हें-हें करते कमरे में पधारे। बोर को देखते ही सज्जन जल-भुन गया। परन्तु मुख से कुछ न कहकर, चुपचाप अपना काम करता रहा।

हँसते हुए विरहेश बोला—"मुझे आशा थी कि सज्जन भाई इस समय अपनी कला साधना में ही लगे होंगे। हें...हें, क्या बना रहे हो?"

जी में आया कि कह दे, "आपका सिर!" पर कुछ न कहकर तेजी से ब्रश चलाने लगा।

विरहेश बाहर के दरवाजे से टिककर बैठ गया। बड़ी की खिड़की पर बार-बार नजर डालते और जोर से हँसते, बातें करते हुए विरहेश ने पौन घंटा बिता दिया। कभी अपनी नई रचनाओं को गाकर सुनाने लगता था।

सज्जन ने कई बार इशारे-इशारे में उसे बतलाया कि वह इस समय यहाँ से चला जाए, बल्कि एक बार तो उसने साफ-साफ कहा—"विरहेश, मैं इस वक्त एकान्त चाहता हूँ। किसी और समय आना।"

"और समय तो—हाँ—आऊँगा ही। पर बात ये है सज्जन भाई कि आपके यहाँ आने से मुझे नई प्रेरणा मिलती है। मैं यहाँ आकर नई स्फूर्ति, नई चेतना, नए प्राण पाता हूँ। मैं तुमको-आपको डिस्टर्ब नहीं करूँगा सज्जन भाई! अब से मैं एकदम चुपचाप बैठा रहूँगा।"

थोड़ी देर कविवर विरहेश सचमुच चुपचाप बैठे हुए बड़ी की खिड़की की ओर देखते रहे, फिर गुनगुनाना शुरू किया। फिर एकाएक पूछ बैठे—"सज्जन भाई चाय बना लूँ? मुझे मूड आ रहा है।" कहकर सज्जन के हाँ या ना कहे बगैर वह स्टोव के पास पहुँच गया। स्टोव सुलगाया, पानी चढ़ाया और एक ठंडी साँस लेकर विरहेश कहने लगा—"सज्जन भाई, गालिब सच लिख गए हैं कि 'इश्क पर जोर नहीं है ये वो आतिश 'ग़ालिब'—कि लगाए न लगे और बुझाए न बने।'...(आह) सज्जन भाई, आप से सच कहता हूँ—'बिना दिल में आग लगे कोई अमर रचना नहीं हो सकती।' और अब आप देख लीजिएगा—बहुत जल्दी ही मैं अपना दूसरा अमरगीत लिखने वाला हूँ।"

सज्जन कुछ न बोला। विरहेश फिर दरवाजे के पास आ, दरवाजे से एक गाल चिपकाकर बड़ी की खिड़की की तरफ देखकर गुनगुनाने लगा—'बाट तुम्हारी तकते प्यारी। अँखियाँ हारीं अँखियाँ हारीं।'

चाय बनी, पी। विरहेशजी ने सज्जन की तमाम सिगरेटें फूँक डालीं। कई बार तड़प-तड़पकर गाना उठाया। एक बार बड़ी की खिड़की पर एक चेहरा चमका। विरहेश ने मजनू की तरह देखा, परन्तु वह कोई और थी। (नन्दो थी) विरहेश निराश होकर जोर-जोर से विरह के गीत गाने लगा।

जीने चढ़कर छत पर आते हुए महिपाल ने विरहेश को आँखें मूँदे, बाएँ कान पर हथेली लगाए गाते देखा—उसके पीड़ित, उत्तेजित चेहरे पर झुँझलाहट आ गई।

अन्दर सज्जन को किसी के आने की आहट मिली, तो समझा कन्या आ रही है। उल्लसित हुआ।

दरवाजे पर विरहेश की खोपड़ी हिलाकर महिपाल ने कहा—"टाँगें सिकोड़ो महाराजा! अन्दर जाने—"

"गुरु! गुरु!" कहकर चट से विरहेश ने महिपाल की टाँगें पकड़ लीं। लम्बे बालों को झटकाकर, मोटे चश्मे से भावभरी पुतलियाँ झलकाकर कहा—"अब गुरु के दर्शन हो गए, मेरा सब काम बन जाएगा।"

कन्या के बजाय महिपाल को देखकर सज्जन निराश हुआ; फिर भी सब मिलाकर उसे सन्तोष मिला।

महिपाल तकिए का सहारा ले इस तरह बैठा मानो, टूट गया हो। सज्जन को उसकी तकलीफ का एहसास हुआ। उसने पैलेट-ब्रश रख दिया।

विरहेश बोला—"गुरुजी, एक नया गीत लिख रहा हूँ आजकल—"

सज्जन ने सज्जनतापूर्वक कहा—"विरहेश, मुझे महिपाल से कुछ जरूरी बातें करनी हैं—"

"हाँ-हाँ, आप शौक से बातें कीजिए। मैं छत पर जाकर बैठ जाऊँगा। आज गुरुजी आ गए हैं, इनकी कृपा से मेरा गीत पूरा हो जाए तो—। गुरुजी, आपके आशीर्वाद से यह मेरा दूसरा अमर गीत होगा। बस, इसे पूरा कर लूँ तो सीधा बम्बई चला जाऊँगा।" महत्त्वाकांक्षा की ठंडी आह फेंक, बाल झटकाकर विरहेश उठ खड़ा हुआ और अँगड़ाई लेकर बड़ी की खिड़की की ओर देखते हुए बाहर निकला।

सज्जन झुँझलाकर धीरे से बोला—"ये कमबख्त जोंक की तरह चिपकता है। किसी की सुनता-मानता भी नहीं, बस एक कर्नल से—। क्यों, इस तरह उदास क्यों हो? भाभी से महाभारत हो गया?"

महिपाल ने गर्दन हिलाकर 'ना' की। सज्जन ने फिर पूछा—"तुम्हें कोई न कोई चिन्ता जरूर है। सुबह कर्नल ने बतलाया कि कल तुम्हारे साले की शादी थी यहाँ।"

"शादी परसों थी, कल बड़ाहार था।"

सज्जन कुछ पल खामोश रहा, फिर बोला—"शादी में कल तुम्हें प्रेजैन्ट भी देनी होगी कुछ न कुछ?"

"दे दी।"

सज्जन ने सिगरेट-केस उठाया, खाली निकला, झुँझलाकर बाहर की ओर नजर डालते हुए बोला—"ये बोर—"

"सिगरेट है। लो।" सदरी की जेब से महिपाल ने डिबिया निकालकर फर्श पर फेंकी।

"गुरुजी, एक सिगरेट मुझे भी—" कहते हुए विरहेश अन्दर आ गया।

महिपाल बोला—"विरहेश, काम क्या करते हो आजकल?"

सिगरेट निकालकर सज्जन और महिपाल की ओर बढ़ाते हुए विरहेश हँसकर बोला—"काम तो गुरुजी आजकल—यही गीत लिख रहा हूँ।"

"पेट कैसे भरता है तुम्हारा, परिवार को कैसे चलाते हो? मैंने सुना है कि तुम्हारी शादी-वादी हो चुकी है, बाल-बच्चे भी हैं?"

"बाल-बच्चे सब अपनी ननिहाल में रहते हैं। अब आप से क्या कहूँ गुरु, ऐसी मूर्खा है मेरी पत्नी कि अगर उसके साथ रहूँ तो मेरी सब कविता चौपट हो जाए। बज्र देहाती! वज्र देहाती!"

"और बच्चे कितने हैं?"

"पाँच हैं गुरुजी आपके आशीर्वाद से।"

महिपाल को सुनकर ताव आ गया। बोला—"पाँच बच्चे और तब भी तुम निकम्मे? तुम्हें शर्म नहीं आती विरहेश? आखिर उनका खर्चा कैसे चलता है?"

विरहेश कुछ न बोला—सिगरेट फूँकता रहा।

महिपाल ने सज्जन से कहा—"कोई खास काम न कर रहे हो, तो अपने घर चलो। यहाँ मेरा दम घुटता है।"

"चलो। वैसे मैं एक आदमी को एक्सपैक्ट कर रहा था यहाँ?"

महिपाल समझा, पूछा—"आने का वादा किया है?"

"नहीं—"

विरहेश बोला—"सज्जन भाई, तुम जाओ तो ताली मुझे देते जाना। मैं यहाँ कुछ बैठकर काम करूँगा, मुझे मूड आ रहा है।"

सज्जन अपनी सज्जनता का जामा उतार, किसी हद तक चिढ़कर बोला—"ये धर्मशाला की कोठरी नहीं है।"

विरहेश इस पर 'हें-हें-हें' कर कुछ कहने ही जा रहा था कि महिपाल बोला—"सज्जन, उठ पड़ो एकदम। अब मेरा जी यहाँ से एकदम उचट गया है। गुस्सा आ जाएगा तो मार भी दूँगा एक आध को!"

विरहेश सिगरेट का कश खींचता हुआ चुपचाप छत पर चला गया। उसके बाहर जाने के बाद सज्जन धीरे से भुनभुनाया। "ऊब गया हूँ। जब आता है, मेरा मूड बिखेर जाता है।"

महिपाल बोला—"तुम्हीं ने इसे सिर चढ़ाया है।"

सज्जन बात काटते हुए बोला—"आज सुबह बाबू सालिगराम और लाला जानकीसरन आए थे मेरे यहाँ। यहाँ मोहल्ले में एक आर्ट एक्जीविशन करना चाहते हैं।"

"करने दो सालों को।"

"हम लोगों को उसका कन्वीनर बनाना चाहते हैं।"

"मैं नहीं शामिल होता ऐसे कमीनों के साथ! ये पैसेवाले और कांग्रेसी, दोनों ही विश्वास के योग्य नहीं!"

सज्जन हँसा—"मैं जानता हूँ कि ये नरसों के हवाई चमत्कार का प्रताप है...पर मैंने हामी भर ली। वो अगर हमें बेवकूफ बनाने आए थे तो हम उन्हें बनाएँगे।"

"तुम अपने को उनसे ज्यादा अक्लमन्द समझते हो ? धोखा खा जाओगे सज्जन!"

"किस बात का धोखा जी ? हमारा उनका कोई पोलिटिकल पैक्ट तो हो नहीं रहा है। मुझे इस बहाने गली-मोहल्लेवालों का अच्छा परिचय हो जाएगा।"

"तो उसके लिए कोई दूसरा उपाय खोजो। इन लोगों के साथ शामिल होकर कोई भी काम करना गलत है।"

"महिपाल, तुम तो ख्वामखाँ कुछ लोगों के बारे में निश्चित राय बना लेते हो। खैर सालिगराम धूर्त हो सकता है, मगर जानकीसरन ?"

"जानकीसरन को मैं पिछले बीस वर्ष से जानता हूँ सज्जन। रूपरतन को उनकी सगी भतीजी ब्याही है। ये सूदखोर महाजन समय पर अपने बाप से भी घात करने में नहीं चूकते। कैसी आर्ट एक्जीबीशन होगी ?"

बाहर विरहेश को अपनी तरफ कान लगाए बैठे देखकर सज्जन बोला—"घर चलो वहीं सब बताऊँगा।" कहकर सज्जन उठ खड़ा हुआ और अपने ब्रश वगैरह साफ करने लगा।

महिपाल, जानकीसरन और सालिगराम पर तैश खाते-खाते, फिर मन ही मन अपनी पुरानी कचोट के लिए बफरने लगा। कल रात साले के विवाह की बड़ी ज्योनार में, सत्तर-अस्सी आदमियों के मजमे में उसका बड़ा अपमान हुआ था।

विरहेश मुँडेरे से टिककर सामने की दीवार में बनी खिड़की की ओर देखता हुआ जोर से गा उठा—

"नहीं आए अब तक जो थे आने वाले।
कहाँ छिप गए मुझको तड़पाने वाले॥
अजब मोहिनी डाल दी यार तूने।
कि मर मर के जीते हैं दिल देने वाले॥"

महिपाल और सज्जन कोठरी से बाहर आए।

सज्जन तब ताला बन्द कर रहा था तब खिड़की में महाकवि बोर को बड़ी का चन्द्रमुख दिखाई दिया। बोर हरा-भरा हो गया। महिपाल अपने विचारों में डूबा हुआ था। ताला बन्द करने के बाद सज्जन ने देखा तो उसे छाती पर हाथ रखे शराबी आँखों से, गद्‌गद भाव से ऊपर की ओर ताककर गाते पाया। 'अजब मोहिनी डाल दी यार तूने—' सज्जन ने ऊपर की ओर कुछ ध्यान न दिया, विरहेश से बोला : "अच्छा अब चलो।"

"जाता हूँ, जाता हूँ, मेरे दोस्त, जरा ठहरो।"—(फिर गाकर) "जाता हूँ जाता हूँ मेरे दोस्त ठहरो! कि आए हैं नजरें—"

महिपाल झुँझला गया, डाँटकर बोला—"अच्छा ये नखरे न दिखाओ, चलो सीधे-सीधे, हमें देर हो रही है।"

महिपाल पहले जीने पर उतरा, फिर सज्जन फिर बोर। बोर की नजरें ऊपर थीं, गाते और अलविदा कहते हुए वह उल्टे सीढ़ी की ओर बढ़ रहा था। औचक में एक जीना चूका तो भड़भड़ाकर सज्जन की पीठ पर ही गिरा। सज्जन भी लड़खड़ाकर महिपाल पर गिरा। महिपाल सीढ़ी की दोनों दीवालों पर मजबूती से हाथ अड़ाकर खड़ा हो गया। सब जने गिरते-गिरते बचे। सरदारिनों का परिवार

'क्या हुआ, क्या हुआ' करते नीचे जुड़ गया। सज्जन के कन्धे पर चोट आई थी। महिपाल का भेजा गरम हो गया था। क्रोध में आ, बोर के लम्बे बाल खींच कस-कस कर तीन-चार रहपटे रसीद करते हुए कहा—"अबे देखके नहीं चलता! मारे जूतों के सारा छायावाद ढीला कर दूँगा, याद रखना।"

बोर ने अपना चश्मा सँभालते हुए गिड़गिड़ाकर 'गुरुजी, गुरुजी' करना आरम्भ कर दिया। सज्जन ने महिपाल का हाथ झिटककर बोर को छुड़ाया। सरदारिनियों के बच्चे बोर को पिटते देख खिलखिलाकर हँस पड़े।

महिपाल विरहेश की तरफ ध्यान न देकर, तेजी से सज्जन का हाथ पकड़कर फटकिया की ओर बढ़ चला। विरहेश को मारने के बाद उसे स्वयं पछतावा होने लगा था, जिसे वह प्रकट नहीं करना चाहता था। वह कल रात से बेहद त्रस्त था।

सगे साले की बारात लखनऊ आई थी। यों वह आमतौर पर अपनी बिरादरी रिश्तेदारी में जाने-आने से बचता है; पर यहाँ मजबूर था। कल रात लड़की वाले के यहाँ होनेवाले ज्यौनार—बड़ाहार—में वह बातों के आवेश में अपने समाज की बुराइयाँ करने लगा। एक घुटी खोपड़ी वाले अक्खड़ ब्राह्मण देवता ने उलट कर महिपाल पर फब्तियाँ कसनी शुरू कीं—"नास्तिक हैं। सनातन धर्म की निन्दा करते हैं। पहले एक सेठ को फाँसकर घर भरा, और अब मालदार डॉक्टरनी फाँसे हुए हैं। ईसाइन के साथ खाना-पीना है।" महिपाल बेहद गर्म हो गया। उसके ससुर ने अपने मान्य दामाद और पूज्य अतिथि के हाथ-पैर जोड़ कर किस्सा शान्त किया।

पत्नी आज सबेरे से सौत-संवाद पर कई बार अपना पाँचजन्य फूँक चुकी है। महिपाल खीझकर यहाँ चला आया था, सो विरहेश पर अनायास ही खीझ बरस पड़ी। सज्जन कह रहा था—"तुम्हें अपने गुस्से पर जरा काबू रखना चाहिए दोस्त!"

अन्तर की खीझ से महिपाल का चेहरा बिगड़ गया, बोला—"भाड़ में जाए काबू! अब तो जीवन से ही थक गया हूँ।"

इसके बाद सज्जन ने कुछ न कहा। दोनों गलियाँ पार करते हुए आगे बढ़े।

24

महिपाल अपनी दो बड़ी बहिनों और छोटे भाई के साथ ननिहाल में पला था। उसकी ननिहाल का घराना ताल्लुकेदारों का था। पिता एक जिला हाई स्कूल के हेडमास्टर थे। वे स्वाभिमानी, स्पष्टवक्ता और चरित्रवान् पुरुष थे। महिपाल की माँ में बड़े घरों के तमाम दोष मौजूद थे। उनका समय अधिकतर अपने मायके ही में बीतता था। उनके पिता और बड़े भाई उन्हें बहुत चाहते थे, इसी कारण से महिपाल की मामियों आदि के ऊपर महिपाल की माता का शासन निष्कंटक होकर चलता था। रियासती अन्तःपुर के कुचक्र चलाने में वे बड़ी ही पटु थीं, किसी हद तक जालिम भी थीं और इसीलिए लोग उनसे बहुत जलते थे।

महिपाल की दोनों बड़ी बहिनों का ब्याह-दहेज वहीं से हुआ। वे बड़े घरों में ब्याही गईं। महिपाल का विवाह भी एक बड़े घराने में ही हुआ। विवाह के कुछ दिनों बाद ही भाग्य ने उसके लिए अनेक परिवर्तन लाने शुरू कर दिए थे। पिता बीमार हुए, चल बसे। साल भर बाद ही बड़े मामा का देहान्त भी हो गया। बड़े मामा की मृत्यु के बाद महिपाल की माँ के लिए मैका भारी पड़ने लगा। घर में उनके अनेक विरोधी थे ही, अवसर पाकर वे उन्हें नीचा दिखाने का प्रयत्न करने लगे। एक घृणित परिस्थिति में पकड़ी जाकर अपना मुँह छिपाने के लिए उन्हें आत्महत्या करनी पड़ी।

माँ की मृत्यु के बाद महिपाल, उसकी पत्नी और छोटे भाई जयपाल के लिए परिस्थितियाँ विषम होती चली गईं। मामियाँ अपनी मरी हुई ननद के अत्याचारों का बदला उनकी सन्तानों से लेने लगी। उन दिनों महिपाल इंटरमीडिएट में और जयपाल नवें दर्जे में पढ़ रहे थे।

साहित्य में महिपाल की रुचि और लगन किशोरवय से ही उत्पन्न हो चुकी थी। माँ के प्रति मान, श्रद्धा और पिता के प्रति भक्ति आकर्षण उनके संवेदनशील हृदय में अभाव के भाव की तरह जागा। बचपन में उसकी इच्छा अपने पिता के पास रहने की ही होती थी, किन्तु माँ के हठ के कारण वह स्थायी रूप से कभी उनके पास न रह पाया। उसके पिता शान्त, गम्भीर और बड़े ही विचारवान पुरुष थे। वे अक्सर थोड़ा-बहुत लिखा भी करते थे। खड़ी बोली के रचे हुए उनके सवैया, धनाक्षरियों का संग्रह महिपाल के पास अब भी सुरक्षित हैं। उनके इतिहास, समाज और शिक्षा सम्बन्धी लेख कभी-कभी 'सरस्वती', 'माधुरी', 'चाँद' और 'सुधा' आदि पत्र-पत्रिकाओं में छपा करते थे। बचपन ही से महिपाल की इच्छा अपने पिता के समान आदर्शवादी, विद्याव्यसनी और लेखक बनने की हो चली थी। प्रेमचन्द और 'चाँद', 'भविष्य', 'प्रताप', 'अभ्युदय' आदि के सामाजिक, राजनीतिक साहित्य का प्रभाव उस पर बराबर पड़ता रहा। अपने मामाओं और उनके कारिन्दों द्वारा किसानों पर किए जाने वाले जुल्म उसे बहुत ही अखरते थे। अक्सर परेशान होकर वह सोचता था कि इन फटेहाल मेहनतकशों पर उसके निकम्मे मामा लोग इतना अत्याचार भला किस अधिकार से करते हैं? किसानों को बेंतों से मारना, उन्हें दरख्तों पर उल्टे लटकाकर धूनी देना, मनमानी बेगार लेकर उन्हें भूखों मारना, घर लूटना आदि अमानुषिक अत्याचार वह आए दिन देखा करता था; और उन्हें देखकर उसका रोम-रोम तड़प उठता था। अपने तीनों छोटे मामाओं को उसने गाँव की बहू-बेटियों की इज्जत लूटते भी अनेक बार देखा था। उसके अधेड़ मँझले मामा खासतौर पर बड़े व्यभिचारी थे। उन्हें कुमारी कन्याओं का सर्वनाश करने में अत्यधिक आनन्द मिलता था। लड़की, भतीजियों की उम्र वाली, गाँव के गरीब किसानों की लड़कियों को अपने विषय-भोग की सामग्री मानने में उनकी आत्मा तनिक भी नहीं लड़खड़ाती थी।

पिता के घर में दशहरा, बड़े दिन अथवा गर्मी की छुट्टियाँ बिताकर महिपाल जब कभी अपनी ननिहाल लौटता था तो उसे महसूस होता कि मानो हरे-भरे मैदान से जबर्दस्ती खींचा जाकर वह घुटन भरे तहखाने में बन्द कर दिया गया हो। ताल्लुकेदारी वातावरण में मदक, चरस, गाँजा, शराब, मारपीट, अत्याचार, व्यभिचार, रंडीबाजी, अप्राकृतिक मैथुन आदि तरह-तरह की गन्दगियाँ देख-देखकर वह रात-दिन तपता रहता। उसकी दशा उस मनुष्य की तरह थी, जिसकी जीभ काट ली गई हो। साहित्य गूँगे की वाणी बनकर उसके जीवन में आया। पहले तुकबन्दी शुरू की, बाद में कहानियाँ लिखने लगा। पिता की देखा-देखी डायरी लिखने का अभ्यास भी साध लिया था, जिसने उसे कहानी लेखक बनने में बड़ी भारी मदद दी। इंटर का इम्तहान देने तक उसकी पाँच-छ: कहानियाँ 'चाँद' और 'सुधा' में छप चुकी थीं।

माँ की मृत्यु के बाद ननिहाल का वातावरण उसके लिए अत्यन्त अपमानजनक हो उठा। एक दिन जोर का झगड़ा हो जाने पर इंटर का परीक्षाफल निकलने से पहले ही महिपाल अपनी नवोढ़ा पत्नी की प्रेरणा से अलग घर बसाने का इरादा लेकर काम की तलाश में लखनऊ चला आया।

यह सन् 1930 के आन्दोलन का जमाना था। 'सुधा' के सम्पादकीय विभाग में उसे चालीस रुपए माहवार की जगह मिल गई। 'सुधा' कार्यालय में आए दिन उसे दिग्गज साहित्यिकों के दर्शन होते थे। प्रेमचन्द, निराला, सुमित्रानन्दन पंत, रूपनारायण पांडेय, कृष्णबिहारी मिश्र आदि अनेक साहित्य देवताओं के दर्शन उसे यहीं प्राप्त हुए; इससे उसके साहित्यिक व्यक्तित्व का विकास तेजी से हुआ। विशेष रूप से यह निरालाजी के निकट सम्पर्क में आया; यह साथ उसे नौकरी की घुटन से बचाने में स्वास्थ्यकर सिद्ध हुआ। नौकरी का अभ्यास न होने से, नौकरी से असन्तुष्ट रहते हुए भी महिपाल गरज-बावरी से मजबूर होकर चिपका ही रहा। तीन महीने के अन्दर ही अमीनाबाद में एक छोटा-सा मकान किराए पर लेकर अपनी गर्भवती पत्नी और भाई के साथ वह जम गया। उसकी पत्नी के गहने ही उसकी एकमात्र सुरक्षित पूँजी थी।

ननिहाल से वह एकदम रामभरोसे पर ही निकला था। उसने अपने भाई को हाईस्कूल में भर्ती कराया और यह आश्वासन दिया कि निश्चिन्त होकर वह जहाँ तक पढ़ना चाहे, पढ़े। महिपाल जी तोड़कर मेहनत करने लगा। 'सुधा' में काम करते हुए बाकी समय में वह एक-दूसरे प्रकाशक के लिए 'बुक ऑफ नॉलेज', इतिहास तथा कोर्स की पुस्तकें दूसरों के नाम से लिखकर या अनुवाद करके कापी राइट बेचता; महीने में एक-दो कहानियाँ भी लिख लेता; इस तरह उसने सौ रुपए के लगभग हर महीने कमाने का ढर्रा चला लिया।

समय अपेक्षाकृत अच्छा था। पत्र-पत्रिकाएँ कम होने पर भी नया लेखक यदि दमदार होता तो शीघ्र ही प्रसिद्धि के पथ पर बढ़ जाता था। बड़े साहित्यिक सदा छोटों को बढ़ावा दिया करते थे। महिपाल की कलम में जोर था, मन में उठने की लगन थी, धीरे-धीरे वह आगे बढ़ने लगा।

उसे एक रईस नवयुवक रूपरतन मिल गए जो उसकी कहानियों के प्रशंसक थे। वे राष्ट्रीय विचारों के आदमी थे। उनके पिता सेठ भजगोविन्ददास बड़े साहूकार थे; स्वयं रूपरतन ने एक हैन्डलूम फैक्टरी खोल रखी थी; इसके अलावा वैद्यों को रखकर वे एक आयुर्वेदीय रसायनशाला और औषधालय भी चलाते थे; द्राक्षासव, दशमूलारिष्ठ आदि दवाएँ उनके यहाँ तैयार होती थीं। बड़े नेताओं को अपनी रसायनशाला घुमाकर वह उनसे सर्टीफिकेट प्राप्त कर लेते थे। विज्ञापनबाजी में उनका विश्वास था। उन्हें खासी आमदनी होती थी। रूपरतन कांग्रेस के कोमल नेता और कोषाध्यक्ष भी थे, साझे में विलायती शराब की दुकान भी चलाते थे। रूपरतन बहुधन्धी, बड़े ही मिलनसार, पढ़े-लिखे, बातचीत में फरवट, तथा उन थोड़े से नौजवानों में थे, जिन्होंने अपने को सन् 31-32 ही में सोशलिज्म का हिमायती करार दे दिया था।

महिपाल से रूपरतन की मुलाकात जिमखाना क्लब में हुई। महिपाल के एक ननिहाली भाई लखनऊ विश्वविद्यालय में पढ़ते थे। उनसे उसका मधुर सम्बन्ध था। उन्हीं के साथ वह अक्सर क्लब भी चला जाता था। तौर-तरीके उसके भी ऐरिस्टोक्रेट थे, इसीलिए वह बड़े लोगों में जल्दी घुल-मिल जाता था। खादी वह लखनऊ आते ही पहनने लगा था—कुछ दबे शौक को उभारने की स्वतंत्रता पाकर, और कुछ इसलिए भी कि कीमती कपड़ों के अभाव को खादी की वैराग्यपूर्ण वेश-भूषा से बखूबी ढका जा सकता था। गिलासों के दौर में रूपरतन और महिपाल को लगा कि दोनों के विचार एक-दूसरे से काफी हद तक मेल खाते हैं। दोनों के सम्बन्ध दिनोदिन गाढ़े होते गए। एक दिन रूपरतन ने अखबार निकालने का प्रस्ताव किया। महिपाल बड़ा ही प्रसन्न हुआ।

रूपरतन के पिता के पास एक प्रेस गिरवी पड़ा था। रूपरतन ने अपने पिता से वह कर्ज खरीद लिया; और बाद में कानूनी तिकड़म लड़ाकर वह उस प्रेस के मालिक भी बन बैठे।

साप्ताहिक 'नवचेतना' बड़ी आग उगलती थी। महिपाल के सम्पादन काल में तीन बार उसकी जमानतें जब्त हुईं। जब-जब जमानत जब्त हुईं, तब-तब 'नवचेतना' की बिक्री अधिक बढ़ी। बाद में रूपरतन ने महिपाल को इसके लिए समझा-बुझाकर राजी कर लिया कि पत्रिका उतनी ही आग उगले, जितने में उसके प्रकाशन पर आँच न आए। 'नवचेतना' कार्यालय गर्म खून वाले नवयुवक लेखकों का अड्डा हो गया। धीरे-धीरे 'नवचेतना' पुस्तक प्रकाशन भी आरम्भ हुआ।

रूपरतन ने इस संस्था को समाजवादी घोषित किया था। वह बार-बार जोर देकर यह बात कहते कि यह संस्था उनके निजी मुनाफे के लिए नहीं खोली गई, बल्कि लेखकों, कवियों और प्रेस कर्मचारियों की आर्थिक सहायता तथा समाजवाद का प्रचार करने के लिए ही स्थापित की गई है। इस तरह समाजवाद के नाम पर वह हर एक से खुशी-खुशी, त्याग और तपस्या करा लिया करते थे।

महिपाल के दिन बड़े सुख से बीतने लगे। उसका मासिक वेतन पाँच सौ रुपए था, जिसमें से त्याग के नाम पर तीन सौ रुपए कट जाते थे। रूपरतन की मीठी चाल को भोला महिपाल नहीं

समझता था; उसके त्याग से कंपोजीटर तथा अन्य प्रेसवाले भी 'अपनी संस्था' के लिए त्याग करने की प्रेरणा मजबूरन पाते थे। इन दिनों महिपाल ने खूब उन्नति की। खूब पढ़ना, कहानियाँ, उपन्यास लिखना और लगन से घूम-घूमकर जिलों, गाँवों, मजदूर बस्तियों और गरीबों के संकटों का विवरण एकत्र करना—यह उसका काम था। सरकार की ज्यादतियों के साथ-साथ पूँजीपतियों की पोल खोलने में उसकी कलम बड़े जोश के साथ चलती थी। रूपरतन खुद अन्य पूँजीपतियों की कच्ची पोलें महिपाल को बतलाते थे। दूसरों पर अपना प्रभाव जमाने के लिए ही रूपरतन ऐसा लिखवाते; बेचारा महिपाल इस चाल को नहीं जान पाया।

उसने जयपाल को इंटरमीडिएट पास कराया, डॉक्टरी में दाखिल किया। पत्नी से बौद्धिक मेल न होने के कारण प्राय: आए दिन उसकी खटपट हो जाया करती थी, परन्तु महिपाल इससे कभी चरित्रहीन न हुआ। रूपरतन के वामा-वारुणी योग में वह कभी-कभी केवल वारुणी से ही सहयोग करता रहा।

सन् 1936 के चुनाव में 'नवचेतना' ने खूब काम किया। रूपरतन कांग्रेसी टिकिट पर एम.एल.ए. हो गए, पार्लियामेंटरी सेक्रेटरी भी हो गए। अब वे अपने पत्र की रीति-नीति को बदलना चाहते थे। उन्होंने कार्यालय की छोटी-छोटी बातों में अड़ंगे लगाने शुरू कर दिए। त्याग के नाम पर उन्होंने दो बरस से प्रेसवालों को कोई तरक्की नहीं दी थी। जमाने की आँखें देखे हुए कर्मचारी सेठ रूपरतन के समाजवाद और त्याग को भली-भाँति समझते थे, परन्तु महिपाल की सज्जनता, सच्चाई और लगन पर मुग्ध होने के कारण तथा उसके आश्वासन दिलाने पर मामला अभी तक किसी तरह टलता चला आया लेकिन अब सारे लोग अड़ गए थे। महिपाल भी अड़ गया कि अब हर एक को तरक्की मिलनी ही चाहिए। इस बार रूपरतन ने अपनी मीठी टालूनीति छोड़कर साफ-साफ 'ना' कह दिया।

महिपाल आसमान से जमीन पर आ गिरा। उसने इस्तीफा दे दिया। रूपरतन व्यक्तिगत रूप से महिपाल से रिश्ते बनाए रखना चाहते थे। इसलिए उन्होंने उसे बहुत मनाया, सब्जबाग दिखाए, पर वह न माना। कर्मचारियों का न्यायपक्ष छोड़कर उसने केवल अपना स्वार्थ भजने से इनकार कर दिया। कर्मचारियों ने हड़ताल की, हुल्लड़ किया। रूपरतन ने पुलिस के जोर से उसे दबाया, अनेक गिरफ्तार हुए, पर महिपाल न पकड़ा गया। मामला दब जाने पर रूपरतन ने धीरे-धीरे उसके साथ अपने निजी रिश्ते भी खत्म कर दिए।

इतना राजपाट, इतने लोगों पर हुकूमत, इतने लेखकों का आश्रयदाता होने के बाद महिपाल अब कुछ भी नहीं रह गया था। यह उसे बहुत खलता था। 'नवचेतना' प्रकाशन से छपी हुई पुस्तकें उससे अधिक रूपरतन को मुनाफा पहुँचाती थीं।

कठोर आदर्शवादी होने के कारण एक धेला दहेज लिए बिना ही महिपाल ने एक सुन्दर सुशील कन्या से अपने भाई का विवाह किया। एम.बी.बी.एस. कर लेने के बाद उसे विलायत जाकर पढ़ने की बार-बार प्रेरणा दी परन्तु जब जयपाल के विलायत जाने का समय आया तब वह स्वयं निराधार हो चुका था। इस पर भी महिपाल हारा नहीं, अपनी पत्नी के सारे जेवर बेचकर उसने अपने भाई को इंग्लैंड भेजा। इसी समय दुर्भाग्य से उसकी मँझली बड़ी बहिन और उसके पति गुजर गए। दादा के घर में निराधार होकर महिपाल की भांजी शकुन्तला भी उसके पास ही रहने चली आई।

महिपाल को अपनी पत्नी, बच्चे, भांजी, छोटे भाई की पत्नी तथा उसके गोदी के पुत्र के भरण-पोषण के लिए जी तोड़कर मेहनत करनी पड़ती थी; फिर भी वह डेढ़ पौने दो सौ से अधिक नहीं कमा पाता था।

दूसरी लड़ाई छिड़ गई। बहुत से बेकारों के लिए लड़ाई आमदनी का साधन बनी, मन्दी के मारे दुकानदार भी क्रमश: काले मुनाफे की कृपा से अपनी चर्बी बढ़ाने लगे। महिपाल के लिए

यह लड़ाई जानलेवा थी—आर्थिक संकट तो था ही; साथ ही जयपाल के इंग्लैंड में होने के कारण उसके प्राण हरदम तड़पते ही रहते थे। सन् 1941 में जयपाल किसी तरह लौट आया—डिगरी लेकर ही आया। भाई के लौट आने से महिपाल की जान में जान आई। भाई को जमाने के लिए वह फिर बेशर्म होकर रूपरतन से मिला। उनके प्रभाव से मेडिकल कॉलेज में नौकरी दिलाई और सुखद भविष्य की कल्पना करके सन्तुष्ट हुआ परन्तु यह सन्तोष क्षणिक था। देवरानी-जेठानी में अब नहीं बनती थी। जयपाल भी बदला-बदला सा नजर आता था।

सन् 42 के आन्दोलन में महिपाल के जेल जाने के बाद जयपाल अपने बड़े भाई के परिवार को निराश्रित छोड़कर अलग हो गया। दो वर्ष बाद कठिन बीमारी के कारण जब वह छूट कर घर आया तब तक उसकी सारी आस्थाएँ ताश के महल की तरह भरभरा कर गिर पड़ी थीं। उसने देखा, रुपए की होड़ में दुनिया उससे बहुत आगे बढ़ गई थी। पास-पड़ोस के कितने ही मकान नए और आलीशान बन गए थे। उसके पड़ोस में रहने वाला एक दुबला-पतला, फटेहाल युवक राशनिंग इन्सपेक्टर होकर हृष्ट-पुष्ट और चिकना हो गया था; उसके घर में चारों ओर जगर-मगर हो रही थी। स्वयं उसका छोटा भाई जयपाल मोटर और बंगले के वैभव का सुख भोग रहा था। महिपाल के जेल से छूटने के बाद जयपाल सिर्फ एक दिन खड़े-खड़े आकर भाई से मिल गया, फिर कभी राजी-खुशी तक पूछने न आया। वह बाहरवालों से कहता था—"भय्या ने मेरे साथ किया ही क्या है? अगर वह मेरी शादी दहेज लेकर करते तो मेरे विलायत जाने का खर्च उससे ही निकल आता। वह अपने आदर्शवाद के फेर में बेवकूफियाँ करते फिरें तो उसकी जिम्मेदारी मेरे ऊपर किस तरह आती है?"

मित्र रूपरतन, फिर सगे भाई से झटका खाकर महिपाल सनक गया है। लड़ाई के दिनों में और अब तक बड़े कशमकश की जिन्दगी बिताते हुए वह चिड़चिड़ा और अस्थिर चित्त वाला हो गया है। स्वाभिमानी इतना है कि कर्नल और सज्जन जैसे अन्तरंग मित्रों से भी किसी प्रकार की सहायता लेना पसन्द नहीं करता। डॉक्टर शीला स्विंग से भी वह दोस्ती में बराबर होड़ लेने का प्रयत्न करता है। कर्नल, सज्जन और शीला उसकी दुखती रग को पहचानकर सदा उसके स्वाभिमान की रक्षा करने का प्रयत्न किया करते हैं।

ऐसे व्यक्ति पर यदि कोई भरी सभा में यह लांछन लगाए कि वह किसी सेठ या मालदार औरत का पैसा चाटकर लाल बूँद हो गया है तो उसे स्वाभाविक रूप से बड़ी तकलीफ होगी। महिपाल अपनी इस निन्दा से बावला हो उठा था।

गलियों से गुजरते हुए कुछ देर सज्जन और महिपाल चुप रहे। महिपाल के दुःखी चेहरे को देखकर सज्जन ने कहा—"यार, बात क्या है?...तुम आज औसत से ज्यादा अप्सेट नजर आ रहे हो।...मैं जानता हूँ कि तुम मुझसे मदद नहीं लोगे, मगर क्या कुछ पैसों की परेशानी है घर में?"

महिपाल सज्जन के कन्धे पर हाथ रखकर, बगैर उसकी ओर देखे ही सिर झुकाए बोला—"वक्त पड़ने पर मदद तुम लोगों से ही न माँगूँगा तो मेरा और कौन बैठा है।"

कहकर महिपाल चुप हो गया, सज्जन के कन्धे पर हाथ रखे हुए चुपचाप आगे बढ़ता रहा। गली का बाजार अपनी चहल-पहल में मगन था। सभी तरह के चर्चे चल रहे थे—चार दिन पहले के हवाई जहाज वाले पर्चे से लेकर आज के साग-तरकारियों के भाव तक। चुनाव की चर्चा आम थी। एक जगह लोगों की बातों में एलेक्शन को लेकर धर्म और जाति की जोरदार चर्चा चल रही थी। महिपाल एकदम से चिढ़ उठा, सज्जन से बोला—"मेरे हाथ में दो दिन के लिए शासन आ जाए तो ये जितने धर्म की बात करनेवाले हैं, सबको चौराहों पर जूतों से पिटवाऊँ। ढोंगी, मक्कार!"

सज्जन हँसा, बोला—"होगा-होगा! जाने दो उस्ताद! आखिर इन धर्मवालों ने तुम्हारा क्या बिगाड़ा है?"

महिपाल बोला—"मेरा ही नहीं, ये सारी मानवता का अकल्याण कर रहे हैं। अन्धश्रद्धा से भरे हुए कुछ सिद्धान्तों को लेकर ये लोग स्वस्थ और संस्कारयुक्त चिन्तन का गला घोंट रहे हैं—इसकी अन्धी कट्टरता पूरी जिन्दगी को निहायत ही गैर-इनसानी नजर से देखती है।"

सज्जन बोला—मालूम पड़ता है साले की शादी में कोई गैर इनसानी बात देख ली है तुमने! और जाहिर है कि ऐसी बात लड़केवालों, यानी तुम्हारी ससुरालवालों की तरफ से ही हुई होगी। क्यों यही है न?

सज्जन की बात पर हुँकारी भरकर दो कदम तक चुपचाप चलने के बाद महिपाल बोला—"कहने को तो ब्राह्मण देश के इन्टैलैक्चुअल लीडर हैं, मगर इनसे बढ़कर पतित, क्रूर, दम्भी और मूर्ख शायद जंगली जातियों में भी न मिलेंगे। मुझ पर—अपने बाप पर—तोहमत लगाते हैं कि मैं शीला का पैसा खाता हूँ, मैंने रूपरतन की जमा मार ली है। हद है!"

सज्जन हँसा, बोला—"खाते तो हो, भला इसमें भी कोई झूठ है?"

महिपाल मजाक के मूड में न था, क्रमशः तनता चला जा रहा था। यदि वह इस समय सड़क पर न चल रहा होता तो बड़ी जोर से गरज पड़ता। झुँझलाकर बोला—"ये कमबख्त हद दरजे की गन्दगियों से भरे हुए, नीचों में भी नीचतम, सनातन धर्म की महिमा बघारते हैं बेईमान! मुझको झूठा दोष लगाते हैं। रुपए पर जान देता होता तो महिपाल शुक्ल आज लखपति होता, लेखक नहीं।"

"यार, तुम ख्वामखाँ चिढ़ते हो। अरे, दुनिया का कायदा है कि बढ़ने वालों की टाँग पकड़कर पीछे घसीटती है। मुकाबले में तुम अपना धैर्य दिखाओ कि किस तरह इन जबर्दस्त विरोधों के रहते हुए भी आगे बढ़ते हो!"

महिपाल के उबाल पर सज्जन के वचन ठंडे पानी की तरह पड़े। वह चुपचाप सिर झुकाए आगे बढ़ने लगा, फिर एक निःश्वास डालकर निराला की पंक्तियाँ बड़े भाव से कहीं—

"करना होगा यह तिमिर पार-
देखना सत्य का मिहिर-द्वार-
बहना जीवन के प्रखर ज्वार में निश्चय-
लड़ना विरोध से द्वन्द्व-समर,
रह सत्य-मार्ग पर स्थिर निर्भर-
जाना, भिन्न भी देह, निज घर निःसंशय।"

महिपाल—जीवन से हारे-थके हएु एक व्यक्ति को—महाकवि की वाणी से उसी तरह सहारा मिल रहा था, जैसे रोगी को आधुनिक विज्ञान आक्सीजन से साँसें लेने में मदद पहुँचाता है।

गली के आगे बड़े बाजार की सड़क से एलेक्शन का जबर्दस्त हुल्लड़ सुनाई दे रहा था।

बाजार में कांग्रेस और जनसंघ के प्रचार ट्रकों में नारेबाजी का शोर मचा हुआ था। बैलों की जोड़ी और दीपक के निशानों से सजी हुई ट्रकें स्वयंसेवकों से खचाखच भरी थीं। दोनों दल मुक्के तानकर, हाथ ऊँचे उठाकर, गले फाड़कर एक-दूसरे को बातों से पछाड़ने के लिए दीवाना जोश दिखा रहे थे।

सज्जन बोला—"क्या तमाशा है कि ये लोग 'कुछ नहीं' में से 'बहुत कुछ' बनाकर दिखा रहे हैं। देश का करोड़ों रुपया एक खोखले कानून के नाम पर तबाह हो जाएगा, और फिर वही, 'कुछ नहीं।' आखिर इससे पब्लिक को क्या फायदा पहुँचेगा?"

सज्जन और महिपाल को देखते ही किसी पहचानने वाले ने जनसंघ की ट्रक से नारा उठाया—"वनकन्या के पर्चे का जवाब दो! पापियों को कौन पनाह देता है— ?—कांग्रेस! सालिगराम ने क्या किया?—नारी-बच्चे के हत्यारे को बचा लिया! कांग्रेस राज में क्या होगा? चुटिया काट ली जाएगी। औरतें भगाई जाएँगी। औरतों की बच्चेदानी निकाल ली जाएगी। मरने पर टैक्स लगेगा।"

नारों का व्यवस्थित हुल्लड़ फिर दोनों ओर से अनेक नारों में बँटकर अव्यवस्था फैलाने लगा। आपसी गाली-गलौज होने लगी। किसी ने कांग्रेसी ट्रक से चप्पल खींच मारी। कुछ लोग दोनों ट्रकों से उतर पड़े। बाजार में मारपीट मच गई। हुल्लड़ में दो-चार दुकानें भी थोड़ी बहुत लुट गईं। बाजार में ले-दे पड़ गई।

इसी समय बाजार के दूसरे सिरे से झाड़ूएँ लिये हुए लगभग चार-पाँच सौ आदमियों का जुलूस कम्युनिस्ट नारे लगाता हुआ आया। वे लोग भी वनकन्या के पर्चे को लेकर नारेबाजी कर रहे थे। कांग्रेस, साम्राज्यवाद, पूँजीवाद को झाड़ू मारने का हौसला दिखला रहे थे।

कांग्रेस की ट्रक अपने लिए चारों ओर उत्पात देखकर भाग खड़ी हुई। जनसंघ की रथारूढ़ और कम्युनिस्टों की पैदल सेना में चलते-चलाते वाक्‌युद्ध का एक मोर्चा हुआ; पर कोई भी पार्टी इस समय बाजार में डटने का साहस नहीं कर सकती थी क्योंकि हुल्लड़ लोगों की सहनशक्ति से बाहर हो चुका था, दुकानों में हल्की लूटपाट हो जाने से भी बाजार-वाले इस वक्त सबसे फिरंट हो गए थे।

एक बन्द दुकान के तख्ते पर खड़े हुए महिपाल और सज्जन यह तमाशा देखते रहे। बाढ़ के उतर जाने पर जिस तरह दलदल हो जाती है, उसी तरह लोगों की टीका-टिप्पणी की काँव-काँव बढ़ गई। दोनों जने विभिन्न मतों और विचारों के शब्द-वन से आगे बढ़े।

सज्जन बोला—''कन्या ने सच कहा था; पोलिटिकल पार्टियाँ जनता को फुटबॉल बनाकर उसके नाम पर मैच खेलती हैं!''

''सच है!'' महिपाल ने कहा—''पर एक बात मैं ये सोचता हूँ सज्जन, कि आखिर बुरा किसको कहा जाए—पोलिटिकल सिद्धान्तों को या उन तरीकों को, जिनके द्वारा वे जनता में फैलाए जाते हैं? गांधीजी साध्य और साधन की एकता पर जोर दिया करते थे। यह बात—''

''हाँ, मगर गांधीजी के लिए पूरी श्रद्धा रखते हुए भी मैं उनके अहिंसा के सिद्धान्त को हर जगह लागू होते नहीं देख पाता।''

''यह बात मैं अनेक बार सुन चुका हूँ, और इसमें कोई दम नहीं। वे मानवता की भावनाएँ बिना अहिंसात्मक चिन्तन के कभी सही तौर पर पनप ही नहीं सकतीं। तुम्हारी-हमारी दोस्ती ही इस बात पर है कि हम एक-दूसरे के बारे में निष्काम चिन्तन करते हैं, एक-दूसरे के सुख-दुःख में हमारी सहानुभूति है, एक-दूसरे की रक्षा करने के लिए हमारी इच्छा हमारी सहनशक्ति सदा आगे बढ़कर नई सीमाएँ स्थापित करती हैं—''

''सबके लिए यह मुमकिन नहीं कि दोस्ती को इस आदर्श-नाते तक पहुँचा सकें। मैं अपनी ही मिसाल लूँ—दोस्ती के लिए बहुत दूर तक आगे जा सकता हूँ; पर शायद उसकी एक सीमा है। अभी मुझे किसी कसौटी पर अपने को कसने का मौका नहीं मिला, फिर भी मैं ऐसा समझता हूँ। और इसके लिए शर्म भी नहीं आती; हर आदमी का अपना एक ईगो होता है—''

''होता है मेरे यार!'' महिपाल ने सज्जन की बात काटकर कहा—''मगर दोस्त, माता-पिता, भाई-बहिन, आशिक-माशूक, पति-पत्नी एक-दूसरे के लिए किसी न किसी हद तक तो निष्काम लगाव रखते ही हैं—''

''हाँ, खैर, यह तो—''

''मैं इसी नाते की बात कर रहा हूँ। नाता शब्द भावना का रहस्य खोलने की कुंजी है। नाता अपने ही से जुड़ता है। मैं तुम्हें अपने लिए प्यार करता हूँ—और अपने आप से मनुष्य एक जगह सदा निष्काम प्रेम करता है। वह अपने को प्रेम करने के लिए ही प्रेम करता है और उसका और कोई भौतिक प्रयोजन नहीं होता। अहिंसा का मार्ग इसी नाते का पूर्ण विकसित रूप मनुष्य को दिखा देता है।''

सज्जन और महिपाल दोनों ही विचार के प्रवाह में बहते हुए कार तक आ गए। सज्जन दरवाजा खोलकर बैठने ही वाला था कि सामने वाले बरामदे से किसी ने दोनों का नाम लेकर पुकारा। दोनों ने उस ओर देखा। पुकारने वाले अपरिचित महाशय पास आकर इस तरह बोले, गोया भेद की बात कह रहे हों—"आपको बाबू सालिगराम जी याद कर रहे हैं। वो सामने दुकान में हैं।"

इच्छा न होते हुए भी दोनों दुकान की ओर चले। बिसातखाने की एक बड़ी दुकान के पीछे वाले हिस्से में बाबू सालिगराम तीन-चार आदमियों के साथ बैठे हुए थे। इन्हें देखते ही मुसाहबों सहित उठ खड़े हुए, हाथ जोड़कर सालिगराम ने महिपाल से कहा—"पालागी पंडितजी!"

"खुश रहौ बच्चा!" महिपाल ने लापरवाही से बम्हनौती लहजे में आशीर्वाद दिया। सालिगराम सज्जन से हाथ जोड़कर बोले—"बिराजिए!...हमने बाहर उठकर जरा झाँका तो देखा आप और पंडितजी चले आ रहे हैं। (महिपाल से) हमने देखा कि गुरुजी का मुँह सूना है—"

"हाँ बच्चू, चार डबल के पान खिलाओगे और अपने मतलब से हमारा कीमती समय नष्ट करोगे।"

"हें-हें-हें-हें-हिः-हिः-हि! पंडितजी से हमारी पुरानी आसनाई है, जब ये पेपर के सम्पादक थे।"

"हाँ, आप शुरू से ही नाम पर मरते थे, इसीलिए मुझे भी चाहते थे। मगर मैं आपको कभी नहीं चाहता था क्योंकि मैं शुरू से ही काम पर जान देता था, आज भी देता हूँ!" महिपाल किसी हद तक आवेश में बह गया। सज्जन को भी महिपाल का यह रुख अखरा। सालिगराम के पेट की थाह उनके चेहरे के भावों को देखकर न लग सकी। उन्होंने हँसते हुए कहा—"अरे गुरुजी, आप तो हमारे भारतबर्स—हमारी इंडिया के महान् लोगों में हैं। हम तो छोटे से आदमी, जो बन पड़ता है, जनता की सेवा कर देते हैं।...कहिए बाजार की तरफ से आ रहे हैं?"

"जी हाँ।" सज्जन ने कहा।

"सुना, कुछ हुल्लड़-गुल्लड़ हो गया बाजार में। आपने देखा था?"

"हाँ। मोर्चेबन्दी तो तगड़ी हुई थी, धमा-चौकड़ी भी खासी मची।" इस बार भी सज्जन ने ही उत्तर दिया।

"आप बताइए कि किसकी ज्यादती थी? आप दोनों निस्पच्छ आदमी हैं। आपसे बढ़कर और कौन इस बात का न्याय कर सकता है?"

"चप्पल कांग्रेस के ट्रक से ही फेंकी गई। तुम्हारी ही ट्रक से झगड़ा करने के लिए आदमी उतरे।" महिपाल ने कहा।

सज्जन ने सिर हिलाकर हामी भरी। बाबू सालिगराम फाँसी के तख्ते पर खड़े निर्दोष, निरपराध व्यक्ति की तरह शहीदाना मुस्कुराहट लाकर बोले—"क्या कहैं इस समै तो वही मसल हुई कि मारने वाले ने मारा भी और अब रोने भी नहीं देता। असल बात किसी को भी नहीं मालूम—जनसंघ ने अपने गुर्गे हमारी ट्रक में छोड़ दिए थे। अब कांग्रेस तो इत्ता बड़ा आर्गनाइजेसन है कि अक्सर-औकात ऐसे धोके हो जाते हैं। लाखों मन दूध में मन दो मन पानी मिल जाए तो किसी को क्या पता लग सकता है?"

सज्जन चुपचाप सुनता रहा। महिपाल लापरवाही से मुँह उठाए, छत पर लगी हुई अलमारियों में भरा बिसातखाने का सामान देखता रहा। सालिगराम बोले—"आप विश्वास मानिए सज्जनजी कि हमारे वालंटियर कभी मारपीट कर ही नहीं सकते। हमने ऐसे कड़े इन्स्ट्रक्सन लगा रखे हैं। चप्पल भी हमारी ट्रक से संघवालों ने फेंकी और मारपीट का ढोंग करने के लिए भी वो ही उतरे। हमारा एक वालंटियर गाड़ी से नहीं उतरा। अगर कोई इस बात की गवाही दे दे तो मैं इस वार्ड में इलेक्शन छोड़ दूँगा, चाहे कांग्रेस कैन्डीडेट हार क्यों न जाए। हम तो बापूजी के सिद्धान्तों पर चलते हैं। लीजिए पान खाइए गुरुजी!"

खुली पुड़िया से दो पान उठाते हुए महिपाल बोला—"सालिगराम, बापूजी के सिद्धान्तों को मूर्खों की महफिल में दुहरा लिया करो। उन लोगों में कोई जानता नहीं कि उनके सिद्धान्त क्या हैं। बाकी किसी लेखक के सामने आयंदा बापूजी और उनके सिद्धान्तों को लेकर अपनी ये कलुषित चोंच न खोलना। तुम कांग्रेसवालों को शर्म नहीं आती कि जिस महाविभूति ने अहिंसा का पूर्ण दर्शन करते हुए मानवता के लिए अपने प्राण तक खुशी-खुशी निछावर कर दिए, उसके नाम पर झूठी डुग्गी पीटते हो?"

महिपाल के चेहरे पर तमतमाहट छा गई थी और उस चार के समाज में सनसनी भरा मौन। सज्जन ने वातावरण को हल्का करने के लिए समझाने के लहजे में महिपाल से हँसकर कहा—"गांधीजी क्रोध को जीतने पर भी जोर देते थे महिपाल।"

कायर और घुटे हुए दुनियादार की पेटेंट हँसी हँसकर सालिगराम बोले—"अरे हम गरीबों पर ये बरह्मतेज शान्त रखा कीजिए, दीनबन्धो! हम छोटे-छोटे आदमी उस राष्ट्रपिता के बताए मार्ग पर पूरी तौर से भले ही न चल पाएँ, पर कोसिस तो करते ही हैं।"

तम्बाकू की चुटकी मुँह में डालकर महिपाल ने उठते हुए कहा—"अब चलता हूँ भाई वरना फिर मुझे क्रोध आ जाएगा।...तुम राजघाट की कब्र पूजने वाले, झूठे गांधीवाद के प्रचारक—तुमको हिन्दुस्तानी हजारों वर्षों से जानते हैं। तुम उस वर्ग के हो, कि, सत्य जब पहले अपना दर्शन देता है तब तुम उसे ढोल पीटकर झुठलाने की कोशिश करते हो, और जब सत्य अपने झंडे गाड़ देता है, तब तुम उसके समर्थक बनकर उसको सरापा झूठ बनाने के अमली प्रयोग करते हो। हिन्दुस्तान का दर्शन, साहित्य, कला सबका गला घोंटनेवाले तुम्हीं लोग हो। तुम असली देवता को नहीं उसकी झूठी मूर्ति को पूजते हो!...चलो सज्जन!"

सालिगराम उठते हुए हें-हें कर बोले—"हम नीयत के बुरे नहीं हैं पंडितजी, आप हमें मूरख भले ही कह लें। इसीलिए तो हम आप लोगों की सरन में आए हैं। आप लोग जो महान्-महान् कलाकार हैं, अब हमको मार्ग सुझाइए। हम तो इसलिए सज्जनजी के पास सबेरे गए थे। इन्होंने आपको बताया होगा।" महिपाल घृणा भरी हँसी हँसकर बोला—"एलेक्शन की चालें हमारे ऊपर चलाने की कोशिश मत करो सालिगराम!"

सालिगराम तुरन्त बोले—"नहीं गुरुजी, ये एलेक्शन की बात नहीं है। हम तो इनसे सबेरे ही कह आए कि नाम आपका, सब इन्तजाम आपका, हम हुकुम के ताबेदार होकर, आप जो ड्यूटी देंगे, बजाएँगे। हम तो बस यह चाहते हैं कि जनता के हित में अच्छे-अच्छे काम हों—ये राजनीति का चक्कर तो ससरा गन्दा है ही। इस बात को तो अब हम भी सुईकार करते हैं। सज्जनजी ने आज सबेरे हमको एक लाख रुपै का सुझाव दिया। अब आप लोग मिलकर कर डालिए।"

महिपाल बाहर जाने के लिए आगे बढ़ते हुए बोला—"ये चकमा सज्जन पर ही चला लो सालिगराम! जब तक एलेक्शन रहेगा, मैं तुम्हारे या किसी राजनीतिक पार्टी के किसी काम में सहयोग नहीं करूँगा।"

"ये तो आपकी ज्यास्ती है गुरुजी! लाख नीच हों मगर इनसान हम भी हैं, थोड़ी बहुत नेक-नीयती हम भी बरतते हैं। और फिर अब तो हमने आप लोगों के नाम से पर्चा भी छपने दे दिया।"

महिपाल ताव खा गया, बोला—"मेरा नाम आपने किस्से पूछकर दिया?"

सज्जन मन ही मन अप्रतिभ हुआ; अपने को सँभालकर, सालिगराम के कुछ जवाब देने से पहले ही उसने कहा—"महिपाल, मैं किसी भी अच्छे काम में हर एक के साथ हर समय सहयोग करने में विश्वास रखता हूँ और मैं समझता हूँ कि यह कतई गलत उसूल नहीं। तुम्हारा और कर्नल का नाम मैंने अपने विश्वास के साथ दिया।"

महिपाल ने एकटक सज्जन से नजरें मिलाकर जवाब दिया—"मेरे और तुम्हारे विश्वास में भेद है—मैं अनुभव के आँवे में पक चुका हूँ। जनता को बहलाने के लिए मैं इन्हें अपने नाम का उपयोग न करने दूँगा।"

"आपने कम्युनिस्टों को तो अपने नाम का उपयोग करने दिया और हमें—" एक मुसाहब तैश खाकर कहने लगे। महिपाल ने भी उसी तरह गर्म होकर झिड़का—"क्या आप यह साबित कर सकते हैं?"

सालिगराम तुरन्त बीच में शक्कर की तरह घुले, बोले—"इनका मतलब आपको दोष लगाना नहीं है महाराज! मतलब ये कि उस दिन कमनिस्ट लड़की का परचा आप लोगों के नाम से निकला—"

सज्जन ने तुरन्त बात काटकर कहा—"वनकन्या का लेख है, इन्सानियत का बाबू सालिगराम!"

"हाँ, हाँ वो तो खैर—वो बात दूसरी है। मगर आप लोग छिमा कीजिएगा इतने-इतने समझदार होके भी कम्युनिस्टों के धोके में आ गए। आप लोग तो भलेमानुस शरीफ आदमी हैं, लेकिन मैं जगदम्बा सहाय की लड़की को खूब जानता हूँ, मेरे सामने वह इत्ती से इतनी बड़ी हुई है!"

महिपाल सज्जन का हाथ पकड़कर घसीटते हुए बोला—"चलो यार! इतनी बकवास से दिमाग खराब होने के सिवा और कुछ हासिल नहीं और सुन लो सालिगराम, सबेरे तुम जिस फाँस में सज्जन को फाँस आए हो उसे मैं इस वक्त काटे जाता हूँ।"

"नहीं। मैंने आपको जो वचन दिया है उसे हर हालत में निभाऊँगा। महिपाल का नाम रहने दीजिए।"

सज्जन यह कहकर महिपाल के साथ बाहर चला गया। बाबू सालिगराम और उनके मुसाहबों ने चैन की साँस ली। एक ने सालिगराम से पूछा—"ये पंडितजी कौन हैं? बड़े बदतमीज हैं।"

बाबू सालिगराम मुँह बनाकर बोले—"लेखक-फेखक है चू...कहीं का! एलेक्शन में साले गधे को भी बाप बनाना पड़ता है। तुम एक काम करो जगतू, छन्नू बाबू के साथ पाँच सौ रुपए लेकर बाजार में चले जाओ। जो दो-चार दुकानें लुटी हैं उनकी भरपाई चुकता कर आओ। आनाकानी न करना। जो बीस का नुकसान बताए, उसे पच्चीस टिकाना। जरा बाजार ठंडा तो कर आओ भैया, फिर मैं पहुँचता हूँ।"

जगतू उठकर चले गए। सालिगराम ने मतदाताओं की लिस्टें पलटने में मग्न बनारसीदास से कहा—"बनारसी, एक अच्छा-सा मजमून तो बनाए डालो जरा बढ़िया हिन्दी में। उसमें ये सब लिख देना कि मकर-संकराती के उपलच्छ में ऐसी-ऐसी सब औरतों की सिलाई-कढ़ाई, बुनाई की नुमाइस होगी, इनाम बाँटे जाएँगे और इसके साथ-साथ भारतबर्स के बड़े-बड़े नामी कलाकारों की तसवीरें भी दिखाई जाएँगी। और ये लिख देना कि प्रदरसनी का उद्घाटन हर इक्सीलेन्सी करेंगी। तुम मजमून बनाकर एक बार हमें सुना देना और फौरन प्रेस में दै देना। इस काम में ढील करने की जरूरत नहीं है, समझे! अपने पूरे आर्गनैजेसन की पूरी सकती लगा देना, समझे! इसके हवाई जहाज की गूँज इन्हीं के हाथों से बन्द करवानी है। परचे चाहे पाँच ही हजार छपैं, मगर कल शाम तक बँट जाएँ और एक ट्रक, दुई लाउड-इस्पीकर इस नुमाइस के लिए अलग कर दो। सब पब्लिसिटी सज्जन और करनल के नाम से करना, समझे।"

बाबू सालिगराम देर तक तरह-तरह की बातें समझाते रहे।

सज्जन की कार अपने घर की तरफ दौड़ी चली जा रही थी।

25

महिपाल ने सालिगराम के सामने जब प्रदर्शनी के प्रस्ताव पर अपना सहयोग देने से इनकार कर दिया तब सज्जन को बहुत बुरा लगा, इसलिए नहीं कि महिपाल एक अच्छे उद्देश्य के लिए हाथ बँटाने से इनकार कर रहा है, बल्कि इसलिए कि महिपाल ने सालिगराम के आगे इसकी बात की रक्षा नहीं की। कार पर चलते हुए उसने महिपाल से कहा—"जहाँ तक अहिंसा को दैनिक जीवन में बरतने का सम्बन्ध है, मेरी समझ में नहीं आता कि तुममें और सालिगराम में क्या फर्क है!"

महिपाल चौंककर सज्जन की सूरत देखने लगा। सज्जन गाड़ी के चक्के पर पूरा कन्ट्रोल रखे सामने की तरफ देखता जा रहा था, बोला—"तुम औरों पर आरोप लगाते हो कि वे अहिंसात्मक चिन्तन नहीं करते, मगर तुम्हारे व्यवहार में वो चिन्तन कहाँ है? तुम दूसरों को अपने सामने छोटा बनाकर खुश होते हो। तुम ये चाहते हो कि सब जने तुम्हें अहिंसावादी नेता करार देकर हाथ जोड़ें, तुम्हारे पीछे-पीछे चला करें!"

महिपाल को कोई जवाब नहीं सूझ रहा था। फिर भी कुछ कहने की उतावली उसे जरूर हो रही थी, बोला—"मैंने यह अमानुषिकता कब, और अपने किस आचरण में दिखलाई—"

सज्जन बोला—"दीये को अपने नीचे का अँधेरा दिखलाई नहीं देता! तुम अपनी पत्नी के लिए शीला से, और शीला के लिए अपनी पत्नी से कभी सच्चे नहीं रहे। जिस नाते का मर्म और जिस अहिंसा का दर्शन तुम बड़े जोश के साथ मुझको सुना रहे थे वह नाता खुद तुम लोगों से कहाँ तक निबाहते हो? निष्काम प्रेम की तड़प तुममें अपने लिए कितनी है?"

महिपाल चुपचाप सुनता रहा। सज्जन ने फिर कहा—"दिल में नजरें डालकर आज तक तुमने किसके दुःख-सुख को पहचानने की कोशिश की?"

"और तुमने ही कब किसी और का ख्याल किया है सज्जन?"

सज्जन तुरन्त बोला—"मैं इनकार तो नहीं करता! तुम तो एक ओर जहाँ अहम् त्वम् को भेद को अहिंसा का पुल बनाकर मिटाना चाहते हो वहाँ तुम्हारे दैनिक जीवन में उसका पूरा अभाव नजर आता है!"

महिपाल बोला—"नुमाइश में तुम्हारा साथ न देने की वजह से तुम मुझ पर नाराज हो गए हो! क्यों? पर एक बात कहूँ, सिर्फ मैं ही नहीं बल्कि कर्नल और कन्याजी भी तुम्हारे इस काम से सहमत नहीं होंगे।"

सज्जन तैश में आकर बोला—"एक बात पूछूँ? तुमको हक मिला है कि सालिगराम या किसी भी ऐसे आदमी से, जो जनता में काम करते हैं, अपने को बड़ा मानो? अगर उनमें एक किस्म की बुराई है तो तुममें दूसरे किस्म की। जिस तरह भाषण करते हुए ये सब लोग गांधीवादी विचारधारा के हो जाते हैं उसी तरह साहित्य रचते हुए तुम भी महान् अहिंसावादी, दार्शनिक, कला और संस्कृति के चौकीदार बन जाते हो; लेकिन प्राइवेट लाइफ में एक तरह की नीचता अगरचे वो बरतते हैं तो दूसरी तरह की बरतते हो!"

महिपाल बोला—"तुम्हारी बात को अस्वीकार नहीं कर सकता। मैं मानता हूँ कि मुझमें घृणा का माद्दा काफी है, पर यार, मुझे इतना नीचा तो न गिराओ कि सालिगराम की श्रेणी में—"

"सालिगराम हों या कोई राम हों! तुम्हारी अहिंसा के नियम से तो सब अपने ही हैं। दूसरे में बुराइयाँ रहते हुए भी यदि हम उसको अपनाने की कोशिश करें तो क्या वह अच्छा नहीं बन सकता?"

ठंडी आह भरकर महिपाल बोला—"मैं अपनी सारी बातें वापिस लेता हूँ।"

"कौन-सी जो मुझसे कही थीं, या जो सालिगराम से कही थीं?"

महिपाल चौंका, फिर कुछ सोचकर धीरे से बोला—"जो तुमसे कही थीं।"

"इसके माने हैं कि अहिंसा में तुम्हारा विश्वास नहीं!"

महिपाल फिर चुप रहा। सज्जन ने कहा—"तुम एक सत्य के धनी जरूर हो, पैसे के आगे तुमने सिर नहीं झुकाया, गरीबी में तुमने मानवता की भावना को भी पाया है, मगर तुमने इसके अलावा अपने जीवन में केवल झूठ ही झूठ अपनाया है। तुम अपने नजदीक से नजदीक वाले लोगों से भी झूठा व्यवहार करते हो। इससे यह जाहिर होता है कि तुम अपने आप से भी सच्चे नहीं; मौका आने पर तुम भी वैसे ही बन सकते हो जैसे कि आज तमाम मिनिस्टर और बड़े-बड़े नेता अहम्वादी स्वार्थी बन गए हैं।"

हजरतगंज के चौराहे पर कार पहुँच गई थी। महिपाल बोला—"मुझे यहीं उतार दो।"

सज्जन ने कहा—"क्यों? अपने बारे में सच सुनते-सुनते तबीयत बेकाबू हो गई? आओ, मैं तुम्हें सच को सुलाने की दवा पिलाऊँगा।"

महिपाल ने फिर उतरने का आग्रह न किया।

घर पहुँचकर खाने से पहले सज्जन ने महिपाल के लिए ह्विस्की सोडा का गिलास रखा।

महिपाल बोला—"और तुम?"

सज्जन ने मुस्कुराकर कहा—"छोड़ दी!"

"रियली? कब से?"

"दो रोज हुए।"

"कोई खास बात?"

"ऐसे ही। मन की झोंक। बहुत दिन पी। और यह कोई जरूरी नहीं कि जीवन भर एक ही नशा करता रहूँ।"

"किसी ने कसम तो नहीं दिलाई, सच कहना?...बहरहाल किसी के नेक इरादे को बदलने का हठ न करूँगा। तुम्हारी इस नशाबन्दी के लिए शुभकामनाएँ!" कहते हुए महिपाल ने गिलास होंठों से लगा लिया। नशे की झोंक में एक बात महिपाल ने बड़े मार्के की कही, बोला—"दोस्त, यों बात अपने ऊपर ही आती है, मगर सच कहने से न चूकूँगा—जब कोई मनुष्य आदर्शों को कर्म से अधिक बातों के सहारे बढ़ाता हुआ दीख पड़े तो समझ लेना कि वह झूठा है। महिपाल भी झूठा है दोस्त! उसने बहुत बरसों पहले एक बार अन्तर्सत्य के दर्शन किए थे। सोचा था, उसके सहारे खुद को, सारी दुनिया को बदल डालेगा।...मगर ज्यों-ज्यों उस सत्य का प्रकाश बढ़ता गया, ज्यों-ज्यों वह प्रकाश उसके हर कर्म को, हर विचार को आलोकित करने के लिए प्रखर होता गया, त्यों-त्यों उसका साहस मन्द पड़ता गया।...मैं झूठा बन गया। आज सबेरे से मेरा घर स्वयं मेरे लिए ही काँटों का कुंज बन गया है और शीला भी बिना किसी दोष के, एक बेवकूफ के मिथ्या आरोप के कारण ही मुझे अपने से बहुत दूर नजर आती है।...न खुदा ही मिला न विसाले सनम! हाय रे अभागे महिपाल!"

शाम को महिपाल के जाने के बाद सज्जन उसकी टूटी हुई मानसिक अवस्था पर विचार करता रहा। इनसान की दुर्बलताएँ भी किसी न किसी सत्य के आधार पर ही फलती-फूलती हैं और ये दुर्बलताएँ सत्य के प्रति विकृत विद्रोह ही हैं। सोचने लगा, आज मैंने अचानक ही अपने एक निश्चय को एक दोस्त के आगे कहकर सार्वजनिक रूप दे दिया। अब शराब कभी न पिऊँगा।

सज्जन फिर ब्रह्मचर्य और वनकन्या के सम्बन्ध में विचार करता रहा। कन्या आज नहीं आई थी। पता नहीं, उसे रहने की जगह कहाँ मिली होगी! इच्छा हुई एक बार चलकर उसे देखा जाए। वह मुसीबत में पड़ी है, स्वाभिमाननी है—उसके स्वाभिमान की रक्षा करते हुए 'संकट से बचाना ही मनुष्यता है।'

कार लेकर सज्जन उस हाते में गया, जहाँ कन्या रहती थी। वहाँ पता लगा कि कल रात ही वह अपना सामान लेकर किसी की मोटर पर चली गई। सज्जन को उस अनजाने मोटर वाले से जलन हुई; फिर अवसाद में ब्रह्मचर्य का ध्यान आया। सोचा, मुझे करना ही क्या है? लेकिन ब्रह्मचर्य व्रतधारी सज्जन का मन कन्या के बिना कसमसाता ही रहा।

लौटकर सज्जन कर्नल की दुकान पर आया। महिपाल वहीं बैठा था। उसने कर्नल से सज्जन-सालिगराम पैक्ट की बाबत कह दिया था। कर्नल भी सज्जन से बेहद नाराज था। आते ही उसके ऊपर गरज पड़ा—"ये तुमने किससे पूछ कर हामी भरी जी? तुम मेरे सब किए-कराए पर पानी फेरना चाहते हो?"

कर्नल के विरोध से सज्जन को यह महसूस होने लगा था कि उसने सचमुच गलती की है, पर चूँकि वह गलती कर चुका था, इसलिए उस पर डटा रहना चाहता था; चेहरे पर कसाव लाकर रूखी आवाज में बोला—"अगर तुम भी शामिल न होना चाहो तो मत होना। मैंने जो किया है वह सोच-समझकर और सही किया है।"

"सही नहीं, खाक किया है!" कर्नल बोला—"मैं पूछता हूँ कि तुम किस फेर में पड़ गए? जानकीसरन और सालिगराम सबेरे-सबेरे कोठी पर पहुँच गए थे, इसलिए मुँह देखकर तकल्लुफ आ गया? ये क्या तुम्हारे भेजे में नहीं समाया कि बिन्नो का जो केस चल रहा है, उस पर तुम्हारी इस नादानी का क्या असर पड़ेगा?"

'बिन्नो' शब्द सुनकर सज्जन चौंका, फिर 'केस' के सिलसिले में समझ गया कि कर्नल ने कन्या का नया नामकरण किया है। उसे कन्या के प्रति कर्नल के इस लाड़ से अनुरक्ति हुई। कन्या कहाँ है?—नए सिरे से चिन्ता हुई; टीस उठी। अपनी गलती पर झेंप चढ़ने लगी। सबेरे स्वीकृति देते समय उसे निस्सन्देह कन्या का ध्यान आया था; फिर भी उसने हामी भर ली।...कन्या को लेकर उसका मन सनक गया है।—क्यों? ब्रह्मचर्य-ब्रह्मचर्य...ये जो दिमाग चल रहा है, कहीं यह कोरा खब्त तो नहीं? अचानक मैं अपना दिमागी सन्तुलन खो रहा हूँ! इसकी वजह?—वजह समझ में नहीं आई। दिमाग कटे हुए फल की फाँकों जैसा बिखर रहा है, जितना ही किसी बात में उसे एकाग्र करो, उतना ही धुआँ-धुआँ हो जाता है। गुस्सा चढ़ा। कर्नल को जवाब दिया—"मैं सब कुछ अच्छी तरह सोच चुका हूँ। इनसान वही है जो अपने दुश्मन से भी सदा हाथ मिलाने के लिए तैयार रहे। दैट इज अवर इंडियन कल्चर! हम अपना केस लड़ते हुए भी इस नुमाइश में शरीक होंगे। आप लोग छोटी नजर से देखते हैं, मैं ऐसा करना एक आर्टिस्ट के मिजाज के खिलाफ मानता हूँ।" सज्जन अपनी बातों पर खुश हुआ।

"ब्रेवो! मेरे साथ रहने का तुम पर अच्छा असर पड़ा है!" महिपाल ने चेहरे पर गुरुडम लाते हुए कहा—"काश कि इन बातों के साथ आवाज में कहीं तुम्हारा दिल भी बोला होता सज्जन, तो विश्वास मानो आज तुम्हारे चरणों पर श्रद्धा से सिर टेक देता!"

सज्जन शर्म और गुस्से से काँप उठा। मन की कटन-खौलन अपना पूरा पैनापन लिए हुए चट-से चेहरे पर चढ़ आई।

तभी दरवाजे पर पड़ी चिक से, सामने ऊपर के जीने से वनकन्या उतरती दिखाई दी।

ये लोग दवाखाने के पीछेवाले हिस्से में, कर्नल के प्राइवेट ऑफिस में बैठे थे। सज्जन आरामकुर्सी से उठ खड़ा हुआ, दरवाजे के पास जाकर चिक उठाते हुए, कन्या से उसने कहा—"तुम यहाँ? मैं वहाँ देखने गया था।"

कन्या मुस्कुराई, कुछ जवाब न दिया। चिक पर परदा उसके हाथ से लेकर कमरे की तरफ बढ़ी, सज्जन रास्ता छोड़कर अन्दर चला आया। कन्या को देखकर महिपाल ने उठकर हाथ जोड़े। कर्नल ने बैठे-बैठे ही उसकी ओर हँसते हुए कहा—"तुम्हें यहाँ देखकर ये आर्टिस्ट साहब सनाका खा गए। आज काम करके आए हैं बौड़मदास। ऊपर से यहाँ लिक्चर झाड़ रहे थे हमारे सामने!"

सज्जन के चेहरे पर फिर परेशानी झलकी, मगर इस बार जरा संयम के साथ।

कोने से कुर्सी खींच कर बैठते हुए कन्या ने सज्जन से कहा—"कर्नल भाई साहब ने मुझे ऊपर रहने की जगह दे दी है। कल से मेरे पीछे पड़ गए कि फौरन चलकर कार से अपना सामान यहाँ ले आओ।"

कर्नल ने हँसकर महिपाल से कहा—"पहले तो ये हमसे बड़ी केमनिस्टी छाँटती रहीं—बड़ी बहसबाजी की कि यों नहीं और वो नहीं। अरे, हमने कहा कि बहस बाद में करना, पहले चल के सामान लाओ। अगर मुझे भाई बनाया है तो मेरा हुकुम भी मानना पड़ेगा। भला बताओ, ऐसी जगह

में रहती थी—महरी-कहारों के हाते में! बाप और वो ससरा सालिगराम खार खाए बैठा है, और कुछ नहीं, तो पैसे का लालच दे के किसी से छेड़ ही करवा दे। शरीफ औरत बेचारी तो इत्ते ही में मर गई जनाब!''

''ये तुमने अच्छा किया। और तुम्हारा ऊपर का कमरा एक तरह से खाली ही पड़ा था।''

''अरे चीड़ के बक्से, बोतलें—यही अंगड़-खंगड़ पड़ा था। आज सबेरे सब उठवा कर पीछे वाले अस्तबल में भिजवा दिया। यहाँ जगह ही जगह हो गई इनके लिए—ऊपर कमरा है, एक सायबान है, नल-बाथरूम सभी कुछ है।''

सज्जन को इस बात पर हैरत हो रही थी कि कन्या कर्नल के आश्रय में रहना अस्वीकार न कर सकी। उसने सज्जन का प्रस्ताव न माना। क्यों? दुनिया अगर सज्जन के साथ या उसके साथ किसी मकान में कन्या को रहते देखकर उसकी बदनामी कर सकती थी तो क्या कर्नल के साथ रहने से उसे छोड़ देगी? तब फिर कन्या का उसके प्रति यह अविश्वास क्यों? इस समय सज्जन का जी तेज हवा में उड़ते हुए कपड़े की तरह फरफरा रहा था। उसे लगता था कि सालिगराम के साथ सहयोग करने की बात अब कही ही जाएगी। सज्जन उस क्षण का सामना करने में हिचकिचा रहा था। उसे अपने ऊपर, कर्नल, महिपाल, कन्या, सालिगराम, जानकीसरन—सबके ऊपर तीव्र झुँझलाहट आने लगी। वह चाहता था तेजी से उठकर भाग जाए, पर ऐसा करने के लिए मानो उसके पैरों में, उसके सारे शरीर में शक्ति नहीं रह गई थी; वह आरामकुर्सी पर गड़ा हुआ बैठा था।

कर्नल ने कन्या से पूछा—''बिन्नो, कहीं बाहर जा रही थीं?''

''जी हाँ। जल्दी से जाऊँगी।''

''तुम किसी वक्त भी जाओ। मैंने चौकीदार से कह दिया है। एक ताला इधर के दरवाजे पर लग जाएगा। तुम जब भी जाओ। चौकीदार को जगाकर खुलवा लेना।''

कन्या हँसी, बोली—''मुझे सेकेन्ड शो में पिक्चरें देखने की आदत नहीं भाई साहब!''

महिपाल पहली बार कन्या के लिए 'तुम' शब्द का प्रयोग करते हुए हँसकर बोला—''तुम समझीं नहीं बहन, ये कर्नल हर बात बड़ी पॉलिसी से कहता है। यह समझता है कि कम्युनिस्ट लड़कियाँ रात ही में हँसिया-हथौड़ा लिये घूमा करती हैं!''

कन्या खिलखिलाकर हँस पड़ी, कर्नल भी झेंपते हुए हँसा, बोला—''इन लेखक-कलाकारों की बात पर ध्यान न देना बिन्नो! ये लोग सदा मूरखताई की बातें करने के लिए ही नाम पाते हैं!''

कन्या हँसी तो जरूर, पर कनखियों से उसकी निगाहें सज्जन के परेशान चेहरे को गौर से देख रही थीं। सज्जन सिर झुकाए बैठा था। कर्नल, महिपाल दोनों का ध्यान कन्या की ओर था। कन्या का यों मनमानी होकर सज्जन की ओर ताकना, उसकी खामोश परेशानी महिपाल के मन में कविता जगा गई। 'प्यार की नजरों में भी क्या बात होती है!'—सोचते हुए महिपाल को सज्जन से रश्क हुआ, हालाँकि उसके मन के किसी कोने में भी कन्या के लिए किसी प्रकार की कुभावना नहीं थी। एक बार बड़ी जोर से उसके जी में आया कि सज्जन-सालिगराम पैक्ट की चर्चा कन्या के सामने चलाकर वह सज्जन को नीचा दिखाए। फिर अपनी इस इच्छा को दबाकर उसने पूछा—''तुम्हारे केस का क्या हाल है कन्या?''

कन्या ने चौंककर सज्जन के चेहरे से जुड़ी अपनी आँखों को महिपाल की ओर घुमाया। कर्नल उसके जवाब देने से पहले ही बोल उठा—''अभी मैं जरा वकीलों से सलाह कर रहा हूँ। इनकी भाभी के वो रिश्तेदार जो आए थे कल। उनको मैंने सूर्या हिन्दू होटल में टिका दिया है। आज दिन में इनके साथ छोटी गाड़ी पर मैंने उन्हें इनामबाड़ा वगैरह देखने के लिए भेज दिया था—अच्छा, भई सज्जन तुम्हें एक खुशखबरी सुनाऊँ, बिन्नो हमारी ड्राइविंग सीख रही हैं। आज शिउमंगल हमसे बताता था कि बीबीजी बड़ी जल्दी सीख जाएँगी।''

सज्जन ने सूनी नजरें उठाईं; कन्या ने हँसी, लाज और शाबाशी पाने की सुहागभरी कामना लिए हुए अपनी पुतलियाँ उसकी आँखों में डाल दीं। छोटे-से कमरे के मद्धिम अँधेरे में पलभर के लिए चार आँखों को सिर्फ दो ही जन दिखलाई दिए। सज्जन की परेशानियों को राहत मिली, बड़ा सुकून मिला। कर्नल, महिपाल किसी से भी ये नजरें छिपी न रह सकीं। महिपाल के मन में अजब भाव आया, सोचा, लौंडिया चालाक है। सज्जन से शादी करने के बाद उसे कम्युनिज्म से कैपिटलिज्म की ओर आना पड़ेगा, लिहाजा मोटर चलाना सीख रही है।

कर्नल ने सभी का ध्यान पलटते हुए अपनी बात चालू की, कहा—"मैं जरा बैरिस्टर धवन से एक बार और सलाह कर लूँ। उनसे हर तरह की अच्छी सलाह मिलेगी। यह अकेले सालिगराम से मोर्चा नहीं है जनाब। इस बखत इलकशन की पूरी मशीनरी हमारी तरफ अपना मोर्चा साधेगी। ये हवाई जहाज का करतब मेरी सूझ से कहीं ज्यादा काम कर गया! शहर में इनकी हवा उखड़ गई है। लेकिन इस बखत मैं भी स्त्री दादा गुरु के चरन भेंटने की मानता माने, ठना हुआ बैठा हूँ। उन्हीं के चरनों के प्रिताप से कल ये ऐसा अनमोल डाकूमेंट मेरे हाथ में पड़ गया है कि हम इनकी एक-एक नस हिला देंगे। (सहसा विचार आने से बात का रुख पलटकर) अच्छा, हाँ सज्जन, हमने तुम्हारा और सालिगराम का पैक्ट पास किया। इस मोर्चे पर हमें पब्लिक के सामने अपनी सफाई देने का अच्छा मौका हाथ आएगा। ये हमें गले-गले डुबाने की स्कीम लेकर आया है, और हम ससरे को खड़े हाथी की तरह पूँछ ऐंठ कर बैठा देंगे। अब तो सालिगराम आज या कल में आएगा ही, पहले तो खूब खरी-खोटी सुनाऊँगा कि तुमने साले एक आर्टिस्ट की शराफत का फायदा उठाकर मुझे नीचा दिखाने की कोशिश की है! अच्छा बेटा, हम भी तुम्हें ये दिखाएँगे—वोई सज्जन वाली बात कि—हमारी इन्सानियत दुश्मनों के साथ भी हर अच्छे काम में खुले दिल से शरीक होती है।"

सज्जन का चेहरा खिल गया, वनकन्या के चेहरे पर प्रश्न उदय हुआ, महिपाल को कर्नल का समर्थन अखरा; वह कन्या को बात की भूमिका सुनाते हुए बोला—"अभी इनको शायद नहीं मालूम। बात यों है कन्याजी कि आज आपके बाबू सालिगराम और शहर के एक बहुत बड़े सूदखोर महाजन सज्जन को खुश करने के लिए इसके चित्रों की प्रदर्शनी का बहाना लेकर इसके पास आए थे। उन्होंने सोचा कि वो कलाकार को पूजा देकर अपनी तरफ फोड़ लेंगे...और वे इसमें आसानी से सफल भी हो गए।"

वनकन्या का चेहरा स्याह पड़ गया, सज्जन के चेहरे पर तेहे की तमतमाहट छाई, कर्नल ने तुरन्त महिपाल की बात के गलत असर को काटते हुए कहा—"तुमने बात को गलत ढंग से कहा है महिपाल! सज्जन ने ठीक सोचा था, दरअसल में हमारी ही नजर छोटी थी!" वनकन्या के चेहरे पर बढ़ती हुई जिज्ञासा को बोध देने के लिए कर्नल के फिर कहा—"सज्जन की बात मुझे सवा सोला आने ठीक जँच रही है बिन्नो! इनका कहना है कि वह हमारे पास एक अच्छे काम का प्रपोजल लेकर आए तो जैसे इन्होंने एक इन्सानियत के काम में तुम्हारा हाथ बँटाया, वैसा ही वे पॉलिटिक्स का भेदभाव भूलकर हर किसी के साथ अच्छे काम में शरीक होंगे। इसमें क्या गलत बात है?"

कन्या की आँखों में शंका और समर्थन का घुला-मिला भाव झलका। सज्जन उससे आँखें मिलाने को बेकल था। प्यार में जबान एक जगह आँखों से बुरी तरह मात खाती है। चार नजरों में बात करने की जितनी शक्ति होती है, उतनी हजार जबानों में एक साथ मिलकर भी नहीं हो सकती। अपनी नजरों से कन्या की कन्नी काटती हुई नजरों को बँधकर सज्जन ने कहा—"वो मेरे चित्रों की नुमाइश का प्रस्ताव लेकर आए थे। मैं उनकी नीयत फौरन ही भाँप गया। मैंने उनके प्रपोजल को पलटकर एक नई बात ही आगे पेश की। मैंने कहा चूँकि मुहल्ले में नुमाइश करने का यह नया आयोजन है इसलिए इसमें तमाम गली-मोहल्लों की औरतें अपनी सिलाई-बुनाई कसीदाकारी और भी जो-जो कला-कौशल परम्परा से वे लोग जानती हैं, उनकी नुमाइश हो। उसमें मोहल्लेवाले

चुनाव करें, प्राइज बाँटें, सौ रुपै का प्राइज मैं भी अपनी मदर के नाम से दूँगा। इसके साथ ही साथ आज की कला से भी इन लोगों की जान-पहचान कराई जाए, लिहाजा शहर के सब अच्छे चित्रकारों की तस्वीरें ले आऊँगा—चालीस-पचास तस्वीरों से ज्यादा वहाँ और क्या चाहिए? जानकीसरन के सामनेवाले दो बड़े हॉलों में नुमाइश होगी। इसमें मैंने क्या बुरा किया? महिपाल कहता है, मैंने धोखा दिया। यह मेरी ईमानदारी पर झूठा कलंक है और मैं अपनी बात की सच्चाई को साबित कर दिखाऊँगा।''

कन्या छूटते ही सज्जन से बोली—''आपने जो हौसला दिखाया है वह आप जैसे कलाकार की प्रतिष्ठा के अनुकूल है। मैं तो कोई हस्ती नहीं, फिर भी इसके लिए जो काम आप मुझे सौंपेंगे मैं उसे जिम्मेदारी के साथ निभाऊँगी।''

सज्जन खिल उठा। महिपाल बोला—''आप लोग अपने कलाकारोचित जोश में दुनिया की चालों को न भूलिए। ये एलेक्शन के दिन हैं!''

''इलक्शन के दिन हैं, तो यहाँ भी उनके चचा बैठे भये हैंगे—बाबू नगीनचन्द जैन उर्फ कर्नल साहब!'' कहकर कर्नल ने अपनी सफाचट मूँछों पर अकड़कर ताव दिया। फिर सज्जन से बोला—''नुमाइश करो जो ठाठ से। कहीं आज की तारीख में एक बात मेरी भी लिख लो सज्जन, कि इनकी हर चाल पलटकर इस बार अपनी अलग पार्टी—इनसानी दल कायम न किया तो कुछ काम न किया। अब हम एक नहीं, सब पोलिटिकल पार्टियों को चुनौती देकर कसौटी पर कसेंगे। हम जनता में रहेंगे। जनता के अधिकारों के साथ रहेंगे। अब चाहे सरकार हो, ये बड़े-बड़े कैपीटलिस्ट हों या पोलिटिकल पार्टियाँ हों—हम सबसे अपने अधिकारों के लिए सावधान रहेंगे। क्यों बिन्नो? क्या राय है?''

महिपाल कुर्सी से उठते हुए बोला—''बिन्नो बिचरौनी का बतइहैं, हम बतायिति हयि अकि...आप सब जो रावण की तरह दस-दस सिरों के बराबर बुद्धि लिए फूले नहीं समा रहे, तो आप लोगों को ये सालिगराम वगैरा नुमाइश के पुरस्कार में एक-एक गदहे का सिर और प्रदान कर देंगे—ये याद रखिएगा!..बेचारी...बेचारी वनकन्या का केस अधर में ही छूट जाएगा।—देख लेना, तुम मुर्खों के लिए मैं यह ब्रह्मवाक्य कहे जाता हूँ।''

सज्जन भी तेजी से उठते हुए बोला—''फिर मेरा भी भरतवाक्य सुनते जाओ महिपाल! सज्जन हर तरह से तुम्हारे ब्रह्म को झूठा साबित कर दिखाएगा। और यह बात मैं उन लोगों के सामने कह रहा हूँ जिनके आगे झूठा बनने के बजाय मैं मर जाना बेहतर समझूँगा।''

महिपाल कुछ न बोला, तमककर चला गया। सज्जन को इस समय महिपाल पर बेहद गुस्सा आ रहा था। उसने कन्या का मन उसकी ओर से बिगाड़ने की कोशिश की; यह बात उसे रह-रहकर तिलमिला रही थी। बड़बड़ाते हुए कहने लगा—''आप झूठी जिन्दगी बसर करता है, अपनी बेवकूफी से लोगों के बहकावे में आता है तो समझता है कि सब लोग ऐसे ही होंगे। ईडियट!''

कर्नल बोला—''अरे यार! तुम भी किसकी बातों पर ध्यान दे रहे हो। अभी कहीं मन की कोई फाँस चुभ गई होगी तो खिलाफ हो गए लेखकजी महाराज; और अभी मन पलट जाएगा तो तुमसे आगे बढ़कर तुम्हारा काम निपटाएँगे। मैं सच कहता हूँ बिन्नो, महिपाल ऐसा भोला आदमी मैंने नहीं देखा! इसकी जबान बुरी है, दिल नहीं!''

कन्या बोला—''अरे, ऐसे तो कोई मनुष्य दूध का धोया नहीं भाई साहब, पर सब मिलाकर महिपालजी के लिए मेरे मन में आदर है। दिल के अच्छे न होते तो इतने अच्छे साहित्यकार भी वे न बन सकते।''

सज्जन का क्रोध कन्या, कर्नल और स्वयं अपने ही तर्क से परास्त हो रहा था, उसे वह अब भी अपने कलेजे में कसकर रखना चाहता था। यह क्रोध—यह तेजी—उसे कन्या की प्यार भरी

दृष्टि ने प्रदान की थी जिसके आगे वह इस समय सब भूला हुआ था। कन्या का स्नेहदान उसके कमजोर मन को इस समय मिथ्या अहंकार से सबल कर रहा था। वह चाहता था कि कुछ देर के लिए उसे कन्या के साथ एकान्त मिल जाए। उसे अपने साथ घुमाने का प्रस्ताव पहले रोज कन्या अस्वीकार कर चुकी थी। सज्जन की आँखों में इस समय जो चमक थी वह 'चिन्तन मन्दिर' के ब्रह्मचर्य संकल्प से बिलकुल उल्टी दिशा में प्रकाश डाल रही थी। उसके प्राण कन्या की मोहिनी शक्ति से बँधे-बँधे अपनी गूँगी चाहत के पंख बड़ी उतावली में फड़फड़ा रहे थे। इस समय निजत्व को चूँकि और किसी रूप में प्रतिष्ठित न कर सका इसलिए कन्या से यही पूछ बैठा—''तुम्हारा अपना किचन अभी आबाद हुआ या नहीं ?''

कन्या बोली—''भाई साहब तो मना करते हैं, लेकिन इस विषय में इनकी बात नहीं मानूँगी। दो एक रोज में—''

''तब तक तुम्हारे खाने का इन्तजाम कहाँ—''

''कल रात भी भाई साहब के साथ ही—''

''जीमनजी किया।'' सज्जन ने मुस्कुराकर कहा—''बहुत ज्यादा जैनियों के चक्कर में मत पड़ना कन्या, ये अहिंसा परमो धर्मः कहकर तुम्हारा मछली-कबाब छुड़वाएगा।''

हँसी कमरे में गूँज गई। कर्नल ने कहा—''तुम मांस-मछली खाने वाले हमारे खाने की लज्जत क्या जानो ?'' कहते हुए कर्नल खड़ा हो गया। बाहर जाते हुए उसने कहा—''मैं अभी धवन साहब को टेलीफोन करके आता हूँ।''

कर्नल चला गया। सज्जन और कन्या एक-दूसरे को देखने लगे। सज्जन ने पूछा—''तुमने दिल से मेरी बात का समर्थन किया था—''

''किस बात का ?''

''यही सालिगराम के साथ—''

''आपको यह सन्देह क्यों होता है कि मैं आपसे झूठ बोलूँगी ?''

सज्जन उठकर कन्या के पासवाली कुर्सी पर आकर बैठ गया, कहने लगा—''तुमने सदा के लिए आज अपना मुझे दास बना लिया!''

''मैं दासता तोड़ने में विश्वास करती हूँ सज्जन जी।''

''फिर भी एक दासता होती है जिसे इनसानी बुद्धि का कोई इज्म कभी न तोड़ सकेगा। दिल का नाता बड़ी चीज है। वह प्रेम और इन्सानियत का बन्धन है जिसमें बँध कर आदमी कभी आजाद नहीं होना चाहता; बल्कि यही चाहता है कि वह बन्धन उसके चारों तरफ हर पल-छिन और कसता जाए—और कसता जाए।''

कन्या चुप बैठी रही। सज्जन उसे देखकर भली-भाँति यह न समझ सका कि उसकी बातों की कन्या पर क्या प्रतिक्रिया हुई। कमरे में खामोशी आधे मिनट से भी अधिक ही रही। सज्जन ने फिर कहा—''कल तुमने मुझसे वादा किया था कि मेरे यहाँ रहोगी।''

कन्या सिर झुका कर दृढ़ स्वर में बोली—''यहाँ आपका घर समझ कर ही आई हूँ!''

सज्जन एक तरह से सन्तुष्ट हुआ। पलभर सोचकर उसने फिर कहा—''मन का यह भी क्या ही अजब रंगीन करिश्मा होता है कि जिसके ध्यान में हरदम डूबा रहता है, उसी का सामना करने में उसे उलझन होती है।''

कन्या चुप रही। सज्जन को उसके चुप रहने से बल मिला। एकाएक झटके के साथ उसने सवाल किया—''क्या तुम ऐसा महसूस नहीं करती कन्या ?''

कन्या ने धीरे से सिर उठाया, आँखों में सवाल लिए उसे देखती रही। फिर सावधानी से बोली—''मैं इस समय ऐसी मानसिक स्थिति में हूँ कि अपने सोचे हुए पर मुझे आप विश्वास नहीं होता।''

एक क्षण के लिए कन्या रुकी, फिर धीरे-धीरे बात का सूत्र उठाया—''ऐसा तो नहीं ही मानती कि मैं किसी से प्रेम नहीं कर सकती, लेकिन आमतौर पर अब तक इस विचार से दूर ही रही हूँ; गो एक सपना मन में अवश्य पलता था।...मेरा वो अधूरा-सा सपना आपने बड़ी नाटकीय परिस्थिति में आकर पूरा करने की उतावली दिखलाई। इसीलिए न तो मैं आपको ही ठीक-ठीक समझ पाती हूँ और न अपने को ही।...आप कठिन समय में मेरे सहायक बनकर आए हैं। मुझे डर है कि अपने स्वार्थ के कारण मैं जरूरत से ज्यादा आपका एहसान मान रही हूँ—''

''इसमें एहसान मानने की कोई बात ही नहीं।''

''आपके दिल में न हो, मुमकिन है कि आप सच कहते हों मगर मेरे मन में ये भावना जरूर है और बिलकुल स्वाभाविक रूप से है।''

''स्वाभाविक क्यों है?''

''आपसे मेरी कभी पहले की घनिष्ठता नहीं है, आप मेरे रिश्तेदार भी नहीं हैं।''

''हम जिस रिश्ते में बँध रहे हैं, वह दुनिया का सबसे बड़ा—''

''शून्य है!'' कन्या ने शान्त गम्भीर स्वर में वाक्य पूरा किया।

सज्जन चौंक उठा, पूछा—''शून्य क्या?''

कन्या ने पहले से कुछ आवाज को उठाते हुए कहा—''जीरो—सिफर—इससे ज्यादा इसे नाते की और कोई परिभाषा मेरे ध्यान में नहीं आती।''

सज्जन स्तब्ध रह गया। उसने कन्या से कभी ऐसा उत्तर पाने की आशा नहीं की थी।

कन्या फिर कहने लगी—''जिस प्रेम पर दुनिया जान देती है, मैं उसे मन का एक अभाव मानती हूँ।''

सज्जन के स्वर में कड़क आई, पूछा—''क्यों?''

कन्या बोली—''अभाव के सिवा ये और है क्या? लैला को मजनूं न मिला, मजनूं बिना लैला के रह गया—इसीलिए दुनिया उनके प्रेम के गीत गाती है। मैं पूछती हूँ यही लैला-मजनूं अगर आपस में विवाह कर पाते तो क्या दुनिया इन्हें अमर प्रेमी मानकर याद रखती?''

सज्जन गम्भीर हो गया; सोचकर उसने जवाब दिया—''अभाव का जागना इनसान के जीवन में छोटी घटना नहीं होती कन्या! अपने अभाव को पहचानकर उसे भरने के लिए इनसान के अन्दर छिपी हुई ताकत निखरती है—उसका विकास होता है, और रहे लैला-मजनूँ, सो इसीलिए याद किए जाते हैं कि एक-दूसरे के लिए उन्होंने हर छिन, हर पल दीवानगी के साथ अपने आपको निछावर किया। बड़ाई इसी निछावर करने की है!''

कन्या एक बार हल्के-से खंखार कर फिर चुप हो गई। उसने ऐखा रुख दिखलाया मानो उसे इन बातों में कोई दिलचस्पी नहीं। सज्जन चुप होकर उसे देखता रहा। एकाएक कन्या उठकर चलते हुए बोली—''कवियों ने जिन विचारों और अनुभूतियों को सदा आगे बढ़ाया है, मैं उन्हें धोखे की टट्टी मानती हूँ। बात सीधी होनी चाहिए। स्त्री-पुरुष नाते का अन्तिम रूप है—पति-पत्नी होना...। और इस नाते के रूप में मैं अभी आपको अपने साथ-साथ ठीक तरह से नहीं देख पाती।''

सज्जन को फिर करारी ठेस लगी।

दरवाजे के पास पहुँचकर बाहर जाने से पहले बगैर सिर घुमाए कन्या कह गई—''स्त्री-पुरुष जीवन में सिर्फ एक ही बार एक-दूसरे को पाते हैं; मेरा इस बात में दृढ़ विश्वास है। और पाने के लिए उन्हें आपस में अपने आपको अनेक कसौटियों पर कसना होता है। ये जिम्मेदारी का नाता है—रईसों, कलाकारों, मनचलों के दिल बहलाव का खेल नहीं!''

कन्या चली गई। सज्जन का स्वप्नलोक फिर नींव से उलट गया। सज्जन को अपनी बेबसी पर बड़ा ताव आया। यह युवती रोज आकर उससे खिलौने की तरह खेलती है और फिर झटककर

चली जाती है। सज्जन रोज उससे बेलाग रहने का प्रण करता है और वह प्रण कच्चे धागे की तरह बार-बार टूट जाता है।

सज्जन इस तरह बेबस और खामोश तिलमिलाता रहा मानो, भरे बाजार में किसी ने उसे तमाचा मार दिया हो। तभी कर्नल ने आकर हँसते हुए कमरे की लाइट जलाकर उससे कहा—''क्यों बेटा, हो गई तुम्हारी लव मेकिंग ? हम तो तुम्हें मौका देने के लिए ही टल गए थे।''

भारी स्वर में सज्जन ने कहा—''आपने मुझ पर बहुत एहसान किया। बेवकूफ, साले !''

26

कर्नल के यहाँ से निकलकर अमीनाबाद पार्क की भीड़ भरी सड़कों से गुजरते हुए महिपाल की मानसिक उत्तेजना क्रमशः इस तरह बैठने लगी जैसे पानी पड़ने से धूल बैठती है। प्रतिक्रिया में अवसाद बढ़ने लगा। अब कहाँ जाए! उसका कोई ठिकाना नहीं। किसी के दिल में ठिकाना नहीं। वह सबके लिए बोझ है। उसका जीवन किसी के लिए भी उपयोगी नहीं। असफलता उसके भाल पर लिखी हुई चमक रही थी। ऐसा लगता था मानो सारी दुनिया उस अभागे की असफलता को देखती है, उसी तरह जैसे नुक्कड़ वाली ऊँची इमारत की छत पर बिजली के बड़े-बड़े अक्षरों में लिखे हुए नीम टूथपेस्ट के विज्ञापन को सबकी नजरें देखती हैं। वह कितना मजबूर है।

बहुत सीधा होना भी ठीक नहीं, महिपाल ने सोचा। सीधा आदमी सदा मजबूरियों का शिकार बना रहने के लिए आज की दुनिया में बाध्य होता है। सेठ रूपरतन और छोटे भाई गट्टू ने उसे ठग लिया, इस बात पर कोई विश्वास नहीं करेगा, परन्तु यह कहने के लिए हर कोई मुँह उठाए तैयार रहेगा कि महिपाल ने रूपरतन जैसे सेठ को फँसाकर रकम काट ली; या डॉ. जयपाल से उसे आर्थिक लाभ पहुँचता होता। मैं शीला को क्या देता हूँ, यह दुनिया नहीं जानेगी। अगर जान जाएगी तब भी यही कहेगी कि महिपाल शुक्ल, जो बड़ा भारी लेखक और साहित्यिक बनता है, वह ऐसा राक्षस है कि अपने कंगाल बीवी-बच्चों का पेट काटकर अय्याशी में माल लुटाता है। दुनिया मुझे हर हालत में बदनाम भी करेगी इसलिए कि मैं सीधा हूँ, गरीब हूँ। मेरे हाथ में किसी प्रकार की भी सत्ता नहीं।

सामने भगतजी पान वाले की दुकान पर कल रात के 'बड़ा-हार' में शामिल हुए दो व्यक्ति खड़े दिखलाई दिए। उन्हें देखकर महिपाल चौराहे से यों कतराया जैसे चोर ने पुलिसमैनों को देख लिया हो। वह कितना तेज चला, इस बात का भान उसे केसरबाग के चौराहे तक—पूरी नजीराबाद की सड़क पर चलते हुए नहीं हुआ। चौराहा क्रॉस करती हुई बस ने उसकी तेज चाल पर ब्रेक लगाकर इस बात का भी अहसास कराया कि उसने ख्वाहमखवाह अपने आप को परेशान किया। उसे उन लोगों से डरने की जरूरत क्या थी ? दरअसल वह लोगों से नहीं, अपनी बदनामी से डरकर भागा था। मगर यह तो बेजा बात है। अपने घबराते हुए मन को संयम सिखाकर महिपाल ने अपने आपसे कहा—'मैं कब तक लोगों से भागता फिरूँगा और मैंने ऐसा किया ही क्या है ? संसार में बहुत से ऐसे हैं जो एक से अधिक स्त्रियों के साथ सम्बन्ध रखते हैं, बहुत से हैं जो अपनी विलास-क्रीड़ा के लिए स्त्रियों के अनुचित व्यापार को बढ़ावा देते हैं—क्या महिपाल शुक्ल उससे भी गया-बीता है ?—नहीं, मैं निष्पाप हूँ। मेरा और शीला का सम्बन्ध आज की लौकिक दृष्टि से अनैतिक भले ही हो पर हम कोई पाप नहीं कर रहे हैं और जो यह कहा जाए कि मैं एक पत्नी-व्रत का पालन न कर सका, तब भी कोई पाप नहीं। तीस-चालीस वर्ष पहले तक कितने लोग दो-दो, तीन-तीन पत्नियाँ रखते थे; स्वयं शिव, कृष्ण, यहाँ तक कि भगवान् राम के बाप भी बहुपत्नीवादी थे। अनेक ऋषियों तक ने बहुपत्नीवाद के सिद्धान्त को माना। शीला एक प्रकार से मेरी पत्नी तो है ही, भले ही उससे सात भाँवरों वाला विवाह न हुआ हो।'

महिपाल की बुद्धि अपने अन्दर पनपते हुए भय का नाश करने के लिए उचित-अनुचित तर्कों का सहारा ले रही थी। होते-होते उसकी विचारधारा यहाँ तक चली आई कि शीला ही उसकी वास्तविक पत्नी है—कल्याणी के साथ उसका विवाह पुरखों की इच्छा से हुआ। और यह बच्चे ?—यह सब बच्चे दरअसल शीला के ही होते।

अपने बच्चों की माँ के रूप में शीला की कल्पना करते हुए महिपाल की प्रलापी बुद्धि भी सकुच गई।...ना, शीला उसके बच्चों की माँ नहीं हो सकती। शीला माँ बनने के ख्याल से ही नफरत करती है। महिपाल को फिर से यह विचार आया कि यदि शीला से भी उसे कोई सन्तान न हो तो—कैसा लगेगा ? कल्याणी के बच्चे, शीला की सन्तान—और दोनों ही के बच्चे उसकी सन्तान!...बच्चों में प्यार का बँटवारा किस तरह से कर सकेगा ? जिन लोगों के अलग-अलग स्त्रियों से सन्तानें होती हैं उनके मन में क्या भेद नहीं पड़ता ? अवश्य पड़ता है। स्वाभाविक रूप से पड़ता है। दुनिया में ऐसी कितनी मिसालें मौजूद हैं। स्वयं दशरथ की मिसाल ही मौजूद है। विभिन्न स्त्रियों से यदि उनकी सन्तानें न होतीं तो क्या उनका घर यों तीन-तेरह होता ? बहुपत्नीवाद के अन्यतम ट्रेजेडी के रूप में दशरथ का उदाहरण उसके सामने आया। तीन स्त्रियों से उत्पन्न चार बेटों के बाप को कितनी बुरी मौत मरना पड़ा।

सहसा विचार आया—राम का एक पत्नी-व्रत सिद्धान्त अपने पिता के जीवन दृष्टान्त से पाए गए कटु सत्य के आधार पर ही बना होगा। राम संयमी थे, विचारक थे। उन्होंने मनोवैज्ञानिक सत्य के आधार पर ही महा नियम को अपनाया।...

समस्या अपने सीमित दायरे से निकलकर, व्यक्ति महिपाल से साहित्यिक महिपाल की हो गई और इस तरह बड़ी देर के बाद—कहना चाहिए कि—कल रात की घटना के बाद से लेकर अब तक में पहली बार महिपाल निश्चिन्त हुआ था। लेखक को अधिक से अधिक चाहिए ही क्या ? भर पेट रोटी और चिन्तन के अटूट क्षणों का तार। वह इतने से ही अपार सन्तोष अनुभव कर लेता है। बौद्धिक समस्या में उलझकर वह अपनी बदनामी, शीला-कल्याणी, आर्थिक समस्या आदि सब कुछ भूल गया।

म्यूजिक कॉलिज के सामने से गुजरते हुए शास्त्रीय संगीत का आलाप उसके कानों में पड़ रहा था। महिपाल, मर्यादा पुरुषोत्तम रघुवंशी राम की साँवली सूरत का ध्यान करता हुआ, बहुपत्नीवाद से तत्कालीन भारत की आर्य-अनार्य समस्या पर गौर करने लगा। महारानी कौशल्या शायद अनार्य रही होंगी। उस समय के बहुपत्नीवादी आर्य राजाओं के अन्तःपुर में जब आर्य-अनार्य रानियों का जमघट जुड़ता होगा तब वास्तव में समस्या किसी न किसी हद तक जटिल अवश्य हो जाती होगी। जहाँ सौतें रहती हैं वहाँ समस्या यों भी रहती ही है; फिर जहाँ, दो विभिन्न संस्कृतियों के बोलियों और रहन-सहन के तरीकों को माननेवाली स्त्रियाँ एक पति के साथ जुड़कर, एक घर की स्वामिनी बनती होंगी, वहाँ तो समस्याएँ और भी अधिक भीषण रूप से गुँथ जाती होंगी। कैकेयी ठेठ सरहद की लड़की थीं—विशुद्ध आर्य। जाहिर है कि आर्य दशरथ को इसलिए वह विशेष रूप से प्रभावित करती थीं। आर्यों के सामाजिक नियम के अनुसार, खरे अर्थ में जीवन-संगिनी बनकर वह युद्धभूमि में पति का साथ भी देती थीं। इसीलिए दूसरी रानी होने पर भी अपने को कौशल्या से ऊँचा मानने की इच्छा कैकेयी के मन में स्वाभाविक रूप से थी और इसीलिए वह अपने बेटे को राजगद्दी का हकदार बनाने पर तुल गईं। वह युग पितृसत्ताकालीन संस्कृति के चरम उत्कर्ष का था। कुल का, गाँव और समाज का ज्येष्ठ पुत्र राम को राज्य-सिंहासन का अधिकारी बनाने के लिए महाराज दशरथ सामाजिक नियम से बाध्य थे। कैकेयी महाराज पर अनुचित प्रभाव डालकर उनसे समाज की मर्यादा भंग करवा रही थीं। मर्यादा पुरुषोत्तम राम और उनके भाइयों ने एक चढ़ती हुई संस्कृति को पतन के खड्ड में गिरने से बचाने के लिए जो अनुपम आदर्श उपस्थित किया वह निस्सन्देह सराहनीय

है। यदि भ्रातृप्रेम की भावना को अच्छी तरह से परिपुष्ट न किया जाए तो एक पिता और विभिन्न माताओं से उत्पन्न बालक पितृ-सत्तात्मक परिवार को एक क्षण के लिए भी संगठित नहीं रहने दे सकते। पितृ-सत्ताकाल की यही सबसे बड़ी विजय थी।

महिपाल अपने विचारों के साथ चलते हुए विक्टोरिया पार्क में पहुँच गया था। इस समय विचार उसके मन में इस तरह छा गए थे कि अनजाने में ही उसकी इच्छा बैठने की हुई और विक्टोरिया मंडप के चबूतरे पर सीढ़ी की टेक लगाकर वह बैठ भी गया। जाड़े का अँधेरा, पार्क का सन्नाटा, क्यों बैठा है—इस बात का खयाल—सबकुछ इस समय उसके विचारों से बाहर था। जेब से एक सिगरेट निकाली, सुलगाई और अपने विचारों की कड़ी में डूब गया।

करीब एक घंटे तक वह वहीं बैठा हुआ तरह-तरह की बातें सोचता रहा। ब्राह्मण-अब्राह्मण समस्या, आर्य-अनार्य संघर्ष और इसी तरह न जाने क्या-क्या।

सर्दी बढ़ रही थी। विचारों की गर्मी भी अब मौसम की ठंडक को बचा न पाती थी। सत्चिंतन के अनगिनत क्षणों का धनी अपनी गरीबुल-वतनी के अहसास से ठिठुरने लगा। इस समय वह जाए कहाँ, रहे कहाँ?

महिपाल घर नहीं जाना चाहता। उसका मन कल्याणी के सामने जाने से मुँह छुपाता था। सबेरे पति-पत्नी की कलह से बच्चे भी जान गए हैं कि उनका बाप दुष्चरित्र है। अपनी पत्नी, बच्चों की माँ, के रहते हुए भी वह अन्य स्त्री से 'अनुचित' सम्बन्ध रखता है।

'बच्चे क्या सोचते होंगे? पिता महिपाल अपने बच्चों से कैसे आँख मिलाएगा? कल्याणी वज्र मूर्खा है। माना कि उसे जो क्षोभ हुआ, वह स्वाभाविक था। फिर भी जिस तरह से उसने उसका प्रदर्शन किया वह नितान्त अभद्रतापूर्ण था।' इस समय महिपाल की मनोदशा विचित्र थी।

चार वर्ष पहले आँतों में कोलाइटिस रोग हो जाने से कल्याणी बहुत बीमार थी। कर्नल के साथ डॉ. शीला स्विंग इलाज करने के लिए उसके घर आई थीं। महिपाल से बातें करने पर उन्हें उसके प्रति बौद्धिक आकर्षण हुआ। कर्नल ने भी अपने मित्र की प्रसिद्धि और महानता का भाव भरा, गर्व भरा वर्णन किया। शीला के मन पर उसकी भी छाप पड़ी। कला और साहित्य में शीला की रुचि परिष्कृत थी। हिन्दी साहित्य से उनका परिचय नहीं, यद्यपि प्रेमचन्द की दो-एक किताबें, शरत के दो-एक हिन्दी अनुवाद उन्होंने हिन्दी में पढ़े थे। उग्र की 'चन्द हसीनों के खुतूत' की उन्हें आज भी याद आती है।—बस इतनी ही पूँजी पर दोनों की दोस्ती का साझा हुआ। उन दिनों पैसे की तंगी थी सो महिपाल ने कर्नल से रुपए उधार लेकर अपनी किताबों का सेट खरीदा और कर्नल की मार्फत डॉ. शीला स्विंग के 'कर कमलों' में भेंट कर दिया। इसके बाद शीला ने फीस लेनी बन्द कर दी और उसने बे-बुलाए विजिट कर, कल्याणी को रोगमुक्त करने में बड़ा श्रम किया। शीला कल्याणी और बच्चों से बहुत घुल-मिल गई। महिपाल उन्हें लेखक और व्यक्ति दोनों ही नातों से पसन्द आया, शीला अपनी कलाप्रियता, सौजन्य और प्राणशीलता के कारण महिपाल को प्रभावित करने लगी। बस, दोनों में इतना ही नाता था। अक्सर कॉफी हाउस में भी बैठक हो जाती थी। महिपाल के साथ में सज्जन और कर्नल से भी उनकी घनिष्ठता बढ़ने लगी। महीनों यों ही बीत गए।

एक दिन महिपाल अकेला कॉफी हाउस में बैठा था। शीला आई। उस दिन कुछ अनमने मूड में थी। वहाँ बैठने को जी न चाहा। महिपाल से घूमने का प्रस्ताव किया। दोनों लामार्टीनियर कॉलेज के आगे तक कार में बातें करते हुए चले गए। कार से उतरकर एक जगह एकान्त में बैठ गए। बातों ही बातों में बहते हुए शीला की नजरें महिपाल के लिए ऐसे रिश्ते का पैगाम लाईं जो अनुभव के तौर पर उसके लिए नया होते हुए भी बड़ा रसमय था, ताजगी भरा था। इसके कुछ ही दिनों बाद महिपाल का एकपत्नी-व्रत खंडित हो गया। पाप की भावना होने पर शीला से मिलकर आज भी

महिपाल के मन में वही ताजगी आती है जो चार साल पहले उस अनुभव में आई थी। शीला का सबसे बड़ा गुण यह है कि वह महिपाल को रिझाना जानती है। इतने दिनों में आज तक कभी लड़ाई नहीं हुई है, हालाँकि अक्सर मतभेद हो जाया करता है। महिपाल उग्र है। उसका स्वभाव शीला के सामने भी अपना परिचय देता है, परन्तु शीला के सामने उसकी उग्रता को उत्पात मचाने का मौका नहीं मिलता। शीला उसके क्रोध को जहाँ तक तहाँ दबा देने की कला जानती है। बहुत घुल-मिलकर भी शीला ने आज तक महिपाल की आर्थिक स्थिति के सम्बन्ध में कभी एक प्रश्न भी नहीं किया और न अपने ही किसी निजी और घरेलू चर्चों को कभी उसके सामने छेड़ा। दोनों का मिलना-जुलना भी रोज नहीं होता। दोनों ही अपने काम-काज में, अपने-अपने समाज में व्यस्त रहते हैं। फिर भी जल्दी-जल्दी मिलते रहना उनका अनिवार्य नियम है।

महिपाल के मन में शीला की स्मृति अपनी मधुरता को लेकर तीव्र हो गई। सोचने लगा—वहीं चला जाए। वहीं रात बिताई जाए।

महिपाल उठ खड़ा हुआ। एक बार फिर झिझक लगी। फिर यह सोचा कि शीला के घर गए बगैर दूजा उपाय नहीं। यों तो वह सज्जन के घर जाकर भी सो रहता मगर उसके यहाँ इस समय जाना नहीं चाहता। उसकी नजरों में सज्जन हिपोक्रेट है। कर्नल का घर उसके घर के बहुत पास है, वहाँ जाने पर वह उपदेश का पंचामृत पिलाने लगा।...शीला के घर ही चलना चाहिए।

हठ के साथ इस विचार को बाँधकर वह दस कदम चला; फिर सोचा कि अब से वह शीला के यहाँ ही रहेगा। क्या वह रह सकता है? महिपाल के पाँव फिर बँधने लगे। उसे फिर तीव्र अवसाद का दौरा आया। उसका जीवन निरर्थक है। वह अब संन्यास लेगा—कहीं भाग जाएगा।

भागने से पहले शीला से अन्तिम विदा लेने का विचार उसके मन में बचाव के तौर पर आया और वह यही बहाना लिए हुए चलता रहा।

बंगले पर पहुँचकर नौकरों से मालूम हुआ कि मिस साहब विजिट से नहीं लौटीं। उस समय घड़ी में पौने दस बजे थे। महिपाल, नौकर को कॉफी बनाने का आदेश दे, शीला के लिविंग रूम में जाकर सोफा पर लेट गया। बीस मिनट बाद शीला भी आ गई।

शीला के जूड़े में तीन पीले गुलाब के फूल और कानों में हीरे की तरकियाँ दमक रही थीं। शीला बाहर से बहुत खुश होकर लौटी थी, महिपाल को देखकर उसकी खुशी में चार चाँद लग गए।

"यू रास्कल, व्हाट आर यू डूइंग डियर ऐट दिस टाइम ऑफ द नाइट? बीबी ने घर से निकाल दिया है क्या?"

महिपाल ने सूखी हँसी हँसकर कहा—"हाँ।"

"सच बताओ, लड़कर आए हो?"

महिपाल ने बात को हँसी में उड़ाकर उत्तर दिया—"नहीं जी। मैं तो हँसी में कह रहा हूँ। ऐसा हुआ कि आज शाम को यह दोनों बेवकूफ मिले नहीं। मैं कुछ चहलकदमी के मूड में आ गया। बड़ी देर तक ह्वाइट विक्टोरिया पर बैठा रहा। फिर तबीयत हुई, तुम्हारे यहाँ चलूँ। चला आया। खाना-वाना खा चुकी हो तुम?"

"अभी कहाँ। तुमने भी नहीं खाया है शायद।"

"इसीलिए तो पूछा।"

"अब्दुल।"

"जी मिस साब।" दूर से आवाज आई।

महिपाल को हँसी आ गई। शीला ने देखा, पूछा—"क्यों, किस बात पर हँसी आई?"

महिपाल ने कहा—"अब्दुल के मिस साहब कहने पर!"

शीला को एक सेकेंड बात समझने में लगा और फिर बड़ी जोर से हँस पड़ी। अपने पास रखा हुआ गोल तकिया उसने महिपाल को फेंक मारा। अब्दुल तब तक आ गया था। शीला ने फौरन गम्भीर होकर उसे आदेश दिया—''साहब यहीं खाएँगे—क्या बनाया है आज?''

''मुर्गी।''

''ठीक है! खाना लगाओ।...ठहरो! महिपाल, ड्रिंक लेना पसन्द करोगे!''

''शर्तिया पसन्द करूँगा।''

अब्दुल को फिर कुछ और आदेश देने की जरूरत न पड़ी। शीला से दराज की चाभी माँगी। मेज की दराज खोली, दूसरी चाभी निकाली और अलमारी खोलकर मेज पर गिलास और व्हिस्की की बोतल रख दी।

खाने की टेबुल पर बैठते हुए शीला ने पूछा—''तुम्हारे उपन्यास का क्या हुआ?''

''इधर नहीं बढ़ रहा।''

''कब से?''

''पन्द्रह-बीस रोज हो गए।''

''अब तक कितना लिख चुके हो?''

''चउअन पेज।''

''लिखना क्यों बन्द कर दिया?''

''ओ, ऐसे ही। बीच में कुछ रेडियो वगैरह का काम आ गया। और फिर रोज की मजदूरी करने से फुर्सत नहीं मिलती।''

''उसे पूरा कर डालो। तुमने एक अच्छी चीज उठाई है।''

मुर्गी पर छुरी चलाते हुए महिपाल ने लापरवाही से मुँह बनाकर कहा—''अँह, हो जाएगी पूरी। कौन परवाह करता है?''

''वाह, अगर तमाम आर्टिस्ट यही सोच लें तो कल को आर्ट नाम की कोई चीज ही न दिखाई पड़ेगी।''

''पुरानी पिटी हुई बात—इतनी पिटी हुई कि सिनेमावाले भी उसके डायलॉग बना लेते हैं। देखो शीला, लिखने के लिए कोई किसी लेखक को मजबूर नहीं कर सकता। लेखक खुद अपने आप को भी मजबूर नहीं कर सकता। इसका कारण यह है कि लेखक—या कोई भी आर्टिस्ट अपने आर्ट से खुद इतना मजबूर होता है कि जरा सी शान्ति पाते ही अपना काम शुरू कर देता है।''

''क्यों, आजकल किसी खास परेशानी में हो?''

महिपाल ने प्रश्न सुनकर अपने को सँभाला, उसने कहा—''खास परेशानी क्या—भांजी की शादी की चिन्ता है। हर रोज कहीं जन्मपत्री माँगो, कहीं खुशामद करो, यही सब उलझनें मन पर बोझ डाल देती हैं।''

''शकुन की शादी कहीं पक्की कर ली है क्या?''

''अरे, कहीं नौशा तो खरीद लूँ पहले। हमारे यहाँ का अजब कायदा है कि ऊँचे दाम पर खरीदी गई चीज पर खुद हमारा ही अधिकार नहीं है। लड़की के लिए वर के दाम देकर भी हमीं को हर तरह से बेवकूफ बनना पड़ता है, अपमान सहना पड़ता है।''

''महिपाल, तुम क्यों नहीं यह तमाम जाति वगैरह के बन्धन तोड़ देते? अब अगर तुम्हारे जैसे लोग भी इन मामलों में लीड् नहीं लेंगे तो समाज आखिर बदलेगा कैसे?''

''अजी, मैं तो लाख बदलूँ मगर वह जो आपकी है—वह कहती है कि हम जहर खाय ल्याब जो शकुन्तला का बिहाओ खटकुलन मा न भा तौ।''

परिस्थिति की मजबूरी को पूरी सहानुभूति के समझते हुए भी शीला को बात कहने के ढंग पर हँसी आ गई। उसने कहा—"तुम तो कल्याणी की ऐसी नकल उतारते हो कि—अच्छा मिलने दो इस बार, तुम्हारी शिकायत करूँगी।"

महिपाल ने इस बात का कुछ जवाब न दिया। चुपचाप खाता रहा।

"अब्दुल।"

"हुजूर।"

"मियाँ, गिलास भर दो एक बार।"

"बहुत अच्छा, हुजूर।"

शीला बोली—"मैं तुम्हारी परेशानी को खूब समझ रही हूँ। लड़के वाले ढेर सा दहेज माँगते होंगे।"

"माँगने दो सालों को!" गिलास में रंग ढलते ही उसके मन में नई मस्ती छा गई। उसने कहा—"मैंने इसकी चिन्ता करनी ही छोड़ दी। कल्याणी को गरज होगी तो आप कर लेंगी।" फिर अब्दुल से कहा—"अमाँ और डालो यार!"

गिलास में दो पैग ढालकर वह सोडे की बोतल खोलने लगा था। अब्दुल ने फौरन ही सोडा रखकर बोतल खोली। दो पैग और ढाले। शीला ने पूछा—"तुम्हें यकीन है कि तुम ऑवर नहीं जा रहे हो।"

"नहीं। आई नीड इट।" अब्दुल को बोतल बन्द करते देख उसने पूछा—"मिस साहब को नहीं दी?"

"मैं अब नहीं लूँगी।"

"साथ देने के लिए?"

"नहीं। सबेरे पेशेंट्स अटेंड करने हैं।"

"एक पैग—साथ देने के लिए?"

"अब्दुल तुम जाओ, मैं ले लूँगी। सोडा खोल दो और जाओ।"

अब्दुल के जाने के बाद शीला ने उठकर महिपाल के गिलास से ही एक पैग के करीब अपने गिलास में ढाल ली। फिर सोडा मिलाया।

गिलास खनके। दोनों ने अपने प्यार के खूँट पिए। गिलास रखकर खाना शुरू करते हुए शीला ने कहा—"महिपाल, एक बात कहूँ?"

"क्या?"

"मेरा काफी रुपया ब्लैक होकर पड़ा है—उसे ह्वावट करने में मुझे मदद दोगे?"

"नहीं।"

"पहले मेरी बात समझ लो। तुम्हें मेरी सिर्फ इतनी ही मदद करनी होगी कि मुझे जिस तरह के आदमी चाहिए, वैसे चुनकर ला दोगे।"

"किस काम के लिए?"

"मैं पब्लिकेशन करना चाहती हूँ। एक तो तुम मुझे अपनी सब किताबें पब्लिश करने का हक दो। वह जहाँ-जहाँ से छपी हैं, मैं सबके स्टॉक खरीदने को तैयार हूँ! जो बिक चुकी हैं, उनके नए एडिशन मैं छापूँगी। किताबों का धन्धा समझने वाला एक अच्छा मैनेजर तुम मुझको दो—बस इतनी ही मदद चाहती हूँ।"

महिपाल चुपचाप सुनता रहा। शीला की बात पूरी हो जाने पर भी उसने अपनी तरफ से जवाब में कोई बात न उठाई। शीला ने फिर पूछा—"बोलो, मंजूर है?—और यह बात मैं पहले ही साफ किए देती हूँ कि यह मेरा प्योर बिजनेस फार्मूला है। इस गिरती के जमाने में, थोड़ी-बहुत किताबें

लोग जरूर ही खरीदते हैं और मैं तो ऐसे नए ढंग में इसकी पब्लिसिटी का सेल पुश करूँगी कि तुम देखते ही रह जाओगे।''

महिपाल हँसा—जोर से सनक भरी खोखली हँसी-हँसा। शीला उसकी सूरत देखने लगी। महिपाल ने कहा—''तुमसे न माँगने पर तो यह हाल है कि लोग खुलेआम मुझे बदनाम करते हैं और जो कहीं तुम्हारे पैसे से मेरी किताबें छपने लगीं तब तो लोग-बाग महज अपनी कानाफूसी में नहीं बल्कि इतिहासों में मेरा कलंक लिखने के लिए धाएँगे।''

''तुम्हारे साथ एक बड़ी भारी दिक्कत मुझे यह पड़ती है महिपाल कि जब तुम अपने बारे में सोचते हो तब निहायत नामाकूल हो उठते हो। अरे बकौल तुम्हारे ही, जिन्दगी अब आधा सफर तै कर चुकी है। कब तक बेवकूफियों का शिकार बने रहोगे? मैं तुमसे सच कहती हूँ—बहुत दिनों से मैं इस बात पर गौर कर रही थी। मैंने बहुत सोच-समझकर ही तुमसे आज यह बात की है। इस काम में हम दोनों का फायदा है। अरे, मैंने सेल बढ़ाने के, पब्लिसिटी के ऐसे अच्छे-अच्छे तरीके सोचे हैं...''

''सोचे होंगे। मुझे सुनाने की जरूरत नहीं।''

''तुम ज्यादती कर रहे हो। जरा देर के लिए भूल क्यों नहीं जाते कि तुम वह नहीं हो जो कि—जो कि तुम मेरे हो। हम सीधे-सादे दो दोस्त हैं। आपस में मिलकर ऐसा बिजनेस करते हैं तो उसमें क्या नुकसान है?—दुनिया की बातों को छोड़ो। दुनिया न जाने क्या-क्या बकती रहती है।''

''मैं दुनिया से नहीं डरता शीला। अपने मन के चोर से डरता हूँ।''

''डरते-वरते तुम कुछ नहीं हो; अभी सच कह दूँ तो बुरा मान जाओगे। मगर तुम हो मूर्ख! मैं हँसी में नहीं कह रही हूँ। तुममें वाकई एक ऐसी जहालत है जो खुद तुम्हें ही चैन नहीं लेने देती। दूसरों की तो चर्चा ही फिजूल है।''

महिपाल कुछ कहने ही जा रहा था कि शीला समझाने के स्वर में कहने लगी—''देखो, मैंने बड़ी अच्छी-अच्छी स्कीमें सोची हैं। तमाम स्कूलों और कॉलेजों, यूनिवर्सिटियों में इस तरह की पब्लिसिटी कराऊँगी कि जो तुम्हारी किताबों को पढ़कर उनका अच्छा क्रिटिसिज्म करेंगे। उनके कम्पीटिशन में जो फर्स्ट आएगा, उसे इनाम दिया जाएगा। इस तरह लोग तुम्हारी किताबों को ज्यादा से ज्यादा तादाद में पाने और पढ़ने के लिए उत्सुक होंगे।''

महिपाल यह सुनकर मन ही मन बहुत सुखी हुआ। जैसे रेगिस्तान के प्यासे को पानी मिला हो। यह महिपाल की बड़ी भारी तमन्ना रही है कि लोग चारों तरफ उसकी किताबों को पढ़ें और तारीफ करें, मगर इस स्वार्थ सिद्धि के कारण महिपाल अपनी मर्यादा नहीं तोड़ेगा। शीला को हतोत्साहित करता हुआ बोला—''देखो, यह प्रकाशन का काम पूरा समय और पूरी मेहनत माँगता है। तुम्हें इतनी फुर्सत है नहीं—''

''तुमने यह कैसे समझ लिया कि मैं इस काम में अपना समय न दे सकूँगी। बस, मुझे एक अच्छा बिजनेस मैनेजर दे दो।—देखो, महिपाल मेरा बेकार पैसा मुनाफा देने लगेगा, तुम्हें भी रॉयल्टी की बँधी रकम मिलेगी। मैं सच कहती हूँ, इस गिरे हुए जमाने में भी मैं तुम्हारी किताबों की सेल को न बढ़ा दूँ तब कहना!''

''बहुत हो गया। अब कोई नई बात शुरू करो!''

''मैं बहुत खास बात कर रही हूँ।''

''मेरे जीते जी तुम्हारा यह बिजनेस नहीं चल सकता। मरने पर करना।''

''महिपाल''—शीला ने बनकर नजाकत के साथ कहा—''तुम कभी मेरी बात नहीं मानते।''

महिपाल ने गिलास उठाते हुए फीकी हँसी के साथ कहा—''खैर, आज मैं तुम्हारी ऐसी हर बात मान लूँगा जो आज ही पूरी हो जाने के काबिल हो!''

''क्या मतलब ?'

''आज मैं तुमसे अन्तिम विदा लेने आया हूँ।''

शीला सन्न रह गई। कुछ समझ न पाई। मगर सहम जरूर गई। पूछा—''तुम्हारा मतलब क्या है ?''

दोनों शीला के पलंग पर बैठे हुए थे—एक साथ लिहाफ ओढ़े हुए। शीला दुखी थी। उसे लेकर महिपाल की इतनी बड़ी बदनामी हो गई, यह बात रह-रहकर उसका मन कचोट रही थी। बड़ी देर तक खामोश बैठे रहने के बाद, एकाएक महिपाल के गले में बाँह डालकर उसे अपने सीने से कसते हुए आँसू भरी आँखों से देखकर शीला ने कहा—''दुनिया को कहने दो!''

''दुनिया की मुझे परवाह नहीं। बात कल्याणी और बच्चों तक पहुँच गई है।...मुझे इस बात का बड़ा दु:ख है कि वे लोग तुम्हें अब तक जिस नजर से देखते थे, वैसे अब फिर न देख पाएँगे। मेरे लिए उन्हें छोड़ने, या तुम्हें छोड़ने का सवाल आ गया है।''

शीला कुछ न बोली। वैसे ही जकड़ी रही।

''यह जानता हूँ कि घर और बाहर दोनों जगह कुछ दिनों बाद यह हंगामा दब जाएगा। हर हंगामा अपनी तेजी दिखाकर दब जाया करता है। उसके बाद हम फिर इसी तरह से मिलेंगे और दुनिया फिर हमें बेशर्म मानकर हमारी तरफ उँगली उठाना छोड़ देगी।''

शीला सीधी होकर बैठ गई। बोली—''देखो महिपाल, हम आपस में एक-दूसरे को जानते हैं फिर उस ईमानदारी को हम दुनिया से छिपाएँ ही क्यों ? हमारे ईमान को दुनिया अगर गलत समझती है तो समझे मगर हम क्यों गलत समझें ? और इसके अलावा एक बात मैं तुमसे यह पूछती हूँ कि इतने दिनों तक मैंने तो कभी कल्याणी का अधिकार नहीं छीना; फिर कल्याणी के लिए तुम मेरा अधिकार क्यों छीन रहे हो ?''

''तुमने कल्याणी से मुझे छीना है शीला! जिस मनुष्य पर बीस बरस तक उसका एकच्छत्र अधिकार रहा उस पर आज तुम साझा बँटा रही हो।''

''कल्याणी जितना तुम्हें जीत सकीं उतने तुम आज भी उनके हो, मगर जो मेरी जीत का हिस्सा है उसे लेनेवाली वह कौन होती है ? मैं हर्गिज तुम्हारा साथ नहीं छोड़ूँगी। प्रामिस करो कि तुम आइन्दा से कभी ऐसी बातें मेरे सामने न करोगे। यह लव-ट्रायएंगल खींचकर उसकी प्राबलम्स के चक्कर में पड़ने की अब हमारी उम्र नहीं रही। हम जैसे अब तक रहे हैं, वैसे ही रहेंगे। बोलो, वादा करो कि पीछे न हट जाओगे ?''

महिपाल का पौरुष पीछे पैर रखने को तैयार न था। बोला—''मैं वादा करता हूँ। हमारा जो नाता है, वह सदा जुड़ा रहेगा।'' शराब के नशे ने प्रतिज्ञा में अपार जोश भर दिया, परन्तु ऐसी हालत में भी वह पूरी तौर पर अपना होश नहीं खो पाया था। किसी हद तक नशे से बेकाबू होने पर भी महिपाल को अपने स्वाभिमान का ध्यान बना रहा। वचन देकर खुद उसने भी शीला से वचन माँगा—''और तुमको भी वचन देना होगा कि आइंदा से मेरे सामने बिजनेस की बातें न करोगी। तुम अपने को लखपती समझती हो। मैंने आज तक तुम्हारे लाखों की परवाह नहीं की।''

''बात यहीं रहने दो। अब कभी ऐसी बात न करूँगी।'' अपना गुनाह माफ करवाने के लिए महिपाल के सीने पर अपना सिर टेक कर उन्होंने ऐन उसके दिल से अपील की। चतुर औरत पुरुष को रिझाना खूब जानती है।

महिपाल जब शीला के घर से बाहर निकला तब रात के डेढ़ बज रहे थे। उसने शीला की मोटर न ली। कहा—''शहर में कोई चीज किसी समय भी लुप्त नहीं होती। इस चौराहे पर या डालीगंज में तो जरूर ही रिक्शा या ताँगा मिल जाएगा।''

शीला ने अपना शाल जबर्दस्ती दे दिया, सर्दी तेज होने की वजह से महिपाल ने भी नाहीं न की। सड़क पर आकर वह सोचने लगा—"अब कहाँ जाऊँ?"

27

महिपाल चौराहे पर आकर खड़ा हो गया। रास्ते सायँ-सायँ कर रहे थे। सर्दी रोज से अधिक थी, उससे बचने के लिए सड़कों के कुत्ते एक इधर-उधर सिकुड़े हुए पड़े थे। बिजली की रोशनियाँ दूर-दूर के खम्भों से अपनी किरणों का दायरा फैलाकर आपस में मिलने के लिए मानो उत्सुक हो रही थीं। सड़कों पर बस यही एक तमाशा हो रहा था, बाकी सब सूना था।

चौराहे पर खड़ा हुआ महिपाल चारों ओर आँख पसारकर देखता रहा। उसे सब कुछ सूझा, पर अपनी राह न सूझी। अन्त में हारकर उसने यही निश्चय किया कि वह घर जाएगा। सोचा, पहुँचते-पहुँचते उसे घंटा-सवा घंटा तो लग ही जाएगा—ढाई तीन बज जाएँगे—उस समय कल्याणी को किसी प्रकार की कलह करने का अवसर ही नहीं मिलेगा और वह घर का दरवाजा खुलते ही तुरन्त बैठक में जाकर अन्दर के द्वार बन्द कर लेगा। सबेरे तड़के ही उठकर मार्निंग वॉक के लिए चला जाएगा; दिन भर बाहर बिताएगा।...इसी तरह की बातें सोचते हुए कल्याणी का सामना करने के लिए अपना मन तैयार करता चला।

पुलिस लाइन, कॉलविन ताल्लुकदार कॉलेज, कैलाश-हास्टेल, यूनिवर्सिटी की इमारतों के ऊँचे-ऊँचे गुम्बद महिपाल को अपनी मौन भव्यता से प्रभावित कर रहे थे। हवा में बड़ी ठिरन थी; किसी हद तक उसकी बर्दाश्त से बाहर थी।

महिपाल को इस तरह अपने पैदल चलने पर अफसोस हो रहा था। सोचने लगा—"मैंने बेवकूफी की, अगर घर ही जाना था तो शीला की गाड़ी में क्यों न आया। मुझे अपने खब्त को सँभालकर उसी वक्त यह सोच लेना था कि घर नहीं जाऊँगा तो और कहाँ जाऊँगा?...मगर घर?...क्या वो अब घर रहा है? वहाँ तो आज सदा के लिए विभाजन हो गया। मैं बेशर्मी लाद कर कल्याणी के सामने पहुँचूँगा। वो सोचेंगी कि सबेरे बड़ी नाक लेकर घर से निकले थे! अब फिर नाक काटकर वहीं लौटना पड़ा न आखिर?

गोमती का पुल आ गया। अष्टमी की चाँदनी में रुपहली गोटे की चौड़ी किनार जैसी गोमती बहती हुई नहीं जान पड़ रही थी। छतरमंजिल के महलों से मरकरी लैंप की दिन जैसी रोशनी आ रही थी। महिपाल पुल की दीवाल के सहारे टिककर खड़ा हो गया। उसका अस्थिर मन इस समय फिर डाँवाँडोल होने लगा था। वह सोच रहा था कि दरअसल जिसे घर कहते हैं, वह उसके लिए आज छिन्न-भिन्न हो चुका। वहाँ जाने में खैर नहीं। वे भरी बैठी होंगी; और तीन-चौथाई रात बिताकर सौत के घर से लौटे हुए पति का स्वागत करने में उनके तीखे व्यंग्यबाण जरूर ही छूटेंगे। मुमकिन है कि यह भी कह दें कि अब मेरे घर आने की जरूरत ही क्या थी। घर सचमुच स्त्रियों का ही होता है। पुरुष घर का स्वामी होकर भी दरअसल मेहमान होता है। विश्वामित्र ने सच कहा है—'जायेस्तम्'— जाया ही घर है। तब महिपाल ऐसे घर में क्यों जाए जो उसका नहीं है—जहाँ उसका अपमान होगा, कलह होगी, जहाँ उसे शान्ति नहीं मिलेगी।...

तब, उसे क्या करना चाहिए? आज की रात महिपाल के लिए निश्चय की रात थी। क्या वह सदा के लिए घर का त्याग कर रहा है? अब वह कभी घर लौटकर न जाएगा! महिपाल के भाव भरे पीड़ित मन ने उत्तर में कहा—'हाँ।' वह घर का त्याग करेगा, मुसीबतों से क्या डरना? वह तो साहित्यिक है, मुसीबतें उसकी परिणीता हैं। और वह पूरी बाहोशी में जानता है कि इस समय वह भावुकता से नहीं सोच रहा। ठंडे मन से ही मैं इस निश्चय पर पहुँचा हूँ कि मेरा यहाँ रहना अब घातक सिद्ध होगा—मेरे लिए, कल्याणी और शीला के लिए भी मैं शीला का साथ नहीं छोड़ सकूँगा।

गलत या सही, जो नाता बँध गया उसे निभाऊँगा और इसे लेकर कल्याणी कभी सुखी न हो सकेगी। यहाँ रहकर मैं कल्याणी और बच्चों से अलग रहूँ, यह भी असम्भव है, झूठ है। यहाँ दो असम्भवों को सम्भव करते-करते ही ये मेरी सारी उम्र बीत जाएगी; मैं किसी काम का न रहूँगा। जीवन के यही अन्तिम दस-ग्यारह वर्ष तो अब काम करने के लिए बचे हैं। ऐसी हालत में कुछ लिख-पढ़ न सकूँगा। शकुन्तला के विवाह को लेकर कल्याणी का हठ हर्गिज डिग नहीं सकता और दस-बारह हजार लाऊँगा कहाँ से ?...इससे अच्छा यही है कि घर से चला जाऊँ। जिसके सिर पर पड़ेगी, वह आप बोझ सँभालेगा। लड़के सयाने हो गए हैं, मैं नहीं रहूँगा तो आप ही खर्च का बोझ सँभालने के लिए कुछ न कुछ करेंगे ही।

विचार ने भावना को माया से ब्रह्म की ओर मोड़ दिया। पुल से उतरकर महिपाल केसरबाग वाली सड़क पर घर जाने के बजाय गोमती के किनारे वाली सड़क की ओर मुड़ गया। बाएँ हाथ पर, सौ कदम दूर एक शिवाले का शिखर दिखाई दिया। महिपाल सड़क पर ठहर गया। घर न सही, रात बिताने के लिए कहीं आश्रय तो चाहिए ही। अब यही मन्दिर, फुटपाथ और धर्मशाले ही तो उसका घर बनेंगे। क्यों न यहाँ चलकर देखा जाए ? अगर बन्द होगा तो पुजारी से कोई बहाना बनाकर खुलवा लेगा। वैसे गोमती किनारे का मन्दिर है, कौन यहाँ ताले-कुँजी लगाएगा ? शायद वहाँ कोई भी न हो।

गड्ढों से भरी हुई छोटी-सी सड़क पार कर वह नदी के पास पहुँचा। चाँदनी में टूटा घाट अजब रहस्यमय-सा लगा। गुमटीवाला हिस्सा नींव से उलटकर गोमती में पड़ा हुआ था। घाट और गुमटी से टकराकर नदी का पानी मद्धिम कल-कल शब्द कर रहा था। दाहिने हाथ पर ही छोटा-सा शिवाला था। महिपाल की धारणा सच निकली। शिवाला खुला, उजाड़ पड़ा था। मध्य में विराजमान शिवजी ने अपने भक्त का स्वागत किया; परन्तु उनका दूसरा भक्त एक कुत्ता, जिसकी नींद में महिपाल के आने से व्याघात पड़ा था, भौंक उठा। महिपाल आत्मरक्षा के लिए तुरन्त सजग हो गया। लौटकर बाहर से एक टूटा हुआ गुम्मा उठाया और बाहर से ही 'धत्-भग' करता हुआ अन्दर की ओर झपटा। दूसरे ही क्षण कुत्ते को मारने का विचार, उसके मन से निकल गया। शिव के स्थान पर उसका और कुत्ते का समान अधिकार है। हाँ, अगर वह हमला करेगा तो जरूर मार खाएगा लेकिन महिपाल के अन्दर आते ही कुत्ता दूसरी ओर से कतराकर बाहर निकल गया।

महिपाल ने शिवाले के मैले संगमरमर जड़े फर्श पर बैठने से पहले भोले भगवान् के आगे माथा टेका। बड़ी देर तक मूर्ति के आगे झुका हुआ वह प्रार्थना करता रहा—''मैं अशक्त हूँ, कायर हूँ, परिस्थितियों का सामना नहीं कर पाता। मैं मोह में हूँ। शंकर! प्रभु! मुझे बल दो।''

नग्नो निःसङ्ग शुद्धस्त्रिगुण विरहितो ध्वस्त मोहान्धकारो
नासाग्रे न्यस्त-दृष्टिर्विहरभवगुणैर्नैव दुष्टं कदाचित्।
उन्मत्तावस्थया त्वां विगत कलिमल शंकरं न स्मरामि
क्षन्तव्योमेऽपराधः शिव शिव शिव भोः श्री महादेव शम्भो॥

बड़ी देर तक प्रार्थना कर महिपाल अपने मन को शुद्ध करता रहा। थोड़ी देर के लिए स्थिरता आई—''यही सही, अब से जीवन यों ही बीते! प्रभु की इच्छा पूरी होने दो। नया अनुभव अभी तो न जाने कितने दिन अटपटा लगेगा ही।''

महिपाल ऊपर से अपने मन को बहुत कस रहा था, परन्तु उस कसाव के पीछे गहरी कसक छिपी हुई थी। छोटी-सी चट्टान के नीचे आँसुओं का महासागर दबा हुआ था। गुम्मे का तकिया बनाकर महिपाल लेट गया। फर्श बर्फ की तरह गल रहा था। गुम्मे का तकिया भी कुछ मजेदार-अनुभव न रहा। गुम्मा तो खैर उसने सिरहाने से हटा दिया, मगर फर्श की ठंडक को भला क्योंकर हटाता ? दस-पाँच मिनट हठपूर्वक कमर सीधी कर, दाईं-बाईं करवट बदलकर अन्त में वह उठ ही बैठा।

शिवाले के दरवाजे का सिर्फ एक ही पल्ला था। दीवारों में चारों ओर पत्थर की जालियाँ भी बनी हुई थीं, हवा के सनाके चले आ रहे थे। गणेशजी के आले वाली दीवाल से टिककर वह बैठ गया। अच्छी तरह से शाल ओढ़-लपेट कर बैठने पर भी—उसे सर्दी महसूस हो रही थी। जेब से सिगरेट की डिबिया निकाली परन्तु दियासलाई खाली थी। माचिस की एक तीली के अभाव ने उसके तमाम अभावों को गर्मा दिया। वह जीवन के इन इकतालीस वर्षों में सदा अभावों में घिरा हुआ ही रहा है। भाग्य ने उसे कभी ठीक-ठिकाने से नहीं रहने दिया। पैसे को महिपाल ने कभी कोई ऊँचा मूल्य नहीं दिया, परन्तु पैसे ने हर बार अपनी महत्ता का परिचय देकर उसके अहंकार को, बुद्धि और आस्था को बुरी तरह कुचला। अगर पैसा होता तो मेरा बड़े से बड़ा पाप भी दुनिया नजरअन्दाज कर जाती—कम से कम मेरे मुँह पर कोई मेरी बदनामी करने का साहस न करता। इस पैसे ने मुझे बहुत हराया है। कहीं का भी नहीं रखा।...एक-एक ऐसे नसीबेवर होते हैं कि डरबी की लाटरी निकल आती है, कोई साला धनी रिश्तेदार वसीयत ही कर जाता है, किसी को गड़ा धन ही मिल जाता है।...हमारी किस्मत ही खराब है सुसरी, कोई क्या करे!

मन ने कहा—'ऐसा न कहो, किस्मत के करिश्मों को भला तुम क्या जान सकते हो। अभी यों उदास बैठे हो और जो अभी कहीं किसी मूर्ति के नीचे से कीमती जवाहिरात की डिबिया टपक पड़े! शायद विधि ने इसीलिए तुम्हें आज की रात यहाँ भेजा हो, वरना यहाँ क्यों आते?'

अपने ही बहलावे से बँध कर पल भर के लिए तो महिपाल की नस-नस में आशा की गर्मी दौड़ गई, फिर दूसरे ही पल उसे हटाते हुए निराशा के साथ सोचा—'अरे यार, क्यों झूठे ख्याल में मन भरमा रहे हो? अभी उस मूर्खता से छुटकारा नहीं मिला।'

सात-आठ वर्ष पहले भी एक बार महिपाल को इस भ्रम ने बहुत भरमाया था। उस समय जिस मकान में वह रहता था वह मुसलमानी ढंग का बना हुआ काफी पुराना था। अक्सर साँप भी निकल आते थे। नीचे के खंड में कच्चे फर्श पर भंडारघर वाली कोठरी में, अनाज के मटके-कनस्तर उलटते-पुलटते, सफाई करते हुए, चूहे के बिल के पास कल्याणी को एक नवाबी जमाने का चाँदी का सिक्का मिल गया। उन्हें इस बात का पक्का विश्वास हो गया कि इस घर में धन है। पति से कहा। सिक्का देखकर महिपाल को भी विश्वास हुआ। रात में बच्चों के सो जाने पर पति-पत्नी मिलकर कोठरी का फर्श खोदने लगे। खुदाई में चूहों की आफत आ गई और कुछ हासिल न हुआ। महिपाल ने अपने कद से ऊँचा गड्ढा कर डाला। कल्याणी लालटेन दिखाकर बार-बार आदेश देती कि यह कोना खोदो वह कोना खोदो। कहीं अगर मिट्टी जरा भी कड़ी होती, फावड़ा उछटकर चलता तो कल्याणी कहती—'सँभाल के चलाना—अब चटिया मिलेगी; या ऐसा न हो जाए कि फावड़ों की चोट से रुपयों का मटका फूट जाए।' एक कोठरी में लक्ष्मी न मिली तो दूसरी में तलाश हुई। तीसरी में हुई। पच्छिम वाले कोठे में एक जगह खोदते-खोदते एक फुट ऊँची देवी की मूर्ति मिली जिसकी नाभि से कमल निकल रहा था। मूर्ति औंधी पड़ी थी, हटाने पर उसे देखकर महिपाल स्तब्ध रह गया। मूर्ति सुन्दर थी और बनावट से ईसा की पहली शताब्दियों की कृति लगती थी। इसके अलावा कभी और कुछ न मिला।

कुछ हासिल न होने से कल्याणी तो बहुत निराश हुई मगर महिपाल के हाथ में एक ऐसी बौद्धिक समस्या आ गई थी, जिसने उसे हताश न होने दिया। अपने घर मुहल्ले की ऐतिहासिक स्थिति जानने की इच्छा से उसने नगर के प्राचीन इतिहास की खोज आरम्भ की। इसी प्रसंग में एक नई समस्या ने उसका ध्यान आकर्षित कर लिया—नगर का निर्माण कैसे होता है? कहाँ-कहाँ के लोग सिमट आते हैं? 'आउत-जाउत', 'आइति-जाइति', 'आवें-जावें', 'अइला-गइला', 'अइवा-जइबा', 'आते-जाते'—यह सब बोलियाँ एक जगह कैसे इकट्ठी हो जाती हैं? जाहिर है कि व्यापार के लालच से विभिन्न जनपदों के लोग एक जगह पर इकट्ठा होते हैं, अपनी-अपनी बोली-बानियाँ, रीति-रिवाज, सभी कुछ वे अपने साथ लाते हैं। व्यापार के कारण पारस्परिक सम्बन्ध जुड़ते हैं। बहुत-

सी रस्मों का भी आदान-प्रदान हो जाता है। विभिन्न सांस्कृतिक क्षेत्रों की विशेषताओं को लेकर नगर की सामाजिक मर्यादा बनती है। लेन-देन, व्यवहार का चलन चलता है।

इस तरह अलग-अलग सांस्कृतिक क्षेत्रों के लोग नगर में व्यापार के लिए इकट्ठा होकर अपनी-अपनी विशेषताओं से नागरी संस्कृति का निर्माण करते हैं। नगरों में विदेशी व्यापारी भी आते हैं, अपने व्यापारिक सम्बन्धों के साथ-साथ सांस्कृतिक सम्बन्ध भी स्थापित करते हैं। रुपए की माया और दिखावट नगर की प्रधान विशेषता होने के कारण, नगर की भाषा, पहनावा, शौक-मनोरंजन—सब कुछ गाँवों से अलग हो जाता है और यह नियम उतना ही पुराना है जितनी पुरानी नगरों की परम्परा है।

लक्ष्मी की शक्ति से फलने-फूलने वाले नगर व्यवसाय-वाणिज्य के अतिरिक्त विद्या, कला-कौशल और राजनीति के भी प्रमुख केन्द्र हो गए। नगरवासी सदा से अपने को गँवारों से ऊँचा मानते चले आए हैं।

अपने नगर के सामाजिक संगठन से पहचान बढ़ाते हुए महिपाल भारत की प्राचीन नगर परम्परा की समस्या से जुड़ गया। बुद्धि का यह नियम है कि जब एक समस्या सुलझा कर वह मनुष्य का ज्ञानवर्धन करती है, तब साथ ही साथ वह उसके लिए नई समस्याएँ भी उत्पन्न कर देती है और बौद्धिक ज्ञान इन समस्याओं का स्वागत करता है। समस्याएँ उसके विकास का क्रम हैं। केवल बौद्धिक ही नहीं, हर मनुष्य आजीवन समस्याओं से जूझकर ही कुछ पाता है।

महिपाल को इस नई अनुभूति ने ही पारिश्रमिक के रूप में नए आत्मबल की थाह दी। महिपाल को अपने देश की सामाजिक गठन से जो दिलचस्पी हुई तो अपने हजार दुःख भूलने लगा। तमाम किस्म की चिन्ताओं और आर्थिक संकट के रहते हुए भी पिछले पाँच-छः वर्ष ऐतिहासिक सामाजिक जानकारी हासिल करने के नशे को लेकर महिपाल ने बहुत अच्छे बिताए हैं। महिपाल के मानसिक विकास में इस बहाने बहुत लाभ हुआ है। अब अक्सर हँसकर वह अपनी पत्नी से कहा करता है—''तुम्हारे भाग्य में तो गड़े धन का एक ही सिक्का था, मगर मेरे भाग्य में अनन्त ज्ञान-लक्ष्मी का कोष लिखा था।''

अनेक बार दोहराई गई बात इस समय भी महिपाल के ध्यान में आई। सामने शिव की मूर्ति को सम्बोधित कर किसी हद तक जोर से कहा—''भोले, और लोग शिकायत करेंगे कि तूने उन्हें कुछ न दिया; मगर मैं इस हाल में भी हाथ उठा-उठाकर यही कहूँगा कि मेरे पास तेरा दिया सब कुछ है। मेरे पास तेरे दिए अनुभव हैं—ज्ञान है। तेरी जय हो। ज्ञान और सत्य की जय हो!''

दूर सड़क पर मोटर-कार का हार्न सुनाई दिया। महिपाल का ध्यान उस ओर गया। 'इतनी रात में मोटर का इधर आना तो असम्भव नहीं। इधर कोठियों और बंगलों का मोहल्ला ही है—मगर हॉर्न बजाने की क्या जरूरत पड़ी होगी उन्हें? हो सकता है कि मेरी तरह मुसीबत का मारा कोई आदमी सड़क पर चल रहा होगा...या कोई गाय-वाय सो रही हो...अहँ, होगा भी, इन साले मोटर वालों का क्या ठिकाना! कहीं से पी-पा के ऐश मनाते चले आ रहे होंगे। अपनी या पराई औरत से बगल गर्म होगी और एक हम हैं कि यहाँ जाड़े में ठिठुर रहे हैं—न घर के, न घाट के ससुरे। फिर सोचा कि बेवकूफी की। अरे, शीला के यहाँ सो जाता—या सीधा घर ही चला जाता। घर छोड़ने की आखिर ऐसी क्या जरूरत थी। मियाँ महिपाल, तुम हो कमजोर। अरे, घर की बीबी से डरने की जरूरत ही क्या है? साफ-साफ कह दो कि हाँ, हमारा ऐसा सम्बन्ध है। जो तुम से बनाए बने, बना लो। तुम्हारी मर्जी हो तो तुम भी किसी से दोस्ती गाँठ लो...'

सोचते-सोचते रुक गया। गेहुएँ रंग के ऊँचे कपाल पर बड़ी बिन्दी से दमकता हुआ कल्याणी का श्री-युक्त मुख आँखों के सामने आ गया। वह ऐसा हर्गिज नहीं कर सकती। मूर्खता और रूढ़ संस्कारों से हठीली कल्याणी अपनी निष्ठा के कारण महिपाल को इस समय भी बड़ी लगी। क्रोध और कटुता के रहते हुए भी कल्याणी का स्वरूप ध्यान में आते ही उसके मन में बरबस ही आदर

और प्यार की ललक क्षण भर के लिए आ गई। कल्याणी का यह रूप जब महिपाल के ध्यान में आ जाता है तब वह उसे सदा महान् लगती है। यह महानता कल्याणी जी की व्यक्तिगत सिद्धि ही नहीं, एक परम्परा की सिद्धि है, जिसमें इस देश की नारी का मानस ढला है। यह इस देश की सबसे बड़ी सांस्कृतिक विजय है।

महिपाल सोचने लगा कि यह विजय अधूरी ही क्यों रही। नारी के समान भारतीय पुरुष में भी ऐसी ही प्रबल निष्ठा क्यों न जाग सकी। विचार नए प्रश्न को लेकर दौड़ने लगे। इस देश के लोकमानस पर यों तो अनेक संस्कृतियों का प्रभाव है, पर प्रमुख रूप से आर्य और अनार्य संस्कारों का गहरा और व्यापक असर पड़ा है। आर्यों और अनार्यों में विवाह-सम्बन्ध होने लगे। कुछ पीढ़ियों के अन्तर से सामाजिक रीतियाँ इस तरह घुल-मिल गईं कि उस भानमती के पिटारे को 'कुल की रीति' के नाम से सास बहुओं ने घर-घर में निष्ठापूर्वक प्रतिष्ठित कर दिया। कुल धर्मों के ऊपर जाती संस्कृतियों के नियम लदे और उनके ऊपर आर्यों का वैदिक ढाँचा लदा। घरों में जहाँ पुरुषों का एक धर्म था, वहाँ स्त्रियों का दूसरा। वैदिक संस्कृति के अनुयायी आर्यगण अपनी घरवालियों की सम्मिलित आर्य-अनार्य संस्कृतियों का प्रभाव नष्ट न कर सके। आर्यजन अपनी संस्कृति को सत्ता के जोर से फैलाने में तो अवश्य समर्थ सिद्ध हुए पर उसे विशुद्ध न रख सके।

संस्कृति के विभिन्न पहलुओं पर विचार करते हुए महिपाल ने जाड़े की रात को अपनी ज्ञान चेतना से गर्माने पर भरसक प्रयत्न किया। इस पर भी वह इस ख्याल से न उबर सका कि यह कमजोरियों का गुलाम है। ऐसी दशा में उसकी विवेक बुद्धि कभी विकसित नहीं हो सकती, उसका कोई निर्णय न्याय और औचित्य का आधार नहीं पा सका। वह कमजोर है, अन्यायी है, उसका घर छोड़ने का इरादा भी अनुचित है, पाप है।

दुर्बल मन महिपाल का दम-सा घुटने लगा। आसमान में चमकते हुए तारे कुछ-कुछ लुप्त हो चले थे। महिपाल सोचने लगा कि रात तो अब बीत ही चली, परन्तु दिन कहाँ, और कैसे कटेगा? भटकता हुआ आखिर वह जाएगा कहाँ तक? क्या भटकना ही उसके जीवन का मिशन हो जाएगा? यह विचार अपने आप में क्या कायरतापूर्ण नहीं? ये ज्ञान चिन्तन जो कुछ वह करता है, वह महज समय बिताने के लिए ही शौक के रूप में करता है? क्या उसका कोई सामाजिक मूल्य नहीं? पिता होकर क्या बच्चों के प्रति कोई उसका नैतिक कर्तव्य नहीं? महज मुँह छिपाते रहना आखिर सम्भव ही कैसे हो सकता है? उसे मुसीबत का डटकर मुकाबला करना चाहिए।

"घर जाऊँगा। कल्याणी को एक बार सारी परिस्थिति समझाऊँगा फिर जैसा निश्चय होगा, देखा जाएगा।"

महिपाल अपने घर पहुँचकर दरवाजे से ही लौट आया; कुंडी खटखटाने का साहस उसे न हुआ।

कर्नल के घर वह करीब-करीब नित्य के समय पर पहुँच गया।

सज्जन और कर्नल स्वप्न में भी ये न सोच पाए कि उनका मित्र पिछले दिन सबेरे से ही घर से भागा हुआ है।

28

"अजी साहब, वो ठीक ही कह रही होगी। आजकल के बाबा-बैरागियों का कोई ठिकाना है?"

चौराहे से जरा हटकर चायवाले की दुकान के पास भारी मजमा लगा हुआ था। भीड़ से आधी सड़क घिरी हुई थी; कुछ लोग भीड़ में घुसकर तमाशा देखने के लिए आगे बढ़ रहे थे, कुछ तमाशा देखकर लौटते हुए तरह-तरह की राय जाहिर कर रहे थे। एक औरत गला फाड़-फाड़कर लड़ रही थी, उसकी आवाज पर कई आवाजों का हुल्लड़ बीच-बीच में छा जाता था—खूब बमचख मची हुई थी।

सज्जन ने रोज की जगह अपनी कार खड़ी की। आते ही भीड़ की तरफ उसका ध्यान गया। कार की चाभी लगाकर निकलने के बाद वह कार के पास ही खड़ा होकर भीड़ को देखने लगा। पास से गुजरते हुए दो आदमियों की बातचीत से उसके मन में भी तमाशा देखने का कौतूहल जागा।

भीड़ में आगे पहुँचकर उसने देखा, एक कुरसी पर वकील साहब की पगली बहू बैठी हुई जोर-जोर से रो और चिल्ला रही थी। पास ही एक लँगोटधारी वृद्ध साधु खड़े मुस्कुरा रहे थे। अपनी परिचित पगली को इस तमाशे की प्रमुख नायिका के रूप में देखकर सज्जन से तमाशाई बनकर खड़ा न रहा गया। आगे बढ़कर उसके सिर पर हाथ रखते हुए उसने पूछा—"क्या हुआ?"

बात पूरी तरह पूछ भी न पाया था कि उसे देखकर वह पगली युवती ऐसे उठ खड़ी हुई मानो, डूबते को सहारा मिल गया हो। उसने हर्ष से गद्गद् स्वर में कहा—"ओह, यू हैव कम जेन्टिलमैन! मुझे इसके हाथ से बचाइए। ये साधु-आधू कुछ नहीं, कसाई है कसाई। ये मुझे रंडी बनाना चाहता है। मैं रंडी हूँ? आप बतलाइए कि मैं कितने ऊँचे घराने की—अभी मेरे राजेश को मालूम हो जाएगा तो वह इस बाबाजी को आकर गोली मार देंगे। आप मुझे मेरे राजेश के पास ले चलिए। मेरा राजेश कैप्टेन! वह जब आकर देखेंगे इन सब लोगों ने भीड़ लगा रखी है तो इन सबको गोली से 'टक-टक'—एक-एक को शूट कर देंगे। और ये बाबा, हरामी का पिल्ला—"

पगली एक बार बाबा की ओर मुट्ठियाँ बाँधकर बढ़ी। सज्जन ने उसके दोनों हाथ पकड़कर जोर से झटक दिया और पूछा—"अपने घर चलेंगी आप?"

"उस बुड्ढे के यहाँ? नहीं, कभी नहीं जाऊँगी। आप मुझे मेरे राजेश के पास पहुँचा दीजिए। बस, आप इसी वक्त मुझे वहाँ ले चलिए। बस, अब मैं यहाँ नहीं रुकूँगी। चलिए—चलिए!" वह सज्जन को आग्रह से ढकेलने लगी।

सज्जन ने एक बार पास खड़े हुए लँगोटधारी वृद्ध साधु को देखा। बुढ़ापा केवल उनके दाँत-विहीन झुर्रियाँ पड़े चेहरे पर ही दीखता था; बाकी सारा शरीर फौलाद की तरह ठोस था। वर्ण श्याम होते हुए भी तेजोमय था। बाबा की तरफ सज्जन को देखते ही पगली ने कहा—"बाबा की तरफ क्या देखते हैं? यह मुझे हरगिज नहीं रोक सकता।" पगली फिर उसे अपने गिरफ्तार हाथों से झकझोरने लगी।

साधु ने सज्जन से कहा—"इस समय भीड़ का बल पा गई है रामजी! आप जरा मेरे साथ आने का कष्ट कीजिएगा? हाथ छोड़ दीजिए उसके।"

सज्जन ने तुरन्त पगली के हाथ छोड़ दिए और साधु के साथ भीड़ से निकलने के लिए बढ़ा। पगली ने फौरन उसकी बाँह पकड़कर चिमटते हुए कहा—"नहीं! बाबा के साथ मत जाइए। यह आपको भी पागल बना देगा, जड़ी पिलाएगा, कसरत कराएगा, मारेगा।" बाबा ने आगे बढ़कर चायवाले के नौकर से कहा—"बेटा जरा ध्यान रखना।"

सज्जन ने पगली को समझाना शुरू किया कि वह बाबाजी को कोतवाली में बन्द कराने जा रहा है। पगली इससे बेहद खुश हुई। और फिर पगली की इच्छा के अनुसार सज्जन ने उसे आश्वासन दिया कि बाबा को गिरफ्तार कराने के बाद वह उसे तुरन्त हवाई जहाज पर बैठाकर राजेश के पास ले जाएगा।

भीड़ से बाहर निकलकर साधु और सज्जन एक जगह बात करने के लिए खड़े हुए; पाँच-सात की भीड़ फौरन ही उसके आसपास भी जुट गई। वृद्ध साधु ने कहा—"रामजी, मैं इस लड़की का उपचारक हूँ। आप क्या इसके कोई रिश्तेदार हैं?"

सज्जन बोला—"जी नहीं। एक दिन ऐसे ही ये गली से निकल भागी थी। मैं इसे पकड़कर घर वापिस ले गया था; तभी इस बेचारी की हिस्ट्री मालूम हुई। इनके ससुर—"

''इनके ससुर को भी रामजी कहलवाया था अभी। हम कहा कि इस-इस प्रिकार से आश्रम से निकल भागी है तो आप न आने का कष्ट कीजिए; वो बिचारे अपनी इज्जत आबरू के डर से बाजार में आने को राजी न हुए। हम से कहलवाय दिया कि बाबा जानें। खैर, अब प्रिस्न ये पड़ गया है रामजी, ये भीड़ में पड़ गई है—चार ने उलटी कह दी, चार ने सीधी; तौन इस समय ये हमारे अंकुस में नहीं आवैगी। और भीड़ में पागल को, बिसेस करके स्त्री रोगी पर बल प्रिजोग करना हमारी नीति के विरुद्ध है। आप एक सेवा कर देंगे रामजी? इसको बहलाय के हमारे आश्रम तलक छोड़ दें तो बड़ा उपकार होय।''

सज्जन ने कहा—''मेरे पास गाड़ी है—''

पोपले मुँह से मगन होकर हँसते हुए साधु ने कहा—''बस, बस, तब तो आपने सारा काम ही बनाय दिया। आप इसे अपनी गाड़ी पर लेकर चलिए। मैं दौड़कर पहुँचता हूँ। ये बगैचा पार करके सीधी सड़क घाट पर हमारा आश्रम है।''

''मैं समझ गया, अब कोई अड़चन न होगी। आपको दौड़कर पहुँचने की आवश्यकता नहीं। मैं इसे जरा एक राऊंड घुमाकर दस मिनट में पहुँचता हूँ—मेरे घुमाने से आपको कोई आपत्ति तो नहीं होगी?''

साधु अपने पोपले मुँह से खिलखिलाकर हँस पड़े। उनकी हँसी बच्चे की किलकारी भरे निर्मल हास्य के समान थी; छोटी-छोटी आँखों की काली पुतलियों में अपार स्नेह चमक रहा था। सज्जन को उस हँसी ने प्रभावित किया। साधु बोले—''रामजी के काम में हम आपत्ति करने वाले कौन? वे सदा उचित करते हैं। अच्छा रामजी, अब आश्रम में भेंट होवैगी।''

कार पर बैठकर पगली बेहद खुश हुई। पहले एक बार उसे संकोच हुआ था; कार पर बैठते समय एकाएक हिचककर उसने कहा था—''मैं ऐसे जाऊँगी कार पर? मेरे पैरों में सैंडिल नहीं, मेरी ये धोती! छिः मैं ऐसी फटी धोती पहनकर कार पर जाऊँगी? मैं नहीं जाऊँगी।'' सज्जन ने उसे आश्वासन दिया कि वह सैंडिल और साड़ी दिलाने के लिए चल रहा है। तब वह खुशी-खुशी गाड़ी पर बैठकर चली आई। सज्जन ने अपने दोनों वादे पूरे किए।

सैंडिल और साड़ी लेकर कैप्टेन राजेश की पगली पत्नी बड़ी खुश है। उसकी बातों का सिलसिला कभी टूटने में ही नहीं आता। बातों में यही सब है कि किस तरह वह अपने राजेश को प्यार करने के लिए तड़प रही है। अपने प्यार-शृंगार की गुप्त लीलाओं की मधुर कल्पना करते, और उत्साह से बखान करते हुए पगली को अपार उल्लास हो रहा है। सज्जन के लिए यह समय बड़ा कठिन बीत रहा है। स्त्री-पुरुष का अति गोपन मधुर रहस्य एक अतृप्त वासना भरी पगली की महत् कामना बनकर उसके मन में रस के बजाय पीड़ा जगा रहा है। वह गम्भीर हो रहा था—गम्भीर बनने में सज्जन को कठिन श्रम भरा मानसिक खिंचाव महसूस हो रहा है। उसे एक ध्यान, एक भय सता रहा है कि अतृप्ति मन को किस हद तक बेसुध बना देती है! इनसान जिन बातों को अपना प्यारा से प्यारा और कीमती रहस्य समझता है, उसे भी बेझिझक और इतने विकृत रूप में जाहिर कर देता है! उसे बड़ी चोट लग रही थी—कोई भी मनुष्य पागल हो सकता है, कभी भी हो सकता है। यह सज्जन नाम का प्रतिष्ठित धनी नागरिक, प्रसिद्ध कलाकार और सुन्दर सजीला युवक अपनी अतृप्तियों के कारण यदि पागल हो जाए तो?...ओह भगवान! सज्जन सिहर उठा। गाड़ी मेडिकल कॉलेज पार कर, पक्का पुल, बड़ा इमामबाड़ा और मच्छी भवन होती हुई घाट के निकट पहुँच गई।

घाट की गली के मुहाने पर लैंप पोस्ट के पास, लैंप पोस्ट की तरह ही तनकर लँगोटीधारी वृद्ध साधु खड़े थे। उनके सामने गाड़ी रुकते ही पगली चिल्लाकर रोने लगी—''मैं नहीं जाऊँगी! मैं बाबा के यहाँ नहीं जाऊँगी।''

साधुजी ने गाड़ी का दरवाजा खोल हाथ पकड़कर खींचते हुए पगली को एक तमाचा लगाया। उसके सैंडिल और साड़ी के बक्खे बिखर गए। स्त्री उस समय मार को भूलकर भी अपनी चीजों के लिए आतुर हो उठी। तमाचा खाकर वह एकदम चुप हो गई। मानो उसमें समझ आ गई हो। वह साधुजी के हाथ से छूटने का प्रयत्न करने लगी। साधुजी उसकी आतुरता देखकर मीठे स्वर में बोले—"ये क्या लाई बेटी?"

उनकी मजबूत मुट्ठी से अपने को छुड़ाने का हलका प्रयत्न करती हुई उसने कहा—"मेरे सैंडिल, साड़ी—मेरे राजेश ने मुझको दिलवाए हैं।"

साधु ने फिर पूछा—"कि इन्होंने दिलवाए हैं?"

"नहीं, नहीं। मैं भला किसी पराए मर्द से चीज ले सकती हूँ? आप मुझे छोड़ दीजिए। मेरे राजेश ने मुझसे कहा है कि वो साड़ी और सैंडिल पहनाकर—"

"अच्छा लो छोड़ दिया।" कहकर वृद्ध साधु ने उसे छोड़ दिया। वह सड़क पर खुला पड़ा हुआ अपना साड़ी का बक्सा उठाने चली। साधु ने भी उतनी ही फुर्ती से लपककर वह बक्सा और कार की सीट पर पड़ा हुआ सैंडिल का बक्सा उठा लिया।

पगली बहुत मचलने लगी। साधुजी ने उससे कहा—"ये सब चीजें तुम्हारे राजेश ने दी हैं न?"

"हाँ।"

"इन्होंने तो नहीं दी हैं?"

"नहीं।"

"अच्छा तो अब इन दोनों चीजों को हम गोमती जी में फेंक देते हैं।"

सुनकर बेचारी पागली की मानो जान ही निकल गई। साधुजी का हाथ नीचा कर, वह उनसे अपनी चीजें लेने के लिए बच्चों की तरह मचलने लगी। साधुजी मुस्कुराते रहे। इस आपा-धापी में भी सज्जन से बोले—"रामजी बड़ा उपकार किया। आइए, आश्रम पर पधारिए थोड़ी देर।"

पगली अपनी चीजों के लिए दुंद मचा रही थी, उसकी ओर एक नजर देखते हुए सज्जन ने हाथ जोड़कर कहा—"फिर कभी आऊँगा। आपके यहाँ बहुत से पागल हैं?"

"हाँ रामजी। हम को आपने पगली दुनिया का सेवक बनाय दिया है तौन यही ड्यूटी बजाते हैं। अच्छा, अब चलता हूँ। ये चीजें जो इनके राजेश ने दी हैं वो सब गोमती में बहाए देता हूँ। जय रामजी की।" कहकर साधुजी बक्सों के साथ घर की सड़क पर पगली को चिढ़ाते हुए दौड़ने लगे—"मैं इन्हें अभी फेंकता हूँ—फेंकता हूँ।"

पगली अपनी चीजों को बचाने के लिए आतुर होकर बाबा के पीछे दौड़ने लगी।

सज्जन खड़ा-खड़ा यह दृश्य देखता रहा। पगली और साधु घाट पर जाकर आँखों से ओझल हो गए।

अपनी कोठरी में आकर सज्जन इस तरह निढाल होकर पड़ गया मानो उसमें दम ही न हो। उसका चेहरा एकदम फीका पड़ गया था। इन दिनों वनकन्या तथा अपनी कामवासना को लेकर सज्जन गहरे मानसिक संघर्ष से गुजर रहा है। कल शाम कन्या जाते समय उसकी बढ़ती हुई चाहत के साथ फिर खिलवाड़ कर गई थी। रात को उसका मन उलझा रहा। एक बार ह्विस्की, सोडा मँगवाया भी; पर महिपाल के सामने कही हुई बात उसे कचोटने लगी। गिलास होंठों तक लाकर रोक दिया। मन प्रतिज्ञा तोड़ने के लिए बार-बार हठ करने लगा। सज्जन ने झुँझलाकर उन चीजों को नजरों के सामने से हटाने के लिए नौकर को आदेश दिया। आज सुबह के समय भी अनमना ही रहा। अपने 'चिन्तनमन्दिर' में भी आज उसका जी न लगा। उसके मन में उत्तरोत्तर यह हठ जोर पकड़ रहा था कि इस बार कन्या को दूर से ही झिड़क देगा, उससे किसी तरह का वास्ता न रखेगा। वह हर स्त्री

से दूर रहेगा और अगर जरूरत पड़ी ही तो वह ताई की बतलाई हुई अनजानी, अनदेखी लड़की से विवाह कर लेगा!

सज्जन अपने हठ, तर्क, संयम-असंयम, शंकाओं और समाधानों के बीहड़ जंगल में भटककर फड़फड़ा रहा था। उसे क्षण के लिए भी शान्ति नहीं मिल रही थी। इस समय पगली ने मानो उसी के मन की साकार मूर्ति धारण कर उसके हर हठ और निश्चय को परास्त कर दिया था। सज्जन के मन में अनायास ही यह भय घर कर गया था कि एक दिन वह भी इसी तरह चेतना मुक्त पागल हो जाएगा। सज्जन इस समय तक टूट चुका था। उसे नींद आ गई।

कोठरी में महाकवि बोर ने हें-हें करते कदम रखा। सज्जन को सोते देखकर वह उसकी ओर से निश्चिन्त हो, छत पर आकर बड़ी की खिड़की की तरफ नजरें उठाए हुए एक फिल्मी गीत गाने लगा—

"आ हा हा हा! ठंडी हवाएँ, लौट के आएँ
हम हैं यहाँ, तुम हो वहाँ–कैसे बुलाएँ।"

ऊपर की खिड़की पर गाने का असर न दिखलाई दिया। विरहेश ने दूसरा गीत उठाया—

"उनके बुलावो पे डोले मेरा दिल–
जाऊँ तो मुश्किल, न जाऊँ तो मुश्किल।"

ऊपर की खिड़की विरहेश की प्रेयसी के मुखचन्द्र बिना सूनी रही। अपराजित प्रेमी ने तीसरा गीत उठाया—

"दिल किसी को दीजिए, दिल किसी का लीजिए
जिन्दगी है चार दिन, यही काम कीजिए।"

दरवाजे से सिर टिकाकर, खिड़की की तरफ नजरें उठाए, विरहेश अपनी प्रेयसी तक आवाज पहुँचाने के लिए जोर-जोर से गाने लगा। सज्जन की नींद उचट गई। आँख खुलते ही दरवाजे पर खड़े-खड़े गला फाड़ते हुए बोर को देखकर सज्जन आज आपे में न रह सका। अपनी शराफत के सारे बन्धन गुस्से की बेहोशी में अनायास तोड़कर वह चिल्लाया—"बोर! गेट आउट!!"

विरहेश कर्नल या महिपाल से हर प्रकार के दुर्व्यवहार की कल्पना कर सकता था, परन्तु सज्जन से नहीं। अपनी चातक की सी रटन छोड़कर, हड़बड़ाकर हाथ जोड़ते हुए गिड़गिड़ाहट भरे स्वर में कहा—"हें-हें भाई साहब, आप सो रहे थे, मुझे मालूम न था।"

सज्जन अपनी अभद्रता पर स्वयं संकुचित हो उठा। प्रकट रूप में किसी बाहरवाले से असभ्य वचन बोलने का अभ्यास उसे नहीं था। बोर ने अपनी बोरियत फैलानी शुरू की, कहने लगा—"मैं तो सज्जन भाई—भाई साहब—हें-हें आजकल अपना दूसरा अमर गीत लिखने के मूड में इतना खोया हुआ रहता हूँ कि—"

दरवाजे पर कन्या हाथ में एक दोना लिये हुए आते-जाते ठिठककर खड़ी हो गई। उसे देखकर सज्जन की मिलन और दमन की इच्छा साथ ही साथ तेजी से उभर पड़ी।

विरहेश ने कन्या को देखकर अपनी हें-हें का रुख सज्जन के बजाय उसकी ओर पलट दिया। हाथ जोड़कर बोला—"आप ही शायद हें-हें—आप ही शायद कुमारी वनकन्याजी हैं। मैं आपको नाटकों में पार्ट करते देख चुका हूँ। आपका तो बड़ा यश फैल रहा है आजकल। हें:-हें: सज्जन भाई साहब ने आपको कीर्ति के आकाश में उड़ा दिया है। हें:-हें:"

कन्या गम्भीर भाव से "जी हाँ" कहकर अन्दर आ गई। एक नजर सज्जन के उतरे हुए चेहरे पर डालकर लड्डुओं का दोना मेज पर रख उसके सामने, पास आकर पूछा—"तुम्हारी तबीयत कैसी है?"

कन्या का 'तुम्हारी' शब्द का प्रयोग सज्जन के लिए जादू का काम कर गया। कन्या के प्रति उसका सारा विद्रोह पानी में नमक की तरह गल गया, और वह खारापन विरहेश की तरह बह चला। उसने कहा—"विरहेश, मेरी तबीयत ठीक नहीं है। मैं एकान्त चाहता हूँ। तुम मेहरबानी करके यहाँ से चले जाओ।" कहकर सज्जन तकिए पर सिर डाल, आँखें बन्द कर लेट गया।

कन्या चिन्तित भाव से उसे देखने लगी। विरहेश दोनों की तरफ अर्थभरी दृष्टि डालकर मुस्कुराते हुए बोला—"भगवान् आपकी तबीयत को शीघ्र ही आनन्द लाभ कराएँ! विरही विरहेश अपने सज्जन भाई को सदा यही दुआ देता रहेगा!" कहकर विरहेश बाहर की तरफ चला। दोनों ने समझा, जा रहा है। सज्जन को राहत मिली, परन्तु बड़ी का विरही छत पर जाकर फिर बैठ गया। सज्जन दाँत पीसकर रह गया। कन्या ने दरवाजे की तरफ पीठ कर सज्जन के सामने बैठते हुए फिर पूछा—"तुम्हारा जी कैसा है?"

सज्जन को मान आया बोला—"मैं मर रहा हूँ—लेकिन तुम्हारी बला से!"

कन्या मुस्कुराई, बोली—"मैं संजीवनी बूटी लाई हूँ!"

सज्जन आज पहली बार कन्या से अपने लिए रस की बातें सुनकर बड़ी राहत पा रहा था। उसे अपने अन्दर उसी प्रकार का सुहावनापन अनुभव हो रहा था, जैसा कि हवा में लहराते हुए धान के हरे-भरे खेत में होता है। भोला मन पिछला सब कुछ भूलकर रस निमग्न होने लगा। उसने कहा—"बचपन में दाई मुझे एक कहानी सुनाया करती थी कि परी एक राजकुमार को उड़ाकर ले गई। दिन भर वह उसे जादू की लकड़ी से मुर्दा बनाकर रखती थी, और रात में जब उसका खेलने को जी चाहता, तब फिर जिला लेती थी। खेल के बाद राजकुमार फिर मुर्दा हो जाता था।"

सुनकर कन्या हँस पड़ी।

बाहर विरहेश ने तान छेड़ी :

"ये रातें, ये मौसम, ये हँसना हँसाना
मुझे भूल जाना, इन्हें ना भुलाना॥"

कन्या और सज्जन दोनों को ही बहुत बुरा लगा। कन्या ने धीरे से पूछा—"ये कौन हैं?"

"बदतमीज है एक! कमबख्त यहाँ भी पीछा नहीं छोड़ता। दुःखी हो गया हूँ इससे।"

विरहेश का गायन पंचम स्वर पर चढ़ने लगा।

कन्या सहसा उठी। दरवाजा उड़का दिया। फिर मेज से लड्डुओं का दोना उठाकर एक रद्दी अखबार बिछा सज्जन के सामने रखती हुई बोली—"मुझे नौकरी मिल गई।"

सज्जन को झटका लगा। कन्या के लिए नौकरी तलाश करने की बात उसने अब तक खुद क्यों नहीं सोची, उसके लिए प्रयत्न क्यों नहीं किया? क्या यह नौकरी भी उसे कर्नल के प्रयत्न से ही मिली है?—एक पल में उसके मन को अनेक धक्के लग गए।

दोने के अन्दर एक पत्ते में लगा हुआ गीला सिन्दूर अपनी उँगली में लगाकर सज्जन को टीका करने के लिए कन्या ऐन उसके पास आ गई। सज्जन उसके स्पर्श से शीतल हो उठा। कन्या उसकी आँखों में आँखें डालकर हँस रही थी। उसके गोरे ललाट पर सिन्दूरी बिन्दी बड़ी ही भली मालूम पड़ रही थी। सज्जन ने सहसा उसका हाथ पकड़कर बहुत धीरे से कहा—"कन्या, मैं तुमसे शादी करना चाहता हूँ।" कन्या गम्भीर हो गई, पर उसने हाथ छुड़ाने की चेष्टा न की, बोली—"अभी उसका समय नहीं आया है!" कहकर धीमे-धीमे उसने अपना हाथ छुड़ा लिया, और बात बदलकर उसकी ओर दोना बढ़ाती हुई बोली—"महावीरजी का प्रसाद है।"

सज्जन अपनी बात का तार उठाना चाहता था। उसने लड्डुओं की तरफ ध्यान न दे, फिर प्रश्न किया—"देर क्यों है?"

कन्या ने शान्त भाव से कहा—"अभी हम दोनों एक-दूसरे को अच्छी तरह जानते नहीं हैं।"

"ये तुम्हारा ख्याल है। तुम जानती हो कि मैं तुम्हें चाहता हूँ; और मैं भी जानता हूँ कि तुम भी मुझे—"

"ये तुम्हारा खयाल है! लो, लड्डू उठाओ, भगवान का प्रसाद ग्रहण करने में देर नहीं करते।"

"तुम भी मुझे भगवान के प्रसाद की तरह मिली हो कन्या। मैं तुम्हें ग्रहण करने में देर नहीं करना चाहता।" सज्जन की आँखों में अतृप्ति की उत्तेजना चमक उठी।

बाहर से विरहेश की आवाज आई—"भाभीजी अगर आप सज्जन भाई के लिए चाय बनाएँ तो एक कप मुझे भी दीजिएगा। भगवान् आपका भला करें!...(फिर गाने लगा) दया करो हे दयालु भगवन, मैं बैठा-बैठा तड़प रहा हूँ—"

सज्जन और कन्या को विरहेश की यह बदतमीजी भरी बात असह्य हो उठी। कन्या तेजी से दरवाजा खोलकर विरहेश से कहने लगी—"महाशय, आपसे बड़ा बदतमीज मैंने अब तक नहीं देखा था। आपको ये झूठी रिश्तेदारी फैलाने का अधिकार किसने दिया?"

"हटाओ भी कन्या! चली आओ न!" अन्दर से सज्जन ने पुकारा।

बाहर, बड़ी अपनी खिड़की पर आ गई थी। विरहेश की आँखें वहाँ अटक गई थीं। वनकन्या की तेजी उसके आशिकाना रंग को बदरंग कर रही थी; हाथ जोड़कर बोला—"क्षमा चाहता हूँ देवी जी! मैं—मैं अपने दूसरे अमर गीत के मूड में था।...मेरा दूसरा अमर गीत मेरी पलकों के झरोखे में बैठा हुआ मेरी आँखों में समा रहा है।" विरहेश की स्वप्नभरी दृष्टि फिर बड़ी की खिड़की पर पहुँच गई। बड़ी, ओट में खड़ी, अपने घुँघराले प्रियतम को एक सुन्दर गोरी 'मुँहझौंसी' द्वारा फटकारे जाते देख सकपकाई-सी देख रही थी। वनकन्या विरहेश का बावलापन देख खीझकर लौट आई। उसके हटते ही विरहेश ने कन्या द्वारा खोला गया दरवाजा अपनी ओर खींच कर बन्द कर लिया।

बड़ी मैदान साफ देखकर खिड़की पर सामने आ गई। विरहेश का मुख-कमल खिल उठा। दोनों ओर से इशारेबाजियाँ होने लगीं—"अब रहा नहीं जाता; अब सहा नहीं जाता; हाय, क्या-क्या मजबूरियाँ हैं। कब मिलेंगे। हम जान दे देंगे।" आदि भावों की फुलझड़ियाँ दोनों ओर से छूटने लगीं। फिर आपसी मनावनी चलने लगी—"तुम अपनी हालत सँभालो। हाय, तुम्हारी ये दशा हमसे देखी नहीं जाती।" विरहेश ने अपनी जेब से एक पत्र निकालकर दिखलाया, बड़ी ने खिड़की से अपना खत हिलाया; फिर हाथ का इशारा कर खिड़की से हट गई। थोड़ी देर में विरहेश की चिरपरिचित थैली डोरी के सहारे धीरे-धीरे नीचे उतरने लगी। विरहेश और बड़ी ने दो-तीन बार इस थैली के सहारे पत्रों का आदान-प्रदान किया है। पिछली बार बड़ी को दिखा-दिखाकर विरहेश ने इस थैली को चूमा था, कलेजे से लगाया था, अपने पत्र में थैली पर कविता भी लिखी थी।

पत्र लेने के लिए विरहेश जीने की तरफ आया। उसी समय डॉ. शीला स्विंग और उनके पीछे-पीछे वर्मा आए। जब बड़ी का पत्र नीचे पहुँचा, तब डॉ. शीला छत पर आ चुकी थी। विरहेश के हाथ ने डोर थामी ही थी कि शीला ने उसका हाथ पकड़ लिया। विरहेश सकपका गया।

"ये क्या हो रहा था यहाँ?" डॉ. शीला ने दबंग आवाज में पूछा।

बड़ी वर्मा को देखकर पहले ही खिड़की से रफूचक्कर हो गई थी। विरहेश रंगे हाथों पकड़े जाकर हर तरह से मूढ़ हो गया था, उसके चेहरे पर पसीना झलक उठा, बोलती बन्द हो गई।

डॉ. शीला ने विरहेश को अक्सर देखा तो था, मगर वो इसे जानती न थी। थैली में कागज देखकर उसे निकालने लगी। विरहेश को कुछ न सूझा तो रोते हुए उनके पैरों पर गिर पड़ा—"सेव मी सर। आई एम योर सर्वेन्ट सर!"

छत पर शोर सुनकर सज्जन ने दरवाजे खोले—"हैलो शीला!" वर्मा ने भक्ति भाव से हाथ जोड़े। सज्जन ने सिर हिलाकर उत्तर दिया और विरहेश की ओर देखकर पूछा—"क्या माजरा है?"

रोते हुए विरहेश ने कहा—"इनसे मेरा अमर गीत दिलवा दीजिए, सज्जन भाई।"

डॉ. शीला थैली से कागज निकालकर पढ़ने लगी। रूलदार नोटबुक के चार पन्नों पर दोनों तरफ लिखा हुआ बड़ी का प्रेम पत्र शीला के लिए बड़ा मजेदार साबित हुआ, दूसरी-तीसरी पंक्ति पढ़ते ही वह खिलखिलाकर हँस पड़ी, सज्जन की ओर चिट्ठी बढ़ाते हुए बोली—"ये इनका अमर गीत देखो—"

वनकन्या बाहर आ गई थी, उस पर शीला का ध्यान गया; गौर करने लगी, सज्जन और कन्या के कपालों पर एक सी बिन्दी देखी, समझ गई। फौरन विरहेश और उसके पत्र को भूल कर हँसते हुए वह बोली—"आई एम श्योर, तुम्हीं मिस वनकन्या हो!"

विरहेश सज्जन से अपना पत्र माँग रहा था। सज्जन ने एक नजर डालते ही पत्र पढ़ना बन्द कर, त्यौरियाँ चढ़ा विरहेश से कहा—"तुम यहाँ ये सब करने आते हो जी? शरीफों के मुहल्ले में मुझको बदनाम कराओगे?"

वर्मा भी इस समय विरहेश को अच्छी नजरों से नहीं देख रहे थे। विरहेश ठंडी साँस लेकर बोला—"सज्जन भाई—"

"चुप रहो!" सज्जन ने डाँट बतलाई और बोला—"अब अगर यहाँ कभी दिखलाई भी पड़े तुग, तो याद रखना पुलिस के हवाले कर दूँगा तुम्हें। जाओ फौरन!"

"जाता हूँ! जाता हूँ!...पर मेरा पत्र तो दीजिए।"

सज्जन ने झटककर पत्र उसके मुँह पर फेंक दिया। वर्मा ने आगे बढ़कर उस पत्र को विरहेश से छीन लिया और उसे बीच से फाड़ते हुए बोला—"मुहल्ले की इज्जत इसके साथ जाना ठीक नहीं। चले जाओ यहाँ से!"

कुछ दिनों पहले भक्त के रूप में मिलने वाला भी इस समय विरहेश का अनादर करने का हौसला दिखला रहा था। विरहेश उसे घूरकर देखने लगा मानो फाड़ खाएगा।

कन्या और शीला बातें करती हुईं कमरे के अन्दर चली गई थीं।

वर्मा ने चालाकी से फटा हुआ पत्र अपनी जेब में रख लिया। विरहेश हारकर जाने लगा, जाते-जाते पलटकर जोश दिखलाते हुए सज्जन की तरफ देखकर बोला—"गरीबों का प्रेम भी ये पूँजीपति लोग सहन नहीं कर सकते। आप तो दरवाजे बन्द कर अपनी प्रियतमा के साथ हास-विलास करते—"

सज्जन ने घुड़कर उसकी ओर देखा। विरहेश चुपचाप नीचे उतर गया।

वर्मा ने सज्जन से भेद भरी आवाज में कहा—"इसका लव अफेयर शंकरलाल के यहाँ किसी से चल रहा है। यह खिड़की, जहाँ से पत्र गिराया गया, उसके बड़े भाई के कमरे की है।...आपकी बड़ी बदनामी हो जाती!"

सज्जन परिस्थिति की गम्भीरता का अनुभव कर रहा था, कहने लगा—"यहाँ इसका शिप्पा कैसे भिड़ गया, कुछ समझ में नहीं आता!"

कमरे में सज्जन के घुसते ही शीला ने हँसकर कहा—"यू रास्कल! कला के बहाने तुमने यहाँ प्रेम की दुकान खोल रखी है?"

सब लोग हँसने लगे। सज्जन ने कहा—"तो क्या तुम भी प्रेमी की लालच से यहाँ आई हो? कहो तो तुम्हारा नमूना लाकर पेश करूँ?"

वर्मा की उपस्थिति में शीला मनचाहा जवाब न दे सकी, उसकी बाँह पर घूँसा मारते हुए हँसने लगी; फिर कहा—"यहाँ एक पेशेंट देखने आई थी, इनकी वाइफ को। बातों में इन्होंने तुम्हारा जिक्र

कर दिया। मैंने सोचा कि इस मरीज के हाल भी पूछ आऊँ और मेरी खुशकिस्मती देखो, कि हाल के बजाय मुझे तुम्हारा मर्ज मुजस्सिम देखने को मिल गया।'' कहकर शीला ने प्यार भरी नजरों से कन्या की ओर देखा। कन्या झेंपकर हँसने लगी। सज्जन भी हँसने लगा।

''लो, लड्डू खाओ। ये महाबीर जी का प्रसाद लाई हैं।''

सज्जन ने शीला और वर्मा की तरफ दोना बढ़ाया। लड्डू उठाते हुए शीला पूछने जा रही थी कि सज्जन ने कहा—''इन्हें नौकरी मिल गई है।''

''गुड! कहाँ?''

''नवजीवन के एडिटोरियल स्टाफ में।'' कन्या ने उत्तर दिया और फिर पूछा—''मेरा ख्याल है, चाय तो हम सभी लोग पिएँगे।''

''मैं माफी चाहता हूँ।'' वर्मा ने हाथ जोड़कर कहा।

''क्यों?'' सज्जन ने पूछा।

''दुकान जाना है, बड़ी देर हो गई है।''

''ठीक है! ठीक है!'' शीला ने कहा—''एन्ड थैन्क यू वेरी मच फॉर टेकिंग सो मच ट्रबुल! और फिक्र मत कीजिएगा। अभी बीस-पच्चीस रोज कुछ नहीं होने वाला; मुमकिन है एक महीना भी घसीट ले जाए। आप भी महाबीर जी के लड्डू-वड्डू मान रखिए कि लड़का हो।''

वर्मा हँसने लगा, बोला—''वक्त आने दीजिए। आपके बँगले पर मिठाई लेकर हाजिर होंगे हम लोग।''

''थैंक्यू!'' शीला ने हाथ जोड़े। वर्मा सब को नमस्ते कर चला गया। शीला ने आजादी की एक साँस ली और बे तकल्लुफ होकर तकिए के सहारे लेट गई। स्टोव सुलगाती हुई कन्या की ओर देखकर सज्जन ने कहा—''दुर्जन! तुम नसीबवाले हो।...लाओ, एक लड्डू मेरे मुँह में और डाल दो।...लेकिन महिपाल तो मुझसे कहते थे कि मिस वनकन्या कम्युनिस्ट है।''

''हाँ भई, ये तो मैं भी तुमसे पूछनेवाला था कन्या, तुम ये सब मानती हो?'' सज्जन ने शीला के पास ही एक दूसरे तकिए का ढासना लगाकर आराम से टाँग फैलाकर बैठते हुए पूछा।

कन्या बोतल से दूध निकालकर पतीली को स्टोव पर चढ़ाती हुई एक पल चुप रही, फिर बोली—''मैंने कभी इस बात पर सीरियसली विचार तो नहीं किया कि ईश्वर है या नहीं; और विचार किया भी है तो किसी तर्क से ईश्वर को काट नहीं पाई। अच्छे बुरे समय में औरों की तरह वह मेरे मन का सहारा भी है।''

''ईश्वर तर्क की चीज नहीं!'' शीला ने कहा—''मेरा ख्याल है कि हर आदमी पूरी जिन्दगी में अपनी तमाम कारगुजारियों से ईश्वर का ही निर्माण करता है—''

''महिपाल भी यही कहा करता है।''

''तुम समझती हो कि मैं महिपाल से बहुत ज्यादा अलग होकर सोच सकती हूँ?''

''ग्रेट! इसी को कहते हैं प्रेम!'' सज्जन ने यह बात इस तरह से कही मानो कन्या को सुना रहा हो। कन्या के चेहरे पर किसी प्रकार की प्रतिक्रिया न झलकी।

शीला कहने लगी—''दुनिया से, खासतौर पर हमारे देश से ईश्वर नाम की चीज मिट जाए, यह मुझे नामुमकिन ही लगता है।''

''साइंस एक दिन जरूर इसका खुलासा करेगी। या तो इस धारणा को मजबूत बनाएगी—या फिर सदा के लिए खत्म कर देगी। अब हमने एटॉमिक-युग में कदम रखा है डॉक्टर। हम पृथ्वी को छोड़कर दूसरे ग्रहों में पहुँचने की बात सोचने लगे हैं, इस तरह क्या हम एक दिन ईश्वर की असलियत तक न पहुँच जाएँगे?'' कन्या ने बात पूरी कर एक नजर गर्म होते हुए दूध पर डाली, उबाल आने में जरा कसर थी।

"और उसके पहले ही कयामत आ गई तो?" सज्जन ने प्यार की नजर से कन्या की ओर देखते हुए पूछा।

"कयामत आ गई तब तो इन्साफ के दिन खुदा मियाँ को देख ही लेंगे सब लोग! उस दिन मैं तुम्हारे खिलाफ गवाही दूँगी दुर्जन! खुदा से कहूँगी कि इस शख्स ने एक गोरी, खूबसूरत, भोली-सी लड़की का दिल लूट लिया था!"

दूध में उबाल आ चुका था। कन्या ने उठकर साड़ी के पल्ले से पकड़कर गरम पतीली उतारकर जमीन पर रखी और केतली को सुराही से भरने चली। सुराही खाली थी। सज्जन उठकर बोला—"लाओ मैं भर लाऊँ।"

"नल कहाँ है?"

"नीचे।"

"तुम बैठो, मैं लिए आती हूँ।"

"तुम वहाँ कहाँ जाओगी? रिफ्यूजी लोग हैं, तुम्हें देखकर चौकेंगे।"

सुराही की गर्दन दोनों के हाथ में थी, दोनों की आँखों में रहस्यमयी आत्मीयता थी—सज्जन के मन से मुक्त धारा बह रही थी; कन्या लज्जा और संयम के कपाट जड़े खड़ी थी, रस उस कपाट की झिरियों से झर रहा था। वह बोली—"मैं क्या डरावनी लगती हूँ?"

"कम से कम मुझे तो डर लगता ही है!" मुस्कुराते हुए कहकर उसने सुराही ले ली और चला गया।

बेकार जलता हुआ स्टोव बुझा कर कन्या शीला के पास बैठ गई। शीला प्यार से उसका हाथ लेकर चूमती हुई बोली—"मैंने सपने में भी नहीं सोचा था कि तुम इतनी प्यारी हो! सज्जन खुशकिस्मत है, और तुम भी! बस, अब झटपट शादी कर लो तुम लोग। मुझे दावत खाने को मिले!"

"अभी मेरा इरादा नहीं।"

"क्यों?"

"आपका रिश्ता रोगियों से कितना रहता है?—सिर्फ फीस और विजिट का—हैं ना! मगर जो अपने घर के रोगियों की दिन-रात सेवा करते हैं, उनका नाता आप से ज्यादा गहरा होता है!"

"तुम्हारा मतलब है कि शादी तुम्हारे लिए गम्भीर चिन्ता की प्राब्लम है! सच कहना डार्लिंग, क्या तुम भी उन लोगों में से जो प्रेम को स्कूल का कोर्स समझकर इम्तहान पर इम्तहान पास करते हैं, और अन्त में सर्टीफिकेट लेकर शादी करते हैं? मुझे इस बेवकूफी के सिद्धान्त पर हँसी आती है। अरे, अपने ऊपर भरोसा रखो; जब एक दूसरे पर दिल आया है, और जब दोनों ही पढ़े-लिखे शरीफ और समझदार है, तो यकीन मानो, उम्र भर दोनों में प्रेम की गाँठ खुल नहीं सकती।"

"मैं इससे सहमत नहीं! और मुझे ताज्जुब है कि आप—"

"मुझे 'तुम' कहो प्यारी! सज्जन के रिश्ते से मुझे अनदेखे में भी तुमसे प्यार था, मगर अब तो उम्र भर के लिए मैं तुम्हारी हो गई। मैंने कहा न, मैं दिल की कोशिश में विश्वास रखती हूँ।"

सुराही लेकर सज्जन कमरे में दाखिल हुआ। कन्या ने फौरन उठकर उसके हाथ से सुराही ली और चाय के प्रबन्ध में जुट गई। सज्जन उसे मदद करने के बहाने उसके पास-पास रहा।

शीला ने सज्जन से कहा—"दुर्जन, औरत मर्द के रिश्ते को लेकर मैंने अपनी जिन्दगी से एक बात सीखी है—प्रेम थ्योरी नहीं, प्रैक्टिस है; जितना ज्यादा प्यार करो, रिश्ता उतना ही गहरा पैठता है; और रिश्ता जितना ही पुराना होता है उसमें रोज उतनी ही नई ताजगी आती है। तुम्हारा क्या ख्याल है?"

"मैं तुम्हारे ख्याल के साथ हूँ।" सज्जन ने जवाब शीला को दिया, बात कन्या को सुनाई; कहने लगा—"वाह, क्या बात कही है तुमने, लव इज नॉट थ्योरी बट प्रैक्टिस!"

शीला भाव में रम रही थी, फिर बोली—"दुर्जन, कल तक जिस बात में यकीन करती थी, आज वह झूठी साबित हो चुकी है।—औरत हो या मर्द—इनसान के लिए शादी करना बहुत जरूरी है। इससे यह होता है कि इनसान जिसे चाहता है, उसे हरदम अपने पास, अपने घर में, अपने कलेजे में छिपाकर रख तो सकता है। कोई उँगली उठाकर यह तो नहीं कह सकता कि यह 'तुम्हारा'—कानूनन तुम्हारा—नहीं है।"

शीला की आँखों में झलझला आ गया। सज्जन कन्या के पास सुखी गृहस्थ की तरह बैठा स्टोव की सूरजमुखी के फूल जैसी लौ और उसकी गूँज में अपने सुखद भविष्य की लौ लगा रहा था। कन्या शान्त गम्भीर बैठी केतली की तरफ नजर रखकर शीला की बातें सुन रही थी।

सज्जन ने शीला के आँसू न देखे, उसकी बात का उत्तर पाने के लिए कन्या के चेहरे पर आँखें गड़ा दीं, मानो हट कर रहा हो—"इधर देखो! मुझे देखो! जवाब दो!"

सहसा शीला ने पूछा—"अच्छा दुर्जन, ये जो अभी लव कांस्पिरेसी हम लोगों ने पकड़ी, इसमें दोनों शादीशुदा हैं?"

"विरहेश बाल-बच्चेवाला है। और इस घर में जो लड़की इससे प्रेम करती है—"

"वह भी कच्ची उम्र की नहीं है। इतना तो खत के मजमून से जाहिर है।...अच्छा दुर्जन, मैंने उसका खत पकड़कर अच्छा नहीं किया—यह मैं अब सोचती हूँ। उस वक्त देखा—दीवार के सहारे थैली का उतरना, उस बड़े बालोंवाले की सूरत पर खुशी और उतावली! सच मानो, जाहिरा तौर पर हँसते हुए भी मैं उस वक्त नफरत से भर गई थी; दिल को यकीन हो गया था कि यह गन्दा काम है।"

"वाकई गन्दा काम है! इस आदमी को बुरी तरह पीटना चाहिए था।" स्टोव बन्द करते हुए कन्या ने कहा।

"क्यों?" शीला ने इस तरह सँभलकर पूछा मानो उसे धक्का लगा हो। सज्जन खामोश निगाहों से कन्या को देखता रहा।

प्याले लेने के लिए खड़ी होती हुई कन्या बोली—"ये लोग प्रेम के पीछे नहीं, शारीरिक शौक के पीछे दीवाने हो रहे हैं।"

"तो इसमें बुराई ही क्या है?" शीला ने दबी जबान से पूछा, कन्या से अपनी नजरें बचाकर चाय के प्याले पर झुक गई।

कन्या ने जरा उत्तेजित भाव से कहा—"बुराई पूछती है! मैंने इस शौक को राक्षसी भूख बनकर अपने घर में दो जानें ले जाते हुए देखा है। इस शौक के भुलावे में पड़कर कितनी ही औरतों की जिन्दगी बरबाद होते देखी है।"

"यह बुराई तो सामाजिक व्यवस्था की है, डार्लिंग। तुम इनसान की इस कुदरती जरूरत को बुरा क्यों कहती हो?" कन्या शीला की इस बात का उत्तर देना ही चाहती थी कि उन्होंने जोर देकर अपनी बात और आगे बढ़ाई, बोली—"भूख भी इनसान की एक कुदरती जरूरत है, तुम किसी खाने के शौकीन को बुरा नहीं कहती।"

"डॉक्टर, तुम यह बात दिल से कह रही हो, या महज मेरी परीक्षा लेने के लिए?" कन्या ने यों तो यह बात बड़े ठंडे तरीके से पूछी, पर उसका हर शब्द राख ढँकी चिनगारी के समान था। सज्जन इन दो महिलाओं की बात सुनता हुआ चुपचाप चाय पी रहा था; कन्या जिस सत्य पक्ष का समर्थन कर रही थी वह सज्जन की जबान से सदा जाहिर होने वाली विचारधारा के अनुकूल था और शीला की बातें उसके दिल में छिपे घायल चोर की रक्षा कर रही थीं। उसका अपना चिन्तन दो विचारधाराओं की रस्साकशी में स्तब्ध था।

शीला भी कन्या के इस प्रश्न से ठिठक गई थी, सँभलकर उन्होंने फीकी हँसी के साथ प्रश्न का उत्तर प्रश्न में दिया, बोली—"अगर मैं कहूँ कि दिल से कह रही हूँ, तो?"

"तो मैं तुम्हें दिल से कभी न अपना सकूँगी!"

"इतनी नफरत?"

"मेरे पास यही पूँजी है।"

"कभी नहीं गँवाई?"

कन्या ने एक बार सज्जन की ओर देखा, फिर कहा—"इसका जवाब इस समय नहीं दूँगी।"

"जाने दो। पर एक बात बतलाओ डार्लिंग, इनसान की कमजोरियों के पीछे क्या सच्चाई नहीं होती? ये बड़े बालवाला जो अपने घर में बीवी, बच्चों के रहते हुए भी यहाँ एक औरत से प्रेम करने आया, क्या ये मुमकिन नहीं कि इसकी घरवाली बड़ी सती होकर भी फूहड़ और लड़ाकी हो और उसकी वजह से ये प्रेम का प्यासा—"

"तब भी मैं इसके साथ सहानुभूति नहीं करूँगी। ये अपनी भूख के लिए एक स्त्री का जीवन बिगाड़ने आया है!"

"मैं समझ गई, तुम्हारा खास एतराज यह है कि ऐसे लोग आज की समाजीगठन में औरतों को नुकसान पहुँचाते हैं। सच है; मगर मान लो, यह समाज बदल दिया जाए—"

"तब भी व्यभिचार के लिए गुंजाइश नहीं रहेगी।"

शीला सुनकर चुप हो गई। चाय का आखिरी घूँट पीकर उन्होंने प्याला रख दिया। कन्या गुनगुनी चाय के बड़े-बड़े घूँट पीने लगी। सज्जन हाथ में खाली प्याला लिए बैठा था, कन्या का ध्यान उधर गया, पूछा—"और चाहिए?"

सज्जन ने चुपचाप अपना प्याला बढ़ा दिया। शीला ने कहा—"कभी-कभी ऐसा भी हो जाता है कि...अब जैसे मान लो मैं शादीशुदा, बाल-बच्चोंवाली हूँ; मुझे अपने पति से प्रेम है; और मान लो कि यह सज्जन मेरी जिन्दगी में आता है, यह भी शादी-शुदा है; हम दोनों आपस में एक-दूसरे के गहरे दोस्त हो जाते हैं—ऐसी हालत में अगर हम दोनों एक-दूसरे से जिस्मानी—"

"मैं तुम दोनों से नफरत करूँगी!"

शीला हारकर कहने लगी—"तुम जिद्दी हो वनकन्या। नफरत बड़ी चीज नहीं। इनसान को उसकी अच्छाइयों और बुराइयों के साथ अपनाओ, प्यार करो। इन्सानियत औरत और मर्द के सतीपन से कहीं ज्यादा ऊँची चीज है!"

"हियर, हियर," ताली पीटते हुए सज्जन ने फिर कन्या की तरफ विनोद और बनावटी भय भरी दृष्टि डालकर कहा—"ये मत समझना कि मैं तुम्हारा विरोध कर रहा हूँ। मैं तो खाली इस बात की तारीफ कर रहा हूँ कि शीला इस समय इतने दर्द और तड़प के साथ विचारों की नई ऊँचाइयों पर पहुँच रही है, लेकिन तुम्हारे दर्द और तड़प की सब तरह से कद्र करते हुए भी मैं एक बात पूछूँ शीला, लैट् अस टेक हर फादर्स केस, तुम्हारा इन्सानियत का सिद्धान्त क्या उनको भी प्यार से अपना लेगा?"

शीला चारों ओर से घिर गई थी। उनके चेहरे पर थकान बोल रही थी। बड़ी करुणा भरी दृष्टि से उन्होंने सज्जन की ओर देखा और बोली—"गुनाह से भले ही नफरत करो सज्जन, लेकिन गुनाहगार को कलेजे से लगाए रखो—तुम्हारा प्रेम पाकर मुमकिन है कि वह किसी दिन अपनी गलतियों को सुधार ले!"

"मैं आपकी इस खोखली अहिंसा में विश्वास नहीं करती हूँ। धरती से पाप को खत्म करने के लिए पापियों का सिर काटना ही होगा!"

कन्या की तपती हुई बात ने दो पापियों को अपनी-अपनी तरह से दहला दिया। शीला अपने उर पर पर्दा डालने के लिए हँसते हुए सज्जन से कहने लगी—"दुर्जन, शादी हो जाने के बाद ये लड़की तुम्हें तोते की तरह पिंजड़े में रखेगी, याद रखना!"

कन्या हँसी, कहा—"अगर इन्हें पिंजड़े में बन्द करने की नौबत आई तो फिर शादी क्यों करूँगी!"

"लेकिन सज्जन वाकई वैसा सज्जन नहीं है जैसाकि तुम समझती हो। मैं इसे सोच-समझकर ही दुर्जन कहा करती हूँ।"

सज्जन को शीला की बात न भायी, पर उसने कुछ जवाब न दिया। कन्या बोली—"तुमने इन्हें कल तक देखा था, मैं इन्हें आज से देख रही हूँ। इनके बीते हुए कल को मैं देखना भी नहीं चाहती, लेकिन आने वाले कल में अगर इनकी तरफ से मुझे कोई आँच लगी तो..." अपने आवेग को रोकने के कठिन श्रम से भरी सर्दी में भी कन्या के चेहरे पर पसीना झलझला उठा।

सज्जन उसे देखकर सिहर उठा।

शीला ने अपना सिर झुका लिया। उनमें कन्या का तेज देखने की क्षमता बाकी न रह गई थी, गो इच्छा जरूर थी।

बातचीत का सिलसिला यहीं खत्म हो गया।

29

आज दिन भर कन्या के साथ रहकर सज्जन को कठिन मोर्चे पर लड़ना पड़ा है। सज्जन उससे पूरी तरह आतंकित हो उठा है; और जितना ही वह आतंकित हुआ, उतना ही उसके मन पर कन्या का सम्मोहन जाल फैला। दिन में शीला के चले जाने के बाद सज्जन ने उससे पूछा था—"मुझमें अगर बुराई देखोगी तो तुम क्या करोगी कन्या?"

"भाभी की तरह आग लगाकर मर जाऊँगी!"

सज्जन सहम गया, लड़खड़ाते हुए स्वर में उसने कहा—"तुम पागल हो—जरूर पागल हो!"

कन्या बोली—"औरों की बुराई देखकर उनसे लड़ना या दूर हट जाना मेरे लिए आसान है; मगर तुम्हारे वास्ते मेरे पास और कोई उपाय नहीं।"

"लेकिन मान लो—मान लो हमारी शादी न हो, हमारा ये रिश्ता टूट जाए?"

"शादी भले ही न हो, लेकिन रिश्ता नहीं टूट सकता।" कन्या की बात सज्जन के लिए पहेली बन गई। आँखों में रस बरसाकर हँसती हुई बोली—"रिश्ता मैंने बाँधा है, उसे रूप भले ही तुमने दिया हो। रूप को सँवारना तुम्हारे हाथ में है; मगर रिश्ते का निबाह तो मैं ही करूँगी, तुम नहीं।"

उसके बाद से कन्या दिन भर उस पर शासन करती रही। निश्चित समय पर वह उसको साथ लेकर कर्नल के पास आई। मथुरा से आए हुए महाशय को साथ लिया, वकील के पास गई और मैजिस्ट्रेट की कोठी पर जाकर अपनी स्वर्गीया भाभी का पत्र पेश कर दिया। मैजिस्ट्रेट ने उस पर तहकीकात करने का आश्वासन दिया।

मैजिस्ट्रेट की कोठी से निकलने के बाद जब कर्नल ने कन्या को मेहमान महाशय के साथ जाकर उनकी खरीद-फरोख्त में मदद पहुँचाने की ड्यूटी सौंपी, और कन्या चली गई, तब सज्जन को एक तरह से बड़ा आराम मिला। आज उसे मन ही मन इस बात का निश्चय हो गया था कि कन्या उसके जीवन से अब किसी प्रकार भी हट नहीं सकती और उसे यह विश्वास हो गया था कि वह उसे अपने अंकुश में रख कर चलाएगी—सज्जन को इसी बात की परेशानी थी, वह इसी से झुंझलाया जा रहा था। उसका मन उस जंगली के समान हो रहा था जिसे अभी-अभी पकड़कर बाँधा गया है। अनेक अनर्गल विद्रोह भरी बातें उसके मन में झड़ी बाँधकर आप ही आप उठती चली जाती थीं; वह उनसे—अपने आप से घबरा उठा था। सोचने लगा, वह पागल हो जाएगा।

सज्जन की कार गोमती किनारे, पागलों वाले बाबा के आश्रम पर ही जाकर रुकी। बाबा का पागलखाना एक अजब दृश्य उपस्थित करता था। पक्की बारहदरी में पास-पास आठ-दस चारपाइयाँ

बिछी हुई थीं। सामने फूस का छप्पर, उसके नीचे एक कोने में तीन लँगोटधारी युवक रसोई बना रहे थे। स्त्री रोगियों को छोड़कर और सब रोगी परिचालक बाबा की तरह ही लँगोटधारी थे; सिर सबके ही मुँडे हुए थे। दूसरे कोने में एक चक्की गड़ी हुई थी। बाहर खुले में वृद्ध साधु एक ऊनी स्वेटर पहने, कानों पर अँगोछा लपेटे दो-तीन लोगों से बातें कर रहे थे। एक मारवाड़ी युवक बारहदरी में बैठा गीता, पुराण आदि का हवाला देकर इस संसार को असार ठहराता हुआ इस प्रकार प्रवचन कर रहा था मानो उसके आगे हजार दो हजार की भीड़ श्रद्धा से बैठी सुन रही हो। एक ठिंगना बंगाली अपने साहब के साथ होने वाली अपनी तारीफ भरी बातें कहकर खुद ही खुश हो रहा था। एक पहलवान का पैर बारहदरी के खम्भे में जंजीर से बँधा था। वह अपने को छुड़ाने के प्रयत्न में जूझते हुए, सामने बैठे बाबा को एक साँस में सैकड़ों गालियाँ सुना, उन्हें कुश्ती लड़ने के लिए ताल ठोंक कर ललकार रहा था। दूसरे खम्भे में बँधा हुआ एक जंगल का ठेकेदार गालियों में पूरी तरह से साथ देता हुआ पहलवान को गम खाने के लिए समझा रहा था। ''ये बाबा साला पाकिस्तानी एजेंट है। रोज रात में इसका हवाई जहाज आता है। मेरा ढाई लाख रुपया ले गया। आज रात इस साले को कत्ल कर हम लोग हवाई जहाज में भाग चलेंगे। अभी चुप रहो।'' एक दुबला-पतला सिन्धी जवान अपनी चारपाई पर पालथी मारे, मुँह में पानी का घूँट भरे, गाल फुलाए हुए यों बैठा था मानो योग साध रहा हो। दो स्त्रियाँ बाल्टियों में गोमती से पानी भर-भरकर ला रही थीं। कैप्टेन राजेश की पगली पत्नी सो रही थी। इस समय उसके सिर के बाल भी मुँड़वा दिए गए थे।

तमाम शोर से बेलाग होकर बाबा आए हुए सज्जनों से बातें कर रहे थे। सज्जन के पहुँचते ही वृद्ध साधु उठकर इस तरह प्रसन्न होकर भेंटे, मानो अब तक उसी की प्रतीक्षा में बैठे थे। कहने लगे—''हमको करोड़ों का धन मिल गया रामजी, आप के आने से इतनी प्रिसन्नता भई है।'' फिर बैठे हुए लोगों से कहा—''यही रामजी सबेरे हमारी मदद को आए थे। इन्होंने ऐसा उसको अपनी बातों के नक्से में उतारा कि वह साथ ही साथ चली आई।''

सामने बैठे हुए पंडितजी बोले—''अरे उपकारी जीवों की कमी नहीं है महाराज! आप ही लोगों से तो धरती टिकी हुई है। आज बाजार में जब एक ने ये कहा कि उस स्त्री का कहना सत्य हो सकता है, बाबाजी उस पर किसी प्रकार का अनुचित—अरे, हमने कहा हम उन्हें अच्छी तरह से जानते हैं। ऐसे-ऐसे महात्मा—''

''हम सेवक हैं रामजी—न साधु, न सन्त, न बैरागी। हमारे गुरु ने हमको दो उपदेस दिए और गुरु दक्षिणा में दो बचन दिए। जो उपदेश में दिया, वही बचनों में लै लिया। उपदेस ये दिया कि जग को हमारा रूप समझकर हमारी सेवा करना; और हमारी सेवा में मरते दम तलक चूक न होय इसके लिए लँगोट कसै रहना। हम तो बस इत्तत्ता ही पढ़े हैं रामजी!''

एकाएक मुँह में कुल्ला भरे बैठा हुआ सिन्धी युवक तेजी से उठा, और दालान से बाहर मोरी तक आते-आते उसे वमन होने लगा, युवक उसी तरह ओकते हुए मोरी तक चला गया। उसके कपड़े खराब हुए, जगह-जगह फर्श खराब हुआ।

''धत्तेरे की राम भगतवा!'' कहते हुए बाबा तेजी से उठे। सज्जन उनकी कार्य-तत्परता को देखता रहा। पागलखाना उसके दिमाग पर छाने लगा—अजब समाँ है! किसी के घर में यदि एक पागल हो जाता है तो सँभालना मुश्किल पड़ता है; घर-भर की खोपड़ियाँ चौबीसों घंटे के लिए चिन्ता की खूँटी पर टँग जाती हैं। यहाँ दस-पन्द्रह पागलों के जमघट को बाँधकर वह वृद्ध साधु हर तरफ चौकस नजर रख, मार-पीट, चिल्लाना-बकना, 'बेटा-मुन्ना' करना, फुर्ती से इन्तजाम करना—यह सब करके जब अपनी चौकी पर आकर बैठा तो ऐसा लगा मानो वह उठकर कहीं गया ही नहीं था, उसने कुछ भी नहीं किया, उसे कोई चिन्ता नहीं, मगन होकर मुस्कुराने के लिए वह सदा मुक्त रहता है।

''आपकी क्या सेवा करूँ रामजी, चाह बनै ? भाँग-बूटी का सौक होय तो वो भी प्रिबन्ध हो सकता है।''

''मुझे केवल आपकी कृपा चाहिए।''

''पर चाह तो अवश्य पीजिए रामजी। आप आश्रम में पधारै और हमारी सेवा न लें—''

''सेवा हमें करनी चाहिए—''

''सेवा प्रित्येक मनुस्य को करनी चाहिए रामजी। अरे रमासंकर, चाह तौ चढ़ाओ बेटा। लौंग-इलाइची मसाला सब डारि देओ।...हमारा तो ऐसा विचार है रामजी कि मनुस्य के मन में जब तक सेवा भाव का लेशमात्र भी रहेगा तब वह निज सक्ति भरमति भ्रम होने से रोकता रहेगा।''

''आपकी यह बात मेरी समझ में नहीं आई।''

''सच्चा सेवक सदा सान्त चित्त और सतर्क रहता है। अपनी चूक होने पर भी वह सान्ति और तर्क नहीं खो सकता रामजी—इस बात का बस यही रहस्य है।''

सज्जन के मन को यह बात न भाई, उसने कहा—''आप सेवक होने पर क्यों जोर देते हैं ? मनुष्य अपना स्वामी क्यों न बने ?''

साधु हँसे, उत्तर दिया—''एक ही बात है रामजी। पूर्व आश्रम में हम मोटर मिकैनिक रहे। अन्त में मालिक की चाकरी से छूटकर विन्ध्यांचल में रम गए। त्रिकुटी में ध्यान साधा, निराहार रहे—जाने क्या-क्या अंट-संट किया। वहाँ एक महात्मा के दर्सन भए। तौन उन्होंने कहा कि ड्यूटी बजाना छोड़कर यहाँ क्या ढोंग करता है—जा सेवा कर। फिर हम क्या करते रामजी ? जिसको गुरु माना, उसकी आज्ञा भी तो माननी पड़ेगी। तो कहने का सारांश यह है कि अपनी ड्यूटी का पायबन्द हुए बिना कोई अपना स्वामी बन ही नहीं सकता, पर हमें तो अपने को आपका सेवक मानने में ही सन्तोष मिलता है—'आप रामजी हैं'।''

सज्जन को साधु की बातें उलझी हुई लगीं; फ़िर भी उनका व्यक्तित्व उसे अपनी ओर खींच रहा था और इसी आकर्षण के कारण उनके सिवा सिद्धान्त से विरोध रखते हुए भी उनका मन साथ ही साथ यह स्वीकार कर रहा था कि साधु के व्यक्तित्व का आकर्षण उनका सेवा-व्रत ही है। ''मैं''—सज्जन वर्मा—साधु-संन्यासियों के पास भला क्यों आता ? सेवा की महिमा मसीहा, विवेकानन्द, गांधी जैसे महापुरुषों के व्यक्तित्व से बढ़ी है। मगर सेवा करना कठिन व्रत है। सेवा...सज्जन के मन में अपने चार नौकरों, ड्राइवर, पुजारी, माली, बावर्ची, दीवानजी, क्लर्क, मुख्तारों और पहाड़ी चौकीदारों की सेवक-सेना नाच गई। एक व्यक्ति, जो अनेक व्यक्तियों से सेवा पाने का लक्ष्मीसिद्ध, जन्मसिद्ध अधिकारी रहा है, जिसके सामने सेवक सदा 'हुजूर, सरकार, माई-बाप, मालिक' आदि शब्दों की गुहार करते हुए आते हैं, और जो सदा उन्हें अपने से नीचा समझकर, उनके ऊपर रौब-दाब रखने और डाँटने-फटकारने का आदी रहा है—वह सेवा के आदर्श को इत्र की तरह सूँघकर आनन्दित भले ही हो ले, मगर सेवा के फूल को अपने हाथ में लेकर स्पर्श और गन्ध का आनन्द-साथ-साथ ग्रहण करना उसके वश के बाहर की बात है। सज्जन अपनी विवशता को पहचानकर सुखी न हुआ, उसकी खीझ बढ़ी। वह अपनी कामुकता से हारा है; अपने ही मुँह से बार-बार बखाने जाने वाले आदर्शों पर अमल करने की नैतिक शक्ति भी उसके पास नहीं। वह कितना पतित है ! बत्तीस बरस बीत गए, उसने अभी तक अपने आपको भी नहीं समझा। अब तक कितने इत्मीनान से, ठाठ से, जोशीली ईमानदारी के साथ वह अपने व्यक्तित्व के सारे विरोधों को एक गठरी में समेटकर निर्द्वन्द्व चला आया है—जो जी चाहा, किया, जो मन में आया, कह डाला—अब अपना होश अपनी ही तमन्नाओं को तमाचे मारता है।...तब क्या मैं बहुत बुरा आदमी हूँ। मैंने अब तक सब कुछ गलत ही गलत किया है ?''

''कुछ गलत नहीं किया रामजी। आरम्भ में आदमी गलत करके ही अनुभव पाता है हम आपबीती सुनावैं—''

अपने मन में चलने वाले प्रश्न का उत्तर सहसा साधु के मुँह से सुनकर सज्जन चौंक उठा। साधुजी आप बीती सुना रहे थे—"पहले जब हम मोटर कम्पनी में मिकैनिक रहे रामजी, उस काल में मोटरों का धन्धा इस देस में नया ही नया चला। मिस्त्रियों की कमी होने के कारण, उनकी पूछ बहुत थी, अंगरेज लोग बकसीस खूब देते रहे, तौन सब मिलाए के हमारी आमदनी दुई-ढाई सौ रुपए की थी। हम गँवई-गाँव के लड़के, इतना द्रव्य पाकर दर्प से कठोर हुइ गए। पचास-पचपन बरिस पहले दुइ-ढाई सौ रुपै की बड़ी कदर होती थी रामजी। धन मद में हम कोट-पतलून पहनने लगे; मजे से दोनों टैम कसरत-नियम, भाँग-बूटी, घी-दूध, रबड़ी-मलाई का सेवन चलने लगा। जो सौ-सवा सौ खाए-पी के बचै वह हम हर महीना पिताजी को भेज देते थे। सो खा-खा के मुटाए और उद्‌दंड हो गए। दुई बातें हमारे पास सदा से सच्ची थीं—एक तो अपनी ड्यूटी के हम बड़े पायबन्द थे, दूसरे लँगोट के बिसेस उतावले न थे। बदन कमाने का सौक था, सो सबसे अकड़ के चलते थे। एक बार एक आदमी से हमारी अदावत हो गई। उसने हमारे ऊपर एक बड़ा ऐब लगाया; मालिक से सिकाइत की कि मैं उनका पैसा खा जाता हूँ। इस मिथ्या कलंक से हमको बड़ा उद्वेग भया रामजी, बड़ा क्रोध आया। हम एक मोटर ट्रक ठीक कर रहे थे, साम को उसे ही टेस्टिंग के बहाने लेकर अपनी कोठरी पर आए; नियम आदि किए। उस दिन भाँग जरा बिसेस मात्रा में चढ़ाई; और अपना सैर करते-करते आधी रात में जाय के उसके फुटपाथ पर ट्रक चढ़ाए दी। वो मनुष्य चरपैया समेत कचर गया रामजी। हमने तेजी से दिवाल तोड़ते-फोड़ते फुल स्पीड में गाड़ी को छोड़ दिया और चक्कर काट-कूट के अन्त में अपने कारखाने पहुँचे। हमारा मालिक अंगरेज था, उसका बँगला भी उसी कम्पान में था। हमने साहब को जाकर सारा हाल उनसे सच्चा-सच्चा कह दिया। साहब हमारी ड्यूटी से बहुत खुस रहता था। वो बिचार में पड़ गया; फिर कहा कि अच्छा जाओ, तुमने हमसे जथार्थ वर्णन करिके सुन्दर काम किया है, हम तुम्हें बचाए लेंगे; बाकी हत्यारे को हम नौकर नहीं रखेंगे।...तो कहने का तात्पर्य ये है रामजी कि मूढ़ता में मनुष्य पहले अपनी गलतियों से अनुभव पाता है, परन्तु बाद में यदि सतर्क हुइके चेष्टा करै तो सद्भाव सद्‌गुणों से सद्अनुभव ग्रिहण करने की सकती संचय करता है।"

सज्जन के मन पर इस कहानी की अजीब प्रतिक्रिया हुई—उसके मन में निर्मम हत्यारे और सदय लोक सेवक के रूप में साधु के दो चरित्रों की टक्कर होने लगी। उसके प्रति अपनी श्रद्धा को न तो वह तोड़ ही पाता था और न उस पर स्थिर ही रहा जाता था। साधु के सामने उसे बड़ी उलझन महसूस हो रही थी, साधु फिर बोले—"उलझन बढ़ाने से बढ़ती है और घटाने से धीरे-धीरे मन के तार सुलझ जाते हैं।"

सज्जन फिर चौंका; साधुजी हँसे, कहने लगे—"आस्चर्य की कोई बात नहीं रामजी। गुसाईंजी के वचन सत्य हैं कि 'सकल पदारथ या जग माहीं, कर्महीन नर पावत नाहीं'।"

बैठे-बैठे सज्जन को नींद के तेज झोंके आने लगे। उसकी चिन्तन शक्ति बिखर रही थी। उसे सहसा ये महसूस होने लगा कि साधु की स्नेहमयी काली-काली पुतलियाँ उसके मन के प्रत्येक कोने में प्रवेश कर रही हैं—उनसे जैसे कुछ भी छिपा नहीं। सज्जन अनुभव कर रहा था कि उसका अस्तित्व लोप होता जा रहा है। साधु की पैनी स्नेहमयी दृष्टि उसके पर्दे-पर्दे पर पड़ रही थी। ऐसा लगता था कि वह अन्तरिक्ष की तरह भाग रहा है और साधु की दृष्टि सूर्यकिरण की तरह अन्तरिक्ष को पार कर आगे निकल जाती है। सज्जन के अहंकार ने हारकर भी हार मानने से इनकार कर दिया, परन्तु उस इनकार को वह अपना बल न दे सका; उसकी चिन्तन शक्ति बिखर रही थी; उसे बैठे-बैठे ही नींद का तेज झोंका आया—एक बार, दो बार—पलकें उठाना भारी पड़ गया। सज्जन अधीर हो चुका था; मिर्च-मसालेदार चाय बड़े मौके से उसके सामने आई।

डॉ. शीला स्विंग और महिपाल नाव पर चले जा रहे थे। साधु जी के एक शिष्य के साथ सज्जन एक मरीज द्वारा खराब की हुई दरी धोने आया था। साधु को दरी धोने के लिए जाते देख सज्जन ने अचानक आवेश में आकर दरी उनके हाथ से ले ली और धोने चला आया था। साधु के विनय-आग्रह को न मानकर जब उसने अपना हठ न छोड़ा तो उन्होंने एक शिष्य सहायता के लिए उसके पीछे-पीछे दौड़ा दिया। सज्जन इस समय अपने बड़प्पन, झेंप और घिन को कसे हुए सेवा के आवेश में था। वह मानो साधुजी को और सारे जग को यह दिखा देना चाहता था कि सज्जन वर्मा चाहने पर सब कुछ कर सकता है।

"हे! वाट आर यू डुइंग हियर!"—शीला की आवाज के साथ सज्जन की जानी-पहचानी दुनिया उसके मन में लौटकर आई—इतनी देर से वह एक निराले वातावरण में रम रहा था।

प्रेमियों की नैया किनारे से लगी। महिपाल ने हँसकर कहा—"अब आ गए बेटा अपने सही पेशे पर! धुलाई क्या मिलेगी मैंने कहा!"

"मन की खुशी!" सज्जन ने दार्शनिक दमक के साथ मुस्कराकर जवाब दिया; फिर पूछा—"इधर कहाँ जा रहे थे?"

"स्वर्गाश्रम।"

"अमाँ, स्वर्ग की ओर मत भागो। दुनिया देखो। आओ, तुम्हें एक अजीब नजारा दिखलाऊँगा।" कहते हुए साधु के शिष्य के साथ दरी निचोड़ने लगा।

"बस, कीजिए बाबूजी। अब निचुड़ गई।" शिष्य बजरंगी दरी का दूसरा छोर सज्जन के हाथ से लेने के लिए आगे बढ़ा।

"ये किसकी दरी धोने आए थे?" शीला ने फिर पूछा। अभी तक वे दोनों नाव पर ही बैठे थे।

बजरंगी दरी लेकर चला गया; अपने घुटनों तक चढ़े पाजामे को नीचे गिराते हुए सज्जन ने सिर झुकाकर अपनी झेंप को कसा और फिर शीला के प्रश्न का उत्तर महिपाल को देते हुए उससे हठपूर्वक नजरें लड़ाने लगा। उसने कहा—"यहाँ एक छोटा-सा पागलखाना है। एक साधु उनकी सेवा-इलाज वगैरा करते हैं। आज सबेरे अचानक इनसे भेंट हो गई। साधुजी से मिलकर तुम खुश हो जाओगे—ऐसी सरल और इम्प्रेसिव पर्सनालिटी मैंने पहले कभी नहीं देखी।"

शीला का मन नहीं था कि महिपाल कहीं जाए। वह आज हठ ठानकर, अपने मतलब और विजिटों को कैंसिल करके उसे अपने साथ घुमाने लाई है; इस तरह मानो वह अपनी और महिपाल की बदनामी का जवाब देने बाहर निकली है। वह महिपाल से अलग नहीं होना चाहती थी।

उसी समय साधुजी के साथ महिपाल और सज्जन की जानी-पहचानी सूरतें घाट की तरफ आती दिखलाई दीं।

महिपाल ने एक बार उस साधु से ज्यादा किसान लगने वाले व्यक्ति को ध्यान से देखा, फिर उनके साथियों को देखकर कहा—"अब तो हम फँस गए डॉक्टर। साहित्यिक यमदूत आ रहे हैं।"

शीला ने झुँझलाकर उत्तर दिया—"तो जाओ। मैं जाती हूँ।"

साधु के साथ अमृतलाल नागर, पत्रकार रुद्रनारायण शुक्ल और ज्ञानचन्द जैन घाट के निकट आ गए थे। दोनों ओर से नमस्कार हुआ। नाव से उठते हुए महिपाल ने कहा—"अगर एतराज न हो तो थोड़ी देर—"

"नहीं! मैं इस वक्त लोगों से मिलने-जुलने के मूड में नहीं हूँ।"

"तब फिर तुम घर चलो। मैं घंटे डेढ़ घंटे में आता हूँ। खाना तुम्हारे साथ ही खाऊँगा।"

"नमस्कार!" नागर की आवाज आई।

नमस्कार करता हुआ महिपाल नाव से उतर गया। शीला की नाव लौट चली।

"कहो बन्धु, क्या हाल है? बहुत दिनों बाद भेंट हुई।"

घाट पर छप्पर के नीचे महफिल जुड़ गई। भाँग-बूटी का साहित्यिक आयोजन होने लगा।

इस सर्दी में भी, सज्जन ने देखा, आठ-दस लोग गोमती में स्नान कर रहे थे। एक जगह रेत में उलटी पतवारें गाड़कर धोती सुखाई गई थी। दो और घटवालों के यहाँ भी भाँग-पार्टियाँ जमी हुई थीं। एक अधेड़ व्यक्ति ने बड़ी मस्ती के साथ हाथ बढ़ा-बढ़ाकर कवित्त कहना आरम्भ किया—

धरी जब बाहीं तब करी तुम 'नाहीं',
पाँय दियौ पलिकाही 'नाहीं-नाहीं' कै सुहाई हौ।
बोतल में नाहीं, पट खोलत में नाहीं,
कबि दूलह, उछाही लाख भाँति लहाई हौ॥
चुम्बन में नाहीं, परिरम्भन में नाहीं,
सब आसन बिलासन में नाहीं ठीक ठाई हौ।
मेलि गलबाँहीं, केलि कीन्ही चित चाही, यह
'हाँ' ते भली 'नाहीं' सो कहाँ तो सीखि आई हौ॥
धरी जब बाहीं...

"अरे वा' गुरु जियौ। वा महादेव गुरु, कइस रंगीन नक्सा खीचे हौ॥"

महिपाल बोला—"यार नागर, तुम्हारी तरफ ये पुराने जीवन के चित्र अभी देखने को मिल जाते हैं, इससे चित्त प्रसन्न हो जाता है। हजरतगंज, अमीनाबाद तो अब बिलकुल अल्ट्रामॉडर्न हो गया है।"

नागर ने कहा—"इरादा क्या है, जमाने की सुई पीछे ले जाना चाहते हो?"

"जमाने की सुई को भला कौन पीछे लै जाएगा रामजी, पर आगे बढ़नेवाला पीछे के जमाने को कभी छोड़ नहीं सकता, ये बात सच है। बुद्धिमान वही है जो पिछले अनुभवों की गठरी लैके आगे बढ़े।"

"बात तो ठीक है महाराज, पर आज के युग में बुद्धिमत्ता दिखलाई ही कहाँ देती है? आए दिन इकन्नी-इकन्नी के पीछे तो हत्याएँ होती हैं, अरबों रुपए और बेशकीमत दिमाग खर्च कर दुनिया को मिस्मार करने के लिए बम बनाए जाते हैं; अदना आदमी से लेकर महान् राष्ट्रों तक हर कोई किसी न किसी का नाश करने की नीयत रखता है।—बुद्धि को पूछता ही कौन है आजकल?" महिपाल ने इस तरह से मुँह बनाकर कहा मानो किसी महान् सत्य का उद्घाटन कर रहा हो।

सज्जन बोला—"तुम हमेशा ही दूसरे की सच बात को भी उलटकर अपनी टेक रखते हो। मगर क्या यह जरूरी है कि—।"

एक अपरिचित साधु और परिचित साहित्यिक समुदाय के सामने सज्जन का रिमार्क महिपाल को बुरी तरह खल गया। उसे सज्जन पर बड़ा क्रोध आया, तमक कर बोला—"क्या तुम मेरी इस बात को असत्य सिद्ध कर सकते हो? मनुष्य इतने खून, बलात्कार और अनाचार करके क्या अपने निर्माण की ओर अग्रसर हो रहा है? बुद्धिमत्ता का परिचय दे रहा है?"

सज्जन ने जवाब में कुछ कहना चाहा, परन्तु महिपाल ने अपनी बात को ऊपर रखते हुए उसे मुँह खोलने का मौका न दिया, कहने लगा—"खुद तुम्हारे शहर में इतने हत्याकांड हुए हैं कि कहीं और की नजीर देने की जरूरत नहीं। साल भर के अन्दर कितनी वारदातें हुई हैं। चौपटियों में दिन-दहाड़े वह सुनार मारा गया, यहीं चौक में वो धनी विधवा, क्या नाम है कि—खैर—वो मारी गई, अभी नरही में दो हत्याएँ हुईं, ये पिछली इकत्तीस को कान्यकुब्ज कॉलेज के पास जवान औरत की लाश मिली—"

"उसके सम्बन्ध में तो आज पेपर में आया है।" रुद्रनारायण शुक्ल ने कहा—"उसका नाम निर्मला दत्ता था। यहीं के एक गर्ल्स स्कूल की अध्यापिका थी।"

"पर उसने तो आत्महत्या की है।" नागर बोले।

"हत्या हो या आत्महत्या, प्रश्न तो यह है कि मनुष्य आज विनाश की ओर दौड़ रहा है।" महिपाल ने कहा।

"जथार्थ है रामजी, पर हम आपकी इस बात से सविनय असहमत हैं कि मनुष्य सर्वथा बिनास की ओर जा रहा है। हमारा विचार तो ये कहता है कि आज का जुग तो बुद्धि और विज्ञान का है और विज्ञानी बहुत दिनों तक अन्धी दौड़ नहीं लगा सकता रामजी। जो विज्ञानी है वो सत्य से बहुत अलग रह ही नहीं सकता।"

"पर आज तो वह सत्य से दूर ही जा रहा है।" महिपाल ने कहा—"पेपर उठाकर देखिए; दुनिया की राजनैतिक परिस्थितियाँ तीसरे महायुद्ध की चेतावनी दे रही हैं। मिस्र को अंग्रेज दबोच लेना चाहते हैं, कोरिया शक्तिशाली राष्ट्रों के अहंकार से पिसता चला जा रहा है। पाकिस्तान-हिन्दुस्तान—"

"जब जुग परिवर्तन होता है तब सदा पाप और पुण्य बड़ी तीव्रता से अपनी चरम सीमा पर पहुँच जाते हैं। आप तो विद्वान् हैं रामजी, सब जानते ही हैं—असत्य, अधर्म कितनौ प्रिबल क्यों न हुई जाएँ, अन्त में विजय सत्य और धर्म की होती है।"

महिपाल ने उत्तर न दिया। उसे इस समय अपनी कुंठा और सज्जन के प्रति क्रोध आ रहा था। साधु और सज्जन की अवज्ञा करते हुए बात बदलकर उसने रुद्रनारायण से कहा—"गुरु, विजया तनुकु—हाँ—"

"खूब चकाचक रही मित्र! अइसी कि घर के जाने मर गए, और आप नशे के बीच! सवेरे—"

"फेर छनेगी भंग!" साधुजी ने बच्चों की तरह उल्लसित होकर वाक्य पूरा किया।

रुद्रनारायण ने सज्जन से पूछा—"मिस्टर वर्मा, आपका तो कभी इस सिद्धि से साबिका नहीं पड़ा होगा?"

"होली के दिन तो करीब-करीब हर साल ही चखने का गुनाह किया है। मगर मैं इसे रंलिश नहीं कर पाता। बड़ा प्रिमिटिव नशा है।"

महिपाल बोला—"आनन्द तो मैं हर हर प्रकार के नशे का ले लेता हूँ। पर जो लुत्फ ह्विस्की में पाया, वह कहीं नहीं मिला!"

"नसा कोई भी हो रामजी, सच्चा आनन्द नहीं दे सकता। हमको तो दोनों प्रिकार का अनुभव है। सच्चा नसा किसी व्यक्ति अथवा वस्तु की लगन में होता है।"

"इसमें तो कोई सन्देह नहीं, परन्तु औसत मनुष्य पर हर समय एक लगन में नहीं रह सकता। मेरा ख्याल है कि कोई न कोई अमल करने की वृत्ति मनुष्य में सदा बनी ही रहेगी।" नागर ने कहा।

"आप क्या इसके आदी हैं नागरजी?" सज्जन ने पूछा।

"हाँ भई, एक तरह से। और असल बात तो यह है कि पहले साहित्यिक समुदाय का यह रिवाज ही था, जहाँ चार जने बैठे नशा-पानी होने लगा। अजब-अजब सनकों के दौर से हमारी पीढ़ी गुजरी है। नशा और वेश्या किसी समय में भद्र समाज का फैशन माना जाता था।"

"अमाँ कुछ भी कह लो", महिपाल ने कहा—"मगर हम ये जरूर कहेंगे कि पहले का आदमी बहुत मस्त था। वह आनन्द लेना जानता था।"

"मस्त नहीं, बदमस्त कहो!" नागर बोले—"मेरा तो ऐसा ख्याल है कि आज का आदमी पहले के लोगों से कहीं ज्यादा खुला दिल रखता है। पहले के आदमी बहुत घुन्ने होते थे।"

"हम आपकी बात से सहमत हैं रामजी, आज का जुग ही मनुष्य के हृदय को व्यापक बनाता है। अब आप ये समझिए कि पहले के लोग अधिकांस में जो जहाँ रहते थे वहीं जन्म-जिन्दगी बिताकर मर खप जाते थे। उनकी दुनिया बहुत छोटी रही। हाँ ये बात अवस्य थी कि खाने-पीने से लोग सन्तुष्ट थे। अब आप ये समझिए कि गाँवों में तो खैर किसी प्रकार की चिन्ता ही नहीं थी,

सहरों में उस समय पन्द्रह-सोलह सेर का गेहूँ, बीस-पच्चीस सेर की दालें, डेढ़-दुइ सेर तक का घी, सोलह सेर का दूध मिलता था—सो थोड़ी कमाई में भी मौज रहती थी। बस, छानना-फूँकना, एक-दूसरे की निन्दा करना, यही सब उन लोगों का काम था। अब ज्ञान साधन के अनेक उपाय जनसाधारण को सुलभ हैं। मनुष्य को जात्रा-देसाटन करने का बिसेस अवसर मिलता है। अब आप ये समझिए कि गाँवों तक में, जहाँ अब भी निपट मूर्ख बसते हैं, उनमें भी नई चेतना का अंस थोड़ा बहुत प्रिगट हुई चुका है।''

महिपाल उत्तेजित होकर कहने लगा—''किस काम की वह चेतना जो मनुष्य को चैन नहीं लेनी देती है! वह बुद्धि और विज्ञान का चमत्कार भी किस काम का जो मनुष्य की समस्याओं को घटाने के बजाय बढ़ाता ही चला जा रहा है। बाहरी देखावे में आज का इनसान भले ही नूतन लगता हो परन्तु उसकी चेतना आदिम युग के जंगली इनसानों से भी अधिक लुप्त है।''

''जब जुग परिवर्तन होता है तब सदा यही होता आया है और आगे भी होता रहेगा। हम एक द्रिस्टान्त दें रामजी, दिवाली में जब घर की सफाई होती है तब घर की चीज-वस्तु सबकी ब्यिवस्था बिगड़ जाती है। सन्दूक कहीं रखे हैं, खाट कहीं रखे हैं, ऐसे ही होता है। फिर जब सफाई रँगाई हो जाती है तो घिरस्ती का सामान नए सिरे से फिर ब्यिबस्थित हो जाता है, बल्कि कूड़ा-कचरा निकल जाने से नई वस्तुओं का संग्रह करने के लिए भी स्थान निकल आता है। ऐसे ही आज के युग में भी हुइ रहा है रामजी। मनुस्य इस समय अपने मन के महल की सफाई कर रहा है। जब ये पूरी हुइ जाएगी तब देखिएगा।''

''वाह! आपका विश्वास तो हम सबसे भी अधिक दृढ़ है!'' रुद्र नारायण बोले—''हम अपने को नई चेतना के अग्रदूत कहकर भी क्षणिक भावनाओं में फँसकर मनुष्य के भविष्य से निराश हो जाते हैं।''

''इस समय वैसा ही समुद्र-मंथन हुइ रहा है रामजी, जैसा कि पुराणों में लिखा है। दैबी और आसुरी बिचारधारा मन-समुद्र को मथ रही हैं। जो अनुभव हैं, वही रत्न हैं। भावना ही अमृत है और विष भी है। वही लक्ष्मी है और रम्भा भी। मन ही उच्चैस्रवा घोड़े के समान आत्मा की अति चंचल सवारी है। और वही ऐरावत हाथी के समान गुरु गम्भीर सवारी भी है। आत्मा ही, ब्रिह्मा-विष्णु और महेस है। ब्रिह्मा के रूप में वह अनुभव की सृष्टि करता है, विष्णु के रूप में वह अपनी सृष्टि की श्री को ग्रिहण करता है, और सिव के रूप में निस्काम जोगी बन सर्जन और पालन के अहंकार का नाश करता है, तथा सृष्टि और उसकी श्री को सदा एक रूप बनाकर अपने में लय किए रहता है। सो हम तो आत्मा के सिव रूप में श्रद्धा रखते हैं रामजी, हमारा ये अटल बिस्वास है कि इस मन मंथन से बिज्ञान के जो अनुपम रत्न निकल रहे हैं, मानवतावाद का व्यापक प्रचार हुइके चेतना का जो अमृत निकलेगा वह समस्त लोक को मिलेगा। और जौन ये स्वार्थपरता, अनाचार को कालकूट निकल रहा है तौन नीलकंठ परम सेवक हैं, वो अपनी ड्यूटी बजाने से कभी नहीं चूकते।''

आस्तिक शिव भक्त महिपाल साधु की महा भावना के वशीभूत हुआ; साथ ही उसका अहंकार थकान की जंजीरों में जकड़ा हुआ तड़पा, गरजने लगा। इस साहित्यिक गोष्ठी में जो बातें उसके मुँह से शोभा पाने के योग्य थीं वह पराए मुख से आ रही थीं। इस अभाव से घिरकर वह अपनी ही आस्था का विरोध करने की स्थिति में आ गया; तीखे विद्रोह भरे स्वर में उसने प्रश्न किया—''आपने शिव का साक्षात्कार किया है? किसी ने किया हो तो वैज्ञानिक रूप में सिद्ध करे। ये अंट-संट अन्ध-विश्वास नए युग में नहीं चलेगा। भारत इन खोखले आध्यात्मिक प्रतीकों से हजारों साल तक ठगा जा चुका है। नया युग ईश्वर रूपी असत्य को सदा के लिए जड़मूल से उखाड़ फेकेंगा। ''ईश्वर! ईश्वर! ईश्वर!— '' महिपाल आवेश में बोलता चला गया—''ईश्वर है क्या?'' कोरा भय, और उसकी माया है घोर अन्धकार। ईश्वर के चरणों में लुक-छिपकर जान बचानेवाली वृत्ति

और उसके कुसंस्कारों से जकड़कर ही जनजीवन आज तक अविकसित रह गया। पंगु अहंकार ने अपने अविकास को भी ईश्वरीय मर्यादा देकर सुशोभित और सुसज्जित किया। धर्म-कर्म दुनियादारी, आबरू लोक-लाज, जग-हँसाई आदि खुराफात मान्यताओं को इसी साले ईश्वर और धर्म के नाम पर समाज में प्रतिष्ठित किया गया है। लुक-छिपकर चाहे जो करो, पैसेवाले हो तो चाहे सो पाप करो, बस दुनियादारी निबाह लो; आबरू-लोक-लाज और जग-हँसाई की ओर से अपनी किलेबन्दी पुख्ता रखो।...बेईमान ससरे! ईश्वर पूँजीपतियों का सबसे बड़ा सहायक और लोकघातक ढकोसला है। इसके नाम पर मनुष्य आज तक गुलाम बनाकर रखा गया है।''

महिपाल का यह प्रलाप सबको ही बुरी तरह अखरने वाला लगा। सज्जन को खासतौर पर महिपाल की अभद्रता बड़ी ही घृणास्पद लग रही थी। वह बोला—''ईश्वर क्या है, कौन है? यह तो मैं नहीं जानता। लेकिन मनोवैज्ञानिक पहलू से यह जरूर सोचता हूँ कि इनसान के स्वभाव की गढ़न में ईश्वर भीरुता का बीज किसी न किसी अंश तक उसके इन्सटिंक्ट को सही तौर पर गाइड किया करता है।''

नागर बोले—''बहुत से ऐसे हैं महिपाल, जो गुलामी की भावना को, या किसी भी प्रकार के भय को ईश्वर मानने से इनकार करते हैं। अलक्षित परम् शक्ति की ओर से एक बार नाता जुड़ जाने पर इनसान के मन में ज्ञानोपार्जन की वृत्ति आप ही आप खुलकर काम करने लगती है। मैं ईश्वर और ज्ञान में कोई भेद नहीं मानता हूँ।'' कहते हुए साधु की तरफ देखकर उनसे पूछा—''आपका क्या विचार है प्रभु?''

साधु हँसने लगे, बोले—''हम तो आपको देखते हैं रामजी। जहाँ तक जीव दिखाई पड़ते हैं वहाँ तक रामजी भी दिखाई देते हैं। बाकी, कोई राम ऊपर आकास में हैं कि नीचे पाताल में हैं, मोरमुकुट पहनते हैं या अब नई पोजीसन का कोट-पतलून पहनने लगे—ई तो जब देखेंगे जब कहेंगे।''

''आपको विश्वास है कि ईश्वर को देख लेंगे?'' महिपाल ने हठ के साथ फिर प्रश्न किया।

साधु बोले—''इच्छा तो है रामजी, और प्रियत्न भी है। अब मिलेगा तो मिलेगा, नहीं खड्डे में जाए। बाकी हमें अब भी सन्तोस है कि घट-घट व्यापी राम को देख लेते हैं। आइए, रामजी, मालिस कर दूँ आपकी। बहुत थके भए प्रितीत होते हैं आप। जब तलक भाँग-बूटी छनती है, मालिस करा लीजिए। फिर निबटि के अस्नान कर लीजिएगा, आनन्द आ जाएगा।''

सुनकर इच्छा जागने पर भी महिपाल ने प्रस्ताव की उपेक्षा करते हुए कहा—''नहीं, मालिश-वालिश नहीं करवाऊँगा।''

''क्यों?''

''अरे, ये कोई वक्त है? कहीं सदी-वर्दी लग गई।''

''सर्दी कहाँ लगेगी? मालिस होते ही दुसाले की गर्मी आपको लगने लगेगी। और फिर आप तो कसरती आदमी हैं।''

''यही नहीं, इनका साहित्य भी कसरती है बाबाजी—हें-हें-हें-हें। ज्ञानचन्द ने बादाम फोड़ते हुए मजाक किया।

महिपाल ने बुरा मानकर जवाब दिया—''तन्दुरुस्ती आज के जमाने में शिकायत की वस्तु हो गई है। उसी तरह जैसे नकटों के गाँव में नाक रखना शिकायत है।''

''आप तो अपनी ही प्रशंसा का बुरा मान गए महिपाल जी—हें-हें-हें—!'' मेरा आशय वही है जो, क्या नाम के, आपके श्रीमुख से उच्चरित हुआ। हें-हें—हें-हें, हें-हें!''

लोगों के चेहरे पर मुस्कान देखकर महिपाल झेंप गया।

नागर ने साधुजी से कहा—''ये बड़े नामी लेखक हैं, प्रभु। बहुत सुन्दर लिखते हैं।''

"सो तो आपके चेहरे से प्रिगट हुइ रहा है, रामजी। आत्मा का तेज मनुष्य के नेत्रों में जथासक्ति झलकता है। मैं इतनी देर से इन्हीं के विचारों को आप रामजी लोगों के समच्छ प्रिगट कर रहा था। क्यों न रामजी, मैं कुछ झूठ कहता हूँ?"

महिपाल की आँखें साधु की दृष्टि से मिलीं, और फिर आधे मिनट तक टकटकी बँधी रही। साधुजी की बात सच थी, और यह सच उन्होंने इस समय जुटी हुई साहित्यिक गोष्ठी के सामने प्रकट कर मानो उसकी प्रतिभा को जग-जाहिर किया था। मानो उसका छीना हुआ अधिकार उसे वापिस लौटाया था। खीझ की आड़ में सिसकते हुए मन से महिपाल साधु की ओर अधिक न देख सका। उसकी आँखें झुक गईं।

साधु ने मुस्कुराते हुए कहा—"मालिस कराए लेओ, रामजी; सब थकान दूर हुइ जाएगी। हमारी सेवा से आपको सन्तोस मिलेगा।"

रात भर का थका, जागा महिपाल संकोच करता हुआ बोला—"अरे, आप एक तो वृद्ध, दूसरे साधु—"

"न हम वृद्ध और न साधु। हम तौ जवान है और आपके सेवक हैं रामजी।" कहकर साधु फुर्ती से उठे। नागर ने कहा—आप यहीं बैठिए। मैं लिए आता हूँ।" साधु ठहर गए। बोले—"अच्छा...परन्तु लाइएगा क्या?"

"स्नेह।" नागर ने जवाब दिया, और हँसकर चले गए।

सज्जन को महिपाल पर बड़ा क्रोध आ रहा था। इसे एक बुजुर्ग से सेवा कराते हुए शर्म नहीं आती।

"रामसरन, तनी, सुरतिया कटै दे एक बार।" घाट वाले से कहकर सज्जन की ओर देखते हुए बाबा बोले—"रामजी, थके हुए, रोगी, पीड़ित जीवों की सेवा कराने में कोई संकोच नहीं करना चाहिए। यह उनका अधिकार है। आज मैं इनकी निस्काम सेवा कर रहा हूँ, तो कल यह भी स्वस्थ के दूसरे पीड़ितों की निस्काम सेवा करेंगे। प्रत्येक मनुष्य को सिव संकल्प का सेवक होना चाहिए। अपने इस प्राकृतिक गुण को ग्रिहण न करने वाला व्यक्ति सदा भ्रमित मति का रहेगा, रामजी—हमारे इस अनुभव को आप नोट कर लीजिए।"

बात सज्जन और महिपाल दोनों के मन में ही ठीक-ठिकाने जाकर बैठी।—सज्जन के मन में लज्जा बनकर, महिपाल के मन में एक पूर्व परिचित चेतना का साक्षात्कार बनकर।

भाँग घोटते-घोटते अपने बलिष्ठ भुजकन्धों को मशीनी क्रिया करने से रोककर साँवले ललाट पर झुक आए बालों को ऊपर झटकारते हुए रुद्रनारायण ने कहा—"हमारे, यहाँ शिव संकल्प भी अद्‌भुत है। अभी कुछ दिन पहले, मैंने वासुदेवशरणजी का एक निबन्ध पढ़ा था, 'कल्पवृक्ष'। उसमें उन्होंने शिव संकल्प की सुन्दर विवेचना की है। दीर्घ आयु, अमृतजीवन, स्वास्थ्य और वह क्या कहते हैं के, अर्जित प्राण-शक्ति, निर्विकार इन्द्रिय धारणा, निश्चल धृति, मन-शान्ति, यह सब उपयोगी भाव आटो सजेशन (बाबा की ओर देखते हुए) यानी—यानी मानसिक संकल्पों से सिद्ध किए जा सकते हैं।"

महिपाल भावावेश में हाथ उठाकर बोल उठा—"ओउम् क्रतो स्मर, कृतं स्मर क्रतो स्मर, कृते स्मर।—अर्थात् संकल्प का स्मरण करो। फिर कर्म का स्मरण करो। कितना सोचा था, कितना कर पाया!...वाह, वाह, कैसा अनूठा सत्य हमारे पुरखे बोल गए हैं।"

"पुरखों की बोली ही कब तक बोलते रहोगे, रामजी? अरे, यही हिसाब-किताब तो हर पीढ़ी के साथ चलता आया है। और जाने कित्ते परिवर्तन हुए होंगे इन हजारन बरसों में! अरे, जब हमारे जीवन के चौहत्तर-पिछत्तर बरिस में दुनिया इतनी बदल गई तब पिछले जमानों में क्या दुनिया बदली न होएगी? रामजी, आपका मन भी सेवा चाहता है। सेवा करना—और सेवा लेना दोनों ही मनुस्य के जन्म-सिद्ध अधिकार हैं और सेवा इसी सिव संकल्प की ही हो सकती है। अपनी नस-नस,

एक–एक मसिल पुट्ठे में प्राणों का तेज दमकाओ। हम तो आपको अपने मन का आदर्स बतलाते हैं रामजी, कि सरीर को इत्ता कमाओ कि दूर से देख के कोई कहे यह लोहे–फौलाद का सरीर है—हाड़–चाम का नहीं। ऐसी तो सरीर की सेवा हो और मन ऐसा कमाओ कि तुम्हारी नजर के इसारे पर अपने महावेग से दौड़ने को प्रिस्तुत हुइ जाए।''

सुरती बाबाजी की चुटकी में पहुँच चुकी थी। विनयी और प्रसन्नमुख पंडित राम सरन हाथ में सुरती लिए चारों ओर घूमे; महिपाल और रुद्रनारायण शुक्ल दो ही इसके शौकीन निकले। तीसरे शौकीन सामने से नागर चले आ रहे थे, मगर दूर थे।

''जै सियाराम'' कहकर सुरती मुँह में डाल, उसे होंठ तले व्यवस्थित कर, एक बार उसकी थुक्का–फजीहत कर अपनी बात को नए उत्साह से आगे बढ़ाया—''दोहे का प्रिमान है। रामजी कि—

मन लोभी मन लालची मन कामी मन चोर।
मन के मत चलिए नहीं पलक–पलक मन और॥

उच्चैस्त्रवा मन को ऐरावत बनाए लो रामजी।—बस फिर निश्चिन्त हुइ के मौज लो। जो कुछ आपकी ड्यूटी होएगी वह आप फरबट बजाएँगे और सदा मग्न रहेंगे।—न राम के न स्याम के, हम सदा अपने काम के।''

स्वेटर उतारकर मालिश के लिए तैयार खड़ा हुआ चौहत्तर वर्ष का कर्म–योगी जवान गहरे–गठे हुए स्वर में सहज उत्साह के साथ अपनी बात कह रहा था।

नागर ने महिपाल से कहा—''क्यों बन्धु, शिव क्या इस रूप में मौजूद नहीं ? शिव क्या कोई और है ?''

''रामजी, किसान, भंगी, सिल्पी, जोगी और ज्ञानी सिवजी के ही अंस होते हैं। सिव के माने हैं सतोगुण प्रिधान स्थितप्रिज्ञ बुद्धिवाला मनुष्य—जो प्रितिछण चेतना और आनन्द से भरा–भरा यों लहराता है मानो कि समुद्र।''

साधु को मालिश के लिए तैयार देखकर महिपाल अपना वास्कट, स्वेटर, कुरता आदि उतारने लगा।

रुद्रनारायण बादाम को बट्टे से कचरते हुए रुक कर बोले—''अच्छा, एक बात शायद आप लोगों ने भी आब्जर्व की हो, इस देश में शिवालय सबसे अधिक हैं।''

सज्जन छूटते ही बोला—''जी हाँ, मैंने भी यही महसूस किया। शिव और देवी के मन्दिर इस देश में सबसे ज्यादा हैं।''

''और बजरंगबली भी बहुत प्रिधान देवता हैं, रामजी। हम जाने कहाँ–कहाँ घूमे, सेतबन्ध रामेस्वर और बंगाल–आसाम, कमरु–कमच्छा तलक। सो बंगाल–आसाम में इनका महात्म जरा कम देखा बाकी सब जगह इनकी भी महिमा देखी।''

महिपाल बोले—''यह बजरंग मूल रूप से द्रविड़ों के देवता हैं। पर्जिटर ने सिद्ध किया है कि हनुमंत नाम से पूजित यह बानर देवता अनार्य लोगों द्वारा पूजित था। तमिल भाषा के अण्मन्ति शब्द का अर्थ है—पुरुष वानर। मजूमदार और पुसालकर द्वारा सम्पादित 'वैदिक–एज' में लिखा है कि जब आर्यों ने देश के इस देवता को पहचाना तो उसका अनुवाद अपनी भाषा में 'वृषाकपि' के नाम से किया। तमिल का अण्मन्ति शब्द ही संस्कृति में आकर हनुमंत हो गया।''

''हाँ, रामजी। जाने कौन–कौन से देवता कैसे–कैसे भारतवर्ष भर में अपना चमत्कार फैलाते रहे हैं। बजरंगबली भी परम सेवक हैं, रामजी। सेवकों के आदर्स हैं।'' कहकर महिपाल से कहा—''हाँ, आइए पंडितजी, महाराज!''

महिपाल का सारा अहंकार क्षण भर के लिए लज्जा से गल गया, परन्तु अपने मन के संकोच को कसते हुए सहसा बाबा के पैर छूकर उसने कहा—''आप बड़े हैं। आप की इस सेवा को मैं अपने लिए आशीर्वाद के रूप में ही ग्रहण करता हूँ।''

सज्जन के मन में एक क्षण के लिए महिपाल के प्रति फिर ईर्ष्या का भाव जागा। महिपाल कितना भाग्यशाली है।...कुछ भी हो पर मैं जीते जी कभी इनसे सेवा नहीं लूँगा—बड़ों से सेवा नहीं लूँगा।''...एकाएक ध्यान आया वह अपने बूढ़े माली और नौकरों को बुरी तरह डाँटता है।

नागर अपनी बात में रमने लगे; बोले—''शिव इस देश के तथा दुनिया के प्राचीनतम देवता हैं। मोहन-जो-दारो के ऐश्वर्य काल में भी यही पूजित थे। अच्छा, और इनका लेकर हमारे पौराणिक साहित्य में पहले बड़ी कीचड़ उछाल की गई है। वामन पुराण में कथा है कि महादेव नग्नवेष में नए तापस का रूप धारण कर मुनियों के तपोवन में आए। मुनियों की पत्नियों ने कामातुर होकर शिव को घेर लिया। अपनी पत्नियों का ऐसा बुरा आचरण देखकर मुनि लोग 'मारो-मारो' कहते हुए लकड़ी-पत्थर लेकर उनकी ओर दौड़ पड़े। उन्होंने शिव के भीषण ऊर्ध्वलिंग को गिरा दिया। बाद में उन मुनियों के मन में भी भय का संचार हुआ। ब्रह्माजी ने उन्हें शिव की महिमा बतलाई; और सबसे बड़ी बात तो यह कि मुनियों के घर ही में गहरी फूट पड़ गई थी, उनकी पत्नियाँ शिव पूजा किए बगैर नहीं मानती थीं।''

साधु की उपस्थिति के कारण जोरदार ठहाका न लगने पर भी नागर, ज्ञानचन्द, रुद्रनारायण यहाँ तक कि सज्जन के चेहरे पर भी रसमयी मुस्कान खिल उठी। महिपाल दूसरी ओर गर्दन घुमाए हुए मालिश का सुख भोग रहा था।

ज्ञानचन्द बोले—''कितनी ही ऐसी कथाएँ हैं। अँ-अँ जैसे कि सतीदाह की कथा ही लीजिए भले ही अँ-अँ वह कथा ज्योतिष शास्त्र का एक रूपक क्यों न हो। मगर इससे क्या यह सिद्ध नहीं होता कि किसी जमाने में आर्य लोग शिव को अपना देवता मानने से इनकार कर उन्हें यज्ञ का भाग नहीं देते थे।''

''अच्छा, एक बात और देखिएगा'', रुद्रनारायण ने कहा—''जितने असुर हैं और राक्षस हैं, वे सब भोलेनाथ के ही भक्त हैं और साथ ही साथ आपके जितने पापुलर देवता हैं—राम, कृष्ण, गणेश, स्वामिकार्तिक, प्रमुख देवियाँ—इन सबके साथ शिव का घनिष्ठ सम्बन्ध जुड़ा हुआ है।''

''अजी साहब शिव यहाँ के प्रालितेरियत देवता हैं'', नागर कहने लगे—''कितने प्यार और आदर से भारत के लोग इन्हें भजते हैं!...बम-बम भोलेनाथ कि जिनके कौड़ी नहीं खजाने में। तीन लोक बस्ती में बसाए, आप बसे वीराने में। शिव की इस कल्पना में क्या मस्ती, उदारता और फक्कड़पन है इस देवता में...काम का, काम-दहन का देवता; नाशकारी, निर्माणकारी, औढ़रदानी भोलानाथ शिव इस देश के कण-कण में रमा हुआ है। भक्ति-मार्ग और योग मार्ग दोनों के लिए ही शिव परम इष्ट माने गए हैं।...एक तरह से आप और गौर कीजिए कि सुरों का यज्ञ-विज्ञान असुरों के प्रार्थना मार्ग से कई गुना ज्यादा महँगा पड़ता था। यज्ञ करना गरीब के बस से बाहर की बात थी। यज्ञ का खर्चा और ब्राह्मणों की बड़ी-बड़ी दक्षिणाएँ भला गरीब कहाँ से दे सकता था। ऐसे समय गरीब, पराजित, परशासित जनता को शिव ने ही आस्था दिलाई। जनता की आस्था को जमाए रखने के लिए पुराणों में बड़ी ही सुन्दर कथाएँ मिलती हैं।''

जाड़े की झुटपुटी, तेजी से रात के अँधेरे में घुल रही थी। हवा गर्म कपड़ों को बेध कर तन को सनसनाने लगी थी। बाबा की पीठ के मसिल्स अपने उभार और दबाव से, उनके सधे हाथों के श्रम को दमका रहे थे। बातें ज्ञान के लोक में जाने कहाँ-कहाँ भटक कर, सैर का-सा आनन्द लेते हुए भाँग की बाल्टी पर उतर आईं।

कहीं के शौकीन मलाई को भी छानकर उसकी क्रीम बना लेते हैं, और कहीं भंग में उसके लच्छे से डालकर पीते हैं। इसमें भी सुन्दर क्या है, असुन्दर क्या है इसको लेकर चर्चा चलने लगी। महिपाल उठ बैठा—''बस बाबा, आज की शाम और आपकी यह सेवा जीवन भर याद रहेगी।''

''जै राम जी की'', कहते हुए बाबा के पोपले मुँह पर हँसी बिखर पड़ी।

"जै शंकर की", महिपाल ने ताबड़-तोड़ अपना नारा बुलन्द किया।

बाबा जोर से हँस पड़े। "वाह रामजी, आपने तो ऐसो विनय दिखलाई कि हम भी आपकी पाल्टी के हो गए। लीजिए, आज से आप से 'जै संकर, जै रामजी' कहा करूँगा।"

बड़ी देर से दूर पर बैठे हुए एक जवान दाढ़ीवाले फकीर ने बड़े मौके से अपनी ठस आवाज और पछाईं लहजे में छनद उठाया—

अधेले की बूटी, मिरच दमड़ी की लै लई।
मसाला पैसे का रगड़ कर गोली कर लई।
लाओ साफी, पानी, गबड़ कर छानी जहर में।
पियैगा जो कोई हर-हर जपैगा लहर में।

"बड़ा चतुर है राम भगतवा। अपनी मजूरी पक्की कर ली रामजी, एक गिलास इसको भी दीजिएगा।"

भाँग पीकर महिपाल के निबटते-नहाते गोमती नदी और उसका किनारा घने अँधेरे में क्रमशः एक होने लगे।

नागर, शुक्ल और जैन जा चुके थे। बाबा भी कुछ पहले ही इनसे विदा लेकर अपने आश्रम में चले गए थे।

सज्जन महिपाल के कपड़े पहनने का इन्तजार करते हुए भंग के नशे में बैठा-बैठा सोच रहा था कि अब सब त्याग दूँगा। अपनी सब प्रॉपर्टी गरीबों और जरूरतमन्द लोगों को बाँटकर पूरी तरह सेवा करूँगा। यह निश्चिन्त जीवन ही सबसे सुन्दर जीवन है।

भाँग का नशा सज्जन को विचारों के छोर तक घसीट ले चला। उसे अपने आस-पास की हर चीज बड़ी आध्यात्मिक दिखाई दे रही थी। अँधेरे में भी अपने अस्तित्व का परिचय देता हुआ पुल, टीला, मस्जिद और मच्छी भवन की मीनारें उसे अपनी अटल इच्छा शक्ति की प्रतीक लगीं। घाट की रेत पर गड़ा हुआ लैम्प-पोस्ट क्रमशः विचारों का आलोक बनता-बनता स्वर्गलोक के दीपक की तरह सज्जन की नशीली नजरों में चमत्कारपूर्ण हो गया। उस चमत्कार में बस एक ही चीज खलने वाली थी—महिपाल को कपड़े बदलने में बड़ी देर लग रही थी। महिपाल के प्रति प्रच्छन्न रूप से सदा छाई रहने वाली नाराजगी सज्जन के मन में इस समय भी जागी। झुँझलाकर बोला— "अमाँ, जल्दी करो। तुम तो जनवासी चाल से कपड़े पहन रहे हो।"

"अबे, इस समय सचमुच ही मेरे मन में बरात का जुलूस निकल रहा है। शीला और मैं उस बारात के तारे हैं। मित्र, शीला मेरे लिए उतनी ही प्रिय और अनिवार्य है जितनी कि योगीश्वर उमापति के लिए गंगा।"

नशे में महिपाल देवता हो गया था। फिर भी शीला उसे याद आ रही थी।

सज्जन भी अपने संयम-संकल्पों के कठिन जाल में कतराता-घूमता हुआ भी वनकन्या से एक क्षण के लिए भी बहुत दूर नहीं गया।—नशे में एक क्षण भी कभी-कभी साठ क्षणों से बनने वाले एक-एक मिनिट से भी बहुत ज्यादा बड़ा हो जाता है।

चलते हुए महिपाल ने कहा—"नशा तुम्हें भी बड़े जोर का चढ़ा है सज्जन। गाड़ी को सही सलामत घर तक ले जा सकोगे न?"

"हाँ-हाँ, मुझे अपने ऊपर कॉन्फिडेंस है। ईश्वर की कृपा पर भरोसा है।"

महिपाल चिढ़कर बोला—"अब तो दिल की बात कहता हूँ सज्जन, किसी और लाइट में न लेना, मगर कभी-कभी इस ईश्वर नाम की चीज से मुझे बड़ी घृणा होती है। मैं तो सोचता हूँ कि अगर मौत भी आए तो शीला के प्रति मेरे प्रबल आकर्षण की शक्ति से वह भी इस वक्त टल जाएगी। मेरा यह विश्वास ईश्वर के प्रति मेरे विश्वास से बहुत बड़ा है।"

सज्जन को वनकन्या की कल्पना ने अभिभूत कर लिया।...परन्तु नहीं—''मुझे ईश्वर ही बचाएगा। मुझे नशा नहीं है। मैं ठीक गाड़ी ड्राइव करूँगा और अपनी इच्छा शक्ति की परीक्षा लूँगा।''

सज्जन का नशा बुद्धि-हठ के सामने झुक गया।

30

महिपाल को शीला के बँगले पर छोड़कर सज्जन अपने घर चला गया; उसके आग्रह करने पर भी वह रुका नहीं। महिपाल को ऐसा अनुभव हुआ मानो सज्जन इस समय उसके चारित्रिक बल में ऊँचा उठ गया है। रास्ते की बातचीत में जब महिपाल ने अपने और शीला के आत्म-भाव की तुलना में सज्जन और कन्या के बढ़ते हुए सम्बन्ध की चर्चा चलाई तब सज्जन ने छूटते ही उसका विरोध किया; उसने कहा—''शीला की मैं इज्जत करता हूँ, मगर कन्या को उसके मुकाबिले में लाने के लिए हर्गिज तैयार नहीं। मेरी माँ को छोड़कर कन्या अपनी निष्ठा में उन तमाम औरतों से बड़ी है जिनके जीवन को मैं अब तक नजदीक से देखता-पहचानता चला आया हूँ।''

''निष्ठा में मैंने अपनी पत्नी को भी कम नहीं पाया सज्जन—''

''तब फिर? उन्हें छोड़कर शीला—''

''शीला मेरे लिए नशे की तरह जरूरी है। यह तमाम ऊपरी नशे...तुम जानते हो कि मैं इनका गुलाम नहीं, शौकीन भर हूँ, मगर शीला ऊपरी नशा नहीं है, उसका सम्बन्ध मेरे अन्तर से है। सज्जन, मैं तुमसे झूठ नहीं कहूँगा, जितनी उखड़ी, थकी हुई जिन्दगी को लेकर मैं दिन-रात संघर्ष करता हूँ, उसकी तुमने शायद कभी सपने में भी कल्पना नहीं की होगी। शीला मेरे थके हुए घायल अहंकार का बल है। उसके अलावा एक कर्नल ही ऐसा है जिससे मुझे बल मिलता है। बुरा न मानना सज्जन, उसके मुकाबले में तुम भी मेरे सामने भार बनकर ही आते हो।''

सज्जन ने कहा था—''हो सकता है। पर तुम क्या निष्पक्ष होकर अपनी वाइफ के मुकाबिले में शीला को उसी तरह बड़ा मान सकते हो जिस तरह तुम मेरे और कर्नल के मुकाबिले में कर्नल के प्रेम को बड़ा मानते हो?''

महिपाल कोई उत्तर न दे पाया था। सज्जन ने आवेश में आकर फिर कहा था—''मैं अभी अपने मन को नहीं जानता। इस वक्त मैं जितना लड़खड़ा रहा हूँ, अनिश्चित हूँ उतना कभी नहीं हुआ। कभी सोचता हूँ कि कन्या जैसी जनूनी जोश भरी स्त्री के साथ जीवन निबाहते हुए मैं शायद सुखी न हो पाऊँ—''

''उसी तरह जैसे कल्याणी मेरे लिए समस्या बन जाती है।''

''मगर फिर सोचता हूँ कि इस खरे सोने में मैं अपनी निष्ठा को हीरे की तरह न जड़ पाया तो मेरी जिन्दगी ही फिजूल है। कन्या मेरी कमजोरियों के लिए चुनौती की तरह आई है।''

''इन दो को लेकर हालाँकि मेरे मन में टेरिबिल खींच-तान चल रही है; मेरे चरित्र की कमजोरियाँ लाख न चाहने पर भी मुझे अपनी ओर घसीटती हैं। बट आई नो, कि अन्त में मेरी कमजोरियाँ कन्या की निष्ठा के सामने घुटने टेक देंगी।''

सज्जन की बातों पर महिपाल को लगा कि वह ऐसा न कर पाएगा। कल्याणी से बँधे रहने पर भी उसके लिए वह शीला का त्याग न कर पाएगा।

सज्जन से विदा लेने के थोड़ी ही देर बाद शीला के सीने में मुँह छिपाते हुए महिपाल ने उससे कहा—''ओ मेरी कमजोरी, तुम मेरा साथ कभी न छोड़ना।''

उसके बालों पर हाथ फेरती हुई शीला बोली—''साथ छोड़ने का सवाल ही तुम्हारे मन में क्यों पैदा होता है? क्या जरा सी बदनामी से ही तुम्हें इतना डर लगने लगा?''

"बदनामी से नहीं डरता हूँ, शीला। डर दरअसल मुझे अपने मन में बैठे उस खुदा से लगता है जो बार-बार मुझसे यह कहता है—"तुम गलत कर रहे हो, महिपाल। तुम किसी का अधिकार हरण कर रहे हो।"

"मैं ऐसा नहीं मानती। तुम जिस अधिकार हरण करने की बात कर रहे हो मैं उसे अहमियत नहीं देती। हम एक-दूसरे की रूहानी जरूरतों को पूरा करते हैं, जिन्हें पूरा करना हर-एक का पैदाइशी हक होता है। मैं अपने और तुम्हारे नाते को पाप भी नहीं मानती।"

"हाँ। एक जगह अपने तमाम मॉरलिस्टिक संस्कार अलग कर मैं भी यह मानता हूँ कि हम कोई पाप नहीं कर रहे हैं। फिर भी कल्याणी को लेकर सोचो शीला, उसका जीवन कितना एकनिष्ठ है।"

"ठीक है। उनके टेम्परामेंट को यह सूट करता है। बहुत से ऐसे होते हैं जो बगैर सोचे-समझे जिस बन्धन को मान लेते हैं, उसी में सदा के लिए बँध जाते हैं। तुम्हारी वाइफ भी ऐसी है; मगर हम, जो जिन्दगी को खुद अपने विचारों की कसौटी पर कसने के आदी हैं वे बुरे क्यों हैं?—उनसे छोटे क्यों हैं जिन्हें मॉरल्स का गुलाम होने की वजह से शुरू से ही एक निष्ठा में बँध जाने की आदत होती है?"

"क्या जानूँ शीला, दुनिया बुरा कहती है, मैं भी शायद आदत की वजह से ही ऐसा कहता हूँ...कुछ समझ में नहीं आता...कभी-कभी दुर्योधन की तरह ही यह कहने को जी चाहता है :

जानामि धर्मं न च में प्रवृत्ति;
जानाम्यधर्मं न च में निवृत्ति।...

—धर्म को जानता तो हूँ पर उस ओर मेरा रुझान नहीं; अधर्म को भी जानता हूँ, पर उससे मेरा छुटकारा नहीं। अपने दिल में बैठे हुए किसी देवता के इशारे पर जैसा वह मुझे नियुक्त करता है वैसा ही करता हूँ। (आह भरकर) वैसा ही करता हूँ।"

"यही फिलासफी सबसे अच्छी है। इनसान को अपनी इमोशनल नीड्ज पहचाने बगैर छुटकारा नहीं मिल सकता। तुम्हारी वाइफ अगर उसे पूरा कर पातीं तो मैं अच्छी तरह जानती हूँ, तुम भी उसकी तरह ही आज एकनिष्ठ होते। इतने वर्षों में तुम्हारे चरित्र को मैंने किसी भी बड़े से बड़े मॉरलिस्ट से कम नहीं पाया।"

अपनी प्रशंसा सुनकर महिपाल शीला को प्यार भरी नजरों से देखने लगा। भावावेश में उसे अपनी बाँहों में कस लिया। उस समय दोनों एक-दूसरे के आलिंगन में बँधे हुए भी सेक्स उत्तेजना से दूर, एक प्रकार का गहरा मानसिक सन्तोष पा रहे थे।

कुछ पलों में व्यवस्थित होकर महिपाल ने कहा—"शीला, जमाने को देखते हुए हम अब अधेड़ हो चुके हैं। जोशीली जवानी को अब तर्क बुद्धि बाँध लेती है। समझ में नहीं आता, भविष्य हमें किस ओर ले जाएगा, जाहिर है कि अब तक जो बात मेरे घरवालों से छिपी हुई थी वह अब छिपी नहीं रही। कल्याणी से विद्रोह कर मैं तुमसे बँधा रह सकता था पर अपने बच्चों की जानकारी में कैसे यह नाता निभा सकूँगा? वे हमारे बारे में क्या सोचेंगे? तुम्हें, जिसे मैं अपनी प्रेरणा की देवी मानता हूँ, वे लोग अपने परिवार को छिन्न-भिन्न करनेवाली, कुटिल और नीच मानेंगे।—मैं कैसे यह बर्दाश्त कर पाऊँगा? अगर घरवालों के प्रति अपनी ईमानदारी निबाहता हूँ तब तुम्हारे प्रति मैं वफादार नहीं रहता और तुम्हारे प्रति सच्चा बनता हूँ तो अपनी तमाम जिन्दगी को झूठा बनाना पड़ेगा।"

"क्यों?"

"मान लो, मैं यह स्वीकार कर लूँ कि तुम्हारे बगैर नहीं रह सकता तब मेरे सामने सिर्फ यही एक उपाय रह जाता है कि मैं घर से अलग रहूँ। खर्चा देने के सिवाय घरवालों से कोई सम्बन्ध न रखूँ...लेकिन ऐसा करने में भी एक दिक्कत है। मैं तुम्हारे साथ एक घर में न

रह सकूँगा। दुनिया सोचेगी कि मैंने तुम्हारे लिए नहीं बल्कि तुम्हारे पैसे के लिए अपने घर-बार को भी छोड़ दिया।''

''लेकिन तुम्हें घर छोड़ने की जरूरत क्या है? मेरी समझ में नहीं आता कि तुम इस तरह से सोचते ही क्यों हो।''

''तब फिर दूसरा उपाय ही क्या है?''

''डोंट बी फनी डार्लिंग! तुम जरूरत से ज्यादा भावुक होकर इस मसले को सोच रहे हो। दोनों ही बातें सच हैं—कल्याणी और बच्चे तुम्हारे लिए निहायत जरूरी हैं। इनसे अलग होकर तुम इनसानियत से गिर जाओगे। और मैं—और तुम—हाँ, अलग तो हो सकते हैं, पर अलग होकर हमारी जिन्दगियाँ बुझ जाएँगी। तुमने अभी सच कहा था—हम करीब-करीब अधेड़ हो चुके। ढलती उम्र में प्यार जिस्मानी जोश नहीं बल्कि रूहानी आसरा होता है। पन्द्रह-बीस बरस पहले—आठ-दस बरस पहले भी हो सकता था कि तुम मेरी जिन्दगी में आते और शायद बेलौस निकल भी जाते। जैसा कि तुमसे मेरा मन बँधा हुआ है, अगर उस वक्त भी ऐसी ही दशा होती तो शायद है कि मैं महीने-दो-महीने, हद छै महीने तुम्हारे विरह में दीवानी रहती फिर सब भूल जाती। मगर अब ऐसा न कर सकूँगी।''

''करो शीला, यही करो। तुम्हारे साथ रहकर मेरा जीवन भले ही सुखी हो जाए, पर तुम सुख न पा सकोगी। समझ लो कि मर गया—या बेवफा निकला। फिर दिल को समझाकर किसी भले आदमी से शादी कर लो। इस बार अपनी जिन्दगी का परमानेन्ट-सेटिल्मेंट करना। शादी मानव समाज की जरूरी रस्म है, ऊँचा सिद्धान्त। अब इसे मान लो।''

''मान लिया। पर मेरी शादी हो गई। और आयन्दा इस चर्चा को कभी मत चलाना।''

''कर्नल साहब का टेलीफोन आया है हुजूर।'' नौकर ने दरवाजे पर पड़े पर्दे के बाहर खड़े होकर कहा। दोनों ने चौंककर एक-दूसरे को देखा।

''किसको पूछ रहे हैं?'' शीला ने प्रश्न किया।

''आप के वास्ते भी पूछा हजूर, और साहब के वास्ते भी।''

''जाओ, तुम बात कर लो। मेरे बारे में उसे यह तो मालूम हो ही गया है कि यहाँ हूँ, पर कह देना इस वक्त किसी से भी नहीं मिलना चाहता।''

शीला बात करने चली गई। महिपाल हारा हुआ मन लिए पलंग पर लेट गया। सोचने लगा—''शायद घर से कोई पूछने आया होगा। कल सुबह से घर नहीं गया। बच्चे, कल्याणी सब परेशान हो रहे होंगे।—होने दो। चरित्रहीन पिता किस मुँह से अपने बच्चों के सामने जाएगा? कल्याणी कितनी बड़ी मूर्खा है। बिना सोचे-समझे सबके सामने इतना बड़ा तूफान उठा के उसने मुझे कहीं का न रखा। मैं अब उसकी सूरत न देखूँगा।—कभी नहीं देखूँगा।''

शीला कमरे में आई। पास आकर बोली—''कल रात तुम कहाँ थे?''

महिपाल ने कोई जवाब न दिया। आँखें मीचे पड़ा रहा। शीला ने फिर कहा—''कल से तुम घर नहीं गए—यह कितनी बेजा बात है।''

महिपाल कुछ न बोला। शीला उसके पास बैठकर उसके सिर पर हाथ फेरती हुई बोली—''खाना खा लो। फिर चलो मैं तुम्हें छोड़ आऊँ। उठो।''

''घर नहीं जाऊँगा। कल रात सो नहीं पाया, घर जाने पर आज की रात भी कलह में बीत जाएगी। अब इतना थक चुका हूँ कि अपना हल्का-सा विरोध भी बर्दाश्त नहीं कर पाऊँगा।...कर्नल को फोन कर दो—बच्चों से कह देगा, चिन्ता न करें। मैं सज्जन के यहाँ सोऊँगा।''

बातों के प्रसंग में शीला को यह मालूम हो गया कि पिछली रात महिपाल ने ठिठुरते हुए, लावारिस की तरह शिवाले में बिताई थी। उसके बाद उन्होंने महिपाल को जाने न दिया।

अपने चार वर्षों के घनिष्ठतम सम्बन्ध में पहली बार महिपाल ने इस घर में पूरी रात बिताई।

31

मन में चोर लेकर सज्जन माखनचोर की लीलाभूमि में आया। पछतावे की आग में उसका अहंकार जल-जलकर, वेदना से तप-तपकर करुण बन गया था। वनकन्या उसके साथ इस यात्रा में आठों पहर की परीक्षा-सी चल रही थी। दो दिन मथुरा में साथ रहने से विकलता पाकर सज्जन का रुआँसा करुण मन उड़कर, अपने घर, वैष्णव संस्कार और माँ की कृष्ण सेवा के प्रभाव से श्रीकृष्ण के चरणों में जा लिपटा।

सज्जन अपने आप को कन्या की ओर से खींचे रहता था। कन्या के नेह से नाता जोड़, सज्जन श्रीकृष्ण की भक्ति से सहसा विभोर होकर अपने मन को ब्रह्मचारी बना रहा था। मथुरा आकर उसने वनकन्या की स्वर्गीया भावज के सम्बन्ध में होनेवाली कानूनी कार्रवाई में तनिक भी भाग न लिया; बल्कि जाते ही कन्या को घर पर छोड़कर अकेले मथुरा भ्रमण करना आरम्भ किया। विश्राम घाट, द्वारिकाधीश, किशोरीरमण, बिहारीजी, राधाकृष्ण आदि के प्रसिद्ध मन्दिरों में घूमता, दर्शन करता, जबर्दस्ती अपने अंग्रेजियत के संस्कारों वाले व्यक्तित्व को भुलाकर, वह अपने आपको चिर संस्कारी हिन्दू वैष्णव अनुभव करने का प्रयत्न कर रहा था। वह अपने अन्दर उस भक्ति प्रताप के दर्शन करना चाहता था जिसमें इस देश के जनसाधारण में से न जाने कितनों को असाधारण बना दिया है। सूर, मीरा आदि के जी की लगन जिस लाल से लगी वह कौन है?—क्या है?

सज्जन हठपूर्वक अपनी इस भाव भरी जिज्ञासा को मन्दिर-मन्दिर हर मूरत में झाँकता फिरा, मगर ब्रज के लाड़ले लाल उसे कहीं भी न दिखाई दिए। हर जगह आडम्बर था।

ताँगेवाला उसे घुमाते हुए कृष्णजी की जन्मभूमि दिखाने ले आया। कृष्ण की जन्मभूमि!—इस ध्यान से ही सज्जन का मन एक विचित्र कौतूहल से भर गया। वह कृष्ण, जो परमात्मा बनकर इस विशाल महाद्वीप-से देश में घर-घर पुज रहा है, इसी भूमि पर जन्मा था। परमात्मा मनुष्य होकर जन्मा था, पृथिवी पर जन्मे हुए कंस के कारागार में उसने जन्म लिया था।

वह कारागार स्थल, श्रीकृष्ण की जन्मभूमि, उसकी नजरों के सामने आ गई। भगवान् की जन्मभूमि पर खुदा का घर बना हुआ देखकर सज्जन अचकचा उठा। उसके हिन्दू मन को गहरा धक्का लगा ताँगेवाले ने उसे इतिहास बतलाना आरम्भ किया—"औरंगजेब ने मन्द्र को टुरवाया कै वाही पै जा मस्जिद ठाड़ी कर दई म्हाराज।"

सज्जन मन-ही-मन उबल उठा। उस साम्प्रदायिक उबाल ही में एक बार सहसा उसको यों महसूस हुआ कि कृष्ण की जन्मभूमि पर, खँडहरों के चबूतरे पर संगीन पत्थर की कलाहीन मस्जिद की जगह कन्या खड़ी है। कृष्ण की जन्मभूमि पर पहुँचकर मस्जिद और कन्या—दोनों ही से कटकर सज्जन कृष्ण के भाव से भर जाना चाहता था। औरंगजेब की मस्जिद और वनकन्या का ध्यान—इन दोनों से ही उसकी आस्था डगमगा उठती थी। और वह अपने मन को जमा रहा था। श्रीकृष्ण के ध्यान में अपने आपको लय कर देना चाहता था।

मस्जिद के नीचे खँडहर पर हाथ रखकर खड़े हुए सज्जन का ध्यान कारागार के दृश्य में रम गया। कंस के खिलाफ यदि उसके राज-अधिकारियों को शिकायतें न होतीं तो जेलखाने में पहली 'कुँआ, कुँआ' करते ही भगवान् कृष्ण का गला घोट दिया जाता। पहरुओं के चमत्कार से सो जानेवाली कथा झूठ है। कंस की सरकार में उसके अत्याचारों का अन्त करने के लिए कोई जबर्दस्त साजिश जरूर हुई होगी। सज्जन की आँखों के सामने एक चित्र आया—जन्म देते ही माँ देवकी अपने लाल को अपने से विदा कर रही है। वसुदेव और कारागार के अध्यक्ष माता देवकी से बार-बार अनुरोध कर हार रहे हैं कि 'देवकी जल्दी करो। बच्चे के जीवन के लिए बच्चे का मोह छोड़ो।' और माता देवकी चौबार आँसू बहाते हुए 'एक बार और' कहकर बार-बार अपने लाल को छाती से चिपका कर चूम रही है।...किसी भी माँ से उसके सद्य:जात शिशु का बिछुड़ना—

खासतौर पर ऐसी माँ से जिसके कई बच्चे पैदा होते ही मार डाले गए हों, बड़ा ही हृदय-द्रावक दृश्य बन जाता है।

देवकी की हृदयद्रावकता अपनी माँ की स्मृति के सहारे उसकी आँखों में उमड़ आई।

जन्मभूमि के पास ही एक बहुत बड़ा कुंड है, जिसे पोतरा कुंड कहते हैं। ताँगेवाले ने बड़े भाव से बतलाया कि माता देवकी ने इसी कुंड में कन्हैयालाल के पोतड़े धोए थे।

सुनकर सज्जन की तर्कबुद्धि को झटका लगा। बच्चा माँ के पास रहा ही कितनी देर? कितने पोतड़े खराब किए होंगे उसने? फिर जच्चा, कमजोर, बन्दिनी माँ सीरो से तत्काल बाहर निकलकर भला यहाँ कैसे आई होगी?...नहीं, यह सब कपोल-कल्पना है। पंडों का ढोंग है।...सज्जन को ध्यान आया कि उसकी माँ पीतल के निर्जीव राधाकृष्ण को अति सजीव मानकर घंटों उन पर पंखा डुलाया करती थीं। माँ ढोंगी नहीं थीं। सूर, तुलसी, मीरा, चैतन्य, रसखान आदि भक्त ढोंगी नहीं थे। उनका भाव रूपी भगवान सशरीर धरती पर लीला करता था। उसकी एक-एक लीला को देखने के चाव से उन्होंने मानव-जीवन को कितनी सूक्ष्म और मार्मिक दृष्टि से देखा था! नहीं, इन महामानवों का भगवान् झूठा नहीं हो सकता! इन्होंने भगवान् को अपार्थिवता से निकाल कर पृथ्वी का प्राणी बनाया। मनुष्य के रूप ही में इनका भगवान् जन्मा—हाँ—उसके पोतड़े भी धोए गए, काजल उबटन भी हुआ, उसने बच्चों की तरह से ऊधम मचाया, मारा-बाँधा गया, गुरुकुल में विद्याध्ययन किया, युवकों की तरह विलास क्रीड़ाएँ कीं, धार्मिक-सामाजिक रूढ़ियों से बगावत की, राजनीतिज्ञ बना, लोकनायक बना, नए युग, नए भारत का निर्माता बना, और प्रत्येक जीवधारी की तरह ही यथासमय उसका देहान्त भी हुआ। भक्तजनों का यह कृष्ण भगवान् हर युग के हर इनसान को यह सीख दे गया है कि "हर धर्म को छोड़ 'मैं' को भज।...सज्जन! उस 'मैं' को पहचान जो हर जबान पर चढ़ा है। अपने में परायों में उसी 'मैं' की गति-अगति, झकोलों, और सहज बुद्धि शक्ति को पहचान! इनसान-इनसान का भेद नहीं।...ख्याल आया, भेद कैसे नहीं? कृष्ण जन्म-भूमि पर स्मारक की तरह बने हुए भगवान् के घर को तोड़कर खुदा का घर बनानेवाले क्या भेदभाव नहीं रखते? तुलसी, सूर, चैतन्य, रसखान के धर्म और भगवान् तथा पंडों की धार्मिकता, उनके भगवान् में भेद नहीं? एक, 'मैं' के भेद को मिटा कर सारे समाज को एक इकाई के रूप से देखना चाहता है।—देखता है; दूसरा हर 'मैं' के भेद को मिटाकर सारे समाज को एक इकाई के रूप से देखना चाहता है।—देखता है; दूसरा हर 'मैं' को अलग-अलग कर गलत किस्म की खुद्दारी के दलदल में फँसकर दिन-रात जूझा करता है, जला करता है। अपनी जलन में वह सारी दुनिया को जलाता है—धर्म के रूप में, साम्राज्य के रूप में, मुनाफे के रूप में। कृष्ण स्वयं इस भेदभाव भरे, छोटी-छोटी इकाइयों के दायरे में बँधे हुए 'मैं' के खिलाफ लड़े थे। उन्होंने सारी दुनिया को एक कुटुम्ब के रूप में देखकर, उस आदर्श को पाने के लिए विरोधी शक्तियों से संघर्ष किया था।...

...मस्जिद पर नजर गई। सज्जन का मन क्रोध से भर गया। मस्जिद एक जहालत भरी शक्ति का प्रतीक बनकर उसकी संस्कारों से सजी हुई कल्पना को ऊँचाइयों पर चढ़ने से रोक रही थी। उसका जी चाहने लगा कि मस्जिद ढह जाए—ढह ही जाए।

इस समय उसके मन में एलोरा, अजन्ता की गुफाएँ, सोमनाथ, विश्वनाथ के मन्दिर तथा उन सब जाने-अनजाने मन्दिरों, मूर्तियों का, जिन्हें मुसलमानों ने तोड़ा था, क्षोभ उभर रहा था। वह सोचने लगा जिस तरह यहाँ केशव का मन्दिर तोड़कर मस्जिद खड़ी की गई है, उसी तरह अगर दिल्ली की जामा मस्जिद को तोड़कर उस पर केशवदेव का मन्दिर बना दिया जाए तो मुसलमानों को कैसा लगेगा?...लेकिन सज्जन के मित्रों-परिचितों में अनेक मुसलमान भी हैं। उन मुसलमानों में अनेक बड़े ही भले हैं। मुसलमानों में भी बड़े-बड़े सूफी, सन्त पैदा हुए हैं। मस्जिद में उन्होंने जिस खुदा को देखा है, कबीर ने जिस निर्गुन राम-रहीम को पहिचाना है, चैतन्य-रसखान, मीरा, जिस पर

आशिक हुए हैं, सूर–तुलसी जिनके भक्त होकर तर गए वे भगवान अलग–अलग नहीं एक हैं। इन मुसलमान हरिजनन पै राजर्षि भारतेन्दु कोटिन हिन्दू वार गए हैं।

मस्जिद के प्रति अपनी हिंसा के भाव से सज्जन को लज्जा का बोध हुआ। इस मस्जिद को ढाने, या जामा मस्जिद को केशवदेव के मन्दिर के रूप में परिवर्तित किए जाने की बात उसे ओछी और गन्दी मालूम हुई। इतना होने पर भी कृष्ण की जन्मभूमि पर खड़ी हुई इस मस्जिद को सज्जन का मन क्षमा न कर पाया। उसका क्षोभ बना ही रहा। यह मिथ्या दम्भ भरी धर्मांधता, किसी भी रूप में क्षमा नहीं की जा सकती। हो चुका सो हो चुका, आयन्दा हर वर्ग और प्रकार की प्रतिक्रियावादी शक्तियों के खिलाफ लड़ना ही चाहिए। इनसे लड़ना इनसान का फर्ज है।

...हो चुका सो हो चुका, आयन्दा सज्जन कन्या से किसी प्रकार का सम्बन्ध नहीं रखेगा। उससे घृणा...नहीं, वह अब किसी से घृणा नहीं कर सकता। कन्या से घृणा करना तो हद दर्जे की गैरइन्साफी है। कन्या के चरित्र की दृढ़ता ने ही उसे नए जीवन की राह दिखाई है। बल्कि सच तो यह है कि उसने ही कन्या के साथ नीचता की है। क्रोध और वासनाभरी बेहोशी के एक झोंके में वह अपना भरम गँवा बैठा। परसों के कांड के बाद से वह कन्या के सामने अपनी नजर नहीं उठा सकता।...और कन्या महान् है। मैं नीच हूँ। वासना का कीड़ा हूँ। मुझमें स्वाभिमान नहीं है। कोरा घमंडी ही हूँ। घमंडी आदमी दुनिया में कुछ हासिल नहीं कर सकता। और फिर मैं किस बात का घमंड करूँ ?—खानदानी पैसे का ? पैसे की सत्ता और उसके गलत महत्त्व की साख अब और पुजेगी कितने रोज ?—दस–पन्द्रह बरस—हद से हद ! बड़ा कलाकार होने का घमंड करूँ ? यानी चैन के क्षणों में भी अपने आपको धोखा दूँ ?

सज्जन आत्मग्लानि से पानी–पानी हुआ जा रहा था। अंगरेजियत, आबरूदारी शोहरत और हैसियत के हिमालय का बर्फ जो गला तो ऊँचे शिखरों पर टिक न सका; पहाड़ियों पर तेज झरने की तरह गिरकर छाती दहलाता हुआ मैदान की सतह पर प्रार्थना की गंगा बनकर उतर आया। आत्मग्लानि में कृष्ण जन्मभूमि दर्शन से जागे हुए संस्कार प्रार्थना के सिवा और दूजा रूप धारण ही न कर सके। माँ का एक प्रिय भजन—एक गजल अचानक याद आ गई—

कदम्ब की छाँह हो जमना का तट हो।
अधर मुरली हो माथे पर मुगट हो॥
खड़े हों आप इक बाँकी अदा से।
मुकुट झोंके में हो मौजे हवा से॥
गिरै गरदन ढुलककर पीत पट पर।
खुली हर जाएँ ये आँखें मुगट पर॥

हाट–बाट, चलते–फिरते चेहरे—तमाम बाहरी दुनिया से बेलौस होकर ताँगे पर अपने ठहरने के स्थान की ओर जाते हुए सज्जन को इस बात का एहसास भी जरा देर के बाद ही हुआ कि आँसू उसके गालों तक ढुलक आए हैं। यों सरेआम आँसू निकल आने से सज्जन को बड़ी झेंप मालूम हुई। पहले तो नजर ताँगेवाले पर ही गई कि कहीं उसने उसे रोते देख न लिया हो, फिर चट से रूमाल निकालकर मुँह पोंछा, और उचटती नजर राह चलतों पर डालकर अपने आपको विश्वास दिलाया कि किसी ने उसे रोते ही नहीं देखा। जब दुनिया की नजरों से इंश्योर्ड हुआ, मन की सकपकाहट छूटी, तब उसे एकाएक इस तरह कृष्ण प्रेम में आँसू बहाने पर आश्चर्य और गुदगुदी महसूस हुई। भक्तों के प्रेमाश्रुओं का माहात्म्य वह सुन चुका था। सोचा, मुझमें भी कृष्ण कृपा से भक्ति उदय हो गई है।

यह भक्ति मूलधन बनकर उसे जीवन का नया व्यापार चलाने की प्रेरणा देने लगी। इस प्रेरणा के पीछे तर्क, विचार–सन्तुलन आदि न होने पर भी उसे यह लग रहा था कि वह ठंडे दिल से सब

कुछ सही तौर पर सोच रहा है। वह अपनी जायदाद का ट्रस्ट बनाकर कर्नल के हाथ में उसका प्रबन्ध सौंप देगा जिससे कि उसके पुरखों का धन अच्छे कामों में लगाया जाए। स्वयं उसे अब उसकी कोई आवश्यकता नहीं। भक्त के मन का सन्तोष तीन लोक चौदह भुवन से अधिक ऐश्वर्यमय है। महिपाल अपनी गरीबी की अकड़ को निभाने के लिए अक्सर बड़ी शान के साथ तुलसी का एक दोहा सुनाया करता है—

तीन गाँठ कौपीन में बिन भाजी बिन लौन।
तुलसी मन सन्तोस जो इन्द्र बापुरो कौन॥

सज्जन ने सोचा, महिपाल तो महज अपनी अकड़ कायम रखने के लिए ही इसे दुहारता है, परन्तु भक्तशिरोमणि के यह उद्‌गार मेरे भक्ति पटल की नींव के पत्थरों में जम रहे हैं। मैं परम सुख प्राप्ति की ओर बढ़ रहा हूँ। श्रीकृष्ण, तुम्हारी जय हो। प्रभु! मुझे अपनी शरण में लो।

काले ऊन के रेशों की तरह सिमटकर, रात काली कमली की तरह धरती पर पसर गई। चिन्ता के रेशे आपस में जुड़ते हुए कन्या के मनोलोक पर काली रात की तरह छा गए—"ये कहाँ रह गए? इन्हें क्या हो गया?"

सज्जन के लौटकर घर न आने से कन्या के मन की उथल-पुथल का पारावार न था। उसकी स्वर्गीया भावज की अपाहिज सखी दस बार पूछ चुकी, उसके पति लाला मुरली मनोहर भी दुकान से वापिस आकर कई बार चिन्ता प्रकट कर चुके। दिन की रसोई झींकती रह गई, ब्यालू के व्यंजन भी रसिया के अभाव में सजी-बजी सुहागिन की तरह फीके पड़ गए। सज्जन रईस, फिर मुँहबोलेपन के नाते से इस घर के दामाद—वह कहाँ रह गए? क्यों नहीं आए? पुलिस में रिपोर्ट की जाए?

कन्या ने जाहिरा तौर पर तो हँस-हँसकर सबको समझा दिया कि दामाद साहब कलाकार हैं। उनके इस तरह अचानक गायब हो जाने से किसी को चिन्ता नहीं करनी चाहिए। मन्दिरों की सैर करने निकले ही थे, धुन के फेर में हजार हाथ वृन्दावन चले गए होंगे।

रात में, अपने सोने के कमरे में जाकर, एकान्त पाते ही कन्या फूटकर रो पड़ी। सज्जन का अभाव, उसे इस प्रकार छोड़कर उसका चला जाना मानवती कन्या से सहा नहीं जाता था—'कहीं ऐसा तो नहीं कि लखनऊ लौट गए हों? आज तो उनसे किसी तरह की कड़वी-मीठी उलझन भी नहीं हुई है। हाँ, परसों सबेरे की घटना के बाद से वे अपने मन को सँभाल नहीं पाए। मैंने उन्हें अपनी ओर से आश्वस्त करने में कोई कसर बाकी नहीं रखी। उनकी गलती का कारण मेरी गलती है; उन्हें बतला चुकी हूँ; स्वयं भी अब अनुभव कर रही हूँ।'

कन्या अहंकारिणी है। नैतिकता की शक्ति उसके अहंकार का पोषण करती है। घर के गन्दे वातावरण की प्रतिक्रिया में उसका बड़ा भाई और वह आत्मतेज से दीप्त होकर बालिग हुए। अपने विवाह की ट्रेजेडी के बाद उसके बड़े भाई तो जिन्दगी से जूझते-जूझते थककर बौरा गए; कन्या ने उसके दिमागी असन्तुलन से भी नसीहत लेकर अपनी नैतिकता को अधिक कसा। हाँ, इतना प्रभाव अवश्य पड़ा कि उसका आन्तरिक विद्रोह अधिक मुखर हो उठा। वह खुले शब्दों में अपने घर के गुरुजनों के कुकृत्यों की उनके मुँह पर निन्दा करने लगी। अपनी एक प्रगतिशील सहपाठिनी के उत्साह से उसका लगाव इंडियन पीपुल्स थियेटर, कम्युनिस्ट पार्टी के लोगों, और मार्क्सवाद से भी होने लगा। उसकी विद्रोहात्मक वृत्ति को इससे बल मिला। परन्तु अपने गुरु और बड़े भाई की छत्रछाया में उसके साथ ही साथ बालिग होनेवाली आस्तिकता विद्रोह करने पर भी उसके मन से न गई। इस तरह जहाँ तक मन के विद्रोह को सन्तोष देने की बात थी वहाँ तक तो वह प्रगतिशील बन गई, उससे अधिक वह आगे न बढ़ सकी; यद्यपि बौद्धिक और भावनामूलक उलझनें उससे गहरा विचारमन्थन कराती रहीं।

उसकी इन उलझनों में एक निजी और गोपनीय उलझन भी पैना काम कर रही थी, अब भी करती है। पैना इसलिए कि अपनी इस उलझन को लेकर आज तक वह किसी के सामने अपना मन खोल नहीं सकी। बड़े भाई से लिहाज के मारे कुछ कहा नहीं जा सकता था, और बाहर किसी से भी कहकर वह अपनी नैतिकता सच्चरित्रता पर आँच नहीं आने देना चाहती थी। आज, चौबीस वर्ष की आयु तक, वनकन्या देह से ब्रह्मचारिणी है। यद्यपि संस्कारों ने उसके मनोलोक में अब्रह्मचर्य नहीं फैलने दिया, फिर भी वह मदन दहन कर वीतराग तो नहीं ही हो पाई है। उम्र के तकाजे से पुरुष के अंग-संग की सहज स्वाभाविक इच्छा कहीं उसके मन में भूखी रेंगती थी। पिता की काम विकृतियाँ, चाची की चरित्रहीनता, और स्वयं उनकी सुन्दर जवानी को लालच के प्याले में पीनेवाली पुरुष-आँखें, तथा इन सब बातों के साथ ही इस देश के अनेक आदर्श पुरुषों द्वारा कामवृत्ति को विकार समझने के उपदेश, दबे तौर पर निरन्तर उसे दो सिरों पर खींचकर हैरान किया करते थे; कामेच्छा और कामदमन की इच्छा दोनों साथ ही साथ उससे उलझती थी। समाज के अभिशाप-सी उसकी स्वर्गीया भावज, और प्रवृत्ति के अभिशाप-सी उसकी जीवित भावज के दृष्टान्त उसे पुरुष से घृणा उत्पन्न कराते रहते थे। आधुनिक सामाजिक चेतना के अनुसार पाई हुई समझ से भी वह यही अनुभव करती थी कि मानव समाज में, मुख्यत: भारतीय समाज में पुरुषों ने नारी जाति की दुर्गति कर रखी है। इन सब बातों को लेकर उसके अन्दर का स्वाभिमान—पौरुष—पुरुषों के खिलाफ विद्रोह करता रहता था; यद्यपि अब, साल-दो-बरस से, मनमन्थन के प्रभाव से उसने जो सिद्धान्त-नवनीत पाया था, उससे यह काफी हद तक शान्त, गम्भीर और सन्तुलित हो गई थी। कन्या ने एक तरह से मन-ही-मन यह तय-सा कर लिया था कि यदि उसे कभी अपने ही समान संस्कारी, सिद्धान्तवादी पुरुष मिल गया तो वह विवाह कर लेगी।

भाभी की आत्महत्या और उसे लेकर होनेवाली पुलिस कार्रवाही के दौर में, उसे सज्जन मिल गया। चित्रकार सज्जन की ख्याति से वह परिचित थी; प्रगतिशील कैम्प के लोग उसे अपना न मानते हुए भी उसके उन्नत विचारों की सराहना करते थे, कन्या ने प्रदर्शनी में उसके चित्र भी देखे थे; दूर स्वयं उसे भी पहले देख चुकी थी। इस तरह ख्याति और उन्नत विचारों की पृष्ठभूमि के साथ सज्जन उसे बड़ी ही उत्तेजना के क्षणों में मिला था। फिर उसने उसकी स्वर्गीया भावज पर हुए अन्याय के खिलाफ आवाज उठाने में बड़ी मदद की। सज्जन का व्यक्तित्व भी आकर्षक था। इन सब बातों ने मिलकर सज्जन के प्रति उसमें कृतज्ञता भरी श्रद्धा जगा दी। फिर सज्जन उसकी ओर आकर्षित होता गया, उसके आकर्षण में तेजी आई, और बहुत जल्द ही उसने उससे अपनी जीवन-संगिनी बन जाने का प्रस्ताव भी कर दिया।

कन्या ने महसूस किया कि वह जीवन में पहली बार किसी पुरुष के आकर्षण पाश में पूरी तौर पर बँध गई है। और उसके साथ ही साथ आत्म-प्रशंसा का फाटक लगाकर नैतिकता के गढ़ में सुरक्षित रहनेवाली अहंकारिणी नारी को—पुरुषों को ओछी और शंका भरी दृष्टि से देखनेवाली कन्या को—सज्जन के प्रति अपने मन का बन्धन मानने में झिझक भी होती रही। इसीलिए वह सज्जन को बार-बार बढ़ावा देने, और बार-बार रोक देने के लिए अपने आपसे विवश थी।

पिता के द्वारा घर से निकाले जाने पर जब वह कहारों के अहाते में कोठरी लेकर रही उस समय किराए के कुत्तों ने आवाजे-तवाजे फेंके, फूहड़ इशारे किए; कन्या उनसे डर गई। इस डर ने ही उसके मन में यह विश्वास जमाया कि मानपूर्वक सुरक्षित जीवन बिताने के लिए आज के युग में स्त्री को एक पुरुष-साथी चाहिए ही। सज्जन के प्रति उसके मन का बन्धन और दृढ़ हो गया; परन्तु वह सज्जन के घर, यहाँ तक कि उसके किराए के घरों में भी रहने के लिए न जा सकी। यह अजीब बात थी कि कर्नल के घर रहते हुए वह अपने आपको सज्जन की सुरक्षा ही में मानती थी; और यह भी अजीब बात थी कि अकेले मथुरा आने में, या सज्जन के सिवा अपने कर्नल भाई साहब तक के साथ आने में उसे संकोच लगा था।

परसों सज्जन ने अनायास उस पर प्रहार किया। सज्जन की ओर से इस प्रकार के व्यवहार की कल्पना भी वह नहीं कर सकती थी। उसके स्वाभिमान को गहरा धक्का लगा। यह होते हुए भी सज्जन द्वारा किए गए प्रयोग से उसे अपने मन की हजार तहों के अन्दर गुदगुदी भी महसूस हुई; उसे राहत हुई। समझ में न आनेवाला, ऊपरी सतह पर जाहिर न होनेवाला एक अजब तर्क लगाकर सज्जन के प्रति उसका मन और अधिक दृढ़ता से बँध गया। इसके बाद ही समझ से काम लेकर सज्जन के पश्चाताप को दूर करते हुए, उसकी गलती के लिए अपने अहंकार को ही अधिक दोषी ठहराकर यहाँ तक राजी हो गई कि सज्जन जब, जिस समय चाहे, वह उससे विवाह करने को तैयार है।...

...और आज सज्जन ?—क्या वह उसे छोड़ गया ? अगर उन्हें छोड़ना ही था तो क्या इस पराए नगर, पराए घर, पराई नजरों में यों मजाक का सामान बनाकर ? रमा भाभी क्या सोचती होंगी ? हो सकता है कि वे और उनके पति इस समय अपने कमरे में बैठे हुए हमारी ही चर्चा कर रहे हों ! जाने क्या-क्या कहते-सोचते होंगे ? इन्होंने मुझे नजरें उठाने लायक नहीं रखा !—कहीं का नहीं रखा।

पानी से बाहर छिटककर पड़ी हुई मछली की तरह कन्या तड़पती रही। मान के तीर—आँसू—भी तरकस रीता कर गए। जी हलका हुआ; मगर खोखला हो गया, जिसे वह ठंडी आहों से भरती रही। एक भाव, एक रूप में तल्लीन होकर वनकन्या—एक पढ़ी-लिखी, तेज-तर्रार, सबला नारी—काव्य में बखानी गई वियोगिनी बाला की तरह मतिगति-हीन होकर स्तब्ध हो गई। मार्क्स, गांधी आदि का दर्शन, बहस-मुबाहसा, एलेक्शन, राजनीति, स्त्री-स्वातंत्र्य, साहित्य, कला और संस्कृति—ज्ञान-विज्ञान भरी, हलचल भरी ऊपरी दुनिया से वह उसी तरह बेभान हो गई जैसे नींद में देह बिसर जाती है, मगर यह नींद, बेहोशी या जड़ता न थी, एक ऐसे होश का जागरण था जिसमें इनसान अपना आपा खोकर अपने आपको पा लेता है। बिरहिन के नैनों ने ऐसी बेल बोई कि 'सींचत नीर नैन के सजनी, मूल पताल गई।' इस समय कन्या कन्या न थी, उसका अन्तर-बाहर एकाकार हो रहा था—और वह आकार सज्जन का था। इस समय सुधि ही उसका प्राण थी।

सज्जन उस समय थके तन और मन को लेकर वृन्दावन की एक धर्मशाला के अन्दर सुन्दर हॉल में रास देख रहा था। गुजराती सेठ-सेठानियों की एक भक्त मंडली की ओर से यह प्राइवेट आयोजन था; फिर भी बाहर के पच्चीस-तीस आदमी देखने को आ ही पहुँचे थे। सज्जन उसी धर्मशाला के एक कमरे में टिका हुआ था। वृन्दावन आकर उसे गहरी निराशा ही हाथ लगी थी। जो वृन्दावन लोक-गीत, लोक-नाट्य और भारतीय साहित्य की प्रबल प्रेरक शक्तियों में माना जाता है, जहाँ के अनेक स्थलों पर सोलह कलाधारी भगवान् कृष्णचन्द्र की बाल-लीलाओं की स्मृति आज तक पूजी जाती है, वहाँ उसे भगवान् नजर ही न आए। मथुरा से भक्ति की जिस लौ को जगाकर वह बड़ी ललक के साथ वृन्दावन आया था, वह लौ यहाँ की अधार्मिकता और मुगलिया आडम्बर के करारे झोंकों से बुझने-बुझने को हुई। उसे बार-बार यह लगा कि वृन्दावन माहात्म्य मुनाफाखोरी के लिए रचा गया एक बहुत बड़ा षड्यंत्र है; यद्यपि उस घटाटोप अँधेरे में बिजली की कौंध की तरह अनेक बार भक्त-जन और व्रज के सबल देह और सरल मन वाले लोग-लुगाइयों के रूप में वृन्दावन चन्द्र की झलक उसे मिलती ही रही। रास लीला का आरकेस्ट्रा छिड़ते ही सज्जन मन बहलाने के ख्याल से अपनी कोठरी से निकलकर देखने आ गया।

वन्दना, आरती के बाद कृष्ण-लीला आरम्भ हुई। कृष्ण भगवान् अपनी बड़ाई में बड़ी-बड़ी फिलॉसफी भरी बातें बघारने लगे। सज्जन को ऊब मालूम होने लगी। सज्जन को महसूस होने लगा मानो कृष्णजी रासलीला मंडली के मालिक और तमाम पंडे-पुजारियों की मुनाफाखोरी के साधन बने, उस जिन्स के प्रचार एजेंट का काम कर रहे थे, जो आनन्दकन्द, सच्चिदानन्द आदि अनेक नामों से इस वैष्णव तीर्थ में, मन्दिरों में झाँकी झूले और प्रसाद के बहाने बिकती है। उसकी

मानसिक थकान चौबाला हो गई। क्या यही है हमारे धर्म का रूप? क्या यही धर्म, यही भगवान् उसकी स्वर्गीया माँ तथा भारत के करोड़ों लोगों के हृदय में सदियों से संस्कार बनकर पुज रहा है?

लम्बे ताड़ जैसे एक सरूपधारी की पुरुष देह केसरिया चुनरी में छिपकर डेढ़ हाथ घूँघट के साथ जसोदा मैया के रूप में प्रकट भई। फटे बाँस से स्वर में जसोदा मैया कहती भई—

जसोदा—आज मेरो कन्हैया दुहताय कौ खेलबे गयो है। और आज तो कलेऊ हू नायँ कर गयो। जाने कहाँ चलो गयो है।

अपने लाल की प्रतीक्षा और चिन्ता करती हुई नन्दरानी टहलने लगीं। इतने में मोर-मुकुटधारी मुरलीधर नन्द-नन्दन पधारे। उन्हें देखकर यशोदाजी कहने लगीं—

जसोदा—अरे लाला तू आय गयो! तू तो ऐसो बाबा को लाडली है गयो है कि दिन और रात खेल्यो ही करे है। अरे लाला, देख अब तू दूर खेलबे मती जायो करै। यहाँ हाऊ आय गए हैं।

दूर खेलन जिन ताउ लाल बन हाऊ आए हैं।
कृष्ण–तब हँसि बोले कान्ह री मैया किनन पठाए हैं॥
चार बेद लै गयो संखासुर जल में रहयो लुकाऊ।
मीन रूप धरि ताकूँ मार्‍यो तहाँ न देखे हाऊ।

—अरी मैया, देख चार बेदन कूँ लैके संखासुर दानव जल में जाय दुबक्यौ हौ। वा जल मैं कोउ जाय सकै नाय हौ। तब मैया मैंने मच्छी को रूप धरि के वाकू मार्‍यो हौ। अरी मैया हाऊ तो मैंने वहाँ देखे नायँ है।

जसोदा—अरे लाला संखासुर दानव तैंने ही मार्‍यो, और मीन को रूप तैंने ही धर्‍यौ।

कृष्ण—हाँ मैया मैंने ही।

जसोदा—(चौंककर) तैने ही?

कृष्ण—(बात को बहलाकर) अरी मैया नाहै, मोते तो बाबा कह्यो करै है।

जमुना के तट धेनु चरावत जहाँ सघन बन झाऊ।

बैठि पताल ब्याल गहि नाथ्यौ तहाँ न देखे हाऊँ।

—अरी मैया, मैं जमनाजी के तट पै अपने गैया बछरान कूँ चरायो करूँ हूँ। और पाताल में पैठ के काली नाग नाथ्यो हौ। हाऊ तो मैंने वहाँ हूँ नाय देखे।''

इसी तरह भगवान् फिर अपने कच्छ, वाराह, नृसिंह, वामन अवतारों के अनुभव बखानने लगे। बोले—''अरी मैया देख, राजा बलि कूँ छलिबे के ताईं ब्राह्मण कौ रूप धारन कियौ है। और वापै तीन पैंड पृथ्वी माँगी ही, सो तीन पैंड में तीनों लोक नाप लिए हैं, तो मैया मेरो एक चरन स्वर्ग में गयौ, और एक पताल में गयौ और एक में ये भूलोक नाप्यो हौ। अरी मैया, हाऊ तो मैंने वहाँ हूँ नाय देखे।

जसोदा—(आश्चर्य से) अरे लाला, कहा बामन रूप तैने ही धारण कियौ हौ, और राजाबली को तैने ही छल्यौ हौ?

कृष्ण—हाँ मैया, मैंने ही छल्यौ हौ।

जसोदा—और लाला ये गंगाजी तेरे ही चरन सों निकसी है?

कृष्ण—(बहलाकर) अरे नाहैं मैया, मोते तो बाबा कह्यो करै है?

जसोदा—हाँ, जब ही तौ कहूँ हूँ कि तू कब को चतुर है। तोहि खेलिबे ते तौ छुट्टी ही नाय मिले है।

सज्जन मुग्ध होने लगा। पहली लीला का प्रचार एजेंट कृष्ण इस हाऊ लीला के रचयिता की लेखनी से सहज मनुष्य बनकर प्रकट हुआ है। यह मनुष्य भगवान् धरती पर आदि काल से अपनी शक्ति का इतिहास बनाता आया है और फिर भी विनयशील है। वह क्रमशः विकसित हो रहा है, और फिर चाहे भी उसकी माता—मानव की धरती माता—उसे अभी तक बाल रूप में ही देख रही

है। भोली स्नेहमयी माँ को यह विश्वास नहीं होता कि उसका बेटा ऐसी-ऐसी प्रबल पराक्रम भरी घटनाओं का नायक है। माँ के लिए बेटा बेटा ही रहेगा।

अपनी माँ की याद कर सज्जन की आँखों में आँसू आ गए। उसने महसूस किया कि दर्शक वृन्द भी उसकी तरह ही इस लीला से आनन्दित हो रहा है। इस कृष्ण को—निज रूप को—मनुष्य भली-भाँति पहचानता है। सर्वशक्तिमान् भगवान् अपने भक्तों को भय मुक्त कर रहा है। माँ भले ही मोहवश अपने लाल को हाऊ से डराया करे, परन्तु वह स्वयं अपने को अपने ही भय से मुक्त कर आनन्दमग्न है।

सज्जन सोचने लगा, आज का सर्वशक्तिमान भगवान् जो अपने ही बनाए हुए एटम हाइड्रोजन बमों से डर रहा है जिस दिन इस हाऊ-भय से मुक्त हो जाएगा, उस दिन फिर इसी तरह बाल रूप होकर नव संस्कृति का निर्माण करेगा। कच्छ-मच्छ, वाराह-नृसिंह आदि रूप धारण कर विघ्नरूपी असुरों को मारता हुआ जब वह एटमासुर का संहार करेगा, जब फिर मोहमयी धरती जननी के सामने वह सहज भाव से भयमुक्त होकर आएगा तब किसे अच्छा न लगेगा ? कौन ऐसा होगा जो अपने इस सहज भाव भरे रूप पर मुग्ध नहीं हो जाएगा।

इस भगवान् पर विश्वास करने को जी चाहता है। यह भगवान् आत्म-विश्वास का प्रतीक है।

...और जब आत्म-विश्वास का यही प्रतीक धर्म के इजारेदारों का स्वार्थ बनकर सामने आता है तब कितना घृणित और गन्दा लगता है। भक्तवत्सल भगवान् पत्थर की आलीशान हवेलियों में कैद होकर कितने घृणित, कितने क्रूर और नृशंस हो जाते हैं! अपने को महान् और पवित्र मानने और मनवाने वाले ये महन्त, गोसाईं और पंडे भगवान् के नाम पर कौन-सा पाप नहीं करते ? ये अपवित्र, अछूत, नरक के कीड़े भगवान् की रासलीला के नाम पर व्यभिचार फैलाते हैं।

आज दिन में अपने गाइड से उसे वृन्दावन के गोसाईं बाबा लोगों के व्यभिचार-दुराचार की बातें सुनने को मिलीं। मन घृणा से भर गया।

कोई एक गोस्वामीजी अहिंसक भक्तों के चढ़ावे से पाई हुई लक्ष्मी का नाना प्रकार से उपभोग करते हुए मांसप्रेमी हो गए थे। टहलने जाते हुए अक्सर उनका झोला कसाई की दुकान के आगे गिर जाता था।

गाइड बतलाने लगा कि अब करीब-करीब सब जानते थे, फिर भी इस वैष्णव संस्कारोंवाली भूमि से उस ढोंगी वैष्णव गुरु को कौन निकाल सकता था ? जब तक जनता में धर्म के प्रति अन्ध श्रद्धा है, जब तक गोसाइयों को प्रसन्न कर 'मुक्त' हो जाने का विश्वास लोगों के दिलों में जमा हुआ है तब तक वह सारे पाप करके भी पवित्र रहेगा।

एक महाशय के सम्बन्ध में गाइड ने बतलाया कि उनके जिम्मे कई धार्मिक जायदादें थीं। अपने मन्दिर में आई हुई दर्शनार्थी युवतियों को अपनी सिद्धि के चमत्कार से थोड़ी देर के वास्ते अलोप कर फिर प्रकट कर देने में विशेष रूप से प्रसिद्धि प्राप्त की थी। आपके जन्म का इतिहास, सच-झूठ की राम जाने, गाइड के कथनानुसार यह था कि आपकी माता एक गोस्वामी कृष्ण की राधिका थी। उन कृष्णरूप गोस्वामी को उन्होंने अपनी यौवन-मणि प्रदान की ही थी, साथ ही अपने पति कुल के ऐश्वर्य भरे खजाने का बहुत-सा अंश भी गोसाईजी को अर्पित किया था। फलस्वरूप वह बालक जन्मा। धन के प्रताप से इस बालक को पाल-पोसकर बड़ा करनेवाले सेठानी के एक अभिभावक भी पैदा हो गए। बड़ा होने पर अपना ही गोसाई-बालक गोद में लेकर सेठानी जी ने अपने पतिकुल का सारा ऐश्वर्य सौंप दिया। सुनते ही सज्जन को कन्या की स्वर्गीया भावज और उसके नवजात शिशु की मौत याद आ गई...वह शख्स ऐसी मृत्यु से बच गया, यह शुभ हुआ; यदि न बचता तो मानवता के हित में और भी शुभ होता। घृणा उसे सता रही थी। गाइड ने उसे एक प्रसिद्ध सिद्ध की नाक-कटावन लीला भी इन्हीं बातों की रौ में सुना डाली।

सिद्ध बाबा को भगतिनों की सेवा का चस्का पड़ गया था। भारत के अनेक प्रमुख नगरों के सेठ-सेठानी उनके परम भक्त थे। उन्होंने यहाँ पर एक आश्रम भी स्थापित किया था। सिद्ध बाबा अपने को खुल्लमखुल्ला कृष्ण कहकर अपने पैर पुजवाते थे। यहाँ के निवासियों को बाबा का यह दम्भाचरण बहुत बुरा लगता, क्योंकि वे किसी को सिद्ध, योगी-भक्त, महात्मा मानकर तो पूज सकते हैं, पर अपने व्रजचन्द्र से होड़ लेने वालों को क्षमा नहीं कर पाते, पर वे बाबा की सिद्धि से मजबूर थे, और बाबा की सबसे बड़ी सिद्धि यही थी कि अनेक सेठ उनके शिष्य थे।

एक बार पास ही के नगर का एक व्यक्ति अपनी पत्नी के साथ वृन्दावन आया। उसके बाल-बच्चा नहीं होता था। अनेक मन्दिरों के ठाकुरों की मनौतियाँ मानते हुए वह दम्पती साक्षात् कृष्ण रूप सिद्ध बाबा के आश्रम में भी आए। यहाँ आकर उस स्त्री को बाबा की सेवा का चस्का लग गया। फिर तो वह भगतिन कृष्ण प्रेम में ऐसी रँगी कि बार-बार वृन्दावन आने लगी। एक बार उसके पति को शक हो गया। वह भी पीछे-पीछे आया। उसे किसी तरह बाबा की रास-क्रीड़ा का इतिहास और उस खास कमरे का पता भी लग गया जहाँ कृष्ण जी अपनी गोपियों के साथ रास रचाया करते थे। बनिया छुरी लेकर पहुँचा। बाबा के रंगमहल के रक्षक शिष्य को छुरी दिखाकर वह अन्दर भी पहुँच गया। अन्दर पहुँचकर उसने बाबा की सेवा का दृश्य देखा। उसकी 'सती' जी बाबा की सेवा में मग्न थी। बनिए ने क्रोध में आकर कृष्णरूप सिद्धजी की नाक काट ली।

नाक कट जाने के बाद भी सिद्ध जी का सिक्का जमा ही रहा; उनकी सेवा भी पूर्ववत् होती रही। उनके आश्रम के एक साधु को यह पाखंड देख-देखकर घृणा के मारे पागलपन सवार हो गया। एक दिन सिद्धजी जिस समय अपनी भक्तमंडली में बैठे पूजा पा रहे थे, उस साधु ने बाबा की हत्या कर डाली।

सज्जन ने अक्सर ऐसी कथाएँ सुनी हैं। पहले कभी ऐसी बातें सुनकर धर्म के प्रति उसकी घृणा बढ़ जाती थी; परन्तु उसकी मानसिक परिस्थिति इस समय बदली हुई थी। आज उसे एक ओर इन ढोंगी महन्तों के पाखंडी भगवान् दिखलाई पड़ रहे थे, और दूसरी ओर सन्त-सूफियों के, माँ के भगवान् भी। इसलिए एक ओर तो उसमें नाश की ज्वाला धधक रही थी और दूसरी ओर निर्माण की कल्याणमयी, वेगवती, बलवती भावना। सज्जन सोचता कि भगवान् के—यानी मनुष्य के स्वरूप, स्वभाव को ही सर्वव्यापी बनाने में प्रगतिशील समाज को रूढ़िग्रस्त असत्य भगवान् से जुझारू युद्ध करना होगा। युद्ध के माने एटमबम नहीं; बल्कि युद्ध का अर्थ है हर विघ्न बाधा को पार कर सामाजिक चेतना को नई सतह पर ऊँचा उठाना।

सिद्धान्त के लिए, यानी विकास के क्रम के अनुसार बढ़नेवाले सिद्धान्त के लिए लड़ना मौत की निशानी नहीं जीवन की है। नई सभ्यता के उदय काल में इतिहास को अगर एक युद्ध और देखना ही पड़ा, तो आज की विकसित व्यापक मानव चेतना के लिए यह बड़े ही शोक और लज्जा की बात होगी; पर यदि लड़ाई होती है तो उसे ऐतिहासिक मजबूरी मानकर हमेशा के लिए लड़ाई का मुँह काला करने के लिए नए भगवान् और पुराने भगवान् में लड़ाई भी होगी।

सज्जन अपनी दिन भर की थकान को हाऊ भय से मुक्त कर नए आवेश, नए भाव से स्फूर्ति लेकर सो गया। उसे एक बार भी कन्या की याद न आई।

सबेरे सज्जन एक मन्दिर के बाहर पत्थर के चबूतरे पर बैठकर 'ज्ञानगुदड़ी' का स्केच बना रहा था, और कन्या उसे 'निधिवन' में ढूँढ़ रही थी। कन्या हठपूर्वक वृन्दावन आई थी। लाला मुरलीमनोहर ने बहुतेरा समझाया कि वृन्दावन भले ही लन्दन, न्यूयार्क, मुम्बई, कलकत्ता, दिल्ली न हो फिर भी वह छोटी-छोटी गलियों, सड़कों और प्रसिद्ध पौराणिक धार्मिक स्थानों से गुँजा हुआ तो है ही। अपरिचित के लिए तो ढूँढ़ना कठिन हो ही जाएगा। किन्तु कन्या न मानी।

सज्जन ने इकहरी ईंट के घेरे से सुरक्षित बालू के चबूतरे और उस वट वृक्ष की छवि तो आँक ली, परन्तु फिर यही शंका सताती रही कि क्या यह वही स्थान है जहाँ ऊधो गोपियों के आगे छब्बे

बनने आए थे और दुबे बनकर लौट गए। व्रज की गोपियों ने 'निर्गुन कौन देस को बासी' पूछकर क्रोध रहते हुए भी अपने सहज विनोदी स्वभाव को साथ-साथ साधकर, तड़ाक् से जवाब दे दिया—

धरि राखौ ज्ञान गुन गौरव गुमान गोइ
गोपिन कौ आवत न भावत भड़ंग है।
कहै रतनाकर करत टाँय टाँय बृथा
सुनत न कोऊ इहाँ यह मुँह चंग है।
और हूँ उपाय केते सहज सुढंग ऊधो
साँस रोकबैं कौं कहा जोग ही कुढंग है।
कुटिल कटारी है अटारी है उतंग अति
जमुना तरंग है तिहारो सतसंग है॥

परन्तु सज्जन को इस पत्थर के मकाननुमा मन्दिरों के घिरे हुए चबूतरे को देखकर गोपियों का विरह तेज कहीं भी न दिखाई दिया। ज्ञानगुदड़ी वाला चबूतरा उसे ऐसा लगता था, मानो अभी थोड़ी देर पहले ही वहाँ से मोल-तोल सौदे-पट्टी और काँव-काँववाली पैंठ उठी हो। यह ज्ञानगुदड़ी फेंक देने लायक है।

कन्या निधिवन के चारों कोने भटककर रीते हाथ अपनी खोई निधि को कहीं और पाने के लिए लौटने लगी। सज्जन को निधिवन में न पाकर भी वहाँ से असन्तुष्ट नहीं लौट रही थी। निधिवन एक महान् नादयोगी, तानसेन और बैजूबावरा के गुरु की तपोभूमि है। रसिकवर ने यहाँ संगीत को सिद्ध कर परम सन्तोष की निधि को प्राप्त किया था। निधिवन में आकर ऐसे लगता है कि हम सचमुच उस वृन्दावन में खड़े हैं जो कृष्ण काल में भी करीब-करीब इस रूप में आबाद रहा होगा। सघन कुंजों, लताओं, वृक्षों से निधिवन समृद्ध है। कहीं खंडहर, कहीं तीन-चार वृक्ष मिलकर सघन मंडप-सा बना रहे हैं, कहीं करीले का काँटा उलझकर छेड़ देता है। पंछियों का कलरव, बन्दरों की उछल-कूद, एक हिरन के बच्चों की किलोल,—सज्जन के ध्यान में खोई हुई रहने पर भी निधिवन में कन्या को शान्ति मिली।

उदास लौट रही थी; सामने स्वामी हरिदासजी की समाधि पर चश्मा लगाए भस्म रमाए घुटमुंड, मुछमुंड लँगोटधारी मस्तमौला साधु अपने बेसुरे स्वर में बड़े प्रेम से हरिदासजी का कान्हरा राग में बाँधा गया भजन गा रहे थे।

माईरी सहज जोरी प्रगट भई जो रंग की
गौरी श्याम घन दामिनी जैसे।
प्रथम हूँ हुती अब हूँ आगे हूँ
रहे है न टरि है तैसे
अंग अंग की उजराई सुघराई
चतुराई सुन्दरता ऐसे।

श्री हरिदास के स्वामी श्यामा कुंज बिहारी...कन्या को लगा कि यह भजन अदृश्य ने उसे आशीर्वाद के रूप में सुनाया है। उसकी और सज्जन की—स्त्री-पुरुष की—सहज जोड़ी देश काल से परे है। वह नित्य है। उसका अन्त नहीं।

32

पति-पत्नी के रूप में स्त्री-पुरुष की सहज जोड़ी देश-काल से परे है। वह नित्य है; उसका अन्त नहीं।'

—यद्यपि अपने और शीला के बड़े कोमल, बड़े मार्मिक नाते से इस समय महिपाल का मन उसी प्रकार घिरा हुआ था जैसे चित्रों में देवताओं का मुखमंडल श्रीचक्र से घिरा रहता है, फिर भी

सिद्धान्त और न्याय के तौर पर वह अपने और कल्याणी के 'वैध' नाते को महत् सत्य मानने के लिए मजबूर है और इसी मजबूरी के साथ महिपाल, घर से दो दिन दूर रहने के बाद, कर्नल की कार पर, घर के लिए शीला के घर से लौट रहा है।

साले के विवाह के बड़ाहार में उसके और शीला के प्रेम की कलंक-गाथा ने पति-पत्नी के बीच जो चौड़ी और गहरी मानसिक खाई खोद दी थी, इसमें इन दो दिनों में महिपाल ने गहरी डुबकियाँ खाई हैं। वह और शीला—वह और कल्याणी—महिपाल शुक्ल अब दोहरे बन्धनों में नहीं रह सकता। इस द्वन्द्वात्मक जीवन में उसका कोई रूप भी साफ-साफ उभर नहीं पाता है।

सुबह—अब से घंटा, सवा घंटा पहले—कर्नल जब उसे ले जाने के लिए शीला के घर पर आया था उस समय महिपाल का मन पिघले हुए गर्म मोम का सागर बनकर एक बार ज्वार की तरह उमड़ा; फिर कुछ पलों के तीव्र ज्वार के उतार के बाद फर्लांगों पीछे हटकर करुण मर्मर करने वाले समुद्र की तरह गिड़गिड़ाहट से भर गया था। वह जानता था कि उसे शीला का घर छोड़कर अपने घर जाना ही पड़ेगा। महिपाल अपने आप में उसी प्रकार अनुभव कर रहा था, जैसे लड़की पीहर से ससुराल जाते समय करती है। वह जानता था कि गए बिना उसकी आन गति नहीं। पति-पत्नी की सहज जोड़ी दुनिया में रहेगी ही। वह नित्य है। उसका अन्त नहीं। संस्कारयुक्त, ऊर्ध्वचेता महिपाल इस सत्य से मुँह कैसे चुरा सकता है?

दो दिनों तक घर से मुँह चुराकर, संन्यास और विलास के झूले पर अपने अतृप्त अनबूझे विद्रोही मन को झुलाकर कर्नल के साथ वह उसी तरह से लौट रहा है जैसे घर से रूठकर भाग जाने वाला लड़का गिरफ्तार होकर लौट रहा हो।

चलते समय शीला ने सूनी पथराई हुई दृष्टि से उसे देखा था। महिपाल को ऐसा लगा मानो पहाड़ की सुरंग में न दिखलाई पड़ने वाला विकल झरना बह रहा है। उसका मन खामोशी के इस्पाती सन्दूक में अपने आपको बन्द कर हुड़क-हुड़क उठा। और यही हुड़क क्रमशः जमकर उसकी सैद्धान्तिक पीठिका बन गई। महिपाल घूम-फिरकर फिर अपनी बात पर आ गया—पति-पत्नी का नाता नित्य है, अनन्त है; अभेद्य है।

कर्नल के दवाखाने के पीछे वाले हिस्से में, कन्या के कमरे में कल्याणी अपने छोटे लड़के तपोधन के साथ बैठी थी। कर्नल ने उसे वहाँ बुलाया था। इन दो दिनों में तप ने कल्याणी को निखार दिया है। गहरी वेदना से अभिभूत उसका गम्भीर शान्त-अशान्त चेहरा ताजा नहाया हुआ-सा लगता है। तपोधन कुर्सी पर बैठा-बैठा टाँगें हिला रहा है।

कसे हुए चेहरे के साथ महिपाल ने उस कमरे में प्रवेश किया; कर्नल उसके पीछे था। कल्याणी और महिपाल की नजरें एक बार मिले बिना न रह सकीं। दोनों ने ही उतावली के साथ नजरें हटा लीं—निमिषमात्र में ही दोनों ने नए सिरे से अपनी अभेद्यता को पहचान लिया, परन्तु मन के विरोधों ने आपस में मुँह फेर लिया। कल्याणी ने सिर झुका लिया, महिपाल सिर घुमाकर तपोधन को देखने लगा।

बच्चा सिकुड़ा सकपकाया हुआ बैठा था। पिता को अपनी ओर देखते देखकर उसकी सिट्टी-पिट्टी गुम हो गई। जैसे शेर के सामने आ जाने पर भय की मोहिनी से इनसान की नजरें बँध जाती हैं, भयभीत तपोधन उसी तरह टकटकी बाँधकर अपने पिता को देखने लगा। पिता का स्नेह अपने बच्चे से विमुख न हो पाया; मन झुक गया, आँखों में ममता झलक पड़ी। पिता महिपाल अपने बच्चे की उपस्थिति में विलासी महिपाल को क्षमा करने में असमर्थ हो झिझक से भर उठा—"ये—मेरे—सब बच्चे—एक अन्य स्त्री के साथ मेरे सम्बन्ध को अपने मन में किस दृष्टि से देखते होंगे?"

पुराना सवाल बहुत नया, नोकीला होकर अनी-सा उसके मन में चुभने लगा। महिपाल को तपोधन की उपस्थिति से लज्जायुक्त अनखनाहट महसूस हुई। उसे दबाकर ललक के साथ वह आगे बढ़ा, तप्पू के रूखे बालों पर हाथ फेरकर बोला—"आज स्कूल नहीं जाना—क्यों रे?"

"जी, अब जाऊँगा।"

बेटे के सिर पर हाथ रखे, बेरुखी से नजरें उठाकर अपनी पत्नी से पहली बात—पहला सवाल किया—"बच्चे क्या आज भूखे स्कूल-कालिज जाएँगे?"

कल्याणी पहले चुप रही। कौतूहल का क्षण महिपाल के लिए बहुत बड़ा हो गया। अधीर होकर वह अधिक क्रोध प्रकट करने वाला ही था कि कल्याणी अपने दाहिने पैर की बिछुए वाली उँगली और अँगूठे को सिकोड़ उसी तरफ दृष्टि रखकर बोली—"रज्जो अउ सकुन्तला बनाय रही है। तप्पू, घर चलो। हम अबहे आइति हयि।"

"हाँ बेटे, चलो, हम लोग आते हैं।"

जाने से पहले सात वर्ष के बालक तपोधन ने एक बार माँ को, फिर अपने पिता को देखा—इतनी झलझलाई हुई दीन दृष्टि से देखा, मानो कह रहा हो—"मेरी माँ को मत सताइएगा।"

तपोधन के वापस जाने के बाद कमरे में कुछ पलों के लिए मौत का-सा सन्नाटा छा गया; कल्याणी सिर झुकाए बैठी रही, महिपाल का सिर भी नीचा ही रहा, कर्नल दोनों को खोई दृष्टि से देखता, चुटकी से अपने निचले होंठ को धीरे-धीरे खींचता रहा।

महिपाल ने अचानक बात उठाई; कर्नल से पूछा—"ये लोग मथुरा से कब तक वापस आएँगे?"

"कल नहीं तो परसों सबेरे आ ही जाएँगे। बिन्नो सिर्फ चार दिन की छुट्टी लेकर गई है।"

इसके बाद फिर पल भर का सन्नाटा छाया। कर्नल ने एकाएक कल्याणी की ओर देखकर कहा—"भाभी, अब बीती बातों को दिल से निकाल दीजिए। बात अब सिर्फ आप दोनों के शिकवे-शिकायत या लड़ाई की नहीं है; सवाल तो यह है कि जवान-जवान बेटे-बेटियाँ हैं। उन पर क्या असर होगा? अब आपको यही सोचकर गम्भीरताई से काम लेना चाहिए भाभी।"

"ये? इस जन्म में क्या, चौरासी हजार जन्मों में भी इस बात को नहीं सोचेंगी। इनकी तो ये आन है कि जिस बात को मैं मना करूँ, उस बात को ये दस लाख बार दुहराएँगी, वरना गिगासौं के पाँडे की बिटिया की नाक न नीची हो जाए। इससे—"

"महिपाल, अब तुम चुप होते हो या नहीं? मैं कहता हूँ इतने बड़े लेखक—"

"भाड़ में गया लेखक। लेखक साले की कोई कदर है?—घर तक में नहीं। जिस दिन—जिस दिन इनकी चूड़ियाँ फूटेंगी, उस दिन इन्हें मालूम होगा कि मैं कितना बड़ा लेखक था।" कहकर वह तेजी से कमरे के बड़े-बड़े चक्कर काटने लगा।

कल्याणी सिर झुकाए बैठी रही।

कर्नल ने फिर बात उठाई; कल्याणी से बोला—"महिपाल ने आपके साथ बहुत ज्यादती की है भाभी—मैं इनके मूँ पर कहता हूँ, पर ये आपकी बेहद कदर करते हैं।—ये बात भी इनके ही सामने मैं आपसे कह रहा हूँ।..."

विलासी महिपाल के अपराधी मन को अपने न्याय पक्ष का समर्थन मिला। उत्तेजित होकर बोला—"तुम क्या, ब्रह्मा आकर समझाएँ तब भी ये नहीं मानेंगी कि मैं इनकी कद्र करता हूँ। अरे, समझाने की बात ही जाने दो। मेरे आचरण से इन्हें नहीं सूझता। मेरी चीख-चिल्लाहट तो इन्हें दिखलाई देती है, पर मैं जो इनका आदर करता हूँ, इन्हें जो बल देता हूँ उसे ये कौड़ी के मोल भी नहीं मानती और मानें कैसे, इनका ख्याल तो ये है कि—मुझमें कोई अच्छाई है ही नहीं। ये समझती हैं कि मैं इनका शत्रु हूँ।...(दाँत पीसकर) जाहिल! अकल की लट्ठ।—"

"महिपाल!"—

"इस औरत ने मेरा जीवन नष्ट कर दिया जी। कभी मेरी बात न सुनी। कभी मुझे समझने की कोशिश नहीं की कि आखिर ये आदमी क्या चाहता है—क्या कहता है—"

"अच्छा, अब हम कहते हैं कि—"

"कर्नल, मैं इस समय उत्तेजित जरूर हूँ पर नाराज नहीं हूँ। मैं अपने जी की सब बातें इनकी मौजूदगी में तुम्हारे सामने रख दूँगा। अब—अब मेरी इकतालीस-बयालीस की उमर होने को आई। अल्हड़ जवानी नहीं रही कि लड़-भिड़कर सब भूल जाऊँ, अब मुझे थकान चढ़ती है। मुझे भी बल चाहिए। मैं अधिक से अधिक वही आठ-दस वर्ष मेरे काम करने के हैं। जीवन में कुछ न मिले न सही, पर मैं शान्ति चाहता हूँ और ये औरत मुझे अशान्त करती है—"

"तौ इनसे कहि दीजिए भाई साहेब अकि वहीं जाएँ जहाँ इन्हें सान्ती—"

"देख लो! देख लो कर्नल—"

"मैं कहता हूँ, तुम चुप रहो महिपाल!" कर्नल ने जोर से डाँटकर कहा, फिर आवाज को नीची सतह पर लाकर बोला—"भाभी से मुझे बात करने दो और खबरदार जो बीच में जरा भी बोले तो! हाँ भाभी, देखिए बात जरा पेचीदा है। मुझसे अगर कोई चूक हो जाए तो बुरा मत मानिएगा—मैं पहले से ही माफी माँगे लेता हूँ—देखिए महिपाल को समझने में आप गलती करती हैं। ये मैं मानता हूँ कि महिपाल में बुराइयाँ हैं, पर ये भी आपको मानना पड़ेगा कि इनके जैसे औला दौला, दिल के साफ इनसान आपको फी जमाना इक्के-दुक्के ही देखने को मिलेंगे। मैं बिलकुल भी झूठ नहीं कह रहा हूँ, भाभी दुकानदार दुनियादार आदमी हूँ, दस तरह के लोग नित मेरी नजरों में आते हैं। अपना आदमी है, इसलिए कदर नहीं होती, मगर इनके गुन औ; जो जोग्गता के आगे मैंने अच्छे-अच्छों को सिर नवाते देखा है।"

उँगलियों में जली सिगरेट दबाए; सिर झुकाए महिपाल कुर्सी पर सीधा बैठकर तल्लीन भाव से आत्म-प्रशंसा सुन रहा था। इस समय कर्नल के उपकार से वह बँधा जा रहा था। कर्नल कह रहा था—"महिपाल जैसे लेखक की कदर तो भाभी विलायत में ही हो सकती है। इनके जैसे आरटिस्ट इंटिलिक्चुअल को ऐसी-ऐसी मुसीबतों का सामना करना पड़ता है। ऐसे आदमी में अगर एकाध कोई कमजोरी हो भी तो मेरी राय में उसे छिमा कर देना चाहिए।"

कर्नल चुप हुआ। कमरे में सन्नाटा छा गया। तीनों के सिर विचारमग्न मुद्रा में झुके रहे। कर्नल बाएँ हाथ की उँगली में पड़ी हुई नवरत्न की सुन्दर जड़ाववाली अँगूठी को दाहिने हाथ से इधर-उधर घुमाने लगा। दाहिने हाथ की उँगली में बड़ा-सा लहसुनिया फब रहा था। कर्नल ने हल्के से खँखारकर फिर कहना शुरू किया—"मैं ये नहीं कहता कि महिपाल को आप कुछ न कहें, मगर जो कुछ भी कहना-सुनना करें वो इसका मूड देखकर। अब आप ही सोचिए, जवान-जवान लड़के-लड़कियों के आगे आप दोनों की आपसी रंजिश का कारन खुल गया। जमाना कैसा खराब जा रहा है, ये तो आप जानती ही हैं। कुँवारे लड़के-लड़कियाँ हैं, जरा से में हाथ से बेहाथ हो गए—"

"ये ही वजा से हम इनको कहती हैं, भाई साहेब, और कोई वजा नहीं है।" इतनी देर के बाद कल्याणी का कंठ फूटा। महिपाल के भँवों की कमानें चढ़ गईं, पुतलियों को तिरछी घुमा पत्नी को इस तरह घूरकर देखने लगा, मानो हिप्नाटिज्म की कोई क्रिया कर रहा हो। कल्याणी उत्तेजित किन्तु सधे हुए स्वर में बोल रही थी—"हम सब कुछ सह सकती हैं, मुल ऐसी बुराई-बदनामी की बातें जो इन्हें करनी होंय तो इनसे कहिए, हमैं थोड़ा-सा जहर लाय के पहले दै दें। हम अपने घर में किसी की खोट नहीं बरदास कर सकैंगी, चाहे इनकी होय, चाहैं लड़के बिटियों की होय।" कल्याणी के चेहरे पर तेज चढ़ आया था।

यह तेज महिपाल के मन का आदर्श है। इस आदर्श को वह बहुत इच्छा करके भी अपने प्रत्यक्ष जीवन में न पा सका। कल्याणी का हठी और उजड्ड स्वभाव ही इसका एकमात्र कारण है। 'इसने कभी मेरे कलाकार साहित्यिक व्यक्तित्व को प्रेरणा नहीं दी। सदा मेरा विरोध किया। पतिव्रता, तपस्विनी, तेजस्विनी है तो क्या हुआ, ये—चरम परम घोर अन्यतम वज्र मूर्खा है!' शब्दों और विचारों की छायाएँ सैलाब की लहरों-सी दौड़ती निगल गईं; शेष क्रोध भरी जड़ता का दलदल रहा जिसमें उसका दिमाग अटक गया। गरज कर बोला—"मैं तुम्हारे बाप का दबैल नहीं हूँ, समझीं। तुम्हें दस लाख बार गरज हो तो मेरे साथ रहो; अन्यथा मैं तो एक क्षण के लिए भी तुम्हें बर्दाश्त करने को तैयार नहीं—अहंकारिणी, स्वार्थी, नीच!"

कर्नल ने उठकर फौरन उसके मुँह पर हाथ रख दिया, दबे स्वर में झिड़कते हुए उसने कहा—"महिपाल! महिपाल!" महिपाल उसके हाथ से हलका-सा जूझकर मुक्त हो गया। कर्नल का झिड़कना जारी रहा, बोला—"हम कहते हैं सिड़ी हो गए हो क्या? बस जी, अब हम समझ गए। सारा दोष तुम्हारा है।"

"क्या बकता है?" महिपाल ने कर्नल को भी तुच्छा बनाना आरम्भ किया। कर्नल महोदय का मूड इस समय ऐसा काँटे-तोल सधा हुआ है कि वे धोखे से भी किसी प्रकार की तुच्छता के पास फटक ही नहीं सकते। और कर्नल महोदय जब ऐसे मूड में आ जाते हैं, तब दो लड़नेवाली पार्टियों में समझौता होकर ही रहता है वरना फिर एक पार्टी को कर्नल से मोर्चा लेने के लिए तैयार होना पड़ता है। लाला नगीनचन्द जी उर्फ कर्नल साहब ने न जाने कितने नाते-रिश्तेदार और मेल-जोल के घरों में चूल्हे को फूटने से बचाया है। दबंगियत से उँगली उठाकर कहा—"देखो जी, ये झूठा रौब मत झाड़ो इस वक्त, समझे। मैं एकदम सीरियस मूड में हूँ—इस दम मैं न तो तुम्हारा हूँ और न भाभी का। जो मुझको सच जँचेगा वही कहूँगा। और मैं फिर कहता हूँ, सारा दोष तुम्हारा है। तुम भाभी जैसी सती के पैर की धोवन भी नहीं हो साले, इंटिलिक्चुअल चाहे जित्ते बड़े हो।"

महिपाल को लगा जैसे कर्नल ने अचानक वो कुर्सी खींच ली, जिस पर कि वह बैठा है। सज्जन की मौजूदगी में यदि कर्नल ने इतनी साफ बातें कहीं होतीं तो वह उन्हें दूसरी दृष्टि से देखता, पर इस समय कल्याणी के सामने कर्नल की ये फटकार उसे बड़ी अखरी। वह अपनी लड़खड़ाहट को सँभालकर, अपने आपको कसकर, कर्नल के ऊपर गहरा प्रहार कर अपनी पत्नी की दृष्टि में विजेता होने की तैयारी पर आ ही रहा था कि तब तक कर्नल ने एक बड़ा चुभता सत्य कहकर उसकी जबान बन्द कर दी। कर्नल ने कहा—"तुमने अपने लेखकपने में इन्सानियत चाहे जितनी पहचान ली हो, पर इनसान को तुम अब तक न पहचान सके! माना कि भाभी हठी हैं, पर तुम तो मूर्ख हो मूर्ख! तुम इत्ते बरसों साथ रहे के उनके मन का भाओ नहीं पहचान पाए, और मैं समझ गया। ये जितनी शुद्ध विचारों की पवित्र देवी हैं उतना शुद्ध विचारों का जो भी कोई होगा वो किसी किस्म की गन्दगी बरदाश्त नहीं कर पाएगा बाबूजी। अब आप ही हैं, जिस हद तक आपके इंटिलिक्चुअल विचार ऊँचे उठे हैं उस हद तक आपको जो किसी की गन्दगी नजर आती है तो आप नहीं बमक उठते जनाब? सैकड़ों बार तो मैंने ही आपको देखा है।"

रोगी मनुष्य को जैसे कभी-कभी शुद्ध वायु नुकसान कर जाती है, उसी तरह कर्नल की बातों का महिपाल पर असर हुआ। उसके अन्दर का सत्य उभरा किन्तु सन्तुलित शान्त भाव से नहीं, वरन् विद्रोही होकर। उसने सिर उठा तमक कर कहा—"मैं जानता हूँ, बल्कि निःसंकोच हरेक के सामने कह भी देता हूँ कि कल्याणी मुझसे अधिक एकनिष्ठ है। मैंने भी सत्रह-अठारह वर्ष एक पत्नीव्रत धारण कर शुद्ध निष्ठा से बिताए हैं, अब भी इनकी (कल्याणी की) वज्रमूर्खता से घोर घृणा करते हुए भी उनके लिए मेरे हृदय में प्रेम भरा पूज्य भाव है, पर चाहे जो कहो कर्नल—आज मैं कल्याणी

के सामने भी बेझिझक कहूँगा कि शीला और अपने प्रेम में मैं कोई गन्दगी नहीं पाता और मैं उससे नफरत करूँगा जो-जो मेरी शीला से नफरत करेगा।''

'मेरी' शब्द पर जोर था; उस शब्द ने अपना काम किया; कल्याणी अन्दर ही अन्दर फूल उठी, परवशता घुटी निसाँस बनकर प्रकट हुई; कल्याणी की आँखें तिरछी घूमकर अपने पति को इस तरह देखने लगीं मानो कह रही हों, तुमने मुझे धारोधार डुबो दिया। तुमने ये क्या कह दिया ?

महिपाल ने उत्तेजना में बात कहकर फिर तुरन्त चोर की तरह अपनी पत्नी की ओर ताका। तभी कल्याणी ने भी उसकी ओर शिकायत, पराजय और करुणाभरी दृष्टि से देखा। नजरें मिलना फिर घातक सिद्ध हुआ, महिपाल इस समय सत्य से संत्रस्त था। ''पति-पत्नी का बन्धन अटूट है, अनन्त है। मैं इसको तोड़ूँगा। स्त्री-पुरुष का प्रेम महाबन्धन है; स्त्री-पुरुष, पति-पत्नी हों या न हों। कल्याणी सती है तो बनी रहे। हम पतित होकर भी महान् हैं। शीला मुझे प्रेरणा देती है, मैं शीला के प्राणों में बसता हूँ। सामाजिक दृष्टि से यह भले ही अनैतिक हो—समाज साला हमारे प्रेम के आगे क्या वस्तु है ?''

महिपाल एकाएक उत्तेजित भाव से खड़ा हो गया, कर्नल से बोला—''कर्नल, आई एम गोइंग। इनसे कह दो, अपनी कमाई में अब से पिछत्तर रुपए निजी खर्च के लिए काट कर बाकी तुम्हारे जरिए इन्हें हर महीने भेजता रहूँगा।''

महिपाल दरवाजे की ओर बढ़ा, कल्याणी और कर्नल दोनों ही सकपका गए। कर्नल ने पूछा—''क्या अब से शीला के यहाँ ही रहोगे ?''

प्रश्न सीधे भाव से पूछा गया था, पर महिपाल को ताना-सा लगा, चिढ़कर बोला—''मैं औरतों के पैसे पर जीने वाला कुत्ता नहीं हूँ।''

''तुम्हारे दुस्मनौ यू कलंक नाहीं लगाय सकत हैं।'' अपने सर्वस्व को जाते देखकर कल्याणी के हाथों के तोते उड़ गए, हड़बड़ाकर आगे बढ़ी, फिर कर्नल का ख्याल आया, रुक गई और अपने को संयत करते-करते भी सँभल न पाई, बोली—''तुम चले जैहौ तो हम लरिकन ते का कहब ? दुनिया का कौन मुँह दिखाऊब ?''

''काहे ? तुम सती, देवी हउ। तुम्हारे तौ सब पूजा करिहैं। दुनिया थुकिहै ता हम पतितन—''

''आज सकुन्तला का द्याखै अइहैं मुरादाबाद वाले। हम एही खातिर इन भाई साहब के पठवा रहै तुम्हरे पास।''

महिपाल की उत्तेजना, विचारधारा, मानसिक प्रण और योजनाएँ यह सुनते ही तिरोहित-सी होने लगीं। पत्नी, प्रेमिका और प्रेम, यह सब जवानी भरी समस्याएँ नई पीढ़ी का जिक्र आते ही उस चोर की तरह अपने को छिपाने का प्रयत्न करने लगीं जिसके चोरी करते समय ही उस स्थान पर घर मालिक आ गए हों। महिपाल ने फिर अपने आप को हठपूर्वक कसा। कहा—''अब कोई आए, मेरा तुमसे कोई सम्बन्ध नहीं रहा।''

कर्नल आगे बढ़कर बोला—''बचपना कर रहे हो महिपाल ! इनसे तुम लड़ सकते हो, मगर बच्चों से लड़कर कहाँ जाओगे ? अब बहुत हो गया। जाओ, दो दिन से तुम्हारे घर में क्या हालत हो रही है सबकी, इसकी अन्दाज तुम्हें नहीं है।''

''और इन दो दिनों तक मेरे दिल पर क्या-क्या बीती है, इसका अन्दाज तुम्हें भी नहीं है, पर मैंने यह तय कर लिया है, कर्नल, कल्याणी से मेरा समझौता नहीं हो सकता।''

''देखो—''

''देखो-वेखो कुछ नहीं। चौबीस बरस जिस स्त्री के साथ मैंने बिताए और चौबीस बरसों में जो स्त्री मुझे समझ नहीं सकी, उसके साथ अब कोई सम्बन्ध रखने को जी नहीं चाहता।''

''आखिर कहीं रहोगे न। शीला के यहाँ तो रहोगे नहीं। ऐसे मौके पर मेरे या सज्जन के यहाँ भी तुम रहने से रहे—''

महिपाल के मन में गोमती किनारे के उस शिवाले का चित्र आ रहा था जहाँ उसने परसों की रात बिताई थी। शिवाला आध्यात्मिक सन्तोष के साथ उसे अपने लिए इस समय सबसे सुन्दर आश्रय-स्थल लग रहा था। शिवाले का ध्यान आते ही कल्याणी और शीला, दोनों ही अपनी पूरी समस्या को लेकर उसके मन से निकल गईं। एक नई स्फूर्ति से उसका मन भर गया। वह बोला—"मेरे जैसे साहित्यिक के लिए रहने को महल-दुमहले नहीं चाहिए। तीन गाँठ कौपीन में बिन भाजी बिन लौन—"

कर्नल उसे समझाते हुए बोला—"वह तो मैं जानता हूँ। मगर अब मेरी भी मान लो। जाओ, घर जाओ। लड़की का रिश्ता आया है। यह बेचारी कल से बहुत परेशान थीं। मैं तो सच पूछो तुम्हें लाने-बुलाने के फेवर में नहीं था। जानता था, जब तुम्हारा मूड ठीक हो जाएगा तब उचित-अनुचित को समझकर तुम आप चले जाओगे। पर भाभी बेचारी इतनी परेशान थीं कि—चलो इस बहाने भाभी के दर्शन तो हो गए। अब कभी तुम्हारे घर जाऊँगा तो परदे की कैद नहीं रहेगी। किचन में—" कर्नल जानबूझकर बातों को हलके रस में बहा ले जाने का प्रयत्न करने लगा।

कल्याणी के चेहरे पर सन्तोष की झलक दिखलाई पड़ने लगी।

कर्नल अपनी वाग्धारा को तोड़कर पल भर रुका, फिर नए सिरे से बात चलाते हुए बोला—"अच्छा भाभी, यह बताइए आप हम म्लेच्छों के यहाँ चाय-वाय पी लेती हैं या नहीं? खैर, न पीती हों तो कोई हर्ज नहीं, पर मिठाई खाए बगैर न जाने दूँगा। मैं अभी आया।" कहकर कर्नल तेजी से कमरे से बाहर चला गया।

पति-पत्नी दोनों को एकान्त मिला। कल्याणी ने खुलकर सकरुण दृष्टि से अपने पति की ओर देखा। महिपाल उस दृष्टि का सामना नहीं कर पाया। उसे आज का समझौता अब तक रह-रहकर अखर रहा था। इस समय अकेले में कल्याणी के सम्मुख वह कुछ-कुछ उसी प्रकार अनुभव कर रहा था जैसे हारे हुए राजा पुरु ने विजेता सिकन्दर के सम्मुख अनुभव किया होगा।

घर लौटते समय महिपाल के मन की हालत अजीब-सी हो रही थी। दो रोज तक बाहर रहकर उसे अपने बच्चों का सामना करने से अत्यधिक संकोच अनुभव हो रहा था। जवान-जवान बच्चे हैं। जितना ही अधिक उसे इस बात का ध्यान आता, उतना ही उसे कल्याणी पर क्रोध चढ़ता। घर आकर वह घर के अन्दर न जा सका। बैठक के दरवाजे में बने हुए लेटर बॉक्स की जाली से उसे डाक झाँकती दिखाई दी। कल्याणी से कहा—"बैठक की चाबी हमें दे जाओ। और तुम्हीं दे जाना।" तब तक महिपाल गली में ही टहलता रहा। एक पड़ोसी महाशय अपने घर जाते हुए नजर आए। नमस्कार-चमत्कार हुआ। पड़ोसी सज्जन बड़े लहके से पूछने लगे—"कहिए पंडितजी। वोट किसे दे रहे हैं आप?"

"भाड़ में जाय वोट! मैं तो इन सबसे नफरत करता हूँ।"

पड़ोसी महाशय को इस बात से सन्तोष न हुआ। मुँह बनाकर बोले—"हाँ, सो तो है ही मगर हम तो सुन रहे थे कि आपने, कर्नल साहब वगैरह ने कम्युनिस्टों को बैक करना शुरू किया है। उस दिन हवाई जहाजवाला पर्चा तो बड़ा जोरदार रहा आपका। जिसने पढ़ा, उसी ने कहा कि ऐसा गजब का पिरपोगैंडा तो किसी पार्टी की तरफ से भी नहीं हुआ। हमने तो कह दिया पंडितजी कि यह सब हमारे पंडितजी की ही माया है। कोई ऐसा जोरदार लिख ही नहीं सकता। हें-हें-हें!"

महिपाल को बड़ी चिढ़ हो रही थी, परन्तु वह मजबूर था। कल्याणी उसी समय दरवाजे के पीछे दिखाई पड़ी। उसने किसी तरह पड़ोसी महाशय से अपना पीछा छुड़ाया। कल्याणी ने जाने से पहले कहा—"अब तुमहूँ नहाय-खाय लेओ।"

महिपाल ने कहा—"लड़कों को खिला दो।"

''उइ तो सब लोग गए। खाली तप्पू हैं, रज्जो हैं और सकुन्तला हैं।''

''क्यों?''

''अब सकुन्तला का तौ जाए ते रोकै लिया। रज्जो, हम स्वाचा कि हमार हाथ बटाय लेहैं तौन—''

महिपाल ने कुछ न कहा। बैठक खोल कर अन्दर चला गया। लेटर-बॉक्स में दो पत्र और एक पत्रिका मिली।

कल्याणी चली गई थी। रज्जो, शकुन्तला आदि के घर में रहने के कारण महिपाल का अन्दर जाने का हियाव नहीं पड़ रहा था। पत्रिका नई थी। बड़ी सज-धज के साथ निकली थी। पत्रों में दोनों लिफाफे थे। एक आल इंडिया रेडियो की मोहर लगा हुआ, दूसरा कोई और। महिपाल पत्रिका में अपना मन रमाने लगा। तस्वीरें-ही-तस्वीरें थीं—पढ़ने लायक मैटर बहुत ही थोड़ा था। महिपाल ने काफी समय उसी में गुजारकर फिर रेडियो का लिफाफा खोला, एक टॉक का कान्ट्रैक्ट था। टॉक एक सीरीज में आयोजित की गई थी। सीरीज का नाम था 'चौथा महायुद्ध' और उसके अन्तर्गत महिपाल के लिए प्रस्तावित वार्ता थी स्त्री-पुरुष। महिपाल हँस पड़ा। चौथा महायुद्ध होगा—मुख्यतः स्त्री-पुरुष में ही होगा, क्योंकि दुनिया से आर्थिक असमानता हट जाने पर मनुष्य के सामने फिर स्त्री-पुरुष की समस्या ही सबसे अधिक महत्त्वपूर्ण समस्या बनकर आएगी। टॉक मजेदार रहेगी, महिपाल ने सोचा। दूसरे पत्र का लिफाफा इसी सोच में खुल गया। ''अखंड सौभाग्यवती छोटी को भैया का आशीर्वाद—'' कल्याणी का पत्र था, धोखे से खुल गया। महिपाल आमतौर पर अपने घरवालों के पत्र खोलकर नहीं पढ़ता, परन्तु इस समय न जाने कैसी रौ आ गई और वह पत्र पढ़ गया। उसका खून खौल उठा। कल्याणी ने अपने भाई से कुछ रुपए उधार मँगवाए थे जिसके उत्तर में उन्होंने लिखा था कि इस समय हाथ तंग है, इसलिए मदद करने से लाचार है। बाकी पत्र में अपना रोना रोया गया था। महिपाल के बड़े साले ने अपनी बहिन को लिखा था कि पिता के किसी असम्मानजनक व्यवहार के कारण वह अपने छोटे भाई की बारात में लखनऊ नहीं गया। बारात का हाल-चाल बहिन से लिख भेजने का आग्रह किया था। अन्त में एक वाक्य था—''और हमारे लेखक महाशय का क्या हाल-चाल है? आजकल आर्टिस्टी का धन्धा कुछ नरम पड़ गया है क्या?''

पढ़ना था कि महिपाल क्रोध से दीवाना हो गया। उसका रोम-रोम क्रोध से खड़ा हो उठा था। ये ऐसा आवेश था जिसमें अप्रत्यक्ष तौर पर मन में प्रतिहिंसा की भावना पूर्व निश्चित और सुशान्त भाव से क्रोध की लगाम साधे, इनसान के होश को बिलकुल ही दूसरे व्यक्तित्व में बदल देता है; उसके चेहरे की चेष्टा भी बदल जाती है। महिपाल बैठक खुली छोड़, दहलीज, दालान, आँगन, लाँघ जीने चढ़कर बड़े कमरे में गया। वहाँ तप्पू बैठा अपनी फटी पतंग को जोड़ रहा था। बाप के रूप को देखकर सकबका गया। महिपाल उसे सामने होते हुए भी नहीं दिखाई दिया। छज्जा पार कर चौके वाले कमरे में जाने से पहले ही चहल-पहल सुनाई पड़ने लगी। कल्याणी कह रही थी—दरवाजे के पीछे पीढ़े पर रह्यो। जैसने हम पान—मुँह की बात मुँह में ही रह गई शकुन्तला मामी के सामने पीछे पीढ़े पर बैठी हुई आने वाले मेहमान के लिए अनार के दाने निकाल रही थी। रज्जो खुले सिर माँ के सामने बैठी हुई कपड़े से चाय का सैट पोंछ रही थी। कल्याणी मिठाई का दोना खोलकर अलग-अलग मिठाइयों के टुकड़े चाँदी की छोटी-छोटी नक्काशीदार तस्तरियों में सजाकर रखते हुए लड़की भांजी को आदेश दे रही थीं, साल भर का बच्चा पास ही में बैठा कटोरी में लोटे को रखने का भरसक प्रयत्न कर रहा था। महिपाल के दरवाजे पर आते ही सबके लिए मानो काल आ गया। महिपाल को कल्याणी के अलावा इस समय और कोई दिखलाई नहीं दे रहा था। उसके हाथ में खुली चिट्ठी थी। चेहरा, आवाज कसी हुई कर्कश। उसने कल्याणी से कहा—''मेरे साथ

आओ।'' कहकर महिपाल लौट गया।—कल्याणी पति की सूरत देखते ही काठ हो गई। तुरन्त हाथ धोकर पति के पीछे-पीछे भागी। उसका कलेजा धड़क रहा था।

तिखंडे पर एक बड़ी सी कोठरी थी। भीड़-भाड़ से बचने के लिए महिपाल यहीं बैठकर काम करता है। कल्याणी के आते ही महिपाल ने कोठरी बन्द कर ली। फिर उसके सामने आकर, उसकी सकपकाई आँखों में अपनी खूनी आँखें सीधी गड़ाकर—''तुमने अपने भाई से रुपए माँगे थे?''

कल्याणी प्रश्न सुनते ही इतनी सहम गई कि हाँ-ना कुछ कहते न बना। महिपाल ने फिर पूछा—''बोलो, रुपए क्या मँगाए थे?''

''पिछली महीना मा तुम कह्यो रहे अकि किताबन की राइल्टी देर मा अइहै। छुटकऊ की बरात सहरै मा आ—''

''छुटकाऊ की बरात शहर में आती या जंगल में जाती, तुमने रुपए क्यों मँगाए। तुम बाहरवालों के सामने मेरी बदनामी कराती हो?''

''ददुआ ते माँगें में—''

''ददुआ हो या कोई साला हो, तुमने बगैर मुझसे पूछे किसी से रुपए माँगे ही क्यों? तुमने मुझसे क्यों नहीं कहा? तुमने मुझे बाहरवालों की नजरों में ज़लील क्यों किया? बोलो!''

''गलती भई। ददुआ—''

''ददुआ की सगी!'' तड़ से पूरे हाथ का तमाचा कल्याणी के गाल पर पड़ा। छह बच्चों की माँ, अड़तीस वर्ष की प्रौढ़ा गृहिणी शारीरिक और उससे अधिक मानसिक चोट खाकर हक्का-बक्का हो गई। ''हरामजादी, तूने मेरी इज्जत खाक में मिला दी। हरामजादी तू सती बनती है! तू-तू-तू—''

राज्यश्री दरवाजे के बाहर कान लगाए खड़ी थी। पिता का खूँखार चेहरा देखकर उसे तथा शकुन्तला दोनों को ही लड़ाई का शक तो हो ही गया था। वे तथा सब समझदार बच्चे इसका कारण—डॉ. शीला से अपने पिता का प्रेम नाता—भी जान ही चुके थे; इसलिए रज्जो अपना कौतूहल न दबा पाने के कारण कान लगाकर सुनने के लिए ऊपर भाग गई थी। माँ की चीख, पिता का घुड़ककर कहना, ''चुप! खबरदार जो बाहर आवाज गई तो।'' फिर माँ का रुदन-क्रन्दन भरा अस्पष्ट स्वर, फिर दबी चीखें, साँसें, घसीट-घसीट कर रोना, पिता की अस्पष्ट गालियाँ, घुड़कियाँ, धक्का-मुक्की, पटकनों, घूँसों के धमाके—राज्यश्री आतंक से पत्थर हुई, फिर तड़पी, फिर आँसुओं से उत्तेजित होकर जोर-जोर से दरवाजे पीटते हुए चीख उठी—''पिताजी! पिताजी! खोलिए! खोलिए! माताजी को मत मारिए! पिताजी...शकू जीजीऽऽ...''

आँसुओं से घुटा हुआ हिस्टीरिया की चीख-सा मर्मांतक स्वर गूँज उठा।

तुरन्त दरवाजा खुल गया। कल्याणी ने ही द्वार खोला था। राज्यश्री माँ से इस तरह कसकर चिपट गई। कल्याणी, जो दरवाजा खोलने से पहले ही अपने आपको काफी कठोरता से संयत बनाने का प्रयत्न कर रही थी, बेटी के यों चिपट जाने से अपने आपको सँभाल सकने में विवश हो गई। महिपाल मुँह फेरकर खड़ा हुआ था; उसकी हिंसा और उसकी लज्जा आपस में गुँथ गई थीं और बेटी के सामने लज्जा शक्तिशालिनी हो गई थी।

इतने में शकुन्तला भी अनामिका को गोद में लिये हुए आ गई।

आँसू पोंछकर गला साफ करते हुए कल्याणी ने लड़कियों से कहा—''चलो, हम आय रहे हन।''

लेकिन लड़कियाँ वहाँ से न हटीं। महिपाल अचानक दरवाजे की ओर बढ़ा। रज्जो और कल्याणी छत पर आ गईं। महिपाल ने आगे बढ़कर कल्याणी के पैर छुए—''मुझे क्षमा कर दो।'' उसने लड़कियों से भी यही कहा, और नीचे चला गया।

33

सड़कों पर, दीवारों पर चिपके झोपड़ी, बैल, दीपक, घोड़ा, नाव आदि चुनाव चिह्नों के पोस्टरों से, ताँगों, रिक्शों और जीप-कारों पर लगे लाउडस्पीकरों से नजरें और कान अटकने के लिए मजबूर हैं। स्वाधीन भारत में पहले जनतांत्रिक चुनाव के हुल्लड़ ने इस समय महिपाल को बुरी तरह चिढ़ा दिया है। व्यक्ति के जीवन में—उसके निजी जीवन में—प्रत्येक क्षण मानो उधारू और ब्याजू है; चिन्ता में प्रतिक्षण सब कुछ घुला जाता है; उसके ऊपर वह वोट की चिन्ता, शोर, खून-खराबा, गाली-गलौच, हे राम!

अमीनाबाद के दो चौराहे चुनाव चर्चा से गँजे-गँजे, गूँज रहे थे। एक साइकिलधारी मस्त हॉकर लाउडस्पीकरों से अपनी आवाज की होड़ लगा रहा था—"घमासान की खबर आ गई बाबूजी। बाबूजी, बाबूजी, बाबूजी!!! अरे सरकारी बसों पर से चुनाव के कांग्रेसी पोस्टर हटाओ—प्रजा सोशलिस्टों ने माँग की है। मदरास के कांग्रेसी चीप मिनिस्टर का इलेक्शन में कनकौआ कट गया बाबूजी। अन्ध्रा में कमीनिस्टों का हँसिया-हथौड़ा जीत गया बाबूजी। खबर आ गई। अर्र्रर, घमासान मच गया। अछूतों के गुरु डॉक्टर अम्बेडकर कांग्रेसी फिसड्डियों से हार गए बाबूजी—खबर आ गई।"

नजीराबाद के चौराहे पर भगतजी की दुकान पर पान खाने के लिए खड़े हुए महिपाल का जी इस तमाम शोर-गुल से मिचला रहा है। इस समय उसके दिल में नफरत के धुआँते हुए कंडे सुलग रहे हैं। ऊँचे विचारों को लेकर स्वयं उसकी प्रसिद्धि, ऊँचे आदर्शों को लेकर नारे लगाने वाले सब वर्ग के नेताओं की प्रसिद्धि, समाज के हर 'आदरणीय और प्रतिष्ठित' कहलाने वाले जन की प्रतिष्ठा झूठ और बेईमानी का प्रतीक होकर जल रही है। ऊँचे विचारों और आदर्शों के लिए इस समय उसके मन में अविश्वास है। 'सत्य केवल आलस्य में सूझी हुई कल्पित भावना के सिवा और कुछ नहीं। सत्य असिद्ध है। इस देश के पुराने ऋषि-मुनि, बुद्ध, महावीर, ईसा, मुहम्मद, गांधी या कुछ और ऐसे ही लोग यदि सत्य की प्रतिष्ठा बढ़ा गए हैं तो उससे कुछ सिद्ध नहीं होता। ये लोग जनसाधारण से अलग एबनॉर्मल व्यक्ति थे। अरबों की आबादी में कुछ सैकड़ों सत्यवादियों के पैदा होने से होता ही क्या है? अरबों में कुछ सैकड़ा आबादी तो पागलों की भी होती है; वे भी जनसाधारण से अलग एबनॉर्मल व्यक्ति होते हैं।'

अपनी पत्नी को मारकर महिपाल आस्थाविहीन हो गया है। इस समय उसे अपने-आप से घोर घृणा है, उन विचारों और आदर्शों से घोर घृणा है जिनकी वकालत अपने साहित्य में बराबर करते रहने के बाद भी वह अब तक संस्कार-युक्त और संयत नहीं बन पाया। अठारह-बीस साल पहले, लड़कौरी उमर में उसने दो-तीन बार अपनी पत्नी को पीटा था। तब की बात और थी। मगर आज? ओफ...! महिपाल को रह-रहकर अपनी एक-एक नीचता याद आ रही है, त्रस्त कर रही है। 'मारे और रोने भी न दे' वाली कहावत आज उसने चरितार्थ की। घृणा और क्रोध की बेहोशी में वह भी इस बात को नहीं भूल सका कि पत्नी को मारने की खबर से उसकी बदनामी फैल सकती है। वह अपनी पत्नी को मारना भी चाहता था और बदनामी से भी बचना चाहता था। उसने लड़कियों के सामने कल्याणी के पैर छुए, लड़कियों से क्षमा माँगी तो वह भी विशुद्ध पछतावा होने के कारण नहीं, बल्कि वह नई पीढ़ी के सामने यह सिद्ध करना चाहता था कि उनका प्रसिद्ध और प्रतिष्ठित विचारशील साहित्यिक पिता, मामा, अपनी पत्नी को मारपीट कर भी महान् है। कल्याणी के पैर छूकर, लड़कियों से क्षमा-याचना वह मानो उन्हें रिश्वत दे रहा था कि मेरी नीचता का बखान किसी से मत करना; मानो वह अपनी भोली-भाली पत्नी और बच्चियों के हृदय में पलने वाले न्याय पक्ष को चरण स्पर्श की चमक से चकाचौंध कर अपने अन्याय के विरुद्ध उठने वाले उनके विचारों को भ्रम में डाल रहा था। जिस प्रकार ये चुनाव के लाउडस्पीकर जनता को झूठा आदर देकर अपना

स्वार्थ सिद्ध करना चाहते हैं; जिस प्रकार शकुन्तला को देखने के लिए मुरादाबाद से आए हुए महाशय अपने दहेज विरोधी और कट्टर सुधारक होने का ढिंढोरा पीटकर भी अपने लड़के की बिक्री के दाम नहीं, बल्कि अपनी लड़की के विवाह के निमित्त 'केवल' आठ हजार रुपए माँग रहे थे; उसी प्रकार महिपाल भी अपनी पत्नी और लड़कियों को धोखा दे रहा था।

चुनाव के झूठे नारों भरे शोर, शकुन्तला को देखने के लिए आए हुए ढोंगी सुधारक आदि के प्रति बुरी तरह से चिढ़ा हुआ होने पर भी महिपाल उन्हें बुरा नहीं कह पाता। किस मुँह से और किसे बुरा कहे? 'बुरा जो देखन मैं चला, बुरा न मिलिया कोय। जो मुख देखा आपना, मुझसे बुरा न कोय।' ये बुराई मनुष्य में आती कहाँ से है? इस बुराई का अन्त आखिर कैसे हो सकता है?

प्रश्न दिमाग में अटका ही रह गया। इसका उत्तर, जो और किसी समय वह अपने आपसे सहज ही में पा सकता था, इस समय धुआँ-धुआँ होकर उड़ा, बिखर गया, उसके लिए अप्राप्य रहा। महिपाल ने बड़े दर्द के साथ महसूस किया—ठीक ही महसूस किया—कि जूठे पात्र में अमृत नहीं भरा जा सकता।

अपने खोखलेपन से वह सनका जा रहा है। चलते-चलते सामने कचहरी आ गई। पेड़ों के नीचे वकीलों के तख्त पड़े हैं, जैसे नदी किनारे पंडों के तख्त पड़े रहते हैं। काले कोट पहने हुए वकील, देहाती-शहराती लिबास में मुकदमेबाजों का हुजूम, फाइलों की पेटी और कलमदान सँभाले मुवक्किलों को पटाते हुए मुंशीगण, रिश्वतखोरी से बढ़ी हुई तोंद को पेटी से न कस पाने वाले लाल पगड़ीधारी पुलिसमैन, ऊँचे बरामदे में 'फलाँ बनाम फलाँ हाऽजिर है... ?' की आवाज लगाता हुआ अदालती चपरासी—न्यायालय का सारा वातावरण उसे मनहूसियत से भरा हुआ घिनौना लगा। मन्दिर और न्यायालय देखकर ही जो स्वच्छता और पवित्रता का संस्कार मन में जागना चाहिए, वह इस न्यायालय को देखकर नहीं उठता। सत्य बिक्री की चीज है, सत्य झुठलाने की चीज है—हमारे न्यायालय और मन्दिर अधिकांश में चौबीसों घंटे इस बात का ढिंढोरा पीटा करते हैं।...ये कैसी सभ्यता है जिसमें हम पल रहे हैं, ये कैसी संस्कृति है जो हममें अधिकतर कुसंस्कार जगाती है?

कचहरी की वैतरणी पार करते हुए अपने आसपास दोनों तरफ मनुष्य उसे एक विचित्र मूड में कसा हुआ हरकतें करता मिला। बहुत पास-पास ही खड़े हुए मुकदमेबाज अपने वकीलों से मुकदमे की खुफिया बातें कर रहे हैं, और इस विश्वास के साथ कह रहे हैं कि (इस आम सड़क में पास-ही-पास अनेक आदमियों के पड़े रहने के बावजूद) उनके द्वारा कही जाने वाली बातें कोई नहीं सुन रहा है। किसी के सुनने का अर्थ उनके लिए विरोधी पार्टी तक ही सीमित रहता है, बाकी सब लोग शून्य हैं। मुकदमेबाज, अदालत से सम्बन्ध रखने वाला प्रत्येक व्यक्ति केवल अपने स्वार्थ से कसा हुआ, जन-समुदाय के साथ रहते हुए भी निःसंग निर्लिप्त होता है। उसे अपने सिवा और किसी की चिन्ता नहीं होती। वह अपनापन भी एक आन के लिए होता है—भले ही वह आन निहायत ही निम्नकोटि की हो। हरेक की आँखों में सदा दूर की कौड़ी चमकती है। वहाँ जिस किसी को भी हँसते देखें, बस, यही कहने को जी चाहेगा कि सब के सब निहायत ही घुटे हुए लोग हैं। सरलता इनके चेहरे से, आँखों से, मुस्कान से गायब हो चुकी है। यह वह जीवन ही नहीं जो न्याय और सत्य की चेतना के साथ होना चाहिए। हम यहीं से अपने समस्त समाज का अनुशासन आस्थाविहीन और निरंकुश कर देते हैं। न्याय और सत्य के लिए जन-मन में जो सच्ची निष्ठा और आदर होना चाहिए, वह यहीं से झूठा पड़ जाता है।

सरकारी खजाने तक पहुँचते-पहुँचते वह कानूनी चीलों के देश से निकल आया। काँव-काँव छँटी, सूरतें भी इक्का-दुक्का ही दिखाई पड़ने लगीं, उसने अपने-आप में वही सन्तोष अनुभव किया जो प्यासे को पानी से मिलता है। थोड़ी दूर तक फिर सन्नाटा था, उसके बाद बस-स्टेशन की भीड़-भाड़ थी। एक ओर वाजिदअली शाह के कबूतरखाने की तरह बने हुए रनिवास की लम्बी केसरिया दीवार, झरोखों दरवाजों से जड़ी हुई, और दूसरी ओर तार के बेड़े से घिरा हुआ मैदान था।

सन्नाटे में महिपाल ने सोचा, न्याय की यह पद्धति आखिर किस संस्कृति को पसन्द आ सकती है ? सिद्धान्तहीन दाँव-पेंच क्या ऊर्ध्वचेतना के सिद्ध होने में इनसानी दिमाग को कुंठित नहीं करते ? कानून यानी सामाजिक सत्य व्यक्ति का खेल हो गया है। यह आदर्श हमें किस सभ्यता की ओर ले जाएगा ? यह अदालतें सत्य के नाम पर झूठ से खेलती हैं। चुनाव में बड़े-बड़े राजनीतिक नेता झूठ से खेलते हैं। मेरे जैसा प्रतिष्ठित और बुद्धिजीवी साहित्यिक भी झूठ से खेलता है—तब इस सभ्यता का मूल्यांकन किन शब्दों में किया जाए ? हमारा सारा समाज (कहीं, कुछ को छोड़कर) सच को झुठलाने के खेल में मग्न रहता है। यह चक्कर आखिर कब तक चलता रहेगा ?

इतिहास ने कालचक्र के अनेक मार्ग परिवर्तन देखे हैं। इस विचार ने महिपाल को सन्तोष दिया।

महिपाल केसर बाग—वाजिद अलीशाही रनिवास—के फाटक पर आ पहुँचा था। मछलीनुमा परियों के निशान, पुराना नक्काशीदार फाटक—जिसमें ड्योढ़ीदारों के चबूतरों पर अब राह चलते गरीब-गुरबे सुस्ता लेते हैं, जहाँ एक पान की दुकान भी लगी है—अपना सौ बरस पहले का ऐतिहासिक वैभव लुप्त कर कैसा अनाथ-असहाय सा खड़ा है। वह फाटक, जिसके अन्दर कभी बड़े ही सौभाग्यशाली अदब मुजरे से प्रवेश कर पाते थे, या जहाँ से बड़े ही दुर्भाग्यशाली गुप्त रीति से गुजारे जाते थे, जहाँ नगर का सर्वश्रेष्ठ ऐतिहासिक व्यक्ति, नवाब बादशाही अपनी बेगमों के साथ रहता था, वह फाटक, वह जगह अब किराएदारों के रहने के काम आती है, सार्वजनिक है; नगर के एक मुहल्ले से अधिक अब उस जगह का कोई महत्त्व नहीं। व्यक्ति की शान-शौकत का ऐसे ही अन्त होता है—किन्तु, राष्ट्र की शान-शौकत हजार लुटकर भी कभी यों महत्त्वहीन नहीं हो सकती। राष्ट्र का वैभव केवल बढ़ना ही जानता है। यदि वह कालचक्र वश घटने की परिस्थिति में आ भी जाता है तो भले ही यहाँ तक आ जाए कि सब कुछ खंडहर हो जाए; फिर भी राष्ट्र का वैभव अपने खंडहरों में बोलता रहता है। विगत-वैभव राष्ट्र को सदा आगे बढ़ने की प्रेरणा देता है।

फाटक से निकलकर सड़क पर आते ही भातखंडे संगीत विद्यालय के पीछे म्यूजियम वाले भाग ने महिपाल की विचार-सरणि में प्रवेश पा लिया था। न्याय और सत्य की पृष्ठभूमि बनकर इतिहास उसके दिन भर के आस्थाहीन धुआँसे मन को सतह पर लाने लगा। टूटी, खंडित विशाल मूर्तियाँ, खम्भे, तोरण आदि म्यूजियम के बरामदे में और उसके नीचे सजे हुए थे। महिपाल म्यूजियम के पोर्टिकों में जीने पर आकर इस तरह बैठ गया मानो विगत वैभव के इस संग्रहालय में उसके खंडित व्यक्तित्व को भी शरण मिल गई हो। जीवित होने पर भी महिपाल अपने आप को आज, इस समय—मृत मान रहा है। वह स्वयं अपने लिए ही गई-गुजरी वैभवशाली स्मृति से अधिक और कुछ नहीं। सुप्रसिद्ध कथाशिल्पी महिपाल शुक्ल इन खंडित, पत्थर की मूर्तियों के समान ही खंडित है, पत्थर है।

अचानक सज्जन और कन्या का ध्यान आ गया। इस ध्यान की पृष्ठभूमि में अचानक ही यह चेतना भी चमकी कि उसे शीला की कसकन भरी याद सता रही है; और उस याद को चूँकि इस समय विशेष मानसिक परिस्थिति के कारण वह शरण नहीं दे सकता, इसलिए सज्जन और कन्या की याद जोर से आ गई। वह प्रेमी युगल इस समय मथुरा में होगा—राधाकृष्ण की लीला भूमि में...नए नटनागर सज्जन और नवेली नागर वनकन्या। ह-ह-ह: !!! महिपाल का जी इस हलकी-सी हँसी के बहाने जरा उतार पर आया—जड़ता में प्राण आए। अपने मित्र के लिए बड़े प्यार से सोचा—"वह सचमुच ही कन्हैया है साला !...यों पाए का आदमी है। उसके अन्दर की आग, जितनी भी है, सच्ची है। कन्या भी अच्छी लड़की है। कन्या उसे बहुत 'इन्सपायर' करेगी।...देखो, ऐसे भी भाग्यवान होते हैं जिन्हें परमात्मा सब कुछ सहज ही में दे देता है। सज्जन को खानदानी पैसा भी मिला, अपनी कला का विकास करने के लिए सारी सुविधाएँ मिलीं और अब पत्नी भी ऐसी

ही मिल रही है जो उसे बल देगी। और एक अभागा मैं।...खैर, जाने दो! क्या बताऊँ, मुझसे कहकर नहीं गए, नहीं तो कृष्णदत्त बाजपेयी की 'मथुरा परिचय' उन्हें रास्ते में पढ़ने के लिए प्रेजेंट कर देता। मथुरा जाने से पहले वहाँ की ऐतिहासिक पृष्ठभूमि उनके ध्यान में आ जाती।...अच्छी किताब है। उस छोटी-सी किताब में बाजपेयी जी का श्रम बोलता है। ग्राउट के 'मथुरा मेम्वायर्स' भी खूब हैं। वह अंग्रेज कलक्टर भी मथुरा और सम्पूर्ण ब्रजमंडल के लिए मिस्टर टॅाड साबित हुआ। सूर...सूरदास के महत्त्व को बस वह नहीं पहचान सका। उनके विषय में कुछ नहीं लिखा। केवल पद एक छाप दिया है। खैर!..

सीढ़ी के आसपास, पीठ पीछे बरामदे में पत्थर की सुन्दर किन्तु खंडित कलाकृतियों से घिरकर, सज्जन के सौभाग्य, अपने दुर्भाग्य और बाजपेयीजी तथा ग्राउज की पुस्तकों के सहारे मथुरा के विगत वैभव के ध्यान में बैठा हुआ महिपाल सोचने लगा—'भाग्य भी अजब वस्तु है। भले ही भाग्यवाद गैबी सिद्धान्त पर आधारित ठोस सत्य सिद्ध न किया जा सके, फिर भी भाग्य व्यक्ति के जीवन में, राष्ट्र के जीवन में, सम्पूर्ण ब्रह्मांड के जीवन में विचित्र गति से अर्थात् उत्थान और पतन के साथ आता है। ये मूर्तियाँ कभी पूजा की वस्तु रही होंगी। ये खम्भे, तोरण आदि कभी किसी मन्दिर महल आदि के अंग होकर अपने समय के दर्शकों के मन में चमत्कार उत्पन्न कर रहे होंगे—आज इस हालत में भी मनुष्य की सृजनात्मक शक्ति और सौन्दर्य के प्रति हमारे मन में श्रद्धा उत्पन्न करते हैं। ये पत्थर के टुकड़े कम से कम मुझ नरदेहधारी से तो अधिक जानदार हैं। खंडित अवस्था में भी मुझसे अधिक सौभाग्यशाली हैं। इनका अध्ययन, इनकी देखभाल, झाड़-पोंछ के लिए ऊँचे वेतनधारियों से लेकर कम वेतनधारियों तक अनेक नौकर हैं; इन्हें सराहने वाले अनेक दर्शक हैं। और अभागा महिपाल—न कोई इसकी देखभाल करनेवाला है, न कोई सराहने वाला। ऐस जीवन का अर्थ ही क्या? सच है, सौभाग्य भी बड़े पुण्य और तपस्या के फलस्वरूप ही किसी को प्राप्त होता है। यदि दुर्भाग्य को सहना कठिन है तो सौभाग्य को सहना कठिनतम। संयमी, कर्मठ और शक्तिवान् ही सौभाग्यशाली हो सकता है। सज्जन मुझसे अधिक संयमी, कर्मठ, तपस्वी, शक्तिवान् है, इसीलिए उसे यह सौभाग्य भी प्राप्त है। मथुरा—हाँ, श्रीकृष्ण जैसे सोलह कलाधारी महापुरुष की जन्मभूमि होने का सौभाग्य प्राप्त करनेवाली इस अति प्राचीन नगरी को अपने इस अनन्य सद्भाग्य के लिए कितना सहना पड़ा है! कितनी बार इसका वैभव चूर-चूर किया गया है! मन्दिर, स्तूप, विहार, हवेलियाँ, मिट्टी के घरौंदे नष्ट-भ्रष्ट हुए हैं; राजमार्गों पर लाशों के अंबार लदे हैं—अगुरु-धूम और पुष्पों की सुगन्ध से महकते हुए मथुरा के राजपथ अपने ही नागरिकों के शवों की सड़ाइँध से भर उठे हैं; काली कालिन्दी का जल ब्रजनागर-नगरियों और शिशुओं के रक्त से लाल हुआ है।...मथुरा के समान इसे देश के, सारी दुनिया के न जाने कितने नगर अपनी अतुल धनराशि, अपने सांस्कृतिक वैभव, धार्मिक या राजनैतिक या व्यापारिक राजधानी होने के अपने सद्भाग्य के कारण ही बार-बार उजाड़े गए हैं!...सचमुच, सौभाग्य को सहना दुर्भाग्य सहन करने से भी अति कठिन है!'

विचारों के सुन्दरवन में निरुद्देश्य-सा घूम-फिरकर महिपाल अपने सौभाग्य-दुर्भाग्य भरे जीवन की झाँकियों में लौट आया। उसका बचपन, नवयौवनावस्था ननिहाल के राजघाट और वैभव से भरी-पूरी थी; उसने रईसों की तरह से जीना सीखा था। फिर कुछ वर्ष और परिश्रम और संघर्ष के गुजारकर सेठ रूपरतन के सहयोग से सम्पादक, प्रकाशक और बड़े प्रेस का अधिकारी होकर राजा की तरह दिन बिताए। 'मेरे सौभाग्य के क्षण नियति को कभी फूटी आँखों न सुहाए। इस नीरस रेगिस्तान-से जीवन में शीला हरियाली और तरावट बनकर आई थी। हर तरद्दुद के बावजूद जिन्दगी में एक सुकून आया था, कहीं जीने के लिए प्रेरणा मिलती थी...वह प्रेरणा-स्रोत भी अब लोकाचार, पाप और पुण्य, बच्चे, गृहस्थी, धर्मपत्नी आदि नामधारी बड़े-बड़े पत्थर के ढोकों से पट गया!—

जबर्दस्ती पाट दिया गया। भोले! ये कैसी जबर्दस्ती है तेरी?...नहीं, नहीं, नहीं, सदाचार बड़ी वस्तु है। पति-पत्नी के रूप में स्त्री-पुरुष की जोड़ी देश-काल से परे है। उसका मान रखना ही होगा।...पर शीला...मेरी प्राण शक्ति...नहीं, उसके सम्बन्ध में सोचना भी पाप है, अधर्म है।'

एक घुटी हुई लम्बी साँस दो टूक होकर कलेजे से निकल गई। उसका मन रात के सूने चौराहे-सा साँय-साँय करने लगा। पाप-पुण्य! धर्म-अधर्म!—उसकी कहीं भी गति नहीं। उसका मन अवरुद्ध है।—वह दयालु है, विचार विवेकशील है, सिद्धान्तवादी है; वह क्रूर है, अविचारी अविवेकी है, सिद्धान्तहीन है। वह सत्-असत् की दुहरी चौरद्दियों से घिरा हुआ 'कुछ नहीं'—शून्य है। हाय रे अभागे! तू कहाँ जाएगा? क्या करेगा? तू कौरवराज दुर्योधन की तरह धर्म को जानता है पर उस ओर तेरी प्रवृत्ति नहीं; तू अधर्म को भी जानता है पर उससे तेरी निवृत्ति नहीं। 'मेरे हृदय में बैठा हुआ कोई देवता जैसा मुझसे कराता है, वैसा ही मैं करता हूँ।'...पर वह देवता भी इस समय गूँगा हो गया है, कुछ नहीं बोला; मुझसे कुछ भी नहीं कराता।

शकुन्तला का विवाह, बच्चों की पढ़ाई, उनकी सुख-सुविधा, उनका भविष्य, पत्नीव्रत धर्म, प्रेमी का धर्म, साहित्यिक के नाते राष्ट्र के प्रति उसका धर्म, लेखक के रूप में उसकी अमर होने की महत्त्वाकांक्षा, सुख-सौभाग्य से भरा-पूरा जीवन बिताने की लालसा, तपस्वियों की तरह आश्रमवासी होकर साहित्य साधना करने का स्वप्न—चारों ओर असफलता, विरोधाभास कराती हुई महिपाल की एक इच्छा जीने की इच्छा, इस समय सर्वथा कुंठित हो रही थी। बहुत कुछ सोचकर भी उसने कुछ नहीं सोचा, बहुत चलकर भी वह कहीं नहीं पहुँचा। टूटी मूर्तियों के पड़ोस में एक टूटा इनसान बैठा रहा। हाय-हाय-हाय—महिपाल अपनी हर साँस में केवल यही गूँज सुनता रहा। बस, यही 'हाय' इस समय उसकी अनन्त-सी लगने वाली गति थी।

34

गिरि गोवर्धन के भरतपुर भाग की ढालू सतह पर एक पुराने और विशाल कुंड के पास तीन बड़े छायादार वृक्षों के झुरमुट में सज्जन और कन्या लंच खाकर अलसाए मस्ती भरे मूड में बैठे हैं। मोरों के शोर से गोवर्धन गूँज रहा है। एक के बोलते ही चारों ओर से मोर शोर मचाने लगते हैं। इनका शोर थमता है तो छोटे-छोटे पंछियों का मधुर कलरव उसी तरह सुनाई पड़ता है जैसे जीवन के भभ्भड़ से उबरकर मनुष्य को अपनी साँस सुनाई पड़ती है। कन्या टिफिनकैरियर के डिब्बे समेटकर बन्द कर रही है। कुछ दूर पर चार बन्दर कुछ और पाने की आशा लगाए बैठे इन्हें ताक रहे हैं। बन्दरों के कारण इन दोनों का लंच संघर्ष के भय से भरा मजेदार रहा। डिब्बों के ऊपर कन्या का शाल ढँक, उसमें हाथ डाल-डालकर इन्होंने सैंडविचेज, खुरचन और पेड़ों का आनन्द लिया था। छड़ी के भय से बन्दर अपनी कहावत प्रसिद्ध भभकियाँ दिखाकर भी दूर रहे; समझौते के रूप में इन्होंने भी कृष्ण कन्हैया के इन पूँछधारी मित्रों को फल और अपनी भोजन सामग्री का कुछ अंश दिया। सज्जन ने कहा—"कामरेड, कुछ पेड़े इन्हें और डाल दो।"

"अब नहीं। नीचे हमारा टैक्सी ड्राइवर भी है।"

"क्यों, वह अपने खाने का इन्तजाम करके आया होगा।"

"फिर भी—बेचारा नित्यप्रति तो फल मिठाई पाता नहीं होगा।"

"और ये बन्दर कब रोज-रोज—"

"मेरे लिए पशुओं से अधिक मनुष्यों का महत्त्व है।"

"कामरेड, गिरिराज पर आकर तो अपने इस प्रॉग्रसिविज्म को भूल जाओ न। जीव सबमें एक समान ही है।—

सब हैं समान

सब में एक प्रान
तज के अभिमान हरिगान—सिगरेट की तलब लगी है कामरेड।"

"तो पियो।"

"नहीं जी। गोपाल की इस पवित्र भूमि पर—"

"सबै भूमि गोपाल की या मैं अटक कहा।—"

"जाके मन में अटक है सोई—हः हः हः। कन्याबीबी, तुमसे मैं हार गया।"

टिफिन-कैरियर बन्द करने से पहले कन्या ने चार-पाँच पेड़े बन्दरों की तरफ फेंक दिए, फिर ढक्कन बन्द कर हँसती हुई बोली—"हाथ जोड़ती हूँ महाराज, मेरे साथ हार-जीत का ब्यौहार न रखो।"

"क्यों?"

"आज हारोगे तो कल मुझे जीतने के लिए भी उकसोगे। अपने इन आर्टिस्टिक मूडों से मेरी रक्षा कीजिए, दयानिधान!"

जमीन पर रखे कोट की जेब से सिगरेट-केस निकाल, सज्जन ने लहक में आते हुए कहा—"आर्टिस्ट की जीवन-संगिनी बनोगी और फिर आर्टिस्ट के मूड से बचकर भी रहोगी—"

"हाँ भाई। आर्टिस्ट के मूडों की रखवाली केवल चतुर वेश्या ही कर सकती है, गृहिणी नहीं—वह चाहे कितनी ही चतुर और कुशल क्यों न हो।" कन्या ने गम्भीर मुख बनाकर कहा।

सज्जन की बिफरती हुई मस्ती फिर संयम के दायरे में सिमट आई, सिगरेट होंठों में दबा, अपने मन का भाव दबाते हुए उसने कहा—"तुमने तो तमाम आर्टिस्टों पर जबर्दस्त इल्जाम लगा दिया। मेरे खयाल में आर्टिस्ट एसेंशियली मन का बड़ा ही पवित्र होता है। भले ही जाहिरा जीवन में—"

"बात जाहिरा जीवन की ही है। यानी कि सिर्फ तुम्हारी ही बात नहीं, मेरी ऐसी धारणा है कि कलाकार आमतौर पर अपने किसी जबर्दस्त अभाव या हीनता की वजह से ही बहुत दुःख उठाकर संवेदनशीलता पाता है।...ठहरो, मुझे कह लेने दो।...यह सही है कि पाई हुई इस अनमोल वस्तु की सराहना केवल दार्शनिक या कलाकार ही कर पाते हैं। परन्तु अतिसंवेदनशील होते हुए भी कलाकार अपने अभाव का दुःख सहते-सहते बेहद कठोर हो जाता है। एक जगह उसका मन जड़ हो जाता है। वह नहीं जानता कि उसके कारण दूसरे को कितना दुःख सहना पड़ता है।"

"कह चुकीं?"

"हाँ!" कन्या सज्जन के पूछने के ढंग पर मुस्कुरा पड़ी।

सिगरेट का एक लम्बा कश खींच, धुआँ छोड़कर, सामने एक प्राचीन गौड़ीय मठ की खंडहर दीवाल की ओर दृष्टि साधकर बड़े शान्त और तटस्थ भाव से उसने कहना शुरू किया—"देखो डार्लिंग!—एलाउ मी टु एड्रेस यू लाइक दैट एट दिस मोमेंट।—मैं इस वक्त ऐसे ही मूड में हूँ। देखो, कलाकार कहकर तुम मुझे या किसी को भी मामूली इनसान से, या जहाँ तक भावना से सम्बन्ध है, किसी भी जीव से अलग करके मत देखो। मैं कलाकार होकर भी वही हूँ जो कि तुम हो, जो तुम्हारी अभागी भावज थी, तुम्हारे पिता हैं, या कोई भी हैं, ये बन्दर भी हैं, ये चहचहाते हुए परिन्दे भी हैं—जैसे सब हैं, वैसा ही मैं भी हूँ। भूख और सेक्स मेरी भी उतनी ही बुनियादी जरूरतें हैं, जैसी कि हर एक की और संवेदनशीलता भी मुझमें बुनियादी तौर पर उतनी ही है जितनी कि हर आमोखास में।—"

"संक्षेप में कहो।"

"संक्षेप में जिन्दगी एक अनुभव है। टाइम की—टाइम के लिए हिन्दी का शब्द—क—"

"काल—"

"काल की एक अटूट धारा है। काल को सिर्फ जीव ही भोगता है, जीव ही पहचानता है। इनसान चूँकि न सब जीवों में आला दिमाग रखता है इसलिए अपने काल के अनुभव को हजार तरीके से व्यक्त करना भी जानता है। अनुभव से ही उसकी रचनात्मक शक्तियों का विकास होता है। जीवन का अनुभव ही मनुष्य का इतिहास है—वह मनुष्य चाहे कलाकार हो या कोई भी हो।"

"लेकिन अनुभव तो गूँगे की बात के समान होता है। खुद अपने ही मन के अनुभव को सान, स्पष्ट रूप से बयान नहीं कर पाता। क्या तुम कह सकते हो कि मेरे सम्बन्ध में तुम्हारा अनुभव क्या है? मैं क्या तुम्हारे लिए महज एक रूप और आकार ही हूँ? मेरा रूप-रंग ही क्या मेरा सौन्दर्य है?"

"नहीं। मेरी निगाह में देह का सौन्दर्य ही जीवन का सारा अनुभव नहीं है, कन्या। यह नहीं कि तुम्हें देखकर मेरे मन में जिस्मानी तौर पर तुम्हें पाने की ख्वाहिश नहीं होती। मेरे उस दिन के जोरो-जब्र में भी, मौके का बहाना चाहे कुछ भी रहा हो, मेरी इच्छा तुम्हें जिस्मानी तौर पर पाने की ही थी।—"

"मौके का बहाना क्या अपने आप में अनुभव नहीं होता सज्जन?"

"होता है। उसकी बात फिर करूँगा। मैं यह कह रहा था कि उस दिन तुम्हें इतना बुरा अनुभव देकर भी—"

"मान लो कि मुझे बुरा अनुभव नहीं मिला, तब?"

"खैर, न सही; मैंने अपनी तरफ से तुम्हें बुरा अनुभव ही दिया।"

"बुरा होता तो तुम उस अनुभव को व्यक्त न करते।"

"तुम निहायत ही ऊपरी सतह पर टहल रही हो, कन्या। मैं अनुभव की बात कर रहा हूँ—न वो अच्छा है, न बुरा है।"

"खुद तुमने ही अभी अच्छाई-बुराई की बात छेड़ी।" कहकर कन्या मुस्कुराई।

उसकी मुस्कुराहट की इस अदा पर सज्जन की कामेच्छा रीझ उठी। इस रीझने की उसकी अन्तर्दृष्टि ने खूब तपे लोहे के वर्ण-सा अनुभव किया; उसके स्पर्श से क्रूर आघात और वेदना की तिलमिलाहट अनुभव की, और साथ ही साथ सब विचार, आकार-विकार अस्त-व्यस्त हो जाने पर भी कन्या की मुस्कान उसके अन्तर में—कहीं और गहरे में—महावेगवान् झरने की सहज गति-सी उसकी नस-नस में प्रवाहित हो रही थी। रूप, रस, गन्ध, गुंजन और स्पर्श—कन्या की मुस्कान में उसे सब कुछ एक साथ प्राप्त हुआ। पूर्णता और आनन्द की चेतना से उसका बाहरी जगत् उसकी क्रियाशीलता अलसा गई। उस क्षण में उसे लगा, मानो कई स्तरों पर उसकी अनुभव शक्तियाँ एक साथ दौड़ रही हैं, हर स्तर एक में एक मिलते चले जाते हैं। तीन-चार फुट की दूरी पर बैठी हुई कन्या उससे जरा भी दूर नहीं है। वह उसे अपने अन्तर में प्राप्त है। यह प्राप्ति उसे सम्पूर्णता का अनुभव करा रही है। इस समय उसके सब अभाव भर गए हैं, सारे विकार शान्त हो गए हैं। गिरि गोवर्द्धन, कुंड, पेड़ों का झुरमुट, पशु-पक्षी, गौड़ीय मठ, धूप से चमकता हुआ आसमान, वह स्वयं और देहधारिणी कन्या, जिसे टकटकी बाँधकर देखते हुए यह ये सब देख रहा है—इन सबके विभिन्न रूपाकारों में कोई विरोधाभास नहीं। इन सबमें—जर्रे-जर्रे में वह और कन्या एकाकार होकर रम रहे हैं।

विचित्र क्षण था; विचित्र अनुभव था। उस अनुभव की शक्ति इतनी प्रखर और तीव्र होते हुए भी एकदम सहज थी। यह सहजता ही सुन्दरता है। सज्जन उस सौन्दर्य से पूर्ण है। यह पूर्णता उसे कन्या के कारण ही प्राप्त है।

सज्जन की खोई आँखों और आनन्दमय मुखमंडल से कन्या अछूती न बच सकी। ये भोला सुन्दर मुखड़ा उसके 'प्रियतम' का है, उसका अपना है। कन्या सज्जन को लेकर भावुक नहीं हुई; बल्कि भर गई। जी चाहा कि इस भोले-से प्यारे-प्यारे मुख को अपने दोनों हाथों से दबाकर चूम

ले! हाय! वह क्या सोच गई? बरसों की दबी अभिलाषा इस समय खुल्लमखुल्ला उसके मन में बोल गई। उसे बड़ी लाज लगी। चेहरा गुलाबी होकर नजरों समेत जरा नीचे झुक गया; फिर अपने आप में ही अचकचाकर ख्याल आया कि सज्जन कहीं भाँप न ले इसलिए मन की लाज को ऊपरी शोखी से ढँकती हुई बोली—"क्या कोई अनुभव पा रहे हैं कलाकार महाशय?"

सज्जन होश में आया, झेंप गया, हँसकर बोला—"तुमसे मैं हार गया, गोकि इस हार में भी मेरी जीत है।"

"फिर वही हार-जीत। तुम कुछ भी कहो, मैंने तय कर लिया है, तुम्हारे इन आर्टिस्टिक मूडों को अब हरगिज तरह न दूँगी।"

"पै मुरली मुरलीधर की अधरान धरी अधरन न धरौंगी।"

"चलो उठो।"

"ठहरो जी। मुझे वो याद कर लेने दो। वो रसखान का कवित्त—"

"कवित्त नहीं, सवैया है।"

"अमाँ कुछ भी सही। क्या है वो...ऊँह...क्या है कन्या?"

'है तो कुछ अवश्य, पर क्या है, ये याद नहीं। मेरा दिमाग विशुद्ध प्रोजवादी है, पोयट्री नहीं याद रहती। अब चलो भई।"

"...तेरे कहे सब स्वाग करौंगी...अहा! याद आया—

मोरपखा सिर ऊपर राखिहौं गुंज की माल गले पहिरौंगी।
ओढ़ि पितम्बर लै लकुटी बन गोधन ग्वालिनि संग फिरौंगी॥
भावतो बोहि मेरो रसखान सो तेरे कहे सब स्वाँग करौंगी।
वा मुरली मुरलीधर की अधरान धरी अधरा न धरौंगी॥...आहा!

भावतो है तू मेरी रसखान...ए कन्या, जस्ट फार ए सेकंड...खड़ी हो जाओ।"

सज्जन ने अपनी स्केच बुक और पेंसिल उठाई। कन्या ने अनखनाकर कहा—"तुम—"

"बोलो मत। खड़ी हो जाओ।"

स्केच बनने लगा। कन्या—श्री राधा—कृष्ण के वेश में, मोर मुकुट, गुंजमाल, पीताम्बर बाएँ हाथ में लकुटिया। चित्र में दाहिनी ओर दो हाथ—श्रीकृष्ण के हाथ—बाँसुरी अर्पित कर रहे हैं। श्रीराधा—कन्या—की आँखों में लाज, होंठों पर दबी मुस्कान, त्योरियों में रोष, शरीर की त्रिभंगी मुद्रा और दाहिने हाथ की मना करती हुई उँगलियों में यौवन की चपलता है।

कन्या को यह 'खिलवाड़' अच्छा लग रहा था। 'वह कलाकार को प्रेरणा देने वाली महाशक्ति का काम कर रही है'—यह सब 'कल्चरल' खुराफात उसके मिजाज को नापसंद है। वह सज्जन—एक पुरुष—के प्रति अपने आपको समर्पित कर रही है, बस, इतना ही वह जानती है। सज्जन कलाकार है, रईस है, यह सब बातें उसके मन में अवश्य आती हैं। वह धनी और महत्त्वपूर्ण व्यक्ति की भावी पत्नी और प्रियतमा है, यह बात उसके मन में दूसरे महत्त्व की है। पहले महत्त्व की बात साफ तौर पर यही है कि सज्जन—एक पुरुष—को वह अपना कह सकती है। परसों रात जब सज्जन घर न आया तब उसके विरह में कन्या ने पहली बार साफ-साफ यह बात अपने आप में अनुभव की थी कि सज्जन के सामने उसकी हस्ती खो जाती है—भले ही वह अपने इस एहसास को दबाने के लिए ऊपरी रौब का ढोंग करती है। उसने यह साफ-साफ देख लिया कि जिस दिन से सज्जन की आँखों में पहली बार प्रेम की चमक आई, उस दिन से ही वह अपने आपको सज्जन की प्रेमेच्छा में लय होने से रोक नहीं सकी। अपने को रोकने के हर प्रयत्न में वह असफल रही है। सज्जन के हठ के आगे वह बिछ जाती है। स्त्रियों के अधिकार, पुरुषों के अत्याचार, पुरुषों के प्रति उसकी एक प्रकार की घृणा, अपने आप को पहला महत्त्व देने की आदत, पठन-पाठन, चिन्तन, दर्शन आदि

उसकी सारी विशेषताएँ सज्जन के आग्रह के सामने निस्तेज हो जाती हैं। सज्जन उसकी अपनी इच्छा का ही पुरुष रूप है। जिस स्त्री ने अब तक किसी पुरुष का रंगीन नजरों से अपनी ओर देखना बर्दाश्त नहीं किया, जिसने इससे पहले अपने तीन प्रेम याचकों को दुत्कार दिया था, वह सज्जन के आगे सब तरह से परास्त है। अपनी यह पराजय परसों रात भर आँसुओं में नहाने के बाद से तो अब उसे बिलकुल अपमानजनक नहीं लगती। कल दोपहर तक वृन्दावन में चारों ओर भटकते-भटकते देह और मन से चूर-चूर होकर जब वह मुजस्सिम आँसू की बूँद बन चुकी थी और उसे अपना भविष्य अँधेरी, अनन्त और भयावनी गुफा के समान नजर आ रहा था, जब वह लौट कर मथुरा, लखनऊ या कहीं भी लौटकर न जाने, किसी भी परिचित, मित्र और सम्बन्धी को अपना मुख न दिखलाने का हठ भरा निश्चय कर चुकी थी, तब अचानक सेवाकुंज के पास की एक गली में सज्जन ने उसे नाम लेकर पुकारा था। वह स्वर सुनकर वो कितनी बौरा गई थी। सज्जन को एक घर के दरवाजे पर खड़ा देख वो किस तरह टूट गई थी—खुले मुँह से गहरी साँस बाहर निकली, उसने दोनों हाथों से अपने कलेजे को थाम लिया, दस कदम की दूरी पर खड़े सज्जन तक पहुँचने में मानो वह एकदम असशक्त हो गई थी, उसे चक्कर आ गया, पैर लड़खड़ा गए थे। यदि सज्जन ने तेजी से आगे बढ़कर उसकी बाँह न पकड़ ली होती तो वह गली में ही गश खाकर गिर जाती। उसकी दशा देखकर सज्जन का वैराग्य गल गया, उसकी कठोरता स्वयं उसके कलेजे पर टूटे शिलाखंडों-सी बार-बार गिरने लगी। सज्जन उस समय एक अधेड़ बंगालिन वैष्णवी के घर में श्री राधामाधव की छवि आँक, उस विधवा से पाँच रुपए में झौआ भर आशीर्वाद खरीद कर उसके द्वार की चौखट लाँघ रहा था। कन्या को वह उसी घर में ले आया। चतुर वैष्णवी ने साक्षात् राधामाधव से वरदानस्वरूप और रुपए पाने की आशा से बड़ी सेवा की। दालान में पड़ी चारपाई पर झट से अपनी कथरी-गुदड़ी बिछा दी, कुएँ से ताजा पानी लाकर पिलाया, सज्जन से दाम पाकर दूध-चाय आदि लाकर चाय बनाई, फिर लूची (पूरी) पायश (खीर), दाल भात, शाक-तरकारी आदि सुन्दर व्यंजन बना यशोदा माता के समान अपने राधामाधव को ठाकुरजी का भोग जिमाया, अनेक मीठी बातें कीं, उठते-बैठते आशीर्वाद दिए, 'बहूजी' को माँग में सिन्दूर न लगाने के कारण मीठी भर्त्सना की, विदा करते समय श्री राधाजी के गले की माला सज्जन को तथा श्रीमाधव की माला कन्या को पहनाकर अनेक आशीर्वाद दिए, बलाएँ लीं। सज्जन ने अपना पर्स कन्या के हाथ में देकर उसे वैष्णवी को दक्षिणा देने के लिए कहा। वैष्णवी के सूने घर में उन्होंने लगभग चार घंटे बिताए, परन्तु आपस में अधिक बातें न हुईं। "कैसी तबीयत है?—ठीक हूँ। कब आईं—सबेरे। लो, पानी पी लो, चाय और लोगी?—कन्या मुझे माफ कर दो।"—आदि गिनी-चुनी दो-चार बातों से अधिक की गुंजाइश ही न थी, दोनों मौन-संवेदना से अभिभूत थे। शाम को मथुरा लौटने पर, घर जाने से पहले सज्जन ने बाजार से कन्या के लिए साढ़े आठ सौ रुपए की चार साड़ियाँ खरीदीं, एक कीमती साड़ी अपनी मेजबान के लिए भी खरीदी, कन्या के पैरों में पुराने सैंडिल देखकर आग्रहपूर्वक नए सैंडिल खरीदे, उम्दा वैनिटी केस खरीदा, कीमती शॉल खरीदा। कन्या ने दबे स्वर में एक-दो बार मना भी किया, पर सज्जन के आग्रह को वह कहीं भी टाल न सकी। डेढ़-दो घंटे में लगभग बारह सौ रुपयों का सामान खरीद कर सज्जन-कन्या घर लौटे। घर में सज्जन और कन्या दोनों ने ही अपने मेजबानों के सामने अपने लैला-मजनूवत् अनन्य प्रदर्शन कर उनके दिलों में शक-शुबहे की खाइयों को पाट दिया। कन्या की मुँहबोली भावज को 'कन्या की ओर से भेंट' स्वीकार करनी ही पड़ी। कन्या यद्यपि अपने मन पर लगे हुए आघातों से पूरी तौर पर सँभल नहीं पाई थी, फिर भी सुखी थी। रात को सज्जन की इच्छानुसार ही, नए परिधानों से सजकर वह उसके साथ पिक्चर देखने को गई।

सज्जन को जिस समय कन्या मिली, उस समय वह ठाकुरजी को पंखा झलती हुई वैष्णवी का चित्र बनाकर, वैष्णवी द्वारा बड़े ही मार्मिक ढंग से बखानी गई जगन्नाथ जी की मूर्ति सम्बन्धी

एक सुन्दर कहानी सुनकर आ रहा था। उस समय वह राधा के विरह से अभिभूत था। बाहर चमत्कारिक रूप से उसे कन्या जाती हुई दिखलाई पड़ी। कन्या को देखते ही भक्तराज की दो दिन की तोतारटंत फिर भूल गई 'कन्या'—बेसाख्ता उसके मुँह से निकला। उसके बाद तो अपनी विरहिणी की दशा देखकर वह पानी-पानी हो गया। यद्यपि यह भी सच है कि पन्द्रह-बीस मिनट पहले वैष्णवी द्वारा बखाने गए राधा विरह से, वैष्णवी की करुण रुद्र वाणी और आँसुओं के प्रभाव से विरहवेदना के जो आँसू उसकी आँखों में झलझलाए थे, वे इस समय आँखों की मर्मरी धरती पर न आए। फिर भी वैष्णवी के घर में जहाँ दो जबानें कुछ न कह सकीं वहाँ आँखों ने हजार शिकायतें कीं, हजार उलहाने दिए, हजार तरह से लज्जित, द्रवित हुईं, क्षमा-याचना की। इतना सब कुछ होते हुए भी वह विरह स्पर्श सज्जन के अन्तर में करुणा का स्रोत न खोल सका। हाँ, करुणा थोड़ी पसीजी, अहंकार की मिट्टी जो अपने विरह में एक सुनयना, सुमुखी, सुन्दरी युवती की तड़पन से गुदगुदाकर फूली थी, सो करुणा के छिछले पानी से अच्छा खासा दलदल बन गई, जिसने उसकी 'भक्तिमयता' के साथ-साथ कन्या के सरल, विरह तप्त हृदय को भी फँसा लिया। सज्जन की 'भक्तिमयता' ने मान लिया कि कन्या राधा है। राधा का विरह कृष्ण के लिए था, अत: क्या रूपिणी राधा के विरह से सज्जन ज्यौमेट्री की थ्योरम की तरह अपने आप कृष्ण सिद्ध हो गया। और भगवान् कृष्ण छलिया थे, विलासी भी थे, इसलिए नूतन कृष्ण सज्जन वर्मा—जो कुछ भी करता है वह सब पाप रहित है। अब उसे भगवान् बुद्ध द्वारा भिक्खु आनन्द को दिए गए उपदेश की जरूरत नहीं। उसका होश सम्हाला हुआ है। उसे अब कन्या—स्त्री—से बचने की जरूरत नहीं, अबोला रखने की भी जरूरत नहीं। ब्रह्मचर्य का अर्थ यह नहीं कि वह लँगोटबंध संन्यासी हो जाए। हाँ, सज्जन का 'मॉरल' यह जरूर कहता है कि वह अपनी 'राधा' ही से प्रेम करेगा।...

तो, सज्जन ने अपनी राधा को रसखान के सवैया के भाव के अनुसार चित्रित कर डाला। रफ स्केच में भी मोरमुकुट, गुंजमाल, पीताम्बर धारिणी बड़ी मनोमोहक लग रही थी। पुरुष वेश में मुरली के लिए मना करती हुई कन्या, राधा का स्त्री भाव ऐसा मार्मिक अँका था कि सज्जन स्वयं अपनी कला पर मुग्ध हो गया। वह एकटक अपने स्केच को देखता रहा; फिर रीझी हुई, गहरी प्यास भरी दृष्टि से कन्या की ओर देखा।

कन्या की ब्रह्मचारिणी देह, इतना श्रृंगार सह न पाई। उसका मन हाथ से बेहाथ होने लगा। बड़ी बेवस नजरों से उसने देखा। सज्जन का पौरुष निहाल हुआ, उल्लसित हुआ, बेहोश हो गया। पाँच-छह दिन पहले लखनऊ में अपने घर में वह कन्या को देखकर बेहोश हुआ था; लेकिन उस और इस बेहोशी में अन्तर था। कन्या की आँखों में अपनी आँखों की प्यास उँडेलता हुआ वह उठा, टिफिन कैरियर से टकराते हुए आगे बढ़कर कन्या के गले में बाँह डालकर उसे अपनी ओर खींच लिया। देहों ने आपस में मिलकर बिजली स्पर्श की। कन्या की आँखें प्रिय की मोहिनी से बँधी हुई उसके मुख के भावों से काफी हद तक अलग, अनबूझी स्वेच्छा के वश में होकर निश्चल हो गई थीं। चेहरे पर लाज की लाली और घबराहट की सफेदी उसके सहज गौर वर्ण से चकरघिन्नी का खेल खेलती रही थी। उसका दाहिना अंग पुरुष की बाईं बाँह से बँधा, पुरुष के दिल की धड़कनों से मिल रहा था। दुहरे वस्त्रों के रहते हुए भी नारीदेह को पुरुष देह की नैसर्गिक गर्मी खामोश मस्ती दे रही थी। गालों पर एक दूसरे की साँसें टकराईं—

''देखो सारेन कौ, बिलाइती मछरीन के डिब्बान के डिब्बान चबाय कैं गिरराजपे चूमा-चाटी कौ ब्यौपार फैलाए रए हैं।''

मठ की खंडहर दीवार पर एक गोसाईंजी का हँसी भरा पोपला मुँह ऐसा लग रहा था मानो पास-पास, ऊपर तले और क्रमश: बड़े-छोटे दो कठफोड़वा के फूल खिले हुए हों। सुनते ही कन्या का चेहरा लाल हो गया, लाज से वह पानी-पानी हो गई और सिर झुकाए ढाल की तरफ भागी।

सज्जन भी कट गया; उसने खंडहर की ओर देखे बिना ही झुककर स्केचबुक, पेंसिल, कैनवस के झोले में रखी, कैमरा, थरमस और कोट कंधे पर डाला, स्टिक और टिफिन कैरियर उठाकर चला। कन्या के नंगे पैर कंकड़-काँटों से उलझने के कारण अधिक दौड़ न पाए। पेड़ों का झुरमुट पार कर ढाल की तरफ बढ़ते हुए सज्जन ने अपनी दोनों की शर्म पर मजाक का पर्दा डालते हुए जोर से कहा—"अम्माँ उस्ताद, ठैरियो। आरिया ऊँ मैं भी!"

कन्या खड़ी हो गई, मगर इधर देखा नहीं। उसके पास पहुँच सज्जन ने कहा—"चोंरी बिलायती नारी, तू मछलीन के डब्बान चबाकर कहाँ भागी जा रही है?"

कन्या को झेंप भरी बनावटी तुनुकमिजाजी साधते हुए भी हँसी आ गई, बोली—"हटो भी, तुम बड़े खराब आदमी हो!"

"मुकदमा चलवा दूँगा तुम पर, मानहानि का। मैंने कोई खराब काम नहीं किया और तुम मुझे खराब कहती हो?—यू विलायती मछली—आ 'एम सॉरी—नारी डब्बान के डब्बान चबाए कर मेरे पवित्र काम को खराब बतलाती है!"

सज्जन के विनोदी अभिनय ने कन्या की हिजाबभरी खिझलाहट दूर कर दी। वह उसे देखकर हँस पड़ी। बोली—"तुम बड़े दुष्ट हो।"

"थैंक्यू फॉर दि कॉम्प्लीमेंट!"

"मजाक नहीं, मेरा दिल अभी तक धड़क रहा है।"

"दिल की धड़कनें जीवन की निशानी हैं। तुम जरा भी स्पोर्टिंग नहीं हो।"

"न सही—" कहते-कहते कन्या गम्भीर हो गई, बोली—"अब से मेरे मन को सम्हाले रखना। तुम्हारे सामने मैं बेबस हो जाती हूँ।" आँखों ने इस तरह देखा मानो कहती हो, तुम इसे क्यों नहीं समझते।

"तुम तो बात का बतंगड़ बना रही हो।" कन्या की गम्भीरता सज्जन को बेमौका लगी, वह झुँझला उठा—"अरे, उस खबीस ने देख लिया तो क्या हुआ। एक-एक-एक मजेदार चुहल रही।"

"जो चीज तुम्हारे लिए चुहल है, वह मेरे जीवन का अति पवित्र अनुभव है।"

"पागल हो तुम! स्त्री-पुरुष का मिलन पवित्रता-अपवित्रता के कोड से यों नहीं बाँधा जा सकता। तुम—तुम असल में अपने घर की गन्दगी से इस कदर चौंकी हुई हो कि—वरना इसमें अपवित्रता की बात ही कहाँ आती है? मुझे अपनी भावी पत्नी की पवित्रता का एहसास है। मैं यह भी जानता हूँ कि उसे धोखा नहीं—हरगिज नहीं दूँगा।"

कन्या सिर झुकाए सुनती रही। जब वह कह चुका तब नजरें तिरछी घुमाकर उसे देखते हुए फीकी मुस्कान के साथ धीरे से कहा—"दुष्यंत की तरह भूल जाओ तो?"

"क्या?"

गला खँखारकर कन्या ने फिर मुस्कुराते हुए ही कहा—"किसी का शाप लग जाए?"

"शाप?—इस युग में!"

"दृष्टि का शाप इस युग में भी लगता है।"

सज्जन सुनकर चुप हो रहा। मिनट-दो-मिनट तक दोनों चुपचाप चलते रहे। फिर सज्जन ने कन्या की तरफ देखकर पूछा—"तुम्हारे मन से मेरा विश्वास उठ गया है-हैं न?"

"विश्वास जीवन का आधार है।" कन्या ने बड़ी सादगी से जवाब दिया।

सज्जन को अपनी बात का उत्तर तो मिला, पर उससे उसे सन्तोष न मिल सका। बात साधारण से विशिष्ट और आदर्श के सार तक उठ गई थी। सज्जन को झुँझलाहट हुई; मानसिक परिस्थितियों के कारण वह झुँझलाहट अपने ऊपर ही आई। उसने कहा—"यह सच है कि मेरा चरित्र सधा हुआ नहीं रहा। रईस का इकलौता बेटा, जिसके सिर से बड़े बुजुर्गों का साया नई उम्र में ही उठ गया,

आमतौर पर बहक जाता है। अपनी कमजोरियों से मैंने तुम्हारे विश्वास को गहरी ठेस दी है, पर मैं हरगिज बुरा नहीं हूँ।''

''डर बुरों से नहीं लगता क्योंकि वह आसानी से नजरों के सामने आ जाते हैं। उनसे लड़ना या अलग रहना आसान है। डर बुराइयों से ही लगता है। जो अच्छे-अच्छों के दिलों में भी हजार तहों के अन्दर छिपी रहती हैं और अचानक प्रकट होकर दूसरों को अपनी गिरफ्त में ले लेती हैं।''

सज्जन को कन्या का यह प्रवचन खल गया। इस समय उसका मन मस्ताना हो रहा था। राधाकृष्ण के प्रेम और भक्ति की रसमयी बातें उसकी मस्ती का शृंगार बन सकती थीं; पर यह प्रवचन तो ऐसा मालूम हुआ मानो शराब पीते समय 'किसी' ने उसके जाम में गंगाजल ढालना शुरू कर दिया है। उसका दिल विद्रोह करने लगा—''शराब क्यों बुरी है और गंगाजल क्यों अच्छा है? मान लो, अच्छा-बुराई है भी तो ये चुंबन बुरा क्यों हुआ? स्त्री पुरुष का एक-दूसरे के लिए सहज आकर्षण, देह मिलन बुरा क्यों है? ये कन्या मुझे जबर्दस्ती एक ऐसी बुराई के लिए क्यों चेता रही है जो अपने आप में हरगिज-हरगिज बुरी नहीं?''—सज्जन ने अपनी विद्रोही भावना से बल पाकर कन्या से कहा—''तुम मेरे स्टेटमेंट को जबर्दस्ती गलत रंग दे रही हो कन्या। मुझमें ऐसी कोई बुराई नहीं जो तहों में पलती हो। और—ठहरो-ठहरो, पहले मेरी बात सुन लो—तुम जिस चीज को बुराई कहती हो वह बेवकूफ सुधारकों की खामखयाली है। ये मॉरल और पाप, बुराई, वगैरा शब्दों ने इनसान के कुदरती विकास में जिस कदर ज्यादा रोड़े अटकाए हैं, उतना ज्यादा शायद किसी और वस्तु ने नहीं और अगर तुम्हारे ही तरीके से सोचा जाए तो औरत से बढ़कर बुरी चीज दुनिया में कोई है ही नहीं। दूसरे सब मॉरलिस्टों की बात जाने दो, खुद बुद्ध और शंकराचार्य जैसे लोगों ने औरतों का विरोध किया है। नारी नरक का द्वार है—सब बुराइयों की जड़ है। अब बोलो, अब क्या कहती हो?''

कन्या जरा चिढ़कर बोली—''बुद्ध और शंकराचार्य अगर स्त्री होते तो लिखते कि पुरुष साक्षात् नरक है और नारी उस नरक की चहारदीवारी बनकर, प्रकृति के और जीवों को उस गन्दगी से अलग रखती है।''

सज्जन को कन्या के कहे पर व्यंग्य की हँसी आई। कन्या उससे और चिढ़ गई। बोली—''आदिम दिनों का वह मातृसत्ता काल वाकई बहुत अच्छा रहा होगा जबकि पुरुष आज की नारियों की तरह दबकर रहते हैं।''

सज्जन गौर से उसके चेहरे की तरफ देख रहा था। सुन्दर, भोले-से मुखड़े पर क्रोध की ललक देखकर सज्जन को बड़ा प्यार आया। उस प्यार के सामने वह खुशी से हार गया। स्टिक वाला दाहिना हाथ उसने बड़े प्यार से कन्या के कंधे पर रख दिया। कहा—''जानेमन, नाराज न हो! यह आजाद वतन का नागरिक आज भी हुजूर का गुलाम रहकर उस आदिम जमाने से दूर नहीं रहेगा।''

कन्या के जोश को इस मजाक से झटका लगा और साथ ही साथ इस स्पर्श से उसे बड़ी झिझक भी हुई परन्तु, यह झटका और झिझक मानो कठघरे से घिरी शेरनी की तरह मजबूरी की थी। शेरनी गाय के रूप में दीन हो गई। सज्जन उसकी बाँह को हलके-हलके स्टिक से ठोककर बोला—''देखिए, पंडित कन्यापरशाद, हम दोनों ही अब अपने तमाम कॉम्प्लेक्सेज से गुजरकर एक सतह पर आ चुके। हम उन बेशुमार औरत-मर्दों की तरह एक-दूसरे से नहीं मिले जो कुछ देर के लिए एक-दूसरे से मिलते-जुलते हैं और रेल के मुसाफिरों की तरह उनकी जान-पहचान खत्म हो जाती है। पंडित के चार मंत्र पढ़ना या कोर्ट में जाकर दस्तखत कर आना तो महज एक फॉरमेलिटी है और वह अब लखनऊ जाते ही पूरी हो जाएगी। तुम नहीं जानती हो, कल के बाद से मुझमें कितना बड़ा परिवर्तन आया है। मानो, हम ऐसी चक्करदार सीढ़ियों से गुजर रहे थे जो अँधेरे की घुटन से भरी हुई थीं। कल वृन्दावन में ऐसा लगा, मानो, हम दोनों ही उन अँधेरी सीढ़ियों से गुजरकर अब प्रकाश भरी खुली छत पर आ गए हों। क्या, तुम्हें ऐसा अनुभव नहीं होता।''

कन्या के चेहरे पर उसका मन उभर आया। एक स्थायी मृदु मुस्कान में सिमटकर उसका मन मूर्च्छित हो गया।

उसके कंधे पर बाँह रखते हुए सज्जन कुछ गम्भीर हो गया। बोला—"देखो, मैं किस कदर कमजोरी की हद तक विलासी हूँ। तुम्हें मेरी कमजोरी से लड़ना होगा, तुम्हारे इस अधिकार को मैं मानता हूँ। मगर, एक बाद याद रखो, मुझे उस्तानियों की तरह लिल्लाह के लिए सबक देना न शुरू करना। हम आपस में अगर साफदिली बरतें तो ज्यादा अच्छा होगा। मैं उन लोगों में से हूँ जो यह गलत मानते हैं कि पति-पत्नी को आपस में एक-दूसरे की गई-गुजरी बातें न पूछनी चाहिए। यह सिद्धान्त कच्चे दिमागवाले औसत आदमी पर जरूर लागू होता है, हम लोगों के लिए नहीं।"

कन्या होश में आ रही थी, बड़े मीठे स्वर में बोली—"मैं तुम्हारी बहुत-सी कहानियाँ सुनकर क्या करूँ। जो खास बात है, वह जान गई। मगर, सज्जन, बीता इतिहास ही केवल साथी नहीं हुआ करता। आज भी इतिहास का साक्षी हुआ करता है। यह कोई जरूरी नहीं कि कल तुम विलासी थे तो आज भी बने रहो। अगर आज से तुम्हारी जिन्दगी की नई परिस्थितियाँ शुरू होती हैं तो तुम्हारा इतिहास भी नया होगा।"

"तुम समझती हो कि इनसान की आदतें इतनी जल्दी बदल जाती हैं?"

"जरूर बदल जाती हैं। जैसा कि तुमने अभी कहा, तुम औसत मनुष्य से अधिक चेतन और जिम्मेदार हो तो तुम्हें अब से स्त्री अभाव के कारण विलासी बने रहने की जरूरत न होगी। जब तुम मेरे बनोगे तो मेरे ही होकर रहोगे।"

सज्जन की बाँह कन्या के कंधे से सट चुकी थी। वह खामोश था। सामने सफेद पत्थर की नक्काशीदार दोमंजिला सुन्दर छतरी बनी हुई थी। उसके आगे ही कुछ दूर पर सफेद रंग की एक इमारत के सामने उनकी टैक्सी खड़ी दिखाई दी। कन्या को टैक्सी देख लेने के बाद पहली बार इस बात का ध्यान आया कि सज्जन बोझ से लदा हुआ है। हालाँकि बोझ कुछ भी नहीं था, फिर भी उसे लगा कि वह झोला, कैमरा और कोट तो ले ही सकती है और उसने ले लिया। सज्जन ने अपनी चिन्ता से जागकर कन्या की ओर देखा। कन्या की आँखों में अधिकार की आड़ लिए समर्पण झाँक रहा था—पहली बार कन्या की आँखों से मौन-निमंत्रण झाँक रहा था।

35

नन्दो के बुलावे पर महाकवि बोर सुबह पाँच बजे भभूती सुनार के मकान के सामने सूनी अँधेरी गली में सिगरेट पीते हुए टहल रहे हैं। बीच-बीच में खाँस-खँखार भी लेते हैं, मानो किसी को संकेत दे रहे हो।

अन्दर दहलीज में आहट हुई, भभूती के घर की कुंडी खुली। दरवाजे के पीछे नन्दो की बनावटी खाँसी सुनाई दी और किवाड़ की झिरी खुल गई। महाकवि बोर दहलीज पर चढ़ आए। दरवाजा बन्द हो गया।

बैठक की कुंडी खोल लाइट जलाकर नन्दो ने बोर को वहाँ बुलाया। बोर जब अन्दर आ रहे थे, उसी समय नन्दो उनकी बाँह से अपनी छाती रगड़ती हुई बाहर निकली। घर के अन्दरवाले दरवाजे की कुंडी चढ़ाकर, निश्चिंतता के साथ वह बैठक में लौट आई। बैठक की बड़ी कोठरी में चौथाई दीवाल तक चारों तरफ टाइल्स जड़े हुए थे। अंगरेजी ड्राइंग रूम के ढंग पर अँगीठी रखने का बड़ा आला और उस पर मैंटलपीस भी बना हुआ था। फायर प्लेस (अँगीठी के आले) के चारों ओर बेलदार जाली बनी हुई थी जिसमें जगह-जगह अंगूर के गुच्छे बने थे, तोते अंगूरों पर चोंच मार रहे थे। टाइलों में ॐ राधाकृष्ण, और समाधिस्थ गंगाधर शिव चमक रहे थे। एक सोफासेट, दो कुर्सी और एक सेंटर टेबिल ने बैठक की जगह भर रखी थी।

नन्दो आकर सेंटर टेबिल के पास खड़ी हो गई। महाकवि ऐश ट्रे में सिगरेट डालकर बैठने ही जा रहे थे कि उ.े देख, मुड़कर मुस्करा कर बोले—"नन्दो बीबी, धक्का मारकर कलेजा छील दिया, अब मरहम भी तो लगाओ!"

"ऐ हटो भी!"

"अपनी कसम, तुम भी कुछ कम नहीं हो नन्दो बीबी।" कहकर विरहेशजी आतुर भाव से नन्दो की तरफ बढ़े। नन्दो पल्ला सिकोड़, एक कदम पीछे हटकर आँखें तरेरती हुई बोली—"ना ना छूना मत, हम अबहीं गोमती जान को बैठे हैं।"

"अरे तुम गोमती जान को बैठी हो तो मेरी जान को यहाँ भेजती जाओ। ये जनवरी के जाड़े में सवा चार बजे घर से निकला हूँ तुम्हारे हुकुम पे। कलेजा गर्मी चाहता है जानेमन!"

"ई भी कोई रंडी-पुतरिया का कोठा समझ लिया है क्या, कि मेरी जान, मेरी जान करत भये घुस आए! अरे, हम कोई कुटनी-छिनाल थोड़े ही हैंगे।"

नन्दो बीबी के नखरों को महाकवि बोर जैसे पक्के-पोढ़े इनसान भाँप न पावे, यह मुमकिन नहीं। वे भी खूब गिड़गिड़ाकर मक्खन मारते हुए बोले—"नहीं नहीं— !"

"हमें तो ये भया कि तुम दोनों लोगन का पिरेम हैगा। हमरी भाभी बिचारी आँठों पहर उदास रहै, तो हमैं दया आय गई।"

"सो तो है ही नन्दो बीबी तुम मसीहा हो।"

"ई नहीं कहोगे कि हमने तुमरा पता कैसे लगवाया?"

"अरे तुम जादूगर हो नन्दो— "

"तुम तो अपनी आँखी लड़ाए के चले गए। हियाँ भाभी की हालत ऐसी हुई गई कि आँखी से देखी न जाए।"

"अरे मेरी भी यही हालत हो रही है नन्दो बीबी। तुम्हारी भाभी ने मेरा दिल ही नहीं छीना, मेरा जिगर, मेरा कलेजा, मेरी जान; मेरा चैन-आराम— "

"सौ रुपै लाए हो?"

"नन्दो बीबी, तुम्हारे लिए जान हाजिर है। समझ लो, कि बाबूगंज से पैदल चला आ रहा हूँ। आजकल का जमाना तो तुम जानती ही हो। टके-टके के पीछे जानें चली जाती हैं, सौ रुपए जेब में रख कर इस अँधेरे और सन्नाटे में—मगर मैं शाम को जहाँ कहोगी, तुम्हें सौ रुपए पहुँचा दूँगा।"

"ऐ तुम्हीं तो बड़े हुसियार ही ना! मजा— "

"तुम्हारी जवानी की कसम, तुम्हारी खूबसूरती की कसम, तुम्हारी भाभी की कसम—तुम्हें धोखा देने की मेरी जरा भी नीयत नहीं। अरे, अब हमारा-तुम्हारा कोई एक दिन का निबटारा तो है नहीं। लो, फिलहाल ये पच्चीस रुपै रख लो। ये सौ में कटेंगे नहीं बल्कि ऊपर से दे रहा हूँ।"

नोटों को देखकर नन्दो ने ऐसा मुँह बनाया मानो भूखी शेरनी के सामने शिकार के रूप में मक्खी आई हो। नाक चढ़ा, होंठ सिकोड़ और बिचकाकर नन्दो बोली—"घर रखिए अपनी पच्चीस रुपल्लियाँ। मेरे बाप के घर में लाखों की माया हैगी। मेरे भाई साहब भी इतना कमाउत हैं कि चाहैं तो पूरा का पूरा सलीमा खरीद सकत हैंगे।"

सिनेमावाले बाबू का पता, जिनकी 'बहार आई रे' फिलिम शहर में आई थी, नन्दो को अपनी धन्धा-सहेली कैलासो की बहू के जरिए, या शायद उसकी भी किसी सहेली के जरिए, एक धन्धा-सखा, सिनेमा के एक गेटकीपर, ने बतलाया था। दो दिन पहले वही महाकवि बोर को कैलासो की बहू के घर पर नन्दो से मिलाने लाया था। वहाँ महाकवि ने अपनी सिनेमा स्टारों की दोस्ती और बड़े-बड़े ऐशों की लमतरानियाँ हाँकीं। कैलासो की बहू से लेकर नन्दो और उसकी भाभी तक को फिल्म-स्टार बना देने का वादा किया। नन्दो ने सौ रुपए बिचावली के माँगे और आज का दिन,

इस समय बड़ी बोर मिलन करा देने का वचन दिया। महाकवि ने हामी भर ली; यही नहीं बल्कि उस दिन नन्दो के सामने ही कैलासो की बहू के ऊपर शराब, चाट, सिगरेट आदि में पैंतालिस-पचास रुपए खर्च कर उन्होंने नन्दो का जी भर दिया था। हालाँकि गेटकीपर ने नन्दो को होशियार कर दिया था कि बाबू की माली हालत घर को देखते हुए बहुत अच्छी नहीं मालूम देती; फिर भी नन्दो को विश्वास न आया। उसकी औरतवाली सयानी बुद्धि ने सोचा कि शायद वह नए गाहक को अपनी गिरफ्त में रखना चाहता है। आज जब नन्दो के सामने बोर की तरफ से बोहनी के सिर्फ पच्चीस रुपए ही आए तो वह खटक गई। अपने धन्धे में उसे पहले भी अकसर धोखे हो गए हैं—जिन्हें उसने मालदार समझा, वो लिफाफिया निकाले। कुछ 'सौदे' नन्दो के जरिए ऐसे भी हो जाते हैं जहाँ 'प्रेमी-प्रेमिका' दोनों की ओर से माल मिलने की गुंजाइश रहती है; मगर यहाँ तो एकांगी मामला था। बड़ी से उसे कुछ मिलना नहीं था। हाँ, वह सोचती थी कि 'सलीमा वाले बाबू' से बड़ी को गहना-रुपया भेंट में मिलता रहेगा। वह उसमें साझा लगा लेगी। साथ ही, सलीमा वाले बाबू से अलग भी झटकती रहेगी। अगर उसकी इतनी आमदनी नहीं होती तो बड़ी-बोर का मिलन कराने में उसे कोई फायदा नहीं। अलावा इसके बोर से पहली कमाई के सौ रुपए में नन्दो के साथ कैलासो की बहू; गेटकीपर आदि भी साझीदार हैं। इसीलिए नन्दो पोढ़ा सौदा करना चाहती है। धोती के पल्ले में अपने दोनों हाथ छिपाए नन्दो किसी कदर तनकर खड़ी हुई थी। बोली—"मेरे भाई साहब का गुस्सा इतना तेज हैगा कि अभी जो खबर पाय जाए तो इस बैठके के बाहर तुमरी एक बोटी भी साबुत निकल के न जाए।"

विरहेश मीठी जबान से काम निकालने की कोशिश करते हुए हल्की-सी आह भरकर बोले—"अरे, अब तो तुम्हारे दर का गुलाम हो गया हूँ! इस गुलामी को छोड़कर अब तो जीने की भी चाह नहीं रही, नन्दो बीबी। जी चाहे तो जहर दे के मारो या बोटी-बोटी नुचवा दो। बाकी, मोहिनी को तुम जल्दी हमारे पास भेज दो।"

"आज तो अब वह नहीं आ सकेंगी! मेरे भाई साहब कल रात कलकत्ते से आ गए हैं।"

"पर तुमने तो कहा था कि आज..."

"अरे, यह थोड़े खबर थी कि मनिया आय जाएँगे उनकी तो चिट्ठी आई थी कि अभी आठ-दस रोज और लगेंगे। और इधर हमरी अम्मा और बाबू संकरात नहान के खातिर इलाहाबाद जान वाले थे, सो वह तो कल रात ही चले गए। बाकी मनिया अचानक आय गए सो हम क्या करें।"

महाकवि बोर ने लपककर नन्दो के पैर पकड़ लिए। कहा—"कुछ भी करो, नन्दो बीबी। एक बार मोहिनी को मेरे पास ले आओ।" फिर खड़े होकर भावविस्मृत होकर मानो कह उठे—"दूर से देखते-देखते अब मेरा मन बावला हो गया है। मोहिनी को जिस क्षण मैं अपने अंक-पाश में आबद्ध कर लूँगा, उसकी गर्म-गर्म साँसों की तूलिका से, उसके प्रेम-मन्दिर नेत्र के गहरे रंग से जब मेरी हृदय-पटी पर—"

"अरे, छोड़ो-छोड़ो, क्या करते हो?" नन्दो ने झुँझलाकर कहा। महाकवि बोर ने मोहिनी को अपने सीने से लगाने की धुन में नन्दो को जकड़ रखा था और वह झुँझला रही थी। महाकवि अपनी भावना-धारा में ही बहते रहे। उन्होंने नन्दो को और कसकर जकड़ लिया। बोले—"मेरी प्राणेश्वरी को मिला दो—नन्दो रानी। मेरे हृदय में सोया हुआ दूसरा अमर गीत जागने के लिए व्याकुल हो रहा है।"

"भाड़ में जाओ तुम और तुम्हारा गीत! ऐसे-ऐसे झाँसेबाज हमने बहुत देखे हैंगे। पहले हमरे रुपए ले आओ—"

"रुपए मैं तुमको शाम को लाकर दूँगा। तुम सौ माँगती हो, मैं दो सौ दूँगा। तुम्हारे ऊपर भी मेरा मन न्योछावर होता है नन्दो रानी—"

"हमें, ई सब बातें नहीं सुहातीं। हमें तो अपने ठाकुरजी और सेवा-पूजा से काम रहत हैगा।"

''अरे, तुमको भगवान करे ऐसी भक्ति मिले—आहा! तुम कैसी दयालु हो! देखो मैं फिर तुम्हारे पैर छू रहा हूँ।''

महाकवि बोर झुके। उनके चेस्टर की बाँहें ऊँची हुईं। बाएँ हाथ में सोने की घड़ी झलकी। नन्दो मे घड़ी पर नजर डाल साथ ही विरहेश की कलाइयाँ यों पकड़ीं मानो वह उन्हें अपने पैरों पड़ने से रोक रही हो। उसका एक हाथ घड़ी के ऊपर ही था। बोली—''तुम बार-बार जोर दे रहे हो। बड़ी जोखिम का काम हैगा। हमरे मनिया पूरे जल्लाद हैं।'' घड़ी कलाई से खुल गई। नन्दो ने बात आगे बढ़ाकर उसे पूरा किया, बोली—''अच्छा भाई, तुमरी खातिर कोशिश तो हम करते हैंगे, आगे भगवान जानें!''

घड़ी बोर की कलाई से खिसककर नन्दो के हाथ में आ गई। महाकवि के चेहरे पर हवाइयाँ उड़ने लगीं। वह कुछ कहना ही चाहते थे कि नन्दो कमरे से बाहर निकल गई।

महाकवि बोर घड़ी जाने से उदास थे। घड़ी माँगे की थी।

अपने गोमती जाने और कुंडी बन्द करने के बहाने नन्दो बड़ी को नीचे ले आई। मनिया उस समय गहरी नींद में था। सोती हुई लड़की को नन्दो ले आई और अपनी कुठरिया में लिटा दिया।

किन्तु उसने बड़ी और विरहेश को अकेले रहने के लिए अधिक समय न दिया। मनिया जाग गए हैं—यह भय बड़ी को कमरे से भगाने के लिए काफी था, परन्तु विरहेश को नन्दो की तिकड़म का अहसास हो गया। बड़ी का हाथ पकड़कर उसने कहा—''अरे, यह ऐसे ही झुठला रही हैं। नन्दो बीबी, घबराओ मत। तुम्हारे सौ रुपए मैं आज ही दे जाऊँगा।''

बड़ी ने पूछा—''कैसे रुपए?''

विरहेश मतवाली नजरों से उसकी ओर ताकते हुए मुस्कराकर बोला—''कोहेनूर के दाम देने पड़ते हैं, मोहिनी। इन्होंने मेरी घड़ी ले ली है।''

''क्यों?''

''अरे, अब जाने दो इन बातों को। हालाँकि घड़ी मुझे दे दे तो अच्छा ही है। मैं शाम को रुपए ला दूँगा।''

''बीबीजी''—बड़ी ने गिड़गिड़ाकर कहा—''तुम्हारे पैरों पड़ूँ, मान जाओ। ये बड़ो भारी कवी हैं; ये तुम्हारे रुपए जरूर दे देंगे।''

नन्दो मान गई। उसने घड़ी लौटा दी तथा विरहेश को बड़ी के संग-सुख से दूसरा अमरगीत रचने के लिए पूरी सुविधा भी दे दी।

परन्तु सौ रुपए उस शाम को न आए। बड़ी अलबत्ता बड़ी मगन थी। दूसरे दिन सुबह फिर उसी समय कहाकवि बोर आए। आज बड़ी पहले से ही उनकी प्रतीक्षा में नन्दो के साथ बैठक में बैठी थी। बोर आज पचास रुपए लेकर आए थे। उन्होंने पच्चीस हीले-बहाने बतलाए, अगले दिन बहुत-कुछ लाने का वचन दिया। वह गिड़गिड़ाए, बड़ी भी पैर पड़ने लगी, मगर नन्दो आज टस से मस नहीं होने वाली थी। उसने बोर से कहा—''जाते हो कि शोर मचावैं।'' दुबारा नन्दो ने आवाज को ऊँचा चढ़ाकर, बड़ी से कड़ककर कहा—''चलो इधर!''

बड़ी सहम गई। बोर का एक हीला-बहाना न चला। उसे घर से जाना पड़ा! कुंडा बन्द हो गया।

बड़ी नन्दो के विरुद्ध मन-ही-मन लाल हो रही थी। जितना ही उसका हृदय जाते हुए विरहेश की अतृप्त नजरों और निराश मुख का ध्यान करता, उतना ही उसकी अतृप्ति बढ़ती, उतनी ही उसकी नन्दो के प्रति हिंसा भी तीव्र होती थी। पर बड़ी कुछ कह न सकी। कुंडा बन्द करने के बाद नन्दो उससे बोली—''अरे, ये मुरहा महा का झाँसेबाज है रानी। हम देखो ऐसे ठिकाने तुमरा हिसाब-किताब बैठायेंगे कि मन यार की यारी से भरे और तन गहनों से मढ़ जाए।''

"मुझे गहनों की जरूरत नहीं। इनसान प्रेम का भूखा होता है, गहनों से नीच प्रेम करते हैं।" कहती हुई बड़ी घर के अन्दर चली गई। नन्दो की कोठरी से लड़की को गोद में लिया और ऊपर जाकर सो रही। पलंग पर आहट होने से मनिया की नींद टूट गई थी—"क्या है?"

"कुछ नहीं, नीचे कुंडा बन्द करने गई थी।"

मनिया ने निन्दारेपन में बड़ी को अपनी बाँहों में ले लिया और सो गया। बड़ी का विरह-तृप्त मन उस समय चैन नहीं पा रहा था। नन्दो के रचाए बंधन में बँधी रहकर उसे अपने प्रेमी से खुलकर मिलने का मौका कभी नहीं मिलेगा। वह महा की कुटाँट है।

नन्दो को भय हो गया कि बड़ी मनिया से कुछ लगा-बुझाकर उसे किसी प्रकार का नुकसान न पहुँचाए। नन्दो से मनिया का मन इस दम फिरंट है ही। आजकल इस पर रीझा भी है। बोर से ठगे जाने का सारा क्रोध बड़ी के चलते समय की बात से जुड़कर उस पर ही जा पड़ा। नन्दो आज भी गोमती न गई। घर में ही नहा-धोकर वह अपनी कोठरी में बैठी हुई इसी चिन्ता में लगी कि उसे अब मनिया को अपने हाथ में कर लेना चाहिए।

घंटे सवा घंटे बाद जब बड़ी निपटने-नहाने के लिए नीचे गई और मनिया भी जागकर लिहाफ में पड़ा-पड़ा सिगरेट फूँकने लगा तब नन्दो अपने भाई के पास आई।

"क्या है?" मनिया ने अपनी बहन से बेरुखी के साथ पूछा। अरसे से नन्दो के प्रति मनिया का सरल व्यवहार भी एकदम सरल नहीं होता। नन्दो बड़ी भोली भक्तिन बनकर पलंग के पास ही जमीन पर उकड़ूँ बैठ गई, बोली—"हम तो अब तुमरे दुस्मन हुइ गए हैं, हैं न?"

मनिया कुछ न बोला। नन्दो ने फिर कहा—"तुमने जो बात जब हमसे कही, हमने सदा के वास्ते अपने पल्ले में बाँध ली। सबेरे का बखत हैगा, हम गोमाजी नहाय के आय रहे हैं, नरायन जी जानत हैंगे कि एक बार बाबू, अम्मा की बात टाली होएगी, पर तुमरी बात टालैं, इत्ती हमरी हिम्मत कभी नहीं भई।"

मनिया फिर भी चुप रहा। "सन्तो की बहू, हमै कितना-कितना बुलाइन। तुमरी खातिर कित्ती बार उन्ने हमसे रोय-राय के कहलाया, पर जब से तुमने मना किया, हमने घर से पैर भी बाहर नहीं रखा। हमने सफा कहलाय दिया कि हमें अपने भाई का हुकुम मानना है, हमरे आगे उनकी इज्जत का सवाल हैगा।"

मनिया ने चारपाई के पायताने पर मुट्ठी को झटका दे सिगरेट की राख झाड़ी। नन्दो फिर मुस्कराकर बोली—"कलकत्ते से हमरी खातिर तुम कुछौ नहीं लाए। आज हम सिकाइत करन आए हैंगे। हमने कल तुमसे कुछ नहीं कहा। क्या भाइयन को लुगाई इत्ती प्यारी हुइ जात है कि बहन की बात भी न पूछी जाए। अरे, माँ जाई बहिन तो बहिनै रहेगी आखिरकार।"

मनिया का मन पिघला। मुस्कराकर बोला—"क्या चाहिए तुम्हें?"

"हमें तो सबेरे का बखत हैगा, यह चाहिए भैया कि तुम अच्छे रहो। जुग-जुग जिओ।" बातें करते-करते एकाएक पलंग के सिरहाने के पाय के पास नन्दो की नजर गई। वह ऐसे चौंककर देखने लगी कि मनिया का कौतूहल भी जागा। झुककर देखते हुए बोला—"क्या है?"

"काले डोरे में लिपटा भया कागज हैगा। देखें तो सही।...हाय दैया, यह तो कोई गंडा-वंडा हैगा! इसे न छूना मनिया। तुम्हें मेरी कसम मनिया। हाय राम!" कहकर नन्दो ने गंडा अपने हाथ में उठा लिया और कुछ कहना भी चाहती थी कि मनिया ने कड़ी नजर से अपनी बहन को देखा। बोला—"तुमने ही किया होगा चुड़ैलो।"

"तुम हमैं जो चाहे सो कह लो। हम अम्मा-बाबू की किसम खाय के कह सकत हैं कि हमने नाहीं किया। (गंडा का डोरा हटाकर कागज खोलते हुए) हाय राम! यह तो पाँचो पीर का गंडा हैगा!"

मनिया ने भी झुककर कागज देखा। एक सींगदार शेरनुमा जानवर को एक सींग और दुमदार राक्षस मार रहा था—गंडे की यह मनहूस तस्वीर मनिया को भी बुरी तरह चौंका गई। उसका दृढ़ विश्वास था कि यह गंडा नन्दो ही लाई है, क्योंकि वही यह सब किया करती है और इस बहाने वह कोई षड्यंत्र रच रही हो। क्रोध में आ लिहाफ छोड़कर बैठते हुए दाँत पीसकर उसने कहा—"सच्ची बता नन्दो, नहीं तो तेरी जान ले लूँगा।"

नन्दो बोली—"तुम चाहे जो करो। पर जब हमने किया नहीं तो हमें डर काहे का। हम बाहर चाहे जो कुछ भी करें, पर घर में थोड़े कुछ करेंगे। हमें अपने भाई, माँ-बाप सब प्यारे हैं, ई तो जो लुगाई अपने खसम को धोखा दे के पराए मरदन से आँखी लड़ावे, वही अपने मरद को मारने के चरित्तर कर सकती हैगी!"

मनिया की उत्सुकता और क्रोध, दोनों ही तीव्र हो उठे। नन्दो से बोला—"सच बता, क्या बात है?"

नन्दो ने कहा—"ऐसे तो हम न बताते, पर जब हमरे भाई की कोई जान लेने का जतन करेगा तो हम जरूर बताय देंगे। ई तुमरे दिल की रानी का काम हैगा, जिनके खातिर तुम अपनी सगी बहन को सताउत हौगे। आजकल रानीजी आँखें लड़ाय रही हैंगी पराये मरदन से। ई तुमरी खिड़की से बैठ के उधरवाले ताई की कुठरिया में वह जौन किरायेदार रहत हैंगे उन्हइन से चिट्ठी-पत्री करत हैंगी। वही एक दिन हम औचक में देख लिया।"

"सच कहती हो नन्दो?" मनिया ने धीमी आवाज में पूछा। उसके चेहरे की आब उड़ गई थी। उसके होंठ और गालों की मांसपेशियाँ जब्त की शिद्दत से फड़क रही थीं।

"हम काहे को कोई को झूठ-मूठ लगावैंगे? हमने अपनी आँखिन से देखा हैगा कि एक बड़े-बड़े बाल वाला आदमी हैगा और भाभी छत पर थैला लटकाय के उसमें चिट्ठी-पत्री भेजत हैंगी। उसकी भी चिट्ठियाँ आउत हैंगी।"

"कहाँ हैं वह चिट्ठियाँ?" मनिया गरज उठा। नन्दो धीरे से बोली—"यहीं होएँगी। उसके संदूक-बन्दूक में देखो। और हम बाबा, कौनो परपंच में नहीं हैंगे। ई तो जो पाँचो पीर का गंडा न दिखाई पड़ता इत्ती बखत—"

मनिया बहन की बकवास से अलग होकर इस समय पूरे क्रोध के साथ अपने रकीब के पत्रों की तलाश में संदूकों तक पहुँच चुका था। नन्दो चुपके से बाहर खिसक गई।

मनिया ने थोड़ी देर में चारों-पाँचों संदूक खोल डाले। एक-एक कपड़े की तह खोल कर बिखेर दी, ताला लगे हुए बक्से का कुंडा तोड़कर उसने विरहेश के पत्रों को एक रेशमी रूमाल में लिपटा हुआ पा लिया। पत्र पढ़-पढ़कर मनिया अपना होशो-हवाश खोता गया, क्रोध की लाली ने पत्र के अक्षरों को धुँधला कर दिया। मनिया गरजता हुआ कमरे से बाहर निकला—"कहाँ है हरामजादी?"

बड़ी, धुर नीचे गुसलखाने में नहा रही थी। नन्दो ने इशारा किया—यहाँ हैं। गुसलखाने के दरवाजे पर धक्के मार कर मनिया गरजा—"खोल, छिनाल, हरामजादी! तेरे—"

बड़ी को अधनहाई अवस्था में गीली धोती पहने दरवाजा खोलना पड़ा। मनिया ने बेतहाशा उसका हाथ खींचकर उसे आँगन में घसीट लिया और जमीन पर धक्का देकर कहनी-न-कहनी सैकड़ों बातें सुनाते हुए, घूँसे-लातें और थप्पड़ों से बड़ी की सहन शक्ति को बेतहाशा चीखने पर मजबूर कर दिया। घर में कुहराम मच गया। शंकर और छोटी कमरे से निकल आए। गली, पास-पड़ोस में बड़ी की चीखें और मनिया की गरज और गालियाँ पहुँचने लगीं।

नन्दो अपनी पूजा की कोठरी में बैठी ठाकुरजी को नहलाती रही।

शंकर ने बड़े भाई को रोकना चाहा। "हट जा—" मनिया पर इस वक्त खून चढ़ा था, सीना तानकर बोला—"ये सब तुम्हीं लोगों की वजह से हुआ है। तूने ही मेरे घर में लुच्चे घुसाए हैं, साले!

आज मैं एक-एक का कतल कर डालूँगा। इस...वाली ने मेरी लाख रुपए की आबरू उतार ली, हैं! इस साली को तो अब मैं खोद के गाड़ दूँगा। ले साली, ले। यह प्यार, यह चुम्मा, यह बोसा...।''

एक हाथ से उसकी बाँह पकड़कर आँगन भर में मार-मारकर, घसीट-घसीटकर बड़ी की दुर्दशा बना दी। उसकी गीली साड़ी कीचड़ में लथपथ हो रही थी। उसके अंगों की लाज बचाए नहीं बचती थी।

गली में कुछ लोग शोर सुनकर घर के अन्दर घुस आए। चारों ओर से ''अरे, क्या हुआ, अरे मत मारो'' आदि आवाजें आने लगीं। आई हुई दो औरतों को इतिहास बतलाने के लिए नन्दो ने उन्हें अपनी कोठरी में बुला लिया।

''हाय दैया!'' गुन्नो पुरतानी सारी कथा सुनकर बोलीं। बंसो लाला ने कोठरी की चौखट पर बैठी हुई पुरतानी के पास झुककर पूछा—''पुरतानी, क्या भया?''

अपना करम ठोक कर, दुख-भरी आवाज में पुरतानी जोर से बोलीं—''क्या बतामैं भैया, कलजुग के करम हैं। ये सहजादे ऐसा लड़का जिसका मरद होय, कमाऊ-धमाऊ, खपसूरती, डील-डौल—अरे, हमरे मनिया किस बात में कम हैंगे। भगवान न करे, किसी भलेमानुस के घर में ऐसी बहू आवे। निगोड़ी सुअरिया की जात, राजा के घर में पल के भी घर-घर मैला चाटन की बान न छोड़िस! सचमुच बड़ा कलजुग आय गया बेटा! हाय! हाय!''

''सब अँगरेजी मामले हैं पुरतानी जी। अब सुराज हुइ गया है। औरतें अब वोट भी देन की हकदार हैं—ये जो चाहे सो करें। रहे हमारी-तुम्हारी तरह पुराने बिचारों के लोग और बाप-दादों की आबरू—सो भैया, नाक कटा के बैठो चुपचाप। कल को कोई पारटी इसका भी पच्छ लेकर हवाई-जहाज से पर्चे गिरा देगी। यों नाक कटी सो कटी, ऊपर से सारी दुनिया थूकने आएगी—''

''अजी, मैं एक-एक सालों को समझ लूँगा। सब का कतल कर डालूँगा।'' मनिया आँगन में खड़ा-खड़ा गरजा।

''अरे भैया रहीसों का मामला है...''

दीवारों से उतरकर धूप के गली में आते-आते तक भभूती सुनार के दरवाजे पर मजमा जुड़ गया। मिस्टर वर्मा के मकान के आगे तक, और उधर भी दो घर आगे तक गली में इतनी भीड़ थी कि सीधे निकलना मुश्किल था। धीरे-धीरे घर में भीड़ बढ़ती रही; बीच-बीच में तैश खाकर मनिया, कीचड़ में लथपथ पड़ी अपनी पत्नी को दो-चार ठोकरें लगा लेता था। बीच-बीच में जनता का समझावन-बुझावन भी चलता रहा, टीका-टिप्पणी चलती रही, बात अन्त में आकर तारा-वर्मा के पड़ोस और सज्जन के 'दुराचार के अड्डे' पर अटक गई। नन्दो की कुठरिया से जो महिलामंडल का मंतव्य बातों से प्रचारित होता था, वही जनमत तैयार करने में सहायक था। मनिया सुनते-सुनते तैश में आ गया। ''मैं साली रंडी को अपने यहाँ नहीं रखूँगा। जाय अपने यारों के पास। निकल ससुरी।''

मनिया बड़ी को घसीटकर ले चला; आँगन, दालान, चौखटों की ऊँचाई-निचाई से ठोकरें खाती, रगड़ खाती हुई बड़ी की सजीव लाश घर के बाहर डाल दी गई। बड़ी बड़े कष्ट से, किन्तु जल्द ही उठकर अपने वस्त्रादि सम्हाल, सिकुड़कर, घुटनों में धूल भरा मुँह छिपाकर ससुर की देहरी के नीचे बैठ गई।

भीड़ बढ़ती रही। शहर को एक नई चर्चा मिली। इस औरत से जिसका इश्क लड़ा वह एक कवि है; और एक रईसजादे, जो शौकिया पेंटर भी हैं, यहाँ तफरीह का अड्डा बनाए हुए हैं, उन्हीं की छत से ये इश्क का अफसाना शुरू हुआ। इन सब बातों में कन्या-सज्जन का किस्सा, हवाई जहाज की पर्चेबाजी की चर्चा भी एकबारगी जोर पकड़ गई। धनवानों के खिलाफ जनता की सहज घृणा ने सज्जन को जिस तरह चित्रित किया, उससे वहाँ उसके विरुद्ध बड़ी दूषित हवा फैल गई। बातों में लोगों ने मनिया के छोटे भाई और उसकी बहू को, तारा-वर्मा को नया फैशन चलने और मुहल्ले में बेशर्मी फैलाने के आरोप में लपेट लिया।

कीचड़ में सनी, मुँह छिपाए सिकुड़ी हुई एक नारी अनेक को अनेक प्रकार से नए जमाने के विरुद्ध उकसाने में प्रेरणा दे रही थी। कुछ नौजवानों को अधेड़-बूढ़ों के ये रिमार्क बेहद खले। गर्मागर्म बहस भी हो गई। नतीजे के तौर पर अन्तिम जनमत (नया-पुराना दल) यह प्रस्तुत हुआ कि नए-पुराने सब जमानों में अच्छाइयाँ भी हैं और बुराइयाँ भी। इसके साथ ही साथ समाज में दुराचार-व्यभिचार वृत्ति का दमन करना चाहिए, यह भी तय हो गया। भीड़ इस तरह बहुत-सी नैतिक-सामाजिक समस्याओं पर गहरा विचार कर, कुछ सिद्धान्त निश्चित कर, फिर दफ्तर, दुकान, स्कूल, कॉलेज आदि जाने का समय साधने के लिए (सब नैतिक समस्याओं और निर्णयों को भूल) अपने-अपने घरों को चल दी। नई भीड़ आती रही, पुरानी भीड़ जाती रही।

बड़ी यों ही तमाशा बनी बैठी रही।

36

बड़े भाई के अन्धे गुस्से, कत्ल करने की धमकी और चार के सामने अपनी इज्जत बचाने के खयाल से शंकरलाल ऊपर ही चला गया था। दुमंजिले पर छोटी भी सहमी सकपकाई खड़ी थी। उसका चेहरा भय से सफेद पड़ गया था। शंकर की सिट्टी-पिट्टी भी गुम हो रही थी। शंकर और छोटी जरा आड़ लेकर खड़े हुए नीचे का तमाशा चुपचाप देख रहे थे।

तारा-वर्मा अपने घर में इस हंगामे का इतिहास जानने के लिए बड़े उत्सुक हो रहे थे। वर्मा ने तारा को तो ऊपर चढ़ने से रोक दिया और खुद ही पत्नी की प्रेरणा से भभूती की छत पर चढ़कर नीचे उतरा। तिमंजिले के टट्टर से झाँककर धुर नीचे आँगन का तमाशा देखने लगा। छोटी की नजर ऊपर गई। वर्मा को देखकर उसने अपने पति को इशारा किया। वर्मा ने दोनों को इशारे से ऊपर बुलाया।

बड़ी की लड़की अपने कमरे में अकेली पड़ी-पड़ी रो रही थी। ऊपर आकर शंकर वर्मा बातें करने लगे। छोटी पास ही गुमसुम खड़ी कभी उनकी बातें और कभी नीचे का मजमा देख-सुन रही थी। आठ-दस महीने की छोटी-सी बच्ची का रोते-रोते गला पड़ गया था। उस तरफ किसी का ध्यान नहीं जा रहा था। छोटी धुर-नीचे आँगन में मुर्दे की तरह पड़ी हुई अपनी सहेली और जेठानी को देख रही थी। बड़ी की दुर्दशा, उसका सार्वजनिक अपमान, छोटी की गति-मति को कुंठित कर चुका था; भय के अलावा इस समय उसके हृदय में और कोई भावना न थी—कोई विचार नहीं था।

पति की प्रतीक्षा करते हुए तारा से अधिक देर तक अपने घर में रहा नहीं गया। वह भी चीड़ के बक्सों पर महामुश्किल से चढ़कर भभूती की छत पर आ गई। शंकर का ध्यान गया। वर्मा अपनी गर्भवती पत्नी को वहाँ देख परेशानी से ऊपर की छत की तरफ दौड़ा। छोटी तारा को देखते ही मानो 'अपना कोई' पा गई। वह उसकी तरफ चली। शंकरलाल नीचे की तरफ झाँकते हुए धीरे-धीरे ऊपर की छत की तरफ चले।

वर्मा तारा की इस नादानी पर झिड़कते ही रह गए, इतने में छोटी एकदम से तारा से लिपट गई। दोनों ही फूट-फूट कर रो पड़ीं।

मि. वर्मा इस दृश्य से प्रभावित हुए बिना न रह सके! भरिये गले से समझाना शुरू किया। इतने में शंकरलाल भी ऊपर आ पहुँचा।

"क्या हो गया मिस्टर लाल? आखिर किससे इनका लव-अफेयर चल रहा था?"

शंकरलाल ने ड्रेसिंग गाउन की जेब से एक पत्र निकाल कर वर्मा की तरफ चुपचाप बढ़ा दिया। वर्मा ने सरसरी नजर पत्र पर डाल, कागज पलट कर नाम पढ़ और समर्थनसूचक सिर हिलाते हुए वर्मा ने अपनी पत्नी से कहा—"हूँ! वही है।"

तारा के आँसुओं में विचार का वजन पड़ा। छोटी के होंठ अब भी सुबुक रहे थे, आँखें आँसुओं से भरी आ रही थीं।

"शुरुआत तो मेरे खयाल में पिक्चर हाल से ही हुः।" वर्मा ने कहा।

तारा बोली—"हूँ—मैं तो वहीं भाँप गई थी। मेरे त पास ही बैठे थे दोनों जने।"

"हाँ, हो सकता है। ये विरहेश—क्या कहूँ मिस्टर र्मा—उसे मैं ऐसा नहीं समझता था।" शंकरलाल पछतावे के साथ बोला।

"अजी, ये सिनेमावाले हैं मिस्टर लाल! इनके कैरेक्टर का कोई ठिकाना नहीं! मुझे तो बहुत पहले ही खबर लग गई थी। मुझे ही क्या, मिस्टर सज्जन, डक्टर शीला स्विंग, और वो मिस वनकन्या सबको ही खबर हो गई। हमने आपकी भाभी का एक लव–लैटर पकड़ा था—आज कहता हूँ। उस दिन से मिस्टर विरहेश का वहाँ आना-जाना भी बन्द क दिया गया था।"

छोटी बड़े अचरज से यह सब कथा सुन रही थी। ंकरलाल को भी यही हो रहा था, कुछ झेंप-सी भी आ रही थी; खिसियानी हँसी हँसकर बोला—

"मुझे तो अभी-अभी पता चला। यह लैटर नीचे जते हुए भैया के हाथ से गिर पड़ा।...क्या कहूँ मिस्टर वर्मा, मुझे तो वाकई ऐसा लगता है; जैसे मैं ही अपराधी हूँ! मेरी वजह से ही भाभी की ये दुर्दशा हो रही है!"

"ये सब नन्दो बीबीजी की लगाई-बुझाई है। जीजी बिचारी भोली-भाली, उनके मीठेपन में—"

पत्नी की बात काटकर शंकरलाल ने उत्तेजित भाव से कहा—"अबकी अम्मा और बाबू आ जाएँ इलाहाबाद से, मैं साफ कह दूँगा कि या तो इस मनहूस को घर से निकालो, नहीं तो हम लोग अलग होते हैं।"

"अरे, वो लड़की रो रही है बिचारी! छोटी, उसे उठा ले।" तारा के कहने पर छोटी उतरकर नीचे गई। तारा ने अपने पति और शंकर की तरह देखक कहा—"अब मोहिनी का क्या होगा? इनके भाई साहब तो अब उसे अपने घर में रखेंगे नहीं। राक्षस हैं राक्षस!"

"अरे तारा, तुमने देखा नहीं, मैंने तो अपनी आँखों से देखा है! ओफ, ओफ! कसाई ब्रूट! जी चाहता है शूट कर दूँ, भले ही वो मिस्टर लाल के बड़े भाई क्यों न हों।"

छोटी बड़ी की रोती हुई लड़की को लेकर टट्टर के पास खड़ी नीचे झाँक रही थी। एकाएक दबी आवाज में चिल्ला उठी—"सुनते हो, अरे जीजी को घसीटे लिए जा रहे हैं भाई साहब।"

शंकर और वर्मा तेजी से नीचे उतरे। तारा ने सम्हल-सम्हल कर जितनी देर में सात सीढ़ियाँ पार कीं, उतनी देर में मनिया बड़ी को घसीट कर बाहर की तरफ ले गया था। तारा बड़ी की झलक न देख पाई। छोटी धारोधार रो रही थी। शंकर की आँखें भी झलझला रही थीं। मिस्टर वर्मा ने गहरी निःश्वास डालकर कहा—"मिस्टर लाल, अब तो पुलिस को इन्फार्म कर दीजिए। ये मुहल्लेवाले भी बड़े नीच हैं। इस साले मनिया को शह दे देकर ये मोहिनी देवी को मरवा ही डालेंगे।"

पत्नी ने रोते हुए सिफारिश की—"हाँ, पकड़वा दो इन्हें, नहीं तो जीजी बिचारी की जान—"

"मुझे कोई एतराज नहीं। बस, यही सोचता हूँ कि पुलिस की छानबीन में बेचारे मिस्टर सज्जन बेकार में इनवाल्वड् हो जाएँगे। यों ही आपने देख लिया कि मुहल्लेवाले सिर्फ उन्हें ही नहीं बल्कि हम लोगों को भी बुरा-भला कह रहे हैं।" शंकरलाल ने जवाब दिया।

"तब आखिर इनका होगा क्या? या तो इनके किसी मैकेवाले को—"

"मैके में कौन है बेचारी के! सौतेला भाई है, सो क्या वो मोहिनी को रख लेगा इस हालत में, क्यों सरूप?—मुझे तो नहीं लगता।"—तारा ने कहा।

छोटी ने ठंडी साँस भरकर कहा—"उहुँ!"

"पुरुषों में यही तो तानाशाही है। आप सब कुछ कर लें, कोई दोष नहीं, पर पत्नी अगर—"

पत्नी की बात काट कर वर्मा ने शंकर से कहा—"तो आप मिस्टर सज्जन वर्मा को ही इन्फार्म कीजिए—"

''वो यहाँ हैं नहीं। कहीं बाहर गए हैं।''

''तब विरहेशजी को इन्फार्म कीजिए। गलती जो कुछ भी हो, आखिर वो लवर हैं मोहिनी देवी के—''

''हाँ-हाँ, उन्हीं को इन्फार्म करिए।'' तारा ने पति की बात का समर्थन किया, फिर छोटी से बोली—''सरूप, बिट्टी भूखी होगी। कैसी रो रही है बिचारी!''

छोटी बोली—''आज तो हमारे यहाँ दूध ही नहीं आया। नीचे हो भी तो—''

''मेरे यहाँ चलो।'' तारा ने कहा, फिर शंकर की ओर देखकर बोली—''मिस्टर लाल, आप किसी तरह विरहेशजी को खबर कीजिए।''

''क्या बतलाऊँ, उनका घर मुझे नहीं मालूम है।...लेकिन ठहरिए, मैं महिपाल जी के यहाँ जाता हूँ। वे साहित्यिक हैं शायद—''

''डू प्लीज। जल्दी जाइए।'' वर्मा बोले।

''चलिए, आपकी तरफ से ही चला जाऊँगा। साइकिल भी आप ही कि—''

''हाँ, हाँ, चलिए।''

''हाँ, अपने घर के दरवाजे से जाना तो इस समय ठीक नहीं।''

''ठीक बात है, आइए।''

सब लोग वर्मा के घर जाने के लिए ऊपर की छत पर चढ़ने लगे। छोटी ने बिट्टी को अपने पति की गोद में देते हुए कहा—''तुम चलो, मैं कमरे में ताला लगाकर आती हूँ।''

डेढ़ घंटे के अन्दर ही महिपाल और कर्नल आ पहुँचे। भीड़ छँट गई थी; फिर भी कुछ स्त्री-पुरुष घर के आस-पास जमा थे, टीका-टिप्पणियाँ चल रही थीं। मनिया बैठक में दो-चार तात्कालिक परम हितैषियों से घिरा, सिगरेट पीता हुआ गम्भीर बैठा था। नन्दो का दरबार अब कुठरिया से उठकर दालान में चला आया था। छोटी, बड़ी की बिटिया को लेकर अब तक तारा के वहाँ ही थी, अपने पति के आने की प्रतीक्षा कर रही थी। तारा और वर्मा भी प्रतीक्षा कर रहे थे। वर्मा आज अपने काम पर भी नहीं गए।

वर्मा ने अपने घर के दरवाजे से कर्नल और महिपाल को गली में प्रवेश करते हुए देखा। शंकरलाल उनके साथ नहीं था। यह लोग कार पर आए थे। कर्नल का ड्राइवर साथ ही आया था।

भीड़ को हटाते हुए महिपाल बड़ी के पास पहुँच गया। कर्नल उसके साथ ही था।

अखंड समाधिधारी योगी की तरह घुटनों में सिर झुकाए बड़ी जैसी की तैसी ही बैठी थी—फर्क इतना ही था कि धूल सनी गीली धोती अब धूप सहते-सहते सूख गई थी। महिपाल ने आगे बढ़कर उसके सिर पर हाथ रखा और कहा—''उठो बहिन, मेरे साथ आओ।''

बड़ी ने सिर न उठाया। कर्नल ने भीड़ की तरफ देखकर डाँट बतलाई—''आप लोगों ने मजमा किस बात का लगा रखा है? यहाँ क्या कोई तमाशा है जो देखने के लिए खड़े हो गए?''

नई आवाज से नई हरकत महसूस कर मनिया बैठक से निकल आया।

जनता में से एक टेढ़े खाँ ने कर्नल को हँसकर जवाब दिया—''तमाशा तो है ही लालाजी! लैला मजनूँ का—''

''आप को शर्म नहीं आती!''—यह वाक्य कर्नल और महिपाल, दोनों के मुख से साथ-साथ निकला। महिपाल को बोलते देख कर्नल चुप हो गया। महिपाल बोलता चला गया—''आपको मजाक सूझ रहा है। इस बेचारी असहाय औरत की दुर्दशा देखकर आप लोगों को तो बड़ा सुख मिल रहा होगा, हैं? मैं चुनौती देकर कहता हूँ कि आप में से जो भी मन-वचन और कर्म से शुद्ध हो, वह आगे आकर इस महिला की निंदा करे। सच है कि इस औरत ने बहुत खराब काम किया, पर आप लोगों में कौन सच्चरित्र और निष्पाप है। जिसका दावा हो वो मेरे सामने आए।''

लोग-बाग पल भर के लिए सकते में आ गए। मनिया अपनी देहली पर खड़े हुए सीना निकालकर बोला—"आप कौन हैं बाबू साहब ?"

महिपाल ने अपने को अपमानित अनुभव किया, उसने भी त्यौरियों में बल डालकर पूछा—"आप कौन हैं पूछनेवाले ?"

"मैं इस औरत का पति हूँ।"

"तब अपनी पत्नी को फौरन घर के अन्दर ले जाइए।"

"आप—" मनिया के बोलने से पहले ही कर्नल तैश खा गया, हाथ बढ़ाकर बोला—"आप-आप क्या करते हो जी ? तुमको अपनी इस्त्री को मारने का हक किसने दिया जी ? वो अगर बदचलन है तो कोर्ट में दावा करते जाकर। तुमने कानून को अपने हाथ में क्यों लिया ?"

"आप भी इसके यार—" मनिया की बात पूरी होने के पहले ही महिपाल ने उसका हाथ पकड़कर खींच लिया। मनिया इस अचानक आक्रमण को सम्हाल न सका, खिंचे-खिंचे गली में कूदते ही बना। दरवाजे के नीचे बनी हुई छोटी चबूतरी की ठोकर भी लगी और ऊपर से महिपाल का वो कड़ाकेदार हाथ पड़ा कि गाल और कनपटी सुन्न हो गई। मनिया की आँखों में खून उतर आया। महिपाल ने उसका बायाँ हाथ पकड़ रखा था; दाहिना हाथ जैसे ही मारने के लिए उठाया कि महिपाल ने कलाई पकड़ ली। दोनों कसरती जवान आपस में गुँथ गए।

कर्नल ने भीड़ की तरफ मुँह कर पुकारा—"ड्राइवर, ड्राइवर! शिवमंगल!"

शिवमंगल भीड़ में आगे बढ़ता हुआ दिखाई पड़ा। कर्नल ने चीखकर उसे हुक्म दिया—"लाला जानकीसरन के यहाँ जाकर कोतवाली टेलीफोन करो। हमारा नाम लेकर शुक्लाजी से कहना कि फौरन बुलाया है।"

भीड़ में कुछ बीच-बचाव करनेवाले, कुछ विद्रोह-मार्का, और कुछ ले-भगुए किस्म के तमाशबीन थे। पुलिस का नाम सुनते ही ले-भगुए तो परनिन्दा, परदोष का इतना सुख लेकर ही बड़बड़ाते हुए भाग निकले; बीच-बचाव करनेवाले महिपाल और मनिया के मल्लयुद्ध में हाँ-हाँ करते हुए कूद पड़े और विद्रोही वर्ग में से एक मुंशी जी पुलिस का नाम सुनते ही कर्नल से बोले—"हाँ-हाँ, पुलिस बुलाइए, फौज बुलाइए—पूँजीपतियों का तो राज है आजकल! साले मुहल्ले में आनकर विभचार फैलावेंगे और ऊपर से पुलिस की धमकी देंगे!"

दूसरा बोला—"अरे, हम इनको और इनकी पुलिस को दफन कर देंगे सालों को यहीं पर—"

मनिया, जो महिपाल से छूटकर दूसरे की बाँहों में जकड़ा हुआ उत्तेजना से हाँफ रहा था, बोला—"मेरी औरत है। मैं मारूँगा। और बचाने जो आवेगा उसे भी मारूँगा—"

"जाने दो। जाने दो—"

"साले, बड़े सोरेपुस्त बरते हैं! मेरी लाख रुपै की आबरू—इस साली को इसके यारों के सामने ही—" मनिया ने लोगों के हाथ से छूटकर फिर बड़ी को लात मारी। बड़ी दीवाल से संट गई, पर सिर न उठाया। महिपाल उत्तेजित होकर बढ़ा। लोगों ने दोनों को रोका—"जाने दीजिए बाबू साहब! अरे मनिया, मानते क्यों नहीं! अब मारपीट से क्या फायदा! अरे, औरत को नहीं रखना तो निकालो साली को। मैके में पटक आओ साली को।"

"कहीं जाए। भाड़ में जाए...साली।" मनिया को पकड़कर लोग-बाग ढकेलते हुए घर के अन्दर ले चले। महिपाल उससे जबरा साबित हुआ था, उसे पटककर उसने खूब रगड़ा था। अपने इस सार्वजनिक अपमान से मनिया का क्रोध दुबाला होकर भड़क रहा था। वह अपने काबू में नहीं था।

"खबरदार, जो गाली दी मनिया!" मुहल्ले के सोशलिस्ट, सरकारी नौकरियों के उम्मीदवार बाबू राधेश्याम डी.ए. जो अभी-अभी ही आए थे, तड़पकर बोले—"तू साले, जमाने भर का रंडीबाज, पराई औरतों से रिश्ता रखनेवाला—"

मनिया अपने चरित्र दोष के बखान से चिढ़ उठा, बोला—"करूँगा और करूँगा।"

"तो औरत भी करेंगी, जरूर करेंगी।"

"मैं माड्डालूँगा! मैं एक-एक की जान ले लूँगा!" दोनों मुट्ठियाँ बाँध, हाथों को ऊपर उठाकर पूरी शक्ति के साथ चीख उठा।

चार लोग बीच में पड़ गए, नीति, उपदेश, समर्थन, विरोध, पाप-पुण्य मीमांसा, हँसी-ताना सब एक साथ मिलकर शोर का रूप धारण करने लगे।

कर्नल जोर से बोला—"ये सब चकल्लसबाजी बन्द कीजिए। ए जी, इस औरत के आदमी, तुम इस औरत को घर में ले जाते—"

"हरगिज नहीं—"

इसी समय छोटी बाहर आई। सबका ध्यान उसकी तरफ चला गया। छोटी ने बड़ी के हाथ पर हाथ रखकर कहा—"जीजी, अन्दर चलो।"

"अन्दर नहीं जाएगी।" मनिया गरज उठा।

"ये जाएँगी। सरूप, ले जाओ।" वर्मा के दरवाजे पर खड़ा हुआ शंकरलाल भी गरजा। मनिया और सब लोग उधर देखने लगे। शंकरलाल दो कदम आगे बढ़कर बोला—"घर में मेरा भी हिस्सा है। ये मेरे पास रहेंगी।"

"हिस्से वाले साले...(गाली)...(गाली) मैं घर में आग लगा दूँगा, फूँक डालूँगा माड् डालूँगा!" मनिया गुस्से में बेहोश होकर गरजने लगा। छोटी बड़ी की बाँह हिलाकर उसे उठाने लगी। मनिया चिल्लाया—"छोड़ उसे। जा यहाँ से। छोड़ो मुझे—छोड़ दो। मारूँगा सालों को। दोनों सालियों को मा'ड्डालूँगा—छोड़ दो मुझे! छोड़ोऽऽ—"

"भाई साहब, मेरी वाइफ को गालियाँ मत देना।" शंकरलाल पर भी अब आवेश चढ़ने लगा था।

मनिया चीखा—"रंडी! ये रंडी! वर्मा की जोरू भी रंडी—" छोटी रोती हुई वर्मा के घर की तरफ भागी।

"सब साले भडुए! मा'ड्डालूँगा! मेरी बीबी को—"

लाला जानकीसरन पुलिस दारोगा शुक्ला और दो सिपाहियों के साथ आ गए। उन्हें देखकर शोर थमा। थोड़ी देर में उनके समझाने-बुझाने पर मनिया इस बात पर राजी हो गया कि उसकी पत्नी अब उसके किसी काम की नहीं रही। जो उसे ले जाना चाहे ले जाए—जहन्नुम में जाए!

मनिया को घेर-घार कर लोग उसकी बैठक में ले गए। लाला जानकीसरन, कर्नल और दो चार लोग भीड़ को बरखास्त करने लगे। शंकरलाल ने भावज को आग्रह कर उठाया।

दो-ढाई घंटे के बाद बड़ी का सिर घुटनों से ऊपर उठा। उसका चेहरा पत्थर की तरह जड़ था।

इसी बीच में महिपाल का मन सारे दृश्य से अलग निकलकर अपने-आप में खो चुका था।

वर्मा के घर बड़ी के पहुँचते ही तारा और छोटी, दोनों उससे लिपट गईं। बड़ी मूर्ति की तरह जड़ खड़ी रही। उसके शरीर में जगह-जगह खरोचें, मार के नीले निशान उभर रहे थे।

वर्मा और शंकर दोनों आपस में 'अब क्या करना चाहिए'—समस्या पर विचार करने लगे। कर्नल लाला जानकीसरन के साथ उनकी कोठी की तरफ जाते हुए कह गया—"उस औरत को बहुत मार पड़ी है। मैं डॉ. स्विंग को टेलीफोन करके अभी बुलाता हूँ। कोई सीरियस अंदरूनी चोट न आ गई हो। मार का रीएक्शन अब होगा। उसे दूध-ब्रांडी फौरन पिला दो।"

लाला जानकीसरन के यहाँ यह तय हुआ कि मामले की रिपोर्ट कोतवाली के रोज नामचे में दर्ज न की जाए। मुहल्ले का मामला है। दारोगा जी को अच्छी रकम मिल जाएगी, भभूती पोढ़ा असामी है। शंकरलाल भी वहीं बुला लिए गए। लाला उसे अलग ले गए। समझाया-बुझाया; शंकरलाल ने पाँच सौ का चेक लाला जानकीसरन के नाम काट दिया। लाला ने नकद नोट शुक्ला

की जेब में चुपके से डाल दिए। 'औरत' के लिए यही तय हुआ कि उसे विरहेश के सुपुर्द किया जाए। और कहीं उसके लिए ठिकाना नहीं।

डॉ. शीला एक ऑपरेशन में व्यस्त थीं। उन्होंने 'पेशेन्ट' को अपने यहाँ ही ले आने के लिए कहा। कर्नल ने स्वीकार करते हुए कहा कि पेशेन्ट को लेकर महिपाल अभी उसके यहाँ पहुँचता है।

महिपाल बोला—''मैं बोर की तलाश में जाता हूँ—''

''बोर को मैं तुमसे जादा अच्छी तरह से समझ लूँगा महिपाल, वो मेरा करजदार है।'' कर्नल बोला—''अभी साले को यहीं कुतवाली में लाकर पच्चिस जूते लगवाता हूँ—''

''बोर के यहाँ मैं जा रहा हूँ। उसके घर का पता लगाना तुम्हारे लिए मुश्किल होगा।''

तय हुआ कि लाला जानकीसरन की गाड़ी पर कर्नल, शंकर और बड़ी को लेकर डॉ. शीला के यहाँ जाएगा। महिपाल उसकी छोटी गाड़ी लेकर बोर की तलाश में जाएगा और कर्नल का ड्राइवर शिवमंगल अमीनाबाद जाके बड़ी गाड़ी निकाल कर डॉ. शीला की कोठी पर समय से पहुँच जाएगा।

पता लगाकर घंटे भर बाद महिपाल बोर के घर पहुँच गया। महाकवि बोर तीन-चार भक्तों के बीच में घिरे बैठे थे। लड़ाई के जमाने में 'बड़े आदमी' बननेवाले दो गल्ला व्यापारियों के 'रईस' छौने सिनेमा-सम्राट् महाकवि विरहेश के नए भक्तों में से थे। अब कॉफी हाउस में 'इंटेलेक्चुअल' वर्ग में सिनेमा-सम्राट महाकवि का प्रभाव क्रमशः नष्ट हो चुका था, ये लोग ही महाकवि के अधिक निकटतम थे। इनके पैसे से महाकवि एक मासिक फिल्मी पुस्तिका प्रकाशित करने की स्कीम बना रहे थे। फिल्म एक्ट्रेसों की रंगीन रातें, लखनऊ की मतवाली शाम, दिल्ली, बम्बई, कलकत्ता की काली-पीली-नीली रातें, मुगल शाहजादियों के रोमांस, चुम्बन के सौ तरीके आदि पुस्तिकाओं के प्रस्ताविक स्तम्भों की चर्चा से महाकवि अपने भक्तों का मन मोह रहे थे। महिपाल काठ के जीने से चढ़कर उसके कमरे के दरवाजे पर पहुँच गया।

महिपाल को देखकर विरहेश चकित रह गया। महिपाल के चेहरे का कसाव देखकर उसके होश फना हो गए। भक्तों के सामने महिपाल कहीं अपमान न कर बैठे, इस भय से महाकवि 'गुरुजी' कहते हुए दौड़कर महिपाल के चरण छूने लपके। महिपाल ने उसका हाथ पकड़कर कहा—''इधर आओ।''

जीने के नीचे उतरते ही महिपाल ने सूने अहाते में कस-कस कर दो तमाचे उसके दोनों गालों पर जमाए और बहुत बुरी-भली सुनाने लगा।

अनेक बार गिड़गिड़ाने, चरण स्पर्श करने पर महिपाल ने बड़ी-कांड की ओर संकेत कर कहा—''साले, तूने सज्जन के कमरे में बैठकर मुहल्ले-पड़ोस की शरीफजादियों पर शैतानी नजर डाली! तेरे कारण उस बेचारी की कितनी दुर्दशा हुई है! साले, मैं तुझे खोद कर गाड़ दूँगा!''

आँखों में आँसू भरकर महाकवि बोर बोले—''गुरुजी। बिलीव इट आर नाट, मैं उसे हृदय से प्रेम करता हूँ। मैं अपनी प्राणेश्वरी के प्राण बचाऊँगा। अपने हृदय के शूय साकेत में मैं उसे रामचन्द्र की पादुका—''

''चुप! जल्दी से तैयार होकर मेरे साथ चल!''

कार में थोड़ी देर तक चुपचाप गम्भीर मुद्रा में रहने के बाद महाकवि बोर ने एक ठंडी साँस फेंककर गुनगुनाना शुरू किया, फिर धीरे-धीरे गाने भी लगे—

''विरह वेदना की सँजो ले चिता री!

कि दिल मेरा तुझ पर मरा जा रहा है।—कि दिल मेरा ऊँ...ऊँ...उँ-उँ।

जला जा रहा है चमन आज किसका,

कि बुलबुल हमारा उड़ा जा रहा है। कि—गुरुजी, कागज-पेंसिल होगी आपके पास? आज मेरा दूसरा अमर गीत—''

कड़ी आँखों से महिपाल ने देखा; महाकवि बोर चट-से खिड़की के बाहर देखकर गुनगुनाने लगे।

डॉ. शीला की कोठी पर पहुँचकर नौकर को आदेश दे महिपाल ने कर्नल को बाहर बुलवाया। कर्नल ने विरहेश को गाड़ी पर बैठा देख दाँत पीसकर कहा—"क्यों बे साले!"

"कर्नल साब, कर्नल साब!" महाकवि बोर गिड़गिड़ाने लगे। महिपाल बहुत जरूरी काम का बहाना कर अन्दर न गया। कार लेकर चल दिया।

महिपाल शीला से नहीं मिलना चाहता। शीला के सामने बड़ी-बोर प्रसंग आ जाने से उसका मन बड़ा उल्टा-सुल्टा होगा। महिपाल स्वयं भी पत्नी पर अत्याचार करता है, वह भी विरहेश की तरह पत्नी सन्तानोंवाला होकर भी अन्य स्त्री से प्रेम करता है। प्रेम वह सचमुच करता है। फिर बड़ी और विरहेश के प्रेम को कलुषित क्यों माने? परन्तु महिपाल उसी 'परन्तु' से बचना चाहता है, शीला से बचना चाहता है, अपने आप से बचना चाहता है—वह केवल पति है और पिता है; उसके कुछ गार्हस्थिक कर्तव्य हैं, उनका पालन होना चाहिए। और कोई चिन्ता उसे नहीं करनी चाहिए। "महिपाल चिन्ताओं को भस्म कर, हृदय को भस्म कर! पिछले जीवन को भूल जा! जा!"

अपनी कोठी में शीला बड़ी को समझा रही थी—"पिछली जिन्दगी को भूल जाओ। नई जिन्दगी देखो।"

कर्नल, शीला, यहाँ तक कि शंकर और छोटी ने भी विरहेश से साम-दाम-दंड-भेद की नीति बरती। विरहेश ने उसकी रक्षा करने का वचन दिया।

चलते समय छोटी बड़ी से चिपटकर खूब रोई। शंकरलाल की आँखों से भी आँसू बहने लगे, कर्नल की आँखें भी भर आईं। बड़ी पत्थर ऐसी खड़ी रही।

विरहेश अपनी हृदयहारिणी का हाथ पकड़कर कमरे के दरवाजे की तरफ चला। बड़ी सिर झुकाए धीरे-धीरे यों चली मानो नई ब्याही जा रही हो। चौखट पर रुक गई। मुड़ कर खड़ी हो, आठ-दस सेकंड फटी आँखों से छोटी और शंकर को देखती रही, फिर बोलने का प्रयत्न किया और भर्राये स्वर में बोली—"मुन्ना को अम्माजी सम्हाल लेंगी!—मेरी बिट्टी को सम्हालना! मेरी बिट्टी—बी-ट्—टी—"

कहते-कहते बड़ी की दत्ती भिंच गई; उसे गश आ गया।

37

धूप आधी छत छोड़ चुकी थी। चबूतरी पर रखी पीतल की चमचमाती हुई कलसी पर एक जगह सूरज का अक्स पड़कर आँखों में चकाचौंध भर रहा था।

ताई चबूतरी के पास ही टाट पर गुड़मुड़ी मारकर पड़ी हुई थीं। बिल्ली का एक बच्चा ताई की कमर के ऊपर पंजों में सिर गड़ाए सो रहा था, दूसरा मुँडेर पर बैठा चिड़ियों को ताक रहा था और तीसरा कलसी के सामने बैठा हुआ उस पर पड़ने वाली किरणों की चमक को बड़े ध्यान से देख रहा था। देखते-देखते उसने पंजा उठाकर उस चमक पर प्रहार किया; जरा-सी भरी हुई बेपेंदी की कलसी हिल उठी। बच्चा दुबारा अपने अगले पैरों को कलसी पर टेककर खड़ा हुआ, कलसी लुढ़ककर चबूतरी से गिरी। बच्चा उछलकर छत पर दौड़ने लगा।

धमाके से ताई की तंद्रा भंग हुई। करवट बदलकर देखने को हुई तो कमर पर सोता हुआ बच्चा डगमगाया। भरी नींद में औचक गिरने से बचने के लिए बच्चे ने पंजे गड़ा दिए। नोकीले नाखून चुभने से ताई चिड़चिड़ा उठीं। उसे हाथ से ढकेलते हुए कहा—"नासपीटे जा! जाने मेरी कौन जनम की सौत थी बिल्ली! राँड़ मोहल्ला भर छोड़ के मेरे ही घर में ये अपराध पटकने आई! उँह!" कलसी का पानी बहता हुआ ताई की तरफ ही आ रहा था। ताई उठ कर बोरी सरकाने लगीं।

उसी समय नन्दो तारा के घर की तरफ झाँकने और कान लगाने के बाद ताई की छत पर कूदी। मुँडेर पर बैठा हुआ बिल्ली का बच्चा नन्दो को देखकर चौकन्ना हो गया। नन्दो को अपनी तरफ आते देख वह तेजी से नीचे की तरफ भागा। ताई का ध्यान ऊपर की तरफ गया। नन्दो को देखकर ताई ऐसे हरखीं, मानो उन्हें खोया धन मिल गया। अपने काले-काले डंठल ऐसे दाँतों का चमन खिलाकर गद्-गद् स्वर में बोलीं—"अरे आ! आ राँड़ की! अबकी तो बहोत दिनों में आई है तू!"

हाथ में ताई के लिए पान दबाए हुए नन्दो मुस्कराती हुई ताई के पास आई।

ताई ने पूछा—"आज तेरे घर का क्या हुआ था?"

"लेओ, पहिले पान खाय लेओ ताई। फिर बैठ के बतावें।"

"अरे, मेरे टाट के हाथ हैंरी। निगोड़ों ने पानी भी लुढ़काय दिया।—"

"ई कहाँ की बलाय पाल लियो है तइया! निकाल काहे नाहीं देतीं मरन को?"

"पालने की ममता पड़ जाती हैगी। इनकी माँ निगोड़ी उस जन्म की मेरी सौत थी राँड़!" टाट की बोरी छज्जे से आँगन में फेंकी और घूम कर एकाएक नन्दो से पूछा—"हैंरी, अब तेरे भाई की लड़की को कौन पालेगा? आ चल, नीचे ही चलें।"

ताई के साथ पीछे-पीछे जाते हुए नन्दो ने जवाब दिया—"अम्मा ही पालेंगी। या चाहे छोटी पालें।"

"कौन हैगा उसका यार? कहाँ से आवे था? कहीं तेरे ही काम तो नहीं हैं ये सब?"

नन्दो का चेहरा उतर गया। एकदम से अपने को सम्हालती हुई बोली—"अरे, नाहीं ताई। हमसे क्या मतलब। ये तो तुमरे नए किरायदारन के हुँअन से आँखी लड़ी है।"

"कौन किरायेदार?"

"अरे, ये ही तुमरे गउसाला की छत पर जो गोरे-गोरे से—"

"कौन कन्नोमल का पोता? झूठ बात! मेरा कन्नोमल का पोता ऐसा नहीं हैगा! लाखों में एक लड़का है—"

"वो नहीं ताई। उनके हिंयन आन-जानवाले—"

"मेरे कन्नोमल के पोते के यहाँ आने-जानेवाले बड़े-बड़े आदमी ही होंमें हैं।"

दालान में बोरी बिछाकर ताई हाथ धोने चलीं। आँगन में रुक कर उन्होंने एक बार फिर नन्दो से कहा—"मेरे कन्नोमल का पोता लाखोंपती हैगा। इनके यहाँ तीन पीढ़ियों से सब बिलायत जामें हैं। तू समझती क्या है? ला पान दे!"

नन्दो से पान लेकर तमाखू के साथ 'जै-सी-किस' (जैश्रीकृष्ण) कह फाँकते हुए ताई ने कहा—"जहाँ मेरी सौत की कोठी है? वहीं पै बगल में इसकी भी कोठी हैगी।"

"होगी ताई। हमरे घर में तो ये कौतुक तुमरे किरायदारन की वजह से हुआ हैगा। तुमरी एक किरायादारिन ने उसकी मत बिगाड़ी, और दूसरे किरायदार के हिंयन से धरम बिगाड़नेवाला आय गया।"

ताई को बात बुरी लगी। बोलीं—"जिसके घर में मरद रंडीबाज और नन्द निगोड़ी कुटनी होवै, उसे अपने घर में ही क्या कम सिच्छा मिलती होगी जो मेरे किरायेदारों से सबक लेने आवेगी वो!"

नन्दो ने देखा, ताई बुरा मान गई हैं। चट से हँसकर बोली—"हम तुमरे किरायदार को थोड़े ही कह रहे हैं ताई। ईतो हँसी की बात रही।...अरे ऐसी-ऐसी गजब की चिट्ठियाँ लिखीं हैं ताई, कि हम तुमसे क्या बतावें ताई!"

"तो अब मनिया दूसरा ब्याह कर लेगा हैंरी?"

"हाँ, ब्याह तो उनका हो ही जाएगा, बल्कि हम तो ऐसा चहत हैंगे कि इसी सहालग में लड़की ढूँढ़ के ब्याओ करा दें। ऐसी कोई जुगत लड़ जाय कि मनिया हमारे काबू में आय जाएँ।"

"अरे, मैं तो ऐसा कर दूँ कि वो तेरे उठाये उठे, तेरे बैठाए बैठे। तू समझती है कि तेरे घर में आज ये सब होय गया, वो ऐसे ही हो गया?"

"तो क्या तुमने कुछ उपाव किया था ताई? ऐं सच्ची?"

ताई हाथ बढ़ाकर बोलीं—"मुझसे क्या पूछती है। जा, अपनी घर की चौखट में देख ले।"

"हैं! ताई सच्ची?" नन्दो ताई के और पास खिसक आई। पूछा—"स्याही का काँटा गाड़ा रहा क्या?"

"तू देख तो सही जाके काँटे का जोड़ा गड़ा मिलेगा तुझे।"

"हाय तइया!" नन्दो ने अपनी ठोड़ी पर हाथ रखकर आश्चर्य प्रगट किया। और सिर हिलाकर बात को गम्भीरता से समझने का भाव दर्शाते हुए बोली—"हूँ-हूँ, तब ही हम सोचें कि ऐसा महनामथ बिना कोई उपाव के कैसे हुइ सकत हैगा। अरे, ई बड़ी रोज मनिया को पान में सहदेई खिलाय के बसीकरन करत रही। तभी तो हमरा जोर न चले। आज रंडो की बीच बजार में फजेती हुई गई—कलमुँही कहीं की!"

"तुझे अपने घर की बदनामी से बड़ी खुशी हुई होगी, हैं ना! तू तो चाहती होगी कि घर में एक-एक करके तेरे सारे कंटक दूर हो जामें तो तेरा अटलछत्र राज हो जाय।"

"अरे, नाहीं तइया, राम-राम! हमरे ठाकुरजी महाराज हमरे पास रहें, उनकी जित्ती सेवा-पूजा, जित्ता धरम-करम हमसे ई जलम में बन जाए सोई हमरा अलछत्र राज हैगा। हम तो सच्ची मानो घर में सब की राजी-खुशी के लिए रोज एक-से-एक राम-नाम की गोलियाँ बनाय के कछुअन को खिलउत हैं!"

"क्यौंरी, जो तेरी माँ मर जाए तौ तू इत्ती बखत घर की मालकिन हो जाए। है न?"

नन्दो सुनकर एक बार अचकचा गई, फिर सोच कर उत्तर दिया—"हम तो अपने मन से चाहत हैंगे कि अम्मा जुग-जुग जियें! बाकी जो रामजी की मरजी दुसरी भयी तो अपने बाप-भाइयन की गिरस्ती हम नहीं सहेजेंगे तो और कौन सहेजेगा! ए ताई, जो तुम संकर की बहुरिया के ऊपर ऐसा उपाय कर दो कि ऊ निगोड़ी भी ऐसे ही नाक-चोटी काट के निकाली जाए तो बड़ा अच्छा होय। हमें राँड़ की सूरत से भी नफरत हैगी!"

ताई पलभर उसे देखती हुई चुप रहीं, फिर कहा—"जो तू मेरा एक काम कर दे तो मैं छोटी को भी चौपट कर दूँ और तेरी मैया को भी जमपुर भेज दूँ।"

अन्धा क्या चाहे, दो आँखें—नन्दो ताई को ईश्वर मान उनके चरणों में अपना सिर नवाकर बेहद गिड़गिड़ाते हुए बोली—"जो ऐसा हुइ जाए ताई तो हम तुमरे लिए जो कहो सो कर सकते हैंगे।"

"आज रात को तुझे मसान जाना पड़ेगा। बोल जाएगी?"

'मसान! रात में?" डर के मारे नन्दो का मुँह सूख गया।

ताई उसे देखकर बोली—"जान मत निकाल खसोटी, तुमे आधी रात में जाने को नहीं कह रही हूँ। झुटपुटे बखत मसान में जाके एक जंतर गाड़ आ। फिर देख तेरी माँ यहाँ जिन्दा लौट कर नहीं आ पाएगी।"

नन्दो गहरे सोच में पड़ गई। ताई ने कहा—"देख, मेरी सौत के पोते का टीका आया हैगा। कल उसकी जाफत होगी। सुना है हजारों रुपै खर्चे जा रहे हैं। राँड़ का पोता कल भरी मैफिल में कटे-पेड़-सा गिर के मर जाए तो मेरे कलेजे में ठंडक पड़े।"

"कोई सकत जंतर हैगा क्या?"

"हाथी के मद से लिख के जंतर गड़वाऊँगी। इधर तू अपनी मैया का नाम लेके गाड़ेगी और उधर वो गंगा जी में डूब जाएगी निगोड़ी!"

"तो ताई, एक जंतर लाले औ' लाले की जुरुआ का भी बनाय देओ। आज ही संझा के बखत हम चले जाएँगे, गाड़ आवेंगे। कल को साइत अम्मा बाबू इलाहाबाद से लौट आवें तो फिर घर से निकास नहीं होयगा।"

"अरे, वो राँड़ लौट के ही नहीं आवेगी, मैं ऐसा उपाव कर रही हूँ।"

कहकर ताई उठीं और बुखारी से अपनी जादू-टोने की संदूकड़ी लाने चलीं। बिल्ली के बच्चों का दूध पीने का समय हो गया था। सीढ़ी पर बैठा हुआ बच्चा 'म्याऊँ म्याऊँ' कर ताई की ओर लपका; दूसरे बच्चे भी इस म्याऊँ का अर्थ समझ, ऊपर की छत से म्याऊँ-गुहार करते हुए नीचे आ गए।

ताई संदूकड़ी लेकर दालान में आईं, बच्चे उन्हें घेरे हुए म्याऊँ-म्याऊँ करते आए। नन्दो ताई को बड़ी श्रद्धा की दृष्टि से देखते हुए बोली—"तुम्हें तो अटल भगती सिद्ध हुई गई है ताई। तभी तो ऐसे-ऐसे जंतर-मंतर आउत हैंगे तुम्हें!"

बच्चे शोर मचा रहे थे, ताई संदूकड़ी रखकर उन्हें दूध देने चलीं। नन्दो ने पूछा—"है ताई, तुम्हें तो भगवान के दरसन हुइ चुके होंगे?"

ताई कुछ बोली नहीं, तीन कटोरियों में दूध पीते बच्चों को, मारण-यंत्र सिद्ध करनेवाली ताई, बड़े स्नेह से देख रही थीं।

38

जिस समय लखनऊ में बड़ी पर-पुरुष से प्रेम करने के अपराध में भीषण दंड और सार्वजनिक लांछना पा रही थी; महिपाल परनारी के प्रति अपने प्रेम को दोष मानकर भी उस प्रेम की पवित्र निष्ठा को अपने हृदय में गुप्तधन की तरह छिपा कर शंकरलाल से बड़ी--विरहेश प्रेमकांड के दुष्परिणाम की दर्द भरी कहानी सुन रहा था; जिस समय जन-साधारण में सज्जन और कन्या का प्रेम बदनामी की चर्चा बनकर फैल रहा था, उस समय ब्रज की 'साँकरी-गली' में कन्या और सज्जन पास-पास सिमट कर खड़े प्रेम विभोर हो रहे थे।

सुरमई और सफेद पत्थर की दो पहाड़ियाँ एक-दूसरे से जुड़ी हैं; उनके बीच की फाँक का नाम साँकरी गली है। कृष्ण और गौर वर्ण की ये दो पहाड़ियाँ कृष्ण और राधा के मिलन की प्रतीक हैं। राधाकृष्ण के प्रेम माहात्म्य से जुड़ी हुई इस सुनसान साँकरी गली में सज्जन और कन्या का मन तरल होकर प्रवाहित हो रहा था। कृष्ण-भक्ति, ब्रह्मचर्य, त्याग और वैराग्य की भावना से विभोर धनी-मानी विलासी, कलाकार सज्जन के मन में साँकरी गली नर-नारी की सटी हुई देहों के बीच की फाँक थी जिसमें काम-विद्युत् दौड़ रही थी; विद्रोही, संयमी, बुद्धिवादिनी, आस्तिक, शंकालु और नई-नई स्वयं-समर्पिता कन्या के मन में यह पर्वत-संगम सकाम-निष्काम प्रेम की स्पंदन-निस्पंदनशील संयुक्त धाराओं की तरह प्रवाहित होता हुआ झलक रहा था।

सज्जन ने कन्या को अपनी बाँहों में समेट लिया। सन्नाटा रहते हुए भी झुक कर कन्या के कान में धीरे से कहा—"चलोगी इस साँकरी गली में?"

कन्या के गाल गुलाबी हो गए। वह कुछ न बोली।

"हाय री कमबख्त, तुझे इसका मजा ही नहीं मालूम!"

कन्या कुछ न बोली, न आँख उठाकर ऊपर ताका। सज्जन को कन्या का यह मौन सुहा रहा था, उत्साहित होकर बाँहों को और जकड़कर बोला—"इस साँकरी गली पर एक कविता याद आ गई।"

कविता के नाम से लाज ओट में चली गई, रसमयी आँखें उठीं, मुस्कराकर कहा—"तुम्हें बड़ी कविताएँ याद हैं।"

"ऊँऽ...बड़ी तो नहीं, पर कम भी नहीं याद हैं। अगर चित्रकार न होता तो शायद कवि ही होता मैं। सुनो।—बैठ जाओ पहले।" कन्या के दोनों कंधों को दबाकर उसने उसे बैठा दिया, आप भी सटकर बैठ गया। कन्या की देह फिर उसकी दाहिनी बाँह से बँध गई, बायाँ हाथ बढ़ा कर मस्ती से सुनाने लगा—

"उतै आइ नायिका नवेली मन बिहाय इतै कढ़े बेलिन ते श्याम यहि धाकरी।
को जुरि कै दुहू के दृग लालजी लजाने लाल ललित रसीले लोकलाज को अदा करी।
मुरि मुसकाय के छबीली पिचकारिन की करत उचार मुख गोलन की वाँकरी।
ताक री कुचन बिच काँकरी गुपाल मारी संकरी गली में बैन नाकरी न हाँ करी।"

लाज के गुलाबी भार से कन्या का चेहरा झुका रहा। उसकी ठोड़ी पकड़कर मुँह अपनी ओर घुमाते हुए सज्जन ने कहा—"कहो प्यारी जू, मजा आया?"

"हटो!" अपने को छुड़ाते हुए कन्या बोली—"राधाकृष्ण के नाम पर कैसी भद्दी कविताएँ रची गई हैं।"

"ए पंडित, कृष्ण की लीलाभूमि में ज्ञान बघारने की सख्त मुमानियत है। जानती हो उद्धव का क्या हाल हुआ था।"

"तो मैं प्रेम और रस की निन्दा थोड़े ही कर रही हूँ, मुझे विलास-वासना से नफरत है।"

"विलास वासना बुरी है—हाँ—शायद बुरी है। मगर यार, यह भी तो सोचो कि इस बुराई के बगैर दुनिया बड़ी बेमजा हो जाएगी।"

"तुम प्रेम को बड़ा मानते हो या वासना को?"

सज्जन की बहती हुई मस्ती विचार के बाँध से बँधी। गम्भीर होकर उसने सवाल के जवाब में कन्या से सवाल किया—"इन दोनों में फर्क क्या है?—वैसे मैं जानता हूँ, मगर तुमसे जानना चाहता हूँ।"

"एक में विश्वास है और दूसरी में विश्वासहीनता।" वनकन्या ने सधे स्वर में उत्तर दिया।

सज्जन के व्यक्तित्व का दूसरा पहलू जाग उठने के लिए मजबूर हुआ; मजबूरी ने हीन भावना पर चोट की, पूछा—"तुम्हें मुझ पर विश्वास नहीं? देखो, सच कहना।"

"सच कहूँ?" कन्या कनखियों से ताक कर मुस्कुराई, फिर कहा—"मुझे भी एक शेर याद आ गया।—तुम्हारी तरह कविता-शायरी बहुत याद तो नहीं रहती मुझे, शायद कुछ गलत-सलत कह जाऊँ—"

"कहो।" कन्या की बाँह को मुट्ठी से दबाकर सज्जन ने अपना उतावलापन प्रकट किया।

क्षण भर रुक कर, अपने स्वर में शक्ति को खींच कर भरते हुए कन्या ने भी उलझन के साथ धीरे-धीरे कहना शुरू किया—

"मैं जबाँ से तुम्हें सच्चा सौ बार कहो कह दूँ,
पर क्या करूँ कि दिल को नहीं एतबार तुम पर!"

कहते हुए उसकी आँखें मिल रही थीं, कहकर आँखें झुक गईं।

सज्जन अप्रतिभ हो गया; पर ऊपरी तौर पर उसने अपने आपको सम्हाले रखा, अपनी मस्ती भी बरकरार रखी, शेर के जवाब में अकारण जोर से हँस पड़ा। पर अपनी हँसी स्वयं उसे ही चिढ़ाने लगी—ध्यान गया कि मोर बड़ा शोर मचा रहे थे, साँकरी गली भी काँकरी-सी चुभने लगी थी।

...पर ब्रज में एक सँकरी गली ही नहीं कि सज्जन मन की उलझन से बच जाता—राधा का गाँव बरसाना है; फिर कृष्ण का गाँव नन्दगाँव है; दोनों के बीचोबीच 'संकेत' स्थल है, जहाँ राधा और कृष्ण अपने-अपने गाँवों से आकर छिपकर मिलते थे। ब्रज-भूमि प्रेमभूमि है, रसभूमि

है। यहाँ के स्त्री-पुरुष आपस में खुले मजाक करते हैं। इस भूमि का माहात्म्य सन्त तथा शृंगारी कवियों की राधाकृष्ण और गोपिकाओं की प्रेमभरी रचनाओं से बढ़ा है। पंडे तक उन्हीं रचनाओं के सहारे 'धर्म' का समाँ बाँधकर यात्रियों से पैसे ठगते हैं।

सज्जन यों भी अपने आपको ठगा हुआ ही महसूस कर रहा था। वृन्दावन से लौटने के बाद कन्या के बदले हुए व्यवहार से सज्जन को ऐसा लगा था कि कन्या अब उसकी 'मनचीती' पूरी कर देगी, पर वह उसके होंठों तक सुधापात्र लाकर हटा ले जाती है। सज्जन का मन इससे बेहद उलझता है। वह अपने आप से परास्त होता है। बाबा रामजी, माँ का मन्दिर, बुद्ध आदि अनेक धर्मगुरुओं के वाक्य, मथुरा वृन्दावन में जागी हुई उसकी भक्ति-ज्ञान-वैराग्य की भावना, चित्रा राजदान और स्वयं अपनी ही न्याय बुद्धि द्वारा पाई गई चेतना से उसकी काम-वासना को बड़ी यंत्रणा मिलती रही है। इस सारे खेल में वनकन्या का पार्ट एक सुदृढ़ स्तम्भ की तरह रहा है जिससे वह बँधा हुआ है—वह बँधा हुआ है और उसे चेतना के तीर पर तीर चुभते चले जा रहे हैं। वह चाहता है, काश कि कन्या उसे इस धर्म-यंत्रणा से बचा ले। कन्या उसकी परिणीता होगी, कन्या उसकी अनन्य प्रेमिका है—वह राधा बनकर उसके काम-विलास को 'धर्म' के गड्ढे से निकाल ले तो उसकी तमाम मुश्किल हल हो जाए। कन्या हठ क्यों कर रही उस पर अविश्वास क्यों कर रही है?—विवाह तो वह लखनऊ पहुँचते ही कर लेगा। विवाह भी क्या कोई बड़ी बात है?—केवल एक फार्मेलिटी है। दो-चार दिन में क्या फर्क पड़ जाएगा?—

रास्ते भर सज्जन का मन उलझता रहा। कन्या का व्यवहार इतना मधुर था कि उसे प्रकट रूप में नाराज होने का मौका ही नहीं मिला, अप्रकट रूप में भी उसके क्रोध को किसी कारण की भूमि पर पाँव जमाने का ठाँव भी नहीं मिल रहा था। टैक्सी में पास बैठी हुई, मन्दिरों में, देखने योग्य अन्य स्थलों में साथ-साथ चलती हुई कन्या—'बहोत-बहोत' सुन्दर, बड़ी भोली, बड़ी पवित्र और प्रेरणा देने वाली कन्या को वह किस प्रकार जीते? मनुष्य का मन पाप मान कर भी जिस वस्तु पर रीझता है, धर्म के प्रहारों से उसकी रक्षा करने के लिए अपने ही पुण्यों का बाड़ा बनाने का भरसक प्रयत्न करता है।

वनकन्या अत्यधिक संयत थी, वह सज्जन के प्रति अपने समर्पण भाव से सन्तुष्ट थी। साहचर्य से उसका मन-कमल खिल रहा था, यद्यपि एक जगह उसका मन अब भी संशय से भरा है—सज्जन की कामुकता उसके मनोनुकूल वर के योग्य न थी। कुछ दिन पहले लखनऊ में जब सज्जन ने रोष में आकर दबोचा था तब उसे (सब मिलाकर) बुरा न लगने पर भी करारा आघात लगा था। सज्जन के सम्बन्ध में उसकी कल्पना नष्ट हो गई थी। भले ही वह स्वयं भी अपने किसी अनजाने मोह के कारण सज्जन पर हृदय से मुग्ध थी, परन्तु उसके शंकालु हृदय के लिए यह मानो एक समझौता था। कन्या की एक धारणा यह भी निश्चित हो गई थी कि कोई कितना ही अधिक सभ्य और सुसंस्कृत क्यों न हो जाए, पर स्त्री के प्रति पुरुष मात्र का व्यवहार एक जगह बर्बरता भरा होता ही है। यह चीज उसे अपने आप में छोटा बना रही थी। यह एक पढ़ी-लिखी नए विचारों की सुलझी हुई लड़की को अन्यायपूर्ण और अपमानजनक बात लगती थी। वनकन्या का मोह इस शंका के फ्रेम से बँधा रहा।

बरसाना में उन्होंने लंच करना निश्चित किया था। ऊँची पहाड़ी पर स्थित श्रीराधा जी के विशाल और सुन्दर मन्दिर में पहली मंजिल पर छज्जे के पास बनी हुई चबूतरी पर दोनों अपना टिफिन-कैरियर खोलकर बैठे थे। सज्जन सुबह जब इस मन्दिर में आया था, तभी लंच के लिए यह जगह कन्या से निश्चित कर गया था। सामने फैली हुई बरसाने की छोटी-सी गंजी-गंजी बस्ती, दो-तीन बड़ी-बड़ी मध्यकालीन हवेलियाँ, एक पुरानी बड़ी भारी सराय का हाता—बस्ती के प्राचीनकाल में समृद्ध होने का परिचय दे रहा था। मन्दिर में आने के लिए पहाड़ी पर चढ़ने के वास्ते जो सीढ़ियाँ

बनी हैं, उनके दोनों तरफ घरों की कतार हैं। हर घर मन्दिर है। ऊपर जाते हुए हर घर के छोटे-छोटे लड़के-लड़कियाँ और बूढ़े ब्राह्मण यात्री से अपने-अपने मन्दिरों में दर्शन कर भेंट-पूजा चढ़ाने के लिए बुरी तरह घेरते हैं।

कन्या प्लेटों को सजा ही रही थी कि एक गौर वर्ण का ब्राह्मण पौर से निकलकर ऊपर मन्दिर में जाने के लिए उधर से गुजरा, इन्हें भोजन के लिए तैयारी करते देखकर वह ठिठक कर खड़ा हो गया। बोला—"ऊपर चलो महाराज! ऊपर चल के तिनका पाऔ!"

दोनों ही ब्राह्मण का मुख देखने लगे, वे उनकी बात न समझ पाए। ब्राह्मण ने फिर कहा—"यहीं भिजवाय दऊँ?"

सज्जन ने कहा—"आप क्या पाने को कहते हैं, मैं समझा नहीं।"

"तिनका—श्रीजी का प्रसाद—इस बखत राज-भोग का टेम है। इस टेम प्रसाद बँटता है।"

सज्जन को इस समय ऊपर जाकर सदाबर्ती भोजन करने में संकोच हुआ, पर कन्या का मन डोल गया। उसने सुन रखा था, मन्दिरों में कच्ची रसोई का राजभोग लगता है। पूछा—"कच्ची रसोई मिलेगी महाराज!"

"हाँ-हाँ, दाल है, भात-कढ़ी-खीर-रोटी-तरकारी-चटनी, जो कुछ है सो—"

कन्या ने मचलने का अभिनय-सा करते हुए कहा—"मैं ले आऊँ? लिए आती हूँ।"

सज्जन बोला—"इतना सामान तो है अपने पास!" टिफिन-कैरियर में मेवा, फल और सेन्डविचेज रखे थे।

कन्या बोली—"दो दिन से दाल-चावल नहीं खाए, बड़ी भट-भटी आ रही है।"

ब्राह्मण खुश होकर बोला—"चलौ-चलौ! कच्ची कौ सवाद कच्ची में ही आवे है!"

मोहिनी भरी चंचल कनखियों से इस 'धृष्टता' के लिए क्षमा माँग कर कन्या ब्राह्मण के साथ चल पड़ी—सज्जन का मन उसकी इस अदा पर लुट गया। कुछ दूर जा, घूम कर कन्या ने एक बार फिर मुस्कुरा कर देखा। कन्या कुछ जान-बूझकर और कुछ अपने मन के भाव के वश हो, इस प्रकार सज्जन को ललचा-बहला कर बाँध रही थी।

वनकन्या ब्राह्मण से बातें करती हुई ऊपर दूसरे फाटक में प्रवेश कर सज्जन की आँखों से ओझल हो गई। सज्जन ने एक गरम उसाँस भरी—'औरत बड़ी चालाक होती है,' उसने मानो बड़े सिंगार के साथ एक सत्य को देखा—'वह पुरुष को अपने आकर्षण में सदा बाँधे रहने की नई-नई तरकीबें करती है। जालिम! आय जालिम!'—उतप्त कामुक सज्जन को अपने मन पर इस समय जरा-भी काबू नहीं था।

कन्या को वह ब्राह्मण पंडा मन्दिर में ले गया। इतनी देर में कन्या ने यह जान लिया कि राधाजी के मन्दिर का पंडा कुल लगभग पाँच सौ व्यक्तियों का है और पीढ़ियों से कई घरों में बँट गया है। हर महीने बारी-बारी से मन्दिर का सारा प्रबन्ध और भेंट-पूजा का सारा धन हर घर के हिस्से में जाता है। कन्या सोचने लगी कि यह मन्दिर, सारा धर्म व्यापार केवल एक धन्धा है। सरल मनुष्य की श्रद्धा भरी निष्ठा को धोखा देने के लिए ही यह दुकान फैलाई गई है। इन पंडे पुजारियों की बातों में वही दुनियादारी, धन-सम्पत्ति का हिसाब-किताब—पुजारी शब्द कितना महान् है! राधाजी के इस पुजारी में उस शब्द का अर्थ भला नहीं दिखलाई पड़ता है?—कितना बड़ा है। ध्यान गया कि श्रीकृष्ण के नाम के साथ जुड़ी हुई यह राधा भी धोखा ही तो है! उसने सुन रखा है कि भागवत् में राधा नाम की किसी भी गोप कुमारी का उल्लेख नहीं है। कृष्ण की प्रमुख रानियों में भी राधा का जिक्र नहीं आता। कृष्ण की ये काल्पनिक प्रेमिका जो सारे देश में पूजी जा रही है, कोरा धोखा है।...पर कुछ भी हो कृष्ण को अब राधा नाम विहीन देखना भी अस्वाभाविक, अटपटा-सा मालूम होता है। उसे खुद अपने को भी अब सज्जन से अलग करके देखना अटपटा मालूम देता है। सज्जन

में...उँह, बुराई किस पुरुष और स्त्री में नहीं होती ? परन्तु सज्जन अब उसका पुरुष है—जिस भाव से वह उसकी देह स्पर्श कर चुका है, जिसे वह सन्तुष्ट है, उस भाव से वह अब किसी अन्य पुरुष को नहीं भज सकती। वह राधा का कृष्ण है।...उनकी वे उतावली प्यासी आँखें! आ: !—बड़े खराब हैं! मेरी मजबूरी को नहीं समझते। छूकर लाज को तड़पा देते हैं! प्रेम क्या केवल देह भोग है ? क्या यही प्रेम का उद्देश्य है ?

घंटे-डेढ़-घंटे बाद बरसाना, नन्दगाँव, कामवन आदि के सम्बन्ध में पुजारी और उसके साथ के दो-चार लोगों से अनेक बातें सुन कर, उन्हें समुचित दक्षिणा-बख्शीश से सन्तुष्ट कर, बहुत से फोटो खींच कर जब कन्या और सज्जन चलने लगे तो फाटक के बाहर कई लड़के-लड़कियों ने उन्हें घेर लिया। सज्जन का कोट पकड़कर एक आठ-नौ बरस की चंचल नयनोंवाली हँसमुख लड़की रसिया गाने लगी—"माखन की चोरी छाँड़ साँवरे, मैं समझाऊँ तोय।...मैं समझाऊँ तोय साँवरे, मैं समझाऊँ तोय।" आसपास घेरकर खड़े हुए बाकी लड़के-लड़कियों ने रसिया की इस पंक्ति को दुहराते हुए हुल्लड़ मचा दिया। सज्जन परेशान हो गया; कन्या उसकी इस परेशानी को देख मुँह पर रुमाल रखकर हँसने लगी। सज्जन के पैसे देने और पुजारी के डाँटने पर किसी प्रकार यह दोनों राधाकृष्ण के इन सखी-सखाओं से मुक्त होकर पहाड़ी से नीचे उतरे। कुएँ के पास खड़े हो पुजारी ने बरसाने की एक महत्त्वपूर्ण विशेषता बतलाई। बरसाने की होली ब्रज में बड़ी प्रसिद्ध है। यह होली बरसाने की स्त्रियों और नन्दगाँव के पुरुषों में होती है। ऐसा हुड़दंग मचता है कि लाठियाँ चल जाती हैं, पुरुषों के सिर फट जाते हैं। बरसाने के पुरुष इस युद्ध में सक्रिय भाग नहीं लेते, केवल अपनी स्त्रियों की रक्षा करते हैं।

मथुरा आते हुए रास्ते में सज्जन ने कहा—"बड़ी रंगीन जगह है यह ब्रज, जहाँ औरत-मर्द आपस में होली खेलते हैं, रास, रसिया और रस से छके रहते हैं, आपस में खुलेआम हँसी-मजाक करते हैं—(कहते-कहते कनखियों से देखा कन्या शान्त भाव से सुन रही थी)—इनका देवता रोमांटिक है, इनका धर्म रोमांटिक है, इनके तीर्थ रोमांटिक हैं...आ-हा-हा-! हर तरफ मस्ती, हर तरफ जवानी—क्या कहना! जिस ब्रज भूमि ने, जिस ब्रज के राधाकृष्ण ने सारे देश में श्रद्धा और जवानी की लहर दौड़ा दी...सन्तों, भक्तों का परम भाव, ज्ञानियों का परमार्थ, और रसिकों का आदर्श पुरुष...अजब था, यह मुरलीधर योगेश्वर रसिया साँवला माखन चोर!" सज्जन मन ही मन कृष्ण की बराबरी में बैठकर सन्तोष और मस्ती का अनुभव कर रहा था।

"कृष्ण ब्रज की संस्कृति का प्रतीक हैं। खेती-प्रधान सामूहिक जीवन ही में स्त्री-पुरुषों का आपसी खुला व्यवहार आ सकता है।" कन्या ने गम्भीर स्वर में अपनी बात कही।

"क्यों ?"

"क्यों नहीं ? जहाँ स्त्री-पुरुष बराबर से काम करते हों वहाँ उनमें मैत्री भाव होना स्वाभाविक ही है। वहाँ दबने और दबाने का प्रश्न नहीं, इसलिए व्यवहार में सरलता, खुलाव है।"

"यही तो मैं भी कहता हूँ—"

"तुम ये नहीं कहते।"

सज्जन चौंक कर कन्या को देखने लगा। कन्या कह रही थी—"ब्रज में अगर व्यभिचार होता तो ये लोग आज तक मिट चुके होते।"

"तुम मुक्त प्रेम को व्यभिचार क्यों मानती हो ? स्त्री-पुरुष साथ-साथ मेहनत-मजदूरी करते हैं, साथ-साथ रास-रंग करते हैं। होली खेलते हैं, हुड़दंग मचाते हैं—ये जवानी के लक्षण हैं। ये तुम्हारी सो-काल्ड भारतीय सभ्यता खुदा जाने कब से चल पड़ी जिसने हमारे लोगों को पैदा होते ही मॉरलों से लाद-लाद कर बूढ़ा बनाना शुरू कर दिया। मैं इस कल्चर से नफरत करता हूँ—आई हेट इट! हेट इट फ्रॉम दि वेरी बॉटम ऑफ माइ हार्ट।"

सज्जन आवश्यकता से अधिक उत्तेजित हो उठा था, क्षण भर रुक कर फिर कहने लगा—"सच पूछो तो ये हमारी आज की संस्कृति पुरानी भारतीय संस्कृति है ही नहीं। मैंने तो देखा है—उड़ीसा में। खजुराहों में कितने ही मन्दिरों में स्त्री-पुरुषों के—क्या नाम कि—कि देह-मिलन की मूर्तियाँ बड़ी शान के साथ बनाई गई हैं, यहाँ के लोग साथ-साथ रास खेलते हैं, स्वयंवर होता है। सेक्स—पाप-पुण्य भरी कोई डरावनी चीज के रूप में नहीं आता। एक—एक कुदरती चीज है। तुम्हें भूख लगती है, तो जहाँ खाना मिलता है खा लेती हो, प्यास लगने पर पानी पी लेती हो—"

"तुम भूख लगने पर कूड़े में पड़ी हुई रोटी खा लोगे, या नाली का पानी—"

सज्जन के चेहरे पर क्रोध की तमतमाहट आ गई, बोला—"अकाल का टूटा ये भी कर लेगा।"

"यह विषम परिस्थितियों की बात हुई, और व्यक्ति की बात हुई; लेकिन जहाँ स्त्री-पुरुष मिलते हैं, वहाँ एक व्यक्ति की इच्छा अनिच्छा का सवाल नहीं रह जाता। स्त्री-पुरुष मिल कर समाज हैं, उन पर पैदा होने वाली जिन्दगियों की जिम्मेदारी है।"

कन्या के इस उत्तर से सज्जन के 'सैद्धान्तिक विरोध' का मोर्चा टूटने लगा। सिगरेट जलाने के बहाने नजरें नीची कर, सिगरेट जलाने के बाद धुआँ उड़ाने के बहाने खिड़की की ओर मुँह घुमा कर अपने को सम्हालने का अवसर लिया, फिर संयत स्वर में बोला—"पर इस तरह के आदर्शवादी विचारों और सन्तानों की जिम्मेदारी के नारे से ही तो पुरुष ने स्त्री जाति को अपना गुलाम बना रखा है। पतिव्रत कोरी पुरुषों की हिपॉक्रेसी है। यूरोप में फ्री-लव का जो आन्दोलन उठा था, उसका मकसद ही इन दकियानूस नैतिक कानूनों को दफन करना था। डार्लिंग, दिल बड़ी चीज है—प्रेम बड़ी चीज है!" सज्जन ने कन्या की गोद में अपना हाथ रख कर उसे दबाया।

कन्या को अच्छा न लगा, फिर भी उसने विरोध में सज्जन का हाथ हटाने का प्रयत्न न किया, झिझक भरे स्वर में बोली—"दिल और प्रेम बड़ी चीज है तो मनुष्य को शरीर भोग की लालसा क्यों होती है?...हम एक-दूसरे से प्रेम करते हुए भी—अलग रह सकते हैं।"

सज्जन का हाथ हटने लगा, फिर हठपूर्वक ही उसने उत्तर दिया—"दिल शरीर ही में रहता है। शरीर के काबू में है, जिस पर आया, दिल उसे शरीर सौंपने में क्या हर्ज है?"

"पुरुष के लिए कोई हर्ज नहीं।"

"और स्त्री के लिए—"

"शरीर सौंप कर स्त्री माँ बनती है।"

"यह कोई जरूरी नहीं है। आज के जमाने में—"

"तब दुनिया आज के जमाने में ही खत्म भी हो जाएगी, कल के जमाने में उसके सामने इनसान की नई पीढ़ियाँ नहीं आएँगी!"

हाथ कन्या की गोद से सरक कर सीट पर आ गया। सज्जन मन ही मन भुनभुना रहा था। उसकी एक तात्कालिक इच्छा सदा कायम रहने वाले सत्य से पिटी जा रही थी। वह उसके खिलाफ कुछ भी नहीं कह सकता था। मगर वह अपने पक्ष को दबने नहीं देना चाहता था। नए सिरे से अपनी इच्छा को जमाने के लिए उसका दिमाग तेजी से किसी नए तर्क की पीढ़ी जमीन खोजने लगा; सहसा बोला—"हाउ डू यू जस्टीफाई कि वेदव्यास जैसे महात्मा ऋषि, या जयदेव, सूरदास, रसखान, ऐसे भक्त लोग भी अपने पवित्र परमात्मा को बगैर किसी झिझक के राधारमण, गोपीपीन-पयोधर-मर्दन चंचलकरयुग-शाली आदि विशेषणों से सजा गए? परनारियाँ कृष्ण के प्रेम में दीवानी रहती हैं, उनसे भोग करती हैं और फिर भी कुछ गलत नहीं लगता। क्या वजह है? कन्या, मैं सच कहता हूँ, गीता का उपदेशक कृष्ण या पॉलिटीशियन कृष्ण महज बड़ा आदमी बनकर ही हमारे पुराणों के सीमित दायरे में रह जाता, अगर वह राधारमण-गोपीरमण न होता। पर हजारों बरसों से

पीड़ितों के दिलों में बसा हुआ है। उसकी इन्हीं विशेषताओं के कारण इन हजारों बरसों में कितने कवियों, मूर्तिकारों, चित्रकारों, नर्तकों और गवैयों को प्रेरणा मिली, इतनी बड़ी नेशन को इतनी सदियों तक जिस राधारमण और गोपीरमण ने बाँध रखा है, उसे क्या तुम्हारा प्रॉग्रेसिविज्म खत्म कर सकता है?—बुरा बतला सकता है?—बोलो!'

कन्या हँस पड़ी, कहा—"मेरे प्रॉग्रेसिविज्म ने तुम्हारा क्या बिगाड़ा है? वैसे तुम कुछ भी कहो, मैं मनुष्य के जीवन में, खुद अपने जीवन में भी शृंगार रस का पूरा-पूरा महत्त्व स्वीकार करके भी तुम्हारे राधारमण और गोपीरमण—याने जिस रूप में तुम उसे देख रहे हो—उसे मैं अपने समूचे अन्तःकरण से घृणा करती हूँ।"

सज्जन सिकुड़ गया। उसकी अन्तर्रात्मा भी कन्या का साथ दे रही थी। उसका रस जो काम विद्युत् के रूप में दिल के अन्दर चक्कर काट रहा था कन्या की बात से यों भभक कर जल उठा मानो स्पिरिट की प्याली में जलती दियासलाई गिर पड़ी हो। तीव्र आत्म-ग्लानि से क्रोध जागा; अपने ऊपर कहाँ तक तपता, इसलिए कन्या की ओर लपका। परन्तु विचारोत्तेजना से कन्या के तेजोमय गौर मुख-मुंडल पर जो आभा दमक रही थी उसके आगे अपना क्रोध उसे नितान्त झूठा लगा। सज्जन सिकुड़ गया। उसकी गर्दन झुक गई।

कन्या कुछ रुक कर फिर कहने लगी—"पहले तो मुझे इस बात का विश्वास ही नहीं होता कि कृष्ण इतने आवारा और बदचलन थे जितना कि रीतिकाल के कवियों ने उन्हें बना दिया है। विलासी वो जरूर थे, कम से कम आठ रानियाँ तो उनके थी हीं। इनके अलावा दूसरी सोलह हजार एक-सौ-प्लस, ब्रज की सारी गोपियाँ प्लस, ये बिचारी काल्पनिक प्रेमिका राधा जो कृष्ण की इतनी अन्यतम थी, और जो कृष्ण के मथुरा जाने के बाद उनके जीवन से अधूरी कहानी-सी निकल गई—उन सबकी चर्चा को कोरी कल्पना मानकर अगर हम अस्वीकार कर दें तब भी सामन्तों की तरह बहु-पत्नीवादी विलासी तो वे थे ही।"

कन्या विचारों में थमी; सज्जन का विकल मन उस क्षण के अर्थ विराम में अवसर पा यों बोल उठा ज्यों प्लानचैट पर किसी बड़ी प्रेतात्मा का आवाहन करते समय कोई छोटी अतृप्त प्रेतात्मा जबर्दस्ती प्रवेश कर, फिर अपनी बात सुनाए बगैर टलती नहीं। उसने किसी हद तक दीन भाव से कहा—"सब को अस्वीकार कर दो, पर उस बेचारी राधा को बख्श दो जिसे हिन्दुस्तान की कल्पना ने विरह के सिवा और कुछ नहीं दिया। राधा मेरी कल्पना की आदर्श नारी है।...मैं बुरा हूँ, मैं जानता हूँ कि मैं बुरा हूँ? मगर एक जगह मुझ में कोई ऐसी शक्ति भी है जो मेरे अहंकार को समर्पण-भाव की ओर बराबर खींचा करती है। उस शक्ति को तुम मेरी सौन्दर्य बुद्धि कह सकती हो। तुम भले ही मानो कि मेरे अन्दर सिर्फ ऊपरी सुन्दरता, सिर्फ जिस्मानी खूबसूरती देखने का ही माद्दा है। यह तो—यह तो—टैक्सी ड्राइवर के कानों से बचने के लिए उसने कन्या के कान में धीरे से कहा—"शादी के बाद आप नॉर्मल आ जाएँगी! प्यासे की नैतिकता कुछ और ही हो जाती है। मुझे माफ करना कन्या, तुम से ये कहने को मुझे मजबूर होना ही पड़ा।...सच मानो, एक जगह राधा, सीता, और मेरी माँ जैसी आत्मदानी स्त्रियाँ मेरी सौन्दर्य बुद्धि को उस बारीक निगाही तक बरबस खींच ले जाती हैं जहाँ सुन्दरता और सच्चाई में कोई भेद नहीं रह जाता—जहाँ नारी पुरुष के दिल में आकर श्रद्धा बन जाती है।" प्रशंसा भरी निगाहों से उसे देखकर कन्या ने मुस्कराते हुए कहा—"मैंने तुम्हें गलत नहीं समझा।"

तीन बजे तक ये लोग मथुरा पहुँच गए। सज्जन को लगा कि बड़ी जल्दी है। अभी से उस तंग, ऊँचे टीले पर बनी हुई गली के सीलन भरे मकान में जाकर समय क्योंकर काटा जाएगा। कन्या को भी यही उलझन थी। तय हुआ कि म्यूजियम देखा जाए। म्यूजियम हॉल में पत्थरों के बड़े-बड़े देवता, मनुष्यों और पशुओं की दुनिया आबाद थी। सज्जन को अपने प्रदेश की कला पर

अभिमान हुआ। परखम यक्ष की विशाल मूर्ति, जो मौर्य काल की बनी हुई मानी जाती है, अपने बनानेवाले शिल्पी की शक्ति का परिचय दे रही है। मूर्ति की चरण चौकी पर ब्राह्मी लिपि में मूर्ति बनानेवाले का नाम भी लिखा है। बुद्ध की विशाल मूर्तियाँ दो तो विशेष रूप से बहुत सुन्दर हैं। कामदेव की टूटी हुई मिट्टी की मूर्ति भी बड़ी सुन्दर है। —दरअसल मूर्ति के साथ जुड़ी हुई कथा उसे और भी सुन्दर बना देती है। फूलों के बाण और धनुष लिए हुए भगवान मदन खड़े हैं। उनके पैरों में एक शरणागत पुरुष पड़ा है। यह पुरुष शूर्पक नाम का एक मछुआ था। कुमुद्वती नाम की एक राजकुमारी उस पर रीझ गई थी। शूर्पक राजकुमारी के प्रेम के उत्तर में मौन था, उदासीन था। शायद अपने वर्ग भेद, जाति भेद होने के कारण राजा की बेटी से प्रेम करने की धृष्टता कर वह अपनी जान गँवाना नहीं चाहता था। परन्तु कथा है कि राजकुमारी के विरह से पसीज कर भगवान कुसुमायुध ने क्रुद्ध हो, अपने कुसुम शरों से शूर्पक को बुरी तरह घायल कर दिया। मछुआ सारे सामाजिक प्रतिबन्धों को भूल कर, अपनी जान गँवाने के भय को तज कर नि:संकोच राजकुमारी के प्रेम का उत्तर देने के लिए प्रस्तुत हो गया।

एक वेदिका स्तम्भ पर ऋष्यशृंग की बड़ी ही मनोहारिणी मूर्ति बनी हुई है। हाथों में कड़े, गले में कंठा, कानों में झुमके, सिर पर सुन्दर पगड़ी जिसके अगले हिस्से के बाहर एक सींग निकला हुआ था—कुमार ऋष्यशृंग की, दाहिने हाथ की दो उँगलियों की ठोड़ी पर रख कर खोई हुई भोली सी मुस्कान, इतनी भली लगती है कि देखते रहने को ही चाहता है। ऋष्यशृंग की कथा भी बड़ी मजेदार है। वे अपने पिता विभांडक ऋषि के साथ घने जंगल में रहते थे। उन्होंने अपना होश सम्हालने के बाद से जवान होने तक अपने पिता को छोड़ और किसी भी स्त्री-पुरुष का मुख नहीं देखा था। ऋषिकुमार संसार से अनभिज्ञ पूर्ण-ब्रह्मचारी और ब्रह्मज्ञानी थे। एक बार राजा रोमपाद के राज्य में घोर अकाल पड़ा। ज्योतिषियों ने बतलाया कि जब तक ऋष्यशृंग के चरण इस राज्य में नहीं पड़ेंगे, तब तक पानी नहीं बरसेगा। राजा को ऋषिकुमार का अपने राज में आना असम्भव सी बात लगी, परन्तु राजा के चतुर मंत्री ने नगर की चतुर वेश्याओं को ऋषिकुमार को रिझाने के लिए भेजा। वेश्याओं ने वन में जाकर मौका साधना शुरू किया; जब विभांडक ऋषि दीर्घकालीन समाधि पर चले गए तब भोले ऋषिकुमार को रिझाने के लिए गेंद खेलना, नाचना-गाना आदि मनोरंजक कार्य आरम्भ कर दिया। ऋषिकुमार ने 'न बहुत अपने से मिलते न बहुत अपने से अलग' मनोहर व्यक्तियों को पहले कभी नहीं देखा था, और न इस प्रकार की आकर्षक 'तपस्याएँ' देखी थीं। उन्होंने उन वेश्याओं को किसी नए पथ की साधिका मान कर बड़े अद्‌भुत भोले सवाल किए। वेश्याओं ने भी अपनी हँसी दबाकर बड़ी चतुराई, बड़े भोलेपन की अदा से उनके सवालों का जवाब दिया। उन्होंने शहर की मिठाइयों को अपने आश्रम के कंद-मूल फल कह कर खिलाया; अपना पवित्र जल बतला कर उन्होंने ऋषिकुमार को शराब पिलाई। भोले नौजवान ऋषिकुमार को आलिंगन देकर उन्होंने अपनी एक साधना विधि का परिचय दिया।

ऋषिकुमार उसी आलिंगन की मधुर स्मृति में खोए हुए इस मूर्ति में खड़े हैं। मथुरा संग्रहालय में अनेक अच्छी मूर्तियाँ और मिट्टी के खिलौने हैं। हिन्दू, जैन और बौद्ध तीनों धर्मों की मूर्तियाँ यहाँ मिलती हैं। मथुरा बड़े प्राचीनकाल से भारत का एक प्रमुख नगर रहा है। 'तीन लोक से मथुरा न्यारी' की कहावत आज तक चली आती है। सज्जन ने क्यूरेटर से भेंट की। क्यूरेटर महोदय बड़े ही सज्जन और विद्वान् पुरुष थे। बातों-बातों में उनसे मथुरा की प्राचीनता के बारे में मालूम हुआ। मथुरा मधु दैत्य की बसाई हुई नगरी है। हड़प्पा और मोहनजोदारो जैसे सुन्दरतम, अति प्राचीन नगरों की खोज हो जाने के बाद अब यह कहना सरल हो गया है कि मूल भारतीय जातियों के लोग—असुर-दान-नाग आदि जातियों के लोग—सुन्दर नगरों का निर्माण करने में बड़े ही कुशल थे। मधु दानव के बेटे लवण को युद्ध में खेत कर अयोध्यापति रामचन्द्र के भाई शत्रुघ्न ने जब मथुरा नगरी

में प्रवेश किया तब उन्हें लगा कि इस नगर का निर्माण देवताओं के हाथ से ही सम्भव है। फाहियान, हुएनसाँग-टैवर्नियर आदि विदेशी यात्रियों ने मथुरा का वैभव बखाना है। मथुरा के प्राचीन बखानों, और इन मूर्तियों से यह अनुमान लगता है कि मथुरा बड़ा ही समृद्ध नगर था। इस नगर ने अनेक सदियों तक अनेक बार उजड़कर भी बड़ा वैभव भोगा है। इस नगर को शत्रुघ्न ने लूटा, जरासंध ने लूटा, हूणों ने उजाड़ा, महमूद गजनवी, सिकन्दर लोदी, औरंगजेब, अहमदशाह अब्दाली जैसे लुटेरों ने मथुरा के धन-जन को बार-बार लूटा है। मथुरा की सड़कें और यमुना का जल अनेक बार आक्रमणकारियों द्वारा ब्रज के, मथुरा के नागरिकों के लहू से लाल हुई हैं। सोलह कलाधारी अवतार पूर्ण-परब्रह्मयोगेश्वर, नटनागर, राधामोहन, बाँकेबिहारी भगवान वासुदेव श्रीकृष्णचन्द्र की जन्म-भूमि होने का सौभाग्य पाने के कारण इस नगर को बार-बार उजड़ना पड़ा।—कितनी कठिन आँचों को सहना पड़ा।

मथुरा संग्रहालय में खंडित कलाकृतियों को देख-देखकर सज्जन का मन जहाँ एक ओर अपने देश की अनुपम कला सिद्धियों से प्रभावित हो रहा था, वहाँ ही उसे इस बात का बड़ा क्षोभ भी था कि इन्हें जान-बूझकर, घृणापूर्वक तोड़ा गया है। भरे मन से सज्जन ने उद्गार प्रकट किया—"वे लोग भी कैसे हैं जो सुन्दरता से सही तौर पर प्रभावित होने के बजाय उसका नाश करने पर तुल जाते हैं।"

कन्या गहरी अर्थभरी दृष्टि से उसकी ओर देखते हुए फीकी मुस्कान के साथ धीरे से बोली—"अपनी इस बात को कभी भूल न जाना!" सज्जन अपने पिछले प्रहार की बात सोचकर झेंप गया। कन्या बोली—"लेकिन इतिहास ऐसे ही लोगों की बर्बरता से आज तक बढ़ा है। यह हिन्दुस्तान का दुर्भाग्य है कि वह एक महान् सांस्कृतिक देश है—भारत भाव-सौन्दर्य ही को नाना रूपों में देखता-परखता रह गया, और बर्बरता सदा उसे तबाह करती रही।"

"मानव संस्कृति में दोनों ही शक्तियाँ समान रूप से आगे बढ़ी हैं। हम यह क्यों माने कि सुन्दरता सदा बर्बरता से हारी है? बल्कि सच पूछिए तो मनुष्य के सांस्कृतिक विकास को देखते हुए हम यह कहेंगे कि उसकी सौन्दर्य बुद्धि क्रमशः बढ़ा रही है। मनुष्य की हिंसा और बर्बरता अब क्रमशः अपने आपसे हार रही है।" क्यूरेटर महोदय ने अपना मंतव्य प्रकट किया।

कन्या सनक भरी हँसी हँस कर बोली—"हाँ, मैंने कुछ बरस पहले न्यूजरील में देखा था कि एटम बम जब आसमान से जमीन की ओर बढ़ता है तो प्रकाश के फूल की तरह खिलकर बड़ा ही सुन्दर लगता है। बर्बरता अब सौन्दर्य की आड़ लेकर जीती है!"

म्यूजियम से लौटते हुए सज्जन खिन्न था। उसके अन्दर रह-रह कर फिर वही हिंसा जाग रही थी जो कृष्ण जन्मभूमि के टूटे मन्दिर के खंडहर पर औरंगजेब की मस्जिद को देखकर जागी थी। उसका जी चाहता था कि वह उन सब शत्रुओं से बदला ले जिन्होंने मथुरा को बार-बार उजाड़ा है। जिन्होंने इस देश की अनुपम कारीगरी को बार-बार बुरी तरह नष्ट किया है।

उसी दिन रात के आठ साढ़े आठ बजे, लखनऊ में, सज्जन की कोठरी पर मुहल्ले वालों का बड़ा जबरदस्त हमला हुआ। बड़ी-बोर के प्रेम-कांड का सारा दोष लोगों ने सज्जन के सर ही मढ़ा। वह पुरानी कथा भी फिर से ताजी होकर कही-सुनी जाने लगी जब कि सज्जन इस मुहल्ले में आया था और मसाला-फरोश शरणार्थी ने अखबारों में सज्जन के विरुद्ध शिकायतें करते हुए यह लिखा था कि कोठरी रईसों के दुराचार का अड्डा बनने जा रही है। मुहल्ले के कई लोग यह कहकर अपने सयानेपन का प्रमाण दे रहे थे कि उन्होंने पहले ही कह दिया था कि ऐसा-कुछ अवश्य होगा। मनिया के मित्रगण भी बड़े उत्तेजित हो रहे थे। नेताजी सालिगराम तथा लाला जानकीसरन ने भी लोगों को हुश्काया। एलेक्शन का हुल्लड़ अपने असंगठन में भी संगठित होकर सज्जन की कोठरी पर टूट पड़ा। उत्तेजित भीड़ ने कमरे का ताला तोड़ डाला। सज्जन की बनाई तस्वीरें चिन्दी-चिन्दी कर

डालीं। रंगों के ट्यूब्स फेंके, जूते के नीचे दबाकर फर्श पर मसल दिए। छोटे से कमरे में लगभग बीस आदमियों की भीड़ घुस कर मनमाना सत्यानाश कर रही थी। दीवालों पर टँगी हुई तीन तस्वीरों पर भी आफत आई। एक पर स्टोव फेंका गया, दूसरी चाय के प्यालों से फोड़ी गई, तीसरी पर स्टूल की शक्ति आजमाई गई। चद्दर की चिन्दी-चिन्दी उड़ी; स्टोव का तेल गद्दे और तकियों पर छिड़का। उनमें दियासलाई लगाई गई। सारा कमरा टूटे काँच, टूटे प्याले, फटी तस्वीरें और चादर की चिंदियों से भर गया।

आसपास के घरों की छतों, खिड़कियों से लोग इस उन्मत्त अभियान का दृश्य देखते रहें। नाश, गालियाँ, हिंसा से भरा हुआ मखौल, तटस्थ तमाशाइयों के चर्चे एक साथ गूँज गए। वातावरण को और भी भयानक बना रहे थे। तमाशाइयों की भीड़ पर भीड़ गौशाला की फटकिया में घुसी चली आ रही थी। जो जहाँ सुनता, यहाँ तमाशा देखने चला आता। नीचे भीड़, आसपास के घरों में भीड़, और सज्जन के कमरे और छत पर उससे बदला लेने वालों की भीड़—इस भीड़ और हंगामे में अचानक ताई के घर का दरवाजा खुला। एक हाथ में झोली भर सिन्दूर लेकर ताई आँखें निकालती काले-काले डंठल जैसे दाँत भींचती, गालियाँ देती, मंतर पढ़ती निकल आईं।

ताई को देखकर तमाशाइयों की मनोरंजन वृत्ति भी उभरी। मगर ताई मुट्ठी भर-भरकर सिन्दूर दोनों तरफ भीड़ पर फेंकती जाती थी—"ओंम नमो नारायना संकर जती कमरूकमच्छा सती की दुहाई, काली माई की दुहाई, पाँचों पीर की दुहाई, संखिनी, डंकिनी आव, दुस्मन को खाव। काली चिरैया चिकचिक करे। धौली सबको निर्बन्स करे। राजा इंदल भैरों अरई के चंडाल राजा आव। दुस्मन को खाव!"—भयानक आँखें, कठोर और मनहूस मुख-मुद्रा, काले-काले डंठल जैसे दाँत के साथ दोनों ओर भीड़ पर मुट्ठी-भर-भर कर सिन्दूर छोड़ती और मंतर पढ़कर तीर की तरह आगे बढ़ती हुई ताई भीड़ पर अपना अद्‌भुत प्रभाव डाल गई। प्रसिद्ध जादूगरनी ताई के सिन्दूर और मंतर से भीड़ के दिल दहल गए। बहुतों ने ताई को देखकर छेड़ में चिल्लाना भी शुरू किया। पर ताई का मंतर और सिन्दूर हर एक को पराजित कर रहा था। जरा-सी जगह में सिन्दूर से डरी हुई भीड़ इस तरह भगदड़ कर उठी कि धक्का-मुक्की मच गई। ऊपर सीढ़ी की ओर बढ़ती हुई ताई भीड़ की लपेट में आ गईं। आस-पास के धक्कों से भिंचने लगीं। आवेश में आकर ताई ने एक बुड्‌ढे का मुँह अपने सिन्दूर भरे बड़े-बड़े नाखूनोंवाले पंजे से नोच लिया। नाखूनों की गड़न, और उससे भी अधिक जादूगरनी के जादुई सिन्दूर के स्पर्श से वह बुढ्‌डा चीख उठा। आसपास में शोर मच गया कि ताई खून पी रही हैं।

नीचे से लेकर पती सीढ़ी ऊपर की छत और सज्जन की कोठरी तक आती-जाती असन्तुलित भीड़ को चीरती धक्के खाती, गला फाड़-फाड़ कर चीखती और कोसती हुई ताई भी ऊपर पहुँच गईं। सीढ़ी की ओर बढ़ते हुए किसी ने भय के हिस्टीरिया में ताई की झोली पकड़ कर ताई के ऊपर ही औंधा दी। सिन्दूर से सजी ताई का रूप और उनके कोसने और भी भयंकर ही उठे!

थोड़ी देर में ताई कायर भीड़ पर विजयिनी सिद्ध हुईं। खरदूषण की विशाल सेना के मुकाबले में अकेले राम और लक्ष्मण ने विजयी सिद्ध होकर वीरता का जो ज्वलंत उदाहरण प्रस्तुत किया था, वह उनके बाद आज ताई द्वारा ही दुहराया गया।

लौटते समय वर्मा और भभूती सुनार की गली से गुजरती हुई भीड़ की एक टोली ने वर्मा के मकान पर खड़े होकर भी आवाजें फेंकीं। गन्दी-गन्दी गालियाँ दीं। दरवाजे भड़-भड़ाए। मनिया का घर पास ही में होने के कारण हमलावर भीड़ की सहानुभूति अत्यधिक उत्तेजित हो गई थी। यह भीड़ का वह अंग था जो कि समाज के 'अँगरेजी-पन' से लड़ रहा था। तारा-वर्मा दरवाजा टूटने के भय से पीले पड़े जा रहे थे। छोटी और शंकर अपने कमरे में सहमे हुए सन्न से थे। नन्दो ताई का गंडा लेकर पहले ही मसान जा चुकी थी। मनिया शराब के नशे में बेहोश पड़ा था।

उस दिन ताई बड़ी रात तक लालटेन के उजाले में कन्नोमल के पोते की बनाई तस्वीरों के टुकड़े बटोर-बटोर कर सहेजती रहीं।

39

लौटकर ताई नहाईं। संसार भर को कोसते हुए ठाकुरजी का दीया जलाया, फिर बच्चों की कटोरियों में दूध डालकर उन्हें बुलाने लगीं। ताई की आवाज सुनते ही 'ललिता', 'बिसाखा' तो दुम हिलाती हुई आ गईं पर 'किस्ना' न आया। ताई को किस्ना की फिकर पड़ी—कहाँ गया निगोड़ा—ताई 'किस्ना' करती हुई सारे घर में झाँक आईं। जब न मिला तब उसे हजार गालियाँ सुनाती हुई आकर अपनी झँगोले जैसी खटिया पर लेट गईं। बिल्ली के बच्चे अब बड़े हो गए हैं। हर समय घर पर नहीं रहे। मुँडेरे-मँडेरे चढ़कर सारे मुहल्ले का चक्कर लगाया करते हैं। ताई के लिए मुसीबत हो गई है। जब तक तीनों बच्चों को कुछ नहीं पिला लेतीं, वे स्वयं भोजन नहीं करतीं। इस समय भी किस्ना के उपस्थित न होने के कारण उनका भोजन न हो सका। वे कुड़कुड़ाती रहीं, बड़बड़ाती रहीं, इन बच्चों की माँ को, जो अपना पाप इनके घर में पटक गई, और अपनी सौत बनाकर गालियाँ देती रहीं।

ताई इस समय बेहद उखड़ी हुई थीं। किस्ना ने दूध नहीं पिया, कन्नोमल के पोते का इतना नुकसान हो गया, कल उनकी सौत के पोते का टीका आएगा, दावत होगी, नन्दो निगोड़ी ने लौटकर बताया भी नहीं कि दोनों जंतर वह ठीक तरह से मसान में गाड़ आई या नहीं—यह सब चिन्ताएँ ताई को घेर कर उसी तरह परेशान कर रही थीं जिस तरह मुहल्ले के लोग उन्हें परेशान करते हैं। सज्जन की कोठरी पर हमला करने वालों की भीड़ इस समय भी ताई के दिल में किलबिला रही थी। रह-रहकर उनकी हिंसावृत्ति उभर उठती थी। वे अब भी अपनी कल्पना में भीड़ पर जादू का सिन्दूर फेंक-फेंक कर सबका सर्वनाश कर रही थीं।

कोतवाली में एक का टकोरा बजा। ललिता-बिसाखा ने घर के किसी कोने में शिकार दबोच लिया था। चूहा अन्तकाल की चूँ-चूँ कर मर गया। ताई का मन गालियों से भर गया। बिल्ली के बच्चे बड़े होकर अब बड़े शिकारी भी हो गए हैं। ताई के वैष्णव संस्कार ललिता-बिसाखा और किस्ना की शिकारी प्रवृत्ति से घोर घृणा करते हैं, परन्तु इन बच्चों पर उनका कुछ बस नहीं चलता।

ताई के कानों में घुर्र-घुर्र की आवाज पड़ने लगी। ललिता-बिसाखा में से कोई एक बड़ी जोर से गुर्रा रही थी क्योंकि उसके पंजे के नीचे शिकार दबा हुआ था, और दूसरी उस शिकार को हथियाने के लिए तरकीबें लड़ा रही थी। थोड़ी देर में ललिता-बिसाखा 'खाऊँ-खाऊँ-खाँ' करती हुई एक-दूसरे पर टूट पड़ीं। सारा घर कुरुक्षेत्र बन गया। ललिता-बिसाखा घर भर में दौड़ती हुईं जगह-जगह डट कर मोर्चा लेती हुईं आपस में जोर-जोर से गुर्रा रही थीं।

''मरो, भाड़ में जाओ, मरो सब के सब! रात में भी दो घड़ी का चैन नहीं निगोड़ा! उँह!''—ताई ने कई बार इच्छा की कि उठकर, ललिता-बिसाखा की लड़ाई में बाधा डालें, पर इस समय वे बिलकुल चूर-चूर हो रही थीं। उनके जोड़-जोड़ में दर्द हो रहा था। भीड़ से ताई जैसी आज घिरी, वैसी कभी नहीं घिरी थीं। भीड़ की दबसट में कभी धक्के खाकर आगे बढ़ जाती थीं तो कभी पीछे। उनके जादुई सिन्दूर के भय से जनता में ऐसी खलबली पड़ी थी कि लोग हँसते-नाराज होते और डरते हुए सिन्दूर से बचने के लिए भाग रहे थे। ताई के प्रति लोगों की घृणा ने ताई को आज बहुत ढकेला, बहुत गिराया-पड़ाया। कई बार तो लोगों के जूते-चप्पल उनके पैरों को रौंदते हुए निकल गए। यद्यपि अन्त में जीत ताई ही की हुई, परन्तु उनकी दशा-कुदशा भी बहुत हो गई थी। तिस पर किस्ना के दूध न पीने के कारण उन्होंने इस समय भोजन भी नहीं किया था। रजाई से मुँह ढाँके हुए ताई बड़बड़ाती रहीं। इस समय एक बच्चा उछल कर ऐन उनके मुँह पर ही आ बैठा। ताई

ने झुँझला कर रजाई के अन्दर से ही अपने हाथों से उसे धकेल दिया। बच्चा लुढ़क कर करवट पर गिरा और ताई की गालियों के उत्तर में मीठी-सी म्याऊँ-म्याऊँ करता हुआ उनकी रजाई में घुसने का प्रयत्न करने लगा। कुछ दूर पर ललिता-बिसाखा की घुर्राहट और दौड़-भाग अब भी सुनाई पड़ रही थी। गालियों के बीच सहसा ताई को ध्यान आया कहीं किस्ना न हो। फौरन रजाई से उनका मुँह निकल आया। सफेद खाल पर पीले काले चित्तों वाले किसन महाराज ताई की करवट से निकलकर उनकी बाँह पर चढ़ गए। उनकी छाती पर आ गए। बिल्ली के बच्चों से त्रस्त ताई बड़ी देर से खोए हुए किस्ना को इस अँधेरे में भी मन की अटकल से पहचान गईं। ताई के मुँह के पास ही किस्ना की आँखें चमक रही थीं। दोनों हाथ रजाई से निकाल कर उसे पकड़ते हुए ताई की ठंडी नसों में वात्सल्य की बिजली दौड़ गई—"नासपीटे, कहाँ चला गया था?"

ताई के हाथों में जकड़े हुए किस्ना ने उत्तर में महीन और मीठी सी म्याऊँ-म्याऊँ की तथा छूटने के लिए कसमसाने लगा। अँधेरे में बिल्ली के बच्चे की नीली, चमकदार फास्फोरसी आँखें ताई की दृष्टि को बाँध रही थीं। सहसा इन आँखों में उन्हें अपने 'बाल-मुकुंदे' झाँकते मिले। ताई की आँखों में मोहिनी बँध गई। किसुन महाराज, गर्दन हिलाने लगे, एक बार भगवान की झलक पाकर ताई फिर बार-बार उनके दर्शन का हठ करने लगीं, परन्तु किसुन महाराज ने फिर अपनी गर्दन सीधी ही न रखी। किस्ना उनके हाथ से छूटने का प्रयत्न करने लगा। ललिता-बिसाखा की घुर्राहट समाप्त हो चुकी और वे दोनों भी समझौता कर ताई के पायताने पर चढ़ आई थीं। जिस शिकार के लिए ललिता-बिसाखा में लड़ाई हुई थी उसे किसुनजी चट कर आए थे और इस समय ताई के हाथ से छूटने का प्रयत्न कर रहे थे। ताई भला कैसे छोड़तीं, उन्हें उसकी आँखों में भगवान के दर्शन हुए, वे और भी दर्शन करना चाहती थीं। किसुन ने उनके हाथ की झुर्रियों में हल्का-सा दाँत चुभोया। ताई दर्शन करना भूल क्रोध में आ गईं—"हट मरे!"—ताई ने उसे ढकेला। उनकी गालियों का बड़बड़ाना फिर आरम्भ हो गया। झमक कर करवट बदली और मुँह पर रजाई डाल बड़बड़ाने लगीं—"मरों के पीछे जान दो सबेरे से संझा तलक, मरों के मारे चैन नहीं मिले हैगा, पर मरे जानवर तो जानवर! ऊँह!" इसी समय ललिता-बिसाखा में से कोई एक उनकी पीठ से सटे हुए बैठे किसुन पर झपटी, किसुन भी झपटे, ललिता-बिसाखा और किसुन कन्हाई में मस्ती का युद्ध छिड़ गया। बच्चे उछल कर खटिया से नीचे भाग गए, फिर कई बार आपस में एक दूसरे का पीछा करते हुए खटिया पर भी चढ़े, ताई के पायताने से लेकर सिरहाने तक उन्होंने उन्हें कई बार रौंदा। ताई को नींद न आई। उनकी बक-झक धीमे स्वर से उठकर अब क्रमशः जोर पकड़ गई थी।

तभी कहीं से उनके कानों में किसी स्त्री के जोर-जोर से कराहने की आवाजें आने लगीं। ताई के कान चौकन्ने होते ही उनकी बक-झक बन्द हो गई, अपने मुँह से रजाई हटा ली। बिलकुल ही पड़ोस में कोई स्त्री प्रसव पीड़ा से कराह रही थी। कौन है, किसके यहाँ है—यह कौतूहल ताई को चैन से लेटने न दे सका। ताई उठकर बैठ गईं। ताई को बैठा देखकर किसुन, जो अपनी दोनों बहनों ललिता और बिसाखा से कमजोर था, उछलकर ताई की गोद में आ बैठा। लेकिन ताई का ध्यान उस समय कहीं और था; पड़ोस में किसी के दर्द उठ रहे थे। अनुमान करने में ताई की बुद्धि ठीक-ठिकाने पहुँच गई। उनकी किरायेदारिन तारा कराह रही थी।

ताई के अन्दर का रोष उमड़-घुमड़ कर ऐन उनके कलेजे में सुदर्शन चक्र-सा घूमने लगा—"राँड़, मर जाए तो अच्छा हो! लड़का जनेगी खसोटी, दरद तलाबेली से उठ रहे हैं।"

तारा की प्रसव-पीड़ा की गुहार ताई का मन दूर-दूर तक दौड़ाने लगी। पहला ध्यान अपनी सौत, और उसके पोते के टीके में गया। सौत के पोते का तिलक चढ़ेगा, नाच-रंग होंगे, जशन होंगे। कल ताई की सौत शहर भर की स्त्रियों में रानी-सी बैठी होगी। उसकी पतोहू के मिजाज भी आसमान पर चढ़े होंगे। चार दिन में ब्याह होगा फिर पोते के आगे बच्चे होंगे, उनकी सौत—'राँड़ पड़दादी

बनेगी, सरग की सीढ़ी चढ़ेगी।'—अपने पति राजा साहब का ध्यान आया। ताई रोष और घृणा से भर उठीं। क्रूर आवेश ने उन्हें बैठने न दिया। किसुन गोदी में सो गया था। ताई ने लिहाफ को झटका दिया, किसुन जी गोदी से लुढ़ककर जाग गए। परन्तु ताई उठी नहीं, न उनका ध्यान ही बच्चे की तरफ गया। तारा की जल्दी-जल्दी उठनेवाली प्रसव-पीड़ा भी पार्श्व-गीत से अधिक इस समय ताई के चिन्तन में न समा सकी। वो नन्दो का ध्यान कर रही थीं। नन्दो उसकी सौत की कोठी और मसान में जंतर गाड़ तो आई ही होगी।'सतनरायन स्वामी करें कल संझा को जिस दम तिलक चढ़ रहा होय, निगोड़ा (सौत का पोता) कटे पेड़-सा गिर पड़े!'—रंग में भंग होगा, हाहाकार मच जाएगा; उसकी सौत कलेजा फाड़ कर डकरा उठेगी; छातियाँ कूटने लगेगी; उसके पति सिर पकड़ कर बैठ जाएँगे; कैसा हाहाकार मचेगा। ताई यह सब सोच-सोचकर हिंसक आह्लाद से भर उठीं। नींद गायब हो गई, पान की तलब लगी। ताई उठीं, सिरहाने रखी लालटेन की बत्ती ऊँची की। लालटेन पूजावाले दालान में रख आँगन में हाथ धोने के लिए आईं। तारा की प्रसव वेदना उन्हें निकट से सुनाई पड़ रही थी। जहाँ पानी रखा था, उसके बिलकुल पास ही एक बन्द दरवाजा था। यह दरवाजा तारा के घर की तरफ जाता था। ताई हाथ धोकर दरवाजे से कान लगाकर खड़ी हो गईं। उस दरवाजे के बाद तारा के घर की तरफ एक सँकरा गलियारा है जो तारा की रसोईवाले दालान में निकलता है। उसके बाद आँगन, फिर दालान और वो कमरा—यानी कान लगा कर खड़ी हुई ताई, अपनी कल्पना में अपनी किरायेदारिन तारा के पास तक पहुँच गईं, उसके पीड़ा-ग्रस्त चेहरे को देखने लगीं, हँसने लगीं, हजार कोसने सुनाने लगीं। नित्य-उर्वरा कल्पना से तारा के अन्त की बात सोचते-सोचते ताई पूजा-घर के दालान में आ गईं जहाँ उनका पानदान रखा था। किसन, ललिता, बिसाखा तीनों उनके पानदान के पास लालटेन को घेर कर बैठ गए। तीनों बच्चे लड्डू ऐसा मुँह लिए टुकुर-टुकुर ताई के पान लगाने को देख रहे थे। सफेद चमड़ी पर पीले काले धब्बों वाले तीन बिल्ली के बच्चे बड़े सुन्दर लग रहे थे—घृणा के तीव्र प्रवाहित नाले में बही जाती हुई ताई को इन बच्चों की एक झलक बड़ी भाई। उन्हें कहीं वही अभिमान हुआ जो उनकी सौत को अपने पोती-पोतों को देखकर होता है—"कैसे भोले बन के देख रहे हैं निगोड़े! जब हत्या करें हैं तब ये भोलापन नासपीटा दिखाई भी नहीं पड़े हैं!"

ताई पान धोने के लिए कटोरी में पानी लाई थीं, बिसाखा ने उसमें मुँह डाल दिया। ताई फिर चिढ़ कर अटारी पर चढ़ गईं। जब से बिल्ली के बच्चे आए हैं ताई का सारा धरम-करम दिन में सौ बार भ्रष्ट होता रहता है। बिल्ली के बच्चे घर में गन्दगी फैलाते हैं। ताई गालियाँ देती हुई उस गन्दगी को सौ बार साफ करती हैं। बिल्ली के बच्चे उनके रसोईघर में, पूजा-घर में, कहाँ नहीं जाते? चूहे खाकर पंजे से मुँह पोंछते हुए मस्ती के साथ वह ताई की गोदी में आकर बैठते हैं, वैष्णवी ताई उस समय इन अखाद्य खानेवाले ललिता-बिसाखा और किसुन के प्रति घृणा से भरी हुई बार-बार उन्हें अपने पास से दूर झटकारती हैं। बच्चे बार-बार पास आने का हठ करते हैं। हठ करके लाड़ लेना बिल्ली का विशेष गुण है। ताई उनसे हार जाती हैं। उन्हें हारकर बच्चों को अपनी गोदी में बिठाना ही पड़ता है। अखाद्य खाने वाले घृणित बिल्ली के बच्चे ताई के किसुन और ललिता-बिसाखा बनकर उनके हाथ में पड़ी हुई झुर्रियों को [illegible]ते हैं, अक्सर ताई का मुँह भी अपनी खुरदरी जीभ से चाटते हैं। उनके किसुन और ललिता-बिसाखा खेल-कूद में दौड़ते हुए कभी-कभी ठाकुरजी के सिंहासन पर भी छलाँग मार जाते हैं। पीतल-ताँबे और पत्थर से निर्मित ताई का ठाकुर परिवार तितर-बितर हो जाता है। ताई यह सब सहन करती हैं। बड़बड़ाते हुए दूसरी कटोरी में ताजा पानी लेने के लिए ताई फिर उठीं। तारा की करुण कराहें ताई के मन में पैंतालीस साल पहले की अपनी प्रथम और अन्तिम प्रसव पीड़ा की याद दिला गईं। ताई पान लगाती रहीं, सुनती रहीं। पान लगाया, चुटकी बजा कर कृष्णार्पण करते हुए मुँह में रखा; तमाखू की चुटकीली, 'जैसिरी किस्' कहकर

मुँह में रखी; हाथ धोए; शान्तिपूर्वक उठी, लालटेन ली; ठाकुरजी वाली कुठरिया में गई और भंडार घर से चाभी का गुच्छा निकाला।

बरसों बाद ताई की तरफ से आज हवेली के उस भाग का दरवाजा खुल रहा था जो इस समय तारा के अधिकार में था।

तीन-चार घंटे पहले सज्जन की कोठरी पर होने वाले आक्रमण से तारा के मन पर गहरी प्रतिक्रिया हुई थी। जब भीड़ के कुछ लोगों ने उसके मकान के दरवाजे धड़धड़ाए तो वह भय के मारे बर्फ हो गई थी। आज सुबह बड़ी पर जो आफत आई, दिन भर जो हंगामा मचता रहा उसने तारा, छोटी, वर्मा और शंकर को विशेष रूप से हिला दिया था। तारा पर बड़ी की दुर्गति की प्रतिक्रिया और भी गहरी हुई थी। उसे न जाने क्यों दिन भर अपने मन का चोर सताता रहा। चोर और कोई नहीं, प्रेम शब्द ही था। प्रेम करने के कारण बड़ी की दुर्दशा हुई। तारा को भी जीवन में दो पुरुषों के साथ प्रेमफल चखने का अवसर मिला है। उसने उस रस की अनुभूति पाई है। वह रसानुभूति—प्रेम शब्द का जादू—इस समय उसे केवल जाल और धोखा ही महसूस हो रहा था। पुरुष के प्रति मानो उसकी आस्था ही नहीं रही थी, किसी पुरुष को प्रेम करने का यह भयंकर दंड स्त्रियाँ नहीं दे सकतीं। पुरुष मनमाने तौर पर सब कुछ कर सकता है। उसकी चोरी पकड़े जाने पर भी उसका कोई कुछ नहीं बिगाड़ सकता। वर्मा यों तो बहुत अच्छे आदमी हैं; और तारा भी अब अभावहीन मन से अपने गृहिणी रूप को ही सर्वोपरि महत्त्व देती हुई पति के साथ सन्तुष्ट जीवन बिता रही है। पर आज 'न जाने क्यों' की आड़ में उसे दिन भर वह मुरादाबाद वाला डॉक्टर सताता रहा, जिसने उससे प्रेम किया और धोखा दिया था। दिन भर वह अपने भूतपूर्व प्रेमी को भय की तहों में लपेटती रही। वर्मा से आँख मिलाना भी उसे भार हो जाता था। यदि उसका दूसरा प्रेमी, जो अब उसका पति भी है, उसके पुराने प्रेम सम्बन्ध को जान जाए तो? यह 'तो' उसे सारा दिन खाता रहा है। जब से बड़ी उसके घर से विदा हुई, छोटी और शंकर भी चले गए, केवल वह और उसका पति ही घर में रहे, तब से वह अधिकतर गुमसुम ही रही है। अपने आधार के पास रहते हुए भी वह निराधार-सा अनुभव कर रही है। उसका विश्वास पुरुषमात्र से उठ गया है। वह इस समय प्रेमिका नहीं, पत्नी नहीं, केवल नारी है—नारी, जो पुरुष द्वारा सनातन काल से प्रताड़ित और शासित है; नारी, जो पुरुष की सन्तानों का भार ढोने के लिए मजबूर है!

तारा अपने पति की बाँह पर सिर रखकर सो रही थी। यह बाँह उसे इस समय अखर रही थी। पुरुष की देह का स्पर्श, उसकी गंध भी उसे अच्छी नहीं लग रही थी; फिर भी पति ने चूँकि आग्रहपूर्वक उसे अपने प्यार का स्पर्श देकर उसके भय-चंचल मन को सांत्वना देने का यथासाध्य प्रयत्न किया था, इसलिए वह उस बाँह से अपना सिर नहीं हटा सकती थी, पुरुष के स्पर्श से चौंकी हुई तारा अपने गाल पर हाथ रख कर सोते हुए पति को बर्दाश्त करने के लिए अपने आपको मजबूर मान रही थी। पुरुष इस समय उसके लिए प्रेम का प्रतीक नहीं, वरन् भय का संचारक था।

और तारा इस समय 'भय के संचारक' का स्पर्श भार ढो रही थी, उसका दिया हुआ मातृत्व भार ढो रही थी। उसे अपना सम्पूर्ण अस्तित्व लोहे के पिंजरे में कैद नजर आ रहा था। वह उस कैद से मुक्त होना चाहती थी; उसके लिए वह मन ही मन में तड़प रही थी। उसे अचानक ही दर्द शुरू हुआ—दर्द बर्दाश्त से बाहर होने लगा।

वर्मा जाग उठे। अपनी पत्नी का यह नूतन संकट उन्हें किंकर्तव्यविमूढ़ बनाने लगा। घर में यह पहला अनुभव था, दोनों में से एक को भी इन सब बातों का अनुभव नहीं था। अस्पताल में जगह रिजर्व करवा तो रखी थी, परन्तु इस समय उस रिजर्वेशन का लाभ किस तरह उठाया जाए, यह उनकी समझ में नहीं आ रहा था। सर्दी की रात है, पिछला पहर, उस समय उन्हें सवारी कहाँ

मिलेगी ? और सवारी यदि मिल भी जाए तो इस हालत में इक्के ताँगे या रिक्शे पर तारा को अस्पताल ले जाना उचित होगा ? किसी दाई को भी वे नहीं जानते। और कोई दिन होता तो वह शंकर के घर आवाज लगाता, परन्तु आज तो मुहल्ले में किसी से मदद माँगने की उन्हें हिम्मत ही नहीं हो रही थी। तारा दर्द के मारे बेचैन हुई चली जा रही थी। उन्हें ऐसा लगता था कि मानो उसका अन्तकाल आ गया। वर्मा उसकी हालत देख-देखकर घबराए चले जा रहे थे।

दर्द बढ़ते गए। वर्मा कुछ भी इन्तजाम न कर पाए। वे इस समय अपनी परिस्थिति पर झुँझला रहे थे। इसी शहर ही में वर्मा के माता-पिता रहते हैं, तारा के माता-पिता रहते हैं परन्तु वह किसी का भी सहयोग नहीं पा सकते। यह मुहल्ला भी अधिकतर उनके प्रेम-विवाह को घृणा की दृष्टि से देखता है। इस समय अपने प्रेम सम्बन्ध के प्रति समाज की घृणा से उनके मन में जो उत्तेजना हो रही थी, वह अपने प्रेम प्रतीक, अपने होने वाले बच्चे की माँ तारा के कष्ट को देखकर और भी अधिक बढ़ रही थी। तारा की प्राण रक्षा के लिए वह बावले हो उठे थे। तारा उन्हें अपने पास से हटने नहीं देना चाहती थी, परन्तु वर्मा हठपूर्वक दाई को कहीं से ढूँढ़ कर लाने के लिए कपड़े पहन कर कमरे से बाहर निकले। दालान में आए ही थे कि सामने, आँगन के उस पार रसोई वाले दालान में वह गलिहारा, जिसके अगले हिस्से में जलाने की लकड़ियाँ रखी रहती हैं इस समय एक मन्द प्रकाश से आलोकित हो रहा था। एक आकृति क्रमशः इस ओर बढ़ती चली आ रही थी। आकृति रसोई वाले दालान में आ गई। आकृति स्त्री जैसी है—सफेद कपड़े पहने—चुड़ैल जैसी ! इस घर में भूतों का बासा माना भी जाता है। दिन भर का डर, इस समय का डर जुड़ कर आती हुई ताई को केवल प्रेत के रूप में ही देख सका। वर्मा के हाथ पैर फूल गए। घिग्घी बँधने लगी—और वह घिग्घी मुक्त कंठ की चीख बन गई। वर्मा दालान में कटे पेड़ की तरह गिर कर बेहोश हो गए।

पति की चीख ने कमरे के अन्दर दर्द से विवश तारा को भय के कुएँ में ढकेल दिया। पति की चीख का कारण जानने का हौसला, उसके बिस्तर से न उठ पाने के कारण इस समय न जाग सका; पति की चीख उसके अन्दर भय को उभार गई। उसका कलेजा उछला, गर्भ के जीव में भी उथल-पुथल हुई—और उसका दिल डूबने लगा। तारा बिना कुछ कहे-सोचे या प्रयत्न किए अपने आपको यमराज के हाथों में विवश-सी समर्पित करने लगी। उसका दिल डूबा; वह बेहोश हो गई।

ताई जल्दी-जल्दी आँगन पार कर उस दालान में आईं, वहाँ सोफे के पास वर्मा बेहोश पड़े थे। क्षण भर उन्हें देखने के लिए ठिठकीं, फिर कमरे के अन्दर चली गई। तारा की दशा देखकर उनके शरीर में बिजली दौड़ गई। उनका दिमाग बड़े सधाव के साथ परिस्थिति से जूझने के लिए आगे बढ़ा। अकेले दम, कमजोर शरीर होने पर भी ताई अपने साहस से जग जीत गईं।

वर्मा जब होश में आए, उठकर कमरे में आए। ताई तारा को प्रजनन करा रही थीं। उन्होंने वर्मा को बड़ी जोर से डाँटकर भगा दिया। वर्मा को ताई का दैवी सहायता के रूप में यहाँ आना अब भी अकल्पनीय-सा ही लग रहा था। फिर भी वे अब अपने अन्दर बल पा रहे थे। ताई ने उन्हें अन्दर से ही पानी गर्म करने की आज्ञा दी, चाकू लाने को कहा, वर्मा चुपचाप उनकी आज्ञा का पालन करते रहे। रसोईघर वाले दालान में स्टोव जलाने का उपक्रम करते हुए उन्होंने अपने घर में नवागंतुक की अचानक अजीब-सी लगने वाली पहली 'कुवाँ-कुवाँ' सुनी—उनका मन सिहरन से भर उठा। साथ ही उनके मन में तारा के जीवन की ओर से भय का संचार हुआ। स्टोव जलाना भूल वर्मा दौड़े हुए कमरे के दरवाजे तक आए, ताई के भय से ठिठक गए। पहले हिम्मत न पड़ी, फिर वहीं से खड़े-खड़े पूछा—"ताई जी, क्या हुआ ?"

ताई बड़ी जोर से झुंझला पड़ीं—"अरे पानी गरम किया है कि नहीं ? बाप बना है निगोड़ा !"

वर्माजी फिर कुछ पूछने की हिम्मत न कर सके। उल्टे पैरों लौट चले। वैसे ही अन्दर से फिर ताई ने आवाज दी—"अरे दसमूल है कि नहीं घर में ?" वर्मा समझ ही न सके कि दसमूल क्या

बला है! ताई से पूछने की हिम्मत न होती थी, फिर भी डरते-डरते पूछा। औषध है—यह जानकर घर में उसका न होना ताई को जतलाते हुए उन्हें ऐसा भी महसूस होने लगा कि जो नैय्या तूफानी दरिया की बीच धार से किनारे पर आ लगी थी, वह अब फिर दशमूल न होने के कारण भँवर में पड़कर डूबने वाली है—''मैं अभी बाजार से लाता हूँ।''

''बाजार में इस बखत तेरे बाप की दुकान खुली होगी?''

''मैं दुकानदार को जगा लूँगा!''

''जगावेगा निगोड़ा! अब बऊ की ऐसी हालत थी तो दिन भर तू क्या सोता रहा था वो सब इन्तजाम नहीं किया? चल-चल, जल्दी कर! हींग है कि नहीं घर में?''

वर्मा जी दौड़े हुए गए, मसालदान में खोज कर हींग की डिबिया निकाल लाए फिर ताई को आवाज लगाई—जरा सी हींग देखकर ताई और झुँझलाईं; आप सौरी में थीं, इसलिए वर्मा को ही अपने घर के मसालदान का पता बतलाया, अपने ठाकुर जी की कोठरी में टाँड़ पर रखे हुए कुल्हड़-सकोरों का पता बतलाया; मुट्ठी भर हींग और एक सकोरा लाने की आज्ञा दी। पानी अब तक गर्म न होने पर वर्मा को गालियाँ सुनाईं। वर्मा ताई की कटु वाणी से क्षुब्ध होकर भी अपनी गरज के बावले बने दौड़-दौड़ कर सब काम करते रहे। व्यवस्था में विलम्ब तो हो ही गया था। इस विलम्ब के लिए उन्हें और उनकी पत्नी के पढ़े-लिखेपन को ताई से सैकड़ों बातें सुननी पड़ीं।

ताई ने जच्चा-बच्चा की सफाई की। दशमूल के काढ़े के अभाव में सकोरे का छौंक देकर हींग का काढ़ा तारा को पिलाया, उसके पेट में सकोरा बाँधा। जमीन खोद कर बच्चे की नाल गाड़ी और बड़बड़ाहट की अनवरत धारा में बहते हुए सब कामों से निश्चिंत होकर घर जाने से पहले एक बार पलंग के निकट आकर बच्चे को झुक कर भरी नजर देखती रहीं। बच्चा सो रहा था। ताई को लगा बालमुकुंदे सो रहे हैं। उसके सिर पर हाथ फेर, तारा को दो-चार आदेश देकर ताई निबटने नहाने चलीं। कमरे के बाहर दालान में वर्मा थकान से चूर सोफे पर निढाल-से बैठे हुए थे। अभी तक उन्हें यह ही मालूम न हुआ था कि वे लड़की के पिता बने हैं या लड़के के।

ताई बाहर आईं। वर्मा उन्हें देखते ही खड़े हो गए। ताई ठिठकीं; उन्हें देखकर उनके रुखे कठोर चेहरे पर मुस्कान की रेखा खिंच गई, बोलीं—''खड़ा क्या है रे, थाली बजा, थाली!''

वर्मा कुछ समझ न पाए; ताई ने लड़का होने का शुभ संवाद सुनाया और गोकुलद्वारे से लौट कर दुबारा आने का वचन दे अपने घर की ओर चलीं। रसोईघर की दालान में सकड़ा गलियारा अब भी ताई के घर में चौखट के पास रखी हुई लालटेन की मद्धिम रोशनी से टिमटिमा रहा था। वर्मा ताई को गलियारे में जाते हुए देखते रहे। जाती हुई ताई उन्हें प्रेत ऐसी नहीं, वरन् देवी लग रही थीं।

ताई को अपनी चौखट पर किसुन और ललिता-बिसाखा एक पंक्ति में सटकर बैठे हुए दिखाई दिए। ताई उन्हें घर चलने के लिए झिड़कने लगीं।

अपने कमरे के अन्दर जाते हुए वर्मा के कदम उस झिड़की से ठिठके। फिर आवाज लगाई—''तारा!''

''आ जाइए!''—तारा की कमजोर मगर मीठी आवाज ने आमंत्रण देकर वर्मा को उत्साह से भर दिया।

सोते हुए बच्चे को तन्मय होकर देखते हुए नए-नए माता-पिता ने जब एक दूसरे की आँखों में आँखें डालीं, तब दोनों ने महसूस किया कि दोनों का दोनों के प्रति अब तक का जो आकर्षण भाव था, वह बदल चुका था, दोनों का नाता बदल चुका था—अब स्त्री के लिए पुरुष और पुरुष के लिए स्त्री पारस्परिक यौन आकर्षण का केन्द्र नहीं रह गया; दोनों की दृष्टि से इस समय वह भाव गायब हो चुका था। आकर्षण केन्द्र था शिशु; तारा और वर्मा एक दूसरे को अब माता और पिता के रूप में आकर्षक लग रहे थे।

पलंग की पाटी से सट कर कारपेट की आराम-कुर्सी पर बैठे हुए, अपने बीच में सोनेवाले नए जीव की ओर बार-बार नजर डाल कर वे दोनों बड़ी देर तक बातें करते रहे। बातों में अधिकतर ताई की चर्चा ही रही—आज उन्होंने ताई के अकल्पनीय रूप के दर्शन किए थे मानो उन्हें अब भी विश्वास नहीं हो रहा था कि उनके ऊपर तरह-तरह के टोने-टोटके करनेवाली, उनसे शत्रुता रखनेवाली घृणामयी ताई ही आकर उन्हें इस संकट से उबार गईं। यह निष्काम सेवा, पराए के लिए यह प्रेम-भाव, ताई में सहसा कहाँ से उत्पन्न हो गया, यह बात उनके लिए एक रहस्य ही बनी रही। घृणामयी ताई उनकी दृष्टि में इस समय देवी थीं—रहस्यमयी देवी थीं!

उस समय गोकुलद्वारे जाती हुई ताई राह-चलतों की छेड़ पर सब के लिए मरो रे, फुँको रे, हैजा हो, कीड़े पड़ें—के आशीर्वाद लुटाती, आवेश में खड़ी हो कर गली को अपनी लाठी से पीट रही थीं।

40

कन्या और सज्जन आज सुबह ही मथुरा से लौटे हैं। स्टेशन पर सज्जन ने कन्या से बड़ा आग्रह किया कि वह उसके साथ उसकी कोठी पर चले परन्तु कन्या न मानी।

कर्नल भाई साहब बुरा मान जाएँगे, यह उसकी दलील थी। सज्जन ने भी अपने आग्रह को अधिक दूर तक बढ़ाना उचित न समझा। चार दिनों तक प्राय: चौबीसों घंटे कन्या के साथ रह कर नए तौर पर सज्जन इतना तो अच्छी तरह समझ ही गया है कि कन्या को उसकी इच्छा के विरुद्ध वश में करना आसन काम नहीं। कन्या अन्य आधुनिकाओं से न्यारी है। वह प्राय: वैसी ही हठीली है जैसी कि सज्जन की माँ थी। सज्जन इन पिछले चार दिनों में कन्या को पाने के लिए बहुत मचला, उससे दूर भागने के लिए भी बहुत तड़पा—परन्तु उसका हठ दोनों छोरों पर कन्या के हठ के आगे बार-बार परास्त हुआ है। यह पराजय उसे जय पाने के लिए बहुत उत्तेजित कर रही है—सज्जन अपनी इसी उत्तेजना को मन में दबा-दबा कर कन्या के सामने सभ्य और सुसंस्कृत बने रहने के लिए इस समय अत्यधिक प्रयत्नशील है। वह अपनी उस बर्बरता का कलंक मिटाना चाहता है जिसका परिचय कन्या पा चुकी है। वह कन्या का हृदय जीतना ही चाहता है—उसकी देह जीतने के लिए ही हृदय जीतना चाहता है।...और कल ही की बात है सुन्दरता का नाश करने वाले बर्बरों पर जब सज्जन ने रिमार्क कसा था तो कन्या गहरी अर्थभरी दृष्टि से उसे देखकर बोली थी—अपनी इस बात को कभी भूल न जाना! सज्जन अपने ही से पराजित, इस बात को न भूलने के लिए तब से ही प्रयत्नशील है। उसने उसके बाद कन्या को छोड़ना तो दूर किसी प्रकार का साधारण मजाक भी नहीं किया। ट्रेन में भी वह कन्या को अजंता, आबू, एलोरा, खजुराहो या चिदम्बरम, मदुरा आदि की सुन्दर शिल्प-कला का बखान सुनाता रहा; संयोगवश दो बर्थों का अकेला कम्पार्टमेंट पाने पर भी सज्जन ने बड़े जब्त के साथ वह सौन्दर्य चर्चा की। उसने कन्या के सामने अपना इतना सुन्दर प्रदर्शन किया कि जब वह ऊपर की बर्थ पर सोने गया तो उसका मन बुरी तरह थक चुका था।

आज सुबह स्टेशन पर कन्या ने जब उसके साथ उसकी कोठी पर चलने के लिए नाही कर दी तब वह मन ही मन क्षुब्ध हो कर भी जाहिरा तौर पर 'ऐज यू लाइक' (जैसा तुम चाहो) वाली सभ्य मुद्रा में कलाकारोचित मस्ती का ढोंग करता रहा।

मथुरा से तार दे दिया गया था, इसलिए स्टेशन पर उसका ड्राइवर कार लेकर आ गया था। कन्या को पहुँचाने के लिए सज्जन कर्नल के दवाखाने पर गया। संयोगवश कर्नल महाशय उस समय लाला जानकीसरन के साथ अपनी दुकान के पीछे वाले कमरे में बैठे हुए थे। सज्जन की कोठरी पर पिछले रात के हमले की खबर ने कर्नल को इस समय अत्यधिक तपा दिया था। लूट की खबर के साथ ही साथ लाला जानकीसरन मुहल्ले में होनेवाली चित्रकला प्रदर्शनी के आयोजन की चर्चा

चलाने भी उसके पास आए थे। कर्नल ने पूरी दुनियादारी के साथ लाला जानकीसरन को उचित उत्तर दे दिया था। लाला जानकीसरन जा ही रहे थे—उस समय सज्जन और कन्या वहाँ पहुँचे।

दोनों को देखकर कर्नल का चेहरा खिल उठा। लाला जानकीसरन की नजरों में इस जुगल जोड़ी को देखकर अर्थ भरी, छिछोरेपन भरी चमक आई।

कर्नल ने अपने नौकर को आवाज लगाई—"भोले, गाड़ी से बिन्नो का सामान उठाकर ऊपर पहुँचाओ।" लाला जानकीसरन ने सज्जन से कहा—"अम्माँ, कहाँ गायब हो गए थे छैल-बिहारी? मालूम है, दो दिन रह गए हैं नुमाइस के। और हमने ऐसी इस्तहारबाजी की है कि चारों अलंग धूम मच गई है तुम्हारी।"

सज्जन को बड़ा बुरा लगा। अपने को रोकने का प्रयत्न करते हुए भी उससे न रहा गया, बोला—"जी हाँ, कल मथुरा में, और तमाम रास्ते भर लोग मुझसे यही कहते आए हैं कि लाला जी ने आपकी बड़ी धूम मचाई है!"

लाला जानकीसरन कट गए। कर्नल हँस पड़ा, कहने लगा—"और कुछ सुनिएगा। लालाजी? सज्जन, इतनी देर से ये बार-बार मुझसे भी यही कह रहे थे कि बड़ी धूम मचाई है और अगर तुम न आए तो इनकी और सालिगराम की बड़ी किरकिरी हो जाएगी।"

सज्जन कुछ झुँझलाकर बोला—'पचास तो तस्वीरें लगेंगी और उसके लिए हुल्लड़ इतना कि मानो आप ऑल-इंडिया-एग्जिबीशन करने जा रहे हैं।"

"नहीं भइया, बात ये है कि सालिगराम ने 'हर इक्सीलिंसी' और सब बड़े-बड़े लोगों को तुम्हारी तरफ से निमंतरन भेज दिया हैगा—"

लाला जानकीसरन की बात काटकर कर्नल ने अर्थसूचक सिर हिलाते हुए कहा—"हाँ, धूमधाम तो आपने सब हमारी तरफ से ही की है, हमारे भले के लिए ही की है!"

लाला जानकीसरन यह समझते हुए भी कि कर्नल ने बात की आड़ में चोट की है, उसे नजरन्दाज करते हुए बोले—"हाँ भइया, अब जिम्मेदारी तो तुम समझ लो कि हमारी थी ही। अरे भई, सज्जन लाख अपने हों, हम इनके साथ कैसा भी बर्ताव कर लें, मगर अब हम लोग ये थोड़ी भूल सकते हैं कि ये इतने परसिद्ध कलाकार हैं। सज्जन के नाम की लाज तो हमें रखनी ही थी। सालिगराम बेचारे 'हर इक्सीलेंसी' के पास भी दौड़े गए और उनको ओपनिंग सरमनी के लिए राजी भी कर लिया है।" —बात करते-करते उन्होंने देखा कि सज्जन पर गवर्नर की बीवी का रौब भी नहीं पड़ सका। वे मन ही मन भुन्ना गए। बोले—"अच्छा तो भाई, अब तुम जानो और तुम्हारा काम जाने, हम लोगों से जो सेवा बन पड़ी, कर दी। कल रात सालिगराम बेचारे गली में गिर पड़े सो उनके पैर की हड्डी टूट गई है—"

सज्जन ने तुरन्त 'च्-च्-च्' कर कहा—"अरे कैसे गिर गए?" लाला जानकीसरन मुस्कराए, बोले—"सुना तो यह है भाई कि तुम्हारी मकान-मालकिन ने उन पर कोई जादू-टोना किया था।"

सज्जन हँस पड़ा, बोला—"क्यों, क्यों? उन्हें सालिगराम से—"

"अब तुम आए हो, जरा सुस्ता-उस्ता लो तो कर्नल बतलाएँगे सब तुम्हें हाल! अच्छा भाई, चले! राजासाहब के यहाँ जाना है—"

"क्यों, क्यों?"

"अरे, आज टीके की दावत है भाई—"

"हाँ-हाँ, मैं तो भूल ही गया था।"—सज्जन ने कहा।

"आजकल तुम जाने कौन से खियालातों में रहते हो कि अपने को बिलकुल ही भूल जाते हो। अच्छा भई, चलें कर्नल! जै राम जी की!" बाहर जाते हुए लाला जानकीसरन से सज्जन ने कहा—"राजासाहब से कह दीजिएगा कि मैं अभी हाजिर होता हूँ!"

"हाँ भाई अब तुम लोग अभी से न आओगे तो वहाँ इन्तजाम कैसे होगा। चार-पाँच हजार आदमियों की जाफत है, गवड्नर, मिनिस्टर, ये लोग भी सब आ रहे हैं। चार तायफों का नाच है, फिलिम-स्टारों का गाना और नाच औ' कलकत्ते के, मदरास तक के नाच वाले बुलाए हैं। खाली महफिल-महफिल के लिए ही साठ हजार रुपए का चिट्ठा बना है कर्नल!"

"हाँ-हाँ भई, ये राजा साहब के यहाँ की महफिल है, खूब जशन रहेगा!"

लाला जानकीसरन के जाने के बाद इधर-उधर की बातें होने लगीं। कर्नल ने कन्या से कहा—"तुम्हारे मथुरा जाने से बड़ा काम बन गया बिन्नो, अब आज ही तुम्हारे बाप को गिरफ्तार कराता हूँ औ सालिगराम की वो नकनकी बजवा दूँगा कि याद करेंगे बेटा, कर्नल से पाला पड़ा था।"

सालिगराम का प्रसंग छिड़ जाने पर उनकी टाँग टूटने और ताई के टोटके के सम्बन्ध में भी बात चली। कर्नल एकदम से गम्भीर हो गया। उसे सज्जन को पिछले दिन का सारा हाल और पिछली रात की लूट का सारा ब्योरा देना ही पड़ा। सुनकर सज्जन और कन्या दोनों के ही चेहरे तमतमा उठे। सज्जन ने निश्चय किया कि घर जाने से पहले वह एक बार अपनी कोठरी की दशा देखने जाएगा।

अपनी 'प्रयोग-चित्रशाला' का यह ध्वस्त रूप देखकर सज्जन अपना आपा खो बैठा। वह कोठरी ऐसी लगती थी मानो कत्ल की हुई लाश पड़ी हो। तस्वीरों के कुछ फटे हुए टुकड़े इधर-उधर बिखरे पड़े थे। एक कोने में अधजली छोटी मेज अपनी दो साबुत टाँगों पर कंगारू की तरह खड़ी हुई थी। सुराही के टुकड़े, तस्वीरों में लगे टूटे काँच के टुकड़े जो ताई बटोर कर एक कोने में लगा गई थीं उसे अपने रोम-रोम चुभते हुए महसूस हुए। गद्दे की रूई आँतों की तरह बाहर निकल पड़ी थी—एक चीज भी तो साबुत न बची थी! सज्जन, कन्या और कर्नल तीनों बड़ी देर तक चुपचाप खड़े रहे। सज्जन की आँखें यों निकली पड़ रही थीं मानो दो पिस्तौलें हों जिनसे गोलियाँ छूटने ही वाली हैं।

कन्या को सज्जन का मौन उग्र रूप डराने लगा। सज्जन को अपने ही क्रोध की जलन से बचाने के लिए, कुछ कहने के लिए वह वाक्य और शब्द खोज रही थी, परन्तु उसने अपने को असमर्थ-सा पाया। यह छोटा-सा कमरा उसके नूतन संसार का प्रवेश-कक्ष था। यहाँ पहली बार वह सज्जन के निकट आई थी। उसे वह दिन याद आ रहा था जब दैनिक 'नवजीवन' में नौकरी पा लेने के बाद महावीर जी का प्रसाद लेकर वह यहाँ आई थी, उसने सज्जन को महावीर जी का टीका लगाया था, पहली बार 'तुम' कहा था और झिझक की झिर्रियों से झाँकना छोड़ अपने मन के कपाट खोल वह सज्जन के अति निकट आई थी। उसे ध्यान आया—उस दिन सामने ही ईजल पर सत्यनारायण की कथा का चित्रा रखा हुआ था; बाहर छत पर कहाकवि बोर बैठे थे, डॉक्टर शीला स्विंग आई थीं, चाय बनी...कैसा अच्छा था वह दिन? कितना सुन्दर लग रहा था ये कमरा? उस सुन्दरता को आज इस प्रकार ध्वस्त देखकर उसे सचमुच ही बड़ी कसमसाहट हो रही थी। पिछले दिन की बातें याद आ गईं। उसने कहा—"तुम्हारी बात सच है—"

सज्जन ने धीरे से उसकी ओर गर्दन घुमाई; कर्नल भी देखने लगे; कन्या बोली—"दुनिया सदा ऐसे आदमियों से भरी रही है जो सुन्दरता से सही तौर पर प्रभावित होकर, उसके प्रति श्रद्धालु होने के बजाय उसका नाश करने में भी आनन्द का अनुभव करते हैं। मथुरा नष्ट करने वाले ऐतिहासिक लुटेरों से वे लोग किसी तरह भी कम बर्बर नहीं जिन्होंने तुम्हारी सुन्दर तस्वीरों का नाश किया है!"

कर्नल बोला—"अजी, मैं तो पहले ही कहता था। गली-मुहल्ले अब शरीफों के रहने के काबिल नहीं रह गए। इनमें जाहिलों की बस्ती बसी है। सज्जन इनके मन की सुन्दरता देखने आया था—देख ली सुन्दरता?"

सज्जन तपे हुए स्वर में बोला—''यहाँ के लोग अगर समझते हों कि मैं इससे डरकर यह कमरा छोड़ दूँगा तो गलत है। मैं यहीं रहूँगा। मैं इन मूर्खों की बर्बरता से लोहा लूँगा। हूश कहीं के! ये—ये—ये—अजंता-ऐलोरा के देश के रहनेवाले हैं? जी चाहता है इन असभ्यों के मुँह पर तेजाब छिड़क कर इन्हें जला दूँ!''

''बच्चों जैसी बातें करते हो, जला सकोगे? इतने संगदिल बन सकोगे?''—कन्या की बात सुनकर सज्जन ने एक ठंडी साँस छोड़ी।

कर्नल ने कहा—''मेरी राय में अब तुम अपनी एक्जीबीशन कैंसल कर दो सज्जन, यहाँ वाले तुमसे खार खाए बैठे हैं। उस दिन अगर कोई दुर्घटना हो गई तो ठीक न होगा। 'हर एक्सीलेंसी' आ रही हैं—बड़े-बड़े लोग आ रहे हैं, उनके सामने तुम्हारी किरकिरी हो जाएगी।''

कन्या बोली—''नहीं भाई साहब, नुमाइश अवश्य हो। यह मनुष्य का दोष नहीं, उसकी सीमाओं का परिचायक है। प्रदर्शनी यहाँ वालों के लिए शिक्षा प्रसार का माध्यम हो, तभी सज्जन के यहाँ आने का उद्देश्य पूरा होगा।''

सज्जन तमतमाकर बोला—''मैं यहीं रहूँगा! मैं इन कमबख्तों की छाती पर मूँग दलूँगा! इस रीऐक्शनरी एलीमेंट से डरकर भागना सज्जन ने नहीं जाना!''

छत पर ताई एक पोटली लिए आती दिखलाई दीं, कन्या ने उन्हें देखकर हाथ जोड़े। ताई ने जवाब न दिया, केवल उसकी ओर घूर कर देखने लगीं। उन्होंने सज्जन को पोटली देते हुए कहा—''कन्नोमल के पोते, ये तुम्हारी तस्वीरें हैंगी। लेई बना दूँगी आज, सो सब जोड़ लेना।''

क्रोध का प्रबल ज्वार मन के सागर-तट से तुरन्त पीछे हट गया। ताई की यह बात उसके मन में हास्य उमगाते हुए उसे स्पर्श कर गई। ताई की ममता महाप्रलय में मनु की नाव की तरह रक्षा करने आई थी। सज्जन ने पोटली ले ली। ताई हमलावरों को कोसती हुई कहने लगी—''जिन्ने-जिन्ने तेरा नुस्कान किया हैगा वे सब के सब आठ रोज के अन्दर निर्बन्स हो जामेंगे निगोड़े! औ तू अब इस कमरे में अपना समान न रखना। मेरी मर्दानी कोठी में बैठा कर!''

ताई को अच्छी न लगने पर भी कन्या ताई की अच्छाई पर मुग्ध हो रही थी। ताई बोली—''ये भभूती का बेटा निगोड़ा—मैं जानूँ हूँ इसी ने ये सब करम करवाया हैगा! मरे की बीबी उसका मूँ काला कर गई ना? अरे, अभी उसकी मय्या-भैन सब उसके मूँ पै कालिख लगाएँगी। जो मेरे किरायेदारों को सतावैगा उसका बंस नास कर देगी!'' ताई देर तक बड़बड़ाती रहीं। बीच-बीच में कोसते हुए कई मंत्र भी पढ़ डाले। उनके आगे कोई कुछ न बोला। सज्जन का क्रोध ताई की बात सुन-सुन कर काफूर हो रहा था। वह बोला—''ताई जी, घबराइए मत, मैं इससे भी अच्छी-अच्छी तस्वीरें बना लूँगा।''

''वहीं मर्दानी कोठी में बैठ के बनाना! अब यहाँ तुझे नहीं रहने दूँगी''—कहते-कहते एकाएक उन्होंने कर्नल और कन्या को घूर-घूर कर देखा और उनसे बोलीं—''तुम लोग बाहर जाओ! जाओ!''

कन्या फौरन ही बाहर चली गई। कर्नल को बड़ा बुरा लगा। वह कुछ कहने ही जा रहा था कि सज्जन ने उसका हाथ दबा दिया—कर्नल भी बाहर चला गया। ताई सज्जन के बिलकुल नजदीक आकर धीरे से बोली—देख कन्नोमल के पोते, तू ब्याह कर ले अब। तेरी बऊ को सौ तोला सोना चढ़ाऊँगी। कौन है ये राँड? बेसरम कहीं की! मर्दों के साथ मूँड़ खोले घूमे है!''

सज्जन को इस समय ताई के सामने उस तरह कन्या के लिए झूठ बोलने की इच्छा न हुई जैसे पिछली बार उसने कहा था। उस मजाक को आगे न बढ़ा कर सज्जन ने साफ-साफ कहा—''ताई जी, ये बहुत अच्छी स्त्री है। अगर आप मुझे हवेली में रखेंगी तो ये भी आएँगी।'' ताई ने फिर कुछ न कहा। एक क्षण आँखों में आँखें डालकर वे देखती रहीं—''कलजुग आ गया है मरा!...ये

भी आवैगी—आवे निगोड़ी, आवै अपने खसम के साथ रहे मुझे क्या करना! अपनी तरफ के दरवज्जे बन्द रखूँगी!'' ताई फिर कमरे में न रुकीं। जैसे सुट्टमार आई थीं, वैसे चली भी गईं।

41

शाहनजफ रोड पर राजाबहादुर सर द्वारकादास अग्रवाल की 'गोविंद-कुटी' नई परिणीता की भाँति सजी हुई थी। आलीशान कोठी का इंच-इंच बिजली के रंगीन बल्बों की तिरंगी लड़ियों से मढ़ा हुआ था। कोठी के ऊपर वाले गुम्बद के सामने विद्युत-वसना भारतमाता हाथ में तिरंगा-ध्वज लिए खड़ी थीं जिसके बीच में बना हुआ अशोक चक्र घूम रहा था। कम्पाउंड के बाहर सड़क पर फाटक के दोनों ओर काफी दूर तक मोटरें ही मोटरें नजर आ रही थीं। पुलिसमैन ट्रैफिक का इन्तजाम कर रहे थे। फाटक पर प्लाई-वुड का विशाल तोरण-द्वार बनाया गया था। उसके ऊपर जयपुरी छतरी में शहनाई बज रही थी। तोरण-द्वार पर उत्तम कोटि की चित्रकारी की गई थी। बड़े कम्पाउंड में चारों ओर चहल-पहल थी। फौव्वारा, पेड़ों की पाँतें तो बिजली से चमचमा ही रही थीं, इनके अतिरिक्त विशुद्ध बिजली के झाड़ भी राजा बहादुर की शक्ति पर जगमगा कर इन्द्र के वैभव को लजा रहे थे। इंतजामकारों की भाग-दौड़, बिजली की गति से भी अधिक तीव्र थीं; हर इन्तजामकार अपने आप को इस समय राजासाहब के उत्तराधिकारी जैसा ही रोबीला और महत्त्वपूर्ण जँच रहा था नौकर-चाकर किसी की कान पड़ी बात न सुनते हुए अपने ही मन का काम करने में व्यस्त थे। हुल्लड़ की गूँज ही इस समय कोठी का प्राण थी। गायक-गायिकाओं का संगीत-स्व उस प्राण को कलामय बना रहा था।

राजा बहादुर ने पोते के टीके के इस स्वर्ण अवसर को वैभव तिलक की तरह अपने बाप के नाम पर बनाई हुई 'कुटी' के भाल पर लगाया था। गोविंद कुटी की तिरंगी आभा उनके राष्ट्र-प्रेम का परिचायक थी। आज की महफिल में दो प्रदेशों के गवर्नर, तीन केन्द्रीय-मंत्री, सारे प्रादेशिक-मंत्री, उपमंत्री अनेक पुराने ताल्लुकदार और बड़े-बड़े रईस उपस्थित थे। डॉक्टर, बैरिस्टर, सम्पादक, प्रोफेसर, मँझोले, रईस और बिरादरी के लोग इन महफिली गुलाबों के गुलदस्ते में सुतली की तरह चारों ओर लिपटे हुए थे; ढाई-तीन हजार आदमियों का मजमा था।

सज्जन को बड़े लोगों का इन्तजामकार बनाया था। दो बड़े-बड़े हॉलों में मंच सजा कर विभिन्न प्रोग्राम रखे गए थे। कोठी के बाहर पीछे वाले लॉन में शामियाना-कनात लगा हुआ था। उसमें तवायफ का मुजरा हो रहा था। प्रत्येक प्रतिष्ठित मेहमान को सज्जन एक छपा हुआ पर्चा पेश करता चलता था—उसमें आज का प्रोग्राम छपा हुआ था। एक हॉल में फिल्म के दो प्रसिद्ध प्लेबैक सिंगरों का प्रोग्राम था। दक्षिण की एक फिल्म स्टार नाचने के लिए बुलाई गई थी। दूसरे हॉल में शास्त्रीय-संगीत के कुछ प्रमुख गवैयों-बजैयों का प्रोग्राम चल रहा था। एक कमरे में प्रसिद्ध जादूगर, किसी 'बगलोल पाशा' के करिश्मे दिखलाए जा रहे थे; ठीक उसके सामने वाले कमरे में कवि-सम्मेलन का आयोजन था; और बाहर शामियाने में पतुरिया तो नाच ही रही थी। अपनी-अपनी रुचि के अनुकल विभिन्न प्रोग्रामों में भाग लेने का काम स्वयं मेहमानों पर ही छोड़ दिया गया था। नेतागण विशेष रूप से शास्त्रीय हॉल में एकत्र होकर, अपनी राष्ट्रीय-संस्कृति-प्रेम का परिचय देते हुए सफेद टोपियों से मंडित मूड़ियाँ हिला रहे थे। कुछ रईस लोग उनका साथ दे रहे थे। बाकी भीड़ फिल्मी प्लेबैक स्टारों के प्रोग्राम में टूटी पड़ रही थी। साधारण जनता इन दोनों प्रोग्रामों में भाग लेने से वंचित रखी गई थी। उनके लिए शहर की मामूली नाचने-गाने वालियों के मुजरे और बगलोलपाशा के जादू के अलावा फीसखोर कवियों का अखाड़ा भी था।

शास्त्रीय हॉल के बाहर खड़े हुए सज्जन के पास आकर महिपाल ने कहा—''अमाँ, तुम भी किसके चक्कर में पड़े हो? कहीं बैठो चलकर!''

सज्जन मुस्कुराकर बोला—''नहीं यार, राजा साहब नाराज हो जाएँगे।''

''अजी होने दो! ये महफिल है कि चोचों का मुरब्बा! इतने प्रोग्राम्स लादकर सब कलाकारों के गलों पर छुरी फेंक दी गई है। कोई भी ध्यान से अपना मनोरंजन नहीं कर पा रहा है।''

''तो अपना मनोरंजन करने के लिए लोग थोड़े ही यहाँ बुलाए गए हैं!—''

''ठीक कहते हो यार, भीड़ को उल्लू बनाया गया है—और भीड़ से अधिक भाग लेने वाले कलाकार उल्लू बने हैं!'' फिर एकाएक हँसकर महिपाल ने कहा—''अभी एक उस्ताद जी झींक रहे थे कि फिल्मी गवैयों को बुलाकर राजा साहब ने शास्त्रीय संगीत का रस ही भंग कर दिया। उस हाल से उठनेवाला शोर यहाँ अच्छे-अच्छे शेर की तरह दहाड़नेवाले संगीताचार्यों की बधिया बैठाए दे रहा है। मुझे उनके रोने पर मजा आ गया।''

सज्जन बोला—''इस महफिल में नए किस्म के भाँड़ भी बुलाए गए हैं—तुम्हें नहीं मालूम?''

''कौन?—प्रोग्राम में तो उनका जिक्र नहीं।''

''वाह, यह तीसरा आइटम देखो न''—सज्जन ने कवि सम्मेलन पर उँगली रखते हुए कहा।

महिपाल सभ्यता और शिष्टाचार भूलकर बड़ी जोर से खिलखिलाकर हँस पड़ा। सज्जन दबे-दबे स्वर में उसे डाँटते हुए बोला—''क्या कर रहे हो यार! कोई देखेगा तो क्या समझेगा?''

हँसी पर धीरे-धीरे ब्रेक लगाते हुए महिपाल ने कहा—''खातिरजमा रखो, यहाँ एक भी समझदार नहीं! आओ यार, चलो देख आवें, इन नए भाँड़ों में कौन-कौन से ईश और इन्द्र आए हैं!''

''अजी, पूछो मत! अभी तरंग जी मेरे पास आए थे, शिकायत कर रहे थे कि यहाँ बुलाकर कवियों का बड़ा अपमान किया गया। कहने लगे—हम तो समझे थे कि गवर्नरों-मिनिस्टरों को कविताएँ सुनाएँगे मगर उन्हें इसका मौका ही नहीं दिया जा रहा।'' सुनकर महिपाल हँसने लगा।

सज्जन ने हँसते हुए कहा—''बेचारे तरंगजी मुझे कह रहे थे कि आप ही हम कवियों की लाज बचाइए, एक बार गवर्नरों-मिनिस्टरों को हमारी कविताएँ सुनवा दीजिए।''

हँसते-हँसते महिपाल गम्भीर हो गया। बोला—''इन सालों को शूट कर देना चाहिए, ये लोग हिन्दी के कलंक हैं!''

सज्जन बोला—''बेकार गर्माते हो, इसमें कलंक की कोई बात ही नहीं। वे अपनी कविताओं का मूल्य यही समझते हैं कि चार रईसों, अफसरों और बड़े आदमियों को झूम-झूम कर सुना लें और अपने मन को सन्तोष दे लें। अपनी गलेबाजी को अगर यह लोग बेचते हैं तो तुम्हें गुस्सा क्यों आता है? भाई जान, जैसे ये बड़े-बड़े गवैये, ये बम्बइया स्टार, बगलोल पाशा और ये नर्तकियाँ अपनी कला को बेच रही हैं, वैसे ही ये कवि भी बेच रहे हैं।''

महिपाल चुप रहा। हॉल में बैठे कुछ मंत्री और एम.एल.ए. गण उस्तादों के बजाय फिल्मी प्लेबैकों का संगीत सुनना चाहते थे। उन्हें उस्तादों की गलेबाजी में मजा नहीं आ रहा था परन्तु असंस्कृत कहलाने के डर से वे अपने मन की बात नहीं कह पा रहे थे। एक प्रादेशिक-मंत्री ने किसी को भेज कर महिपाल को बुलवाया। मंत्री महोदय की बात सुनकर महिपाल वापस आया और सज्जन के आगे मंत्रिवर की इच्छा प्रकट कर उसने समुचित व्यवस्था करने के लिए कहा। सज्जन राजा साहब के बेटों को ढूँढ़ने लगा क्योंकि स्वयं राजा साहब तो दो-दो गवर्नरों, केन्द्रीय और प्रादेशिक मंत्रियों, करोड़पतियों के बीच में अपने पोते को लिए हुए मन-मगन बैठे बतिया रहे थे।

सज्जन इन्तजाम करने गया, महिपाल वहीं खड़ा रहा, इतने में तरंग जी फिर आ पहुँचे। देवद्वार पर अपनी ही बिरादरी के प्रसिद्ध पुरुष को खड़ा देखकर तरंगजी ने महिपाल को भी एक इन्तजामकर माना और गद्गद् वाणी में उससे कहने लगे—''हमारा बड़ा अपमान हो रहा है महिपालजी! इतने बड़े-बड़े लोग आए हैं और—''

''तुम लोगों को अपनी काव्य-चातुरी का प्रदर्शन करने का अवसर ही नहीं मिल रहा उनके सामने!''

"हाँ महिपाल—"

"अच्छा ये बताओ तरंग, कितनी फीस पर आए हो?"

"हें हें! रुपयों की बात तो कुछ ठीक तरह से तै नहीं हुई, महिपाल जी। चरणेश जी ने—हें, हें—हमने कहा था कि इक्यावन रुपए—"

"तरंग तुमको शरम नहीं आती! हिन्दी के कवि अब क्या भाँड़ बनेंगे?"

"मैं रुपए के लालच से यहाँ नहीं आया महिपाल जी, चरणेश ने हमें फँसा लिया। मैं तो इसी आश्वासन पर आया था कि हमारे राष्ट्रीय नेतागण पधार रहे हैं!"

"अच्छा, अब तुम चले जाओ यहाँ से!"

"आप भी हमारा अपमान कर रहे हैं?"

"अपमान मर्दों का होता है हिजड़ों का नहीं। जाओ भागो यहाँ से।"

"कुछ भी कह लीजिए महिपाल जी, पर एक बार हम लोगों का कविता-पाठ—बस खाली मेरा, कोमलेन्दु और युगेन्द्र का—"

महिपाल अन्दर-ही-अन्दर बेहद तप उठा था, परन्तु अपने को संयत रखते हुए बोला—"मैं तो एक मेहमान मात्र हूँ, किसी इन्तजामकार से कहो।"

"आप हमारी लाज रख लीजिए, महिपाल जी! चरणेश तो कसी न किसी तरकीब से इन लोगों को अपने गुटवालों की कविता सुना लेगा और हम लोगों की किर-किरी हो जाएगी। मैं आपके चरण छूता हूँ, महिपाल जी! आप यदि सज्जन जी से कह दें—"

"देखो तरंग, यदि तुमने फिर मुझसे आग्रह किया तो कल सबेरे तुम्हारी इस भँड़ैती का कच्चा-चिट्ठा किसी दैनिक में छपा दूँगा।"

इस एटमबम से घबरा गए तरंग उदास मन लौट गए। महिपाल का जी नहीं लग रहा था। वह जाना चाहता था। केवल सज्जन के लौट आने की प्रतीक्षा कर रहा था। इस अलकापुरी जैसे वातावरण में वह घुट रहा था। बड़े-बड़ों के मजमे में वह खो गया था—उसे लग रहा था कि लक्ष्मी की चमक में कला का वैभव खो गया है। सहसा उसे विचार आया कि पुराने जमाने की दरबारी अथवा रईसी महिफलों में भी कला का यही दर्जा था। वह शक्ति-श्री-संपन्न व्यक्तियों का मनोरंजन करने के लिए ही कला का उपयोग होता था। बड़े-बड़े कवि, गायक, गुणी, कलावंत सब राजाश्रय ही खोजा करते थे, फिर आज क्या कोई नई बात हो रही है। विचार आया—बात नई नहीं है किन्तु नया युग आ गया है; कला आज जनता के लिए अपने अस्तित्व को सिद्ध कर रही है।

महिपाल दोनों जेबों में हाथ डाले हुए हॉल के दरवाजे के पास खड़ा था; उसने एक बार हॉल के अन्दर बैठे हुए समाज के बड़े-बड़े कर्णधारों के मजमे को तुच्छ दृष्टि से देखा। जब वह अन्दर बैठा था तब एक उसके रईस मित्र सेठ रूपरतन ने, जो इस समय सरकारी उपमंत्री भी हैं, उसे बतलाया था कि इस समय हॉल में चौदह करोड़पति बैठे हैं। मंत्रियों, गवर्नरों और करोड़पतियों के आगे बड़े-बड़े लखपति भी भुनगों की तरह छोटे हो गए हैं। यहाँ वर्गभेद की लीला स्पष्ट रूप से दिखलाई पड़ती है। गवर्नरों और विशिष्ट मंत्रियों के सामने करोड़पति छोटे हैं; गवर्नरों, विशिष्ट मंत्रियों और करोड़पतियों के सामने अन्य मंत्री छोटे हैं; ताल्लुकदार और लखपति उनसे भी छोटे हैं; लखपतियों में भी विभिन्न स्तर हैं; मंत्रियों और अफसरों में भी विभिन्न स्तर हैं। हर छोटा अपने से बड़े की खुशामद कर रहा है और बड़ा खुशामद करवा रहा है। हर एक के चेहरे पर चाटुकारिता की बाँछें खिली जा रही हैं। राज वैभव पैसे के वैभव की चाटुकारी कर रहा है और पैसे का वैभव राज वैभव की। इस पारस्परिक चाटुकारिता के हंगामे में उस्तादों के गले फटे जा रहे हैं, मगर तिलककामोद का रंग नहीं जमता। इस सांस्कृतिक समारोह में अधिकतर व्यावसायिक बातें ही हो रही हैं। तिलक की महफिल, यह सांस्कृतिक समारोह केवल एक बहाना है। धन खर्च कर यह अधिक धन कमाने का मेला है।

बात मन के व्यंग्य ही से उठी थी परन्तु महिपाल को इसमें एक सत्य भी अचानक दिखलाई पड़ गया। हमारे देश के अधिकांश मेले और पर्व केवल उद्योग-धन्धों को बढ़ावा देने के लिए ही चलाए गए हैं। जितने पुराने प्रमुख तीर्थ नगर के नाम से प्रसिद्ध हैं वे सभी मुख्यत: व्यवसाय के केन्द्र रहे हैं। तीर्थराज प्रयाग हो या नैमिषारण्य, साकेत या अन्य कोई भी प्रमुख तीर्थ इन सब जगहों पर होने वाले प्रमुख धार्मिक पर्वों की आड़ मात्र ही है; धर्म केवल बहाना है। पर्वों का उद्‌देश्य व्यावसायिकता है। धर्म, कला और संस्कृति इस व्यावसायिकता से दो रोटी माँगने के लिए ही ऐसी जगहों पर इकट्ठी हो जाती हैं। पर्वों के मेले, सामाजिक समारोह यह सब मुनाफाखोरों के लिए ही गढ़े गए हैं।

महिपाल अपने इन विचारों से अपने छोटेपन को बहला रहा था। उसे बड़ों के मजमों में हमेशा यह महसूस हुआ करता है कि वह लेखक के बजाय कुछ और होता; गवर्नर होता, बड़ा करोड़पति होता, बड़ा नेता या मिनिस्टर होता तो सब लोग छोटे बनकर उसके आसपास खीसें निपोरते हुए मँडराया करते। स्वयं उसके मन के परदे में भी कहीं यह लालसा छिपी-छिपी झाँक रही थी कि कोई उसे सादर गवर्नरों और करोड़पतियों से मिलाने ले जाए। और चूँकि उसे यह अवसर प्राप्त नहीं हो रहा—प्रतिष्ठ लेखक महिपाल इतनी देर से दरवाजे पर खड़ा है और दस-पाँच लोग उठकर उसे आग्रहपूर्वक अपने पास बैठने का निमंत्रण देने भी नहीं आए—सामने दोनों गवर्नर मुहुर-मुहुर मुस्कुराते हुए एक प्रसिद्ध उद्योगपति की बातें सुन रहे हैं।...सब घृणाजनक है; पूँजी का यह वैभव बुझते दीये की तरह अन्तिम तेजी से प्रकाशित हो रहा है...सज्जन अभी तक नहीं आया है, कहाँ चला गया है। लाओ, तब तक कवि सम्मेलन की ही झाँकी लूँ, या फिल्म स्टारों का संगीत सुनूँ।

यह सोचकर महिपाल चला। वैसे ही उसने देखा हॉल के अन्दर लोग उठ रहे हैं। गायक उस्ताद ने मजबूर होकर अपना गाना बन्द कर दिया है, बड़े लोग हॉल के बाहर निकल रहे हैं। बड़े लोग भोजन करने जा रहे हैं।

बगल के कमरों में बड़ों के भोजन की व्यवस्था थी। चाँदी की चौकियों पर चाँदी के थाल और कटोरियाँ-कटोरे-गिलास आदि जगमगा रहे थे। दोनों गवर्नरों और केन्द्रीय तथा प्रदेश के विशिष्ट मंत्रियों के लिए सोने के सेट में भोजन परोसा गया था। सोने की चौकी, सोने का थाल, कटोरियाँ, कटोरे-गिलास आदि सब कुछ कंचन का था। परोसने वालों में कर्नल भी था। गवर्नर आदि यथास्थान बैठ चुके थे। उसी समय सज्जन महिपाल की बाँह पकड़े हुए कमरे में दाखिल हुआ और उसके साथ ही साथ एक जगह खुद बैठ गया। जितने खाना परोसने वाले थे—सभी लखपती थे; गवर्नरों और करोड़पतियों के मजमे में नौकरों की तरह दौड़ रहे थे। थाल व्यंजनों से भरा हुआ था—इक्कीस तरह की मिठाइयाँ, छै सब्जियाँ, दो किस्म के रायते, चार तरह की चटनियाँ, अचार, खस्ता कचौरी, पापड़, काँजी के बड़े, दही—देख-देखकर महिपाल के मुँह में पानी भरा जा रहा था। सज्जन से बोला—"यार, कब लक्ष्मीनरायन आवेंगे?"

सज्जन मुस्कुराया—"लक्ष्मीनरायन भी अपने वक्त पर आवेंगे! परोसने का काम—"

"देखो सज्जन, मैं तकल्लुफ करूँगा नहीं! ब्राह्मण आदमी, तिस पर मिठाइयों की लालच से ही आज खूब गहरी भाँग छान कर आया हूँ! तुम जो साले मेरे साथ बैठकर सिपिड़-सिपिड़ हाथ चलाओगे तो वो कस के कंटाप जमाऊँगा कि—"

"अबे, जितनी भूख होगी उतना ही तो खाऊँगा! थाल में मिठाई भरी है, कोई भी इतना भोजन न कर सकेगा। क्या पैसे की बरबादी होती है हमारी दावतों में!"

महिपाल बोला—"जनाब ये बड़े आदमियों की जूठन बटोर कर घूरे पर फेंकी जाएगी, शहर भर के भिखारियों और मेहतरों को रईसों की प्रसादी मिलेगी, रईस अपने मन में खुश होंगे कि हमारी जूठन से गरीब पल रहे हैं—मैं तो रईस हूँ नहीं, मेरी जूठन का एक कनका भी किसी गरीब को प्रसाद रूप में नहीं मिलेगा!"

भोजन परोसा जा चुका था। राजा साहब ने सोने के थालों में भोजन करनेवालों के आगे खड़े हो पगड़ी दोनों हाथों में लेकर विनीत भाव से 'लक्ष्मीनरायन' के आने की सूचना दी। सोने-चाँदी के थालों पर नफासत की उँगलियाँ चलने लगीं। लोगों ने चिड़ियों की तरह चुगना शुरू किया। इस कमरे में बैठे हुए पचास विशिष्ट व्यक्तियों के बीच में एक महिपाल ही ऐसा था जो शपाशप हाथ मार रहा था। सज्जन को उसकी इस दहकानी खिलाई पर झेंप महसूस हो रही थी; धीरे-से बोला—''यार, तुम तो—अमाँ, जरा तो शराफत बर्तो!''

महिपाल ने हाथ रोक कर सज्जन की ओर घूर कर देखा, फिर बोला—''तुम लोग सब नवाबी जमाने के रईसों की तरह चींग रहे हो, मैं विशुद्ध भारतीय निष्ठा से भोजन कर रहा हूँ। खाने-पीने के मामले में हमारे सेठ-महाजन भी किसी समय परमवीर थे, आज के इन सूफियाने बनिए-बक्कालों की तरह चिड़ियाँ नहीं चुगाते थे।''

इतने में कर्नल कचौड़ी परोसता हुआ आया। महिपाल के थाल में दो कचौड़ियाँ डालने लगा। महिपाल जी की नसों में तरंगित विजया मिठाई का स्पर्श पाकर चौगुनी गढ़ गई थी, कुछ इन बड़े आदमियों के सामने बड़प्पन दिखाने का जोम भी था, जोर से बोला—''अबे मिठाई ला, मिठाई, मैं किसी पूँजीपति का नमक नहीं खाता!''

दोनों गवर्नरों, तीनों केन्द्रीय मंत्री, चौदहों करोड़पति, सारे मंत्री, उपमंत्री लखपतिगणों की नजरें महिपाल शुक्ल की ओर उठ गईं। सज्जन और कर्नल ख्वाहम-ख्वाह कट गए। राजा साहब से लेकर अन्य कई सेठों के चेहरों पर कमानें खिंच गईं। उस हॉल में बैठे हुए अनेक लोग महिपाल शुक्ल को नहीं जानते थे, स्वयं राजा साहब भी नहीं जानते थे। ये महिपाल ऐसे सैकड़ों को नहीं जानते थे, जो आज उनकी ओर से निमंत्रण पाकर यहाँ आए थे। उन्हें लग रहा था हंसों की पंगत में यह कौवा कैसे आकर बैठ गया? महिपाल के मित्र उपमंत्री सेठ रूपरतन ने वातावरण की कटुता को बहलाने के लिए कहा—''नमक के बगैर पूँजीपतियों की मिठास फीकी लगेगी महिपाल जी!''

महिपाल चटक बोला—''राजनीतिकों को लगेगी सेठ जी, लेखक हर फीकेपन को अपनी मिठास से भर देता है!''

गवर्नरों से लेकर करोड़पतियों तक को महिपाल शुक्ल ने बतला दिया कि वह लेखक है। इस समय वह अपने मन से भरे मजमे में सर्वश्रेष्ठ हो चुका था। एक प्रादेशिक-मंत्री, जो महिपाल को अच्छी तरह जानते थे, बोले—''मिठास कहाँ महाराज, आज के लेखक तो समाज में तीखापन भर रहे हैं!'' और फिर आप ही खिलखिला कर यों हँसे मानो कोई गहरा मजाक किया हो। महिपाल छूटते ही बोला—''जान पड़ता है मंत्री हो जाने से आपने अखबार में अपनी तारीफ के सिवा और सब पढ़ना छोड़ दिया है प्रधान जी; वरना जमाना जानता है कि कौन तीखापन भर रहा है और कौन शंकर की भाँति उस हलाहल का पान कर रहा है!''

सज्जन ने बड़ी जोर से महिपाल की जाँघ दबाई। हॉल का सम्भ्रान्त मजमा फिर अपनी चिड़िया-चुगन में व्यस्त हो गया। सज्जन धीरे से बोला—''तुम बड़े बदतमीज हो गए हो महिपाल!'' महिपाल ने शेखी के साथ उत्तर दिया—''अबे चुप, तू भारतीय पद्धति की दावत खाना क्या जाने? चिनौतियाँ-फब्तियाँ हमारे यहाँ ज्योनारों के समय ही कसी जाती थीं बे! यहाँ तक मामला गर्मा उठता था कि लोगबाग थालियाँ छोड़कर उठ खड़े होते थे!''

इसके बाद सज्जन ने भी महिपाल से कोई बात न की, चुपचाप नजर झुका कर खाने लगा। उसे लग रहा था कि राजा साहब बहुत बुरा मान गए होंगे।

महिपाल को भी महसूस हुआ कि वह बेबात के व्यंग्य-बाण चला गया। उसे यह भी लगा कि उसके कारण सज्जन और कर्नल को क्लेश पहुँचा। उसके ये दोनों मित्र हैं तो आखिर इसी वर्ग के आदमी। सीमा के बाहर जाकर उसकी मस्ती को भी मिठास में फीकापन महसूस होने लगा।

उसने भंग की तरंग में कोई ऐसा मजाक सोचने की बड़ी कोशिश की जिससे वह सबको हँसा कर सन्तुष्ट कर दे। मजाक के अभाव में कमजोर मन एक प्रकार की चाटुकारी पर उतर आया। माननीय मंत्री श्री प्रधान जी को सम्बोधित कर महिपाल ने कहा—"प्रधान जी, शहर में बहुत दिनों बाद ऐसी जोरदार महफिल हुई है।"

बात ठीकोठीक मौके पर जमी। कई लोग इस बात का समर्थन करने के लिए बाँछें खिलाने लगे। तेल मिल, फ्लोर मिल, राइस मिल आदि टुटपुँजिया मिलों के मालिक एक लखपती महाशय से गद्‌गद् वाणी से बोले—"ऐसी महफिल तो आज तक हुई नहीं! हमारे ऐसे-ऐसे पूज्य रासटरी नेता और ऐसे-ऐसे बड़े महापुरुस—"

महिपाल की विद्रोही आत्मा फिर जब्त के शिकंजे से बाहर निकलने लगी, बोला—"हाँ, आप सब की जूठन जिन हरिजनों-भिखारियों को खाने को मिलेगी वे सब भी—"

"दे शैल ऑल बिकम कैपिटलिस्ट्स गवर्नर्स एंड मिनिस्टर्स इन देयर नेक्स्ट लाइफ!" (अगले जन्म में वे सब भी पूँजीपति, गवर्नर और मिनिस्टर बन जाएँगे।)—एक गवर्नर साहब ने महिपाल की बात को पूरा कर दिया। हॉल में जोर का ठहाका पड़ा। मजाक चूँकि गवर्नर ने किया था इसलिए और जोर का ठहाका पड़ा। हँसी की भीड़ में अपनी बात को धँसाते हुए महिपाल ने कहा—"उनके अगले जन्म तक कैपिटलिस्ट्स और गवर्नर मिट जाएँगे योर एक्सीलैंसी! हाँ, मंत्रियों की संख्या में जरूर इजाफा हो सकता है!"

चूँकि गवर्नर ने मजाक किया था अतएव महामंत्री जी भी मौके से न चूके, बोले—"हम सबको मंत्री बना देंगे। सबकी मंत्रणा से ही जनतंत्र सफल हो सकता है!"

महिपाल को अपनी विद्वत्ता की धाक जमाने का अवसर हाथ लगा। वह बोला—"दुनिया के किसी और देश ने देखा हो या न देखा हो मगर भारतवर्ष ऐसे जनतंत्र को भी देख चुका है, और एक बार नहीं दो-तीन बार—जिसमें राष्ट्र का प्रत्येक व्यक्ति आजकल के मंत्रियों की तरह ही महत्त्वपूर्ण हुआ करता था। हमने बिना मंत्री, पुलिस, कचहरी और सेक्रेटेरियट का राज इस देश में देखा है मान्यवर!"

"आई थिंक दिस इज इम्पॉसिबिल्। नो व्हेयर द ह्यूमेनिटी हैज रीच्ड दीज अनएटे-नेबल् हाइट्स ऑफ कल्चर। (मेरे खयाल से यह असम्भव है। कहीं भी मनुष्यता संस्कृति की इस असम्भव ऊँचाई को नहीं पहुँची है।)"—एक मॉडर्न पूँजीपति महाशय, जो दो मंत्रियों के बीच में बैठे थे, बोले।

महिपाल ने जवाब दिया—"भारतीय संस्कृति ने बहुत से असम्भवों को सम्भव सिद्ध कर दिखाया है। जायसवाल की 'हिन्दू पॉलिटी' उठाकर पढ़ जाइए।"

इस राष्ट्रीय मजमे में भारतीय संस्कृति की बात बड़ी बा मौका उठी। सभी मंत्री और नेतागण अपने-अपने सांस्कृतिक ज्ञान का परिचय देने के लिए उतावले होने लगे।

महिपाल को संस्कृति की यह खुली मंडी देखकर मजा आने लगा; बोला—"अजी हजरात, लखनऊ की मिठाइयों को संस्कृति की चाबुक से न मारिए, बेचारी कहीं आप की कद्रदानी से महरूम न रह जाएँ!"

माननीय मंत्री श्री प्रधान जी बोले—"पुरानी महफिलों की तरह इस महफिल में बस एक ही कमी रह गई राजा साहब, भाँड़ आपने फकत एक ही बुलाया!"

इस पर जोर का ठहाका पड़ा। महिपाल की असभ्यता से सभी कुड़मुड़ा रहे थे, इसलिए सभी को सन्तोष हुआ। लेकिन महिपाल की सरस्वती भी इस समय सधी हुई थीं; तुरन्त उत्तर दिया—"एक क्यों प्रधान जी, बल्कि यों कहिए कि—अ—एक को छोड़कर बाकी सब भाँड़ ही भाँड़ तो नजर आ रहे हैं इस महफिल में!" फिर कुछ सोचकर तुरन्त जोड़ा—"हिज एक्सीलेंसीज शमाए महफिल हैं। उन्हें बाअदब मैंने अलग रखा है!"

मजाक अवैधानिक होते-होते बच गया।

लक्ष्मीनरायन, तृप्त हो गए, पंगत उठ गई। बाहर लाला जानकीसरन पान की थाली लिए खड़े थे। महिपाल जब पान लेने आया तो बोले—"आज तो किसी को नहीं छोड़ा गुरु।"

"बस, एक तुम्हीं बचे हो—"

"हम पर तो किरपा ही रखिए दयानिधान, आपका सेवक हूँ।"—लाला जानकीसरन गिड़गिड़ाकर बोले। कर्नल उसी समय बाहर आया, महिपाल को अलग ले गया और डाँटते हुए बोला—"तुम्हें यह क्या बत्तमीजी सूझी है महिपाल?"

महिपाल को बुरा लगा; तुनक कर बोला—"तमीज सीखने के लिए मुझे तेरे जै लाला-लूलियों से सबक नहीं सीखना होगा! जा भाग! आज मैं इन साले पूँजीपतियों की छाती पर मूँग दलूँगा!"

"जो इतनी ही नफरत थी पूँजीपतियों से तो यहाँ आए ही क्यों?"

"निमंत्रण मिला था इसलिए!"

कर्नल उसके इस जवाब पर बगैर और कुछ कहे भुनभुनाता हुआ चला गया। सज्जन भी इस वक्त उससे कटकर कहीं इधर-उधर हो गया था। महिपाल अकेलापन महसूस करने लगा, परायापन महसूस करने लगा, घुटन से भर गया। उसकी इच्छा होने लगी कि एक लेख लिखकर आज के इस जश्न का मखौल उड़ाए। वह इस समय अपने ज्ञान के हथौड़ों से इन बड़ी नाकवालों की नाकें पिच्ची कर देना चाहता था। भंग की तरंग में तरह-तरह के उसके मन का क्षोभ उभरकर ऊपरी चेतना की सतह पर आने लगा। उसे ऐसा लगा मानो आदिकाल से पूँजीपतियों और शासकवर्ग ने मिलकर एक कभी न खत्म होने वाला षड्यंत्र रचा है जिसमें छोटे हमेशा छोटे बने रहेंगे। ये वैभव कभी उनके हाथों न लगेगा। उन्हें हमेशा रईसों की जूठन से अपना पेट भरना पड़ेगा। अपनी झोंक में उसे यह भी महसूस हुआ कि साहित्य-कला-संस्कृति आदि जो कुछ भी है वह सब पूँजी के वैभव के लिए ही हैं। ये नगर, हाट-बाट सब पूँजी का वैभव है, जनतांत्रिक समाज को इसकी क्या आवश्यकता? आदमी को भर पेट भोजन चाहिए, तन ढकने को वस्त्र हों, ज्ञान चर्चा हो, सुख-शान्ति हो, यही जीवन का सर्वोत्तम रूप है। आर्यों ने इस देश की नागरिक सभ्यता को उजाड़ कर समाज को सादे जीवन और ऊँचे चिन्तन की ओर बढ़ाया। आर्यों के समाज को नगरों की यह घुटन भरी-सभ्यता पसन्द ही कैसे आ सकती थी? वे मुक्त धरती के निवासी थे...

महिपाल शुक्ल कोठी से बाहर जा रहा था। लॉन में सज्जन चित्रा राजदान के साथ खड़ा बातें कर रहा था। महिपाल ने उन्हें न देखा। सज्जन ने उसे आवाज दी। महिपाल दोनों को देखकर उनकी तरफ आया। सज्जन बोला—"अमाँ, कहाँ चल दिए?"

"घर जाता हूँ!"

"क्यों? महफिल का मजा तो अब आएगा यार! ये बड़ी-बड़ी तोपें-बन्दूकें बिदा हो रही हैं, अब महफिल का रंग जमेगा!" —सज्जन ने कहा।

"मुझे कल सुबह ही ट्रेन पकड़नी है।"

"कहाँ जा रहे हो?" —चित्रा राजदान ने पूछा।

"अपनी ननिहाल।"—महिपाल ने मुस्कुरा कर उत्तर दिया।

"क्या कोई काम है वहाँ?" —सज्जन ने पूछा।

"काम तो कोई खास नहीं, मेरे कजिन आए हुए हैं आजकल, वे बड़ा जोर दे रहे हैं। मैंने भी चार वर्षों से उस जगह की सूरत नहीं देखी है, सोचा जरा चेंज ही हो जाएगा।"

"अच्छा है, चेंज की तुम्हें जरूरत भी है!" —सज्जन बोला—"अच्छा तो जाओ।" सज्जन ने इस तरह कहा कि महिपाल को अच्छा न लगा। जवाब देने की इच्छा हुई, फिर कुछ सोचकर दब गया। महिपाल नमस्कार कर चलने लगा। सज्जन ने पूछा—"लौट कर कब तक आओगे?"

"देखो! दस, बारह रोज तो रुकूँगा ही—" कहकर महिपाल बगैर कुछ कहे चला गया। चित्रा राजदान को देखकर उसे अपनी शीला की याद भी आने लगी थी, जिससे उसका मन और भी अधिक कुंठित हो गया था। महिपाल के जाने के बाद ही चित्रा ने सज्जन से कहा—"तुम क्या अभी यहाँ रुकोगे सज्जन?"

सज्जन ने उसकी आँखों में आँखें डाल कर बात का अर्थ ढूँढ़ना चाहा, बोला—"तुम्हारा क्या प्रोग्राम है? कैप्टन राजदान तो अभी यहीं हैं।"

"कैप्टन राजदान मेरे साथ नहीं आए।..."

"क्यों, फिर कुछ खटक गई?"

"एकदम!"

"कब से?"

"परसों से"

"अब कहाँ रहती हो?"

"सेवॉय होटल में। कैप्टन ने एक महीने के खाने और रहने का इन्तजाम—"

अनायास ही सज्जन की दबी हुई प्यास उभर आई, धीरे से बोला—"तब चलो इस शोर से बाहर निकलें। शायद इस हंगामे से तुम्हें सन्नाटा, सुकून और शराब का एक प्याला ज्यादा इंस्पायर कर सकेगा।"

चित्रा राजदान ने एक बार नजर उठाकर सज्जन के भरे-भरे चेहरे और अपने चेहरे पर जमी हुई उसकी नजरों को देखा, फिर कहा—"चलो।"

42

सूरज की किरणें खिड़की में लगे काँच का अक्स लेकर ऐन सज्जन के चेहरे पर छापा मार रही थीं। उसकी आँख खुली, सामने मेहराब पर लगी हुई बिजली की घड़ी पर नजर डालने की कोशिश की। आँखों में चौंध भर रही थी; दोनों कुहनियों पर जोर देकर सज्जन कुछ उठा, सूरज की चमक से बचाव हुआ, घड़ी पर फिर नजर डाली—देखा सवा आठ बज रहे थे। चित्रा अब भी सो रही थी। सज्जन उसे देखने लगा। देखकर उसे अच्छा नहीं लगा, कुछ मनहूस-मनहूस सा लगा। 'सुबह-सुबह किसका मुँह देखने' का मुहावरा दिमाग में अटका जरूर, परन्तु सज्जन और अन्धविश्वास पर टिक न सका। उसकी ऐसी आदत नहीं। फिर भी सोई हुई चित्रा का मुखड़ा उसे ताजगी से भरने के बजाय जड़ता प्रदान कर रहा था। चित्रा का मेकअप इस समय बिगड़ चुका था; फीका चेहरा खूबसूरत लगने की बजाय भयानक लग रहा था। सज्जन को ऐसा महसूस हुआ जैसे कि वह किसी 'भूतों का बासा' माने जानेवाले घर को देख रहा है। गालों का उभार दब चला था, बनी हुई भवें बड़ी अकलात्मक लग रही थीं, लिपिस्टक विहीन होंठ ऐसे नीले पड़े हुए थे मानो उन्हें साँप डस गया हो। नींद की बेहोशी में भी चित्रा की चिन्ताएँ उसके चेहरे पर सजीव थीं।

सज्जन को घृणा हुई; कन्या का चमचमाता चेहरा ध्यान में आया, परन्तु सज्जन उस समय उस तेजोमयी सात्विकता से जी चुराने के मूड में था। यद्यपि कन्या के खिलाफ इस समय वह कुछ सोचना नहीं चाहता था, फिर भी उसके पक्ष में विचार करना भी उसे अच्छा नहीं मालूम पड़ रहा था। वह कन्या की ओर से मन सूना रखना चाहता है; सूने मन में पास ही पड़ी हुई यह सुन्दरता और जवानी की लाश—चित्रा—बरबस समा रही थी। चित्रा कुछ बरस पहले उसे कितनी प्रेरणादायिनी लगती थी! उसके चेहरे पर कोमलता थी, आकर्षण था—अब कुछ नहीं। सज्जन लिहाफ हटाकर अलग बैठ गया। कुछ देर अलसाया, गुमसुम-आ बैठा रहा। पिछली रात चित्रा के साथ घर लौट आने पर उसने एक अरसे के बाद शराब पी थी, कुछ ज्यादा ही पी ली थी, जिससे

इस समय उसे भारीपन महसूस हो रहा था। और इस भारीपन में ही उसे यह भी लग रहा था मानो वह तपोभ्रष्ट हो गया हो। उसने शराब न पीने की प्रतिज्ञा की थी, ब्रह्मचर्य-पालन के लिए माँ के मन्दिर, और भगवान बुद्ध से लेकर बाबा राम जी तक के उपदेशों की आड़ ली थी; मथुरा-वृन्दावन में उसने कृष्ण-भक्ति का स्पर्श भी पाया था...इस समय उसका सब कुछ लुट गया था। खुमारी से भरी हुई देह चिड़चिड़ा उठी। चिड़चिड़ाहट हुई पुण्य से। पाप का वातावरण उसके चारों ओर फैला था; सज्जन सोचने लगा—यही अच्छा है, बहुत अच्छा है। कमरा विलास-वासना को उत्तेजित करने के लिए ही सजाया गया था। दीवारों पर बनी बड़ी-बड़ी तस्वीरें, ठीक नजर के सामने कोने में रखी हुई संगमरमर की बड़ी मूर्ति, पलंग की नक्काशी, अस्त-व्यस्त-वसना चित्रा—सब कुछ देह-उपभोग की मनोसामग्री प्रस्तुत कर रहे थे। सज्जन इस समय इस वातावरण में घुटन महसूस कर रहा था, वह इससे भाग जाना चाहता था। वह न इस समय पाप चाहता था न पुण्य—केवल सूनापन, बेहोशी और...और...और वह कुछ भी नहीं चाहता। तेजी से उठा, बाथरूम चला गया।

जब बाहर के कमरे में आया तो बरसों के अभ्यस्त नौकर ने नीबू और पानी सामने लाकर रख दिया; शराब की खुमारी कुछ-कुछ उतरी। सुबह के अखबार सामने आ गए; पढ़ने में जी नहीं लगा। आज वह घूमने भी न जा सका था; महिपाल सुबह की गाड़ी से ही उन्नाव जानेवाला था, चला गया होगा। महिपाल ने कल दावत में बड़ी बदतमीजी की; कर्नल रात में बड़ी देर से सोया होगा, फिर भी वह सुबह की सैर के लिए जरूर गया होगा, कर्नल अपने नियम नहीं तोड़ता। यह सब बातें कड़ी में कड़ी जोड़ती हुई उसके तेज बहते हुए दिमाग में आईं और चली गईं। परसों नुमाइश है, सज्जन को उसका इन्तजाम करना है; इन्तजाम न करना होता तो अच्छा था, उसे कुछ भी न करना होता तो अच्छा था। अकेले बैठे चाय और नाश्ता करते, बहुत कुछ सोचते हुए भी वह जड़ था। तभी एक नौकर टेलीफोन लिए हुए कमरे में आया। टेलीफोन का लम्बा तार फर्श पर घिसटता चला आ रहा था।

''कर्नल साहब का फोन है, हुजूर!'' —टेलीफोन हाथ में लिये हुए नौकर ने उसे रिसीवर दे दिया। कर्नल राजा सर द्वारकादास की कोठी से बोल रहा था। राजा साहब ने उसे तुरन्त बुलाया था। रिसीवर रखा, नौकर को कपड़े लाने की आज्ञा दी, जागने पर मेम साहब को चाय पिलाने की आज्ञा दी, दिन के भोजन में क्या-क्या बनेगा इसका आदेश दिया और फिर जल्दी से तैयार होकर राजा साहब के यहाँ चला गया।

पलस्तर चढ़ी हुई बाईं टाँग को एक मखमली कुरसी पर रखे हुए बाबू सालिगराम बैठे थे, लाला जानकीसरन थे, कर्नल था और सामने कोच पर पालथी मार कर बैठे हुए राजा साहब हुक्का पी रहे थे। पिछली रात की महफिल की चर्चा चल रही थी। ऐसा जोरदार समारोह पिछले चालीस-पैंतालीस वर्षों से कहीं नहीं हुआ था; राजा साहब के दरवाजे पर दो-दो गवर्नर, केन्द्रीय और प्रादेशिक मंत्री, बड़े-बड़े करोड़पति और अफसर आए थे। कानपुर, दिल्ली और कलकत्ता और बनारस से हवाई जहाजों पर उनके मेहमान आए थे। सुबह आठ बजे तीन हवाई मेहमानों को एयरोड्रोम पर विदा देकर राजा साहब थोड़ी ही देर पहले लौट कर आए थे कि जानकीसरन और बाबू सालिगराम 'लैंडरोवर' पर पधारे। चार नौकरों ने बहुत सँभाल कर बाबू सालिगराम को गाड़ी से उतारा, अन्दर पहुँचाया। राजा साहब से परामर्श हुआ, कर्नल बुलाए गए। कर्नल जब आ गए तब सज्जन को बुलाया गया। इतनी देर तक केवल महफिल ही की चर्चा होती रही। राजा साहब के यहाँ सोने के बर्तनों और चौकियों के केवल दो ही सेट थे। तीन सेट कानपुर के लाला देवीदयाल के यहाँ से मँगवाए गए थे। राजा साहब सबसे अधिक इस बात पर प्रसन्न थे कि उन तीन सेटों पर भी अंग्रेजी के दो अक्षर 'डी. डी.' खुदे हुए थे जिनसे कि देवीदयाल के बजाय वे सेट द्वारकादास के भी माने जा सकते थे। अपनी इज्जत बचा लेने के लिए राजा साहब इस समय, प्राइवेट में, भगवान को बड़ा धन्यवाद दे रहे थे; साथ ही अपने इस निश्चय की घोषणा भी कर रहे थे कि अब वे लगे हाथ दस

सोने के सेट बनवा कर रख ही लेंगे। साल भर बाद ईश्वर ने चाहा तो पोते के विवाह की महफिल होगी। वह महफिल इससे भी बड़ी होगी; और बार-बार किसी से माँगना अच्छा नहीं लगता। यही सब रियासती चर्चाएँ चल रही थीं।

सज्जन पहुँचा; उसे ऐसा लगा कि वह अनुकूल वातावरण में नहीं पहुँचा। राजा साहब, लाला जानकीसरन, बाबू सालिगराम सभी के चेहरों पर बेरुखी थी। राजा साहब खास तौर पर गम्भीर हो गए थे। सबसे पहले तो पिछली रात भोज के समय महिपाल की बदतमीजी की चर्चा ही चली। ऐसे लोगों का साथ शरीफ घर के लड़कों को ज्यादा नहीं करना चाहिए, यह उपदेश कर्नल और सज्जन दोनों के लिए ही था। फिर सज्जन के पितामह लाला कन्नोमल की चर्चा चली। राजा साहब ने बतलाया कि वो कैसे शानदार आदमी थे; फिर सज्जन को विवाह कर लेने का उपदेश दिया गया। अच्छी तरह घर-बार बसाकर वह अपने खानदान के नाम और इज्जत को दुबाला-चौबाला करे, यह सीख दी गई। ''तुम ऐसी फाहशा औरतों के साथ अपनी जिन्दगी बरबाद कर रहे हो? तुम्हारे बाप को ऐसी ही सोहबत ने तबाह किया। तुम्हें सँभल कर चलना चाहिए।...और उस लड़की पर जोर डालकर मामले को रफा-दफा करवा दो, समझे? तुम लोगों को आपुसदारी का कुछ लिहाज नहीं है क्या? तुम्हारे लिए जानकीसरन या सालिगराम जितने अपने हैं उतना कोई दूसरा थोड़े ही हो सकता है।''

लाला जानकीसरन ने मीठी-मीठी बातें कीं, बोले—''मुहल्ले में इस लड़की की वजह से क्या-क्या बदनामियाँ सज्जन को उठानी पड़ रही हैं! राजा साहब, मैं आप से सच कहता हूँ, मैंने बबुआ और इस लड़के में कभी फर्क नहीं समझा। ये नुमायश हो रही है, इनके नाम से सब इन्तजाम हो रहा है। हम तो चाहते हैं कि भई, सब बात बन जाए—''

''हाँ, जो इनके विरोधी हैं, उनके मूँ में तमाचा मारूँगा राजा साहब! मेरे पास कम से कम ये कहने को तो रहेगा कि शरीफजादों को कुछ सुआर्थी लोगों ने फँसा लिया था, सो अब फिर सब मामला ठीक कर लिया है। वो क्या नाम है कि सुनार की बहू के फेर में इनकी बड़ी बदनामी हुई...'' वगैरह-वगैरह बहुत-सी बातें बाबू सालिगराम ने भी कहीं। कर्नल और सज्जन चुपचाप बैठे रहे। सज्जन इन अपनों के बीच में यह अनुभव कर रहा था कि उससे बड़ी-बड़ी गलतियाँ हुईं; और अब वह गलतियाँ न करेगा। वह कन्या पर दबाव डाल कर इस बात का प्रयत्न करेगा कि मास्टर जगदम्बा सहाय के खिलाफ कोई कार्रवाई न की जाए क्योंकि वह बाबू सालिगराम के हक में बदनामी का बायस होगी।

कर्नल भी राजा साहब की सिफारिश का बोझ अपनी चेतना पर लेकर इसी धारा में बह रहा था, परन्तु वह कुछ न बोला; अलबत्ता सज्जन ने आश्वासन दिया कि वह राजा साहब की आज्ञा का पालन करेगा।

वातावरण से बेरुखी दूर हुई, खुशी की चमक चेहरों पर छा गई। राजा साहब ने नाश्ता कराए बगैर किसी को वहाँ से न जाने दिया।

राजा साहब की कोठी से निकल कर कर्नल और सज्जन सीधे 'नवजीवन' कार्यालय की ओर चल पड़े—क्योंकि कन्या उस समय तक वहाँ पहुँच चुकी थी। रविवार होने पर भी उस दिन उसकी ड्यूटी थी।

सज्जन और कर्नल अनायास ऐसे दिन पहुँचे थे जिस दिन 'नवजीवन' सम्पादक की ओर से महाकवि जोश मलीहाबादी के स्वागत का प्रबन्ध किया गया था। ऊपर के बरामदे में पहुँचते ही खासी चहल-पहल दिखलाई दी। बरामदे में हिन्दी और उर्दू के अनेक प्रसिद्ध कवि, कलाकार, लेखक और पत्रकार दिखलाई पड़ रहे थे। सामने ही पश्मीने की शेरवानी और चूड़ीदार पायजामा पहने, तिरछी टोपी लगाए श्री भगवती चरण वर्मा, 'कौमी आवाज' के सम्पादक और प्रसिद्ध कहानी लेखक श्री हयातउल्ला अंसारी को अपनी एक ला-मिसाल स्कीम समझा रहे थे जिसमें घास के

फूलों को प्रीमियम् के रूप में स्वीकार करने वाली एक इंश्योरेंस कम्पनी खोल कर, उसके लाभ से क्रमश: अनेक धन्धे करते हुए अन्त में फिल्म स्टूडियो तक खोलने की निश्चित योजना बनाई गई थी। आस-पास खड़े कई लोग कविवर की इस अभूतपूर्व स्कीम का आनन्द ले रहे थे। 'स्वतंत्र भारत' के सम्पादक अशोक जी, 'भारत' के भूतपूर्व सम्पादक श्री बलभद्र प्रसाद मिश्र, श्री यशपाल, अमृतलाल नागर, बलदेवप्रसाद मिश्र, पत्रकार राजवल्लभ ओझा, ज्ञानचन्द जैन, रुद्र नारायण शुक्ल आदि कई लोग उन्हें घेरे इस स्कीम को सुनते हुए हँसी के फव्वारे छोड़ रहे थे। सज्जन परिचितों को नमस्कार करता हुआ आगे चला गया। 'नवजीवन' के सम्पादक श्री सत्यदेव शर्मा हाथ में सिगरेट का टिन लिये बड़ी तलाबेली से इन्तजाम करते दौड़ रहे थे। सज्जन को देखकर उन्होंने प्रसन्नता प्रकट की; इस बात पर भी खुशी जाहिर की कि वह बिना तकल्लुफ इस मौके पर आ गया। जल्दी में शर्मा जी बहुतों को निमंत्रण न भेज सके थे। सज्जन ने अपने आने का कारण व्यक्त न करते हुए अपनी मौन मुद्राओं से यह ही प्रकट किया कि जैसे वह कविता सुनने के लिए ही आया है।

सम्पादकीय हॉल में कन्या सिर झुकाए काम कर रही थी। उसे इन दोनों के आने की खबर न लग सकी। सज्जन कन्या के सामने आते ही लज्जा से सिकुड़ गया। उसे ऐसा लग रहा था मानो वह अपने अन्दर के सारे झूठ को लेकर कन्या के रूबरू--सारे जग के रूबरू कलंकित होकर खड़ा था। कन्या के सम्पर्क में आने के बाद सज्जन पहली बार अपनी चरित्रहीनता के कारण पूरी तौर पर मन से हारा था। कन्या का तेजयुक्त गौरवर्ण उसे जलाने लगा। कर्नल ने आवाज दी—"बिन्नो!"

कन्या ने अचकचाकर ऊपर की ओर नजरें उठाकर देखा। सज्जन को देखते ही उसके चेहरे पर सहज प्रसन्नता के साथ-साथ लाज की ऐसी ललाई छाई कि सज्जन अपने आपको सँभाल न पाया। कर्नल ने उधर से नजरें हटा लीं। सज्जन अपने छलयुक्त मन से कन्या के निश्छल भाव को सराह न सका; उसके सामने ठहर भी न सका। कर्नल से बोला—"तुम सारी बातें समझा दो; मैं अभी आता हूँ।"

सज्जन बाहर चला आया। उसका मन तूफान में पड़ा हुआ अनन्त पत्तों वाले पेड़ की तरह जोर-जोर से हिल रहा था। चित्रा राजदान की स्मृति—कल रात की स्मृति उसके सारे शरीर में दुर्गंध भरी कीचड़ की तरह लिपटी हुई उसका दम घोंट रही थी। बरामदे में आकर उसने अपना सिगरेट-केस निकाला और खोया हुआ खड़ा होकर बाहर सड़क की ओर ताकने लगा। ज्ञानचन्द जैन सज्जन को अकेले खड़ा देखकर अपने साथ ले गए। सज्जन की इस समय किसी से मिलने की इच्छा नहीं हो रही थी। इस समय वह लोगों से शिष्टाचार का झूठा नाटक करने की अवस्था में नहीं था। वह अकेलापन चाहता था—अकेलापन जिसमें घुटते-घुटते उसकी मौत आ जाए। मौत के आने तक कोई न आए, पाप-पुण्य किसी प्रकार का खयाल उसे न सताए। वह इस समय हारा हुआ है, लेकिन मनचाही वस्तु हर समय मिलती नहीं, सज्जन को इस समय न एकान्त मिल सकता है न मौत!

भगवती बाबू अपनी स्कीम की पूरी गर्मी में आ चुके थे। किसी ने टोक दिया था, तो उसके जवाब में हाथ बढ़ा-बढ़ा कर फिर अपनी कलात्मक मास्टरपीस स्कीम को दुहराते हुए कह रहे थे—"हम घसियारों से एक पूले घास से ज्यादा प्रीमियम माँगते ही नहीं। आप क्या समझते हैं? साढ़े छै लाख की आबादी में कम से कम साढ़े छै सौ घसियारे तो होंगे ही। उनसे पाई हुई एक-एक पूला घास कितने की हो गई? इंश्योरेंस कम्पनी को कभी घाटा तो हो ही नहीं सकता; और इस मुनाफे से अगर आप फिल्म कम्पनी नहीं खोलना चाहते तो मैं अखबार निकाल दूँगा। अखबार निकालने के लिए जितने लेखक और पत्रकार हैं, उन सबसे प्रीमियम के तौर पर उनकी रचनाएँ माँगी जाएँगी।"

"तो भगवती बाबू, आपने लेखकों-पत्रकारों को भी घसियारों की श्रेणी में बिठा दिया?" —एक पत्रकार ने कहा।

"आप समझते क्या हैं ? आज के समय में साहित्यिक घसियारों की भला कोई कमी है ?"

चारों ओर से ठहाका पड़ा। सज्जन के कान हास्य की उस निर्मलता को सह न पाए। निर्मलता किसी भी रूप में उससे सही नहीं जा रही थी। उसका मन इस समय चिड़चिड़ाहट से भर रहा था।

कर्नल आया; उसकी पीठ पर हाथ रखा; सज्जन ने घूम कर देखा और चुपचाप पीछे चला आया। कर्नल बोला—"बिन्नो तुम्हें बुला रही है।"

सज्जन कन्या के सामने जाना नहीं चाहता था। अकारण ही त्योरी चढ़ाकर बोला—"वह राजी हुई कि नहीं ?"

"तुमसे बात करना चाहती है।"

"मैं बात कर के क्या करूँगा ? वह राजी हुई या नहीं ?"

"बिन्नो कहती है—" सज्जन के कोट पर लगे हुए एक बारीक धागे को हटाने के बहाने नजरें झुकाकर कर्नल ने फिर कहा—"कहती है, अगर बात नहीं बढ़ानी थी तो शुरू से ही न बढ़ाते; मगर अब उसके लिए पीछे कदम हटाना असम्भव है।"

"असम्भव! किसके बल पर ये सम्भव और असम्भव का दावा कर रही है ? उससे तुम साफ-साफ कह दो जी कि अब इस काम में हम उसकी कोई सहायता नहीं कर सकते। उसे मेरी बात माननी ही होगी।"

कर्नल कुछ न बोला। सज्जन एकाएक कर्नल की तरफ देखकर बोला—"कर्नल, बगैर किसी लल्लो-चप्पो के तुम साफ-साफ परिस्थिति खोल कर कह दो। मुझे जिस समाज में रहना है उसके विरुद्ध हरगिज नहीं जाऊँगा—"

इसी समय कन्या कमरे के बाहर आई। सज्जन पत्ते की तरह हिल गया। कन्या के पास आने से पहले ही वह वहाँ से यह कहता हुआ चल दिया—"मैं उससे इस वक्त बात नहीं करना चाहता। मुझे इस वक्त गुस्सा आ जाएगा। एग्जिबीशन के लिए तस्वीरें इकट्ठी करने जा रहा हूँ।" सज्जन फिर एक क्षण रुके बिना ही तुरन्त चल दिया और मानो इस निश्चय के साथ चल दिया कि अब से वह अच्छाई से, पुण्य से घृणा करता हुआ दूर ही रहेगा। उसका दिमाग फुल स्पीड में घूमते हुए पहिए की तरह चल रहा था। उसकी लपेट में इस समय केवल हठ था—अपने आप को डुबा देने का हठ, मिटा देने का हठ। सज्जन इस समय जीना नहीं चाहता था। फाटक पर छह-सात आदमियों के मजमे से घिरे हुए महाकवि जोश प्रवेश करते दिखलाई दिए।

सज्जन आते हुए मजमे से यों कतराया जैसे गन्दगी का टोकरा उठाए लिए जाता हुआ मेहतर 'शरीफजादों' से बचकर चलता है।

फाटक के बाहर रिक्शेवाले खड़े थे।

"शाहनजफ रोड," कहते हुए सज्जन तेजी से एक रिक्शे पर बैठ गया।

वह अपने आपको चरित्रहीन की सोहबत में जल्द से जल्द देखना चाहता था। वह ऐसे वातावरण में पहुँच जाना चाहता था जहाँ उसकी हर उचित-अनुचित आज्ञा का तुरन्त पालन हो।

43

कन्या से मिल कर लौटने के बाद से सज्जन ने चित्रा को अनेक तरीकों से परेशान किया; यों अपने जी की भड़ास निकाली। उसने तरह-तरह से यह जतलाने की कोशिश की कि स्त्री पुरुष का खिलौना मात्र है। वह पुरुष की आश्रिता है, इसका कारण यह है कि समाज पुरुषों द्वारा संचालित है। स्त्री को हर हालत में उसे सहायता प्रदान करनी होगी; स्त्री को पुरुष की इच्छानुसार उसे प्रेरणा प्रदान करनी होगी।

चित्रा ने पूछा था—"और स्त्री को कौन प्रेरणा प्रदान करेगा ?"

सज्जन यह कहते-कहते रुक गया कि स्त्री को प्रेरणा की कोई आवश्यकता नहीं। पुरुष को प्रेरणा प्रदान करने का काम ही नारी को प्रेरित कर सकता है, लेकिन फिर उसने यह जवाब न दिया। वह जानता था कि चित्रा इस बात के उत्तर में कोई ऐसा चुभता हुआ सत्य कह देगी जो इस समय उसके मन को मथ डालेगा। सज्जन मन-मंथन से बचना चाहता था। वह इस समय अपनी झख पर अड़ा रहना चाहता है। जैसे मुगल बादशाहों से कोई यह कहने की हिम्मत नहीं कर सकता था कि तुम यह काम मत करो अथवा यह काम अवश्य करो, उसी तरह सज्जन को भी यह अधिकार समाज से मिलना ही चाहिए। समाज में हर एक को, विशेषकर उन स्त्री-पुरुषों को जो उसके निकट सम्पर्क में आते हैं, सज्जन की यह इच्छा पूरी करनी ही चाहिए। और यदि दूसरे न कर सकें तो कोई हर्ज नहीं, मगर चित्रा या वनकन्या को तो उसकी मर्जी के अनुसार चलना ही पड़ेगा। ये लोग उसकी बात न मानें, यह वो कदापि सहन नहीं कर सकता। दिन में भोजन करने के बाद सज्जन और चित्रा आराम से बैठे थे। सज्जन ने एकाएक पूछा—"अपने भविष्य के बारे में तुम्हारा क्या प्लान है?"

"जब तक तुम पैसा दोगे तब तक किसी प्लान की जरूरत नहीं। उसके बाद कोशिश करूँगी कि किसी और से मेरे खाने-खर्चे का सिलसिला बँध जाए।"

"उसके बाद?"

"उसके बाद फिर कोई और नया।"

"लेकिन तुम पुरानी हो जाओगी। तब क्या करोगी?"

"अपने आखिरी प्रेमी को जहर देकर खुद फाँसी पाने का सपना बरसों से देख रही हूँ!"

"कितनी क्रूर और पतित हो तुम, मैं तुमसे नफरत करता हूँ!"

"तुम प्रेम ही कब करते थे जो तुम्हारी नफरत से डरूँ? मुझे किसी से प्रेम मिला ही कब जो मैं उसकी कद्र करूँ?"

"तुमने कभी किसी से यह चाहा ही नहीं!"

"क्या तुमने कभी किसी से चाहा है?"

सज्जन अटका, फिर बोला—"हाँ!"

"और तुम्हें प्रेम मिलता है?"

सज्जन इनकार न कर सका।

"किससे?"

"इससे तुम्हें बहस नहीं।"

"मैं जानती हूँ। मैं ही नहीं सारा शहर—पर—खैर—न सही। क्या तुमने भी उसे अपना प्रेम दिया?"

सज्जन उलझन में पड़ गया; वह पैदली मात खा गया था। जानता था कि हर तरह से उसे इस बहस में हारना ही पड़ेगा, क्योंकि वह खुद अपने से हारा है। सज्जन चिड़चिड़ा उठा, बोला—"मैं अपने प्राइवेट मसलों पर तुम्हारे साथ बहस नहीं करना चाहता।"

"ठीक है, मुझे भी फिजूल की बहसों से कोई वास्ता नहीं। खैर, एक बात बतलाओ, यह तो मैं जानती हूँ कि तुम मुझे कैप्टेन राजदान की तरह अपने घर में नहीं रखोगे; सेवॉय में क्या मेरा मुस्तकिल इन्तजाम कर दोगे? या अपना कोई फ्लैट ही मुझे दे दो।"

"क्या मानी?"

"मतलब ये कि मुझे कम से कम यह तो मालूम ही हो जाना चाहिए कि छह महीने, साल भर या इससे भी ज्यादा दिनों की लीज पर तुम मुझे खरीद रहे हो ताकि मैं वह 'टर्म' खत्म होने से पहले ही किसी दूसरे पर डोरे डाल सकूँ।"

सज्जन कुछ न बोला, घृणा से मुँह फेरकर बुदबुदाने लगा। चित्रा मानो जवाब पाने के लिए अड़ी हुई थी, उसने फिर पूछा।

''गो अवे, आई हेट यू, तुम सभ्यता का कलंक हो।'' सज्जन गरजा।

चित्रा बड़ी जोर से हँस पड़ी; कहने लगी—''डियर, डियर! कुछ बरसों पहले मैं सभ्यता, खूबसूरती और न जाने कितनी खूबियों की रिप्रेजेन्ट करने वाली मानी जाती थी!''

''तब तुम में ये सब खूबियाँ थीं।''

''आज भी हैं, मैं वही हूँ सिर्फ मेरी उम्र तीन-चार साल और ढल गई है। मेरा तजुर्बा भी कुछ बढ़ गया है। पहले मैं समझती थी कि लोग मेरी तारीफ में जो कुछ कहते हैं वो सब कुछ सही है, अब ऐसा कोई मुगालता नहीं। मैं जानती हूँ जिस तरह भिखारी अपनी गरज का बावला होने की वजह से बड़ी-बड़ी दुआएँ देता है, उसी तरह अपनी खुदगर्जी के लिए मर्द औरत की जवानी का भिखारी बनकर उससे दान पाने के लिए निकम्मी तारीफें किया करता है। जैसे भिखारी की दुआएँ, ऊपरी मन से निकलती हैं और बेमानी होती हैं उसी तरह मर्दों की प्यार और आदर्श भरी बातें भी—''

''चित्रा मैं बहस नहीं चाहता। तुम अपने होटल चली जाओ। जब जरूरत होगी, बुलवा लूँगा।''

चित्रा सज्जन को तरह-तरह से तपाकर उसे खिझाती रही; और जब वह नाराज होकर, चीखकर, तर्क से—हर तरह से हार गया तब चित्रा ने उसके थके मन को शराब पिलाना शुरू किया।

रात भर सज्जन बेहोश पड़ा रहा। सुबह उठने में उसे बहुत देर हुई। सिर बेहद भारी हो रहा था। उसने घूम कर देखा चित्रा उसके पास नहीं थी। नौकरों से पता लगा कि वह सबेरे ही चली गई। यह अकेलापन सज्जन को अच्छा ही लगा; हालाँकि इस समय वह किसी का साथ चाहता था? उसका शरीर निहायत बेजान हो रहा था। उसका मन एकदम मुर्दा हो रहा था। उसे अपने ऊपर तरस आ रहा था। वह चाहता था कोई उस पर तरस खाए, वह चाहता था कोई उसे गुनाहों समेत अपने दामन में छुपा ले। काफी देर तक पलंग पर पड़ा रहा—नौकर मुक्कियाँ लगाता रहा, फिर उठा। आज नहाने में भी उसने बड़ी देर लगाई, लगभग एक घंटे तक गर्म पानी के टब में पड़ा रहा। पड़े-पड़े अनेक संकल्प-विकल्प आते रहे। हठपूर्वक कन्या का नाम न सोच कर भी वह अपने प्रत्येक विचार के पीछे उसकी छवि देख रहा था। ऐसा मालूम होता था जैसे उसके जीवन के प्रत्येक शुभ संकल्प का नाम ही वनकन्या हो। अपने से हारा हुआ व्यक्ति बड़ा ही दयनीय होता है, सज्जन भी इस समय अत्यन्त दयनीय मानसिक स्थिति में था।

लंच के बाद नौकर डाक और आज के अखबार ले आया। चिट्ठियाँ कुछ खास नहीं थीं, एक इंश्योरेंस कम्पनी का प्रीमियम जमा कराने के लिए याद-देहानी का खत था; एक स्थानीय पुस्तक-विक्रेता के यहाँ से नई पुस्तकों की सूची आई थी; और तीसरा पत्र एक किरायेदार का था जिसमें किराया वसूल करनेवाले मुख्तार की शिकायतें लिखी थीं और मकान में कुछ नई मरम्मत करवाने की माँग की गई थी। सज्जन ने पत्र पढ़ कर एक ओर डाल दिए; फिर कुछ देर बैठा सिगरेट फूँकता रहा; फिर अखबार उठाया। अखबार का पहला पेज इलेक्शन की खबरों से रँगा हुआ था। मुम्बई, मध्यप्रदेश, मद्रास, उड़ीसा, हैदराबाद, सब जगह कांग्रेस के उम्मीदवार अधिक संख्या में जीते थे। पंडित नेहरू ने अपने कानपुर के भाषण में फिरका-परस्त जमातों की अच्छी खबर ली थी, इस्माइलिया नगर के एक भाग में ब्रिटिश फौजों ने कब्जा कर लिया था—ये सब बेजान खबरें थीं। चुनाव चर्चा ईमान का नहीं बल्कि बेईमानी का प्रतीक बनकर उसे चिड़चिड़ाहट से भरने लगी। दूसरा पेज उल्टा, तीसरे पेज पर नजर डाली, सिनेमा के विज्ञापन थे—नाबेल्टी में 'आवारा', प्रिंस में 'खजाना', मनोरंजन में 'सजा'—सज्जन को हँसी आ गई। सचमुच मनोरंजन के क्षेत्र में, खासतौर पर हिन्दुस्तानी और आमतौर पर अमरीकन फिल्मों को भी देखना अब सजा ही है। 'लखनऊ की डायरी' कालम में भी उसके लायक कोई आकर्षक कार्यक्रम नहीं छपा था। आचार्य कृपलानी का भाषण; जनरल पोस्ट ऑफिस के मैदान में हेमू कालानी की नवीं वर्षी मनाई जाएगी; एक इन्टर कॉलेज में उद्घाटन; अमीनुद्दौला पार्क में हिन्दू सभा की मीटिंग; दारुलशफा में लखनऊ लेखक-

संघ की बैठक—महिपाल का ध्यान आ गया। तभी नजर पड़ी—मास्टर जगदम्बा सहाय गिरफ्तार कर लिए गए; उनकी जमानत भी स्वीकार नहीं की गई। सज्जन सीधा तन कर बैठ गया। उसे यह खबर पढ़ कर क्रोध चढ़ आया था। 'नेशनल हेरल्ड' पटका, 'पायनियर' उठाया, 'स्वतंत्र भारत' देखा और फिर 'नवजीवन' भी। नवजीवन में खबर के साथ कर्नल नगीन चन्द जैन का वक्तव्य भी छपा था। उसमें लिखा था—"हम चुनाव के इस नाजुक अवसर पर कोई भी ऐसा काम नहीं करना चाहते जिससे कि देश को, हमारे देश की प्रमुख राजनीतिक संस्था को, किसी प्रकार की हानि पहुँचे, परन्तु जहाँ तक मानवीय मान्यताओं को राजनीतिक उद्देश्य के लिए कुचला जाएगा वहाँ हम किसी की भी परवाह न करेंगे। हमारा कोई राजनीतिक उद्देश्य नहीं, परन्तु हम अन्याय के सामने अपना सिर कभी न झुकाएँगे।"

उसे कर्नल से ईर्ष्या हुई। कन्या पर क्रोध आया—वक्तव्य में उसका नाम क्यों नहीं छपा—और क्रोध आया कि मेरी बात न मानी—ज्यादा गुस्सा कर्नल पर आया—फिर कन्या के ध्यान मात्र से उसके दाँत आप ही आप पिसने लगे—"मैंने ही उसे कर्नल से इंट्रोड्यूस कराया, और मुझको ही यह दिखलाना चाहती है कि उसका चार दिन का बहन-भाई सम्बन्ध मेरी कर्नल की दोस्ती से ज्यादा घना है। अधिकार जतलाना इसकी आदत में है; एक को किसी ट्रिक से बाँधती है, दूसरे को किसी और से। मैं इसे कर्नल के घर से निकलवाकर ही दम लूँगा। यह लड़की खतरनाक किस्म की है। चार प्रभावशाली लोगों का आसरा लेकर यह ऊँचा उठना चाहती है। यह ठीक है कि कन्या बदचलन नहीं पर यही क्या एक बुराई होती है जीवन में ? मनुष्य की और बहुत-सी कामनाएँ ऐसी होती हैं जिन्हें कोई नैतिकता की ऊँची दृष्टि से नहीं देख सकता। सतीपने की आड़ में वनकन्या अपनी महत्त्वाकांक्षा को छिपाकर हरगिज 'भली-भली' नहीं रह सकती।"

सज्जन ने घंटी बजाई। नौकर को टेलीफोन लाने का आदेश दिया। कर्नल को दुकान पर फोन किया। वहाँ न मिला तो घर का नम्बर मिलाया। उसने कर्नल को बड़ी जोर से डाँटा, बोला—"तुम्हारे लिए मेरे दिल में बड़ी इज्जत थी कर्नल, लेकिन आज से मैं तुमको भी अच्छी तरह समझ गया।"

कर्नल सज्जन की नाराजगी को अपनी हँसी से टालते हुए बोला—"अच्छा भाई, मत करना इज्जत, और जो आज तक की सो कौन सा मुझे निहाल कर दिया!"

"तुम्हारे लिए हम लोग कोई नहीं रहे ?"

"यह बात नहीं सज्जन, तुम बेकार ही बिगड़ रहे हो। अब भला बतलाओ जो हमारी शरनागत आया है उसे धोखा देना क्या मुनासिब बात होगी ? और फिर हक की बात है सज्जन, कोई नाहक की बात नहीं।"

"भाड़ में जाओ तुम!" सज्जन ने टेलीफोन पटक-सा दिया। वह हर बात जो उसे न्यायपक्ष की ओर खींचती थी, अपने लिए इस समय बड़ी अन्यायपूर्ण प्रतीत हो रही थी। सज्जन अपने आदर्श से गिर चुका था, यही बात उसे बुरी तरह सता रही थी।

सज्जन चिड़चिड़ाता रहा। वह अपने आप को जबरदस्ती किसी न किसी काम में उलझाए रखकर, बहाने-बहाने से अपने रोष को अपने नौकरों-चाकरों पर उतारता रहा। कल शाम उसने छोटे दीवान जी को आदेश दिया था कि बड़े तख्त, गद्दे, बड़ी कालीन और कुछ कुर्सियाँ ? पानी, क्रॉकरी-स्टोव आदि ताई की हवेली में भेज दी जाएँ। पिछली शाम की आज्ञा पालन हुई या नहीं, यह जानने के लिए वह खुद दफ्तर वाले कमरे में गया। बड़े दीवान जी और छोटे दीवान जी दोनों ही नहीं थे, क्लर्क दो कुर्सियों को जोड़ कर मुँह खोले खुर्राटे भर रहा था। बेचारे की शामत आ गई। सज्जन ने आव देखा न ताव उस पर हाथ चला दिया। सज्जन का तमाचा खाकर क्लर्क जाग उठा। सज्जन काफी नाराज होता रहा। क्लर्क महोदय भी अकड़ गए। सज्जन ने उसे निकाल दिया—शब्दश: धक्के देकर निकाला। अपनी कोठी के एक-एक कमरे का मुआइना किया, नौकरों के हर काम में नुस्ख

निकाला; कइयों पर जुर्माने हुए। रसोइया महाराज के मिर्च-मसालों का हिसाब भी जाँचने बैठे। उसके हिसाब में बड़ी गड़बड़ थी सो उसकी पूरी तनख्वाह काट ली। इस तरह सारे घर पर वह झुँझलाता फिरा। नादिरशाह की तरह जिधर से वह निकल जाता था उधर ही नौकरों में तहलका मच जाता था। माँ के ठाकुरद्वारे—अपने 'चिन्तन-मन्दिर'— के सामने आया। एक बार उसने अन्दर जाने के लिए कदम भी बढ़ाया फिर ठिठक गया और चला आया। वह देवताओं का सामना नहीं करना चाहता था, अपनी माँ का सामना नहीं करना चाहता था, वह नादिरशाह ही बना रहना चाहता था। कोठी में अब किसी पर रौब जमाने की गुंजाइश नहीं रही थी, और रौब पानी में पड़ी हुई लाश की तरह फूल रहा था। सज्जन अपने आप में समा नहीं पा रहा था। कपड़े पहने, गाड़ी निकाली और चल दिया। इस समय सज्जन गाड़ी को नहीं बल्कि गाड़ी सज्जन को चौक की ओर ड्राइव कर ले चली।

ताई के घर की कुंडी खटखटाई। उन्होंने दरवाजा खोला। ताई उसे देखकर एकदम से खिल उठीं। अन्दर आँगन में ललिता-बिसाखा और किसुन तीनों की गर्दनें एक ही डोरी के तीन फंदों में फँसी हुई थीं। एक ओर बिसाखा दूसरी ओर किसुन तनकर अपनी गर्दनों से इस फंदे को छुड़ाने का प्रयत्न कर रहे थे। ललिता दोनों के तनाव से खिंची जा रही थी। ताई सज्जन से बोलीं—"मरे चैन नई लेने देवे हैं! भाग-भाग के बगल वाली की सौरी में घुस जावें हैं, मरों के पीछे आज दिन में दो बार नहाना पड़ा।" यह कहते हुए ताई ने आँगन में पड़ी हुई दूसरी डोरी उठाई और उस डोरी से जोड़ने चलीं जिसमें तीनों बिल्ली के बच्चे बँधे हुए थे। ललिता-बिसाखा और किसुन तीनों एक साथ बँधे-बँधे भागे। ताई ने सज्जन को उन्हें पकड़ लाने के लिए कहा। सज्जन ने तीनों को खम्भे से बाँध दिया।

"ताई, मेरा सामान आ गया?"

"हाँ रे, मैंने सब समान ठीकों-ठीक लगवा दिया है। तेरा बैठका ससुर जी के बैठके में ही बनाया है मैंने। और क्यों रे कन्नोमल के पोते, विद्दिन किसोरी के लड़के की जाफत में गया था तू?"

"हाँ, ताई।"

"कैसी रही जाफत? सुना भौत आदमी आए थे?"

सज्जन जान-बूझ कर झूठ बोला—"नहीं ताई, ज्यादा नहीं, छह-सात सौ आदमी थे।"

"कै तरह की मिठाइयाँ थीं?"

सज्जन को याद नहीं रहा था। इसके अलावा भी वह इस समय फिजूल के सवाल-जवाबों से बचना चाहता था, बोला—"गिनती में टुकड़े कुछ ज्यादा थे ताई, मगर कुछ था नहीं।"

"हाँ, मैंने गोकलद्वारे में सुना था कि सब समान बेजीटेबल घी में बना था। अरे, वो महा की सुमड़ी है, कन्नोमल के पोते! उसके तो सारे बंस का नास होगा देख लीजो!"

ताई और सज्जन मर्दानी हवेली के अन्दर आ गए थे। आँगन बहुत बड़ा था; सज्जन ने अनुमान लगाया, लगभग सौ स्क्वायर फीट लम्बा-चौड़ा होगा। उसके चारों ओर दालान; दालानों में बड़े-बड़े कमरे। और बाकी कमरे बन्द थे, केवल ड्योढ़ी से घुसते ही दाहिनी तरफ का बड़ा हॉल खुला हुआ था। सज्जन ने ताई के साथ उसमें प्रवेश किया। छत पर पुरानी मीनाकारी का कुछ भाग अब भी शेष बच रहा था। जगह-जगह से दीवालों के पलस्तर उखड़ गए थे, लखौरी ईंटें चमक रही थीं। सज्जन के दो तखत और चार आराम-कुर्सियाँ उस बड़े भारी हॉल में खो गई थीं। ताई बोलीं—"मैं जब ब्याह के आई तो ये हवेली बिक चुकी थी। मेरी सास इस मकान में रहा करे थीं जिसमें अब ये निगोड़ा भभूती रहवे है।"

सज्जन का ध्यान ताई की बातों की ओर आकर्षित हुआ। जागने के बाद से आज पहली बार उसका ध्यान अपनी झुँझलाहट के सिवा किसी दूसरी ओर आकर्षित हुआ था, पूछा—"ताई क्या पहले बहुत गरीबी थी आप के यहाँ?"

''मेरे ससुर ने सब पे चौका लगा दिया था। कर्जे के मारे गोमती में डूब मरे थे। अरे, इनके घर खाने के लाले पड़े हुए थे। मैं जब ब्याह के आई तो मेरे भाग से लछमी परसन हुई है। मेरी बदौलत ही आज यह सारा राज-पाट है। और मुझी को इन्होंने टीके का न्योता भी नहीं भेजा। न्योता आता तो भी मैं न जाती। पर कहने को बात तो रह गई।''

सज्जन सोच रहा था, इस आलीशान कमरे को कैसे सजाऊँ कि यह फिर से सुशोभित हो उठे।

ताई कह रही थीं—''कन्नोमल के पोते, तू ब्याह कर ले। ऐसी बड़ी जाफत करूँगी कि राँड़ के कलेजे में आग लग जाएगी। बोल, पक्की करूँ? लड़की तुझे दिखा दूँ बड़ी सुसील है।''

सज्जन इस समस्या से बचना चाहता था, बोला—''ताई जी, मेरी जनम-पत्री में लिखा है कि अगर दो साल के अन्दर ब्याह कर लूँगा तो मेरी मौत हो जाएगी।''

ताई सुनकर स्तम्भित रह गईं, फिर कहा—''जनमकुंडली अच्छी तरह मिलवाऊँगी जिसकी पत्तरी में पूरा सुहाग होगा उसी को—'' फिर धीरे से बोलीं, मानो रहस्य की बात कर रही हों—''कन्नोमल के पोते, किसी का कारज करने की मेरे मन में बड़ी साध है। वो राँड़ सोचती होगी कि उसके तो लड़के, पोते हैं। मल्हर-मल्हर सबको मल्हरावे है। अरे, मैं भी अभी इस लड़के की छटी करूँगी, फिर तेरा—''

बाहर फाटक खुलने की आवाज हुई। सज्जन ने बाहर आकर देखा छोटे दीवान जी चले आ रहे थे, उनके पीछे एक मजदूर के सिर पर पीतल की बड़ी गंगाल थी।

''ये किसलिए लाए हो?''

''हजूर, पानी की जरूरत तो—''

''घर से लाए?''

''जी नहीं हजूर, मोल ली है।''

''क्यों? पैसा फालतू आता है क्या? घर में इतनी सी गंगालें थीं। इसको वापस कर आइए फौरन!''

इसी समय ताई अपने घर की कुंडी खटकती सुनकर उधर चली गईं। सज्जन ड्योढ़ी के बाहर गली की तरफ आ गया। लाला जानकीसरन अपने बरामदे में बैठे हुए फलवाले से सौदा चुका रहे थे। उसे देखते ही बोले—''ताई की गोद बैठ गए भाई?''

सज्जन इस समय मजाक का जवाब देने के मूड में न था। लाला जानकीसरन को देखकर वह संकुचित हो उठा। लाला जी बोले—''आओ, आओ, बैठो, दो मिनट! अरे, आओ भी!''

सज्जन को इनके चबूतरे पर जाना पड़ा। लाला जानकीसरन बोले—''लड़के भले ही बुजुर्गों को भूल जाएँ मगर बुजुर्ग लोग बुजुर्ग ही रहेंगे। हाँ, राजा साहब को जरूर आज का इखबार पढ़के तकलीफ हुई। दिन में उनका टेलीफून भी आया था।''

सज्जन लाला जानकीसरन के और कुछ कहने से पहले ही बोल उठा—''इसमें मेरा कोई हाथ नहीं, लाला जी! मैं इस मामले से अलग हूँ।''

''मगर कर्नल—''

''कर्नल ने इस मामले में मुझसे कोई राय नहीं ली।''

''हः-हः-हः! तो ये मामले हैं!''

सज्जन को लाला जानकीसरन की यह हँसी और बात बुरी जरूर मालूम हुई मगर इस समय वह स्वयं ही अपराधी-सा अनुभव कर रहा था; कुछ न बोला। लाला जानकीसरन ने बात आगे बढ़ाई, कहने लगे—''भइया, पैंसठवाँ साल चल रहा है मेरा। सम्मत चवालिस का जनम है मेरा। तुम्हारे बाप मुझसे काफी छोटे थे। अब हम तुमसे क्या कहें? तुम तो भगवान की दया से इत्ते नामी-गिरामी

हौ, हर तरों से समझदार हौ, बस इसारे में ही तुमसे बात कहने का धरम है मेरा—सौक सब करो, बाकी अपने आप को सँभाले रखो। नगीन चन्द को भी हमारी तरफ से यही नसीहत देना। जो लड़की अपने सगे बाप की नहीं वो और किसकी हो सकती है भइया!"

सज्जन खामोश रहा। कन्या के प्रति जो धारणाएँ लाला जी बाँध रहे थे वे उसकी दृष्टि में असत्य होते हुए भी इस समय उसे विद्रोह करने को प्रेरित नहीं कर रही थीं। नुमाइश के सम्बन्ध में बातें हुईं। लाला जानकीसरन ने अपने दोनों बड़े कमरे उसे दिखलाए, कमरे चित्रों की प्रदर्शिनी के योग्य न थे; उनमें पर्याप्त उजाला नहीं था। सज्जन ने बिजली वाले को बुलवा देने के लिए लाला जी से कहा। दूसरे दिन सुबह आठ बजे यहाँ आने का निश्चय कर सज्जन फिर ताई की हवेली में लौट आया। कमरे में कन्या बैठी हुई थी; उसे देखते ही सज्जन कस गया। उससे कुछ न कहते हुए वह एक आराम-कुर्सी पर लेट गया। मुँह दूसरी ओर घुमा लिया।

कन्या ने पूछा—"नाराज हो?"

"..."

"नाराज होने की बात तो नहीं—"

"मेरी क्या मजाल कि मैं आपसे नाराज होऊँ?"

"मुझे स्वप्न में भी आशा न थी कि तुम अन्याय का पक्ष लोगे।"

सज्जन चिढ़ उठा; बोला—"मैं न्याय का पक्ष लेने के लिए ही बदनाम हूँ।"

"तब फिर—"

"मैं अब इसमें तुम्हारा अन्याय देख रहा हूँ!"

"क्या?"

क्या का उत्तर सज्जन को ढूँढ़े न मिला। कन्या बोली—"मैं अपने पिता के साथ अन्याय कर रही हूँ? क्या तुम अब यह उचित समझते हो कि नारी को सर्वदा दलित रहना चाहिए?"

सज्जन अपना आपा खोने लगा। चिढ़ कर बोला—"जी नहीं, नारी को अब कौन दलित कर सकता है भला; दले जाएँगे पुरुष—"

"सज्जन, तर्क से बात करो, क्रोध तुम्हें किस कारण से आ रहा है? क्या मैंने तुम्हें किसी प्रकार का धोखा दिया? क्या यह बात उसी दिन साफ नहीं हो गई थी जिस दिन मैं पहली बार तुम्हारे यहाँ आई थी?"

"मुझे इसकी शिकायत नहीं। मेरी शिकायत तो यह है कि जब मैंने तुम से मना कर दिया तब चार दिन क्या ठहर नहीं सकती थीं?"

"सज्जन, तुम्हारे पास बड़े-बड़े लोगों की सिफारिशें पहुँचीं; मेरे पिता को बचाने के लिए नहीं बल्कि सालिगराम की मान-रक्षा के लिए! मैं क्यों मानूँ? सालिगराम की किरकिरी हुई, या कांग्रेस वाले बदनाम हुए इसका दोष मेरे ऊपर क्यों आए?"

'मिस वनकन्या, मैं आपकी पोलिटिकल चाल को खूब समझ गया हूँ अब तक—"

"सज्जन, तुम यह अच्छी तरह जानते हो कि सच क्या है। बहरहाल मुझे बहस नहीं करनी।"

"और मैं भी बहस नहीं करना चाहता।" कह कर सज्जन ने फिर मुँह फेर लिया। कन्या तखत से उठकर सज्जन के पास आई; आराम-कुर्सी के पास आकर खड़े होते ही सज्जन के सिर पर हाथ रख कर उसने कहा—"अब नहीं बोलोगे?"

"नहीं।"

"कब तक?"

"हमेशा के लिए।"

"न बोलना, मैं तो बोलूँगी!"

सज्जन को वनकन्या के हाथ का स्पर्श उत्तेजित कर रहा था। यह उत्तेजना ही इस समय सज्जन के लिए और भी अधिक चिड़चिड़ाने वाली बन गई। वनकन्या का स्पर्श सुखद और शीतल था—कम से कम उसे ऐसा महसूस हो रहा था। वह स्पर्श कन्या के अन्तर की सारी 'पवित्रता' मानो उसे सौंप रहा था। सज्जन के अन्तर की 'अपवित्रता' चिढ़ उठी। पवित्र-अपवित्र की भावना सज्जन के मन में साफ-साफ उभरी हुई थी। इसके साथ ही साथ वह अपनी अपवित्रता को ही पवित्र मानकर वनकन्या की पवित्रता को अपवित्र करार देने का हठ कर रहा था। सज्जन एकाएक उठ बैठा, बोला—"यह तुम मुझसे नहीं बोल रहीं, मेरे पैसे से, मेरी इज्जत और शोहरत से—"

"दूसरी बार सुन रही हूँ!"

"तुम सदा ही इसे बेशर्म होकर सुनती रहोगी!"

वनकन्या के चेहरे पर एक बार तमक आई, फिर संयत स्वर से कहा—"जिस दिन यह विश्वास हो जाएगा कि तुम सचमुच यही समझते हो, उस दिन से अपना मुँह नहीं दिखलाऊँगी!" कहकर कन्या हट गई।

"कन्नोमल के पोते!"

"हाँ, ताई जी!"

"सुन, ये जो तेरी है न, इससे कह दे तारा के लड़के की बुआ बन के छटी पूज देगी। जैसे निगोड़े वे बेधरम वैसेई ये! और उसके लिए बुआ कहाँ से लाऊँगी मैं!"

सज्जन ने तुरन्त ही साधिकार कन्या की तरफ देखते हुए कहा—"हाँ-हाँ, ताई जी!"

कन्या भी तुरन्त बोली—"जरूर बन जाऊँगी ताई जी, लेकिन मैं अधर्मी नहीं हूँ ताई जी!" कन्या ने मजाक करने का प्रयत्न किया।

गली का एक कुत्ता अन्दर घुस आया। कमरे के दरवाजे पर खड़ी हुई ताई की नजर पड़ी; "हट!" करती वे उसके पीछे दौड़ीं। कुत्ता घबराकर फाटक की तरफ जाने के बजाय दालान की ओर दौड़ा। ताई डकराने लगीं—"अरे, तेरा सत्यानास जाय नासपीटे! अरे पकड़ियो—मेरे घर में न घुस जाए—मेरे ललिता-बिसाखा—"

सज्जन इसके पहले ही दालान में दौड़ गया और कुत्ते को उधर से खेद कर भगाया। कुत्ता आँगन पार करता हुआ सीधा फाटक की ओर भागा। सज्जन फाटक बन्द करने चला गया। मोटे नक्काशीदार दरवाजे बन्द करते हुए अचानक उसकी नजर गली से गुजरते हुए बाबा रामजी पर पड़ी।

"कहो राम भगतवा"—बाबाजी अपने दंतविहीन पोपले मुँह से मुस्कुराए। उनकी छोटी-छोटी आँखें स्नेह की चमक से भर गईं। सज्जन उन्हें देखकर ऐसे घबरा गया मानो चोरी करते हुए पकड़ा गया हो। बाबा जी फाटक की ओर बढ़े, उनके पीछे उनका मोटा लट्ठ और तुमड़ी लिये हुए एक घुटमुंड लँगोटीधारी चेला भी था। सज्जन ने उनके आने के बाद दरवाजे उटकाए और उनके पीछे-पीछे चला। दालान में खड़ी ताई ने एक साधु-वेशधारी को देखकर तुरन्त उनके पैरों में अपना सिर नवा दिया।

"सुखी हो, सुमति हो, सांती हो!"

"महाराज कहाँ से पधारे?"

"राज जी के घर से आया हूँ राम भक्तिनियाँ, जहाँ से तू आई है!"

"अरे, ये तो सभी जाने है महाराज, मैं पूछूँ थी कि—"

"आप तो शायद पागलों का इलाज करते हैं?"

"हाँ बेटी, मैं पागलों का इलाज करता हूँ। जहाँ पागल होते हैं वहाँ मैं उनकी सेवा करने पहुँच जाता हूँ। क्यों न राम जी!"

सज्जन को लगा कि यह बात उसके ऊपर ही कही गई है। वह सिर झुकाए चुप रहा।

''अच्छा-अच्छा, आपी हैं, मैं गोकलद्वारे में सुन चुकी हूँ! तो यों कहो कि कन्नोमल का पोता तुमे पैलेई से जाने था।''

''अरे, ये राम जी हैं, ये किसे नहीं जानते, क्या नहीं जानते? इनसे बढ़कर सत्ता को जाननेवाला है कौन?''

सज्जन उसी तरह सिर झुकाए बैठा रहा, बाबा जी ने एक बार कन्या की तरफ नजर डाल, फिर ताई से पूछा—''तेरी लड़की है राम भक्तिनियाँ?''

''मेरी काए को होने लगी राँड़?''

''अरे, तुम्हारी ही तो है राम भक्तिनियाँ! तुम इसका सौ तोला सोना लिए बैठी हो, इसीलिए गाली देती हो!''

''मैं किसी की धेला भर चीज भी नहीं लूँ हूँ। हाँ, सौ तोला सोना मैं इसे (सज्जन की ओर देखकर)—इसकी बऊ को दूँगी जो ये मेरे कहे से ब्या कर ले।''

''अरे, बिना ब्याह किए ही दे-दे राम भक्तिनियाँ।''

''नहीं बाबाजी!''

''परोपकार होगा री। औ जो चोरी चला जाता तो क्या कर लेतीं?''

''मेरे घर चोरी होने की खबर तुम्हें भी मिल गई थी बाबाजी?''

''तेरे घर सचमुच चोरी हो गई री राम भक्तिनियाँ? अरे, मैं तो यों ही कह रहा था—उदाहरन दै रहा था।'' कहकर बाबाजी मुँह भरकर हँस पड़े। फिर कहा—''अच्छा! तो चोरी भई तबहीं से राम भक्तिन के मन के बिचार आया कि सौ तोला सोना किसी को दै डारैं!''

''हाँ बाबाजी, बात तो जेइ है,'' कहकर ताई का मनहूस चेहरा, चमकती हुई आँखें और काले-काले डंठल जैसे दाँत खिल उठे। फिर बोलीं—''मेरे कौन बैठा? और न मुझे मरने के बाद नाग और नागन का जोड़ा बन केई बैठना है। नाग और नागन तो वोई बनेंगे राँड के। (बाएँ हाथ की हथेली पर दाहिने हाथ का चटाका दे पंजा हवा में बढ़ा दिया) मैं तो जब मरूँगी महाराज तो बैकुंठ से विमान आएगा और मुझे ले जाएगा, देख लीजियो।''

''अरे, राम भक्तिन तू जरूर जाएगी! तेरे लिए तो श्री कृस्न भगवान बैकुंठ से इसपिसल बिमान भेजेंगे! वे तुझसे परमप्रिसन्न हैं! सोचते हैं, राम भक्तिनियाँ कब आवैं बैकुंठ में और कब उसकी लठिया लेके हम भागैं!'' बाबाजी फिर खिलखिलाकर हँस पड़े। इस बात पर सबको ही हँसी आ गई। ताई ने भी बुरा न माना; वे चुप हो गईं।

बाबाजी घूम कर सज्जन को देखने लगे। सज्जन निस्तेज होकर बैठा था। बाबाजी के सामने उसकी नजर नहीं ठहर पाती थी। बाबाजी बोले, ''अपनी विजय के दिन बड़ा मौन धारन किया है राम जी?''

''बाबाजी, सुनौ'', ताई बाबाजी को इशारे से बुलाकर अलग ले गईं और धीरे से पूछा—''जंतर-मंतर भी सिद्ध हैं बाबाजी?''

''हाँ राम भक्तिनियाँ, अंखिनी, संखिनी, डंखिनी जिसको कहो उसको तारैं!''

''बाबाजी, मेरी सौत के पोते को ऐन उसकी लगन की बखत मार डालौ!''

''उससे क्या होगा राम भक्तिनियाँ?''

''मेरे कलेजे में एक ही आग है, सौत राँड का बंस चलेगा। मेरी बेटी भी न रही, नईं तो उसी का बंस चलता। (धीरे से) भगवान का दिया मेरे पास बहुत है बाबाजी, जो ऐसा कर दो, ठाकुरजी के चरनों की सौं, मैं अपना सब कुछ तुम्हें दे जाऊँगी।—बस, सौ तोले सोने मैंने कन्नोमल के पोते—''

"मैं बताऊँ राम भक्तिनियाँ? तू अब कोई बड़ा भारी उत्सव कर डाल! बस, इन्हीं, राम जी को, औ ये ठड़ी हैं सीताजी—"

"ये सब झूटी लल्लो-चप्पो नई करूँगी महाराज! तुम्हें सच्ची कऊँ, मुझे फूटी आँखों अच्छा नईं लगे है इन दोनों का साथ, न जात न धरम! अभी मेरे घर में एक राँड़ की ऐसी ही घुस आई। गैर जात में अंग्रेजी ब्या करके बच्चा जनने आई निगोड़ी, मेरी हवेली में। बस, अंग्रेजी पढ़ ली, न तमीज न सऊर; भोगना मुझे पड़े है। मैं न होती तो बच्चे की कोई छटी भी न पूजता।"

ताई जोर-जोर से अपना यह भाषण कर रही थीं। कन्या और सज्जन कमरे में खड़े थे। बाबाजी का चेला तुमड़ी और डंडा लिये बुत बना उकड़ूँ बैठा लार टपका रहा था। ताई जोश में थीं, कहती चली गईं—"मुझे किसी का डर नई है। ये कन्नोमल के पोते ने मेरे साथ एक उपकार किया तो मैं भी उसको मानती हूँ। इसके बाबा को, दादी को, मइया को मैंने देखा है। ससुर के जमाने से हमारा इनका धरोबा है। इसी से कहूँ हूँ कि तू ये सब दंद-फंद छोड़, मेरी मर्जी का ब्या कर ले, सारा खर्चा मैं उठाऊँगी। मेरे मन में बड़ी साध रह गई, मेरे भी दोहते होते, किसी का मूँडन करती, किसी का जनेऊ करती, मेरे घर टीका आता..."

बरसों बाद—न जाने कितने बरसों बाद ताई की आँखों में पानी का झलझला आया। बाबा राम जी की कसरती देह तनकर खड़ी हुई; उनका वृद्ध मुख क्षण भर के लिए गम्भीर हुआ, छोटी-छोटी आँखें सधीं और वे बोले—"राम भक्तिन, तू सीताराम जी का ब्याह कर डाल! मेरे रामजी, तुम्हारी सीताजी! खूब बाजे-गाजे धूम-धड़ाके से बरात निकालेंगे! दिल के अरमान निकाल लो राम भक्तिनियाँ, सीताजी से बढ़ के कन्या और कौन मिलेगी?"

ताई गम्भीर होकर सुन रही थीं; उनके चेहरे से लगता था कि बात का प्रभाव पड़ा है, परन्तु फिर चौंक कर बोलीं—"जो तुम इस लड़की को सीता कह के मेरी बेटी बनाना चाहोगे तो—"

"अरे नहीं रामभक्तिनियाँ, बढ़िया मूर्तियाँ लावैंगे और प्रतिष्ठा करैंगे। फिर हम अपने बेटे को ले जाएँगे, तुम अपनी बिटिया की सगाई हमारे बेटे के लिए माँगना!"

"मैं सीताराम का ब्याह नहीं करूँगी।"

"क्यों भाई राम भक्तिनियाँ?"

"नईं महराज, इसमें इस्ट की बात होवे है। मैं राधा किसुन का ब्याह करूँगी।"

"अरे, पर राधा तो चिरकुमारी सुहागिन है राम भक्तिनियाँ!"

"तब मैं उसका ब्या इस बार करी डालूँगी। चलो, ये भी भौत अच्छा हुआ कि जो तुम आ गए।"

"हाँ, पर ये न समझना कि हम फोकट में आ गए राम भक्तिनियाँ! हमारे रामजी दहेज में तुमसे बहुत कुछ माँगेंगे! एक तो तुम्हें कन्या-पाठसाला खोलनी होगी, और दूसरे हमारे पागलों के आसरम में एक कमरा बनवाना होगा!"

"अच्छी बात है, मंजूर रही। दूँगी!" कहकर ताई ने बाबा के चरण छुए—"अच्छा चलूँ, मेरे गोकलद्वारे जाने की बेला हो गई है—" फिर कन्या की ओर मुड़कर; "अच्छा तो सुन री, लड़के की छटी के दिन तू आ जाइयो। बुआ का सारा नेग दूँगी। तुम भी आना महराज, उस दिन बरम्भोज करूँगी। किसी का भी हो मरा—मेरी ससुराल की हवेली में न जाने कित्ते बरसों बाद किसी बच्चे की नाल गड़ी है।"

ताई तेज चाल दालान से गुजरती हुई अपने निवास की ओर चली गईं। ताई के जाने के बाद बाबा राम जी ने सज्जन, कन्या और अपने रोगी पागल की ओर देखा। वह जड़-भरत एक हाथ में तुमड़ी और दूसरे हाथ में मोटा-सोटा लिए बैठा लार टपका रहा था। बाबाजी तुरन्त रोगी की ओर बढ़े—"क्यों राम भगत?" पागल ने अपनी फीकी सरल मुस्कान के साथ लार टपकाते हुए धीमे स्वर में कहा—"हाँ, बाबाजी!"

कन्या की ओर देखकर बाबा जी ने कहा—"बेटी, थोड़ा-सा जल ले आओ।" कन्या कमरे में दृष्टि दौड़ाने लगी। सज्जन भी हिला पर केवल हिल कर ही रह गया। कमरे के दूसरे सिरे पर कन्या को घड़ौंची पर रखा हुआ घड़ा दिखलाई पड़ा। वह उधर गई। बाबाजी ने सज्जन से कहा—"रामजी, हमने तो समझा था आप राम जी हैं! हः-हः आप सज्जन हैं!"

सज्जन पर घड़ों ठंडा पानी पड़ रहा था।

44

रात में साढ़े आठ के लगभग दुकान से घर जाने से पहले कर्नल कन्या से मिलने गया। कमरे के दरवाजे बन्द थे, प्रकाश दरवाजे की झिरियों से छनकर बाहर आ रहा था। कर्नल ने दरवाजे पर दस्तक दी।

"कौन?" कन्या की आवाज से अधिक उसके आँसू ही उभरकर सामने आए। कर्नल के सामने सारी परिस्थिति आ गई। वह पहले से भी अधिक गम्भीर हो गया। उत्तर में उसने कहा—"बिन्नो!"

अन्दर कुर्सी खिसकी, एक क्षण का मौन हुआ, पैरों की आहट पास आई, कुंडी खुली। कन्या का चेहरा, प्रकाश पीछे होने के कारण धूमिल दिखलाई दिया। कन्या का धूमिल मानस ही इस समय उसके मुख-मंडल की आभा बनकर प्रकट हो रहा था। कुंडी खोलकर कन्या लौट कर कुर्सी के पास खड़ी हो गई। सामने वाली कुर्सी पर कर्नल बैठ गया। कर्नल की नजरें नीची थीं, चेहरा विचार-मग्न; कन्या सामनेवाली कुर्सी के पास चुपचाप खड़ी थी।

कर्नल ने मौन भंग किया—"बैठो बिन्नो!"

कन्या बैठ गई।

कर्नल ने फिर पूछा—"सज्जन से भेंट हुई थी?"

"हाँ!"

"ताई की हवेली में उसका सामान आ गया था—"

"आ गया।"

फिर मौन।

कर्नल ने भूमिका-वार्ता के बाद असली बात पूछी—"बहुत नाराज होगा?"

कन्या चुप रही, आँसुओं पर जब्त कर सिर झुकाए बैठी रही।

कर्नल ने अपने मित्र की ओर से जैसे सफाई देते हुए कहा—"असल में राजा साहब ने कहा था, इसलिए उसे बुरा लगा...लेकिन हर जगह मुरौवत नहीं चलती, इनसान के लिए बात की भी कोई कीमत होती है...खैर जी, तुम फिकर मत करो बिन्नो, दो दिन बाद मूड ठंडा हो जाने पर वो आप ही कहेगा कि कर्नल ये तुमने अच्छा काम किया। मैं उसे जानता हूँ न!" कर्नल ने हँस कर बात की गम्भीरता को हल्के से हल्का करने का प्रयत्न किया, फिर भी वातावरण भारी रहा।

इसके बाद फिर कमरे में मौन आया, अपेक्षाकृत लम्बा मौन आया। कर्नल ने कमरे में एक नजर डालकर फिर कहा—"आज तुमने खाना नहीं बनाया, बिन्नो?"

कन्या चुप रही।

"तुम्हारी तबीयत न चलती हो तो मैं अभी बनवा के भेजे देता हूँ।"

"नहीं, भाई साहब!"

"चिन्ता न करो बिन्नो, मैं तुम्हें यकीन दिलाता हूँ सब ठीक है—और ये खट्टे-मीठे अनुभौ तो हुआ ही करते हैं बहना मेरी!" बात फिर मौन पर रुकी। कर्नल ने फिर बात उठाते हुए कहा—"एक बात पूछूँ?"

"जी।"

"तुम लोगों को आपस में कुछ तै हो गया है?"

"..."

"देखो बिन्नो, दुनिया बड़ी कठिन है और मैं साफ-साफ कहता हूँ, औरत का मामला बड़ा ही नाजुक हो जाता है। तुम चाहे कितनी भी आजाद हो मगर...तुम सज्जन से शादी करना चाहती हो? मुझसे साफ-साफ कह दो।"

कन्या सिर झुकाए दाहिने पैर के अँगूठे को फर्श पर चलाती रही। कर्नल ने फिर पूछा—"तुम लोगों की आपस में कोई ऐसी बातचीत हुई है? बोलो?"

"हाँ।"

"शादी की बात हुई है?"

"हूँ।"

"कब, अभी हाल में ही?"

कन्या ने गर्दन हिलाकर स्वीकार किया।

"तुमसे क्या कहा था उसने?—इस वक्त मुझसे मत झिझकना। कब करेगा शादी कुछ बतलाया था?"

"मथुरा में तै हुआ था कि यहाँ आने पर जल्द ही आयोजन होगा।"

"तो फिर करूँ आयोजन? बात ये है बिन्नो कि अब मैं इस मसले को दूर तक नहीं ले जाना चाहता। सज्जन एक बार पकड़ में आ जाएगा तो फिर सब कुछ ठीक हो जाएगा।"

"मैं किसी पर भार नहीं होना चाहती भाई साहब!"

"इसमें भार होने का कोई सवाल ही नहीं!"

"आप लोगों ने बड़े आड़े समय में मेरी सहायता की, इसे मैं कभी न भूल सकूँगी।" कहते हुए कन्या की आँखों के आँसू, जो बहुत देर से आड़ में छिपे बाहर आने के लिए मचल रहे थे, उभर आए—"और भाई साहब, अब ये उचित होगा कि मेरे रहने का प्रबन्ध—"

"बस! बस! ये सब बातें रहने दो! तुम्हारे रहने का पिरबंध जब कर दूँगा तब चली जाना! अरे, कोई बात भी हो! आपुस में क्या ऐसे विरोध होते नहीं हैं? आज दिन में टेलीफोन पर मुझसे ही ऐंडी-बैंडी बातें कर रहा था, तो क्या मैं ये समझ लूँगा कि हमारी उसकी दोस्ती खत्म हो गई?"

"प्रश्न सज्जन का ही नहीं, मेरा भी है भाई साहब!" कन्या के स्वर में दृढ़ता थी। कर्नल उसे देखने लगा, फिर बोला—"शादी नहीं करोगी? बोलो? साफ-साफ कह दो!"

कन्या बोली—"ख्वामखाँ अविवाहित नहीं रहना चाहती!"

"बिन्नो, तुमने मेरी तबीयत खुश कर दी! बस, अब तुम—"

"लेकिन मैं उन्हें—"

"देखो बिन्नो, इन्हें-उन्हें मत करो अब! इतना तो शायद तुम्हें भी अन्दाज लग गया होगा कि सज्जन दूध का धोया न होने पर भी बुरा आदमी नहीं है। दुनिया में कोई भी आदमी परफैक्ट नहीं बिन्नो, इसे तो तुम भी मानती ही होगी? सज्जन में कुछ बुराइयाँ हैं, मैं जानता हूँ। देखो, महिपाल और सज्जन का साथ करते हुए मुझे बरसों बीत गए; मैं तुमसे बिना पक्ष लिए साफ-साफ कहता हूँ कि महिपाल से करते सज्जन ज्यादा पाये का आदमी है; वह बेवकूफी करता है पर अपनी गलती महसूस करना भी जानता है। गलतियों से ऊपर उठना भी जानता है। तुम मेरी बात मानो। सज्जन से नाराज भले ही हो लो पर उसके ऊपर से अपना विश्वास मत खोना और (जरा हँसकर) तीन-चार दिन अपने इस्तरी अधिकारों की चर्चा जेब में रख कर उसकी बातों को चुपचाप सुन लेना, उसके बाद तो फिर इसी सहालग में मैं बैंड बाजे बजवा दूँगा। कल एग्जिबीशन है। मेरी जान में

सालिगराम वगैरा कुछ न कुछ तो उत्पात मचाएँगे ही। हजार हाथ तुम्हें और इसे किसी न किसी तरह बदनाम करेंगे, ये मैं जानता हूँ। एक जोतसी ने बतलाया भी था कि इस साल सज्जन का बदनामी का जोग है। बिन्नो मैं चाहता हूँ कि तुम बराबर वहाँ रहो। कल तुम्हारा जहर का घूँट पीने का दिन है। ईश्वर करे ऐसा न हो पर मेरा मन सालिगराम-जानकीसरन वगैरह की तरफ से ऊँचा ही रहेगा। खैर—'' कर्नल उठा—''सबेरे तुम तय्यार रहना। मैं सुबह साढ़े पाँच बजे यहाँ आ जाऊँगा। हम लोग साथ ही साथ सज्जन के घर चलेंगे, फिर वहाँ से ही नुमाइश का इन्तजाम करेंगे।''

''लेकिन मुझे छुट्टी नहीं मिलेगी, भाई साहब, नई नौकरी है।''

''तुम कुछ भी करो, तुम्हारी नौकरी रहे चाहे जाए, तुम्हें मेरी बात माननी ही होगी। मैं दिन भर औ' नुमाइस के टाइम में, तुमको वहाँ देखना ही चाहता हूँ, ये मेरी पालसी है। बस, अब मैं चलता हूँ और खाना—''

''खाना, अब मैं नहीं खाऊँगी भाई साहब, मैं सच कहती हूँ, मेरी तनिक भी इच्छा नहीं—मैं सच कहती हूँ—''

''अच्छी बात है, जैसी तुम्हारी मर्जी! दूध भिजवाए देता हूँ, ना न करना! तो फिर सबेरे साढ़े पाँच बजे—''

कर्नल चला गया। उसके जाने के बाद कन्या ने दरवाजे की कुंडी लगाई और निढाल होकर पलंग पर पड़ गई। इस समय ठगी-सी अनुभव कर रही थी, थकान अनुभव कर रही थी, हार अनुभव कर रही थी। उसे ऐसा लग रहा था कि उसका जीवन अपने तमाम रंगों को लेकर अब खुल चुका है। वे रंग अब फीके भी पड़ चुके थे। जीवन में नया कुछ भी न आएगा—जो कुछ आएगा, वह अभाग्य की पुनरावृत्ति ही होगी।

एक ठंडी आह बेसाख्ता निकल गई, और उसे ऐसा महसूस हुआ जैसे उसके शरीर से जान ही निकल गई हो। सज्जन उसे अप्रत्याशित रूप से बुरा अनुभव दे गया था। जितने अप्रत्याशित रूप से महीने भर पहले वह उसके जीवन में आया था, जिस असहायावस्था में सज्जन ने उसे सहारा दिया था वह घड़ी कन्या के लिए अभूतपूर्व थी, समृद्धिपूर्ण थी। सारे निकट नाते खोकर कन्या ने एक नाता जोड़ा था और उसे उस पर अभिमान था; सज्जन ने उसका वह अभिमान तोड़ दिया। अपने ऊपर पाशविक प्रहार करने वाले सज्जन को वह क्षमा कर सकी थी, यद्यपि इससे पहले अपने साथ दुर्व्यवहार करने वाले किसी भी पुरुष को हरगिज क्षमा न कर पाती। अब भी वह किसी ऐसे पुरुष को क्षमा नहीं कर सकती, परन्तु सज्जन की बात निराली है। सज्जन उसका पुरुष है यह बात उसके मन में स्पष्ट होकर उसे हर प्रकार से समर्पण के लिए प्रस्तुत कर चुकी है। इस समर्पण के पीछे उसका दृढ़ विश्वास काम कर रहा था कि सज्जन उसका नैतिक, आध्यात्मिक जीवन-साथी हो सकता है। सज्जन के साथ उसका चारित्रिक विकास सुचारु रूप से होगा यह बात उसके दिल में कहीं अच्छी तरह से घर कर चुकी है। वह न्याय का समर्थक है, सभ्य और सुसंस्कृत है...जिस किसी पर किसी का दिल आता है वह क्षण महत्त्वपूर्ण है; उसमें जो भाव भर जाता है वह सहज ही में बदलता नहीं। कन्या की इस आस्था को सज्जन ने डिगाया है। कन्या जिस अधूरेपन को इस समय अनुभव कर रही है, वह उसे अपने जीवन का क्लाइमेक्स अनुभव मालूम होता है, इससे बुरा वह और कुछ भी नहीं देखेगी। वह अपने जीवन का चरम दुर्भाग्य देखकर मानो इससे अधिक कोई भी बुराई अब देख न पाएगी। कन्या थक गई है। एक बाँध, जो जीवन के चौबीस वर्षों तक वासनाओं के लाख थपेड़े खाकर भी न टूटा, वह बाँध अब टूट चुका है। स्त्री के यौवन-वैभव की भागीरथी पुरुष के हृदय सागर के निकट पहुँच चुकी है—केवल बहुत कम फासला बचा है—इतना कम कि अब गंगा और सागर एक मान लेने में उसे कोई भी आपत्ति नहीं रही। ऐसे समय में यह उल्टा थपेड़ा कन्या को बहुत दुखदायी सिद्ध हो रहा था। एक ओर वह ये स्वीकार करने में असमर्थ है कि सज्जन

के लिए वह अपनी वे तमाम बौद्धिक मान्यताएँ और स्थापनाएँ छोड़ सकती है जिन्हें लेकर उसका कार्य–क्षेत्र बना है; और दूसरी ओर सज्जन को त्यागने का अर्थ उसके लिए यह हो सकता है कि मानो उसका चिरकौमार्य, चिरवैधव्य में परिणत हो जाएगा। वह फिर क्या करेगी ? जीवन में कौन–सा रस, कौन–सी उमंग और महत्त्वाकांक्षा शेष रह जाएगी। क्या सज्जन को भूल जाना सम्भव है ?

दरवाजे की कुंडी खटकी। कर्नल का नौकर दूध और बंगाली मिठाई लेकर आया था, साथ ही कर्नल का एक पत्र भी। कागज में लिखा था—''बिन्नो। मैंने यह सोचा है कि तुम पहले चली जाना। मैं बाद में आऊँगा। शिउमंगल सबेरे साढ़े पाँच बजे गाड़ी लेकर तुम्हारे पास पहुँच जाएगा। ये मिठाई कलकत्ते से तुम्हारी भाभी के मैके से आई है सो उन्होंने कहा है कि जरूर–जरूर खा लेना—तुम्हारा भाई साहब।''

कन्या ने मिठाई खाई, भाभी के मैके से आई है! यह भाभी, यह भाई उसे कैसे अनायास मिले हैं ? उसका अपना भाई है, अपनी भावज है; माता–पिता, परिवार है। आज वह सबसे दूर हो गई है। महीने भर से ऐसा हो गया है कि मानो उसका कोई घर, कोई अपना नहीं। विधि ने उसके लिए यह कैसा भयानक विधान रचा है ? कन्या अपने बहलावे के लिए एक ऐसे परिवार की कल्पना करने लगी जहाँ उसे पिता के रूप में आदर्श गुरु, सात्विक स्नेहमयी माँ, हँसी–खुशी से भरा–पूरा परिवार मिला है। सज्जन उस घर में दामाद होकर आया है, वह एक सुखद गृहिणी है। उसने अपने जीवन–साथी के साथ परोपकार और समाज सेवा का व्रत लिया है। मुन्नू दादा (उसका गुरु, आदर्श और बड़ा भाई) इस बहलावे की सुखद गृहिणी में जोश का प्रतीक बनकर बैठा है—और भाभी के मैके से मिठाई आई है!

कलेजे को छीलती हुई हूक–सी उठी, बड़ी थकान अनुभव की। उसके पास जिन्दगी में कुछ भी नहीं है। शुरू से ही उसकी जिन्दगी खोखली रही है। घर, जिसके लिए आदिम काल से मानव इतना मोह रखता आया है, वह क्या यही है ? और वह अकेली भी तो नहीं है। आमतौर पर घरों में ऐसी ही समस्याएँ रहा करती हैं। ईर्ष्या, द्वेष, रुपए, पैसे और अधिकारों के लिए लड़ाई–झगड़े, चारित्रिक दुर्बलताएँ, घर–घर में हैं। बहुत ही कम ऐसे घर मिलते हैं जहाँ एक से एक का मन निर्मल होकर जुड़ा रहता है; जहाँ माता–पिता स्नेह और त्याग के प्रतीक होते हैं, भाई–भाई, बहन–बहन और भाई–बहन, सब एक–दूसरे के लिए जान देते हैं। दूसरा अपना होता है—यही अपनेपन का अर्थ होता है...

पानी का गिलास मेज पर रखते समय कुछ बूँदें छलक गई थीं, उन पर अचानक निगाह पड़ी। आज तीसरे पहर ताई की हवेली में जब वह पानी का घड़ा लेकर बाबाराम जी के शिष्य द्वारा फैलाई गई गन्दगी को साफ करवाने के लिए गई, बाबाजी अपने हाथ से जमीन धोने लगे तब उसके हाथ से पानी ज्यादा गिर गया। बाबाजी ने कहा—''हाथ साधे रहो बेटी, मेरी देवी! हर बूँद का महत्त्व है क्योंकि वही तो अनन्त सागर है, एक बूँद व्यर्थ क्यों जाए ? उसका सदुपयोग करो।'' ...कैसे हो यह सदुपयोग। कैसे यह बूँद अपने आपको महासागर अनुभव करे ? इस विशाल जन सागर में वह नितान्त अकेली है। उसका कोई अपना नहीं। ऐसा लगता है जैसे उसके चारों ओर सागर सीमा बाँध कर लहरा रहा है और वह एक बूँद सागर से अलग रेत में घुलती चली जा रही है। और केवल उसकी ही यह हालत हो सो बात भी नहीं। हर व्यक्ति आमतौर पर इसी तरह अपनी बहुत छोटी–छोटी सीमाओं में रहता हुआ एक–दूसरे से अलग है। उसके सामने अपने मुहल्ले–पड़ोस की, सखी–सहेलियों के घर की, रिश्तेदारों के घरों की कई ऐसी मिसालें मौजूद हैं जहाँ घर का हर व्यक्ति दूसरे व्यक्ति के खिलाफ शिकायतें रखता है। बूँद अगर बूँद से शिकायत रखती है तो वो उससे कहीं अलगाव भी अवश्य रखती है। तब यह सागर कैसा है जिसमें हर बूँद अलग है ? व्यक्ति यदि इतना ही अलग है तो समाज बँधता क्योंकर है ? कन्या का घर—उसके माता–पिता, भाई–भावज, सब एक–दूसरे से भयंकर विरोध रखते हैं। वह नैतिक दृष्टि से समाज के जिस निम्न वर्गीय घर में पैदा

हुई है, पली-बढ़ी है, वह घर केवल एक ही तो नहीं, बहुत से हैं। ऐसे समाज में, जिसमें जन-जीवन महासागर की उपमा पाता है, जहाँ मानवता अभेद्य मानी जाती है वहाँ ऐसे घरों का रहना क्योंकर सम्भव है? आदर्श का यदि महत्त्व है तो सबके लिए उसका मूल्य समान हो, यह क्योंकर सम्भव नहीं? बड़ी बूँद हो, छोटी बूँद हो, नन्ही बुंदकी ही क्यों न हो, यह छोटाई-बड़ाई नैतिक मापदंड के लिए कोई मूल्य नहीं रखती। वह मात्र यही देखता है कि बूँद में, प्रत्येक अणु में, सत्य के लिए निष्ठा कितनी है। प्रत्येक अणु इस निष्ठा को अपनी क्रियाशक्ति से किस हद तक विकसित कर नया आदर्श उपस्थित करने की क्षमता रखता है। वह घर, वह वातावरण, जिसमें कन्या पली है, उसमें किस सत्य के लिए निष्ठा पाई जाती है? ''कौन-सी नैतिक आस्था मेरे घर को सँभालती आई है? पिता पेशे से अध्यापक और स्वभाव से लम्पट, दुराचारी, दुर्नीतिवाला! माता ईर्ष्या-भरी संकीर्ण मनोवृत्ति की! चाची भी ऐसी ही। कलह, क्लेश, व्यभिचार, जुआ, शराब—जो कुछ समाज में बुरा माना जाता है वह सब उस घर में मौजूद है, फिर भी वह घर कुलीनों और आबरूदारों का माना जाता है। उस घराने के पुरखों ने कभी बहुत पैसा पैदा किया था, इसलिए वे कुलीन हैं और आबरूदार हैं।—ऐसे न जाने कितने ही 'कुलीन और आबरूदार' घर हैं। तब कुलीनता और आबरू का अर्थ ही क्या रहा? सज्जन ऐसा धनी-मानी और कुलीन, पढ़ा-लिखा, सुसंस्कारी और कलाकार अगर एक स्त्री पर आक्रमण कर सकता है, न्याय की टेक छोड़ सकता है, तब हम किस कुल, आबरू के कोष में कुलीनता और आबरूदारी के अर्थ ढूँढ़ने जाएँ? महिपाल जी के घर का हाल तो विशेष मालूम नहीं, फिर भी मैं समझती हूँ कि उनका और डॉक्टर शीला स्विंग का कोई नाता जरूर है। हाँ कर्नल भाई साहब का घर जरूर ऐसा है जहाँ पति-पत्नी में सद्भावना है। उनके यहाँ यह लगता है कि घर, पति और पत्नी दोनों का ही समान रूप से है। दोनों का दोनों पर अनुशासन है और दोनों का अनुशासन सारे घर को बाँधता है। कर्नल भाई साहब शाहखर्च हैं, भाभी कंजूस न होने पर भी फिजूलखर्च नहीं। बच्चे भी बड़े प्यारे हैं...अपनी सीमाओं में बँधे रहने पर भी कर्नल भाई साहब का घर कुलीनता और आबरूदारी की परिभाषा में आता है। और भी बहुत से घर इस परिभाषा में आते हैं, परन्तु आमतौर पर ऐसा वातावरण कम ही मिलता है। कुछ को छोड़ कर समाज में कुलीन और आबरूदार कहलाने वाले सत्तर-पिछत्तर फीसदी लोग इसी तरह की स्थापनाओं को प्रतिक्षण अपने व्यवहार में तोड़ते रहते हैं जिन्हें समाज ने आदर्श माना है। यह विरोधाभास इतना अधिक मानव समाज में आया क्योंकर? यह विरोधाभास लेकर मानव का सामूहिक जीवन चल ही कैसे सकता है?...बूँद-बूँद का उपयोग हो; कैसे हो?''

दूध पीने के बाद छोटी मेज सरका कर पलंग पर लिहाफ ओढ़ कर दीवार के सहारे बैठी हुई बड़ी देर तक यही सोचती रही। चारों ओर सीमा बाँध कर लहराने वाले समुद्र से छिटकी हुई एक बूँद बालू में जज्ब होने से पहले सागर में मिल जाने के लिए छटपटा रही थी। वह सागर सज्जन था—उसका अपना जीवन था—सारा समाज था। ध्यान की कड़ी में सब मनके एक साथ पिरोए हुए एक माला बन गए थे। कौन आगे, कौन पीछे इसका शुमार भी नहीं रहा था। सागर की एक बूँद अलग छिटक कर पड़ी हुई गर्म आहों की बालू में सूख गई। कन्या अपने से थक कर मर गई। उसे न जाने कब झपकी आई और कब वह गुड़मुड़ी मार कर लेट गई। सपने में उसने देखा—वह नाव पर चली जा रही है, बहुत से मुसाफिर हैं। नाव उलटती है लेकिन डूबती वही अकेली है। पानी के नीचे इमारतों के खँडहर पड़े हुए हैं। अचानक सज्जन आता है, उसे घसीट कर एक खँडहर में ले जाता है, कन्या खँडहर में कैद हो जाती है...खँडहर-खँडहर है, मगर अन्दर से बहुत सजा हुआ है। सज्जन कन्या को कैद कर सो जाता है। कन्या उस कैद में घुटन महसूस करती है। वह सज्जन को जगाकर उससे मुक्त कर देने के लिए कहना चाहती है, क्योंकि उसे साढ़े पाँच बजे जाना है। वह बहुत जोर-जोर से चीख कर कहना चाहती है—जागो! जागो! पर उसे ऐसा महसूस होता है

जैसे उसके होंठ ही चल रहे हैं, वाणी लुप्त हो गई है। वह सज्जन को अपने दोनों हाथों से झिंझोड़ कर जगाना चाहती है मगर उसके हाथ हवा में उसी तरह तैर कर रह जाते हैं जैसे उस पानी में ऊँची-नीची मछलियाँ तैर रही हैं, जिसमें कि वह खँडहर दबा है। वह कैद है और सज्जन सो रहा है; जितनी ही उसकी वाणी लुप्त हो गई है उतना ही उसका चीखने का हठ भी प्रबल हो गया है। जागो, जागो !—अपनी ही आवाज ने गूँज-गूँजकर वनकन्या को जगा दिया। सामने अलार्म में साढ़े चार बज रहे थे। बाहर मुर्गा बोल रहा था।

गजरदम मुँह अँधेरे ही जब कन्या की गाड़ी सज्जन की कोठी पर पहुँची उस समय नौकरों की चहल-पहल शुरू हो चुकी थी। बाहर बरामदे में ही पता लगा कि सरकार पाँच मिनट में आएँगे बाहर। कन्या अन्दर जाने लगी, नौकर पसोपेश में पड़ गया—चित्रा घर के अन्दर थी। व्यवहार-कुशल नौकर अक्सर आने-जाने वाली, मालिक के साथ मथुरा जाने वाली महिला का महत्त्व पहचानता था। वह उसे अन्दर जाने से सहसा रोक भी न सकता था। लपक कर आगे बढ़ गया और जीने चढ़ कर कन्या के ऊपर पहुँचते ही वह उसे लाइब्रेरी वाले कमरे में ले गया। वनकन्या की पिछली स्मृति जाग उठी। बीच में लगी हुई कुर्सियों में से एक पर बैठकर वह कमरे के चारों ओर नजर दौड़ाने लगी—कितना वैभव है यहाँ ? यह वैभव उसका भी हो सकता है, यहाँ की एक-एक वस्तु पर वह राज कर सकती है; यह उसका घर हो सकता है। घर के लिए वह तड़प रही है। एक क्षण के लिए उसके जी से इस बात की कचोट निकल गई कि सज्जन ने उसे धोखा दिया है। उसे इस वैभव के प्रति कठिन मोह हो गया। तुरन्त ही ध्यान आया, सज्जन उसे दो बार यह ताना दे चुका है कि वह सज्जन को उसके धन-वैभव और ख्याति के कारण चाहती है। इस बात का ध्यान आते ही सज्जन के वैभव का मोह उसके मन से बिखरने लगा; कन्या ने अपने मन को सँभाल लिया। उसे नहीं चाहिए किसी का वैभव। वह नवजीवन में नौकरी कर सकती है, वह अपनी रोजी आप कमा सकती है। उसे केवल प्रेम चाहिए, केवल सज्जन—

नेकर, चमड़े की जर्किन और मोजे पहने हुए सज्जन कमरे में दाखिल हुआ। उसका चेहरा कसा हुआ, गम्भीर था।

"कैसे तकलीफ की ?"

कन्या को यह रूखापन चुभा। उसे छिपाते हुए किंचित मुस्कुरा कर उसने कहा—"बिना काम के कोई सबेरे-सबेरे भला किसी के घर जाता है ?"

"मुझे मार्निंग वॉक के लिए जाना है।"

सज्जन की बेरुखी से कन्या को भी चिढ़ चढ़ने लगी। बोली—"तन की सेहत सुधारने से अच्छा होगा कि आप मन की सेहत सुधारें !"

"उपदेश देने आई हो—सुबह-सुबह !"

"सुबह का समय उपदेश के लिए सर्वोत्तम होता है !"

"धन्यवाद ! सुन लिया उपदेश, अब जाता हूँ।" सज्जन मुड़ने लगा। कन्या अब रुक न सकी। एक कदम आगे बढ़ कर दृढ़ स्वर में कहा—"ठहरो, एक बात बतलाओ, क्या तुम सचमुच ऐसे ही हो जैसे आजकल पेश आ रहे हो ?"

"क्या मतलब ?"

"मतलब साफ है, मैंने तुम्हें अब तक कुछ और समझा था !"

"वह तुम्हारी समझ का फेर था !"

"और यह तुम्हारी समझ का फेर है !"

"चित्रा ! आई मीन—आई मीन कन्या !"

"ये चित्रा कौन है ?"

यह छोटा-सा सवाल सज्जन की गर्जना से कहीं अधिक बलवान था। उसके लिए अपना गुस्सा ही घातक बन गया। वह कन्या के प्रश्न का उत्तर न दे सका। कन्या बोली—"खैर जाने दो, मैं एक बात जानना चाहती हूँ, क्या तुम दिल से यह महसूस करते हो कि मैंने अपने पिता को गिरफ्तार करवा कर कोई अनुचित कार्य किया है? और क्या इसमें तुम्हारी सहमति नहीं थी सज्जन?"

सज्जन कुछ न बोला।

"कुछ लोगों की सिफारिश से तुम इस समझौते के खिलाफ हो गए। तुमने एक क्षण के लिए भी न सोचा कि तुम उचित कर रहे हो या अनुचित!"

"तुम पोलिटिकल खेल खेल रही हो। तुम कम्युनिस्ट पार्टी को फायदा—"

"सज्जन, तुम अच्छी तरह जानते हो कि मैं अपने केस को पॉलिटिक्स से बचाने के लिए शुरू से ही कितनी कोशिश कर रही हूँ। जब से तुम्हारे—तुम सबके सम्पर्क में आई हूँ तब से मेरी सारी गतिविधि तुम्हारी जानकारी में हुई है। फिर क्या कारण है जो तुम ऐसा समझते हो?"

सज्जन कुछ न बोला।

"बिन्नो!" बाहर कर्नल की आवाज सुनाई दी, आवाज तीखी, तेहे भरी थी। सज्जन ने जवाब में कहा—"आ जाओ!"

कर्नल ने सज्जन के कहने के साथ ही साथ प्रवेश किया। कर्नल की त्योरियाँ चढ़ी हुई थीं। एक नजर सज्जन के चेहरे पर डालकर उधर से दृष्टि फेर कन्या से कहा—"तुम्हारे ऐसी सती देवी को जो ठुकराएगा उसका कभी भला नहीं होगा!"

कन्या को कर्नल का यह शाप अच्छा न लगा, वह सज्जन का पक्ष लेकर कुछ कहने के लिए व्यग्र हो उठी; बोली—"भाई साहब, इन्होंने ऐसा कुछ नहीं किया। मैं तो इनसे आज की एग्जिबिशन के बारे में बातें कर रही थी।"

"आओ नीचे चलकर बातें करेंगे, चली आओ!"

कर्नल सज्जन की ओर यों तेवर चढ़ा कर आँखें निकाल कर देख रहा था मानो मौका मिले तो उसे फाड़ ही खाए। लाला नगीनचन्द कर्नल इस समय गुस्से के मारे अकड़े चले जा रहे थे। दोनों हाथ जेब में डाले क्रोधमग्न जीने उतर रहे थे, पैर ऊँचा-खाला पड़ा; लड़खड़ाए तो उनसे एक जीना पीछे चलने वाले सज्जन ने उन्हें बाँह पकड़ कर सँभाल लिया। कर्नल साहब ने फौरन अपना कंधा यों उचकाया जैसे बैल की दुम अपने बदन पर बैठी हुई मक्खी को हटाने के लिए उचकती है।

नीचे उतरे; सामने ही सज्जन का एक पुराना नौकर सुकरू गैलरी में स्टैंडों पर रखी हुई मूर्तियों को पोंछ रहा था। कर्नल उसे देखते ही बोला—"सुकरू!"

"जी सरकार!—"

"माली से कह दो फौरन उम्दा गेंदे चुन कर मेरी गाड़ी पर रखवा दे।"

"बहुत अच्छा सरकार!"

"या ठहरो, मैं चलता हूँ।" कर्नल साहब बिना कुछ और कहे-सुने आगे निकल गए। कन्या गम्भीर मुख-मुद्रा लिए ड्राइंग-रूम के दरवाजे के पास खड़ी हो गई। सज्जन बगैर उससे कुछ कहे ड्राइंग-रूम में चला गया। कन्या एक क्षण ठिठक कर खड़ी रही, फिर अन्दर पहुँची। सज्जन दरवाजे की ओर पीठ किए कुर्सी पर बैठा सिगरेट जलाने जा रहा था। उसका और अपना दस कदम का फासला कन्या को कोसों का फासला लग रहा था। वह अन्दर जाकर दरवाजे के पास ही यों ठिठक कर खड़ी हो गई मानो अपनी मंजिल दूर देखकर आगे बढ़ने से पहले ही वह सकुचा गई हो।

एक मिनट गुजर गया। आखिरकार कन्या आगे बढ़ी। वह एक बात पूछना चाहती थी; यद्यपि वह जानती थी कि सज्जन से अपनी उस बात का उत्तर पाने के लिए यह क्षण मनोवैज्ञानिक दृष्टि से उपयुक्त नहीं। फिर भी उसका मस्तिष्क हठ कर रहा था। कर्नल के आदेश पर वह पहले चली

आई थी, इसलिए कि स्वयं उसके मन में सज्जन से मिलने की उत्कंठा थी, लेकिन वह यह नहीं सोच पाई थी कि ऐसे गुत्थीदार मौके पर वह सज्जन से क्या बात कर सकेगी। बहरहाल वह आई थी, और सज्जन की बेरुखी ने उसका गुस्सा बढ़ा दिया था और उसी गुस्से की रौ में वह बिना सोचे-समझे अपने हठ को आगे बढ़ाने के लिए उत्सुक हो उठी थी। कन्या आगे बढ़ी। ठीक उसके सामने ही आकर खड़ी हो गई। वह आपे में नहीं थी, मशीन की तरह उसकी जबान आप ही आप बोल पड़ी—"सुना करती हूँ कि शरीफ की जबान एक होती है!"

सज्जन ने पलकें उठाकर एक बार सवालिया नजरों से उसे देखा। वह अत्यधिक त्रस्त नजर आ रहा था।

कन्या ने फिर पूछा—"तुम हृदय से मानते हो कि मैंने अनुचित कार्य किया है?"

"तुम्हारे उचित-अनुचित का जिम्मेदार मैं नहीं!"

"जिम्मेदार मैं हूँ, लेकिन मेरी जिम्मेदारी का भार—तुमने जिस नई दिशा में मेरी जीवन-धारा को मोड़ा है वह तुम्हें मेरी जिम्मेदारी से बिना जवाबदेही के मुक्त नहीं कर सकती। मुझे—"

सज्जन मुँह में लगी हुई सिगरेट को झटके से निकाल ऐश-ट्रे में कुचलने लगा। उसके होंठ अपने आप ही यों चलने लगे, मानो कुछ बड़बड़ा रहे हों। यदि कर्नल इस समय न आया होता और यदि वह इस समय अपने कमरे में सोई हुई चित्रा को अपने मन में चोरी के माल की तरह छिपाए हुए भयभीत न होता तो वनकन्या इस समय अपने प्रश्न का घातक उत्तर पाती। वह घातकता इस समय केवल चिड़चिड़ाहट का रूप ही ले सकी।

सज्जन को झटके से उठकर सिगरेट बुझाते देख कन्या अपनी बात कहते-कहते रुक गई थी। उसे लगा था कि सज्जन मानो कुछ कहने जा रहा था। अब फिर उसने अपनी बात उठाई, बोली—"तुम्हारे उत्तर पर मेरे भविष्य का आधार है। मैं अपने मन को इस पार या उस पार करना चाहती हूँ—"

"विल यू प्लीज—कन्या तुम इस वक्त—मेरे ऊपर दया करो—चली जाओ! मैं इस वक्त—तुम जाओ!"

कन्या सज्जन को खड़ी देखती रही। जिस तरह सज्जन उत्तर न देने का हठ कर रहा था उसी तरह कन्या का मन उत्तर पाने के लिए हठ पर जमा हुआ था। दोनों अपने-अपने हठ को लेकर बेहोश थे। वह बोली—"तुमको शरीफ समझ कर ही मैं तुम्हारी बातों में आ गई। तुम्हारे लिए मैंने अपने सिद्धान्तों तक से समझौता किया—"

"मेरे ऊपर बड़ा एहसान किया है आपने!"

"एहसान की बात छोड़िए, आपने—आपने—तुमने—तुमसे मुझे ये आशा नहीं थी।" कहकर कन्या तेजी से जाने लगी।

सज्जन को कुछ-कुछ होश आया; आत्मग्लानि उभरी। उसकी शराफत पर जितने जोर से कन्या ने तमाचे मारे थे उतने जोर से वह कन्या के खिलाफ कोई इल्जाम नहीं लगा सकता था। धुएँ की लकीर की तरह उसके दिमाग में यह तर्क आया कि कन्या जब अपने पिता और परिवार की ही न हुई तो वह उसकी क्योंकर हो सकेगी, परन्तु उसका मन जानता था कि यह तर्क लचर है। सज्जन ने ही कन्या के इस पितृद्रोह को न्याय मानकर इतनी सहायता की थी। उसने पुकारा—"कन्या।"

कन्या ठिठकी, उसने मुँह घुमाकर न देखा। सज्जन उसके पास आया, संयत स्वर में बोला—"मेरी शराफत को अभी तुमने पहचाना नहीं! मैं—मैंने तुमसे चले जाने को कहा, माफी चाहता हूँ—बैठो चाय पी के जाना!"

"चाय की भूखी नहीं हूँ!"

"तो जाओ!" सज्जन का संयम टिक न सका, उसे गुस्सा आ गया। कन्या कमरे के बाहर चली गई, सज्जन किंकर्तव्यविमूढ़, हतप्रभ खड़ा रहा। उसकी नसें काँप रही थीं। सारे शरीर में एक

सनसनाहट-सी अनुभव कर रहा था। उसका हाथ फिर जेब में पहुँचा, परन्तु सिगरेट-केस मेज पर ही छोड़ आया था; उस तरफ बढ़ा।

खानसामा चाय की ट्रे लेकर आ गया।

"बाहर से कर्नल साहब को बुला लो!"

खानसामा गया। उसी समय एक दूसरा नौकर चार अखबार लाकर रख गया। बाहर पोर्टिको में कर्नल की आवाज सुनाई पड़ रही थी; वह अपने ड्राइवर को हिदायतें दे रहा था—गाड़ी दुबारा लाने की जरूरत नहीं, वह सज्जन की गाड़ी में ही आएगा। फूल सब भगवान जी के लिए हैं, कोई बच्चा उन्हें खराब न करे।...गाड़ी स्टार्ट होने की आवाज आई, सज्जन सँभल कर बैठ गया, उसे कर्नल का सामना करना था। कर्नल नाराज है; क्यों नाराज है, इसके बारे में उसने कुछ नहीं सोचा, मगर कर्नल की नाराजगी उसके लिए कुछ मानी रखती है। कर्नल कमरे में आया, उसके पार्सी कोट के बटन खुले हुए थे; वह इस समय ऐसी मुद्रा में झूमता हुआ आया मानो उसके भगवान जी के बाद अखिल विश्व पर उसकी ही सत्ता है।

कर्नल के कमरे में प्रवेश करते ही खानसामा आ गया। सज्जन बोला—"तुम जाओ!"

"कुछ नाश्ता लाऊँ हुजूर?"

"मुझे कुछ नहीं चाहिए, अ—देखो सुकरू से कहना दूधिया हलवा-सोहन-कल जो रामासरे के यहाँ से लाया था—समझे?"

खानसामा चला गया, सज्जन चाय बनाने लगा। कर्नल के प्याले में तीन चम्मच शक्कर और अपने प्याले में आधा चम्मच डालकर उसके हाथ रुक गए, कर्नल बहुत गम्भीर बैठा हुआ था। सज्जन एक नजर उसके चेहरे पर डाल कर कहने लगा—"तस्वीरें मैं अभी ले आऊँगा। साढ़े आठ बजे एक बार मुझे जानकीसरन के यहाँ जाना है, एलेक्ट्रीशियन आएगा।" कहकर प्यालियों में चाय उँड़ेलने लगा।

कर्नल अब बोला—"सुनो जी, बेवकूफियाँ करने की भी एक उम्र होती है! मैं आपकी यह आरटिस्ट-गीरी अब हरगिज बरदाश्त नहीं कर सकता!"

सज्जन को भी ताव आने लगा। उसे डाँट खाना कतई अच्छा नहीं लग रहा था, बोला—"मैं अब बच्चा नहीं रहा—"

"तुम, बच्चे से भी गए बीते हो—तुम जानवर हो जानवर! साले आरटिस्ट बनते हो—इंटिलिक्चुअल बनते हो?"

"कर्नल, मैं इस वक्त बहुत सीरियस मूड में हूँ!"

"मैं भी बहुत सीरियस मूड में हूँ सज्जन! तुम एक तरफ तो अखबारों में महान बनते हो और दूसरी तरफ तुम्हें अपने ऊपर जरा भी काबू नहीं?"

सज्जन चुप रहा। उसकी त्योरियों में बल पड़े ही रहे। सुकरू एक प्लेट में दूधिया हलवा लाकर मेज पर रखने लगा। कर्नल झिड़क कर बोला—"ले जाओ, कुछ नहीं चाहिए मुझे इस वक्त!" सुकरू फौरन ही प्लेट उठा कर चला गया। कर्नल बोला—"एक ओर किसी शरीफ लड़की से प्रेम का ढोंग करते हो, शादी करने का वादा करते हो, इस्तिरी अधिकारों के लिए मुझसे सिफारिश करने आते हो और दूसरी ओर घर में साली—साली रंडी को छुपा रखा है!"

सज्जन ने एक बार नजर उठा कर कर्नल को देखा, दोनों की नजरें मिलीं। सज्जन की नजरें झुकने-झुकने को हुईं पर वह हठपूर्वक उन्हें साधे रहा। कर्नल बोला—"अभी कहीं बिन्नो की नजर उस पर पड़ जाती तो उस बिचारी का क्या हाल होता?"

"मैं दुनिया से छिपाकर कोई काम नहीं करता!"

"बड़े पाक-साफ बनते हो! पाक-साफ के माने क्या होते हैं जानते हो? जानो कैसे? दुनिया के सामने महानता का नाटक करोगे और घर में—"

"कर्नल, मैं चित्रा से शादी करूँगा!"

कर्नल मानो पहाड़ की चोटी से गिर पड़ा। एक सेकेंड तक उसे देखते रहने के बाद उसने कहा—"तुमने बिन्नो से वादा किया है!"

"मैंने अपना विचार बदल दिया है!"

"क्यों?"

"क्यों का सवाल नहीं।"

"सवाल कैसे नहीं जी? आप एक भली लड़की को वचन हार चुके हैं!"

"वचन जरूर दिया था लेकिन मैंने उसके साथ कोई बुराई नहीं की!"

"बु-राई नहीं की! जैसे ये आपके बस की ही बात रही हो न! ससरी रंडियाँ जिनकी देह ही गन्दगी का टोकरा होती है, अब तक तुम्हारी जिन्दगी में आती रहीं! एक भली लड़की के साथ उसकी मर्जी के खिलाफ तुम बुराई कर ही कैसे सकते थे? कान खोल कर सुन लो सज्जन, बिन्नो के साथ तुम्हारा एक रिश्ता नहीं टूटेगा, दो टूटेंगे! तुम दिया हुआ बचन लौटा सकते हो लेकिन मैं शरीफ हूँ, जिससे एक बार रिश्ता बाँध लिया उससे फिर हरगिज विमुख नहीं हो सकता! मैं तुम्हारी सूरत नहीं देखूँगा फिर!" कह कर कर्नल कुर्सी से उठ खड़ा हुआ—"सुकरू!—क्या नाम है के, सज्जन जरा घंटी बजाओ!"

घंटी के साथ ही दो दरवाजों से दो नौकर दौड़ते हुए आए। कर्नल बोला—"सुकरू, टेलीफोन यहाँ ले आओ और वो हलुआ-सोहन भी ले आओ और चार टोस्ट भी सिकवा लो।"

आदेश देकर कर्नल बैठ गया। नौकर चले गए तब सज्जन से बोला—"मैं आज उसे घर से बाहर निकाल कर ही जाऊँगा!"

"कर्नल, ये मेरा निजी मामला है!"

"सज्जन, ये मेरा भी निजी मामला है!"

"तुम मुझे सोचने की मुहलत दो।"

"मेरे पास अब टाइम नहीं!"

"उस दिन तुमने राजा साहब के यहाँ जानकीसरन और सालिगराम के सामने—"

"मैंने यह वचन तो नहीं दिया था कि बिन्नो को जबरदस्ती राजी कर लूँगा। उस वक्त राजा साहब का लिहाज था।"

"तो राजा साहब का लिहाज क्या अब नहीं है? मेरे लिए राजा साहब कन्या से कहीं ज्यादा इम्पार्टेन्ट हैं। लो चाय पियो। ठंडी हो गई है। ठहरो और मँगाता हूँ।" मेज के नीचे लगी हुई घंटा का स्विच फिर दबाया।

कर्नल बोला—"राजा साहब को मालूम है कि वो लड़की कैसी है? फिर क्या वो अन्याय-पच्छ पर है? सालिगराम राजा साहब की आड़ लेकर मेरे ऊपर वार कर जाए ये मैं बर्दाश्त नहीं करूँगा। बिन्नो से तुम्हारा ब्याह होगा और जल्दी ही, समझे?"

नौकर आया, चाय लाने का आदेश हुआ। नौकर केतली उठाकर चला गया। दूसरा नौकर आया तश्तरी में दूधिया हलवा-सोहन रख गया। सज्जन को उत्तर सोचने के लिए इतना समय मिला बोला—"शादी जिन्दगी भर का सवाल है!"

"तब तुम्हें पहले ही सोच-समझकर रिश्ता बढ़ाना चाहिए था। और सज्जन मैंने भी दुनिया देखी है, अच्छी बुरी नजरें पहचानता हूँ। तुम्हारे साथ दस बरस में मैंने जितनी तितलियाँ देखी हैं उनमें एक के लिए भी नगीनचन्द कर्नल के मन में ये भाव उत्पन्न नहीं हुआ जनाब कि वो किसी को अपनी बहन कहता। इस लड़की को मैं पहली नजर में पहचान गया था और अब तो खैर वह हरदम मेरी नजर के सामने रहती है।"

टोस्ट सिककर आ गए, चाय की केतली आ गई। सज्जन ने एक टोस्ट उठा लिया और सुकरू से चाय बनाने को कहा। वह कर्नल की बातों से बचने के लिए एक आड़ चाहता था। सच तो यह है कि वह खुद अपने से बचने के लिए ही एक आड़ चाहता था। वह विचारों से बचना चाहता था। वह अपने आप को समझ नहीं पा रहा था। बाबा रामजी, कर्नल और वह स्वयं और वनकन्या का निर्मल व्यक्तित्व भी उसके इस अकारण हठ के विरुद्ध था। राजा साहब की महफिल में चित्रा का मिल जाना अचानक उसकी उस सुप्त वासना को जगा गया जो मथुरा-ब्रज में चार दिन तक लगातार कन्या के साथ रहते हुए उसे बारम्बार तड़पाती रही थी। कन्या के खिलाफ उसके मन में यदि कोई बात थी तो वह यही कि वह उसकी इच्छा के आगे नहीं झुकी।

चाय की दोनों प्यालियाँ दोनों साहबों के आगे रखकर सुकरू हाथ बाँधे अलग खड़ा हो गया, कर्नल ने उसे चले जाने का आदेश दिया। सुकरू के चले जाने के बाद कर्नल ने कहा—"बोलो, तुमने उसमें ऐसी कौन-सी खोट देखी जो तुम्हारा मन डिग गया।"

"वह हठीली है!"

"और तुम रँगीले हो!"

सज्जन चुप रहा। कर्नल बोला—"दूसरे पर उँगली उठाने के पहले अपने ऊपर भी एक नजर डाल लिया करो!"

खामोशी छा गई। दोनों चाय पीते रहे। नाश्ता हुआ, चाय हुई। नौकर आया, बर्तन उठा ले गया। घड़ी में साढ़े सात बज गए। कर्नल बोला—"अब चलो उठो, कपड़े बदल आओ। या ऐसे ही चलोगे?"

"ऐसे ही चलेंगे।" सज्जन उठ खड़ा हुआ।

कर्नल बैठे-ही-बैठे बोला—"देखो, अब ये बात तो श्योर है कि ये लोग हमें बदनाम करने के लिए कोई न कोई तिकड़म तो करेंगे ही। तुम उखड़ना मत सज्जन, कहे देता हूँ। मैं जान-बूझ कर आज बिन्नो को भी इंतिजाम में रखूँगा। मर्द की तरह से काम लेना, उसके ऊपर कोई आँच न आने पाए!"

"कर्नल मुझे मुहलत दो!"

"काहे की मुहलत चाहते हो भइया? या तो ओखली में सिर न डालते और अब जो मूसलों की चोट से डरोगे तो—मैं कहता हूँ कि—क्या कहूँ! सज्जन, मुँहदेखी नहीं कह रहा, एक जगह महिपाल से ज्यादा मुझे तुम्हारी ईमानदारी पर विश्वास रहा है।"

सज्जन सिर झुकाए चुपचाप खड़ा रहा।

कर्नल ने उठ कर घंटी का स्विच दबाया; सुकरू आया—"सुकरू, वो मेम साहब जब उठें तो उन्हें चाय पिला कर कह देना कि आज साहब से मुलाकात नहीं होगी। खाना साहब मेरे साथ ही खाएँगे। और देखो, ध्यान रहे कि वो औरत घर की कोई चीज इधर-उधर न करने पाए।"

"जोसेफ से गाड़ी निकालने को कहो सुकरू।" कर्नल का फर्मान खतम हो जाने के बाद सज्जन ने धीमे स्वर में आदेश दिया। उसका हठ इस समय टूट रहा था। सज्जन अपने आप से हार चुका था। इस समय कर्नल के पीछे वह इस तरह सिर झुकाए कमरे से बाहर निकला जैसे कोई प्रबल विद्रोही निरस्त्र होकर पुलिस की हथकड़ियों के कब्जे में आ गया हो।

45

आज सज्जन का बड़ा खराब दिन था, सालिगराम चाल चल गए। अखबारों में यह छपा था कि प्रदर्शनी वार्ड कमेटी की ओर से हो रही है, 'हर एक्सीलेंसी' उसका उद्‌घाटन करेंगी तथा इस प्रदर्शनी को राजधानी के सभी प्रमुख कलाकारों एवं शिल्पियों का पूर्ण सहयोग प्राप्त है। नगर के रईस, लाला जानकीसरन की कोठी में यह प्रदर्शनी होगी। मध्यवर्गीय जन-जीवन को

सांस्कृतिक दृष्टि से उन्नत करने के लिए यह आयोजन किया गया है। मुहल्लों में इस प्रकार का आयोजन करने का यह पहला मौका नगर के सुप्रसिद्ध नेता श्री सालिगराम जायसवाल की अपूर्व सूझ–बूझ का ही परिणाम है।

सज्जन को यह सूचना सबसे पहले चित्रकार श्री सुरेश्वर सेन से उस समय मिली जबकि वह उनके तथा उनके यशस्वी पिता आचार्य वीरेश्वर सेन के चित्र लाने के लिए उनके घर गया था। सेन महाशय के घर पर ही उसने अखबार पढ़ा। उसका जी खट्टा हो गया। एक बार यहाँ तक उसके मन में आया कि वह अब प्रदर्शनी ही न करे। दौड़–धूप उसकी है, लोगों का एहसान उसके सिर है, और जस किसी दूसरे को मिलेगा। कर्नल और महिपाल ठीक कहते थे, यह शख्स दगा देगा। सालिगराम ने वही कर दिखाया, पर अब वह फँस गया था। यदि सुबह उसने अखबार देखा होता या किसी और जगह उसे इस बात का पता लग जाता तो वह शायद सचेत हो जाता, परन्तु इस समय तक वह नगर के प्राय: सभी प्रतिष्ठित और वयोवृद्ध कलाकारों के चित्र संग्रह कर चुका था। सज्जन अपने मीठे स्वभाव के कारण बड़े और बराबर के सभी चित्रकारों का प्रिय है। आचार्य असित कुमार हालदार, आचार्य ललित मोहन सेन, शिल्पाचार्य हिरण्यराय चौधरी एवं पत्थरों पर काव्य रचने वाले महाशिल्पी श्रीधर महापात्र जैसे अन्तर्राष्ट्रीय ख्याति–प्राप्त अपने गुरुजनों की कलाकृतियाँ वह सबेरे ही ला चुका था।

सज्जन मन ही मन जल–भुन रहा था। सुबह कन्या और कर्नल ने उसे निस्तेज किया और अब इस तरह मन फीका हुआ।

बारह बजे तक वह सब के चित्र लेकर लाला जानकीसरन की हवेली में पहुँच गया। कर्नल और कन्या वहाँ मौजूद नहीं थे। लाला जानकीसरन बड़ी आतुरता से मिले, बोले—"भइया हम बड़ी देर से तुम्हारी बाट देख रहे हैं।"

सज्जन कुछ न बोला। मजदूरों के सिरों पर लदे हुए चित्रों को उतारने के लिए लाला जानकीसरन को बड़ी उतावली पड़ी। उन्होंने अपने नौकर को तुरन्त आज्ञा दी। तस्वीरें उतारे जाते समय अनभिज्ञ दास कुछ लापरवाही कर गया। सज्जन ने फौरन ही बोझ को सँभाला और दूसरे मजदूरों के बोझ को वह स्वयं ही उतारने लगा। चीजें सावधानी से रखी जाने के बाद, मजदूर जब चले गए तब लाला जानकीसरन अपने नकली दाँतों की बत्तीसी दिखाकर बोले—"बहुत थक गए होंगे भइया, बड़ी मेहनत पड़ी होगी। इस सालिगराम ससरे ने ऐसा कमीनापन किया है कि हम तुमसे क्या बताएँ?"

लाला जानकीसरन मुँह लटका कर बैठ गए। सज्जन को लाला जी का सालिगराम के खिलाफ शिकायत करना कुछ अजीब सा लगा। वह कुछ कहने ही जा रहा था कि लाला जी फिर बोल उठे—"हमने भइया राजा साहब को भी फून करके इस मामले में सलाह ले ली। वैसे तो—वह इस वक्त जरा तुमसे—हाँ, यों ही से मतलब ये है कि तुम तो जानते ही हो! फिर भी उनका नाराज होना बिल्कुल वैसा ही है जैसे कि आज कन्नोमल होते और वो तुम पर बिगड़ते। राजा साहब टैलीफून पर बहुत बिगड़ रहे थे सालिगराम से। हमसे कहा कि उसने बड़ी नालायकी का काम किया हैगा। मगर सज्जन से कहना कि इस बखत जरा तस्कीन से काम ले, नुमाइस कर ही डाले। 'हर एक्सीलेंसी' का मामला हैगा पर आगे मैं इससे समझ लूँगा।..."

सज्जन तमतमा कर बोला—"मैं अभी ये सब तस्वीरें उठाकर ले जाऊँ तो बाबू सालिगराम को आटे–दाल का भाव मालूम हो जाए। कौन चित्रकार इन्हें अपनी तस्वीरें देता—"

"हाँ–हाँ भइया, सो तो ठीक ही है—"

"खैर, मुझे पब्लिसिटी की चाह नहीं। भगवान की दया से मेरा नाम बहुत काफी है। सालिगराम को सिर्फ एक ही शहर में लोग जानते हैं, सज्जन वर्मा की तारीफ हिंदुस्तान में ही नहीं, विलायतों तक के अखबारों में होती है।"

"अरे बेटा, मैं सब जानता हूँ, तुम तो हमारे बबुआ के बराबर हो, कहीं कोई तुम्हारी तारीफ कर देता है तो मेरी छाती गज भर की हो जाती हैगी। क्या बतावैं, तुम्हारे घर में तो कोई आँखों का सुख लेनेवाला भी न रहा बेटा! (धोती के छोर से लाला जानकीसरन ने आँखें पोंछी फिर ठंडी साँस लेकर) हर इच्छा! चिरंजीव रहो भइया, भगवान तुम्हें और रुतबा बकसे, तुम्हारी बदौलत आज मेरे दरवाजे भी हर एक्सीलेंसी और बड़े-बड़े लोगों के चरन पड़ जाएँगे! जब तलक जिऊँगा जस गाऊँगा तुम्हारा!"

इसके बाद एक क्षण तक मौन रह कर लाला जानकीसरन ने बड़ी हड़बड़ाहट के साथ पूछा—"रोटी तो अभी तुमने खाई नहीं होगी भइया? चलो आओ, हमारे यहाँ तय्यार है।"

"जी नहीं, मुझे आज कर्नल के घर खाना है, अभी तक आया नहीं?"

"नहीं, आए तो थे, चले गए। कर्नल, बेटा हम पर बहुत बिगड़े हुए हैं। उनके साथ वो लड़की भी आई थी जिसकी वजह से क्या नाम के, राजा साहब को तुम्हारी तरफ से रंजिस भई। नगीनचन्द बत्तमीजी की हद पर उतर आया। बुरा न मानना बेटा, तुम्हारा दोस्त है तो मेरा भी मुलाकाती है। अरे भई, उसके बाप लाला मोतीचन्द जी के साथ हमारा व्योहार था; मगर यह हम तुम्हारे आगे गंगाजली उठाय के कह सकते हैं कि जो सील और खानदानी सुभाव, मुरव्वत-मुलाहजा तुममें है, वह न नगीनचन्द में है और न, तुम्हारा क्या नाम के, महिपाल जी में। उनको भी मैं तब से ही जानता हूँ जब कि उन्होंने मेरे बहनोई रूपरतन के साथ अखबार निकाला था। असल बात ये है भइया, कि खानदानी रहीस कुछ औरी होता है। अरे, नगीनचन्द के बाप ने पैदा किया। कोई राजा साहब या हमारी तुम्हारी तरह पुस्त-दर-पुस्त से तो लछमी की ये महमा है नहीं उनके यहाँ। खैर, तुम रोटी खा लो।"

"जी नहीं मैं एक बार कर्नल से मिलूँगा। कहाँ गया है, कुछ आपसे कह गया है?"

लाला जानकीसरन गम्भीर मुँह लटकाकर एक क्षण मौन रहे फिर कहा—"नगीनचन्द हमसे कह गए हैं कि नुमाइस मेरे यहाँ नहीं होगी। वो-वो क्या नाम के, ताई की हवेली में इंतिजाम कर रहे हैं।"

सज्जन सुनकर स्तंभित रह गया। कर्नल ने जो निश्चित कदम उठाया था उससे मन में कहीं ठंडक महसूस करते हुए भी वह स्तंभित रह गया, फिर फौरन झटके से खड़ा हुआ, बोला—"मैं अभी हाजिर होता हूँ।"

"सुनो तो बेटा!"

"जी, मैं अभी हाजिर हुआ।" सज्जन रुका नहीं फौरन ताई की हवेली में चला आया।

कन्या, कर्नल के तीन नौकर, बाबा राम जी और उनके चार स्वस्थ हो जाने वाले पागल आँगन में बैठे झंडियाँ चिपका रहे थे। ताई और नन्दो पास ही खड़ी देख रही थीं। ताई और बाबा रामजी बातें कर रहे थे। जिस समय सज्जन पहुँचा उस समय कोई हँसी की बात हुई थी जिसके कारण सबके चेहरे खिले हुए थे।

"आओ रामजी, देखो यहाँ कैसा मंगल हो रहा है!"

सज्जन के आते ही कन्या का चेहरा गम्भीर हो गया। वह सिर झुका कर झंडियाँ काटने लगी। ताई बोली—"कन्नोमल के पोते, उदास न होना। जानकीसरन निगोड़े का ते मैं बंस नास कर दूँगी!"

"अरे जाओ तइया, बातैं बनउतीं हौ; तुमरे किए होत-जात कुछ भी नहीं!"

"राँड़! तू क्या समझे? तेरे हाथ से तौ जो भी काम कराया सो ही औंधा हुआ। पाप की पुटलिया निगोड़ी!"

"और ताई तुम—" नन्दो ताई के गाली देने से अप्रतिभ हो गई। चार के सामने अपना तेहा दिखा कर नन्दो बीच मैदान में जमना चाहती थी सो ताई का भेजा गर्मा गया। वे बोलीं—"अरे,

मुझे क्या कहे है! सदा एक आँच की तपी, मेरे ऊपर कोई उँगली भी नहीं उठा सके है। तू निगोड़ी आप गन्दी, सारे जमाने को गन्दा—''

''राम भगतिनियाँ, जाने दे सुभ कार्ज में इस समय मार को रहने ही दे। (सज्जन से) क्यों रामजी, जिस कार्ज के लिए गए थे वो सफल हुआ?''

''जी हाँ! तस्वीरें ले आया।''

''सुना ये लोग तुम्हारे साथ नीचता कर गए? कोई चिन्ता की बात नहीं रामजी; ये तो बिस्व है—'' ताई और नन्दो में अचानक फिर चखचख चल पड़ी। नन्दो धीरे-धीरे कुछ बड़बड़ा रही थी जिस पर ताई अचानक गर्म हो उठीं।''निगोड़ी भौत बढ़-बढ़ के मत बोल, कए दूँ हूँ। मुझसे अटकेगी तो ऐसी गत कर दूँगी चार दिन में कि गली-गली कीचड़ लपेटती घूमेगी। ये बाबा जी भी तुझे ठीक नहीं कर पाएँगे!''

''धत्तेरे की राम भक्तिनियाँ!'' बाबा रामजी नन्दो पर आँखें निकाल कर गर्जे—''जगत ताई से अटकती है!''

सज्जन इस कलह का आनन्द लेने के मूड में न था। वह जानना चाहता था कि कर्नल कहाँ है। मगर किससे पूछे? यों तो वहाँ कर्नल के नौकर ही बैठे थे पर वे इस समय उसे दिखाई ही नहीं दे रहे थे। वह कन्या से पूछना चाहता था—बाबा रामजी के सामने अपने को पाक-साफ साबित करने की नीयत से वह कन्या के प्रति अपना अनुराग झलकाना चाहता था; परन्तु कैसे वह अनुराग झलकाए? कैसे पूछे? इसलिए उसके होश में यह सवाल आ रहा था कि वह किससे पूछे। फिर अन्तर की इच्छा ने जोर मारा, वह अपनी झिझक को तोड़ कर बेसाख्ता पूछ ही बैठा—''कन्या, कर्नल कहाँ हैं?''

''खाने का इन्तजाम कर रहे हैं।''

''किसके खाने का इन्तजाम करने गया है?''

''इनके, मेरे सभी के लिए।'' कन्या ने कहा।

''तूने खाया नहीं है कन्नोमल के पोते, अरे, तो मुझसे कहा क्यों नहीं तने! चार पूड़ियाँ उतार देती, कितनी देर लगे है?''

''नहीं ताई जी, खाना अभी आता ही होगा।''

कर्नल के आने पर सज्जन और कर्नल दोनों ही ने अपने-अपने अनुभव एक-दूसरे को बतलाए। कर्नल से जानकीसरन की करारी झड़प हो गई थी। उसने कहा—''मैं साफ कह आया हूँ, राजा साहब हों या लाट साहब हों, अब किसी की सिफारिश से भी नुमाइस उनके घर में हरगिज नहीं होगी। अगर वो चाल चल गए हैं तो हम भी उसका जवाब देंगे। मैंने कुछ गलत तो नहीं कहा?''

''नहीं, ठीक है!''

''तुम इसी दम जाओ और सारी तस्वीरें उठवा लाओ। ये जगे उससे भी फसक्लास है।''

सज्जन जब लाला जी के यहाँ से तस्वीरें लाने के लिए गया तो उन्होंने अपनी पहले वाली मिठास और मुरोवत को भुला कर आँखों में ठीकरी रख ली। चित्रों के जवाब में ठेंगा पाकर सज्जन बहुत उत्तेजित हुआ। लाला जी ने साफ कह दिया कि 'हर-एक्सीलेंसी' के द्वारा उद्घाटन हो जाने के बाद ही कुछ सोचा जाएगा।

खानदानी शील और संस्कार वाले लाला जानकीसरन को खानदानी शील और संस्कार वाले सज्जन वर्मा से दो-चार ऐसी बातें सुननी पड़ीं जिससे कि लाला जानकीसरन को बुरा लगा। सज्जन सचमुच बहुत ही अधिक त्रस्त और उत्तेजित हो उठा था। कर्नल ने उसे सांत्वना दी; कहा—''अभी न सही। शाम के साढ़े चार बजने में कौन बड़ी देर है। इनके उद्घाटन के बखत ही, हर इक्सीलेंसी के सामने मैं जानकीसरन और सालिगराम वगैरा की हुलिया न बिगाड़ूँ तो मेरा नाम नहीं। तुम चुपचाप बैठे रहो।''

कर्नल ने ताई की हवेली के आगे झंडियाँ लगाईं, सजावट की।

लाला जानकीसरन ने अपनी कोठी के हर खंभे को गेंदे की लड़ों से सजाया था। चौराहे पर नल के पास एक फाटक, कोठी के सामने एक फाटक और बिजली के रंगीन बल्बों की बन्दनवार; उनके घर से लेकर चौक की बड़ी सड़क तक दो फर्लांग के रास्ते झंडियाँ लगवाई गई थीं।

सज्जन क्रोध से भस्म हुआ जा रहा था। कर्नल आराम-कुर्सी पर ऊँघ गया था। बाबा रामजी अपने पागलों को लेकर जा चुके थे। कर्नल के नौकर आँगन में बैठे थे। कन्या ताई के साथ तारा के घर चली गई थी।

साढ़े तीन-पौने चार के करीब लाला जानकीसरन का नौकर आया; कहा—"राजा साहब तशरीफ लाए हैं, बुला रहे हैं।"

"नहीं, कोई जरूरत नहीं जाने की!" बगैर आँखें खोले ही कर्नल ने अपने जागने का प्रमाण दे दिया। सज्जन कुछ भी न कह सका। नौकर एक क्षण ठिठका फिर सज्जन की ओर देखकर बोला—"तौ हुजूर—"

"हाँ-हाँ जी, कह तो दिया मैंने तुमसे! जाओ यहाँ से!"

नौकर जाने लगा, सज्जन ने कर्नल से कहा—"हो आऊँ कर्नल, राजा साहब—"

"राजा साहब हों या कोई साहब हों। मैं कोई जरूरत नहीं समझता तुम्हारे जाने की। बड़े हैं तो बड़ों के तरीके से पेश आएँ!"

"मैं एक बार हो ही आता हूँ कर्नल।" सज्जन कुर्सी से उठा।

"मैं कहता हूँ कि तुम नहीं जाने पाओगे सज्जन!"

सज्जन बैठ गया।

पाँच मिनट बाद ही राजा साहब के मँझले साहबजादे तशरीफ लाए—"बाबू जी बुला रहे हैं।"

सज्जन धर्म-संकट में पड़ा। कनखियों से कर्नल को ताकने लगा। कर्नल अजीब मखमशे में पड़ा, उसके सामने ही त्रिभुवनदास खड़े थे, इशारा भी नहीं दे सकता था। लेकिन उससे बगैर कहे रहा नहीं गया—"देखिए तिरभोअन जी, वन साइडेड पक्ष लेना गैर-वाजबी बात हो जाएगी। सालिगराम साला तो मेरी नजरों के आगे कभी कुछ रहा ही नहीं मगर हमारी सब की आपुसदारी में लाला जानकीसरन—"

"अरे कर्नल, अब इस वक्त उनकी इज्जत का मामला है—"

"सज्जन तुम आओ।" त्रिभुवनदास सज्जन की बाँह पकड़ कर उठाने लगे। सज्जन से न कहते न बना, कर्नल रोक न सका, सज्जन चला गया।

जिस समय हर एक्सीलेंसी की गाड़ी सड़क पर रुकी उस समय राजा साहब के नेतृत्व में अनेक पैसे वाले स्वयं-प्रतिष्ठित, अपने को बड़ा आदमी समझने वाले दस-बारह चुगद खीसें निपोरते खड़े हुए थे। सज्जन इस बेवकूफों की मजलिस में शहीद बना खड़ा था। गली में जानकीसरन की कोठी तक दो फर्लांग के रास्ते में लाटनी के लिए लाल टूल की पट्टी बिछाई गई थी। हर घर पर पहले ही से फूलों की टोकरियाँ रखवा दी गई थीं। हर एक्सीलेंसी पर रास्ते भर पुष्प वर्षा होती रही। चौराहे के फाटक के बाद गली में घुसते ही अगल-बगल डोरी बाँध कर दो आपस में जुड़ी हुई डलियाँ लटकाई गई थीं, हर एक्सीलेंसी के प्रवेश करते ही दोनों सिरों से डोरी खींच ली गई। डलिया से फूलों का बड़ा गजरा लाटनी के गले में गिर पड़ा। जानकीसरन की कोठी के आगे मजमा लगा हुआ था, बड़े-बड़े लोग नजर आ रहे थे—डॉक्टर, वकील, पैसे वाले, सरकारी अफसर, मुहल्ले के लोग और नगर के प्रमुख कलाकार उस गली की शोभा बढ़ा रहे थे। अति गौरवर्ण और खिले हुए मुख वाले आकर्षक व्यक्तित्वशाली श्री असितकुमार हालदार, चाँदी से चमकते हुए सफेद बाल और ऊँची पूरी देह वाले भव्य शिल्पी श्री हिरण्मय रायचौधरी, उन्नत ललाट और गठीले बदन के

लम्बे श्री वीरेश्वर सेन, मझले कद भरे बदन के मस्त मौला लगने वाले श्री ललित मोहन सेन, ठिगने कद के दुबले-पतले सरल श्री श्रीधरमहापात्र कोठी के चबूतरे पर खड़े थे। श्री श्रीराम वैश्य भी वहीं उपस्थित थे। नीचे गली में उदीयमान चित्रकारों का दल आपस में बातें करता हुआ खड़ा था। दुबले-पतले पतली मूँछों वाले सुरेश्वर सेन, लम्बे-चौड़े गोरे और भव्य मदनलाल नागर उभरी हुई गालों की हड्डियों और उन्नत ललाटधारी, ठिगने कद के कलाकार रमेशचन्द्र साथी, सीधे-सीधे चश्माधारी शिल्पी मुहम्मद हनीफ, बड़ी मूँछों वाले एल्बर्ट, दाढ़ीधारी शिल्पी जैनारायण सिंह, कलाकार से अधिक फौजी अफसर जँचने वाले चित्रकार भुवनलाल साह, ठिगने, हँसमुख, साँवले-सलोने फ्रैंक वेस्ली आदि पुरानी और नई पीढ़ी के सभी जाने-माने चित्रकार और शिल्पी लाटनी और रईसों की भीड़ से अलग, जुगनुओं में नक्षत्रों की तरह चमक रहे थे। धरा उनसे धन्य थी, वह गली उनके पदार्पण से पवित्र हुई थी। पुलिस का बड़ा इन्तजाम किया गया था। बाबू सालिगराम और लाला जानकीसरन दोनों को ही इस बात का आदेश था कि कर्नल और कन्या मिलकर किसी प्रकार का विघ्न उपस्थित कर सकते हैं।

उद्घाटन हुआ। राजा साहब ने हर एक्सीलेंसी की प्रशंसा में पुल बाँध दिए, तथा इस बात का आश्वासन दिलाया कि यहाँ के गण्यमान्य सज्जन सदा से बड़े ही राजभक्त और देशभक्त रहे हैं। उन्होंने सालिगराम की नेतागिरी की भी बड़ी प्रशंसा की और सज्जन के लिए भी दो मीठे वचन बोल दिए।

लाला सालिगराम पैर में पलस्तर चढ़ा होने के कारण खड़े नहीं हो पाते थे। काँख-कूँख कर उन्होंने भी माइक्रोफोन नीचा करवा कर अपनी नेतागिरी झाड़ी। उन्होंने अपने भाषण में सज्जन का जिक्र न किया बल्कि सब कलाकारों को देश की राष्ट्रीय संस्था के साथ सहयोग करने के लिए 'धन्यवाद' दिया। हर एक्सीलेंसी ने कला की महिमा बखानते हुए अपने पास खड़े अन्तर्राष्ट्रीय ख्याति-प्राप्त लखनऊ निवासी देशपूज्य वयोवृद्ध कलाकारों का बड़े आदर के साथ अपने भाषण में उल्लेख किया। राजा साहब को इस आयोजन के लिए बधाई दी और लाला जानकीसरन की कोठी के बड़े हॉल के दरवाजे पर लगी फूलों की लड़ को कैंची से काट दिया। तालियाँ पिटीं, भीड़ अन्दर दाखिल हुई। सज्जन को कमरे में प्रवेश करते ही मानो काठ मार गया। शहर के अनेक प्रमुख व्यक्ति, अपने गुरुजनों और साथी कलाकारों के सामने वह सिर उठाने लायक नहीं रह गया था। पचास तस्वीरें एक ही दीवार के पक्खे पर ऊपर से नीचे तक टाँग दी गई थीं। मूर्तियों का महत्त्व लाला लोगों की समझ में अधिक नहीं आया था, फिर भी एक मेज पर उन्हें भी रख दिया गया था। कमरे में सबसे अधिक ध्यान आकृष्ट करने वाली केवल एक ही चीज थी—राजा साहब की महफिल में फाटक पर बिजली के बल्बों की भारत-माता, जिनके हाथ के तिरंगे झंडे में घूमता हुआ चक्र चल रहा था। कलाकार अपनी कलाकृतियों की यह दुर्दशा देखकर भौंचक्के रह गए। सज्जन वहाँ से मुँह छिपा कर भाग गया। राजा साहब, जानकीसरन आदि किसी को भी इस समय हर एक्सीलेंसी और दो-चार बड़े अफसरों को छोड़कर किसी की भी फिक्र न थी। कर्नल और कन्या कमरे के एक कोने में खड़े हुए थे।

हर एक्सीलेंसी ने जितनी तस्वीरों पर नजर जा सकती थी, देख लीं।

सज्जन चुन-चुन कर चीजें लाया था। हाल्दार महोदय के हर्षकालीन वातावरण को चित्रित करने वाली अनुपम कलाकृतियाँ, एम.एल. सेन के बर्मा, बनारस और देहाती जीवन के सजीव चित्र, वीरेश्वर सेन के हिमालय सम्बन्धी छोटे-छोटे चित्र जो रंगों का स्वप्न प्रस्तुत करते थे, उचित स्थान न पा सकने के कारण जनता को अपनी कला का स्पर्श न दे सके।

कई चित्र उल्टे भी टँग गए थे। क्यूबिज्म की टेकनीक में बनाया गया भुवन लाल साह का माता, साह का माता और शिशु का चित्र उल्टा टँगा हुआ था। मदन के कीर्तनकारों की भी यही

दशा हुई थी, सुरेश्वर सेन का 'सूखातालरोड' एकदम छत की कड़ियों को छू रहा था, जामिनी राय टेकनीक में चित्रित किया गया उनका 'शिकारी', साथी के चित्र 'उर्वशी का जन्म' के पास टँगा हुआ 'ब्यूटी एंड दि बीस्ट' (सौन्दर्य और पशु) का साकार उदाहरण उपस्थित कर रहा था। फ्रैंक वैस्ली का ईसा की चरण-वन्दना नामक मनोहर चित्र अँधेरे में खो गया था, उसी के पास लगे मदन के 'शंकर-पार्वती' की भी यह गत बनी थी। सज्जन के मुहल्ला जीवन सम्बन्धी चित्र कुछ दाएँ, कुछ बाएँ, कुछ बीच में अपना अस्तित्व छिन्न-भिन्न कर टँगे थे। मूर्तियाँ मेज पर लगी थीं, इसलिए उन्हें देखने में तो विशेष कठिनाई नहीं होती थी परन्तु मूर्तियों के साथ किसी भी शिल्प का नाम नहीं लिखा हुआ था। वैसे महापात्र जी की महिषासुर मर्दिनी, माता और शिशु, रॉय चौधरी महोदय द्वारा बनाया गया किसी अंग्रेज का बस्ट, मुहम्मद हनीफ के गोविन्द वल्लभ पंत और गांधी की मूर्तियाँ, श्रीराम वैश्य द्वारा बनाई गईं ललित मोहन सेन, हरिहर लाल मेढ़ तथा जिप्सी लड़की की मूर्तियाँ बड़ी सुन्दर थीं। जैनारायणसिंह का 'छद्मवेशी' भी अपनी अलग छटा दिखला रहा था।

हर एक्सीलेंसी, राजा साहब, दो चार तोंदियल ढपलू रईस और अफसर लोग एक नजर डाल कर कमरे से चलने लगे। बुजुर्ग चित्रकारों ने अपनी कृतियों का इस प्रकार दुरुपयोग होने पर भी जाहिरा तौर पर कुछ न कहा। हाँ वे लोग वहाँ से चले गए।

सज्जन के साथी सुख्यात युवक कलाकार आपस में इस नुमाइश की चर्चा कर रहे थे। ऐसा लगता था मानो बिजली का तिरंगा झंडा दिखलाने के लिए ही इतनी कलाकृतियों को ग़ुलाम बना कर उस कमरे में कैद किया गया है। तिरंगे झंडे की गुलामी करने से किसी कलाकार को तनिक भी आपत्ति नहीं हो सकती थी; बात तो यह थी कि भारतमाता और तिरंगे का उपयोग इस समय शिखंडी के रूप में हो रहा था। इसकी आड़ में चार धनी-धोरी कला को अपना गुलाम—गुलाम दर गुलाम बना रहे थे। सज्जन उसके लिए इन रईसों का, जो लाट साहब की लिस्ट में प्रतिष्ठित नागरिक कहलाते हैं, एजेन्ट बन कर अपने कलाकार बन्धुओं का गला कटवा रहा है, इस प्रकार का रिमार्क भी कसा गया।

कन्या पास ही खड़ी थी; यह सुनकर क्षुब्ध हुई। कर्नल इस समय वहाँ नहीं था। मुहल्ले की जनता तस्वीरों वाले पक्खे के सामने खड़ी होकर तस्वीरों को अपनी नजरों से सूँघने की कोशिश कर रही थी। ये सारे चित्र दर्शकों के लिए अर्थहीन हो गए थे। कला अर्थहीन हो गई थी।

एक नवयुवक चित्रकार भाषण करने के मूड में आ गए। हॉल में घूमती हुई जनता को सुनाकर उन्होंने इस प्रदर्शिनी के प्रति अपना तीव्र असन्तोष जाहिर किया।

दूसरे बोले—"क्यों अपने को बेकार थका रहे हो यार। तुम प्रतिष्ठित नागरिक भी नहीं हो जो तुम्हें दम ताजा करने के लिए इसके बाद चाय और नाश्ता मिलेगा।"

तीसरे ने तप कर कहा—"हम—हम अगर प्रतिष्ठित नहीं तो ये साले लाला लूली लोग फिर कहाँ से प्रतिष्ठित हो गए?"

दूसरे ने कहा—"इनको सरकार ने प्रतिष्ठित बनाया है। सरकारी और गवर्नरी लिस्ट में आप को शहर के इन तमाम चमड़-चिमड़ओं के नाम मिलेंगे। हमारी आपकी वहाँ कोई पूछ नहीं।"

"अगर उन्हें हमारी कदर नहीं तो हम इन सब सालों को अपनी फटी चप्पल की नोक पर मारते हैं। कहाँ है सज्जन?"

कन्या इस उत्तेजना का उत्तर देने के लिए बरबस आगे बढ़ आई। उसने कहा—"इन लोगों ने सज्जन जी को ठगा है। चित्र मँगवा लेने के बाद इन्होंने उन्हें इस हॉल में झाँकने तक न दिया। इनके लिए ये कला-कृतियाँ महज बहाना थीं। इस बहाने बड़े-बड़े लोगों को अपने यहाँ बुलाना अपनी पब्लिसिटी कराना ही इनका उद्‌देश्य था।"

सनक भरी हँसी हँसकर एक बोले—''अजी, पब्लिसिटी तो इन नेताओं की मोनोपैली हो गई है। बड़े-बड़े साहित्यिकों, कलाकारों और वैज्ञानिकों की कॉन्फ्रेंसें बुलाते हैं, कॉन्फ्रेंसों में उपस्थित नेताओं के नाम और उनके भाषणों का विवरण तो अखबारों में पूरे डिटेल्स के साथ दिया जाता है मगर साहित्यिकों-कलाकारों के नामों तक का उल्लेख नहीं होता!''

''आप इनके साथ सहयोग करते ही क्यों हैं? ठेंगा दिखाइए सालों को! ये लोग जो अपने को बड़े आदमी समझते हैं, इन को चाहे वे नेता हों, पनेता हों, कोई हों—इन सालों को आजकल के जमाने का अछूत करार दिया जाए। जो इनसान इनसान की तरह से न रह सके, वह कोई भी हो उसका बहिष्कार कीजिए!''

''सज्जन ने तो हमें यह बतलाया था कि मुहल्ले के लोगों को कला की विशेषताओं से परिचित कराने के लिए यह प्रदर्शिनी की जा रही है। एक-एक चित्र के साथ में चित्र का भाव समझाते हुए काड्र्स टाँगे जाएँगे—''

''जी हाँ, विचार यही था। मगर हमें कुछ करने का मौका ही नहीं दिया गया। जब तक चित्र नहीं आए तब तक तो खुशामद करते रहे, उसके बाद इस तरह—''

एक महाशय समझाने आए—''साहेब आप लोग यहाँ पर ऐसी बातें न करें। बगल वाले कमरे में ही सब बड़े-बड़े लोग—''

''ऐसी-तैसी तुम्हारे बड़े-बड़े लोगों की! कहाँ है सज्जन? बुलाओ उनको! इन साले बड़े आदमियों के लिए हमारी कला का अपमान किया गया है!''

कन्या बोली—''हमने प्रदर्शिनी के लिए दूसरी जगह चुन रखी है। बिलकुल इस मकान के पास ही। वहाँ हमारा सारा प्रबन्ध है। इन लोगों ने अगर तस्वीरें इस तरह दबा न ली होतीं तो इस प्रदर्शिनी का उद्घाटन यहाँ न होकर वहाँ होता। हर एक्सीलेंसी के द्वारा न होकर किसी चिकन बनाने वाली कुशल कलाकार के हाथों होता। अगर आप सब कलाकार राजी हों तो इसी समय इन चित्रों को उतारकर—''

चारों ओर से एक ही स्वर उठा—''तस्वीरें उतारो!'' कलाकार स्वयं इतने उत्तेजित थे कि चित्र उतारने लगे। जनता के कुछ लोगों ने भी उनका हाथ बँटाना शुरू किया।

इसी समय लाला जानकीसरन के साहबजादे दो पुलिसमैनों के साथ हॉल में धँसे और धँसते ही गर्जे—''खबरदार, कोई तस्वीरों पर हाथ न लगाए!''

जानकीसरन के बेटे ने एक नहीं अनेक सिंहों के वन में यह गीदड़-गरज की थी। उसका परिणाम भी वैसा ही निकला। कलाकार बेहद गर्म हो उठे। उनके साथ ही साथ अनेक युवक भी उत्तेजित हो उठे। हॉल से सार्वजनिक क्रोध की हुँकार उठी।

बगल वाले हॉल में चाय प्रकरण समाप्त ही हो रहा था कि अचानक यह शोर उठा। राजा साहब की त्योरियाँ चढ़ गईं। सालिगराम, जानकीसरन, सभी के चेहरे बिगड़ गए। आमंत्रित अतिथियों में खुसफुस होने लगी।

कन्या प्रदर्शिनी वाले कमरे में जनता की वाणी बन कर बोल रही थी। वहाँ का वातावरण सूली पर चढ़ा-सा मालूम पड़ता था। सभी कलाकार वनकन्या की बातों का समर्थन कर रहे थे। यह घोषणा की जा रही थी कि अगर उन्हें स्वयं उनकी ही कलाकृतियों को वहाँ से उतारने न दिया गया तो कल सबेरे सारे कलाकार संगठित होकर इन बड़े आदमियों के अन्याय के खिलाफ अपनी आवाज उठाएँगे। अखबारों में, पर्चेबाजी के जरिए हर तरह से इनके दम्भ और ढोंग के मुँह पर थूका जाएगा।

''बुलाओ, पुलिस को बुलाओ, किसी को बुलाओ! ये तस्वीरें यहाँ से हटकर रहेंगी। हम यहाँ से चित्र लेकर ही जाएँगे वर्ना हमारी लाशें ही निकलेंगी।''

कन्या के इस उत्तेजित उत्तर के साथ ही साथ लाला कर्नल दो नौकरों के कंधे पर एक बड़ी सी सीढ़ी लदवाए मुस्कुराते हुए दाखिल, हुए हर एक्सीलेंसी उस समय विदा होने के लिए बाहर निकली थीं। उनके साथ 'प्रतिष्ठितों' का मजमा चल रहा था। लाला कर्नल उन्हें देखकर हॉल में घुसने से पहले हर एक्सीलेंसी के साथ जाते हुए लाला जानकीसरन को पुकार कर बोले—"लालाजी, तस्वीरें ले जाने दीजिए, इन पुलिसवालों को निकलवा लीजिए बाहर, नहीं तो हँसी में खँसी हो जाएगी! एलेक्सन धरा रह जाएगा।"

राजा सर द्वारकादास, लाला जानकीसरन जहर-भरी आँखों से देखते निकल गए।

कर्नल उनके घर का विभीषण था, जो राम की सेना में मिल गया था। कन्या सारे हुल्लड़ को सारे असन्तोष को नियंत्रित कर उसे एक रचनात्मक रूप देने के लिए अद्भुत आयोजन कर रही थी। उतरने वाली एक भी तस्वीर इस भीड़ भरे हॉल में गायब न हो, खराब न हो, इसकी ओर उसका ध्यान था।

सारे चित्र उतर गए। पुलिस या जानकीसरन के आदमियों ने फिर कोई हस्तक्षेप न किया। स्वयं कलाकार ही इस समय मजदूर बन कर तस्वीरों को बाहर ढोने लगे। जानकीसरन के हॉल से निकलते हुए कर्नल ने ये ऐलान किया—"भाइयो, कल साम को ताई की हवेली में उद्घाटन होएगा!"

दूसरे दिन कुछ अखबार इस घटना को लेकर चुप रहे और कुछ ने 'नेताओं और प्रतिष्ठितों' की अच्छी-खासी मरम्मत की थी। जनता इन समाचारों को पढ़-पढ़कर आनन्द लेती थी। जिस प्रकार सम्राटों के दरबार में विदूषक हँसी का साधन बनता था उसी प्रकार जनता के दरबार में नेता और 'प्रतिष्ठित' आज मजाक के साधन हैं। समाज के लिए विदूषक किसी हद तक कल्याणकारी है, परन्तु यह चमरगिद्धवर्ग तो किसी काम का भी नहीं।

46

प्रदर्शिनी से जिस लज्जा भार को लेकर सज्जन निकला था उसे ढोते-ढोते वह उकता गया। बहुत देर तक इधर-उधर कार लिए डोलता रहा। फन कुचले हुए साँप-सा उत्तेजित, अपनी पीड़ा और क्रोध से वह मचला जा रहा था। उसे कहीं चैन नहीं था। शहर की सड़कें, पार्क, हर जानी-पहचानी चीज उसे जहर-सी लग रही थीं। इन सबको छोड़ कर वह कहाँ जाए—कहाँ चला जाए कि ये दैरोहरम छूटे?

उस क्षण उसे अपने आप से भय लग रहा था। चारों ओर के लोगबाग उसे अपनी बदनामी करते महसूस हो रहे थे। शहर की रौल-चौल-भरी गूँज मानो उसके कानों में कह रही थी—"तू इसी बदनामी के लायक है! कन्या के साथ विश्वासघात किया है!" उसका होश जाग उठा था। उसका होश उसे होशियार कर रहा था कि तर्क से परे अपनी बहक में अब न डोले। क्या अब से वह केवल कुछ लोगों को प्रसन्न करने और अपने विषयभोग की चिन्ता में लगे रहने के सिवा और कोई ढंग का काम नहीं करेगा? सज्जन पहले भी अक्सर कुछ लोगों को प्रसन्न करने के लिए अनुचित काम करता था, विषय-भोग में भी उसकी रुचि पूरी-तौर पर रहती थी—पर इसके कारण उसका मन कभी नहीं उखड़ा। अपने काम से वह कभी यों विमुख नहीं हुआ, मानसिक रूप से कभी इस प्रकार संत्रस्त नहीं हुआ। हर चीज, हर इच्छा अपनी जगह पर व्यवस्थित रही। वह व्यवस्था अब भंग हो गई थी। सज्जन का मन कटी-पतंग की तरह हवा में इधर-उधर हो रहा था। सज्जन ने उकता कर अपनी निकम्मी नगर परिक्रमा छोड़ दी।

हजरतगंज में 'कपूर' के सामने उसकी कार रुक गई, मानो वह जगह उसके मन के ठहराव की थी। सज्जन वहाँ बैठकर पीने लगा। शराब मानो इस समय उसके जीवन का चरम-परम लक्ष्य थी और उस लक्ष्य पर पहुँचकर वह निश्चिंत हो गया था। वह जबरदस्ती अपने आपको निश्चिंत

कर रहा था मानो उसके जीवन में कोई उलझन ही पैदा नहीं हुई; उसने किसी से भी नीचा नहीं देखा; वह सर्वोपरि है, उसका हर व्यवहार सही है; राजा सर द्वारकादास से लेकर कर्नल तक सब मूर्ख हैं। कन्या से लेकर बाबा राम जी तक—शराब के नशे में भी इन दोनों के प्रति अपने मंतव्य को स्वयं अपने ही सम्मुख प्रकट करने से सज्जन हिचक गया, रुक गया। एक घूँट लेकर उसने यों महसूस किया मानो वह इन दोनों को बख्श रहा हो। बाबा रामजी के खिलाफ कुछ भी सोचने की इच्छा वह नहीं करता। वे उसके मन में प्रवेश कर ऐसी गहरी बातों का उद्घाटन कर जाते हैं जिससे कि वह चौंक उठता है। बाबाजी में कोई अलौकिक शक्ति जरूर है, वह अलौकिक शक्ति क्या उसे नहीं मिल सकती ? शराब के नशे में सज्जन कल्पना करने लगा कि उसे वह शक्ति प्राप्त हो गई है। और वह वनकन्या के मन का उद्घाटन कर रहा है। वनकन्या के मन में प्रविष्ट होकर वह उसे प्रेरित कर रहा है कि मुझे पूजो, मैं महान् हूँ। सालिगराम और जानकीसरन के मन में प्रविष्ट होकर वह उनकी एक-एक चालबाजियों को सारी दुनिया के सामने प्रकट कर उन्हें अपनी अलौकिकता के प्रभाव से झुका रहा है। वे दोनों पालतू कुत्तों की तरह उसके आगे घुटने टेके हुए बैठे हैं। अपनी अलौकिक शक्ति के प्रभाव से उसने एक और चमत्कार उत्पन्न कर दिया है—उस चमत्कार से उसने हर एक्सीलेंसी से लेकर साधारण से साधारण व्यक्ति को जो सायंकाल प्रदर्शिनी के उद्घाटन के अवसर पर उपस्थित थे, अपना भक्त बना लिया है। सज्जन की नशीली आँखों ने टकटकी बाँध कर शराब से भरे हुए गिलास को चीन या मिश्र के जादूगर की तरह देखा, गिलास की स्क्रीन पर उसके सामने प्रदर्शिनी का दृश्य मानो उपस्थित हो गया था। सब लोग हॉल में प्रवेश करते हैं, सब चित्रकार अपने चित्रों की यह दुर्दशा देखकर सज्जन पर नाराज हो रहे हैं और वह सबको डाँटकर खामोश करता है; कहता है—'चुप रहो! यह मूर्खता जानकीसरन ने की है परन्तु मेरी अलौकिक शक्ति के प्रभाव से क्षणभर में सब कुछ ठीक हुआ जाता है!' —कहकर सज्जन मानो एक नजर उन तमाम चित्रों पर डालता है, और वे चित्र पलक मारते ही अपनी अव्यवस्था खोकर सारे हॉल में तरतीब से लग जाते हैं। बड़ी-बड़ी लाइटें उन चित्रों को आलोकित कर देती हैं। जनता स्तब्ध रह जाती है, फिर पुलकित होकर उसकी जै-जैकार करने लगती है। सज्जन सन्तोष से मुस्कुराता है।

अपनी हीन भावना को अलौकिकता के स्वर तक ऊँचा उठाकर सज्जन सन्तुष्ट हो गया। इस सन्तोष में उसका द्वंद्व मिट गया। अलौकिक शक्तियों का धनी सज्जन मद्यपी और व्यभिचारी भी है परन्तु इन दोनों में कहीं भी विरोधाभास नहीं। दोनों एक ही वस्तु हैं।

मेज से उठा, फोन पर आया—सेवॉय होटेल के कमरा नं. 45 से मिसेज चित्रा राजदान को बुलाने के लिए कहा। होटल के मैनेजर ने बतलाया कि उस कमरे में चित्रा नामक एक महिला रहती तो है परन्तु उनका पूरा नाम मिसेज चित्रा वर्मा है न कि मिसेज चित्रा राजदान। सज्जन को गुस्सा आया; चित्रा उसके साथ वही ट्रिक कर रही है जो उसने मिस्टर राजदान के साथ की थी। चित्रा उसकी मिसेज नहीं हो सकती। उसकी मिसेज तो वनकन्या ही हो सकती है। शराब के नशे में वह झूठ हरगिज नहीं बोल सकता। उसने मैनेजर से कहा कि खैर, मिसेज चित्रा वर्मा ही सही, उन्हें फोन पर बुलवा दीजिए। थोड़ी देर में पता लगा कि चित्रा वहाँ नहीं है। सज्जन थक गया। चित्रा को उस समय वहाँ होना ही चाहिए था। अपनी अलौकिकता के क्षण में, सर्वोच्चता के क्षण में वह कहाँ जाए कि उसका मन बहले ? वह घर नहीं जाना चाहता था। चित्रा यदि उसे फोन पर मिल भी जाती तब भी वह उसे अपने घर न बुलाता। कर्नल के भय से सज्जन चित्रा को अपने घर नहीं बुला सकता था। वह इस समय घर जाना भी नहीं चाहता था, वह इस समय किसी भी अति परिचित स्थान में नहीं जाना चाहता था। वह इस समय अलौकिक बना रहना चाहता था। मुगल बादशाह बनना चाहता था। नशे और हीनभावना के प्रभाव से उसका चंचल मन सोच रहा था कि धर्म, पत्नी, समस्त उत्तम

संस्कारों को पूरी तौर पर सुरक्षित रखकर भी वह ऐश कर सकता है, जैसे बादशाह लोग करते थे।...आह, सुकून मिल जाए, दो घड़ी का चैन मिल जाए। अच्छा बनने से पहले—अच्छा बनने के लिए—वह एक बार अपने मन की विलासिता को तृप्त कर ले, उस विकार को जी से निकाल दे। फिर तो वह महान बन ही जाएगा। कन्या से विवाह भी कर लेगा, बाबा रामजी के संरक्षण में अपनी उन्नति भी कर लेगा; उस भक्ति को भी सहज ही में प्राप्त कर लेगा जिसका स्पर्श उसने मथुरा-वृन्दावन में पाया था। वह इतना बदल जाएगा कि लोग उसे पहचान न पाएँगे।

घर टेलीफोन किया कि खाना वह घर में नहीं खाएगा। जेब से पर्स निकाल कर देखा, एक सौ अस्सी, कुछ आने उसके पास थे। वहीं खाने का ऑर्डर दिया।

सवा नौ बज रहे थे। हॉल की भीड़ काफी हद तक छँट गई थी। बिलयर्ड्स की टेबुल पर कुछ सिंधी नौजवान जमे हुए थे। इतने ही में चित्रा रानी साहबा खैरापुर के साथ हॉल में दाखिल हुईं। रानी साहबा अब सत्तर के लगभग हैं। वे एक जमाने में बड़ी खूबसूरत मानी जाती थीं; जितनी खूबसूरत, उतनी ही बदमिजाज, उतनी ही बदचलन! रानी साहबा से कई नौजवानों ने बहुत कुछ कमाया है। एक जमाने में एम.एल.सी. भी थीं। स्वयं उनके मुँह से ही सज्जन सुन चुका है कि उनका उसके पिता से भी सम्बन्ध था। रानी साहबा मार्फिया के इंजेक्शनों पर जीती हैं। अब उनकी आर्थिक स्थिति भी पहले जैसी नहीं रही। जेवर-जवाहरात प्रायः हाथ से निकल कर महाजनों की तिजोरियों में पहुँच चुके हैं, फिर भी वे अपनी आदत से मजबूर हैं; उन्हें हर रोज शराब चाहिए, मार्फिया के इंजेक्शन और पुरुष का संग चाहिए। सज्जन को देखकर रानी साहबा बड़ी प्रसन्न हुईं। उसे देखते ही ऐसे जोर से 'हलो सनी' कहा कि सब लोग उन्हें देखने लगे। रानी साहबा ने उसे छाती से लगाया, प्यार किया; शिकायत की कि बहुत दिनों से वह उससे मिलने नहीं आया। सज्जन आस-पास के लोगों के रहते रानी साहबा के इस वात्सल्य से झेंप रहा था।

रानी साहबा और चित्रा भी खाने-पीने आई थीं। सज्जन ने एक खाली कमरे में बैठने का इन्तजाम करवा लिया। बड़ी देर तक बातें होती रहीं। रानी साहबा सत्तर वर्ष की आयु में भी इतनी जिन्दादिल थीं कि उनकी संगत में सज्जन की रही-सही पाप चेतना भी लुप्त हो गई। उसकी महानता पाप-मुक्त हो निर्द्वन्द्व हो गई। शराब के नशे में चित्रा ने सज्जन से कुछ बड़े ही विलक्षण सत्य बोले। रानी साहबा के सामने ही उसने यह आश्वासन दिया कि वह सज्जन के गले नहीं पड़ना चाहती। सज्जन जिस लड़की से शादी करना चाहता है उससे वह बशौक शादी कर सकता है। चित्रा को अब किसी की गृहिणी बनने की चाह नहीं। कहने लगी—"राजदान ने मेरे साथ एक ही तो भलाई की। मेरे मन से आबरू और शादी के झूठे ख्वाब निकालकर फेंक दिए।" चित्रा ने इन्हीं बातों के दौर में फिर उस घटना का जिक्र किया जब कि मिस्टर राजदान उसे एक वेश्या के यहाँ ले गए थे और उस वेश्या से चित्रा का परिचय कराते हुए उन्होंने उसे भी सोसाइटी की वेश्या कहा था। तब चित्रा को बुरा लगा था, परन्तु उसी बुराई को अब वह अच्छा मानती है। उसे अपने आपको वेश्या मानने में अब तनिक भी संकोच नहीं है। भले घर की बहू-बेटियाँ भी वेश्या बनती हैं; पहले भी बनती थीं। अगर चित्रा भी बन गई तो क्या हर्ज है? रानी साहबा शराब के नशे में धुत् होकर बोलीं—"कोई हर्ज नहीं!" उन्होंने जोरदार तर्क दिया—"जो स्त्री वेश्या नहीं वह आबरू-दार नहीं! जो सती है वो मूर्खा है, बेआबरू है, खुशी और मस्ती के मौके पर ऐसी मनहूस औरतों का जिक्र भी नहीं करना चाहिए!" कहकर रानी साहबा ने सती और आबरूदार स्त्रियों के लिए दो-चार मल्लाही गालियाँ बकीं—सज्जन हँस पड़ा, चित्रा हँस पड़ी। गुनहगारों के वातावरण में गुनाहों की चेतना ही न रही।

ग्यारह बजे तक रानी साहबा बेहोश हो चुकी थीं, सज्जन और चित्रा भी काफी नशे में थे। ब्वॉय को बुलाया; रानी साहबा को सहारे से उठाकर उनकी गाड़ी में डाल दिया गया। चित्रा और सज्जन

भी अपनी कार पर चले। कहाँ जाएँ? गहरे नशे में भी, परम अलौकिक हो उठने पर सज्जन चित्रा को अपने घर नहीं ले जाना चाहता था। सेवॉय होटेल ही में रात गुजारने के लिए एकाएक उसने चित्रा से कहा—"आओ जी, आज मैं भी एक नए समाज की वेश्या के साथ पुराने समाज की—"

चित्रा लापरवाही भरे स्वर में बोली—"आई डोन्ट माइन्ड! मेरे खाने-खर्चे का इन्तजाम करते रहो और मेरे साथ जो चाहो सो करो।"

एक क्षण के लिए सज्जन की महानता डगमगाई; समझ, सुरुचि और सुसंस्कार झाँकने लगे। कार के शीशे में अपनी सूरत देखने को मन चाहा, लेकिन उसमें दिखाई पड़ी कन्या। शीश ऊँचा उठा दिया, गाड़ी ड्राइव कर दी।

47

कर्नल के घर पर तीन बजे रात तक प्रदर्शिनी को सफल बनाने के लिए आयोजन होता रहा। कन्या भी वहीं थी। प्रदर्शिनी का फिर से उद्घाटन कराया जाए, यह तय हुआ। किसी चिकन का काम काढ़ने वाली गरीब विधवा द्वारा इस कला प्रदर्शिनी का उद्घाटन हो, यह निश्चय तो शाम को चित्रकारों के बीच में ही हो चुका था। चित्रकार मदन ही ने यह सुझाव दिया। उन्होंने कहा था कि मैंने अपने चित्रों की प्रदर्शिनी का उद्घाटन पिछले साल किसी लाट, गवर्नर और मिनिस्टर से न करा के लखनऊ के एक खिलौना बनाने वाले श्री रेवती राम से करवाया था। डॉक्टर राधाकमल मुकर्जी ने उद्घाटन-भाषण दिया था। इस प्रदर्शिनी के लिए भी ऐसे ही उद्घाटन का आयोजन क्यों न किया जाए? सब को, खासकर कर्नल और कन्या को यह सलाह बहुत जँची। इसी के अनुरूप उद्घाटन समारोह का प्लान बना। यूनिवर्सिटी के प्रोफेसर, साहित्यिक, पत्रकार आदि लोगों को आग्रहपूर्वक लाने के लिए निश्चय किया गया क्योंकि कर्नल जानता था कि जानकीसरन, सालिगराम आदि आज का बदला कल अवश्य लेंगे।

रात में कर्नल और कन्या बैठे हुए यही सब बातें कर रहे थे। कन्या दुचिती हो रही थी। सज्जन के प्रति उसका ध्यान खिंच-खिंच जाता था। कर्नल ने बातों-बातों में दो-एक बार इस पर गौर किया था, परन्तु इस समय सालिगराम आदि से अपनी लड़ाई का नक्शा तैयार करने में वह इस समय इतना उलझा हुआ था कि उसे कन्या की इस अनमनी दशा पर ध्यान देने की फुरसत ही नहीं मिली। एक के बाद एक स्कीमें बन रही थीं—लाउडस्पीकर लगाए जाएँगे, एक हवेली के अन्दर, दूसरा उसके फाटक पर उसमें सब बड़े-बड़े आदमी, प्रोफेसर, साहित्यिक, बड़े-बड़े वकील, बैरिस्टर, जज और डॉक्टरों के भाषण करवाए जाएँगे। वे लोग सब इस नुमाइश के बारे में अपनी राय देंगे जिससे कि जनता पर अच्छा प्रभाव पड़ेगा। बीच-बीच में भजनों के रेकार्ड भी बजाए जाएँगे—अचानक कर्नल को एक नई सूझ आई, बोला—"बिन्नो, एक लाख रुपए का आइडिया आया है इस वक्त! कल, परसों और नरसों तीन दिन नुमाइश रहेगी। मैं तीनों दिन बच्चों को मिठाई बाँटूँगा। अरे, ज्यादा से ज्यादा हजार दोने रोज बँटेंगे, पाँच-छह सौ का खर्च होगा तो होने दो। अरे चार बड़े आदमियों को मिठाई खिलाई तो किसने देखा? लड़के लोग मिठाई खाएँगे तो गली-गली जस गाते फिरेंगे। अपने राम के पास तो ऐसी ही इस्कीमें हैं।...तुम क्या सोच रही हो बिन्नो?"

"जी, कुछ नहीं। मैं तो आपकी बातें सुन रही थी। हाँ ठीक है, पाँच-छह हजार लड़कों को मिठाई बाँटिएगा मगर इतना खर्चा—"

"सुनो बिन्नो, सज्जन की तरफ से चिन्ता करने की कोई जरूरत नहीं। होती तो क्या मैं यों चुपचाप बैठा रहता? मैं तुमको उसकी पूरी सीनरी बता सकता हूँ—नुमाइश से मुँह छिपा के भागे, अन्दर ही अन्दर रईसजादे बड़े कुड़मड़ाए होंगे। थोड़ी देर बख्शी के ताल वाली सड़क पर रैश-ड्राइविंग की होगी, फिर घर जाकर एक सिरे से घर के नौकरों को किसी न किसी बहाने डाँट होगा, खूब

पी होगी...हाँ, पीता तो है लेकिन कभी-कभी, ये उसमें खराब बात है। बात असिल में ये है बिन्नो कि मैं बड़ी उमर तक क्वारे रहने के बिलकुल खिलाफ हूँ। इससे बड़ी-बड़ी खराबियाँ पैदा हो जाती हैं; सज्जन में भी कुछ ऐब आ जरूर गए हैं। ऐब किसमें नहीं होते। बिन्नो, इसकी वजह से तुमको कोई रंजिश नहीं होनी चाहिए।''

''जी नहीं, मुझे कोई शिकायत नहीं। हाँ, तो आप पाँच-छह हजार लड़कों की मिठाई बाँटने की—''

कर्नल हँस पड़ा, बोला—''पाँच-छः हजार लड़कों को मिठाई बाँटूँगा मगर अभी नहीं, तुम्हारे ब्याह के दिन। अभी तो सिरफ हजार दोने तक बाँटने की इस्कीम है।''

बातें चल रही थीं कि अचानक टेलीफोन की घंटी बजने लगी। जगतचन्द, हरखचन्द जोहरी के यहाँ से फोन आया था। उससे मालूम हुआ—''राजा साहब, कर्नल और सज्जन से बेहद नाराज हैं। अभी थोड़ी देर पहले उनके यहाँ कुछ चुने हुए लोगों की बैठक हुई। सालिगराम और जानकीसरन भी मौजूद थे। तुम लोगों के खिलाफ ये इल्जाम लगाया गया है कि चाल-चलन ठीक नहीं और किसी कम्युनिस्ट लड़की को तुम लोगों ने रख छोड़ा है। तुम लोग कम्युनिस्ट पार्टी से मिल गए हो। इसलिए कल जिस बखत तुम्हारी नुमाइश होगी उसी बखत लाला जानकीसरन के चबूतरे पर लाउडस्पीकर लगा कर, बाकायदा चार जाने-माने लोगों की बैठक करके तुम लोगों की बदचलनी का पब्लिक में ऐलान किया जाएगा।'' कर्नल को यह भी बतलाया गया कि कुछ दिन पहले ही सज्जन की कोठरी से मुहल्ले में होने वाली प्रेम घटना के सम्बन्ध में भी सफाई माँगी जाएगी। राजा साहब चूँकि ऐलानिया तौर पर इस प्रस्ताव के साथ हैं, लिहाजा लोगों पर उसका बड़ा असर पड़ रहा है। राजा साहब खुद तो कल की मीटिंग में नहीं आएँगे मगर उन्होंने खुद कई जौहरियों को और बड़े लोगों को फोन किया है।

कर्नल बड़ी गम्भीरता से शान्तिपूर्वक सारी बातें सुनता रहा। अन्त में उसने कहा—''देखिए जगतचन्दजी हमारे मन का क्या भाओ है सो भगवान जी जानते हैं। मेरे मन में उस लड़की को लेकर अगर कोई भी पाप होगा तो मुझे दादा गुरुजी के चरन भेंटना नसीब न होंगे। मैं बदी से डरता हूँ बदनामी से नहीं डरता।''

परिस्थिति गम्भीर हो गई। कन्या को कर्नल ने यद्यपि सारी बातें न बतलाईं फिर भी उसके सामने परिस्थिति साफ हो गई। कन्या का चेहरा क्रोध और लज्जा से लाल हो रहा था। कर्नल हँसकर बोला—''भगवान जो करते हैं सब अच्छे के लिए करते हैं। अब की ऐसा मालूम होता है, राजा साहब की जनमपत्री में भी अपनी नाक कटवाने का जोग लिखा है। अब तक तो सालिगराम की नेतागिरी से ही मोर्चा लेने की ठानी थी, अब राजा साहब की करोड़ी हैसियत पर भी चूना लगाऊँगा। अपने सीधे आदमी, सीधी चाल चलते हैं बिन्नो, यही हमारी जीत है। ये लोग जहाँ सुई नहीं समाती, वहाँ फावड़ा चलाने की कोशिश करते हैं। मैं कभी आज तक इस बेवकूफी में पड़ा ही नहीं। आदमी को जाँच के उसके हिसाब से चाल सोचता हूँ, जैसे डॉक्टर मर्ज को पहचान कर प्रिसक्रिप्शन लिखता है। जानती हो इसके जवाब में मैं क्या करने वाला हूँ? कल सबेरे तुमको और तुम्हारी भाभी को सब बड़े-बड़ों के यहाँ नुमाइश का न्योता देने भेजूँगा!...क्या बताऊँ ये सज्जन ससरा इस वक्त ऐसा लेंडी निकला कि—मैं महिपाल को सबेरे ही तार देकर बुलाता हूँ। बिन्नो, मेरे नाम से एक लेख तैयार करके छपा दो, मैं तुमको अपने मन के सब भाओ बता दूँगा।...''

कन्या अपने ध्यान में डूबी हुई थी। उसका जीवन फिर चट्टानों से टकराने के लिए मजबूर किया गया है। उसका मन कह रहा है, वह सज्जन को इस समय खो चुकी है; सज्जन का आना उसके जीवन का अभिशाप सिद्ध हुआ। निराधार के आधार पर वह अब तक गर्व करती रही है—उसने कितना गहरा धोखा खाया है।

सुबह तय हुआ कि वह और भाभी दस-साढ़े दस तक घर से निकलेंगे। भाभी की समझ में यह तो हरगिज न आ चुका कि नुमाइश के लिए, ऐसी चीज के लिए न्योता देने की क्या जरूरत ?— और फिर उस नुमाइश में देवी-देवताओं की धर्म की तस्वीरें तो होंगी नहीं, फिर ऐसी निकम्मी चीज के लिए न्योता क्यों देने जाए ? हाँ, यह बात दूसरी है कि वे चार घरों में कन्या बीबी जी को घुमा लाएँगे। फिर आह भरकर कहा—"दुनिया को तो मुँह उठा कर कुछ भी कहना सिद्ध। आदमी को जाँचना-परखना कोई बिरला जौहरी ही कर सकता है।"

"नगीनचन्द जौहरी कर सकता है।" कर्नल ने अपने क्लीन शेव्ड होंठ पर मुस्कुराकर हाथ फेरते हुए कहा।

"आए बड़े जौहरी वहाँ के," भाभी बोलीं—"टिंचर आयडीन बेचते हो निगाड़ी ! जौहरी हैं मेरे मैके वाले !"

"हाँ भाभी, आपके मैके वाले पत्थरों से लेकर मटर की फलियों तक की जाँच परख अच्छी कर लेते होंगे, पर मेरे भाई, जैसा कि अभी आपने कहा, उन्हीं बिरले जौहरियों में से एक है जो दुनिया में सब आदमियों को जाँच सकते हैं—केवल अपने को छोड़कर।"

कर्नल बड़ी जोर से हँसा, अपनी पत्नी से कहा—"बोलो अब क्या कहती हो ?"

भाभी बोलीं—"जवाब क्या दूँ ? पानी पानी ही में मिलेगा। मेरी बहन होती तो मेरे ऐसा कहती। पर बीबी जी तुम्हारी बात में एक चूक है, ये अपनी इतनी जाँच करते हैं कि मैं ऊब जाती हूँ। अति की जाँच भी अच्छी नहीं होती।" आखिरी बात भाभी के मुँह से कुछ ऐसे ढंग से निकली कि कन्या समझ न पाई कि उसका वजन किधर है। चट से चलती नजर कर्नल के चेहरे पर डाली ? वह अपनी पत्नी को सधी दृष्टि से देख रहा था। भाभी की आँखों में हठीली शिकायत-सी थी। कन्या अपने ऊपर बात ले गई। उसे सारी बात का अर्थ यह समझ में आया कि भाभी कर्नल भाई साहब के दबाव में आकर उसके साथ न्योता देने जा रही हैं, उनकी अपनी इच्छा नहीं है। कन्या को कहीं पर कचोट लगी, कर्नल की तरफ मुँह घुमा कर बोली—"भाई साहब, मैं समझती हूँ कि उस मुहल्ले के और आस-पास के मुहल्लों के घरों में खुद जाऊँगी।"

"नहीं बिन्नो, ये मुनासिब नहीं।—"

"नहीं भाई साहब, यही मुनासिब है। जो घटना मेरे यहाँ हुई है वह अगर साधारण दिनों में हुई होती तो बात इतनी न फैलती, मगर बात चूँकि एलेक्शन के दिनों में हुई है, राजनीति को मेरे परिवार की एक दुर्घटना का उपयोग करने का बहाना मिल गया इसलिए उसका महत्त्व भी बहुत बढ़ गया। आपने जिस तरह मेरे केस का प्रचार किया, जिस तरह मैं शहर में मशहूर हुई—उसी पैमाने पर ही तो मुझे बदनामी भी भुगतनी पड़ेगी। मैं उस बदनामी से क्यों डरूँ ? मैं उसका सामना करूँगी। साँच को आँच क्या ?"

कर्नल थोड़ी देर ठोड़ी पर हाथ रखे सोचता रहा, फिर बोला—"ये भी ठीक है, भगवानजी का नाम लो और सिद्ध करो। मैं भी सज्जन को पकड़ता हूँ, नुमाइश सब ठीक-ठाक हो जाएगी। सब लोग आएँगे। बड़ी ठाठ के साथ में नुमाइश होगी। दो बजे से चार बजे तक औरतें देखने आवेंगी और चार से छै तक मर्द। तुम भी घूमो; तुम्हारी भाभी भी जाएँगी। मैं अभी डॉक्टर शीला के यहाँ जाता हूँ। दो बजे तक बड़े-बड़े घरों की औरतों का मेला न लग जाए वहाँ, तो कहना।"

कन्या अनजानी राह पर जीने का निश्चय कर चल पड़ी।

ताई की हवेली के सामने लाउडस्पीकर पर 'रघुपति राघव राजा राम' का रेकार्ड बज उठा। फाटक पर कर्नल, डॉ. शीला स्विंग, सज्जन वर्मा और वनकन्या स्वागत के लिए खड़े थे। स्पर्धा के साथ उद्घाटन का यह आयोजन साधा गया था। सुबह दस बजे से डॉक्टर शीला ने फोन पर फोन मिलाने

शुरू कर दिए। दोपहर की दो जरूरी विजिट करने के अलावा उन्होंने सारा काम अपनी असिस्टेन्ट डॉक्टर पर छोड़ दिया। कई घरों में वह खुद आमंत्रित करने गईं और ठीक दो बजे वहाँ पहुँच जाने के लिए आग्रह किया। कर्नल और उनकी पत्नी जितनी जगहों पर जा सकते थे उतनी जगह दौड़े। सज्जन रात की खुमारी से बुरी तरह बीमार था; कुछ कर्नल के भय से और कुछ स्वेच्छा से, वह भी अपने व्यापक नागरिक प्रभाव को आजमाने के लिए कार लेकर दौड़ा। पुरुष शाम को आएँगे, उनकी स्त्रियों ने इस समय आकर सज्जन, कर्नल और कन्या की आबरू तथा डॉक्टर शीला आदि सब के आग्रह की लाज रख ली। स्त्रियाँ आती-जाती थीं, द्वार पर उनका स्वागत कर अन्दर वाले हॉल में उन्हें ले जाया जाता था, वहाँ फर्श पर चाँदनी और कालीनें बिछी हुई थीं, सभा का प्रबन्ध था। लगभग पौने तीन बजे तक अनेक वकील, बैरिस्टर, डॉक्टर, प्रोफेसर, अफसर, व्यापारी वर्ग के घरों की स्त्रियाँ काफी संख्या में आ चुकी थीं। शीला ने सौ सवा सौ के लगभग स्त्रियों का जमघट देखकर उद्‌घाटन करने का प्रस्ताव किया।

कन्या उदास हो गई। वह सबेरे से घर-घर डोली, अपनी सखियों के यहाँ भी निमंत्रण देने गई। उसके पास न मोटर, न टेलीफोन, न कोई प्रभावपूर्ण स्थिति। उसने बड़े संकट से गुजर कर हर घर में निमंत्रण देने की अपनी जिद को निबाहा, मगर उसके द्वारा आमंत्रित एक भी स्त्री अभी तक नहीं आई।

पड़ोस की हवेली के बन्द दरवाजों पर, विजय गर्वभरी एक नजर डाल, कर्नल सज्जन की बाँह पकड़ कर अन्दर की ओर चला।

डॉक्टर शीला ने उद्‌घाटन-भाषण देते हुए निहायत दबंगियत के साथ उन लोगों को फटकारा जो कला और कलाकारों को ठगना चाहते हैं। डॉक्टर शीला ने दोहरा-दोहरा कर इस बात को कहा कि हर पैसे वाले या पोजीशन वाले को अब यह बात साफ-साफ समझ लेनी होगी कि किसी भी बुद्धिजीवी को, विचारक और कलाकार को न्याय के विरुद्ध दबाया नहीं जा सकता। डिमॉक्रेसी जिनके सहारे चलती है वह बुद्धि-जीवी वर्ग ही है। किसी वकील, डॉक्टर, प्रोफेसर, जर्नलिस्ट या आर्टिस्ट को किसी का पैसा खरीद नहीं सका। हाँ, ये मैं मानती हूँ कि हम लोगों का समाज के लिए कुछ कर्तव्य है और हमारे शहर के मशहूर कलाकार मिस्टर सज्जन वर्मा ने इसी उद्‌देश्य से आर्ट एग्जिबिशन का मुहल्लों में किए जाने का आइडिया पसन्द किया है। हमारे मिस्टर वर्मा हिन्दुस्तान के नामी कलाकारों में से हैं, यह आप में से किसी को बतलाने की जरूरत नहीं। वे काफी अरसे से जनता की जिन्दगी को खुद मुहल्ले में रहकर स्टडी करते हैं। बहनों मुझे सैकड़ों घरों में रोज जाने का मौका मिलता है...''

डॉक्टर शीला का भाषण बड़ा ही मनोरंजक, उपयोगी (और पड़ोस की हवेली वालों के लिए) व्यंग्यात्मक भी सिद्ध हुआ। उसके बाद सज्जन ने चित्रकला के महत्त्व पर भाषण दिया तथा यह ऐलान किया कि वह माइक्रोफोन पर हर चित्र की विशेषता को बतलाने का प्रयत्न करेगा जिससे कि लोगों को हर चित्र के सम्बन्ध में जानकारी करने में आसानी हो सके।

लाला जानकीसरन की हवेली के दरवाजे बन्द रहे यद्यपि उनके दस-पाँच लोग गली में टहल-टहल कर यहाँ के सारे हाल-चाल ले रहे थे। लाउडस्पीकरों पर प्रत्येक चित्र के सम्बन्ध में सज्जन की व्याख्या चल रही थी। स्त्रियाँ मनोयोग से सज्जन की वाणी को सुनते हुए चित्रों को देख रही थीं। अचानक चदरियाँ ओढ़े, हाथ मटकाकर चलती हुई स्त्रियों की कई टोलियाँ एक के बाद दूसरी दाखिल हुईं। कन्या यह सोचकर हरख उठी कि उसकी जनता आई। हाँ, उसकी जनता भी थी पर लाला जानकीसरन और सालिगराम की जनता अधिक थी। पन्द्रह-बीस मिनट के अन्दर ही अन्दर लगभग तीस-पैंतीस स्त्रियाँ आ गईं। हर चित्र के सामने खड़े होकर उसका मजाक बनाना—''ई में क्या धरा है? ऐसी तो हम भी बनाय लें।'' ही-ही, ठी-ठी—सज्जन की कमेंटरी अन्दर वृथा जाने

लगी। कर्नल, डॉक्टर शीला सब की ही त्योरियाँ चढ़ गईं। किसी महिला ने किसी ऐसी ठिठोली करने वाली रमणी से कह दिया कि आप ऐसी-ऐसी बत्तमीजी की बातें करती हैं, न तो खुद देखती हैं न दूसरों को देखने देती हैं।

बात जैसे एक बहाना मात्र थी, कुछ औरतें लड़ने के लिए आमादा होकर आई ही थीं। डॉक्टर शीला बात बढ़ते देख गर्म हो उठीं। कन्या ने उन्हें एक ओर खींच ले जाकर कहा—"डॉक्टर, यह समय टेम्पर लूज करने का नहीं है। मैं अच्छी तरह पहचान रही हूँ, इनमें सब लड़ाका नहीं हैं। जरा-सी चूक होते ही यहाँ मॉडर्न और पुरानी औरतों के दो दल हो जाएँगे। यह बहुत बुरा होगा।" डॉक्टर बात समझ कर, जिस जगह बात बढ़ रही थी उस जगह समझाने-बुझाने पहुँच गईं। डॉक्टर के समझाने पर दो-एक स्त्रियों ने कुछ बत्तमीजी की तो हॉल के दरवाजे पर खड़े कर्नल ने अन्दर को इशारा किया। हॉल के अन्दर बैठी आठ महिला पुलिस की वर्दी पहने हुई लट्ठधारिणी वीरांगनाएँ सीटी बजाती हुई बाहर निकल पड़ीं। जबान की लड़ाका महिषियाँ वर्दी-लट्ठ-धारिणी महिषियों को देखकर अपनी हाथापाई की कला दिखाने से सहम गईं।

महिला पुलिस हवेली के अन्दर जगह-जगह ड्यूटी पर तैनात हो गई। चित्रों के सम्बन्ध में सज्जन की व्याख्या फिर चलने लगी। स्त्रियाँ सावधान होकर चित्र देखने लगीं।

कन्या एक सिरे से दूसरे सिरे तक लगातार स्त्रियों में घूमती रही, उनके विचार जानने का प्रयत्न करती रही। कन्या को यह महसूस हुआ कि स्त्रियों की गतिविधि पर सहसा पुलिस बंधन का प्रभाव बड़ा बुरा पड़ा। महिला पुलिस को बुलाने की बात आखिरी वक्त पर तै की गई थी, कर्नल को अंदेशा था कि ऐसा हो सकता है। मगर कन्या का आग्रह था कि पुलिस को इस सारे आयोजन से दूर रखा जाए। पुलिस के रहने से स्त्रियों पर व्यर्थ ही आतंक छा जाएगा। अभी तक अधिकांश गली-मुहल्लों की औरतों ने अच्छी तरह से महिला पुलिस के दर्शन भी नहीं किए, इसलिए या तो उनका कोई प्रभाव ही न पड़ेगा या आज के बाद और किसी दिन पढ़ी-लिखी औरतें भले ही आ जाएँ, परन्तु दूसरी स्त्रियाँ इधर आने का नाम भी नहीं लेंगी।

कर्नल ने उस समय कन्या से तो हामी भर ली, परन्तु अपना इन्तजाम चौकस रखा। कन्या गौर से देखती रही जो हुल्लड़ मचाने वाली महिषियाँ थीं वे तो रंग-मंच के ऊपर पुलिस के अवतरित होते ही थोड़ी देर बाद उड़न छू हो गईं; उनके जाने के बाद भी लगभग दस-पन्द्रह ऐसी युवतियाँ और नवयुवतियाँ थीं जो चित्रों को ध्यान से देख रही थीं, जिन पर आसपास की पढ़ी-लिखी देवियों की बातों का कुछ असर पड़ रहा था। वे चित्रों को देखती हुई कुछ समझती कुछ न समझती-सी इधर-उधर डोलती रहीं। कन्या ने एक से पूछा—"आपको अच्छा लगता है?"

उसने कहा—"हाँ!"

"आपको क्या अच्छा लगता है?"

युवती इस प्रश्न का उत्तर देने में झेप गई। उसने हँसकर अपनी बराबर वाली की ओर देखा। दूसरी पहली से कुछ अधिक मुखरा थी, बोली—"बताओ न, क्या अच्छा लगता है?"

कन्या ने दूसरी से पूछा—"आप ही बताइए न, क्या अच्छा लगता है?"

दूसरी हँसी—"क्या बतावें, क्या अच्छा लगता है! हमें तो यहाँ घूमना बड़ा अच्छा लगता है!"

"क्यों?"

"कुछ बातें सुनने को मिलती हैं, कुछ ये इतनी सीनरियाँ हैं, तस्वीरें हैं, अच्छी-अच्छी बातें हो रही हैं, यही सब अच्छा लग रहा है।"

कन्या ने अनुभव किया कि ऐसी बहुत-सी स्त्रियाँ हैं जो जीवन में किसी ऐसी नवीनता को अपनाना चाहती हैं जिसमें कि उन्हें सन्तोष की प्राप्ति हो सके। दो घड़ी का अच्छा मनोरंजन हो जाए...

बातों-बातों में ही कन्या को सूझ आई कि इस चित्र-प्रदर्शिनी को यदि स्त्रियों के छोटे से मेले का रूप भी दे दिया जाए तो कितना अच्छा हो। उसने अपना विचार शीला से कहा, शीला ने उसे पसन्द किया। कुछ और औरतों से बातें हुईं। कुछ पढ़ी-लिखी औरतों को, अपनी पिछड़ी हुई बहनों को, ऊँचे सामाजिक स्तर पर चढ़ाने की हविस भी हुई। वनकन्या ने चार-पाँच चीजें निश्चित कीं जिसे उपस्थित स्त्रियों को सुनाया। आँगन बहुत बड़ा था। सामने के दो दालानों में मिला कर हजार आठ सौ स्त्रियाँ तो मजे में बैठ सकती हैं। कन्या ने फाटक से घुसते ही सामने वाले दालान में स्टेज रचाने का प्रस्ताव किया। दाहिने हाथ के दालान में कुछ चाय, मिठाई, पान, मूँगफली आदि के स्टाल्स स्त्रियों के द्वारा ही लगाए जाएँ। बाईं ओर के दालान में चित्र प्रदर्शिनी हो ही रही है—

कन्या के विचार इस प्रकार प्रकट किए ही जा रहे थे कि लाउडस्पीकर पर सज्जन की आवाज आई—"बहनो, मैंने अपने और दूसरे चित्रकारों की तस्वीरें दिखलाने का वादा दरअसल इसी आश्वासन पर दिया था कि आप लोगों के हाथों की बनाई हुई कारीगरी सिलाई, बुनाई, कढ़ाई, क्रोशिया और भी तरह-तरह की चीजें जनता के सामने प्रदर्शित की जाएँगी। वह आयोजन हो न सका, मगर आप यदि इस तरह का मेला-सा करने जा रही हैं तो मैं माँग करूँगा कि कल इस कमरे में, जहाँ से कि मैं इस वक्त बोल रहा हूँ, अपनी कारीगरी की नुमाइश कर सकती हैं। ताई जी की हवेली में शौक से आप लोगों का स्त्री राज्य हो, खूब मेला मने। हम पुरुष बड़ी खुशी के साथ अपनी माताओं और बहनों की खुशी की कामना करते हुए यहाँ से चले जाएँगे।"

शाम को पड़ोस वाली हवेली का लाउडस्पीकर गली के बाहर हवेली के अन्दर चलने वाली एक मीटिंग का प्रगटीकरण कर रहा था। शाम के समय आज कल से अधिक चहल-पहल थी। ताई की हवेली में कभी भजन, कभी शहनाई और कभी, काननवाला और सहगल के पुराने फिल्मी गाने बजे थे; कभी कुछ सूचना प्रसारित की जाती थी। लाला जानकीसरन के बरामदे में लगा हुआ बड़ा लाउडस्पीकर ताई की हवेली से घोषित होने वाले कार्यक्रम को मिट्टी में मिलाकर कर्नल, सज्जन, कन्या और महिपाल के खिलाफ खुले चार्ज लगा रहा था। डॉक्टर शीला स्विंग का नाम तो नहीं लिया गया पर इल्जाम जरूर गया। अपने दोपहर के उद्घाटन-भाषण में डॉक्टर ने जो कुछ कहा था उसका बदला इस समय लिया जा रहा था। भारतीय संस्कृति और हिन्दू धर्म की जोरदार दुहाई दी जा रही थी। अंगरेजी सभ्यता में ढले हुए ये दुराचारी मद्यपी और लम्पट कलाकार जिस सत्य और सौन्दर्य को समाज में प्रचारित करना चाहते हैं वह यदि भारतवर्ष में फैल जाए तो यहाँ से उचित-अनुचित का विवेक ही लोप हो जाए, वगैरह-वगैरह।

जब कुछ देर के लिए उधर का माइक्रोफोन चुप होता तो इधर से कर्नल साहब ललकार उठते—"हम तो इतनी देर से भजनों के और मधुर संगीत के रेकार्ड बजाकर जनता का मनोरंजन कर रहे हैं और पड़ोसी झूठी निन्दा से अपना मनोरंजन कर रहे हैं।

सच और झूठ में यही अन्तर होता हैगा। सच उतने जोर से कभी बोल ही नहीं सकता जैसे कि झूठ बोल सकता है। सो हमारा लाउडस्पीकर छोटा हैगा और उनका बड़ा हैगा ये जनता देखी रही है। हाँ, भाइयो और बहनो, स्वागत है!—बड़ी सरम की बात है जो इतने-इतने बड़े विद्वान लोग तुम्हारे यहाँ आवें और तुम सब यहाँ के रहने वाले बड़े इज्जत-आबरूदार शरीफ और रईसजादे खुद अपने हाथ से अपनी लाज खो रहे हो। यहाँ सब बड़े-बड़े नामी लोग हैं जिनके लेख और फोटुएँ अमरीका, रूस और बिलायत के अखबारों में छपा करती हैं। ये लोग सब आपके लच्छन देख रहे हैंगे। इन्हें किसी से कुछ लेना-देना नहीं हैगा। मन-मुख्तार आदमी, जैसा देखेंगे वैसा ही लिखेंगे। सो सब भाइयो, नहीं-नहीं, दरवाजे बन्द कर लाउडस्पीकर बन्द कर गरजने वाली अपनी मुछक्कड़ बहनों से भी प्रार्थना करता हूँ कि अपनी नाक आप कटाने के लिए जतन न करें।"

जो शिक्षित वर्ग इस समय यहाँ उपस्थित था, वह इस गन्दी लाउड-स्पीकरबाजी से घबरा गया। शाम चहल-पहल से भरी रही। बहुत से मुहल्ले के लोग भी आए, भीड़ आती रही, जाती रही। दो लाउडस्पीकरों की लड़ाई ने प्रदर्शिनी का बायकाट करने के बजाय उसे देखने का उत्साह बढ़ा दिया।

48

औरतों के मेले की सफलता ने राजा साहब, बाबू सालिगराम और लाला जानकीसरन की बड़ी लूलू बुलवा दी। जनसंघ, प्रजासोशलिस्ट, कम्युनिस्ट आदि सभी विरोधी दल के लाउडस्पीकरों को कांग्रेस के खिलाफ प्रोपेगंडा करने के लिए एक नया और दमदार बहाना मिल गया। वनकन्या के पिता की गिरफ्तारी, वनकन्या और सज्जन के मथुरा जाकर प्रमाण संग्रह करने की अद्भुत, रोचक और रोमांचकारी कथा—जो स्वयं सज्जन और कन्या को भी नहीं मालूम थी—विपक्षियों की ओर से सुनाई जाने लगी। अफवाहों की दुनिया में, चुनाव की आवहवा में सज्जन और वनकन्या, सन् बावन के लैला-मजनूँ हो गए। कर्नल का लाउडस्पीकर भी सड़कों पर राजनीति से अपनी तटस्थता घोषित करता फिर रहा था—"हम केवल नारी जाति पर होने वाले अत्याचारों के खिलाफ आवाज उठा रहे हैं। हम इस चुनाव के हुल्लड़ में होश कायम रखना चाहते हैं। इस चुनाव का जो उद्देश्य है उसे हम जनता से अमल में लाने की भीख माँगते हैं।"

तीसरे दिन सालिगरामी-प्रचार का रुख भी बदल गया। वार्ड में प्रचार कार्य के लिए आए हुए दो मिनिस्टरों की कार को घेर कर लोग उन्हें गालियाँ देने लगे। वातावरण उग्र होने लगा।

सेठ रूपरतन और एक मिनिस्टर महोदय ने कर्नल, सज्जन, बाबू सालिगराम और लाला जानकीसरन को समझौता कराने के लिए चाय पर आमंत्रित किया। सज्जन बहुत उखड़ा हुआ था। चित्र प्रदर्शिनी जब से औरतों का मेला बन गई तब से उसे वहाँ भी नहीं जाना पड़ता। वह मुक्त है। चित्रा रूपी अस्त्र को लेकर उसने अपने सत्य पर इतने प्रहार किए कि अब इस समय तक उसकी चेतना को लकवा मार चुका था। आन्तरिक ग्लानि से अभिभूत होकर वह जड़ हो गया था। इन दिनों चित्रा ने कठोर व्यंगबाणों से उसके दिल पर जो करारे वार किए थे उनसे वह पत्थर हो गया था। दो दिन से पुराने और मुँहलगे नौकर तक उसके कमरे में जाने से डरते थे; क्योंकि इस बार उनका मालिक किसी पर नाराज नहीं हो रहा था। किसी चीज की फरमाइश नहीं कर रहा था; शराब की भी नहीं; सिगरेट की भी नहीं, चाय-कॉफी भी बहुत कम। मालिक का अधिक समय पत्थर की तरह बैठे ही बीत जाता था। कभी-कभी होंठ चल जाते थे। बड़े दीवान जी ने कर्नल की दुकान पर जाकर सारा ब्योरा कह सुनाया। कर्नल इधर मेले में व्यस्त होने के कारण सज्जन से मिल नहीं पाया था। कर्नल ने उन्हें आश्वासन दिया और कहा कि मैं फुरसत से आऊँगा, घबराने की कोई बात नहीं।

दीवान जी बोले—"और तो कोई अंदेशा नहीं, मगर उनकी मेज में—"

"आप कमरे की निगरानी बराबर रखिए—"

"सो तो है, फिर भी—"

"आप जाइए, बेफिक्र हो जाइए। वैसे होनी की कोई नहीं जानता पर इतना मैं जानता हूँ कि सज्जन अपने आप को कभी मार नहीं सकता।"

कर्नल की गाड़ी ने कन्या को दिन में दस बजे सज्जन की कोठी पर पहुँचा दिया।

कन्या कमरे में पहुँची, सज्जन सामने ही सोफा पर बैठा हुआ सिगरेट पी रहा था। दरवाजा खुलते ही उसने कन्या को देखा और चौंक गया। सहसा सर्चलाइट पर पड़ जाने से चोर ज्यों रंगे हाथों पकड़ाई में आ जाता है—सज्जन का चौंकना उसी प्रकार का था। घबराहट में वह अपनी सिगरेट मुट्ठी में

छिपाने लगा, मानो वह गुनाह हो। उसकी हथेली जल गई। उसे होश आया। कन्या बड़े सहज भाव से मुस्कराती हुई आ रही थी। पास आकर अपना कोट उसकी गोद में फेंकते हुए कहा—"ये आजकल किस आर्टिस्टिक मूड का ज्वार उठा है"—उसने अपनी पाँचों उँगलियों से सज्जन के रूखे बाल जकड़ लिए और आँखों में आँखें डाल त्योरी चढ़ा कर बोली—"देखो जी, तुम्हारे इन आर्टिस्टिक स्टंटों को अब मैं हरगिज नहीं चलने दूँगी। अब कुछ तुम मेरे लिए छोड़ो, कुछ मैं तुम्हारे लिए छोड़ूँगी। तभी तो निभेगी। बोलो, करते हो कान्ट्रैक्ट?"

सज्जन की आँखें जब पहले मिलने को मजबूर हुईं तो बहुत सकपकाई हुई थीं। दोनों आँखों के थर्मामीटर में अपनी गर्मी नाप रहे थे। सज्जन का डाँवाँडोल हृदय कन्या की आँखों में अपनी स्थिरता को जाँच रहा था। कन्या की आँखें भी सज्जन की भयभीत, सरल और हठीली पुतलियों में अपना जमाव देख रही थीं। कन्या उससे अलग होकर बोली—"इन तीन-चार दिनों में, सच कहती हूँ, तुम्हें एक सेकेंड के लिए न भूलकर भी आल दि ह्वाइल काम की वजह से तुम्हें भूली रही हूँ, तुम्हारे मूड ने पहले तो मुझे धक्का पहुँचाया था पर इस मेले ने और सामाजिक प्रतिद्वंद्विता ने मुझमें नई जान डाली है। हमने एक उद्देश्य के लिए करारे संघर्ष का सामना किया है।"

वनकन्या ने सज्जन के आत्मग्लानि भरे जड़ क्षणों में सहसा हलचल भर दी। कन्या स्फूर्ति से भरी हुई है। उसकी एक-एक बात उसके दो दिन के घुटने और गर्मी भरे दिल में ताजा गुलाबों की महक भरी ठंडी हवा के झोंके-सी लग रही है। वह जिस प्रसंग का वर्णन कर रही है उसके नायकों में उसका भी श्रेय है। यह सज्जन के निकम्मे मन में सन्तोष भरने लगा। कन्या दूरी के नाते का एक और पर्दा उठाकर निकट आ गई।

कन्या बोली—"सज्जन, आज मैं दो घंटे की छुट्टी बिताने के मूड में आई हूँ। पहले तो कुछ नाश्ते की चीज तैयार करवा लें, फिर घंटे-डेढ़ घंटे बाद खाकर मैं चली जाऊँगी।"

"तो मँगवा लो।"

"न-अ, मैंने उस दिन से तुम्हारे नौकरों को आदेश देने की कसम खाई है।"

सज्जन तेजी से उठा, मेज के नीचे लटकती घंटी उठाई, स्विच दबाया और कन्या की ओर देखते हुए बोला—"मैं उसके लिए—"

दरवाजा खुला, संचितसिंह तौलिया कंधे पर सँभालता हुआ दरवाजा खोल कर अन्दर आ गया।

"ठाकुर, आज से ये घर इनका है; मेरा नहीं—और किसी का भी नहीं। समझे?" सज्जन के चेहरे के मसल्स, उसका सारा स्नायुमंडल, यह कहते हुए फड़कनों से भर गया। गहरे शराबी की तरह उसका तमाम जिस्म हिल रहा था। सज्जन ने बड़ी दृढ़ता से आपको सँभाले रखा, गो चूक में घंटी का स्विच उसकी मुट्ठी में रह गया था सो बाहर देर तक बजता रहा। ठाकुर यह अनुभव करते हुए भी कुछ नहीं कर सकता था, मगर उसकी भाव-भंगिमा से कन्या का ध्यान घंटी की आवाज की तरफ गया और उसने सज्जन से हँसते हुए कहा—"घंटी पर अब रहम कीजिए जनाब।"

इतनी ही देर में साहब की लम्बी घंटी सुनकर छः नौकर और आ गए। सज्जन को अपने खोएपन पर हँसी आ गई। नौकरों की स्थिति अजीब हो गई। बहरहाल, इतना सन्तोष तो सबको था ही कि उनके साहब अब फिर से आदमी हो गए हैं और इस घर में एक असली घरवाली भी आ गई है। सज्जन ने नौकरों से हँसते हुए कहा—"खैर अब आ ही गए हो तो तुम लोगों को बख्शीश मिलेगी। इस महीने में सब को दुगनी तनख्वा मिलेगी बख्शीश के तौर पर। अब से इनका हुक्म मानना।"

कन्या के कामरेडी मन को यह तमाशा अच्छा न लगा। सज्जन इतने में कन्या की ओर देखते हुए मुस्कुरा कर बोला—"अब हुक्म दीजिए।"

वनकन्या को जीवन के नए वातावरण में नया काम करते हुए बड़ी लाज आई। उसके गाल लाल हो उठे। उसने सज्जन से कहा—"क्या तमाशा करते हो, कह दो।"

सज्जन सबके सामने हठपूर्वक सिर हिला कर बोला—"नहीं, तुम्हीं कहो।"

बड़ी कठिनाई के साथ कन्या ने नौकरों की ओर देखते न देखते कहा—"अरे कुछ, यों ही कुछ नाश्ते के लिए ले आइए...और...खाना एक घंटे-डेढ़ घंटे के बाद।"

"मीनू हुजूर।"

कन्या संकट में पड़ गई—"आज आप लोग अपनी तबीयत का खाना तैयार करें। मैं डेढ़ बजे यहाँ से जाऊँगी, बस, इस बात का ध्यान रखिएगा।"

नौकरों से कमरा खाली हुआ; दोनों ने दोनों को नई दृष्टि से देखा। सज्जन अब भी अपने आप को पूरी तौर पर सँभाल नहीं पाया था, फिर भी उसे यह अनुभव होने लगा था कि कन्या के साथ अपना सम्बन्ध घोषित करते हुए, नए जीवन में प्रवेश करते हुए उसे कहीं फिर से जमाव मिल रहा है। चित्रा के साथ अपने विपरीत हठ की प्रतिक्रिया से उसके अन्दर की चेतना पर जड़ता का जो मोटा आवरण पड़ गया था, वह अब हट रहा था। सज्जन मन से सन्तुष्ट था, सावधान हो रहा था, क्रमशः स्वस्थ हो रहा था।

उसी दिन रात को सेठ रूपरतन ने सालिगराम और जानकीसरन से समझौता कराने के लिए सज्जन और कर्नल को बुलाया था। एक मिनिस्टर महोदय की भी वहाँ उपस्थिति होने की सम्भावना थी। कर्नल ने कहा कि इस मीटिंग में वनकन्या की उपस्थिति और उसकी राय सबसे अधिक महत्त्वपूर्ण है। सेठ रूपरतन को कर्नल की यह शर्त माननी ही पड़ी।

सज्जन का दिन बहुत अच्छा बीता था। कन्या ने अपने पिछले चार-पाँच दिनों के अनुभव सुनाए—कैसे-कैसे घरों में वह नुमाइश के लिए निमंत्रण देने गई। उसने इतने घरों की झलक में क्या-क्या पाया। मेले में आनेवाली स्त्रियों की बातें और उनके व्यवहार से कन्या को कैसे-कैसे अनुभव हो रहे हैं यह सब सुनते-सुनते ऐसी तन्मयता छाई कि सज्जन को अपने 'पाप' पर पश्चाताप करने का मौका ही न मिला। कन्या कितनी उत्साह भरी थी, सुनाते हुए कैसी खो जाती थी। वह जैसे एक सपने को साकार कर रही थी—सज्जन पर उसकी जबरदस्त छाप पड़ी। चलते समय कन्या के बाएँ हाथ की तीसरी उँगली में एक हीरे की अँगूठी फब रही थी। दिन में कन्या के चले जाने पर सज्जन बड़ी देर तक खोया-सा बैठा रहा। उसे बाबा रामजी की याद आई, जी हिचका फिर हठ कर उसने जाने का निश्चय ही किया।

तीसरे पहर की धूप गोमती के तट पर फैल रही थी। बाबाजी के पागल लँगोटा बाँधे रेस कर रहे थे। बाबाजी घाट के दो सायबानों के बीच के खुले आसमान और खुली धरती में खड़े रेस देख रहे थे।

घाट पर पहुँच कर, बाबाजी का सामना करने में सज्जन को बड़ी कठिनाई हुई; फिर वह आगे बढ़ता हुआ चला गया। बाबा रामजी ने उसे देखा। पोपले मुँह से खिलखिलाते हुए दोनों बाँहें पसार दीं। उसके पैर छूने से पहले ही उठा कर उसे अपनी बाँहों में भर लिया! "हमैं इस समय करोड़ों रुपया मिल गया रामजी। आपने हमसे बड़ी प्रतीछा करवाई।"

पागलों की व्यायाम, प्रार्थना और उन्हें सर्पगंधा जड़ी पिलाने का काम पूरा करने के बाद बाबाजी ने निश्चिंत होकर सज्जन से बातें कीं। बड़ी देर तक बातें हुईं। कहा—"रामजी, पछतावे से बढ़कर, निकम्मा नसा कोई नहीं। यह क्यों नहीं सोचते कि तुम्हें एक प्रकार का अनुभव हाथ लगा। अब उस अनुभव से लाभ उठाओ। दुःख किस बात का करते हो! बीती ताहि बिसारि दे आगे की सुधि लेयि।"

चलते हुए बाबाजी ने उससे कहा था—"रामजी, कोई कुछ कहे, पर मैं इस जगत् को माया-मिथ्या कुछ भी नहीं मानता। अगर भगवान सत्य है तो भगवान की बनाई सृष्टि भी सत्य है और जब सत्य है तो उसको खुलकर भोगो। जहाँ असत्य मिले उससे जमकर जुद्ध करो।"

"ऐसा ही होगा!" सज्जन ने बाबाजी के चरण छूकर निश्चय किया। उसका मन बिलकुल हल्का हो चुका था, वह अपने मन का सारा विकार कहकर धो चुका था। उसे राह मिल गई थी। चित्रा के बारे में बाबाजी ने सलाह दी थी—"उसका या तो कहीं अच्छी जगह विवाह करा दो अथवा जदि कोई काम करै तो उससे वो काम कराओ और भरन-पोसन खर्चा दो। काम न करै तो कुछ भी मत दो। निकम्मे के प्रिति दया करना अमानुसिकता है रामजी!"

सज्जन शाम को ताई की हवेली पा गया। हवेली के अन्दर औरतों का प्रबन्ध होने के कारण कर्नल वर्मा के घर की दहलीज में कुर्सी डाल कर बैठा रहता था। सज्जन भी वहीं बैठा रहा। गली से स्त्रियों और लड़के-लड़कियों के झुंड शोर मचाते आ-जा रहे थे। कर्नल ने सज्जन को बतलाया कि मेला बड़ी शान से चल रहा है। कन्या बड़ी खूबी से सारे कार्यक्रम को चला रही है। नुमाइश में बहुत-सी कढ़ी हुई चादरें और तकिया, गिलाफ और रुमाल आदि बिके भी हैं। औरतों ने चाय, पान, चाट और मूँगफली की दुकानें भी लगा रखी हैं। कन्या कई युवतियों की हीरोइन बन गई है। दस लड़कियाँ बराबर जूठे पत्ते वगैरह फेंकने का काम सँभालती हैं। एक बन्द जगह में इतनी भीड़—असंयमित भीड़ के रहते हुए भी हवेली में गन्दगी का नाम नहीं रहने पाता है। लड़कियों के नृत्य-गीत और छोटे-छोटे नाटकों के आयोजन खूब जम रहे थे। नुमाइश की बिक्री से भी बहुतों को प्रोत्साहन मिला था। कर्नल ने उत्साह के साथ बतलाया कि बहुत जल्द ही एक ऐसा ही आयोजन वह अमीनाबाद में भी करेगा। जो औरतें बेचारी घुट-घुट कर जीवन बसर करने के लिए मजबूर हैं, उन्हें इस प्रकार के आयोजनों से बड़ा सन्तोष मिलता है। उनमें एक नई उमंग पैदा होती है। सज्जन बड़े सन्तोष के साथ यह सब कुछ सुन रहा था।

उसने कन्या से विवाह करने के सम्बन्ध में भी बातें कीं। कर्नल ने पंडित शिवनाथ शास्त्री से मुहूर्त पूछ कर इसी सहालग में ब्याह करा देने की बात कही।

आठ बजे जब कर्नल और सज्जन हवेली में गए, उन्हें कन्या मिली—सब का जीवन बदल चुका था। रात को सेठ रूपरतन के घर पर कर्नल, सज्जन, बाबू सालिगराम और मिनिस्टर उपस्थित थे। सेठ रूपरतन इस बार चुनाव के लिए खड़े नहीं हुए। वे अपना बिजनेस बढ़ाने के लिए इस साल अमरीका जाकर कुछ नई मशीनों की एजेंसी लाना चाहते हैं। इसलिए वे भी इस समय अपने आपको तटस्थ पार्टी घोषित कर रहे थे।

मिनिस्टर साहब बोले—"कर्नल साहब, आप लोगों से ऐसी आशा नहीं थी।"

रूपरतन बोले—"अरे, चुनाव तो चार दिन की बात है, आपसदारी का लिहाज तो रखते कम से कम—"

"हमने अपनी तरफ से कोई पहल नहीं की। लेकिन हाँ, जब कोई हमसे खामखाँ को छेड़ लेगा तो फिर—"

"छेड़ तो आप ही लोगों ने शुरू की। हवाई जहाज उड़ा दिया"—बाबू सालिगराम ने कहा।

"हमने एक अन्याय के खिलाफ आवाज उठाई थी।"

रूपरतन बोले—"अरे तो भाई हम लोग मौजूद थे, तुम, सज्जन या महिपाल कोई भी आकर मुझसे कहता तो मैं सब ठीक करा देता।"

"अजी, सब कहने की बातें हैं! मैं तो ऐलानिया कहता हूँ कि सालिगराम ने अपनी इलक्शनी चाल के लिए एक औरत की जान ले ली।"

"अमाँ, अब ये भी कहोगे कर्नल साहब!" बाबू सालिगराम अपनी पलस्तर चढ़ी टाँग पर हाथ फेरते हुए बोले—"मुझसे तो कोई मतलब ही नहीं था। पुलिस ने—"

"खैर, ये उल्टी रामायण तो मुझे न पढ़ाइए, नेताजी, आप ही लोगों की सोहबत में मैंने भी ये सब सीखा है।"

"अच्छा खैर, हटाओ इन सब बातों को! बात आई गई करो!" मिनिस्टर साहब काजू टूँगते हुए बोले। "इस बात का खयाल आप लोगों को जरूर रखना चाहिए, कांग्रेस चाहे अच्छी हो या बुरी, देश को सँभालने वाली एकमात्र राष्ट्रीय संस्था यही है। इस समय कांग्रेस को नुकसान पहुँचाना देश के साथ गद्दारी करना है।"

"जी, इसी तरह मैं भी कहती हूँ, स्त्रियों के साथ अन्याय करना मानवता के प्रति घोर गद्दारी है।"

"तो आप शायद कम्युनिस्ट पार्टी—"

"आप पार्टियों की दृष्टि से क्यों देखते हैं, मेरी भाभी किसी पार्टी की नहीं थी और मेरे पिताजी कभी कांग्रेस के समर्थक नहीं रहे। उन्हें अपराध में फँसने से बचाने में आपको कभी दिलचस्पी न होती अगर मेरे यहाँ इप्टा के रिहर्सल न चल रहे होते—"

"अच्छा—आ! खैर, अब बीती बातों से कोई मतलब नहीं।"

"मतलब कैसे नहीं? सारी बात वहीं से शुरू भई हैगी—"

"तुम भी अब पक्के कम्युनिस्ट हो गए हो, कर्नल!"

"यार, तुम तो इस तरह कह रहे हो मानो यह शब्द कोई गाली हो।" सज्जन ने सेठ रूपरतन की बात काटी।

"खैर, बोले तो—" मिनिस्टर साहब ने हँसते हुए कहा—"हम तो समझे कि हमारे सज्जन साहब तस्वीरें बनाते-बनाते खुद भी किसी की बनाई तस्वीर ही हो गए हैं।" मिनिस्टर साहब के इस मजाक पर रूपरतन, सालिगराम आदि हँस पड़े। मिनिस्टर साहब ने इस हँसी में ही आगे अपनी बात जोड़ते हुए, कन्या से कहा—"वनकन्याजी, मैं आपको और आपकी पार्टी को बधाई देता हूँ जो हमारे इन पुराने दोस्तों को हमसे इतनी जल्दी छीन ले गई।"

कन्या चट से बोली—"बधाई आपको है जो लोगों को इस तरह अपने से छीने जाने का मौका दे रहे हैं। वैसे सूचना के तौर पर कह दूँ कि मैं कम्युनिस्ट पार्टी की न तो सदस्य हूँ और न मुझे उन लोगों ने माताहारी बनाकर इन लोगों को छीनने के लिए ही नियुक्त किया था।" कहते-कहते कन्या के चेहरे पर तमक आ गई।

मिनिस्टर साहब जरा गम्भीर हो गए, दूसरे लोग सहम कर उनका मुँह देखने लगे। कर्नल ने हँसकर कहा—"और कुछ सुनिएगा?"

"नहीं, मैंने किसी को सुनाने या नीचा दिखाने की दृष्टि से यह बात नहीं कही।" कन्या बोली—"हाँ मुझे बुरा जरूर लगा था।"

सज्जन ने कन्या की बात में बात जोड़ते हुए कन्या की ओर देखकर कहा—"इन्हें कस-कस कर सुनाओ! मिनिस्टर हो गए हैं तो क्या हुआ, पुराने दोस्त हैं।"

"हा-हा-हा!" मिनिस्टर साहब गलगला कर सज्जन की बात का समर्थन करने के लिए हुमसे।

सेठ रूपरतन को भी यह मौका हाथ से न जाने देने के लिए उत्साह आया, हिनहिनाने के दौरे में उनके मुँह से भी प्रेम के बुलबुले फूटने लगे, बोले—"अजी साहब, मुद्दतें हो गईं हमारी इनकी जान-पहिचान को! याराना तब से हुआ जब से हमारा और महिपाल का साथ हुआ।"

मिनिस्टर साहब के यार को अपना बेटा बनाने से लाला जानकीसरन भी न चूके, बाबू सालिगराम ने भी पार्टी का पूरा परिचय देकर खुशामद के फन को चार चाँद लगा दिए। मिनिस्टर साहब हँसते हुए उठ खड़े हुए। सब लोगों ने अपनी-अपनी कुर्सियाँ छोड़ दीं। बाबू सालिगराम ने भी कुर्सी के हत्थों पर हाथ टेक कर उठने का संकेताभिनय किया; मिनिस्टर साहब उनकी तरफ देखकर बोले—"सालिगराम अब सब ठीक हो गया समझो! कर्नल, तुम्हारे मीना-बाजार में कांग्रेस की कुछ पब्लिसिटी होनी चाहिए, आज शाम को ही कुछ पोस्टर वगैरह भिजवा दिए जाएँगे।"

"देखिए, मैं एक सिद्धान्त की बात कहती हूँ, उसे पार्टिजन स्पिरिट में न लीजिएगा—"

''हाँ, मैं तुम्हारी इस बात से सहमत हूँ कन्या। इस सांस्कृतिक मेले को पॉलिटिक्स के लिए नहीं इस्तेमाल किया जाना चाहिए।''

मिनिस्टर साहब सज्जन और कन्या दोनों की ओर देखकर सज्जन से बोले—''आप दोनों तो एक दूसरे के पूरक हो गए हैं ऐसा लगता है! शादी कब कर रहे हैं?''

लाला जानकीसरन और बाद में रूपरतन भी एकाएक हँस पड़े गोया मिनिस्टर साहब ने यह मजाक किया हो। इस हँसी से मिनिस्टर साहब भी अपनी बात के मजाक का मूल्य समझे और मुस्कुरा उठे। कर्नल ने कहा—''बस, अब उसमें भी देर नहीं है, किसी दिन जल्दी ही आप लोगों की सेवा में नगीनचन्द की ओर से इनविटेशन कार्ड मिलेगा।''

''अच्छा! बड़ी खुशी की बात है, मैं तुम दोनों को बहुत-बहुत बधाई देता हूँ!'' मिनिस्टर साहब ने हँस कर सज्जन से हाथ मिलाते हुए कहा, फिर फौरन ही कर्नल की ओर देखकर बोले—''अच्छा तो खैर कर्नल, भई, ये अति आवश्यक है कि जनता के दिल में यह बात बैठ जाए कि तुम लोग हमारे विरोध में नहीं हो। इसलिए हवेली के बाहर तो हमारी पब्लिसिटी जरूर ही हो। कल तो उस वार्ड में एलेक्शन ही है। हम लोगों की आपसी खींचतान में देश का नुकसान क्यों हो?...सालिगराम, नेहरू जी की तस्वीरों वाले पोस्टरों की झंडियाँ बनाकर इनकी नुमाइश से लेकर पूरी गली भर में लगा दो और कर्नल, देखो भाई, हम तुमसे नेहरू जी के हाथ मजबूत करने की माँग करते हैं।''

कर्नल बोला—''देश और नेहरू जी के लिए जान हाजिर है।''

बाबू सालिगराम बोले—''अजी, नेहरू जी के लिए कौन नहीं अपनी जान दे सकता? गांधीजी के बाद यही तो बचे हैं हमारे पास, हें-हें—''

कन्या तुरन्त बोली—''जी हाँ, क्यों न हो, नेहरू जी इस समय टकसाली रुपया जो ठहरे आप लोगों के लिए!''

कर्नल बड़ी जोर से हँस पड़ा। बोला—''हाँ, रुपए को किसी तरकीब से हथिया लेने के बाद तो उसका कैसा भी इस्तेमाल किया जा सकता है!''

मिनिस्टर साहब चल दिए। उनका जाना और कैप्टेन राजदान के साथ चित्रा का आना ठीक उसी तरह से हुआ जैसे स्टेज पर एक सीन के बाद पूर्व निश्चित योजना के अनुसार दूसरा सीन खुलता है। सज्जन, जो आज दिन भर बहुत सन्तुष्ट और प्रफुल्लित रहा था, चित्रा को देखते ही सफेद पड़ गया। कर्नल के चेहरे की रोशनी मद्धिम हुई। कैप्टेन राजदान आते ही सज्जन और वनकन्या की ओर देखकर फिर सज्जन से बड़े रौबीले ढंग से बोले—''अखखाह, जनाब भी यहीं तशरीफ रखते हैं, मैं तो जनाब के दौलतखाने पर हाजिरी बजाने के लिए कल सुबह आने ही वाला था।''

''खैरियत तो है?'' सज्जन ने अपने को सँभालते हुए कहा। कैप्टेन राजदान के रौब का पारा और चढ़ा, सेठ रूपरतन की ओर देखकर बोले—''हुजूर, आप लोगों के सामने कहने में कोई हर्ज नहीं, इन्होंने शरीफ और दोस्त होकर भी मेरे साथ बहुत बड़ा धोखा किया!''

सब लोग सन्न रह गए।

''कैप्टेन साहब, क्या आपको मालूम था कि सज्जन इस वक्त यहाँ है?'' चित्रा ने उनकी तरफ रूखी प्रश्न-भरी नजरों से ताक कर पूछा। कैप्टेन राजदान के बड़ी-बड़ी मूँछों वाले चेहरे पर छाया हुआ रौब सख्त हो गया, क्रोध में बदल गया। सेठ रूपरतन आदि की ओर घूमकर बोले—''जनाब, मैं आपके इन सज्जन साहब के ऊपर एडल्टरी का केस चलाने जा रहा हूँ। इन्होंने मेरी सेकेंड वाइफ को—''

''मिस्टर राजदान, मैं कभी भी आपकी बीवी न थी!'' चित्रा दृढ़ स्वर में बोली—''मुझे यह नहीं मालूम था कि आप एक शरीफ और बड़े आर्टिस्ट पर झूठा इल्ज़ाम लगाने के इरादे से

मुझे लिए जा रहे हैं! आई थॉट...कि तुम मेरे दलाल बनकर सेठ रूपरतन का दिल बहलाने के लिए मुझे यहाँ लाए हो!''

सेठ जी का चेहरा लाल-लाल हो गया। उन्होंने कैप्टेन राजदान को गुस्से-भरी नजरों से देखते हुए कहा—''कैप्टेन राजदान, मेरा आपका इस समय कोई अप्वाइंटमेंट तो था नहीं।''

''नो-नो हुजूर, मैं—मैं तो इधर से पास कर रहा था, यों ही इस जलील औरत के साथ! रंडी तो रंडी! फिर भी तहजीब और ईमानदारी भी कोई चीज होती है कि नहीं। ये औरत मेरे पास रहती है, मुझसे तनख्वाह पाती है और आज हफ्ते भर से ये आर्टिस्ट साहब उसे बहका लाए। मेरे घर से निकाल लाए जनाब।''

''ए कप्तान साहब, हर जगह आपकी चार-सौ-बीसी नहीं चलेगी, बतलाए देता हूँ। आठ दिन पहले सज्जन यहाँ था भी नहीं।'' चित्रा ने चट से कहा—''कर्नल साहब ये अपना बिजनेस पक्का कर रहे हैं! मैं बेवकूफ थी जो इनकी बातों में फँस कर यहाँ चली आई। मैं तन से जरूर बाजारू हो गई हूँ पर मिस्टर वर्मा मुझे माफ कीजिएगा, मेरी आड़ लेकर आपको फिजूल ही जलील किया गया।'' कहकर हसरत-भरी एक नजर कन्या के चेहरे पर डाल, चित्रा दरवाजे की ओर बढ़ी। फिर रूपरतन की ओर देखकर बोली—''वह पाँच सौ रुपया जो इन्होंने अभी-अभी मुझे दिया था मेरे ख्याल में आप ही का होगा, सेठ साहब—''

''वाट डु यू मीन—यू बिच!'' सेठ रूपरतन गर्जे।

कन्या तमक कर बोली—''मैं किसी भी महिला का इस तरह अपमान बर्दाश्त नहीं कर सकती।''

''अपमान महिलाओं का ही होता है, मिस, जो भी हों आप,''—चित्रा बेशर्म हँसी-हँसी, कहा—''खैर, जिसके भी हों, वह रुपए मैं राजदान को वापस कर दूँगी।''

कैप्टेन राजदान गर्जे—''मैं तुम्हें शूट कर दूँगा चित्रा।''

चित्रा चली गई। कर्नल उठते हुए बोला—''अब चलो सज्जन, साढ़े ग्यारह बज रहे हैं।'' सज्जन और कन्या दोनों ही तत्क्षण उठ खड़े हुए। सेठ रूपरतन आदि के चेहरे खिसियाने-से हो रहे थे।

बाहर निकलकर कार पर बैठते हुए कर्नल ने कहा—''बिच्छू डंक मारने से कभी बाज नहीं आ सकता! एक तरफ मेल भी करते जाते हैं दूसरी तरफ चाल भी चलते जाते हैं! पाजी कहीं के।'' कन्या बोली—''वह स्त्री बहुत शरीफ है। उसके लिए मेरे दिल में बड़ी इज्जत हो गई, भाई साहब!''

सज्जन चुप था। वह फिर गम्भीर हो गया था। पीछे उसके साथ बैठी हुई कन्या ने सड़क के लैम्प-पोस्टों से आते हुए मद्धिम प्रकाश में सज्जन की गम्भीरता को गहराई से भाँपा। उसने चित्रा के सामने भी सज्जन की सहमी हुई और चित्रा की चतुर आँखों में कुछ भाँपा था। कन्या का मन भारी हो गया था, परन्तु उसने अपने आप को सँभाला, एक मिनट तक खिड़की की ओर मुँह किए खोए-खोए से सज्जन को उसने निहारा, फिर उसकी बाईं बाँह को अपनी दाहिनी बाँह से लपेटते हुए उँगलियों से उँगलियाँ जकड़ लीं। सज्जन को फिर मानसिक जड़ता के अवसर पर यह सहारा मिला। उसने कन्या के कंधे पर अपनी गर्दन डाल दी।

49

गोमती के घाट पर अलमस्तों की भीड़ जुटी है। सुबह का समय, छुट्टी का दिन, माघ का महीना—सब मिला कर इस समय गोमती-तट की शोभा वही है जो सुबह के समय नाना प्रकार के पक्षियों के चहचहाने से जंगल की होती है। स्त्रियाँ और पुरुष गोमती में स्नान कर रहे हैं। कोई तैर रहा है, कोई कमर तक जल में खड़े संध्या कर रहे हैं—अनेक कपड़े पछार रहे हैं; घटवालों

के चबूतरों पर चन्दन-टिकली-कंघे-शीशे की माँग पड़ी है। कितने ही नाउओं से मालिश करा रहे हैं। कोई दाढ़ी बनवा रहा है; अनेक भक्त-भक्तिन विष्णु-सहस्त्र नाम से लेकर गंगा-लहरी तक का पाठ करने में मग्न हैं। आज चुनाव का दिन है, इसलिए चुनाव चर्चा भी बड़ी जोरों पर है। अनेक लोग आपस में हँसी-मजाक करते हुए प्राकृतिक और अप्राकृतिक मैथुन की वार्ता कर गोमती की धार के विपरीत एक रसधार बहाते हुए बड़े ही रस-मग्न हैं। इहलोक से परलोक तक की चर्चा चल रही है। एक जगह भंग छन रही है। एक महाशय छनती हुई केसरिया भंग को बड़ी मादक दृष्टि से देखकर आह भरकर बोले—''बूटी बिना छाने आँखें फूटी-सी दिखात हैं।''

मंगल मुरारी महराज अपनी बड़ी-बड़ी सफेद मूछों में खिलते हुए बोले—''हाँ बचान, दुइ एक ठे कबित्त हुई जाए दे।''

तीन-चार ओर से 'हाँ गुरु', 'हाँ गुरु की' आवाज उठी। लँगोटाधारी बचान गुरु आँखें बन्द कर हाथ फैलाकर सुनाने लगे—

''एक समय अतिमगन मन, बोले, बिहँसि महेस।
मैं जैहौं प्रिय गोकुलै, सुनहु उमा उपदेस॥
घर बन में बिजया नहीं, मिलै न हाट बाजार।
मोहिं भाँग बिन भामिनी, कौन करेगा प्यार॥

कवित्त

जैहौं ग्राम गोकुलै गोविंद पद बदन को,
मोहिं जलपान को समान करवाय दे।
सुकबि शिवराम सौंफ कासनी पछोरि फोरि,
घोरिकै अफीम तीन तामैं मिलाय दे॥
काली मिर्च कालकूट सिंधिया-धतूर तोरि,
संखिया सुफैद रंग डैल से डराय दे।
लायदे करोर बोर रंग तासो घोरि-घोरि।
एती थोरी भाँग मेरी झोरी में भराय दे॥''

एक दूसरे घट वाले के यहाँ खड़े एक महाशय बोले—''वाह! क्या जोरदार कवित्त है। बस, आज सब जने भाँग छान के संकरजी बने हुए कांगरेसी बैलों पर सवार होएँगे।''

बिज्जे गुरु बोले—''कांगरेसी बैलों को ही क्यों—''

हिन्दू महासभावादी बिज्जे गुरु की बात दुहराते हुए राजा मुनुवाँ बोले—''हाँ-हाँ भाई, बिज्जे गुरु के आगे कोई दूसरी सवारी का नाम न ले! इनका घोड़ा भी तो है!''

''अरे, पर इनका घोड़ा वोटरों के लिए खाली कहाँ है? उस पर पहले ही से सवार बैठा है!'' बिन्देसरी सराफ ने कहा।

''याने हिन्दू सभा के पर्चे डालने जो जाएँगे तो इनके बैलट-बक्सों पर पहले ही से 'नोवकेंसी' का साइनबोर्ड लगा दिया जाएगा।'' बाबू रूपलाल अपने बदन पर तेल मलते हुए बोले।

''अमाँ, तुम भी गौखे हौ, कहीं बैलट-बक्स भी सबके अलग-अलग होंगे?'' राजा मुनुवाँ ने कहकर सिगरेट का एक कश खींचा, और कान पर जनेऊ चढ़ाया।

''ये लेओ, वोट डालने जाएँगे और इतनी भी खबर नहीं कि डिब्बे सबके अलग-अलग होंगे।'' बिन्देसरी सर्राफ हँसते हुए अपनी गीली धोती धोने के लिए चले; चलते-चलते एकाएक बोले—''खैर, घोड़ा सवार तो फिर भी गनीमत है, मगर राजाराम परशाद्र का सूरज तो पच्छिम में डूब रहा है!''

रामराज्य के शुकुल जी बुरा मान गए, आँखें निकाल कर बोले—''संघी मच्छर हौ न, यह रामराज्य परिषद्—संन्यासी सातविकों की संस्था है। उसके सूर्ज का पूर्बोदय हो रहा है।''

इस पर बिन्देसरी हँस पड़े। अपने पास में खड़े हुए दुबले-पतले तौलिया से सिर पोंछते हुए दीनानाथ से हँसते हुए कहा—"अमाँ, इनकी रामराज परिषद् का भी अजब हाल है! पूरे भारत भर में आठ सौ सदस्य; और जितने सदस्य उतने नेता। वहाँ काम करने वाला एक भी नहीं। रामराज परिषद् क्या है मुजस्सिम राजाराम परशाद है।"

शुकुलजी गोमती के किनारे खड़े हुए आचमन-मंत्र पढ़ रहे थे, क्रोध के मारे उनका मंत्र बिसर गया।

चुनाव की चर्चा स्त्रियों में भी जोर से चल रही थी।

"—हमारे यहाँ तो सब औरतों से कह दिया गया है कि दीपक में बोट डालना।

— हमारे यहाँ से तो भाई कागरस को जाएगा।

—तुमरा ओट मुसलमान के हियाँ जाएगा?

—मुसलमान होने से क्या होत है? अलीजहीर मिनिस्टर के हिंयन से हमरे हिंयन का पुस्तैनी ब्यौहार हैगा!

—हाय, ओट डालन कैसे जाएँगी?

—ऐसे ही जाएँगी और कैसे जाया जात है? अब की हमें भी सुराज मिला हैगा!

—तौ ई ओटु का मतलबु का आय?"

वोट डालने के अतिरिक्त राजनीति और कोई अर्थ नहीं रखती थी; और वोट मेल-मुलाहिजे में की जाने वाली एक कार्रवाई मात्र थी। वोट देने का अधिकार स्त्रियों के लिए वर्तमान सामाजिक परिस्थिति में नपुंसक की पत्नी के समान ही था—भारतीय स्त्रियाँ अधिकांश में अपने वोट अधिकार का कोई उपभोग ही नहीं कर रही थीं। वे समझती ही नहीं, जिधर उनके घर के मर्दों का रुख होगा उधर ही उनका वोट जाएगा। वर्तमान परिस्थिति में वोट देकर सरकारें बनाने के अधिकार का उनके लिए उतना महत्त्व नहीं जितना कि अपने घर में अधिकार पाने का है। वह केवल अपनी गृहस्थी को ही अपना सब कुछ मानती हैं। यही उसकी जीत भी है और हार भी।

कन्या बाबा रामजी को ढूँढ़ती हुई घाट पर आ गई। वह चारों ओर उन्हें ढूँढ़ रही थी। आश्रम पर जाने से पता लगा कि बाबाजी घाट पर हैं और घाट पर तो कहीं भी दीखते नहीं। आज तारा के लड़के की छठी है, ताई ने नन्दो से कहा था कि गोमती जाए तो बाबाजी को न्योता दे आए परन्तु नन्दो ने 'उनसे डर लगता है' कहकर इनकार कर दिया। इसलिए कन्या यहाँ भेजी गई थी। बाबाजी कहीं भी नहीं दिखलाई पड़ रहे थे। सुबह साढ़े सात-पौने आठ का समय था; माघ का महीना होने के कारण भीड़ कुछ विशेष थी। वनकन्या घाट-घाट घूम आई। वह जहाँ जाती सब उसे घूम-घूम देखते—कन्या उस समाज की थी जो कि शाम को बोटिंग के लिए ही इस जगह आती हैं। सुबह नहाने आने वालों में आमतौर पर एक ही देश, एक ही जाति, वर्ग भाषा, भाव, आचार-विचार, एक ही निवास-स्थल—सब कुछ एक होते हुए भी कन्या उस वातावरण की न थी। जो इस समय नहाने आए थे वे नदी-स्नान को एक परम्परागत प्रातः पुनीत कर्म करने आए थे। गोमती उनके लिए मैया थी। कन्या गोमती को एक बहती धारा के रूप में देखती है। यह भीड़ उसकी नजरों में जनता है, वह जनता जिससे कि कन्या किसी हद तक तटस्थ है। उसके आचार-विचार दूसरे हैं; यद्यपि वह इनमें से ही एक है। कन्या एक है और अलग है। इतने लोग-लुगाइयों की नजरों से टकराने में उसे अजीब उलझन महसूस होती थी। वनकन्या ने एक बार फिर साहस कर चारों ओर नदी तक नजर दौड़ाई। एक साहब ने पूछा भी। तभी बाबाजी का एक शिष्य दौड़ता हुआ आया। कन्या को देख उसके पास दौड़ते हुए आ कर बोला—"बाबाजी आ गए!"

चहारदीवारी में चार कोठरियाँ बनी हुई थीं और सामने एक पक्का, लम्बा और उम्दा बरामदा था। चहारदीवारी के ऊपर डंडे लगाकर कटीले तार का घेरा लगा हुआ था। चहारदीवारी के बाहर की जमीन पर चारों ओर फूलों की क्यारियाँ लहलहा रही थीं; सर्प-गंधा के फूल खिल रहे थे। बाएँ

हाथ की पट्टी में शाक-भाजी उगी हुई थी। दाहिनी ओर अखाड़ा था जिसमें बजरंगबली की मूर्ति विराजमान थी। यह खेती-क्यारी बाबाजी के पागलों के परिश्रम का परिणाम थी।

बाबा राम जी बीच के छोटे से कच्चे चबूतरे पर बैठे अमरूद खा रहे थे—"आओ राम भक्तिनियाँ, बैठो।"

कन्या श्रद्धापूर्वक पास आई। आने पर सोचने लगी, पैर छूँ या नहीं। बाबाजी हँसते हुए बोले, "बैठो-बैठो, तुम्हें एक पुरानों की कथा सुनाते हैं रामभक्तिनियाँ! एक गुरुजी के तपोबन में एक विद्यार्थी पढ़ता रहा, तौन जब वह उस जमाने का सब एमे-बीए पास कर चुका तो गुरुजी ने कहा कि अब तुम जा सकते हो। लड़का पैर छू कर जाने लगा। गुरुजी बोले—ठहरो, अभी तुम पढ़ो। लड़का फिर पढ़ने लगा। फिर पढ़ते-पढ़ते उसने गुरुजी से पूछा कि गुरुजी अब हम पास भए कि नहीं? तो गुरु ने कहा कि अच्छा जाओ। चेलाराम पैर छूकर जाने लगे। गुरु ने कहा, ठहरो, फिर पढ़ो। इस प्रकार तीन बार उसने गुरु से आज्ञा माँगी और जब पैर छू कर जाने लगा तो गुरु ने अपनी आज्ञा वापिस ले ली। फिर चौथी बार ऐसा भया कि एक दिन वो अपने आप उठा और चल दिया तो गुरु ने कहा कि अब ये पास हो गया।...(हँसे) तौ ये बात है राम भक्तिनियाँ!"

कन्या अनायास इस कथा का अर्थ ढूँढ़ने लगी। बैठने से पहले उसके मन में भी पैर छूने न छूने की बात आई थी। दो अमरूद कन्या की ओर बढ़ाते हुए—"लो, बेटी खाओ। किस लिए आना हुआ?"

"ताई जी ने निमंत्रण दिया है।"

"निमंत्रण?" बाबा जी हँसे—"वही पड़ोस वाली राम भक्तिनियाँ के लड़के की छठी का?"

"जी हाँ। आपके यहाँ से सबको बुलाया है।"

"मेरे रोगी तो परहेज से रहते हैं बेटी। इनके कारण मैं भी वही भोजन करता हूँ।"

"ताई जी ने मुझे आपसे बहुत-बहुत आग्रह करने के लिए ही यहाँ भेजा है।"

"समधिन का आग्रह भला हम कैसे न मानेंगे!" बाबाजी खिलखिला कर हँस पड़े, फिर कहा—"कह देना अवश्य आवैंगे।"

वनकन्या ने एक बार चारों ओर नजर डाली, फिर बोली—"इतने पागलों के साथ आपका जी नहीं घबरा उठता कभी?"

"हम आप ही पागल हैं रामभक्तिनियाँ!" बाबाजी फिर हँसे; फिर जरा संयत होकर बोले—"इनकी सेवा ही मेरा जोग है।...यही मस्तिस्क दुनिया में क्या-क्या चमत्कार फैलाए हुए है। और यही जब असन्तुलित होता है तो किस दसा को प्राप्त करता है! इस मस्तिष्क के पूर्ण सन्तुलन का रूप दर्सन करने के लिए मेरा सारा ध्यान, जप-तप, जोग साधन होता है। उस रूप को चाहे तुम भगवान् का नाम दे लो। भगवान् से कभी किसी का जी घबरा सकता है? हः-हः!"

"मेरा मन घबराता है।"

"क्यों?"

"वह भगवान, जिसकी बनाई दुनिया में इतना असन्तुलन है, इतनी कुरूपता है, वह स्वयं यदि कहीं होगा तो न जाने कितना भयंकर होगा।"

"क्या वह सुन्दर नहीं हो सकता बेटी? उसकी बनाई दुनिया में सुन्दरता क्या कम है?"

"सुन्दरता और असुन्दरता दोनों ही हैं।"

"तब वह भी दोनों ही होगा। रामभक्तिनियाँ तुमसे एक पुरानी बात कहें, एक बार हमारे पास एक ऐसा बज्र पागल आया जिसका अपरूप हुई गया था। हमने उसे देखा तो अनुमान किया कि जब ये मनुष्य स्वस्थ रहा होगा तब इसका नाक-नक्सा सिजल होयगा। हमने उसके साथियों से पूछा, उन्होंने कहा कि महाराज आपकी बात सच है। अब हमारे मन में लगी कि हे राम, चाहे कितना

स्रम करना पड़े किन्तु जदि एक बार ये फिर अपनी प्राकृतिक अवस्था को पा ले तो हमैं भगवान रूप के दर्सन मिल जाएँ।''

''फिर क्या हुआ?'' कन्या ने उत्सुक होकर पूछा।

''क्या बतावैं बेटी कि इस लगन को लेकर हमारे मन में कैसी जवानी फूटी थी! वह अत्यधिक उग्र प्रकार का था। जब उसका आवेस जाग उठै तो आठ-आठ, दस-दस मनुस्यों के बस का न रहे। हमने विचार किया कि इसको खंभे से बाँध कर रखने अथवा कोठरी में बन्द करने से अधिक लाभ न होयगा। हमने उसे मुक्त रखा। खाली उसके पैरों में दस-दस सेर के दुइ लोहे के बटखरे जंजीरों से बाँध दिए। हाथों में भी यही टिरिक की। एक ओर उसके मन पर बोझ था तो दूसरी ओर तन पर भी बोझ पड़ा। इस प्रकार एक जबरदस्ती के सन्तुलन से उसे झुकना पड़ा। महीनों उसे ऐसे ही छोड़ रखा, आने-जाने के लिए वह स्वतंत्र था परन्तु मनमाना करने के लिए नहीं। उसे हम ढेर सारी सर्पगंधा जड़ी खिलाय के सुलाय देते थे और दुइ-दुइ, ढाई-ढाई घंटा उसकी मालिस-मसाज में खर्च करते थे। हमने उसे तीन साल अपने साथ रखा राम भक्तिनियाँ। उसका चेहरा मसाज करते-करते क्रमसः बहुत सन्तुलित हुई गया था। उसकी कुरूपता में हमने जिस सरूप का अनुमान किया था, वह बहुत हद तक हमें दर्सन करने को मिल गया। जद्यपि हम पूर्ण-सफलता प्राप्त नहीं कर सके, टिराई करना छोड़ दिया, फिर भी वह काम-काज का आदमी बन गया। तो हमने उसमें देखा राम भक्तिनियाँ, कि कुरूपता में कितना सौन्दर्ज छिपा रहता है! मनुस्य जिस हद तक साधना करे उस हद तक प्रित्येक अणु में उसे सौदर्ज दिखलाई पड़ जाएगा। हम तो उसी के दीवाने हैं बेटा, सदा उसी को देखते रहते हैं।''

''परन्तु यह तो अनुचित है बाबा जी कि सौन्दर्य की आड़ लेकर हम जीवन की कुरूपता को न देखें।''

''अनुचित क्यों है बेटी?''

''इसलिए कि केवल सौन्दर्य को देखते रहना, अपने आपको धोखा देना है। आप अभी कहें कि समाज का लहू चूसनेवाला, अपने स्वार्थ से जकड़ा आज का मुनाफाखोर, सूदखोर, पूँजीपति अपने इस घृणित और नृशंस रूप में भी सुन्दर है।''

''हाँ, है।''

''ठीक है, कहीं न कहीं सुन्दरता तो होगी ही; परन्तु आप यदि मेरा ध्यान उसके स्वार्थ की अत्यधिक कुरूपता से हटा कर उसमें छिपी हुई परमार्थ की तनिक-सी सुन्दरता पर ही केन्द्रित करें तो क्या ये अनुचित न होगा? यह तो अपने आपको धोखा देना है।''

बाबाजी पल भर के लिए पलकें मूँद कर मौन हो गए, फिर कहा—''मान लो किसी व्यक्ति के प्रति तुम्हारा आकर्सण है, अर्थात् तुमने उसके तन-मन में ऐसा सौन्दर्ज देख लिया है जिससे तुम्हारा मन मुग्ध है; और फिर वही व्यक्ति तुम्हें अपनी स्वार्थ-भरी कुरूपता से खूब-खूब सतावे, तो तुम उससे क्या पूरे मन से घृणा कर सकोगी?''

कन्या गम्भीर हो गई। बाबाजी के इस प्रश्न के साथ ही उसके सामने सज्जन की सुधि आ खड़ी हुई। सज्जन ने उसे बड़ी ठेस पहुँचाई थी। फिर भी वह उसे प्रसन्नतापूर्वक सहती है। उसके सामने अपने माता-पिता, चाची आदि भी दृष्यान्त के रूप में आ गए। अपने पिता के गिरफ्तार हो जाने के समाचार से उसे क्या दुःख नहीं हुआ था?—यद्यपि स्वयं उसने ही उन्हें गिरफ्तार करवाया है।

''हः-हः-हः! बेटी, अब फिर सोचकर बोलो, क्या तुम्हारी संका सत्य है?''

वनकन्या को झटके के साथ यह विचार आया कि कहीं यह बाबाजी उस पर कोई यौगिक क्रिया तो नहीं कर रहे? क्या ये मन की बात जान लेते हैं? किसी के मन में विचार उत्पन्न कराने की क्षमता रखते हैं?

बाबाजी गर्दन पीछे घुमाकर किसी को पुकारते हुए बोले—"ओ रमैया, तनी सुरती, चूना दै जा रे!" फिर कन्या की ओर एक क्षण रुक कर देखते रहे। कन्या मंत्र-मुग्ध सी उनके चेहरे-को देख रही थी, बाबाजी बोले—"ममत्व बड़ी चीज है बेटी। ममता भरी दृस्टि का न्याय और ही होता है। ममता उसी प्रिकार से तुम्हारी न्याबृत्ति को सन्तुलन में रहने के लिए मजबूर करती है जैसे उस पागल को लोहे का वजन सन्तुलित में रहने के लिए मजबूर करती है जैसे उस पागल को लोहे का वजन सन्तुलित करता था। इसमें कोई अन्याय नहीं है बेटी। न्याय, ममत्व से ही हो सकता है। उस न्याय की प्रिबलतम कठोरता भी बड़ी करुणामयी होती है। क्योंकि अपनी उस न्याय दृष्टि को स्थिर रखने के लिए मनुस्य को निज की बड़ी साक्ति लगानी पड़ती है। उस शक्ति का रचनात्मक उपयोग होता है। यह वही सकित है जो खुरदरे पत्थर में परम सुन्दर मूर्ति की कल्पना कर, उसे साकार करने में लौ लगा कर जुट जाती है।"

वनकन्या विचार में पड़ गई। वह तर्क से पराजित थी, अपने मन की भावना से पराजित थी, फिर भी उसके मन से शंका नहीं जा रही थी।

चूना-तम्बाकू आ गया। तम्बाकू मींजते हुए उन्होंने फिर कहा—"राम भक्तिनियाँ, कभी हिलते पानी में अपनी परछाईं देखी है?"

प्रश्न का आशय न समझते हुए भी उसने कहा—"हाँ।"

"तो परछाईं हिलती है कि पानी हिलता है?"

"दोनों ही हिलते हैं—नहीं, केवल पानी हिलता है, परछाईं उसके कारण—"

"जथार्थ है। जब वास्तविक रूप स्थिर है तो उसकी परछाईं भी स्थिर है। परछाईं पर संका मत करो।"

लौटते समय वनकन्या अजीब मानसिक परिस्थिति में थी। वह मनुष्य को उसकी हलचलों से अलग करके देखना चाहती थी। मनुष्य अपनी हलचलों से अलग करके इसे देखा जाए? विक्टोरिया पार्क में चुनाव की हलचल है। जोश और गर्मागर्मी में कोई किसी की परवाह नहीं कर रहा; सच-झूठ की परवाह नहीं, मानवता-अमानवता की परवाह नहीं, अपने स्वार्थ को छोड़कर और किसी भी लौकिक-पारलौकिक वस्तु की परवाह नहीं—इस भयंकर आपाधापी में कैसे मनुष्य का स्थिर रूप देखा जा सकता है। जब घृणा से कसा हुआ स्वार्थ प्रत्यक्ष हो तब प्रेम के व्यापक क्षेत्र के अणु-अणु पर छाए हुए स्वार्थ की कल्पना से मन बहलाना क्या सही है? पानी हिल रहा है, परछाईं भी हिल रही है।...लेकिन पानी बह रहा है और परछाईं हिलती हुई होकर भी अपनी जगह पर स्थिर है। पानी उसे बहा नहीं ले जाता। इस तरह मानवीय भावनाएँ सदा से हिलती हुई परछाईं की तरह दिखलाई पड़ने पर भी कभी बह न सकीं। इतिहास के दौर पर दौर आए, सभ्यता की परिभाषाएँ बदलीं; मनुष्य के विचार बदले, संस्कार बदले; पत्थर युग का मानव पत्थर युग का जंगली मानव नहीं कहलाता बल्कि एटम युग का सुसंस्कृत, महान कर्मा, महामानव कहलाता है—फिर भी एक जगह वह स्थिर है। प्रेम बहती धारा की स्थायी परछाईं है। बाबाजी ने सच कहा था। बड़ी-बड़ी हलचलों के बावजूद हमें निज के ममत्व को नहीं भूलना चाहिए। ममत्व के साथ न्यायबुद्धि बदल जाती है। सज्जन से वह लाख नाराज हो, पर उसका ध्यान एक क्षण के लिए भी मन से नहीं हटता, वह उसे क्षमा कर देने के लिए बार-बार अपने आप से मजबूर होती है। कल सुबह जब कर्नल ने उससे आकर सज्जन का हाल सुनाया, तब वह रुक न सकी। अपने सारे धन्धे छोड़कर वहाँ भागी गई। जब सज्जन का मन थमा, बहल गया, तब उसे कितनी खुशी हुई थी। रात में जब कैप्टेन राजदान ने सज्जन के खिलाफ बड़े-बड़े इलजाम लगाए, उसने चित्रा की मौजूदगी में सज्जन के घबराए हुए चेहरे को देखा तो उसे बड़ी ठेस लगी थी। सज्जन का प्रेम उसकी तरह एकनिष्ठ नहीं है, यह बहुत खुल कर भी उसके मन को सज्जन की ओर से विरक्त

नहीं कर पाता। पिछली रात सेठ रूपरतन के घर से लौटते हुए उदास और गम्भीर सज्जन को उसने अपनी बाँह का सहारा दिया—यह केवल इसीलिए कि सज्जन से उसे प्यार है। प्यार बड़ी चीज है। प्यार से दुनिया बदल जाती है।

50

वर्मा के घर की दहलीज में एक लम्बी बेंच और दो कुर्सियों पर, वर्मा, शंकरलाल, सज्जन, कर्नल और महिपाल बैठे हुए थे। महिपाल आज सुबह ही अपनी ननिहाल से लौटा था। वर्मा के लड़के की छठी के उपलक्ष में ताई की ओर से होनेवाली दावत में सज्जन के मित्र होने के नाते कर्नल का निमंत्रण पाकर यहाँ आया था। भोजन के बाद सब लोग बैठे थे। ब्रह्मभोज हो चुका था, अब औरतों का खाना-पीना चल रहा था। अन्दर से ढोलक के गीत सुनाई पड़ रहे थे—

जिया जल भुन जाय,
राजा चले चाकरिया।

सास को लाए लोटा, नँनदी को लाए लुटिया,

हाय जिया जलभुन जाय,
हमको लाए मटुकिया।

तकिए के सहारे अधलेटे हुए महिपाल घुटनों पर रखे अजंता रेडियो इंजीनियरिंग वर्क्स के लैटरपैड पर देर से इन गीतों को लिख रहा था। कर्नल हँसकर बोला—"अब बेटा तुम साहित्त लिखना छोड़कर ढोलक के गीत लिखा करो।" महिपाल ने कोई जवाब न दिया। सज्जन मजा लेते हुए बोला—"देखा कर्नल, जवाब तक नहीं दे रहा तुम्हारी बात का।"

"अजी जवाब क्या देगा? साले की आदत है। उस दिन हमने डेढ़ रुपए इसको तार भेजने में खर्च किए। हम इस अपोजीशन की वजह से घबरा गए थे। हमने सोचा कि शायद पचबाजी करनी पड़े तो महिपाल के आ जाने से सुभीता रहेगा, मगर शिरीमान जी ने जवाब तक नहीं दिया!"

"अजी महाशय, ननिहाल के पकवानों को छोड़कर मैं भला आपकी पचेबाजी करने क्यों आता?"

"तो आज क्यों आए?"

"ताई के यहाँ दावत खाने।"

"ताई ने तुम्हें न्योता तो दिया नहीं था। मैंने झूठी मूँछुलाई कर दी तो खाने के लिए झटपट दौड़े आ गए!"

"अबे, ब्राह्मण कहीं न्योते की परवाह करते हैं—अहा, क्या गीत है! मजा आ गया!"

सब लोगों का ध्यान अन्दर से उठनेवाले नए गीत की ओर चला गया—

"सदा तू तू न मुझको सुनाया करो,
माई डियर कहके बुलाया करो।
पढ़ गई इँगलिश मुझे फैशन से रहना चाहिए,
मेरे कहने में तुम्हें भी मन से रहना चाहिए।
मेरा नाहक में दिल न दुखाया करो।
बर्तनों को माँजने से हाथ काले पड़ गए।
रोटियाँ करते हुए जीने के लाले पड़ गए।
चल के होटल में खाना खिलाया करो।
रेशमी साड़ी मँगा दो होवे धानी रंग की,
बूट डासन का होऔ पोशाक इँगलिश ढंग की।
अपने हाथों से हमको पिन्हाया करो।"

महिपाल ने लिखते हुए इस पंक्ति की ऐसी दाद दी कि लोग हँस पड़े। कर्नल हँसते हुए, साथ ही बनावटी तौर र नाराज होकर बोला—"अच्छा-अच्छा, अब अपनी ये चिग्घीबाजी छोड़ो तो! बेकार का धन्धा लेकर बैठ गए।" कर्नल महिपाल के हाथ से कागज घसीटने लगा। महिपाल घबराकर बोला—"ऐ-ऐ! क्या करते हो! मेरे काम का कागज है।"

कर्नल ने अपना हाथ खींच लिया। सज्जन बोला—"अमाँ कर्नल, तुम भी गौखे ही हो पूरे! आ गए न इसके चकमे में। भला ये गीत लिखना भी कोई काम है, जो घंटा भर से ये महाशय हम लोगों की कम्पनी का टाइम वेस्ट कर रहे हैं।" महिपाल मुस्कुराता रहा, लिखता रहा। वैसे ही गीत खत्म भी हो गया, ढोलक-मँजीरे दो पल के लिए थम गए। महिपाल ने भी कलम रोक, पानों की तश्तरी की ओर हाथ बढ़ाया। सज्जन बोला—"देखा कर्नल, तुम्हारी तरफ रुख भी नहीं कर रहा। ये सड़े-बुसे गीत इसके लिए ऐसे इम्पार्टेंट हो गए हैं!"

वर्मा बोले—"साहब जब इन हल्की चीजों पर इतने बड़े आदमी का ध्यान गया है तो इनमें कोई न कोई बड़प्पन की बात तो होगी ही!"

महिपाल सिर उठा कर कर्नल की ओर देखते हुए पान चबला कर बोला—"तुम क्या जानो जी, इसमें इन्टेलेक्चुअलता है।"

"देखा कर्नल, आ गई न इंटेलेक्चुअलता की बात!" सज्जन ने छेड़ा।

पृष्ठभूमि में फिर ढोलक-मँजीरे ठनक उठे। महिपाल ने अपनी कलम फिर सँभाली। कर्नल बोला—"करने दो साले को, आओ हम लोग अपनी बात करें।"

सज्जन बोला—"हम लोग बात करेंगे तो ये हजरत हम लोगों को मूर्ख साबित करते हुए एक लेक्चर दे डालेंगे। कर्नल, सच कहता हूँ ये इंटेलेक्चुअल डॉमिनेशन बड़ी बुरी चीज है। ये लोग पूँजीवाद को सब से बुरा बतलाते हैं मगर मैं कहता हूँ कि इंटेलेक्चुअलवाद सब से ज्यादा घातक है।"

अन्दर गीत छिड़ा—

"गुलशन में मिलेंगे दोनों जने।
हम मोटे पिया पातला रे,
काँटे पर तुलेंगे दोनों जने।
हम गोरे पिया साँवला रे,
शीशे में देखेंगे दोनों जने।"

कमरे में बड़ी जोर का ठहाका पड़ा। महिपाल हँसते हुए वाह-वाह कर उठा। सज्जन ने कहा—"अब इनसे पूछो कर्नल कि इसमें क्या इंटेलेक्चुअलता है!"

शंकरलाल हँसते हुए बोले—"अजी इंटेलेक्चुअलता क्या, ये हमारे समाज के पतन की निशानी है!"

महिपाल तुरन्त त्योरी चढ़ा करा बोला—"इसमें पतन की क्या बात है! बड़ा प्यारा गीत है!"

"लो, आ गई इंटेलेक्चुअलता—"

"मैं तुमसे झूठ नहीं कहता, इस गीत में भले ही कलात्मकता न हो पर यह उस कविता भरी नई उम्र और नए जोड़े की दिली भावनाएँ जाहिर करता है जिसमें बात-बात पर रस बरस पड़ता है।"

"जब ये सब अच्छा है, तो क्यों आप नए सुधारों की बात करते हैं?" कर्नल ताव खा गया बोला—"जनाब, इस मेले में हमारी बिन्नो ने ऐसे मौकों के लिए वो आर्टिस्ट क्वालिटी के प्रोग्राभ स्कूल-कॉलेजों की लड़कियों से बनवाए हैं, कि उनका जब घर-घर में परचार हो जाएगा तब मुहल्ले-मुहल्ले जाग उठेंगे।" कहते-कहते कर्नल जोश में आ गया।

महिपाल ने कहा—''हाँ, हाँ ये तो होना ही चाहिए। मगर इसके माने ये तो हैं नहीं कि इन पुरानी चीजों का कोई महत्त्व नहीं रहा। इनका ऐतिहासिक महत्त्व है।''

''कैसे?'' सज्जन ने कहा—''ये गीत जो अभी गाया गया—''

''यह दीवानगी तो सर्वदा सर्वकालम् है, भले ही यह कलात्मक रूप में प्रकट हो या अकलात्मक रूप में। मगर और गीतों में देखो, ये देखो—'' महिपाल ने पिछले पन्नों में नोट किए हुए गीतों पर नजर डालकर कहा—''कलजुग तो आया बड़ी धूम से, बहुएँ हों गईं ददियासास।''—या ये देखो, 'तुम देखो बहना कलजुग दे रहा बहार। लहँगा दुपट्टा छोड़कर साड़ी लई मँगाय, साड़ी नीचे साया डाटा पेटी लई लगाय।'—ये सब बदलते जमाने के चित्र उपस्थित नहीं करते? या इसी में देखो—'राजा तुम गए कॉलेज पढ़ने में मेरी उमर गुजर गई पीहर में।' और ये गीत तो लाइन-ब-लाइन नए जमाने की अगवानी को देख रहा है—

'फूल गुलदस्ता खिला मेरी जान।
जब से चला है किलिप लगाना।
कदर बेंदी की गई मेरी जान॥
जब से चला है ऐरिंग पहनना।
कदर झुमके की गई मेरी जान॥
जब से चला है नेकलिस पहनना।
कदर हँसली की गई मेरी जान॥
जब से चला है रंडी का रखना।
कदर औरत की गई मेरी जान॥
कदर प्यारी की गई मेरी जान॥'-''

''साहब, क्या जोरदार बात निकाली है आपने—''

वर्मा की बात काटकर महिपाल बोला—''सामाजिक क्रान्ति लाने वालों को पहले अपनी परम्पराओं का संग्रह तो कर लेना चाहिए, फिर उन्हें समझ कर उनके अच्छे-बुरेपन को छाँटेंगे। केवल 'बुरा-बुरा' चिल्लाने से कोई क्रान्ति नहीं ला सकता। अपनी बीबी को यह गुरु ज्ञान सिखा देना सज्जन—वरना जो कुछ भी कलात्मक खूबसूरती समाज के ऊपर लादी जाएगी, वह चार दिन की चाँदनी की तरह फेडआउट हो जाएगी।''

सज्जन अपने आपे आ गया। महिपाल ने जो बात कही थी, वह उसके लिए नई न थी। वह महज भूला हुआ था। इधर जब से उसके जेहन में सेक्स का भूत घुसा तब से हर खयाल खो गया था। सोते-जागते आठों-पहर बस 'मैं'—मैं नीच हूँ। मैं ऊँच हूँ—कहीं थिर नहीं।...इस दशा में अपनी वासना की झँगोले ऐसी खटोलिया में ऊँघते-ऊँघते अपने जीवन के दूजे हर रस से वंचित रहकर—कल से—वह अब फिर धीरे-धीरे आत्म-विश्वास पा रहा है। कन्या ने उसके साथ बड़ा अच्छा सलूक किया। कन्या ने कल रात रूपरतन के घर से लौटते हुए उसे फिर उबार लिया। वह तब से कन्या की चाहत में मग्न है। उसके क्षणों में सन्तोष आया है। कन्या रूपी-प्रेरणा तार के सहारे उसके जीवन का उद्देश्य फिर लौट रहा है। वह अपने आपको फिर से समेट रहा है। हँस कर बोला—''मेरी बीवी को तुम्हारे गुरु ज्ञान की जरूरत नहीं है। उसके होनेवाले मियाँ खुद भी कम प्रयोगशील नहीं।''

''क्या खाक प्रयोग किए तुमने! बस, अखबारों में पब्लिसिटी जरूर करवा ली। अमाँ, मैं कहता हूँ कि अपनी इस लैंडलेडी को ही यदि तुम पूरी तौर पर समझ पाते तो तुम्हें भारतीय जीवन का विरोधाभास दिखलाई पड़ जाता। मैं तो हैरान हूँ उसके चरित्र पर।''

महिपाल की बात सुन कर वर्मा बोले—''हैरानी की बात तो कुछ न पूछिए साहब, जिस दिन रात में हमारी मुसीबत के वक्त अचानक ये दरवाजा खोल कर आईं तो हम दंग रह गए। पहले तो

मैं डर गया कि कहीं कोई भूत-प्रेत न हो। और ये वही ताई हैं, जिन्होंने हमारी बुराई करने के खयाल से न जाने कितनी बार जादू-टोने किए।''

सज्जन बोला—''इसमें तो कोई शक की बात नहीं। ताई हमारी बड़ी बेढब कैरेक्टर हैं!''

''अजी साहब, पूछिए मत! जब से ये बच्चा हुआ है उन्होंने हमारी आफत कर रखी है। ताई का एहसान न तो हमसे निगलते बनता है, न उगलते बनता है!''

''क्यों क्यों, क्या हुआ?'' कर्नल ने मजा लेते हुए पूछा। वर्मा ने भी हँसते हुए ही बतलाया—''अजी, आए दिन मुझे और मेरी वाइफ को विधर्मी और म्लेच्छ न जाने क्या-क्या कहा करती हैं! हम लोगों को तो उन्होंने एकदम तुच्छ बना दिया है। और बच्चे के पीछे जान दिए देती हैं। उसकी सारी देखभाल, जच्चा की पूरी जिम्मेदारी ताई ने अपने ऊपर ले रखी है। तरह-तरह के पाक, बादाम, घी की उन्होंने भरमार कर रखी है। मेरी वाइफ को सुना-सुना कर कहती हैं कि यह सब तुम्हें इसलिए खिला रही हूँ कि मेरे बच्चे को खूब दूध मिले।''

सब लोग हँसने लगे। अन्दर ढोलक पर गाया जा रहा था—''जच्चा मेरी झींगुर से डर गई रे।''

ताई की पूरी हवेली में आज चारों ओर भब्भड़ ही भब्भड़ फैला था। तारा के रसोईघर वाले दालान में भट्ठी खुदी थी, हलवाई काम कर रहे थे। दूसरे दालान में ढोलक ठनक रही थी। ताई के घर में औरतों की भीड़भाड़ थी, गोकुलद्वारे के मुखिया जी, भितरिया जी आदि भी वहीं बैठे बातें मठोर रहे थे। स्त्रियाँ थालों में खाने का सामान लेकर मर्दानी हवेली के ऊपरवाले कमरे में आती-जाती व्यस्त थीं। ब्रह्मभोज और सज्जन मंडली की दावत इस समय तक निबट चुकी थी। ताई ने एक सौ एक ब्राह्मणों का भोज किया था। अपने नाते-गोते, मेल-पड़ोस में, सब के घर न्योता भेजा था। अपनी सौत के घर भी न्योता भेजा था। इस समय स्त्रियों की पंगत जीम रही थी। चारों ओर ताई के इस छठी भोज को लेकर चर्चा चल रही थी। चारों ओर इस बात पर अचरज किया जा रहा था। नन्दो बेहद कुढ़ी हुई थी, फिर भी वह आई; कोने में बैठी धीरे-धीरे ताई की निन्दा दूसरी स्त्रियों से कर रही थी।

छोटी और कन्या तारा के कमरे में थीं। कन्या को आज पहली ही बार तारा से इतनी देर तक बैठ कर बातें करने का अवसर मिला था। छोटी से तो आज पहली बार ही उसकी भेंट हुई थी। उस समय बड़ी का प्रसंग छिड़ा हुआ था। छोटी और तारा बड़ी को याद कर बहुत रोई थीं। यदि आज वह यहाँ होती तो कैसा आनन्द आता! कन्या को बड़ी की पूरी कथा आज मालूम हुई। छोटी ने बतलाया कि शंकरलाल विरहेश के यहाँ बड़ी से मिलने गए थे। बड़ी उन्हें बेहद उदास लगी। विरहेश ने उन्हें दो मिनट बातें करने का मौका भी न दिया। कहाँ तो पहले दोस्ती का दम भरते थे, और कहाँ इतनी बेरुखी बरती कि सीधे मुँह बात तक न की और भविष्य में बड़ी से उनके मिलने पर भी प्रतिबन्ध लगा दिया। शंकरलाल बतलाते थे कि विरहेश के घर का वातावरण बेहद खराब है। उसके पास एक ही तो कमरा है। बड़ा जरूर है, मगर खंडहर हो रहा है। उसी कमरे के आधे हिस्से में डोरी पर्दा डाल दिया गया है; और पर्दा भी पूरा-सा नहीं है। जब शंकरलाल पहुँचे तो विरहेश एक-दो टुटपुँजिए लफंगों के साथ बैठा शराब पीते हुए गन्दे और खुले मजाक कर रहा था। कन्या यह सब कथा सुनकर बेहद क्षुब्ध हुई थी। नारी होना आज की सामाजिक स्थिति में अभिशाप है। उसे बड़ी का अन्त स्पष्ट दिखलाई पड़ रहा था—एक दिन घुलते-घुलते मर जाएगी। वह अपनी स्वर्गीया भाभी की याद कर बड़ी के दु:ख से अभिभूत हो गई। स्त्री और पुरुष आमतौर पर एक दूसरे की इज्जत नहीं करते हैं। स्त्री आमतौर पर आर्थिक दृष्टि से पुरुष की आश्रिता है, उसका व्यक्तित्व स्वतंत्र नहीं। इस देश की स्त्रियाँ सदा से यह दु:ख भार उठाती आई हैं। सीता को भी सहना पड़ा था, द्रौपदी को भी।

आपसी दु:ख-सुख की बातों और समझावन-बुझावन, दृष्टान्तों के सिलसिले में छोटी ने बड़े भोलपेन मगर बड़ी तड़प के साथ पूछा—''लेकिन ये दूर कब होगा? कैसे दूर होगा?''

''दस–पन्द्रह बरस से लेकर पचास बरस के अन्दर ही। इस बार दुनिया जब–जब भी बदले—तब फिर एक बार स्त्रियों का राज आएगा।''

तारा कन्या का मुँह देखने लगी, बोली—''क्या सचमुच ऐसा होगा मिसिज कन्या बीबी जी ?''

''मेरा विश्वास है। आज सुबह ही बातों–बातों में एक कर्मयोगी साधु जी ने भी मुझसे यही कहा था। घर सँभालने का काम स्त्रियाँ बहुत अच्छा कर सकती हैं। वे कहते थे कि गीता के अनुसार शीघ्र ही वसुधा कुटुम्ब बनेगी और उस कुटुम्ब की सरकार चलाने का भार स्त्रियों पर ही आएगा। ये बात जाहिरा तौर पर भद्दी सी मालूम पड़ने पर भी मुझे कहीं बिलकुल ठीक मालूम पड़ती है। अभी उसके ऊपर जिस तरह का सामाजिक अनुशासन है, कुछ वर्षों बाद वैसा न रहेगा।''

''तब क्या हो जाएगा ?''

''जहाँ आप और आपके पति साथ–साथ कमाने लगेंगे तब इस तरह का स्वामी–दासीपन का नाता तो रह नहीं जाएगा; दोनों बराबरी से बातें करेंगे।''

''लेकिन औरत को दबाकर रखना मर्द की आदत होती है बीबी जी। वह कैसा ही भोला भाला हो मगर स्वभाव का गुस्सैल होता है।'' छोटी बोली।

तारा ने हँस कर पूछा—''क्या कल डाँट पड़ी थी ?''

''न—हीं !...वैसे जब से जीजी गई हैं तब से इनका मिजाज चिड़चिड़ा तो अवश्य हो गया है।''

''आप मत चिड़चिड़ाइएगा बहन।'' कन्या बोली—''आपके साथी को इस वक्त सहारा चाहिए।''

''अभी तो आप मर्दों के खिलाफ थीं ?''

''नहीं तो, मैंने ये कभी नहीं कहा कि मर्दों से लड़ना चाहिए। हम दोनों एक दूसरे के साथी हैं, अपनी–अपनी अच्छाइयों–बुराइयों के साथ हैं। अगर हमारा साथ सच्चा है तो हमें एक दूसरे के लिए बर्दाश्त भी करना होगा। हाँ, बेजा बात पर न झुकेंगे, मगर पारस्परिक सहनशीलता का नाता तब भी न टूटेगा—यहीं स्त्री पुरुष को अपनी शक्ति से हरा सकती है और यह हार–जीत स्त्री–पुरुष को ऊँचा–नीचा नहीं, बल्कि समान बनाएगी।''

''नटनी घर जाना छोड़ो सनम।
मेरे बागों के औरे धौरे कुर्सी बिछी,
और बीच पलंग नटनी का बिछा,
सगे दादा छूटें, सगी दादी छूटें,
गोरी तुम छूट जाओ नटनी न छूटे।''–

तीन–चार स्त्रियाँ ढोलक पर तन्मय होकर गा रही थीं। सबके गले उत्तर–दक्खिन भाग रहे थे। सामने वाले ऊपर–नीचे के चार टूटे हुए दाँतों के बाद कत्थे से चीकट काले घिसे दाँतों और दाढ़ों की कतार के बीच से तुरही–सी 'धूतू–धूतू' आवाज निकालने वाली पचपन वर्षीया सुर्मीली, रँगीली, कल्लो–कुट्ट 'सुन्दर' के कंठ से तानों पर ताने पलट–पलट कर निकाल रही थी। अपनी मस्ती में वह अपनी जवान जोड़ीदार शरबती से भी चार चाशनी ज्यादा बोल रही थी। यों इस वक्त जमाना शरबती का ही है। शरबती एक पैसे वाले काने भड़भूजे की सातवीं ओढ़री बीवी है। पति को सदा ठेंगे पर मारती है। घर में खुले खजाने यार आते हैं। बदन जेवरों से लदा है। गाने–बजाने का बड़ा शौक है। इसलिए बड़े–बड़े घरों में आती–जाती है। पिछले जमाने की सरनाम सुन्दर उससे जलती है। मँजीरे बजाने वाली किसनसिंह की बौटी (बहू) के गूलर ऐसे गाल पानों से और भी लटक रहे थे। वह चबूतरे जैसी बैठी सुन्दर और शरबती की होड़ पर मन्द–मन्द मुस्का रही थी। किसनसिंह की बौटी अपनी जान–पहचान भर में नारदमुनी के नाम से विख्यात है। वे लड़वाती हैं मगर किसी में मनमुटाव नहीं डालतीं। किसनसिंह की बौटी तीस–चालीस साल से यहाँ रह रही हैं और साल–

दो साल कम करके लगभग इतने ही समय से विधवा भी हैं। दबे मुँह की अफवाह है कि उनका एक बड़े प्रतिष्ठित पंडित जी के साथ पुराना सम्बन्ध है। पछाहीं खत्रियों और अगरवालों के रीत-रिवाज तो उन्हें रटे पड़े हैं। झाड़-फूँक, दवाएँ, टोटके उन्हें बहुत आते हैं। सब जगह आदर पाती हैं। सलाह देने में बड़ी सच्ची, बड़ी मिठबोली और अच्छे-अच्छों से मजाक करने में बड़ी तेज। गोकुलद्वारे के भितरिया जी भी बैठे थे, अपनी दाढ़ी और गुमटीदार तोंद लिए, हाथ बढ़ा-बढ़ाकर दोनों गाने वालियों को सुना रहे थे—"मरो राँड़ की, तुम्हें गानाई नईं आवे है। मैं अपने लड़कपन में गाया करूँ थी, रहस मंडली में सिरी जी का रूप भरा करूँ थी।"—

"तो राँड़, अब ये रूप क्यों धरा हैगा? निगोड़ी, दस हाथ की दाढ़ी लेके मेरे गाने में नुकुस निकालती है।" शरबती ने तुनुक कर अपनी पतली मगर तेज आवाज में कहा।

भितरिया जी सुन्दर की तरह शरबती की सोने-चाँदी से पोढ़ी जवानी से दबने वाले नहीं थे, हाथ बढ़ाकर बोले—"नुकस नहीं निकालूँगी राँड़ की! तेरी आवाज है कि रेल की सीटी।"

आसपास की औरतें हँस पड़ीं। शरबती का पारा चढ़ गया। किसनसिंह की बौटी बोली—"ऐसा जुलुम न करो भितरिया जी! इसके चहेतों में पुकार पड़ जाएगी!"—

"अरे, न मैं इससे डरूँ, न इसके चहेतों से डरूँ। इसे न तो अच्छे-अच्छे गीत ही आवें और न गाने का ढंग ही आवे है।"

"लेओ, दुनिया भर में शरबती गाने में सरनाम है और भितरिया जी कहते हैं कि गाना ही नहीं आता!" किसनसिंह की बौटी बोली।

शरबती की निन्दा से सुन्दर को इस समय पारलौकिक सन्तोष प्राप्त हो रहा था। भितरिया जी को बढ़ावा देते हुए कहने लगी—"अरे, ये भितरिया भाभी बड़ी पक्की हैं! हमने तो गोकुलद्वारे में इनका गाना सुना हैगा!"

"अरे, वहाँ तो कोरे भजन ही गाऊँ हूँ—चल ला, ढोलक मुझे दे—कहकर अपनी ढोलकनुमा तोंद लिए भितरिया जी तेजी से उठे। शरबती के हाथ से ढोलक लेकर आँखें मटकाते हुए बोले—"अरे'ज्जा! देख, ऐसे बजे है ढोलक और ऐसे गाया जावे है गीत। चल सुन्दर, सुरू कर वो—दुनिया में पैदा हुए हैं—"

भितरिया जी का हाथ सचमुच बड़ा मीठा था। ढोलक बजी। सुन्दर के फटे-बेसुरे गले ने पहल की, भितरिया जी को गायन का करतब किसी कदर मालूम था, कुछ ख्वाहमख्वाह के तान-पलटे भी। सभा को नखरों से रिझाने के लिए लेने लगे—

"(अरे) दुनिया में पैदा हुए दुख-सुख उठाने के लिए।
मेरे दिल में ऐसी आवे सैल बागों की करूँ,
ले चलो जालिम मुझे सैलें कराने के लिए।
मेरे दिल में ऐसी आवे सैल तालों की करूँ,
ले चलो जालिम मुझे कपड़े धुलाने के लिए।"

महिपाल बेसाख्ता ठहाका मार कर हँस पड़ा। कमरे में बैठे तमाम लोग चौंक पड़े। उस समय शंकरलाल और वर्मा के आग्रह से सज्जन अपनी ब्रजयात्रा के हाल सुना रहा था। इस सांस्कृतिक बातचीत के ऊपर महिपाल की हँसी बड़ी अचानक-सी, बेमानी-सी मानी गई।

"अब क्या इंटेलेक्चुअलता आई?" कर्नल ने जरा रूखी आवाज में सवाल किया। उसे भी सज्जन की बातों में बड़ा रस आ रहा था। महिपाल तलवे पर हाथ फेरता हुआ बोला—"ये गीत जरूर किसी घरेलू औरत ने जोड़ा होगा। बेचारी अँधेरे घरों में घुटनेवाली काम-काज से भरी नीरस नौजवान नायिका कल्पना में सनम के साथ ताल की सैर को गई। हनीमून में भी और कुछ न सूझा तो कपड़े धोने का ही काम-काज बटोर ले गई। हः-हः-हः! यहाँ बसता है हमारे समाज का नारी मन!"

''लेकिन ब्रज में तो मैंने आमतौर पर नारी को बड़ी आजादी और खुले स्वभाव की पाया। मैं समझता हूँ कि स्त्री जाति वहाँ कभी पुरुषों से दब कर नहीं रही है। मेरा खयाल है वहाँ के गीतों में भी यही बात होगी—मैंने ये ज्यादा स्टडी तो नहीं किया फिर भी...'' सज्जन सिगरेट जलाने के लिए रुका। सिगरेट जली, लाइटर बुझा, जेब में गया, सिगरेट होंठों से हाथ में आई—इतने समय में सज्जन ने महिपाल का रुख पहचानने की कोशिश की। सज्जन को यह लगा महिपाल उसका रंग फीका कर अपने बड़प्पन का रंग जमाने के लिए ही इस प्रकार विघ्न डाल रहा है। सज्जन के मन में तनाव आया। उसने जोश के साथ कहना शुरू किया—''मैं आप को एकदम नई बात सुनाता हूँ। मैं वहाँ गया क्या नाम है कि, गिरिगोवर्धन। ब्रज में आमतौर पर लोग उसे गिरिराज के नाम से पुकारते हैं। साहब, मुश्किल से सौ फुट ऊँची पहाड़ी है, जमीन की सतह पर उठ आई हुई-सी, या उठाई हुई सी लगती है।—जी हाँ। और दूसरी बात मैंने ये गौर की कि वह पहाड़ी मिट्टी में चट्टानें जमाकर उठाई गई है। और जनाब, ये पहाड़ी एक सात मील लम्बी दीवाल की तरह खड़ी है। मैं और कन्या वहाँ जाकर यूँ हैरत में रह गए कि आपसे क्या अर्ज करूँ। मुझे तो ऐसा लगता है कि यह कुदरती पहाड़ी नहीं, कृष्ण ने जरूर गोवर्धन उठाया था। यानी इनसान ने ही इस पहाड़ को बनाया है। कठिन बाढ़ों को रोकने के लिए कृष्ण की प्रेरणा से सब गाँववालों ने मिल कर यह बाँध बनाया होगा। इसी बाँध के कारण उनका गोधन वर्षा की बाढ़ से बचकर अपने आपको बढ़ाता था।''

''वाह! क्या नई बात कही है आपने! अब फौरन हमारी वह माइथॉलोजी स्पष्ट हो जाती है—''

शंकरलाल की बात काट कर महिपाल ने कहा—''तुम्हारी बात नई तो जरूर है, मगर बगैर नींव की इमारत सी मालूम देती है!''

''क्यों?'' सज्जन की त्यौरियाँ चढ़ीं।

''बहुत से पुराने पहाड़ों की चट्टानें इसी तरह फट जाती हैं।''

''ठीक है, ऐसा भी हो सकता है। वह वैसा भी क्यों नहीं हो सकता जैसा कि मैं कहता हूँ। मैं आपको कुछ और भी प्रमाण दूँ जो मैंने संग्रह किए हैं।''

''दो।''

''जनाब, एक तो यह पहाड़ी दूसरी पहाड़ियों की तरह नहीं मालूम पड़ती। वहाँ से करीब 16-17 मील की दूरी पर बरसाना की पहाड़ी है जो अरावली पर्वत की ही एक कड़ी है और उसकी बनावट भी और पहाड़ियों की तरह ही है। दूसरी बात यह कि गिरिराज का एक भी पत्थर उठाना पाप माना जाता है क्योंकि अगर वहाँ के पत्थर भी इमारतों वगैरा के लिए कट-कट कर जाने लगते तो आज तीन-साढ़े तीन हजार बरसों में यह नकली पहाड़ नष्ट हो गया होता। तीसरी बात ये कि अगर इस पहाड़ी की कोई बड़ी उपयोगिता न होती तो इसका नाम गिरिराज न पड़ता।''

''ठीक बात—''

''एकदम ठीक।''

''कन्या ने एक हिन्दी की कहावत मुझे सुनाई थी कि 'सात-पाँच की लाकड़ी एक जने का बोझ'—इस कहावत के सहारे मेरी नजरों में वह तस्वीर आ गई जो आमतौर पर कृष्ण की गोवर्द्धन धारण लीला के साथ जुड़ी हुई है—श्रीकृष्ण छँगुलिया पर गिरिवर को धारण किए खड़े हैं, उनके साथ ही और दूसरे गोप-बाल लकड़ियाँ लिए पहाड़ के बोझ को साध रहे हैं।—यह गोवर्द्धन 'सात-पाँच की लाकड़ी एक जने का बोझ' बन कर हाथ की छँगुलिया पर उठ गया। जनता की ताकत सब कुछ कर सकती है, सही तौर पर इंस्पायर करने वाला नेता चाहिए।''

''बिलकुल ठीक कहते होंगे सज्जन! सन् 1947 के बाद आज चाहे हमें कितनी ही तकलीफें सहनी पड़तीं, मगर नेता हमारा साथ देते तो हम भी बहुत आगे बढ़ जाते।'' कर्नल ने कहा।

शंकरलाल और वर्मा ने 'ठीक है ठीक है' के ठेके लगाए।

महिपाल बोला—"सज्जन, अगर ये सूझ वाकई तुम्हारी है तो मैं—"

एक क्षण के लिए सज्जन सिहर-सा गया। फिर अपने को सम्हाल कर बोला—"डू यू मीन टु से दैट, ये मैंने किसी किताब से पढ़कर तुम्हें सुनाया है?"

"न—हीं, वो बात नहीं थी। हाँ और सुनाओ। मैं सचमुच ही बहुत प्रभावित हुआ हूँ। श्रीकृष्ण द्वारा इस प्रकार गोवर्द्धन उठाए जाने की कथा बड़ी ही तर्क-संगत लगती है—बड़ी प्रेरणादायक!—इस पर तो एक उपन्यास लिखने को जी चाहता है।...मगर मेरा जहाँ तक खयाल पड़ता है, हरिवंश में कृष्ण से पहले के किसी राजा द्वारा गिरि के निकट एक नगर बसाने का उल्लेख है।"

"मैं नहीं जानता।" सज्जन से सिगरेट-केस निकालते हुए कहा—"लेकिन क्या यह मुमकिन नहीं कि वह गिरि बरसाना की पहाड़ी हो।"

"हो सकता है। इसे साबित करना तो विद्वान् इतिहासकारों का काम है—"

"क्यों, तुम भी तो बड़े विद्वान् और इंटिलिक्चुअल—"

कर्नल के मजाक का उत्तर देते हुए महिपाल ने कहा—"हाँ बेटा, लेकिन मैं इतिहास का फुटकर सौदागर हूँ! इस स्टाक के लिए तो कोई होलसेल डीलर चाहिए।...खैर, मजाक एक तरफ, अगर यह सिद्ध हो जाए तो हमारे आज के इन निष्क्रिय-नपुंसक नौ-जवानों को शायद कुछ प्रेरणा मिले। साले, आशिक-माशूकी और दिमागीऐयाशी के सिवा और कोई धन्धा ही नहीं करते!"

"ये तो तुम ज्यादती कर रहे हो महिपाल।" सज्जन ने कहा—"स्त्री-पुरुष का प्रेम एक-एक बड़ी, कुदरती बात है। और प्रेम नौजवान नहीं करेंगे तो क्या बूढ़े खूसट करेंगे?"

शंकरलाल और वर्मा के चेहरे पर उत्साह की हँसी खिली। महिपाल ने तड़ कर जवाब दिया—"डेम इट, ये प्रेम है? कुदरती होते हुए भी प्रेम आज हमारे समाज में निहायत गैर-कुदरती ढंग से पनप रहा है!"

"कैसे?" सज्जन ने पूछा।

"महज बहस के लिए पूछ रहे हो, या यह तुम्हारे दिल का सवाल है।"

"दिल का सवाल है। मुझे तुम्हारी यह बात कुछ ओवर पवित्रतावादी और स्नॉबिश मैंटेलिटी की लगती है।"

"कैसे?"

"कभी मेरे साथ खजुराहो या पुरी वगैरा के मन्दिरों को देखने चलो तो समझ जाओगे। अरे, अभी मैं मथुरा म्यूजियम देखे चला आ रहा हूँ। नंगी औरतों की मूर्तियाँ, कामरत जोड़ों की मूर्तियाँ इस कदर खैर पुराना साहित्य नहुत कम पढ़ा है, मगर उसमें भी हिन्दुस्तानियों का सेक्स-सम्बन्धी दृष्टिकोण बिलकुल साफ है। वाल्मीकि जैसे ऋषि भी रावण के मुख से सीता का जैसा बेपर्दा रूप वर्णन करते हैं, या सीता के विरह में रामचन्द्र अपने छोटे भाई के सामने जैसी खुली-खुली बातें करते हैं—"

"अच्छा!" कर्नल ने आश्चर्य प्रकट करते हुए कहा, "हमारे जैनियों के शास्त्रों में ऐसी गन्दी बातें नहीं हैं।"

"चुप बे! खामखाँ का जैनीपन छाँटता है! जैन क्या भारतीय नहीं हैं? जिनसेनाचार्य के आदि-पुराण ही में मैंने ऐसे वर्णन पढ़े हैं। राजा महाबल का वर्णन है, वज्रजंध और श्रीमती के भोगोपभोग का वर्णन है—इतने खुले शब्दों में है कि क्या कहूँ?" महिपाल बोला।

"यही तो मैं कहता हूँ। ये सब पढ़कर और इन मन्दिरों-मूर्तियों को देखकर क्या तुम यह कह सकते हो कि हिन्दुस्तान में कभी सेक्स को दबाया गया है?...हाँ, दक्षिण भारत के मन्दिरों में मैंने सेक्सिया मूर्तियाँ अलबत्ता कहीं नहीं देखीं, उनके साहित्य की बात तो मैं ठीक तरह से जानता नहीं।"

महिपाल ने कोई उत्तर न दिया। वह सिर झुका कर सोच में पड़ गया था।

अन्दर से ढोलक मँजीरे के साथ फटे बेसुरे गलों का कोरस शुरू हुआ—

''सैयाँ मुझको भी प्यार जताया करो!
कभी ठेठर की सैर कराया करो॥
उठ रही मेरी जवानी फिरते तुम गेरों के साथ।
क्या मजा तुमने पाया उस बेरहम कमसिन के साथ॥
अपनी प्यारी को यों न जलाया करो॥ सैयाँ॥''

इस पार्श्व संगीत पर सज्जन की बात तनिक उत्तेजना के साथ आई—''स्त्री-पुरुष का प्रेम सिर्फ देह सम्बन्ध या उसकी इच्छा का ही दूसरा नाम है। यह बात समाज के बहुत बड़े तबके के लिए आज भी सौ फीसदी सही है। तुम्हारे कल्चर साहित्य और ऊँची-ऊँची बातों का इतना प्रचार हो जाने पर भी साधारण मनुष्य अपने दृष्टिकोण में कोई फर्क नहीं कर पाया। मैं कहता हूँ सौ में दो-चार को छोड़ दो, बाकी सब स्त्री-पुरुष व्यभिचारी हैं। जिन्हें मौका मिल जाता है वे खुलकर खेलते हैं, बाकी मौका न मिल पाने की वजह से या कायरता के कारण देह से एक पत्नीव्रत या एक पतिव्रत पालन करके किसी न किसी हद तक मानसिक व्यभिचार करते हैं। इनसान का गालियों में अपनी कामेच्छा का प्रकट करना भी उसकी उस कुदरती आदत को जाहिर करता है जिसे सभ्यता की ऊँची मीनार पर चढ़कर हम शरीफ लोग व्यभिचार के नाम से पुकारते हैं।''

''तुम कहना क्या चाहते हो?'' महिपाल ने पूछा।

''मैं यह चाहता हूँ कि समाज के ऊपर से सेक्स का बन्धन हटा लेना चाहिए। सबको खुली छूट दे दो जैसा कि आदिम जमाने की सोसायटी में था।''

शंकरलाल और वर्मा के चेहरों पर एक क्रान्तिमयी चमक आई, कर्नल का चेहरा तमतमा उठा, महिपाल की गम्भीर खामोशी पर मुस्कान की एक पतली लकीर खिंच गई। कर्नल बोला—''अपने विचार को अपने पास ही रखिए बाबूजी, आपका दिमाग खराब हो रहा है इस वक्त। अगर समाज में एक खराब आदत हो तो उसे सुधारना चाहिए कि उसे और भी छूट दे देनी चाहिए? ये आप जैसों ने ऐसी बातें कर-कर के ही तो सुसाइटी का सत्यानास किया है।''

''सुधार की इसमें गुंजाइश ही कहाँ है। किसी चीज में सुधार तब किया जाता है जब वह कुदरती से गैरकुदरती ढंग पर जा रही हो।''

''तुम ईमान से कहते हो सज्जन कि ये सब लड़के-लड़कियों का आज का रवैया, इस शौक को लेकर औरत-मर्दों का इस तरह बेकाबू होना तुम्हें बुरा नहीं लगता?'' कर्नल ने उसी तेजी से पूछा।

''हाँ, बुरा नहीं लगता!''

''तब तुमने बिन्नो के बाप को क्यों बुरा कहा था?''

''क्योंकि उसने जबर्दस्ती की थी।''

''औ' जो मैं तुम्हारी ही बात लेकर कहूँ कि जबर्दस्ती करना भी इनसान की कुदरती आदत है, तो?''

सज्जन बँध गया, उसे जवाब न सूझा।

महिपाल ने पूछा—''तुम अपनी कल्पना के समाज में माँ-बहन-पिता-भाई आदि के रिश्ते रखोगे या—''

''जरूर।'' सज्जन बोला।

''तब इतना तो तय हुआ कि तुम्हारी कल्पना के समाज में रिश्तों के लिए प्रतिबंध है और जोर-जबर्दस्ती के लिए भी।''

''हूँ।''

''यह दोनों प्रतिबंध क्यों रखे?''

सज्जन चुप रहा।

''कुछ भी बक देना सिद्ध!—हमारे पुरखे मूरख थे जो ये सब कायदे-कानून बना गए? बाबूजी, मैं कहता हूँ कि सुसाइटी से आप ये प्रतिबंध हटा लीजिए तो पाँच बरस के अन्दर ही सारी दुनिया सिफलिस, गिनोरिया और टी.बी. से मर जाएगी, एटम बम साले की जरूरत ही नहीं पड़ेगी!''

''अरे वारे मेरे मिट्टी के शेर? क्या बात कह गया इस वक्त!'' महिपाल ने लपक कर कर्नल की पीठ थपथपाई। कहा—''संस्कारों का महत्त्व है मेरे दोस्त। यह गुण भी प्रकृति में निहित है। इसी से उसका विकास होता है। हीरा जिस हालत में खान से निकलता है वह कुदरती है, मगर खराद पर चढ़ने से उसे जो चमकदार रूप प्राप्त होता है वह भी गैरकुदरती नहीं। उसमें चमक पैदा करने की जो शक्ति इनसान को मिली है, वह भी कुदरत की ही देन है। क्या समझे?''

''मुझे अब महसूस हो रहा है कि मैं अपनी बात शायद ठीक तरह से प्रकट नहीं कर सका।'' सज्जन सम्हलकर बोला।

''खैर, अब कह दो।''

''सुनो।'' वनकन्या दरवाजे के पास खड़ी थी। आवाज के साथ सबका ध्यान उधर गया। सज्जन के चेहरे पर नई आब आ गई। वह फौरन उठा।

''कहो बिन्नो, क्या नेग मिला ताई से?'' कर्नल ने पूछा।

''अभी कहाँ भाई साहब, शाम को पुजेगी छठी।'' फिर सज्जन से बहुत धीमे स्वर में कहा—''इनके बच्चे को कुछ प्रेजेन्ट करना होगा। बुआ बनी हूँ।''

''आज ही प्रेजेन्ट करना है?''

''चाहिए तो आज ही। तारा ने चरवा चढ़ाई के नेग में अपनी तरफ से देने के लिए एक कीमती बनारसी साड़ी खरीदी है।''

''क्यों कर्नल, शादी से पहले मियाँ-बीवी को इस तरह गुप-चुप बातें करना चाहिए या नहीं?'' महिपाल के इस प्रश्न पर सभी हँस पड़े। कन्या के मुख पर लाज की ललाई आ गई, सज्जन ने हँस कर जवाब दिया—''अमाँ, जब मियाँ-बीवी राजी तो क्या करेगा काजी।''

दुबारा हँसी हुई; खुशी की बेहोशी में कन्या ने अपने होनेवाले पति को बरबस बड़ी मादक और गर्वभरी दृष्टि से देखा। सज्जन का ध्यान उधर नहीं था, पर और सब ने देखा। कर्नल ने मुस्कुराते हुए नजरें हटा लीं, महिपाल के कलेजे में ईर्ष्या-भरी, लालसा-भरी चुभन हुई।

सज्जन ने फिर धीमे स्वर में कन्या से पूछा—''जो कहो सो ला दूँ।'' इस समय उसका मन गर्व और खुशी से ऊँचा उठा हुआ था। पति का पार्ट अदा करते हुए वह अपनी पत्नी से व्यवहार-दुनियादारी की सलाह कर रहा था। यह नया अनुभव इस क्षण उसे स्फूर्ति से भर रहा था। भोलेपन में यही तो खूबसूरती होती है।

पति से फरमाइश करने के लिए आकर भी कन्या का संकोच पूरी तौर पर दूर नहीं हुआ था। शंकरलाल की पत्नी सरूप बच्चे के लिए तोला भर सोने का झुनझुना और जंजीर लाई थी। सरूप और तारा की बातों से 'हमारे वो...हमारे उन्होंने...' के वातावरण से उमगी हुई वनकन्या अपने सज्जन के पास फरमाइश लेकर आ तो गई थी, पर यह कहने में उसे संकोच हो रहा था कि इन लोगों की कीमती चीजों से चढ़कर कोई चीज लाना। कन्या अब एक लखपती की वाग्दत्ता पत्नी है। सज्जन अब इस बात को जग-जाहिर कर चुका था। कन्या भी अब इस बात का दृढ़ निश्चय कर चुकी थी कि सज्जन को अब वह बाँध कर रखेगी। साधारण मध्यवर्ग की अभावों में पली हुई प्रगतिशील विचारोंवाली वनकन्या नए उल्लास में हैसियत की होड़ लेने के जोम में आ गई थी। मन की बात मन में भी नहीं रख पाती थी और कह भी नहीं पाती थी। सज्जन के पूछने पर अटकती हुई बोली—

"क्या बतलाऊँ। इन्होंने कीमती साड़ी मेरे लिए ली है। सरूप बच्चे के लिए सोने का झुनझुना लाई है...समझ लो। न हो तो भाई साहब से सलाह कर लो।"

कहकर कन्या फौरन चली गई। घर के अन्दर ढोलक ठनक रही थी। कन्या का सज्जन इस समय दुनियादारी के उल्लास में था। जिस समय वे दोनों बातें कर रहे थे, वर्मा ने महिपाल से यह प्रश्न पूछ लिया था कि छठी क्यों होती है। उसकी बात का उत्तर देते हुए महिपाल बतला रहा था—"मैंने इस पर कभी बहुत अधिक ध्यान तो नहीं दिया। बच्चे के जन्म का छठा और बारहवाँ दिन महत्त्वपूर्ण होता है। मेरी धारणा है कि तांत्रिकों के प्रभाव में ये रस्में फैली हैं। हिन्दुओं की मान्यता के अनुसार इसे षष्ठी देवी की पूजा का दिन माना जाता है। हमारे यहाँ सोलह मातृकाएँ मानी गई हैं, षष्ठी उन्हीं में से एक यानी छठी हैं।"

सज्जन सोच रहा था, क्या लाऊँ? परिस्थितियों ने उसे वर्मा जैसे साधारण मध्यवर्गीय मनुष्य से रीति-व्यवहार करने पर मजबूर कर दिया है। उसे दिल से यह अच्छा नहीं लग रहा। मीठे मुँह की साहब-सलामत और बात है, पर इस तरह रिश्ता बाँधना अच्छा नहीं होता। इन्होंने कन्या को बड़े आदमी की पत्नी जानकर कीमती साड़ी दी है। कन्या की ओर से प्रेजेन्ट हो वह मेरी हैसियत के मुताबिक हो। बहुत ज्यादा भी न हो, वरना ये (छोटे) लोग आगे भी मुँह बगासेंगे।

महिपाल बतला रहा था—"छठी के दिन ही से हमारे यहाँ भाग्यवाद का जन्म भी जुड़ा है। आज ही के दिन विधाता किसी को राजा किसी को रंक बना देती है। कोई बेईमान बनता है, कोई परम सात्विक। कोई सात्विक संस्कारों का होकर भी भाग्य-चक्र से दब कर बुरा, बहुत बुरा—बहुत-बहुत बुरा आदमी बन जाता है।"

सज्जन का भाग्य इस समय प्रसन्न था। वह किसी बुराई को मन में फटकने भी नहीं देना चाहता; और महिपाल की आवाज में टीस थी, वह टीस उसे खटक रही थी। सज्जन कर्नल की ओर देखते हुए महिपाल की बात काट कर तुरन्त बोल उठा—"कर्नल, बाहर आओ। तुमसे एक काम है।"

हाथ से कर्नल का घुटना छूकर सज्जन की ओर देखते हुए महिपाल ने कहा—"ठहरो, तुम्हें विधाता की एक बड़ी मजेदार कहानी सुनाऊँ। साफोक्लीज के ओडिपस से कहीं अधिक करुणाजनक कथा विधाता की बेटी की है।"

"विधाता की बेटी!" सज्जन को रस आया।

"हाँ! हमारे यहाँ औरतें यह कहानी सुनाती हैं।...कहते हैं, विधाता के एक बेटी थी; बड़ी सुन्दर, बड़ी सात्विक स्वभाव की, सद् धर्माचरण पर जोर देती थी। एक दिन किसी स्त्री ने ताना देकर उससे कहा कि अरे जा, दूसरों को उपदेश देती है, पहले अपनी माँ को धर्माचरण सिखा जो रात को पराए घरों में जाती है। सुनकर लड़की को बड़ा बुरा लगा, उसे विश्वास न हुआ। उसने इस बात के सत्यासत्य को जाँचने की ठानी, अपनी उँगली चीर कर उसमें नमक भर लिया जिसमें दर्द के मारे सो न सके।"

"हूँ।" सज्जन बैठ गया। सब लोग कथा के रस से बँध गए थे।

महिपाल सुनाता रहा—"रात आई। लड़की मक्कर साधे पड़ी रही। जब आधी रात हुई तब विधाता अपने काम पर चली। लड़की ने उठकर माँ का हाथ पकड़ लिया, पूछा, कहाँ जाती हो। विधाता ने अपनी बेटी से यह न जानने के लिए बड़ा आग्रह किया, जब वह न मानी तब विधाता माता ने सच-सच बतला दिया। लड़की ने पूछा कि तुमने मेरे भाग्य में क्या लिखा है। विधाता ने कहा, बेटी मैं तो उल्टा हाथ करके भाग्य लिखती हूँ, अपना लिखा आप नहीं पढ़ती। लेकिन लड़की न मानी। हार कर विधाता ने अपनी बेटी का भाग्य पढ़ दिया। उसमें लिखा था कि इस धार्मिक वृत्तिवाली लड़की को कुँआरेपन में ही लड़का होगा और आगे चलकर अपने ही लड़के से इसका विवाह होगा।"

"फिर?" बैठी हुई मंडली का कौतूहल तीव्र हुआ।

"लड़की बेचारी सुनकर सन्न रह गई। उसने निश्चय किया कि वह निर्जन वन में जाकर भजन-कीर्तन करती हुई अपना सारा जीवन बिता देगी और इस प्रकार वह अपने भाग्य के लिखे को असत्य सिद्ध कर देगी।"

"फिर?"

"लड़की जंगल में चली गई। महीनों बीत गए। परन्तु होनी होकर ही रही। न जाने कब, किसने नींद में उसका भोग किया और उसे गर्भ रह गया।...यथासमय उसके बालक हुआ। वह बड़ी रोई। अपनी आधी धोती फाड़ कर उसमें अपने बच्चे को लिटा दिया और एक पेड़ की डाल में झूला-सा बाँध कर वह वहाँ से चल दी। जिस भय से वह नगर छोड़कर वन में गई थी, अब उसी भय से उसने वन भी छोड़ा। पास के नगर में पहुँची। उसे एक मालिन मिली। लड़की ने अपने लिए काम माँगा, आश्रय माँगा। मालिन ने कहा, "जिजमानों के यहाँ फूल की पुड़िया दे आया करो और पड़ी रहो।"

"फिर क्या हुआ?" कर्नल ने पूछा।

"फिर ये हुआ कि जिस राजा के राज्य में वह रहने आई थी, वह राजा संयोगवश उसी दिन शिकार खेलने जंगल पहुँचा था जिस दिन विधाता की लड़की अपने नवजात शिशु को पेड़ में लटका कर चली आई थी। राजा ने संयोग से उसी पेड़ के नीचे पड़ाव डाला। उसकी दृष्टि पेड़ पर गई, उसने अपने नौकरों को आज्ञा दी कि इस कपड़े में क्या लटका है, उतारो। जीता-जागता, सुन्दर सुकुमार शिशु देखकर राजा बड़ा प्रसन्न हुआ। उसके कोई सन्तान नहीं थी। उसने बड़े लाड़-प्यार से उसे पाला। विधाता का नवासा राजकुमार होकर बड़ा हुआ। विधाता की बेटी अपनी मालकिन की ओर से राजमहल में भी फूल देने जाया करती थी। राजकुमार उस पर जी-जान से मोहित हो गया।"

"तब?"

"इस 'तब' के लिए ही तो ये सारी कहानी है।" महिपाल ने भाव भरी, टीस भरी हँसी हँसकर कहा और आगे की कहानी सुनाने लगा—"राजा ने बहुत समझाया-बुझाया, बड़ी-बड़ी सुन्दर राजकुमारियों के चित्र दिखलाए, परन्तु राजकुमार न माना। हार कर राजा को मालिन की पोष्य पुत्री से उसका विवाह कर देना पड़ा।...हाँ, यहाँ एक बात मैं और बतला दूँ कि जिस कपड़े में राजा ने उस लड़के को पाया था, उसे उसने उसके तकिए पर खोल की तरह चढ़ा दिया था। सुहागरात में विधाता की धर्मपरायण भाग्यहीना बेटी ने जब अपनी ही साड़ी की खोल तकिए पर देखी तो चौंक उठी। उसने अपने पति और बेटे से उसका रहस्य पूछा। उस बेचारे को भला क्या मालूम? वह तो यही समझता था कि वह जन्म से राजकुमार है। विधाता की बेटी ने जब बहुत आग्रह किया तो वह राजा से पूछने गया। राजा ने सच्ची बात बतला दी। विधाता की बेटी ने छिप कर वह बात सुनी, और..."

"और?"

"हीरे की कनी खाकर अपने प्राण तज दिए।" महिपाल की आँखों में आँसू आ गए थे। सबका मन भारी हो गया था।

"सच है, भाग के लिखे को कोई नहीं मेट सकता।" कर्नल ने कहा।

"तुम भाग्य को मानते हो महिपाल?"

"न मानकर भी मानता हूँ।"

"अगर भाग्य को मानते हो तो अमीरी-गरीबी, शिक्षा-अशिक्षा वगैरा भेद—"

"इनका जिम्मेदार सामन्ती पूँजीपति वर्ग को क्यों ठहराता हूँ, यही न?"

"हाँ।"

"सज्जन, नई चेतना अनुभव से आती है। अनुभव सिद्ध करने के लिए व्यक्ति या पूरे समाज को जो करना और सहना पड़ता है, वह उसका भाग्य है—उसके भाग का सामाजिक दायित्व है—"

"अच्छा—"

"अपनी जिम्मेदारी को सदियों तक अदा करने के बाद ही इनसान ने इस चेतना का दर्शन किया कि उसके समाज का एक छोटा अंश जबर्दस्ती उसका भाग्य विधायक बना हुआ है। यह दर्शन मिलते ही उसका भाग्य बदल गया, उसका कर्म बदल गया। पहले वो अपनी तकलीफों को लेकर रोता-कल्पता था, मन मार कर भाग्य के लिखे पर सन्तोष कर बैठा रहता था; आज उसके भाग्य में उन पुरानी परिस्थितियों के खिलाफ संघर्ष करना बदा है।"

"वकील होते तो सच्ची कहता हूँ, लाखों पैदा कर लेते। जियो।" कर्नल बोला।

शंकरलाल और वर्मा भी अपनी गलगलाहट प्रदर्शित करने लगे। सज्जन ने विचारमग्न होते हुए कहा—"तुम्हारी बात ने मेरा मन बेहद साफ किया है। मैं तुम्हारा बड़ा शुक्रगुजार हूँ दोस्त। मगर—मगर क्या तुम यह नहीं मानते कि हर व्यक्ति को लेकर कुछ ऐसी भी बातें हैं जो अलग-अलग लोगों के जीवन में अलग-अलग किस्म के एक्सिडेंट्स बन कर आती हैं। कुछ ऐसी परिस्थितियाँ हैं जो आर्थिक-सामाजिक परिस्थितियों के घेरे में नहीं आतीं—मसलन् एक ही घर, एक-सा वातावरण मिलने पर भी दो सगे भाइयों में से एक परम विद्वान् निकलता है और दूसरा नम्बरी मूर्ख। कोई घर बच्चों की पैदावार से परेशान है, और किसी को चाहने और उपाय करने पर भी बच्चा नसीब नहीं। मैं खुद अपनी ही मिसाल लूँ। कन्या मेरे जीवन में एक दिन घटना की तरह अचानक आ गई। ऐसा क्यों हुआ? बहुत-सी औरतें ऐसी थीं जिन्हें मैं पहले से जानता था। दो-एक ऐसी भी थीं जिनसे शादी करने की नीयत भी रख सकता था—"

"हाँ, ये सब भी होता है, परन्तु इसके ऊपर मेरा तर्क अब तक नहीं चल पाया। मैं चूँकि इस तरह की आस्था का संस्कार लेकर सदा से बढ़ा हूँ, इसलिए पुनर्जन्म के सिद्धान्त में बिना अधिक सोचे-विचारे ही मेरी आस्था है।"

"बिना सोचे-विचारे किसी चीज के पीछे चलना क्या अपने आपको धोखा देना नहीं है?"

"है भी और नहीं भी है।"

"कैसे?"

"अगर इस समस्या की तरफ जाने से मैं अपने मन को किसी कारण से रोकूँ तो मैं अवश्य अपने आपको धोखा दूँगा; और बार-बार प्रयत्न करने पर भी अगर मैं किसी ऐसे नतीजे पर नहीं पहुँच पाता जिससे कि मेरी आस्था इस सिद्धान्त को छोड़ कर दूसरे सिद्धान्त पर जमे, तब इसे न छोड़ने में ही मेरी भलाई है। यह मेरे भाग्य का एक अंग है, इसी से मेरा विकास होगा।" ...कहते-कहते महिपाल का स्वर गम्भीर हो गया—"उस जन्म में जो किया, उसका नतीजा इस जन्म में भोग रहा हूँ। इस जन्म में जो कर रहा हूँ, जो कुछ किया...उसका नतीजा...मुझे इस जन्म में या अगले जन्म में भोगना पड़ेगा। मैं बच नहीं सकता, हरगिज नहीं बच सकता।" गहरी आवाज में महिपाल रुक-रुक कर इस तरह बेलौस होकर बोल गया मानो उस जगह और कोई नहीं, वह अकेला है—दिमाग-देह की संगत तक बिसार कर अपने आप बोल रहा था।

पिछले दो दिनों के अपने गहरे अवसाद के ताजा अनुभव के सहारे सज्जन को यह लगा कि महिपाल को अपनी किसी करनी का बेहद पछतावा है। कारण जानने की इच्छा जागी; फिर दो बाहरवालों—शंकरलाल और वर्मा—का ध्यान आया। इस होश के बावजूद सज्जन के मन में यह इच्छा हुई कि सबके सामने महिपाल को टोक कर उसके पछतावे का कारण पूछे। महिपाल के चेहरे पर गहरी भूल की एक झलक ने इस क्षण जैसे उसकी बची-खुची पिछली टीस भी

गायब कर दी थी, इससे उसे आल्हाद हुआ। प्रतिद्वंद्वी कलाकार मित्र के प्रति उसके मन की गुप्त हिंसा भी इस आल्हाद में घुली-मिली हुई थी। सज्जन ने उसे टोक कर हँसते हुए पूछा—"किस गहरे पाप की याद सता गई इस वक्त ?"

महिपाल चौंका, जैसे अचानक गिरफ्तार कर लिया गया हो, फिर तुरन्त सम्हल कर, खिसियाई हुई हँसी हँस कर, अपनी नार्मल आवाज में बोलने का काफी हद तक सफल प्रयत्न कर, आध्यात्मिक हवा में उड़ते हुए कहा—"मो सम कौन कुटिल खल कामी।...कौन-सा पाप बतलाऊँ ?"

बात सज्जन के ठीक-ठिकाने लगी। वह पूछ कर फिर पछताया। वह क्या कम पापी है ? अगर उससे ही कोई इस तरह मजाक के ढंग से यह पूछ बैठता ?—ईमान के आवेश में आकर सज्जन ने कहा—"मैं भी बहुत पापी हूँ दोस्त! तुम्हारे सिद्धान्त से अगले जन्म में मुझे भी न जाने क्या-क्या भोगना पड़ेगा ?"

"अजी, सभी पापी हैं। सभी अपने-अपने करमों को भोगते हैं।" कर्नल ने बात का साधारणीकरण कर वातावरण से अवसाद का बोझ हल्का किया।

"हल्लो!" चहकती हुई डॉ. शीला स्विंग ने कन्या के साथ दहलीज में कदम रखा। महिपाल को देखकर उनका चहकना थमा, महिपाल का चेहरा सकपका कर फिर पत्थर हो गया। उसे छोड़कर बाकी सब लोग खड़े हो गए, बाद में यह भी खड़ा हो गया।

कन्या सज्जन की ओर देखकर आँखें तरेरती हुई बोली—"अभी तक गए नहीं तुम ?"

"बस, जा ही रहा हूँ।" सज्जन ने हड़बड़ा कर कहा।

पैनी कनखी से महिपाल के चेहरे को देख फिर चहकते हुए शीला से बोलीं—"बिलकुल ठीक! इस दुर्जन से बराबर इसी तरह पेश आना! यह इसी काबिल है!"

"अजी, जूते लगवाइए सरकार! जमाना आप ही लोगों का है!" सज्जन ने हँसकर कहा।

"हमें और तो कोई एतराज नहीं, डर यही है कि हमारे जूते भी हयादार हैं, टूट जाएँगे! हमारा नुकसान होगा, और मर्दों की बेशर्म खोपड़ी फिर भी न टूटेगी!"

इस पर फर्मायिशी ठहाका पड़ा।

मि. वर्मा अपनी कुर्सी से अलग हट कर खड़े होते हुए डॉ. शीला से बोले—"आइए डाक्साहब, तशरीफ रखिए।"

दहलीज में दो कुर्सी और एक लम्बी बेंच पर चारों जने बैठे थे; दो महिलाओं के आ जाने से जगह की कमी पड़ गई। उसकी सफाई-सी देते हुए मि. वर्मा बोले—"क्या बतलाऊँ, घर में तो इस वक्त औरतों का ही राज है—"

"मैं जा रहा हूँ।" महिपाल नीची नजरें किए हुए उठा।

"क्यों ? बैठो न।" डॉ. शीला के स्वर में आग्रह था, आँखें भीख-सी माँग रही थीं। जिस दिन कर्नल महिपाल को शीला के घर से ले आया था, उसके बाद आज दोनों की पहली मुलाकात हो रही थी।

महिपाल की नजरें उठीं। बड़ी दीन और असहाय दृष्टि से उसने शीला को देखा, फिर बात बनाते हुए बोला—"नहीं, मुझे तो अब जाना ही था—"

"ठहरो, मैं भी चलता हूँ। कर्नल, एक बात सुनना।" सज्जन ने कहा।

"मेरे आते ही सब लोग चल दिए ?" शीला ने हँसते हुए किन्तु, किंचित दुःख भरे स्वर में कहा।

"नहीं, कर्नल को तुम्हारी अर्दली में छोड़े जाते हैं, और फिर मैं तो अभी ही लौट आऊँगा। अब तो आजाद से गुलाम हो गया हूँ न!" सज्जन ने आँखों में प्यार लाकर कन्या को देखा।

"मर्दों को या तो औरतों का मालिक बनने की हविस होती है, या गुलाम बनने की, आपसी बराबरी का महत्त्व तो पहचानते ही नहीं ये लोग!" कहते हुए कन्या की आँखों में मीठी शिकायत थी; शिकायत कम, मिठास ज्यादा थी।

सज्जन को इस समय अचानक यह पुराना अनुभव ताजा होकर लगा कि कन्या का प्रेम अति निर्मल, अति निश्छल है। वह इच्छा करने से भी वैसी शुद्धता अपने आप में क्यों नहीं महसूस कर पाता? वह अपने आपको सबसे अलग कर के क्यों रखता है, क्यों देखता है? कन्या की प्रेम-गंगा में उसके कलुषित प्यार का संगम होता है। क्या वह कभी निर्मल न हो सकेगा?

साथ-साथ गलियाँ पार कर जाते हुए सज्जन और महिपाल खामोश थे। दोनों के ही मन बुरी तरह से मथे जा रहे थे।

"मैं बेहद नीच हूँ!...कन्या जैसी सच्चरित्र लड़की के योग्य नहीं!...मगर मैं अपने आप से लड़ूँगा! मैं निर्मल बनूँगा!" सज्जन कन्या की निर्मलता का ध्यान कर स्वयं भी निर्मलता के भाव से भर गया।

"मैं बेहद तुच्छ हूँ। मेरे जीवन को धिक्कार है। धिक्कार है।...हे भोले!"

शिव भोले को याद कर महिपाल और भी अधिक तुच्छता और आत्मधिक्कार से भर गया।

गलियाँ चुनाव चर्चा की गूँज से भरी हुई थीं। कोई कहता कांग्रेस बाँसों आगे जा रही है, कोई कहता जनसंघ जोरों पर है। दोपहर बाद की अफवाहों में किसान-मजदूर प्रजापार्टी के कैंडिडेट का रंग तो बिलकुल फीका पड़ गया था। घुड़सवार, उगता सूरज, नाव, फूल, इंजन, हँसिया आदि निशानों का चर्चा भी नहीं हो रहा था।

51

गलियों से निकल कर दोनों चौक के चौराहे पर आ गए। गोल दरवाजे का चौराहा आते-जाते और ठहरे हुए मजमें से घिरा हुआ था। लाउडस्पीकरों की टकराती हुई आवाजें हवा की तरह मानो प्रकृति का अंग हो गई थीं। विक्टोरिया पार्क के दोनों ओर चाय-पान की दुकानों पर सारी कुर्सियाँ आदमियों से भरी हुई थीं। विक्टोरिया-पार्क में पोलिंग हो रही थी। पुलिस, फाइलें दबाए सरकारी अफसर, कारें, डोलियाँ, पालकियाँ—जन-भीड़ में विशेषता बनकर सामने आ रही थीं।

सज्जन आज ड्राइवर को साथ लेकर आया था, इसलिए कि भीड़-भब्भड़ और जोश के दिन कोई वारदात न हो जाए और सड़क पर खड़ी उसकी मोटर आरक्षित रहने के कारण कहीं बेगुनाह तोड़-फोड़ का शिकार न बन जाए, परन्तु चुनाव का वातावरण केवल जनता की बातों की गूँज ही से भरा था, यों पूर्ण शान्ति थी। प्रबन्ध भी अच्छा ही दिख रहा था। सज्जन और महिपाल जब कार के पास आए तो ड्राइवर नदारद था। सज्जन को गुस्सा आ गया। महिपाल बोला—"जाने दो। मेले का दिन है, कब तक कार में बैठा रहता? यहीं कहीं होगा। आओ, तब तक पान खाएँ, बड़ी देर से अच्छे पान खाने को नहीं मिले।"

सज्जन का ध्यान इस समय अपने ड्राइवर में था। कन्या उसकी प्रतीक्षा करेगी, चार बजे से ताई की हवेली में औरतों का मेला शुरू हो जाएगा, फिर उसे बुलवाना भी दूभर हो जाएगा। कल से कन्या पर उसे मन में हौलदिली पैदा हुई थी। यद्यपि वह चित्रा से बेहद प्रसन्न और प्रभावित था, उसने कल सज्जन की बड़ी लाज रखी, फिर भी चित्रा कन्या नहीं हो सकती। चित्रा उसकी रक्षिता हो सकती थी, पत्नी नहीं। उसे पत्नी चाहिए। वह अब निश्चय ही अपने अनियमित जीवन से ऊब उठा। अब तक पत्नी की जिम्मेदारी से विहीन जीवन बिता कर वह उससे बचने के लिए भाग रहा था—जाल में फँसे जानेवाले जंगली हाथी की तरह बंधन से विद्रोह कर रहा था। ब्रजभूमि

में कन्या के साथ घूमते हुए, अपने प्रेमपाश से जकड़ी हुई कन्या की मजबूरी का लाभ उठा कर, उसका उपभोग कर अपने मन में उसका दरजा ओछा कर देने के लिए सज्जन का उपचेतन मन जो षड्यंत्र खेल रहा था, उसमें उसे विफलता मिली। उस विफलता की खीझ, ब्रजभूमि में उभरी मगर दबाई हुई उसकी काम पिपासा ही राजा साहब की महफिल में चित्रा को देखकर फिर उभर पड़ी थी। चित्रा के कारण ऐसा हुआ हो सो बात नहीं; कोई अन्य ऐसी ही परिचिता मिल जाती तो वह उसके साथ ही फिसल पड़ता, लेकिन इस बार ऐसी स्त्री का सहवास—चित्रा का सहवास—उसे नैतिक दृष्टि से असह्य हो गया। उसे अपने मन का गहरा पाताल दिखलाई दिया। उसे अपने से बेहद घृणा हुई। कन्या ऐसे समय में ही उसके समस्त सुसंस्कारों का प्रतीक बनकर कल आई थी और उसे अपना अहंकार रहित स्नेह देकर उबार लिया था—दिन में भी, रात को रूपरतन के घर से लौटते हुए भी। कल से सम्पूर्ण (विहार रहित) मन से कन्या उसकी स्वामिनी, उसकी गृह स्वामिनी है। उसकी स्मृति, उसका दर्शन, उसका स्पर्श सज्जन के रहे-सहे विकारों को भी दूर भगा देता है। उसे ऊँचा उठने की प्रेरणा देता है। ड्राइवर का न होना उसे बेहद खला। कार की चाभी भी उसके पास नहीं वरना वह इतना परेशान न होता। लेकिन इस समय उसे ड्राइवर पर पूरी तरह से क्रोध भी नहीं आ रहा। महिपाल ठीक कहता है, मेले का दिन है कब तक बेचारा कार में बैठा रहता। वह भी इनसान है।

इंसानियत और कन्या के आदेश-पालन की उजलत में सज्जन थम गया था। महिपाल उसकी बाँह पकड़ कर खींचता हुआ बोला—"आओ भी! अभी से जोरू के गुलाम मत बनो...हालाँकि अच्छी औरत का गुलाम बनने में ही हमारे जैसों का कल्याण है!"

जमना तमोली की दुकान पर पान की प्रतीक्षा में खड़े होकर वे लोग पास ही लगी हुई लाल महाराज की चाय-ठंडाई की दुकान पर बैठे हुए लोगों की बातें सुनने लगे। एलेक्शन की मजेदार खबरें सुनने को मिल रही थीं।

एक जवान लड़का बड़े मजे से हँस-हँस कर हिजड़ों के वोट डालने का किस्सा सुना रहा था। हिजड़े बेचारे पहले तो औरतों की लाइन में जाकर खड़े हुए। औरतों ने उनके अपनी बिरादरी में शामिल किए जाने पर आपत्ति उठाई। तब एक अफसर ने आकर उन्हें मर्दों की लाइन में खड़े होने का हुक्म दिया। हिजड़ों को अपनी पंगत में शामिल होते देख मर्दों को झेंप आई। उन्होंने भी आपत्ति की, मगर उनकी आपत्ति न मानी गई।

"अमाँ अफसर ने ठीक ही इन्साफ किया। आज के मर्द हिजड़े हो गए हैं, तभी तो ये धाँधलीबाजी मच रही है।" एक दूसरे जवान बोले।

"अच्छा, तो आप भी उन्हीं मुकारिम नगरवालों में 'फे' एक होंगे, तभी मर्दों के खिलाफ कह रहे हैं।" एक लालाजी बोले। वे 'स' को 'फ' की तरह उच्चरित करते थे। जवान महाशय सुनकर बुरी तरह झेंप गए। उनके बहाने एक ठहाका पड़ा। इतने में लालाजी के एक परिचित पार्क की ओर से आते दिखलाई दिए। लालाजी ने पुकारा—"अरे भाई, बिफुनदाफ, दै आए वोट? किफको दिया?"

लाला बिशुनदास कुछ झुंझलाए हुए थे। मित्र की आवाज सुनकर लाल महाराज की दुकान की तरफ बढ़ते हुए बोले—"अरे, कहाँ दे पाए वोट?"

"क्यों, क्यों?"

"लिस्ट में हमरा नाम ही गलती छपा हैगा।"

"क्या छप गया भाई?"

"ब्रिटिश दास!" बिशुनदासजी कुछ झेंपते, कुछ मजा लेते हुए बोले। चारों ओर हँसी फैल गई।

सज्जन और महिपाल को भी यह सुनकर मजा आ गया। पान खाए, सज्जन बोला—"आओ, चलें।"

महिपाल एक सेकंड पसोपेश में खड़ा रहा, सज्जन के दुबारा कहने पर बोला—"अब तुम हो आओ। मैं जरा यहीं घूमूँगा। अच्छा लग रहा है।"

"तुम तो किसी काम के कारण उठे थे न वहाँ से?"

"ना—हीं। ऐसे ही—अच्छा, तो फिर तुम जाओ। लेकिन जाओगे कैसे? तुम्हारा ड्राइवर—"

सज्जन उसके चेहरे को ध्यान से देखते हुए, उस पर मानो कुछ पढ़ते हुए बोला—"नहीं आया होगा तो बस पर चला जाऊँगा।"

सज्जन चला गया। महिपाल पार्क की तरफ बढ़ा। भीड़ रंग-बिरंगी और जोरदार थी। चुनाव चर्चा के सिवा कानों में और कोई बात ही नहीं पड़ रही थी। बूढ़े, बीमार, अपाहिज तक वोट डालने आ रहे थे। स्त्रियों में तो अपार जोश था। गणतंत्र परम्परा को बड़े पुराने जमाने से माननेवाले भारत देश की नारियों को इतिहास में पहली बार वोट डालने का अधिकार मिला था। अधिकांश स्त्रियाँ अपने पुरुषों की इच्छा के अनुसार वोट डाल आई थीं, कुछ ने अपने अधिकार का स्वतंत्र उपयोग भी किया। एक महाशय बार-बार अपनी पत्नी को जनसंघी दीपक की जोत जगाने का आदेश दे रहे थे, और उनकी पत्नी कांग्रेस के बैलों के आगे चारा डालना चाहती थी। दोनों में झाँय-झाँय हो गई। जोश में पत्नी देवी पार्क को ही अपना घर समझकर पतिदेव पर गर्म हो गई, बोलीं—"देखौ, आज हम जिन्दगी में पहली बार ओट डालन आए हैंगे। जिसे हमरा मन आएगा, उसे देंगे। औ' तुम्हें अब कसम है, हमरा मरा मुँ देखौ जो अब की टोका-टाकी करौ।"

पति-पत्नी का यह वृषभ-दीपक संवाद चल ही रहा था कि पास से गुजरते हुए एक पुलिसमैन ने पतिदेव की बाँह थाम ली। पोलिंग क्षेत्र में कनवेसिंग करना अपराध था।

चौक की कुछ तवायफों ने स्वतंत्रता का भजन करनेवाली सभ्य दुनिया को आज बड़ा सीधा, सच्चा और करारा जवाब दिया। उनसे पूछा गया—"बाप का नाम?" जबाव मिला—"रुपया!"

फिर पूछा गया—"पति का नाम?"

जवाब मिला—"रुपया!" उनमें से बाईस-तेईस बरस की एक नथुनीदार शोख बोली—"नहीं, शौहर ये हजरत है जो हमें घेर कर यहाँ वोट दिलाने की खातिर लाए हैं।"

चुनाव की तस्वीरों में महिपाल का मन रम गया। यह चुनाव उसको अपने आप में एक बहुत बड़ा व्यंग्य नजर आ रहा था। एक तरफ तो भारत के इस अपूर्व जनतांत्रिक चुनाव ने बालिग मताधिकार को मानकर पूरे समाज को अपनी मनचाही सरकार बनाने की स्वतंत्रता दे दी। प्राचीन भारत के सामन्ती गणतंत्र में किसी स्त्री, कारीगर, व्यापारी और दास को अपनी सरकार बनाने का अधिकार न था। जनता पर शासन करने का अधिकार केवल क्षत्रिय सामन्तों को ही था। इस तरह एक ओर बड़ी प्रगति करते हुए भी आज के प्रजातंत्र का चुनाव अर्थहीन है—नितान्त अर्थहीन। हुल्लड़ मचा कर अर्थ सिद्ध किया जाता है।...सहसा महिपाल का ध्यान कलकत्ते के शेयर मार्केट के अन्दर मचनेवाले वज्र घोर कोलाहल में गया। सट्टा बाजार का हंगामा और जनतांत्रिक सार्वभौम चुनाव लड़ने की हुल्लड़वादी टेक्नीक बिलकुल एक जैसी लगी। लक्ष्मी और सत्ता को सिद्ध करने के लिए यह विशुद्ध पागलपन भरा विधान देखकर महिपाल को अजब हैरानी हुई। ईसाई सभ्यता की साढ़े उन्नीस सदियों और भारतीय सभ्यता की उससे भी तीन-चार हजार वर्ष पुरानी उच्च नैतिकता का गुमान करनेवाले आज के सभ्य जन विचारक, समाज-सेवक क्योंकर न्याय के नाम पर होनेवाली इस बेहूदगी को बर्दाश्त कर पाते हैं? हुल्लड़ वाली ट्रिक विकसित बुद्धि की उपज तो हो ही नहीं सकती। यह संकीर्ण स्वार्थ, घोर अनैतिकता भरी क्रूर चतुराई, जो मानव बुद्धि को भ्रम में डालने का षड्यंत्र रचती है—

महिपाल के मन में खट्-से वैसे ही लगा जैसे कभी बोलते-बोलते औचक में जीभ कट जाती है। मन बँट गया; एक मन के आगे दूसरे मन का सिर शर्म से झुक गया। सभ्यता, संस्कृति, आदर्श,

न्याय, सौन्दर्य, सत्य, मानवता आदि बड़े-बड़े शब्दों को बार-बार विचार कर नित नए अर्थों से निखरने वाला कलाकार-साहित्यिक स्वयं अपने ही अपराध से जड़ है। यह जड़ता महिपाल की विचार चतुराई को हर ले गई। अनेकानेक कारणों से आनेवाले ऐसे मानसिक-मौकों पर वह एकदम खोखला हो जाता है।

महिपाल इस समय अपना यह मानसिक खोखलापन सहन न कर सका। उसने पूरे हठ के साथ अपनी ईमानदारी को दबाया—"नहीं। मुझे अपनी स्थिति सुधारनी ही है। शकुंतला का विवाह करना है। दहेज और दुनियादारी की बहुत-सी फिजूलखर्ची की रकमों को अनैतिक और असामाजिक कार्य मानते हुए भी मुझे यह सब करना ही पड़ेगा। अकेला चना भाड़ नहीं फोड़ सकता; दुनिया जब तक इस तरह की भद्दी मान्यताओं को मानकर चलती रहेगी तब तक एक महिपाल शुक्ल ही बेचारा क्या कर सकता है। कल्याणी बेचारी के मन को वह कहाँ तक दबाए? शकुन्तला का विवाह वह शानदार ढंग से करना चाहती है। यह उसके हृदय की विशालता का परिचय देता है। आजकल कौन स्त्री अपनी ननद की लड़की के लिए इतनी चिन्ता करेगी? बस अब, महीने भर में शकू के योग्य उत्तम कुल का वर ढूँढ़ ही लूँगा। चट मँगनी पट ब्याह करके...और फिर मेरे आगे भी गृहस्थी है। अपने बच्चे किसे प्यारे नहीं होते। भाई-बहनों के लिए जब मैंने इतनी जान खपाई तो क्या अपने बच्चों की उन्नति की कामना न करूँ?...हाँ, पर...चोर, स्वार्थी, कुलांगार..."

महिपाल का दूसरा मन उसकी इन तमाम बातों की छत फोड़ कर उसके स्वर्गीय पिता के स्वर में धिक्कारने के लिए होश की ऊपरी सतह पर आ गया। बिना जोर से सोचे हुए भी वह अपनी कमजोरियों के बारे में सोच रहा था; सामाजिक कमजोरियों की निस्बत सोच रहा था। व्यक्ति और समाज दोनों ही दोषपूर्ण हैं। जब तक समाज नहीं बदलता तब तक व्यक्ति बेचारा क्या करेगा? चरित्र का चरित्र पर प्रभाव पड़ता है। जब तक समाज का निर्माण होता है, और समाज द्वारा व्यक्ति का पोषण। व्यक्ति और समाज के समन्वय का यही मूलभूत आधार है। इसी से कुटुम्ब की रचना होती है। आज का व्यक्ति और समाज, दोनों ही इस आपाधापी की हुल्लड़शाही में पल रहे हैं।...आज का व्यक्ति इतना मजबूर है कि नीति की ऊँची-ऊँची मान्यताओं को अगर औचक से चूर-चूर कर भी दे, तब भी उसे क्षमा कर देना चाहिए।

दूसरा मन—इस बार पिता के स्वर में नहीं—फिर धिक्कारने को प्रस्तुत हुआ। महिपाल अनायास ही कराह उठा। विकसित चेतना का आलोक महिपाल को अपनी अन्तर्दृष्टि फोड़ने से रोकता था। स्वयं अपना ही होश उसे इस समय बड़ा महँगा पड़ रहा था। घिरा-घबराया-सा महिपाल आँखें फाड़-फाड़कर अपने चारों ओर देखने लगा।

एकाएक उसकी दृष्टि सेठ रूपरतन पर पड़ी। कांग्रेसी खेमे के सामने दो चार लोगों से घिरे हुए बातें कर रहे थे। यद्यपि रूपरतन कुछ दूरी पर थे, उनकी दृष्टि भी इस ओर न थी, फिर भी महिपाल उधर से खिसक आया। कहाँ जाए? किसी बेंच पर बैठ जाए—पर वहाँ बैठकर क्या करेगा? सज्जन कर्नल के पास नहीं, वे लोग अपने रंग में होंगे। तब फिर घर चल कर कुछ लिखा जाए? उपन्यास लिखा जाए। भागते हुए दिमाग को उपन्यास के विचार ने थाम लिया। सोचने लगा, अब उसे जमकर लिख ही डालना चाहिए। अच्छी चीज उठाई है। अगर नियम से लिखता रहता तो अब तक सात-आठ चैप्टर्स पूरे हो ही गए होते। फिर सोचा कि उसे समय ही कहाँ मिला इन दिनों। कैसे भयंकर मानसिक उथल-पुथल के दिन गुजरे हैं।..."खैर होगा। अब तो शकुन्तला का विवाह करूँगा। हार बेचने के लिए कर्नल की मार्फत...नहीं, उहुँ! मैं रूपरतन से क्यों न मिलूँ, इसकी मार्फत काम बन तो जाएगा। कहीं बाहर बंबई या कलकत्ता?—नहीं, अपरिचित जगह ठीक नहीं। रूपरतन से काम तो हजार हाथ निश्चय ही बन जाएगा। वह ठगेगा भी तो कितना? पचास-साठ का माल है, कम

से कम आधे तो मिल ही जाएँगे। पन्द्रह हजार में शकू अच्छे से अच्छे घर में दी जा सकेगी; बाकी जो बचेगा वो लड़कों के काम आएगा।...''

बगल से दो-तीन आदमी बातें करते हुए गुजरे—''अच्छा भाई, इस एलेक्शन ने दो बातें तो जरूर कर दिखाईं। एक तो जनाब, जात-बिरादरी की मुरौवत जो पहले चला करती थी, अबकी उस जोर से नहीं चल पा रही और न धरम का नारा ही हिन्दुओं को बाँध रहा है।...''

महिपाल के लिए यह बातें रसवर्द्धक थीं, कदम बढ़ाए इन लोगों के पीछे लगा-लगा चला। आज के अर्थ संकट-ग्रस्त समाज को जाति-बिरादरी अथवा धर्म का मोह सताए तो क्योंकर? पेट भरा होने पर ही मनुष्य को यह सब सुहाता है। इसीलिए जो पार्टियाँ धर्म का नारा लगाकर धर्म प्राण भारतीयों को अपनी ओर आकृष्ट कर लेना चाहती थीं, उन्हें निराशा हुई। इसी तरह बिरादरी भाई-चारे का जादू भी भारतीय जनतंत्र के इस पहले चुनाव में आमतौर पर अपना जोर न दिखा सका। वोट देनेवाले ऐसी सरकार बनाना चाहते हैं जो उनके जीवन को ऊँचे स्तर पर उठा सके। इस समय तक यह बात सबको स्पष्ट हो चुकी थी कि कांग्रेस सब पार्टियों से आगे जा रही है। कांग्रेस के प्रति लोगों के मन में श्रद्धा हो सो बात नहीं, पर और किसी पर भी लोगों की श्रद्धा न थी। कांग्रेस के नेता किसी समय देश के नेता थे। जनता के मन में उनके प्रति जमा हुआ पुराना भाव मर रहा था; बाकी पार्टियों के नेता केवल पार्टी नेता थे। कांग्रेस केवल इसी कारण से जीत रही थी। महिपाल सोचने लगा कि ऐसे चुनाव से लाभ क्या? करोड़ों रुपए खर्च करके भी जनता का सही मत न जाना जा सका। सच तो यह है कि जनता का किसी राजनैतिक पार्टी में विश्वास नहीं, क्योंकि समय ऐसा है जिसमें सहानुभूति और सद्‌भावना का प्रायः लोप हो गया है। कोई राजनैतिक पार्टी जनता के बीच में कोई विशेष काम ही नहीं कर रही। जनता के नाम से जो कुछ भी काम होता है, वह है अखबारों और सभाओं में। जनता—मानवता—''इन शब्दों का इस्तेमाल इस जमाने में इस कदर हुआ है कि दुनिया भर की जनता मर्दुमशुमारी के टोटल में निश्चय ही उस टोटल से कम बैठेगी। यह बातों का युग है, हुल्लड़ का युग है। कितनी पार्टियाँ हैं कि उफ-उफ! इस इलेक्शन के फेर में तो पार्टियों के पैदा होने का कोई हद-हिसाब ही नहीं रहा। ये क्या जनता की सेवा करने के भाव से संगठित हुई है? कदापि नहीं?

पार्क में घूम-फिर कर महिपाल फिर लाल महाराज की दुकान के पास आ गया। पार्क की ओर से रूपरतन की कार आती दिखलाई पड़ी। महिपाल बिजली की गति से बीच सड़क पर आकर खड़ा हो गया। कार के पास आने पर हाथ उठा कर रोका। कार रुकी।

''अरे गुरु, तुम यहाँ?'' रूपरतन ने पूछा—''आओगे? मुझे तुमसे काम है।''

''आओ चलो, इलेक्शन में मेरा कोई खास इंटरेस्ट नहीं। ये तो ऐसे ही चला आया धूमधाम देखने।''

रास्ते में महिपाल ने पूछा—''इस बार तुम क्यों नहीं खड़े हुए रूपरतन।''

''सच बताएँ गुरु, बनिये का बेटा पहले अपना धन्धा देखता है, बाद में कुछ और।''

महिपाल मन ही मन में सोचने लगा कि यह वही रूपरतन है जो कभी समाजवादी बातें बघारा करता था, जिसने जनहित की बड़ी-बड़ी बातें कर उसे ठगा था। एकाएक रूपरतन उसके कंधे पर हाथ रखकर बोले—''महिपाल, मेरे लिए मिनिस्टरी का चांस तो है नहीं। मुझसे भी बड़े-बड़े धाकड़ लोग उम्मीदवार हैं। इस बार डिप्टी मिनिस्टर शिप भी बँट रही है, मगर वो सब मुझे पसन्द नहीं। दूसरी बात कि अब अपना ज्यादा टाइम मैं अगर बिजनेस में नहीं लगाता हूँ तो...तुम जानते ही हो जमाना कैसा बेढब जा रहा है!''

''अरे, तुम्हारे जैसे महा लखपती भी जमाने को रोते हैं। हः-हः-हः-हः!''

''हः-हः-हः! जिससे जमाना चलता है वे लोग भी उस चक्र के नीचे आ जाते हैं हरदम सावधान रहना पड़ता है।'' रूपरतन ने गम्भीर होकर कहा।

"तुमने पॉलिटिक्स का चक्कर छोड़ दिया, ये अच्छा ही किया।"

"नहीं, छोड़ा तो ऐसा कुछ नहीं—खैर हटाओ! एक प्रोपोजल देता हूँ। अपनी सब नई किताबें मुझे दे दो; मैं तुम्हारी पुरानी किताबें का कॉपीराइट तुम्हें लौटा दूँगा, और रायल्टी बेसिस पर ले लूँगा। बीस पर्सेन्ट रायल्टी। बोलो मंजूर?"

महिपाल सोचने लगा, अब इसे फिर से अपनी नई पोजीशन बनानी है, इसलिए मुझे फिर लुभा रहा है।...मगर इससे काम निकालना है। जाहिरा तौर पर कहा—"मेरा सब तरह से लाभ है। आगे सतर्क—"

रूपरतन बोले—"पुरानी बातों को भूल जाओ गुरु! असल में तुम सिद्धान्तों के स्वप्न को साकार करने के उत्साह में थे उस समय—वरना—दिल की बात करता हूँ तुम्हें लेकर मेरा मन कभी मैला नहीं हुआ। वही प्रेमभाव, वही इज्जत—"

"कहने की जरूरत नहीं। मैं व्यवहार से पहचानता हूँ। अच्छा खैर, मेरी किताबों के लिए एडवांस क्या दोगे?"

"कितनी किताबें हैं?"

"मेरी तीन किताबों के नए एडिशन नहीं निकले। प्रकाश टटपूँजिए थे। खैर। एक नई कथा उठाई है आजकल—"

"खैर, तीन-चार हजार जो माँगोगे, दे दूँगा—"

"और मेरी पुरानी किताबों पर?"

"देखता हूँ गुरु, पहले से चतुर हो गए हो।"

"अनुभवों ने सिखाया है।"

"ठीक ही है। अब हमारी-तुम्हारी और अच्छी निभेगी। खैर जो चाहे सो ले लेना।"

"क्या फिर कोई साप्ताहिक निकालने का विचार है?"

"हाँ! निकाल भी सकता हूँ। वैसे, तुम्हें देखकर ही इन बातों के लिए इंस्पिरेशन मिल रहा है। सोचता हूँ, प्रकाशन के काम पर ही पहली एटेंशन पे करूँ इस बार। मैं कुछ नए ढंग से एक्सपैरिमेन्ट करना चाहता हूँ इस बार। पेंग्विन सीरीज की तरह भारतीय भाषाओं के श्रेष्ठ उपन्यासों की एक सीरीज चलाऊँगा। पब्लिसिटी अमेरिकन स्टाइल पर। हिन्दुस्तान के हर बड़े शहर में महिपाल शुक्ल के उपन्यासों पर—आई मीन वे सभी ऑथर्स, जिनकी किताबें मैं पब्लिश करूँगा उन पर साहित्यिक गोष्ठियों में पेपर्स पढ़े जाएँगे; हर स्कूल, कॉलेज, यूनिवर्सिटीज, बड़े रेस्ट्राँ, स्टेशन प्लेटफॉर्म, अखबार—हर जगह तुम्हारी पब्लिसिटी। मेरा पक्का विश्वास है कि अभी तक किसी प्रकाशक ने हिन्दुस्तान में हिन्दी किताबों का बाजार बनाने के बारे में सोचा ही नहीं।"

कार सेठ जी की कोठी पर पहुँच गई। महिपाल का मन फूलने लगा। थोड़ी देर पहले का अवसाद मिट गया। वह अनुभव करने लगा कि उसके अच्छे दिन फिर से आ गए।

रूपरतन के घर, उनकी लाइब्रेरी में दो घंटे स्कीम बनाते हुए बीत गए। महिपाल बोला—"मेरा एक काम कर दोगे?"

"बोलो।"

"मुझे एक हार बेचना है।"

"सोने का?"

"नहीं, नवरत्न का।"

"कहाँ से पा गए?"

"माँ का हार है—भारी है।"

"क्यों बेच रहे हो?"

"भाँजी का विवाह करना है।"

"कितना लगेगा।"

"पन्द्रह हजार।"

"बहुत ज्यादा है महिपाल। फिर तुम्हारे आगे भी बड़ी जिम्मेदारी है...क्या ननिहाल से अब भी मदद—"

"जब से मैं गट्टू और वाइफ को लेकर वहाँ से आया हूँ, तब से एक पैसा नहीं लिया।...और अब तो बेचारे आप ही परेशानी में आ गए। ताल्लुकेदारी खत्म हो ही गई। परसों बेचारों के यहाँ बड़ा जबर्दस्त डाका पड़ा—"

"अच्छा?"

"हाँ। मैं वहीं था। मेरे हाथों एक डाकू की मौत हुई।"

"अच्छा!"

"कुछ पूछो मत! डाके सुने थे, उस दिन प्रत्यक्ष अनुभव हुआ।"

"तुम्हारे किसी ननिहाली को तो—"

"हाँ। एक नौकर तो उसी समय मर गया। एक की हालत बेहद नाजुक थी, शायद अब तक खत्म भी हो गया होगा। दो को मामूली जख्म आए।"

"माल क्या गया?"

"डेढ़ लाख रुपए की ज्वेलरी गई; बड़ा नुकसान हुआ।"

"हाँ...वो तो हुआ ही।"

"मैं इसीलिए और चिन्तित हूँ।"

"किस बात के लिए?"

"अरे, वही हार!"

"हाँ-हाँ। लेते आना। देख लूँगा।...ये डाकुओं का इंस्टीट्यूशन भी पुराने जमाने का कम्युनिज्म है। अमीरों को लूटना, गरीबों को दौलत बाँटना—"

"मैं तो इसे सामन्तवाद की नींव मानता हूँ। डाकू ही अधिक शक्तिशाली होकर राजा बन जाते थे। महाजनों की दासता से जनजीवन को मुक्त करा कर—"

"क्या? मैं समझा नहीं।"

"मोहनजोदारो और हरप्पा जैसे नगर राज्यों को नष्ट कर ये सामन्त लोग नारा लगाते थे कि धरती पर फैल जाओ; धरती उसकी है जो उसे जोतता बोता है। सामन्त रक्षक और व्यवस्थापक होने के नाते किसान से उपज का छठा भाग कर के रूप में लेता है—बाकी मुनाफा किसान का। इसलिए पहले जो किसान महाजन का मजदूर मात्र था, अब स्वतंत्र होकर धनी बनता है। ये उस जमाने की एक महत्त्वपूर्ण प्रगति थी।"

"तुम मेरे खयाल में हिस्ट्री को अपने ढंग से तोड़-मरोड़ रहे हो!"

"नहीं। ऐसी बात नहीं है; बल्कि सच ये है कि भारतीय इतिहास की एक सही-सही रूप-रेखा बन रही है। मोहनजोदारो और हरप्पा की खोज केवल कौतूहल की चीज नहीं है। वह हमारी अनेक वैदिक और पौराणिक कहानियों को निरर्थक से सार्थक करती है और हमें अपने विकास के क्रम को समझने में मदद देती है। उदाहरण के लिए 'पुरंदर' शब्द को ही लो। 'नगरों को जलानेवाला' इन्द्र निश्चित रूप से सामन्तों का प्रतीक था। नगर राज्य के शासक सामन्तों के शत्रु थे, क्योंकि ये व्यापारी थे। खेती इनका प्रमुख धन्धा न था। खेती ये उतनी ही करवाते थे जितनी कि खाने की जरूरत थी। आर्य सामन्तों ने जन के उत्पादन की व्यवस्था को बदल दिया। लोगों का खेती की तरफ रुझान बढ़ा। जो कामकाजी कारीगर आदि अपना पेट भरने के लिए बड़े व्यापारियों

महाजनों के आश्रित थे, वे खेती के द्वारा स्वतंत्र हो गए। 'उत्तम खेती मध्यम बान' का नारा फैल गया। इसके प्रभाव से सामाजिक ढाँचे में आमूल परिवर्तन हुआ।''

''इट्'ज रियली इंटरस्टिंग! तुम—तुम कुछ पियोगे?'' रूपरतन ने पूछा।

''नहीं, मुझे घर जाना है।''

''बीबी के सामने पीकर जाने में डर लगता है। हः-हः। तो यहीं रह जाना। पुरानी आदत है, तुम्हारी श्रीमती जी जानती भी हैं। मैं कहलाए देता हूँ।''

''एक बार घर अवश्य जाऊँगा। वो हार भी लेता आऊँ। कीमती चीज अरक्षित—''

''अरक्षित क्यों! तुम्हारी वाइफ के पास होगा हार!''

''हाँ—आँ! उन्हीं के पास है—उन्हीं के पास है। फिर भी जब से डाका पड़ा है—''

''तुम भी यार पोंगा बाह्मन ही रहे! डाकू कोई तुम्हारे यहाँ तो आ नहीं जाएँगे।''

महिपाल झेंप भरी हँसी हँसा, बोला—''न-हीं। एक बार जाऊँगा। अच्छा, आज तुम्हारे यहाँ ही रह जाऊँगा, घर में कहता भी जाऊँगा।'' रूपरतन का हाथ घंटे के स्विच पर पड़ा। अर्दली आ गया।

''गाड़ी पर सरकार मेम साहब गई हैं, और छोटी गाड़ी पर मुनीम जी—''

''अच्छा जैसे ही कोई गाड़ी आए, खबर देना। और सुनो, कॉफी ले आओ, कुछ सैंडविचेज भी। तुमने उस्ताद प्वाइंट तो अच्छा निकाला है—''

''मैंने नहीं निकाला। बड़े-बड़े विद्वानों की खोज है। मार्शल ने मोहनजोदारो और हरप्पा को वैदिक संस्कृति से निराला और पुराना पाया—''

''लेकिन क्या बात है कि वैदिक साहित्य में इन महान् नगरों का कोई जिक्र नहीं? लोग यह शंका भी तो करते हैं।''

''कौन कहता है कि वेदों में इनका जिक्र नहीं। प्रोफेसर डी.डी. कोसाम्बी ने लिखा है कि वैदिक साहित्य में काले दस्युओं के दृढ़ दुर्गों और नगरों का काफी हवाला है, पुरंदर इन्द्र इन्हें नष्ट करता है। बल्कि एक जगह तो उन्होंने हरप्पा का पुराना नाम ऋग्वेद से खोज कर उसके नष्ट किए जाने का इतिहास भी—''

''रियली!—नहीं यार। ये उनकी तोड़-मरोड़ है!''

''नहीं। कई विद्वान् इससे सहमत हैं। बी.बी. रॉय, आर.सी. मजूमदार, मार्टिमर ह्वीलर—''

''हरप्पा का पुराना नाम क्या है?''

''हरियूपीय। हरप्पा उसी का बिगड़ा हुआ रूप है। इन्द्र ने वृचीवत्स को यहाँ हराकर यह नगर राज्य अभ्यावर्तिन चायमान को सुपुर्द किया। उसकी सेना ने यव्यावती नदी के तट पर, जो शायद रावी नदी का पुराना नाम है, शत्रुओं को पहले ही हरा दिया था।''

''बहुत मजेदार बात है।''

''मजेदार ही नहीं, सही भी लगती है। सामन्तवाद के प्रचारक पुरानी सभ्यता को नष्ट किए बिना आगे बढ़ नहीं सकते थे। मगर इसके मानी ये नहीं कि उन्होंने पुरानी सभ्यता को एकदम लुप्त ही कर दिया। इस हार-जीत का विजित और विजेता, दोनों पर ही गहरा असर पड़ा। अब मिसाल के लिए—थोड़ी देर पहले जब मैं विक्टोरिया पार्क में ये चुनाव का तमाशा देख रहा था तो खयाल आया कि बालिग मताधिकार देकर हमने आज अपनी प्राचीन परम्परा को बहुत आगे बढ़ाया है।''

''कैसे?''

''मसलन, पहले स्त्री, कारीगर, व्यापारी आदि वर्गों के लोगों को वोट देने का अधिकार न था। ये शायद इसलिए कि स्त्रियाँ, व्यापार, कारीगर वगैरा विजित जातियों के थे और सामन्तवादी

अपने लिए उनका इस्तेमाल करके भी उन्हें अपने बराबर का स्थान नहीं देना चाहते थे। वैसे वैदिक आर्यों में स्त्रियों को बराबरी का दर्जा देने का रिवाज था। वोट का अधिकार भी विश अर्थात् जनसाधारण को था। इन लोगों की समिति राजा का पहली बार भी और फिर से भी चुनाव करती थी। इससे ये साबित होता है कि आर्यों का यह रिवाज अनार्यों के सम्बन्ध में बदल गया; क्योंकि मेरे खयाल में अनार्यगण भी इजारेदार लोगों को छोड़कर अपने यहाँ किसी को यह अधिकार न देते थे। कुछ कुलों का ही इजारा होता था—''

''गाड़ी आ गई, हुजूर।'' नौकर ने आकर खबर दी। महिपाल बात छोड़कर तुरन्त खड़ा हो गया। इसी समय कॉफी आई।

''बैठो-बैठो। कॉफी तो पी लो।''

''मैं एक बार घर हो आऊँ।''

''अरे, पर कॉफी से मुँह में बदबू नहीं आती!''

महिपाल हँसते हुए फिर बैठ गया और अपनी बात के तार में कहा—''यार काशीप्रसाद जायसवाल ने 'हिन्दू राज्य-तंत्र' लिख कर भारतीय इतिहास का उद्धार किया है। उन्होंने गणतंत्र, प्रजातंत्र आदि की प्राचीनतम परम्पराओं के गुण-दोष दर्शाकर हमारी दृष्टि व्यापक की है। इस महर्षि की तो घर-घर में पूजा करनी चाहिए...'' जोश में आकर कहते-कहते महिपाल को लगा कि अपने किसी झूठ से उसकी जबान कट गई है।

52

होली के एक दिन पहले, शाम की बात है। सज्जन दिन भर एक चित्र पर काम कर, पीछे वाले बरामदे में चाय पी रहा था कि अचानक पुराने दरबान ने आकर कहा—''हुजूर की सास साहबा तशरीफ लाई हैं, साथ में हुजूर के साले साहब और एक मुसम्मात भी हैं।''

नए रिश्तों के नाम से सज्जन चौंक उठा। यह नहीं कि इन रिश्तों की उसे सूचना नहीं थी; जब शादी की है तो ससुराल के रिश्ते भी होंगे। मगर यों अचानक,...और उससे भी अचानक बूढ़े दरबान हाजी अलीजान के आने की खुशी हुई। बाबा के समय का दरबान है, सज्जन के बचपन तक भी था, उसके बाद सज्जन के पिता ने अलीजान की पेंशन नियुक्त कर दी। हाजी साहब छयानबे बरस के हैं; अब भी कमर ज्यादा नहीं झुकी। लम्बे, गोरे, अच्छी काठी के। सफेद बुर्राक दाढ़ी, घुँघराले पट्टेदार बालोंवाले हाजी अलीजान के दाँत और आँखें अब भी काम करती हैं। पहले हर महीने पेंशन लेने खुद ही आया करते थे, अब पोरख थक चले हैं, इसलिए छह-सात बरस से लड़का ही आकर ले जाता है। होली-दीवाली-ईद के अवसर पर अलीजान इक्के पर बैठकर खुद हुजूर को सलाम करने आते हैं, इनाम के अलावा उन्हें इक्के के पैसे भी दिए जाते हैं। अलीजान को देखकर सज्जन बेहद खुश हो गया, पुराना समय साकार होकर, उसके सामने खड़ा था। फौरन उठ दोनों हाथ पकड़ कर कुर्सी पर बिठलाने लगा।

''नहीं हुजूर—''

''अब आप अदब-कायदे की चौहद्दी से बहुत आगे निकल गए हाजी साहब। बैठिए—बैठिए भी, वरना मैं भी खड़ा रहूँगा।''

दुआएँ देते हुए हाजी साहब बड़े संकोच के साथ बैठ गए, कहा—''मैं हुजूर इक्के से उतरा तो बरामदे में ये लोग खड़े थे। ये नए नौकर तो तमीज से बात करना भी नहीं जानते, क्या जमाना आ लगा है। मैंने हुजूर उसकी थोड़ी-बहुत तम्बीह कर दी है। जुर्माना कराने की बात धमकाने के लिए कर आया था, मगर हुजूर, जुर्माना मत कीजिएगा। मैं उन लोगों को बड़े दीवानखाने में बिठा आया हूँ।''

अपनी सास और साले वगैरह से मिलने में सज्जन को हिचक हो रही थी। एक तो वह इन लोगों से कभी मिला नहीं था, दूसरे इनके विषय में इतनी बुरी बातें स्वयं कन्या के मुख से ही सुन चुका था कि मिलने की इच्छा नहीं होती थी।

अलीजान बोले—"मेरा तो हुजूर मुँह खोलने का हक ही नहीं रहा। बाबूजी और बड़ी बहूजी, खुदा उन्हें जन्नत बख्शे, उनकी तो याद भी करना गुनाह है—भैया साहब और छोटी बहूजी के आगे। (कहते-कहते गला और आँखें भर आईं) आज बहूजी होतीं तो इस खुशी के मौके पर बूढ़े अलीजान को यों न भूल जातीं।"

सज्जन लज्जित हो गया—"मैं क्या कहूँ हाजी साहब—"

"मुझे तो आज सुबू पता चला। ये सुकरू, खुदा भला करे इसका, किसू काम से पाटेनाले गया था तो मुझसे मिलने आया बेचारा। तब पता चला कि बसन्त के दिन हुजूर की शादी हो गई। सुकरू बहूरानी साहबा की इस कदर तारीफ कर रहा था—इस कदर तारीफ कर रहा था हुजूर। अल्लाह सलामत रखे, जोड़ी बरकरार रहे, एक से इक्कीस हों, खुदा करे—ये घर बहुत दिनों से सूना था।"

सज्जन चुपचाप बड़े सन्तोष के साथ सुनता रहा।

"हुजूर, पाँचों पोशाक और कोई निशानी लूँगा। आपसे नहीं, अब तो बहूरानी साहबा से ही मेरा हिसाब होगा। अन्दर खबर करवा दीजिए कि बूढ़ा गुलाम ड्योढ़ी पर सलाम करने हाजिर हुआ है।"

"हाजी साहब, आप कैसी बातें करते हैं। आप मेरे बाबा के नौकर जरूर थे, मगर मेरे या बहू के लिए तो आप बुजुर्ग हैं। मैं क्या, बाबूजी तक आपकी गोदियों खेले—मेरे सामने ऐसी बातें न किया कीजिए।"

बूढ़ा हाजी अलीजान दीनता से अपना सफेद रोयों वाला हाथ बढ़ा कर मना करते हुए बोले—"हुजूर, मेरा मतलब नहीं समझे। अल्ला जानता है, यह पठान मामूली दिल्लगी की बातों में छोड़कर और कभी झूठ नहीं बोला। हुजूर मेरे बच्चे हैं। मैंने दिल में सिवा इसके कभी किसू और नजर से नहीं देखा।—देखा ही नहीं जाता, क्या करूँ, मगर हुजूर मेरे मालिक की गद्दी पर हैं। मैं बच्चा समझ कर ही आप पर और अब अपनी बहूरानी साहबा पर भी हक रखता हूँ; मगर चूँकि नमक खाता हूँ, इसलिए मालिक का अदब करता हूँ।"

सज्जन सोचने लगा, ऐसे नौकर अब कहाँ मिलते हैं? मगर इस जमाने में क्या ये नमक का हक वाकई हक रहा भी है या नाटक साबित हो गया है?—यों यह निष्ठा बुरी नहीं। बाबा राम जी में भी यही स्पिरिट है। वे राम का नमक अदा करते हैं। रूस, चीन आदि देशों में देश का नमक अदा करने की क्या स्पिरिट नहीं? यह जरूरी है। हमारे देश के लिए इस समय बेहद जरूरी है।

सज्जन को विचार-मग्न देखकर अलीजान अदब से खामोश होकर बैठ गए। सज्जन विचारों से जागा, अलीजान से कहा—"आपकी बहू तो इस वक्त घर पर हैं नहीं। वह चौक में राजा साहब की पुरानी हवेली में बच्चों का एक स्कूल चलाती हैं। मगर अब आती ही होंगी, वक्त हो चला है। आप बैठिए, हुक्का-उक्का मँगवा लीजिए, किचन से जो मर्जी आए, बनवा कर खाइए। मेरी गाड़ी आपको घर तक छोड़ आएगी। मैं जरा अपने ससुरालवालों से मिल आऊँ।"

स्व. रायबहादुर लाला कन्नोमल के आर्टिस्ट पोते और अपने दामाद के ड्राइंग-रूम में चारों ओर आँखें फाड़-फाड़ कर देखती हुई मास्टर जगदम्बा सहाय की पत्नी अपनी बेटी के सौभाग्य पर ईर्ष्या कर रही थी। उनके पास ही उनकी लड़की की दईमारी बहू बैठी थी, दूसरे सोफा पर सज्जन के साले साहब पालथी मारे, कपाल और कनपटियों पर सिन्दूर की बड़ी-बड़ी बिंदियाँ लगाए, आँखें बन्द किए ध्यानमग्न मुद्रा में बैठे थे।

सज्जन ने तनिक नाज के साथ हॉल में प्रवेश किया। सास को देखा; लम्बी, दोहरे बदन की थीं। जवानी में सुन्दर रही होंगी, पानों की धड़ी से होंठ काले पड़े हुए थे, आँखों में कीचड़ भरी

थी। देखने से अंदाज लगता था कि कई रोज से नहाई भी न होंगी। दूसरी युवती गो पर्दादार न थी मगर दबी-ढँकी थी। उसके साँवले-सलोने चेहरे पर पीलापन और उदासी झलक रही थी। साले साहब पहली झलक में ही बड़े अजीब लगे। मन ही मन बड़ी हँसी आई। सज्जन को देखते ही सज्जन की सास और सहलज खड़ी हो गईं। साले महोदय ने भी नेत्र खोल, गर्दन घुमा कर अपने बहनोई को इस तरह देखा मानो शिवजी कामदेव को भस्म कर रहे हों; 'बजरंग-बजरंग' आवाज लगाई, और फिर गर्दन नीची कर घुटने हिलाते हुए बैठे रहे। सज्जन ने हाथ जोड़े, सास ने बड़ी दुआएँ दीं।

"हमाई नन्ही ने पिछले जनम में बड़े पुन्न किए जो ऐसा घर-शौहर मिला। हम तो बेटा सच मानना, तुम्हाए नौकरों तक से रिश्ता बाँधने के लायक नहीं। तुम्हाए ऐसा दामाद पाकर हम अपनी किस्मत को सराहते हैं।" कहकर सास साहबा ने अपनी कमर में खुँसा हुआ एक रुमाल खोलना शुरू किया, अँगूठी निकाली और सज्जन की तरफ बढ़ती हुई बोलीं—

"ये—"

"ये क्या?"

"ये तो लेनी ही पड़ती है। कायदे से शादी होती तो सब-कुछ होता, आपसे करार होता—नजर-निचाज में फलदान, तिलक, दरवाजाचार, बिदाई में न जाने कितना देना-लेना पड़ता है। तुमने तो हमारी एक छिदाम भी नई खर्च करवाई।" सज्जन की सास ने अपनी चेपीभरी आँखों में वात्सल्य रस को मद बनाकर अपने दामाद पर उँडेलते हुए बड़े अंदाज से उसका दाहिना हाथ उठाकर पन्ने की बड़ी चौकीवाली अँगूठी के पड़ोस में सोने की ढीली-सी अँगूठी पहना दी, फिर बलाएँ लेती दुआएँ देने लगीं। सज्जन को अपनी सास के व्यवहार में स्नेह होते हुए भी बनावट और सस्तापन ज्यादा लगा।

"हरी ओम! बजरंग!" साले साहब अपनी समाधि से फिर चौंके, एक नि:श्वास छोड़ी और फटी-फटी आँखों से टकटकी बाँध कर अपने बहनोई को देखने लगे। सज्जन को उनकी तरफ से खामोश डर-सा लगा। दुबली, पीली देहवाली दुखियारी-सी सलहज सिकुड़ी-सिकुड़ाई बैठी थी।

"नन्हा, अपने बहनोई का मुँह मीठा करो बेटा, ऐसे क्या देखते हो? (सज्जन से) इसे अपनी बहन बहुत प्यारी है—शुरू से ही। नन्ही को भी अपने दद्दा से बड़ी मुहब्बत है।...क्या कहूँ, तकदीर की हेठी हूँ बेटा—"

बाहर पोर्टिको में कार रुकी, कार का दरवाजा खुलने-बन्द होने की आवाज आई। सज्जन के दिल को ठंडी हवा का झोंका-सा लगा, चेहरा खिल गया, आँखें दरवाजे की ओर उठ गईं। सज्जन इन रिश्तेदारों के साथ कुछ अजब-अजब-सा अनुभव कर रहा था। सज्जन ने हॉल में आते ही देखा, कन्या चिकन की साड़ी, हल्के पिस्तई रंग का सादा ऊनी ब्लाउज, और हल्के चाकलेट रंग का शाल और बारीक पट्टियों की सफेद चप्पल पहने हुए थी—बड़ी अच्छी लग रही थी।

मास्टर जगदम्बा सहाय की धर्म-पत्नी ने महीनों बाद अपनी बेटी को देखा था। नन्ही औरत हो गई थी। चेहरे पर भारीपन आ गया था। चाल-ढाल, तौर-तरीके में भी पहले से फर्क था; मगर माँ-भाई आदि को देखकर कन्या जिस खुशी से खिल उठी, उसमें माँ को बेटी की पुरानी झलक मिली। नन्ही माँ की लाख दुराशाओं के बावजूद अब भी वही नन्ही थी। कन्या के पति को चित्रित करने के लिए मिलन का एक विषय मिला। माँ, माँ से भी अधिक कन्या की भावज का पीला चेहरा और थकी-बुझी आँखें कन्या को देखकर जिस तरह खिल उठीं, वह दृश्य सज्जन के मानस-पटल पर बड़ी मार्मिकता के साथ अंकित हुआ था। नाते की गाँठ कैसी कठिन, और कितनी सहज है—जितनी ही खिंचती है, उतनी ही मधुर और मजबूत होती है। कन्या के बड़े भाई साहब सोफा पर यथावत पालथी मारे बैठे

रहे। एक बार नेत्र खोलकर नन्ही-अम्मा मिलन के दृश्य को देखा, फिर उसे माया समझ कर अपनी समाधि में लीन हो गए।

कन्या अपनी भावज से लिपट गई। माँ से हँसकर अलग से बातें कीं। दद्दा के पैर छुए परन्तु उनकी समाधि भंग न हुई। समाधि-मुद्रा में उनका मुख तेवर चढ़े शून्य अर्थात् सिफर की ऐसी तस्वीर-सा लगता था जो किसी कार्टूनिस्ट की करामात हो।—"ये साला तो वाकई गाली देने लायक साला है।" सज्जन ने कुछ मजाक और कुछ खिझलाहट के मूड में सोचा।

सज्जन की सासुजी अपनी बेटी के गले में मटरमाला पहना रही थी—दृश्य में कोई हार्दिकता पवित्रता न थी।

"हरिओम! बजरंग! बजरंग!" साले साहब ने समाधि भंग की। सभी को चौंधियाती आँखों से देखा। अम्मा बोलीं—"अरे नन्हा, कैसा है तू, बहन के घर मिलने आया और—"

"क्यों जी मिस्टर सज्जन वर्मा, मैं आपके महल में बैठ कर अपनी बीड़ी पी सकता हूँ?"

"दद्दा, कैसी बात करते हैं आप। पीना है तो पीते क्यों नहीं?" कन्या ने भाई को झिड़क कर सचेत करना चाहा।

सज्जन ने अपने गाउन से सिगरेट-केस और लाइटर निकाल कर साले की तरफ बढ़ाया। सालारजंग बोले—"मैं आपके यहाँ की कोई चीज कबूल नहीं कर सकता।"

सज्जन ने अपना सिगरेट-केस वापस जेब में रख लिया। कन्या से बोला—"मैं चलता हूँ डार्लिंग। मुझे जरा काम है। तुम माताजी वगैरा की—"

"भैया, तुमसे एक काम है।" सासजी अपने दामाद से बोली। सज्जन रुक गया। वनकन्या अपने पति का चेहरा पढ़ने लगी—मूड बुरा नहीं लगा। गम्भीरता के मोटे पर्दे के नीचे होंठों पर हँसी दबी-दबी सी खेल रही थी। सासुजी ने अपने दामाद से पास बैठने का बड़ा आग्रह किया, परन्तु सज्जन—"मेरी ऐसी ही आदत है" कहकर खड़ा ही रहा। मास्टर जगदम्बा सहाय की पत्नी कुछ कहने ही जा रही थी कि नन्हे बोल उठे—"नन्ही?"

"जी?"

"तुम जानती हो आज मैं यहाँ क्यों आया। कल रात मेरी शंकरजी से इस पर बड़ी बहस हुई। उन्होंने कहा कि बेटा, तुझे नन्ही के घर जाना चाहिए। मैंने कहा, मैं हरगिज नहीं जाऊँगा। इस पर शंकरजी भी अड़ गए और मैं भी अड़ गया। फिर मेरे अलीगंजवाले* ने बीच-बचाव कराया।"

सब लोग नन्हे बाबू की तरफ देखते हुए खामोश थे। कन्या की माँ सज्जन से अपनी बात कहने को आतुर थी, मगर नन्हा बाबू की बातों का सिलसिला जारी था। बोले—"नन्ही, अब मेरी सिद्धी पहले से बौहत बढ़ गई है, समझीं। चाहूँ तो तेरे घर का सब साज सामान एक सैकिंड भर में अपने घर पहुँचा दूँ। मगर नहीं। मैं माया-मोह में नहीं पड़ता। जब मेरे पास सिद्धी आई तो मुझसे बोली कि अगर तुम चाहोगे तो अपने तकिये के नीचे एक लाख के नोट हर रोज पाओगे। मेरी जगह पर अम्मा होतीं तो माया-मोह के चक्कर में फस जातीं, मगर मुझसे तो मेरे गुरु बजरंगबली धीरे से आकर कान में कह गए थे कि बिश्नूसहाय, माया ठगनी के चक्कर में न आना। मैं तुम्हें भगवान के दर्शन करा दूँगा—"

"नन्हे, ये क्या ऊल-जलूल बातें बक रहा है। जरा कुछ तो लिहाज कर,"—कन्या की माँ बोली।

"तुम इसे बेहूदा बातें कहती हो? क्या तुम्हें मेरी सिद्धी पर विश्वास नहीं है।" सज्जन का साला अपनी माँ पर गरजा। नन्हे की बहू का चेहरा डर से पीला पड़ गया। बहू धीरे से अपनी सास से बोली—"अम्मा कह दो विश्वास है।"

---

* अलीगंज में लखनऊ का प्राचीन हनुमान मन्दिर है।

नन्हे महाशय बड़ी जोर से दाँत पीस कर लाल आँखों से घूरते हुए अपनी माँ की तरफ बढ़ रहे थे। सज्जन ने साले की बाँह पकड़ कर जोर से झकोला दिया, कहा—"खामोश बैठिए उधर।"

साले महाशय सकपका गए, बड़बड़ाने लगे—"मुझे बीड़ी नहीं पीने देते। मैं शंकरजी से कहूँगा। माई गुरु विल सी यू।" गुस्से से भरी आँखें निकाल कर, दाँत भींचते हुए साले साहब ने कहा और फिर रुक कर एक गर्म साँस छोड़ी।

मास्टर जगदम्बा सहाय की धर्मपत्नी ने अपनी लड़की से कहा—"उस दिन के बाद से ये हालत हो गई है इसकी। हम लोग पल-पल की खैर मना कर दिन गुजार रहे हैं। घर में क्या हाल है, क्या बतलाऊँ? ...(सज्जन से) भैया, घर-घर जाँच करके देखो किसकी आबरू में दो-चार पैबन्द नहीं टँके हुए हैं। फिर हमाए घर ने ऐसा कौन-सा बड़ा कसूर किया है? तुम्हीं इन्साफ करके देखो।"

"उन सब बातों को इस समय रहने दो अम्मा।" कन्या ने माँ की तरफ न देखते हुए, मन की बढ़ती हुई परेशानी को चेहरे पर कस कर कहा।

नन्हे बाबू उर्फ विश्नूसहाय जी एकाएक उठकर गोल टेबल पर रखी हुई मिठाई की हँडिया में हाथ डालने लगे, उनकी माँ अपनी बेटी की बात का उत्तर देने जाते रुक कर उनसे डाँटकर कहने लगी—"नन्हा, कहाँ मत मारी गई है तेरी! छोटी बहन के घर का—"

"सब माया है, मिथ्या है। बोलो मत।" नन्हे बाबू ने मिठाई के कई टुकड़े एक साथ निकाल कर अपने मुँह में भर लिए।

मास्टर साहब की धर्मपत्नी ने अपनी लड़की-दामाद की ओर दयनीय दृष्टि से ताकते हुए धीरे-धीरे कहा—"ये हाल है। इसके मारे तो घर में अब कोई सो नहीं सकता, कोई काम-काज नहीं कर सकता। रसुँइयाँ में घुस कर सब पकाया हुआ खाना कभी फेंक देता है, कभी बाहर जानवरों को खिला देता है। ...क्या कहूँ, इसके हाथों पिटते-पिटते हम लोगों की बस जान निकलनी बाकी रह गई है। तूने अपने बाप को कैद करा ही दिया, अब इसको भी पागलखाने भिजवा दे नन्ही, और हम लोगों के वास्ते एक-एक जहर की पुड़िया—" उनकी आँखें और गला भर आया। आँखें पोंछने के बहाने एक अच्छाई यह हुई कि उनकी आँखों की चेपी पुँछ गई।

एकाएक सज्जन ने कन्या के कंधे पर धीरे से हाथ रख कर कहा—"इन्हें बाबाजी के यहाँ पहुँचा दूँ?"

कन्या ने अपने मन की व्यथा और अनिश्चय को पति की नजरों में उँडेल दिया, बोली—"अम्मा से पूछ लो।"

अम्मा ने सुन लिया, बोलीं—"सनक गया है। घर में कोई मर्द नहीं, इस वजह से और शेर हो गया है—" फिर एकाएक दामाद के पैरों पड़ गईं। सज्जन को बड़ी उलझन मालूम हुई, सास की दोनों बाँहें पकड़ कर उठाते हुए बोला—"ये क्या-ये क्या? उठिए।"

"बेटा, मेरा सुहाग मुझको वापस लौटा दो। ईशुर तुम्हें सब कुछ दें। वे जैसे भी हैं, मेरी जिन्दगी का सहारा हैं। उनकी खातिर जाने क्या-क्या बर्दाश्त किया—"

"बाबू कानून के हाथ में हैं। हम लोग कुछ नहीं कर सकते।"

"मैं तुमसे कुछ नहीं कहती नन्ही। जिसके बल पर तूने अपने बाप को कैदखाने में डलवाया वो उस वक्त मेरा कोई नहीं था, मगर अब वो मेरा बेटा है। मेरा भी हक है।"

कन्या का चेहरा गुस्से से तमतमा उठा। अपनी सास की अधिकार पद्धति को देख सज्जन स्वयं मन ही मन घबरा गया था, किन्तु कन्या के क्रोध को देखकर उसने अपने को साध लिया, मीठी जबान से काम लेते हुए सास से कहा—"हक आपका पूरी तौर से है। मुझे इससे इनकार नहीं, पर इस सम्बन्ध में आप मुझसे कुछ न कहें तो बेहतर होगा। मेरे हाथ में वाकई कुछ नहीं। सरकार की ओर से उन पर मुकदमा चल रहा है।"

"सब लोग कहते हैं कि जो तुम जमानत कर लो बेटा तो वो आ सकते हैं। तुम्हाई हर जगह पहुँच है।—"

पति के चेहरे पर एक शीघ्र दृष्टि डाल कर वनकन्या माँ से बोली—"अम्मा, तुम्हारे हाथ जोड़ती हूँ, और जो कहो तुम्हारी सेवा करें, पर इनसे कोई गलत काम करने के लिए—"

"गलती किससे नहीं, हो जाती—"

"बाबू ने गलती नहीं अपराध किया है!—"

"अपराध नहीं तो वो किया है।" मास्टर साहब की धर्मपत्नी का स्वर तीखा और तेज हो गया, जोश में आकर एक साँस में बोलती और आवाज चढ़ाती गईं—"ये सब काँटे तेरी चाची ने बोए हैं, उसको क्यों नहीं पकड़वाती। उस रंडी ने जैसा-जैसा मेरा कलेजा जलाया है—(फुक्का फाड़कर रोने बकने लगीं) मेरी किस्मत में आग लगाई है, वैसा उसके आगे आया, और भी आगे आएगा। रोयें-रोयें में नासूर होगा—"

"पानी!" मिठाई गले में फँस गई थी। सज्जन ने देखा, सालारजंग एक हाथ हँड़िया में और दूसरे से अपना गला सहलाते हुए कारुणिक मुद्रा में बैठे थे। सज्जन ने आगे बढ़कर घंटी का स्विच दबाया। एक नौकर फौरन ही हाजिर हुआ। 'पानी लाओ' कहते हुए सज्जन का ध्यान अचानक इस बात पर गया कि नौकर लोग परदे के बाहर आसपास खड़े यह सब तमाशा देख रहे होंगे। फिर आपस में बातें करेंगे, मजाक उड़ाएँगे। सज्जन के सामने नए सिरे से अपना यह विचित्र साला और यह तमाशा दिखाने वाली गन्दी-मैली सास फिर गई। यह उसके रिश्तेदार हैं, उसकी पत्नी के सगे भाई और माँ हैं। उन्हें अपना रिश्तेदार कहना पड़ेगा। कैसी बेइज्जती है। कन्या ने इस घर में आकर इज्जत कमाई। उसके किसी व्यवहार से कभी बेहूदगी और फूहड़पन नहीं जाहिर हुआ, वरना रईसों के नौकर तो रईसों से भी ज्यादा नुस्ख निकालने में माहिर होते हैं। यह सब मेरे साले और सास मिल कर आज कन्या की कुलीनता के बारे में बड़ा गलत इम्प्रेशन डाल जाएँगे।

पानी आ गया। नन्हे बाबू का हाथ अब भी हँडिया के अन्दर ही था, दूसरे हाथ से गिलास ले, वे गटक-गटक पी गए। छक कर उन्होंने 'हरि ओम, बजरंग-बजरंग' की हाँक लगाई, फिर पास ही खड़े हुए अपने बहनोई को देखकर बोले—"क्यों जी, मि. सज्जन वर्मा, कुछ साधना करते हो कि नहीं।"

सज्जन इस प्रश्न से अचकचा गया। नौकर खड़ा था, इसलिए कुछ कहते न बना। वह कन्या के पास आया, उसे अलग ले जाकर धीरे से बोला—"कन्या, लिल्लाह के लिए इनसे पीछा छुड़ाओ। सौ-पचास की मदद माँगें तो दे दो—"

बाहर पोर्टिको में किसी कार के आकर खड़ी होने की आवाज आई। सज्जन काँप गया। कोई बाहरवाला होगा तो इस साले को देखकर मन में क्या सोचेगा। दूसरा नौकर कमरे में दाखिल हुआ, बोला—"डॉक्टर साहबा आई हैं, हुजूर।" सज्जन ने कन्या की तरफ देखा, बोला—"शीला आई है। तुम उसे—"

"तुम उन्हें रिसीव कर लो, मैं अभी इन्हें विदा कर आती हूँ।"

सज्जन बरामदे में आ गया। "हलो", डॉ. शीला की आवाज और मुस्कान में आज सज्जन को थकान नजर आई। "हलो—शीला! इस वक्त मरीजों को छोड़कर कैसे आ गईं।"

"जापलिंग रोड में एक मरीज को देखने जा रही थी। इधर एक मिनट के लिए तुमसे मिलने आ गई।"

"आओ, ऊपर चलकर बैठें।"

"नहीं, बाहर आओ। तुमसे बात कहनी है।"

पोर्टिको के बाहर क्यारियों के किनारे-किनारे दोनों चलते रहे, दोनों चुप थे।

लान में प्रवेश करने के लिए बेल से छाए हुए बाँस के फाटक के पास तक आकर डॉ. शीला स्विंग खड़ी हो गईं। बोलीं—"दुर्जन—" कहते-कहते शीला रुक गईं, बड़ी करुण दृष्टि से सज्जन को ताकते हुए दर्द-भरी आवाज में पूछा—"क्या तुम्हारे दोस्त अब मुझसे कभी न मिलेंगे?"

सज्जन के दिल में बात ने टीस पैदा की। बोला—"मुझे पता नहीं था कि वह तुम से नहीं मिल रहा है आजकल।"

"कई महीने हो गए। बस, वहीं मिले थे चौक में दावत के दिन। इट वाज इन जनवरी—शायद 25 तारीख थी।"

"कोई खास बात हुई थी?"

"क्या बतलाऊँ, आई हेव नो ग्रज अगेंस्ट हिज वाइफ, मगर यह सच है कि वह महिपाल ऐसे जीनियस को समझ नहीं पातीं। इधर दुबले कितने हो गए हैं। मैंने कल उन्हें अमीनाबाद में सड़क पार करते हुए देखा था—आई कांट बियर दिस एनी मोर।" करते-करते डॉ. शीला का गला भर आया। उन्होंने अपना वैनिटी बैग खोलकर रुमाल निकाला।

शीला के कंधे पर हाथ रखकर उन्हें सांत्वना देते हुए सज्जन ने कहा—"डोंट बी फुलिश शीला, मैं जानता हूँ, महिपाल तुम्हारे लिए कैसा भाव रखता है। वह तुमसे जुदा नहीं रह सकेगा।"

"मैं मिसेज शुक्ला से उनके पति को छीनूँगी नहीं। लेकिन मैं फील करती हूँ कि महिपाल पर मेरा भी हक है।"

सज्जन गहरे विचार में पड़ गया। एक परिणीता और दूसरी प्रणयिनी। किसका हक माने, किसका न माने। प्रेम क्या किसी शास्त्र से बँध कर चल सकता है। किसी पर किसी का दिल आ जाए तो उसे कौन रोक लेगा? तुरन्त ही, थोड़ी देर पहले का प्रसंग उसके ध्यान में आया, जब उसकी सास अपने पति और जिठानी के प्रेमकांड को कोस रही थी—"लेकिन यह बात कुछ और है।"

शीला बोलीं—"तुम उनसे कह जरूर देना।"

"मैं उसे तुम्हारे पास जरूर भेज दूँगा। मैं कल सवेरे ही उसके पास जाऊँगा।"

"तुम इस बात का किसी से जिक्र न करना। नाट ईविन टू योर वाइफ।"

"नहीं-नहीं। खातिरजमा रखो। और तुम किसी तरह परेशान मत हो।"

अच्छा धर्म-संकट में पड़ा। कन्या अन्दर है, कहने पर शायद डॉ. शीला उससे मिलने के लिए वहाँ पहुँच जाएँ। वहाँ उसके अजीबो-गरीब साले साहब हैं, सास हैं।

सज्जन इस प्रकार हाँ-ना कुछ न कह कर बात को टालते हुए बोला—"तुम्हें परेशान होने की कोई जरूरत नहीं, शीला। तुम जानती हो कि महिपाल बहुत बड़ा और आर्टिस्ट स्कालर होते हुए भी बेहद अस्थिर बुद्धि का है। एनी वे, आई प्रॉमिस—मैं उसको तुम्हारे पास तक ले जाऊँगा।"

"उनके साले की शादी में शायद किसी ने हम लोगों के खिलाफ कुछ कहा था। उस वक्त उनकी वाइफ ने भी शायद इसको लेकर काफी कलह की थी। महिपाल दो दिन मेरे यहाँ रहे थे।"

"अच्छा, मुझे यह सब कुछ भी नहीं मालूम।"

"तुम मथुरा गए थे। ये सब बातें मैंने तुम्हें इशारतन इसलिए कह दीं जिससे कि तुम उन्हें समझदारी से हैंडिल कर सको...अच्छा तो चलती हूँ।" शीला दो कदम चली, फिर रुकी, नजर झुकाए हुए कहा—"भोलापन महिपाल के कैरेक्टर की सबसे बड़ी खूबी रहा है। इस बार वे अपने उसी भोलेपन को मार कर एक नई जहनियत अपने ऊपर जबर्दस्ती लाद रहे हैं। मैं उन्हें बहुत अच्छी तरह जानती हूँ। वे बहुत दिनों तक अपने ऊपर यह टार्चर बर्दाश्त नहीं कर पाएँगे—डरती हूँ कि उन्हें कुछ हो न जाए।"

सज्जन पोर्टिको की तरफ बढ़ते हुए दिलासा देता हुआ बोला—"शीला, खातिर जमा रखो, महिपाल अब भी उतना ही भोला है। कल—हाँ, कल ही तो—वह यहाँ सुबह ही आ गया था—

एंड विल यू बिलीव, हम लोग रात के साढ़े दस बजे तक बातें करते रहे—स्त्री-पुरुषों के रिश्तों की, जातियों की, आर्य-अनार्य कल्चर की, मैं तुमसे सच कहता हूँ कि अगर उसका भोलापन खो गया होता तो उसमें यह सब जानकारी हासिल करने के लिए उत्साह न होता। तुम यकीन मानो, ज्यादातर बोलने का काम वही करता रहा, न थका, न उकताया।''

''लिख रहे हैं ?''

सज्जन रुक गया। ''नहीं। मेरे खयाल में उसको शायद टाइम नहीं मिला। मैं तुम्हारा मतलब खूब समझ रहा हूँ, शीला। मगर मेरा खयाल है कि उसमें लिखने की शक्ति खूब बाकी है। यों तो अक्सर मैं ही महीनों एक भी तस्वीर नहीं बना पाता।''

''हाँ, आँ...अच्छा चलती हूँ।''

सज्जन ने रुकने पर जोर न दिया। ड्राइंग-रूम में जब पहुँचा तो देखा कि मिठाई की हँडिया कालीन पर फूटी पड़ी थी, कन्या की कनपटी से खून बह रहा था। शायद कुछ ही क्षण पहले यह वारदात हुई थी। सज्जन की सलहज कन्या का गाल अपने पल्ले से पोंछ रही थी, अम्मा खड़ी देख रही थीं और साले साहब फिर समाधि मुद्रा में बैठे हुए थे।

कन्या को चोट लगी देखकर सज्जन को गर्मी चढ़ आई। उसे देखकर वनकन्या की माँ अपना मूक व्यवहार छोड़ बेटी के जख्म के लिए विचलित हो उठीं। सज्जन से कहा—''देखो तो भैया मेरी तकदीर कैसी है। तुम इसे पागलखाने भिजवा ही दो। जहाँ एक अहसान किया है, वहाँ दूसरा भी कर दो।''

सज्जन का जी चाहता था कि अपने साले को बुरी तरह पीटे। ईरानी कालीन पर मिट्टी की हँडिया के टुकड़े बड़े मनहूस मालूम पड़ रहे थे। न जाने कहाँ से फूटे मिट्टी के बर्तन के साथ मृत्यु का सम्बन्ध उनके मन में इस समय समा गया था और यह चीज उसे बेहद खौला रही थी। सास को जवाब न देकर उसने अपनी पत्नी से कहा—''कन्या, माँ से मिल चुकीं, भीतर जाओ।''

''तो बेटा फिर तुम्हारे दरबार में हमाई सुनवाई नहीं हुई ?'' सास बोलीं।

''जी नहीं। मैं गलत काम में कभी किसी की मदद नहीं किया करता। कन्या जाओ।''

''भाभी को मैं अपने पास रखे लेती हूँ अम्मा। फिर पहुँचा दूँगी।''

''नहीं। हमारा पापियों के घर का कोई आदमी तुमाए याँ रहेगा तो छूत नहीं लग जाएगी—। नन्हे, उठ। चलें अब। जब अपने ही गैर हो गए तो गैरों को क्या कहें। अरे, जिसने अपने बाप को सारे आलम में ढिंढोरा पीट कर गिरफ्तार कराया, उस लड़की से कोई उम्मीद रखना ही मेरी सख्त भूल थी, मगर इतना कहे जाती हूँ कि इनसान को अपना वक्त अच्छा देखकर घमंड से फूल नहीं जाना चाहिए। अगर कल को यही तेरे शौहर ऐसी कोई गलती कर बैठें—''

अब तक संयत रहनेवाली कन्या अपने को सम्हाल न सकी। उसका चेहरा और आवाज, दोनों ही तमतमा उठे। बोली—''इनके ऐसे आदमियों से गलती भी होती है तो उससे भी किसी इनसान की भलाई ही हो जाती। इनसे किसी की बुराई नहीं हो सकती। इनके ऐसे आदमी हैं कितने दुनिया में—''

''बस—बस बहुत हो चुका। अब तुम जाती क्यों नहीं कन्या।'' सज्जन ने अपनी पत्नी को झिड़का और घंटी का स्विच दबाया। नौकर हाजिर हुआ—''रामगुलाम, माताजी के वास्ते एक ताँगा ले आओ। और यह कूड़ा साफ करवाओ।''

सज्जन के मिजाज का पारा चढ़ चुका था। इस समय जन-साधारण के प्रति अपनी करुणा को भूल, वह विशुद्ध एरिस्टोक्रटिक मूड में आ गया था। कन्या का हाथ घसीट कर बोला—''चलो।'' और उसने उसे रुकने न दिया। रामगुलाम को चलते-चलते आदेश दिया कि वह फिलहाल यहीं रहे।

बाहर गैलरी से एक नौकर को ड्राइंग हॉल में यह हिदायत देकर भेज दिया कि उस पागल पर पूरी नजर रखी जाए ताकि वह किसी चीज को खराब न कर सके।

इस घटना के बाद कन्या बेहद थक गई थी। सज्जन ने उसके उपचार में रियासती चोंचले करने चाहे, पर कन्या ने उसे बरज दिया। सोहाग-सुख से सन्तुष्ट वनकन्या ने अपने पति का ध्यान दूसरी तरफ करने का यथासाध्य प्रयत्न किया, परन्तु सफल न हो सकी। अपने स्कूल की बातें कीं, कई घरों की स्त्रियाँ सिलाई-बुनाई के काम के सिलसिले में उससे मिलने आई थीं, उसके सम्बन्ध में कुछ उखड़ी-उखड़ी सी चर्चा की, परन्तु हर बात जो शुरू होती उसका लगाव कहीं-न-कहीं आज शाम की घटना से निकल ही आता था; और शाम की घटना पर, कन्या के मैकेवालों के सम्बन्ध में दोनों एक शब्द भी मुँह से नहीं निकाल रहे थे।

प्रकट रूप से और-और बातें करते हुए भी कन्या का मन अपनी बात में फँसा था। उसने अपने पिता को दंड दिला कर न्याय किया या अन्याय, पाप किया या पुण्य—यह सवाल उसे अक्सर सताया करता था। अनेक स्त्रियाँ जो उसके सामाजिक कार्य में सहयोगी या विरोधी बनकर आती हैं, वे सब दबे-ढँके या खुलेआम यही कहती हैं कि कन्या ने पिता के विरुद्ध उठकर बहुत बड़ा अन्याय किया है, बड़ा अभारतीय, असांस्कृतिक कार्य किया है। आज उसकी माँ ने उसे यह भय दिलाने का प्रयास भी किया था कि बड़े आदमियों का कौन ठिकाना, आज ब्याह किया, कल जब मन भर जाएगा तो निकाल बाहर करेंगे। जब जात-बिरादरी में ढंग समेत होने वाली सादियाँ तक टूट जाती हैं तब इस तरह की नकली शादी का कोई भरोसा ही नहीं। कन्या उस समय बुरा लगने पर भी बात को टाल गई; किन्तु बाद को जब अम्मा ने फिर उसके पति को आड़ बना कर ऐसी बात की तब-तब उसके इत्ते-पित्ते जल उठे। 'अम्मा को मेरे पति से ईर्ष्या है। अम्मा को मेरे सौभाग्य से ईर्ष्या है।'—यह विचार उसके मन में जम कर बैठ गया, और उसे अपनी माँ पर बेहद क्रोध आ गया। इसके पहले नन्हे बाबू ने मिठाई की खाली हँडिया उस समय अपनी बहन पर खींच मारी थी, जब उसने बाबू को छुड़ाने में मदद करने से अम्मा को साफ 'ना' कही। मौके की बात थी कि हँडिया का पूरा जोर कन्या के मुँह पर न पड़ा, बाईं कनपटी के पास गाल की हड्डी पर टक्कर मारती हुई हँडिया कन्या के कंधे से पीछे गिर कर फूट गई। गाल में तेज खरोंच लगी, खून झलझलाने लगा, बहने लगा। कन्या ने भाई के हाथ की मार होश में पहली बार खाई थी; माँ-बाप और चाची के हाथ की मार तो बहुत खाई। विधवा चाची तो अपने जार के सुहाग की ठसक में पिछले साल तक उस पर हाथ उठा चुकी हैं, जिस पर घर में भयंकर महनामथ मचा था और पिता ने उसका पक्ष लेकर बोलनेवाली अम्मा तक को लकड़ियों-लकड़ियों पीटा था। स्त्रियों की पिटाई उसके घर का आम रिवाज रहा है—जब अम्मा के ग्रह-नक्षत्र अनुकूल रहते तब चाची की छड़ी-पूजा होती, और जब चाची के ग्रह प्रबल होते तब अम्मा का यही हाल होता। नन्हे की अभागी बहू ने केवल अपने पति के हाथ की मार ही खाई और कन्या की स्वर्गीया चचेरी भावज ने मरने के एक साल पहले से—जब से वह कन्या की माँ से षड्यंत्र द्वारा अपने नृशंस घृणित चचिया ससुर की पशुवृत्ति का शिकार बनी तब से—सास, चचिया सास और कन्या के राक्षस पिता के हाथों आए दिन बहाने-बहाने से मार खाई। विवाहिता श्रीमती वनकन्या वर्मा को भाई के हाथ की मार तो न लगी (क्योंकि भाई के प्रति उसका ममत्व अखंड था) परन्तु अपने मायके के जीवन की सारी कलह और मार-पीट उसके होश में आ गई।

इस समय चीनी नक्काशी के बेशकीमत पलंग पर रबड़ के मुलायम गद्दे पर बाँह के सहारे सिर उठाए लेटी हुई, बड़े घर, अनेक नौकर-चाकरों की स्वामिनी, पिया की प्यारी सुहागिन अपने पिछले जीवन का ध्यान कर मन ही मन छटपटा रही थी। कैसे वह सारा कलुष उसके जीवन से धुल जाए; एक बात, जो उसके पति के मन में चल रही थी, वही उसके मन को भी अपने ढंग

से मथे डाल रही थी—अपने पीहरवालों को अपना मानने में उसे बड़ी शर्म आ रही थी। यह शर्म उसे शर्मनाक लगती थी, अपने-अपने ही रहेंगे, नाते का बन्धन अटूट है।

शाम की घटना पर बात करने की इच्छा बड़ी देर से घुटते-घुटते अब फूट पड़ी। कन्या बोली—"नाता भी क्या अजीब चीज है, केवल जुड़ना जानता है, टूटना नहीं।"

"सिर्फ भावुकों और ईमानदारों के लिए— " कहते हुए पलंग के पास ही चीनी नक्काशी की कुर्सी पर सज्जन थोड़ा और पसर गया और पैर पलंग के सहारे रख लिए।

"हाँ ...आँ, लेकिन नाता तो कोई भी, किसी हालत में भी नहीं तोड़ सकता। मान लो कि कल को तुम्हारी तबीयत मुझसे भर जाए और तुम उसी तरह किसी और पर रीझ जाओ जैसे मुझ पर रीझे थे— "

"कहती जाओ, कहती जाओ! तुम्हारे इस मजाक के नश्तर को मैं बड़े धीरज के साथ बर्दाश्त कर रहा हूँ।"

कन्या हँसी, बोली—"मैं तो सिर्फ एक मिसाल दे रही हूँ। ऐसा होता नहीं है क्या? आज मिले, कल शादी हुई, परसों डाइवोर्स—नरसों से फिर नया मिलन, नई शादी, नया डाइवोर्स, पर मैं पूछती हूँ, तलाक दे देने के बाद भी कभी मिलने पर वे भूतपूर्व पति-पत्नी क्या अपना पुराना नाता भूल सकते हैं?"

"मेरे खयाल में, नहीं। महाकवि बायरन और उसकी पत्नी का प्रेम तलाक के बाद गहरा हुआ।—पर इसमें मेरी मिसाल कहाँ से आ गई थी?"

"अरे, तुम तो मजाक में लापरवाही से कही हुई बात को भी गम्भीर बना रहे हो। इसके माने हैं कि तुम्हारे मन में कहीं चोट-कचोट है।"

"हातिमताई ने कहा कि ऐ नेकबख्त, यही सवाल मैं तेरे लिए भी दुहरा सकता हूँ।" सज्जन ने अभिनय के अंदाज में कहा।

कन्या मुस्कुराई, कहा—"मेरे इस लापरवाह मजाक और मेरे सब-कांशस में कोई चोर बोल रहा है—यही न?"

"यस मंदेमजेल, इफ यू दोंत माइंद।"

"अजी जाइए भी, मेरे मन में चिड़ियाखाना नहीं बसा आपकी तरह। इस मजाक का एसोसिएशन बतलाऊँ आपको?"

"इरशाद— "

"जब तुम डॉक्टर शीला स्विंग के साथ थे, उस समय अम्मा ने मुझे ये डर दिलाया था। मेरी हँसी रोके न रुकी उस वक्त भी।" कह कर कन्या के गले से जबर्दस्ती की खिलखिलाहट गूँज उठी।

सज्जन एक नजर में ताड़ गया। हँसी और बौद्धिकता के इस आडम्बर की आड़ में अगरबत्ती के धुएँ की बारीक लकीर जैसे लहराते हुए कन्या के भय पर सज्जन की सहानुभूति उमड़ी। अपनी सरल, सुन्दर और कुशल पत्नी के भोले चेहरे पर प्यार लहराया; सज्जन ने गम्भीर और शान्त-मधुर स्वर में कहा—"कन्या, एक बात जिन्दगी भर बार-बार, और किसी भी समय आजमाना, तुम्हारे इस जीवन-साथी में लाख बुराइयाँ क्यों न हों—और हैं भी—मगर उसमें एक अच्छाई भी है। मैं जब तक ठानता नहीं तब तक की बात और है, लेकिन मेरा मन जब किसी की बात पर जम जाता है तो वह बात पत्थर—नहीं बल्कि पहाड़ बन जाती है। तुम कभी भी आजमा देखना।"

विश्वास से स्थिर और प्रिय की प्रशंसा से चमकती हुई पुतलियाँ सज्जन के बोलते चेहरे में रम गई थीं। सज्जन यद्यपि कन्या को सीधा देख रहा था, फिर भी अपनी पत्नी की मुग्धावस्था की ओर उसका खास ध्यान नहीं गया। इस समय, ईमानदारी के क्षणों में, उसकी अन्तर्दृष्टि अधिक

सचेत थी। एक क्षण रुक कर सज्जन ने कहा—''तुमसे पहली बार मिलने पर ही मेरा मन बहुत चुपचाप तरीके से तुमसे बँध गया था। सुन्दर तो तुम हो ही, पर उस दुःख और विद्रोह के पलों में भी तुम्हारे दिल की सुन्दरता देखकर ही मैं काफी प्रभावित हुआ। मैं तुम पर रीझ गया, मगर वो मौका ऐसा नाजुक था कि उस समय तुम पर आशिक होने में मुझे बड़ी शर्म आई। बस, उसी क्षण से मेरे मन के अन्दर देव और दानव का महायुद्ध मच गया। फिर तो तुम अचानक आ ही गईं। मैं तुमसे सच कहता हूँ...रीझा-रिझाया तो इससे पहले भी कई बार था, पर तुम्हारे व्यक्तित्व से मैं बँध गया। इस तरह का अनुभव मुझे पहली बार ही हुआ था।''

''मैंने भी पहली बार ही तुम्हारे साथ अपने मन के बन्धन को महसूस किया। और सच बतलाऊँ, मुझे अपनी हार-सी अनुभव हो रही थी।''

''अब ?''

''अब हारजीत की बात उस तरह से मेरे मन में नहीं आती। हाँ, एक विश्वास मेरे मन में जीत की तरह अवश्य छा गया है।''

''क्या ?'' पूछते हुए सज्जन सिगरेट के वास्ते कुर्सी से उठा। चीनी ड्रेगनों की बड़ी नफीस सजावट भरी बेल से नक्श पलंग के पायताने और उसके पास रखी वैसी ही नक्काशीदार कुर्सी के बीच से गुजरता, प्रश्न पूछता हुआ दीवाल से सटी रखी वैसी ही नक्काशीदार सिंगार मेज के पास पहुँचा, सिगरेट का टिन और लाइटर उठाया, सिगरेट जलाई, टिन और लाइटर वहीं रखा, कश खींच धुआँ छोड़ते हुए आधे मिनट खड़ा-खड़ा सुनता रहा। फिर पलंग पर आ सिरहाने से लगकर बैठ गया।

वनकन्या की दृष्टि और गर्दन अपने पति के साथ ही साथ घूमती रही, वह बातें करती रही। जब वह उसके पास ही आकर बैठ गया तब कन्या भी उठकर बैठ गई।

सज्जन के प्रश्न के उत्तर में कन्या ने कहा—''तुम्हारे सवाल का जवाब संक्षेप में तो केवल इतना ही है कि मुझे अपने जीवन-साथी के साथ निबाहने पर विश्वास है।''

''कैसे ?''

''सज्जन, हर बात के साथ लगे हुए हर प्रश्न-चिह्न का जवाब देना बड़ा कठिन होता है।...अब यही देखो कि मैं कितने विश्वास के साथ पहली बार तुम्हारे पास आई थी। तुम्हारे प्रति मेरा यह विश्वास अचानक कैसे जम गया ? तुम्हारे आकर्षण से मैंने बचने की कितनी कोशिश की पर बच न सकी—क्यों ? उस दिन लाइब्रेरी वाले कमरे में तुम्हारे जिस रूप का परिचय मुझे मिला उससे तो मेरे विश्वास की धज्जियाँ उड़ जानी चाहिए थीं, पर ऐसा न हुआ।—''

''प्रेम और देह का नाता है। देह की भूख भी ऐसे विश्वासों की आड़ में—''

''जानती हूँ। और अब तो साफ-साफ यह देख भी रही हूँ—तुमसे ईमानदारी के साथ कह भी सकती हूँ—उस दिन का तुम्हारा प्रहार मेरे मन को तुम्हारे सामने हर तरह से मजबूर कर गया।''

''इसका कारण तो साफ है, साइकोलॉजिकल है। स्त्री पुरुष से केवल कविता की चाह नहीं रखती, उसकी कठोरता भी स्त्री को बेहद आकर्षित करती है। जाने कहाँ मैंने पढ़ा था, शायद बंकिमबाबू ही ने कहीं लिखा है कि स्त्रियों को लाल मिर्चों और कठोर पत्तियों की बड़ी चाहना होती है।''

''हो सकता है। पर सज्जन, तुम यकीन मानो अगर मैं तुम्हारी शराफत से पूरी तौर पर प्रभावित न होती तो तुम्हारी कठोरता ने मुझ पर शर्तिया उलटा असर किया होता।...पुरुषों के प्रति—घृणा तो नहीं कर सकती पर तीव्र विरोध की भावना मुझमें सदा से ही रही है; पर तुमसे विरोध करके भी मैं कभी सुखी न हो पाई। तुम जब मुझ से खिंचे-खिंचे रहते थे तब मुझे बराबर यह डर लगा रहता था कि कहीं—''

"मगर इसमें डरने की क्या बात थी?"

"नाता टूटने का डर था। तुम मेरे जीवन का सबसे बड़ा नाता बन चुके थे।" आँखों में लाज और नेह, होंठों पर सिंगार भरी मुस्कराहट आ गई।

सज्जन उस भाव पर रीझ गया। उसकी अर्द्धांगिनी तन से जितनी सुन्दर थी, उससे कहीं अधिक उसका मन सुन्दर था। भावावेश में आकर उसने गले में हाथ डाल कर उसका सिर अपनी छाती पर दबाते हुए कहा—"मैं बड़ा ही अभागा होता जो तुमसे ये नाता टूट जाता।...अब इस डर को अपने दिल के हर गोशे से निकाल दो। हूँ?"

"शुरू-शुरू में माँजी और डैडी में भी तो बहुत प्रेम था, तुम बतलाते थे। मगर—" कन्या सिर उठा कर सीधी बैठ गई। सज्जन का हाथ उसके गले में पड़ा रहा।

"डैडी की बात छोड़ दो। उन्हें योरोप की बुरी हवा लग गई थी।"

"माँजी ने बहुत दुख पाया?" कन्या ने पूछा।

"हाँ, दुख तो होता ही है...अलीजान, ये हमारा बूढ़ा दरबान जो अभी—"

"हाँ-हाँ, समझ गई।"

"वो बतलाता था कि योरोप से लौटने के कुछ ही दिन बाद डैडी एक दिन बेहद नशे में थे, माँ पर बहुत बिगड़े और कहा कि निकल जाओ मेरे घर से।"

"अरे!"

"माँ भी बेहद स्वाभिमानिनी थीं। उन्होंने उसी समय नौकर को चुपचाप तारघर भेज कर अपने पिता को सूचना भिजवा दी। मेरी दादी को यह बात मालूम न हो सकी। उधर मेरे नानाजी को जैसे ही तार मिला वैसे ही उन्होंने बिदा का मुहूर्त निकलवा कर मेरे मामाजी को भेजा—"

"तुम्हारी ननिहाल कहाँ है?"

"ओ— तुम्हें नहीं मालूम। दिल्ली में। वे लोग भी बड़े पैसेवाले हैं। अब बुजुर्गों में तो सिर्फ मेरे छोटे मामाजी ही बचे हैं। मेरे कजिंस में बँटवारा हो चुका है—मगर मेरे रिश्ते सबसे बड़े ही कॉर्डियल हैं। कभी तुम्हें लेकर चलूँगा।"

"हाँ, तो मामाजी को भेजा—"

"हाँ। मेरी दादी को बड़ा दु:ख हुआ। माँ से बोलीं कि बहू, मैं तो समझी थी तेरी माँ ने तुझे सिखा दिया होगा कि बड़े घर की बहुएँ ससुराल की देहली पर चढ़कर फिर चार के कंधे पर ही बाहर निकलती हैं।"

"वाह! क्या एक्प्रेशन है!"

"पहले के लोग इसी तरह जमा कर बात कहा करते थे।"

"फिर माँ ने क्या कहा?"

"कुछ न कहा। उन्होंने अपनी सास की बात आजीवन निबाही। मरते समय दादी ने फिर उन्हें घरबार सँभालने और घर की देहरी जीते जी न छोड़ने की सलाह दी थी और जहाँ तक मुझे होश है उसके बाद डैडी और माँ का जीते जी फिर कोई सम्बन्ध नहीं रहा था। डैडी के मरने से बहुत पहले ही माँ विधवाओं जैसा जीवन बिताने लगी थीं।"

सज्जन ने एक गहरी नि:श्वास छोड़ी। कन्या के ऊपर भी बात की ऐसी ही प्रतिक्रिया हुई, उसकी आँखों में आँसू छलछला आए। उसने कहा—"औरत की स्थिति हर जगह ऐसी ही नाजुक रहती है। वह बेचारी सिर्फ दुख भोगने के लिए ही पैदा होती है इस देश में।"

कन्या को सांत्वना देते हुए, साथ ही अपने गुनाह भरे दिल को भी नई आस्था से भरते हुए सज्जन ने कहा—"हाँ, यह सब भी अब इतिहास की पुरानी बातें ही हो गईं। नए स्त्री-पुरुष अब आपस में बराबरी बरतने की ओर बढ़ रहे हैं।"

"कहाँ की बराबरी! यह बराबरी भी एक झूठा ढोंग है। इस बराबरी में स्त्री अब स्त्री न रहकर गुड़िया रह गई है। पुराने आचार-विचारों ने उसे दासी और वेश्या बनाया था, अब महज वेश्या है।"

"यह एक बीच का दौर है कन्या। समाज का आर्थिक ढाँचा बदलते ही वह बेतुका खेल भी बन्द हो जाएगा। आदम की बीवी अब दिनों-दिन होशियार होती जाती है।"

कन्या हँसी, कहा—"मैं निराशावादी नहीं हूँ फिर भी मुझे अभी वह स्थिति बहुत दूर नजर आती है जब कि स्त्री और पुरुष को समानता मिलेगी।"

"इनसान की जहनियत में यह समानता का भाव अब अरसे तक पनप चुका है। महिपाल बतलाता था कि पुराने आर्यों की स्त्रियाँ पुरुषों का साथ, अपने पतियों का साथ, बराबरी का दरजा पाती थीं। राजसिंहासन पर साथ-साथ बैठना, लड़ाई के मैदान में साथ देना, यह सब बातें गवाह हैं। कार्तिकेय के साथ उनकी माताएँ राक्षसों के खिलाफ लड़ने गई थीं। दशरथ ने लड़ाई के मैदान में ही कैकेयी को बचन दिया था—"

"और दशरथ के बेटे राम ने क्या किया?"

"खाना लगाएँ मेम साहब?" नौकर ने दरवाजे के बाहर आवाज दी।

"हाँ।—(सज्जन से) राम ने यज्ञ में सीता की प्रतिमा को अपने साथ बिठला कर इस समानता का ढोंग भी शुरू कर दिया था। द्रौपदी की क्या हालत हुई। अगर स्त्री-पुरुष में समानता का भाव था तो लड़ाइयों के वक्त जीतने पर लोग हारे हुए शत्रुपक्ष की स्त्रियों की इतनी दुर्दशा क्यों करते थे। और क्या आज तक वह दुर्दशा नहीं होती आ रही? दूसरी लड़ाई के दौर में योरप में क्या हुआ? हिन्दुस्तान-पाकिस्तान का बँटवारा होने पर हिन्दू-मुस्लिम स्त्रियों का क्या हुआ? क्या इसी तरह इतिहास के पुराने जमाने से लेकर आज तक नारी की समानता प्रतिष्ठित हुई?" कन्या कहते-कहते सात्विक जोश में आ गई थी।

सज्जन कुछ अधिक कह न सका। उसके चेहरे पर एक प्रकार का खिसयानापन बरसने लगा था, एक क्षण रुक कर उसने कहा—"तुम्हारी बात सही है, लेकिन यह भी तो सोचो कन्या कि आदर्श पूरे समाज में पूरे तौर पर कभी लागू नहीं होता है। हाँ, आदर्शों के सहारे समाज में ऊँचे उठने की चेतना बराबर बनी रहती है। मुझे यकीन है कि अगले पचास-साठ बरसों में स्त्री-पुरुष की यह ऐतिहासिक समस्या सुलझ जाएगी।"

पलंग से उठते हुए कन्या सनक भरी हँसी हँस कर बोली—"देखो, कम से कम हमें आशा तो ऐसी ही रखनी चाहिए। लेकिन यह बात मुझे उस समय तक असम्भव मालूम पड़ती है जब तक कि पुरुष की धन-सम्पत्ति के उत्तराधिकारी उत्पन्न करने की मशीन स्त्री बनी रहेगी।"

सज्जन विचारमग्न मुद्रा में हँसकर बोला—"हिन्दू कोड बिल तो आ रहा है; डेथ-ड्यूटी भी लगने वाली है। प्राइवेट जायदाद खत्म होते ही उत्तराधिकारी पैदा करने की माँग फिर स्त्री से न की जाएगी।"

"जल्द खत्म हो जाए ईश्वर करे! उत्तराधिकार की वजह से ही समाज में लड़कों की स्थिति लड़कियों से कहीं ज्यादा अच्छी मानी जाती है। आओ, अब चलो खाना खा लो। सुकरू बेचारा मुझसे कह गया था कि हमारे जल्द खा लेने से नौकरों को फुर्सत मिल जाएगी। वे लोग रात में होली का गाना-बजाना करेंगे।"

सज्जन ने अलसाए हुए ढंग से अपना हाथ उठा दिया पर खुद न उठा। कन्या उसका भाव समझ कर मुस्कराई फिर पास आकर उसका हाथ पकड़ कर उठाने लगी। सज्जन ने उठने के बजाय उसे अपनी बाँहों में लपेट लिया और उसका मुख चूमते हुए बोला—"स्त्री-पुरुष का यह आकर्षण कभी न मिटेगा।"

"अच्छा उठो।"

बाहर जाते हुए सज्जन ने कहा—"यह पहली होली है जब मैं एक शरीफ गृहस्थ की तरह बगैर नशे के हूँ।"

"इतने गहरे नशे में डूब कर भी अब क्या और किसी नशे की चाह रह गई है?" मदभरी आँखों से देखते हुए कन्या ने कहा।

सज्जन ने मुस्करा कर उसकी ओर देखा, कहा—"नहीं।"

53

होली के दिन सज्जन के घर बाबा रामजी और उनके उन सब पागल रोगियों का निमंत्रण था जो किसी हद तक मानसिक स्वास्थ्य लाभ कर चुके थे। सज्जन ने एक बस चार घंटे के वास्ते किराए पर ले ली थी, उसी पर बाबाजी अपनी मंडली के साथ पधारे थे। सज्जन की आलीशान कोठी में अपने गणों के साथ प्रवेश करते हुए बाबा रामजी सज्जन को साक्षात् शिव के समान लगे। माँ के ठाकुरद्धारे में ही सबको बैठाया। कन्या रसोईघर में थी। सज्जन आज विशेष उत्साह में था। माँ की मृत्यु के बाद आज पहली बार उसके घर में त्योहार सुचारू रूप से मनाया जा रहा है—इस समय बाबा रामजी की मंडली का निमंत्रण है, शाम को कर्नल और महिपाल सपरिवार आएँगे। सब नौकरों को होली के पकवान और एक-एक रुपया 'त्योहारी' दी जाएगी, साथ में एक-एक कुरता धोती और बसन्ती साफा भी।

आज सबेरे से ही कन्या बेहद व्यस्त है, नौकरों को भी दम मारने की फुर्सत नहीं। कन्या ने सब को आश्वस्त कर दिया है कि कल दिन भर सबको पूरी-पूरी छुट्टी मिलेगी।

सज्जन ने मन्दिर को फूलों से खूब सजाया है, ठाकुरजी को रंग छिड़के हुए कपड़े पहनाए हैं। चाँदी के बड़े कटोरे में रंग भरकर सोने की दो छोटी-छोटी पिचकारियाँ ठाकुर जी के सामने रखी हैं। माँ के चित्र पर बड़े-बड़े गुलाबों का हार पहनाया है। बाबाजी सज्जन की प्रसन्न मुद्रा देखकर बोले—"क्यों रामजी, ऐसा सुख पहले भी कभी मिला था?"

"नहीं बाबाजी।"

"गृहस्थ आश्रम से बढ़कर और कोई आश्रम नहीं है।"

"यह कैसे बाबाजी? मैं तो समझता हूँ कि संन्यासियों से बढ़कर और कोई सुखी नहीं है।"

"जोगी संन्यासी का सुख अद्‌भुत है, इसमें कोई सन्देह नहीं, पर देस काल के उपयुक्त हमारा सिद्धान्त तो ये है कि परम ज्ञान का मजा अकेले में लिया तो क्या लिया राम जी?—सच्चा आनन्द तो कर्मजोग में है और कर्मजोग की कसौटी है गृहस्थी आश्रम।"

"लेकिन सारा दुख तो गृहस्थ आश्रम के कारण ही है। गृहस्थी के लिए ही मनुष्य एक दूसरे पर अत्याचार करता है, तरह-तरह के पाप करता है—"

"और गृहस्थी में रह कर मनुष्य पुन्य भी बहुत करता है, कर सकता है। गृहस्थी न होवै तो दुनिया का रूप कैसा हो रामजी? हमारी तरह सब लँगोटी धारी हुई जावैं तो यह सृस्टी कैसे चलैगी?"

"न भी चले तो कोई हर्ज नहीं बाबाजी। चलकर ही क्या कर रही है? अभी एटम बम बना है; सुना है कि हाइड्रोजन बम भी बनकर तैयार हो गया है। और भी न जाने क्या-क्या संघारक शक्तियाँ बनेंगी—फिर ऐसी सृष्टि से लाभ क्या?"

बाबा राम जी हँसे, कहा—"भगवान को मानते हो?"

सज्जन इस प्रश्न से अचकचा उठा, फिर सँभल कर कहा—"समझ में नहीं आता महाराज कि मानता हूँ या नहीं। अभी जब मथुरा गया था तो कृष्ण भगवान की जन्मभूमि देखकर यह सोचा कि भगवान शायद मनुष्य ही हैं। हमारे यहाँ राम-कृष्ण आदि सब अवतार आखिर जन्मे तो मनुष्य के ही रूप में ही हैं।"

''जथार्थ है राम जी, मैं भी यही मानता हूँ। भगवान केवल मनुस्य रूप ही में नहीं परन्तु जीवमात्र में हैं। हाँ, यह भले कहिए कि इसकी चेतना मनुस्य में ही सबसे अधिक होती है, इसीलिए भगवान व्यासदेव कह गए हैं कि मनुस्य से बड़ा और कोई नहीं। तब फिर क्या इतनी महान् जाति आत्मघात करके मरेगी? यह बात सोचना भी विचित्र मालूम पड़ता है। राम घट-घट व्यापी हैं। उन पर विश्वास रखो।''

सज्जन के मन में एक जिज्ञासा उत्पन्न हुई; परन्तु प्रश्न करने में हिचक हुई; बात मुँह तक आते-जाते रुक गई। बाबा राम जी अपनी छोटी-छोटी चमकती आँखों से उसे देखकर मुस्कराए, फिर बोले—''यों तो अभ्यासबस सब में ही भगवान् को देखता हूँ, पर परम रूप का दर्सन तो अभी हमैं नहीं मिला राम जी। जिन्होंने देखा है, वे कहते हैं कि अनुभव से राम जी भी परम सिद्ध के रूप में जीव को मिलते हैं। हमैं उनकी बात पर श्रद्धा है। बाकी सत्य तौ अनुभव-गम्य है। इसलिए प्रयत्न करते हैं। होगा तो मिलैगा; नहीं मिलैगा तो खड्डे में जाए, हमै अपनी निस्काम सेवा ही में परम सुख मिल रहा है। हम तो इसी धरती में भगवान् को बिचरते हुए देखकर परम सन्तुष्ट हैं।''

''और बाबाजी, यह जो आप बैठे-बैठे ही दूसरों के मन की बात जान लेते हैं, भविष्य वर्णन करते हैं— ''

बाबाजी खिलखिलाकर हँस पड़े, बोले—''इसमें रहस्य कुछ नहीं है रामजी। अनुभव से सब कुछ सिद्ध है और अनुभव साधना से सिद्ध है। सकल पदारथ या जग माहीं, कर्महीन नर पावत नाहीं।''

सज्जन विचार में पड़ गया। एक दुनिया जो उसे अब तक रहस्यलोक की नजर आ रही थी—जिसके कारण भारतवर्ष संसार में 'रहस्यमय भारत' के नाम से प्रसिद्ध है—वह बाबाजी के कथनानुसार अति सरल है, साधना द्वारा सुलभ है। कैसी है वो साधना? क्या वह नहीं कर सकता?

''क्यों नहीं कर सकते राम जी? मनुष्य के लिए असम्भव कुछ नहीं, उसके इच्छा करने मात्र की देर है।''

''इच्छामात्र करने की देर है! इच्छामात्र करने की देर है!!''—सज्जन को लगा कि मानो क्षण भर में उड़कर उसने सब कुछ सिद्ध कर लिया। इस भावावेग से उसमें स्फूर्ति, आनन्दभरी तन्मयता भर गई।

''हाँ, सिद्ध कर लेने पर सब कुछ क्षण भर में ही प्राप्त होता है, पर सिद्ध करते समय लगता है, सक्ति लगती है। जिस मनुष्य में संजम और धैर्ज्य नहीं, वह साधक नहीं हो सकता।''

''परन्तु मेरा विश्वास है, मैं कर सकता हूँ।''

''तब ठीक है। अपने विस्वास को कर्म की कसौटी पर अजमाइए।''

''मुझे क्या करना होगा?''

''सेवा।''

''किसकी?''

''राम की। राम, जो घट-घट में रम रहा है। तुम्है अपने स्वामी की— ''

''बाबाजी, क्षमा कीजिएगा, बात काटता हूँ, मैं भगवान् का दास क्यों बनूँ?''

''मत बनो। वात्सल्य भाव से पूजो, सखा भाव से भजो, आत्म भाव से भजो।''

''किसी भाव से भजो, सेवक तुम्है हर हालत में बनना ही पड़ेगा। माता अपने बच्चे की सेवा करती है, मित्र मित्र की सेवा करता है, मनुष्य स्वयं सेवा भी करता है। सेवा क्या छोटी वस्तु है राम जी? याद है, एक बार पहले भी आप ये प्रिस्न कर चुके हैं।''

सज्जन लज्जित हो गया, बोला—''जी हाँ बाबाजी ये बड़प्पन की दुर्भावना मेरी तर्कबुद्धि को बहका देती है।''

"बड़प्पन की भावना बुरी नहीं, क्योंकि ये बड़प्पन तो राम का है। राम घट-घट व्यापी हैं, अतएव उस बड़प्पन के प्रति भाव रखो। हम तो राम जी, न पढ़े न लिखे—हाँ अनुभव से जो विचार उत्पन्न होते हैं, उन्हें गुनते, धुनते और बुनते रहते हैं। तुम तौ बहुत घूमे हौ, पढ़ा है, सुना है, विद्वानों का सत्संग किया है—कैसे-कैसे बिसाल मन्दिर, भवन, मूर्तियाँ, विज्ञान के करिस्मे राम जी की सक्ति ने इस पृथ्वी मंडल पर दरसाये हैं! उसी सक्ति को भजो—उसी में लीन हो जाओ।"

"बड़ा कठिन है...।"

"हाँ, कठिन हमको भी लगता है।—और आप तौ राम जी, ऐसे-ऐसे भव्य चित्र आँक लेते हौ। हम नहीं आँक पाते। हमैं बड़ा कठिन लगता है। आप इतना कठिन काम कैसे कर लेते हौ राम जी ?"

सज्जन श्रद्धा के आवेश में बाबाजी के चरणों में झुक गया। बाबाजी ने बड़े स्नेह से उसे उठाया और कहा—"गीता में भगवान ने कहा है कि अभ्यास से जोग होता है। और अभ्यास किस बात का होय कि 'जोग: कर्मसु कौसलंग'—अर्थात कर्म की कुसलता ही जोग है। जितना मन-बचन-कर्म से काम में लीन रहौगे उतनी ही कुसलता प्राप्त होएगी।"

"बड़ा कठिन होता है। महाराज। माया-मोह विकार बाँध लेते हैं—संसार में रह कर गृहस्थी के बन्धन में रह कर—"

"राम जी ये अज्ञानी का मत है, बिज्ञानी का नहीं। हमै बताओ कि ये आटमबम बनाने वाले लोग कौन जंगलों में, गुफाओं में रहते हैं? साधना ही से तौ सिद्ध किया है न उन्होंने।"

"परन्तु नाश को सिद्ध किया है उन्होंने!"

"ठीक है, तुम निर्माण को सिद्ध करौ! जिसकी चेतना बिराट होयगी उसकी बिजय होयगी। द्वंद्व न होय तो चेतना का रहस्य कैसे समझ में आवै—बिकास कैसे होवै? हम तो कहते हैं राम जी, जोग का मार्ग गृहस्थाश्रमवालों के लिए ही है।"

कन्या आई। बाबाजी बोले—"क्यों राम-भगतनियाँ, लक्छमी का आनन्द अनुभव किया ?"

कन्या झेंप गई, नजरें नीची किए मुस्कुरा कर कहा—"जी हाँ, बाबाजी, लेकिन उतना ही जितना कि मुझसे साध्य है।"

"क्यों? यह देखौ, कैसा आलीसान महल है तुम्हारा। इत्ते नौकर-चाकर हैं। क्या नहीं है तुम्हारे पास? मजे से पलंग पै पौढ़ के हुकुम चलाया करौ ?"

बाबाजी के कहने के ढंग और आँखों की विनोद-भरी चमक ने पति-पत्नी को रुला दिया। सज्जन बाबाजी की ओर हाथ बढ़ा कर बोला—"सच्ची लक्ष्मी तो इस देह रूपी महल में बिराजती है, महाराज! हम उसका सुख भला क्या जानें।"

"सुख-दुख तो भाव में है, राम जी। जिसमें सुख मानो वही लक्छमी है। श्री और कुछ नहीं है राम जी—जैसे प्रात:काल सूर्ज नारायण जब अतरिक्छ के गर्भ में रहते हैं और आकास पर उसी का चमत्कार फैलता है—वैसे ही यह तेज भी अन्तर के भाव का विकास है।"

सज्जन लक्ष्मी की यह नई परिभाषा सुन कर चमत्कृत हो उठा।

बाबाजी कहते गए—"बंगाल में, राम जी, रामकृस्न परमहंस महाराज रहे, तौन एक हाथ में सोना और दूसरे हाथ में कंकड़ लै के दोनों को अपने मन में समभाव पर स्थित कर देते थे। किस कारन से? इसलिए कि वह अनंत स्त्री से बिभूसित थे। राजा जनक रहे, उनको नौकर-चाकर, फौज-फाटा, महल-दुमहले कौन चीज की कमी रही? भगवान के ससुर, जगदम्बा के पिता, गृहस्थ आस्रमी, राजा। फिर भी उन्हें अपने इस सुख से कोई मोह नहीं, क्यों? इसलिए कि वह अनंत स्त्री से बिभूसित थे।"

"सुनने में तो बात अच्छी लगती है, बाबाजी, पर समझ में नहीं आती।" कन्या ने कहा। "हम जिस वातावरण में रहते हैं क्या उसका प्रभाव नहीं पड़ता। मैं अपने जी को जानती हूँ। इतने वर्षों

तक लक्ष्मीपतियों के सुख-चोंचले के प्रति घृणा रखते हुए भी आज जब उसी वातावरण में आई हूँ तो एकाएक इस बात से भी इनकार नहीं कर पाती कि इस वैभव-विलास का अपना एक आनन्द है जो धीरे-धीरे और संयमी से संयमी मनुष्य को भी—मग्न कर देता है। मेरे नैतिक सामाजिक विचार भले ही मुझे सम्हाले रहें—''

''हाँ, बेटी, यही नियम-संजम, अचार-विचार ही तौ वास्तविक श्री है। अभी तुम्हारे पास थोड़ी पूँजी है, इसलिए बाहर की बड़ी पूँजी से तुम प्रिभावित हुई जाती हौ—जैसे दरिद्री लखपती से प्रिभावित होता है, लखपती करोड़पति से प्रिभावित होता है। तुमको एक दृष्टांत देवैं। राजा जनक बिदेही कहलातै रहे। तौन सब रिसि-मुनियों को यह भया कि हम तौ ससुर कंदमूल खाएँ, तपिस्या करैं और यह राजा हुई के भी हमारी पदवी पाय जाएँ।—एक महात्मा रहे। वे बहुत लाल-पीले हुइकै जनकजी के दरबार में आए और कहने लगे कि हमारी समझ में यह नहीं आता कि तुम इतना राजसुख भोग कर भी कैसे विदेही हो सकते हौ। भगवान के चरनों में तुम्हारा मन कैसे बैठ सकता है। महात्मा बोले, बताओ तो बताओ, नहीं तो हम आज तुम्हारा सब ढकोसला भंड़ाफोड़ कर देंगे। राजा जनक बोले, महाराज, आप सुस्ताय लो, भोजन आदि कर लो, तब बैठि कि विचारि करेंगे। सो महात्मा की राजा के यहाँ बड़ी खातिरदारी भई। जब वह अस्नान-ध्यान पूजा-पाठ से निपट गए तौ राजा उन्हें रसुइयाँ में लै गए। सोने की चौकी, सोने का थाल, और छप्पन पकवान रामजी—बड़े-बड़े इंतिजाम रहै। बाकी राजा जनक ने एक टिरिक यह की रही कि जिस आसन पर वह महात्मा बैठ कर भोजन करनेवाले रहै उसके ऊपर एक नंगी तलवार कच्चे धागे में बँधवाय दी रही। महात्मा बड़े सकपकाए। भोजन करने बैठे तौ, पर उनका सारा चित्त अपनी खोपड़ी पर लटकती भई तलवार ही में जमा रहा। राजा पूछैं, महाराज कढ़ी कैसी बनी है और महाराज लड्डू कैसा है तो महात्मा हूँ-हाँ करके टाल देवैं। जब महात्माजी भोजन कर चुके तब फिर जनकजी ने उनसे अपना सवाल दोहराया। महात्मा बोले, सच्ची बात तो यह है महाराज कि हमारा सारा ध्यान अपनी खोपड़ी पर लटकती भई तलवार में रहा। राजा बोले, बस यही तौ रहस्य है। ध्यान जहाँ रखैं तहाँ रहता है।''

सज्जन दो चुम्बकों के आकर्षण में समभाव से बँधा हुआ स्तब्ध था; परन्तु यह स्तब्धता उसे जड़ नहीं बना रही थी। विचार-चुम्बकों के विद्युत-आकर्षण की सनसनी-सी उनकी नसों में समा रही थी। कन्या बाबाजी को भोजन कराने ले गई। सज्जन ने केवल चुपचाप अनुगमन किया।

बाबाजी के आदेशानुसार उनका भोजन भी वही बना था जो उनके पागलों के लिए था। होली का त्योहार होने के कारण उन्होंने मिर्च-मसाला-विहीन शाक-सब्जी के साथ आज सब को खीर ग्रहण करने की अनुमति भी दे दी थी। हाँ, कन्या ने फलों की भरमार सी कर दी थी। आसन पर बैठते हुए बाबाजी ने पति-पत्नी की ओर देखकर कहा—

''ब्राह्मन-साधु को जेंवाते हैं तौ दच्छिना का करार पहले से हो जाता है। बोलो बेटी ? राम जी, हमें क्या दच्छिना देओगे तो तुम लोग!''

भावोत्साह की एक लहर सज्जन के मन में आई, किन्तु उस पर नियंत्रण करते हुए सधे शब्दों में उसने कहा—''आज्ञा कीजिए।''

''यह अपना समस्त वैभव हमें दच्छिना में देओगे, राम जी ?''

कन्या सज्जन का मुँह देखने लगी। सज्जन सिर झुकाए गम्भीर मुद्रा में, झिझका खड़ा सोच रहा था कि बाबाजी बोले—''इससे कम में हमैं सन्तोष नहीं होयेगा राम जी।''

सज्जन बोला—''भाव तो है, बाबाजी, पर कह नहीं सकता कि इस पर सदा स्थिर रह सकूँगा। कुछ दिन विचार करने का समय दीजिए।''

''तौ तब तक हम यों ही थाली के आगे बैठे रहेंगे, रामजी ?''

कन्या अपने पति की ओर देखती रही। सज्जन के चेहरे पर उसके अन्तर का भीषण द्वंद्व प्रकट हो रहा था।

बाबाजी ने फिर कहा—"राम जी, या तौ जो कुछ तुम मानते हो उस पर डटौ। नहीं तौ उसे भूलकर उसी चक्र में घूमो जिसमें जगत घूमता है। सोच-विचार आखिर कहाँ तक करते रहौगे? कोरा सोच-विचार तो त्रिसंकु अवस्था है।"

"आप सब से यही दक्षिणा माँगते हैं, बाबाजी?" सज्जन ने पूछा।

"यह पूछ कर ही तुम्हें क्या लाभ होगा? समझ लो कि आज पहली बार यह तुम्हारी माया देखकर हमैं भी लच्छमी की लालच लगी है।"

सज्जन ने कन्या की ओर देखा। कन्या उसका भाव समझ कर बोली—"मैं सदा से अभावों में पली हूँ। मुझे धन का अभाव नहीं खलेगा।"

"तब मुझे भी नहीं खलेगा। बाबाजी, आपकी आज्ञा स्वीकार है। बहुत भोग लिया इसका सुख। अब अन्तर की श्री चाहता हूँ। आप भोजन करें। मैं परसों कचेहरी खुलते ही आपके नाम लिखा-पढ़ी करा दूँगा।"

"कौन-सी कचेहरी में?" बाबाजी खिलखिलाकर हँसे। हमारी तो इसी छण लिखा-पढ़ी हो गई राम जी। अब यह धन तुम्हारा नहीं रहा। तुम केवल हमारे खजांची हौ। तुम केवल वेतन पाओगे।"

"ठीक है, ऐसा ही होगा, इस धन पर से आज मेरा स्वामित्व गया।"

"हाँ रामजी, इस लंगर के सहारे तुम्हें स्थिर होना पड़ेगा। एक-एक पल का चिन्तन-साधन तुम्हैं अपना स्वामी बनाएगा। तुम स्वामी बनना चाहते हो न?—बनो!"

रंगभरी, सुख-मस्ती भरी, ताजे सिंगार भीरी होली विचारमग्न हो गई। सज्जन उमड़ते विचारों के सागर में बहता चला। उस समय प्रत्येक विचार का समझ में आना असम्भव था और आवश्यक भी नहीं था; वह एक भाव रत्नाकर में तल पर बैठ गया था, उसके आसपास और ऊपर उसी जल के जीव-जन्तु-सुन्दर-असुन्दर, तीव्रगतिमान और शनेश्चर—विचार उसे घेरे हुए थे।

54

बाबाजी को जीमकर गए लगभग दो घंटे हो चुके थे। पोर्टिको के बाहर खड़ी हुई बस तक बाबाजी को पहुँचा कर पति-पत्नी जब लौटे तो नीचे की गैलरी तक साथ रहे। सज्जन ऊपर चला गया, कन्या नौकरों को खिलाने-पिलाने और भंडार-घर बन्द करने के लिए नीचे ही रही।

कन्या तब से किसी न किसी काम में लगी रही। नौकरों को खिला-पिला और बख्शीश वगैरा देकर दो घंटे की छुट्टी दी। ठाकुरद्वारे में पूजा के बर्तन माँजे; कुछ देर तक अपनी सास के चित्र के आगे टकटकी बाँधे देखती रही; ठाकुर जी के सामने रखे दीये में घी पूरा, बत्ती सुधारी, कुछ देर झाड़-फानूसों को देखती रही। कमरे की छत और दीवारों पर पुरानी चित्रकारी हो रही थी, उसे खोई नजरों से निहारती रही। फिर ठाकुरद्वारे के दरवाजे बन्द किए।

बाहर चबूतरे पर आई। लान पार कर दूसरी ओर रसोईवाले बरामदे से सुस्त चाल, खोई सी गुजरती हुई इस ओर से ऊपर जानेवाले, जीने पर चढ़ गई।

इस कोठी के बड़े-बड़े कमरे कीमती सामान से गँजे हुए हैं। स्टूडियोवाले कमरे को छोड़कर, जहाँ सज्जन बैठा हुआ था, कन्या बड़ी देर तक इधर-उधर घूमती रही। कभी यहाँ खड़ी होती, कभी छिन भर के लिए वहाँ बैठती, कभी किसी पुरानी मूर्ति या फर्नीचर पर जमी हुई धूल साफ करती—ऐसे ही बहाने से अपना मन टटोल रही थी। यह घर, इस घर की हर चीज उसकी है। वह गृह स्वामिनी है। पाँच-छै महीने पहले कन्या स्वप्न में भी इस बात की कल्पना नहीं कर सकती थी। अपने पीहर के घर के वातावरण से असन्तुष्ट, पैसे के अभाव में पली, बाहर से संयत किन्तु अन्तर से खीझ

भरी, अपनी न समझी हुई महत्त्वाकांक्षाओं को लेकर कभी साहित्याराधन, कभी अभिनय कला और कभी राजनीति के क्षेत्र की ओर बढ़ने वाली इस युवती ने रियासती वैभव के सम्बन्ध में पढ़ा-सुना तो अवश्य था, परन्तु जी भरकर देखने का अवसर भी पहले कभी नहीं मिला था। वह रियासत से घृणा करती थी, रईसों पर व्यंगबाण बरसाती थी, परन्तु जब सज्जन उसके प्रणय का याचक बना और वह मन से उसके प्रति झुक गई तब से सज्जन के साथ-साथ उसके इस वैभव के प्रति भी उसका लोभ अनजाने में ही बढ़ गया था। विवाह के उपरान्त सज्जन ने अपना सारा राजपाट उसे सौंप दिया। एक दिन जब अपने शौक के लिए उसने अपनी माँ-दादी और पड़दादी के पुराने जड़ाऊ गहने पहना कर 'बहूरानी' के रूप में उसका पोर्ट्रेट बनाया था तब लाख-अस्सी हजार की सम्पत्ति अपने शरीर पर लाद कर उसे बड़ा 'अजीब-अजीब-सा' लगा था। अब तो वह क्रमशः अपने वैभव की अभ्यस्त हो चली थी। अब उसे 'अजीब-अजीब-सा' नहीं लगता था। इस सहज भाव में आज त्याग की छुरी ने फाँक कर दी। बौद्धिक रूप से कन्या इस त्याग का विरोध नहीं कर सकती, फिर भी त्याग करते हुए उसका मन उदास है, रह-रह कर कचोट रहा है। यद्यपि यह समस्त सम्पदा बाबा राम जी अपने साथ उठा नहीं ले गए, फिर भी उसे लगता है कि यह अब उसकी नहीं रही। विवाह के बाद भी एक प्रकार की झेंप के कारण कन्या अपनी रियासत का प्रदर्शन के हेतु पूरा-पूरा उपयोग नहीं कर पाई। शुरू-शुरू में अकेले कार पर कहीं आने-जाने में उसे संकोच लगता था; इतने सारे नौकरों को आदेश देकर अपनी सेवा कराने में उसे लज्जा लगती थी; बेशकीमत गहने और कपड़े पहन कर तो वह अब भी कहीं बाहर नहीं गई। यह सब होते हुए भी अपने पति के—अपने—वैभव के प्रति उसका मोह है; बल्कि इस समय त्याग की तलवार के नीचे अपनी गर्दन डाल देने के उपरान्त उसका मोह बेहद जाग उठा है। वह 'अपने' इस महलनुमा घर में काफी देर से हर वस्तु को इस तरह हसरतों में डूबी हुई दृष्टि से देख रही है मानो कोई मरणासन्न रोगी इस अनुभूति के साथ अपनी सूरत दर्पण में देख रहा है कि अब सूरत—यह देह—उससे सदा के लिए छूट रही है।

''छूटेगा। इस मोह को हँस कर या रोकर छोड़ना ही पड़ेगा।'' कन्या ने गहरी ठंडी साँस छोड़ी। उसके जीवन भर की बौद्धिक मान्यताएँ पूँजीवाद के विरुद्ध रही हैं। उसने हजारों बार लोगों से बहस की है, उसने अपने साम्यभाव का इतना दृढ़ता के साथ ढिंढोरा पीटा है कि अब वह अपने ही ढिंढोरे की गूँज से बच नहीं सकती—यह गूँज उसकी नैतिकता में समा चुकी है।

वनकन्या अपने अन्दर उस कन्या को जगाने का प्रयत्न कर रही थी जो सज्जन से घनिष्ठ होने के पहले, खासतौर पर इस घर की बहू बनने से पहले सदा जागती रहती थी।

लाइब्रेरीवाले कमरे में कुर्सी पर बैठी अंगरेजी पत्र 'मार्ग' के पन्ने उलटते हुए उसका ध्यान हठपूर्वक अपनी औसत मध्यवर्गीय हैसियत की कल्पना कर रहा था। सोचती थी, ''मेरे लिए क्या कठिन है। दो महीने का अभ्यास क्या जीवन भर के स्वभाव को बदल देगा ? खरा त्याग तो सज्जन ने किया है। इसमें तनिक भी सन्देह नहीं कि वे महान् हैं। इनके ऐसा नैतिक साहस और कितनों में है ? इस धन को पाकर और क्या चाहिए ? घर-घर में पति-पत्नी के भीषण मतभेद हैं, कलह और छल-कपट से स्त्री-पुरुष का यह अन्यतम नाता दूषित होकर आज के बहुत बड़े नागरिक समाज को अपनी सड़ाइँध से भर रहा है।

''पुरुष नब्बे प्रतिशत घरों में शक्तिशाली हैं; स्त्री उसकी छाया मात्र है, चेतन मन से नहीं वरन् जड़ संस्कारवश। स्त्रियों का अपना दिमाग ही नहीं चलता। आम घरों की स्त्रियों के लिए यह निस्संकोच कहा जा सकता है कि पेट और काम ये दो वृत्तियाँ ही उनमें सर्वाधिक सचेत रहती हैं—अन्न, बर्तन, भाँडे, कपड़े, गहने आदि संग्रह करना, सहेजना, और सम्भव हो तो दूसरे का भी हड़प कर जाना एक तरफ और दूसरी ओर पति के प्रति पर-स्त्रीगमन का सन्देह करते रहना,

अथवा खुद पर-पुरुष की घात में रहना। आठों पहर इन्हीं दो चक्रों पर बेशुमार औरतों के मन-वचन-कर्म की फिल्म खुला लिपटा करती है। उनके जीवन में साहित्य नहीं, कला नहीं, ज्ञान-विज्ञान की बातों से भेंट नहीं। पुरुष की दासता में दिन-रात का कलह युक्त अशान्त जीवन बितानेवाली करोड़ों भारतीय नारियों के मुकाबिले में वह कितनी मुक्त, कितनी सुखी, कितनी सौभाग्यवती है।''

मन का अवसाद किसी हद तक हल्का हुआ, प्रिय की याद आई। कन्या उठी; अपने शयनागार में गई। सज्जन वहाँ न था। कन्या ने शीशे में अपना चेहरा देखा—उतरा-उतरा सा लगा। कन्या अपने प्रियतम के सामने फीका उदास चेहरा लेकर नहीं जाना चाहती; उन्हें कहीं इस बात का शक भी नहीं पड़ना चाहिए। साबुन से मुँह धोया, क्रीम लगाई, बिन्दी लगाई, बालों को हल्का-सा सँवार लिया; फिर एकाएक कुछ जी में समाई; पासपाले कमरे में जाकर वार्डरोब खोला, नीले रंग की रेशमी बंगलौरी साड़ी निकाली, फिर हीरे का सैट निकाल कर पहना। कानों में तर्कियाँ, नाक में कील, गले में हार, दाहिने हाथ में चार चूड़ियाँ, बाएँ में हीरों जड़ी घड़ी। वनकन्या ने सज्जन द्वारा खरीदा गया हीरों का यह नया सैट आज पहली ही बार पहना था। देह पर चढ़े हीरों की दमक कन्या के मन चढ़ गई। उसे दर्पण में अपना रूप-सिंगार मादक लगा।

सज्जन अपने स्टूडियो में तस्वीर बना रहा था। कन्या को देखते ही उसका चेहरा और आँखें अचरज और खुशी से चमक उठीं—''हल्लो!'' उसने सिर से पैर तक कन्या की तरफ देखा।

''नजर लगाओगे क्या?''

''नजर लग चुकी जब लगनी थी। अब तो तुम्हें देख के नजरें भरता हूँ अपनी।''

''मैंने सोचा तुम शिकायत करोगे। इतनी मूल्यवान चीजें तुमने इतने शौक से खरीदीं—'' कन्या ने कहा, फिर रुकी और गम्भीर हुई, बोली—''त्याग से पहले एक बार ग्रहण करने को जी चाहा।''

सज्जन ने प्यार से उसके गाल को थपथपा दिया, बोला—''मैं इतनी देर से गहरा विचार कर रहा था और निश्चय पर भी पहुँच गया था।''

कन्या आँखों में सवालिया निशान लेकर उसे देखने लगी।

सज्जन बोला—''देखो कन्या, अभाव या तो बल देता है, वरना मार डालता है। हम दोनों के बीच में, मैं समझता हूँ कि अभाव से बल पाने की आशा ही ज्यादा की जा सकती है, परन्तु, इसके साथ ही साथ एक और बात भी है। मेरे मन में कुछ अतृप्तियाँ भी हैं। मसलन, और कुछ नहीं, चूँकि मेरा वैवाहिक जीवन अभी हाल ही में शुरू हुआ है, तुम्हें साथ ले कर घूमूँ, खूब दूर-दूर तक हम लोग साथ-साथ दुनिया देखें, यह मेरी बड़ी इच्छा है। मैंने देखा कि अपनी इस इच्छा को मैं दबाना चाहूँ तो दबा जरूर लूँगा, मगर उससे मुझे चैन नहीं मिलेगा।''

कहते-कहते सज्जन रुका, सोचने लगा। कन्या उसके पास ही कुर्सी खींच कर बैठ गई थी, वह उसे उस दृष्टि से बराबर देख रही थी जो केवल सुहाग-भरी एकनिष्ठ प्रेमवाली स्त्री को ही प्राप्त होती है, इस दृष्टि में रस था, मादकता भी थी, परन्तु वह लू की तरह तपाती न थी, बल्कि सबेरे के समीर के समान देखने को सहज ही तृप्ति से भर देती थी।

कन्या बोली—''घूमने की इच्छा तो मेरी भी होती है।''

''हाँ कन्या! मैं अब से यह जरूर करूँगा कि अपने लिए अधिक सुख-साधनों को न बटोरूँ, कम से कम में काम चलाऊँगा, पर कुछ चीजें ऐसी भी हैं जिन्हें मैं सहसा त्यागना नहीं चाहता। यह बात नहीं कि अपने को धोखा दे रहा हूँ। पर मैं अपनी सीमाओं को धीरे-धीरे बढ़ाना चाहता हूँ। हाँ, जो चीज मार्के की है, और जो मुझे उचित लगती है, वह यह कि भविष्य में होनेवाले अपने बच्चों के मोह का बहाना कर मैं अपनी यह पुरखों की जायदाद हड़प नहीं कर जाऊँगा। मेरे पास, मोटे अंदाज से इस वक्त लगभग आठ लाख की पूँजी है। डैडी ने बहुत रकम, करीब इतनी ही

रकम ऐयाशी में फूँकी; लगभग चार-पाँच लाख कोर्ट ऑफ़ वार्ड्स के जमाने में लुट गए—खैर, जो कुछ भी हो, मैं अपनी आधी रकम का ट्रस्ट तुरन्त कर दूँगा। हम लोग इससे समाजोपयोगी काम करेंगे।''

कन्या उत्साहित हो उठी। बोली—''तुमने ठीक मेरे मन की बात कह दी। देखो सज्जन, तुम्हारे सामने अपने जी की बात मैं खोल कर कह दूँ। सच मानना, जब हमारा मन मिला तब मेरे मन में यह बात नहीं थी कि तुम बड़े पैसेवाले हो। तुम विश्वास मानो। हाँ, जब मैं कल्पना करती थी कि तुम्हारे साथ मेरी शादी होगी—तो उसके साथ ही साथ—इस घर की स्वामिनी बनने की बात मन में पैदा ही न होती हो, यह दावा करना तो गलत होगा...इस घर में आकर जरूर मुझे सारे वैभव का मोह हुआ। तुम्हारे व्यवहार ही ने मुझसे यह मोह कराया...मैं अपनी बात तुमसे ठीक-ठीक नहीं व्यक्त कर पा रही, पर तुम उसे ठीक-ठीक ही समझना।''

सज्जन बोला—''मैं उसे बिलकुल ठीक समझ रहा हूँ।''

''आज बाबाजी ने जब कहा तो उस समय मैं अधिक विचलित नहीं हुई; लगा कि मेरे लिए तो सहज है यह त्याग। पर अकेले में इतनी देर से— '' कहते-कहते कन्या रुक गई, चुप हो गई, सिर झुका लिया।

सज्जन खिलखिलाकर हँस पड़ा। कन्या चौंक कर उसे देखने लगी, वह अपराधिनी-सी अनुभव करती हुई खिसिया गई। सज्जन ने दोनों बाँहें उसके गले में डाल कर उसके होंठ अपने पास खींच लिए, रस भर दिया, बोला—''बड़ी भोली—बड़ी प्यारी हो तुम।''

सज्जन खड़ा हो गया, एक अँगड़ाई ली, अपने अधूरे चित्र की ओर सतर्क दृष्टि डाल कर बोला—''सीधे-सच्चे आदमी के लिए ऐसी बातें जिन्दगी और मौत का सवाल बन जाती हैं। किसी दुनियादार के सामने वे बातें, जो हम लोग कर रहे हैं; अगर कही जाएँ तो वह हमें पागल समझ कर हँस पड़ेगा। हः-हः-हः ! कहेगा, सतयुग में होते होंगे ऐसे दान, कलियुग में इसकी कल्पना भी पागलपन है।—आओ चलें।''

कन्या उठते हुए बोली—''आज मान गई पैसे के मोह को भी।''

''तुमने कुछ भी नहीं माना। इसके मानने वाले मैंने ऐसे-ऐसे देखे हैं कि क्या बतलाऊँ? जोड़-जोड़ कर लाखों घर जाते हैं; जिन्दगी-भर खाने-पहनने को तरसते हैं, बीमार पड़ने पर अपना इलाज नहीं करा सकते। उनका धन न अपने काम आता है, न औरों के— ''

''ऐसे ही लोग तो सुना है मर कर साँप होते हैं।'' कन्या ने हँस कर कहा। दोनों अपने कमरे में पहुँच गए। सज्जन पलंग पर तकिए के सहारे बैठ गया, बोला—''भई साँप की बात तो अजब तरह से मुझे भी सच मालूम होती है, हालाँकि अब भी इस पर विश्वास नहीं होता।''

कन्या उसके सामने ही बैठी थी, उसका मुँह देखने लगी।

सज्जन ने कहा—''हमारे अपने यहाँ ही साँपों का जोड़ा था।''

''कहाँ?'

''ठाकुरद्वारे में।''

''ठ—ठाकु— ''

''हाँ। उसके नीचे एक तहखाना है—कभी चर्चा नहीं चली वरना अब तक तुम्हें उस जगह का निशान दिखला चुका होता; डैडी के मरने के बाद वह जगह ऊपर से चुनवा दी गई है। मैं खुद भी उसके अन्दर कभी नहीं गया। हाँ, बचपन में एक बार उसे खुलते हुए जरूर देखा था।''

''तो उसमें साँप थे?''

''हाँ। डैडी ने उन्हें मरवा डाला। उसके बाद ही कुछ महीनों के अन्दर वे भी मर गए। हमारे यहाँ सब लोगों का यही विश्वास था कि उनकी मौत इसी वजह से हुई थी। माँ सुनाया करती थीं

कि मेरे पड़बाबा ने जब यह कोठी बनवाई तब हमारे पुराने घर से उस जोड़े को सोने की बटलोही में यहाँ लाया गया था। मेरे पड़बाबा यों तो बड़े विद्रोही किस्म के थे। उस जमाने में इंगलैंड गए, वापिस आने पर प्रायश्चित भी न किया; पर कहते हैं कि उन्हें भी इस जोड़े पर विश्वास था। कहते हैं, यह जोड़ा हमारे पुरखे रघूमलजी और उनकी पत्नी का था। वही नवाब सआदतअली खाँ के साथ दिल्ली से लखनऊ आए थे।''

''फिर क्या हुआ?''

''उनका बजाजे का काम था। वे बड़े ही चतुर और प्रभावशाली थे, नवाब को अपनी मुट्ठी में किए हुए थे। यहाँ आकर उन्होंने लाखों कमाया और मरने के बाद कहते हैं, कि उन्होंने अपनी पत्नी को सपना दिया और कहा कि अशर्फियों के जिस हंडे पर मैं बैठा हूँ उसके आसपास के चार हंडों में से कोई कुछ न निकाले। जब परिवार पर कोई संकट आएगा तब जरूरत के समय एक कटोरा अशर्फी मैं लेने दिया करूँगा और एक कटोरा दूध मेरे लिए रख दिया जाया करे।''

''फिर?''

''फिर क्या, उनकी मर्जी के अनुसार सब किया गया।''

''तो क्या सपने के बाद वाकई साँप—''

''हाँ। कुछ अरसे के बाद उनकी पत्नी भी मर गई। तब लोगों ने वहाँ जोड़ा देखा।''

''और उस धन को किसी ने नहीं लिया?''

''नहीं। शायद जरूरत भी नहीं थी। रघूमलजी के बाद पाँच पीढ़ियों तक हमारे यहाँ की दौलत बढ़ती ही गई। हमारे पुरखे बड़े चतुर और दुनियादार थे। दरबार में उनकी बड़ी इज्जत थी। जैसी हवा बहती, वैसा ही रुख देते थे। व्यापारी से साहूकार बने, साहूकार से ताल्लुकदार। खैर तो हमारे पड़बाबा, जिन्होंने यह कोठी बनवाई, उन्होंने परीक्षा के लिए एक हंडे से कुछ अशर्फियाँ निकाल कर उस समय अलग कर लीं जब हमारा खजाना यहाँ लाया जा रहा था। उन्हें रात को सपना हुआ कि अगर वो अशर्फियाँ वापिस नहीं रख दोगे तो तुम्हारा लड़का-बहू जाते रहेंगे। उन्होंने दूसरे ही दिन वो अशर्फियाँ हंडे में डाल दीं। मेरे बाबा ने उसे कभी न छुआ। वे बेचारे तो भरी जवानी में ही चल बसे। इलाका कोर्ट ऑफ वार्ड्स में चला गया। काफी रुपया उस जमाने में लूटा-खसोटा गया। उसके बाद डैडी बालिग हुए। विलायत गए। लौट कर आए तो एकदम बदल चुके थे। उन्होंने बहुत रुपया बरबाद किया। साँपों का जोड़ा भी अपनी नशे की झख में आकर उन्होंने ही मरवा डाला। कुछ अरसे बाद ही आप भी मर गए! माँ कहा करती थीं कि उन साँप पुरखों के अभिशाप से ही यह ट्रेजेडी हुई।''

''और वो अशर्फियाँ?''

''डैडी ने गलवा डाली थीं।''

''उस तहखाने में अब क्या है?''

''मालूम नहीं।''

एक निःश्वास छोड़ कर कन्या बोली—''साँपों द्वारा धन की रखवाली के किस्से मैंने भी बहुत सुने हैं, पर कभी विश्वास न कर सकी।''

''विश्वास मैं भी न कर पाता। पर माँ ने उन्हें देखा था। उस जोड़े के साथ हमारे घर का इतिहास जुड़ा है।...अजब उलझन मालूम पड़ती है, ऐसी बातों का विश्वास करें या न करें?''

''सच बात है, यह देश विचित्रताओं से भरा पड़ा है। बड़ा जबर्दस्त विरोधाभास है हमारे यहाँ। एक तरफ तर्क, ज्ञान, दर्शन, गणतंत्र आदि की इतनी जबर्दस्त परम्पराएँ और दूसरी ओर ये साँप, चामत्कारिक योगी, ताई के जादू-टोने वगैरा। अगर इन पर विश्वास करें तो अन्ध-विश्वास के सिवा—''

"लेकिन कन्या, कैसे विश्वास न किया जाए? अपने बाबा जी को ही देखो। इनकी आत्मिक शक्ति पर भला तुम क्योंकर अविश्वास कर सकती हो? बताओ।"

कन्या कोहनी के सहारे सिर टेक कर लेट गई; सज्जन के चेहरे की तरफ विचारपूर्वक देखती रही।

सज्जन बोला—"मोह और त्याग—"

"साँप और योगी—दोनों—"

"अति सीमा पर। और दोनों की परम्पराएँ अति प्राचीन भी हैं। हिन्दुस्तानी मोहनजोदरो और हरप्पा के जमाने से खूब धन कमाना, उसका खूब उपयोग भी करना जानता है; और उसकी प्रतिक्रिया के रूप में सब भोग त्याग कर योग साधना भी उसी समय से प्रचलित है।"

"महिपाल ठीक कहता है यह सब शिव की महिमा है।"

"शिव की महिमा?"

"वह कहता है—और मैं मानता हूँ सही कहता है—कि इस देश का दर्शन मूल रूप में ठेठ यथार्थवादी है। शिव की मूर्ति को देखो, तब से अब तक हमारे साथ चली आती है। दोनों प्रजनन शक्तियों का संयुक्त रूप ही हमारे महादेव का प्रतीक है। वे लोग किसी आसमानी ईश्वर को नहीं मानते थे। सांख्य और जैन, भारत के ये दोनों ही अति प्राचीन दर्शन ईश्वर को नहीं देखते—"

"तो योगी क्या देखता है?"

"योग सिद्ध कर लूँ तो बतलाऊँ?"

दोनों हँस पड़े। कन्या बोली—"योगी गुरु तो पा लिया है, किसी दिन—"

सज्जन गम्भीर हो गया, बोला—"हाँ डार्लिंग। जीवन में एक नई उथल-पुथल तो आई है। भले ही आज मैं मोह जाल को पूरी तौर पर न तोड़ पाऊँ, पर मैं यह जानता हूँ कि मुझे उसे तोड़ना ही पड़ेगा। मैं अपने आप से मजबूर हूँ।"

"मेरा भी यही हाल है। खैर, मैं तो सदा की गरीब थी, मगर तुम।"

"मेम साहब!" बाहर से नौकर की आवाज आई।

"आ जाओ शीतल!" कन्या उठ कर बैठ गई।

"चाय ले आऊँ हुजूर?"

"ले आओ!" सज्जन ने कहा। नौकर चला गया।

"ये हुजूर, सरकार वगैरह सुनने की आदत, ये मेरे पुश्त-दरपुश्त का सामन्ती-महाजनी ठाठ-बाट जान पड़ता है, छूटने से पहले बेहद तंग करेगा मुझे भी।...खैर कोई परवाह नहीं। असल बात तो यह है कि अभी अपने नए आदर्श पर मैंने ठीक तरह से चलना शुरू नहीं किया। जिस वक्त मेरा जीवन उद्देश्य तरह-तरह के कामों का जाल फैला कर मुझे फाँस लेगा तब ये सब फिजूल की चिन्ताएँ भी छूट जाएँगी। मुझसे बड़े-बड़ों ने त्याग किया है। सन् 21 के आन्दोलन में नेहरू परिवार ने त्याग किया था, न जाने कितनों ने उस समय खुशी से अपनी सुख-सम्पदा को तिनके की तरह त्यागा था। क्या हम अब नहीं कर सकते?"

"उस समय हमारे सामने देश को विदेशी दासता से आजाद कराने की जबर्दस्त धुन थी। लोगों ने त्याग किया और उनसे जबर्दस्ती त्याग कराया भी गया।"

दो नौकर आए। एक ने पलंग के पास ही छोटी टेबिल लगाई, दूसरे ने चाय, मेवा और फलों की ट्रे रखी।

सज्जन कहता रहा—"आज भी वही समय आ गया है। ईश्वर के प्रतिनिधि सम्राट् को लोगों की जहनियत से निकाल फेंकना कोई आसान काम नहीं था। सामूहिक शक्ति ने सदियों के साम्राज्यवाद की जड़ें उखाड़ फेंकी थीं। आज क्या पूँजीवाद—"

''पूँजीवाद को उखाड़ फेंकना उससे ज्यादा कठिन काम है सज्जन। इसके साथ-साथ एक पूरी सामाजिक चेतना बदलेगी; सबसे पहले तो स्त्री-पुरुष का आपसी नाता बदलेगा।''

सज्जन किशमिश उठाकर टूँगने लगा। कन्या कहती रही—''जब से धन संग्रह करने की बान पड़ी, जीवन भर के संग्रह को सौंपने के लिए उत्तराधिकारी की जरूरत महसूस हुई, तब से स्त्री पुरुष की बराबरी के दर्जे से उतरकर उसकी आश्रिता हो गई। पूँजीवाद का नाश करने के लिए व्यक्तिगत धन-संग्रह और उत्तराधिकार की भावना को नष्ट करना होगा।''

''ठीक है, मगर समाज उल्टी राह पर क्यों चलेगा? तुम्हारे—तुम्हारे रूस ने क्या किया था? पहले पूँजी राष्ट्र की हुई और फिर नई चेतना उसके अनुरूप समाज में फैलने लगी—या कहो कि फैलाई गई।''

''हमारे यहाँ भी यही होगा?''

''कैसे होगा? देख तो रही हो, धन का लोभ इस समय हर इनसान को कितनी बुरी तरह जकड़े हुए है।''

''इतना बड़ा राजनीतिक आन्दोलन और त्याग करने के बाद भी खास गांधी जी के चेले आर्थिक-सामाजिक आन्दोलन चलाने के बजाय मखमली कुर्सियों और मातहतों से हुजूर-सरकार सुनने की लालच में बैठे रहे। गांधी जी की बात भी उनके चेलों ने न मानी।'' कन्या ने व्यंगपूर्वक कहा।

''और तुम्हारे मार्क्स और स्टालिन के चेले क्या करते रहे? अगर उनमें शक्ति होती तो क्या आन्दोलन को आगे नहीं बढ़ा सकते थे।''

कन्या बोली—''पूँजीवाद का अन्त और समाजवाद का आरम्भ होने से पहले बीच की स्टेज में डिमॉक्रेसी आती ही है। कांग्रेसी नेता और नौकरशाही का दृष्टिकोण एक हो गया। गृहयुद्ध बचाने के नाम पर नकली अहिंसा का झंडा फहराया गया; कम्युनिज्म अभारतीय चीज है; ईश्वर, धर्म, दर्शन, सामाजिक व्यवस्था सबको इससे खतरा है, यह तमाम बातें फैलाई गईं। ऐसी हालत में पार्टी भला क्या कर सकती थी। कांग्रेसी नेताओं के पुराने त्याग और पुराना प्रसिद्धि का सिक्का लोगों के मन में जमा हुआ था, फिर— ''

सज्जन उसे देख-देखकर मुस्कुरा रहा था—कन्या कहते-कहते रुक गई, हाथ में प्याला लिये हुए उसका मुँह देखने लगी। सज्जन खुलकर हँस पड़ा। कन्या ने उसकी ओर प्याला बढ़ाकर पूछा—''क्या बात है?''

''तुम कम्युनिस्ट लोग अपनी जात नहीं छोड़ सकते कभी।''

''जात क्या? मैं समझी नहीं।''

''तुम लोग अपनी गलतियाँ नहीं देखते। मगर दूसरों की गलतियों को सूरज की तरह रोशन करने में तुम सब एक आवाज से शामिल होते हो। मैं पूछता हूँ तुम लोगों ने इतने दिनों में क्या कर दिखाया? अब तक तुम कम्युनिस्ट लोग समाज में कौन-सा आदर्श उपस्थित कर चुके हो?''

कन्या बोली—''पहली बात तो यह कि मैं कम्युनिस्ट पार्टी की मेम्बर नहीं हूँ। हाँ...ये कह सकते हो कि मैं कम्युनिज्म से बहुत काफी प्रभावित जरूर हुई हूँ।''

''खैर, चलो, यूँ ही सही। मैं पूछता हूँ, तुम क्या देखकर इनसे प्रभावित हुईं?''

''ये मत कहो सज्जन, इन पार्टियों में भी मुझे बहुत से ऐसे लोग मिले जो कौम और इन्सानियत के नाम पर हर समय जान दे सकते हैं।''

''लेकिन ऐसे लोग थोड़े बहुत तो हर पार्टी के साथ हैं। मैंने राष्ट्रीय स्वयं-सेवक संघ में भी बड़े त्यागी और सेवा भाव वाले युवकों को देखा है। और तो और, इस मरी हालत में भी कुछ ऐसे पुराने कांग्रेसी आपको अब भी देखने को मिल जाएँगे— ''

''इससे मैं इनकार नहीं करती, मगर सिर्फ त्याग ही नहीं देखना चाहिए। हमें इस बात का भी ध्यान रखना चाहिए कि जिस आदर्श के लिए त्याग किया जाता है वह आदर्श कितना ऊँचा है।''

''ठीक है मैं मानता हूँ कि तुम्हारा आदर्श ऊँचा है। मगर वह लोगों को अपनी ओर खींच क्यों नहीं सका?''

कन्या आधे पल के लिए सोच में पड़ गई, फिर कहा—''ऐसा तो नहीं मान सकती कि कम्युनिज्म का भारत में कोई प्रभाव नहीं पड़ा। आज एक जबर्दस्त परिवर्तन तो मैं यही पाती हूँ कि हर आमोखास की जबान पर यह बात चढ़ गई है कि इस मुनाफाखोरी का अन्त करने के लिए कम्युनिज्म आएगा—''

''सही है लेकिन यह विक्टरी यहाँ की कम्युनिस्ट पार्टी की नहीं, बल्कि मेरी समझ में रूस और चीन की है। इन देशों की उन्नति के हाल सुनकर रिश्वतखोरी, मुनाफाखोरी, हर तरह के दबे-कुचले और गन्दे वातावरण में रहने वाले लोगों के दिल में भी यह धारणा बँधती है कि कम्युनिज्म से हमारी रक्षा होगी। ठीक है, जो कायर होता है वह अपनी कायरता को छिपाने के लिए भगवान का सहारा भी लेता है। तुम—आई एम सॉरी हिन्दुस्तान की कम्युनिस्ट पार्टी भी इसी तरह रूस और चीन की शक्ति का सहारा ले रही है। पार्टी का कोई भी आन्दोलन अब तक कम से कम उत्तर भारत में तो अपना प्रभाव डाल नहीं सका।''

कन्या चुप रही; सज्जन भी कहते-कहते एक क्षण के लिए रुका। गम्भीर मौन, पल भर के लिए अपने वजन से उस कमरे के वैभव को दबा गया। सज्जन फिर कहने लगा—''रूस-चीन के वैभव पर खुश हो-होकर अपनी कंगाली पर परदा डालना, मैं समझता हूँ, कम्युनिस्टों का आम फैशन है। तुम्हें अगर कहीं ठेस लगे तो बुरा न मानना कन्या। मैं किसी बुरी नीयत में नहीं कह रहा, मगर मेरा इम्प्रेशन है कि हमारे यहाँ की कम्युनिस्ट पार्टी बड़े ही दबे, कुचले और फ्रस्ट्रेटेड नौजवानों का गिरोह है जो आसानी से अपनी बहक और मूर्खता ढकने के लिए, एक किराए का दर्शन पा जाने की वजह से—''

''तुम अतिरंजित कर रहे हो। यह बात नहीं कि पार्टी में ऐसे लोग नहीं...पर मैंने कुछ ऐसे किसान और मजदूर कार्यकर्ता भी पार्टी में देखे हैं जो सच्ची लगन से अपना जी-जान सब होम कर रहे हैं।''

''होगा, जाने दो। आज का समय ही बौनों का है, कौन किससे और किसकी शिकायत करे? मगर मेरा विश्वास है कि देश में जल्द ही गहरी उथल-पुथल होगी और निर्माण की नई चेतना जागेगी।''

नौकर ''चाय और लाऊँ हुजूर'' पूछने के लिए आया। बहस में इनका नाश्ता भी पूरी तौर पर नहीं हुआ था और चाय तो बिलकुल ही ठंडी हो गई थी। सज्जन की नाश्ता करने की इच्छा न हुई। उसने लौटा दिया। हाँ, चाय लाने का ऑर्डर दिया। नौकर के जाने के बाद कन्या ने मुस्कुरा कर बरजते हुए कहा—''देखो, अब तुम इस तरह जूठन नहीं फेंक सकते।''

सज्जन चौंका। पूछा—''कैसी जूठन?''

''तुमने खाया नहीं और इतना सामान जूठा कर लिया।''

''तो क्या हुआ? इससे बरबाद कुछ भी नहीं होगा। ये लोग बराबर खा जाते हैं।''

कन्या बोली—''तो जूठन क्यों खिलाते हो? ऐसा ही शौक है तो उन्हें वैसे ही खिला दिया करो।''

''वैसे भी खिला देता हूँ। और इसमें भी मैं ऐसी कोई खास जूठन नहीं मानता। अजी, हमारे यहाँ तो पहले ये आम कायदा था। रईस लोग नाममात्र की जूठन का बहाना कर अपने नौकरों-

चाकरों को अक्सर अच्छी-से-अच्छी चीजें खिला-पिला देते थे। अगर ऐसे खिलाएँ तो ये लोग खा नहीं सकते।"

"क्यों?" कन्या ने मेवे की तश्तरी अपने पति की ओर बढ़ाते हुए पूछा।

सज्जन किशमिश के चार दाने उठाता हुआ बोला—"सामान जब मालिकों के लिए बनता है तो बेहतरीन बनता है। रसोइयों से अगर कहा जाए कि आज नौकरों, भिखमंगों को दावत देंगे इसलिए बहुत अच्छा खाना बनाओ तो वह सख्त ताकीद के बावजूद उतना अच्छा नहीं बनाएँगे। मैं तुमसे सच कहता हूँ कन्या, पुराने ऐरिस्टोक्रेटिक समाज में और प्रोलेतेरियत वर्ग में इन्सानियत का नाता बहुत काफी था। कभी फुरसत मिले तो हमारे यहाँ की पुरानी बहियाँ देखो। नौकरों, गरीबों के लिए कितना रुपया खर्च किया जाता था।"

"रईस मेरे बाबा, परबाबा भी थे।" कन्या ने मुस्कुरा कर कहा, और फिर गम्भीर होकर बोली—"उनके किस्से मैंने भी सुने हैं। यह बात दूसरी है कि अपने होश से ही मैंने अपने मायके में फिजूलखर्ची और कंगाली ही बराबर बढ़ती देखी। और अब तो फिजूलखर्ची करने को भी बरसों से कुछ नहीं।"

कन्या की उदासी पर निमिष मात्र के लिए सज्जन का मन ठहरा, फिर अपनी ही रौ में बहते हुए कहा—"रईस लोग अक्सर अहाते बनवा देते थे। गरीब उसमें रहते थे। और किराया केवल चवन्नी या अठन्नी महीना। इसी तरह कारीगरों को भी चरखे-करघे के लिए, या जो भी अच्छा हुनर वे जानते हों उसे बढ़ाने के लिए रुपया उधार दे देते थे। गरीबों की शादी-गमी में रुपयों से मदद करते थे, घर के नौकरों के लिए तो इस मद का खाता ही अलग होता था। कहने का मतलब यह है कि पहले एक जगह गरीब और अमीर में इन्सानियत का अटूट नाता जरूर बरता जाता था।"

"हूँ-ऊँ! मार-पीट लेते थे, हर तरह से दबा लेते थे—"

"ये सामन्ताशाही के लोग करते थे। महाजनी सभ्यता ज्यादा उदार थी।"

कन्या चुप रही; लेकिन उसका मौन सज्जन का विरोध प्रकट करता हुआ लगा। सज्जन अधिक उत्साहित होकर बतलाने लगा—"पाठशालाएँ, धर्मशालाएँ, अन्न-छन्न कुएँ, बावड़ी वगैरा बनवाना आमतौर पर महाजनों का ही काम था। महिपाल कल बतला रहा था कि नारद और याज्ञवल्क्य तक ने लिखा है कि सार्वजनिक उपयोग की यह सब चीजें बनवाना धनिकों की ड्यूटी है और ड्यूटी अपनी हजारों बरसों की परम्परा निबाहते हुए अब तक किसी न किसी रूप में हमारे यहाँ चली आ रही है।"

"परम्पराएँ तो न जाने कितनी चली आ रही हैं," कन्या ने कहा। शीतल चाय लेकर आ गया। कन्या कहती रही—"हम लोग अपनी महानता का गुणगान करते थकते नहीं और थकना भी नहीं चाहिए, फिर भी क्या बात है जो हम उठ नहीं पाते? राष्ट्र के रूप में भारत आज इतना निकम्मा क्यों है?"

"मैं इसके लिए एक मिसाल दे सकता हूँ। हालाँकि वो मिसाल तुम्हारी बात का पूरा जवाब तो नहीं है फिर भी अगर गौर करो तो उससे एक नतीजा जरूर निकल सकता है।...क्या वजह है कि हरिश्चन्द्र से लेकर छत्रपति शिवाजी और गांधी जैसे पुरखों तक—यानी बहुत पुराने जमाने से लेकर पचास-साठ बरस पहले तक जिस परम्परा ने राष्ट्र को आगे बढ़ाया वह इस वक्त काम नहीं आ रही? हरिश्चन्द्र से विश्वामित्र ने सारा राज्य लेकर उन्हें कौड़ी-कौड़ी का मुहताज बना दिया, तब भी उनके चेहरे पर शिकन नहीं आई। शिवाजी को समर्थ स्वामी रामदास ने भिक्षा पात्र देकर स्वयं उनकी ही राजधानी में भिखारी की तरह से घुमाया और उन्होंने हँसकर यह परीक्षा दी। बोलो, फिर उसी देश का रहने वाला सज्जन वर्मा और उसकी प्रगतिशील पत्नी आज एकाएक त्याग का वचन देकर भी हिचक क्यों गए? जवाब दो।"

कन्या चुप रही। अन्दर ही अन्दर, मन में वह उसी तरह सूज उठी जैसे बर्र या मधुमक्खी के डंक चुभने के बाद शरीर का मांस सूज उठता है, जलन से भर जाता है। उसे अपने हाथों किया हुआ शृंगार—कीमती साड़ी और बेशकीमत गहने हजारों बर्रों के डंक की तरह अपने शरीर में चुभने लगे। उसे बहुत बुरा लगा, बोली—"हम लोगों की बात क्यों उठाते हो? माना कि हमने कमजोरी दिखाई, फिर भी हम देश के बहुत से लोगों से कहीं ज्यादा त्याग वृत्ति रखते हैं। मैं तो आम बात पूछती हूँ।"

"जितना त्याग हम कर सकते हैं उतना ही, या शायद उससे कुछ ज्यादा भी, त्याग का हौसला रखने वाले तुम्हें और मिल जाएँगे!"

"तब फिर यह देश उठ क्यों नहीं पाता?"

"क्योंकि ऐसों की संख्या कम है।"

"ऐसों की संख्या हमेशा कम रहती है। तुम क्या समझते हो कि इतिहास के किसी स्वर्ण काल में हर प्राणी पूर्णरूप से विकसित हो जाता था? किसी अच्छे काम में पहल करने वाले आदमी हमेशा बुत कम होते हैं।—"

सज्जन बहुत गौर करते हुए बोला—"मुझे ऐसा लगता है कि इस समय हमारा देश खुद अपने बारे में बेहद ओछी नजर से सोचता है। यह अंग्रेजों की ही देन है—"

"मगर उसी की प्रतिक्रिया में तो हमारे यहाँ इतिहास, दर्शन, साहित्य और संस्कृति सम्बन्धी परम्पराएँ जागीं। उन्नीसवीं शताब्दी में पुनरुत्थान का दौर—"

"वह सब ठीक है, मगर आमतौर पर पढ़ा-लिखा वर्ग अपनी सारी परम्पराओं से अपरिचित है। अंग्रेजी प्रभाव में उसका रहन-सहन बिलकुल बदल चुका है। आज वह आम तौर पर अपने देश के सम्बन्ध में कोई जानकारी नहीं रखता। आम तौर पर वह दुनिया के किसी भी देश के इतिहास, साहित्य या संस्कृति के सम्बन्ध में कुछ नहीं जानता। वह सिर्फ खाने-पीने और मौज करने के सिद्धान्त को ही अपने आगे रख कर चल रहा है। जो इस सिद्धान्त का पोषण करने लायक पैसा कमा लेते हैं वे निर्द्वंद्व हो जाते हैं और बाकी सभी इसी आदर्श से हिलगे हुए संघर्ष करते रहते हैं। अगर आज का कोई आदर्श है तो यही है, बाकी सब खो गया।"

कमरे में सन्नाटा छा गया। इसके आगे जैसे कोई बात ही कहने को न रह गई थी। कहने वाले जैसे खुद ही अपने अन्दर के सच और झूठ दोनों ही से डर कर मौन हो गए थे। सज्जन चुपचाप चाय पीता रहा, कन्या के हाथ में दूसरा प्याला भी ठंडा होता रहा। अन्त में यह बोली—"हम अगर आज डिग गए तो इससे बढ़ कर शर्म की बात हमारे लिए और कोई भी नहीं। खाओ, पिओ और मौज करो का सिद्धान्त पूँजी के काले नाग का जहर है। अगर हम इसे न उतार सके—"

"सोच लो कन्या। बाबा रामजी हमें एक ऐसी मानसिक परेशानी में डाल गए हैं जिससे उबरने के लिए हमें किसी न किसी दिशा की ओर निश्चित कदम उठाना ही होगा। हम योगी और भोगी साथ-साथ नहीं हो सकते। हमें अपने लिए एक रास्ता चुनना ही होगा।"

55

"हो-हो होली!"

काले लाल जंगाली नीले पीले टेसुये मुँह-हाथ-पैरों वाले, रंग और ठप्पों से चित्र-विचित्र फटे-चीथड़े पहने, एक जोकर को गधे पर नौशा बनाए, कनस्तर पीटते, सड़े टमाटर उछालते, लोगों के मुँह पर कालिख लगाते, कीचड़ में सड़ाए हुए टाट लिए बरातियों का जुलूस महिपाल के घर के सामने से गुजर रहा था। होली के हुड़दंग से उस पतली-सी सड़क का दिग्दिगन्त गूँज उठा। सामने शिवाले वाले चबूतरे का घुमाव लेते हुए सज्जन का एक नौकर साइकिल पर आ रहा

था। जुलूस को अपनी तरफ आते देख वह साइकिल से उतर पड़ा और चबूतरे से सट कर खड़ा हो गया। शेरों के सामने बैल का शिकार था। वे होलियाते हुए सज्जन के अनुचर पर झपटे। छिद्दू होशियार था और मजबूत भी, साइकिल को दोनों हाथों में उठा ढाल-सी बनाते हुए गरजा—"खबरदार। सैकिल समेत टूटूँगा, बताए देता हूँ। दो-तीन को तो दबा ही डालूँगा, फिर चाहे तुम सब जने मिल कर मुझे मार ही क्यों न डालो।"

होली नन्दनों ने अपनी पशुवृत्ति से सूँघ लिया कि शिकार बैल नहीं बल्कि दूसरा शेर है। छिद्दू आँखें निकाले चबूतरे की दीवाल से तनिक तिरछा होकर साइकिल उठाए मोर्चा साधे खड़ा हुआ था। लौंडों ने हुर्रो उड़ाई, लूलू बोली, चोचें दिखाईं, सब किस्म की गालियाँ दीं, पिचकारी और फुहारों से छीप दिया, टाट उछालने के पैंतरे दिखाए, छिद्दू ने भी आगे बढ़ते हुए उनके सिरों पर साइकिल झोंकने का पैंतरा दिखाया। रंग की बौछारों से अपनी आँखों को बचाते हुए अपने को बचाने में छिद्दू को छठी का दूध याद आ गया। जुलूस आगे निकल गया। छिद्दू के हाथ बोझ के साथ पत्थर की तरह टूट कर नीचे आए; कुछ सहसा स्तब्ध हो जाने वाली उत्तेजना के कारण और कुछ साइकिल की सुरक्षा के भाव से उसके हाथ जहाँ के तहाँ जड़ हो गए थे; वह एक क्षण के लिए गली में बैठ गया।

महिपाल अपने छज्जे से यह दृश्य देख रहा था। चार-पाँच रोज से, खास तौर पर आज सबेरे से वह इस प्रकार के अनेक दृश्य देख चुका है और देख रहा है। चबूतरे पर गोल बाँध कर हुड़दंग मचाने वाले लड़कों को तो अति तक पहुँचने पर बरज देता है, परन्तु बाहर वालों पर उसका वश नहीं चलता। दूसरे, इस हुड़दंग में उसका गौढ़ शरीर भले ही क्रियात्मक रूप से भाग न ले सके परन्तु नवयुवक मन बड़ा रस पाता है। होली में यह रंग युद्ध, यह अलमस्ती, बदमस्ती, गाली-गलौज सब कुछ उसे एक तरह से बड़ा ही प्राकृतिक और अच्छा लगता है। होली के यही पाँच दिन तो समाज का अनियंत्रण कर देते हैं—छोटे-बड़े सब एक रंग में रँग जाते हैं। बड़े-बड़े रईस और प्रतिष्ठितों के युवक भी फटे हाल रंग-गिरंगे मुँह बनाए सड़कों पर दिखलाई पड़ जाते हैं। अनेक रंगों से खिलवाड़ करता हुआ भी समाज एक रंग में रँग जाता है। गलियाँ, दीवारें, दरवाजे, कुत्ते, गाय, बैल, गधे, बकरियाँ सब रंगीन दिखलाई पड़ते हैं। गलियों के फर्श, दीवारों और लोगों की जबानों पर मदन-रति का जोड़ा गाली बनकर अपने ब्रह्मानन्द सहोदर रूप को सस्ता बना देता है—होली के हुड़दंग में बस यही एक चीज महिपाल को अखरती है। पृथ्वी का सर्वोत्तम सुख इस प्रकार गाली क्यों बन जाए? क्यों पुरुष अपने आप को और स्त्री को इस तरह अपमानित करता है? इसमें उसे कौन-सा रस मिलता है? होली रस और शृंगार का त्योहार है। वह गाली क्यों बना?

सज्जन का नौकर अपने मालिक की ओर से यह प्रस्ताव लेकर आया था कि वे लोग निश्चित समय—शाम के छह बजे के बजाय चार बजे ही आ जाएँ जिससे कि सब लोग नाव की सैर के लिए चल सकें।

महिपाल ने हँसकर कहा—"अपने साहब से कहना कि हम लोग शाहनजफ रोड में नहीं बल्कि गली-मुहल्ले में रहते हैं। अपने साहब को अपनी सूरत दिखा देना और कहना कि क्या यही हाल हम लोगों का भी कराना चाहते हो?"

नौकर झेंप कर हँसने लगा। महिपाल ने उसे कर्नल के यहाँ जाने से रोक दिया। शकुन्तला को बुलाकर आदेश दिया कि छिद्दू का पकवानों से सत्कार किया जाए; उसके कपड़े बेहद गीले हो गए हैं लिहाजा उसे महिपाल की एक पुरानी कमीज और धोती भी दी जाए। इतना ही नहीं बल्कि महिपाल ने छिद्दू की बहादुरी पर प्रसन्न होकर उसे दो रुपए सिनेमा देखने के लिए इनाम में दिए। छिद्दू के चेहरे पर प्रसन्नता खिल उठी। महिपाल फिर ऊपर चला गया।

महिपाल के घर में इस समय अनेक परिवर्तन हो चुके हैं। यत्र-तत्र वैभव का चमत्कार फैल रहा है। महिपाल की छोटी-सी बैठक से लिखने-पढ़ने का सामान, मेज-कुर्सी, स्टूल, फाइलें वगैरह गायब हो चुकी थीं। आर्ट स्कूल से आए साँची शिल्प की डिजाइन वाले सोफा-सेट, तखत पर वहीं की छपी हुई चादर, वहीं के पर्दे, ऐश-ट्रे, टेबुल-लैम्प, तश्तरी, बुद्ध आदि ने मिलकर महिपाल की साहित्यिक बैठक को न जाने कहाँ बिलमा दिया था। लिखने-पढ़ने का हिसाब-किताब अब दहलीज के बाद वाले छोटे से दालान में लकड़ी का पार्टीशन लगाकर बनाए जाने वाले एक छोटे कमरे में बैठाया जा रहा था। कमरा अभी पूरी तौर पर बन नहीं पाया था, इसलिए बढ़ई के औजारों का थैला और लकड़ी के तराफे एक ओर रखे हुए थे। ऊपर घर में कुछ खास परिवर्तन तो नहीं हुआ फिर भी चमत्कार हर ओर फैला है। होली के अवसर के वास्ते लिए गए सारे परिवार के कीमती शू, लोफर शू और आला डिजाइनों की जनानी सैंडिलों, चप्पलों से लेकर घर भर के चेहरों की चमचमाहट साफ बतला रही थी कि घर की जन्म-कुंडली बदल गई है। महिपाल बैठक में छिद्दू को बच्चों के हवाले छोड़ थोड़ी देर ऊपर वाले छज्जे में खड़े होकर सूनी-सूनी मगर होली भरी गली को देखता रहा और रसोईघर में चला गया।

कल्याणी आज बेहद व्यस्त थी। उसे पकवानों से फुरसत नहीं। कल समधी के यहाँ पकवान जाएँगे। कल्याणी और महिपाल ने पहला सम्बन्ध किया है, सो भी भांजी का। कल्याणी सारे आलम यानी सारी बिरादरी, कम से कम मेल भाई-चारे और नातेदारों को यह दिखला देना चाहती है कि वह भी बड़ी आदमी है। उसका पति इतना बड़ा लेखक है कि उसको बीस हजार रुपयों की आमदनी एक मुश्त—बैंक की एक चेक से होती है। कल्याणी के चेहरे पर सुहाग का नूर बरस रहा है। नाक में हीरे की कील, कानों में मोती की तरकियाँ, गले में सोने का कॉलर, कमर में सोने की करधनी, हाथों में काँच की चूड़ियों के साथ सोने की डाइमंडकट बँगड़ियाँ, पैरों के बिछुए, भी नए और इस बार सुहाग-देवता के आग्रह से, घुँघरूदार। कल्याणी ने लखनऊ के वाजपेइयों से सम्बन्ध किया है। दामाद सेक्रेटिरियट में दो सौ चालीस रुपए का नौकर है। बड़े भाई जंगल का ठेका करते हैं। दामाद से छोटा एम. ए. में पढ़ रहा है; ननन्द-सास नहीं हैं सो बड़ा सुख है। दामाद देव संयुक्त परिवार में रहते हुए भी घर से स्वतंत्र हैं। एक घर में रहते अवश्य हैं, एक ही चौके में खाते भी हैं पर भावज को खाने की माहवारी रकम देकर। घर का हिसाब-किताब भाइयों में साफ है और आपस में बन-बनाव भी खूब है। शकुंतला भगवान की दया से बड़े सुख से चली गई। दुनिया कहेगी कि देखो बड़े मामी-मामा ने ऐसा भारी ब्याह किया। दामाद बड़ा लायक है। केवल दस हजार ही में मान गया। फिर भी दस हजार का दहेज देने वाले की हैसियत भी कुछ होती है। महिपाल पीढ़े पर बैठ गया और पकवानों के नए बर्तनों से भरी-भरी रसोइयों में अपनी हीरे-मोती जड़ी धरनी को बड़े सन्तोष के साथ देखा। महिपाल की दृष्टि में कर्ता—पितृ—का सन्तोष—दर्प दमक रहा था। राज्यश्री माँ का हाथ बँटा रही थी। कल्याणी ने आँच में तपे, तमतमाए चेहरे को कड़ाह में तलते गूँझों की तरफ से घुमा कर पति को देखा—"को आवा रहै?"

"शाहनजफ रोड वाले रईसे आजम मुसव्विरे आलम जनाब सज्जन साहब बहादुर की कोठी ते चपरासी आवा रहै।" महिपाल ने कुछ इस ढंग से कहा कि उससे माँ-बेटी का अहं भी तृप्त हो गया। वे खिलखिला कर हँस पड़ीं।

कल्याणी ने पूछा—"का हुकुम आवा है? का न्योता कैंसिल हुइगा?"

महिपाल हँसा, बोला—"नाहीं, डबल हुइगा। चार बजे हम लोग नाव की सैर करेंगे। चाट-नाश्ते का प्रोग्राम रहेगा। और रात में खाना, खाने के बाद एलफिंटन में 'संसार' का दर्शन पूर्व निश्चय के अनुसार कीजिए।"

'' 'संसार' भी पिक्चर में पिक्चर है!'' राज्यश्री मुँह बिचकाकर बोली—''बोर हो जाएँगे पिताजी हम लोग। पापुलर अपील है बस। इतने बड़े आर्टिस्ट की पत्नी, इतनी प्रगतिशील होकर भी चाची जी—''

''चाची जी इसके लिए कतई दोषी नहीं, तुम्हारी माता जी और तुम्हारी कर्नल चाची जी दोनों की ही राय पड़ी।''

''इससे तो अच्छा था हम लोग 'बहार' देखते।''

''जैसे नागनाथ वैसे साँपनाथ; 'बहार' में कौन सा प्रॉग्रेसिविज्म है?'' महिपाल ने लड़की को तनिक मीठी फटकार के साथ कहा—''अननेचुरल, बेहूदा पिक्चरें आ रही हैं। ऐसी बहारों से संसार लाख दर्जे बेहतर होगा।''

राज्यश्री चुप रही। थाल के गूझे कनस्तर में भरते हुए उसके जरा से अनमनेपन के कारण हाथ बिचक जाने से दो-तीन गूझे जमीन पर गिर गए। तले हुए गूझे झारे से उठा कर दूसरे चूल्हे पर चढ़े हुए चाशनी वाले कड़ाह में डालते समय कल्याणी की कर्मसंलग्न दृष्टि अपनी बेटी की लापरवाही पर गई। वह झल्ला उठी, बोली—''हम कहित है सलेमा की बातें का पाछें नहीं हुई सकते हैं रज्जो, कामें मा दीदा नाहीं लागत है।''

''गिर गया माता जी।'' रज्जो ने कुछ भुनभुना कर कहा और जमीन के गूझे उठा कर कनस्तर में रखने लगी।

''ई धाखौ, ई धाखौ, हम कहिति है अकि अक्किल कहाँ चली गई है तुम्हार, यू जमीन माँ पड़े भए—''

''तो उसमें क्या हो गया माता जी? धुली हुई जमीन है।''

''रज्जो, तुम जाओ हियाँ ते। हमका नहीं नीक लागत है तुम्हार काम।'' कल्याणी की बात पूरी होने के पहले ही राज्यश्री झम्प से थाल जमीन पर पटक कमरे से एकदम एक-दो-तीन हो गई। महिपाल माँ-बेटी के युद्ध में कुछ न बोला। रज्जो जब चली गई तो पत्नी से कहा—''तुम्हार धर्म बहुत सतजुगी आय, कल्याणी। ई जमाना माँ न चली।''

''चाहे कौनौ से चलै चाहे न चलै, हम आपन मर्जाद न छोड़ब।''

''न छोड़ मेरे यार!'' अपनी गहरी ठंडी साँस को मजाक का जामा पहनाते हुए महिपाल बोला—''तेरे इस धरम ने मेरा धरम ले लिया उस्ताद—क्या कहूँ!'' कहते-कहते महिपाल का मजाक सहसा गम्भीरता के हिमालय में गल गया। किसी गहरी वेदना की टीस उसके चेहरे पर उभर आई। उसकी आँखें बन्द हो गईं। क्षण भर के लिए वातावरण से कट कर वह अपने आप में तन्मय हो गया।

''बड़ा तुम्हार धरम! तुम्हारी आदतैं लरिकन-बिटियन माँ भी आई हैं। हम कहिति हैं कि सकुंतला हमार बहुत समझदार हैं। जइसा आचार-बिचार सिखाओ—''

''हः-हः-हः, तुम्हारे सामने शकुंतला पक्की ब्राह्मणी बन जाती है। उसके ससुराल में भी मेरे धर्म का जोर ज्यादा है। हैं बाजपेई मगर बिरहमन नहीं हैं। हः-हः-हः!''

''न सही, हमका का करैका है। अरे सास्तरन माँ लिखा है कि कलजुग माँ यहै सब भिस्टाचार हुई जाई तौन झूठ थ्वारौ है। उमाशंकर का सब कुछ खात-पियत हैं तुम्हरी तरह, अएँ?''

महिपाल गम्भीर हो गया, बोला—''नहीं उमाशंकर बड़ा सच्चरित्र लड़का है। मैंने हर एक से उसकी तारीफ सुनी है। यों होटल-बैरा सब चलता है भाई को।''

''तउ का शिवशंकर की घरवाली—''

''हाँ, तुम्हारी तरह तो नहीं बाकी ब्राह्मणी जरूर है। हः-हः, मैंने शिवशंकर से सब कुछ पूछा, जैसा कि एक समझदार लड़की वाले को देखना-समझना चाहिए। मैं अपने किसी बच्चे का रिश्ता ऐसे परिवारों में हरगिज न करूँगा जहाँ तुम्हारे जैसे कट्टरों का राज हो।''

"न कर्यो। बस, हमका तो दुई चीज चाही, सम्बन्ध खटकूलन माँ होय, मनई नीक होंय। रे, तुमते का बताई, बस हमका यहै लगी हे, हमरे बड़कऊ और रज्जो क्यार सम्बन्ध जल्दी ते हुइ जाएँ; हमहू दिखाई कि अकेले गट्टू बड़े आदमी नाहीं हैं। तुमसे साँची कहित है अकि ई बखत बीस हजार रुपया भेजि के भगवान ऐसि लाज राखिन हैकि का कही! दस हजार का दहेज कौनौ छोट बात नाही आय। नरौं जैकिसोर के घरै हमका मुल्लर की महतारी मिली रहीं—"

महिपाल बड़े रस से पत्नी की बातें सुन रहा था। कल्याणी कितने दर्प भरे स्वर में आज बोल रही है! मुल्लर की महतारी ने एक बार ताना कसा था कि महिपाल बड़ा आदमी जरूर है मगर पैसे से बड़ा नहीं है। उससे कौन भले घरवाला रिश्ता करेगा! कल्याणी, फिर उससे सुनकर महिपाल को तीव्र वेदना हुई थी। वही मुल्लर की महतारी अब फिर चर्चा में आईं। महिपाल की उत्सुकता बहुत बढ़ गई। कल्याणी से बोला—"का कहिन मुल्लर की महतारी?"

"उइ का कहतीं, उनका द्यखतै हम अदबदाय के बात चलावा और कहा कि औरेन का बड़प्पन तो बेइमानी अउर लूट बिद्या पै टिकत है—हम कहा अकि हमरे धरै क्या बड़प्पन धरम और तपस्या पै टिका है। हमरे बंक मैं हाँ लाख दुइ लाख भले न परे होंय पर जब जेतना चाहिति हइ बतना धन हमरे धरै माँ जात है। दस हजार सकुंतला का दिहा—" कहते-कहते कल्याणी का दम मारे जोश के फूल गया। एक क्षण रुकी; सारे गूझे तले जा चुके थे, पास ही रखे हुए अंगौछे से पकड़ कर कड़ाही जमीन पर उतारकर रखी और आधे मिनट पीढ़े पर बैठ कर मुँह पोंछते हुए सुस्ताने लगी। महिपाल की उत्सुकता बढ़ी हुई थी। उसका चेहरा प्रकाश और छाया की तेज दौड़ से थका हुआ दिखलाई पड़ रहा था। आत्म-प्रशंसा से सम्बन्धित उत्सुकता से अपने आपको बहाल बनाए रखते हुए पूछा-—"तो फिर का काहिर मुल्लर की महतारी? अउर कउन-कउन रहा हुआँ?"

"सबै रहे।" तले हुए गूँझों का थाल अपनी ओर सरका कर उन्हें चाशनी में पागने की तैयारी करते हुए कल्याणी बोली—"जैकिसोर की अम्मा रहीं, उनकी भौजाई, जैकिसौर की घरवाली—पर हम का कौनौ ते दबित है। अरे, हम कहिति है कि जइस मरजाद हमका मिली है वइस इन लोगरन का नसीब नाहीं, हम औरो कहा, हमतौ तुम जानौ अकि भरे बैठि रहन यतने दिनन ते, मोका पाइके हमहूँ अपन जिउ के सब कुछ कहि सुनावा। हम कहा कि अउरन के महल-दुमहले, ठाठ-बाट, बड़े नाम तौ कुछ बरसन माँ बिलाय जैहैं पर हमार घर कै मरजाद जेतना-जेतना आगे का जमाना बढ़ि है वतनै-वतनै बढ़िहै। हम का कि सहर माँ, बिरादरी माँ, बड़े-बड़े धनी-धोरी डाक्टर-वकील आएँ उनका वाहेर को चींहत है? हम कहा हमार घरे के लोगन का तो देस-परदेस तक माँ नाम है। ऊँचे-ऊँचे अफसर और आदमी हमरे घरे के लोग जानत हैं—हमरे घरै के लोगन की किताबैं पढ़ते हैं। हमरे घरैं के लोग की दुसरेन से कौन बराबरी है?" झारा भर गूँझे उठा कर चाशनी में डाले।

महिपाल बहुत प्रसन्न हो रहा था, कहना चाहिए कि कल्याणी की बातों से प्रसन्नता की शराब पी रहा था। उसने कहा—"तुमको ऐसी बातें खुद अपने मुँह से नहीं कहनी चाहिए पगली!"

"काहे न कही?" कल्याणी के हिलने से उसके गहने झलझला उठे—"अरे भगवान-हमार सुनिले तुम्हार ऐसेनै आमदनी होय और जो तुम हमका लरिकन का दहेज लेय देओ, तउ दुई बरस माँ मोटर-बँगला सब कुछ बनाय के दिखाय सकिति हयि हम।"

महिपाल रस में डोल गया। पति को छूने से बरजते हुए धीरे से रस-रोष भरे स्वर में कल्याणी ने कहा—"छुवौ ना हमका...अरे-अरे कउनौ आय जाई।"

सचमुच ही शकुंतला आ गई। महिपाल खड़ी हो ही चुका था, भाँजी को देखकर अँगड़ाई लेने का बहाना करने लगा, फिर शकुंतला के सिर को दोनों हाथों से दाब कर प्यार से बोला—"क्योंरी तू नहीं बना रही ससुराल के लिए पकवान?" शकुंतला शरमा गई। महिपाल ने दरवाजे की ओर बढ़ते हुए उससे पूछा—"सज्जन का नौकर गए?"

"जी, बड़ी देर हुई।"

दरवाजे पर पहुँच कर उसने फिर कल्याणी से कहा—"जल्दी ही छुट्टी कर देना काम से, समझीं, होली का दिन है।" महिपाल छज्जे में आ गया। शिवाले के चबूतरे पर कुएँ के सायबान के नीचे रंगों से सराबोर पाँच-सात लड़के बैठे हुए हँसी-मजाक कर रहे थे। दरवाजे तक मुड़ते हुए महिपाल रुक गया। एक लड़का जोर-जोर से हँस कर सुना रहा था कि किस तरह उसने अपने दो-तीन साथियों के साथ गली में एक मालिन को घेर लिया; कैसे वह संत्रस्त हुई, कैसा मजा आया; फिर कैसे उन लोगों ने उस मालिन को भी खुश किया वगैरह बातें वो और बीच-बीच में उसका एक साथी भी सब को सुना रहा था। सब लोगों को मजा आ रहा था।

मजा महिपाल को भी आ रहा था मगर बात भद्दी लग रही थी। होली दरअसल है ही मदन पर्व। फागुन का माहात्म्य ही काम का माहात्म्य है। शुरू जमाने में जब कि स्त्री-पुरुष पर किसी प्रकार की नागरिक सभ्यता का प्रभाव नहीं पड़ा था तब इस प्रकार के त्योहार का उदय होना, उसका प्रचलित होना बड़ा ही स्वाभाविक है। ऋतु के प्रभाव से स्त्री-पुरुष दोनों ही सहज आन्तरिक उल्लास अनुभव करते हुए, इस प्रकार अपने आप को रस-संघर्ष के साथ-साथ सहज दान करते थे, परन्तु बाद में यही संघर्ष बलात्कार का रूप ले लेता है। स्त्री जब पुरुष के अधीन हो जाती है उसके उत्तराधिकारी की जननी बन जाती है—स्त्रियाँ जब एक पुरुष की सम्पत्ति बन जाती हैं—तब समाज में चोरी या बलात्कार द्वारा स्त्री और पुरुष दोनों वर्ग ही एक दूसरे को प्राप्त करने के लिए प्रयत्नशील होते हैं।

अपने धुर ऊपर वाले कमरे में, जहाँ आजकल उसका अस्थायी लेखन-कक्ष है तकिए के सहारे पड़ा हुआ महिपाल विचारों की धुन में मग्न था। बरसाने की होली अब तक प्रायः पुरानी लीक के अनुसार ही होती है। नन्दगाँव के पुरुष बरसाने की स्त्रियों से होली खेलने आते हैं। बरसाने का पुरुष वर्ग केवल अपनी स्त्रियों की रक्षा मात्र ही करता है। वह नन्दगाँव के पुरुषों को होली खेलने में बाधा नहीं देता। बरसाने की स्त्रियाँ कपड़े के बने हुए साँट (कोड़े) और बाँस लेकर पुरुषों की पिटाई करती हैं। कृष्ण के गाँव के पुरुष अपने को बचाते हुए राधा के गाँव की गोरियों को रंग डालते हैं। एक अद्‌भुत रस बरस पड़ता है। उस अनियंत्रण में भी कितना नियंत्रण रहता है! बरसाने की होली उस काल के सामाजिक जीवन की झाँकी किसी हद तक आज भी प्रस्तुत कर देती है, जब कि एक गाँव के पुरुष अपने यहाँ की लड़कियों से वैवाहिक सम्बन्ध स्थापित करना अनुचित मान कर दूसरे गाँव की लड़कियों से इस प्रकार का सम्बन्ध स्थापित करते थे।

एक बार आगरा में होली के अवसर पर महिपाल को दो बड़े ही अजीब दृश्य देखने को मिले। उसने देखा कि ठठेरों का एक गोल, जिसमें कि सफेद बुर्राक बालों वाले बूढ़ों से लेकर चार-चार, पाँच-पाँच बरस तक के नंग-धड़ंग बच्चे तक शामिल थे, गालियों के नारे लगाता हुआ गली से गुजरा। गालियाँ उसने लखनऊ में, अपने ननिहाल के गाँव में—और भी कई जगह खूब सुनी थीं परन्तु उस गिरोह की गालीबाजी में उसे ठीक वैसा ही आयोजन और संगठन दिखलाई दिया जैसा कि आज के राजनीतिक जुलूसों और नारों में होता है। सबसे आगे चलने वाला एक बूढ़ा मुहल्ले के—बिरादरीवालों के—किसी भी पुरुष का नाम लेकर सवाल उठाता—"फलाना क्या?" और बूढ़े, जवान, लड़के, रेंदकपेंदी, नंग-धड़ंग भी अपनी तोतली बोली में लिंग का लोक प्रचलित नाम उच्चारते थे। बूढ़ा नेता उस 'फलाने' के दरवाजे पर खड़े होकर खाता क्या, पीता क्या आदि प्रश्न उच्चारता और उसका दल हर प्रश्न के उत्तर में वही पुराना नारा दोहराता था। प्रश्नोत्तरी पूरी होते ही नेता 'फलाने' और अन्य लोगों की माँ-बहन आदि के अंग को बखानते आगे बढ़ जाते थे। होली के दूसरे दिन प्रतिपदा को नहा-धो कर मुहल्ले वाले चौराहे पर एकत्र हुए जहाँ काठ का एक विशालकाय लिंग प्रतिष्ठित था उस पर सिन्दूर पुता हुआ था। वीर्य के प्रतीक रूप में दही चढ़ाया

गया, फूलहार आदि अर्पित किए गए। एक ब्राह्मण ने भाषा के मंत्र पढ़ने आरम्भ किए "सुनो रे साथियो..." मंत्रों में लिंग महिमा बखानी गई थी।

महिपाल सोचने लगा इन गालियों का स्त्रियों पर क्या प्रभाव पड़ता होगा ? इन गालियों में नारी पुरुष द्वारा एक अत्यन्त अपमानजनक तरीके से पेश की जाती है। नर-नारी के बीच का काम-व्यवहार पृथ्वी पर सुलभ सर्वोच्च आनन्द है। मनुष्य अन्य अनेक प्राणियों के साथ आदिकाल से अब तक इस सत्य का पीढ़ी दर पीढ़ी अनुभव करता आया है। साहित्य, कलाओं, यहाँ तक इतिहास पर भी काम सम्बन्ध ने सबसे अधिक प्रभाव डाला। प्रेम शब्द का आम अर्थ ही इस व्यवहार से जुड़ गया है। इसके अतिरिक्त नारी नर से माँ, बहन और बेटी और कुछ नातों से रूप में भी अभिन्न रूप से जुड़ी हुई है। यह होते हुए भी कैसा विचित्र विरोधाभास है कि मनुष्य इस सर्वोत्तम आनन्द का, उस श्रेष्ठ कर्म का जिससे कि सृष्टि आगे बढ़ती है इस प्रकार गालियों से अनादर करता है ? क्या नगर, क्या गाँव ? क्या सभ्य, क्या असभ्य—गालियों का प्रयोग समाज-व्यापी है। हैं, मगर बहुत कम ऐसे लोग हैं जो भद्दी गालियों में से एक का भी व्यवहार नहीं करते। उस समय तक हमें यह समझ में नहीं आता कि मनुष्य ने काम-व्यवहार को गाली क्यों बना दिया जब तक कि हम यह न मान लें कि किसी काल में नर-नारी के बीच में रस के यह नारे सहज भाव से व्यवहार में लाए जाते होंगे। आगरा ही में महिपाल ने यह भी देखा था कि अहीरों की छोहरियाँ चाँदनी रात में गोल बाँधकर गालियाँ गाती हुई गलियों में डोलती हैं, मेल और बिरादरी के घरों के कुंड खटखटा कर उनकी स्त्रियों से चिल्ला-चिल्ला कर उनकी रस-व्यस्तता के सम्बन्ध में प्रश्न करती हैं। यह होते हुए भी मजाल नहीं कि मुहल्ले का एक भी पुरुष उन अहीर बालाओं की मस्ती में छेड़-छाड़ से व्याघात डाले या बोली-ठोली कसे। स्त्रियाँ किसी के घर किसी खास अवसर पर, विशेष रूप से जब किसी के घर से बारात गई हो, एकत्र होकर आपस में रसाभिनय करती हैं। ब्रज और अवध दोनों ही क्षेत्रों में यह क्लन खुरिया और नकटौरा के नाम से प्रचलित हैं। विवाह के समय समधी-समधिनों को भद्दी-भद्दी गालियाँ देने का रिवाज बहुत काफी हद तक आज भी प्रचलित है। इससे यह अनुमान लगता है कि इस रूप में गालियाँ कभी 'गाली' नहीं मानी जाती थीं। माँ-बहन-बेटी की गालियाँ भी कभी गाली नहीं रही होंगी। खैर, इसके तो बड़े-बड़े विद्वानों ने प्रमाण भी इकट्ठे किए हैं कि समाज की अचेतावस्था का एक ऐसा युग भी था जब स्त्री-पुरुष में केवल एक ही नाता बूझा जाता था, फिर आयुभेद द्वारा माता-पुत्र का नाता स्पष्ट हुआ, फिर भाई-बहन पर प्रतिबंध लगा, और यह नया नाता जागा; फिर गुइयाँ परिवार स्थापित हुए जिनमें प्रतिबंधित नातों के अतिरिक्त सब सबके साथ देह भोग कर सकते थे। यहाँ तक तो (आजकल की) गालियाँ समाज की साधारण रस-चर्चा में ही शामिल थीं; इसके बाद चेतना के पाँचवें स्तर पर पहुँच कर जब युगल कुटुम्ब स्थापित हो जाते हैं, सन्तानों के माता-पिता दोनों का ही निश्चित पता चलने लगता है, माँ-बहन-बेटी के रूप में नारी पुरुष के पवित्र प्रेम की पात्री हो जाती है, तब इनके सम्बन्ध में किसी अन्य पुरुष की रस चर्चा करना अपमानजनक-गाली-माना जाने लगता है। स्त्री पुरुष की वस्तु हो जाती है, उस पर उसका एकाधिकार हो जाता है।

इस एकाधिकार ने आगे चलकर नारी का स्वतंत्र अस्तित्व ही विलुप्त कर दिया है। काम-व्यवहार में स्त्री और पुरुष दोनों ही आपस में अधिकतर बेईमान हो गए हैं। दासता ने स्त्री को चतुर बनाया। वह पुरुष को रिझाकर उसे उल्लू भी बनाने लगी। महिपाल को याद आया कि कथा सरित्सागर आदि की अनेक कहानियाँ स्त्रियों के धोखा देने की आदत पर रची गई हैं। 'तिरिया चरित्त जानै नहिं कोय, खसम मारि कै सत्ती होय।' पीढ़ी दर पीढ़ी, बड़े-बूढ़े, जवानों को यह उपदेश देते आए हैं कि नारी नरक का द्वार है; नारी सब पापों की जड़ है। महिपाल ने पुराने जमाने की पीतल आदि धातुओं की ऐसी तालेदार कमर पेटियाँ देखी हैं जो परदेश गमन करत हुए पतियों

द्वारा स्त्रियों को पहना दी जाती थीं और ताला बन्द कर दिया जाता था। इस प्रकार स्त्रियों का सतीत्व सुरक्षित रखने का प्रयत्न किया जाता था। महिपाल सोचने लगा कि ऐसी दशा में स्त्री यदि बेईमान, चालाक और पतिहिंसक बन जाए तो आश्चर्य क्या? जहाँ पुरुष अनेक पत्नियों, अनेक रखैलों के साथ सुख का जीवन बिताने के लिए स्वतंत्र है और स्त्री इस तरह बात-बात पर दंडित की जाती है वहाँ स्त्रियों द्वारा जो पाप न हो वह थोड़ा है। पुरुष ने अपनी सुख-सुविधा के लिए स्त्री को गणिका भी बनाया। पति-पत्नी के वैध नाते के अतिरिक्त समाज में उपपति, उपपत्नी, कौटुम्बिक व्यभिचार, परजातीय व्यभिचार, वेश्यागामिता, बलात्कार आदि द्वारा भी अनेक अवैध नाते प्रचलित हैं। इस देश में, तथा परदेशों में रचे गए पुराने साहित्य के द्वारा यह भी पता चलता है कि यह कुचलन अति प्राचीन और सार्वभौमिक है। विवाह नामक अति सशक्त संस्था को बड़े पुराने जमाने से आज तक स्त्री-पुरुष के इन अनैतिक नातों ने अनगिनत आघात पहुँचाए हैं। फिर भी यह सच है कि विवाह की प्रथा आज तक किसी के द्वारा भी तोड़े न टूट सकी। विवाह की प्रथा सतीत्व सिद्धान्त की जननी है। और सतीत्व का आदर्श सदा एकांगी रूप से ही समाज पर लागू हुआ है। यह एकांगी सतीत्व ही विवाह प्रथा को अधिकांश में अर्थहीन और लकवा पीड़ित सा लुंज बनाए हुए है।

महिपाल सोचने लगा कि खुद वह अपने जीवन से भी इस नतीजे पर पहुँचता है। यह कल्याणी के चरित्र की विशेषता है कि वह एक पुरुषव्रता है, परन्तु क्या वह स्वयं विवाह सम्बन्ध को मानता है? कहीं स्त्री, कहीं पुरुष, कहीं दोनों ही पति-पत्नी के नाते को अर्थहीन बनाते हैं।...

फिर विवाह प्रथा उठा क्यों न दी जाए? महिपाल इस प्रश्न से पहले भी कई बार टकरा चुका है। अचानक शीला मन की खिड़की में झाँक गई। महिपाल को लगा जैसे कहीं से इत्र की खुशबू उसके वातावरण में आकर बस गई।

महिपाल के शान्त, व्यवस्थित मन में अचानक भूकम्प आ गया। होली का दिन है और शीला उसके पास नहीं। शीला उससे छिन गई है। महिपाल को शीला की तेज याद आई। लोकाचार और नैतिकता की ऊँची चहारदीवारी के अन्दर शीला बरबस प्रवेश कर रही थी, मन में हाँ-ना टकरा रही थी। ना-ना करते भी शीला मन में समाई ही हुई है। शीला कितनी उदास होगी।...पिछले वर्ष आज होली के दिन वे दोनों साथ थे। शीला के साथ बीते हुए बरस, दिन, घंटे सहसा क्षणों में फैल कर उसे वही शान्ति देने लगे जो असंख्य तारों भरे आकाश को देखकर होती है। शीला डॉक्टर शीला स्विंग है—नगर की एक प्रख्यात प्रतिष्ठित महिला। देश के एक प्रख्यात प्रतिष्ठित साहित्यिक महिपाल शुक्ल को अपने प्रदेश के सरकारी उत्सवों का निमंत्रण नहीं मिलता, परन्तु डॉ. शीला स्विंग शहर के बड़े-से-बड़े समाज में आदर पाती है। शीला के पास लाख-डेढ़-लाख रुपया है। चमत्कारपूर्ण, स्वतंत्र व्यक्तित्व रहते हुए भी शीला उसके प्रति हृदय से विनयशील है। शीला उसका आदर करती है। शीला उसे अपनी बातों और व्यवहार से स्फूर्ति प्रदान करती है। साइंस के आदमी अधिकतर साहित्य और कलाओं के प्रति रसहीन होते हैं, परन्तु शीला रसवंती है। विरोध के क्षण भी आए हैं, परन्तु शीला ने कभी विरोध को बढ़ने नहीं दिया। उसी शीला से आज वह विरोध कर रहा है।

महिपाल का अच्छा-भला घर-गिरस्तीदार, सुख-समृद्धि से भरा-पूरा मन शीला के ध्यान से विकल हो उठा। एक बार शीला के घर जाकर अपनी होली को रसमयी बनाने के लिए उसका मन विकल होने लगा। वह जाएगा, समाज का भय आखिर किन-किन बातों में माना जाए? समाज की नजरें चुरा कर भी यह सम्बन्ध स्थायी रखा जा सकता है। अब तक वह सतर्क नहीं रहा, बस, इसीलिए दुनिया में उसकी बदनामी फैल गई, वरना चोरी तो इच्छामत जीवन भर छिपाकर रखी जा सकती है। महिपाल शीला से मिलने की तड़प लिए ऊँच-नीच सोच कर कमरे से बाहर निकला। छत के नीचे दुमंजिले में बच्चे खेलते नजर आ रहे थे। कल्याणी भी पल्ले से हाथ पोंछते हुए रसोईघर

के बरामदे से निकल कर अपने कमरे में जाती हुई नजर आई। उसे देखकर महिपाल की सारी स्कीम लड़खड़ा गई। 'नहीं, अब शकुंतला की शादी करनी है, बहुएँ भी आएँगी। मैं अब अकेला नहीं—स्वाधीन नहीं। मुझे अपनी इच्छाओं, अपनी प्रेरणाओं का त्याग करना ही होगा।'

स्वयं आरोपित प्रतिबंध के विरुद्ध उसका मन शीला के लिए तड़प-तड़प कर खोखला हो रहा था...और उसे (चोरी से) यह भी महसूस हो रहा था कि उसका यह खोखलापन वाकई खोखला है, उसमें कोई भाव नहीं है—न अपना, न शीला का, न कल्याणी और न बच्चों का। उसके अनुभूति स्रोत पर जैसे कोई बहुत बड़ा पत्थर ढका हुआ है। यह सारे विचार केवल कल्पना द्वारा अनुभव किए जा रहे हैं, वह खोखला है, खोखला है, खोखला है!

56

डॉ. शीला स्विंग बाल्जक की जीवनी पढ़ रही थीं, कार्ड का निशान लगा कर किताब बन्द की। अब्दुल पलंग से लगा कर चाय की टेबुल रख चुका था और खड़ा था। शीला का चेहरा फीका और उदास था, उठकर चाय पीना भी उन्हें भारी मालूम पड़ रहा था फिर भी वह उठीं; बैठे ही बैठे हल्की-सी जमुहाई और अँगड़ाई ली। जोजेफ ने चाय की केतली से टी-कोजी उतारकर रख दी। प्याली सीधी की, चाय बनाने लगा।

"जाओ, मैं बना लूँगी।"

अब्दुल हाथ खींच कर खड़ा हो गया—"शाम को खाना क्या बनेगा, मेम सा'ब ? कोई आने वाला है?"

"नहीं,"—शीला ने दुबारा जमुहाई ली और खुले मुँह के सामने हाथ लगाते हुए बोलीं--"जो चाहो सो बना लो।"

अब्दुल चला गया, शीला के मुर्दा हाथ जैसे-तैसे चाय बनाते रहे। होली के दिन उन्हें भी महिपाल की याद आ रही है। महिपाल के अभाव में अड़तीस बरस की शीला सहसा अपने आप को बूढ़ी अनुभव करने लगीं। उनके जीवन का रस स्रोत सूख गया है। इतनी धन, सम्पत्ति, मान, सम्मान अर्जित करने वाली स्वतंत्र नारी निस्सहाय अनुभव कर रही है। शीला जीवन भर अपने अभावों और असहायावस्था से लड़ कर ही अब इस हैसियत पर पहुँचीं। वह बल अब महिपाल के अभाव में टूट रहा है। शीला का तमाम आमोद-प्रमोद महिपाल से वियोग होने के बाद प्राय: खत्म हो गया है। बहुत ऊबने पर दो बार पिक्चर देखने अवश्य गई थीं, वरना इधर अरसे से मरीजों को देखने के अलावा वे न तो कहीं आती-जाती हैं और न किसी से मिलती ही हैं। सज्जन, वनकन्या कभी-कभी चक्कर मार जाते हैं, अन्यथा अधिकतर तो वह हैं, किताबें या रेडियो है और गोशाए-तनहाई है।

शीला का बचपन अभावों में गुजरा। उत्तर प्रदेश के ईसाई प्राय: निन्यान्नवे प्रतिशत गरीब हैं। उनके बचपन में ईसाइयों की नौकरियाँ प्राय: विलायती मिशनरियों के अधीन थीं। शीला के पिता पश्चिमी यू. पी. में एक छोटे से कस्बे में मिशन स्कूल के हेडमास्टर थे। माँ भी पढ़ाती थीं। छह भाई-बहनों के परिवार में शीला अपने माता-पिता की तीसरी सन्तान थीं। बड़ी गरीबी में दिन गुजरा करते थे। शीला गरीबी से विद्रोह करतीं। वे हठ-पूर्वक फिजूल-खर्च थीं, आरम्भ से ही विद्रोहिणी थीं। पढ़ने और डिबेट में तेज होने के कारण उनका बच्चों में महत्त्वपूर्ण स्थान था, इसीलिए वे शुरू से अभिमानिनी भी रहीं। स्कूलों की प्रान्तीय डिबेट में वे इलाहाबाद से दो बार प्रथम पुरस्कार भी जीत चुकी थीं। घर में असम्मान और कलह तथा बाहर सम्मान पाकर डॉक्टर शीला के मानस का द्वंद्व फूटा। उनके बचपन में होने वाले राष्ट्रीय आन्दोलनों का प्रभाव भी उनके मानस पर खूब पड़ा। ईसाई समाज—घोर काला, खालिस भारतीय ईसाई समाज—उस जमाने में अपने को अंग्रेज जाति का खास मौसेरा भाई समझता था। यह समझ, यह अकड़ उस हालत में थी जब कि अंग्रेज, अंग्रेज

ही क्या, मामूली किरंटे भी इन्हें मुँह नहीं लगाते थे। राष्ट्रीय आन्दोलनों ने बीसवीं सदी के आरम्भ से ही इस भारतवासी ईसाई समाज के अन्दर भी राष्ट्रीयता की लहर दौड़ा दी थी।

पेट के लिए विलायती संस्थाओं के अधीन और अपने देश के समाज से सर्वथा कट कर रहने के कारण राष्ट्रीय चेतना की जलवायु में भारतीय ईसाई अजीब घुटन भरी जिन्दगी बिताने लगा। उनकी अपनी सामाजिक विशृंखलताएँ भी बेदह बढ़ गई थीं। ईसाइयों में हिन्दू धर्म की छोटी से छोटी और बड़ी से बड़ी जातियों के लोग अपना धर्म परिवर्तन कर शामिल हुए थे। मुसलमानों में भी हर वर्ग के लोग ईसाई बने थे। इन्होंने धर्म तो बदला पर पुराने धर्मों के संस्कार न बदल सके। हिन्दू ईसाई अधिकतर हिन्दू ईसाइयों ही में शादी-ब्याह करना पसन्द करते थे। उच्चता-नीचता का भेद भी किसी हद तक बना ही रहता था। मुसलमान ईसाई भी इसी तरह अपने परिवर्तित दायरे में बन्द थे। अन्धविश्वास और अदबकायदे भी विशुद्ध भारतीय ढब-ढाँचे के थे। अमुक दिन अमुक दिशा में यात्रा न करनी चाहिए—लड़की के घर का पानी भी न पीना चाहिए आदि बातें ईसाई समाज में प्रचलित थीं। रसोईघर में बाहरी आदमी का प्रवेश-निषेध, नए आदमी के सामने भोजन न करना आदि ठेठ हिन्दुआनी बातें उनके समाज में घर किए हुए थीं। नामों में भी हिन्दुस्तानीपन की झलक रहती थी—सिंह मिस्टर स्विंग हो गए, रामवली मिस्टर रैम्बूल्स हो गए, बनर्जी महाशय को मिस्टर बोनार्जी कहलाना मन भाया। अनेक परिवारों में नामों को लेकर क्रान्तियाँ भी हुईं। खास शीला के घर में ही दो भाइयों के नाम विंसेंट राम और सैमुअल राम, पिता मॅसी स्विंग, और तीसरा भाई पूर्ण विदेशी नाम धारण कर स्मिथ ब्राइट कहलाते हैं।

शीला स्विंग के बचपन में, पहली लड़ाई के बाद राष्ट्रीय चेतना की लहर में सारा देश बहा था; यहाँ का ईसाई समाज भी अपनी भारतीयता के प्रति पहली बार सचेत हुआ था। ईसाई धर्म का भारतीयकरण हुआ। पियानों की जगह तबला, हारमोनियम आया। विलायती भजनों की जगह हलके शास्त्रीय ढंग के भजन और धार्मिक गजलें गाई जाने लगीं। सलीब के सामने भजन के समय आरती घुमाना, आमीन-आमीन या पीस-पीस की जगह शान्ति-शान्ति कहने की प्रथा चली। इस भारतीयकरण का विरोध भी हुआ। ईसाई विद्यार्थी संघ में दो पार्टियाँ हो गईं।

शीला इस प्रकार के सामाजिक आन्दोलनों में सदा आगे बढ़ कर भाग लिया करती थीं। वे आरम्भ ही से निर्भीक और विद्रोहिणी थीं। इस विद्रोही प्रकृति के कारण उन्होंने आरम्भ से ही विलायती मिशन की नौकरी न करने का निश्चय किया, विद्रोहिणी होने के कारण ही उनके वजीफे भी बन्द हुए। घर का वातावरण उनके लिए अत्यधिक कटु हुआ—यह सब होते हुए भी अपनी प्रबल इच्छा शक्ति के कारण वे पढ़-लिख कर डॉक्टर बनीं। घर से शीघ्र ही स्वतंत्र होने के लिए वे सरकारी मेडिकल सर्विस में दाखिल हईं। अड़चनें रहते भी उन्हें नौकरी मिल गई। भाग्य साथ दे रहा था। शीला में श्रम और लगन भरपूर थी, वे क्रमशः उन्नति करती गईं। सन् उन्नीस सौ सैंतीस में उन्हें लखनऊ के किंग जार्ज अस्पताल में जगह मिल गई। यहाँ आते ही उनका भाग्य-चक्र बिजली की गति से दौड़ चला। इन पिछले चौदह-पन्द्रह वर्षों में डॉ. शीला स्विंग पूरी तरह स्वतंत्र और समृद्ध होकर अपनी प्रैक्टिस जमाने में समर्थ हुईं। नौजवानी में अपने समाज के एक नवयुवक से उनका प्रेम हुआ था। पॉल भी भारतीय संस्कृति का बड़ा ही हामी था। पॉल और शीला साथ ही भारतीय दर्शन, साहित्य और इतिहास आदि पढ़ा करते थे। भारतीयता के जोश में ये दोनों अपनी समझ और उम्र से भी ऊँची किताबें एकाग्र होकर पढ़ा करते और उन पर गम्भीर बहस-मुबाहसा भी किया करते। पॉल हैजे का शिकार होकर चार दिन में चटपट हो गया। शीला के जीवन में सदा के लिए एक गहरा अभाव हो गया। इसके बाद भी उनके जीवन में दो युवक आए मगर वे केवल मित्र ही बन सके। महिपाल उनके सूने जीवन का साथी बन कर आया था। सुन्दर, बलिष्ठ, सहृद कलाकार, विद्याव्यसनी, स्वाभिमानी और विद्रोही व्यक्तित्व वाला महिपाल शीला के सौभाग्य की मुकुट-मणि बन गया।

अब उन्हें किसी प्रकार का भी अभाव नहीं सताता था। महिपाल के प्रति वे अपना तन-मन विशुद्ध भारतीय भावना से समर्पित करती थीं। उस पर अपना धन भी लुटाने से, सोचती हैं, कि वे सन्तुष्ट रहतीं परन्तु उनकी यह सीमा ही महिपाल के व्यक्तित्व की विजय है, उसका पौरुष है, जिसके आगे वे नत हैं। अकेले चाय पीते हुए उनका मन महिपाल के घर की ओर ही दौड़ रहा था। कल्याणी और उसके बच्चे ध्यान में आ रहे थे। महिपाल के बच्चों से शीला का कोई मानसिक लगाव नहीं। भूले-भटके या किसी बच्चे के सामने पड़ने पर यदि उन्हें किसी प्रकार का लगाव होता भी है तो शुभ कामना भरा, क्योंकि वे उसके महिपाल के बच्चे हैं। कल्याणी के प्रति वे सदा से उदासीन रही हैं। कल्याणी जैसी निरीह, सीधी-सादी, मूर्ख स्त्री कभी उनकी आड़ में नहीं आ सकती इसका उन्हें विश्वास था। महिपाल अक्सर कल्याणी की हठधर्मी और पुराने जाहिल संस्कारों से चिड़-चिड़ाया रहता था। शीला सदा उसे सन्तोष प्रदान किया करती थीं, उन्हें इसी में अपना स्वार्थ लगता था कि महिपाल, शीला और अपने कुटुम्ब के प्रति बँधा है। उन्हें कल्याणी से कभी अधिकार छीनने की भावना भी न आती थी; परन्तु जब से कल्याणी के भाई की शादी में उनके और महिपाल के सम्बन्ध को लेकर छींटाकशी हुई और कल्याणी ने महिपाल के जीवन में शीला के अस्तित्व का प्रबल विरोध किया, जब से उनका महिपाल उनसे छिन गया तब से वे कल्याणी और उसके बच्चों या कहना चाहिए कि परिवार की भावना के प्रति ही बेहद चिड़चिड़ा उठी हैं। इस समय सुप्रसिद्ध उपन्यासकार बाल्जक की जीवनी पढ़ते हुए उन्हें महिपाल के प्रति भी मान का अभाव सता रहा है। मैडम ही बर्नी और बाल्जक के प्रेम का वर्णन करते हुए स्तीफान ज्विग ने कितनी तड़प के साथ लिखा है कि 'शिकवे-शिकायत, गृह-कलह, गाँव में चलने वाले गुप्त इशारे और चच,—कोई भी अपनी प्रियतमा के प्रति उसके स्वतंत्र और तीव्र समर्पण के भाव को न तोड़ सके।' यह वाक्य रह-रह कर शीला के मन में सूनेपन के पैने तीर चुभा रहा था। आज होली का दिन है, शीला अकेली हैं—शीला अब सदा के लिए अकेली ही रहेंगी। शीला औरत नहीं डॉक्टर हैं; उनकी प्रतिष्ठा है—उनके पास मोटर, बंगला, बैंक एकाउन्ट है।...पर क्या यही सब कुछ है? नर-नारी के जीवन में क्या इसी 'सब कुछ' से सन्तोष आ जाता है? शीला अन्दर ही अन्दर उबल रही थीं। उनका हठ जाग रहा था—वह हठ जो इधर वर्षों से समृद्धि की सेज पर सोते-सोते जागना ही भूल गया था। वे जानती थीं कि उनके थोड़ा दृढ़ होते ही महिपाल अपने सारे बन्धन तोड़ कर उनके हो जाएँगे। शीला का मन बार-बार ऐसा करने के लिए हठ पकड़ रहा था।...उनकी टकटकी बँधी, सधी आँखों में महिपाल की मूर्ति स्पष्ट थी—पीठ पीछे दोनों हाथ बाँधे, चौड़ी और बलिष्ठ छाती वाले, लापरवाही, भोलापन और दृढ़ता लिए हुए महिपाल का खिलखिलाता हुआ चेहरा जाने किस रीझ भरे 'एक' क्षण की स्मृति-सा इस समय उनके सामने आ खड़ा हुआ था। सुधि अपनी पूरी शक्ति लगा कर मांसल हो उठी थी।

"कहिए अकेले-अकेले चाय पी जा रही है!" वनकन्या की आवाज ने शीला को चौंकाया। वनकन्या और सज्जन वर्मा कमरे के दरवाजे पर खड़े थे। हटाया हुआ दरवाजे का पर्दा अभी तक सज्जन के हाथ में ही था। वनकन्या आज कीमती जेवर और साड़ी पहने हुए थी। शीला के ध्यान में यह परिवर्तन अटका। पहने-ओढ़े वनकन्या बहू-सी लग रही थी। न जाने किन अर्थों में डॉक्टर शीला स्विंग को वनकन्या भारतीय सुहाग की मूर्तिमती कल्पना सी लगी। महिपाल—पुरुष के ध्यान से बँधी टकटकी बिखरते-बिखरते सुहागिन के सौन्दर्य से बँध गई। एक क्षण के लिए शीला के मन में आया कि वह भी कन्या की तरह सुहागिन होती। तभी सज्जन ने कन्या की बात से बात जोड़ते हुए कहा—"इन्हें अब अकेलेपन से प्रेम हो गया है जैसा कि अक्सर बड़े आदमियों को हो जाया करता है।"

'सोशल' होने के लिए चटपट बुरा मानने का अभिनय करते हुए डॉ. शीला ने सज्जन की ओर बरजने वाला हाथ उठा कर कहा—"दु-र्जन! हाउ ब्रूट यू आर! कन्या तुम अपने मियाँ की बातों पर विश्वास न करना। आजकल इतने केसेज आते हैं कि कभी-कभी तो—"

''ये क्यों नहीं कहतीं कि डॉक्टर भी पेशेंट बन गई हैं।'' सज्जन ने शीला की बात काट कर कहा। शीला निरुत्तर रहीं, असलियत इस तरह बदहवास हो बाहर निकली जैसे घर में आग लग जाने पर कोई निकलता है।

चाय आ गई। बातें चलती रहीं। बड़ी का जिक्र आया। शीला ने उसके हाल-चाल पूछे। कन्या बोली—''उसकी अब कोई खबर नहीं मिलती।''

''मैंने कुछ दिन हुए हजरतगंज में बोर के साथ देखा था। कोई और भी लाला किस्म का जवान उनके साथ था, अपने ओवर मेकप में भी वह औरत बड़ी ट्रैजिक मालूम पड़ रही थी।'' सज्जन ने बतलाया।

इसके बाद कुछ देर तक खामोशी रही, शीला बोली—''क्या ही अच्छा होता अगर आदमियों का समाज इनसानों का समाज न बना होता। कभी-कभी सोचा करती हूँ कि आखिर यह सभ्यता, संस्कृति, यह सब सायंस और एजूकेशन और बड़ी-बड़ी बातें जो इनसान आज कर रहा है—यह तमाम बोझ लादने की इनसान को जरूरत ही क्या है? इनके बगैर भी आदमी सुखी रह सकता है, बल्कि मेरे खयाल में ज्यादा सुखी रह सकता था। गहनों के लालच में बोझ लाद कर इनसान की कुदरती खूबसूरती भी छिपी जा रही है, और बोझ से वह थका जा रहा है, वो अलग।''

सज्जन खामोश बैठा शीला को देखता रहा। कन्या भी चुपचाप बैठी थी। शीला के अन्तर्द्वंद्व से सज्जन को पूरी सहानुभूति है। वह जानता है कि शीला की ये उखड़ी हुई बातें गहरे दर्द से बँधी हैं। त्याग सचमुच बड़ा ही कठिन होता है। सज्जन सोचने लगा, क्या वह बाबा रामजी की इच्छानुसार संपत्ति-त्याग कर सकेगा? नहीं, यह नामुमकिन है। वह अपने ऐश्वर्य का कुछ भाग औरों को देता रहे यह सम्भव है, परन्तु पूरी तौर पर अपने आप को लुटाना—यह उससे न हो सकेगा। सज्जन को लगा कि उसे शीला और महिपाल के कष्ट को मिटाना ही पड़ेगा। एकाएक उठते हुए उसने कहा—''डॉक्टर, जरा एक बात सुनो, कन्या मैं अभी आया।'' अलग ले जाकर उसने शीला से कहा—''आज शाम को मेरे यहाँ छोटी सी पार्टी है, तुमसे आने के लिए कहता जरूर मगर...कर्नल और महिपाल की बीवियाँ भी आ रही हैं...उन्हें बुलाना ही था, कन्या की पहली होली इस घर में पड़ी है...सुनो महिपाल से मिलना चाहोगी?''

शीला चुपचाप खड़ी रहीं। सज्जन ने फिर पूछा—''बोलो!''

''वे क्या चाहते हैं?'' सवाल करते हुए भी शीला की पुतलियाँ सूनी ही रहीं।

''मैंने उससे कुछ पूछा तो नहीं पर इसमें पूछने की कोई बात नहीं। महिपाल क्या तुमसे मिलने को उत्सुक न होगा? क्या तुम ऐसा विश्वास भी कर सकती हो शीला?''

शीला खामोश खड़ी रहीं, उनकी आँखों में आँसू झरने लगे थे।

शीला के कंधे पर हाथ रख कर सज्जन बोला—''तुम साढ़े सात बजे मेरे घर आ जाओगी शीला। तुम्हारे आने की खबर किसी को नहीं लगेगी। महिपाल तुम्हें मेरी ओर से होली की सौगात की तरह मिलेगा। लो, अब तो खुश हो जाओ। तुमको यों देखकर मुझे अच्छा नहीं लगता।''

शीला सुन कर उस बच्चे की तरह खामोश थीं जिसे बहुत रोने के बाद मनचाही मिठाई मिली हो। कितने दिनों बाद वे आज अपने महिपाल को देखेंगी।

57

कन्या, कल्याणी और कर्नल की पत्नी बैठी बातें कर रही थीं। कल्याणी इनके यहाँ भोजन नहीं करेंगी, वे केवल मिठाई ही खा सकती हैं। कन्या बोली—''इतना छूत-अछूत अब कैसे निभेगा जीजी! अब तो आपको यह सब ढकोसला छोड़ देना चाहिए।''

"अरे, अब इतनी निभ गई हमारी तो। धरम-करम, नम भला कहीं छूटता है ?" कल्याणी बड़प्पन का भाव दरसाती हुई बोली।

"पर ब्राह्मण ने बनाया है खाना। मैंने तो आप ही का खयाल करके आज रसोईघर में कदम भी नहीं रखा। भाभी को देखिए, ये भी तो बड़ा धरम विचार करती हैं। लेकिन आज—"

"मेरा धरम-करम तो सब लड़कों ने छुटा दिया। पहले मैं सूरज डूबने के पहले ही खा लेती थी। हमारे जैनियों के यहाँ ऐसा ही धरम है। पर क्या करूँ, इनके और लड़कों के मारे कुछ निभ ही नहीं पाता। जब तक ये लोग न खा लें मैं कैसे खाऊँ ?" कर्नल की पत्नी बोलीं।

"औरत अपने धरम पर टिकी रहै तो मर्दों को मानना ही पड़ता है, हमारे घर में क्या कुछ कम है ? पर हमने घर में कभी कोई मलेच्छी नहीं होने दी। हम लोग सबसे ऊँचे ब्राह्मन हैं।" कल्याणी की उच्चता ने कर्नल की पत्नी को उत्तेजित कर दिया। वे बोलीं—"सभी अपनी-अपनी जात-बिरादरी में ऊँचे हैं, हमारा जैन धरम तो बहुत ऊँचा है। हमारे यहाँ कथा में आता है कि न जाने कितने ब्राह्मन-पंडितों ने अपना धरम छोड़कर महावीर भगवान की सरन ली। क्योंकि उनका धरम ब्राह्मणों से भी ऊँचा था।"

कन्या ने देखा कि जैन और ब्राह्मण धर्मों की उच्चता आज की सुखद संध्या को अवश्य ही थोड़ी देर में ले डूबेगी। वह बोली—"अरे भाभी, कहाँ की बातें ले बैठीं तुम भी। ये ऊँच-नीच, जात-पाँत, सब ढकोसला है। क्यों राज्यश्री, क्या खयाल है तुम्हारा—शकुंतला ?"

शकुंतला और राज्यश्री, दोनों ही खामोश बैठी थीं, सुनकर शकुंतला चुप रही, केवल मुस्करा भर दिया, परन्तु राज्यश्री बोली—"हमारे बाबूजी नहीं मानते, हम भी नहीं मानते चाची जी। यह तो सब पुराने जमाने की बातें हैं।"

कन्या बड़ी जोर से हँस पड़ी। कल्याणी की ओर देखकर बोली—"सुन लिया जीजी।"

कल्याणी नाक चढ़ा कर बोली—"अरे रोजै सुनते हैं इन लोगन की बातैं। कोई तत्त रखा है भला! भगवान की बनाई ऊँच-नीच, भगवान की बनाई जात-धरम, इनके बिना कहीं गुजारा है ?"

राज्यश्री अपनी प्रगतिशील चाची के सामने अपनी माँ को परास्त कर यश लूटने के लिए उत्साह में आ गई। हँसकर बोली—"भगवान ने सिर्फ हिन्दुस्तान ही बनाया होगा अम्मा! और भी दूसरे देश हैं—"

"अच्छा, चुपाय रह रज्जो, बहुत चबड़-चबड़ बोलना हमैं नहीं अच्छा लगता।" कल्याणी फिर कर्नल की पत्नी की ओर देखकर बोली—"कुछ भी कह लेओ बहनजी, अपना धरम-करम छोड़ना अच्छा नहीं होता।"

"हाँ बहनजी, अच्छा तो नहीं होता। पर मर्दों की जैसी मर्जी हो वैसा चलना मैं तो औरत का सबसे बड़ा धरम मानती हूँ। अब घर-घर में तो नया जमाना आ गया है, भला बतलाओ, कोई कहाँ तक इन सब बातों से अलग रह सकता है ? और अपने आदमी को दुख देकर धरम निभाया तो मैं धरम नहीं मानती भाई, सच्ची बात कहती हूँ।"

नौकर ने आकर कन्या के हाथ में एक पर्ची दी। पढ़कर उठते हुए उसने कहा—"अभी आई।"

रज्जो बोली—"चाची जी, हमारी चाची हैं न सगी वाली, उनको देखिए तो—"

"मैंने देखा है, अच्छी तरह से जानती हूँ।"

"वो इस तरह से नहीं करतीं। उनके घर में ऐसा कोई परहेज नहीं है जैसा हमारे यहाँ होता है। मैं अम्मा से कहती हूँ चाची जी, कि अब हम लोग कोठी ले लेंगे तब भी क्या ऐसे ही रहोगी ?"

कर्नल की पत्नी यह सुनकर कल्याणी से मुस्कुराते हुए पूछने लगी—"कोठी ले रही हो बहनजी ?"

कल्याणी, जो लड़की की बातों से मन ही मन उबल रही थी, सहसा कोठी की चर्चा से सन्तुष्ट होकर बोली—"अरे कहाँ बहनजी, कोठी-वोठी तो क्या, हाँ, शकुंतला का बिहाव कर दें तो ई जरूर सोचते हैं कि एक बैठने लायक छोटी-सी झोपड़िया डाल लें।"

"सुना है कि सकुंतला की शादी भी बहुत भारी रही हो?"

"भारी-वारी तो क्या, बहनजी, हाँ हैसियत के मुताबिक तो करनी ही पड़ेगी। जात-बिरादरी में बाहर जैसा हमारे यहाँ का बड़ा नाम है वैसा कुछ तो करना ही होगा। पंदरा-बीस हजार तो लगेंगे ही। हमारे यहाँ बहनजी, दहेज बहुत लगता है।"

"पर बहनजी, कहाँ से इतना खर्चा होगा? शुक्ला जी बिचारे--"

कल्याणी को बुरा लगा, हाथ में पड़ा मोती का कंगन घुमाती हुई बोली—"भगवान सबको देता है, हमारे घर में बंक नहीं है तो क्या भया? कलम की ऐसी ताकत है कि छिन भरे में एक चिक से हजारों आते हैं।" दोनों बहनजीओं में हैसियत की, चढ़ा-ओढ़ की चर्चा होती रही। रज्जो इन बातों से ऊब गई थी। शकुंतला को इशारे से बुला कर बाहर जाने लगी। कल्याणी बोली—"कहाँ जा रही हो रज्जो?"

"कुछ नहीं, यहीं बाहर जा रही हूँ बगीचे में।"

"बाहेर जाए रही हौ तौ अपने पिताजी से कहि देओ अ'कि जल्दी चलैं, न होय तौ हमका घरै पहुँचाए दें।"

'अरे, ऐसी जल्दी क्या है जाने की? आज तो सनीमा चलैंगे।"

"नाहीं, अनीमा-सनीमा तौ हम न जायँगे। कल सबेरे से समधी के हिंया त्यौहार के पकवान-उकवान पठाने का इन्तजाम सब करना है—अब हम चलेंगे थोड़ी देर में।"

कल्याणी और कर्नल की पत्नी को बातें करती छोड़कर राज्यश्री और शकुंतला सज्जन का महल जैसा घर घूमने निकलीं। राज्यश्री की दृष्टि में वहाँ की हर वस्तु स्वर्गीय थी। राज्यश्री बड़े बाप की बेटी तो थी ही, सहसा घर में पैसा आ जाने से बड़प्पन का गुब्बारा, जो धन रूपी हवा के बिना मुरझाया रहता था, अब फूल गया था। उम्र नए सपने बटोरने वाली थी। शकुंतला की सगाई ने उसमें सहसा एक गहरा अभाव जगा दिया था। उसके मानस में जागती-जोत सी बैठी हीरोइन अपने लिए एक हीरो चाहने लगी थी। कन्या चाची और सज्जन चाचा के इस वैभवशाली--उसके लिए अपार वैभवशाली—साम्राज्य में विचरते हुए वह अपने आपको सुनहले सपनों से जकड़ा हुआ महसूस कर रही थी। उन दोनों के व्यक्तित्व से उसकी अपनी कल्पनाओं की तृप्ति हो रही थी। वह मुग्ध भाव से बोली—"चाची जी की तकदीर बड़ी जबर्दस्त है। यह घर क्या है, राजा का महल है।"

"तू भी ऐसा ही कोई घरवाला ढूँढ़ ले अपने लिए।" शकुंतला बोली।

"बस चलेगा तो जरूर ढूँढूँगी। तुम मुझे समझती क्या हो?" रज्जो ने भवें चढ़ा कर गुमान से आँखें तरेरते हुए कहा—"मैं तुम्हारे तरह माताजी को खुश करने के लिए गूँगी बनकर अपना जीवन नष्ट नहीं करूँगी।" राज्यश्री ने जीने के पास लगे नक्काशीदार कद्दे-आदम शीशे में अपने गुमान को बड़े शौक से निहारा। शीशे में शकुंतला से आँखें चार हुईं।

शकुंतला उसकी ओर देखकर यों मुस्कुराई जैसे बच्चों की बातों पर मुस्कुराया जाता है। राज्यश्री शकुंतला के इस ढंग से जल-भुन गई। शकुंतला यद्यपि उससे तीन बरस बड़ी है फिर भी बर्ताव में प्राय: बराबरी का ही नाता है। गलीचे बिछे जीनों पर उतरते हुए शकुंतला को हल्का-सा धक्का देकर आँखें तरेरती बोली--"हँसती क्यों हो?"

शकुंतला बोली—"अखबारों के 'वांटेड' कालम में छपा दो कि एक लखपती पति की जरूरत है।"

"मुझे तो बिना छपाए ही मिलेगा, तुम्हें गरज हो तो छपाओ।"

"मुझे भय्या लखपती की जरूरत ही नहीं।" शकुंतला बोली।

जीने के नीचे बाएँ हाथ बनी छोटी कोठरी से वनकन्या बाहर निकल रही थी। इन दोनों को चोर की तरह सकपकाई हुई नजर से देखकर बोली—"कहाँ जाती हो?"

"जी कुछ नहीं, ऐसे ही बागीचे में—" राज्यश्री ने विनीत स्वर में कहा। वनकन्या उनके साथ ही साथ बढ़ी।

नीचे ड्राइंग रूम में सज्जन, कर्नल और महिपाल बैठे हुए थे। महिपाल आज पूर्ण रियासती भाव में था—बढ़िया चप्पल, उम्दा चुन्नटदार धोती, रेशमी कुर्ता, रेशमी जवाहर जैकेट, फावरेल्यूबा की घड़ी, शेफर्स की सुनहली कलम, हाथ में पुखराज की अँगूठी। वह कर्नल और सज्जन को बड़े गर्व के साथ अपनी आमदनी के सम्बन्ध में बतला रहा था।

कर्नल बोला—"अब की तो बेटा तुम्हारी तकदीर चेत गई, मगर अब की एकाएक इतनी रायल्टी कैसे आ गई? कहाँ तो साल में साढ़े तीन हजार रुपए भी कभी-कभी पूरे नहीं पड़ते थे।"

"मेरी एक किताब पंजाब-यूनिवर्सिटी के कोर्स में लग गई है।" महिपाल ने बड़प्पन से आँखें मिचमिचाकर लापरवाही से सिगरेट का कश खींचा।

सज्जन बोला—"तब तो इस खुशी में एक दावत ड्यू हो गई।"

"जब चाहो! अच्छा कल शाम कपूर में—"

महिपाल की बात काट कर कर्नल ने कहा—"कपूर में क्यों? घर पर क्यों नहीं?"

"घर में ये शीला को नहीं बुला पाएगा।" सज्जन ने कहा।

"शीला को यों भी नहीं बुला रहा। मैं तो वहाँ ह्विस्की के लिए चल रहा हूँ।" महिपाल ने एक बात बेहद गम्भीर होकर और दूसरी बात उस गम्भीरता को लापरवाही से झिटक देने का अभिनय करते हुए कही।

सज्जन उसके रुख को देख रहा था। उसे महसूस हो रहा था कि शीला के प्रति महिपाल की यह कठोरता निहायत अन्यायपूर्ण और गलत है। भले ही वह शीला का त्याग करना चाहे तो करे, पर उसके प्रति इतना कठोर क्यों बने? इसी से स्पष्ट है कि यह कठोरता शीला के प्रभाव को अपने मन से न हटा पाने के कारण है। यह हठ की कठोरता बड़ी घातक चीज होती है। मनुष्य इसके कारण कभी परिस्थितिवश अत्यंत निर्मम हो सकता है। सज्जन यह अपने अनुभव से जानता है। पर महिपाल शीला के प्रति इतना कठोर और निर्मम क्यों है? माना कि उसका सम्बन्ध अनैतिक है, मगर शीला बुरी नहीं है। शीला बहुत अच्छी औरत है। वह बेचारी कितनी दुखी है! सज्जन को शीला के प्रति दया आ रही थी। उसने कहा—"क्यों, शीला को क्यों नहीं बुलाना चाहते?"

महिपाल चुप रहा।

कर्नल गम्भीर होकर बोला—"देखो सज्जन, इसमें बड़ा पेंच आ गया है। तुम जानते नहीं। तुम मुथुरा गए हुए थे।"

"मुझे सब कुछ मालूम है।" सज्जन ने कहा।

कर्नल और महिपाल दोनों उसकी ओर चौंक कर देखने लगे। दोनों भाँप गए कि शीला से सज्जन की भेंट हुई है।

"—अब एक न एक को तो गम खाना ही पड़ता है।" कर्नल ने अपने ढंग से सफाई दी।

"यह बात दूसरी है, मगर शीला से दोस्ती का, इंसानियत का नाता तो रख ही सकता है ये।"

"मैं अपनी सती पत्नी को किसी प्रकार का भी क्लेश नहीं पहुँचाना चाहता।"

सज्जन को बहुत बुरा लगा। बोला—"तुम इन सच्चे लफ्जों की आड़ में शीला को बेइज्जत करने की बत्तमीजी क्यों करते हो?"

बात सुनकर महिपाल के तेवर भी चढ़ गए। सज्जन उसकी नजरों से नजरें मिला कर उसी तेहे से बोला—"मैं एक पत्नी-व्रत का हामी हूँ। मैं आगे के जीवन को खूब बचाकर रखूँगा, मगर मेरी पिछली जिन्दगी की जिम्मेदारियाँ तो बराबर रहेंगी ही। उनसे मैं कैसे बच सकता हूँ?"

महिपाल बोला—"तो तुम जिम्मेदारी के नाम पर अपनी तमाम माशूकाओं से इश्क लड़ाओगे, और एक पत्नीव्रत का झंडा भी गाड़ोगे? हुँह...कोई प्रोफेसर घोस-बोस-बनर्जी-चटर्जी तुम्हारे यहाँ दावत खाकर एक जोरदार लेख भी लिख देगा कि तुम शादी के बाद कैसे आदर्श सद्गृहस्थ हो गए हो! जस्ट लाइक यू!"

कन्या दरवाजे पर खड़ी हुई यह बातें सुन रही थी। उसका मन हवाओं से घिरा हुआ था। शीला और महिपाल के सम्बन्ध को वह मन ही मन पसन्द नहीं करती थी; उसके अन्दर बैठी हुई पत्नी इस नाते को सहन नहीं कर पाती थी। इसके साथ ही साथ शीला के व्यक्तित्व से प्रभावित होने के कारण कल्याणी-महिपाल के बेमेल जोड़े को देखते हुए, साथ ही सज्जन के आग्रह को देखते हुए वह इस अनैतिक नाते को मौन भाव से स्वीकार भी करती थी। दिन के बुलावे के अनुसार शीला आ गई थीं, उन्हीं की चिट पाकर कन्या जनानखाने से उठी थी, शीला को 'दादा जी वाले सीक्रेट-रूम' में बिठला कर वह सज्जन को सूचना देने आई थी।

राज्यश्री और शकुंतला बाहर चली गईं, कन्या दरवाजे पर खड़ी सुनती रही। महिपाल की बातों का उसके पत्नीपन पर प्रभाव पड़ रहा था। अपने और सज्जन के बीच में वह किसी अन्य स्त्री को नहीं सह सकती। इस कचोट को स्वयं अपने ही से छिपाते हुए वह सोच रही थी कि महिपाल जी जो ऐसी विरोधी बातें कर रहे हैं, क्या शीला से मिलना पसन्द करेंगे? शीला की ओर से उसके दिल में धड़कन उठने लगी। स्वामी दयाल—एक नौकर बाहर के दरवाजे से अन्दर आया। कन्या उसे देखकर अपने खामोश खड़े रहने की चोरी छिपाते हुए तेजी से कमरे के अन्दर चली गई। कन्या को देखकर मर्दाने बैठक की बातें रुक गईं। कर्नल बोला—"बिन्नो तुम भली आईं!—"

"क्यों भाई सा'ब?"

"अरे कुछ मिठाई-विठाई भिजवाओ। बिना तरी के शुक्ला जी महाराज की भंग गरमाई जा रही है।"

कन्या मुस्कुराई, फिर सभ्यतावश महिपाल का पक्ष-सा लेती हुए बोली—"आज तो आप सभी होली मना रहे हैं, अकेले शुक्ल जी बेचारों को ही क्यों बदनाम करते हैं?"

सज्जन अपनी गुलाबी डोरों वाली मदमाती आँखों को कन्या की ओर घुमाकर बोला—"मैं तो तुम्हारे डर से नहीं पी रहा था, ये जबरदस्ती महिपाल ने पिलाई है।"

"अच्छा सुनो। बाहर आओ, एक काम है।"

शीला का आना सुनकर सज्जन गम्भीर हो गया। कन्या बोली—"आज के दिन तुम्हें डॉक्टर को नहीं बुलाना चाहिए था। बाज दफा बिना सोचे तुम—"

"मैं महिपाल को अभी लाता हूँ। उसको जानता हूँ, शीला के सामने जाते ही वह सारा विरोध भूल जाएगा।" कहता हुआ सज्जन फिर कमरे के अन्दर चला गया। कन्या लौट गई। महिपाल के सामने सज्जन के साथ-साथ शीला की दूती बनकर चलना उसे स्वीकार न था।

सज्जन महिपाल को लेकर जीने वाली कोठरी में आया। कोठरी के अन्दर एक बड़ी अल्मारी-नुमा दरवाजे से वह उसे 'दादाजी वाले सीक्रेट-रूम' में ले गया। शीला कुर्सी पर खामोश बैठी थीं। महिपाल को दरवाजे तक छोड़ कर सज्जन बाहर चला आया।

महिपाल को सामने देखकर शीला चेहरे पर फीकी मुस्कान लिए खड़ी हो गईं। महिपाल के चेहरे पर सफेदी छा गई।

"होली मुबारक।" शीला ने कहा।

महिपाल की कठोरता परास्त हो रही थी। बात कहने के लिए उसे कुछ न सूझा, सनकभरी हँसी-हँस कर बोला—"आज—आज हम यहाँ मिल रहे हैं!"

शीला ने मुस्कुरा कर नजरें नीची कर लीं। महिपाल सहसा झटके के साथ बोला—"इस तहखाने से नीचे भी कोई तहखाना नहीं हो सकता क्या ?"

बात शीला की समझ में न आई। वह सकपका गईं। महिपाल ने आगे कहा—"चोरी करने के लिए हमें और पाताल में जाना चाहिए, यहाँ भी कोई देख सकता है।"

शीला बोलीं—"तुमसे इतने दिनों तक अलग रहना—"

सहसा महिपाल का स्वर कठोर हो गया। बोला—"मैं चोरी नहीं पसन्द करता शीला! मिल सकूँगा तो कभी तुमसे तुम्हारे घर पर ही मिलूँगा जैसे मिलता था।"

"मैंने तो कभी मना नहीं किया!"

"ठीक है पर मेरी दुनिया बदल गई है। अच्छा, मैं जाता हूँ।"

"सुनो तुमने समाज के भय से मुझे छोड़ा है या खुद भी छोड़ रहे हो?"

महिपाल ठिठक गया। उसका सिर झुका हुआ था। एक सकेंड रुक कर कठोर स्वर में बोला—"अब मैं इन सब बातों को नहीं सोचता।"

"वह तरकीब मुझे भी बतला दो जिससे कि मैं भी तुम्हें भूल सकूँ।"

महिपाल जाने लगा। शीला उसके कंधे पर हाथ रखकर बोलीं—"तुम जिन घरेलू जिम्मेदारियों की वजह से इतना बड़ा त्याग कर रहे हो मैं उनकी कद्र करती हूँ। तुम अच्छी तरह जानते हो कि मैं कल्याणी की भी कद्र करती हूँ। तुम्हारी गृहस्थी का सुख उजाड़ने में या तुम्हें बदनाम कराने में मुझे सुख नहीं मिलेगा।—"

महिपाल नर्म पड़ा, फिर भी उसकी ओर न देखता हुआ बोला—"सब कुछ समझ कर भी आज क्यों आई ?"

"तुम्हें देखने की लालच लगी। सेकेंड बैठो—बैठो भी।"

महिपाल उसकी बाँह के सहारे खिंचा चला आया। दोनों आमने-सामने कुर्सियों पर बैठ गए। गोल मेहराबों और खंभों वाला चौकोर कमरा अँधेरे और अकेलेपन का वातावरण प्रस्तुत कर रहा था। दीवार पर बने दो छोटे रोशनदानों के सिवा यह कमरा बाहरी दुनिया से एक दम कटा हुआ था। इस कमरे में किसी हद तक सीलन भी है, खंभों और दीवारों पर चढ़े हुए सीपिया रंग के रोगन में धब्बे पड़ रहे थे। जहाँ यह दोनों बैठे थे उसके बाईं ओर लोहे की मोटी छड़ों का बना हुआ कटघरा था, जिसमें लोहे के दो पुराने बड़े-बड़े संदूक और दो गोदरेज की अलमारियाँ रखी हुई थीं। कटघरे के दरवाजे पर पुराना विलायती ताला बन्द था। महिपाल शीला से नजरें बचा कर इधर-उधर देख रहा था। जिस सुखजनक परिस्थिति में रहते हुए उसने बरसों बिताए थे वह परिस्थिति अब उसके मन में उलझन और घुटन पैदा कर रही थी। शीला उसके जीवन की एक चोरी थी, जिससे कि वह अब इनकार करना चाहता था।

शीला बोलीं—"अब हम लोगों की उम्र पकने लगी है महिपाल, मैं अड़तीस बरस की हो गई। जून में उन्तालीसवाँ लगेगा।"

महिपाल ने न तो उसकी ओर देखा, न बात का जवाब दिया। शीला ने फिर कहा—"जिन्दगी अब उस इमारत की तरह है जो कि बन चुकी है; आबाद भी हो चुकी है। इसे तो महसूस करो। ईंट से ईंट, पत्थर से पत्थर जुड़ चुका है। अब नहीं डार्लिंग! जो चीज आबाद हो चुकी है उसे उजाड़ो मत।"

महिपाल का सर झुक गया। शीला फिर बोलीं—''पाप तो है, पर अब इतने बरसों के साथ से क्या यह पाप हमारे जीवन का पुण्य नहीं बन गया। बोलो, तुम तो बोलते नहीं हो!''

महिपाल उसी तरह बैठा रहा। उसके चेहरे पर कोई भाव नहीं था, केवल शून्य था। एक क्षण रुक कर शीला उसे देखती रहीं। वे महिपाल से बातों की लड़ी में जुड़ी रहना चाहती थीं परन्तु इस मानसिक स्थिति में उनके पास भी बातों का अभाव था, भाव गूँगे हो रहे थे। उनके गूँगे भाव अपने प्रियकर की वाक्शक्ति चाहते थे जो उन्हें नहीं मिल रही थी। शीला की आँखें दरिद्र के घर के दीये की तरह टिमटिमा रही थीं। महिपाल उसी तरह बैठा रहा।

एक दबी हुई आह के साथ शीला ने फिर कहना शुरू किया—होंठों पर जबरन मुस्कान की रेखा खींच कर कहना शुरू किया—''ऐसी-ऐसी चोरियाँ दुनिया के हर बड़े लेखक के साथ अमर हुई हैं। एक अकेले तुम्हीं नहीं हो जो इतिहास में बदनाम होंगे।''

महिपाल उठा और चला आया। शीला फिर उसे पुकार न सकी।

महिपाल जब बाहर आया तो उसने देखा कि कल्याणी, कन्या और कर्नल की पत्नी कोठी के अन्दर बने हुए ठाकुरद्वारे की ओर जा रही थीं। महिपाल तुरन्त लौट कर शीला के पास आया—''तुम अभी बाहर न निकलना।''

शीला खोई हुई बैठी थीं। वे सहसा महिपाल की बात समझ न सकीं। महिपाल चौखट पर खड़ा था, एक पाँव बाहर एक पाँव अन्दर। शीला उसकी आवाज सुनते ही उठ खड़ी हुई थीं, उसे देखते हुए वे आगे बढ़ीं। अपने शंकालुचित के कारण दरवाजे की ओर बढ़ती हुई शीला को देखकर महिपाल इस समय शीला की आँखों से आँखें मिलाने के लिए मजबूर था। नजरों से नजरें मिल रही थीं, शीला की पुतलियों का खिंचाव न-न करती हुई महिपाल की नजरों को अपने में बाँध ही रहा था। शीला पास आती गईं, वे उसके बिलकुल नजदीक आ गईं। शीला टकटकी बाँध कर उसे देख रही थीं। ऐसा लगता था कि आँखें एक भाव शक्ति से परिचालित होकर उसी से अपने सारे वातावरण को परिचालित कर रही थीं। आँखों के रामझरोखे में बैठ कर शीला के अन्तर का भाव-सत्य सम्राट् की तरह एकछत्र सत्ताधिकारी हो चुका था जिसके आगे महिपाल गूँगा था, विवश था। जिन प्यास भरी, प्यार भरी नजरों से शीला तन्मय होकर उसकी नजरों को देख रही थीं, वह प्यास अमर थी—वह प्यार महिपाल को आत्म-विश्वास-सा लगा जिसे वह अपने से दूर करने का हठ कर रहा था। शीला पास आ गईं; महिपाल का हठ अपनी विवशता के चरम बिन्दु पर आ गया। शीला आपे में न थीं, महिपाल बेबस हुआ जा रहा था।

महिपाल के सौन्दर्यप्रिय लेखक ने आज इस क्षण से पहले तन्मयता के इस परम सुन्दर रूप के दर्शन नहीं किए थे। शीला की पुतलियों में योगासन साधकर बैठा हुआ उसका प्रेम उसे बार बार चुनौती दे रहा था—इस विवशता के महासागर को लाँघ सकते हो? तुम इसमें डूबने के लिए बाध्य हो!

शीला महिपाल के सामने, उससे सट कर खड़ी हुई थीं। सन्नाटा साँसों की गज में सिमट आया था। महिपाल को इन गर्म साँसों में लड़ाई के बाजे बजते हुए से लगे। शीला की बाँहें बरमाला की तरह उसके गले में पड़ रही थीं, धीरे-धीरे जकड़ रही थीं। चौखट के बाहर रखा हुआ पैर अन्दर आ गया, स्प्रिंगदार दरवाजा खटके के साथ बन्द हो गया।

महिपाल का सपना टूट गया। उसे होश आ गया, दरवाजे के खटके के साथ कर्नल की पत्नी और कन्या के साथ ठाकुरद्वारे की ओर जाती हुई कल्याणी का उसे होश आ गया। समाज, शकुंतला का विवाह, सगे-सम्बन्धी, पद-मर्यादा, यहाँ तक कि अपनी चोरी—यह चोरी का प्रेम—सब कुछ ध्यान में आ गया। महिपाल चौकन्ना हुआ, सयाना हुआ। मुँह फेरकर शीला की बाँहों को हटाते हुए उसने कहा—''बीते कल को भूल जाओ शीला, सख्ती से भूल जाओ। इतने निकट न होते तो दोस्त रह सकते थे; मगर अब दोस्त भी नहीं रह सकते।''

शीला थकी-सी अनुभव कर रही थीं, महिपाल की बातों से कुछ अलग-सी भी थीं, महिपाल के बाँहें हटा देने के बावजूद उसने स्पर्श नहीं छोड़ा था। चोरी से उसकी ओर देखने के लिए महिपाल मुड़ा—शीला का सिर उसकी छाती से लगा हुआ था, माँग के किनारे के दो-तीन सफेद बाल चमक रहे थे और उनके ऊपर ही रेशमी बास्कट की ऊपरवाली जेब में उसकी शेफर्स कलम की सुनहरी टोपी भी चमक रही थी। शीला की माँग के ऊपर शेफ़र्स की चमक ने महिपाल के मन को अजीब ढंग से गुदगुदा दिया। यह दोनों चमक उसकी अपनी थीं, यह क्षण किसी भी व्यक्ति के अहंता के लिए कितना सुखदायी था। हजारों ऐसे भी हैं जो किसी स्त्री का प्रेम पाने के लिए आठों पहर सपनों में उतावले रहते हैं और एक वह है जिसके आगे एक सुप्रतिष्ठित नारी अपने इतने सच्चे प्रेम के साथ समर्पित हो रही है। महिपाल कितने अपार वैभव का धनी है! उसके पास इस समय बैंक एकाउन्ट भी है, रेशमी कुर्ता, रेशमी जैकेट और शेफर्स फाउंटेनपेन भी है।...यह वैभव चोरी का है। यदि चोरी खुल जाएगी तो सुप्रतिष्ठित, साहित्यिक महिपाल कहीं मुँह दिखलाने लायक भी नहीं रह जाएगा। शीला के साथ उसका चोरी का सम्बन्ध जग जाहिर हो चुका है। शीला धनी है, कहीं उसका धन-वैभव शीला का दान न मान लिया जाए? कहीं वह बदनाम न हो जाए? यह चिन्ता सहसा सिमटकर उसके दिल में बैठी हुई गुदगुदाहट को अपने भार से दबाने लगी। महिपाल निष्क्रिय, नपुंसक की तरह अपनी कुंठा से पीड़ित होने के लिए मजबूरी अनुभव करने लगा। अगति की पीड़ा ने उसे गति दी, वह कठोर हो गया। बोला—"आयंदा मुझ से मिलने की कोशिश न करना!" महिपाल उससे अलग हुआ, चलते हुए कहा—"बाहर—बाहर कल्याणी वगैरह हैं, देखकर आना।" महिपाल ने आदेश के स्वर में कहा और चला आया।

कर्नल और सज्जन किसी प्रसंग में हँस रहे थे, महिपाल के आने से सहसा स्तब्धता छा गई।

आया जानकी ने कन्या को शीला का संदेश दिया, ठाकुरद्वारा, पुराना जनानखाना देखकर तीनों मित्रों की पत्नियाँ लौट रही थीं। कल्याणी यहीं से घर जानेवाली थीं, कन्या की गोद में कल्याणी की छोटी बच्ची सो रही थी, उसने जानकी से अलग ले जाकर कहा—"हम लोग जब बाहर चले जाएँ तो डॉक्टर को ऊपर मेरे कमरे में बैठा देना। मैं मिसेज शुक्ला को गाड़ी में बिठा कर आती हूँ।"

कल्याणी, कर्नल की पत्नी से कन्या वाले तुरन्त के प्रस्ताव पर विचार कर रही थी। कन्या ने प्रस्तावित किया था कि शकुंतला का विवाह इसी घर से हो। घर की जगह होते हुए बाहर क्यों तलाश की जाए? कल्याणी को यह प्रस्ताव अच्छा लगा था। उनका घर छोटा था, उन्हें कहीं बाहर से विवाह करना ही था। उसकी और महिपाल की सलाह के अनुसार कर्नल के घर से विवाह करना एक प्रकार से तै हो चुका था; परन्तु बंगले में ब्याह करने का प्रस्ताव कल्याणी को बहुत रुचिकर प्रतीत हुआ। बंगलेवाली देवरानी पर भी खासा रौब रहेगा, बिरादरीवालियाँ यहाँ आएँगी, यह सब बातें कल्याणी के जी को घुमा रही थीं। वह कर्नल की पत्नी से कह रही थी : "एक न एक आदमी तो घर पर सोता ही, यहाँ ब्याह करने से जरा ये रहेगा कि उस घर का सहारा बिलकुल भी नहीं रह जाएगा। देखो, उनसे सलाह कर लें तो बतावैं।"

कन्या बोली—"हाँ-हाँ, बात कर लीजिए, बाकी मैं उनसे कहूँगी। शकुंतला पर केवल आपका ही नहीं हम सभी लोगों का हक है, बहनजी!"

कल्याणी बहुत प्रसन्न हुई, गद्‌गद् होकर बोली—"हाँ-हाँ, बहनजी, पहले आपकी, पीछे हमारी। दोस्तन में कोई भेद होता है? हमारे वो तो कभी-कभी कहा करते हैं कि सगा भाई अपना नहीं रहा मगर कर्नल और सज्जन सगे भाई से भी बढ़कर हैं।"

शानदार पोर्टिको में श्रीमती कल्याणी महिपाल शुक्ल के लिए गाड़ी इंतजार कर रही थी।

58

डॉक्टर शीला ऊपर न गईं। वे कल्याणी के जाने की प्रतीक्षा में लॉबी में ही रुकी रहीं। कर्नल की पत्नी के साथ कन्या अन्दर लौटी, उसने सामने एक कोने में रखी मूर्ति की ओर मुँह किए खड़ी हुई शीला को देखा। कल्याणी और शीला के बीच में महिपाल के सम्बन्ध की चेतना से कन्या इस समय मन ही मन बेहद उलझी हुई थी। वह अपने आप में गहरा झूठ महसूस कर रही थी। कल्याणी के सामने शीला को चोरी से धन की तरह छिपाए रखने में उसका मन कट रहा था। उसे इस काम में घोर अनैतिकता प्रतीत हो रही थी; और यह अनीति बरतने के लिए वह शीला के प्रति अपने प्रेम से मजबूर भी थी। कन्या ने अपने मैके में अनैतिक सम्बन्ध देखे थे। उनकी क्षुद्रता से वह घृणा करती थी। परन्तु यहाँ वह घृणा नहीं कर सकती थी। क्यों ?—यही उसके मन में अभी स्पष्ट न था और उसी को लेकर अपनी अन्य चिन्ताओं के साथ वह मन-ही-मन उलझ रही थी।

"हलो, डॉक्टर!"

शीला ने मुँह घुमाकर देखा। कर्नल की पत्नी उन्हें देखते ही चौंक कर बोली—"अरे डॉक्टर साहब, आप कब आईं?"

"अभी थोड़ी देर पहले।" शीला के कान्तिहीन चिन्ता सागर में डूबे हुए चेहरे पर मजबूती की मुस्कान झलकी।

"आपको देखकर मेरी तबीयत खुश हो जाती है!" फिर कन्या की ओर देखते हुए कर्नल की पत्नी ने कहा—"इनका ऐसा सुभाव मैंने बहुत कम लोगों का देखा है बीबीजी! आप तो बहुत दिनों से हमारे यहाँ आई नहीं डॉक्टर साहब! डॉक्टर साहब को हमारे यहाँ का टिकड़ा माँड़िया बहुत पसन्द आता है बीबीजी!"

डॉक्टर शीला के चेहरे को देखकर कन्या महसूस कर रही थी कि बात कुछ बिगड़ गई है। भेद जानने की उत्सुकता के लिए अपनी भाभी की बात का 'झूठा' उत्तर देते हुए कहा—"तो एक दिन दावत कर दीजिए भाभी, डॉक्टर साहब के बहाने मैं भी दावत खा लूँगी।"

कर्नल की पत्नी ने विनोदपूर्वक आँखें नचाते हुए कहा—"देखा डॉक्टर साहब, ये ननदें ऐसी होती हैं कि हर चीज में अपना हिस्सा जरूर पक्का कर लेती हैं।"

साथ देने के लिए डॉक्टर शीला मशीन की तरह हँसीं। उन्हें देखकर कन्या को तहजीब का नाटक खत्म कर देने की इच्छा हुई। उसने कर्नल की पत्नी से कहा—"आइए, भाभी, ऊपर चलें।"

कर्नल की पत्नी की स्मृति और सहज बुद्धि सचेत हो गई। उन्होंने अर्थभरी दृष्टि से एक झलक शीला को देखा और तुरन्त बोली—"बीबी, मैं रसोईघर में जाती हूँ। पौने आठ हो रहा है, अब जल्दी से थालियाँ लगवाने का इन्तजाम करूँ।"

"हाँ भाभी, यह अच्छा होगा।" कन्या ने अपने मन में भार हल्का महसूस किया, भाभी की समझदारी पर श्रद्धा भी हुई। उनके जाने के बाद कन्या ने पूछा—"ड्राइंगरूम में चलोगी डॉक्टर? कोई एतराज तो नहीं?"

"अब जाऊँगी।"

"ठहरो, मैं सज्जन को बुला लाऊँ। तुम ऑफिस के कमरे में बैठो यहाँ।"

शीला से मिलकर लौटने के बाद महिपाल अस्त-व्यस्त हो गया था। उसकी सहजता नष्ट हो गई थी। जिस समय महिपाल शीला से मिलने गया था उस समय कर्नल और सज्जन में इन्हीं दोनों के प्रसंग को लेकर, एक हल्की सी झड़प भी हो चुकी थी। सज्जन अनैतिकता का प्रश्न उठाए जाने के बावजूद इस बात पर दृढ़ था कि शीला के प्रति महिपाल को उदार होना चाहिए। कर्नल ने बहस में सज्जन से विशेष हठ न बाँधा, इसलिए बात तब रुक गई थी, परन्तु महिपाल के कमरे में लौट कर आने के बाद सज्जन ने उससे अदबदा कर शीला के सम्बन्ध में प्रश्न किया और महिपाल गर्म

हो उठा—"मैं दो नावों पर पैर रख कर चलने का आदी नहीं हूँ। बहुत दिन अज्ञानवश द्वंद्व का जीवन बिता चुका।"

बहस में भी महिपाल यह अस्वीकार न कर सका कि शीला के प्रति उसे प्रेम है। परन्तु उस प्रेम का वह त्याग कर रहा है—एक बड़े सिद्धान्त के लिए। कुटुम्ब व्यक्तिगत प्रेम से बड़ी वस्तु है। वैवाहिक कुटुम्ब समाज को सुसंस्कृत बनाए रखने के लिए एक शक्तिशाली परम्परा है, व्यक्तिगत प्रेम से समाज के बन्धन ढीले पड़ जाएँगे। कुटुम्ब की भावना नष्ट हो जाएगी—यह महिपाल के जोरदार तर्क थे जिनके बल पर वह सज्जन को निरुत्तर कर चुका था।

सज्जन महिपाल के तर्कों का सागर पार न कर पाने के कारण मौन अवश्य हो गया, परन्तु महिपाल के प्रति उसका क्रोध और असन्तोष बढ़ गया था। वह मन ही मन महिपाल के खिलाफ शिकायतें बटोर रहा था।

महिपाल सदा से उसके अहंकार के लिए चुनौती रहा है। वह अपने ज्ञान और तर्कों से सज्जन को बार-बार छोटा बनाने का प्रयत्न करता रहा। सज्जन उसकी बातों के आगे अक्सर झुकता रहा है परन्तु उसके साथ ही साथ उसके मन में सदा यह विचार भी आता रहा है कि महिपाल के मुख से निकली हुई बड़ी-बड़ी बातें केवल बहस के लिए होती हैं, महिपाल उन बातों के सहारे केवल अपने अभावों को ढँकता है, वह कभी उन पर अमल नहीं करता है।

महिपाल को भी सज्जन से यही शिकायत है। बातों की गर्मी के बाद का मौन भीषण हो उठा था। होली की शाम तीन मित्रों के परिवारों का रंग भरा मिलन कराने के जिस उद्देश्य से सज्जन के घर सँजोई गई थी वह उद्देश्य शीला का प्रसंग आ जाने के कारण पूरा न हो सका। कर्नल बात को बदलने के लिए कोई और बात उठाने की सोच ही रहा था कि कन्या आ गई। कर्नल बोला—"कहो बिन्नो, खाना-वाना कब खिलवाओगी भाई?"

"बस, तैयार है भाईसाहब! भाभी थालियाँ लगवा रही हैं।" फिर उसने सज्जन की ओर देखकर कहा—"एक सेकेंड के लिए इधर आना।"

सज्जन और कन्या शीला को कार तक पहुँचाने के लिए बाहर आए। सज्जन ने कहा—"तुम्हें आज बुलाकर मैंने बहुत गलती की! मुझे महिपाल से ऐसी उम्मीद न थी!"

शीला मूक थी। उसका निर्विकार चेहरा पत्थर-सा लग रहा था। कन्या सज्जन से बोली—"मैं गुलमुहम्मद को बुलाती हूँ, वह इन्हें छोड़ आएगा।"

"मैं चली जाऊँगी, मेरे लिए फिक्र मत करो।" शीला की इस बात पर सज्जन ने जोर देकर कहा—"नहीं। कन्या, तुम गुलमुहम्मद को आवाज दो। डॉक्टर को पहुँचा कर वह घर चला जाएगा।"

कन्या बरामदे की तरफ बढ़ी। कार के पास सज्जन और शीला खड़े थे। पूनो की चाँदनी में बगीचे के पेड़, कुंज, हरे-हरे लॉन स्याही का जामा ओढ़े मौन के प्रतीक बने, आकर्षक लग रहे थे। चाँदनी के भय से रात मानो सिमट कर इस हरियाली में बसेरा लेने के लिए उतर आई थी। दाहिनी ओर लॉन के कोने पर चमेली का कुंज चाँदनी से सिंगार पा रहा था। सज्जन की खामोश नजर बात के अभाव में चारों ओर घूमती हुई फिर शीला के दर्द और विचारों की बेहोशी में खोए हुए चेहरे पर आ ठहरी। देखकर उसके मन में गहरी टीस उठी। शीला के सर पर स्नेह से हाथ फेरते हुए वह बोला—"बी ब्रेव, चाइल्ड!" हाथ थम गया, सज्जन का स्वर गहरा विचारबद्ध हो गया, वह बोला—"सत्य कभी-कभी दुधारू तलवार की तरह वार करता है। महिपाल आर्टिस्ट होकर भी दर्द को नहीं पहिचानता, केवल न्याय की दुहाई दे रहा है। क्या कहूँ—कुछ समझ में नहीं आता।"

"पुरुष औरत के दिल को पत्थर मानता है। फिर उसमें प्यार की बातों से अजंता और एलोरा जैसी खूबसूरती काटता, तराशता है।...और फिर उसे बाघ-बघेरों की बस्ती के लिए छोड़ कर चल देता है।...औरत पत्थर ही सही, पर उस पत्थर में बनाई हुई अपनी ही खूबसूरती को आदमी क्योंकर

भुला देता है ? मैं यह कभी न समझ सकी—कभी न समझ पाऊँगी।'' शीला के चेहरे की विवश करुणा विचारों से सहारा पाकर चेहरे की सौम्यता बन गई। सामने की ओर देखती हुई विचार से सधी पुतलियाँ बढ़ते अँधेरे में भी दीये की तरह चमक रही थीं।

शीला को विदा कर लौटते समय सज्जन का मन उत्तेजित था। डॉक्टर शीला स्विंग से उसकी घनिष्ठता महिपाल के कारण ही बढ़ी थी। शीला में पश्चिमी और भारतीय नारी का अपूर्व समन्वय था; वह झरने की तरह ही मुक्त, प्रवहमान और झरने के समान ही अपने स्रोत से बँधी हुई नारी थी। शीला का व्यक्तित्व दूसरों के मन में अपने लिए सदा आदर जगाता है।

कार के फाटक से बाहर चले जाने के बाद सज्जन लौटने लगा। कन्या उसके साथ ही साथ चल रही थी। पोर्टिको तक आते हुए सहसा बड़ी बेकली और गर्मजोशी के साथ सज्जन ने उसका हाथ अपने हाथ में ले लिया। उँगलियों से उँगलियाँ जकड़ कर वह आगे बढ़ा।

ड्राइंगरूम के दरवाजे तक दोनों यों ही चले आए। कन्या के हाथ को अपने दिल पर रख दूसरे हाथ से उसे बड़ी मुलामियत के साथ दबाकर अनखनाये स्वर में सज्जन बोला—''दूसरों की चिन्ता में हमने अपनी शाम बेकार ही खराब की। सबको न बुलाते तो अच्छा था।''

कन्या के चेहरे पर सुहाग की सन्तोषभरी लाली दौड़ गई; वह कुछ न बोली।

उँगलियाँ ढीली होने लगीं पर वे अलग नहीं होना चाहती थीं, नजरें भी मानो चार से दो नहीं होना चाहती थीं।

''जाती हूँ।'' कन्या ने आँखें नीची कीं और चलने को उद्यत हुई। उसकी उँगलियों को अपने पंजे में दबाकर भरे-स्वर में सज्जन बोला—''तुम्हें मेरे बारे में कोई शंका तो नहीं है ?''

कन्या इस प्रश्न से सिहर-सी उठी, शीला, कल्याणी की और महिपाल की चिन्ता की आड़ में छिपा हुआ उसका भय दिल की धड़कनों में प्रवेश कर उजागर हो गया।

सज्जन उसी तरह उसका हाथ दबाए रहा, बोला—''काफी हद तक जिम्मेदार आदमी होते हुए भी मैं एक जगह बिगड़े बच्चे की तरह बेकाबू हूँ। मुझे एक जगह अपने ऊपर विश्वास नहीं। मैं तुम्हारी शक्ति पर विश्वास करना चाहता हूँ, कन्या। मुझे अपना विश्वास दो। मैं कभी महिपाल न बनूँ।'' सज्जन की सच्चाई कन्या के मन को छू गई, उसे सन्तोष भी मला। मीठे स्वर में मुस्कुरा कर बोली—''तुम्हारे बिगड़े बच्चे वाले रूप को भी यहाँ और गोवर्द्धन में देख चुकी हूँ। घबराओ मत, कभी गाफिल नहीं रहूँगी।''

नजरें फिर मिलीं। कन्या मुस्कुरा रही थी; सज्जन के चेहरे पर इस समय अत्यधिक भोलापन बरस रहा था, अपने मन के सन्तोष को लेकर कन्या उस पर रीझी जा रही थी। उसकी आँखों में फूल चमक रहे थे। सज्जन का मन नहा गया, स्वच्छ हो गया; उसने अपने आप में एक नया आश्वासन पाया।

जाते-जाते कन्या ने कहा—''मैं थालियाँ लगवाती हूँ, तुम लोग ऊपर ही आ जाओ।''

59

रात देर तक जगने के कारण सज्जन घूमने भी न जा सका और सुबह की चाय में भी एक घंटे की देर हुई। सज्जन को होली मिलने के लिए कई जगह जाना है। पति-पत्नी द्वारा निश्चित हुए प्रोग्राम के अनुसार वह बारह बजे तक 'शर्तिया' लौट आएगा। पति-पत्नी आजाद परिंदों की तरह ड्राइव करते हुए कानपुर जाएँगे; लंच वहीं होगा। सज्जन रोजउड की खूबसूरत डाइनिंग-टेबुल पर उँगलियों से तबला-सा बजाता हुआ कन्या के आने का इंतजार कर रहा था। कन्या रसोईघर में नाश्ते की चीजें तैयार करवा रही थी। शीला, महिपाल के प्रसंग को लेकर पति-पत्नी कल रात रात नए सिरे से अपने सम्बन्ध की अटूटता को गर्मजोशी के साथ अनुभव कर रहे थे।

इन्तजार के मिनट-दो-मिनट गुजरे, सज्जन तबला बजाना छोड़ दुबारा अखबार खींच कर खबरें उलटने लगा। तभी नौकर ने बाबाजी के आने की सूचना दी। सज्जन के रोमांटिक मूड को इस समय बाबाजी के आने की सूचना से प्रसन्नता न हुई। फिर भी उसने तुरन्त ही उन्हें ऊपर लाने की आज्ञा दी। बाबाजी की अलौकिक शक्ति से सज्जन अत्यन्त प्रभावित है। मन से मन की बात जान लेना कैसे सम्भव है, सज्जन बार-बार इस समस्या पर विचार कर हार चुका है और जितनी ही उसके मन में पराजय की भावना आती है उतनी ही उसकी श्रद्धा भी बढ़ती जाती है। कल दोपहर से, जब से बाबाजी ने सज्जन और कन्या को बहुजन हिताय, बहुजन सुखाय अपना सर्वस्व निछावर कर देने के लिए कहा है तब से, सज्जन के मन में संकोच भी भर गया है। लोकहित के लिए अपने आपको समर्पित कर देने की बात यद्यपि उसे भी बहुत सुहाती है परन्तु इतना बड़ा त्याग करने के लिए उसके मन में पलती हुई अनेक इच्छाएँ संकोच उत्पन्न करती हैं। बाबाजी के आगमन का समाचार सुनकर सज्जन इसीलिए कुछ सहम-सा उठा।

ऊपर के अतिथि-कक्ष में बाबाजी को बैठाया गया। सज्जन ने विनयपूर्वक बात छेड़ी—"हम लोग चाय पीने जा रहे थे। आपके लिए दूध मँगवाऊँ?"

"नहीं रामजी। आप लोग चाह पी आइए बल्कि कहिए तो हम भी वहीं चलकर बैठें। समय क्यों नस्ट किया जाए?"

"पधारिए, बस यही है कि—"

"क्या रामजी?"

"हम लोग अंडा, ऑमलेट—"

बाबाजी हँसे, बोले—"खाइए, आपका अंडा, ऑमलेट कोई मेरे मुँह में तो चला नहीं जाएगा!"

कन्या के आ जाने पर बाबाजी ने अपनी बात शुरू की। उन्होंने सज्जन से कहा--"रामजी, स्त्री के प्रिति न्याय माँगने के लिए तो आप लोगों ने बड़ा आन्दोलन खड़ा किया था, हवाई जहाज तक उड़ाय डाला था; अब अनेक स्त्रियों के उद्धार के लिए आप क्या हमारी सहायता कर सकेंगे?"

कन्या बोली—"आज्ञा कीजिए, क्या बात है?"

"कल दोपहर हमारे आसरम में एक विचित्र पगली दाखिल हुई रामजी। उसने लोगों के सामने बड़ा उग्र रूप दिखाया, परन्तु एकान्त में जब मैंने उससे बातें कीं तो पता चला कि वह एकदम पगली नहीं है।"

"फिर?" सज्जन और कन्या दोनों का कौतूहल बढ़ा।

"वो अत्याचार-पीड़िता है रामजी। मंडल में अनेक अत्याचार सहने के कारण उसका चित्त बिक्छिप्त तो कुछ अवस्य हो गया है, पर इतना नहीं, जितना कि वह जाहिर करती है। मंडल वाले उसे मेरे पास छोड़ गए। वो क्या छोड़ गए, उनका पाप छोड़ गया। वहाँ अनेक स्त्रियाँ अत्याचार सहन कर रही हैं।"

कन्या का गोरा मुख उत्तेजना से रक्तपूर्ण हो गया। सज्जन के चेहरे पर उत्तेजना से अधिक उत्सुकता थी।

बाबाजी ने सारी कथा सुनाई। वह तथा-कथित पगली एक रसोईदारिन की लड़की है। धनी व्यक्ति के घर वह काम करती थी। यह लड़की भी अपनी माँ के साथ वहाँ जाया करती थी। लड़की पढ़ने-लिखने में तेज थी, इसलिए उन धनी महानुभाव ने दयालु होकर उसकी सहायता की। उन्हीं के लड़के से इस लड़की का प्रेम हो गया। इसी बीच में रसोईदारिन का देहान्त हो गया। धनी व्यक्ति के कुलदीपक ने अपनी मातृविहीना निर्धन नायिका के अँधेरे भविष्य को सुहाग का उजाला दिया; परन्तु स्नेह कम था, इसलिए दीप टिमटिमा कर बुझ गया। लड़के के माता-पिता ने उसे मजबूर कर यह सम्बन्ध-विच्छेद करा दिया तथा लड़की के पालन-पोषण की व्यवस्था महिला-सेवा-मंडल

में कर दी। उक्त सेवा-मंडल प्रेमचन्द तथा भारत की अन्य भाषाओं के महान् साहित्यकारों द्वारा अनेक बार वर्णन किए गए महिलाश्रमों के समान ही व्यभिचार और बुर्दाफरोशी का अड्डा है। एक महाशय लगभग बीस-बाईस वर्षों से उसके अवैतनिक मंत्री और सर्वेसर्वा हैं। कार्यकारिणी समिति में नगर के कुछ धनी और प्रभावशाली व्यक्ति हैं जिनके कारण यह संस्था सरकार द्वारा मान्य है। प्रति वर्ष महिला-सेवा-मंडल की रिपोर्ट प्रकाशित होती है जिसमें कम से कम आठ-दस विधवा अथवा परित्यक्ता दुखी स्त्रियों के पुनर्विवाह का उल्लेख बड़े आडम्बर के साथ किया जाता है। पत्नी पाने का इच्छुक पुरुष मंडल की 'सहायतार्थ' पाँच-सात सौ रुपया देता है, जिसकी उसे बाकायदा रसीद मिलती है। विवाहेच्छुक स्त्री-पुरुष मैजिस्ट्रेट के सामने विवाह के फॉर्म पर हस्ताक्षर करते हैं। इतनी बाकायदा कार्रवाई के बाद किसी को महिला-सेवा-मंडल पर किसी प्रकार की शंका करने का अधिकार ही नहीं रह जाता। इस प्रकार प्रतिष्ठा की चहारदीवारी खींच कर महिला-सेवा-मंडल के भवन के अन्दर मंत्री, कार्यकारिणी के सदस्यों, उनके मित्रों और पुलिसवालों के मनोरंजन के लिए व्यभिचार का अड्डा चलता है। मंडल के एजेन्ट रेलवे-स्टेशनों और मेलों में भटकी हुई स्त्रियों को बहका-फुसला मंडल में ले आते हैं। साम्प्रदायिक हलचल के दिनों में मुसलमान स्त्रियों को उड़ा कर उन्हें शुद्ध करने का परम पवित्र कार्य भी यहाँ खूब होता था। मंडल में पहले तो अधिकतर देहाती अथवा निचले सामाजिक वर्ग की महिलाएँ ही आती थीं, परन्तु देश-विभाजन के पश्चात् जब से कुछ अपहृत महिलाओं की रक्षा का भार भी मंडल पर आ गया तब से मध्य वर्ग की दुखी विधवाएँ भी खोज-खोज कर भरती की जाती हैं। मंडल की ओर से एक अलग भवन में सिलाई, बुनाई, दस्तकारी के काम सिखलाने के लिए कक्षा भी चलने लगी है जिसके सहारे बाहरी-स्त्रियों का आना-जाना वहाँ सुलभ हो गया। उन्हें मजदूरी भी दी जाती है। शिक्षालय के सहारे वहाँ दिन में सार्वजनिक पापाचार चलता है।

यह लड़की जो इस समय पगली बनकर बाबाजी के आश्रम में आई है, कक्षा में पहले रखी गई, वहाँ मुहल्ले की तथा मंडल की कुछ स्त्रियों की प्रलोभन भरी बातों के सहारे तथा मंडल के मंत्री महोदय के मीठे व्यवहार से भुलावे में आकर वह बड़ी आश्वस्त हुई। कुछ दिनों के बाद ही रहस्य प्रकट होने लगा। लगभग दो वर्ष के कठोर संघर्ष के बाद अपने को पूर्ण पागल सिद्ध कर वह लड़की बाहर निकल पाई है। वह पुरुषमात्र से त्रस्त है, पुरुष मात्र से घृणा करती है। उसने पिछले दो वर्षों में पुरुषों के द्वारा जितने मानसिक आघात पाए और सहे वे उसे घृणामयी बनने को बाध्य करते हैं। उसका पवित्र निष्कपट मानस पुरुष के कपट-जाल में फँस कर तरह-तरह के अपमान और बलात्कार सहकर अस्त-व्यस्त हो चला है।

सारी बात सुनकर कन्या अत्यधिक उत्तेजित हो गई। सज्जन पर भी इसका गहरा प्रभाव पड़ा।

कन्या तमक कर बोली—"इस दुराचार का अन्त करना ही होगा। इसी समय पुलिस में रिपोर्ट कर इस अड्डे को पकड़ना चाहिए।" उसने सज्जन से कहा—"तुम अभी जाओ! कुछ भी करो—इस पाप का अन्त करो।"

बाबाजी बोले—"पहले इसके लिए प्रिमाण संग्रह करना आवश्यक है। वह लड़की मानसिक रूप से इस समय सन्तुलित नहीं है। हो सकता है इसमें बहुत कुछ असत्य भी हो।"

सज्जन बोला—"शहर में ऐसे कुछ अड्डे चलते तो हैं! इस सम्बन्ध में मैं सुन चुका हूँ।"

"चलते तो हैं रामजी परन्तु सत्य को लौकिक रूप से प्रिकट करने के लिए प्रिमाण भी चाहिए और यह लड़की अपनी बिक्छिप्तावस्था के कारण सत्य का उद्घाटन करने के लिए प्रिमाण नहीं बन सकती।"

अचानक सज्जन ने पूछा—"आप तो इतने शक्तिशाली हैं कि दूसरों के मन की बात जान लेते हैं। आपका क्या ख्याल है?"

"रामजी हमारे खियाल से अपना खियाल मत बाँधो। तुम आप सत्य को पहचानो। जथार्थ को अनुभव करो।"

"परन्तु इस दशा में यथार्थ को पहचानने का हमारे पास उपाय ही क्या है? इस केस में यथार्थ का अनुभव किया ही किस प्रकार जा सकता है?"

"उद्यम से, विचार से।"

"ऐसे अड्डे होते हैं, मैंने बहुत सुन रखा है, पढ़ा भी है। मैं पुलिस के बड़े अफसरों से मिलकर इसकी तहकीकात करवाऊँगा। मैं अभी कर्नल को फोन करता हूँ।"

कन्या बोली—"मैं भाई साहब को फोन करके बुलाती हूँ।"

वह उठी और जाने लगी। बाबाजी बोले—"ठहरो बेटी, पहले विचार कर लो। रामजी ने अभी एक बात उठाई कि पुलिस के बड़े अधिकारियों से तहकीकात कराएँगे। उचित है, परन्तु छोटे अफसर जो इन लोगों से पैसा खाते-पीते हैं, वहाँ भोग-विलास करने जाते हैं, जदि बड़े अफसरों के पहुँचने के पहले वहाँ से उस पाप-दृस्य को गायब करा दें तो हम तुम क्या कर लेंगे रामजी?"

सज्जन स्तब्ध हो गया। वनकन्या पिंजरे में बन्द किए गए पक्षी की तरह विकल हो उठी, बोली—"स्त्रियों पर यह अत्याचार होते हैं, स्त्रियाँ इसके लिए विवश हैं, जग जानता है फिर...कुछ भी हो मैं इसके लिए प्रमाण एकत्र करूँगी। मैं कुछ भी करूँगी, इस अन्याय का प्रतिकार करूँगी।"

बाबाजी हँसे, बोले—"कैसे करोगी बेटी, यही तो प्रिस्न है?"

"मैं वहाँ जाऊँगी। वहाँ की स्त्रियों से बात करूँगी।"

"मंडल के ब्यिबस्थापक तुमको बातें न करने दें तो।"

"सार्वजनिक संस्था है बाबाजी, मैं जा सकती हूँ, देख सकती हूँ।"

बाबाजी फिर हँसे, बोले—"चोर उजागर में चोरी नहीं करता बेटी। उसका भेद कैसे जानोगी?"

कन्या लड़खड़ाई तुरन्त सँभल कर कहा—"अच्छा, मान लीजिए, मैं सामाजिक कार्यकर्त्री के रूप में वहाँ जाती हूँ, कुछ दिनों तक बाकायदा वहाँ के वातावरण में घुलती-मिलती हूँ और उसके बाद उन स्त्रियों से मुझे सब कुछ पता चल जाएगा।"

बाबाजी बोले—"उपाय तो अच्छा है, पर एक बात और भी विचार करने की है बेटी। एक बार हवाई जहाज से स्त्री आन्दोलन उठाकर तुम इस नगर में अपरिचित नहीं रही हो। मंडल के संचालक लोग तुम्हें मान लो कि घुलने-मिलने का मौका भी दे दें और उसके साथ ही साथ अपने यहाँ की स्त्रियों को भी सतर्क कर दें। ऐसी अवस्था में महीनों वहाँ जाकर भी तुम कुछ भेद नहीं पा सकतीं।"

सज्जन बोला—"एक बात और भी है, सत्य को जानने के लिए झूठा ढोंग करना क्या उचित होगा?"

"अनुचित क्यों होगा रामजी?"

"अनुचित तो होगा ही। झूठ की राह पर चलकर हमें सच कैसे मिल सकता है?"

बाबाजी बोले—"ठीक है, परन्तु यह भी तो बिचार करो कि यह झूठ कितने अंस तक झूठ है? तुम एक बात का भेद लेने के लिए कहीं गए, उस भेद से बहुजन का हित होगा। अपने भेद की बात तुम कुछ दिनों तक छिपाए रखते हो, तो इसमें झूठ क्या भया?"

"झूठ तो हुआ ही बाबाजी—"

"अच्छा हमारी एक संका का समाधान करो रामजी। मान लेओ एक चोर चोरी करके भागा जा रहा है, तुमने उसे देखा, पीछे पुलिस वाला भी आता देखा। पुलिस वाले ने पूछा कि तुमने चोर देखा है? तो तुम क्या कहोगे?"

"मैं कहूँगा कि हाँ देखा है।"

''ठीक है, अब मान लेओ कि उस चोर के घर में बच्चा बीमार है, दवा-दारू के लिए उसे पैसे नहीं मिले, बच्चे को बचाने के लिए उसके मन में प्रिबल मोह है। तुम उस चोर की इस इस्थिति को जानते हो। तुमने उसे चोरी के धन के साथ अपने घर में घुसते देखा है और फिर पुलिस वाले ने तुमसे पूछा कि चोर देखा ? तो तुम क्या उत्तर दोगे राम जी ?''

सज्जन दो क्षण चुप रहा फिर गहरा विचार करते हुए बोला—''चोर तो मैंने देखा ही इससे कैसे इनकार कर सकता हूँ ?...पर उस व्यक्ति की स्थिति भी विचारने योग्य है।...मैं यह कह सकता हूँ कि चोर को दंड दिलाऊँ और बच्चे को बचाने के लिए आर्थिक रूप से उसकी सहायता करूँ।''

''और मान लो कि तुम्हारे पास सहायता करने का कोई साधन नहीं, तुम आप बड़े गरीब हो। किसी से सहायता दिला सकने की भी तुम्हारी हैसियत नहीं, तब ?''

''मैं झूठ बोलूँगी ! ऐसे चोर को पुलिस से बचाना मेरी दृष्टि में पुण्य है, पाप नहीं।''

''मैं—मैं इन विरोधी बातों को इतनी आसानी से मिला नहीं पाता। चोरी बुरी चीज है यह सच है; अपने परिवार में या किसी की भी जान बचाने के लिए उपाय करना भी ठीक है, सच है। ये दोनों सच आपस में इतने विरोधी हैं कि—''

सज्जन गहरे विचार में उलझा हुआ था, वह निर्णय-शून्य था।

कन्या कुछ उत्तेजित स्वर में बोली—''तुम क्या फिजूल-सी बहस उठा रहे हो ? यह समय काम करने का है।''

''मेरी बहस फिजूल नहीं कन्या। बाबाजी मन का हाल जानते हैं, वह गवाही दे सकते हैं।'' सज्जन ने संयत स्वर में उत्तर दिया।

बाबाजी बोले—''तुम्हारे बिचारों के पीछे खरा हृदय-मंथन है रामजी, यह बात तो इस्पष्ट है। परन्तु एक और बात भी तौल कर अपने मन में देख लेओ—किस परिस्थिति के कारण तुम्हारे मन में यह सत्य मंथन आरम्भ हुआ है ?''

''मैं समझा नहीं।''

''तुम्हारी पत्नी ऐसे पापालय में प्रिवेस करै, यह बात तुम्हें रुचिकर प्रतीत नहीं होती। मेरी बात का खंडन करते हो या समर्थन, बोलो।''

''जी, आपकी बात सही है।''

''मान लो, तुम्हारी पत्नी नहीं बरन् कोई अन्य स्त्री इस प्रकार का साहस भरा कार्ज करे तो तुम उसकी प्रिसंसा करोगे या नहीं ?''

''प्रशंसा मैं इनकी भी करूँगा; पर भय लगता है कि गुंडों के बीच में ये इस तरह...''

''और जो इतनी अबलाएँ गुंडों के बीच में घिरी हुई तड़प रही हैं वे ? उनमें क्या मेरी तरह जान नहीं ? मैं अवश्य इसका पता लगाऊँगी, मैंने अपने घर में जिस अत्याचार को देखा है, वह अनुभव, उसकी पीड़ा मुझे इस अन्याय का अन्त करने की चुनौती देती है। ऐसे समय में तुम्हारा यह दार्शनिक बातों का विवेचन करना बहुत खल रहा है सज्जन। तुम्हारी वो स्पिरिट कहाँ गई जो मेरी सहायता करने उस समय जागी थी जब मैं तुम्हारी पत्नी नहीं थी ?''

कन्या बेहद उत्तेजित हो रही थी। नाश्ता-चाय की ओर से सब का ध्यान बिखर गया था। बाबाजी शान्त स्वर में बोले—''कोरी उत्तेजना निरर्थक है बेटी। काम के समय भी विचार दर्सन के लिए दिमाग में प्रति छण फुरसत रहनी ही चाहिए। इसके बिना कार्ज सिद्ध नहीं हो सकता। तुम्हारे पति की संका भी नहीं है। मैंने उन्हें परिस्थिति के प्रिति केवल इसलिए सचेत कर दिया जिससे कि उनकी दृस्टि गलत न उलझै।...हाँ रामजी, अब मैं आपकी बात का उत्तर दूँ, झूठ अब लक्च्छ नहीं, नीतिमात्र हो, जब उसका सम्बन्ध एक व्यापक सत्य से हो तब हम उसे अपनायेंगे। जहाँ तनिक-सा झूठ बोल

कर परोपकार करना सम्भव हो वहाँ पर वह सत्य संगत है, पुण्य है। व्यास महाराज का यह उपदेस कि परोपकार पुण्य और परपीड़न पाप है हमें उचित जान पड़ता है।''

''तब तो हिंसा भी कहीं परम पुण्य है?'' सज्जन ने कहा।

''गीता के इस आदेस को भी मैं उचित मानता हूँ। उद्‌देश्य महान् हो तो त्याग की कसौटी पर कहीं हिंसा भी पुण्य है।''

''गांधी जी इसका विरोध करते थे।''

''नहीं तौ। कायर की अहिंसा से उन्होंने भी हिंसा को स्रेष्ठ माना। जीव की रक्षा करना महान् उद्‌देश्य है। जब तुम्है मारने के लिए कोई हठ ही ठान ले तब उससे लड़ना ही चाहिए। इन औरतों के ब्यापारियों से डट कर लड़ो रामजी।''

''ये सेवा-मंडल है कहाँ पर? मैं आज ही जाऊँगी।''

''हाँ, आज तौ तुम दोनों जने आओ। हमारा हवाला दै देना। तुम दोनों के वहाँ जाने का कारण इस्पष्ट हुई जाएगा। सौ-दो-सौ सहायता के नाम पर फेंक देना। फिर आगे जैसी परिस्थिति समझी जाएगी वैसा उपाय किया जाएगा।''

कन्या के सामने अपनी भाभी का चित्र था—आग से जले हुए, भुने हुए लोथड़े, लटकती हुई देह, अग्नि से विकृत होंठ-नाक-आँखों के कोटर, सिर के केश...। कन्या उस स्मृति से जड़ हो गई थी। उसके सामने औरतों की दुनिया जली हुई पड़ी थी। आँसू आँखों में होश बन कर आए। कन्या काँपी; फिर दृढ़ हो गई।

आज नए सिरे से वह अपने उद्‌देश्य से बँधी।

60

'प्रिय महोदय,

श्रीमान् बाबा रामजी के आश्रम में पागलों के निरीक्षण और सेवा-सहायतार्थ मैं और मेरे पति अक्सर जाया करते हैं। आपके महिला सेवा-मंडल के सम्बन्ध में हमें वहीं सूचना प्राप्त हुई। मुझे यह जानकर बड़ी प्रसन्नता हुई कि आप नारी-जाति की सेवा कर रहे हैं। ऐसे कार्यों में मेरी बहुत दिलचस्पी है। मंडल की सहायतार्थ पत्र-पुष्प के रूप में यह सौ रुपए का चैक भेज रही हूँ। यदि आप इसे स्वीकार करेंगे तो मुझे और मेरे पति को बड़ी प्रसन्नता होगी।

भवदीया,

वनकन्या वर्मा'

पत्र और चैक पाकर महिला सेवा-मंडल के अवैतनिक मंत्री महोदय बड़े ही प्रसन्न हुए। धन्यवाद देने के लिए वे स्वयं पधारे। श्रीमती और श्रीमान् सज्जन ने नारी जाति की जो अपूर्व सेवा की, उसका उन्होंने अनगिनत शब्दों में बखान किया। वनकन्या ने आश्रम देखने की इच्छा प्रकट की जिसे मंत्री जी ने मंडल का परम सौभाग्य माना। दूसरे दिन दो बजे मंत्री महोदय स्वयं आकर दोनों को ले जाएँगे, यह निश्चित हुआ।

अनाज से गँजा, जनरव में गूँजता हुआ सँकड़ा बाजार, पीठ पर वजनी बोरे लादे सड़क के दोनों ओर आते-जाते मजदूर, मनों बोझा खींचते ठेले में बँधे मरघिल्ले भैंसे और बोरे लादे ऊँट, सारी भीड़ में अपना अलग ही अस्तित्व रखते थे। कुर्ता, जाकट, दुपल्ली या गांधी टोपी पहने, कंधे पर अंगोछा डाले, फतुही, मुड़ासा और घुटनों तक ऊँची धोती, चमरौधा पहनने वाले लोग ही इस बाजार में अधिक दिखाई पड़ रहे थे। अनाज की गंध से बाजार महक रहा था। ठेलों, ट्रकों, साइकिल, इक्कों, रिक्शों, गायों, सांडों और व्यापार-व्यस्त इनसानों के हुजूम से, सड़क गड्ढे-खाँचों से बमुश्किल तमाम गुजरते हुए सज्जन की कार आगे बढ़ रही थी। मंत्री महोदय ने उँगली उठा बाईं

ओर दूर पर एक छत की ओर इशारा किया जिस पर मंडल का बड़ा भारी साइनबोर्ड लगा हुआ था। मंत्री जी बोले— ''मैंने तीनों ओर मुँडेरों पर इतने बड़े-बड़े साइनबोर्ड इसलिए लगवाए हैं कि एक तो जनता का ध्यान आकर्षित हो और दूसरे, छत पर सब तरफ से पर्दा हो जाए। मैं पर्दे आदि का बड़ा ध्यान रखता हूँ, देवी जी। हमारे मंडल में चरित्र पर बड़ा ध्यान रखा जाता है। बाईस वर्ष हो गए मुझको यह सेवा-कार्य करते हुए। मैं आपसे कहता हूँ, चन्द्रमा में कलंक है परन्तु हमारी चन्द्रमुखियाँ निष्कलंक हैं।''

अनाज मंडी से गुजरकर कार बाईं ओर की सड़क पर आई, सामने एक सेकेंडरन सिनेमा हॉल, जनरल मर्चेंटों का छोटा बाजार आया, दुकानों वाले बरामदे के साथ बाईं ओर कार फिर गली में मुड़ी, एक मकान पर 'श्रीमती सुन्दर बीबी दातव्य औषधालय' का साइनबोर्ड; उससे लगे हुए मकान पर 'फ्रेंड्स ट्रेडिंग कारपोरेशन' का साइनबोर्ड; फिर एक दर्जी की दुकान, और फिर 'महिला सेवा मंडल' की पीली पुती हुई इमारत, जो साइनबोर्डों से पटी हुई थी। फाटक के ऊपर मंडल का नाम, दाहिनी ओर लम्बे साइनबोर्ड पर मंत्री महोदय और संरक्षक रईसों की नामावली, बाईं ओर के साइनबोर्ड पर मंडल की महती उद्देश्यावली टँगी थी, खाली दीवाल पर मोटे-मोटे अक्षरों में 'यत्र नार्यस्तु पूज्यंते रमन्ते तत्र देवताः' लिखा था।

अन्दर दफ्तर था। एक महिला वहाँ बूढ़े दफ्तर-मुंशी के पास ही बैठी थी। रंग गेहुँआँ, भूरे तिलों से भरे हाथ और चेहरा, नीली छोटी काजल लगी सुनहरा चश्मा चढ़ी आँखें, जिनकी पलकों के पपोटे और नीचे की चमड़ी गहरी साँवली थी, भूरे बाल, कत्थे रँगे छोटे-छोटे दाँतों वाली यह श्वेत खादी-मंडित महिला उठ खड़ी हुई, दाँत दिखाकर हाथ जोड़े। सज्जन को उनकी दृष्टि और मुस्कान बड़ी घुटी हुई मालूम हुई। माथे की बिन्दी और माँग का सिन्दूर देवी जी के सुहाग का परिचय दे रहा था। बाकी परिचय देते हुए मंत्री जी ने बतलाया : ''आप श्रीमती धनवती देवी शास्त्रिणी, प्रभाकर, राजवैद्या हैं। हमारे पड़ोस में ही सुन्दर बीबी दातव्य औषधालय है, उसकी आप प्रधान हैं। हमारे मंडल की तो मानो आप प्राण हैं। आप ही की सलाह और सहयोग से हमने स्त्रियों को आयुर्वेद पढ़ाने का भी प्रबन्ध कर रखा है।''

मंडल में स्थायी रूप से रहने वाली आठ स्त्रियाँ मान्य अतिथियों के सामने सफेद उजली पोशाक में पेश की गईं। उनकी उम्र अठारह से पैंतीस के अन्दर थी। रंग आमतौर पर साँवला, किसी का गहरा, किसी का खुलता हुआ। नाक-नक्शा प्रायः सबका ही ठीक-ठीक था। उनमें एक भी ऐसी न थी जिसे सचमुच सुन्दरी कहा जा सके। महिलाओं ने मंत्रीजी की आज्ञा से कुछ श्लोक और भजन सुनाए। इसके बाद उन्हें सिलाई कक्षा, कसीदा काम और बुनाई की कक्षा, संगीत कक्षा, नृत्य कक्षा, आयुर्वेद कक्षा और धर्म कक्षा दिखलाई गईं। इनमें लगभग पचास-पचपन नवयुवतियाँ, युवतियाँ और कुछ प्रौढ़ाएँ भी थीं। यह सब घर-गृहस्थी की महिलाएँ थीं जो दिन में यहाँ काम सीखने आती थीं, उनके काम की मजदूरी भी दी जाती थी। केवल संगीत और नृत्य सीखने वालियों की मजदूरी नहीं मिल सकती। यही हाल धर्म-कक्षा का भी था। आयुर्वेद और धर्म की कक्षाएँ मंडल में स्थानाभाव के कारण सुन्दर बीबी के औषधालय वाले मकान में चलती थीं जिसके लिए श्रीमती धनवती देवी शास्त्रिणी, प्रभाकर, राजवैद्या की उदारता-रामायण का मंत्री महोदय द्वारा पुनः पाठ हुआ।

मंडल का कार्य-संचालन देखकर सज्जन और कन्या, दोनों पर ही बड़ा अच्छा प्रभाव पड़ा। इस सुव्यवस्थित साफ-सुथरे वातावरण में कहीं भी उस गन्दगी का परिचय न मिलता था जिसकी खोज में वे आए थे। कन्या अनेक प्रकार से मंडल की सहायता करने का वचन दे आई। लौटते समय उसने स्वागत स्वर में कहा था—''या तो वह पगली झूठी है या यह ऐसा संगठन है जिसकी थाह आसानी से नहीं लगेगी। ...कैसी कठिन दुनिया है। इसके जूझने के लिए कठिन साहसी चाहिए!''

इसके बाद उसने सज्जन से मंडल के सम्बन्ध में कभी चर्चा न की। मंत्री महोदय वनकन्या के पास अक्सर आया करते थे, फिर सज्जन के पास आने लगे। धनवती देवी शास्त्रिणी, प्रभाकर, वैद्या के साथ भी वे सज्जन के पास आए-गए।

सज्जन ने बाबा जी से मंडल के विषय में सब कुछ बतलाया और कहा—"आपकी पगली ने जिन बातों का संकेत किया उनकी तो वहाँ कहीं झलक भी नहीं मिलती!"

बाबा जी बोले—"रामजी हमारा मन कहता है कि वहाँ निश्चित रूप से बड़ा भारी जाल-बट्टा फैला है। उस पगली की अनेक बातें ऐसी हैं जिनमें मिथ्या कल्पना का तनिक भी अंस नहीं लगता।"

बाबा जी ने अनाज के एक बड़े व्यापारी का नाम बतलाया जो अपनी भतीजी को जबरदस्ती अपने वश में किए हुए है। मंडल में उसे सिलाई का काम सीखने के लिए आना पड़ता है और अनिच्छापूर्वक सारी मानसिक यंत्रणाएँ सहनी पड़ती हैं। उस तथाकथित पगली के सम्बन्ध में भी सज्जन को और कुछ मालूम हुआ। पगली बतलाती थी कि पहले उसे मंडल के धार्मिक वातावरण से पूरी तरह प्रभावित कर क्रमश: यह समझाया जाता था कि गृहस्थ बनना ही स्त्री का सबसे बड़ा धर्म है; साथ ही स्त्री को पुरुष की तरह बार-बार विवाह और त्याग का अधिकार भी है। और यह बतलाया जाता कि मंडल विशुद्ध आर्य-परम्परा के अनुसार स्त्री-पुरुष में प्रेम-सम्बन्ध स्थापित कर स्वयंवर रचाने का पूरा-पूरा अवसर देता है। यह बातें धीरे-धीरे उसके मन में बैठाई जाती रहीं। पगली सब प्रकार से अरक्षिता होने के कारण मंडल के प्रभाव में आती गई। एक दिन उसे मंडल के बगल वाले कमरे में ले जाया गया जहाँ एक युवक से इसका परिचय कराया गया। उस कमरे में साधारण सुरुचिपूर्ण सजावट के अलावा एक राधाकृष्ण का चित्र भी टँगा था। उस चित्र के सामने पगली तथा उस व्यक्ति से प्रतिज्ञा कराई गई कि वे दोनों का भेद किसी तीसरे से न कहेंगे। पगली ने प्राय: स्वेच्छापूर्वक उस व्यक्ति के प्रति अपने को समर्पित किया। अपने पिछले कटु अनुभव की कथा भी नए प्रेमी को सुनाई। पगली का नया प्रेमी आठ-दस दिन लगातार आया। फिर सहसा उसका आना रुक गया। फिर एक दिन जब वह उस कमरे में जाने के लिए बुलाई गई तो उसने वहाँ जाकर देखा कि एक नया व्यक्ति वहाँ उपस्थित था। उस व्यक्ति के सम्मुख फिर सब पुरानी बातों का नाटक दुहराया गया, राधाकृष्ण के चित्र के सामने पुरानी प्रतिज्ञा नए सिरे से दुहराने का तमाशा आरम्भ हुआ, पगली ने उसका विरोध किया। उसने अपने-आपको वेश्या बनाने से इनकार किया जिसका नतीजा यह हुआ कि मजबूर किए जाने पर वह चीख पड़ी। महिला-सेवा-मंडल की यह चीख बाहर तक पहुँची थी और कुछ दिनों व्यर्थ चर्चा का विषय भी रही थी। पगली उसी दिन से मंडल के नीचे वाले हिस्से में कैद हो गई जहाँ उसे अनेक बार बलात्कार सहना पड़ा। बलात्कार करने वालों में पगली के कथनानुसार अक्सर पुलिस के लोग भी आते थे। उसे वहीं गुप्त बीमारी भी हुई। पगली ने यह भी बतलाया कि मंडल के नीचे वाले हिस्से में दो ऐसी बड़ी-बड़ी कोठरियाँ भी हैं जहाँ इनकार करनेवाली स्त्रियों को कैद किया जाता है, बार-बार मारपीट और बलात्कार सहने को मजबूर कर जहाँ उनकी आत्मा तोड़ी जाती है। जो स्त्रियाँ मंडल की सुहागिन बन जाती हैं वे इनकार करने वालियों पर राज करती हैं। स्त्रियों की आपसी जलन, लालच और अत्याचारों से विवश होकर स्त्रियाँ मंडल वालों की इच्छानुसार कार्य करने लगती हैं, ऐसी पकी स्त्रियाँ ही मजिस्ट्रेट के सामने शादी के ढोंग के साथ कानून की नजर में धूल झोंक कर बच जाती हैं। धनवती देवी वैद्या और एक अन्य स्त्री, जिसका नाम पगली ने कित्तो की बुआ बतलाया, मंडल की स्त्रियों के दंड-पुरस्कार आदि का विधान रचती हैं। धनवती वैद्या के सम्बन्ध में सज्जन ने सुना कि वे मंत्री महोदय से भी कहीं अधिक विकट अत्याचारिणी हैं। मंत्री और वैद्या ही इस शैतान के साम्राज्य के राजा और रानी हैं। वैद्या का बूढ़ा पति रोटी-टुकड़ा खाकर नौकरों की तरह पड़ा रहता है।

सज्जन यह सब सुनकर बड़ा ही विचलित हुआ। किसी न किसी प्रकार इस रहस्य का उद्घाटन करने की उसकी इच्छा होने लगी। कर्नल से भी उसने इस सम्बन्ध में चर्चा की। उसने मंडल के सम्बन्ध में अक्सर अफवाहें सुनी थीं। मंत्री महोदय को तो कर्नल ने पूरा चार सौ बीस बतलाया, परन्तु इसके साथ ही साथ सज्जन को इस बात का कड़ा आदेश दिया कि वह भविष्य में इस गन्दगी में हाथ डालने का प्रयास न करे।

परन्तु सज्जन के मन में एक आग जाग चुकी थी। वह इस रहस्य का उद्घाटन करने पर तुला था। उसने अपनी इच्छा दूसरों से गुप्त रखी। सज्जन ने वनकन्या के नाम से दो बार और भी पच्चीस-पचास रुपए भिजवाए। मंत्री महोदय को इस नए दानी परिवार के प्रति सहज ही आकर्षण हो गया। वे अक्सर आने लगे। एक बार कन्या को अपने मंडल में व्याख्यान कराने भी ले गए। एक दिन पहले से समय निश्चित कर—कन्या जब ताई के घर अपने स्कूल चली जाती थी उस समय—सज्जन ने उसके नाम से मंत्री को घर पर बुलवाया। वे आए। सज्जन उस समय शराब का सारा आयोजन संजोए बैठा था। उसने मंत्री को वहीं बुलवाया, पूछा—"कहिए कैसे आना हुआ?"

मंत्री बोले—"कल दोपहर को मुझे देवी जी का संदेश मिला था, उन्होंने ही मुझे आज इस समय यहाँ बुलाया था।"

"वो तो हैं नहीं, शायद किसी जरूरी काम से चली गई हैं। बैठिए, आती होंगी। लीजिए, शौक कीजिए।"

"हें-हें-हें! मैं तो पान-तमाखू को छोड़कर और कोई नशा नहीं करता।"

"अमाँ आओ भी!...बहिश्त में रहते हो और आबे कौसर-आबे जमजम से परहेज रखते हो।" थोड़ी ही सी देर में सज्जन ने मंत्रिवर को अपनी बातों में लपेट लिया। इसमें उसकी वाक्‌चातुरी से अधिक उसके वैभवपूर्ण वातावरण का सहयोग रहा। उन्हें यह विश्वास दिला दिया कि वनकन्या और सज्जन के पंथ अलग-अलग हैं। यह सारा सामाजिक कार्य का नाटक तो वह वनकन्या के कारण ही करता है। सज्जन ने अपने सम्बन्ध में अनेक सच्ची-झूठी रोमांटिक कहानियाँ गढ़कर, सुनाईं, यह बतलाया कि मुहल्ले में स्टूडियो खोलने के पीछे उसका आशय यही था और उसने वहाँ अनेक आनन्द भी प्राप्त किए। सज्जन ने यह भी संकेत किया कि वह गुप्त आनन्द प्राप्त करने के लिए सैकड़ों रुपए खर्च कर देता है।

मंत्रिवर फिसल पड़े। धनवती जी भी उसका घर झाँक ही गई थीं; वनकन्या से अधिक वे सज्जन से अपना सम्बन्ध स्थापित करने लगे।

एक दिन धनवती जी ने सज्जन को अपने यहाँ दिन में भोजन पर बुलवाया। सज्जन ठिठका; उसने सोचा, फिर चला गया। उस दिन सारा तंत्र समझ में आ गया। श्रीमती सुन्दर बीबी दातव्य औषधालय और महिला-सेवा-मंडल के बीच में फ्रेंड्स ट्रेडिंग कार्पोरेशिन वाली इमारत दरअसल पुरुषों के आवागमन के लिए सुविधाजनक मार्ग है। फ्रेंड्स ट्रेडिंग कारपोरेशन शेयर मार्केट से सम्बन्ध रखनेवाली संस्था है। मंडल के एक धनी संरक्षक के कुछ कर्मचारी वहाँ काम करते हैं, शेयर का धन्धा नाम-मात्र को वहाँ होता है; उस बहाने दिन भर लोगों की आवा-जाही के लिए वह दफ्तर सुगम मार्ग बनाता है। सज्जन इस राह से अन्दर गया। नीचे का आँगन प्रायः खाली था, ऊपर कटहरे के आगे खुली छत थी। सामने तीन दर वाला एक कमरा, जो अन्दर से तीन छोटी कोठरियों के रूप में एक- ईंटिया दीवाल द्वारा विभाजित किया हुआ था। सुन्दर बीबी दातव्य औषधालय, फ्रेंड्स ट्रेडिंग कारपोरेशन और महिला-सेवा-मंडल ऊपर से दोनों ओर दरवाजे फोड़कर एक इमारत के रूप में बाँध दिए गए थे। श्रीमती धनवती देवी वैद्या, शास्त्रिणी सज्जन को मंडल की इमारत में एक ऐसी कोठरी में ले गईं जहाँ से वह निश्चित होकर सिलाई, बुनाई आदि की कक्षाओं में काम करने वाली स्त्रियों को देख सकता था। थोड़ी ही देर में धनवती देवी शास्त्रिणी फिर पधारीं। उसे

एक झरोखे से हटा कर दूसरी दीवार में बने हुए झरोखे के पास ले गई, दूसरी ओर के कमरे में आठ-दस स्त्रियाँ जमा हो गई थीं; यह समय कुटन-पंथिनी स्त्रियों की चाय का था। ग्राहकों को इसी समय झरोखे से चुपचाप माल दिखाया जाता था। ग्राहक जिसे पसन्द कर ले, उसे उसकी सेवा में पहुँचाया जाता था। सज्जन उनकी बातें खड़ा सुनता रहा। बातें घर-गृहस्थी, पतियों, रिश्तेदारों के सम्बन्ध में थीं, उनके द्वारा घर पर बनाए जाने वाले बहानों पर थीं, गोपनीय मजाक थे। धनवती देवी वैद्या सज्जन के साथ अधिक से अधिक सट कर खड़ी होने का प्रयत्न करती, बहुत रस से उन स्त्रियों के सम्बन्ध में बता रही थीं। दो-तीन के सम्बन्ध में तो उन्होंने यह बतलाया कि उनके पति बूढ़े हैं, एक की गरीबी का चित्रण करते हुए कहने लगीं—"कई बेचारियों की तो रोटी यहाँ से चलती है। हम लोग बाइज्जत तन-मन-धन की भूख मिटाते हैं, मैं तो कहती हूँ ये बड़ा पुन्न का काम है।"

सज्जन को धनवती देवी से घबराहट लग रही थी। उसने उस दिन किसी 'अप्सरा' को अपनी सेवा में नहीं बुलाया।

सज्जन लगातार तीन-चार दिन वहाँ जाता रहा। उसने धनवती देवी के अपनी ओर बढ़ते हुए आकर्षण-कष्ट को भी सहन किया। उन्हें रिझाने के लिए उनकी फर्माइश के अनुसार ढाई सौ रुपए की एक घड़ी भी प्रेजेन्ट की।

सज्जन को इन तीन-चार दिनों में अद्‌भुत रूप से निजी और सामाजिक अनुभव प्राप्त हुए। अपने बारे में जो नया अनुभव हुआ उससे उसे स्वयं ही आश्चर्य होता था। कुछ महीनों पहले तक यही सज्जन ऊपरी बुद्धि से ऐसे जघन्य कृत्यों की निन्दा करता हुआ भी मन-ही-मन उनके आकर्षण से बँधता था। कुछ महीने पहले सज्जन इस अड्डे में आकर अपने को खो चुका होता। परन्तु आज उसे यही दृश्य आठों पहर तिलमिलाते रहते थे। कन्या के साथ विवाह से पहले जो मन-मंथन और अब विवाह के बाद जो आत्मविश्वास प्राप्त हुआ, जो विचार पके, वे उसके मानस को नए सिरे से ढाल चुके हैं—यह उसने मंडल में लगातार आने के दौर में ही महसूस किया। स्त्री के स्वाभिमान, सच्चरित्रता और समर्पण का जो नया मानदंड वनकन्या के रूप में उसके जीवन में स्थापित हुआ है, वह उसे ऊँचा उठा ले गया है। अपनी माँ को छोड़कर सज्जन अन्य किसी नारी को जो आदर न दे सका था वह उसकी पत्नी ने अपने आचरण द्वारा उससे सहज ही में प्राप्त कर लिया। और वनकन्या का आदर करना ही उसके जीवन की बहुत बड़ी क्रान्ति थी। जवान सुन्दर स्त्री मात्र को लेकर उसकी दृष्टि ही बदल गई थी। मंडल में इन चार दिनों तक आते-जाते सज्जन ने अपने सम्बन्ध में जो सबसे बड़ा ज्ञान पाया वह यही था। अपने पूर्व अनुभवों के साथ मंडल के ये दृश्य जोड़ते हुए उसने उन कारणों को भी महसूस किया जिनसे स्त्रियाँ इस रास्ते पर आती हैं। शौकीन पैसेवालियाँ शौक से आती हैं; उनके पति उन्हें धोखा देते हैं और वे अपने पतियों को। मजबूरी का जीवन बिताने वाली विधवाएँ क्रमश: प्रलोभनों में पड़कर यहाँ आती हैं। हमारे सामाजिक संगठन में विधवा की स्थिति प्राय: ऐसी होती है कि वह धन और जन, दोनों ही से वंचित कर दी जाती है। विधवाएँ धर्म-चर्चा के बहाने, सिलाई सीखने और मजदूरी करने के बहाने यहाँ आती हैं। कम आमदनीवाले मध्य वर्ग की ये युवतियाँ आती हैं जिनकी चाहत के सपने जमाने के प्रभाव से रियासत भरे होते हैं। मैके में सोचती हैं कि पति के पैसे से ऐश करेंगी, मगर आमतौर पर यह नसीब सबको नहीं मिलता। अधिकतर युवतियाँ अपने पतियों की आर्थिक सीमाओं से बँधकर त्रस्त रहा करती हैं। दिन-रात घर में कलह करती हुई वे अतृप्तियों से भरी रहती हैं। सिनेमा के आधुनिक दौर से गुजरते हुए आज के कमजोर दिमाग की तरह उनके मन में नए हीरो की तलाश रहती है—ऐसे हीरो की जो उनके पतियों के विपरीत उनके सौन्दर्य और गुणों पर रीझ कर उन्हें सुख-सुविधाओं के हिंडोले में झुलाए। सज्जन ने देखा कि संगीत-नृत्य सीखने के बहाने इस मंडल में ऐसी नई उम्र की लड़कियाँ

भी फँसाकर लाई जाती हैं जिनके मन में अनुभव न किए हुए सेक्स का प्रचंड कौतूहल होता है। वे बड़ी उम्र की युवतियाँ भी आती हैं जिनका पैसे की कमी के कारण विवाह नहीं हो पाता। एक बार बुरे जीवन में फँस जाने के कारण नारी का चरित्र क्रान्तिकारी रूप से बदल जाता है। षड्यंत्र और भेद का वातावरण होने के कारण बहुत-सी स्त्रियों में संघबद्धता वाली डिसिप्लिन अपने आप फूट पड़ती है। अपने संघ में अधिक से अधिक स्त्रियाँ सम्मिलित हों, इसके लिए भी वे प्राय: आप ही प्रयत्नशील होती हैं। अनेक ऐसी भी होती हैं जो स्वभाव से सरल किन्तु कमजोर मन की होने के कारण एक बार फँसकर फिर जीवन भर इस नरक से उबरने की राह नहीं पातीं; दिन-रात गुप्त मानसिक ज्वाला में धधका करती हैं।

इन चार दिनों में सज्जन अपने मन के कोने-कोने से अटका-अटका फिरा है। सामाजिकता, आबरूदारी, सच्चरित्रता, कुलीनता, यह सब सोने ऐसी ठोस चमकती हुई मान्यताएँ उसे गँदली कीचड़ भरी नालियों की तरह नजर आने लगीं। इन मान्यताओं का समाज में वही मूल्य है जो महिला-सेवा-मंडल की छत और फाटक पर साइनबोर्डों का है। चित्रा राजदान से लेकर धनवती देवी वैद्या शास्त्रिणी तक, मंडल में आने वाली अनेक आबरूदार घरों की स्त्रियों तक—सर्वत्र उसे नारी रूप में दर्शन हुए। छज्जों से सजे हुए बाजारों में जो वेश्या प्रकट है, जो युगों तक भरी सभा में द्रौपदी बनाकर रखी गई है, उस बेचारी ने ही फिर ऐसा कौन-सा अपराध किया है जिससे मात्र उसे ही अस्पृश्य समझा जाए? ऊपर से धर्म, पवित्रता, सदाचार का इतना बड़ा आडम्बर सजाकर छिपे-छिपे चलने वाली इस आबरूदार वेश्या को क्यों न जग-जाहिर किया जाए? आबरूदार समाज खुद ही अपनी आबरू लुटने के लिए ये अड्डे बनाता है। ऐसी झूठी आबरू का भंडाफोड़ क्यों न किया जाए?—उसके मन में निरन्तर घुटन मचती रही। समाज की गन्दगी को सामने लाना क्या समाज के लिए कल्याणकारी होगा? ऐसा करने से बेशर्मी तो नहीं फैल जाएगी? ऊँची मान्यताओं के भय से जो दुनिया अभी तक दबे-छिपे यह कार्य कर रही है, फिर बेशर्म बनकर खुलकर खेलेगी। वह दुनिया बड़ी भयंकर होगी।

कर्नल ने सज्जन को इस गन्दगी में हाथ न डालने का आदेश दिया था, परन्तु जब सज्जन मंडल के अनुभव लेकर बाबा जी की प्रेरणा और पुलिस की सहायता से इस व्यभिचार और बुर्दाफरोशी के अड्डे को मिटाने का निश्चय कर चुका तब उसने उसे सारा हाल सुनाया। पराया कष्ट सुनकर कर्नल तनिक में ही पिघल जाने वाला प्राणी है, फौरन ही दौड़-धूप के लिए तैयार हो गया। सज्जन अधिकारी वर्ग में अनेक लोगों को जानता है परन्तु उसका परिचय इन लोगों से कर्नल के समान घनिष्ठ नहीं। कर्नल सबको डालियाँ भेजता रहता है, मिलता-जुलता रहता है। सज्जन ने कर्नल से कहा—"सुपरिंटेंडेंट पुलिस से इस सम्बन्ध में मिलो, मैं भी तुम्हारे साथ चलूँगा।"

कर्नल बोला—"मैं समझता हूँ कि तुम डाइरेक्ट मिनिस्टर से मिलो। तुम्हें मालूम नहीं बाज-बाज केसों में सुपरिंटेंडेंट पुलिस तक ऐसी कान्सपिरेंसियों में शामिल रहते हैं। मैं तुम्हें वाकया बतलाऊँ। अलीगढ़ में इसी तरह औरतें बेचने का सेंटर था। उस साजिश में पाँच डिप्टी सुपरिंटेंडेंट पुलिस और एक एस.पी. शामिल थे। यू.पी. की सी.आई.डी. ने यह केस पकड़ा था।"

सज्जन सुनकर स्तम्भित रह गया। बोला—"सरकार ने इस पर क्या किया?"

"सबके सब नौकरी से बर्खास्त हुए, और क्या? खाली सुपरिंटेंडेंट पुलिस को उन्होंने बर्खास्त नहीं किया, उसका इस्तीफा ले लिया। इसीलिए कहता हूँ कि—"

सज्जन बात काटकर बोला—"देखो यार, मेरा अपना मत तो यह है कि अगर हम बजाय मिनिस्टर के इन्हीं लोगों से काम निकालें तो ज्यादा अच्छा होगा। इनमें सब ऐसे ही हों यह मानने के लिए मैं तैयार नहीं। यह सच है कि पुलिस में गैर जिम्मेदार तबका बहुत ही ज्यादा है, पर सब ऐसे ही नहीं हो सकते। आखिर कहीं उन्हें अपनी प्रेस्टिज का भी तो ख्याल रहता है।"

"हाँ, खैर ये तो है। बड़े अच्छे-अच्छे लोग भी होते हैं, मगर बहुत कम। पुलिस का महकमा ही ऐसा होता है जो आज की फिजाँ में अपने उद्देश्य से टीक विपरीत जाकर इनसान को हैवान बना देता है।"

"फिर भी मैं समझता हूँ कि सीधे एस. पी. के पास ही चलो। हर काम में ऊपर से सहारा लेकर चलनेवाली नीति गलत है—खास तौर पर ऐसे कामों में। हमें व्यक्ति की सद्भावना का सहारा लेना ही चाहिए!"

कन्या को इस प्रसंग में अभी कोई जानकारी न थी।

आज धनवती देवी वैद्या शास्त्रिणी, प्रभाकर महान् कलाकार के लिए एक ऐसी 'प्रेरणा सामग्री' प्रस्तुत करने का वचन दे चुकी थी जो साधारणतया सबको सुलभ नहीं होती। साथ ही धनवती ने यह भी वचन दिया था कि वे उसे आज मंडल में अन्य स्त्री-पुरुषों के जोड़े भी दिखलाएँगी। धनवती देवी वैद्या सज्जन से अत्यधिक प्रभावित थीं। इस संस्था में रईस अनेक आते हैं; पढ़े-लिखे, कुछ वकील, बिजनेसमैन भी आते हैं। पर सज्जन ऐसा नामो-गिरामी, रईस, पढ़ा-लिखा, हसीन चित्रकार इस मंडल में, धनवती के सम्पर्क में कभी नहीं आया था। बातों में तेज, औरत को अपने से डेढ़ हाथ दूर रखकर भी रिझाने-खिलाने का आदी, पुराना पापी सज्जन धनवती के मन में सपने जगा-जगाकर ललचा रहा था। धनवती देवी वैद्या एक दिन मंत्री महोदय के साथ सज्जन की महल-ऐसी कोठी देख भी गई थी। लालाशाही ढंग के रईसों की हवेलियाँ तो धनवती ने अनेक बार देखी थीं परन्तु यह ठाट-वाट, सुन्दर, मूर्तियाँ, कीमती कालीनें, उम्दा नक्काशी का सामान, भव्य चित्र, देश-विदेश की पुरानी कीमती क्यूरिओ की चीजें उसे किसी और रईस के यहाँ देखने को नहीं मिली थीं। धनवती इन सबसे प्रभावित हो, अनजाने ही सज्जन के षड्यंत्र की सबसे बड़ी सहायिका बन गई थी।

सज्जन रोज के समय से कुछ पहले ही पहुँच गया था। धनवती ने उसके बैठने का प्रबन्ध आज अपने निजी कमरे में ही किया था। वह उसे बैठाकर चली गई।

सज्जन अकेले कमरे में बैठा हुआ अनेक अच्छी-बुरी चिन्ताओं से उलझ रहा था। आज की परिस्थिति कुछ और थी। इंच-इंच पर गुप्त पुलिस का जाल फैला हुआ था। निश्चित समय पर सज्जन का संकेत पाकर पुलिस आज इस नरक का रहस्योद्घाटन करेगी। मंत्री और धनवती वैद्या, जो सज्जन को अपना मित्र मानकर उसके सामने अपना असली रूप प्रकट कर चुके थे, वे आज सज्जन का असली रूप देखेंगे। वह सीधी तौर पर धनवती से आज नजरें भी नहीं मिला पा रहा था। उसके अन्दर एक संकोच था।

सामने वाले कमरे में चलती हुई धर्म कक्षा का प्रवचन सज्जन के कानों में पड़ रहा था। मंत्री महोदय स्वयं भागवत का पाठ सुनाते हुए कह रहे थे—"भगवत में श्रीकृष्ण भगवान की चीरहरण लीला का बड़ा सुन्दर दृष्टान्त लिखा हुआ है। भगवान मुरली बजाते हुए सब गोपियों के कपड़े उठाकर कदम्ब के वृक्ष पर चढ़ गए। गोपियाँ जल में नग्न खड़ी नहा रही थीं..."

धनवती वैद्या सज्जन का मन बहलाने के हेतु दो-तीन छोटी-छोटी पुस्तकें दे गईं, साथ ही यह वचन भी कि वे थोड़ी देर बाद ही सज्जन को 'स्वर्गीय-दृश्य' दिखलाएँगी। पुस्तकें बम की तरह विस्फोटक थीं। काम-क्रीड़ा के ऐसे खुले वर्णनों वाली पुस्तकें सज्जन पहले भी देख चुका था। अपनी यात्राओं के भरे जीवन में कई होटलों में उसे ऐसा साहित्य पढ़ने को मिला था। पर उसने अब तक केवल अंग्रेजी में ही ऐसी किताबें देखी थीं। आज हिन्दी में ऐसी पुस्तकें देखकर उसे सहसा धक्का-सा लगा। हिन्दी में ऐसी किताबें देखकर उसे चोट क्यों लगी, यह बात उसकी समझ में नहीं आई; फिर भी उसे बेहद अखरा। एक किताब के दो पृष्ठ पढ़ते ही उसके खून में आग लग गई। उसने किताब बन्द कर दी। धर्मकक्षा से मंत्री महोदय का स्वर सुनाई पड़ रहा था। वे बड़े प्रेम

से भगवान श्रीकृष्ण चन्द्र का चीरहरण-वाला किस्सा सुना रहे थे। सज्जन का क्रोध उबल पड़ा। क्या भागवत में व्यास जी ने यह चीरहरण लीला इसी उद्देश्य से लिखी होगी, जिस उद्देश्य से मंत्रिवर यहाँ सुना रहे हैं? कृष्ण जैसे विलासी आमतौर पर चित्रित किए जाते हैं। यदि वे वैसे ही होते तो क्या सैकड़ों सदियों के बाद आज भी पूजे जाते? कृष्ण, राधा, गोपियों और समस्त ब्रज से सज्जन का एक निजी लगाव भी है। जबसे वह मथुरा-वृन्दावन-गोवर्धन आदि हो आया है तब से वह इन पौराणिक पात्रों से अपनापन-सा अनुभव करने लगा है। कृष्ण उसकी दृष्टि में बहुत ऊँचे उठ गए। वह सोचने लगा कि व्यास, जयदेव और दूसरे कवियों ने आखिर किस नीयत से आत्मा और परमात्मा का इस प्रकार गोपनीय काम-सम्बन्ध चित्रित किया है? जगन्नाथपुरी और खजुराहो कंडरिया महादेव के मन्दिर में सार्वजनिक पूज्य स्थानों में काम-शास्त्र के आसनों के आधार पर बनाई गई नर-नारियों की मूर्तियाँ आखिर क्यों स्थापित की गईं? ये गोपनीय अश्लील किताबें किस कारण से गैर-कानूनी मानी जाती हैं? उसी कारण से पुरी, खजुराहो आदि की मूर्तियाँ गैर-कानूनी मानी जाकर नष्ट क्यों नहीं की गईं? हजार-बारह सौ साल के अन्दर किसी को भी वे दृश्य इतने बुरे क्यों नहीं मालूम हुए कि वह इन मन्दिरों को ढा देता, मूर्तियों को नष्ट-भ्रष्ट कर देता? सज्जन ने जब पुरी अथवा खजुराहो की ये मूर्तियाँ देखी थीं तब उनमें अंकित विषय के प्रति एक गुदगुदी-सी महसूस करता हुआ भी वह उनके कलापक्ष से ही अधिक प्रभावित हुआ था। मूर्तियाँ इतनी सुन्दर और सजीव बनी हुई हैं कि उन्हें देखते ही बनता है। सज्जन ने सोचा, "खैर, मेरा तो इन्टरेस्ट दूसरा था, मगर औसत नजर वाले आदमी पर कला की वह सजीवता कैसा प्रभाव डालती होगी? माँ-बाप, बेटे-बेटी, बड़े ही पवित्र और सदाचारणी जीव एक साथ वहाँ जाते हैं; यह चीरहरण, राधा-कृष्ण, गोपी-कृष्ण के विलासपूर्ण चित्र सबके सामने बड़े प्रेम से गा-बजाकर प्रस्तुत किए जाते हैं—इसका आखिर कारण क्या है? महिपाल ने उसे अक्सर बतलाया है, और उसने भी कहीं-कहीं पढ़ा है कि प्राचीन संस्कृत-साहित्य में, वाल्मीकीय रामायण आदि में भी, काम सम्बन्धी वर्णन बड़े खुले शब्दों में किया गया है। इसका आखिर कारण क्या है? एक ओर तो हमारी नैतिक बुद्धि को काम-सम्बन्धी चर्चा से इतना सख्त परहेज है और दूसरी ओर इतना अधिक लगाव भी है। सच क्या है? स्त्री-पुरुष का शारीरिक सम्बन्ध सच है, मगर समाज के इस अति श्रेष्ठ सम्बन्ध को लेकर हर व्यक्ति की बुद्धि में एक जबरदस्त झकोला क्यों पड़ता है? एक ही जबान से हम इसे अच्छा और बुरा साथ-साथ कहते हैं। केवल भारत में ही नहीं, सारी दुनिया में ये मजाक हर शख्स की जहनियत के साथ सदियों से अब तक होता चला आ रहा है—आखिर इसके अर्थ क्या हैं—क्या यह समस्या आर्थिक, राजनैतिक समस्याओं से कम महत्त्वपूर्ण है? स्त्री-पुरुष के काम-सम्बन्धों की समस्या क्या अनेक राजनीतिक, आर्थिक समस्याओं की पृष्ठभूमि बनकर सामने नहीं आती?

बंगाल के अकाल के दिनों में सज्जन कलकत्ते गया था। वहाँ अपने शौक के अड्डों के बारे में जानकारी बटोरते हुए उसे यह भी पता चला था कि अकाल क्षेत्र से खरीदी जाकर अनेक स्त्रियाँ बाबुओं का मनोरंजन करने के लिए कलकत्ते लाई जाती थीं। अनेक रिक्शा वाले अँगूठे में अटका अपना घुँघरू बजाकर 'ठुनठुन बाबू, ठुनठुन बाबू' की गुहार लगाते थे। जग-जाहिर वेश्याओं को छोड़कर ये आबरूदार पेशेवरों के अड्डे क्या दुनिया में कम हैं?—और क्या इनके पीछे आर्थिक समस्या नहीं है? इतिहास में एक नहीं, अनेक घटनाएँ ऐसी हैं जहाँ स्त्री-पुरुष का काम सम्बन्ध राष्ट्रीय उलट-फेर करने के लिए बहाना बना है। भारत में राजनीतिक प्रतिद्वंद्वियों को फँसाने के लिए खूबसूरत लड़कियों को उनके ठेठ बचपन से ही क्रमशः जहर चटा-चटा कर विष-कन्या बनाया जाता था। इन विष-कन्याओं को नाचने-गाने, पुरुषों को कलात्मक रीति से रिझाने की उत्तम से उत्तम शिक्षा दी जाती थी। इन विषकन्याओं का मुख-चुम्बन करने वाला, भोग करने वाला पुरुष इनकी देह के स्पर्श मात्र से ही मर जाता था। चाणक्य अपने अर्थशास्त्र में ऐसी विषकन्याओं को

तैयार करने की सलाह देता है। स्त्री-पुरुष का काम सम्बन्ध क्या राजनीति में एक्सप्लायट नहीं किया गया ? सारी राजनीति, सारी अर्थनीति क्या भूख और काम सम्बन्ध से बँधी हुई नहीं ? फिर इस समस्या के सम्बन्ध में बड़ा आन्दोलन क्यों नहीं मचाया जाता ? जिस तरह सन् तैंतालिस में भुखमरी फैलने पर, बंगालीजन खुलेआम सड़कों, मैदानों में आबरूदारी के पर्दे में छिपकर आए दिन भूखों मरने वाले करोड़ों-अरबों लोगों के प्रतीक बनकर जग जाहिर हो गए थे—भूख से सूख-सूख कर, तड़प-तड़प कर, पैर रगड़-रगड़ कर मरने वाले वे शहीद उस तमाम राजनीतिक और अर्थनीति का भंडाफोड़ कर रहे थे जो ऊँचे-ऊँचे आदर्शों का ढोल पीटकर पश्चिमी दुनिया के मैदानों में बमों और टैंकों से उड़ रही थी।

उसी तरह क्या विश्व की आधुनिक अर्थनीति स्त्रियों की अस्मत का खुला तमाशा दिखलाने के लिए सभ्यता और संस्कृति का प्रलयंकर दुर्भिक्ष प्रस्तुत करेगी ? दुनिया में जिस दिन ऐसा दृश्य कहीं भी प्रस्तत हुआ, उसी दिन सारी दुनिया ही मिट जाएगी।

विचारों में केन्द्रीभूत सज्जन का मन पके फोड़े की तरह चुभती टीस मारने लगा। धनवती वैद्या की हँसी उसे होश में लाई। अपनी छोटी कंजी आँखों में गहरी कामुकता भरी छेड़ लिए धनवती ने कहा—"किसके ध्यान में डूबे थे विश्वामित्र जी ? आपकी मेनका आ गई।"

सज्जन ने उत्सुक प्रेमी का अभिनय किया, परन्तु सहसा अपनी विचार-गम्भीरता के प्रभाव से छूट न सका।

सामने वाले कमरे में मंत्री महोदय का गोपीकृष्ण सम्बन्धी प्रवचन चल रहा था। धनवती ने कमरे का बाहरवाला दरवाजा बन्द किया और सामने के एक दरवाजे पर धीमी दस्तक दी। सज्जन को अचानक 'चन्द्रकान्ता सन्तति' की तिलस्मी फिजा याद आ गई। हँसी आई, पर साथ ही इमारत को घेरे खड़ी हुई पुलिस का भी ध्यान आया। धनवती की उपस्थिति में पुलिस के ध्यान से उसका मन संकोच से भर गया। वह अपने को अपराधी अनुभव करने लगा।

दरवाजा अन्दर से खुल गया था। धनवती ने फिर उसे वैसी ही गहरी कामुक दृष्टि और मुस्कुराहट के साथ आमंत्रित किया। सज्जन अपने उद्देश्य की गम्भीरता को इस समय अपने ही अन्दर उभरती हुई अपराध भावना के संकुचित दायरे में कसी-कसी-सी अनुभव कर कुंठित हो रहा था! और यह कुंठा चूँकि बेमौके की थी इसलिए उसे सनक से टाल रहा था। धनवती की काम भेद-भरी दृष्टि और मुस्कान में उसे सनक भरी हँसी-गुदगुदी के साथ सड़ी ताड़ी की महक मिल रही थी, स्कॉच या शेम्पेन की नहीं।

अन्दर की सँकड़ी कोठरी में अँधेरा था। जिस दरवाजे से सज्जन ने अन्दर प्रवेश किया था उसके ठीक सामने ही एक दूसरा बन्द दरवाजा था। सड़क की तरफ वाली दीवाल में ऊँचे पर बने रोशनदान से कोठरी में हल्का उजाला हो रहा था। बक्सों, कनस्तरों और मर्तबानों से लदी हुई टाँड़ों की पृष्ठभूमि में एक दूधिया बिस्तर से सजी चारपाई बिछी थी; और चारपाई के किनारे एक छरहरे बदन की सुन्दरी खड़ी थी। सज्जन की सकुचाई, सहमी, सनक भरी दृष्टि जान-बूझकर—हठपूर्वक—पल-दो-पल रुक कर ही उस पर पड़ी।

धनवती ने बिजली का स्विच दबाया। सज्जन के एक सकपकाए मन में काम सौन्दर्य का उजाला फैल गया। दो अपरिचित बड़ी मीनाकार, प्यासी, शरमाई आँखें आधी पलकें उठाए उसे ताक रही थीं। चिकन की साड़ी-ब्लाउज पहने, छरहरे सुडौल बदन, लम्बी पतली नाक, कत्थे की लकीर लिए, पतले होंठ, नोकीली ठोड़ी और मंझोली पेशानी वाली गोरी की उम्र तीस-बत्तीस के लगभग होगी। उसकी नाक, बाईं ओर के पल्ले से निकलते हुए कान और गले के तनिक से खुले हुए भाग में मोती झलक रहे थे। दोनों हाथ पल्ले में किए अपने आपको किसी हद तक समेटे बाएँ पैर का अँगूठा दबाए वह इस अदा से खड़ी थी कि सजन का कलाकार रीझ गया। क्या अदा, क्या

लोच, क्या नजाकत है! युवती वाकई खूबसूरत थी; साथ ही एक नजर में यह भी साफ झलक रहा था कि वह किसी ऊँचे परिवार की थी और उसका पालन-पोषण अधिकतर पर्दे में हुआ था, उसके चेहरे पर एरिस्टोक्रेटिक अदा थी; वह 'महिला' लगती थी।

युवती के चेहरे पर टकटकी लगाए सज्जन के हाथ आप ही आप नमस्कार के लिए जुड़ गए। उधर से भी नाजुक, पतली, लम्बी, रँगे नाखूनों वाली उँगलियाँ पल्ले से बाहर निकल कर जुड़ गईं, होंठों पर मुस्कुराहट की लकीर खिंच गई जो बड़ी सजीव, बड़ी आकर्षक थी।

धनवती (सज्जन की जहनियत में इस समय 'ताड़ी की महक') ने दोनों पर नशीली दृष्टि फेंक मुस्कराकर शेर का एक मिसरा कहा—''उल्फत का जब मजा है कि दोनों हों बेकरार। हः-हः, आइए-आइए कलाकार जी, जरा इनकी कला के जौहर भी देखिए।''

धनवती ने सज्जन का हाथ पकड़कर उसे चारपाई की तरफ बढ़ाया। 'ताड़ी की महक' का बुखार-सा गर्म स्पर्श, उसकी भद्दी बात सज्जन को अखरी। वह तुरन्त होश में आ गया। बाहर पुलिस की गारद उसके इशारे के इन्तजार में खड़ी थी।

समय की गति उस समय सज्जन को कमान से छूटे हुए तीर की तरह सनसनाती हुई लग रही थी। एक घृणित षड्यंत्र का भंडाफोड़ करने के लिए स्वयं षड्यंत्रकारी बना प्रेमी का ढोंग किए, एक कुलीन गुप्त व्यभिचारिणी सुन्दरी के साथ, धनवती के जाने के बाद अकेले में बैठा हुआ सज्जन अपने अन्तर्द्वन्द्व से अत्यधिक पीड़ा पा रहा था—'ये मैंने कौन-सा पाप मोल ले लिया? छिन भर में कितनी ही भद्र महिलाओं की इज्जत धूल में मिल जाएगी। अपने घर के पुरुषों के सामने इन महिलाओं की क्या दशा होगी? इनका सारा जीवन नष्ट हो जाएगा। ये मैंने क्या किया? मैंने बहुत बुरा किया।' अपने को बार-बार बुरा कहकर पीड़ित करते हुए वह अपनी पूर्व चेतना से भी साथ ही साथ परिचालित हो रहा था। वह एक सामाजिक गन्दगी का उद्घाटन कर रहा है, यह कोई बुरी बात नहीं। यदि ऐसा न होगा तो समाज बदलेगा कैसे? सिद्धान्त के लिए निर्मोही भी होना पड़ता है।

सामने बैठी युवती अपनी बातों से उसे दूसरी दिशा में भगाए लिए जाती थी। मन के भयंकर ऊहापोह के साथ-साथ सज्जन को उससे सरस बातें करने को भी बाध्य होना पड़ रहा था, जिसके कारण वह बीच-बीच में लड़खड़ा भी जाता था। बीच में एक बार धनवती मिठाई और चाय रखने के लिए आई थी। वह महिला एक बड़े ठेकेदार महाजन और लोहे की फर्म के मालिक की पत्नी थी। उसने अपने पति का नाम, अपने घर का पता आदि कुछ न बतलाया। सज्जन के पूछने पर बड़ी चतुराई के साथ उसने इस प्रश्न को टाल दिया। हँसकर कहाँ—''तोता मैना का किस्सा आपने सुना है न? एक कहीं से उड़कर आया, एक कहीं से। दोनों एक डाल पर बैठे थे और दोनों में दोस्ती हो गई। यही बहुत काफी है।''

बातों के प्रसंग में पूछे जाने पर उस महिला ने इतना जरूर बतलाया कि एक जगह उसका और उसके पति का मन नहीं मिलता। पत्नी अपने ढंग से शृंगारप्रिय है, रोमांटिक है और कविता शेर-शायरी आदि से दिलचस्पी रखने वाली है। यद्यपि ऊँचे साहित्य से उसको विशेष लगाव नहीं, फिर भी वह रसिक है और उसका पति विशुद्ध व्यापारी, जिसके लिए स्त्री-पुरुष का नाता देह भोग मात्र है। वह युवती कामेच्छा से अधिक पीड़ित रहने वाली न थी; उसे एक ऐसे साथी की भूख थी जो उसे बातों से, अपने हाव-भावों से, अपनी सरसता से उसे रिझा सके।

सज्जन ने उसकी बातों से यह अनुमान भी किया कि अपने पति के प्रति तीव्र घृणा होने के कारण ही वह अनजाने पुरुषों को अपनी देह समर्पित कर, मानो पति से गुप्त बदला लेती है। सज्जन ने सहसा एक बड़ा अटपटा सवाल उससे किया कि क्या वह विवाह के पहले ही इस प्रकार किसी अन्य पुरुष से खुल चुकी थीं, और उसका जवाब उसे 'हाँ' में मिला। धनवती एक

बार उसका इलाज करने के लिए बुलाई गई थी, तभी से दोनों का परिचय है। धनवती कुछ ही दिनों में उसकी परम सहेली बन गई। उसके अकेलेपन का भाव बहुत कुछ दूर हो गया। उसने सज्जन द्वारा पूछे जाने पर यह भी बतलाया कि अन्य पुरुषों के साथ इस तरह मिलने में उसे कोई संकोच नहीं होता। अगर पुरुष ऐसे मिल सकते हैं तो स्त्रियाँ भी क्यों न मिलें? अपने ऐसे सम्बन्धों को, समाज में स्त्रियों का स्थान आरक्षित होने के कारण ही वह गुप्त रखना चाहती है—बस और कोई बात नहीं।

स्त्री आकर्षक होने पर भी दुराचारिणी है, अपनी बातों से मोहने वाली होकर भी कुटिल है और फिर भी अपने स्वभाव की मस्ती के कारण एक जगह वह सरल भी है। सज्जन उसका कुछ बुरा नहीं करना चाहता, यह उसने निश्चय कर लिया। उसने अपना रहस्य युवती पर प्रकट कर दिया। युवती चौंक उठी। परन्तु सज्जन ने उसे आश्वासन दिया कि वह किसी भी प्रकार उसका अपकार नहीं करेगा, यदि वह उसकी सलाह के अनुसार काम करे। सज्जन ने युवती को यह स्पष्ट ताकीद दी कि धनवती को यह रहस्य बतलाए बिना चुपचाप चली जाए।

युवती के जाने के पन्द्रह मिनट बाद आसपास के बाजार, घरों और राह चलते आदमियों के लिए एक सनसनीखेज तहलका मच गया। दूसरे दिन अखबारों में महिला-सेवा-मंडल का भंडाफोड़ पहले पृष्ठ का समाचार बनकर शहर के हर शख्स की जबान पर चर्चा का विषय बन गया। सज्जन वर्मा का नाम कला के क्षेत्र में इतने चमत्कारिक रूप से कभी प्रसिद्ध नहीं हुआ था जितना उस दिन इस घटना के कारण शहर में मशहूर हुआ।

सज्जन के उदाहरण ने कुछ दिनों तक शहर में तरह-तरह के सामाजिक भंडाफोड़ों की लहर दौड़ाई, अनेक युवक इस प्रकार हीरो बनकर यश लूटने के लिए काम करने लगे। न जाने कितनी तरह से समाज को ठगने वाली संस्थाओं के प्रति लोगों का ध्यान नए सिरे से जागा। गौओं के नाम पर, रामलीला, कीर्तन मंडलों के नाम पर, अनेक सामाजिक ट्रस्टों के नाम पर लोग किस प्रकार धन्धा करते हैं, समाज में प्रायः सबके द्वारा आए दिन की जानी-पहचानी यह बात सामूहिक रूप से एक नई चिन्ता का प्रश्न बनकर विचारशील लोगों के सामने आने लगी। मस्जिदों, शिवालों के कंगूरों से घिरी हुई, कीर्तनों, सत्यनारायण की कथाओं, मिलादशरीफ, भजनों, नातों से गूँजती हुई सभ्य आबरूदारों की आबादी अपनी तह में कितनी बेबुनियाद और गन्दी है, यह भाव कइयों के मन में एक विचित्र प्रकार की अनास्था भरी सनक उत्पन्न करने लगा। जिन आस्थाओं को लेकर हम जीने-मरने का ढोंग करते हैं, वे आस्थाएँ कितनी अशक्त हैं, यह बात अनेक विचारशील व्यक्तियों के मन में चुभने लगी।

हनुमानजी के मन्दिर से अलग हटकर लाला मुकुंदीमल चबूतरे पर बैठे हुक्का गुड़गुड़ाते हुए तरकारी वाले से उलझ रहे थे। मन्दिर के पास एक बड़ी-बड़ी खिचड़ी मूँछों और कसरती देह वाले ब्राह्मण पालथी मारे रामचरित मानस का पाठ कर रहे थे—

नायि चरन सिरु कह कर जोरी।
नाथ मोहिं कछु नाहिं न खोरी॥
अतिसय प्रबल देव तव माया।
छूटइ राम करहु जो दाया॥

"अबे, मुहल्ले में घुसना बन्द कर दूँगा। साले मुझसे हुज्जत करता है!!" लाला मुकुंदीमल तरकारी वाले पर बड़ी जोर से भभक पड़े।

"चार डबल सेर मेरी खरीद नहीं है लाला, मैं कैसे दे दूँ? बड़े-बूढ़े होकर आप तो खामोखाँ में उलझ रहे हैं!"

"देखो ससरे को, हमसे उलझ रहा हैगा। टके की जात ससुर। सुकरू! अरे हरिया! उठाओ इसका झौवा, नाली में फेंक देओ।"

"बिषय बस्य सुन नरमुनि स्वामी।
मैं पामर पसु कपि अति कामी॥
नारि-नयन-सर जाहि न लागा।
घोर-क्रोध-तम निसि जो जागा॥
लोभ पास जेह गर न बँधाया।
सो नर तुम समान रघुराया॥"

रामायणी जी, लाला मुकुंदीमल और तरकारी वाले के बीच में होते हुए लंकाकांड से तनिक भी प्रभावित न हो, तन्मय स्वर में झूम-झूम कर रामायण का पाठ कर रहे थे। दो स्त्रियाँ आईं। हनुमान जी पर फूल और शिवजी पर पानी और फूल चढ़ाकर स्तुति और श्लोकों के स्थान पर आपस में किसी की मेहरिया और महतारी पर किसी के द्वारा होने वाले अत्याचारों की चर्चा करती हुई चली गईं। बाबू राधेश्याम तीसरी उँगली में सिगरेट दबाए मुट्ठी मार कर कश खींचते हुए अखबार समेत दाखिल हुए। लाला जानकीसरन के मुनीम कुंजीलाल बगल में खाता दबाए कहीं जा रहे थे सो लाला मुकुंदीमल की चिलम उठाकर दो फूँक मारने की लालच में खड़े हो गए। जोर-जोर से चीखने के कारण लाला की खाँसी उभर आई थी। वे खाँसते हुए कुंजीलाल से शिकायत कर रहे थे—"टके सेर ससुर बाजार में मारे-मारे फिर रहे हैंगे, हमने इकन्नी कही तो क्या बेजा कही ? मुहल्ले में अब एका नहीं है कुंजीलाल, नहीं तो साले को कभी यहाँ घुसने भी न दूँ।"

सज्जन ने गली में प्रवेश किया। बाबू राधेश्याम उसे देखते ही उत्साह भरे स्वर में बोले—"आइए, आइए, आजकल तो आपने खूब नाम पैदा किया है बाबू साहब! हः-हः हः, ऐसा अच्छा भंडाफोड़ किया महिला-मंडल का, कि तबीयत खुस हो गई। बैठिए-बैठिए!"

"अरे भई, कन्नोमल के पोते आए हैं ?"

"जी हाँ, लाला जी प्रणाम करता हूँ!" सज्जन ने चबूतरे पर बैठने से पहले लाला मुकुंदीलाल को हाथ जोड़े।

"खुस रहो भइया, तुमने तो बड़े झंडे गाड़ दिए।"

सज्जन अपनी प्रशंसा से सकुचाया।

कुंजीलाल मुनीम ने बर्छी की नोक सरीखी नजर साध कर एक बार सज्जन को देखा, फिर लाला जी से बोले—"उसमें हमारे एक जान-पहचानी लड़का भी फँसा है। आबरूदार आदमी, बिचारे ने हजारों रुपय्या पुलिस को चटाया मगर—"

"कौन, कौन ? किसका लड़का फँसा ?"

"अरे मँगतू अढ़तिया है! जित्ती बखत पुलिस आई रही उत्ती बखत उनका लड़का भी वहीं रहा।"

"अच्छा है, जो जैसा करेगा वो वैसा पाएगा।" कहकर बाबू राधेश्याम ने तीसरी उँगली में दबी सिगरेट का कश मारा।

"कहना आसान है बाबू जी, बाकी जिसकी इज्जत जाती हैगी उसके कलेजे से पूछिए! क्यों लाला, कुछ झूठ कहता हूँगा ?" कुंजीलाल मुनीम ने लाला मुकुंदीमल से अपनी बात का समर्थन चाहा।

"हाँ, भइया, अपनी इज्जत बचाने के लिए तो आदमी सब कुछ करता हैगा। इज्जत गई तो लाख का घर खाक का! अरे सुकरुआ बे, पान दै जाना चार ठो!"

चबूतरे के सामने टीले के दाहिनी ओर अपने घर की तरफ आवाज फेंक कर लाला मुकुंदीमल ने फिर हुक्के का नैचा सँभाला।

सज्जन बोला—"इज्जत की तो बात ही थी लाला जी, वहाँ एक ही नहीं, पूरे समाज की इज्जत जा रही थी।"

"आप सच कहते हैं बाबू साहब!" बाबू राधेश्याम ने कहा—"जो लोग समाज की इज्जत के साथ इस तरह खेलते हैं—"

"अरे, सब समाज की इज्जत ही है! तुम कल के लड़के हो राधे स्याम, हमारा तो ये देखते-देखते जमाना गुजर गया।" कुंजीलाल मुनीम बोले—"कहो तो तुम्हारे ही मुहल्ले के अच्छे-अच्छे घरों की इज्जत का भंडा फोड़ कर दूँ। बाकी नहीं, हम तो ये सोचते हैं कि जैसी अपनी इज्जत, वैसी सबकी। अपनी धोती तले सभी नंगे हैं। किसकी कहने जाऊँ?"

"इज्जत अब रही ही कहाँ भैया कुंजीलाल, अब तो जमाना बेशरम हो गया है। यही पन्द्रह-बीस बरस पहले की सोचो, गरीब से गरीब होता था, वो चाहे घर में भूखा सोय रहै पर अपने सगे-से-सगे के सामने भी दुखड़ा नहीं रोता था। कहो सच्ची बात है कि नहीं?"

"सच्ची है लाला!"

"और अब देख लेओ। चाहे लखपति होयँ चाहे गरीब होयँ, सब सबके सामने आज यही रोना रोते हैं कि आमदनी नहीं, खर्चा नहीं चलता। इसी से समझ लेओ कि जमाने में अब इज्जत-आबरू रही नहीं गई। अपनी इज्जत अपने हाथ से उघाड़ना अब जमाने का फैशन है भैया, कोई क्या करे!" इतना मुकुंदीमल बोले उसके बाद उनका हुक्का बोलने लगा।

कुंजीलाल मुनीम कहीं जाने का विचार स्थगित कर चबूतरे पर बैठ गए। बोले—"पहले बड़ा सस्ता रहा लाला। तब लोग किसी हद तक गरीबी को बरदास कर लेते थे, इज्जत का डर बना रहता था, अरे हमारे बचपन में पन्द्रा सेर का गेहूँ था, अठारह-बीस-पच्चीस सेर तक की दालें, डेढ़ सेर का घी, सोला सेर का दूध—भला बताओ तब सरग था कि नहीं? और अब तो वो इखबार में ठीकै छपा रहा कि जितनी औरतें वहाँ पकड़ी गईं वो गरीबी के मारे बुरा काम करती थीं। भला बताओ गरीबी बड़ी कि इज्जत बड़ी?"

कुंजीलाल मुनीम की बात पर बात चढ़ाकर बाबू राधेश्याम बोले—"आप कहना क्या चाहते हैं मुनीम जी? कभी इज्जज को बखानते हैं कभी गरीबी को।"

"मैं तो यह सब कुछ नहीं कहता, इज्जत की बात चली तो मैंने कहा। जो बिचारी गरीबी की मारी किसी तरह लुक-छिपकर दो पैसे कमा लेती थीं उन सबको जग जाहिर कर देना क्या इज्जत का काम है?" कुंजीलाल की लुढ़कती हुई बातों की चट्टान इस बार अनायास ही सज्जन पर ढह पड़ी। सज्जन ने नजर उठाकर मुनीम जी की ओर देखा।

बाबू राधेश्याम भी उसी तैश से बोले—"जी हाँ, समाज में ऐसे-ऐसे पापों का भंडाफोड़ जरूर होना चाहिए। ये सब पैसे वालों की काली करतूतें हैं। आपको जनाब बुरा यों लगा कि आपके किसी लखपती अढ़तिया का लड़का पकड़ा गया और उनकी इज्जत चली गई। अजी, मैं कहता हूँ ये पूँजीपत लोग अपने सुख-स्वारथ के लिए हर गन्दा काम करते हैं। नारी जाति को न छोड़ें, गऊ सेवा के नाम पर गऊ हत्या को न छोड़ें, रामलीला को न छोड़ें—ससुरों ने मुर्दों के कफन तक से तो कमाया है। इस समाज की इज्जत लूटने वाले राकशस तो पूँजीपत लोग ही हैं जिनकी चाकरी करके कुंजीलाल मुनीम ऐसे लोग—टुकड़गधे ससरे बहकी-बहकी बातें करते हैं।" बाबू राधेश्याम का पारा हस्बमामूल पूँजीपति-आलोचना की कमन्द के सहारे जोशीले व्याख्यान के किले पर चढ़ गया। इतनी देर में उनकी सिगरेट पर लम्बी राख जम गई थी, टुन्ना बच रहा था। बाबू राधेश्याम ने मुट्ठी झटक कर राख झाड़ी और उँगली-अँगूठे में सिगरेट दबा आखिरी दो कश खींच कर फेंक दिया।

सज्जन ने गली के सिरे पर महिपाल को आते हुए देखा। कुंजीलाल मुनीम बाबू राधेश्याम की बात से ताव खाकर बगल में अपना खाता दबा, उठ खड़े हुए और कुछ कहने ही वाले थे कि

मुकुंदीमल ने उनकी बाँह पकड़ कर उन्हें अपनी ओर झुकाते हुए धीरे से कहा—"किसके मुँह लगते हौंगे कुंजीलाल, आजकल कमनिस्टी जमाना हैगा, लो ठहरो, पान खाते जाओ। अबे सुकरुआ बे! पान नहीं लाया ससरे! औ चिलम भी लै आना।"

"मूँदहु नयन बिबर तजि जाहू।
पैहउ सीतहि जनि पछिताहू॥–"

तमाम शोर-शराबे में जिस तरह घड़ी की टिकटिक या जीव की साँस चलती है, उसी तरह बड़ी-बड़ी मूँछों वाले कसरती भक्त का पाठ निर्विघ्न चल ही रहा था। महिपाल को देखकर सज्जन का मुख खिल उठा, यद्यपि आजकल दोनों में एक गुप्त प्रकार का तनाव चल रहा है। महिपाल ने सज्जन की तथा उसके कार्य की प्रेरणा से नगर में उभरी हुई सुधारवादी मनोवृत्ति पर पिछले दिन के दैनिक पत्र में लेख लिखकर करारा प्रहार किया था। सज्जन उस बात को एक क्षण के लिए भूलकर इस समय विरोधी और (सज्जन के मन से) अब भी पराये वातावरण में अकेले बैठा था, महिपाल को देखकर उसे दुकेलेपन का एहसास हुआ, वह विरोध भूल कर प्रसन्न हो गया। महिपाल को पास आता देखकर लाला मुकुंदीमल ने अपनी चाँदी की ऐनक के अन्दर से आँखों को चुँधिया कर गौर से, गैरपहिचाने ढंग से देखा। बाबू राधेश्याम ने नमस्ते की। मुनीम कुंजीलाल भी अपने सेठ के नाते से महिपाल को जानते थे। उन्होंने नमस्कार किया। सज्जन बोला—"इस वक्त इधर कैसे ?"

"तुम्हारी ही फिराक में। तुम्हारे घर गया, फिर दूसरी गली से जाकर ताई की हवेली का फाटक देखा; बन्द पाकर मैंने सोचा, इधर ही आए होंगे।" महिपाल ने बैठते हुए कहा।

"हाँ, जब से ताई ने इन्हें मरदानी हवेली दे रखी है तब से तो वर्मा साहब के दर्शन हम लोगों को बहुत ही कम मिल पाते हैं। वरना अक्सर इस चबूतरे पर इनकी कृपा हुआ करती थी।" बाबू राधेश्याम ने कहा।

महिपाल को देखकर मुनीम कुंजीलाल को एक चमकदार बात याद आ गई। बाबू राधेश्याम के थोड़ी देर पहले वाले व्याख्यान पर चोट करने और करवाने की नीयत से कुंजीलाल बोले—"कल तो शुक्ल जी बड़ा सत्तवादी लेख निकला था। आपका। ऐसी सच्ची बातें लिखी हैं आपने कि आ-हा-हा-हा!"

लाला मुकुंदीमल के घर से पान आ गए। कुंजीलाल कहकर प्रसन्नतापूर्वक पानों की तश्तरी की ओर झुके। लाला मुकुंदीमल के पेट में बात से खौलन उठी, पूछा—"कैसा लेख था भाई ? जरा हमें भी बताना मुनीम जी!"

"यही सब जो आजकल सहर में समाज सेवा की लहर चली हैगी, कोई महिला मंडल फोड़ता है तो कोई रामलीला फोड़ता है। इसके खिलाफ इनका लेख था, ऐसी जोरदार कलम पाई है इन्होंने लाला जी कि क्या कहें ?"

पास-पास बैठे हुए महिपाल और सज्जन पर बात की अलग-अलग प्रतिक्रियाएँ हुईं। महिपाल अपनी प्रशंसा से प्रसन्नता, साथ ही सज्जन पर अपनी विजय का गर्व भी अनुभव कर रहा था। सज्जन इस बात से तनिक कुंठित हुआ। महिपाल के प्रति अपने ईर्ष्या भाव को अचेत रहने देकर ही वह झुँझलाहट के साथ सोचने लगा, ये कमबख्त फिजूल का चर्चा क्यों उठा रहा है ?

इतनी देर में लाला मुकुंदीमल बोल पड़े; कहने लगे—"सुधार तो भैया, सच्ची पूछो, हमारे होस से भी पहले शुरू हुई गया था। ये बिमारी अँगरेजी राज के साथ आई। कोई क्या करे ?"

"अँगरेज तो लाला हमारी भारत भूम को किरिस्तान बना देना चाहते थे। उनकी पालीसी किसी ने समझी नहीं और सब उनके इसारे पर सुधार करने दौड़ पड़े, चाहे गांधीजी होयँ, चाहे दयानन्द आरसमाज वाले होयँ।"

लाला बोले—"ये भैया अँगरेजों की पालसी की बात तो कुछ पूछो ही मत। हमें अच्छी तरह होश है—सड़सठ-अड़सठ बरस पहले की बात बताता हूँगा, शहर में अखबार आने लगे। बड़े-बड़े अखबार छपते थे। तब तो हमारे रग्घू चाचा थे। वो कहते थे, जो ये दुनिया अखबार के बस में पड़ गई तो बहुत बुरा होगा। सो ये बात मैंने सच्ची देखी; अखबार न होते तो अँगरेज सुधार क्या, सुधार की बात भी नहीं फैलाय सकते थे।"

महिपाल को मजा आने लगा। सज्जन की जाँघ पर हलकी-सी चुटकी काट मुस्कुराते हुए लाला मुकुंदीमल से बोला—"लाला जी, बड़े तजुर्बे की बात बतलाई आपने। ये जमाने का सारा उलट-फेर अखबारों के कारण हुआ है। लेकिन मेरे खयाल में अखबारों से पहले तो अँगरेजी स्कूल ही दोषी होंगे लाला जी। बिना अँगरेजी पढ़े अखबार भला कैसे पढ़े जाते होंगे?"

"हाँ, अँगरेजी तो पहले आई ही। साहब लोग बड़ा जोर देते थे, सब बड़े-बड़े लोगों को अँगरेजी सीखने की सलाह देते थे। वो क्या नाम है कि काली मेमें घर-घर घूमा करती थीं। औरतों को अँगरेजी पढ़ावैं और ईसामसी के भजन गावैं। जाने क्या-क्या भजन थे कि—कि 'परभू मुझे अपनी भेड़ बना लो।' सो हिन्दुस्तान भर भेड़ हुइ गया ससरा ह:-ह:-ह:।"

"तो क्यों लाला जी, आप लोग उन्हें घर में घुसने ही क्यों देते थे? धर्म नहीं भ्रष्ट हो जाता होगा?"

"अरे भैया, अँगरेजों से सबको डर लगता था। उनके डर के मारे कोई बोल नहीं पाता था। बाकी मन ही मन सब घिरना करते थे। ये काली मेमें जब घर से लौट करके जाएँ तो घर धोया जाता था।"

कुंजीलाल अपना खाता उठाकर खड़े हो गए और एक हल्की-सी अँगड़ाई लेते हुए कहा—"अरे, घर धोओ चाहे परासचित करो, जो सुधार आने थे सो आय गए लाला जी। पानी के नल का शुरू में कित्ता विरोध भया? मिट्टी के तेल का विरोध भया। जूठन में सामिल था—"

"हाँ-हाँ जी, मिट्टी का तेल हमें याद है कि सिरिफ हमारे घर की ड्योढ़ी पर जला करता था। घर के अन्दर कड़वा तेल जलता था। पानी के नल के लिए कहा जाय कि अँगरेज लोग जिस पानी से कुल्ला करते हैं उसे नल में बहाय देते हैं। यहाँ बंगाली बाबू थे, उन्होंने पहले-पहल ठेका लिया नल का! सो वो लोगों को समझाने आवैं औ लोग उन्हें दुत्कार दें। अब उसी नल के पानी से घर-घर में ठाकुर जी नहाते हैं।"

बीते हुए युग के संस्मरण सज्जन का कौतूहल जगाने लगे। बातों-बातों में मध्य वर्ग और नए युग के निर्माण का आदि काल सिनेमा के दृश्यों की तरह सामने आने लगा। सन् सत्तावन के सिपाही विद्रोह के बाद भारतवर्ष में यह निश्चित धारणा फैलने लगी थी अँगरेज देवताओं के अवतार हैं। सीता जी जब अशोकवाटिका में कैद थीं तब उन्होंने त्रिजटा को प्रसन्न होकर वह वरदान दिया था कि कलयुग में तुम्हारा और तुम्हारे वंशधरों का राज्य होगा, इसलिए अँगरेज जाति अजेय है। कुछ लोगों की यह भी धारणा थी कि लाल मुँह वाले अँगरेज वास्तव में राम जी की सेना के सदस्य हैं जिन्हें पृथ्वी पर चक्रवर्ती राज्य करने का अधिकार स्वयं मर्यादा पुरुषोत्तम से मिला है। बातों के दौर में बाबू गुलाबचन्द, पंडित महेश नारायण गुर्टू आदि कुछ और लोग भी आ गए थे। रविवार होने के कारण मजलिस जमने लगी। पंडित महेश नारायण गुर्टू ने बतलाया कि उनके बड़े भाई जब विलायत जाने लगे तो मुहल्ले के एक पंडित जी उनसे मिलने आए। जब सब लोग उन्हें विदाई दे चुके तो पंडित जी ने अकेले में उनसे बहुत धीरे से कहा—'भइया, हमारे मन में एक शंका है और उसके निवारण का यहाँ कोई उपाय नहीं। तुम विलायत जा रहे हो, तुमसे ही हमारी शंका का समाधान हो सकता है।' भाई ने कहा—'क्या शंका है?' पंडित जी बोले—'इन लाल मुँह वालों के दुम भी जरूर होती होगी जो ये पतलून में छिपाए रहते होंगे। यहाँ तो हाकिम होने की वजह से देखने का मौका नहीं मिलता। वहाँ चौबीस घंटे इनके साथ रहोगे तो जरूर ही कभी न कभी

इनकी दुम तुम्हें दिखाई पड़ जाएगी। सो तुम अंदाजते आना।' महेश नारायण ने बतलाया कि बात मजाक में आई-गई पार पड़ गई, भाई साहब विलायत से लौट आए, सब लोग उनसे मिलने गए और वो पंडित जी भी पहुँचे। भाई साहब तो भूल भी गए थे पर पंडित जी ने उन्हें एकान्त में ले जाकर बड़ी गम्भीरता से पूछा—'क्यों भइया, देखी थी?' भाई साहब समझ न पाए, पूछा—'क्या?'—'अरे, वही इन लाल मुँह वालों की दुम।' भाई साहब के पेट में हँसी समाती न थी। पर पंडितजी की गम्भीरता देखकर उन्होंने सोचा कि इन्हें इनके मन मुताबिक उत्तर देना ही उचित होगा। बोले—'हाँ पंडिज्जी होती है।' पंडिज्जी प्रसन्न हो गए। बोले—'तब हमारी शंका निर्मूल नहीं थी। अच्छा, सवा हाथ की होती है न?' भाई साहब ने अपनी हँसी दबाते हुए उसमें तरमीम पेश की और कहा कि सवा हाथ की तो नहीं, सवा बालिश्त की होती है। पंडिज्जी, 'शायद पतलून में रहते-रहते घिस गई।'—'वो सब कुछ भी हो, बाकी ये लोग हैं सुग्रीव की सेना के ही। इनसे कोई नहीं जीत सकता।' पंडितजी को अब अटल विश्वास हो गया।

बहुत-सी कोठियों में धनतेरस को खाते में श्रीगणेश, श्रीमहालक्ष्मी, श्रीगुरुचरण कमलेभ्यो आदि और भी बहुत-से पुरखों की नमोनमः लिखने के बाद लिखा जाता था 'हमारी मल्का विक्टोरिया का राज अमर रहे। उनके बेटों, पोतों, पीढ़ियों का राज अमर रहे।' शहर में मल्का की मूर्ति पर फूल चढ़ाकर हाथ जोड़ते भी लोग अक्सर दिखलाई पड़ जाते थे।

जी-हुजूरी उच्चवर्गीय समाज के अभिमान की चीज बन गई थी। जो जितना बड़ा जी-हुजूर होता था, उसका समाज में उतना ही बढ़-चढ़कर आदर होता था। उस समय अँगरेज भारत का ब्राह्मण था, अँगरेजियत हमारा नया आदर्श थी और अँगरेज का वतन था हमारा आदर्श लोक बैकुंठ। उन्नीसवीं सदी के अन्तिम तीन दशकों में बहुत धीमी गति से, मगर बढ़ते हुए नए पढ़े-लिखे वर्ग की सामाजिक और राजनीतिक चेतना क्रमशः जागृत हो रही थी। अँगरेजी पढ़े-लिखे भारतीय का स्वाभाविक रूप से अपने समाज और धर्म की तरफ ध्यान जाता था, बुराइयों से घृणा, शर्म, चिढ़-गुस्सा भड़कता था। अखबारों में लेख लिखने का फैशन तो सध गया मगर ये नए समाज के विचारक अपनी पुरानी परम्पराओं से खुलेआम विद्रोह करने का साधारणतया खयाल भी नहीं करते थे। हाँ, थोड़ा-बहुत घरेलू और मानसिक संघर्ष अवश्य चल पड़ा था। क्लर्क बनाने के लिए अँगरेज भारतीयों को बढ़ावा दे-देकर अँग्रेजी पढ़ा रहे थे। उन्हें विलायत तक भेजने का प्रलोभन देते थे। ऐसे नए पढ़े-लिखे लोग पुरानी जातीय पंचायतों से ऊब कर अपनी जातियों के क्लब बनाकर सुधार की चर्चा किया करते थे। लोगों के विलायत जाने पर बड़े प्रबल सामाजिक संघर्ष हुए हैं। विलायत जाने वाले लोग अक्सर इंग्लैंड के अँगरेजों से इस बात का सर्टिफिकेट लिखवा लाते थे कि उन्होंने उन्हें स्वयं रसोई बना कर पवित्रता के साथ खाते देखा है। इतने पर भी लोग बिरादरी से निकाल दिए जाते थे। उत्तर भारतीय काश्मीरी ब्राह्मण समाज के पंडित बिशन नारायण दर विलायत से आने के बाद जाति से निकाल दिए गए। इससे उस जाति के नवयुवकों में खुला असन्तोष फैला। सुधारवादी नवयुवकों ने बूढ़ों से विद्रोह कर अपनी जाति में बिशन सभा नामक पार्टी स्थापित की। प्रतिक्रियावादी धरम-सभाई कहलाने लगे। प्रायः प्रत्येक घर के नवयुवक सुधारवादी थे, इसलिए पिता और पुत्र की पीढ़ियों का मानसिक द्वंद्व घर-घर में अत्यधिक बढ़ गया था। सुनने में आता है, एक धरमसभाई पंडित साहब इतने कट्टर थे कि उन्होंने बिरादरी के हर घर से बिशन-सभाइयों के होने का, जाति के धर्मभ्रष्ट होने का सन्देह प्रकट कर अपने लड़के-लड़कियों की सगाइयाँ तोड़ दीं और उन्हें आजन्म कुँवारा रखने का ऐलान किया। उन कट्टर धार्मिक पंडित साहब ने एक बार अपनी जातीय सभा में सारी बिरादरी को बिरादरी से बाहर निकाल दिया था।

लाला मुकुंदीमल ने बनारस में अपनी बिरादरी का एक किस्सा सुनाया। एक बड़े धनी परिवार के युवक विलायत गए। लौट कर आए तो जातीय पंचायत ने उनका बहिष्कार कर दिया। उसी जाति

के एक दूसरे रईस अपने छोटे भाई को विलायत भेजने का विचार कर रहे थे। उन्होंने विलायत से लौटे अपने सजातीय बंधु को चुपचाप खाने पर बुलाया। जब पंचों ने यह खबर सुनी तो उन्हें भी जाति से बाहर कर दिया। एक से दो धनी हुए तो उनकी पंचों के खिलाफ पार्टीबन्दी हो गई। मुकदमेबाजी हुई। प्रिवी काउंसिल तक केस लड़ा गया। जातिवाले चन्दा देते-देते हार गए, अन्त में सबने जाति के चौधरी का साथ छोड़ दिया, चौधरी आन के लिए अपना घर-द्वार तक बेच कर लड़ा और हार गया। विलायत गमन बढ़ने लगा। हर जाति में विद्रोह हुए, नया समय हर कठिनाई जीत कर आगे बढ़ता गया। जातियों की पंचायतों का सैकड़ों सदी पुराना किला नए मध्य वर्ग और सुधारकों के कारण ढहने लगा। इन पंचों ने अपनी-अपनी जातियों में तानाशाही भी बेहद फैला रखी थी। पंचों में से अनेक का व्यक्तिगत चरित्र बहुत ओछे किस्म का था, अनेक निरक्षर भट्ट और कुबुद्धि थे; इनके हाथों सत्ता होने से तानाशाही के सिवा और हो भी क्या सकता था। विलायत की हवा-पानी में पनप आने वाला नया सुधारक दल अपने पैसे और सत्ता के प्रभाव से पंचों की शक्ति को तोड़ सकने में पूरी तौर पर समर्थ हुआ। पंच फिर विलायत से लौटने वालों की खुशामद करने लगे थे कि भैया प्रायश्चित कर लो। अगर वह व्यक्ति इनकार करता तो पंचगव्य की एक उँगली ही चाट लेने का इसरार किया जाता। जब उससे भी इनकार हुआ तो कहा जाने लगा कि भैया एक घी का दीया ही अपने हाथ से जला कर शिवाले में रख आओ। अनेक हठी सुधारक पंचों की इस छोटी-सी प्रार्थना को भी ठुकराने लगे। पंचों का बल टूट गया, सब जातियों में विलायत आने-जाने की पूरी-पूरी छूट हो गई।

नए भारतीयों की मूँछें भी मुँड़ने लगीं। इससे पुराने भारतीय पिताओं को बड़ा क्षोभ हुआ। मूँछ सामन्ती जीवन की बहुत बड़ी आन रही है। मूँछ का बाल गिरवी रख कर लाखों का कर्ज तक यहाँ दिया-लिया जाता रहा है। मूँछ केवल पिता की मृत्यु के उपरान्त ही मूँड़े जाने का रिवाज रहा है। बीसवीं सदी की आमद से लार्ड कर्जन के बहाने भारत की यह कीमती मूँछ मुँड़ने लगी। इस मूँछ प्रकरण को लेकर लाखों घरों में लाखों कांड हुए हैं। एक बाप अपने बी. ए. पास मुछमुंड सुपुत्र की सूरत देखकर इतने गरमाए कि बिरादरी के सारे पंचों को अपने घर आने का न्योता दे आए। जब सब लोग आ गए तो उनके सामने नया खरीदा हुआ विलायती जूते का जोड़ा लाकर रखा और अपने बी. ए. पास लड़के को आवाज दी—"श्याम, इधर आओ।" मुछ-मुंड श्याम आए। उनके पिता ने उनका हाथ पकड़ कर सबसे कहा—"ये हमारे कुलदीपक हैं। मेरे जीते जी इन्होंने मेरा श्राद्ध कर डाला है, यह देखिए। अब रही-सही क्रिया मैं इनसे अपने सामने पूरी करवाऊँगा।" यह कहकर उन्होंने चमचमाता हुआ विलायती जूता अपने पुत्र के हाथ में जबरदस्ती दिया और कहने लगे—"इन सबके सामने मुझे पाँच जूते मार। मार!" लोगों ने बहुत बीच-बचाव किया किन्तु मुछमुंड सुधारक के पिता अड़े ही रहे, कहते रहे—"मैं इसके हाथ से अँगरेजी जूतों की मार अवश्य खाऊँगा। बेटे के हाथ से मार खाना पिता के लिए मृत्यु के समान ही है। बस, मैं आप लोगों के सामने मर जाऊँ तो इसी क्षण दुनिया छोड़कर चल दूँगा।"

इसी तरह जातियों के पारस्परिक खान-पान को लेकर भी अनेक किस्से-कजिए हुए। समाज की अनेक पुरानी मान्यताएँ और मर्यादाएँ दिन पर दिन टूटने लगीं। उन्नीसवीं सदी के अन्त ही से नए-नए वैज्ञानिक आविष्कार आने शुरू हो गए थे। गैस के हंडे, तीन पहियों वाली बड़ी साइकिल, फिर दो पहियों वाली साइकिल, सीने की मशीन, जेबी और दीवाली घड़ियाँ, मोटर कार आदि से भारतवासी क्रमश: परिचित होने लगा। मध्य वर्ग के जिस घर में मिट्टी के तेल की लालटेन कड़वे तेल के दीये का स्थान ले लेती थी, वह घर बड़ी शान का समझा जाता था।

उत्तर भारत में आर्य समाज का प्रभाव तेजी से बढ़ रहा था। छोटे-मोटे सुधारों की बाढ़ आने लगी। जैरामजी, जयशंकर, जयबजरंगी, जयश्रीकृष्ण, पालागन, दंडौत आदि मुहल्ला समाज के

सुधारक वर्ग को पुरानी जँचने लगीं। महाशय जी और नमस्ते का रिवाज चला। स्त्री-पुरुष के नाम जो पहले मटका, डिब्बा, चुहिया, मटरूमल, सद्दीमल, कल्लूमल, झाऊमल, घूरेमल वगैरह किस्मों के हुआ करते थे, अब धीरे-धीरे देवताओं के नाम पर रखे जाने लगे। बाद में बँगला उपन्यासों के प्रभाव से किशोर, विमल, विनोद, सुभाष, लता, सुधा, कमला, शान्ति किस्म के आने लगे। अँगरेजों की देखा-देखी नाम के अन्त में अल्ल या जाति जोड़ने का रिवाज शुरू हुआ। जिन्हें और कुछ न मिले, वे वर्मा-शर्मा लगा कर ही काम चलाने लगे! राजवंशी-यदुवंशी जैसे विशेषण भी इसी समय से जुड़ने लगे। नामों को अँगरेजी ढंग से तोड़-मरोड़ कर उच्चारण करने का हौसला भी बहुतों में बढ़ा। ज्वाला सहाय जोलाशॉय हो गए, कपूर अँगरेजी में अनुवाद कर कैम्फर हो गए; इस तरह नया समय बदला। औरतों की वेशभूषा और गहनों में भी फर्क आने लगा। उनमें शिक्षा प्रसार भी क्रमश: बढ़ने लगा। बंगाल से उदय होने वाले सन् सात के स्वदेशी आन्दोलन के बाद से हिन्दुस्तान तेजी से बदलने लगा। मुहल्लों की लड़कियाँ गो बहुत धीरे-धीरे परन्तु दिन पर दिन अधिक संख्या में स्कूल जाने लगीं। बँगलों की लड़कियाँ कॉलेज तक पहुँचने लगीं। नए भारतीय 'साहब' दूल्हे अपने लिए पढ़ी-लिखी पत्नी की माँग करते थे। शादी के पहले लड़की की फोटो देखने का आग्रह शुरू हुआ; कुछ हठीले तो और भी आगे बढ़कर लड़की से इन्टरव्यू करने की फरमाइश करने लगे। विवाह के अवसर पर दूल्हे जामा छोड़ सूट और फैल्ट टोपी पहन कर घोड़े पर बैठने लगे।

बातों पर बातें, पुरानी स्मृतियों पर ठहाके, फलाने के बेटे और फलाने के भाई, दस-पच्चीस गए-गुजरे या आजकल के बूढ़ों की जवानी और बचपन के जिक्रेखैर के बहाने पिछले सत्तर-अस्सी वर्ष के सामाजिक विकास की तस्वीरें बेतरतीबी से बखानी जाकर भी अपने लच्छेदार बहाव में क्रम से सज्जन और महिपाल की कल्पना में आ रही थीं। पुरानी बातों को कहने और सुनने का एक अजब नशा होता है। रामायणी भक्त न जाने कब चले गए; कितने राह चलते भक्त-भक्तिन आए-गए। कितनों से जैराम-जैहिंद, अच्छे हो?—हाँ, सब भगवान की दया है—आदि टुकड़ेबाजियाँ हुईं; कुछ उस बैठक में शामिल भी हो गए। नीम की दातुन से ब्रुश टूथ-पाउडर और पेस्ट तक; सुबह के नाश्ते में जलेबी-कचौड़ी से लेकर मक्खन-टोस्ट तक; पहनावे में पगड़ी, अचकन, दुपट्टा, दुपल्ली, चौगाशिया से लेकर अपटुडेट अँगरेजी फैशन तक अनेक और अनेक प्रकार की बातें हुईं। सूरज देवता चबूतरा छोड़ दीवाल पर जा बिराजे। साढ़े तीन घंटे में मजलिस बर्खास्त हुई। महिपाल चबूतरे से उठ बजरंगबली के सामने हाथ जोड़े, 'श्रीगुरु चरन सरोज रज', आदि का पाठ कर, 'भोले मृत्युंजय हर-हर' उच्चार कर सज्जन की तरफ मुड़ा। सज्जन विचारमग्न था, उसने महिपाल को खोई नजरों से देखा। महिपाल उस दृष्टि का उत्तर न दे पाया, अभाव में मुस्कुरा दिया।

सज्जन एकाएक घड़ी की ओर देखकर बोला—"बारह चालीस हो गए। मैं इस ताई से मिलने आया था, मगर ऐसी मजेदार बातों का समा बँधा कि कुछ भी ध्यान न रहा। फिर भी बहुत अच्छा वक्त गुजरा।"

"हाँ, बहुत अच्छा गुजरा। बहुत दिनों बाद ऐसा आनन्द आया।"

फिर पल भर का मौन आया। एक गाय गुजर रही थी, जिसकी देह पर होली के रंगीन निशान झलक रहे थे। दोनों की दृष्टि उस पर गई। फिर सज्जन ने पूछा—"इधर कैसे आए?"

"यों ही। तुमसे मिलने की तबीयत हो आई।"

"मैं ताई के घर जा रहा हूँ। अगर किसी जल्दी में न हो तो साथ चलो।"

महिपाल कुछ अनखनाया, बोला—"अब तुम जाओ। मैं चलता हूँ फिर?"

सज्जन ने उसे गौर से देखा, फिर जोर देकर कहा—"अगर कोई काम न हो तो आओ। ताई ने बुलाया है, मिलकर फिर जहाँ कहोगे, चलेंगे।"

महिपाल राजी हो गया। दोनों 'गौशाला' की फटकिया को ओर चले। सज्जन को होली के इस भाग में गुजारे हुए दिन याद आने लगे। शरणार्थी का षड्यंत्र, ताई के जादू के पुतले, चोरों द्वारा की गई ताई की दुर्गत, कन्या का आना-जाना, बड़ी बोर का रोमांस...अचानक सज्जन पूछ बैठा—"क्यों जी, महाकवि बोर कहाँ हैं? बहुत दिनों से दिखलाई नहीं पड़ा।"

महिपाल बोला—"मैंने भी इधर देखा नहीं उसे। बड़ा घृणित व्यक्ति है।"

"न जाने कितने होंगे। कमजोरियों के लिए अब मुझे व्यक्तियों पर कम गुस्सा आता है। कमजोरियाँ समाजव्यापी होती हैं।"

"कमजोरियाँ ही क्यों, शक्ति भी समाजव्यापी होती है—"

सज्जन ने ताई के घर का कुंडा खटखटाया। महिपाल बात अधूरी ही छोड़कर रुक गया। अन्दर से ताई की आवाज आई—"अरे, कौन है निगोड़ा?"

"गाली बिना तो किसी से बात ही नहीं करतीं।" महिपाल से मुस्कुराते हुए कहा। सज्जन ने दरवाजे की ओर मुख कर जोर से उत्तर दिया—"मैं हूँ ताई जी, सज्जन।"

"दुर्जन क्यों नहीं कहता बे?"

"वह सिर्फ शीला कहती है।" महिपाल शीला का नाम सुनकर गम्भीर हो गया। उसी समय अन्दर से कुंडी खटकी, दरवाजा खुला। कन्या खड़ी थी। उसने प्रसन्न दृष्टि से अपने पति को देखा, महिपाल को हाथ जोड़े।

"कहाँ रह गए थे इतनी देर?" कन्या ने पति से पूछा।

"यहीं चबूतरे पर था।"

"जुआ खेल रहा था कन्या जी। पकड़कर लाया हूँ।" महिपाल ने कहा।

कन्या हँसी, बोली—"तो आप भी वहाँ दाँव लगाने के लिए ही पहुँचे होंगे।"

"वो खाली गया, तभी तो शिकायत कर रहा हूँ।" सज्जन बरौठा पार करते हुए बोला।

"बाबा जी आए हैं।" कन्या ने कहा।

"कहाँ हैं?"

"ऊपर।" कन्या ऊपर के जीने की ओर बढ़ती हुई बोली।

ऊपर चैत की धूप चमक रही थी। ताई सूरज की ओर पीठ किए बैठी थीं और कृष्ण वर्ण, पुष्ट देह और लँगोटीधारी बाबा रामजी पालथी मारे उनके सामने विराजमान थे। दोनों को देखकर बाबा जी ने बड़ी ललक के साथ स्वागत किया। सज्जन के पैर छूते समय ताई उससे बोली—"क्यों रे, कहाँ रहा इत्ते दिनों?"

"ताई जी—अ—काम कर रहा था।"

"अरे, तो ऐसा भी कौन-सा काम है निगोड़ा कि यहाँ आने की फुरसत ही नहीं! बऊ के कारन् इसके हाल-चाल जाएँ थे बाबा जी, तो मन को सन्तोष रहे था। नईं तो—"

बाबा जी बोले—"नहीं रामभगतिन, इसकी तो हम भी गवाही देंगे, अगर तुम्हारी बहू यहाँ काम कर रही थी तो तुम्हारा बेटा भी बहुत बड़ा काम कर रहा था।"

"मेरी काए की बऊ।"

"अरे, पर अब बेटा तुम्हारा है तो बहू तुम्हारी हुई कि नहीं?"

"मैंने तो इस कन्नोमल के पोते को सौ तोले के जेवर देने की कही थी, अपनी बिरादरी की अच्छी-अच्छी लड़कियाँ भी बताईं—"

"पर रामभगतिन कुछ भी कह लो, अगर ये बेटा तुम्हारा है तो बहू भी तुम्हारी है। और गोरी-चिट्टी कितनी सुन्दर—और देखो कितना अच्छा सुभाव है इसका—घर में पती की सेवा करती है, यहाँ तुम्हारी सेवा करती है, इसकूल चलाती है, रामभगतिन? तुम इससे क्यों अप्रसन्न हो?"

ताई ने एक बार वनकन्या की ओर नजर उठाकर देखा, बोली—"हूँ, अच्छी तो है, पर इन्नै सुरू में झूठ क्यों बोली मुझसे कि अपनी बिरादरी की ही है—"

सज्जन ने हँसकर कहा—"ताई जी, जसोदा जी के डर से कृष्ण जी भी झूठ बोला करते थे तुम्हारे।"

वनकन्या तथा बाबाजी खिलखिलाकर हँस पड़े। महिपाल भी मुस्कुराया, और ताई के काले-काले डंठल जैसे दाँत भी चमक उठे। बाबाजी ने कहा—"अब तो भाई रामभगतिनियाँ, तुम इसको कुछ नहीं कह सकतीं। तुम जसोदा माता हो और ये तुम्हारे कृस्न कन्हैया हैं। सो अब तो तुमको बहू को भी माफ करना पड़ेगा।"

"अरे, माफ तो कर दिया। मैं तो लाख इस कलमुँही को अपने चित्त से हटाने की कोसस करूँ हूँ पर ये सेवा ऐसी करे है कि क्या कहूँ?"

"तो रामभगतिन तुम अपना सौ तोला सोना इसको दै डालो।"

ताई ने इसका कोई उत्तर न दिया। महिपाल की ओर घूम कर देखा, सज्जन से पूछा—"ये कौन हैं?"

"ये बड़े भारी पंडित हैं ताई जी?" सज्जन ने चट से उत्तर दिया।

बाबा जी भी बोले—"बड़े नामी विद्वान हैं रामभक्तिनिया।"

ताई ने चट महिपाल के आगे जमीन पर मत्था टेक कर प्रणाम किया, फिर बोली—"धन्न भाग जो हमारे घर पधारे। तो क्या ये यहीं रहे हैं या बाहर से आए हैं?"

"यहीं के हैं ताई जी, इन्होंने बहुत-सी किताबें लिखी हैं।" कन्या ने उत्साह भरे स्वर में महिपाल का विशेष परिचय दिया।

"तो ये पंडताई भी करते होंगे?"

"हाँ ताई जी, घर में पूजा-पाठ तो करते ही हैं।" सज्जन ने कहा—"बाकी ये शादी-ब्याह नहीं करा पाते।"

"मैं तो भैया ऐसा पंडत चाहूँ हूँ जो बड़ी अच्छी तरह से ब्याह कराए भगवान जी का, क्यों बाबा जी? न हो तो बनारस से किसी को बुलवा लेना। जो खर्चा लगेगा, दूँगी।"

"अच्छी बात है, इसका प्रबन्ध कर दूँगा रामभक्तिनिया।"

"हाँ, ब्याह तो बहुत अच्छा होना चाहिए, बाबा जी। जब मेरी सौत के पोते निगोड़े के ब्याह में इत्ती धूमधाम हुई तो भगवान जी के ब्याह में बड़ी सोभा आनी चाहिए। और ये मरा कन्नोमल का पोता कान में तेल डाले बैठा है। अब रही कित्ते दिन हैं, कल से बैसाख लगा मरा, पूनो को तो ब्याहई है। महीना भर रहा। न कोई चीज, न तैयारी।"

"अरे रामभक्तिनिया, चीज-बस्त की फिकर मत करो। हमको तो बस एक आसरम बनवाय देना दहेज में।" बाबा जी ने कहा।

"और ताई जी टीके में क्या देंगी?" कन्या ने पूछा।

महिपाल बोला—"आजकल तो बड़ा-बड़ा सामान दिया जाता है, रेडियो, सोफासेट, घड़ी—"

"रामभक्तिनियाँ ये सब कुछ तुम देओगी हमको? तो क्या क्रिस्न परमातमा का ब्याह कराके तुम हमें कोट-पतलून पहनाओगी?" बाबा जी की बात सुनकर सब लोग हँस पड़े।

ताई बोलीं—"इसीलिए तो बुलाया है आज। ठीक में देखो बाबा मेवे-मिठाई-फल तो आएँगे ही, पचास थालियाँ मैं तय कर चुकी हूँ।"

"अच्छा, खैर, वो तो हम घाट पर बाँट देंगे, बाकी रुपया तुम नकद दे देओ। उससे हम आसरम के लिए जमीन खरीदेंगे। तिलक में ज़मीन और विवाह में आसरम बनवाने का खर्चा।"

विवाह का समस्त प्रबन्ध निश्चित किया गया। महिपाल की जल्दी के कारण सज्जन भी उठा। कन्या हवेली की ओर चली गई। उसकी पाठशाला अभी चल ही रही थी। अब कन्या की सहायता

के लिए दो स्त्रियाँ और आ गई थीं जो सिलाई-बुनाई, कसीदे और जरी का काम सिखलाती थीं। कन्या की पाठशाला में अब स्त्रियाँ भी काफी आने लगी थीं। ताई की हवेली में सज्जन का स्टुडियो वाला कमरा अब उसके एक बुझे शौक का परिचायक मात्र ही रह गया था। इधर अरसे से सज्जन ने कोई खास चित्र नहीं बनाया और जो थोड़ा बहुत काम किया भी, सो अपनी कोठी में ही। आज सज्जन की कुछ तबीयत आई, परन्तु महिपाल बोला—"यहाँ स्त्रियों का हुल्लड़ रहेगा।"

"आओ राम जी, हमारे यहाँ चलो।" बाबा जी कन्या की पाठशाला में घूम कर उसी समय वहाँ पहुँचे थे और उनकी बात सज्जन-महिपाल की बातों के क्रम में एक निर्णयात्मक प्रस्ताव-सी बैठ गई, यद्यपि महिपाल की इच्छा नहीं थी। बाबा जी बोले—"चलो न राम जी, दिव्य भाँग छनावैंगे।"

सज्जन ने हँसकर कहा—"पर अभी तो मेरा भोजन भी नहीं हुआ बाबा जी, और मैं समझता हूँ कि महिपाल भी—"

"हाँ? मैं भी बस घर से नाश्ता करके ही चला था—"

"तब फिर आज फलाहार ही करौ। रस्ते में कहीं से सब सामान लेते हैं और फल भी लिए लेते हैं, ढाई-तीन बजे के लगभग हमारे यहाँ घाट पर पंडाइन दूध काढ़ती हैं सो आज का दूध उससे सब लै लेंगे क्यों राम जी, क्या बिचार है?" बाबा जी ने महिपाल की पीठ पर हाथ रखकर पूछा और आगे बोले—"मतलब ये है कि हमारा बिचार था, आप दोनों महानुभाव मिल गए हैं तो कुछ उचित सलाह-मसौरा हुइ जाय। इतना रुपया मिलैगा तो उसका उपजोग कैसे होय? यही सब बिचार लै।"

महिपाल फिर निरुत्तर हो गया।

62

बाबाजी के आश्रम से यह लोग जल्दी ही लौट आए; महिपाल की ऐसी ही इच्छा थी। महिपाल ने आग्रह किया कि कपूर होटल में चलकर मदिरा पान किया जाए। सज्जन मदिरा से अपना मन हटा चुका था फिर भी वह महिपाल के साथ चलने को राजी हो गया।

महिपाल बोला—"मेरी समझ में नहीं आता कि लोग एकाएक कैसे किसी चीज को छोड़ देते हैं?"

"क्यों? तुम तो आदर्शवादी लेखक हो, अनेक बार अनेक चीजों के छोड़ने और अपनाने का उपदेश अपने साहित्य में दे चुके हो।"

महिपाल को सज्जन का यह व्यंग्य चुभा परन्तु वह कुछ देर तक मौन रहा, फिर कहा—"सोच लेना आसान है, करना बहुत कठिन है। क्या तुम अपने बारे में खुद ऐसा नहीं कह सकते?"

सज्जन गम्भीर हो गया; बोला—"हाँ और नहीं भी।"

"कैसे?"

"मेरा ख्याल है, मेरी निश्चयात्मक बुद्धि तुमसे अधिक है। आमतौर पर मन में एक निश्चय पर पहुँच जाने के बाद मैं उसे अपनी लाइफ में अपना लेता हूँ।"

"यह बात बताओ, तुमने जिस तड़प और जिस उद्देश्य के साथ यह अपना मुहल्ला प्रयोग शुरू किया था उसे तुम्हारी निश्चयात्मक बुद्धि कहाँ तक बढ़ा सकी?"

सज्जन चुप रहा, सोचता रहा, गाड़ी चलाता रहा। महिपाल ने उसे फिर उकेसा। सज्जन बोला—"रोमांस में खो गया दोस्त वरना शायद मैं अब तक बहुत कुछ कर पाता।"

"रोमांस में क्यों खोए?"

"मेरे जीवन में अभाव था।"

"मेरे जीवन में भी बहुत से अभाव हैं। उनके कारण ही मैं भी हार-हार जाता हूँ।" महिपाल ने एक गहरी ठंडी साँस खींच कर कहा।

फिर बहुत देर तक आपस में बातें न हुईं, दोनों ही अपने-अपने विचारों को लेकर मौन रहे। कपूर होटल में मैनेजर से कहकर उन्होंने ऊपर के एक खाली कमरे में बैठने का इन्तजाम किया। महिपाल बोला—"आज सुबह से मेरा मन बड़ा उद्विग्न है।"

"क्यों?"

"लगता है मेरा अन्त काल निकट आ गया है।"

"पागल हो। कोई सपना देखा था क्या?"

"हाँ।"

"उसी की वजह से बेकली है?"

"हाँ।"

"सपने खाली दिमाग की उपज होते हैं।"

"हर बार ऐसा नहीं होता। और सपना तो एक संकेत है, मुझे लगता है कि मेरे अभाव मुझे ले डूबेंगे। अब उनसे लड़ नहीं पाता।"

"क्या सपना देखा था?"

"सपना—यह देखा कि मैं एक बहुत घिनौनी, फटे-चीथड़े, टूटे मिट्टी के बर्तन, मवाद से सने हुए रूई के फाहे और पट्टियों से भरी एक तंग गली से गुजर रहा हूँ।"

"और कोई भी दिखाई दिया?"

"कोई नहीं, अकेला मैं ही।"

"फिर?"

"चलते-चलते थक गया। इच्छा होने लगी इससे बाहर निकलूँ। लेकिन निकल न सका। सपने में मेरी जो बेकली बढ़ी, उसका वर्णन मैं तुमसे कैसे करूँ सज्जन? वह एक अनुभव था।"

"फिर?"

"फिर मैं एक नदी के किनारे पहुँच गया, एक नाव जा रही थी, आदमियों से भरी हुई। वे सब मुझे बुलाने लगे। नाव को किनारे लाए, मैं उस पर बैठ गया। बहुत-से परिचित भी थे।"

"कौन-कौन?"

"शीला, कल्याणी, कर्नल, मेरा एक ममेरा भाई, और भी न जाने कितने।"

"फिर?"

"फिर बीच धार में जाकर नाव उलट गई। सब लोग तैरने लगे, हरे-हरे पानी की तह में बहुत-से कंगूरे, मीनारें और खंडहर चमक रहे थे। वे खंडहर मुझे खींचने लगे।"

"फिर?"

"मैं अपने साथ बहुतों को खींच ले गया, लेकिन थोड़ी देर बाद और सब तो मेरी दृष्टि से ओझल हो गए, मैंने अपने को नदी के नीचे खंडहरों में एक जंजीर में जकड़ा हुआ पाया। बहुत घुटा, बहुत तड़पा मगर छूट न सका।"

"तुम्हारा किसी प्रकार का फ्रस्ट्रेशन है महिपाल, ये गन्दगी और खंडहर सब फ्रस्ट्रेशन के ही तो प्रतीक होते हैं। इन्हें एनालाइज कर लो। मौत का सवाल ही कहाँ उठता है?"

महिपाल चुप रहा। सज्जन ने अपनी कॉफी खत्म कर सिगरेट सुलगाई और महिपाल के सामने सिगरेट-केस रख दिया। नशे के सरूर में कुछ देर तक टकटकी बाँधे सोचते रहने के बाद महिपाल बोला—"तुम से जी की एक बात कह दूँ, हल्का हो जाऊँ...मैं तुमसे ईर्षा करता हूँ।"

सज्जन सुनकर मुस्कुराया, खामोश रहा।

"एक बात और कहूँ? मैं तुम्हें प्यार भी करता हूँ।"

"और कर्नल को?"

"कर्नल देवता है। हम दोनों ही उसका मुकाबिला नहीं कर सकते। उसकी चेतना भले ही विकसित न हो पर वह दूसरे पर जान देना जानता है। एक बात और कह दूँ सज्जन? जीवन में कभी हारना मत।"

"हार-जीत अपने बस में थोड़े ही होती है महिपाल, परिस्थितियों के बस में होती है।"

"वह कुछ भी हो। थक कर बैठ जाना ही सच्ची हार है। मैं उसी की बात कहता हूँ। तुम जिस मिशन को लेकर चले हो उसे पूरा करना।"

महिपाल का यह मैत्रीपूर्ण आदेश सज्जन को बहुत छू गया। वह भावुक होकर बोला—"तुम साथ रहोगे तो हम हर मंजिल को तय करेंगे।"

"मैं अब अपने से बाहर नहीं निकल सकता। और अपने आपको समझ भी नहीं सकता; थक गया। आज से दस-पन्द्रह बरस पहले सोचता था, मैं बहुत कुछ कर जाऊँगा, मैं दुनिया को पलट दूँगा। ईश्वर ने मेरे सामने ही परीक्षा लाकर खड़ी कर दी। मैं अपने को ही न बदल पाया, दुनिया को क्या बदल पाऊँगा?"

"हटाओ इस सब किस्से को।" सज्जन ने ऊब कर कहा, बोला—"आज सुबह तुम किसलिए आए थे?"

"यों ही! कहा न, मन अकेला हो गया था, साथ की जरूरत थी। सोचा कर्नल के पास जाऊँ; पर वह इन सब बातों को नहीं समझता। फिर सोचा..." महिपाल कहते-कहते चुप हो गया और एक हल्की-सी निसाँस छोड़ दी।

सज्जन ने उसे देखा, कहा—"तुम अपने और शीला के साथ ज्यादती कर रहे हो महिपाल। यह तुम्हारा सारा फ्रस्ट्रेशन उसी दिन से शुरू हुआ है जिस दिन से तुमने शीला के साथ अपना नाता तोड़ने की जिद की है।"

"उस बात को छोड़ो सज्जन।...अच्छा हटाओ, इन बातों को।" महिपाल तन कर बैठ गया। गिलास हाथ में ले, स्कॉच के सुनहरे रंग को गौर से देखता रहा।

सज्जन ने पूछा—"तुम्हारी भाँजी की शादी कब है?"

"आषाढ़ में, अमावस्या बाद नवमी को।"

"कन्या और भाभी में एक बात तय हुई है, शादी मेरे घर से होगी।"

"हूँ।"

"मैं बड़ा खुश हूँ इस निर्णय पर। कल रात हम लोग बातचीत कर रहे थे। जनवासे के लिए राजा साहब की छोटी कोठी खाली करवा लूँगा। मैंने सुना तुम्हारे यहाँ लड़के वाले बेहद उजड्डपने के नखरे दिखाते हैं।"

"दिखलाने दो सालों को!" महिपाल ने एक साथ दो घूँट चढ़ाए।

"अजी, मैं दिखलाने ही नहीं दूँगा। खातिरदारी से फ्लैट कर दूँगा तुम्हारे समधियों को। लेकिन लड़का तो मैंने सुना, बड़ा एडवान्स्ड है।"

"हूँ।"

"फिर भी यह सब जहालत होगी।"

"कह नहीं सकता।"

"अच्छा महिपाल, एक मजे की बात देखो, आज सुबह हम लोग कितनी बातें सुनते रहे, यह बातें साबित क्या करती हैं?—सुधारक समाज आगे बढ़ा, ये रिएक्शनरीज पीछे हटे; मगर इतना सब होने पर भी इन रिएक्शनरियों का—कूढ़मगजों का आज तक बोल-बाला है। ये क्या बात है?"

महिपाल कुछ देर मौन रहा। सज्जन उत्तर की प्रतीक्षा में उसकी ओर टकटकी लगाए देखता रहा, फिर आस लगाए, निराश भिखारी की तरह उसने उस ओर से नजर घुमा ली और खिड़की की तरफ बाहर देखने लगा। महिपाल ने सिगरेट की राख ऐश-ट्रे में झाड़ी और बोला—"तुम्हारी बात का उत्तर मेरे पास है तो सज्जन, मगर ईमानदारी की बात यह है कि मैं अपने आपको कहने का अधिकारी नहीं मानता।"

"क्यों ?"

"इसलिए कि मैंने उस पर अमल नहीं किया।"

"फिर भी, तुम सोचते क्या हो ?"

"कहना व्यर्थ है। जीवन के अन्तिम दिनों में अब झूठ नहीं बोलूँगा। और जितना झूठ मेरी चेतना में समाया है, जब तक उसे प्रकट कर देने की सामर्थ्य अपने आप में नहीं पाता, तब तक सत्य का वर्णन करना मेरे लिए कोरा दम्भ ही होगा।"

सज्जन झुँझला उठा, बोला—"महिपाल तुम्हारा यह पागलपन अब बोरियत फैला रहा है। एक सपना तुम्हारा दिमाग खराब कर दे, इससे बढ़ कर शर्म की बात किसी भी पढ़े-लिखे आदमी के लिए नहीं हो सकती। मान लो तुम एक सत्य का पालन नहीं कर पाए मगर उसे प्रकट कर तुम किसी दूसरे को शक्ति तो दे सकते हो!"

"मेरे पास शक्ति ही नहीं, दूँगा कहाँ से ? तुमने मुहम्मद और गुड़ खाने वाले बच्चे की कहानी सुनी है न ? जब तक मुहम्मद गुड़ खाता है तब तक वह गुड़ खाने वाले बच्चे को न खाने के लिए उपदेश नहीं दे सकता।...मगर खैर, यहाँ परिस्थिति दूसरी है, तुम पहले से ही गुड़ न खाने वालों में से हो।"

"रहस्यवादी मत बनो महिपाल!"

"रहस्य का प्रश्न नहीं। बात सीधी ही है, लेकिन कई हजार बरसों में होने वाले अथक परिश्रम के बाद भी हिन्दुस्तान से उस बुराई की जड़ें नहीं उखाड़ी जा सकीं। अब काफी हद तक छिटपुट प्रयोग तो होने लगे हैं मगर सामाजिक तौर पर उसका असर कतई नहीं हो सका। सुधार खुद तुमने भी किया है मगर सिर्फ तुमने ही किया है।"

सज्जन एक प्रकार से हताश हो गया। महिपाल नशे में है, अवसाद में डूबा है। वह अपनी ही रौ में बहेगा, यह सोचकर वह उदासीन हो गया। तभी महिपाल ने अपनी बात की पहेली सुलझाई—"मेरा मतलब जाति भेद से है। जब तक हिन्दुस्तान में यह जटिल जाति भेद रहेगा हम लाख सुधार करने पर भी समाज को 'मानव-समाज' के रूप में प्रतिष्ठित करने में असमर्थ रहेंगे।"

"लेकिन अब तो जाति भेद काफी टूटने लगा है।"

"सिविल लाइनों में सज्जन, गली-मुहल्लों में नहीं। सौ में दो-चार ऐसे केसेज हो गए तो उससे सामाजिक परिवर्तन नहीं आते।"

"मगर अब पहले जैसा तीखा विरोध तो है नहीं।" सज्जन ने कहा—"यानी हद हो गई जब मैंने ताई जी को वर्मा और उसकी बीवी के लिए सदय पाया। कन्या के लिए भी उनके मन से विरोध निकल गया है। यह बात दूसरी है कि वे उसे अपना पानी का घड़ा न छूने दें।"

"वर्मा या तुम्हारी पत्नी के लिए ताई का विरोध और जाति की रक्षा के लिए उनके द्वारा अपना खान-पान अलग रखने में ही समाज की नब्ज बोलती है। कल्पना करो कि ताई तुम, वर्मा और तुम्हारी पत्नियाँ आज से पचास साल पहले पैदा हुए होते तब तुम लोग मर भी जाते तो ताई तुम्हारे प्रति सदय न होतीं। उस समय जाति से बाहर विवाह करना एक अकल्पनीय-सी बात थी। और इसीलिए सामाजिक निष्ठा भी उसके लिए उतनी ही कठोर थी। अरे, पहले ताई ही तुम लोगों के लिए जादू के पुतले चलती रहीं। यह उसी पुरानी सामाजिक कठोरता का ही परिणाम था। आज

चूँकि बढ़ते हुए सुधार-आन्दोलन ने रूढ़िवादियों के किले काफी हद तक ढा दिए हैं इसलिए जमाना खामोशी के साथ तुम्हें स्वीकार तो कर लेता है मगर तुम्हारे सिद्धान्त को अब भी स्वीकार नहीं करता।''

''यही तो। सवाल यह आता है कि नया जमाना नए सिद्धान्त को सार्वजनिक रूप से कैसे अपनाएगा?''

''किसी प्रबल शक्तिशाली आन्दोलन से! ऐसा आन्दोलन, जो व्यापक रूप से जाति की कड़ियों को तोड़ सके!'' महिपाल एक-एक शब्द सोच-सोचकर बोल रहा था—''और यह भी ध्यान रखो कि आन्दोलनकारियों को भारतवर्ष में कई बार होने वाले जाति विरोध की हिस्ट्री अपने ध्यान में रखनी होगी। यह जातिवाद किसी समय भारत की शक्ति और उसके बाद हमारे निरन्तर पतन का कारण रही है। आमतौर पर तुम किसी से जाति छोड़ने की बाबत कह देखो। वह यही समझेगा, तुम उससे उसका हिन्दू धर्म छुड़ा रहे हो।''

''मगर यह जातियों का जाल हिन्दुस्तान में इस बुरी तरह फैला ही कैसे?''

''यार, मेरा खयाल है कि हिन्दुस्तान में वैदिक सभ्यता के आने से पहले जातियों का जाल बिछ गया था।''

''कैसे?''

''मैं तुम्हें अपना अनुभव सुनाऊँ, शायद तुमसे कभी नहीं बतलाया। एक बार इस मकान में रहने से पहले मैं जहाँ रहता था, मैंने गड़े धन के लालच में जमीन की खुदाई की। मुझे एक मूर्ति मिली, मेरा अनुमान है कि वह ईसा की प्रारम्भिक सदियों की बनी हुई है। तब से मुझे लखनऊ का इतिहास बटोरने की इच्छा जागी और इस बहाने टोह लेते-लेते मुझे शहर का सिलसिलेवार प्राचीन इतिहास तो न मिल सका, पर शहर बनता कैसे है, यह जरूर ध्यान में आने लगा।''

''तुम नशे की कल्पना दे रहे हो या सच्चा अनुभव बतला रहे हो?'' सज्जन ने मुस्कुरा कर पूछा।

''डोन्ट बी फनी! मैं सीरियस हूँ। तुम मोहनजोदड़ो से लगाकर अपने किसी भी शहर की बनावट देख लो, जातियों के मुहल्ले अलग-अलग हैं और ये जातियाँ आमतौर पर एक पेशे का प्रतिनिधित्व करती हैं। शहर के निर्माण में हर पेशे का सहयोग आवश्यक है और हर पेशे वाले अपने-अपने संगठन बनाकर रहते हैं। हलवाईपुरा, मल्लपुरा, सोनकरी टोला, ठठेरगली, बाजपेयी टोला, यह सब नाम एक पुराने विधान का परिचय देते हैं। आर्यों का ढाँचा सामन्ती था, वे खेती प्रधान सैनिक थे। उनमें मोटे-मोटे चार वर्ण तो जरूर थे मगर एक-एक पेशे की विशेषज्ञ जातियों की कोई आवश्यकता उन्होंने महसूस नहीं की। नगरों को बहुत जलाकर भी आर्य लोग भारत की नागरिक सभ्यता को कभी नष्ट न कर सके। हमारी नागरिक सभ्यता महाजनी गणतंत्र की सभ्यता है जिसका आधार आर्थिक है। जब तक वह पूरी तौर पर नहीं टूटता तब तक जाति विधान नहीं टूट सकता।''

''मगर वह आर्थिक विधान मिडिल क्लास के बढ़ने से काफी हद तक टूटा है। देखो न, हर जातियों से लोग अँगरेजी पढ़-लिख कर बाबू हुए हैं और उनका पुराना आर्थिक दायरा टूट कर नया बना है।''

''बनने दो, मुझे यह बतलाओ कि इस मिडिल क्लास के बहुत से अँगरेजी पढ़े-लिखे ब्राह्मण क्या बहुत से अँगरेजी पढ़े-लिखे खत्रियों, बनियों या शूद्र कही जाने वाली जातियों से शादी-ब्याह भी करने लगे हैं? अजी छोड़ दो! कनौजिए ब्राह्मण आपस में शादी-ब्याह नहीं करते। मेरी पत्नी ने शकुन्तला का एक बड़ा अच्छा रिश्ता सिर्फ इसीलिए अस्वीकार कर दिया क्योंकि लड़का धाकर यानी कुलीनता की दृष्टि से निम्न वर्ग का कान्यकुब्ज ब्राह्मण था और हम लोग षट्कुली हैं। बतलाओ, इस भेद को जब तक न मिटा सकोगे तब तक तुम प्रतिक्रियावादियों की शक्ति को क्योंकर तोड़ सकते हो?''

बात खत्म हो गई, सज्जन गम्भीर होकर सोचने लगा। महिपाल भी अपने गिलास का पेय और प्लेट में रखा कबाब खत्म करने की क्रिया में मौन रहा। कुछ देर बाद दोनों ओर से सहसा एक साथ बोलने की इच्छा जागी। महिपाल अपनी बात कहते-कहते रुक गया, सज्जन से बोला—"कहो-कहो।"

"मैं अपना जीवन इस समाज को बदलने में लगा दूँगा। मैं इसे बदल कर ही रहूँगा।" सज्जन के चेहरे पर दृढ़ता थी, महिपाल उसे देखता रहा। एकाएक सज्जन को ध्यान आया कि महिपाल भी कुछ कहने जा रहा था। उसने महिपाल से कहा—"हाँ, कुछ कह रहे थे महिपाल?"

"अँ? ओह!" महिपाल हँसा—"मैं कह रहा था कि रूपरतन ने मुझे कार देने का वादा किया है। सोचता हूँ शकुन्तला की शादी के बाद लूँगा वरना लड़के वाले कहीं मोटर देखकर और दहेज न माँग बैठें!"

थोड़ी देर बाद ही महिपाल और सज्जन अपने-अपनी राह चले गए। सज्जन ने बहुत चाहा कि वह महिपाल को उसके घर या जहाँ वह चाहे कार पर पहुँचा दे, पर महिपाल ने अपने अकेले डोलने के निश्चित मूड में साफ इनकार कर दिया। होटल के बरामदे के नीचे सड़क पर सज्जन की छोटी फोर्ड कार खड़ी थी। जब सज्जन ने सहज भाव से उसे 'अपनी' कार में छोड़ आने को कहा तो महिपाल 'अपनी' की ठसक में चढ़ गया। उसे रूपरतन की छोटी 'फिएट' कार कल्पना में 'अपनी' के रूप में दिखलाई पड़ने लगी। रूपरतन ने उससे कहा था—'गुरु, तुम महान् लेखक हो इसलिए तुम्हारे पास गाड़ी होनी ही चाहिए।' महिपाल ने इस विचार को पसन्द किया पर आठ-दस हजार की गाड़ी खरीदना उसके लिए सम्भव न था, बे-बहाने दान लेकर रूपरतन के प्रति कृतज्ञ अनुभव करना भी उसकी हेकड़ी को न सुहाया। रूपरतन ने ढाई-तीन हजार तक में अपनी छोटी गाड़ी बेचने का प्रस्ताव किया। महिपाल का मनुआ डोल गया। घर आकर उसने कल्याणी से उसकी चर्चा की थी। कार का नाम सुनते ही बड़कऊ, छुटकऊ, रज्जो, तप्पू और उनकी माँ आदि सभी का जी ललचाने लगा। महिपाल ने यह डींग भी हाँकी कि रूपरतन उसे अगली किताबों की एडवान्स रायल्टी के रूप में कार दे रहा है। इसके बाद तो कार का शीघ्र से शीघ्र घर आना घरवालों को परमावश्यक लगने लगा। बड़कऊ, ड्राइविंग सीखने की योजना बनाने लगे, कल्याणी कार के मासिक खर्च का हिसाब जोड़ने लगी। महिपाल ने कहा कि वह रूपरतन के प्रकाशन विभाग का काम घंटा दो घंटा नित्य देखने की एवज में उससे गाड़ी का भत्ता ले लिया करेगा। इसके बाद तो कुछ सोचने की गुजाइश ही न रही। लड़के मचलने लगे, परन्तु कल्याणी को शकुंतला की शादी से पहले गाड़ी को घर लाने में व्यावहारिक आपत्ति हुई। उसे भय था कि कार का वैभव देखकर लड़के वाले किसी बहाने कुछ और रकम न माँग बैठें। महिपाल भी इस पर ठंडा हो गया था। इस समय सज्जन की 'अपनी' पर महिपाल को 'अपनी' की धुन फिर चढ़ आई। उसके बार-बार इसरार करने पर भी महिपाल ने अकेले ही रिक्शे पर जाना तै किया। नशे के ज्वार में उसे शाम के गुलजार हजरतगंज का वैभव अपना-सा लगा। प्लाजा सिनेमा और उसके लम्बे छत्ते के उस पार झाँकने वाले प्रिंस सिनेमा तक नर-नारियों की चहल-पहल; सजी-बजी दुकानों के बरामदों में टहलती हुई सजी-बजी खुशनुमा भीड़; बसों, कारों, साइकिलों और रिक्शों की आवाजाही से चारों ओर बिखरी हुई रौनक महिपाल के नशे की लाली को दुबाला कर रही थी। उसने एक तम्बोली के यहाँ पुराने बंगला पान जमाए, सिगरेट का पैकेट और माचिस खरीद कर जेब में डाली, दुकान के दर्पण में अपने रोबीले नशीले नूर को निरखा और महाबीर जी के मन्दिर के सामने बीच सड़क से गुजरते हुए एक खाली रिक्शे को आवाज दी। रिक्शेवाला महिपाल की तरफ एक बार नजर डाल कर आगे बढ़ गया। महिपाल का रोब तिलमिला उठा। उसकी इच्छा हुई कि रिक्शेवाले को पकड़कर उसे हंटरों-हंटर पीटे। नशे में पैदल चलना उसे अटपटा और अखरने वाला महसूस हुआ, कार का मूड और एक अदना रिक्शेवाले

का इस तरह लापरवाही दिखला कर चला जाना उसके रोब को उत्तेजना की खराद पर चढ़ाने लगा। इच्छा हुई इसी समय जाकर वह रूपरतन से कार का सौदा कर ले। फलवालों की दुकानों के निकट पहुँचते-पहुँचते उसे एक और खाली रिक्शा दिखलाई दिया—'खाली है?'—'नहीं बाबू जी।'—महिपाल का अपनी सवारी का हठ और तीव्र हुआ। रिक्शेवाले को तमाचा मारने और गाली देने की तड़प भी तेज हुई मगर इतना होश उसे था कि वह ऐसा कुछ न कर गुजारे। सड़क पार कर, नरही के चौराहे पर पहुँच कर भी, रिक्शावालों के पुकारते रहने के बावजूद, बदला लेने की भावना से उसने ताँगा लिया। अब इधर-उधर डोलने की इच्छा विलीन हो गई थी, उसके सामने एक निश्चित उद्‌देश्य था, उसे रूपरतन के यहाँ कार का सौदा करने जाना था।

ताँगे पर शान से अधलेटा हुआ महिपाल अपने आसपास जाती कारों को देखकर इस समय क्षुब्ध नहीं हो रहा था। उसे इस समय तमाम कारवाले अपने सगोती लग रहे थे। इन्हीं सड़कों पर एक दिन महिपाल की गाड़ी भी कहीं आगे-पीछे गुजरती हुई दिखलाई पड़ा करेगी और...यह सामने से आती हुई छोटी गाड़ी में जिस तरह आगे की सीट पर एक स्त्री-पुरुष बैठे हैं, जो संभवत: पति-पत्नी ही होंगे...किसी दिन मैं भी कल्याणी के साथ इसी तरह...विचार आते ही महिपाल को यह भी लगा कि कल्याणी के साथ सैर पर निकलते हुए उसे वाकई कोई मजा नहीं मिल सकता। कल्याणी दकियानूस है। अनेक बार वह और शीला कार पर बैठकर गुजरे हैं। महिपाल को शीला की याद आने लगी। शीला ने उसका कोई अपराध नहीं किया। उस दिन सज्जन की कोठी पर शीला ने उसकी कितनी चिरौरी की थी। उसे यह भी लगा कि शीला के साथ सम्बन्ध-विच्छेद कर वह बड़ा भारी अन्याय कर रहा है और इस विचार के साथ ही साथ उसे यह आशंका भी हुई कि शीला के साथ सम्बन्ध स्थापित होने पर समाज वाले यही समझेंगे कि यह सारा वैभव शीला का है। महिपाल बस इसी से विचलित हो उठता है। रूपरतन के साथ रहकर पैसा कमाते हुए यदि कोई उसे टोकता है तो इतना कुछ हर्ज नहीं है। अनेक लोग अनेक के साथ इस प्रकार का आर्थिक व्यावहारिक गठबन्धन करते हैं, परन्तु स्त्री के साथ रह कर उससे धन कमाने का कलंक महिपाल को कभी अच्छा नहीं लग सकता। वह शीला से इसीलिए दुबारा सम्बन्ध स्थापित नहीं करना चाहता।

ताँगा शान्त सड़क पर दौड़ रहा था। महिपाल का मन शीला के प्रसंग को लेकर विचलित हो रहा था। उसे लग रहा था कि मनुष्य के प्रेम से बढ़कर, वह जो इस प्रकार लौकिक वैभव को मान रहा है, वह अन्याय है। कार-बँगले, नौकर-चाकर और नाना प्रकार के आर्थिक वैभव में सुख और शान भले ही हो परन्तु महत् भावनाओं और विचारों के आगे उनका कोई मूल्य नहीं। अपनी नौजवानी में महिपाल ने न जाने कितनी बार सिद्धान्तों के लिए आर्थिक वैभव को ठुकराया है। उसने सिद्धान्तों के लिए ही अपनी ननिहाल का वैभव छोड़ा। रूपरतन से भी नाता तोड़ा : भाई के विवाह में दहेज न लिया; भाई की उन्नति के लिए अपनी पत्नी के गहने तक बेच डालने में उसे कभी कोई मोह नहीं हुआ। वही महिपाल आज आथिक वैभव के लिए कौन-कौन महत् सिद्धान्तों का त्याग नहीं कर रहा? वह कितना पतित हो गया है! महीनों हो गए, उसने एक अक्षर नहीं लिखा, केवल अपने घर में, अपने चारों ओर, हर तरफ लक्ष्मी का आडम्बर सजाने में ही उसके दिन अधिकतर चले जाते हैं। उसका उपन्यास, जिसे आरम्भ करते हुए उसने सोचा था कि यह उसकी अनुपम रचना होगी, आज तक अधूरा ही पड़ा है। कई बार उसकी इच्छा भी हुई कि वह उसे लिखने बैठे, परन्तु अब उसकी कल्पना-शक्ति मानो रुई के रेशों की तरह बिखर गई है और सज्जन क्रमश: प्रसिद्धि के क्षेत्र में आगे बढ़ रहा है। सज्जन ने हाल ही में इतनी तेजी से ख्याति प्राप्त की है कि महिपाल उसका मुकाबिला नहीं कर पाता। महिपाल को इससे ईर्ष्या होती है परन्तु वह ईर्ष्या निकम्मी है। बढ़ता हुआ समाज लोगों के ईर्ष्याग्रस्त विरोधों को कभी विशेष महत्त्व नहीं दिया करता। उसने कल जो लेख सज्जन के सामाजिक आन्दोलन का विरोध करते हुए लिखा था वह जाहिरा तौर

पर बड़ा ही तर्कपूर्ण होने पर भी पूर्णतया अनुचित है। महिपाल ने लिखा था कि इस प्रकार सामाजिक गन्दगियों का उद्‌घाटन होते रहने से समाज में केवल गन्दगी ही गन्दगी उभर आएगी। यह बात उसे इस समय भी बिलकुल सही जँचती है मगर इसके साथ ही साथ महिपाल यह भी जानता है कि सज्जन केवल गन्दगी का उद्‌घाटन करने की दृष्टि से ही काम नहीं कर रहा। वह इस समय बाबा राम जी की रचनात्मक वृत्ति से प्रेरणा पा रहा है। कन्या का सहयोग भी उसके लिए विनाशक नहीं, वरन् रचनात्मक ही है। और आज की बातों में सज्जन का बोलता हुआ निश्चय, उसकी निष्कपट सिद्धान्तवादिता का परिचय उसे स्पष्ट रूप से मिला है। जहाँ सिद्धान्त निष्कपट रूप से आचरण में लाया जाता है वहाँ विनाशात्मक बुद्धि काम नहीं करती। महिपाल अपने मन में इस समय जितना ही अधिक स्पष्ट हुआ, उतनी ही उसकी आत्मग्लानि भी बढ़ी। वह कहाँ जा रहा है? किस दिशा की ओर जाते-जाते किधर मुड़ आया है? यह सब क्या हो रहा है, हे भगवान! बदलते हुए देश, काल और समाज में इस समय मोटर वाले महिपाल की आवश्यकता है या कलमधारी लेखक की? गोस्वामी तुलसीदास यदि आर्थिक वैभव के चक्कर में पड़कर ही रह जाते तो आज उन्हें कौन याद करता? अकबर की मनसबदारी पाकर तुलसी कभी 'तीन गाँठ कौपीन मैं बिन भाजी बिन लौन' न कह पाते! महिपाल ने न जाने दुख के कितने विषम क्षणों में इस दोहे से सन्तोष-बल—आत्म—बल पाया है।—

तीन गाँठ कौपीन मैं बिन भाजी बिन लौन।
तुलसी मन सन्तोष जो इन्द्र बापुरो कौन॥

दीर्घ निश्वास छोड़कर स्फुट स्वर में बड़बड़ाया। इस समय तुलसी का यह दोहा एक विगत उत्साह का शोक प्रस्ताव मात्र-सा उच्चरित हुआ। महिपाल अपने मन ही मन में थका हुआ अनुभव कर रहा था। इस थकान में उसे बैंक में जमा अपने अड़तीस हजार रुपए याद आए। वह रूपरतन के घर कार का सौदा करने जा रहा है...'डैम समाज, डैम सिद्धान्त। ऋण लेकर घी पियो! सिद्धान्तों में चार्वाक् का यह सिद्धान्त ही सर्वश्रेष्ठ है।'

जैसे अपाहिज का मन चलता है उस प्रकार उसने अपने थके मन को चलाना चाहा पर वह चल न सका। वह चल नहीं सकता, फिलहाल उसे एक कार चाहिए, छोटा-सा बँगला भी चाहिए। उसे वैभवपूर्ण आदान-प्रदान करने वाली दुनियादारी चाहिए। उसे तीन गाँठ कौपीन वाली अमरता...न—हीं...चाहिए। सिद्धान्तवादी लेखक महिपाल शुक्ल उसकी चेतना में इस समय स्पष्ट रूप से मृत दिखलाई पड़ रहा था। महिपाल मर गया, यह सोचकर उसका मन रोने लगा।

ढाल पर दाहिने हाथ मुड़कर ताँगे ने रूपरतन की कोठी में प्रवेश किया।

63

ताई के यहाँ राधा जी के ब्याह की तैयारियाँ बड़ी धूमधाम से हो रही हैं। बाबा रामजी के कृष्ण भगवान ब्याहने आएँगे। दूर-दूर तक गलियों-मुहल्लों में राधाकृष्ण के विवाह की चर्चा से दैनिक जीवन में मनोरंजकता और नई स्फूर्ति आ गई है। हँस-हँस कर बड़े उत्साह से लोग-बाग ताई के इस उत्साह-आयोजन की चर्चा करते हैं। यहाँ तक अफवाह फैली है कि इस विवाह में ताई का पचास हजार रुपया खर्च होगा। मैले-कुचैले कपड़े पहने, सदा मनहूस-सी लगने वाली ताई, जिनके चारों ओर गालियों, कोसनों और जादू-टोनों का मायाजाल फैला रहता है, जिन्हें सुबह-शाम छोड़कर बच्चे-बूढ़े-जवान सभी सुख पाते हैं, वह ताई पचास हजार की सम्पत्ति लुटा कर उत्सव मना रही हैं, यह समाचार बहुतों को ललचा भी रहा है। किस तरह, किस इन्तजाम के बहाने सौ-पचास रुपए हाथ लग जाएँ, इसकी स्कीमें भी बनने लगीं। मगर वहाँ किसी की दाल नहीं गल पाती थी। रुपए-पैसे का सारा

प्रबन्ध सज्जन के हाथ में था। अन्दर का काम-काज ताई की हमउम्र दो-तीन बुढ़ियाँ सँभालतीं, कन्या, तारा और छोटी को रसोई या भंडारघर का कोई काम नहीं मिला क्योंकि उनका धरम भ्रष्ट हो चुका है। फिर भी ताई ने कन्या को हिसाब-किताब, चीजों की देखभाल का भरपूर काम सौंप रखा है।

पूरी हवेली ब्याह के काम-काज से जगर-मगर हो रही है। भट्ठियों पर हलवाई मनों मिठाइयाँ तैयार कर रहे हैं। बरातियों को एक-एक धोती बिदाई में मिलेगी, धोतियों के गट्ठर पर गट्ठर लदे चले आ रहे हैं। उन्हें भंडारघर में रखवाकर वहाँ की ताली ताई को सुपुर्द करने का काम वनकन्या को मिला है। ताई ने अपने समस्त रिश्तेदारों को आमंत्रित किया है। अपनी सौत के घर भी उन्होंने बुलावा भिजवाया था। राजा साहब को भी खास सज्जन की मार्फत कन्यादान करने का प्रस्ताव ताई ने भिजवाया था; परन्तु राजा साहब ने यह कहला कर अस्वीकार कर दिया कि अब वे माया-मोह त्याग चुके हैं, किसी लौकिक काम-काज में शरीक नहीं हो सकते। ताई राधा जी का कन्यादान देना चाहती हैं, यह उनकी बड़ी साध है। यदि उनकी लड़की जीवित होती तो राजा साहब के साथ उन्होंने कन्यादान दिया होता। पर लड़की न सही, राधा जी ही लड़की के समान हैं। भुवन-मोहिनी महामाया का कन्यादान करने से बड़ा पुण्य और क्या हो सकता है ? पर राजा साहब ने ताई का प्रस्ताव ठुकरा दिया। पति के बिना पत्नी कन्यादान कैसे दे पाएगी, यह विवशता ताई को व्यथित करने लगी—''न आवे निगोड़ा, मेरे किसी काम-काज में थोड़े आवेगा। मेरे ही भाग से आज करोड़पती हुआ है और राँड निपूती सौत के कहे में आकर मुझे ऐसे-ऐसे सतावे है। मेरी जैसी सती के सराप से...'' ताई कोई भयंकर शाप देते-देते न जाने मन की किस अटक से बँध गईं। उनकी आँखों में क्रोध की ज्वाला के बजाय करुणा चू पड़ी; ताई आँखें पोंछते हुए और कामों में लग गईं।

राजा साहब इन दिनों अपनी एक संगमरमर की मूर्ति बनवा रहे हैं। संगमरमर खरीद कर रखा है, बगीचे में ठीक बीचों-बीच बना फव्वारा तुड़वाकर ऊँचा और बहुत बड़ा चबूतरा बनवा रहे हैं जिसके चारों कोनों पर संगमरमर की बुर्जियाँ बनेंगी। राजा साहब की इच्छा है कि इस चबूतरे पर ही उनका अन्त्येष्टि संस्कार हो। उसके उपरान्त उस जगह पर संगमरमर का बड़ा भारी मंडप बनेगा जिसमें राजा साहब की मूर्ति प्रतिष्ठित की जाएगी। मंडप का नक्शा बन चुका है, राजा साहब की वसीयत में उसका खर्च भी जुड़ चुका है। मरने के बाद भी राजा साहब की महिमा फैली रहे, यह उनकी हार्दिक इच्छा है। मरने के बाद भी उनकी देह ऐसी जगह न जलाई जाए जहाँ पर आमो-खास का शव-दाह होता है, इसी वास्ते उन्होंने अपने अन्त्येष्टि संस्कार के लिए अपने बाग को चुना है और मायामोह से रहित होकर वे अपने मरणोत्तर वैभव की तैयारियों में लगे रहते हैं।

तिलक की रस्म के दिन बड़ी भीड़-भाड़ हुई। लाला मुकुंदीमल के मकान के पास टीले पर महफिल का आयोजन हुआ। ताई की साध थी कि जैसे उनकी सौत के पोते के टीके पर बड़ी सजावट वाली महफिल हुई थी वैसी ही, बल्कि उससे भी ज्यादा शानदार महफिल उनके यहाँ हो। सज्जन की निगरानी में बहुत ही सुन्दर मंडप सजाया गया था। टीले के चारों ओर ताड़ की चटाई की चहारदीवारी और दक्षिणी मन्दिरों के गोपुरम् वाले तीन फाटक बनाए गए। अन्दर भगवान् का मंडप क्या बना था, ऐसा लगता था मानो सम्पूर्ण ब्रजमंडल उठाकर यहाँ ले आया गया है। एक ओर वृन्दावन के घाटों और मन्दिरों का मॉडल, उसके पास ही प्राचीन मथुरा का मॉडल था। दूसरी ओर गोकुल, नन्दगाँव और बरसाना बनाया गया था। इनके पीछे गोवर्धन पर्वत, जिस पर कहीं मानसी गंगा, कहीं राधा कुंड, कृष्ण कुंड, कहीं कुसुम-सरोवर आदि बने थे। बीच में, गोवर्धन के ऊपर, बहुत सुन्दर

मंडप बनाकर उसमें श्रीकृष्ण भगवान् प्रतिष्ठित किए गए थे। सज्जन से इस विवाह के लिए आचार्य श्रीधर महापात्र ने राधा और कृष्ण की स्वर्णप्रतिमाएँ प्रस्तुत की थीं। कृष्ण जी यहाँ विराजमान् थे, राधा ताई के घर में थी। बिजली से नाचते हुए मोर, हिरन, बन्दर, मैदानों में चरते हुए गायों के झुंड, मथुरा-वृंदावन आदि के निकट से होकर बहती हुई यमुना, पहाड़ी से बहते हुए झरने के दृश्य बहुत ही सुन्दर मालूम पड़ रहे थे।

झाँकी देखने के लिए हजारों की भीड़ टूट पड़ी। तिलक समारोह के बाद इस मंडप में अखंड कीर्तन आरम्भ हुआ। नगर की सारी कीर्तन-मंडलियाँ जुटी हुई थीं। भीड़ इतनी बढ़ी कि मंडल और चहारदीवारी की रक्षा करने के लिए पुलिस बुलानी पड़ी।

बाबा जी समधी बने बैठे थे, उनके साथ घाट पर रहने वाले पंडे, गोमती तट पर बैठने वाले अनेक अन्धे, लूले, वैरागी, संन्यासी मगन मन बैठे, पान चबाते हुए अपने आपको एक दिन के राजा के समान अनुभव कर रहे थे। सबके माथे पर केसरिया चन्दन लगा हुआ था, गले में फूल-मालाएँ पड़ी हुई थीं। ताई के घर से टीके का सामान आया—तीस थाल मिठाई, दस थाल मेवा, दस थाल फलों के, वर के लिए जड़ाऊ हार और अँगूठी, कपड़े तथा एक हजार ग्यारह रुपए नकद। भगवान का टीका चढ़ा।

फिर तो ब्याह की धूमधाम तेजी से बढ़ने लगी। लड़की के यहाँ से मौली में बँधी 'लगन' आई। पान, मिठाई, फल, नकद रुपया आया। फिर लड़के-लड़की का 'हलदात' हुआ, 'तेल' चढ़ा। बारात के दिन तो ऐसी भीड़ हुई कि दूर-दूर तक गलियाँ भर गईं। ताई की हवेली में घुसने को भी जगह नहीं मिलती थी। शहनाई, पुलिस बैंड, मिलिटरी बैंड, हाहाकार बैंड, झाँकियों से सजे हुए तख्त, किसी पर गंगा जी, किसी पर यशोदा के द्वारे कृष्ण भगवान के दर्शनों की लालसा में खड़े हुए शिवजी, किसी पर माखनचोरी लीला। झाँकियाँ बहुत ही सुन्दर सजाई गई थीं। इन्हें सजाने के लिए मथुरा से एक कारीगर आया था। हंस-विमान के रूप में सजी हुई बिजलियों से जगमगाती मोटर पर वर श्रीकृष्ण की सवारी निकली। लोगों ने जगह-जगह आरतियाँ उतारीं और ताई का यश बखाना। बारात के गलियों में आने पर भगवान् मोटर से उतरकर गंगा-जमुनी ताम-जाम पर बिराजे। उनके घरों से भगवान् के ऊपर पुष्प वर्षा की गई। बरसों से ऐसी बारात देखने में नहीं आई थी।

ताई के घर इतना कोलाहल है कि किसी को किसी की बात नहीं सुनाई पड़ती। स्त्रियाँ इधर से उधर सामान लिए दौड़ रही हैं, स्त्रियों में गोकुलद्वारे के दाढ़ी वाले भितरिया जी भी मटकते हुए बार-बार दिखलाई पड़ जाते हैं। कन्या, तारा, छोटी भी व्यस्त दिखलाई पड़ रही हैं और ताई तो मानो बिजली की हो गई हैं। उनकी सूखी देह में जाने कहाँ से इतना बल आ गया है कि बड़ी-बड़ी परातें उठाकर दौड़ पड़ती हैं। ताई पूजाघर की टाँड़ पर रखी दो डालियाँ उतारने गई थीं। दूसरी टाँड़ से बिल्ली कूदी। ताई अचक रह गईं—"मरे, तू यहाँ कब से बन्द था?"

ताई के किसुनचन्द जाने कब से पूजाघर की कोठरी में बन्द हो गए थे। ताई के पैरों में अपना सिर रगड़ कर मन्द खुशामदी 'म्याऊँ' करता हुआ ताई का पोष्य-पुत्र किसुन उनकी सारी हड़बड़ाहट और तेजी को बाँधने लगा। उनका एक डग हटना उसने भारू कर दिया। जिधर जाएँ उधर ताई के पैरों से अटके। डलियाँ निकाल कर ताई बाहर आईं। किसुन उनके साथ ही साथ 'म्याऊँ-म्याऊँ' करता हुआ आया। सामने भितरिया जी दिखलाई पड़े। ताई ने उनसे कहा—"ए भितरिया जी, किसी से दूध तो माँग लाओ तनक-सा। ये किसुन मेरा पीछा नहीं छोड़ेगा राँड़ का! काम-काज का बखत...सत्यनासिका कहीं का! अरे निगोड़ी लाई नहीं अभी तलक?"

तभी कीर्तनिया जी ताई की दी हुई उजली धोती और बगल बन्दी पहने कहीं से उधर आए। अपनी बड़ी-बड़ी रसलीन आँखों से ताई और बिल्ली के बच्चे को देखते हुए बोले—"ताई, तिहारे किसुन कन्हाई साँचे हैं। बड़े भाग जो आज जसोदा और भगवान् के साथ-साथ दरसन पाए।" भक्ति

के आवेश में कीर्तनिया जी ताई के चरणों में लोट गए। ताई अपनी धुन में थीं। अचानक कीर्तनिया जी के इस प्रकार लेट कर प्रणाम करने से वे चिहुँक उठीं—"आ मर निगोड़ा, कौन...कीर्तिनिया जी! तुम्हें भी इसी बखत भगती-भाव सूझा था मरा? लड़की का ब्या, हजारों झंझट मरे! हटो यहाँ से! लो इसे लिए बैठे रहो। भितरिया दूध लेके आवे है, पिला दीजो।"

विवाह-मंडप में मुहल्ले के और अन्य प्रतिष्ठित सज्जन बैठे थे—पंडित शिवनाथ शास्त्री, लाला मुकुंदीमल, बाबू गुलाबचन्द, लाले दलाल, भभूती सुनार, वर्मा, राधेश्याम, लाला जानकीसरन, महिपाल, कर्नल, सेठ रूपरतन, ताई की सौत के बड़े बेटे गिरधर दास आदि। गिरधर दास बार-बार बाबा राम जी को देख रहे थे। उन्होंने सुना था कि साधु ने दहेज के तौर पर ताई से बीस हजार रुपए पाए हैं। इसीलिए उन्हें साधु से नफरत हो रही थी। पास बैठे जानकीसरन से पूछा—"कौन है यह बाबा?"

"पागलों-वागलों का इलाज करते हैं।"

"ये बीस हजार रुपयों का क्या करेगा?"

लाला जानकीसरन मुस्कुराए, बोले—"बुढ़ापे में बाबाजी की किस्मत खुली है, अब लंगोटी छोड़कर रेशमी गेरुआ पहनेंगे, मठ बनाएँगे, मजे से मालपुए चाभेंगे—क्यों? तुम्हें बुरा लग रहा है क्या?"

लाला गिरधरदास झेंप गए। कुछ क्षण रुक कर बोले—"कितनी बार बाबू जी से कहा कि बड़ी अम्मा का खर्च कम कर दीजिए। तीस रुपए से ज्यादा उनको जरूरत नहीं—"

"अरे, उतना तो इनके यहाँ किराए से ही निकल आता है।" लाला जानकीसरन बोले।

"बाबू जी सुनते ही नहीं मैं क्या करूँ? अब देखिए न? यह पानी की तरह से पैसा बहाया जा रहा है हमारा। बन्दा जोड़े पली पली, मेहमान उड़ावे कुप्पा! और यह सज्जन की कारसाजी है! न जाने कैसे इसने बड़ी अम्मा को अपने बस में कर लिया है।" लाला गिरधरदास ने ठंडी साँस छोड़कर तमाम चहल-पहल भरे मजमे पर एक खाली-सी नजर डाली।

जानकीसरन बोले—"जब मुहल्ले वालों ने इसकी कोठरी पर हमला किया था तब देखते ताई का रूप! जलती लकड़ी लेकर सब पर टूटी थीं। सब पर ही जादू-टोना भी फेंका था।...यह सज्जन तुम्हारी कोठी ताई से हथिया लेगा भैया।"

"हुँ; इनकी हस्ती ही क्या है। और अब इनके पास धरा ही क्या होगा, ज्यादा से ज्यादा छह-सात लाख की हैसियत होगी। जमींदारी चली ही गई, बिजनेस यह कर ही नहीं सकते, आर्टिस्ट आदमी हैं। तीन-साढ़े तीन लाख की जायदाद है, उसी का किराया खाते हैं। इसके अलावा कुछ नकद, कुछ जवाहरात, कुछ क्यूरियो का सामान। हवेली पर नजर डालेंगे तो पच्चीस मुकदमों में फँसा दूँगा। दस बरस में बेटा नखास के फुटपाथ पर अपना क्यूरियो का सामान ही बेचते नजर आएँगे।" गिरधरदास की आँखों में तनाव आ गया।

जानकीसरन बोले—"नहीं भैया, इसकी नौबत नहीं आएगी। वैसे बड़ा घाघ है ये लड़का। आजकल नेता बन रहा है, चार दिनों में पावरफुल हो जाएगा। तुम्हारी हवेली पर उसकी नीयत कभी नहीं डोल सकती।"

"अजी और क्या डोलेगी? उसकी बीबी ने यहाँ स्कूल खोल ही रखा है। आप सबकी बेइज्जती करवा के उसने यहाँ नुमाइश भी की। अब यह बाबा का फँसाव फाँसा है। देख लीजिएगा, यह मिठबोला बनकर यहीं बैठे-बैठे जिसकी इज्जत चाहेगा, धूल में मिला देगा।"

महिपाल और कर्नल जरा दूर बैठे हुए बातों में मशगूल थे। महिपाल रूपरतन से छोटी मोटर खरीद चुका था। आज पहली बार वह अपनी ही गाड़ी पर यहाँ आया है। महिपाल और कर्नल उसी को लेकर चर्चा कर रहे हैं। सज्जन काम-काज में फँसा हुआ चारों ओर दौड़ रहा था।

बेटी की बिदा का क्षण आया। गठजोड़े से वर-वधू बिदा होंगे। औरतें गीत गाने लगीं। भारी धूमधाम वाले ब्याह का अति व्यस्त क्षण ताई के लिए स्तब्ध हो गया। राधा जी की मूर्ति उठाकर उन्होंने अपने हाथ में ली। बेटी—जो विदा हो रही है—नन्ही-सी है। ताई की बेटी—जो उनकी स्मृति में है—नन्ही-सी ही थी। ताई की बेटी—राधा जी बेटी—बेटी बिदा हो रही है...ताई ने बेटी को कलेजे से लगा लिया। उन्हें मूर्च्छा आ गई। कोलाहल मच गया; पानी-पंखे के उपचार हुए। बाबा जी, सज्जन, कन्या ताई की सेवा करने लगे। ताई होश में आईं, चारों ओर देख सूखी हड्डियों का बल एक बार फिर सतेज कर उठ बैठीं। फिर से बिदाई की चहल-पहल आरम्भ हुई। बाहर खासतौर पर इस अवसर के लिए बनवाए गए, रथ पर वर-वधू का सिंहासन रखा गया। शंख-घंटे, घड़ियाल बजे, राधाकृष्ण की जय से गली गूँज गई। बिदा होती हुई बहन से ताई ने भाइयों को टीके लगाए। सबसे पहले ताई ने पंडित से सज्जन को टीका लगवाया, फिर अपने कुछ अन्य सम्बन्धियों को। रथ चला। स्त्रियों के गीत चलते रहे। ताई बिदा होते हुए रथ को एक पल देखती रहीं, आँखों में आँसू छलके, फिर फूट पड़ीं। उन्हें फिर दुबारा गश आ गया।

गलियों में सफेद घोड़ा जुते सुन्दर सजे हुए रथ में वर-वधू की सवारी जनता में अपार उत्साह, कौतूहल और श्रद्धा की लहरें उठा रही थीं।

ताई के घर ब्याह की चहल-पहल बीती कहानी बन गई। बाबा जी को ताई से लगभग बीस-पच्चीस हजार का सामान मिला था जो कर्नल के पास जमा किया गया था। एक दिन ताई की हवेली में बैठ कर बाबा राम जी, सज्जन, कर्नल और कन्या इसी रुपए का उपयोग करने के लिए विचार-विमर्श कर रहे थे। विवाह के पहले यह तय हुआ था कि ताई से जो रकम मिलेगी, उससे बाबा जी के पागलखाने को पक्की इमारतें दे दी जाएँगी और जो स्त्रियाँ पापाचार से बचाई गई हैं, उनकी सुचारू रूप से रक्षा का प्रबन्ध किया जाएगा। परन्तु अब बाबा जी का विचार बदल गया था। वे बोले—''अब हम नगर में नहीं रहना चाहते राम जी, हमार बिचार है गाँवों में जाकर दीन-दुखियों की सेवा करें। हमें किसी ऐसे गाँव में अस्थान चाहिए जहाँ सवारी आदि का समुचित प्रिबंध न हो पाने के कारण किसी प्रकार की सहायता नहीं पहुँच सकती। हम वहाँ रोगियों, पागलों की सेवा भी करेंगे और एक ऐसा अस्कूल भी खोलेंगे जिसमें गाँवों की कन्याओं को समुचित सिच्छा मिल सके।''

सज्जन बोला—''तो क्या यहाँ की सारी स्कीम फेल कर रहे हैं आप?''

''हम काहे फेल या पास करेंगे राम जी, यहाँ धन की कमी नहीं है। स्वयं आप बिना किसी से माँगे यहाँ का कारोबार चलाय सकते हैं।''

सज्जन एक क्षण के लिए गम्भीर हुआ, फिर कहा—''पैसे के मोह से अब मैं निस्संदेह उबर चुका हूँ बाबा जी, फिर भी सहसा सारी सम्पत्ति दान करने लायक बल अभी नहीं पा सका।''

''आप कितनी रकम प्रिसन्नतापूर्वक दान कर सकते हैं?''

''तीन लाख।'' कर्नल और कन्या सज्जन के मुँह की तरफ देखने लगे।

बाबा जी बोले—''बहुत है! इतने धन से जदि आप लोग उचित प्रिबंध करें तो बहुत बड़ा आयोजन फैला सकते हैं।''

''परन्तु करें क्या? दीन-दुखियों को बैठाकर खिलाने के लिए तीन लाख रुपया—''

''बैठाकर खिलाना हमारे सिद्धान्त के विरुद्ध है राम जी। इ्यूटी करै औ पेट भर भोजन पावै, इसके लिए उद्योग कीजिए।''

''ऐसा उद्योग बड़ा कठिन है बाबा जी, छिमा कीजिएगा।'' कर्नल ने अदब से टोका।

''बेटा, आरम्भ में कोई काम सरल नहीं होता। अभ्यास करते-करते ही प्रत्येक कार्ज सरल हो जाता है।''

"सो तो ठीक है बाबा जी, पर अब जमाने का हाल भी तो देखिए, आसरम-फासरम में अब किसी का बिसवास नहीं रहा। लोग चाहते हैं कि वे अधिक से अधिक पैसा और सुख पा जाएँ किसी तरह से।"—कर्नल ने उत्तर दिया।

"तब निकम्मे को तो पैसा मिल नहीं सकता राम जी। जो काम करेगा वो पैसा भी पाएगा। आप भी ऐसा ही आसरम खोलिए। इस सब्द से लोगों को चिढ़ हो तो कोपरेटिव, सहकारी संघ, कम्पनी जो चाहें सो नाम दीजिए। हमें नाम से नहीं, काम से मतलब है। देखिए, इस लड़की ने धीरे-धीरे करके मुहल्ले की ये पाठसाला जमा ही ली है। आप अधिक-से-अधिक पाठसालाएँ खोल लीजिए। लड़कियों-स्त्रियों को दस हुनर के काम सिखाइए और उनके काम को बाजार में बेचिए। हम तो गाँवों में भी यही करेंगे राम जी। निर्धन पब्लिक को धन मिलना चाहिए। सहर और गाँव, दोनों ही इस दृष्टि से भूखे हैं। इन दोनों को ही एक आर्थिक इस्तर पर क्रमशः लै आइए।"

"पर अभी तो यह असम्भव लगता है।" कन्या बोली—"शहर के आकर्षण अधिक हैं, आवश्यकताएँ अधिक हैं, यहाँ पैसा भी अधिक चाहिए।"

"आवस्यकताएँ तो इतनी अधिक नहीं जितने आकर्षण अधिक हैं बेटी। खैर, हम इस पर बिबाद नहीं करते। हम तो आप ही गाँव के लिए बीस-पच्चीस हजार रुपया और सहर के लिए तीन लाख रुपया दिए जा रहे हैं। इन तीन लाख में आप जदि कुटीर उद्योग बढ़ाय कर नगर के पुरुषों को महाजिन्दों की फाँसी और बेईमानियों से बचा सकें, तथा स्त्रियों को अपनी आर्थिक आवश्यकता की पूर्ति के लिए महिलास्त्रम जैसी संस्थाओं से बचाने के साथ-साथ उनका नैतक अस्तर ऊँचा कर सकें तो बहुत बड़ा काम हो जाएगा राम जी। और एक अन्तिम बात और निवेदन करता हूँ, यह कभी न भूलिएगा कि खरबूजे को देखकर खरबूजा रंग बदल देता है। एक बार संगठित होकर आप जैसी हवा बहाय देंगे, वैसा ही समाज पर प्रिभाव पड़ैगा।"

एकान्त में बाबा राम जी ने सज्जन से कहा—"आपसे एक प्रार्थना है राम जी।"

"आज्ञा बाबा जी, आप मेरे गुरु हैं।"

"तब दक्छिणा माँगूँ?"

सज्जन हिचक गया। बाबा जी स्नेह से उसके सिर पर हाथ फेर कर मुस्कुराए, कहा—"इसीलिए प्रार्थना करता हूँ।...पूर्ण ब्रह्मचर्ज जदि न भी पाल सकैं तौ भी बहुत अधिक संजम से काम लीजिएगा। मनुस्य का बीर्ज दिमाग की भट्ठी का ईंधन है, यह न भूलिए। जदि किसी काम में लगन लगाई है तो उसे पूरा करने के लिए अपनी सक्तियाँ भी संचित कीजिए।"

सज्जन सिर झुकाकर बोला—"प्रयत्न करूँगा।"

"राम जी खरा समाजवादी वही है जो दूसरों के लिए जियै—और जीने देय।"

"निश्चय ही मैं समय के साथ चलूँगा। आपने मुझे सुगतिशीलता में गहरी आस्था दी है।" कहकर सज्जन ने बाबा जी के चरणों में श्रद्धापूर्वक प्रणाम किया।

64

ताई की हवेली के ऊपर वाले कमरे में बैठकर सज्जन खिड़की के सामने, नीचे धरती पर फैली हुई जिन्दगी को देख रहा था। ताई की हवेली का यह कमरा आसपास की बस्ती में सबसे अधिक ऊँचाई पर था। नीचे बसे हुए मकानों में चहल-पहल भरे जीवन की झाँकी और उसके आगे चार मुहल्लों के चौराहों पर बसा हुआ बाजार। नाना विधि के कार्यक्रम देखते-सुनते सज्जन का मन रम गया था। बाएँ हाथ एक घर के कमरे की चौखट पर बैठी हुई एक प्रौढ़ा विधवा स्त्री, छज्जे के खंभे पर टँगे तोते को पुचकार कर पढ़ा रही थी—'पट्टे! सीताराम, सीताराम कहो!" और मिट्ठू, पट्टे, सीताराम के मंत्र की अवहेलना करता हुआ अपने को चुमकार कर बिल्ली की म्याऊँ-म्याऊँ

की नकल कर रहा था। एक घर में दो छोटे-छोटे बच्चे बाँस को घोड़ा बनाए छत पर तेजी से चक्कर काट रहे थे। उनके जाँघिए, कमीज, घुटनों और हाथों में जगह-जगह धूल चमक रही थी। छोटी-छोटी चार बच्चियाँ एक साथ, हाथ से अभिनय करती हुई गा रही थीं—

''हम लोगों ने आग जलाई
धुआँ उड़ा आसमान में।
आलू छीले, गोभी काटी
साग बना मैदान में॥
आटा गूँधा, रोटी पकाई,
घी डाला पकवान में।
बड़े जोर की भूख लगी थी
डट कर खाया शान में।
उछले कूदे खेले हम, तब
ताकत आई जान में॥''

लड़कियों का गाना सुनकर घुड़सवार बच्चों से शोर मचाए बगैर रहा न गया। एक ने शुरू किया, फिर दोनों साथ-साथ अपने बाँस-घोड़ों पर उछलते हुए चिल्लाने लगे—''अक्कड़ बक्कड़ बम्बे बो, अस्सी नब्बे पूरे सौ।''

सामने वाली हवेली के बड़े कमरे में दरवाजे के सामने ही एक बड़ी ही मोटी महिला टाँग पसारे बैठी हुई थी और उनके पास ही एक महरी किस्म की अधेड़ स्त्री बार-बार हाथ नचाती हुई कोई फुसफुस बात कर रही थी। मोटी महिला का सिर महरी की ओर झुका हुआ था। बीच-बीच में वह भी आँखें चमका मोटे-मोटे दोनों हाथ उठाकर बातों में जवाब के तार जोड़ रही थी। उनके चेहरे की लकीरों और होंठों का मोड़ना, साथ ही दोनों हथेलियाँ आगे फैला-फैला कर कुछ कहना यह स्पष्ट अनुमान दे रहा था कि बातों में किसी की निन्दा और चिढ़ प्रकट की जा रही थी।

फैले हुए जीवन की हलचल सज्जन को एक विचित्र गति का आभास दे रही थी—वह गति, जो अविराम है। सज्जन सोचने लगा, हम रात-दिन इन गलियों, बाजारों और बस्तियों से गुजरते हैं, छोटे-छोटे अनेक जीव-जन्तुओं से लेकर अनेक और अनेक प्रकार के व्यक्तियों के बीच से गुजरा करते हैं। जीवन का एक निश्चित कार्यक्रम है जिसे जीवमात्र निरन्तर करता ही रहता है, हम अपनी ही व्यापकता और चिर विकास पर गौर कहाँ करते हैं ? इतने घरों और सामने के बाजार में आते-जाते क्रियाशील व्यक्तियों को देखकर, आज इस समय सज्जन के मन में जीवन के प्रति—सामूहिकता के प्रति—दिखाई पड़ने वाले कीटाणु-जीवाणु खुर्दबीन में अपनी स्पष्ट झाँकी दिखाकर देखने वाले को अपने नन्हेपन के चमत्कार से बाँध लेते हैं उसी तरह यह अनजाने व्यक्ति समूह का दर्शन भी इस समय सज्जन को अपने चमत्कार से बाँध रहा है। हलचल—क्रियाशीलता—इतनी अनन्त, इतना सर्वव्यापी दृश्य है कि उसे हम साधारणतया नगण्य मान लेते हैं; और भूल भी जाते हैं; परन्तु जरा सा ध्यान देते ही यह 'नगण्य', न दिखलाई पड़ने वाले जीवाणु अपने दिव्य रूप में प्रकट होकर यह होश दिलाते हैं कि प्रत्येक जीव अपने आप में बड़ा कोमल, बड़ा मधुर है। जो जीव आत्मरक्षा के लिए दूसरों के प्रति अत्यंत कठोर और हिंस्र है, वही किसी अन्य के लिए अपना सर्वस्व—प्राण तक निछावर कर देता है। सदा से आए दिन अरबों क्षणों में, अरबों-खरबों घरों, घोसलों और भिटों में जीव की यह आत्म-त्याग करने वाली वृत्ति तरह-तरह से प्रकट हुआ करती है। बाहरी दुनिया में संघर्ष की कठोरता में अधिक लिप्त रहने से जीव की यह कोमलता, यह सुन्दरता छिप जाती है। ऐसा क्यों होता है ? इसे उजागर

करने के लिए दुनिया भर में तीज-त्योहार, मेले, उत्सव, संस्कार-समारोह हुआ करते हैं फिर भी यह कठोरता, क्रूरता का दृश्य ही प्रमुख रूप से क्यों हमारे मनों में छाया रहता है?

बाईं दीवाल की खिड़की के पास आकर झाँकते हुए सज्जन को ठीक नीचे ही एक घर, जो केवल एक मंजिला ही था और जिसका चौक अपने कथा समारोह के दृश्य को बिना किसी प्रकार की बाधा के ऊपर से देखने वाले के लिए मजबूर था, सज्जन की चिन्तनशीलता को मौन करने लगा। चौक में सत्यनारायण की कथा हो रही थी। चौकी पर लाल टूल बिछाकर चारों पायों से केले के पत्ते बँधे हुए थे, बीच में कोई चीज रखी हुई थी जो निश्चय ही ठाकुर जी का सिंहासन होगी। उसके आगे मंगल-कलश, फल, पँजीरी, पंचामृत आदि के पात्र सजे हुए अच्छे लग रहे थे। पंडितजी अपनी खसखसी खोपड़ी पर हाथ फेरते हुए पालथी मार कर हिलते-हिलते ऊँचे-नीचे खाँचेदार स्वर में कथा सुना रहे थे—

''एकदा नारदो जोगी परानुग्रहकांछ्या।
परजटन बिबिधान लोकान मर्तलोक मुपागतह।''

...उसके बाद खोपड़ी पर हाथ फेरते हुए पंडितजी ने भाषा टीका भी की—''सूतजी बोलेम् कि हे जिजमान सुनौ, एक समय जो है सो नारदजी बैकुंठ लोक के बीच मेंम् लछ्मी पति बिस्नू भगवान के पास जायके कहत भएम् कि...'' फिर वही अशुद्ध संस्कृत का उच्चारण, ऊँचा-नीचा खाँचेदार स्वर। सुनने वाले भी बैठे जरूर थे, बाकी सुन रहे थे या नहीं सो सत्यनारायण ही जाने। कथा के बीच में ही गृहकर्त्ता उठ-उठकर आदेश भी देते जाते थे। उनका स्वर पंडितजी के स्वर से ऊँचा भी चढ़ता था। एक सजे-बजे युवक के पास लाल चूड़ियाँ पहने हुए घूँघट काढ़े, दबी-ढकी बैठी वधू को देखकर सज्जन ने यह अनुमान लगाया कि यह विवाह के बाद के रस्मी सत्यनारायण आए हैं।

सत्यनारायण को देखकर इस कथा के प्रति सज्जन की पुरानी चिढ़ जागी। महाराष्ट्र में तो उसने सत्यनारायण की सार्वजनिक पूजाएँ होती देखी थीं। कोल्हापुर में उसने एक बार चित्र भी बनाया था। घर-घर में इतनी निष्ठा से होने वाली सत्यनारायण की कथा को देखकर सज्जन को बड़ा आश्चर्य होता है। वाल्मीकि, व्यास, कालिदास आदि हमारे घरों में प्रायः 'बिलकुल नहीं' के बराबर स्थान पाते हैं, और यह थर्ड क्लास कहानियों की पोथियाँ घर-घर में पूजी जाती हैं। इस देश की सरस्वती को देश निकाला देने के लिए इन रूढ़ियों का कितना बड़ा षड्यंत्र जाल सदियों से फैला हुआ है। सहसा कैसे फैल गया? जन-जीवन में वह चेतना सहसा क्योंकर खोखली हो गई जिसने दर्शन, गणित, साहित्य शिल्प, कला-कौशल, विज्ञान और नृत्य-संगीत आदि सृजनात्मक शक्तियों को इतना जगाया—इतना विकसित किया था? क्या वह चेतना शक्ति अब इस देश से लुप्त हो गई है? यह अजीब-सा लगता है कि इतना रचनात्मक सौन्दर्य बिखेरने वाला देश आज इतनी गन्दगी में रहे! कीचड़-कादों, घूरों से पटी हुई गलियाँ, गन्दे मकान, गन्दे कपड़े, गन्दे मन—यह सब गन्दगी क्या हमारे जनजीवन में अभी कुछ वर्षों से ही—कुछ सदियों से ही आई है या सदा से है? सज्जन को सहसा अपना एक पुराना अनुभव ध्यान में आया, उत्तर भारत की अपेक्षा दक्षिण के नगरों की गलियाँ, सड़कें, घर प्रायः अधिक साफ रहते हैं। हो सकता है कि उत्तर में बार-बार बाहरी हमले होने के कारण अनेक ऐतिहासिक परिवर्तनों से जूझते रहने के कारण हमारी यह चेतना कुंठित हो गई है। जो कुछ भी हो, पर रूढ़िग्रस्त अन्धनिष्ठा भारत में सर्वत्र व्याप्त है—उस भारत में, जो ज्ञानभूमि, तपोभूमि, कर्मभूमि कही जाती है। समानान्तर पटरियों की तरह यह दो धाराएँ साथ-साथ दौड़ी चली आ रही हैं, इनकी दूरी बराबर बनी हुई है, इनका मेल कहीं नहीं होता। हमारे ऋषियों, मनीषियों, तत्वदर्शियों ने स्वयं जिन अनुभवों को, उनके सत्य को जीवन की कठिन आँचों में तपकर सिद्ध किया था, उसे वे जनकल्याण के लिए नियम के रूप में प्रतिष्ठित कर गए। समाज उन नियमों पर

चला—जानकर नहीं, मानकर। समाज अनेक नियमों को अर्थहीन मानकर सुगमतापूर्वक चला गया। हवाई जहाज से एवरेस्ट पहुँचने वाले व्यक्ति भला उन कठिनाइयों और कष्टों को कैसे जान सकते हैं जो एवरेस्ट की राह खोजने वाले अनेक साधकों ने अब तक सहन किए हैं। हमारे ऋषियों, मनीषियों ने तरह-तरह के दर्शनों के हवाई जहाजों पर समाज को मुक्ति से एवरेस्ट पर पहुँचाने की कोशिशें कीं; वह मुक्ति इतनी सहज सुलभ हो गई कि जन-साधारण की दृष्टि में मूल्यहीन, महत्त्वहीन हो गई। मुक्ति की चेतना निकल गई, उसके पाने की क्रियाएँ केवल एक भयंकर भ्रमजाल बनकर हमारे सारे जीवन को जकड़ गईं।

प्रश्नों और आत्म-समाधानों के भँवर में चक्कर काटता सज्जन देर तक खोया हुआ खड़ा रहा।

कन्या आई, बोली—"तुम अच्छी समाधि लगाते हो, कहीं पता ही नहीं चलता तुम्हारा! वाह रे कलाकार!"

"मेरा पता तो तुम हो। इसीलिए—"

"मैं आज मैके जाऊँगी। बाबू बहुत बीमार हैं।"

"क्या छूट आए हैं?"

"नहीं, जेल के अस्पताल में हैं। मैं अम्मा से मिलने जाऊँगी।"

"क्या हुआ है उन्हें?"

"ठीक तरह से नहीं कह सकती। पड़ोस में रहने वाली एक स्त्री हमारे यहाँ पढ़ने आती है उसी ने बतलाया। उसकी बातों से तो लगता है कि कोई बहुत गन्दी बीमारी हुई है, देह फूट आई है। सुना है बगैर इलाज के पड़े हैं।" कन्या की आँखें कहते-कहते झलझला आईं।

सज्जन एक क्षण चुप रहा, फिर पूछा—"तुम्हारे भाई का क्या हाल है?"

"बाबाजी के यहाँ तुमने देखा ही है, कम से कम अभी इस लायक तो है ही नहीं कि कुछ कमा सकें। बाबू के बाद अम्मा, चाची और भाभी के खाने के भी लाले पड़ जाएँगे।"

"एक घर और तबाह हुआ।" सज्जन ने गहरी निश्वास छोड़कर कहा।

"तबाही चारों ओर है। इन दूर तक फैले हुए मकानों की दीवालों के अन्दर भीषण यातनाएँ और चिन्ताएँ ही तो पल रही हैं। इस पूँजीवादी व्यवस्था में सुख कहाँ। आओ चलो! एक बार नीचे ताई से भी मिल लेना, उन्हें बुखार आ गया है। ताई अब मुझसे बहुत खुश रहती हैं।"

"तुम लोगों को खुश रखना जानती हो।"

"तुम्हें पाकर यह जाना है।" कन्या की बड़ी-बड़ी आँखों में आत्मीयता ईश्वर की तरह झलक गई।

सज्जन उस झलक से बँध गया, खिंचकर कन्या के पास आया, उसके कंधे पर बाँह रख हल्के-से दबाते हुए कहा—"तुम सचमुच पत्नी हो, यों तो शादी करके सभी स्त्रियाँ पत्नी कहलाती हैं।"

कन्या उसके कोमल स्पर्श से बँधी मौन खड़ी थी। फिर आहिस्ता से अलग होती हुई वह बोली—"तुम्हें पाकर मैं मन की घृणा से उबरी हूँ।"

"मैं भी। तुमने पुरुषों को घृणा करने के काबिल मान रखा था और मैंने स्त्रियों को लापरवाही से बरती जाने वाली हीन वस्तु। परदे ने हकीकत की दुनिया धुँधली कर रखी थी। हम—कम से कम मैं तो अपनी इच्छाओं को पहचान भी नहीं पाता था।"

"आज पहचानते हो?"

सज्जन सहसा अटक गया। उसका चेहरा गम्भीर और विचारमग्न हो गया। कन्या की बड़ी-बड़ी आँखें उसे देख रही थीं। जमीन पर नजरें गड़ाए वह सम्हल-सम्हल कर बोला—"एक परिवर्तन समझ में नहीं आ रहा। मेरा पेंटिंग का शौक बुझ रहा है। सामाजिक संगठन और जनता के निकट पहुँचने का जोश ज्यादा है। बाबाजी की सेवा तुम्हारा इन्फ्लूएन्स (प्रभाव), अपने देश को पहचानने की पुरानी इच्छा—ये सब मिलकर मुझे बदलते जा रहे हैं।"

"बुरा लगता है?"

"नहीं, अजीब लगता है। मैं हठ के साथ अपने काम—पेंटिंग से लगा रहना चाहता हूँ, पर अब वो सुकून नहीं मिलता। अब तो यही चिन्ता लगी है कि इन तीन लाख रुपयों का सार्वजनिक उपयोग कैसे करूँ?"

"सिर्फ तीन लाख के उपयोग की चिन्ता है? जिनके लिए उपयोग होगा, उनकी नहीं?"

कन्या के प्रश्न से सज्जन को फिर झटका लगा। उसके चेहरे पर एक हल्की-सी चिड़चिड़ाहट झलकी जो तुरन्त ही पच गई, चेहरा चिन्ता से कस गया, आँखों की पुतलियाँ विचारों के भार से भरकर गहरी काली और स्थिर हो गईं। अपने मन की सही थाह पाने में उसे देर लगी। फिर खोई हुई दृष्टि से अपनी पत्नी की ओर देख उलझे स्वर में बोला—"कुछ अजीब-सा लगता है। अगर—यह कहूँ कि जनता से मेरा कोई लगाव नहीं तो गलत होगा। मैंने अपने देश और आमतौर पर तमाम इनसानों के लिए बहुत सोचा है। जितना घूमा हूँ उतना ही जिन्दगी के नजदीक आया हूँ। मुझे आदमी से प्यार है।...यह सब है—यह सब तो जरूर है—फिर भी मैं महसूस करता हूँ कि दुनिया के साथ मेरा सम्बन्ध तेल और पानी जैसा है, दूध और शक्कर जैसा नहीं। चाहता जरूर हूँ कि दुनिया से एक में घुल-मिल जाऊँ। महर्षि व्यास के शब्दों में परोपकार का पुण्य करूँ, परपीड़न का पाप नहीं—बाबा रामजी की तरह—उन्हीं की तरह!"

पीछे हाथ बाँधे दीवार से लगी खड़ी हुई वनकन्या टकटकी बाँधकर अपने पति को बोलते देख रही थी, ध्यान की एकाग्रता उसके मुख पर अंकित थी। सज्जन की बात पूरी होने पर पल भर के लिए वातावरण ने मानो दम साध लिया; खामोशी में नया स्वर भरते हुए कन्या बोली—"तुम हर काम को पाप और पुण्य की मोटी-मोटी और दकियानूस सीमाओं में बाँधकर क्यों देखते हो?"

सज्जन की भावना पर अचानक ठेस लगी। उसके शान्त, स्पिरिचुअल-से हो गए चेहरे पर तेजी से दुनिया दौड़ आई; उसने झटककर पूछा—"मोटी-मोटी क्यों? और—और दकियानूस—"

"पाप और पुण्य शब्दों के साथ सोचने वाला व्यक्ति अपनी विचार-शक्ति को सदा के लिए बोथरा बना देता है।"

"कैसे?"

"इन दोनों ही शब्दों के अर्थ जनसाधारण में कुछ बड़े ही आउट-डेट चित्रों के साथ रूढ़ि हो चुके हैं। हम स्वर्ग और विमान की कल्पनाओं को अब साकार कर चुके हैं। पुण्य करने वाला, यानी एवज में आसमानी शक्ति से कुछ पाने के लिए सौदा करने वाला, कभी भी सही स्पिरिट में परोपकार नहीं कर सकता।—"

"क्यों?"

"क्योंकि उसका दृष्टिकोण मानवीय नहीं हो पाता। उपकार करने वाले और उपकार किए जाने वाले व्यक्ति के बीच में ईश्वर आड़े आता है। आदमी-आदमी में प्यार नहीं हो पाता। यह बड़ा व्यक्तिवादी संकीर्ण दृष्टिकोण है। इससे व्यक्ति में व्यापक सामाजिक चेतना आमतौर पर कभी सही नहीं हो पाती।"

सज्जन ध्यान से अपनी जीवन-संगिनी की बातें सुन रहा था। कन्या की बात के साथ-साथ उसका मन नहीं दौड़ रहा यह उसके माथे और आँखों के आस-पास पड़ी झीनी-झीनी सिकुड़नों से परिलक्षित था। वह बोला—"जान पड़ता है पाप और पुण्य शब्दों से तुम्हारा विरोध है।"

"हाँ, क्योंकि इनके अर्थ रूढ़ हो गए हैं। पाप और पुण्य परलोक के लिए किए जाते हैं—मरने के बाद उनका फल मिलने की बात इन शब्दों में निहित सामाजिक पहलू को उभरने नहीं देती।"

सज्जन के चेहरे की झीनी-झीनी सिकुड़नें मिट गईं, गम्भीरता की छाया गहरी हो गई। कन्या अपनी विचारोत्तेजना में कुछ और भी कहने जा रही थी कि सज्जन की एकाग्रता को देखकर थम गई।

सज्जन बोला—"अच्छा कन्या, तुमने बाबाजी की एक खूबी देखी है—"

"हाँ, वे दूसरे के मन की बात जान लेते हैं।"

"यही नहीं, वे दूर की बात भी जान लेते हैं। क्या इससे किसी पारलौकिक शक्ति का परिचय नहीं मिलता?"

विचारधारा बदली। कन्या को अपना ध्यान कसना पड़ा, रुककर अन्तर्बंधन के साथ किंचित् मुस्कुराकर उत्तर दिया—"यों, यह भी कहा जा सकता कि टैलीपैथी अब एक जाना-माना ज्ञान है। पर...अजब सवाल है। कुछ कहते नहीं बनता। शक्ति है—उसका परम रूप भी है, जो सुन्दर, सन्तुलित या घृण्य, विकृत रूप में इतिहास के सामने बार-बार आया है और अपना प्रभाव डाल गया है, अब भी डाल रहा है—पर वह शक्ति पारलौकिक है या लौकिक?—कुछ कहते नहीं बनता। आसमान के तारों से लेकर महासमुद्रों के तल तक में जीवन जितने रूपों में दिखलाई देता है, यदि उसे अनेक रूपों वाला विराट ईश्वर मानें तो वह लौकिक है। एटम, हाइड्रोजन, नाइट्रोजन आदि जो अब लौकिक ज्ञान में व्याप्त हो गए हैं; वह भी—"

"मगर उसमें जिस शक्ति के दर्शन होते हैं वह कहाँ से आती है?" सज्जन ने अबस प्रश्न किया और कहा—"मैं—मैं तुमसे एक सवाल करता हूँ। तुम बड़ी पढ़ी-लिखी, प्रोग्रेसिव और साथ ही ईमानदार महिला हो। तुम लौकिक ईश्वर को देखती और मानती हो—फिर—क्यों जी, तुम बजरंगबली को बड़ी श्रद्धा से प्रणाम करती हो, तुम अपने ससुर कुल के ठाकुरद्वारे की इतनी हौसला-भरी निगरानी और राधाकृष्ण को इतना श्रद्धा भाव अर्पित करती हो—वह सब क्या किसी लौकिक शक्ति को करती हो?"

कन्या कुछ सोच में, कुछ झेंप में मुस्कुराती हुई बोली—"और तुम भी तो करते हो?"

"हाँ, मैं भी करता हूँ। और मुझे अब इसकी झिझक भी नहीं रही। इन फैक्ट अभी परसों-नरसों की बात है, मैं, महिपाल और कर्नल साथ थे। कॉफी हाउस से निकल कर हम लोग हजरतगंज की तरफ आ रहे थे। महावीरजी के मन्दिर के सामने आते ही श्रद्धा से हमारे हाथ जुड़ गए। बाद में महिपाल हँसकर कहने लगा कि हम अपने पुरखा वानर का पूजन अब भी करते हैं। अवैदिक और सनातन सभ्यता का यह श्रद्धा-प्रतीक अब बड़ी-बड़ी जानकारियाँ हो जाने के बाद केवल म्यूजियम में ही रखने काबिल रह गया है। इसी तरह शिव का प्रतीक है। हमारी बढ़ी हुई चेतना बार-बार यह सवाल पूछती है कि आदिम काल की चेतना के इन माइलस्टोनों को हम अब क्यों नापें?"

कन्या का कौतूहल तीव्र हुआ, पूछा—"फिर क्या हुआ?"

सज्जन बोला—"बात तो खैर कर्नल के गुस्से और उस पर होने वाले मजाक में टल गई, पर महिपाल ने जो सवाल उठाया था, झटका देने के बावजूद वह मेरे मन में बराबर चक्कर काटता रहा—आखिर हम इन श्रद्धा प्रतीकों को क्यों पूजें? यों श्रद्धा भी शक्ति है, पर वह शक्ति गलत जगह पर क्यों इस्तेमाल की जाती है?"

कन्या बोली—"बात तो ठीक है पर—"

"हाँ, तुम जो सोच रही हो वही बात मेरे मन में भी है। यह प्रतीक अब ज्ञान और अन्धविश्वास, दोनों ही के ऐसे अनेक प्रयोगों से जुड़ गए हैं कि उनसे अब हमारा दूसरा ही नाता हो गया है।"

कन्या ने कहा—"नहीं, मैं कह रही थी कि शिव हों या मुंड-माल धारण करने वाली शक्ति, या हनुमान, भैरव आदि हों,—ये सब दरअसल अब उन चामत्कारिक दंतकथाओं से बल पाकर जनविश्वास में जम चुके हैं जो बड़े पुराने जमाने से समय-समय पर रची गई थीं। अनजानी विपत्तियों

से रक्षा पाने के लिए यह देवता अब एक सहारा हैं—यद्यपि गलत सहारा है। ज्यादातर यह भय और आतंक के प्रतीक बन जाते हैं। मगर मैं तुम से सच कहूँ, मैं उन्हें पूजती हूँ। यह जीवन का एक अभिन्न-सा लगने वाला संस्कार है। इनके सहारे अपने अचेतन संस्कार को जगाती हूँ। एक बात मैंने और भी आजमाई है, किसी भी देवता के मन्दिर में जाऊँ, परन्तु श्रद्धा भाव सब जगह एक-सा ही उमगता है। शिव, हनुमान, राधाकृष्ण, दुर्गा आदि प्रतीक महज श्रद्धा को झलकाने के माध्यम बन जाते हैं और उस श्रद्धा भाव से मैं अपने लिए ज्ञान और बल माँगती हूँ—किसी और से नहीं, खुद अपने आपसे माँगती हूँ।''

सज्जन के चेहरे पर, आँखों में चमक आ गई, बोला—''इक्जेक्टली! यही बात मेरे मन में भी एकदम साफ है। इसीलिए मुझे झिझक नहीं। ये प्रतीक तो महज एक बहाना हैं, जिनके सहारे अनायास हमारा मन अपनी इच्छा शक्ति को किसी दिशा की ओर बढ़ने के लिए जगाता है। वह चेतना ऊपरी सतह पर मन की किसी अनजानी गहराई से आती है। उसके आने का एक विधान है—जहाँ तक मालूम हो गया वहाँ तक वह साइंस है, और जो नहीं मालूम हुआ वह अभी हमारी भविष्य की महत्त्वाकांक्षा है। वह ईश्वर है। वह परम चेतना सब में ही छाई है; सबको ही बाँधे है।''

बात रुक गई। दोनों ही विचार, विवेचना करते-करते एक जगह प्राय: छके-से अनुभव करने लगे। रस बदलने लगा। कन्या और सज्जन अपने विचारों की एकता एवं दूसरे से सन्तुष्ट और छके हुए अनुभव कर रहे थे।

65

सज्जन क्रमश: व्यस्त होता गया। उसने अपने तीन लाख रुपयों का ट्रस्ट कायम कर दिया। ट्रस्ट की रजिस्ट्री भी हो गई। कर्नल, वनकन्या, चीफ कोर्ट के एक रिटायर्ड जज, एक प्रमुख सरकारी अफसर और वह स्वयं ट्रस्ट के मेम्बर बने। अपनी योजना में सबसे पहले सज्जन ने एक सहकारी बैंक की स्थापना की। उसकी यह निश्चित धारणा थी कि नगर के प्रत्येक वार्ड का एक अपना बैंक होना चाहिए जिसमें वहाँ की ही पूँजी लगे और उसके द्वारा उस क्षेत्र के सार्वजनिक हित के लिए उद्योग-धन्धे खोले जाएँ। सज्जन के मुनीमजी तथा एक रिटायर्ड बैंक मैनेजर उसकी योजना को कार्यान्वित करने के लिए नियुक्त किए गए।

जिस दिन इस बैंक की स्थापना के लिए सज्जन ने वार्ड के धनी पुरुषों, प्रमुख डॉक्टरों, वकीलों, अध्यापकों एवं सामाजिक कार्यकर्ताओं की सभा बुलाई थी उसी दिन से लाला जानकीसरन सज्जन के खुले विरोधी हो गए थे। अन्य कई महाजन भी इसका विरोध कर रहे थे। यह सहकारी बैंक मध्य वर्ग को ऋण-मुक्त करने का नारा लगा कर बढ़ना चाहता था। आज का शहरों में रहने वाला मध्य वर्ग प्राय: 85 प्रतिशत महाजनों के अधीन है। शादी-ब्याह, जनेऊ, मुंडन, रोग सभी तो जीवन को घेरे हैं, सबके लिए पैसा चाहिए। छोटी आमदनी वाले मध्य वर्ग को पैसे के लिए महाजन चाहिए और महाजन को जमानत के लिए सोना चाहिए। मध्य वर्ग के अधिकांश घरों का सोना खिंच कर महाजनों की तिजोरी में पहुँच चुका है जो वहाँ से उनका होकर कभी बाहर न निकलेगा। कर्ज के दलदल में नाक तक डूबा हुआ मध्य वर्ग अपने महाजनों के कभी न चुकने वाले ऋण, कभी न खत्म होने वाले तकाजे और कभी न खत्म होने वाले जीवन के व्यापारों से ऊब कर बेशर्म, चिड़चिड़ा, शिकायती और निकम्मा होता जा रहा है। सज्जन उन्हें मुक्त करना चाहता है। यह बात महाजनों को किसी प्रकार भी नहीं रुचती थी। वनकन्या ने सभा में उनके विरोधों से उत्तेजित होकर बड़ी 'लाल' स्पीच दे डाली। लाला जानकीसरन और उनके साथ ही कई 'गणमान्य' महानुभाव उठकर चले गए।

इस सभा ने सज्जन की योजना पर निश्चित प्रभाव डाला। सज्जन स्वयं एक धनाढ्य कुल का बंशधर तथा तीन लाख रुपया दान करने वाला होने के कारण, साथ ही वार्ड के महाजनों द्वारा तीव्र विरोध होने के कारण जनसाधारण में अधिक प्रभावशाली हो उठा। पढ़े-लिखे वर्ग के अन्दर भी छोटी पूँजी के क्षेत्रीय सहकारी बैंकों का विचार बहुत सराहा गया। सज्जन का कहना था कि यदि ऐसे क्षेत्रीय सहकारी बैंक खुलें जिनमें वहाँ की ही पूँजी से वहाँ के लोगों के लिए तरह-तरह के उद्योग-धन्धे फैलाए जाएँ तो हर क्षेत्र अपने आपको बढ़ा सकता है। इन छोटे बैंकों को आपस में सहयोग सम्बन्ध से बाँधा भी जा सकता है। जिस प्रकार प्रयोग के लिए यहाँ सज्जन की पूँजी लग रही है उस प्रकार यदि सरकार लगाए, प्राइवेट महाजनों को कानून द्वारा बन्द कर कुटीर उद्योग-धन्धों की स्कीम फैलाए तो दुःख और अपमान का जीवन बिताने वाला मध्य वर्ग अपनी खोखली हैसियत खोकर नए सिरे से आदमी बन सकता है।

'चौक वार्ड सहकारी बैंक' एक आन्दोलन के रूप में उठा। हर जरूरतमन्द को बैंक उधार देता था। उसकी एवज में काम भी लेता था और इस तरह वह हर व्यक्ति को ईमानदारी के साथ ऋण-मुक्त होने का अवसर देता था--यह सिद्धान्त अनेक लोगों को पसन्द आया। इस बैंक के अन्तर्गत ही सज्जन ने हैंडलूम का कारखाना, रबर के खिलौने और गुब्बारे बनाने का कारखाना, नए डिजाइनों के कपड़ों की छपाई, चिकन का काम आदि धन्धे भी शुरू किए, जिसमें इसी क्षेत्र के लोग काम पर नियुक्त हुए। स्त्रियों से भी घर-बैठे अथवा ताई की हवेली में बुलाकर काम कराने की योजना शुरू हुई।

हर बृहस्पतिवार को, बाजार की छुट्टी के दिन भारत के इतिहास और संस्कृति पर व्याख्यानों का प्रबन्ध किया गया। नाटकों के द्वारा सामाजिक मनोरंजन और शिक्षा के लिए भी आयोजन किया गया। दो महीने में सज्जन और वनकन्या के लिए दम मारने की भी फुरसत न रही। वे दोनों सार्वजनिक रूप से विचित्र संघर्ष में पड़ गए। समाज में उनके कामों को लेकर अब करीब-करीब वैसी ही स्थिति हो गई जैसी कि आग पर चढ़ी अधपकी दाल की होती है। उनको लेकर समाज में अभी एकरसता नहीं आ पाई थी। राह चलते उन पर ख्वाहमख्वाह की छींटाकशी भी हो जाती और लोगों की आँखों में उनके प्रति आदर और प्रेम भी झलकता था। भाव से भाव मिलता देखकर सज्जन के मन में अब सबको अपने प्रति ममत्व रखते देखने की चाह उमड़ पड़ी थी। आए दिन अनेक लोग उसके पास अपनी तकलीफें लेकर आते। शुरू-शुरू में सज्जन को लोगों की तकलीफें दूर करने में एक प्रकार का आनन्द भरा उत्साह उमगता था। उसे लगता कि लोग उसके प्रति आभारी होकर उसे श्रद्धा दे रहे हैं। श्रद्धा का यह सौदा करने के लिए वह अधिक से अधिक अपने आपको परोपकारी सिद्ध करने का प्रयत्न करता। यह बात नहीं कि लोगों की तकलीफों से उसके मन में करुणा न जागती थी, परन्तु करुणा अपना प्रतिदान माँगती थी। काम के बढ़ने के साथ ही सज्जन का यह बचकाना जोश समाप्त होने लगा। इसके लिए उसके मन को कम से कम अवकाश मिलने लगा। उसका अधिक से अधिक समय चिन्तन और कर्म का हो गया।

इधर ताई की माँदगी बढ़ गई थी। महिपाल के घर भांजी के विवाह के दिन भी उँगलियों पर आ गए थे। सज्जन और कन्या में से एक के लिए ताई के पास बैठा रहना अनिवार्य हो गया। महिपाल सज्जन के कार्यव्यस्त हो जाने के बाद उससे यों भी खिंचा-खिंचा रहता था, अब बहाना लेकर और भी अधिक खिंच गया। उसे यह शिकायत थी कि सज्जन कर्नल की तरह, मित्र की तरह, उसके काम में सहायक बनकर जब अपना मित्र धर्म तक नहीं निभा पाता तो समाज कल्याण का धर्म कैसे निभाएगा? कल्याणी और कन्या के बीच होने वाले निश्चय को अमान्य कर शकुंतला का विवाह सज्जन की शाहनजफ वाली कोठी से करने के बजाय रूपरतन की कोठी से करने की व्यवस्था की। सेठ रूपरतन और लाला जानकीसरन के इशारे पर उसने सज्जन की नई योजनाओं के विरुद्ध

एक छोटी-सी पुस्तिका लिखकर खूब जहर उगला। उसने लिखा कि 'सज्जन वर्मा मेरे अन्तरंग मित्र हैं; परन्तु जहाँ मैत्री और सार्वजनिक हित में टक्कर लड़े, वहाँ मैत्री के प्रति पक्षपात न कर जनता को सचेत करना मेरा परम कर्तव्य है। यह मानवता की पुकार है।' इस दावे के साथ महिपाल ने सज्जन की सारी योजना को नई महाजनी चाल बतला कर यह सिद्ध किया कि सज्जन की यह सहकारी बैंक योजना जनहित के नाम पर जनता को सदा के लिए अपना गुलाम बनाने की गहरी चाल है। पुरानी परम्परा का सूदखोर जहाँ समाज के केवल कुछ व्यक्तियों को ही नुकसान पहुँचाता है वहाँ यह सारे समाज को हड़प जाने की स्कीम है। भारतीय संस्कृति के विषय में सज्जन जानता ही क्या है। उसने जो कुछ सीखा है वह महिपाल से सीखा है। ऐसे अधकचरे ज्ञान वाला मनुष्य निस्संदेह मनमाने सांस्कृतिक सुधारों के नाम पर स्वस्थ भारतीय परम्पराओं का गला घोंट देगा। सांस्कृतिक आयोजन नाटक आदि खिलवाड़ के बहाने जनता को बरगला कर, कुटीर-उद्योगों के जरिए सबको अपने अधीन करनेवाली यह चाल यदि अभी न काटी गई तो भविष्य में शक्ति प्राप्त कर यह घातक हो उठेगी। सज्जन की यह योजना उस पूतना के समान है जो अपने स्तनों में विष लगाकर वात्सल्य का ढोंग करती हुई सुन्दर रूप धारण कर श्रीकृष्ण को दूध पिलाने आई थी।

इस पुस्तिका को बड़े पैमाने पर बाँटा गया। लाला जानकीसरन ने अपने घर के पास वाले टीले पर जहाँ कुछ महीनों पहले ताई के कृष्ण भगवान की झाँकी सजी थी, एक सार्वजनिक सभा का आयोजन किया, जिसमें अन्य वक्ताओं के अलावा महिपाल ने भी भाषण दिया।

सज्जन को महिपाल के इस व्यवहार पर आश्चर्य तो तनिक भी न हुआ पर दुःख अवश्य हुआ। स्वयं उसके मन में आत्म-परीक्षक की वृत्ति भी तीक्ष्ण हुई। भले ही महिपाल ने तर्कों को झूठे तौर पर खड़ा किया हो फिर भी कहीं ऐसा तो नहीं कि उसकी इस योजना में कोरी व्यक्तिगत महत्त्वाकांक्षा ही छिपी हो ? यदि ऐसा होगा तो उसके द्वारा उठाया गया काम निस्संदेह बहुत आगे नहीं बढ़ पाएगा। किसी भी सार्वजनिक कार्य में शक्ति तभी आती है जब उसमें अनेक की आकांक्षाओं का समान योग हो। चलते-फिरते कामकाज में व्यस्त रहते हुए भी सचेत रूप से आत्म-परीक्षण करता रहा। स्वाभिमान उसमें यथेष्ट मात्रा में है। वह ये हरगिज पसन्द नहीं कर सकता कि अपनी अक्षमता अथवा अविचार के कारण उस काम को, जिसे उसने स्वयं उठाया है, ठेस पहुँचे। औरों से करते महिपाल की आलोचना से वह अत्यधिक तिलमिला उठा है। महिपाल की बात को बेअसर करने के लिए उसे अपनी व्यक्तिगत इच्छाओं से ऊपर उठकर अपने कार्य की शक्ति दिखलानी होगी।

शंकरलाल, वर्मा आदि कई युवक सज्जन के साथ थे। आयोजनों को लेकर अनेक व्यक्ति उसके पास आने-जाने लगे थे। उसकी कारगुजारियाँ जनता के सामने पुष्ट होने के कारण लोगों की सहानुभूति भी क्रमशः बढ़ रही थी। लाला जानकीसरन, महिपाल शुक्ल आदि के द्वारा सज्जन की सार्वजनिक निन्दा किए जाने से सज्जन के अनेक प्रशंसकों में क्षोभ फैल गया था। जगह-जगह इसी को लेकर चर्चा होने लगी थी। अपनी-अपनी समझ के अनुसार लोग सज्जन अथवा महिपाल, जानकीसरन आदि के पक्ष में थे। सज्जन के प्रशंसक सज्जन को तुरन्त एक मीटिंग कर विरोधी पार्टी को मुँह तोड़ जवाब देने के लिए अपनी गर्म बातों से वातावरण को उत्तेजित बना रहे थे।

सज्जन इस विषय पर विचार करता रहा। उसी दिन उसे एक मकान को देखने जाना था। मुहल्ले में ही वह एक अस्पताल स्थापित करने की आयोजना कर रहा था। किसी ने उसे बनारस के एक ऐसे ही धर्मार्थ अस्पताल की बात सुनाई थी। वहाँ होम्योपैथिक, आयुर्वेदिक तथा एलोपैथिक विभाग हैं, जच्चाखाना है। आसपास की जनता को उस अस्पताल से बड़ी सुविधा है। सज्जन के मन में यह विचार घर कर चुका था, परन्तु जगह की कमी के कारण वह उसे अमल में नहीं ला पा रहा था। एक बड़े मकान की बिक्री का समाचार सुनकर वह उसका सौदा करने के लिए लालायित हो उठा था।

पक्का संगीन नया मकान था। मकान–मालिक दूसरी लड़ाई के दौर में लखपति बने थे। उन्होंने अपनी शान दिखाने में ही अपनी कमाई तमाम कर डाली। वार्ड के बड़े–बड़े रईसों के रहन–सहन और खर्च–खाते से होड़ लेने लगे। बड़े–बड़ों में अपना स्थान बनाया, प्रभाव जमाया। एक बार जीवन का ढर्रा बदल जाने पर फिर रहन–सहन का स्टैंडर्ड गिरा न सके। कर्ज का दौर शुरू हुआ और उसका बोझ बेहद हो जाने पर एक दिन भाँडा फूट गया। कर्ज की अदायगी के लिए ही, जेल और मुकदमों या कानूनी तौर पर दीवालिया करार दिए जाने से बचने के लिए ही वे अपनी तमाम जायदाद खड़े-खड़े औने–पौने करने लगे। गहने, चाँदी–सोने के बर्तन, मोटर, बग्घी—सब टीम–टाम निकाल कर रोकड़ करने लगे।

सज्जन के अनुभव और पुराने दीवानजी मकान देख आए थे, उसकी कीमत भी आँक आए थे। देर करने से अच्छी जायदाद के हाथ से निकल जाने का भय था। वह महिपाल के आक्षेपों का जवाब देने के लिए भी मीटिंग करने के बजाय अस्पताल की इमारत खरीदने का उत्सुक था—"महिपाल के जहर का जवाब यह अमृत होगा—बहुत खामोश, बहुत बोलता हुआ जवाब।"

जवाबी मीटिंग का आग्रह करने वालों को यह जवाब देकर—बार–बार देते हुए—सज्जन को सहसा यह महसूस हुआ कि सचमुच ही क्या उसे अपने इन शब्दों में आस्था भी है? अक्सर ऐसा होता है कि वह अपने बचाव के लिए एक सुन्दर–सी बात सोच लेते हैं। फिर आड़ लेते–लेते हमारी ऐसी ही आदत पड़ जाती है। हमारा भाव क्या है, इसकी हमें पहचान ही नहीं होती और यह पहचान का अभाव हमें अक्सर बेतुके झमेलों में फँसाता है। सज्जन क्या सचमुच शुद्ध जनकल्याण की भावना से कर रहा है? वह एवज में यश नहीं चाहता? सामाजिक–कार्यों में चित्रकला की साधना करने से अधिक चमत्कारी यश मिलेगा, क्या उसके अन्दर यह भावना काम नहीं कर रही?

प्रश्नों ने उसे घेर लिया। एक–एक बात में मन की हाँ–ना चलने लगी। शुद्ध जनकल्याण की भावना—नहीं। वह यश चाहता है; मगर यह सच नहीं कि वह चित्रकला को यश के लालच में छोड़कर अपनी पुरखालाई–लक्ष्मी के बल पर नेता बना है। यह सब कुछ उसके जीवन में अनायास आ गया। जिस प्रश्न को लेकर अपने भारतीय समाज की अगति–गति को देखने के लिए वह इन मुहल्लों में आया था वह प्रश्न झूठा नहीं था, उसके जी की लगन से निकला था। असाधारण समाज में रह कर जिस प्रश्न का उत्तर उसे नहीं मिल सकता था उसे लेने के लिए वह जनसाधारण में आया था। उसका जोश, उसकी घुमक्कड़ी प्रवृत्ति उसे यहाँ ले आई थी। यद्यपि अब भी वह जनसाधारण के निकटतम सम्पर्क में नहीं आ पाया, फिर भी उनके लिए दिन प्रति दिन करुणा उमड़ती ही आती है। इसलिए उसका सामाजिक कार्य विशुद्ध जनकल्याण की भावना से शत–प्रतिशत प्रेरित न होने पर भी विशुद्ध यशोलिप्सा से भी नहीं है। ईमानदारी से उसके मन में जनकल्याण की भावना का प्रभाव यशोलिप्सा से कहीं अधिक है। बल्कि काम–काज में अधिक रमते हुए अब कभी–कभी यश की भावना उसके मन से पूरी तौर पर गायब भी हो जाती है।...तब फिर महिपाल के लिए उसके मन में खीझ क्यों है? क्या यह भी सच नहीं कि जवाबी मीटिंग करने की बात उसे अब भी सुहाती है। यदि उसे मकान देखने न जाना होता...उसके मन में तनिक भी फुरसत होती तो शायद यह उस पर और भी गौर करता।

सज्जन इस वास्तविकता से मुँह न मोड़ सका।

मकान बीस हजार में खरीद लिया गया। जब तक इस छोटे से अस्पताल के लिए आवश्यक सामग्री न आए तब तक प्रतीक्षा में बैठे रहना सज्जन ने उचित न समझा। एक डॉक्टर, लेडी डॉक्टर, वैद्य, हकीम और होम्योपैथी को नियुक्त करने के अलावा उसने शहर के एक प्रसिद्ध डॉक्टर तथा डॉ. शीला स्विंग से भी सप्ताह में दो दिन सलाहकार डॉक्टर की हैसियत से आने के लिए प्रार्थना की।

शीला ने इस प्रार्थना के उत्तर में अपनी आधी प्राइवेट प्रैक्टिस का त्याग कर नित्यप्रति शाम को वहाँ आने का वचन दिया। सज्जन और कन्या बेहद खुश हुए। जच्चाखाने और दवाखाने के सारे सामान की खरीदारी कर्नल की मार्फत हो रही थी।

डॉ. शीला के त्याग की चारों ओर प्रशंसा फैलाने में सज्जन ने बड़े हौसले से काम लिया। शहर के अखबारों में भी यह खबर छपी। आलम भले ही यह समझे कि शीला के इस कीर्ति प्रचार में सज्जन का निजी स्वार्थ नहीं था, परन्तु ऐसा करते हुए भी सज्जन के मन में महिपाल के प्रति प्रतिहिंसा की भावना थी। वह उसे चिढ़ाना चाहता था।

महिपाल सचमुच ही चिढ़ उठा। उसे लगा कि शीला को उसके विरोधी कैम्प में लाकर सज्जन ने महिपाल की बदनामी की याद लोगों के मन में ताजा करने का प्रयत्न किया है। सज्जन के प्रति उसे उत्कट घृणा हो गई। चाणक्य की तरह बार-बार उसके मन की शिखा खुलने लगी। ननिहाल का सामन्ती संस्कार महिपाल की रगों में प्रलय की लहरों के समान उमड़ने लगा। वह सज्जन को कुचल डाले, उस पर कुत्ते छुड़वा दे, जमीन में गड़वा कर ठोकरें लगाए, पेड़ पर उल्टा टाँग कर धूनी दे, उसके लाखों के वैभव में आग लगा दे—घृणा रह-रहकर आवेश में उसे झिंझोड़ डालती थी। वह सज्जन का सत्यानाश कर डालना चाहता था। शीला के प्रति भी उसे तीव्र क्रोध था। वह क्यों गई सज्जन के साथ? क्या इसी का नाम प्रेम है?

घर में विवाह की चहल-पहल आरम्भ हो चुकी थी। शकुंतला के पितृकुल वाले, महिपाल की दूसरी बहन और उसके बच्चे भी विवाह में सम्मिलित होने के लिए आ गए थे। सेठ रूपरतन ने उसे अपनी कोठी का एक भाग विवाह के लिए दे दिया था। विवाह का सारा सामान वहीं ढो-ढोकर ले जाया जा रहा था। घर में चारों ओर विवाह को लेकर व्यस्तता थी, केवल महिपाल का मन प्रबल ईर्ष्या के कारण अस्त-व्यस्त हो रहा था। सज्जन को कोई 'बहुत-बहुत-बहुत' बड़ा नुकसान पहुँचाने के लिए तरकीब सोचने में ही उसका प्रत्येक क्षण चला जा रहा था। कोई तरकीब न सूझती थी। वह हर समय चिड़चिड़ाया करता था। सुबह से मोटर लेकर निकलता, कभी राजा साहब के यहाँ, कभी रूपरतन के यहाँ, कभी किसी मिनिस्टर-डिप्टी मिनिस्टर के यहाँ, हाकिम-अमला—जिससे भी उसकी थोड़ी-बहुत जान-पहचान थी उसी के यहाँ जाकर बातों-बातों में वह सज्जन की निन्दा करता। कहीं कहता कि कम्युनिस्ट पत्नी के कहे में आकर वह इन तमाम कामों की आड़ में जनता को कम्युनिस्ट बना रहा है। रात में उसके घर पर कम्युनिस्ट नताओं की बैठकें होती हैं। कहीं यह अफवाह फैलाता कि पति-पत्नी दोनों ही अत्यन्त चरित्र-भ्रष्ट हैं; अपने पति के मनोरंजन के लिए सुन्दर स्त्रियाँ प्रदान करना ही कन्या के स्कूल का 'महानतम' उद्देश्य है। प्रमाण के लिए बार-बार यह भी जोड़ देता कि यह मैंने स्वयं देखा है, अथवा यह बात खुद सज्जन ने मुझसे कही थी। कहीं वह सज्जन की योजनाओं में बाबा राम जी को भी साँट कर एक विशाल षड्यंत्र के प्रति सचेत रहने के लिए चेतावनी देता। भूख-प्यास भूलकर घरेलू जिम्मेदारियों को जनकल्याण के नाम पर बिसार कर वह सुबह से शाम तक केवल सज्जन के विरुद्ध प्रचार करने में ही लगा रहता। उसने राजा साहब का जीवन चरित्र लिखकर उन्हें अमर करने का लालच भी दे डाला। दर्शन ज्ञान बघारकर अपने पांडित्य का सिक्का जमाकर भी पूरा प्रयत्न किया। अपनी हवेली से कन्या की पाठशाला हटाकर वहाँ वेद, पुराण, गीता, भागवत आदि का अखंड पाठ करवाने का सत्परामर्श भी दिया जिससे कि भारतवासियों की धार्मिक निष्ठा जागे और उन पर सज्जन ऐसे विभीषण कम्युनिस्टों का प्रभाव न पड़ सके। वह लाला जानकीसरन को जा-जाकर यह समझाता कि वे राजा साहब तथा अन्य बड़े-बड़े लोगों के सहयोग से एक ऐसी ही संस्था खोलने का आयोजन करें जिससे कि सज्जन का सारा षड्यंत्र ध्वस्त हो जाए। उसने उन्हें यहाँ तक आतंकित करने का प्रयत्न किया कि वार्ड के सभी प्रमुख लोगों, विशेष रूप

से लाला जानकीसरन के आसपास, घरों में जासूस छोड़ दिए हैं। उसके इस जगह रहते किसी भी भले आदमी की इज्जत नहीं बचेगी।

हफ्ते भर की कठिन दौड़-धूप का प्रभाव पड़ा। वह इस समय रूपरतन के घर में ही रह रहा था, इसलिए उसे जब-तब उकसाने के लिए मौके भी अक्सर मिलते रहते। वह सेठ रूपरतन की एक सोई महत्त्वाकांक्षा जगाने में सफल हो गया। एक महान् आन्दोलन को चलाकर सेठ रूपरतन बहुत शीघ्र ही सरकारी मंत्रिमंडल में आने के लिए अपनी राहें खोल देंगे—यह महामंत्र अपना काम कर गया। रूपरतन ने उसे एक योजना बनाने की सलाह दी। दस बड़े महाजन मिलकर ऐसी ही सहकारी योजना को जन्म देंगे। उनके सहकारी बैंकों के द्वारा कुटीर उद्योगों का बहुत बड़ा कार्यक्रम चलेगा। वातावरण में चारों ओर धार्मिक धूमधाम मचा दी जाएगी। कहीं कीर्त, कहीं महात्माओं के प्रवचन, कहीं इतिहास-पुराण—इस प्रकार चारों ओर भारतीयता का प्रसार कर दिया जाएगा। इस योजना के आरम्भ में एक बहुत बड़ा विश्व-शान्ति यज्ञ भी किया जाएगा जिससे कि जनता में धार्मिक निष्ठा जागे। रातों-रात महिपाल ने एक लिखित आयोजना बना डाली जिसमें वह तमाम आदर्श प्रस्तुत किए गए थे जो कि राजा साहब और सेठ रूपरतन के श्रीमुखों के द्वारा उच्चरित हुए थे।

दो दिन के उपरान्त विक्टोरिया-पार्क, चौक में एक बहुत बड़ी सार्वजनिक सभा का ऐलान हुआ। स्वयं राजा साहब उसके सभापति होंगे और जन कल्याण के लिए नगर के प्रतिष्ठित सज्जनों ने मिलकर जो महान् योजना बनाई है उस पर प्रकाश डालेंगे।

ताई उन दिनों बहुत बीमार थीं। उन्हें अब अपने बचने की आशा नहीं रही थी। इस भय से कि उनके मरने के बाद पति और सौतेले बेटे उनका समुचित क्रिया-कर्म न कराएँ, वे अपने जीते-जी अपना क्रिया-कर्म करा रही थीं। सज्जन और कन्या पर उनकी सारी जिम्मेदारियाँ आ पड़ी थीं। कन्या और सज्जन उनके लड़के-बहू के समान हो चुके थे।

यहाँ तक कि एक दिन ताई ने 'कन्नोमल के पोते की बहू' को सौ तोले सोने के गहने भी पहना दिए, बोलीं : ''निगोड़ी तू विधर्मी ही सही पर जब बऊ बन ही गई है तो ले। मेरी सेवा तो तू ही करे है, मेरे काम तो तू ही आई।'' इतना सब होने पर भी ताई कन्या के हाथ का छुआ पानी पीने में अभी तक आपत्ति करती थीं। अँग्रेजी दवा खाने से भी उन्होंने इनकार कर दिया था। सज्जन के दो नौकर चौबीस घंटे ताई की सेवा में रहते। रात के समय सज्जन-कन्या में से कोई एक ताई के यहाँ बराबर ही रहते। ताई जो दान-पुन्न करने की इच्छा करतीं उन सबका आयोजन होता।

जिस दिन शाम को चौक में राजा साहब की मीटिंग थी उसी दिन ताई के घर उनकी तेरही का ब्रह्मभोज भी था। सज्जन और वनकन्या को अपनी पूर्वव्यस्तता में इस व्यस्तता के जुड़ जाने से पलक मारने को भी अवकाश नहीं था। कर्नल भी इनके साथ बराबर का हाथ बँटाने के लिए खड़ा हो गया। सज्जन और महिपाल में विरोध उठ खड़ा होने से कर्नल यद्यपि अत्यन्त क्षुब्ध था फिर भी इस विषय को लेकर उसने बड़े ही जबरदस्त संयम के साथ मौन साधकर दोनों ओर काम का मोर्चा साध रखा था। कल्याणी के घर बराबर आते-जाते रहकर आवश्यक वस्तुओं के सम्बन्ध में पूछताछ करना, जिस राह से खूबी के साथ दो पैरों की बचत हो वह राह सुझाना कर्नल का ही काम था। महिपाल से उसकी भेंट होती; सब बातें होतीं, मगर सज्जन के सम्बन्ध में एक अक्षर वह मुँह से न निकालता। सामना पड़ने पर महिपाल अक्सर छेड़कर उससे सज्जन की बात चलाता। एक बार कर्नल ने कह दिया—''देखो भाई यह तुम लोगों की निरी आपुस की बात है; दो बिद्वानों के बीच की बात हैगी। हमसे इससे कोई मतलब नहीं। आइन्दा हमसे इसकी चर्चा न करना।'' सज्जन ने स्वयं ही इस सम्बन्ध में कभी उससे चर्चा नहीं चलाई थी। महिपाल कर्नल का बहुत पुराना मित्र था। सज्जन और कर्नल की दोस्ती तो महिपाल के कारण हुई थी।

उस दिन सायंकाल विक्टोरिया पार्क की मीटिंग में महिपाल अपनी सीमा से बाहर चला गया। सज्जन को उसने अपना बहुत पुराना मित्र बतलाकर यह सिद्ध करना शुरू किया कि वह "सदा से बेहद स्वार्थी और महत्त्वाकांक्षी रहा है। वह अपने पैसे के बल पर प्रतिष्ठित आलोचकों को दावतें खिला-खिला कर उनकी खुशामदें करके प्रसिद्ध हुआ है। वह कलाकार से अधिक कलाबाज है, उसे ऊँचा नाम कमाने की धुन है।" इस प्रकार की अनेक ऐसी बातें जोश में आकर बक डालीं जिनसे कि उस पर कानून का जोर चल सकता था। अपनी स्पीच में मोहनजोदरो, शिव और वेद, सारा इतिहास, समाजशास्त्र उसने मानो सज्जन की निन्दा करने के लिए ही एक घंटे तक बखाना। उसने जनता को मंत्रमुग्ध किया और बीच-बीच में सज्जन के प्रति जहर उगला। आज की शाम, सभा का वह रंगमंच उसके जीवन की श्रेष्ठतम विजय मना रहे थे। उसने सज्जन के लाखों से लाखों की होड़ ली। यदि सज्जन अपनी लक्ष्मी के बल पर अपने को महापुरुष बना सकता है तो महिपाल भी परायी लक्ष्मी के साधन जुटा कर महापुरुष बन सकता है। यह महिपाल के 'महापुरुषत्व' का क्षण था जिसके नशे में बहक कर वह सज्जन के खिलाफ गैर कानूनी बातें कह गया था।

सज्जन के समर्थकों में आतंक और उत्तेजना फैल गई। एक बड़ी पूँजी और संगठित शक्ति उस नन्हे से पौधे को नष्ट करने के लिए चली आ रही थी जो अभी ठीक तरह से पनप भी नहीं पाया। सज्जन और कन्या दोनों ही महिपाल के इस व्यवहार से अत्यन्त क्षुब्ध हुए। डॉक्टर स्विंग रो पड़ीं। सज्जन ने मामला वकील के हाथ में सौंपने का निश्चय कर लिया। तीसरे दिन सज्जन के वकील का रजिस्टर्ड नोटिस महिपाल को मिल गया। कर्नल, उस समय महिपाल के घर अर्थात् सेठ रूपरतन की कोठी में मौजूद था। महिपाल बहुत उबला, 'देख लूँगा' और 'समझ लूँगा' कह-कहकर उसने बड़े हाथ-पैर उछाले।

कर्नल ने कहा—"देखो महिपाल मैं पब्लिक नहीं हूँ जिसको लिक्चर देकर भरमा लोगे। ये तो बिटिया की शादी है, मैं इस बीच अपने कलेजे पर ताले लगाकर खामोश हूँ, मगर मुझे फिर कहना पड़ता है कि उसका मुकदमा चलाना एकदम उचित है, तुम मुकदमा हारोगे और तुम्हें जेल जाना पड़ेगा। तुम्हारे इन बड़े-बड़े लोगों में से एक भी जो तुम्हारी मदद करने को आवे महिपाल, तो तुम मुझे बता देना, मैं जो कहोगे सो हार जाऊँगा।" कर्नल ने कल्याणी से भी सारी परिस्थिति साफ-साफ कह दी। महिपाल अपनी पत्नी और कर्नल के सामने न्याय-सत्य के बड़े-बड़े नारे लगाते रहे। सज्जन को दुश्चरित्र बखानने लगे। कर्नल को भी बेहद तैश आ गया। उसने कहा—"देखो महिपाल तुम दूध के धोए नहीं हो। दूसरे के मुँह पर कीचड़ उछालते हो, अपने दाँव पर चहकोगे। मैं एक बात तुमसे और साफ कहे देता हूँ कि सज्जन अगर अपनी तरफ से गवाहों में मुझे बुलाएगा तो अवश्य जाऊँगा। जहाँ तक मैं जानता हूँ, डॉक्टर साहब भी ऐसी हालत में तुम्हारे खिलाफ गवाही देने जाएँगी, उन्हें जाना चाहिए।"

"जाओ सब जाओ।" महिपाल गरज उठा। उसने आवेश में आकर कुर्सी उठाकर जोर से पटक दी। उसका एक हत्था बुरी तरह टूट गया। यह कुर्सी विक्टोरियाकालीन नक्काशीदार बनावट की थी। महिपाल को चटक ध्यान आया कि उसने सेठ रूपरतन का नुकसान किया। महिपाल का क्रोध उसके बाद फिर असीम न रह सका, सीमा में आते-आते बड़बड़ाहट तक पहुँच गया।

कर्नल के आगे कल्याणी बहुत अनुनय-विनय करने लगी—"इनकी तो मत खराब हो गई है। आप सज्जन भाई साहब को समझाइए, इन बच्चों का मुँह देखें।"

कर्नल, कन्या और सज्जन के बीच बातें हुईं। सज्जन अपने निश्चय पर अडिग रहा, उसने कहा—"देखो कर्नल, यह मेरा मामला नहीं है। तमाम बातें मेरे ट्रस्ट के बहाने शुरू हुईं, अगर इन बातों पर कुछ न कहूँ तो मेरे ट्रस्ट को नुकसान पहुँचता है। अपने संगठन की रक्षा के लिए महिपाल को दंड दिलाकर ही रहूँगा। तुमको भी मेरी ओर से गवाही देनी होगी। हम दोनों के बीच जो कुछ

भी कमजोरियाँ तुमने देखी हैं उनको ज्यों का त्यों बयान करना। मैं तुमसे मुहब्बत नहीं चाहता, इन्साफ चाहता हूँ।'' सज्जन ने कहा और उठकर चल दिया।

सभा की रिपोर्ट ताई की रोगशैया तक पहुँच गई। श्री राधेश्याम के ब्याह और अपनी किरिया के बहाने इतना दान-पुन्न करने वाली ताई की रोग-शैया के पास पूरा दरबार जुटने लगा था। गोकुलद्वारे के पुजारी, भितरिया, जलघड़िया, कीर्तनिया, सरस्वती दादी, खन्ना बहुरिया, नन्दो, नन्दो की माँ, तारा, छोटी, मुहल्ले की और भी कुछ बुड्ढी-ठुड्डियाँ ताई के यहाँ दिन भर आती-जाती रहतीं। ताई का बुखार तेज था, बीच-बीच में गफलत में भी पड़ जाती थीं। होश में आने पर हर तरफ नजर फेंक कर लोगों को देख लिया करतीं। कभी उनकी बातों का हाँ-ना में उत्तर भी दे देतीं। ताई के कान में खबर पड़ी कि राजा साहब ने कम्पनी बाग में मीटिंग कर उनके सज्जन को बड़ी-बड़ी गालियाँ सुनाईं तथा वे और जानकीसरन मिलकर मर्दानी हवेली से सज्जन को निकाल कर अपनी पाठशाला चलाएँगे। तेज बुखार और कमजोरी में भी ताई यह सुनकर कड़क उठीं। उनकी जीवन भर की विष बुझी जीभ जहर उगलने लगी; दोनों हाथों की मुट्ठियाँ भिंच गईं। गले की नसें तन गईं, चेहरा क्रोध से विकृत हो उठा। ताई ने अन्त:करण से अपने पति को कोसा। उत्तेजना ने उनके स्वास्थ्य पर घातक प्रभाव डाला और वे बेहोश हो गईं।

उस दिन शाम को ताई ने नन्दो को अपने पास रोक लिया। कन्या तीन घंटे के लिए ताई के पास तारा की ड्यूटी लगाकर डॉक्टर शीला स्विंग के साथ गली-टोलों के घरों-घरों में स्त्रियों-बच्चों का स्वास्थ्य निरीक्षण करने गई थीं। ताई ने तारा को दूर बैठने का आदेश दे नन्दो से धीरे-धीरे कुछ बातें कीं। नन्दो के चेहरे पर गम्भीर जिम्मेदारी और रहस्यमयता झलक पड़ी। दीया जलते ही ताई ने तारा को अपने बच्चे के साथ घर चले जाने को कहा। तारा ताई की सेवा की दृष्टि से वहाँ से जाने को तैयार न थी। ताई के चेहरे पर क्रोध की सिकुड़नें पड़ीं, अधिक बकने-झकने की शक्ति उनमें न थी। नन्दो ने तारा से समझाकर कहा—''देखो, जो ये कह रही हैं वह मान लो। वैसे मैं तो इनके पास हूँ ही।'' तारा समझ गई और बिना कुछ कहे ही अपने बच्चे को गोद में उठाकर चलने लगी। बच्चे को जाते देखकर ताई ने अपना ढीला हाथ उठाकर उसे पास बुलाया। ताई के चेहरे पर वात्सल्य की शान्ति छा गई। तारा उसे लेकर ताई के पास झुक गई। बच्चे ने अपना खेलता हुआ हाथ बढ़ाकर ताई की गर्म हथेली पर रख दिया। ताई ने एक बार बच्चे के चुन्ने-मुन्ने हाथ, गाल और सिर पर हल्का-सा हाथ फेरा। उनके फीके रुग्ण चेहरे पर हँसी बिखरी, फिर उन्होंने इशारे से तारा को चले जाने के लिए कहा। तारा के चले जाने के बाद नन्दो ने तारा की तरफ वाले दरवाजे की कुंडी चढ़ा दी। ताई ने सिरहाने तकिए के नीचे रखी एक छोटी-सी पुटलिया निकालने का आदेश दिया। नन्दो ने पुटलिया खोल दस-दस के दो नोट निकाले, ताई को दिखाए और अपने पल्ले में बाँध लिए। नन्दो ऊपर के जीने की ओर चढ़ती हुई बोली—''हम चद्दर ओढ़ के अबहीं आउत हैं ताई। छोटी को हिंयन बैठाय जाएँगे। तुमरी बहूरानी आवैं तौ उन्है लोटाय देवैगी। छोटी औ'—बाकी तो फिर हम आउत हैं अबहाल।''

कन्या करीब आठ बजे ताई के घर पहुँची। छोटी वहाँ बैठी हुई थी। ताई को उस समय झपकी आ गई थी। उपन्यास पढ़ना छोड़ छोटी ने कन्या को ताई का हाल सुनाया, साथ ही वह हुक्म जो कि कन्या के बारे में दे गई थी।

कन्या ने पूछा—''क्यों, क्या बात है?''

छोटी मुँह बिचका कर बोली—''नन्दो बीबी जी और ताई कोई मैजिक-वैजिक कर रही हैं किसी के ऊपर। इसलिए वह इकल्लापन चाहती हैं।''

''यह सब क्या मजाक है? मैं ताई को इस समय किसी भी हालत में, और किसी भी बहाने यों इस तरह अपने शरीर को कष्ट न देने दूँगी। मैं नहीं जाऊँगी।''

थोड़ी देर दोनों में इधर-उधर की बातें होने लगीं। ताई जागीं। कन्या ने फौरन उठकर ताई के सिर पर हाथ रखा, तबीयत का हाल पूछा। ताई ने उसकी बाँह पर स्नेह से हाथ थपथपाते हुए कहा—"अच्छी हूँ। तुम जाओ बहू।"

"ताई, मैं आपको छोड़कर नहीं जाऊँगी, वो मुझ पर बेहद नाराज हो जाएँगे।"

"तुम्हें मेरी कसम, जाओ।" अपने नौकरों को भी साथ ही ले जाने का आदेश दिया।

कन्या ने अपने आग्रह को ताई द्वारा दुबारा दृढ़ता के साथ अस्वीकृत होते देखा। ऐसी हालत में उसके लिए ताई के पास से हट जाने के सिवा और कुछ चारा ही न था। ताई से बहस करना असम्भव था, ऐसी हालत में तो और भी अधिक। कन्या छोटी को आवश्यक आदेश देकर अपने नौकरों के साथ अनिच्छापूर्वक चली गई।

रात के साढ़े ग्यारह-पौने बारह बजे के लगभग नन्दो ने आँगन में सारा सामान सँजोया—एक बोतल शराब, चार सूअर के बच्चे, मिट्टी की हंड़िया, आटे का पुतला, आटे का चौमुखा दीपक, तमाखू का एक पत्ता, गाँजा आदि। ताई आज अपने पति पर मूँठ चलाने का आयोजन कर रही थीं। प्रारम्भिक विधि हो जाने पर हँड़िया को कास (मंत्र) से बाँधने के लिए नन्दो ने ताई से कहा।

ताई फिर बुखार की गफलत में पड़ गई थीं। नन्दो बात का उत्तर न पाकर पास आई। लालटेन उठाकर ताई को देखा और फिर कान के पास मुँह ले जाकर पुकारा—"ताई! ए तैया!"

ताई ने आँखें खोलीं। पथराई पुतलियों से नन्दो को देखा, गफलत भरी आवाज में पूछा—"क्या है?"

"सब सँजोय के धर दिया हैगा, तैया।"

"सँजो दिया?" ताई की चेतना पूरी तरह लौट आई। बात ने उसके जर्जर शरीर में शक्ति का संचार किया। उठने का प्रयत्न करती हुई बोलीं—"मुझे ले तो चल वहाँ बेटा।"

"अरे, तुम हुँअन कैसे जइहौ तैया? हमें मंतर दैदेओ आज मूँठ का।" नन्दो ने आग्रह किया।

ताई के ज्वर से सूखे, तमतमाए, झुर्रीदार चेहरे पर हल्की हँसी बिखर गई। काले-काले डंठल जैसे चमक उठे, बोलीं—"ऐसे दिया जाए है मंतर?" ताई का कमजोर स्वर नई साँस भरने के लिए थम गया, फिर कहा—"मसान...पै...दिया जाय हैगा...मंतर...तेली की ल्हास...पै, तू मुझे ले चल।" ताई के शरीर में शक्ति उछलने लगी थी।

नन्दो उन्हें आँगन में ले आई। ताई ने हाथ-पैर धोए। हँडिया में सामान रखते हुए मंत्र पढ़ना आरम्भ किया। अपने पति को मारने के लिए मंत्र में उनका नाम लेना आवश्यक था। ताई एक क्षण संस्कारवश झिझकीं और फिर जोर से राजा साहब का नाम लेकर पुतले पर चौमुखा दीपक रखते हुए कड़क कर उन्हें मारने का आदेश दिया। क्षण भर के लिए जीवन ताई की पथराई आँखों में चौमुखे दीये की तरह जगमगा उठा। नन्दो भय के मारे उठ खड़ी हुई। सूअर के बच्चे एक साथ आँगन में बाँधे हुए चीत्कार मचा रहे थे। यह भी मूँठ के विधान में बँधकर आते हैं, इसलिए कि यदि दूसरे पक्ष में भी कोई ओझा-सयाना हो और तगड़ा प्रतिकार कर मूँठ को लौटा दे, तो लौटी हुई मूँठ चलाने वाले का खून न ले बल्कि सुअर के बच्चों की ही बलि से सन्तुष्ट हो जाए।

नन्दो की आँखों में वातावरण का चमत्कार भर गया। सहसा ताई जोर से चीख पड़ीं—"नईं-नईं-नईं!"

"क्या भया तैया?" कहती हुई पास आकर ताई को सँभालने लगी।

"हट, चक्कू ला।" कह कर ताई ने उसे झटकार दिया और तेजी से मंत्र बड़बड़ाने लगीं। डेढ़ महीने से ज्वर-जर्जर ताई की इच्छाशक्ति उस क्षण अपने रोग पर विजय पा गई। बड़ी तेजी और व्यग्रता से मंत्र पढ़ते हुए उन्होंने चिल्लाना शुरू किया—"लौट आ, लौट आ, मेरे ऊपर लौट!

'' नन्दो चक्कू ले आई थी। ताई ने आवेश में बड़ी जोर से उसे अपने बाईं हथेली में भोंक लिया। हँड़िया पर ताई के हाथ से रक्त टपकने लगा।

ताई वायु की उत्तेजना में बड़बड़ाती ही चली गईं। स्वर की कड़क फिर गायब हो गई, बड़बड़ाते हुए फिर गफलत में झूमकर गिर पड़ीं। उनके गिरने से हँड़िया उलट गई। उसका तमाम सामान छितर गया। नन्दो डर कर ताई को वहीं उसी हालत में छोड़कर भाग गई।

दूसरे दिन से ही ताई को सन्निपात हो गया। बड़बड़ाहट में दस-अनर्गल-सी लगने वाली बातों में एक यह बात भी टूटे-फूटे शब्दों में कई बार निकली कि 'मरन किनारे अब किसी का बुरा नहीं चेतुँगी।' उस दिन ताई की हालत बिगड़ गई। उसी दिन सवेरे सज्जन बाबा जी से मिलने उनके गाँव गया हुआ था। ताई बड़बड़ाहट में उसका भी नाम लेती थीं।

66

सज्जन बाबा जी से मिलने के लिए गाँव जा रहा था। उसका मन परस्पर विरोधी विचारों से घिरा हुआ था। कर्नल ने उससे महिपाल पर मुकदमा न चलाने के लिए आग्रह किया और कर्नल की आशा के प्रतिकूल सज्जन ने उसके आग्रह को अस्वीकार कर दिया। सज्जन का कहना था कि यह सिद्धान्त की बात है; प्रश्न केवल एक व्यक्ति के अपमान का नहीं है बल्कि अनेक व्यक्तियों की आर्थिक और नैतिक हानि का है। सज्जन इस समय व्यक्ति नहीं संस्था है। उसके निरर्थक अपमान से एक ऐसी संस्था का नाश हो सकता है जो 'बहुजन हिताय' स्थापित की गई है। कर्नल ने कन्या को भी राजी कर लिया, परन्तु सज्जन ने उसकी बात भी अस्वीकार कर दी, बोला—''यह मेरा निजी प्रश्न नहीं। मैं सिद्धान्त के लिए लड़ रहा हूँ। मुझे जिस परिस्थिति में यह कदम उठाना पड़ रहा है मैं उसे ही महत्त्व दे रहा हूँ, अपने को नहीं।''

कन्या बोली—''और क्या यह सम्भव नहीं कि परिस्थिति के अलावा तुम्हारे मन में महिपाल जी के लिए व्यक्तिगत रूप से क्रोध चढ़ा हो। सामाजिक रूप से अपने व्यक्तित्व को देखते हुए क्या यह सम्भव नहीं कि तुम्हारी अत्यन्त निजी, अपने मित्र महिपाल जी के प्रति, कोई पुरानी ईर्ष्या की भावना—''

''सो तो तुम मुझसे पूछो। यह मामला आर्टिस्ट क्वालिटी का हैगा। दोनों में जब से दोस्ती भई तभी से कीना भी है—मैं जानता हूँ।'' हाथ उठाकर हवा को उँगली से तराशते हुए आँखों की पुतलियों और चेहरे पर तैश का तमतमा लिए कर्नल ने बेलौस बात कही। फिर दूसरे ही क्षण इस लिहाज से कि कहीं सज्जन का जी न दुख गया हो, चट से हँसकर उसकी ओर देखते हुए कहा—''देखो बुरा न मानना और बुरा मानना तो एक रोटी ज्यादा खाना। असल न्याय की बात तो यही हैगी, मगर वाह भई बिन्नो, तुमको तो बैरिस्टर होना चाहिए था, बैरिस्टर। तुमने भी क्या पौइन्ट पकड़ा है कि बस, जीती रहो! इन्साफ इसको कहते हैं।''

सज्जन सिर झुकाए चुपचाप सुनता रहा। उसके चेहरे पर कोई भाव नहीं था, केवल मुद्रा गम्भीर थी। कर्नल की बात पूरी हो जाने के बाद उसने सिर उठाया, और कन्या पर एक सरसरी मगर आत्मीयता भरी नजर डालते हुए कर्नल को देखकर कहा—''मैं तुम्हारी बातों के साइकोलॉजिकल प्रभाव से दूर हूँ कर्नल, मुझ पर कोई असर नहीं हुआ और कन्या की बात के जवाब में—मुझे इतना ही कहना है—कि महिपाल से कहीं मेरा मन चुभता जरूर रहा है। मैं कर्नल से जितना आसान और सहज और साफ तरीके से पेश आता हूँ वैसा महिपाल के साथ व्यवहार में मुझसे नहीं हो पाता। मैं उसका बहुत आदर करता हूँ। कन्या, तुम्हें और कर्नल को छूकर मैं यह बात कह सकता हूँ। वह इन्टेलेक्चुअल तो नहीं, मगर बड़ा भावनाशील प्राणी है। यों पढ़ता भी खूब है, सोचता भी खूब है, महिपाल।—मगर यह सब होते हुए भी

मेरा अनुभव यह कहता है कि उसमें जबरदस्त उथलापन भी है और उसमें दम्भ, मिथ्या अभिमान भी जरूरत से ज्यादा है।''

कर्नल बोला—''यह बात तुम्हारी बिलकुल ठीक है हैगी। मैं यह मानता हूँ जहाँ तक आदमियत का सवाल है, भलमानसाहत की बात है वहाँ तुम्हारा उसका कोई कम्पैराइजन* ही नहीं हैगा। महिपाल का जी बहुत ओछा-छिछोरा हैगा, मगर भाई देखो सज्जन, मेरा यह सिद्धान्त रहा हैगा कि मुसीबत में पड़े दुश्मन के लिए भी जान लड़ा देनी चाहिए, महिपाल तो अपना यार है इतना पुराना! पोंगा बामन हैगा सुसरा अब उसका क्या करें। मैं तुमसे झूठ नहीं कहता बिन्नो, महिपाल आज बड़ा ग्रेट आदमी होता मगर सुभाव के छिछोरपन की वजा से उसका फ्यूचर सदा के लिए बिगड़ा हैगा। अभी कहाँ से राम जाने यह तकदीर का सिकन्दर चेत गया हैगा कि—''

''हाँ, इस समय तो महिपाल जी आर्थिक दृष्टि से सुखी दिखलाई देते हैं, चालीस-पचास हजार रॉयल्टी मिल गई है। यह तो खैर बहुत अच्छा हुआ, मगर इतने बड़े लेखक होकर काम वह बहुत बेजा कर रहे हैं।'' कन्या बोली।

''बेजा! अजी मैं कहता हूँ महाबेजा! और यह तुमसे किसने कहा कि चालीस-पचास हजार रॉयल्टी मिल गई है? बीस हजार की रकम मिली हैगी जिसमें दस हजार का दहेज दिया जा चुका। लोकल बरात है, फिर जनवासे में दो दिन की इस्टे हैगी। सब मिलाकर तीन-चार हजार रुपया ब्याह में और खर्च होगा। तो चौदह हजार यों गए। बाकी ये जो घर भर के गहने, कपड़े, जूते, मोजे, फर्नीचर वगैरा बदला सो इसमें भी ढाई-तीन का अंदाज बैठा लो। कल्याणी जी दो-चार नए गहने पहने भये हैंगी वो मजे के कीमती मालूम पड़ते हैं और ये जो कार ली है सो मेरी जान में रूपरतन से कुछ पावना होगा। यों जो रकम आई थी सो चली गई। जल्द ही उसे मोटर बेचने की नौबत आएगी। तभी तो कहता हूँ कि बड़ा छिछोरा है।''

सज्जन गम्भीर स्वर में बोल पड़ा—''यहाँ, यहाँ मैं तुमसे मतभेद रखता हूँ कर्नल! यह काम महिपाल की छिछोर बुद्धि नहीं कर रही। यह काम उसका खूब सोचा हुआ, अर्थ भरा और स्पिरिटेड मूड का है। वह अपने पैसे के अभाव की वजह से मुझसे बेहद जलता रहा है। इस बार महाजनों से मेरे काम के विरोध होने पर उसे बड़ा सुनहला अवसर प्राप्त हुआ। वह इसका फायदा उठा रहा है।...मैं तुमसे सच कहता हूँ कर्नल, महिपाल का चरित्र अब पहले से बहुत गिर गया है। शीला के साथ सम्बन्ध तोड़कर अपनी पत्नी के लिए जो ये वफादार बना है तो उसमें भी कुछ गहरा ही विचार है इसका।''

कर्नल फौरन बोला—''नहीं, वह तो मेरी आँखों देखी बात हैगी सज्जन। इसके साले की बरात में जब इसकी और शीला की बदनामी की बात उड़ी कि डॉक्टर शीला का पैसा खाता है, तो उस पर घर में लड़ाई भई। यह घर छोड़कर शीला के यहाँ रहने को चले गए। फिर खैर कल्याणी जी आईं, मैं इसे शीला के यहाँ से मोटर पर अपने साथ लाया। मेरी नजरों से कुछ नहीं छिपा भया है।—और उसके बाद ही सितारा चमक उठा—इनके पास बीस हजार रुपए की चिक आ गई। सेठ रूपरतन के प्रकाशन दफ्तर में साहित्य के एडवाइजर भी हो गए।—ये अब कीर्तनों के नेता तो बन ही गए। अब नेता भी हो जाएँगे।''

''इसीलिए तो कहता हूँ कि—''

''महिपाल की मोटर कभी नहीं बिकेगी। बल्कि एक दिन वह इससे भी बड़ी मोटर, या शायद नई मोटर भी खरीद सकेगा, नैनीताल में कोठी भी बनवा सकेगा।''

---

* अँग्रेजी शब्द कंपैरिजन—मुकाबिला।

"तुम अद्वितीय बनना चाहते हो रामजी, यह यों ठीक नहीं।"—अपनी बात कहते-कहते सहसा सज्जन को बाबा रामजी की यह बात सुनाई दी। सज्जन के लिए यह परिस्थिति बड़ी ही विचित्र हो उठी। बाबा जी उस कमरे में नहीं थे और जो आवाज आई वह भी दूर की नहीं थी। सज्जन का मन किसी हद तक आतंकित हो उठा। कर्नल को कन्या से बात करते टोककर बेसाख्ता उसकी जबान से निकल गया—"तुम लोगों ने कोई-कोई आवाज सुनी?"

"कैसी आवाज?" कन्या ने पूछा।

"मुझे भ्रम हो गया।" सज्जन ने बात टाली।

उसी दिन सज्जन ने गाँव जाकर बाबा जी से मिलने का निश्चय किया। महिपाल पर मानहानि का मुकदमा चलाने अथवा न चलाने का अन्तिम निर्णय भी वह वहाँ से लौटने पर ही करेगा।

दूसरे दिन सुबह तड़के ही सज्जन बाबा जी से मिलने के लिए अपने एक मित्र की जीप कार लेकर चला गया। उसके जाने के कुछ देर बाद ही वर्मा का फोन आया कि ताई की हालत बहुत खराब है। कन्या तुरन्त अपने ड्राइवर को सज्जन का पीछा करने भेज, वैद्य जी को लेती हुई जब ताई के घर पहुँची तो घुसते ही सुअर के बच्चों को देखकर ठिठक गई। ताई बिस्तर पर बेहोश पड़ी थीं। बिस्तर पर सन्निपात में उबल रही थीं। तारा, वर्मा और नन्दो की माँ ताई की देखभाल कर रही थीं। ताई बीच-बीच में उठकर भागतीं, तेज होतीं, आसपास वाले को मार भी बैठतीं। इन तीनों के लिए उन्हें सँभालना मुश्किल हो रहा था। वैद्य जी ने नाड़ी देखकर ताई को केवल दो-तीन घंटे का मेहमान बतलाया। उन्होंने मकरध्वज की मात्रा दी और हाथ-पैर के तलुओं में जायफल पीसकर मलने के लिए कहा। कन्या का दिमाग चारों ओर चल रहा था। आज ही महिपाल के घर शकुंतला की बारात आने को थी। कर्नल उधर ही व्यस्त था। वनकन्या ने विचार कर कर्नल को इस समय यहाँ बुलाना उचित न समझा। उसने वर्मा को भेजकर अपनी कोठी पर टेलीफोन करवा के दीवान जी को बुलवाया। इतने में शंकर और छोटी भी आ पहुँचे। नन्दो ने अपने किसी स्वार्थ के लिए जादू-टोना करवाया और ताई को कष्ट दिया, इस बात की शिकायत स्वयं नन्दो की माँ ने वनकन्या के सामने की और शंकर लाल ने भी अपनी बहिन के कृत्य पर लज्जा और खेद प्रकट किया। कन्या ने राजा साहब के यहाँ भी सूचित कर देना बड़ा आवश्यक समझा।

गलियों में दूर-दूर तक टोनही ताई के स्वर्गवास की चर्चा बिजली की तरह फैल गई। मुहल्ले वाले मृत्यु का समाचार सुनते ही ताई के दरवाजे पर जमा होने लगे। घर के अन्दर स्त्रियों की भीड़ क्रमशः बढ़ने लगी। कन्या ने जादू-टोना का सामान पहले ही साफ करवा दिया था। वह नहीं चाहती थी कि ताई के अन्त के साथ भी इस प्रकार का कोई प्रसंग जुड़े। कन्या सज्जन के बिना घबरा रही थी। लोगों ने कहा कि विमान बनेगा, ताई बाजे-गाजे से पैसे-मखाने लुटाती हुई गंगा जाएँगी। कन्या ने दीवान जी से आवश्यक खर्च के लिए कह दिया था। लाला जानकीसरन एक बार दरवाजे पर आए, सज्जन के बारे में पूछा, कर्नल के सम्बन्ध में पूछा और दोनों को उपस्थित न पा लौट गए।

जनता की जबान पर ताई धन्य-धन्य हो रही थीं। उनके इधर के कार्य समाज में खूब ही सराहे गए थे। गंगा दशहरे के दिन ताई का देहान्त हुआ यह बात उनके सीधे स्वर्ग जाने के सबूत में पेश की जा रही थी।

सज्जन लौट आया। ताई की मृत्यु के समाचार ने उसे बड़ा दुःख पहुँचाया था। ताई उसके जीवन में अत्यन्त निकट आ गई थीं। आँगन में नहलाई-धुलाई ताई की लाश चुनरी उढ़ाकर रखी गई थी। सज्जन के लिए ताई का चेहरा खोलकर दिखलाया गया। ताई सुहाग लेकर मरी थीं, इसलिए उनकी कंघी-चोटी की गई थी, माँग में सेन्दुर भरा हुआ था, माथे पर टिकुली, नाक में नथ, कानों में बाले,—सज्जन ने ताई को कभी इस रूप में नहीं देखा था। उनके चेहरे पर शान्ति विराज रही थी। उनके जीवन भर का संघर्ष मृत झुर्रियों में शान्त हो गया था। ताई के माथे पर हाथ

रखकर सज्जन बिलख-बिलख कर रो उठा। कन्या, तारा और वर्मा की आँखों में आँसू अविराम बह रहे थे।

दोपहर ढल गई, तब कहीं जाकर फोन पर फोन और बुलावे पर बुलावों के बाद राजा साहब के बड़े सुपुत्र पधारे। तब तक ताई के दरवाजे पर, फटकिया में और बाहर गली तक लोगों की भीड़ भर गई थी। घंटा-शंख-घड़ियाल के साथ ताई का विमान उठा। बैंड बाजा बजने लगा। मुहल्ले के दो नवयुवक विमान पर मोरछल डुलाने लगे। सज्जन के दीवान जी ने हाथ ऊँचा उठाकर पैसे उछाले, झोलियाँ फैलाए भिखमंगों की टोली झोलियों और जमीन पर गिरे पैसों को बटोरने और छीना-झपटी करने में फुर्ती दिखलाने लगी। लोगों के सिरों पर गुलाल मला हुआ था। ताई का विमान फूलों की तरह लोग उठाए लिए जा रहे थे। जीवन भर ताई को छेड़ कर उनकी गालियों से अपना मनोरंजन करने वाले बच्चे, बूढ़े-जवान अन्तिम बार ताई के साथ चले जा रहे थे। आज ताई की लाठी का भय न था, ताई उनके कंधों पर थीं, दिलों पर थीं, जबानों पर थीं। गलियाँ पार कर चौड़ी सड़क पर आते ही सज्जन के दीवान जी ने चाँदी-सोने के फूल लुटाए। राजा साहब के बड़े मुनुआ ने भी लोक-लाज के लिए दस रुपए के पैसे मँगवा कर लुटा दिए।

शाम को कर्नल ने किसी से ताई के स्वर्गवास का समाचार सुना। उसने यह भी सुना कि लाश कानपुर—गंगाजी गई है। कर्नल को बड़ा दुःख हुआ, लेकिन उसने महिपाल से नहीं कहा। शाम को द्वाराचार के लिए महिपाल ने बहुत बड़ा आयोजन किया था। बड़े निमंत्रण पत्र बाँटे थे, परन्तु सज्जन और वनकन्या को नहीं बुलाया था। कर्नल पर अपना अधिकार जताने के लिए महिपाल ने उसे सुबह से ही बुला लिया था। कर्नल को वहाँ कुछ काम तो था नहीं, खाली बैठे-बैठे वह ब्याह के घर की चहल-पहल और रीति-रसम देखता रहा। जनवासा कार्लटन होटल के पाँच कमरों में दिया गया था। बारात आते ही मिर्चबान गया, यानी कालीमिर्च पड़ा हुआ एक घड़ा शर्बत जनवासे भेजा गया। फिर दिन भर नाश्ता-फल-मिठाइयाँ खाने-पीने का सामान, आदि जाता रहा। शाम को सात बजे न्यौतनी की रस्म हुई। नाऊ बारात को न्यौता देने गया। महिपाल के घर आमंत्रित लोगों की भीड़ जुटने लगी। सेठ रूपरतन के विशाल लॉन में प्रति-भोज का आयोजन किया गया था। प्रतिष्ठित नागरिकों में दो मंत्री तक मौजूद थे। महिपाल इससे बेहद प्रसन्न था, लोगों से कहता फिर रहा था कि अगर यह नैनीताल का सीजन न होता तो स्वयं पंत जी महाराज और गवर्नर मोदी तक उसके यहाँ अवश्य पधारे होते।

बारात घर के निकट पहुँचने का समाचार मिला। लोग अगवानी के लिए सड़क पर खड़े हो गए। फिर लखनऊ के बाजपेई और बाला के शुक्ल अपने-अपने बड़प्पन को लेकर प्रथानुसार सड़क पर अड़ गए। लड़के वाले एक कदम आगे बढ़कर रुके, लड़की वाले भी रुक गए। लड़के वाले के यहाँ भीड़ तो थी, बरातियों में प्रतिष्ठित लोग भी थे, मगर लड़की वाले के यहाँ बड़े-बड़े धनी-मानी, अफसर, डॉक्टर, साहित्यिक, पत्रकार और मिनिस्टर तक उपस्थित थे। लड़के वालों ने फिर भी अपने बड़प्पन की आन निभाई और आगे न बढ़े। इस तरह कदम-कदम तकल्लुफ होने के कुछ देर बाद महिपाल और डॉक्टर जयपाल आगे बढ़कर समधियों के आगे झुक गए। फिर मिलनी हुई।

पार्टी के समय कर्नल ने अपने प्रबन्ध-कौशल का जबरदस्त परिचय दिया। मेहमानों के बिदा होने के बाद कर्नल ने महिपाल से छुट्टी माँगी। महिपाल के बहुत आग्रह करने पर चलते समय उसने बर्फी से मुँह जुठला जरूर लिया पर उससे खाया न गया। महिपाल और सज्जन में पड़ी फूट से कर्नल का मन अत्यन्त खिन्न था। महिपाल के व्यवहार ने उसे बेहद दुखी किया था। लौटते समय कर्नल ने सज्जन की कोठी पर जाकर पता लगाया। कन्या से भेंट हुई। कर्नल ने अपनी मजबूरी जाहिर की कि वह दिन में नहीं आ सका। कन्या से ही उसे पता लगा कि दाग देने के लिए राजा साहब के सुपुत्र ने सज्जन को आदेश देकर पीछे हटा दिया था। यद्यपि सज्जन के मन में ऐसी कोई

बात तब तक उठी ही न थी फिर भी सज्जन को इससे बड़ी चोट पहुँची। इसके बाद तो वह लाश के साथ कानपुर भी नहीं जाना चाहता था, बाद में कन्या के आग्रह से गया।

सुनकर कर्नल हँसा, बोला—"यह दाग देने की बात भैया साहब का कानूनी टोटका है। दाग देने से सज्जन कहीं ताई की बची-खुची मिल्कियत का हकदार न बन जाए, इसलिए यह सफाई पहले से ही कर ली।"

"कैसे नीच होते हैं यह लोग जो हर अवसर पर पैसे ही को देखते हैं!"—कन्या ने कह कर एक ठंडी साँस छोड़ दी।

67

ताई के मरने के दूसरे ही दिन सज्जन को राजा साहब के वकील का नोटिस मिला। नोटिस द्वारा तुरन्त ही हवेली को खाली करने का आदेश दिया गया था।

सज्जन इसकी आशा भी करता था, परन्तु कन्या की जमी-जमाई पाठशाला को उठाकर वह कहाँ ले जाए? यों तो अस्पताल के लिए खरीदे गए मकान में भी वह ले जाता, परन्तु वहाँ प्रसूतिका-गृह के लिए स्थान में कमी पड़ जाने की सम्भावना थी; साथ ही पाठशाला का शोर प्रसूतिका-गृह के लिए उचित न होता। सज्जन और कन्या दोनों ही इस विषय को लेकर बड़ी चिन्ता करने लगे। सज्जन ने प्रस्ताव किया कि एक बार वह स्वयं राजा साहब के पास जाकर हवेली को किराए पर ले लेने की बात उठाएगा। कन्या बोली कि राजा साहब इसे स्वीकार नहीं करेंगे और हुआ भी यही। राजा साहब ने अत्यन्त आत्मीयता प्रकट करते हुए, सब कुशल-क्षेम पूछकर कहा—"मैं तो भैया अब सब माया-मोह छोड़ चुका हूँ। अन्तकाल में हरिनाम ही बस मेरी पूँजी है। तुम राजा भैया से बात करो, वही सब देखते-सँभालते हैं।"

भैया साहब से मिलने पर सज्जन को दो कड़वी बातें सुननी पड़ीं। वे बोले—"हमारे पुरखों की हवेली हिन्दू धरम की कबर नहीं बनेगी लाला सज्जनमलजी। बड़ी अम्मा के रहते उनको अधिकार था। बाकी अब तो बाबू जी उसमें हमारी दादी के नाम से वैदिक पाठशाला खोलने की बात तै कर चुके हैं।"

सज्जन चुप हो गया। उसने फिर दूसरी बात उठाई, कम से कम एक महीने की मोहलत माँगी। भैया साहब मीठे होकर बोले—"हमारी बात को गलत न समझना सज्जनमल। हमारी तरफ से महिना क्या दो महिने ले लो। हमारा-तुम्हारा कई पुश्तों का ब्यौहार है, पर बात यह है कि पब्लिक वहाँ तुमसे और खासतौर पर तुम्हारी कायथ-बीबी से बहुत खिलाफ हो गई है। हम तो हवेली से उस दूसरे किरायेदार को भी निकालना चाहते हैं। उसकी भी तो कायथ-बीबी है न!"

सज्जन को बहुत बुरा लगा, फिर भी बड़े संयम से काम लेते हुए उसने कहा—"पब्लिक हम से कितनी खिलाफ है इसकी चर्चा आप रहने दीजिए और ये अन्तर्जातीय शादियाँ भी, बुरा न मानिए, अब तो और होंगी, अधिक से अधिक होंगी। आपकी एक क्या दस करोड़ वैदिक पाठशालाएँ समाज को बदलने से रोक नहीं सकेंगी, देख लीजिएगा।"

भैया साहब धर्म के आवेश में आ गए, आँखें निकालते हुए बोले—"बड़े-बड़े सिकन्दर, बाबर और अंग्रेज तो हमारे लाखों-करोड़ों बरस पुराने पवित्र हिन्दू धर्म को डिगा नहीं सके तुम—।"

"हम नहीं, समय उसका विकास करेगा। हम हिन्दुस्तान के धर्म को तनिक भी धक्का नहीं पहुँचा रहे। हाँ, उसके ढोंग को धक्का क्या एकदम ढा कर रहेंगे देख लेना।"

"तुम हमको चुनौती देना चाहते हो, सज्जन, तो हम चुनौती भी मंजूर करते हैं। मरभुखों के आगे कितने झूठे टुकड़े डालोगे? मरभुखे लाखों हैं सज्जन।"

"यही हकीकत तुमको खा डालेगी!"

भैया साहब बड़ी जोर से हँसकर बोले—"सज्जन, दाई से पेट छुपाने की कोशिश करना बेकार है। मरभुखों की आड़ लेकर तुम्हारे इस बिजनेस को हम सब खूब समझते हैं, लेकिन एक दोस्ताना सलाह हमसे भी लिए जाओ। तुम्हारी यह तरकीब जमीदाराना तरकीब है। ब्यौपाराना नहीं। तुमने जो पालिटिक्स सोची है उसे हम चार आदमी मिलकर साल भर में जहन्नुम रसीद कर देंगे। (हँसकर) तुम्हारे सात-आठ लाख—हद दस लाख हमारी तरकीबों के आगे मिनटों में बारूद की ढेरी की तरह उड़ जाएँगे। हमारा कुछ नहीं बिगड़ेगा। हम धर्मादे की रकम बढ़ा देंगे—इन्कम टैक्स सुपर टैक्स से थोड़ी बहुत मुक्ती ही पा जाएँगे।"

सज्जन भी उसी तरह शान्त स्वर में हँसकर बोला—"चलो, इस बहाने तुम लोग पब्लिक की भलाई के लिए कुछ रुपया तो खर्च करोगे। और रहे मेरे दस लाख, सो वह बारूद की ढेरी की तरह उड़ भले ही जाएँ, मगर तुम लोगों के करोड़ों रुपयों को साथ उड़ा डालेंगे। इसमें बहस की गुंजाइश नहीं, आगे अपनी आँखों देखना।" कहकर सज्जन उठ खड़ा हुआ। चलते-चलते उसने मुड़कर कहा—"तुम्हारी नोटिस का कानूनी जवाब पहुँच जाएगा, लेकिन मैं कहे जाता हूँ, जब तक मुझे दूसरी जगह मिल नहीं जाएगी, हवेली नहीं छोड़ूँगा। हाँ, जल्द दूसरी जगह जाकर देखूँगा।"

भैया साहब गरजे, बोले—"हवेली पन्द्रह दिन में खाली हो जानी चाहिए सज्जनमल।"

"मैं कोशिश करूँगा।" सज्जन ने ठंडे स्वर में कहा।

भैया साहब कुर्सी से उठ खड़े हुए बोले—"कोशिश करोगे? तब तीन दिन में खाली हो जाए।"

"मैं कोशिश करूँगा।" सज्जन ने फिर उसी तरह कहा।

भैया साहब दो कदम तैश में आगे बढ़े, बोले—"क्यों पुरखों के रिश्ते बिगाड़ते हो सज्जन? वरना फिर न कहना कि आपुस में तबाही फैला दी।"

सज्जन वापिस लौटा, पास आया, बोला—"मैं तुम्हें विश्वास दिलाता हूँ, मेरा कोई पोलिटिकल इरादा नहीं। मैं एक सामाजिक प्रयोग कर रहा हूँ।"

"यही तो तुम्हारी सबसे बड़ी पौलिटिक्स है। अच्छा, हम तुमसे कहें, तुम अपने बैंक का आइडिया ड्राप कर दो और फिर करो सामाजिक प्रयोग। थोड़ा बहुत नया जमाना ही लाना चाहते हो न—ले आओ। बस, अभी मुहल्लों में मुसलमान, किरस्टान से शादी-ब्याह का रिवाज न खोलना, बाकी जात-पाँत तोड़क मैरिजें भी होने दो। बाबूजी के रहते हुए मैं इस काम में खुलेआम तो नहीं पर चुपचाप तुम्हारी मदद भी करूँगा। दस और बड़े-बड़े आदमियों की भी मदद दिलवा दूँगा..."

भैया साहब ने काफी देर तक ठंडा मीठा लॅक्चर पिलाया—"यह करवा दूँगा और वह करवा दूँगा।" सज्जन ने भी उतने ही शान्त मन से सुना, फिर बोला—"बैंक बन्द कर दूँ तो मेरे सामाजिक प्रयोग पूरे कैसे होंगे?"

"भई, छोटे स्केल में करो अपने प्रयोग। थोड़ा चन्दा मैं लगवा दूँगा तुम्हारा।"

"चन्दे की रकम पर जनता में आत्मशक्ति कैसे आएगी। अच्छा, एक काम कीजिए आप," सज्जन ने एक प्रस्ताव किया—"आप—या डाइरेक्टली लाला जानकीसरन—और जो वहाँ के दूसरे महाजन हैं जिन्हें मुहल्लों या वार्डों के सहकारी पूँजी वाले बैंकों के खुलने से अपने लिए खतरा नजर आता है वह एक तरह से दूर भी हो सकता है। आप भी हमारी सहकारी पूँजी में आइए और उसे भी अपना एक धन्धा मानकर उचित मुनाफा लीजिए।"

भैया साहब बोले—"हम आपके बैंक में शामिल होने को तैयार हैं मगर एक शर्त पर, यों शेयर चाहे एक ही एक रुपए के रहे, मगर बोर्ड ऑफ डाइरेक्टर्स में वही चुना जा सकेगा जिसके पास कम से कम पाँच सौ शेयर हों।"

सज्जन बोला—"आप पब्लिक सहकारिता के नाम पर प्राइवेट धन्धा फैलाना चाहते हैं? धन्धा जरूर फैलाइए मगर सार्वजनिक स्तर पर डाइरेक्टरों के बोर्ड में आने के लिए एक रुपए वाला भी

उतना ही अधिकारी है। हमें डाइरेक्टरों में केवल धन्धा चलानेवाले नहीं, बल्कि सार्वजनिक लाभ के लिए धन्धे चलाने वाले योग्य लोगों की जरूरत है।"

भैया साहब ने गम्भीरतापूर्वक सिर हिलाया, फिर हँस कर बोले—"बिनाश काले विपरीत बुद्धी। खैर हवेली तीन दिन में खाली कर दीजिएगा लाला सज्जनमल जी।"

यह कहकर भैया साहब ने जाने के लिए रुख फेरा, सज्जन को उनका यह लाट साहबी तेवर और उनका बार-बार 'लाला' और 'मल' जोड़कर नाम लेना बेहद खला यद्यपि यही उसका पूरा नाम था। स्वर में तेजी लाकर उसने कहा—"आपसे कह चुका हूँ कि कोशिश करूँगा, वादा नहीं कर सकता और जब तक मुझे दूसरी जगह न मिल जाएगी तब तक कोई शक्ति मुझे ताई की हवेली से निकाल नहीं सकती।"

राजा साहब के घर से लौट कर सज्जन बेहद चिन्तित हो उठा था। हवेली से कन्या के स्कूल को हटाना इतनी बड़ी समस्या न थी जितना कि विरोधी पक्ष द्वारा अपने सृजनात्मक सपने के नष्ट-भ्रष्ट किए जाने का भय। वह आगे वाली परिस्थिति को देख रहा था। उससे अधिक बड़ी और संगठित पूँजी उसके विरोध में खड़ी हुई थी। उस पूँजी का दलगत स्वार्थ समाज की वास्तविक उन्नति नहीं होने देना चाहता था और जनता यद्यपि बड़ी तेजी से उसकी तरफ खिंच रही थी, परन्तु सज्जन अब तक जनशक्ति पर हृदय से विश्वास न कर पाया था। वह सोचता था कि वे लोग जो उस समय उससे सहायता पा रहे हैं उनमें से अधिकांश यदि विपक्ष से रिश्वत लेकर सज्जन को धोखा दे जाएँ तब वह क्या कर पाएगा? सज्जन की योजना प्रयुक्त होते-होते अब यदि पुरानी पड़ गई होती, लोगों से उसका घनिष्ठ नाता हो चुका होता तब अधिक चिन्ता की बात न थी। विपक्ष से जितनी भी चालें चली जाएँगी वे सब अधिकांश में भेद भरी होंगी। इसके अतिरिक्त ये महाजन लोग राजनीतिक पार्टियों को भी अपने संगठन में शामिल करेंगे। सज्जन उस परिस्थिति से निश्चय ही अपनी योजनाओं को बचाना चाहता था। जनता जागे; जनता अपने हित और अधिकार को सही तौर पर पहचाने, यह सज्जन की हार्दिक इच्छा है...लेकिन वह कौन सा ऐसा काम करे जिससे कि लोग उसका विश्वास कर सकें, जनता का विश्वास प्राप्त करने के लिए वह किस प्रकार आत्मोत्सर्ग करे।

"साधन के लिए सहज उपाय है रामजी, हम गोमती तट पर आए हैं। मिलो!"

—अपनी कोठी के कमरे में अकेले बैठे विचार करते सज्जन को बाबाजी का स्वर फिर उसी तरह सुनाई दिया जैसे दो दिन पहले सुनाई दिया था। सज्जन आश्चर्य से स्तब्ध रह गया, उसके मन में द्वंद्व मच गया, कहीं यह भ्रम तो नहीं। कहीं ऐसा तो नहीं कि मेरा ही मन मुझे धीरज बँधाने के लिए इस प्रकार रूप धर मुझे सन्तोष देता हो। गोमती तट पर मिलने की बात अवश्य ही कसौटी बन सकती है, सज्जन ने तुरन्त ही ड्राइवर को गाड़ी निकालने का आदेश दिया।

सच--सच, शिवाले के बरामदे में बाबाजी लेटे हुए थे, देखते ही उठ बैठे और सदा की भाँति हँस कर कहा—"आओ रामजी, बड़ी बाट दिखाई।"

सज्जन बोला—"मैं परसों आप के यहाँ आ रहा था—"

"हाँ! राम भक्तिनियाँ मर गई बिचारी! हमारा बड़ा उपकार कर गई रामजी। गाँव में ऐसा बढ़िया आस्त्रम जमा है कि उससे बड़ी लोकोपकार हुई सकेगा, पाठशाला, व्यायाम-साला सब कुछ सुचारू रूप से चल रही है राम जी। हम आज इसलिए आए हैं कि आप हमें एक ट्राक्टर खरीदवा दें।..."

सज्जन बोला—"आप जो चाहेंगे हो जाएगा पर मेरी एक शंका का समाधान कीजिए।"

बाबाजी हँसे—"उसमें काहे की संका रामजी, एक तुम्हारे पास टैलीफून है और दूसरा हमारे पास है।" कह कर बाबाजी फिर हँसे।

"पर यह सम्भव कैसे है?"

"साधन से।"

"वह कौन-सा साधन है!"

"आत्म-संगम और ध्यान।"

"मन कैसे एकाग्र होता है?"

"सतत चिन्तन से।"

"एक का सतत चिन्तन सम्भव नहीं, जीवन में अनेकता जो इतनी है।"

"तो उसी अनेकता का विचार करो। अपनी इच्छा को अनेकता में फैलाकर देखो, कहाँ उसका वास्तविक रस है। तुम सामाजिक काजों के लिए पहले अपनी सम्पत्ति दान करने में हिचकते थे, फिर पता चला कि जन को धन से अधिक अपनाने की तुम्हारी इच्छा प्रिबल है। अब तुम में और जन में भेद पड़ा है, जिसे तुम अधिक चाहोगे उसी में तुम्हारा ध्यान भी अधिक लगेगा, चित्त भी एकाग्र होगा।"

"मैं जन जीवन में एक हो जाना चाहता हूँ।"

"तो निश्चय ही हो जाओगे।"

"आपका आशीर्वाद चाहता हूँ। परन्तु मेरी जिज्ञासा अब भी वैसी की वैसी ही बनी हुई है, आप की रहस्यमयता के सम्बन्ध में।"

बाबाजी पालथी मारे तनकर सहज भाव में बैठे हुए थे बोले—"रामजी, सत्य मानना। रहस्य मेरा नहीं, मेरे विराट का है। मैं तो क्षण-प्रित-क्षण साधारणता—सहजता को ही साधता रहता हूँ, तुम्हारे मन में अद्वितीय बनने की भावना है। अलग रह कर विराट को कैसे पहिचानोगे रामजी?"

सज्जन नतशिर गम्भीर हो गया। बाबाजी बोले—"मेरे गुरु ने मुझे सेवा का मंत्र दिया, कहा सबको मेरा ही रूप समझ कर सेवा करना। पढ़ा-लिखा तो हूँ नहीं रामजी। हाँ, निस्ठा से इसी एक बात को लेकर चल पड़ा। इसी सेवा की इच्छा ने मन को एकाग्र कर अपनी सूक्छम और बिलक्छन सक्तियों के दर्सन करा दिए। कहते हैं कि इच्छा करने पर वायु रूप धारण कर कहीं भी सन्देह पहुँचाया जा सकता है। अभी हमने उस सक्ति के दर्सन तो नहीं किए। प्रभु की इच्छा होगी तो हो जाएँगे अन्यथा कौन चिन्ता है। मैं केवल निस्काम सेवा का ब्रत लेकर परम तत्त्व की खोज में निकला हूँ, मार्ग में जो भी अनुभव होगा उसका ज्ञान लाभ लेकर चले जाएँगे। हमें और कोई चाह नहीं।"

सुनकर सज्जन ने दीर्घ निश्वास छोड़ी, कहा—"आपकी बातें आसानी से समझ में आने वाला रहस्य हैं मगर रहस्य फिर भी हैं।"

"आदत जो नहीं पड़ी रामजी। फिर रहस्य नहीं लगेगा क्योंकि वह दैनिक जीवन का क्रम बन जाएगा। नई राह पर चलने में संकोच और अटपटापन मालूम हुआ करता है। बस, इतनी-सी बात है। अपने से पूछते रहो कि तुम्हारी इच्छा क्या है फिर अपना उत्तर सुनो, गुनो कि उस इच्छा में कौन-कौन सी बातें तुम्हें बिसेस रूप से रुचती हैं और कौन-सी बुरी लगती हैं, फिर उसे बुनो अर्थात् अन्वय करके देखो कि तुम्हारी रुचियों-अरुचियों के पीछे कौन से घरेलू, सामाजिक, भौतिक आधिभौतिक तत्त्व हैं और मूल तत्त्व क्या है, फिर उसे बुनो अर्थात् अपनी इच्छा का मूल तत्त्व पहचान कर उसे विकसित करने के लिए विचारों और वस्तुओं के ताने-बाने से वातावरण प्रिस्तुत करो। फिर इच्छा तुम्हें पहन लेगी रामजी और तुम इच्छा को पहन लोगे अर्थात् फिर इच्छा को लेकर तुम्हारी द्रिस्टि कहीं उलझेगी नहीं। तुम्हारे द्वारा प्रत्येक छण में जो भी व्यापार होगा, तुम्हारी इच्छानुकूल होगा। उसमें तुम्हें अपनी रुचि का परिचय मिलेगा और सक्ति को पहचानते हुए ऐसी अनेक बिलक्छणताओं को आप ही आप अनुभव कर लोगे जो तुम्हें आज रहस्य सी लगती हैं। अनुभव का मार्ग सरल होता है रामजी केवल अभ्यास की आवश्यकता है।"

सज्जन बाबाजी द्वारा कही जानेवाली आसान बातों से प्रभावित हो मौन हो गया। वह सोच रहा था—बहुत गहरे में सोच रहा था, परन्तु उसी तरह जैसे मनुष्य नींद में सपना देखता है, होश और बेहोशी दोनों ही मिश्र स्थिति में वह गुम हो गया था।

महिपाल पर मुकदमा चलाने का मानसिक हठ और भैया साहब, लाला जानकीसरन, रूपरतन आदि का संगठित विरोध उसकी इच्छा की कसौटी पर चढ़ रहे थे। दो दिन पहले कन्या द्वारा कही गई बात उसे इस समय फिर याद आ रही थी और इस समय हठ रहित हो उसका मन साफ-साफ यह पहचानने लगा कि ईर्ष्या की भावना उसमें है, सदा से है, वह अद्वितीय ही रहना चाहता है।...परन्तु यह चाहना क्या ठीक है? यह चाहना निरी व्यक्तिगत है, साथ ही मूर्खतापूर्ण भी। आज समाज के साथ, इतने विविध व्यापक और विशाल जीवन के साथ कौन व्यक्ति अद्वितीय हो सकता है? हाँ, इस प्रकार वह अद्वितीय अवश्य है कि जीव सब में एक ही, जीव अद्वितीय है। सज्जन यदि इस अद्वितीयात को पहचान ले तब किसी से ईर्ष्या-द्वेष नहीं रह जाएगा।...पर यहीं उसे भय लगता है जब दूसरों के ईर्ष्या-द्वेष भरे विरोधों से घिरेगा, दूसरों के झूठ की फाँसी उसके गले में पड़ेगी, तब क्या वह ईर्ष्या-द्वेष किए बिना बच पाएगा? जो मनुष्य का साधारण गुण-अवगुण है उससे वह भला कैसे बच सकता है। सज्जन बाबाजी से मिलने के बाद लौटते समय विचारों से गुँथा चला आ रहा था। सेठ रूपरतन की कोठी रास्ते में पड़ी। अपनी झंडियों और सजावट-स्वागतम् के कारण दृष्टि में अटकी, महिपाल का ध्यान आया, सज्जन का मन थम गया, मन में ललक-सी आई कि महिपाल से मिलकर भाँजी के विवाह पर वह उसे बधाई दे दे। निमंत्रण?—निमंत्रण नहीं आया न सही, वह ईर्ष्यालु होकर क्यों सोचे, महिपाल से उसकी अनेक वर्षों की गहरी दोस्ती रही है—वह इस बात को ही क्यों न अपने ध्यान में रखे? उसने ड्राइवर को गाड़ी रोकने का आदेश दिया। गाड़ी रुकते-रुकते तक उसने सोचा कि साथ में वधू के लिए कुछ भेंट भी ले जानी चाहिए। ड्राइवर को हजरतगंज चलने का आदेश मिला, चलते-चलते विचार आया कि प्रेजेन्ट ले जाने से महिपाल कहीं यह न समझे कि मैं अपना बड़प्पन जताने आया हूँ। ड्राइवर को गाड़ी लौटाने का आदेश मिला, गाड़ी लौट पड़ी परन्तु अब ड्राइवर यह जानना चाहता था कि गाड़ी लौटकर जाएगी कहाँ, सज्जन की कोठी या सेठ रूपरतन की कोठी? उसने पूछा भी, सज्जन सुना-अनसुना कर गया। वह अपने मन में अब यह निश्चय नहीं कर पा रहा था कि ऐसी हालत में वह महिपाल से मिलने के लिए जाए या नहीं। न जाने पर वह स्वयं अपनी ही दृष्टि में ईर्ष्यालु सिद्ध होता था, जाने में उसे संकोच था, अपमानित होने का भय था।

गाड़ी उसकी कोठी के पास आ गई। ड्राइवर ने फाटक की ओर उसका रुख किया। सज्जन ने तुरन्त आदेश दिया—''रूपरतन की कोठी चलो!''

उस समय महिपाल के यहाँ छोटी 'बड़हार' हो रही थी। महिपाल और जयपाल वर के मामाओं से दही-शहद युक्त पान एक दूसरे की छाती पर चिपका कर मिलनी मिल रहे थे और इस मिलनी के समय महिपाल का मन अन्दर ही अन्दर द्वेष के कारण जला जा रहा था। वर के मामाओं के कारण इस विवाह में बड़ी बदमजगी आ गई थी। बरात के जनवासे में पहुँचते ही ठेठ बैसवाड़े के निवासी इन मामाओं ने उसे और तमाम लड़की वालों को खून के आँसू रुलाना आरम्भ किया था। कल से अब तक पग-पग महिपाल का अपमान किया गया। बेतुके समय अनकटोंटी फरमाइशों के मारे वर के बड़े-छोटे और मँझले मामाओं ने लड़की वालों को बुरी तरह परेशान कर डाला। लड़के के बड़े मामा, महिपाल के ननिहाली रिश्ते से, उसके दूर के सम्बन्धी भी लगते थे। वे इसीलिए उसे बार-बार नाना-मामा के टुकड़े तोड़ने का ताना कसते, कहते कि तुम्हारी माँ ने अपने मैके से जो माल मारा है वह निकालो, बड़े-बड़े रईसों-मिनिस्टरों से होड़ लेते हो तो हमारी अमुक या अमुक फरमाइशें पूरी करो। कल से आज तक उसे मुँह बन्द कर जितना अपमान सहना पड़ा है उतना पहले कभी

नहीं। डॉक्टर जयपाल एक तो हरदम सामने रहते ही न थे और यदि रहते भी तो डपट पड़ते थे, परन्तु महिपाल अपने छोटे भाई को बार-बार शान्त कर देता, हुज्जत करने पर वे लोग और भी तीखी बातें सुनाते। महिपाल और जयपाल की स्वर्गीया माता के सम्बन्ध में छींटाकशी कर बैठते थे।

मिलनी के समय ही महिपाल को सज्जन के आने की सूचना मिली, उसे आश्चर्य हुआ, साथ ही मन ही मन कट भी गया। उसने सज्जन और कन्या को जान-बूझकर नहीं बुलाया था। उसे बतलाया गया कि सज्जन सेठ रूपरतन के कमरे में है और कर्नल भी वहीं बैठा है।

रूपरतन ने सज्जन की बड़ी आव-भगत की, फिर छेड़ कर उसके ट्रस्ट और आन्दोलन आदि की चर्चा चलाई। बातों-बातों में रूपरतन ने कहा—"जब तक हिन्दुस्तान में अनगिनत ऊँची-नीची जातियाँ हैं, तब तक इस देश में जनता की संगठित शक्ति से कोई काम बन ही नहीं सकता। और जातियों को तोड़ना किसी के बस की बात नहीं। न जाने कितने तूफान आए और गए, परन्तु यह असंख्य जातियाँ भारत की छाती पर मूँग दलती रहीं। तो...मैं तो अब सीरियसली यह सोचने लग गया हूँ भाई जान, कि हम फैशन में समाज सुधार या सोशलिज्म की चर्चा भले ही करते रहें, बेचारे गरीबों को तसल्ली देने के लिए इस तरह की चर्चा जरूरी भी है, पर सच्चे मन से किसी समझदार हिन्दुस्तानी को इन विलायती सिद्धान्तों पर विश्वास नहीं करना चाहिए। नौजवानी में मैं भी कट्टर सोशलिस्ट था, अब भी वही व्यूज (दृष्टिकोण) हैं मेरे। मगर अब मैं समझ गया हूँ कि हिन्दुस्तानी जनता के लिए यह सब उपयोगी नहीं। कम से कम पचास बरस तो यहाँ खास-कुछ नहीं बदलेगा, भविष्य की बात भविष्य जानें।"

सज्जन को बुरा लगा; तुरन्त ही मन में आया कि उसे बुरा क्यों लगा—बुरा क्यों लगना चाहिए? रूपरतन को ऐसे ही समाज में रहने की इच्छा है जब कि स्वयं उसकी इच्छा है कि वह ऐसे समाज में रहे जहाँ व्यक्ति-व्यक्ति में अनुचित असमता न रहे। यदि उसकी इस इच्छा में सत्य है तो वह पूरी होकर ही रहेगी। उसे स्पष्ट समझ में आया कि भैयासाहब, रूपरतन, महिपाल आदि की बातों को बुरा लगने के दृष्टिकोण से अपनाना नितान्त गलत है। इन बातों से उसकी इच्छा-शक्ति प्रबल होनी चाहिए। इस प्रकार का विरोध उसकी इच्छा शक्ति के लिए परीक्षा बनकर आता है। उसने रूपरतन से कहा—"आप लोगों की बातों का मैं बुरा नहीं मानता और आपकी बातों के सत्य को तो मैं बिलकुल नहीं मानता। मैं आपके विरोधों से सविनय जूझने को तैयार हूँ।"

"अमाँ गांधी जी बन गए?" रूपरतन ने हँसकर ताना फेंका।

सज्जन मुस्कुराया, बोला—"गांधी जी हिन्दुस्तानी थे, मैं भी अब हिन्दुस्तानी बनने का प्रयत्न कर रहा हूँ।"

"तो अब तक क्या बिलायती थे?"

"बिलायती भी था और हवाई भी। न अपना था न पराया—अब अपना हो गया हूँ!"

महिपाल आया। वह इस समय अत्यन्त खिन्न था। कमरे में आकर सज्जन से नजर न मिलाते हुए सोफा पर थक कर बैठ गया। सज्जन ने कहा—"मैं तुम्हें बधाई देने आया हूँ!"

"थैंक्स! मैं तो तुम्हारे बजाय तुम्हारे वकील की नोटिस का इन्तजार कर रहा था। सुना है मुझ पर मानहानि का मुकदमा चलानेवाले हो।"

सज्जन ने शान्त भाव से उत्तर दिया—"इरादा तो था लेकिन फिर देखा कि अभी मुझमें ही ईर्ष्या भाव बहुत है। इस कारण से मैं खुद ही अपनी मानहानि किया करता हूँ। मन की अदालत में अपना मुकदमा जीत जाऊँ तब किसी लायक बन सकूँगा।"

कर्नल के चेहरे पर बच्चों जैसी प्रसन्नता छा गई बोला—"सज्जन तुम महान् हो! मैं महिपाल के मुँह पर कहता हूँ उसमें तुम्हारे जैसी ग्रेटनेसता (बड़प्पन) है ही नहीं।"

महिपाल सुन कर खामोश हो गया। उसे अपने अन्दर बहुत छोटापन महसूस हो रहा था। यह छोटापन उसे बेहद चिढ़ा रहा था। जो तेज वह अपने समधियों के सामने नहीं दिखा पा रहा था वह तेज तीखा व्यंग बन कर इस समय सज्जन के सामने फूट पड़ा। कर्नल की बात का जवाब देते हुए उसने कहा—''बहुतों का बड़प्पन देखा है मैंने, इनकी तो हैसियत ही क्या है। बड़े-बड़े करोड़पतियों को भी देखा है मैंने। मेरे सामने कोई मुँह नहीं खोल सकता। आदर्श की बात पर सब को एक सिरे से फटकार कर रख देता हूँ। मैं किसी के पैसे से नहीं डरता और न मुझे पैसे की परवाह है। कल से आज तक पानी की तरह रुपया बहाया है मैंने।''

''हाँ भैया, जिसे मुफ्त की रकमें हाथ लग जाएँ वह भला पानी की तरह से क्यों न बहाएगा?''—सेठ रूपरतन चिढ़ कर बोले।

महिपाल ने समधियों द्वारा बराबर अपमानित होने के कारण इतनी देर तक जो कष्ट सहा था वह सज्जन के बहाने अपना प्रतिकार लेते हुए आवश्यकता से अधिक उबल कर उसके मन से फूट निकला। सेठ रूपरतन इससे बुरा मान गए। महिपाल रईसों से होड़ ले रहा था। उन्होंने महिपाल का मिजाज ठिकाने पर लगा देने की नीयत से अपनी बात और आगे बढ़ाई। सेठ रूपरतन ने उसकी बड़ी मदद की थी। गहने बिकवाने के नाम पर स्वयं खरीद कर महिपाल के लिए चालीस हजार की रकम खड़ी कर दी। शादी के लिए अपनी कोठी तक दे रखी है—फिर भी यह व्यक्ति इतना मगरूर और एहसान-फरामोश निकला कि स्वयं उनके सामने अपनी आन और शान की शेखी बघारता है! सेठ रूपरतन फिर खूनी चुटकी लेकर बोले—''मामा के यहाँ डाका पड़ा, महिपाल शुकुल के भाग जाग गए। शुभचिन्तक बन कर डाकू की जान ले ली और डाकुओं के मत्थे दोष मढ़, लूट चुराकर आप धन्ना सेठ बन गए!''

कर्नल और सज्जन एक-दूसरे का मुँह देखने लगे! महिपाल पागल हो उठा; गरज कर बोला—''मेरा अपमान मत करो! मैं खून पी लूँगा!''

सेठ रूपरतन हँसकर बोले—''हाँ भई, शान-बानवाले रईसे-आजम जो ठहरे! खून क्यों न पीएँगे हमारा! लेकिन ठहर जाओ, अभी तुम्हारे ममेरे भाई को भी यहीं बुला लूँ। मैं उन्हें वह हार, जिसे कि तुम अपनी माँ का बतलाते थे, दिखा कर तुम्हारे मित्रों के सामने दुबारा पूछ लूँ कि...हार किसका है।'' सेठ रूपरतन ने टीपॉय पर रखी बिजली की घंटी का बटन दबाया। सज्जन ने आगे बढ़कर रूपरतन के हाथ जोड़े कहा—''इस तरह इज्जत न लो, महिपाल हम लोगों का—सबका पुराना दोस्त है।'' कर्नल भी गिड़गिड़ाई हुई मुद्रा में सेठ रूपरतन को देख रहा था। महिपाल पत्थर की मूर्ति की तरह सिर झुका कर बैठ गया। रूपरतन ने एक नजर महिपाल पर डाल कर कहा—''अब कहाँ गई वह शानबान? दुनिया भर को आदर्श सिखाते हैं, और खुद ऐसी करतूतें करते हैं!''

सज्जन बोला—''होगा, जाने दो रूपरतन।''

''अजी, जाने तो दिया ही। ये तो इनकी कड़क पर मुझे ताव आ गया और चोरी की बात भी ऐसे खुली कि इनके ममेरे भाई मेरे बड़े पुराने क्लास-फेलो हैं, उन्हीं के थ्रू मैंने इनको जाना था। शादी में इनके यहाँ आए हुए हैं तो परसों ऐसे ही बातचीत में उनकी खानदानी ज्वेलरी और डाके के नुकसान का तजकिरा छिड़ गया। मैंने सोचा कि महिपाल की मदर का हार भी तो आखिर इन्हीं के यहाँ का है। इसी बहाने मैंने उनको उनके घराने की भी चीजें दिखला दीं। देखते ही हैरत में आ गए। बोले, तुम्हें कहाँ से मिलीं ये चीजें? यह जेवर तो अभी डाके में हमारे यहाँ से गए थे। मुझे तुरन्त यकीन हो गया कि महिपाल ने डाके की गड़बड़ी में यह चोरी की है। खैर, उनके सामने तो मैंने बात बना दी, मगर आज इनकी आदर्शों की अकड़ पर मुझसे रहा नहीं गया। चोर! एहसान-फरामोश कहीं का!!—थू है तेरी औकात पर। बड़ा ब्राह्मण आदर्शवादी, विद्वान, लेखक बनता है। सज्जन लाख बुरे-भले हों, अपना लाखों रुपया पानी की तरह दूसरों के लिए बहा तो रहे हैं और

यह चोरी के धन पर अकड़ कर पानी की तरह रुपया बहाने की शेखी बघारते हैं! हम खानदानी रईसों से होड़ लेते हैं। आए बड़े धन्ना सेठ कहीं के!''

महिपाल की गर्दन जो झुकी तो फिर उठ न सकी। परिस्थिति की विषमता लख कर सज्जन महिपाल से बिना कुछ कहे रूपरतन से बिदा लेकर चला आया। कर्नल भी उसके साथ ही साथ उठ आया।

महिपाल के लिए दुनिया भारी पड़ने लगी। हर दिशा, हर व्यक्ति उसे अपने को चोर कहता नजर आया। रूपरतन के कमरे से बाहर निकल कर महिपाल फिर अपने बारात-घर की तरफ न जा सका। सीधा फाटक से बाहर निकल आया। उसका समस्त अध्ययन, चिन्तन, मनन, लेखन, आदर्श और सिद्धान्त, सब कुछ व्यर्थ था! धन के लोभ ने महिपाल को अनायास ही चोर बना दिया। जिस रहस्य को उसने समस्त संसार से छिपा हुआ माना था, वह रहस्य—महिपाल का वह पाप—अनायास ही फूट पड़ा। चलचित्र की तरह उसे वह रात स्पष्ट दिखलाई दे रही थी, जब कि नाना के महल पर डाकुओं का हमला हुआ था। कितनी निर्भीकता और साहस के साथ उसने डाकुओं का सामना किया। अपनी गोली के शिकार, मृत डाकू को जोश में पास से देखने की इच्छा जागने पर वह उसके पास गया। उसके पास ही पड़े हुए झोले में गहनों का डिब्बा मिला और...और...और देखते ही देखते उसकी नीयत बिगड़ गई। उसने वह डिब्बा झोले में छिपा दिया। किसी को उस पर शक भी नहीं हो सकता था। दो डाकू भाग गए थे, उन्हीं पर जेवर ले जाने का आरोप मढ़ा गया। महिपाल तो एक डाकू को मारने के कारण हीरो बन गया था। उस दिन का हीरो आज अपने अनन्य मित्रों के सामने चोर सिद्ध हुआ। अब वह सज्जन के सामने विद्रोह में तनकर सिर नहीं उठा सकता। अब वह रूपरतन के सामने बराबरी से नजर उठाकर देख न सकेगा। कर्नल जैसे व्यक्ति, कल्याणी, बच्चे, जब यह जानेंगे तो वह अपने घर में रहने के योग्य नहीं रह जाएगा।...

सिर झुका हुआ था, कदम बढ़ते चले जा रहे थे। महिपाल का अन्तर असंख्य यंत्रणाओं से भर उठा था—'यह मैंने क्या किया—क्या कर डाला।' यह ठीक है कि महिपाल ने कभी पैसे को पैसा नहीं समझा, सदा अभाव से जूझा, पैसे की इच्छा बनी रही, फिर भी उसने पैसे के आगे कभी प्रत्यक्ष रूप से सिर नहीं झुकाया—यद्यपि धनाभाव से उसका जर्जर अचेतन मन पैसे के आगे परास्त हो चुका था। तभी तो वह चोरी कर सका। पैसा उसकी सारी शक्ति को खा गया। शादी, ब्याह, मुंडन, जनेऊ, बच्चों की पढ़ाई हैसियत की चढ़ाओढ़, कल्याणी का हठ, —सबने मिलकर क्रमशः उसे आदर्श भ्रष्ट कर दिया।...कितनी लगन से वह अपने देश का सामाजिक-सांस्कृतिक इतिहास बटोर रहा था। उसने अपने सारे जीवन की साधना लोभ के एक क्षण में नष्ट कर दी। 'भोले! अब तो तेरा नाम लेते भी मन जलता है! मैंने यह क्या किया? मैंने बहुत बुरा किया।'

बस्ती से दूर महिपाल सन्नाटे की सड़कों पर जा रहा था। सिकंदरबाग पार हुआ, काठ का पुल भी पार हुआ, निशातगंज की बस्ती से बचने के लिए महिपाल गोमती के तट पर बढ़ गया—बढ़ता ही चला गया।

दिन बीता, रात आई, दूसरे दिन घरवालों के लिए चिन्ता का वारापार न रहा। कल्याणी का मन तो प्रतिक्षण पति की आहट बन गया था। उसका मन केवल पति की आहट ही सुन पाता था और सब तरह गुम हो गया था। किसी को खबर ही न थी कि महिपाल अचानक कहाँ लापता हो गए। ब्याह की रस्में और चहल-पहल बदस्तूर थीं। सुबह तीसरा कलेवा हुआ, बड़ी बड़हार हुई। बतानी के समय अर्थात् बरातियों की बिदाई की दक्षिणा बाँटते समय सभा में महिपाल को बहुत याद किया गया। बिदा हुई शकुंतला सबसे मिलकर फूट-फूट कर रोई। लड़की की बिदाई के समय घर में चारों ओर आँसू उमड़ पड़ते हैं, परन्तु कल्याणी के आँसू सूख गए थे उसकी आँखें फटी-फटी चारों ओर देख रही थीं। दिन भर पति की आहट से मन बँधा रहने पर भी उसका शरीर मशीन

की तरह काम में लगा रहा, वह काम भी अब समाप्त हो गया था। कल्याणी एकदम सूनी थी, अब तो आहटों के बहाने से भी उसका मन एकदम छूट गया था। घरातियों-बरातियों सब में महिपाल के लापता हो जाने को लेकर तरह-तरह की शंकाएँ और चर्चाएँ फैलने लगी थीं।

शकुंतला की बिदाई के समय कन्या अकस्मात-सी वहाँ आ गई थी। उसका गम्भीर मुख देखकर कल्याणी एक क्षण उसे टकटकी बाँधकर देखती रही फिर अनायास उसके पास जा, बाँह पकड़ कर औरों से अलग ले जाकर दबे किन्तु दृढ़ स्वर में पूछा—"कोई खबर लाई हो।"

"पहले तो बेटी के लिए सुहाग भेंट लाई हूँ।" कह कर कन्या कल्याणी से नजरें बचाती हुई, शकुन्तला के पास पहुँच गई। शकुंतला अपनी कन्या मामी से भी भेंट कर रोई। कर्नल, सज्जन, कर्नल की पत्नी और अपनी ओर से कन्या वर वधू के लिए भेंट लेकर आई थी। यद्यपि यह भेंट देने का समय न था, पर इसे ही उपयुक्त समय बना कर दोनों मामाओं ने अपने मृत साथी की ओर से वर-वधू को राजसी उपहार भेजे थे, ऐसे उपहार जिन्हें देने के लिए ही महिपाल को टूट जाना पड़ा और फिर मर जाना पड़ा। कीमती फर्नीचर, थान के थान रेशम, जड़ाऊ जेवर, नई मोटरकार—अल्लम-गल्लम जो कुछ भी दो बदहवास मित्रों से अपने अन्तरंग मित्र के अभाव में खरीदते भरते बना, वह सब खरीद कर चार ट्रकों में भर दिया। सब मिलाकर लगभग चालीस-पचास हजार का माल था। कर्नल का ड्राइवर नई कार को लेकर आया था। कार फूलों से सजाकर भेजी गई थी। वर-वधू अपनी ही कार पर बैठ कर गए। महिपाल के मित्रों द्वारा दिए गए अटाटूट दहेज से चर्चा का विषय बदल गया था।

बरात बिदा हो जाने के बाद घर में घरातियों की चहल-पहल तो भरपूर रही मगर काम के उत्साह को पाला मार गया। कन्या कल्याणी के साथ कमरा बन्द कर बातें कर रही थी, लड़के-बच्चों में इससे एक सनसनी सी फैल गई थी। कल दोपहर के बाद से जिनका पिता रहस्यमय ढंग से गायब हो गया हो उन बच्चों की मन-स्थिति विचित्र हो ही जाएगी। इतने में डॉक्टर जयपाल कहीं बाहर से आए और अपनी पत्नी को बुलाकर अलग एक कोने में धीरे-धीरे बातें करने लगे। बच्चों के चेहरे अनबूझ पहेली की यंत्रणा सहते-सहते दयनीय से लगने लगे थे। पत्नी से बातें करने के बाद डॉक्टर जयपाल बच्चों के पास आए, तप्पू से पूछा—"तुम्हारी माँ कहाँ हैं ?" डरे हुए तप्पू ने बन्द कमरे की ओर इशारा कर दिया। डॉक्टर ने दरवाजे पर थपकी दी, कन्या ने दरवाजा खोला, कल्याणी के देवर को देखकर एक ओर सटक गईं। कल्याणी बीच कमरे में बैठी अपने दाहिने हाथ से बाएँ हाथ की कलाई में पड़ी चूड़ियों को जोर से दबाकर तोड़ रही थी। उसकी आँखें अब भी आँसुओं से सूनी थीं। जयपाल ने रोकर कहा—"भाभी क्या कर डाला भैया ने यह!" और फिर वहीं धरती पर बैठ कर फूट-फूट कर रोने लगा, कन्या की आँखों से ताजे आँसुओं की झड़ी लग गई, बड़े लड़के, लड़की यह दृश्य देख कमरे में झपट पड़े। कन्या ने राज्यश्री को कलेजे से लगा लिया, बड़े ने चाचा से पूछा—"पिताजी को क्या हुआ ?" जयपाल प्रश्न के उत्तर में और फूट कर रो पड़े। बच्चों के प्रश्न और तीव्र हुए तब उनको, घर भर को यह विदित हो गया कि महिपाल—किसी का पिता, पति, भाई-भतीजा—अब इस लोक में नहीं रहा।

आज सुबह कर्नल नित्य की तरह विवाह के घर में न आकर सज्जन के घर पहुँचा। दोनों मित्र अकेले में बैठे बातें करते रहे। महिपाल की मति पर पश्चाताप करते रहे। सज्जन ने एक-दो बार अपना यह भय भी प्रकट किया कि लाज के मारे महिपाल कहीं कुछ कर न बैठे, परन्तु कर्नल का विश्वास था कि ब्याह की रसमें पूरी होने से पहले महिपाल कुछ भी नहीं करेगा और इसीलिए कि महिपाल को शर्म न लगे, वह आज सबेरे वहाँ नहीं गया था। हाँ, इस बात का भय उसे भी था कि ब्याह का काम निपटते ही महिपाल आत्महत्या का प्रयत्न कर सकता है। वह शाम को बरात की बिदाई के बाद से महिपाल पर पूरी निगरानी रखने की बात सोच रहा था।

वनकन्या कर्नल के आने के थोड़ी देर बाद ही नियमानुसार अपने काम पर चली गई थी। लगभग ग्यारह-साढ़े ग्यारह बजे सज्जन को एक दैनिक पत्र के सम्पादक का फोन मिला। उससे तुरन्त ही अखबार के दफ्तर में आने की प्रार्थना की गई थी।

सज्जन के पहुँचनें पर सम्पादक महोदय ने उसके सामने एक पत्र रख दिया। लिखावट महिपाल की थी। किसी स्कूली छात्रा की अर्थमेटिक की रद्दी नोटबुक के रद्दी कागजों की सादी पुश्त पर पेन्सिल से लिखा हुआ पत्र था—

''सम्पादक जी,

यह मेरा अन्तिम लेख है, पत्र के रूप में। इसे प्रकाशित देखने के लिए मैं न रहूँगा। मेरा कर-बद्ध हो, सानुरोध निवेदन है कि इसे अपने पत्र में यथासम्भव शीघ्र स्थान देकर एक मृत व्यक्ति की अन्तिम इच्छा पूरी करें! मैं सार्वजनिक रूप से एक अपराध स्वीकार करता हूँ, लोभ के एक क्षण ने मुझे चोर बना दिया। मैंने अपने ममेरे भाई के घर—उस घर में जहाँ कि मैं पला था, डाका पड़ने के अवसर पर उपस्थित था। एक डाकू को मार कर मैंने उसकी जमा लूटी, वह जेवर मेरी ननिहाल ही के थे। मैंने तुरन्त उस थैले को पास ही रखे हुए चूने के ऊँचे ढेर में छिपा दिया। दो डाकू भाग भी गए थे, उनके साथ कुछ गहने और नकद चला गया था, मेरे द्वारा छिपाए गए गहने भी उन्हीं डाकुओं के अपराध में जोड़ दिए गए। यह चोरी करते समय मेरी आत्मा बहुत काँपी थी, परन्तु अभाव के तर्कों ने मेरी आत्मा को अपने सींखचों से जकड़ लिया। उन दिनों मुझे भांजी के विवाह की चिन्ता लगी हुई थी। मेरी पत्नी अपने जाति-समाज की परम्परा के अनुसार ही उसका विवाह करने का हठ कर रही थी। उसके हठ में समाज की नारी बोल रही थी। मैं स्वयं भी अपनी मातृ-पितृ-विहीना भांजी का विवाह बहुत शानदार करना चाहता था। यही नहीं, मैं हर काम बहुत शानदार ढंग से करना चाहता था। ताल्लुकदारी के वातावरण में पलकर मेरे संस्कार भी राजसी हो गए थे। उनके लिए, पिछले कुछ वर्षों से जब से कि मेरा आर्थिक जीवन संकटग्रस्त हो गया था, मेरे मन में एक जबरदस्त अतृप्ति उत्पन्न हो गई थी। मेरी इसी हीन भावना ने औचक में दबोच कर मेरे ईमान की हत्या कर डाली। मैंने सोचा यह धन मुझे ईश्वर से मिला है। एक के पास तो इतना धन है कि वह इन जवाहरात के चले जाने के बाद भी बड़े हैसियतदार ही कहलाएँगे, परन्तु इतने से मेरी भांजी के विवाह के लिए धन संग्रह की समस्या बड़ी आसानी के साथ हल हो जाएगी।

''आज अपने इस तर्क के खोखलेपन को अच्छी तरह से पहचान गया हूँ। चोरी करते ही मैं कायर हो गया था और कायर के तर्क प्रत्यक्षतः बड़े क्रान्तिकारी लगते हुए भी नितान्त अशक्त होते हैं। मैंने अपने मन को झूठे तर्कों से बहलाया।

''जो समाज व्यवस्था मेरे जैसे जागरूक व्यक्ति को अभावग्रस्त बना कर यों जी मार सकती है वह अधिकतर अचेतनावस्था में, जड़ संस्कारों में पलने वाले समाज को क्यों न पतन के उस गर्त में गिरा दे जिसकी भयानकता से भरे विविध समाचार आप अपने पत्र में छापते हैं।

''अपनी कायरता को धोने के लिए मैं स्वेच्छा से डूब कर आत्म-हत्या कर रहा हूँ।

''दूसरा अपराध यह भी स्वीकार करता हूँ कि मैंने अपने परम मित्र, सुप्रसिद्ध और सुयोग्य चित्रकार श्रीयुत सज्जन वर्मा के सम्पत्ति दान से ईर्ष्यालु होकर उनके उन सामाजिक आयोजनों का विरोध किया जो बरसों से मेरा आदर्श स्वप्न रहे हैं। मेरे व्यक्तित्व की यह संकीर्णता समाज में सदा कलंक रूप में याद रखी जाए। इसे मैं अपना चोरी से भी बड़ा अपराध मानता हूँ।

अधम

महिपाल शुक्ल''

पत्र के नीचे, पत्र से असम्बद्ध कुछ वाक्य लिखे थे : ''व्यक्ति-व्यक्ति अवश्य रहे; पर उसके व्यक्तिवादी चिन्तन में भी सामाजिक दृष्टिकोण का रहना अनिवार्य हो।—मैं अकेला भी हूँ पर बहुजन

के साथ में हूँ, दुख-सुख, शान्ति-अशान्ति आदि व्यक्तिगत अनुभव हैं, पर ये समाज में प्रत्येक व्यक्ति के हैं, अतएव हमें यह मानना चाहिए कि समाज एक है—व्यक्ति तो अनेक हैं। सूर्य-चन्द्रमा-धरती यह सब एक—एक हैं—भले ही अनेक तत्त्वों से इनका निर्माण हुआ हो।''

सज्जन ने एक बार पत्र को पढ़ा। वह स्तंभित रह गया, फिर पढ़ा तो पढ़ते ही पढ़ते पत्र हाथ से छूट गया और वह मेज पर सिर रख फूट-फूट कर रोने लगा।

कर्नल को सूचना हुई। डॉक्टर जयपाल को भी बुलाकर सूचित किया गया, पुलिस को भी सूचना दी गई। गोमती के किनारे-किनारे कुरिया घाट से लेकर बंधे तक खोज की गई कि शायद कहीं महिपाल के कपड़े रखे हुए मिल जाएँ पर श्रम बेकार गया। कहाँ से महिपाल ने कागज और पेंसिल पाया, किस समय आकर वह इस पत्र को सम्पादकजी के दफ्तर के आगे लगी हुई पत्र-पेटी में डाल गया, कब और कहाँ प्राण दिए, यह सारे रहस्य महिपाल अपने साथ ले गया!

68

महिपाल की मृत्यु के आघात ने कर्नल, सज्जन, कल्याणी, शीला और (इन सब की अन्तरंग होने के नाते) कन्या पर भी अपनी एक स्थायी छाप छोड़ी। कुछ दिन तक तो सबके लिए ऐसा हो गया था कि मानो महिपाल अभी मरा ही नहीं; यहीं कहीं है, अब आता ही होगा।—या कभी उन्हें महिपाल अपने पास आया-सा जान पड़ता; कभी आवाज सुनी-सी लगती। लम्बी-लम्बी सिसकी जैसी साँसों के साथ चौंक कर सभी के दिल अपनी विवशता लिए, ऊँचे कहीं सूने में आँसुओं भरी आँखें पसारते रोए हैं। सब के मनों ने अपने से लाखों सवाल पूछ डाले हैं। इन सब के जीवन से महिपाल क्या गया, जीवन का एक स्थायी क्रम उखड़ गया। एक स्पर्श, एक स्वर, रूप-वर्ण-गुण-अवगुण भरा एक जन—बन्धु—आत्मीय जरा-सी देर में 'है' से 'था' हो गया।

जन्म-मृत्यु प्रकृति का नियम है। जन्म की खुशी और मृत्यु का शोक सदा से समाज का व्यक्तिगत व्यापार रहा है और रहेगा भी। समय शोक को कम कर देता है। महिपाल यदि कठिन शारीरिक रोग से ग्रस्त होकर, भरपूर इलाज कर लेने के बाद मरा होता, या बुढ़ापे तक आयु भोग कर उसकी देह छूटी होती तो गम होता, मगर मन को बार-बार यों धक्के न लगते। महिपाल जैसे विचारक का एक गलत मोह में पड़कर उसके फलस्वरूप आत्महत्या करना एक ऐसा कचोट भरा सत्य था जिससे कि सज्जन को आँखें मिलाने के लिए बाध्य होना पड़ रहा था। महिपाल जैसी परिस्थितियों में यदि सज्जन का जीवन बीता होता तो शायद उसका भी अन्त यों ही हुआ होता। सज्जन सोचने लगा ऐसा कौन-सा उपाय है जिससे कि आत्म-विश्वास और आत्म-बल खोकर मनुष्य यों बेहूदा ठोकरें खाने से बचाया जा सके।

सज्जन के सामने पुराना प्रश्न फिर ज्यों का त्यों आ गया। जिस देश में कमयोग का सिद्धान्त है, वेद, उपनिषद, साहित्य, शास्त्र है, व्यास, बाल्मीकि जैसे युग-प्रवर्तक महर्षि हैं, इतना रस-ज्ञान है, अजंता, एलोरा, कोर्णाक, दक्षिण भारत—सारे भारत में व्याप्त अनुपम शिल्प है, सुनीतियाँ हैं; जिस देश का इतिहास इतना महिमामय है—वह देश जड़ता और गन्दगी में रहना पसन्द करते हुए आज की भयंकर अगति के रूप में आत्महत्या क्यों कर रहा है। महिपाल और भारत अपने ज्ञान और अज्ञान को लेकर एक समान हैं।

महिपाल को भूलने के लिए सज्जन का मौन-हठ उससे कठिन श्रम कराने लगा। वह और कन्या घर-घर जाकर लोगों से उनकी समस्याओं की प्रत्यक्ष जानकारी करने लगे। गरीबी की महामारी तो आमतौर पर फैली-फैली ही हुई है, उसके अतिरिक्त हमारा देश

समय के अनुकूल चलने के लिए नितान्त अशक्त है। समय के साथ चलने के लिए जिन संस्कारों का बल चाहिए उनके प्रति हमारा समाज अभी जागरूक नहीं।

—इसका कारण क्या है?

हमारा देश विचारों और रीति-रिवाजों का एक महान अजायबघर है। सैकड़ों सदियों के रहन-सहन, रीति-बरताव और मान्यताओं को, जो आज भौतिक विज्ञान के युग में एकदम अनुपयुक्त सिद्ध होती है, हमारा समाज अधनिष्ठा के साथ अपनाये हुए है। हर युग में जो सुधार आए, जितने ऐतिहासिक प्रभाव पड़े उनमें से अधिकतर आज भी हमारे सिर पर बने रखे हैं। हमारे घरों, गलियों में रमे हुए साधु, बैरागी, फकीर हैं, चंडी पाठ करने वाले पंडित, ब्याह-मुंडन, जनेऊ से लेकर मृतक संस्कार तक करानेवाले पंडित, कथा बाँचने वाले पंडित, शास्त्रार्थ करनेवाले पंडित; भूत झाड़ने वाले ओझा-सयाने, सनीचर का दान लेने वाले भड्डरी : टोना-टोटका, दहेज, ऊँच-नीच, तेंतीस करोड़ देवता—यह बेमतलब दिमाग खराब करनेवाली दकियानूस बातें भरी हुई हैं। इनमें अन्ध-विश्वास जमा होने के कारण हमारे समाज में आत्म-विश्वास ही नहीं रहा। भौतिक विज्ञान की इतनी तेजस्वी प्रगति के युग में ये तमाम पुराना ढाँचा अर्थहीन हो गया है। इन देवताओं से चिपकी मनुष्य की चेतना को तुरन्त मुक्त होना चाहिए। श्रद्धा के प्रतीक की आवश्यकता है, परन्तु अन्ध-श्रद्धा के प्रतीकों की नहीं। सदा से इस देश का महान् देवता पृथ्वी माता रही है। परमेश्वर खोखले आकाश में नहीं रहता, यह सत्य इस देश ने बहुत पहले से ही देख लिया था। उसने हर जीव में उसे देख, मनुष्य में उस परमशक्ति को पहचाना। इस देश ने ज्ञान और कर्म को ही अपने दर्शन का मूलाधार बनाया। इस प्रकार उसका दृष्टिकोण सृजनात्मक रहा है। यह सब बातें मनुष्य के आत्म-विश्वास को दृढ़ करती हैं। आज के युग में हमें अपनी परम्परा की यही शक्ति लेकर बढ़ना है। मृत्यु के भय चक्र में पड़कर परलोक-चिन्तन में फँसाए रखनेवाला दर्शन नितान्त जड़ और आत्मघातक है। इस परलोक वाले दर्शन और उसके धर्म को लोक-जीवन से समेट कर म्युजियम में रख देना ही उचित और समयानुकूल है। स्वामी विवेकानन्द ने कहीं कहा है कि आत्मविश्वास खोकर ईश्वर या माने हुए तैंतीस कोटि पौराणिक देवी-देवताओं में विश्वास रखना गलत है। आत्मविश्वास ही नए युग का धर्म है।

हमारे आज के लोक जीवन में फैले अविश्वास का दूसरा कारण आज की राजनीतिक पार्टियाँ हैं। इनके संचालक दूसरी प्रकार के पंडित, पंडे, ओझा-सयाने हैं। राजनीति जिस रूप में आज प्रचलित है वह तनिक भी प्रगतिशील शक्ति नहीं है। राजनीति केवल दाँव-पेचों का अखाड़ा है; मानव हित के आदर्श से हीन, व्यक्तिगत अहंकार के कारण राजनीति के खिलाड़ियों की बुद्धि, चतुराई और कार्य-कुशलता बहक गई है। वर्तमान राजनीति का जन्म साम्राज्यवाद से हुआ है। इसी साम्राज्यवादी नीति से औद्योगिक पूँजीवाद को शक्ति प्राप्त हुई है। उस शक्ति और जनहित का वैर स्वाभाविक है। साम्राज्यशाही चाहे पूँजीवाद की हो, राष्ट्रवाद, जातिवाद, धर्मवाद की हो सर्वथा गलत है। देश के पुराने-नए इतिहास के अनेक उदाहरण इस बात को सिद्ध करते हैं।

आज इस देश में क्या कांग्रेस, क्या सोशलिस्ट पार्टी, कम्युनिस्ट पार्टी, जनसंघ, हिन्दू महासभा आदि जितनी भी राजनीतिक पार्टियाँ हैं—सब अधिकांश में एक-एक से बढ़कर बेईमान, क्षुद्र, आकांक्षाओं वाले जालसाज, दंभी और मगरूरों द्वारा अनुशासित हैं; आदर्श और सिद्धान्त तो महज शिकार खेलने के लिए आड़ की टट्टियाँ हैं। इनका आपसी संघर्ष अधिकतर व्यक्तिगत है। इस देश की प्रतिक्रियावादी राजनीतिक शक्तियाँ भारतीय परम्पराओं को केवल रूढ़ियों में देखती हैं; तथाकथित प्रगतिशील शक्तियाँ भी अपने देश को केवल रूढ़ियों ही में पहचानती हैं,

उसकी प्रगतिशीलता परम्पराओं की जानकारी उन्हें नहीं है या बहुत कम है, वे सारी प्रगतिशील परम्पराओं को केवल विदेशों ही में देखती हैं। विदेशी परम्पराओं को वे यहाँ की परिस्थितियों पर जबरदस्ती लादना चाहती हैं।

जनजीवन अन्धविश्वास और भ्रान्तियों से जकड़ा हुआ है। ऐसी दशा में बुद्धिवादी भला चुप बैठ सकते हैं? क्या आज वे भी पूँजी और व्यक्तिसत्तावादी वातावरण से प्रभावित होकर जनता को भरमाने में ही योग देते रहेंगे? क्या किसी को भी आज अपने देश से प्यार नहीं? देश की परम्परागत अनेक सृजनात्मक शक्तियों पर अभिमान नहीं?

महिपाल कहा करता था कि बंगाल के अकाल में मनुष्य पर इतना संकट पड़ा कि सहते-सहते उनकी चेतना ही लुप्त हो गई। वह अपना नाम, अपने तक को भूल गया था। इस समय हम भारतीयों की भी यही दशा है। भारतीय यह भूल गया है कि वह भारतीय है; वह कांग्रेसी है, सोशलिस्ट, जनसंघी, कम्युनिस्ट, अकाली है; वह यश-सिद्ध कवि, कलाकार, नेता, डॉक्टर, बैरिस्टर, अफसर, या समाज में 'कुछ' है, मगर अधिकांश में भारतीय नहीं, मानव भी— ? नहीं। ये लोग प्रायः दिन भर देश और मानवता का नाम झींकते हैं पर यह नहीं जानते कि उनका देश क्या है! उनके देश ने मानवता के मर्म को किस खूबी से पहचाना है! इस समय तो ऐसा लगता है कि इस देश में, पृथ्वी पर, केवल व्यक्ति रहता है समाज नहीं। व्यक्ति केवल अपने दायरे में रहता, सोचता और कर्म करता है। ऐसा लगता है जैसे हर व्यक्ति एक-एक द्वीप में अलग-अलग है।

—क्या यह मनुष्य की प्राकृतिक स्थिति है?—नहीं।

आज का मनुष्य अपने मन में कहीं न कहीं यह अवश्य अनुभव करता है कि वह गलत जा रहा है। इसलिए व्यक्ति अपने को नजर ओट कर हर दूसरे व्यक्ति को गलत बताता है। इससे हुज्जत बढ़ती जाती है, आतंक फैलता जाता है। मनुष्य की यह स्थिति अप्राकृतिक है।

मनुष्य का आत्मविश्वास जागना चाहिए, उसके जीवन में आस्था जागनी चाहिए। मनुष्य को दूसरे के सुख-दुख में अपना सुख-दुख मानना चाहिए। विचारों में भेद हो सकता है, विचारों के भेद से स्वस्थ द्वंद्व होता है और उससे उत्तरोत्तर उसका समवयात्मक विकास भी, पर शर्त यह है कि सुख-दुख में व्यक्ति का व्यक्ति से अटूट सम्बन्ध बना रहे—जैसे बूँद से बूँद जुड़ी रहती है—लहरों से लहरें। लहरों से समुद्र बनता है—इस तरह बूँद में समुद्र समाया है।

सज्जन और कन्या एक लगन लेकर अपने छोटे से क्षेत्र में मानवता का दर्शन करने के लिए कर्मरत हो गए। रूढ़िवादिता स्वयं को संहार से बचाने से पहले कठिन प्रहार करती है और भी करेगी, परन्तु दोनों पति-पत्नी आस्था पर डटे रहेंगे। व्यक्ति की सामाजिक चेतना जागकर ही रहेगी।

○○○